山西交通运输年鉴

2023

山西省交通运输厅 编

方志出版社
Publishing House of Local Records

图书在版编目(CIP)数据

山西交通运输年鉴. 2023 / 山西省交通运输厅编.
北京 : 方志出版社, 2023.12
ISBN 978-7-5144-6131-2

Ⅰ. ①山… Ⅱ. ①山… Ⅲ. ①交通运输业—山西—2023—年鉴 Ⅳ. ①F512.725-54

中国国家版本馆CIP数据核字(2023)第252213号

责任编辑:齐　笑
责任校对:张玉霞
责任印制:梅中英
出 版 者:方志出版社
地　　址:北京市朝阳区潘家园东里9号(国家方志馆4层)
邮　　编:100021
网　　址:http://www.zgfzcb.cn
发　　行:方志出版社图书营销中心(010-67110500)
印　　刷:太原市今天西马彩色印刷有限公司
开　　本:889毫米×1194毫米　1/16
印　　张:41.5
字　　数:1375千字
版　　次:2023年12月第1版
印　　次:2023年12月第1次印刷
定　　价:180.00元

《山西交通运输年鉴(2023)》
编审委员会

《山西交通运输年鉴(2023)》
编纂人员

主　　编	王　晋
执行主编	胡旭东
副 主 编	侯金铃　白彦萍
特约编审	师国梁
编　　辑	陈瑞丽　王晴红　李文瑾　杜佳卉　王瑞璇
特约编辑	刘成恩　侯子聪　郑雪芳　郭灵琼　薛东梅　杨金成 王　梅　吕秉洮　王志勇　李文越　杨　俊　张警予 张泽珏　曹雅药　常　敏　张　芮　郭江波　高　青 侯　兴　赵　勇　陶建强　杨　珺　王九存　马　可 董　芳　庞燕东　薛　炟
图片提供	张泽珏　常　敏　张　芮　杜佳卉　赵　宇

1 雄安新区至忻州高速铁路山西段开工建设

10月1日上午，雄安新区至忻州高速铁路山西段举行开工仪式。省委书记、省人大常委会主任林武（左七）出席并宣布开工。省委副书记、省长蓝佛安（右六），国家铁路集团党组成员、副总经理王同军（左六）讲话。省委常委、常务副省长张吉福（右五）主持开工仪式。雄忻高铁是国家《中长期铁路网规划》“八纵八横”中京昆通道的重要组成部分，是《“十四五”现代综合交通运输体系发展规划》重点铁路建设项目，也是全省建设的第一条时速350公里高速铁路，正线全长342公里，全线设13个车站，总投资591亿元，其中山西段起自北太行山隧道进口，经五台山风景名胜区、五台县、定襄县，接入忻州西站，长122公里，总投资209亿元，建设工期4.5年

相关链接

雄忻高铁搭建起西北、西南和华北、东北沟通交流的桥梁，成为连接我国西北、西南、华北和东北的又一条高速铁路大通道，建成通车后，将有效改善京津冀地区铁路路网格局，疏解环北京地区的客运压力，还将进一步加强山西与京津冀地区、陕西乃至西北、西南地区之间的联系，形成西南、西北地区与京津冀间的快速客运通道。

铁路建成通车后，将与拟建的京雄商高铁、既有的京雄城际铁路和既有的大西高铁、津保铁路等衔接，有效缓解京昆通道石家庄至太原间个别区段运力紧张状况，对于加快贯通北京经雄安新区、太原、西安、重庆至昆明的高标准京昆通道，完善高速铁路网布局具有积极意义。

2 省长蓝佛安专题调研农村寄递物流服务全覆盖工作

11月9日至10日，省委副书记、省长蓝佛安（前居中）深入晋中市昔阳、和顺、左权三县宣讲中共二十大精神，调研产业项目建设、巩固脱贫成果和乡村振兴等工作，专题调研和顺县农村寄递物流服务全覆盖工作，充分肯定民生实事推进成效，明确表示支持。副省长贺天才参加。省交通运输厅党组成员、副厅长、省邮政管理局党组书记、局长秦红保在和顺县陪同调研

相关链接

和顺县云仓科技有限公司依托汽车站资源，采用“快交”合作模式，加快推动客货邮融合发展，初步建成农村寄递物流服务体系。蓝佛安指出，要加强政策支持，创新优化资源共享、收益分配等合作机制，调动各方参与积极性，加快推动农村寄递物流体系建设。在和顺县松烟镇许村，蓝佛安走访快递便民服务点，强调实现农村寄递物流服务全覆盖，是省政府2022年确定的民生实事，要加快补齐基础设施短板，持续降低寄递成本，提高服务质效，打通农产品进城“最初一公里”和消费品下乡“最后一公里”。

截至10月底，全省1082个乡镇100%建成快递综合服务站，20356个行政村100%通快递，其中，91个县（市）初步建成农村共配网络，16094个行政村新建快递网点，引导形成“快快”“快邮”“快交”等多种融合发展新模式，有效补齐农村物流短板，城乡循环更加高效畅通。

3 副省长汤志平深入省交通运输厅调研指导工作

3月17日，副省长汤志平（居中）深入省交通运输厅就推进年度重点工作任务落实进行调研

相关链接

汤志平指出，要全面落实省委、省政府关于交通强省建设部署要求，进一步增强责任感和使命感，加快构建现代化综合交通体系。要先行对接国家战略，主动服务全省大局，以交通赋能太忻一体化经济区强势起步，高标准高效率加快高速公路、三个一号旅游公路、民航机场、重要交通干线、城市快速路网建设和受损公路灾后恢复重建。要全力推进高速公路服务区提质升级，大力发展网络货运，加快打造现代物流体系，积极推进绿色低碳交通发展，全面提升交通运输服务供给质量。要扎实推进法治交通建设，持续提升行业治理水平，统筹抓好安全生产，落实落细各项工作任务，为全方位高质量发展提供坚实的交通运输保障。

4 交通运输部实地验收临汾市创建国家公交都市示范工程

8月29日至31日，交通运输部公交都市验收专家组组长季朗超带队实地验收临汾市国家公交都市建设示范工程并召开座谈会。省交通运输厅党组成员、副厅长段新源致辞，省运输事业发展中心有关领导出席相关活动

相关链接

验收期间，专家组听取临汾市委、市政府及相关部门关于创建工作情况汇报，进行资料核查、部门质询，并实地考察临汾市高铁站公交枢纽、北孝综合场站、市公交公司智慧调度中心等基础设施建设情况，沿途参观公交专用道、港湾式公交站、公交电子站牌、信号优先系统、慢行步道等，乘坐并体验主题微循环公交线路。段新源要求临汾市认真规范，按照验收程序和标准，为专家组提供真实、有效资料，充分展示创建工作的丰硕成果和经验特色，深入推进临汾市公交都市创建工作，为全省交通强国建设提供有力支撑。

5 2022年全省交通运输工作会议召开

1月25日，2022年全省交通运输工作会议召开。会议采用电视电话形式，总结2021年交通运输工作，分析形势，部署2022年工作，省交通运输厅党组书记、厅长赵建平出席会议并强调，要以习近平新时代中国特色社会主义思想为指导，进一步弘扬伟大建党精神，按照省第十二次党代会、省委经济工作会议、省“两会”和全国交通运输工作会议部署，紧扣全省全方位推动高质量发展的目标要求，以交通强省建设为统领，加快建设高质量综合立体交通网，着力提高交通运输服务供给质量，深化重点领域改革，守牢安全生产底线，巩固拓展良好政治生态，久久为功，真抓实干，在奋力谱写全面建设社会主义现代化国家山西篇章中当好开路先锋，以优异成绩迎接中共二十大胜利召开

相关链接

赵建平要求，今年要重点做好10个方面工作：一是全力做好安全维稳工作；二是着力推进交通强国建设；三是持续完善综合立体交通网；四是着力提高交通运输服务供给质量；五是强化同乡村振兴战略有效衔接；六是厚植交通运输发展绿色底色；七是全力推动交通运输数字化转型；八是持续深化重点领域改革；九是全面提升行业治理水平；十是加强党的建设和党风廉政建设。

6 2022年全省交通运输系统党风廉政工作会议召开

3月4日，2022年全省交通运输系统党风廉政建设工作会议召开。会议总结回顾2021年交通运输全面从严治党工作，分析形势，部署全年党的建设各项任务。省交通运输厅党组书记、厅长赵建平出席会议并强调，要坚定捍卫“两个确立”，坚决做到“两个维护”，切实把思想和行动统一到习近平总书记在十九届中央纪委六次全会上的重要讲话精神上来，按照省委书记林武在省纪委十二届二次全会上的讲话和全会部署，用好党的百年奋斗历史经验，牢牢扛起全面从严治党主体责任，坚持严的主基调不动摇，以党的政治建设为统领，不断坚定政治信仰，提高政治能力，净化政治生态，建设清廉交通，以优异成绩迎接中共二十大胜利召开

相关链接

为深入贯彻落实全面从严治党要求，教育引导党员干部增强纪律规矩意识，筑牢拒腐防变的思想防线，按照省交通运输厅党组关于“清廉机关”建设工作安排，8月1日，省交通运输厅组织厅机关党员干部前往山西省党风廉政教育基地，参观“牢记初心使命”党风廉政教育大型主题展。厅领导王晋、段新源、王四小、郭丙福参加。

7 省交通运输厅领导深入驻村帮扶点宣讲中共二十大精神

11月16日，省交通运输厅党组成员、副厅长郭丙福(左二)深入石楼县罗村镇驻村帮扶点宣讲中共二十大精神，并实地调研罗村镇乡村振兴人才培训基地和沙窑村设施蔬菜大棚基地。省交通运输厅相关处室负责人、石楼县委书记王廷洪、副县长郭登文等参加调研

相关链接

省交通运输厅重点帮扶罗村镇的五个村，在帮扶点上，郭丙福宣讲中共二十大精神。他从中共二十大主题、主要成果等方面，进行系统宣讲和阐释，结合全面推进乡村振兴，着重从过去五年的工作和新时代十年的伟大变革、全面建设社会主义现代化强国的新部署新要求作了深入解读，并联系实际全面回顾总结十年来山西交通运输发展成就。

在罗村镇乡村振兴人才培训基地和罗村镇沙窑村设施蔬菜大棚基地，郭丙福通过现场察看、听取汇报、仔细询问，详细了解设施农业大棚基地建设、农业产业发展等工作情况。他强调，要把贯彻中共二十大精神和落实习近平总书记视察山西重要讲话重要指示精神紧密结合起来，培育一批引领行业发展的骨干龙头企业，做好各项要素保障，努力构建现代农业产业发展体系。

8 全省交通物流专项再贷款工作推进会召开

7月5日，省交通运输厅与中国人民银行太原中心支行联合召开全省交通物流专项再贷款工作推进电视电话会议，贯彻落实党中央、国务院关于促进产业链供应链稳定、助力交通物流业纾困解难的决策部署，安排部署全省交通物流专项再贷款工作，加快推动交通物流专项再贷款政策落地见效。厅党组成员、副厅长郭丙福，中国人民银行太原中心支行党委委员、副行长邢毅出席会议并讲话

相关链接

2022年以来，交通物流行业遭受到继2020年之后新一轮冲击，党中央、国务院高度重视，对交通物流行业支持力度空前，在前期纾困解难的基础上，又出台"定点、定向、定额、低息"交通物流专项再贷款政策，设立1000亿元交通物流专项再贷款，全力支持道路货运企业、物流配送企业和道路普通货运个体工商户、个体货车司机"两企两个"群体融资纾困。

郭丙福要求，各级交通运输部门要深刻认识做好交通物流专项再贷款工作的重要意义，进一步提高政治站位，准确把握形势，强化责任担当，加强协同联动，抢抓政策"机遇期""时间窗口期"，扎实推进交通物流企业融资对接，加快推动交通物流专项再贷款政策在全省落地见效，助力交通物流业缓解痛点、破解难点、走出困境。

9 省交通运输厅全面启动全省快递物流行业党建工作

8月2日，省交通运输厅召开全省快递物流行业党建工作会议。厅党组成员、副厅长、省快递物流行业党委书记郭丙福出席会议并讲话，会议指出，现代物流和快递是服务业的重要组成部分，是人民群众实现美好生活的“新基础设施”，是党的建设的重要领域。近年来，以互联网平台经济为代表的新业态蓬勃兴起，以网络货运司机、快递员等灵活就业为主要特征的新就业群体成为基层党建新的重要阵地。各单位要讲政治高度，清醒分析形势，深刻理解加强快递物流行业党建工作重要意义，增强抓好这一工作的政治自觉、思想自觉和行动自觉

相关链接

会议要求要全面协调推进，抓实抓细开局起步阶段的重点任务，不断夯实快递物流行业党建工作基础。当前，应牢牢抓住三项重点工作。一是注重在不断扩大“两个覆盖”上下功夫。市县行业党委要实施快递物流行业“两个覆盖”专项行动，推动条件成熟的运输企业和快递物流品牌企业建立党组织，并选优配强党组织书记和党建工作指导员。二是注重在促进开展党建工作上下功夫。各级交通运输、邮政管理部门应充分利用自身特点和优势，将党建工作与日常管理工作有机结合起来，借助日常管理工作促进党建工作，尽快建立完善企业党组织在企业决策、规范管理、违法违规惩戒中发挥作用的工作机制，加大党员发展力度，努力提高快递物流企业中党员的比例。三是注重在快递物流行业从业人员职工关心关爱上下功夫。不断加强和改进企业思想政治工作，注重对职工的人文关怀和心理疏导，依托党群服务中心、劳动驿站、司机之家等建设快递小哥、货车司机服务驿站，提供休息、充电等暖心服务。

10 山西省在全国率先实现客运车辆出行便携急救包全覆盖

3月28日，"全省客运车辆出行便携急救包发放"启动仪式在太原举行。作为2022年全省交通运输更贴近民生实事的重要内容，面向全省客运车辆发放10万套出行便携急救包，推动山西省在全国率先实现客运车辆便携急救包全覆盖。省政府副秘书长梁敬华出席仪式并讲话。省交通运输厅党组成员、副厅长郭丙福主持并致辞。省红十字会党组成员、副会长白冰介绍中国红十字基金会"滴滴应急救援项目"情况

相关链接

省交通运输厅下一步会继续联合省红十字会等相关部门，指导各级交通运输部门和客运企业做好便携急救包发放工作，组织从业人员开展急救包使用和应急救助技能培训，建立健全急救包管理制度，同时利用各类宣传媒介，播放推送交通医疗急救设施信息，向乘客普及应急救护知识和自救互救理念。此次便携急救包捐赠项目将为全省班线客车、旅游客车、巡游出租车、网约车和公交车配备急救包，4月底前全部发放到位。

11 省邮政管理局领导督导中共二十大期间寄递渠道安全和服务保障工作

10月，省交通运输厅党组成员、副厅长、省邮政管理局党组书记、局长秦红保(右一)赴企业督导中共二十大期间寄递渠道安全和服务保障工作。秦红保高度重视中共二十大期间寄递渠道安保工作，在调研中多次作出强调和部署，要求全省行业务必提高政治站位，强化政治担当，按照国家局党组和省委、省政府部署安排，全力做好各项重点工作

相关链接

秦红保一行先后深入松烟镇许村、县客运站县级快递统仓分拣中心、县电商物流仓储中心等地，现场听取企业关于中共二十大期间寄递渠道安全管理和服务保障等工作情况汇报，现场观摩企业统仓分拣作业流程，详细了解当地农村寄递物流服务全覆盖推进情况。他指出，要高度重视中共二十大期间寄递渠道安保工作，提高政治站位，强化政治担当，坚定不移做好中共二十大期间寄递渠道维稳安保工作，切实保障行业安全平稳发展局面。要进一步树立“抱团取暖”思维意识，按照国家局党组和省委、省政府部署安排，积极参与资源整合，依托统仓共配一体化，搭建更为多元、更加坚实的下行载体，持续畅通服务网络，加快推动农村寄递物流体系建设。要大力推进农村寄递物流服务全覆盖民生实事，倒排周期、挂图作战，补齐短板、提升成效，让快递进村网络通畅、服务通达，不断提升农村地区用邮水平，努力让“民生答卷”更有厚度更有温度。

12 省交通运输厅开展“关爱职工 清凉一夏”活动

6月30日下午，省交通运输厅党组成员、副厅长王晋、省公路运输工会主要负责人、厅机关相关处室负责人一行，赴孝义公路管理段、汾石高速项目开展“关爱职工 清凉一夏”活动，为奋战在一线的职工同志们，带去防暑降温物资。8月18日，省交通战备办公室专职副主任、省交通运输厅总工程师高新文，省公路运输工会负责人一行，赴运城南高速、运城北高速、运三高速施工现场开展“关爱职工 清凉一夏”活动，为奋战在一线的职工同志们，送去防暑降温物资

相关链接

慰问现场，厅领导详细了解一线职工的工作、生活情况，提醒他们坚守岗位的同时，注意自身安全防护，提高自我保护意识，做好防暑降温工作，为他们送上防暑降温物资，使高温天气下坚守岗位的一线职工感受到组织关怀。厅领导还对基层工作给予充分肯定，勉励全体一线职工继续发扬连续作战精神，无畏艰辛，再接再厉，优质高效完成任务。

此次慰问送清凉活动，不仅体现省交通运输厅对广大奋战在一线职工的关心关爱，更极大鼓舞一线职工的工作干劲，激励广大职工为全省交通运输高质量建设发展贡献自己的力量。

13 省交通运输厅领导分赴各市对物流保通保畅工作进行暗访

4月30日，省交通运输厅党组成员、副厅长王晋到阳泉市调研检查“五一”假期货运物流保通保畅工作。5月2日，省交通运输厅一级巡视员郝玉柱一行，采取“四不两直”方式赴平陆收费站，对节假日期间高速公路保通保畅、安全生产等工作进行督导检查。为纵深推进全省物流保通保畅工作，按照省交通运输厅统一安排部署，“五一”假期，厅领导分别带队赴全省11个市暗访物流保通保畅工作，厅领导通过随机抽查、实地查看、听取汇报、座谈调研等方式，对各市工作机制建立、通行证制度、货车专用通道设置等政策举措贯彻落实和重点企业物流运输需求等方面情况作了深入调查了解，并与地方政府及有关部门座谈，就督导检查中发现的问题和短板弱项进行反馈，提出工作建议，协调解决存在的困难和问题

相关链接

暗访期间，厅领导深入高速公路收费站、服务区、国省干线公路、农村公路检查点和货运企业、寄递物流企业，围绕信息查验、车道设置、道路通行、服务保障、物流运行等重点环节督导检查物流保通保畅工作开展情况和各项政策措施落实情况，并看望节日期间坚守一线的工作人员。

厅领导充分肯定各市物流保通保畅工作和督导工作取得的成效，强调确保交通物流畅通对保障人民群众正常生活、促进产业链供应链稳定、稳住经济基本盘都有着极端重要的意义。各市要坚决落实党中央关于“经济要稳住、发展要安全”部署要求，认真贯彻落实交通运输部、省委、省政府决策部署，以高度的责任感和使命感，凝心聚力，主动担责，积极作为，求真务实，全力以赴保障全省交通物流畅通，为迎接中共二十大胜利召开营造良好交通运输环境。

14 省交通运输厅领导深入忻州汽运公司进行节前安全督导检查

9月29日上午，山西省交通运输厅党组成员、副厅长段新源带领督导组深入忻州汽运公司本部、GPS监控中心、忻州客运中心、忻州公交公司等单位进行节前安全督导检查。重点对运力保障、安全生产等方面工作进行指导

相关链接

督导组指出，一是要认清形势，高度重视，切实做好国庆、中共二十大期间各项安全生产、工作；二是认真落实企业安全生产主体责任，牢固树立“红线”意识和“底线”思维，把安全生产责任扛在肩上，放在心上、抓在手上；三是要科学管理，夯实基础，发挥国企优势，做好节假日运力保障工作。

15 省交通运输厅领导督导检查黄河一号旅游公路

为保障全省“四好农村路”和黄河一号旅游公路高质量建设，推动全省“四好农村路”和三个一号旅游公路建设再上新台阶，7月4日至5日，省交通运输厅党组成员、副厅长王四小（右二）一行6人深入运城市开展现场督导。市委常委、常务副市长陈杰、市政府副秘书长阴乃鹏、市交通运输局局长薛玉马、河津市、万荣县主要负责人及有关工作人员陪同

相关链接

7月4日上午，王四小一行直达河津市、万荣县黄河一号旅游公路现场，围绕旅游公路“五大系统”建设和“交通+五大融合”发展，详细察看公路主体建设、沿线路域环境治理、配套系统打造、引领沿线产业发展等情况。

7月5日上午，王四小一行在市区召开座谈会，分别听取运城市政府、运城市交通运输局、省公路局运城分局、河津市、万荣县政府有关现场会筹备工作情况汇报，对检查中发现的问题进行现场反馈，并提出针对性意见建议。王四小对运城的工作给予肯定并强调：要发挥示范带动作用，加快建设步伐，为全省“四好农村路”和三个一号旅游公路高质量建设提供“运城经验”。要加快提升改造，对标三个一号旅游公路“两性两型”总体要求，加快完善“五大系统”短板弱项，打造系统功能完备的高质量精品旅游公路。要精心筹备会议，围绕“看到、听到、感受到、学习到”的总原则，细化工作方案、强化工作举措、压实工作责任，精益求精、细之又细，确保高质量高标准高效率完成各项筹备工作。要讲好运城故事，厚植历史文化资源优势，赋能黄河一号旅游公路建设，着力推进运城“交通+五大融合”发展，带动公路沿线产业“活”起来，有力推动乡村振兴。

16 省交通运输厅领导深入临猗黄河大桥及引线工程、运三高速连接线项目实地调研

8月18日至19日，山西省交通运输厅一级巡视员郝玉柱，交通战备办公室专职副主任、厅总工程师高新文，厅建设管理处处长武建勇，省公路运输工会主席刘贵良一行深入施工一线实地调研工程建设情况。运城市交通运输局局长薛玉马等陪同调研。

郝玉柱一行先后来到运三高速连接线项目平陆互通、盘南涧特大桥、窑头特大桥，临猗黄河大桥山西侧顶推平台、智慧建造中心现场，实地查看工程实体质量情况，听取工程整体施工进度、运三连接线存在的困难及路面标准化施工、桥梁智慧顶推等有关情况汇报

相关链接

临猗黄河大桥是中国境内连接山西省与陕西省的过河通道，位于黄河水道之上，是山西省高速公路网规划“三纵十二横十二环”的重要组成部分，也是连接晋、陕两省的12座公路桥梁中投资规模最大、桥梁长度最长的公路黄河大桥。连通山西运城与陕西铜川的临猗黄河大桥通车后，两地通车时间由4小时缩短至2.5小时，是山西和陕西新增的一条东西向出省大通道。

17 省高速公路综合行政执法总队举行新式制服换装仪式

7月1日，在全国人民庆祝建党101周年之际，省高速公路综合行政执法总队举行新式制服换装仪式。省交通战备办公室专职副主任、省交通运输厅总工程师高新文出席仪式并讲话。省总队党委书记、总队长刘清平主持仪式，换装仪式以视频会议形式举行

相关链接

省高速公路综合行政执法总队举行新式制服换装仪式，这既是落实司法部、交通运输部关于综合行政执法制式服装的管理规定及相关工作要求，也是全省交通运输综合行政执法改革取得的又一项新成果。

高新文在讲话中指出，新制服代表新形象、新起点、新征程，头顶国徽、佩戴徽章，是一份荣誉，更是一种责任。全省高速公路综合行政执法系统要坚持以习近平法治思想为指引，紧紧围绕交通运输行政执法规范化长效机制建立和交通强省建设各项任务目标，积极推进工作思路、工作方法和工作手段创新，全力推动执法队伍法治化、规范化、正规化建设再上新台阶。

18 安全度汛再发力 多措并举保畅通

省公路局阳泉分局

吕梁北高速公路管理有限公司

大同北高速公路管理有限公司

临汾北高速公路管理有限公司

7月至8月，为积极应对持续性强降雨天气，山西省交通运输系统全面落实各项防范措施，切实做好预案、物资、装备、队伍等各环节工作

相关链接

山西省交通运输系统备汛精准精细，各职能部门统筹协调，紧盯雨情水情变化，及时会商研判、科学调度，确保各项工作有序推进。各基层单位严格落实带班值班值守制度，全力以赴筑牢防汛“安全堤”。各基层单位加大巡查排险频次，及时发现问题及时处置，各路产维护站开展拉网式大检查，全面排查边坡、边沟等排水设施，并采取针对性措施，提升防汛救援队伍应急能力，加强防汛物资储备，及时发布防汛和预警信息，做好汛期公众出行服务保障，加强“一路三方”沟通协作，确保辖区道路安全畅通。

19 交通运输系统开展党建活动

省交通运输厅党日活动

交控集团党日活动

省邮政管理局党日活动

航产集团党日活动

全省交通运输系统各行业开展主题党日活动，热烈庆祝中国共产党成立101周年

相关链接

6月29日，山西省邮政管理局组织机关党员干部赴太原解放纪念馆开展“赓续红色血脉，践行初心使命”主题党日活动，热烈庆祝中国共产党成立101周年。

山西交控集团机关党委坚持以习近平新时代中国特色社会主义思想为指导，结合工作实际，周密安排部署，组织集团总部各党支部紧紧围绕“学思想、强党性、重实践、建新功”开展主题党日活动。

9月8日下午，山西航产集团党委以视频会议形式开展“新思想在山西”专题宣讲，集团党委书记、董事长、总经理陈阳以《牢记嘱托，奋力书写崭新答卷》为题作专题宣讲。

20 繁峙至五台高速公路项目开工

12月21日，繁峙至五台高速公路开工仪式在繁峙县举行。省交通战备办专职副主任、省交通运输厅总工程师高新文等出席开工仪式。忻州市委书记朱晓东宣布开工，忻州市市长李建国主持

相关链接

繁五高速是贯彻落实省委、省政府加快复工复产的具体举措，也是太忻一体化经济区建设的又一重点项目。项目起点位于繁峙县楼岗村，与灵河高速繁峙枢纽相接，终点位于五台县瑶芝村，与忻阜高速相连，设计全长约65公里，总投资约98亿元，预计2026年通车。作为全省“十四五”高速公路规划网“四纵十五横”东纵的重要组成部分，繁五高速项目建成后可实现忻阜、灵河高速连接贯通，极大促进沿线经济社会发展，在全省全方位推动高质量发展中发挥积极作用。

21 207国道左涉公路新建工程正式通车运营

207国道左权至黎城界及南沁线左权桐峪至河北涉县界公路新建工程(以下简称207国道左涉公路新建工程)自开工建设以来,抢抓工期,高标准建设,高效率推进,经过大量前期准备工作,于5月8日正式通车运营

相关链接

207国道左涉公路新建工程项目全长60.889公里,主线长57.522公里,支线长3.367公里,主线起点位于晋中市左权县辽阳镇207国道K1056+850处与阳左高速左权连接线K7+218.626处相接,终点位于长治市黎城县下清泉村南,与河北省交界处。采用双向四车道一级公路标准建设,设计速度60公里/小时,整体式路基宽度20米,分离式路基宽度9.75米,全线桥涵设计汽车荷载等级采用公路I级。

项目是第一个国省干线PPP项目,也是全建设周期贯彻“品质工程”“绿色公路”理念示范项目,为广大司乘人员和沿线人民群众营造舒适、安全、便捷出行环境,串联起经济、文化、旅游大动脉,进一步优化晋冀区域路网结构。

22 黄河、长城、太行三个一号旅游公路主线基本贯通

黄河一号旅游公路

太行一号旅游公路

2022年，全省建成黄河、长城、太行三个一号旅游公路2524公里，累计建成7992公里(含主线3566公里)，实现主线基本贯通，标志着全省旅游公路建设取得重大阶段性成果

长城一号旅游公路

相关链接

黄河、长城、太行三大板块，作为国家级品牌、中华民族符号，是山西得天独厚的文化旅游资源和优势。作为“四好农村路”建设的重要组成部分和打造全域旅游示范区、推动交旅融合发展、推进乡村振兴的先导性、基础性工程，全省启动建设黄河、长城、太行三个一号旅游公路。

自项目开建以来，省委、省政府高度重视，连续5年召开建设推进会、现场会，省直相关部门倾力支持、共同发力，市县政府统筹推进、精心组织，各级交通运输部门攻坚克难、踔厉奋发，全力推进三个一号旅游公路建设，取得显著成效。

全省已累计建成7992公里，其中，黄河一号建成2812公里、长城一号建成2223公里、太行一号建成2957公里；完成投资611.1亿元，占总规划的61%；同步建成慢行步道571公里、驿站85个、房车营地38个、观景台114个。

23 太忻大道全线建成通车

9月30日，太(原)忻(州)大道忻州段30日建成通车，至此，太忻大道实现全线通车。2021年12月，太忻大道忻州段开工建设，经过近一年施工，建成通车。太忻大道通车后，进一步推动太忻一体化经济区的建设和发展，优化区域发展布局，缓解G55二广高速交通压力，对加快山西深度融入京津冀协同发展、服务雄安新区、助推山西中部城市群高质量发展具有重要意义

相关链接

建设太忻一体化经济区，是省委、省政府构建“一群两区三圈”城乡区域发展布局、深度融入京津冀协同发展国家战略布局、打造经济增长新引擎的重大举措。作为太忻一体化经济区的一条“主动脉”，太忻大道通车有效缓解南北交通压力，与二广高速、108国道共同形成高速公路、一级公路、城市快速路分工明确、功能互补、有效衔接的公路网，使得太忻一体化经济区路网结构日益完善；有利于实现发展要素流动，忻东新城与大盂产业新城“一线牵”，促进太忻一体化经济区建设，加快打造中部城市群发展“北引擎”，为山西省融入京津冀、服务雄安新区提供新机遇。

24 山西省首列中老铁路国际货运列车成功开行

7月30日，满载陶瓷制品、涂料及化肥等货物的47610次列车从位于山西省中部的中鼎物流园驶出，开往老挝首都万象，标志山西省首列中老铁路（太原—万象）国际货运列车成功开行。随着这趟中老铁路国际货运列车成功开行，山西与东盟各国的物流通道得到升级扩容，对推进山西制造"走出去"深化经贸交往、加速国际物流都有着积极作用和深远影响

相关链接

中老铁路北起中国昆明、南至老挝万象，全长1035公里，自12月3日开通运营后，极大方便中国、老挝两国沿线民众出行，更在中国和东盟间构建起一条便捷的物流通道，使运输时间大幅压缩，物流成本显著降低。1月，包括中国、老挝等成员国在内的《区域全面经济伙伴关系协定》（RCEP）正式生效后，中老国际物流需求更加旺盛。为抢抓RCEP正式生效机遇，精准对接"一带一路"，服务山西打造内陆地区对外开放新高地，中国铁路太原局集团有限公司与华远国际陆港集团携手，发挥山西晋欧物流有限公司国际货运列车运营平台作用，主动联系对接全省制造企业和国际贸易企业，积极集结中老铁路国际货物列车货源，为山西制造走出国门创造条件。

25 太原武宿国际机场三期改扩建工程正式开工

5月29日，太原武宿国际机场三期改扩建工程正式开工。对于完善山西现代综合交通运输体系、加快建设内陆地区对外开放新高地、推动山西高质量发展具有重要意义

相关链接

太原武宿国际机场建成于1939年，20世纪70年代，曾进行过改造，改革开放后，太原武宿国际机场进行两次改扩建。2017年10月25日，太原武宿国际机场年旅客吞吐量首次突破1000万人次，正式跨入全国千万级大型繁忙机场行列。2019年，太原武宿国际机场年旅客吞吐量超过1400万人次。

现有的机场功能难以满足日益增长的交通运输需要，为了打造内陆地区对外开放新高地，培育转型发展新动能，进一步提升硬件保障能力，提升服务对外开放的能力，努力打造成为区域性枢纽机场，满足山西经济社会高质量发展需求，省委、省政府作出推进太原武宿国际机场三期改扩建工程的重大决策部署。三期改扩建工程将构建全场的安全控制中心，统一上报和管理报警事件，综合接入视频，实现报警和视频联动，对航站区、飞行区、公共区、货运区等重点区域统一监控、协同处置，通过人像布控、人员高度集聚预警、视频搜索等技术，高效保证机场安全和正常运行。

26 “快递+特色农业”项目有效助力乡村振兴

2022年，山西省邮政管理局引导行业持续打造快递服务现代农业精品项目，培育出运城苹果、吕梁杂粮、清徐老陈醋等三个快递服务现代农业金牌项目和20余个“一市一品”农特产品进城精品项目，拉动消费超过18亿元。其中，运城苹果年度寄销量达到2400.49万件，拉动消费10.38亿元。吕梁杂粮寄销量达1346.2万件，拉动消费4.03亿元。清徐老陈醋寄销量达1063.39万件，拉动消费4.25亿元。巩固脱贫攻坚成果，助力农民增收和乡村振兴成效明显

相关链接

2022年，山西省邮政快递业支持上下游产业高度协同，快递服务现代农业持续壮大，“快递＋太原老陈醋”年业务量达1063万件，已进入2022年度金牌项目评审阶段；联合省农业农村厅顺利完成3个快递服务现代农业示范项目申报工作；引导培育“一市(地)一品”项目23个、“一县一品”项目10个。全省行业全年累计带动农产品上行超7000万件，拉动产值超18亿元，有力巩固脱贫攻坚成果、促进乡村振兴。

27 山西交控集团召开科技创新工作会议

6月10日，山西交控集团召开科技创新工作会议，总结回顾集团成立以来科技创新工作成果，安排部署下阶段科技创新工作任务。山西交控集团党委书记、董事长武艺出席会议并讲话，专职党委副书记刘宏武主持

相关链接

山西交控集团成立以来，充分发挥市场需求、集成创新、组织平台优势，推动项目、人才、资金一体化配置，科技创新对产业发展贡献度不断提升。突出创新资源整合集聚，建设全省首个具备去“筹”条件的智慧交通实验室，打造交通科研和智慧交通建设高地。强化科研攻关，省部级科技创新平台达到28个，开展科研项目251项，获得国家科技进步二等奖1项、省部级科学技术奖54项。持续加大科技创新投入力度，实行重点项目攻关“揭榜挂帅”等机制，激励各类人才专注创新、安心创业。

28 山西省发布《高速公路交通安全风险评估指南》地方标准

山西省市场监督管理局以地方标准的形式率先发布《高速公路交通安全风险评估指南》(以下简称《指南》),填补国内高速公路高速公路安全风险评估判定标准的行业空白。《指南》由省交通运输厅提出,山西交控集团所属省交通规划勘察设计院、省交通运输安全应急保障技术中心共同编制,于2022年9月15日正式实施

相关链接

《指南》针对高速公路交通安全风险评估工作,规范了术语和定义、一般要求、资料收集、风险辨识、风险评级、风险管控及报告编制的方法和内容。《指南》的编制发布,是健全公路交通安全风险防控和隐患排查治理双重预防机制的重要举措,也是山西省开展“平安文明示范高速公路”创建工作的重要成果。近年来,山西省交通运输系统深入学习贯彻习近平总书记关于安全生产和防范化解重大风险重要论述,坚持人民至上、生命至上,向防范化解重大安全风险聚焦发力,将交通运输安全风险防控和隐患排查治理工作作为重要抓手,把握安全痛点,充分发挥技术和人才优势,积极组织开展安全生产相关地方标准、企业标准等标准体系的研究制订工作。作为公路交通安全风险评估的主要依据,《指南》的发布实施标志着山西省公路交通安全风险评估工作迈入新阶段,下一步,开展全省范围内的宣贯培训工作,进一步发挥《指南》在安全风险防范工作中的应用实效。

编辑说明

一、《山西交通运输年鉴(2023)》以马克思列宁主义、毛泽东思想、邓小平理论、“三个代表”重要思想、科学发展观、习近平新时代中国特色社会主义思想为指导，坚持辩证唯物主义和历史唯物主义的立场、观点和方法，全面、完整地记述和反映全省交通运输系统各单位工作情况，突出展示全省交通运输系统各行各业的业绩。

二、《山西交通运输年鉴(2023)》为本年鉴系列第三十卷，由山西省交通运输厅组织编纂，时限为2022年1月1日至12月31日。

三、《山西交通运输年鉴(2023)》承接上年体例，设特载、大事记、省厅机关、厅直单位、公路系统、综合执法、邮政管理、交通控股、民用航空、区域发展、统计资料、先进典型、领导名录13个栏目。

四、《山西交通运输年鉴(2023)》使用的数字、标点符号、计量单位分别执行国家标准《出版物上数字用法》(GB/T 15835—2011)、《标点符号用法》(GB/T 15834—2011)、《国际单位制及其应用》(GB 3100—1993)和《有关量、单位、符号的一般原则》(GB/T 3101—1993)。考虑到社会使用习惯，全书中亩不统一换算。

五、《山西交通运输年鉴(2023)》中所称“山西”“全省”，均指“山西省”；文中所称“省交通运输厅”“省厅”，均指山西省交通运输厅。

六、《山西交通运输年鉴(2023)》所载资料均由各单位专人撰写，领导审核后上报。文中有些地区性、部门性数据，由于统计数据的来源、口径、方式、时间不同，与统计局公布的可能不完全一致，请读者在查阅和引用时注意。

目 录

特载

大事记

省厅机关

厅直单位

公路系统

综合执法

邮政管理

交通控股

民用航空

区域发展

太原市

大同市

朔州市

忻州市

吕梁市

晋中市

阳泉市

长治市

晋城市

临汾市

运城市

统计资料

先进典型

领导名录

山西交通运输

2023

年鉴

特载

山西省交通运输厅

坚持政治引领　当好开路先锋
奋力谱写加快交通强国建设山西新篇章

——2023年全省交通运输工作会议上的讲话

山西省交通运输厅党组书记、厅长　郭丙福

（2023年3月31日）

今天召开2023年全省交通运输工作会议，主要任务是：全面贯彻落实中共二十大精神，认真贯彻落实省委经济工作会议、省两会和全国交通运输工作会议精神，总结过去五年及2022年的工作，明确今后发展思路，安排2023年重点任务。

一、过去五年及2022年工作回顾

过去五年，是山西交通运输发展进程中极不寻常、极不平凡的五年。全省交通运输系统深入学习贯彻习近平总书记关于交通运输工作的重要论述和考察调研山西重要讲话重要指示精神，认真贯彻落实省委、省政府和交通运输部决策部署，忠实践行开路先锋的职责使命，加快构建现代交通运输体系，为全省经济社会发展提供强有力交通运输支撑。

五年来，交通建设突飞猛进。省委、省政府提出建设交通强省战略，交通发展首次上升为省级重大发展战略。公路、水运、民航基础设施建设完成投资3189亿元。新增高速公路675公里，总里程突破6000公里，出省口打通30个。建设改造普通国省道3296公里，普通干线路网二级以上公路比重达到87.9%。新改建农村公路7.82万公里，93%的乡镇通了三级以上公路，实现具备条件的建制村通硬化路、通客车、通快递"全覆盖"。黄河、长城、太行三个一号旅游公路累计建成7992公里，完成规划的62%，实现了主线基本贯通，连通全省52.5%的A级以上景区。民航机场、水运航道网络布局进一步完善。一个高铁飞驰、民航翱翔、公路四通八达、航运自成体系的综合立体交通网在三晋大地基本成型。

五年来，运输服务转型升级。接驳运输、旅游客运、旅客联程运输方兴未艾；网络货运发展迅猛，跻身全国前列，公铁海多式联运初见规模。民航客运航线总数最高达到304条，通达国内76个城市，辐射全球12个国家和地区，首条国际货运航线开通运行，太原机场进入全国繁忙机场行列。城市公交提档升级，太原市进入国家"公交都市"行列；太原地铁2号线通车运营，实现城市轨道交通零的突破。平顺、平定、武乡三县被评为全国城乡客运一体化示范县。交通运输正在以崭新的姿态迎接人民群众对美好生活的追求和向往！

五年来，行业治理显著提升。省、市、县三级交通运输部门机构改革及所属事业单位改革、交通运输综合执法改革扎实推进，厅属事业单位机构精简率56.92%。"放管服"改革不断深化，取消、下放省级行政审批事项14项，道路运输电子证照系统上线运

行，道路运输从业资格5项高频事项实现“跨省通办”，行政审批事项网办率达到99.46%。交通运输法规体系进一步完善，“互联网+”监管、信用监管、“双随机、一公开”等新型监管方式得到推广应用。交通污染治理持续推进，累计淘汰国三及以下排放标准营运中重型柴油货车15.16万辆，全省新能源公交车、出租车占比分别居全国第3名和第2名，太原、大同、阳泉、临汾4市成功获评国家绿色出行创建达标城市。交通运输安全生产形势稳定向好，五年未发生重大及以上安全事故，事故起数和伤亡人数逐年下降。交通运输行业以实际行动诠释“人民交通为人民”的根本宗旨！

特别是刚刚过去的2022年，厅党组带领全省交通运输系统坚决落实“经济要稳住、发展要安全”的要求，深入学习宣传贯彻中共二十大精神，统筹发展和安全，同步推进交通建设、保通保畅和助企纾困，在克服重重困难中向省委、省政府和全省人民交出了一份满意的答卷，一些指标创历史最好成绩。

一是全力以赴保建设、扩投资、稳增长。认真贯彻落实中共中央扩大内需、加快现代化基础设施建设的决策部署，组织编制并经省委、省政府审议印发《山西省综合立体交通网规划》，编制并经省太忻一体化领导组审议印发了《太忻一体化交通运输高质量发展实施方案》。推进公路、水运、民航基础设施建设，完成投资829亿元，再创历史新高。建成高速公路247公里，完成普通国省道新改建工程279公里。完成“四好农村路”新改建工程4733公里，建成三个一号旅游公路2524公里。太原武宿机场三期改扩建工程开工建设，朔州机场新建和运城机场改扩建工程进展顺利。

二是用心用情助企纾困解难。搭建“政、银、企”平台，推动助企纾困政策落地，落实交通物流企业专项再贷款12亿元，二级及以上汽车站争取到财政支持资金1500万元，一批货车司机还享受到贷款延期还本付息的政策红利。支持网络货运企业做强做大做优，企业户数达到465家，2022年完成货运量5.88亿吨，营业收入1058亿元，分别居全国第1名、第2名。持续推行以保险、保函等替代现金缴纳涉企保证金，进一步落实重点建设项目缓缴质保金有关要求，减轻企业现金流压力。落实高速公路通行费差异化收费和政策性减免优惠政策，全年累计减免优惠通行费34亿元。推进高速公路服务区提质升级，累计新开通加油站15座，新建加气站21座、充电桩601个。

三是大力推进行业治理体系和治理能力建设。省人大发布《山西省社会信用条例》，确立交通运输信用建设的法律地位；省政府制订修订《山西省治理道路货物运输源头超限超载办法》《山西省高速公路危险货物运输车辆通行与服务区停放管理办法》，更好地适应交通运输高质量发展和行业监管的需要。坚持不懈加强交通运输安全生产工作，专项整治三年行动收官，85项整治任务全面完成。实施普通国省道和农村公路危旧桥改造191座、生命防护工程433公里，2021年水毁公路基本修复完成。

四是切实加强党的建设和党风廉政建设。开展喜迎二十大系列活动，大力宣传新时代10年山西交通运输巨大变革，兴起学习宣传贯彻中共二十大精神热潮，深刻领悟“两个确立”的决定性意义，增强“四个意识”、坚定“四个自信”、做到“两个维护”，凝心聚力奋进新征程。成立全省快递物流行业党委，用党的组织优势引领快递物流业集约发展、转型升级。按照省委建设清廉山西的要求，推进清廉交通建设，持续巩固良好政治生态。

看似寻常最奇崛，成如容易却艰辛。成绩的取得，是习近平新时代中国特色社会主义思想科学指引的结果，是省委、省政府坚强领导的结果，是省直有关部门、市县党委政府大力支持的结果，得益于历届厅领导班子接续奋斗打下的坚实基础，归功于全系统广大干部职工和衷共济、顽强拼搏。在此，我代表厅党组，向长期以来重视、关心、支持交通运输事业发展的各级各部门和社会各界，向全系统广大干部职工、历任老领导和离退休老干部职工表示崇高敬意和衷心感谢！

在肯定成绩的同时，必须清醒地看到，我们的工作还有不少短板弱项，前进路上还有不少困难挑战。从供给服务看，发展不平衡不充分的问题仍然突出，重建轻养、重路轻运、重管理轻服务的问题依然存在。从发展方式看，各种交通运输方式融合发展不够，综合交通运输管理体制尚未完全形成，综合交通枢纽建设严重滞后；创新驱动、科技赋能明显不足，信息化、数字化、智慧化水平较低。从行业治理看，改革滞后、观念陈旧的问题突出，事业单位和综合执法改革尚未完全到位，债务安全稳定风险依然存在。以上这些问题，既是我们的短板弱项，也是高质量发展的主攻方向。只要我们横下一条心，着力补短板、强弱项、固底板，就一定能够积小胜为大胜，积跬步以至千里，奋力开创交通运输高质量发展新局面。

二、今后五年工作总体安排

未来五年是全面建设社会主义现代化国家开局起步的关键时期，是山西全方位推动高质量发展、奋力实现转型目标任务的重要时期，加快建设交通强省也将进入新阶段。中共二十大报告鲜明提出，“以中国式现代化全面推进中华民族伟大复兴”；习近平总书记深刻指出，“交通成为中国现代化的开路先锋”。省委经济工作会议、省两会对交通运输工作提出17项具体任务，省委书记蓝佛安在省管主要领导干部专题研讨班上，提出山西高质量发展和现代化建设面临的“十二个重大问题”，有4个问题涉及交通运输。我们要深刻领会中共中央和省委、省政府的战略谋划、部署要求，准确把握交通运输发展的阶段性特征，加快构建现代化综合交通体系，奋力推进交通强省建设，在中国式现代化山西实践中当好开路先锋。

未来五年工作的总体要求是：以习近平新时代中国特色社会主义思想为指导，全面贯彻落实中共二十大精神，深入学习贯彻习近平总书记关于交通运输工作的重要论述和考察调研山西重要讲话重要指示精神，认真落实省委、省政府和交通运输部部署要求，坚持稳中求进工作总基调，完整准确全面贯彻新发展理念，主动服务和融入新发展格局，牢牢把握“先行官”定位，以交通强省建设为总抓手，推动交通运输发展“三个转变”（向更加注重质量效益转变、更加注重一体融合转变、更加注重创新驱动转变），加快构建现代化综合交通体系，全面建设人民满意交通，为推进中国式现代化山西实践当好开路先锋。

未来五年，山西交通运输发展的总体目标是：安全、便捷、高效、绿色、经济的综合交通体系建设取得新的重大突破，“3223交通出行圈”“123快货物流圈”基本成型，交通运输综合保障能力、服务品质、运行效率和整体效益显著提高，主要发展指标进入全国中上游水平，人民满意交通建设取得重大进展。

一是交通网络更加完善。覆盖广泛、四通八达的公路网提质升级，“四纵十五横”高速公路网建成“两纵八横”，总里程突破7000公里，出省口达到32个，一级公路达到5000公里，总规模1.28万公里的黄河、长城、太行三个一号旅游公路提前建成，实现设区市城际高速公路、一级公路双贯通，所有县通高速公路、通国道，乡镇通省道、通三级以上公路，较大人口规模（30户以上）自然村通硬化路，60%以上建制村通双车道公路，A级以上景区通等级公路。省域内国家高速铁路网基本建成，实现设区市通高铁，普速铁路网进一步完善。“一干八支”民用运输机场布局全面建成，全省实现运输机场地面100公里范围覆盖所有设区市。“一线多库”内河航道体系基本形成，重点水域水运基础设施完善可靠；综合交通枢纽建设取得重大突破，各种交通运输方式转换顺畅、融合发展的格局基本形成。

二是运输服务更加高效。一体化运输服务加快发展，旅客联程运输“一票制”、货物多式联运“一单制”服务能力大幅提升；定制化、个性化、专业化运输服务更加普及，定制客运线路比例达到30%，网络货运发展指标继续保持全国领先水平；太原、大同公共交通机动化出行分担率达到40%以上，其他设区市达到30%以上，中心城区公共交通站点500米覆盖率达到100%；农村客运公交化比例达到70%以上。

三是数字交通更加普遍。交通基础设施、运输服务和行业监管数字化、智能化水平显著提高,重点路段交通感知网络覆盖率大幅提升,二级以上客运站电子客票覆盖率达到100%,危险货物道路运输电子运单使用率达到100%,省市两级交通运输综合信息监管平台建成投用,精准预测预警和协同监管水平显著提升。

四是本质安全更加牢固。交通基础设施养护到位、运行安全、防护有效、风险可控,国省道危桥危隧当年发现、当年处治率达到100%,公路安全生命防护工程覆盖率达到90%以上;"两客一危"重点营运车辆动态监控上线率、轨迹完整率达到100%;交通运输重大风险管控率和重大隐患整改率达到100%,安全生产形势稳定向好,坚决杜绝重特大事故,责任事故发生率控制在国家规定指标以内。

五是绿色交通更加凸显。高速公路、一级公路建设耕地占用进一步下降,公路养护废旧沥青路面材料循环利用率达到80%以上,高速公路服务区新能源充装设施覆盖率达到100%,营运车船换算周转量碳排放强度比2020年下降7%左右,设区市中心城区居民绿色出行比例达到70%,城市公交、巡游出租新能源车占比分别达到90%、60%。

六是治理体系更加完备。综合交通运输管理体制和运行机制基本理顺;服务型政府部门建设成效明显,地方交通运输法规体系进一步健全,以信用为基础的新型监管机制基本建立,交通运输营商环境不断优化,行业服务的社会认可度和群众满意度持续提升。

按照上述六个目标要求,重点抓好以下工作。

(一)着力加快构建高质量的综合立体交通网。一是推进快速网互联互通。重点推进县县通高速、打通"出省口"、贯通断头路,加快新规划国高网建设和交通繁忙拥堵国高网项目扩容改造。加快推进太原机场三期改扩建工程,加快建设朔州机场、晋城机场,完善"一干八支"运输机场布局,与京津冀蒙共建华北机场群,支撑全省对内对外扩大开放。同步推进太原等机场连通高铁、地铁等轨道交通,实现多种交通方式无缝衔接、一体换乘。二是推进干线网提质升级。加快具有城际通道功能的普通国省道和城市过境路段建设改造,打通断头路、改善瓶颈路、消除次差路,提升普通国省道整体服务能力。三是推进基础网广泛覆盖。持续推进"四好农村路"建设,实施乡镇通三级以上公路、较大人口规模自然村(30户以上)通硬化路、建制村通双车道公路工程和旅游公路建设提速工程,进一步提高农村公路通达质量和通达深度。加快"一线多库"内河航道水运设施建设和通航机场布局。四是推进多层级一体化综合交通枢纽建设。重点推进太原、大同国家综合交通枢纽和长治、临汾等国家物流枢纽建设,推进现有客货运站场植入物流功能,推动形成"零距离"换乘、一体化服务的客运枢纽和"无缝衔接"、信息集成的货运枢纽体系。五是强化公路养护与运营服务。全省交通运输已进入高质量发展阶段,"有没有"的问题基本解决,"好不好"已成为主要矛盾。把现有14万多公里公路维护好、运营好,是交通运输高质量发展的内在要求。必须把公路养护运营摆到更加突出位置,坚决克服重建轻养、重管理轻服务的倾向,加大养护投入,创新养护机制,确保存量公路发挥最大效益,成为山西现代化开路先锋的主力军和交通运输高质量发展的显著标志。

(二)着力扩大优质运输服务供给。一是提升旅客出行服务品质。适应高铁、航空快速发展的需要,大力发展旅客联程运输,因地制宜建设城市候机楼、高铁无轨站,发展城际快线、旅游客运、机场快线,提升公路客运服务品质。积极支持民航运输恢复国际国内航线,推进太原至北京等繁忙航线公交化运营。二是构建高效货运服务体系。加强与沿海港口合作,发展公铁海多式联运,优化城市物流集散和配送网络,加强城乡互动的双向物流体系建设。深化物流降本增效综合改革试点,继续实施高速公路差异化收费政策,全面提升物流业价值创造能力。三是推进城市公交优先发展。深化"公交都市"创建,太原市要加快构建轨道交通为骨干、常规公交为主体的城市公共交通系统;中小城市要构建以公共交通为主导、步行和自行车交通统筹发展的绿色出行体系。深入推进城乡客运一体化,推动农村客运公交化改造，提高城乡基本交通服务均等化水平。

（三）着力加快交通运输数字化、智慧化改造。加快高速公路和三个一号旅游公路沿线5G基站建设，完善公路基础设施数字化感知系统、设施设备信息交互网络，强化视频、气象、事件监测等信息联网汇聚，建立长大桥梁隧道结构健康及运行动态监测系统，不断扩大人工智能、大数据、云计算等现代技术应用场景，打造数字公路、智慧场站。推进运输服务全程数字化，引导和规范交通运输平台经济发展。整合交通运输信息平台，完善"互联网+"监管系统，提升数字化、智慧化监管水平。

（四）着力推进交通运输绿色低碳转型。统筹利用交通线位、桥位资源，集约节约利用土地，推进科学选址选线，推动废旧设施材料等资源化利用。继续推动大宗货物中长距离运输"公转铁"，推进柴油货车和散装物流运输车辆污染治理，建立健全公路抛洒污染治理机制，降低交通运输排放污染。推进公路沿线布局建设充换电设施，大力推广使用新能源车船，积极发展低碳绿色城市客运、城市配送、短途运输、水路运输。

（五）着力推动安全治理模式向事前预防转型。深入开展"平安文明示范高速公路"创建，系统推进人、车、路、环境、管理五大要素综合治理，强化安全主动预防技术在交通运输领域的推广应用，推进安全风险分级分类管控、安全隐患动态清零、本质安全持续提升，增强安全工作主动性。全面落实企业安全生产主体责任，推动交通运输企业建立健全安全风险分级管控和隐患排查治理"双重预防"机制。健全完善应急救援体系，建设国家、省、市三级公路应急物资储备库，强化专业化应急队伍建设，提高应急救援实战能力。

（六）着力推进行业治理体系和治理能力现代化。积极稳妥推进省公路局重塑性改革，深化所属事业单位改革，进一步完善综合行政执法体制机制，推动综合交通运输管理体制改革，构建定位准确、权责清晰、精干高效、运转顺畅的交通运输机构职能体系。深化"放管服"改革，积极推广复制自贸区先进经验做法，建立更加便利的行政审批政务环境和以信用为基础的新型监管机制，持续优化营商环境。推进《山西省公路条例》《山西省高速公路管理条例》等地方性法规和政府规章制度修订工作，完善交通运输法规体系。大力加强精神文明建设，弘扬伟大建党精神，弘扬以太旧精神为代表的交通精神，培育新时代优秀交通文化，传播正能量，唱响主旋律，营造干事创业、风清气正的良好环境。

三、2023年的重点工作安排

2023年是全面贯彻落实中共二十大精神的开局之年，是实施"十四五"规划承上启下的关键之年，是省交通运输厅新一届领导班子依法履职的起步之年。全省交通运输工作要认真贯彻落实省委经济工作会议、省两会和全国交通运输工作会议精神，贯彻落实好省委、省政府关于交通运输工作的决策部署，牢牢把握交通运输"先行官"定位和"开路先锋"使命，以交通强省建设为总抓手，突出保通畅、扩投资、稳市场、调结构、保安全、防风险，聚焦"必须干、应该干"的大事要事，着力推动交通运输发展"三个转变"，努力实现常规工作稳步推进、重点工作有所突破、建设人民满意交通取得新的进展。

主要预期指标是：全省交通固定资产投资完成800亿元以上。"四纵十五横"高速公路网建成"一纵六横"，总里程达到6240公里；三个一号旅游公路再建成2582公里，总里程突破1万公里；高速公路优等路率、普通国省道优良路率、农村公路优良中等路率分别保持在85%、80%、90%以上；运输服务业增加值同比增长7%；航空旅客吞吐量同比增长90%、货邮吞吐量同比增长40%；杜绝重特大责任事故，事故起数和死亡人数进一步下降。

在统筹做好各项工作的同时，重点抓好10个方面的工作。

（一）服务转型发展大局，加快三个一号旅游公路建设。黄河、长城、太行三个一号旅游公路是全省转型发展的基础工程，是全省文化旅游产业振兴的先决条件。省委书记蓝佛安强调,“要将三个一号旅游公路建设作为‘十四五’期间的铁任务”。经过五年艰苦奋战,三个一号旅游公路建设取得重大阶段性成果。但是,面对省委、省政府2024年全面建成三个一号旅游公路的要求,还存在一些不容忽视的问题:一是项目前期工作进展缓慢。2023年计划开工的221个项目有153个尚未完成初步设计,忻州、晋中、运城、太原4市尤为突出;有62个项目因涉及占用基本农田、林地,穿越自然保护区,迟迟得不到审批,主要集中在忻州、运城、朔州3市。二是债券资金挤占挪用问题严重。考虑到市县财政困难,省委、省政府对旅游公路建设资金给予超常规的支持,省级补助和代发债券资金占到总投资58%,但市县配套资金不到位问题依然存在,更为严重的是,省代市县发行的旅游公路建设债券有38.5亿元被挪用,除太原外,其余10个市不同程度存在。挪用较多的是:阳泉8.97亿元,运城8.41亿元,大同5.97亿元,占挪用资金总额的61%。三是进展不平衡的问题突出。尤其是忻州、朔州、临汾等市,过去落下的欠账多,今后两年的任务更艰巨,面临着“补考”与“赶考”的双重压力。当前,三个一号旅游公路主线已基本贯通,2023年重点推进支线、连接线建设,各市交通运输部门要高度重视以上问题,加大攻坚力度,确保完成年度目标任务。

一要加大项目开工力度。市县交通运输部门要对照省厅下达的建设任务,认真梳理项目,压实责任,统筹推进今明两年项目的前期工作。要加强部门协调,加快项目审批,确保全年开工项目上半年应开尽开,2024年开工项目原则上2023年底前开工。省厅将继续协调省自然资源厅等部门加快土地林地、生态红线审批,为项目早日开工创造条件。二要加强施工组织管理。市县交通运输部门要科学制订施工组织计划,倒排工期、卡住节点、明确责任、挂图作战,强力推进项目建设,以日保旬、以旬保月、以月保季、以季保年。省厅将定期召开项目调度会,对前期工作、工程建设、质量安全、资金使用、服务设施配套等定期盘点,及时掌握项目动态,实行前期工作“一旬一排队,一旬一通报”,工程建设“一月一排队,一月一通报”。对进展缓慢、推进不力的,将约谈市政府分管领导和市交通运输局主要负责人。忻州、运城、晋中3市2023年建设任务1357公里,占到全省总任务的一半,尤其是忻州,一个市就承担749公里,占全省近30%,要抢抓有效工期,一切工作往前赶,确保不拖全省后腿。三要切实加强质量安全管理。市县交通运输部门要认真践行交旅融合理念,依靠科技进步与创新,打造耐久可靠、功能齐全、特色鲜明、服务一流的精品旅游公路。要运用现代信息技术,建立健全从项目设计到工程建设直至验收投产全过程、全方位的质量安全监管链条,加强执法监督,及时查处质量安全问题,确保工程质量安全处在有效受控之中。省厅将继续加强设计方案咨询审查,并组织专家技术人员开展督导检查,帮助基层解决技术难题。四要切实抓好资金使用问题整改。省委书记蓝佛安、省长金湘军对债券资金挪用问题高度重视,三令五申立即整改。各市交通运输部门要主动向本级党委、政府主要领导专题汇报,加大与市级财政部门协调力度,加快问题整改,建立长效机制,规范资金使用管理,确保不再发生类似问题。省厅将联合省财政、审计部门,加强对旅游公路建设资金的审计监督、财政监督、层级监督,坚决纠正挪用挤占问题,确保专款专用。今后,凡出现建设资金被挪用挤占问题的,省厅暂停交通项目审批和资金安排;凡出现交通专项资金被整合、挤占、挪用或预算执行不到位的,省厅一律统筹收回下拨资金,这要作为一条铁的规矩来执行。

(二)服务新型城镇化建设,全力推进“县县通”高速公路。高速公路是承载新型城镇化建设的重要基础设施。省委书记蓝佛安在省管主要领导干部专题研讨班上指出,“我们很多县城的基础设施条件差距还很大,还有5个县没有通高速”“这些问题都需要统筹解决好”。截至2022年底,中部6省已有4个省实现“县县通”高速公路,河南将于2023年实现,2024年山西将成为中部地区唯一一个没有实现“县县通”高速公路的省。形势逼人、时不我待。2023年省委、省政府给我们立下加快推进“县县通”高速公路的军令状，我们经过统筹研判，决定提前一年实现“县县通”高速公路，2023年通三县、2024年全部通。3月2日，省政府召开全省“县县通”高速公路建设推进会，进行再动员再部署。当前，项目建设已进入决战阶段，各建设单位、相关交通运输部门要按照省政府推进会部署要求，进一步完善工作机制，加力推进项目建设，确保如期完成任务。一是政府层面，省厅已组建工作专班，加强督导，实行领导包联、挂牌督办。有关市县也要组建专班，发挥政府协调优势，创优营商环境。二是项目层面，各建设单位要进一步优化施工组织计划，加强资源配置和工程调度，倒排工期，挂图作战，为明年全面实现“县县通”高速公路奠定坚实基础。特别强调的是，安全和质量是项目建设的红线、底线、生命线。要严格落实企业主体责任，深入开展“平安百年品质工程”“平安工地”创建，扎实推进安全生产标准化建设，加强风险隐患排查整治，从严查处转包和违法分包、偷工减料、以次充好等行为，确保施工安全、质量过硬，争创品质工程、品牌项目。

（三）服务能源保供，提升煤炭运输综合保障能力。交通运输是能源保供链条的重要组成部分。省委书记蓝佛安在省管主要领导干部专题研讨班上指出，“要深入研究如何做好煤炭这篇大文章”“认真研究运输能力问题”“深入思考怎样加强煤炭集疏运能力建设，让铁路运力充分发挥”“思考怎样畅通煤炭公路运输网络、完善铁水联运物流通道网络”。我们要坚决贯彻省委、省政府决策部署，加强重大问题的研究，更好发挥各种运输方式的比较优势，提升能源保供运输能力，全力保障物流供应链稳定畅通和重点物资运输安全高效。一是提升路网服务能力。全面加强公路养护管理，有序推进老旧路段、危旧桥隧改造和路面病害处治，高速公路、普通国省道危桥危隧和路面坑槽年内全部消除，龟裂病害处治达到80%以上。实施普通国省道消灭次差路三年行动计划，2023年集中完成13条能源运输通道275公里次差路的整治。完成16条高速公路能源运输通道17个易拥堵收费站ETC/MTC混合车道改造，全省高速公路收费站ETC一次性通过率达到98%。实施交通安全设施提升工程，完成G5京昆高速侯禹段、G1812沧榆高速忻保段及239国道等普通国道交通安全设施升级改造。完成高速公路服务区提质升级三年行动全部任务，投入运营高速公路加气站15座，新建充电桩310台。二是推进煤炭运输重载交通路网规划建设。编制由高速公路、普通国省道共同构成、布局合理、结构优化的重载交通路网规划，结合“十四五”一级公路建设规划，推进307国道、208国道、207国道等大交通量煤炭运输重载交通通道建设改造、扩容升级。三是大力发展煤炭多式联运。结合运输结构调整，推动大型煤炭物流园区接入铁路专用线、连接线建设，支持中鼎物流、快成物流等煤炭物流企业完善集疏运系统，发挥天津港、唐山港两条公铁海联运通道的作用，提升煤炭运输能力。

（四）服务唱好“双城记”，完善太原、大同双核驱动交通运输体系。唱好太原、大同“双城记”，是省委准确把握经济发展规律和全省阶段性特征，更好带动全省对接“京津冀”、融入新发展格局的重大举措。交通运输作为“先行官”、作为“开路先锋”，必须率先贯彻实施省委重大战略，准确把握太原、大同功能定位，科学配置交通运输资源，为实现双城崛起、双核驱动提供有力交通运输支持。一要坚持规划引领。统筹省委、省政府推进交通强省建设总体安排和山西省已经出台的综合立体交通网、“十四五”综合交通运输体系等中长期规划，编制出台《支持太原大同唱好“双城记”交通运输专项行动计划》，明确太原、大同综合立体交通网和运输产业布局，提出目标任务、重大项目和产业政策，引领太原、大同率先建成全国性综合交通枢纽城市和陆港型国家物流枢纽城市，打造全省交通强省示范区。二要推进太原、大同综合交通运输体系率先发展。按照更好发挥太原在山西中部城市群高质量发展中的龙头作用要求，加快太原与周边四市公路、轨道交通互联互通，构建中心牵引带动、东西两翼连通、南北引擎联动的交通运输主骨架。市域内，首先确保太原西北二环高速公路2023年全面建成，开工建设太原绕城一级公路，加快打造更强效能的“双环线”。加快推进武宿国际机场三期改扩建工程，服务太原临空经济区建设。加快推进连通机场、高铁站、火车站、汽车站、公交站的太原地铁1号线建设，打造轨道上的“都市区”雏形。向东，重点强化对接“京津冀”，加快推进青银二广高速公路太原联络线建设，开工建设太旧高速公路扩容改造工程，加快推进西柏坡至忻州高速公路山西段前期工作。向西，重点提升与吕梁市的交通联系，开工建设古交至方山高速公路。向北，重点推动直达大同的南北大通道建设，推动原太高速公路扩容改造工程及108国道等项目上马建设。按照推动大同有效承接京津冀协同发展的溢出效应、更好发挥桥头堡作用的要求，加快构建集机场、高铁、快速网、主干路网于一体的现代化综合交通运输体系，加快推进与京津冀地区的交通运输一体衔接。开工建设大同南绕城高速公路，推进大同北环高速公路前期工作，开工建设109国道、208国道大同过境路段改线工程，推进大同云冈机场三期扩建工程。协调推进大同—北京高铁增加班次、提高时速，实现2小时内通达目标；新开通5条连接景区的精品公交线路，积极开展异地租车还车业务，稳妥推进网约车合规化运营。因地制宜规划建设一批公用型冷链物流园区、农产品产地冷链物流园区，探索开行“点对点”快速货运冷链班列，为打造特色农牧产品物流基地提供支撑。三要支持太原申报国家综合货运枢纽补链强链城市。申报国家综合货运枢纽补链强链城市，对提升全省能源资源安全高效运输能力和服务质量意义重大，省委、省政府高度重视，专门成立由副省长任组长的工作专班，太原市也成立由书记、市长任组长的领导组，在省市两级共同努力下，申报方案已上报交通运输部。下一步，省厅将会同省财政厅对接交通运输部、财政部，争取部级层面的支持，并协调省财政尽快出台支持政策。太原市要全力做好答辩汇报准备工作，提前开展模拟演练，力争答辩环节取得高分。同时，也要尽快研究出台市级层面财政配套支持政策，为申报工作增色加分，也为后续工作开展奠定基础。

（五）坚持双侧发力，加快构建现代化综合交通体系。构建现代化综合交通体系，是一项复杂的系统工程，是一个循环往复、持续升级、动态发展的过程，必须一年接着一年干，一任接着一任干，久久为功、善作善成。2023年重点实施两大工程：一是实施基础设施网络补短板工程。要强化“项目是第一支撑”理念，加快推进列入规划的重点项目实施进度，做深做实项目前期工作，加强土地、资金等要素保障，全面形成“续建一批、开工一批、储备一批”的良性格局，加快补上公路、机场、交通枢纽短板。高速公路方面，加快推进10个续建项目建设，建成太原西北二环、离石至隰县2条高速公路230公里，新开工繁峙至五台、太旧扩容改造等6个项目共计332公里。普通国省道方面，重点推进108国道、208国道、307国道等一级公路贯通工程，建成208国道晋中段等15个普通国省道新改建项目193公里，新开工108国道太原段、307国道晋中段等22个新改建项目共计1362公里。农村公路方面，强化乡村振兴战略的交通支撑，完成“四好农村路”新改建4500公里。民航机场方面，推动太原武宿机场三期改扩建工程，力争完成综合交通中心、航站楼、飞行区主体工程；完成运城机场改扩建工程及朔州机场建设；推动芮城通用机场投入运营，推进灵丘、繁峙通用机场项目建设，加快推进晋城支线机场和万荣、阳高、乡宁、阳城等通用机场项目前期工作。水运工程方面，开工建设河津龙门等8个便民码头项目，力争开工黄河老牛湾至龙口段、黄河老鸦石至三门峡库区段航运建设工程。货运枢纽方面，建成大同国际陆港、洪洞陆港型国家级综合物流园区，推动山西潞铁现代智慧物流园区、山西方略保税国际陆港口岸基地建设取得突破性进展。客运枢纽方面，完成太原客运东南站、大同综合客运枢纽建设并投入运营，加快推进朔州东综合客运枢纽建设。在积极扩大交通有效投资的同时，要高度重视防范化解投资及债务风险，强化规划引领，防止盲目建设、重复建设，严禁安排超出财力、资金难落实的项目。二是实施运输产业转型升级工程。道路客运方面，大力发展旅客联程运输，推广“高铁无轨站”“城市候机楼”等新模式，在太原、阳泉开展联程运输“一票制”试点，探索充分发挥各种运输方式比较优势、更好提升综合运输效率和服务能力的实现路径。深入推进城乡客运一体化发展，完成1个部级、4个省级示范县创建，实现城乡客运一体化示范县地级市全覆盖。城市客运方面，推动临汾市通过国家“公交都市”验收命名，指导阳泉市开展国家“公交都市”创建。进一步扩大交通一卡通覆盖区域，实现所有县(市、区)交通一卡通互联互通“全覆盖”。加大“95128”巡游出租汽车电召服务平台推广应用，方便老年群众日常交通出行。货运物流方面，推进焦煤、快成两个第四批多式联运示范工程项目创建，支持中鼎、方略、快成、焦煤等国家级多式联运示范企业开展多式联运“一单制”试点。全面拓展与京津冀的大宗货物运输合作，在太原建设天津港冷链货物前置仓，在天津港南疆码头建设铁矿石出港“散改集”基地，试点开通阳泉—天津“散改箱”专用线路，构建货物“重去重回”运输模式。规范网络货运发展，引导网络货运企业与物流、金融、保险等企业融合发展，力争全年营收突破1500亿元。民航运输方面，适时加密京津冀、长三角、大湾区、成渝等发达地区城市航线，逐步恢复西南、沿海地区旅游城市航线，恢复芝加哥、香港、曼谷、芭堤雅、澳洲等国际航线，大力发展国际航空物流。

(六)坚持科技赋能，大力发展“数字交通”。建设“数字交通”，是实现交通运输发展从要素驱动向创新驱动转变的根本路径。全省数字交通的基本架构是“一平台、三体系”。“一平台”，即“山西省交通运输信息监管服务平台”，主要是通过建设综合交通数据库和协同指挥、政务服务、综合执法、信用管理、行业监管系统“一库五系统”，打造山西综合交通运输“智慧大脑”。“三体系”，即数字化基础设施、运输服务、行业治理体系，主要是运用5G、大数据、人工智能、云计算、物联网等先进技术，推进交通运输基础设施建管养、运输服务、行业治理数字化、智慧化。2023年重点推进两项任务。

首先，要加快平台建设。尽快启动“山西省交通运输信息监管服务平台”项目建设，强化技术统筹、打破“信息孤岛”，实现1个平台整体监管行业各领域、1套系统综合监测交通运行和指挥应急处置、1个数据库统一交换共享全系统数据资源，年底前基本完成协同指挥系统的整体构架。各市交通运输局也要加快建设市级综合交通运输信息平台，实现部、省、市三级平台互联互通、协同共治。县级重点推进系统应用。

其次，要加快搭建数字交通应用场景。一是以交通设施全要素、全周期数字化为目标，打造更多“数字交通”设施场景。坚持传统基建与新基建同步设计、同步施工、同步投入使用，扎实推进青银二广高速联络项目建设，探索智慧高速公路发展新路子；以黎霍高速“阳光工程一体化平台”为示范，在重点公路项目推广智慧管理系统，全面提升项目建设管理数字化水平；加快推进“在役公路基础设施与安全应急数字化”部级试点项目，在公路基础数据库建设和公路全生命周期养护决策应用方面贡献山西经验；完成4座长大桥梁的结构健康监测系统建设，实现24小时贴身“听诊”；在全省一级公路推广自由流收费，提升通行费征收效率；深化与高德、百度等电子地图服务商的合作，提升路况信息发布的覆盖面和及时性。二是以运输服务全程数字化为导向，打造更多“数字交通”服务场景。完成94个二级以上汽车客运站电子客票系统建设，推动旅客联程运输发展；在太原地铁2号线拓展移动支付方式，实现微信、支付宝扫码乘车；推进城市交通运行监测与信息服务数字化，实现全省设区市公交线路来车信息实时预报全覆盖；支持网络货运平台企业建设智能匹配、智能跟踪、智能调度系统，吸引更多个体经营户加入平台，全面提升货运物流效率。三是以行业监管数字化为支撑，打造更多“数字交通”治理场景。推进长大桥梁健康监测数据在公路大件运输全过程安全监管中的应用；推进治超系统升级改造，推进高速公路出入口“逢车必检、超载必究”，将全省公路超限检测站联网率、在线率、检测数据实时传输率提高到70%以上；推进重载货车智能视频监控报警装置试点，切实提升重载货车安全主动预防能力；推广危化品车辆行驶停放智慧监管系统，实现危化品车辆运行全过程智能管控。

（七）坚持统筹兼顾，稳步推进交通强省建设。建设交通强省，是中国式现代化山西实践的重要组成部分，是新时代交通运输工作的总抓手。省委、省政府专门出台《贯彻落实〈交通强国建设纲要〉的实施意见》，提出三个阶段的发展目标和七个体系的重点任务，我们要认真抓好落实，扎实推进交通强省建设不断取得新成效。2023年重点做好三项工作。

一是制订未来五年交通强省建设行动计划。加强政策理论研究，制订出台一批支持加快建设交通强省的政策措施。紧密结合国家交通强国建设、综合立体交通网规划两个《纲要》和近期发布的《加快建设交通强国建设五年行动计划（2023—2027年）》，按照全省顶层设计和规划布局，在开展“十四五”交通运输规划中期评估的基础上，研究制订《山西省交通强省2023—2027年行动计划》，进一步明确未来五年交通强省建设的目标任务、实施路径、政策措施，谋划实施一批支撑交通强省建设的重大项目。各市交通运输部门要及时跟进，细化举措，压实责任，做足对标对表的文章，下足改革创新的功夫，确保行动计划落地落实。二是加快推进“交通强国”山西试点任务。各试点地区和单位要切实履行主体责任，强化考核激励，加快推进五项试点任务。一要在交旅融合发展上取得新突破。在三个一号旅游公路建设基础上，推进公路治理、运输服务与文化旅游深度融合，打造一批交旅融合示范工程。着力在“运游结合”上下功夫，依托太原、忻州、五台山现有汽车站和旅行社，打造3个旅游集散中心、旅游客运“超市”，打造一批旅游客运精品线路，发展客票、门票、住宿“一票到底”服务。二要在解决城市交通拥堵与绿色出行上探索新路径。阳泉市要突出公交优先、资源集约、绿色发展主题，加快推进“空中巴士”快速公交系统前期工作，力争年内开工建设；积极探索城市智慧交通、小汽车差别化交通管控政策，力争创出一套城市交通治理的新模式。三要在智能网联重载货运车路协同发展上创造新技术。瞄准世界最前沿技术，着力打造全国首个智能网联重载货车编队开放测试、验证和示范基地，加快研发L4级以上重载货车，培育智能信息关联产业，建立车路协同“山西标准”。四要在绿色高效物流服务体系建设上走出新路子。加快“公转铁”“散改集”，打造以铁路为主的大宗货物多式联运示范工程，培育多式联运和网络货运龙头企业。完成太原、大同绿色货运配送示范城市创建。五要在普通公路重载运输上形成新模式。编制重载交通路网规划，加快推进4个重载公路项目建设，开展重载运输公路建养技术研究，形成1~2项重载交通新技术新工艺新标准，在晋中市开展重载交通“建管养运”示范区建设。三是进一步优化营商环境。省委书记蓝佛安多次强调，市场经济是候鸟经济，一个地区要发展，短期靠项目，中期靠政策，长期靠环境。我们要按照省委、省政府打造“三无”“三可”营商环境的要求，聚焦突出问题和薄弱环节，锻长、补短，持续优化营商环境。

一方面，该做的要坚决做好，全力打造最优服务。要持续在要素保障、简化审批、减税降费等“软环境”上下硬功夫。防止在工程建设招投标等领域设置隐性门槛和排他条款，创优投融资模式，降低融资成本，为社会资本平等参与市场竞争创造良好环境。深入推进审批业务规范化、标准化建设，积极推广行政审批事项告知承诺制，完善优化政务服务窗口，提高涉路施工许可、公路工程建设项目设计文件审批等事项的审批效率、减少审批周期。持续助力市场主体纾困解难，指导行业市场主体用足用好现有纾困政策，充分发挥政策效能。完成《山西省道路运输条例》修订，解决小微型客车租赁业融入全国统一大市场的制度性障碍，降低市场准入门槛。

另一方面，该管的要切实管住，持续提升治理能力。提升执法队伍素质能力，落实执法规范化长效机制，扎实开展道路交通安全和运输执法领域突出问题专项整治，坚决治理乱收费乱罚款现象，加大对道路客运、城市出租等领域“黑车”打击整治力度，维护规范有序、公平公正的市场秩序。

（八）坚持预防为主，全面提升交通运输本质安全水平。全面推动安全治理模式向事前预防转型，是中共二十大提出的重大任务，也是实现交通运输长治久安的治本之策。要牢牢把握交通运输安全发展方向，按照省长金湘军提出的“五不为过、五个必须”的要求，着力推动交通运输安全依法治理、源头治理、综合治理。2023年重点在提升交通运输本质安全上下功夫。一是持续开展重点领域专项整治。道路运输领域。紧盯“两客一危一货”重点营运车辆，严厉打击非法营运、车辆带“病”运行、“三超一疲劳”等违法违规行为，加强营运车辆和驾驶员的动态监管，从严整治上线率低、长期不在线、故意损坏设备逃避监管等行为，力争年底实现全省重点营运车辆动态监控上线率100%、轨迹完整率99%。省厅将按月对全省动态监控情况进行考核通报，每季度抽查通报，对连续三个月排名靠后的市，将约谈交通运输部门主要负责人。要高度关注旅游市场企稳回升后的安全风险，强化跨区域旅游包车安全监管，依法查处违法违规行为。要充分发挥危险货物电子运单在安全监管和应急救援中的作用，年底危险货物电子运单使用率提升至90%。公路运营领域。实施农村公路安防工程300公里、危旧桥梁改造121座，实施普通国省道危旧桥梁改造117座。工程建设领域。强化施工现场安全生产管理，保障安全生产经费足额投入，持续推进平安工地建设，高速公路、一级公路“平安百年品质工程”创建实现全覆盖。二是积极推进高速公路服务区危货车辆专用停车区建设。危货运输车辆高速公路服务区聚集停放是山西省交通安全领域潜在的重大安全风险点，交控集团要高度重视，务必于6月底前全部完成在用高速公路服务区危货停车区改造。加快推进青银高速太旧段、太临高速太佳西段、青兰高速长邯段3对危货运输车辆专用服务区建设，缓解现有停车资源不足的矛盾。三是深入开展“平安文明示范路”创建。完成青银高速公路吕梁段平安文明示范创建验收，总结平安文明高速公路创建经验，建立评价、验收、考核指标体系，建立企业申报、先创后奖的创建机制。推进二广高速太长段等路段创建工作，组织开展事故多发路段风险评估、治理、达标验收等工作，建立路、警、企信息共享机制和联合治理模式。

（九）坚持党建引领，推动全面从严治党向纵深发展。以政治建设为统领，全面加强交通运输系统党的各方面建设，把党的全面领导融入事业、融入经常。持续深入学习贯彻中共二十大精神，扎实开展学习贯彻习近平新时代中国特色社会主义思想主题教育，带领全系统各级党组织和广大党员干部坚决捍卫“两个确立”、增强“四个意识”、坚定“四个自信”、做到“两个维护”。近年来，交通运输系统党的领导、党的建设不断加强，但与党中央和省委要求相比，党建引领不足的问题依然突出，党支部在工程建设领域的有效覆盖不足，行业“两新”组织党的建设刚刚起步，党组织还未实现全覆盖；廉政风险依然较高，交通运输系统项目多、投资大、战线长，防范腐败的任务艰巨。我们要时刻保持清醒头脑，提高政治站位，坚持问题导向，推动全面从严治党向纵深发展。

一是切实加强党的建设。进一步完善党的组织建设。在工程建设领域，大力实施“先建党支部再建项目部”工程，凡工期超过6个月的施工项目均要组建临时党支部，将业主、施工、监理等单位中所有党员都纳入临时党支部教育管理服务。将临时党支部建设作为选树先进项目部的重要政治标准，纳入项目考核奖励。在道路运输领域，实施行业党建“两个全覆盖”工程。实施基层党组织全覆盖工程，党员超过3人的企业全部建立党支部，不足3人的成立联合党支部或派驻专职党建指导员；实施党员纳入组织管理全覆盖工程，加大党员发展力度，至少发展100名党员或入党积极分子。在行业党建保障上，实施“两个阵地”建设工程，依托网络货运平台，开发货车司机掌上学习App，打造在线教育宣传阵地，试点线上组织生活，建设“车轮上的党支部”；在高速公路、普通国省道服务区和有条件的市（县、区），建立60个流动党员综合服务站，打造行业党建活动阵地。切实抓好省委巡视和专项整治监督反馈问题的整改，建立健全长效机制。

二是持续深化党风廉政建设。深入贯彻二十届中央纪委二次全会和省纪委十二届三次全会精神，一刻不停地推进党风廉政建设和反腐败斗争。

完善厅党组落实中央八项规定精神实施细则，开展1次专项监督检查，并将检查情况纳入年度全面从严治党分析研判；压实各级“一把手”和领导班子党风廉政建设责任，每半年听取1次班子成员履责情况汇报；加强对“一把手”和班子成员的监督，厅领导班子带头开展1次述责述廉，与分管单位部门负责人开展2次谈心谈话。聚焦已经排查出的9大类182项廉政风险点，结合省委巡视反馈问题，紧盯审批监管、综合执法、工程招投标、公共财政支出等重点领域关键环节，进一步梳理研究监督制约机制，加强廉政风险防控。扎实推进清廉山西建设，按照示范单位创建工作责任清单，切实抓好清廉机关创建。坚持“一案双查”，对违纪违法问题频发单位党组织和负责人加大问责力度。

三是全面加强干部队伍建设。加强年轻干部的选拔任用，让群众认可、实绩突出的优秀干部到重要岗位上挑大梁、唱主角、打头阵，为其成长成才提供平台、畅通渠道。推进公路局事业单位改革，继续做好事业单位改革“后半篇文章”，用足用活事业单位专业技术岗位管理政策，破解行业发展中人才支撑不足难题。

（十）坚持抓落实就是抓发展，着力提高部门执行力。习近平总书记强调，抓落实，是衡量领导干部党性和政绩观的重要标志。只有夙兴夜寐、争分夺秒、扎实工作，规划和部署的“施工图”才能变成“实景画”。要全面贯彻全省政府系统抓落实提高执行力电视电话会议精神，按照“十抓落实”和“五个进一步”的要求，改进工作作风，大兴调查研究，以马上就办、真抓实干、务求实效的精神风貌，推动各项工作落地见效。一是突出攻坚克难，建立重点工作专班。要全面梳理年度重点工作任务，逐一建立工作台账，明确目标任务、责任单位和完成时限，定期检点、按时交账。对省委、省政府交办事项以及省厅布置的重点工作，要选配专人、抽调业务骨干组成重点工作专班，定期梳理汇总工作进展，协调督导责任措施落实情况，适时向省厅报告完成情况。对重大事项，省厅将定期向省委、省政府报告。二是突出过程管理，加强重点工作调度。要树立“以日保旬、以旬保月、以月保季、以季保年”的工作理念，通过召开调度会、一线督导调研等方式，抓好工作过程监测，及时掌握进展情况，有效解决困难问题，有力推动任务落实。对工作进度较快的，大力通报表扬；对工作进展缓慢的，及时约谈整改，推动形成比学赶超、争先进位的良好氛围。三是突出鞭策激励，强化工作考核。省厅2023年将按照“分类精准、重点突出、奖惩并举、导向鲜明”的原则，大幅度改革年度目标任务考核办法和评价体系，让考核结果更加凸显“凭实绩吃饭、靠成绩说话”的鲜明导向。对各市交通运输局的考核，坚持“一把尺子量到底”，考核结果通报各市委、市政府。从2023年起，省厅将每年统筹安排1亿元资金，对年度目标任务完成较好的市，在公路建设养护、运输站场等项目上给予支持。对于连续3年工作处于倒数3名内的市局，省厅还将在资金、项目上严格控制。厅机关处室和厅直单位实行分类考核，考核结果与个人晋升评先、年度奖金挂钩。

我们就是要通过定标准、立规矩，考出压力、考出动力，真正变“要我干”为“我要干”，变“推着干”为“争着干”，让人人都能迸发“到中流击水、浪遏飞舟”的豪情，增强拉高标杆、奋勇争先、勇攀高峰的斗志，让狠抓落实、担当作为在全系统蔚然成风，努力创造出色、出彩、出众的一流业绩。

交通战备、法治建设、行政审批、机关后勤、工青妇团、离退休干部、“双拥”等其他各项工作要统筹推进，完成好既定目标任务，为全局工作做出应有贡献。

一代人有一代人的使命，一代人有一代人的担当。新时代新征程必将造就新一代交通人。让我们更加紧密地团结在以习近平同志为核心的党中央周围，在省委、省政府的坚强领导下，干在实处、走在前列、服务大局、当好先锋，在推进中国式现代化山西实践的新征程上书写更加精彩的交通篇章！

坚持不懈 求真务实
纵深推进新时代党的建设新的伟大工程

——在2023年全面从严治党暨党风廉政建设工作会议上的讲话

山西省交通运输厅党组书记、厅长 郭丙福

（2023年3月31日）

今天，我们召开全省交通运输系统全面从严治党暨党风廉政建设工作会议，主要任务是深入学习贯彻习近平总书记关于全面从严治党的重要论述，认真落实中共二十大和二十届一中、二中全会精神，按照十二届省纪委三次全会部署，总结2022年全系统全面从严治党工作，安排全年重点工作任务，坚持不懈把全面从严治党向纵深推进，努力营造风清气正的良好政治生态，以全面从严治党新成效引领保障交通运输事业高质量发展。

一、充分肯定2022年党建工作取得的新进步

一年来，厅党组坚持以习近平新时代中国特色社会主义思想为指导，全面学习贯彻中共十九大、十九届历次全会和中共二十大精神，认真贯彻落实习近平总书记视察山西重要讲话重要指示精神和关于交通运输工作的系列重要论述，按照省委部署，以党的政治建设为统领，持续改进和加强党的领导，从严整肃行业纪律作风，全面推进清廉建设，持续将全面从严治党引向深入，党的建设取得新成效。

（一）政治建设统领作用更加彰显。厅党组围绕学习贯彻中共二十大精神，制订出台工作方案，组织开展专题学习研讨、教育培训、领导干部和专家宣讲，加强先进典型选树培养和广泛宣传，营造了浓厚的学习氛围。坚决落实省委巡视工作部署，全面配合做好前期准备、巡视谈话、巡视进驻、巡视反馈等各项工作，为巡视任务在系统有序推进、顺利完成提供了有力保障。部署开展2022年巡察工作，共向6个单位反馈问题67个。

（二）党的创新理论武装持续深化。厅党组坚持学深悟透习近平新时代中国特色社会主义思想，充分运用中心组领学、“第一议题”促学等方式深化学习。一年来，中心组累计学习16次、围绕领悟“两个确立”和学习领会中共二十大精神交流研讨5次，并组织处级干部一同交流心得体会。各级党员干部通过“学习强国”“山西交通在线”等平台及时跟进学习，确保在思想上政治上行动上始终同以习近平同志为核心的党中央保持高度一致。

（三）快递物流行业党建工作初见成效。厅党组持续夯实省快递物流行业党委组织基础，吸收省发展和改革委员会、省工信厅、省公安厅交通管理局、省邮政管理局和3家行业龙头企业相关负责人为行业党委委员。推动全省11个市均成立快递或物流行业党委。出台《中共山西省快递物流行业委员会工作规则（试行）》《省快递物流行业党委关于开展“党建联盟”共建活动的实施方案》等制度性文件，进一步夯实行业党建工作，带动行业高质量发展。

（四）全面从严治党责任体系不断健全。厅党组印发《关于加强基层党建工作联动的实施意见

(试行)》,积极推动构建一级抓一级、层层抓落实的管党治党格局,强化厅党组对机关和直属单位党建工作的领导。与驻厅纪检监察组联合印发《关于进一步做好山西省交通运输厅所属单位纪律检查工作实施办法(试行)》,进一步完善主体责任、监督责任双责联动、贯通协同的工作机制。印发《强化对“一把手”和领导班子监督的工作任务分解和责任清单》,明确了责任落实主体和方式。

(五)清廉建设工作迈出坚实步伐。厅党组积极做好省厅创建清廉机关建设示范单位准备工作,制订《清廉机关建设示范单位创建工作责任清单》,不断形成创建合力。第一时间传达学习全省贯彻落实中央八项规定精神专题警示教育大会精神,坚持做到以案为鉴、警钟长鸣。组织党员干部参观“牢记初心使命”党风廉政教育大型主题展和《严守铁规矩——山西省贯彻落实中央八项规定精神专题展》,不断筑牢思想防线。强化工作纪律检查,在全系统开展作风纪律整顿,全年采取“四不两直”方式对厅直单位开展工作纪律检查3次。坚持用好“四种形态”,全年给予组织处理52人,给予党纪政务处分22人。

二、深刻把握党建工作中存在的问题和解决原则

近年来,全系统各级党组织推进全面从严治党,总体上是值得肯定的,但从巡视反馈、基层调研和近年来查办的案件看,也面临着不少问题,有的甚至长期存在,一定程度上影响着事业的健康发展。

从巡视反馈的问题看,一是各级对新时代党的创新理论学习抓得不实,贯彻落实习近平总书记重要指示精神和重要论述不够扎实,有关重要的党内法规学习宣传不到位。二是落实主体责任不够坚韧有力,谋划部署全面从严治党与实际结合不紧密,组织实施举措不实。三是“一把手”第一责任人责任扛得不实;班子成员“一岗双责”没有落到实处,对分管部门廉政风险点、管理薄弱环节和制度机制漏洞等管控不到位。四是权力运行监督制约机制实效性不强,不能腐的笼子还没有扎紧,对“308”案暴露出的廉政风险点防控持续用力不够。五是各级班子成员进取精神、斗争精神不足,民主集中制执行不严格,党内政治生活不够严肃,民主生活会质量不高。六是党建责任制落实不够严格,一些党组织对党建工作重视不够。

从党组自我查摆的问题看,一是在政治上,执行力不够的问题依然存在,一些单位和干部满足于完成日常事务,对党的路线方针政策研究不深入、把握不精准,贯彻执行不到位。二是在思想上,理论学习的自觉还没有全面形成,对习近平总书记有关重要指示批示精神的学习还不够经常,贯彻落实还不够到位。三是在组织上,一些基层党组织因隶属关系复杂,长期游离于全面从严治党责任体系边缘,对这些党组织的引领、管理和监督依然薄弱,全系统一盘棋的党建工作格局尚未形成。四是在作风上,领导班子进取精神、斗争精神总体不足,干部队伍活力不够,形式主义、官僚主义问题久治不绝;中央八项规定精神的执行尚有漏洞,违规占用办公用房等老问题依然时有发生。五是在纪律上,个别单位的纪律教育浮于表面,干部职工的纪律意识、规矩意识依然淡漠,近年来,干部职工截留项目资金,甚至吸毒、盗墓、诈骗等违纪违法问题接连发生。六是在制度上,符合全系统工作实际的党建工作制度存在明显短板,理论学习、组织生活、纪律检查等工作没有形成协调一致的管理机制,基层不作为的情况突出。

深层次剖析这些问题的根源,还是一些党组织落实全面从严治党责任意识不强。一是党建与业务“两张皮”的问题依然突出。对习近平总书记关于全面从严治党的重要论述学习不深入,落实新时代党的建设总要求不到位,党建工作与本单位、本部门中心工作相脱离,没有方向、缺乏重点,经常眉毛胡子一把抓,又什么都没抓住。二是个别党员领导干部的管党治党意识不强。对党的建设是机关的根本性建设这一论断认识不到位,存在抓党建工作“说起来重要,做起来次要,忙起来不要”的问题,

压实责任的自觉还不够强。三是创新党建工作方式方法不够。党建工作的推进长期依赖于直接执行上级部署的重点任务,结合党组织和党员队伍实际创新落实得少,围绕中心、建设队伍、服务群众的功能发挥不够充分。四是保持严的主基调做得不到位。敢管敢严、长管长严的意识有欠缺,对苗头性倾向性问题教育提醒批评的力度不够。

全面从严治党永远在路上,党的自我革命永远在路上。我们要聚焦发现的问题,以"永远在路上"的自觉和敢于自我革命的勇气,发扬钉钉子精神,下大力气、从深层次解决全系统全面从严治党工作中的问题。重点要把握好以下五个原则性要求:一要更加深入系统地学习习近平总书记关于全面从严治党的重要论述;二要更加全面准确地贯彻新时代党的建设总要求;三要更加坚决有力地落实党中央和省委关于全面从严治党的战略部署;四要更加求真务实地立足于全系统党组织和党员队伍实际;五要更加行之有效地引领保障交通运输中心工作的开展。

三、以自我革命的坚定决心纵深推进全面从严治党

2023年是深入贯彻中共二十大精神的开局之年,是实施"十四五"规划承前启后的关键之年。深入推进全面从严治党工作意义重大、责任重大、使命重大。总体要求是:坚持以习近平新时代中国特色社会主义思想为指导,全面贯彻落实中共二十大精神,深刻领悟"两个确立"的决定性意义,增强"四个意识"、坚定"四个自信"、做到"两个维护",按照十二届省纪委三次全会部署要求,坚持全面从严治党战略方针,着力构建全面从严治党体系,一刻不停地推进党风廉政建设和反腐败斗争,以全面从严治党新成效新进展,为全方位推进交通运输事业高质量发展提供坚强政治保障。

全年要突出抓好以下六个方面的重点工作。

(一)持续加强思想引领,凝聚发展向心力。一是以党的创新理论凝心铸魂。坚持以习近平新时代中国特色社会主义思想为指导,统筹学习贯彻习近平总书记有关重要指示批示精神,学习贯彻中共二十大精神和省委、省政府有关重大决策部署,根据国家交通运输工作总体布局,动员全系统党员领导干部开展广泛学习、调研和讨论,统一改革发展思路。组织办好学习贯彻中共二十大精神专题培训班,对标国家战略布局和先进地区经验,聚焦不同领域交通运输工作存在的短板弱项,开展有关专题研究,共谋争先进位的思路和办法。二是以新时代交通精神聚力奋发。坚持团结鼓劲、正面宣传为主,围绕交通运输行业中心工作,精心策划好主题宣传、成就宣传和典型宣传。大力践行社会主义核心价值观,弘扬新时代交通精神,打造一批特色鲜明、带动性强的交通文化示范项目,宣传推介一批网红路、景观路、风情路、红色旅游公路等,开展"留住历史的记忆"山西交通文化遗产保护工作,提升交通运输行业文化软实力。认真落实意识形态工作责任制,对重大事件、重要情况、重要社情民意中的倾向性苗头性问题及时监测、研判和应对,维护团结稳定大局。

(二)持续加强政治监督,保障重大任务落实。一是高质量推进省委巡视整改工作。要根据省委巡视五组向厅党组反馈的意见,认真细化分解,建立整改清单,制订整改方案,有力有序推进整改。深挖问题背后的深层次原因,高质量开好厅党组专题民主生活会,认真开展批评与自我批评,切实推动班子团结一致向前进。紧盯整改任务的落实,建立定期研判、定期督促机制,确保件件有人抓、事事能落地。要将整改工作同落实中共二十大精神和省委、省政府重大工作部署结合起来,以巡视整改促进交通运输工作全面进步。二是健全完善保落实的监督机制。厅机关带头,健全完善重大工作任务台账,采取定期梳理、定期报告、定期督促的方式,推进工作任务的完成。继续发挥好厅党组巡察监督作用,持续聚焦深化综合行政执法改革开展监督;不断深化巡察整改工作,适时开展"回头看"。坚持不懈推进政治监督具体化、精准化、常态化,围绕交通运输工作会议部署的重大任务开展专项督

查，确保政令畅通、一贯到底。

（三）持续夯实基层组织，充分发挥政治功能。一要加强干部和人才队伍建设。突出政治素质，注重实绩依据和实干导向，优化干部队伍年龄结构和专业结构。坚持严管厚爱，落实推进领导干部能上能下规定和各项激励措施，推动解决干部不担当、不作为、乱作为等问题。加强干部教育培训，提升履职尽责能力。加强行业技能人才队伍培养选拔，充分发挥行业专家在辅助决策、监督指导等方面作用，为全省构建现代综合交通运输体系提供坚实组织保障和人才支撑。二要加强机关和基层党建工作联动。树立全系统全面从严治党一盘棋的思想，对党的组织关系实行属地管理的所属事业单位，将其党建工作纳入统一部署，以机关带系统，加强机关与基层党建工作的联动，增强全系统政治活力；协同所在地党组织抓好党员教育管理监督、组织生活制度落实、党务工作队伍建设等工作。

（四）持续纠治"四风"，不断加固中央八项规定精神堤坝。一要坚决纠治形式主义、官僚主义问题。厅机关要优化内部运行机制，下大力气整治内部行文过多的问题，提升工作效率。全系统要大力整治以文件落实文件、以会议落实会议的问题，从有效防范的角度尽快完善相关制度。坚决反对和制止表态多调门高、行动少落实差等行为，对担当意识差、抱有"躺平"心态的干部及时批评教育，该调整的坚决调整。二要坚决加强中央八项规定精神的贯彻执行。修订完善厅党组落实中央八项规定精神的实施细则，建立健全定期检查督导机制，及时发现和纠正存在的问题。办文办会、管车管房管接待用度的部门要加强内部管控，坚决防止发生违纪违规问题。对违反中央八项规定精神案件，一经发现就要揪住不放，严格严肃处理，追责问责有关责任人，持续保持高压态势。

（五）持续加强纪律建设，不断深化反腐败斗争。一要加强纪律规矩教育。要把严明党的政治纪律和政治规矩摆在首位，坚决维护党章权威性，把纪律教育同政治教育、党性教育贯通起来，提升广大党员干部的敬畏之心。把警示教育纳入干部培训的重要内容，运用近年来身边发生的典型案件经常性开展警示教育活动。把纪律教育寓于日常监督管理，加强对"一把手"和班子的监督，落实好定期谈心谈话、述责述廉等制度。二要加强执纪监督。坚持执纪必严、违纪必究，坚决打赢反腐败斗争攻坚战持久战。对违反党纪的问题，发现一起坚决查处一起，对典型案件实名通报、严肃处理。大力支持驻厅纪检监察组开展执纪监督，加强沟通联动，构建同向发力、同频共振的工作格局。一体推动"三不腐"建设，强化对权力集中、资金密集、资源富集部门和领域的监督，围绕审批监管、综合执法、工程招投标、公共财政支出等重点领域，通过制度建设堵塞权力漏洞。同时，要坚持严管厚爱结合，落实好"三个区分开来"，建立健全激励机制和容错纠错机制，激励干部敢于担当、积极作为。

（六）持续完善党建制度，构建全面从严治党体系。一要推进清廉机关建设。以营造风清气正政治生态和干事创业发展环境为目标，不断优化清廉机关建设的思路、目标、任务和举措，常态化坚持下去，推动实现内容上全涵盖、对象上全覆盖、责任上全链条、制度上全贯通，把清廉建设成效体现到清明政治导向、清廉政府行为、清正干部群体、清和文化血脉、清朗社会环境上。二要推进党建工作规范化建设。继续深度实施党建工作矩阵课题研究，系统梳理党内法规制度、省委及相关党建工作部门的工作部署，结合全系统工作实际，打造全面从严治党责任体系；围绕模范机关建设这一政治任务，全面总结梳理党建工作流程，推动基层支部、党务工作标准化规范化，为构建一盘棋的全面从严治党格局打牢制度基础。

全面从严治党永远在路上，党的自我革命永远在路上。让我们更加紧密地团结在以习近平同志为核心的党中央周围，凝心聚力、团结奋斗，用全面从严治党新成效推动党中央和省委、省政府重大决策部署转化为山西交通运输事业高质量发展的新局面，勇当全省高质量发展的开路先锋！

深入学习宣传贯彻中共二十大精神
在新征程上坚定不移推进全面从严治党
为推动山西交通运输高质量发展提供坚强政治保障

——在2023年全省交通运输系统党风廉政建设工作会议上的讲话

山西省交通运输厅党组成员、驻厅纪检组组长　王建业

（2023年3月31日）

今天，我们召开全省交通运输系统党风廉政建设工作会议。主要任务是：坚持以习近平新时代中国特色社会主义思想为指导，深入贯彻中共二十大精神，认真学习贯彻落实二十届中央纪委二次全会及省纪委十二届三次全会部署要求，总结2022年纪检监察工作，研究部署2023年党风廉政建设和反腐败斗争工作任务。

下面，我首先简要传达学习二十届中央纪委二次全会、省纪委十二届三次全会精神。

1月9日至10日，二十届中央纪委三次全会在北京召开，习近平总书记发表了重要讲话。讲话从新时代新征程党和国家事业发展全局的高度，深刻分析大党独有难题的形成原因、主要表现和破解之道，深刻阐述健全全面从严治党体系的目标任务和实践要求，从八方面作出坚定不移深入推进全面从严治党的战略部署。讲话高屋建瓴、思想深邃、内涵丰富、论述精辟，充分彰显了习近平总书记高瞻远瞩的战略眼光、无私无我的崇高境界、深切真挚的人民情怀、直面问题的使命担当，具有很强的政治性、指导性、针对性，是深入推进新时代党的建设新的伟大工程的根本遵循，为做好新时代新征程纪检监察工作提供了根本指引。李希作了题为《深入学习贯彻中共二十大精神，在新征程上坚定不移推进全面从严治党》的工作报告，全面融会贯通习近平总书记重要讲话精神，深入贯彻落实中共二十大精神，为深入推进纪检监察工作高质量发展提供了“任务书”和“路线图”。

1月19日，省纪委十二届三次会议在太原召开。省委书记蓝佛安作了重要讲话，讲话全面贯彻习近平总书记重要讲话及中央纪委全会精神，深入总结全省全面从严治党新成效，深刻分析管党治党面临的形势，对一刻不停推进全面从严治党、坚定不移深化党风廉政建设和反腐败斗争作出部署，充分彰显省委坚定捍卫“两个确立”、坚决做到“两个维护”、持之以恒正风肃纪反腐的政治自觉和责任担当，对于全面建设清廉山西、实现政治生态持久风清气正、续写山西践行新时代中国特色社会主义新篇章具有重要指导意义。王拥军作了题为《深入学习贯彻中共二十大精神，在新征程上坚定不移推进全面从严治党，奋力开创全面建设清廉山西新局面》的工作报告，从9方面总结过去一年全省纪检监察工作高质量发展取得的新成绩，在实践中进一步深化了对新时代新征程纪检监察工作的认识，总结了“五个必须”实践经验，查摆自身短板弱项，要求高度重视、切实解决。讲话要求全省纪检监察机关要把学习贯彻中共二十大精神作为当前和今后一个时期首要政治任务，提出“五个更加坚定自觉”（更加坚定自觉地捍卫“两个确立”、做到“两个维护”，更加坚定自觉地用习近平新时代中国特色社会主义思想统领纪检监察一切工作，更加坚定自觉地服

务保障党和国家事业发展全局，更加坚定自觉地落实党的自我革命、全面从严治党部署要求，更加坚定自觉地增强一体推进不敢腐、不能腐、不想腐的能力水平，切实转化为坚定维护党的先进纯洁、永葆党的生机活力的实际成效），明确了2023年全省纪检监察工作总体要求，做好2023年全省纪检监察工作，一要持之以恒推进政治监督具体化精准化常态化，确保中共二十大战略部署在山西落地见效。二要持之以恒推动完善党的自我革命制度规范体系，构建坚持真理、修正错误、发现问题、纠正偏差的机制。三要持之以恒贯彻中央巡视工作方针，有力发挥政治巡视利剑作用。四要持之以恒落实中央八项规定精神、纠治“四风”，进一步密切党同人民群众的血肉联系。五要持之以恒全面加强党的纪律建设，使铁的纪律转化为党员干部的日常习惯和自觉遵循。六要持之以恒坚持“三不腐”一体推进，坚决打好反腐败斗争攻坚战持久战。七要持之以恒全面建设清廉山西，扎实推进全省政治生态实现持久风清气正。八要持之以恒推进纪检监察体制改革，更加有效发挥组织作用和系统优势。九要持之以恒加强自身建设，锻造对党绝对忠诚、敢于善于斗争、自身正自身硬的纪检监察铁军。讲话主题鲜明、求真务实，为我们做好2023年纪检监察工作明确了方法路径，提供主要遵循。

大家要深入学习贯彻习近平总书记重要讲话精神、二十届中央纪委二次全会和省纪委十二届三次全会精神，自觉把思想和行动统一到党中央决策部署，统一到省委、省纪委安排部署上来，认真贯彻、抓好落实。一会儿，郭丙福还要结合全系统全面从严治党工作实际，对党风廉政建设工作进行全面部署。各级党组织和纪检部门要认真学习领会，坚决贯彻落实。

一、2022年工作回顾

一年来，驻厅纪检监察组在省纪委监委的坚强领导下，在厅党组大力支持下，全面学习宣传贯彻中共二十大精神，坚持以习近平新时代中国特色社会主义思想为指导，坚决贯彻落实习近平总书记重要指示批示精神，增强“四个意识”、坚定“四个自信”、做到“两个维护”，不断强化政治监督，落实“两个责任”，坚持“三不腐”一体推进，充分发挥监督保障执行、促进完善发展作用，为全方位推动山西交通运输高质量发展提供了坚强政治和纪律保障。

（一）迅速兴起学习宣传贯彻中共二十大精神热潮，持续用习近平新时代中国特色社会主义思想武装头脑

2022年，中共二十大胜利召开，为新时代新征程党和国家事业发展、实现第二个百年奋斗目标指明前进方向、确立行动指南。驻省交通运输厅纪检监察组高度重视，切实把学习宣传贯彻中共二十大精神作为重中之重，第一时间召开组务会传达学习并要求全组干部撰写学习心得，参加全省纪检监察系统学习贯彻中共二十大精神系列研讨班，印发《党的二十大报告精神学习资料汇编》，坚持领学、研学、自学相结合，领悟大会精神、统一思想行动、狠抓任务落实。

（二）聚焦“国之大者”强化政治监督，拥护和捍卫“两个确立”、践行“两个维护”的自觉不断增强

一是围绕党中央及省委重大决策部署落实情况开展监督。聚焦习近平总书记考察调研山西重要指示批示精神以及省委贯彻落实实施意见的学习贯彻情况开展监督，共对厅机关处室、厅属事业单位开展调研监督26次，并提出监督意见；对二十大精神学习贯彻情况开展监督检查2轮次。按照清廉山西工作部署，协助厅党组制订《关于落实省委〈全面建设清廉山西的行动方案〉的实施意见》，开展清廉机关建设调研2次。聚焦“交通强国”“三新一高”重大战略，“四好农村路”、三个一号旅游公路、灾后恢复重建等重大决策部署落实情况开展监督检查；聚焦乡村振兴开展专项监督检查，深入石楼县罗村镇罗村调研指导驻村帮扶，保障党中央及省委决策部署落实落地；聚焦物流保通保畅工作，深入高速收费站检查督导，对发现的问题及时研究解决，对保通保畅工作中未经批准私设检查站、大面积阻断国省干线造成负面影响的两市三县相关责任人进行约谈。中央纪委国家监委网站2次报道厅纪检监察组开展货运物流保通保畅监督的经验做法。二是围绕落实全面从严治党主体责任开展监督，层层压实管党治党责任。紧盯党组（党委）主体责任、党组（党委）书记"第一责任人"责任、领导班子"一岗双责"落实情况，制订《强化对"一把手"和领导班子监督的工作任务分解和责任清单》，从坚持党的全面领导、加强党的政治建设、贯彻以人民为中心的发展思想、践行对党的忠诚、严肃党内政治生活等方面开展经常性监督检查。与厅党组召开会商会，通报存在的4方面9个问题，持续跟踪问效，推动整改落实。督促厅党组继续开展政治巡察，向被巡察单位党委反馈问题67个，推动巡察整改落实落地，做深做实政治巡察"后半篇文章"。三是聚焦权力在正确轨道上运行情况开展监督，督促公正用权、依法用权、廉洁用权。强化对"一把手"和领导班子的日常监督，严格落实《中共中央关于加强对"一把手"和领导班子监督的意见》《领导干部配偶、子女及配偶经商办企业管理规定》；强化对贯彻执行民主集中制、依规依法履职用权、担当作为、廉洁自律等情况的监督，制发纪律检查建议书2份，开展廉政谈话128人次。对交通运输系统基层单位日常执法、队伍建设、落实中央八项规定精神情况开展调研检查17次，深入调查核实参加交通运输部培训违规公款旅游的问题线索31条。总结形成的经验材料《运用"1+6"工作法，做实对"一把手"监督》在省纪委进行汇报交流，并入围第三届"中国廉洁创新奖"评选活动。四是积极配合十二届省委第二轮巡视工作。充分认识省委巡视是对纪检监察组一次全面的"政治体检"，也是进行全面检视、改进提升、自我完善的难得机会，督促省交通运输厅党组切实扛牢巡视整改主体责任，深化以巡促改、以巡促建、以巡促治，对全面从严治党、党的建设和各项业务工作进行系统的"回头看"，正确认识不足，深刻剖析原因，全面梳理，认真总结；严肃认真对待巡视组提出的问题和要求，配合巡视组开展调研、材料收集等工作，对巡视移交问题线索及时处置，从严从实，真抓实改，确保存在问题及时有效整改落实到位。

（三）保持反对和惩治腐败的强大力量常在，一体推进"三不腐"取得更大治理成效

一是始终保持"惩"的力度不减弱。针对交通运输系统人员众多、工程项目（资金）多、行政审批项目多等特点，进一步加大案件查办力度，精准把握和运用"四种形态"，科学研判与处置问题线索，做好信访举报受理和审查调查工作。2022年，纪检组共收到信访举报184件（其中重复件83件），召开线索处置会12次，其中：谈话函询13件；初步核实13件；立案9件；予以了结15件，转办60件。全系统开展提醒谈话28人次、批评教育3人次、诫勉谈话19人、免职2人；给予党内警告3人、党内严重警告4人、开除党籍1人；给予政务警告7人、政务记过1人、政务记大过2人、撤职2人、开除公职2人。向省纪委监委报告《派驻监督要情》1次，报送省管干部线索1条。二是始终强化"治"的措施不放松。制订驻省交通运输厅纪检监察组《2022年工作实施办法》，进一步扎紧制度笼子；联合厅党组制订《关于进一步做好山西省交通运输厅所属单位纪律检查工作实施办法（试行）》，努力破解专职纪检干部减少和监督力量弱化的难题；制订《加强对重大经济活动全过程监督的工作措施（试行）》，督促驻在单位严格审核科学把关；制订《关于加强巩固拓展脱贫攻坚成果同乡村振兴有效衔接考核评估反馈问题整改情况监督的实施方案》，提升监督质效。三是始终筑牢"防"的堡垒不懈怠。突出以案促教，抓好警示教育，为全系统纪检监察干部编发《违规违纪违法典型案例警示录》380册；在系统内基层单位开展廉政教育、业务专题讲座共6次，受教育人数855人；组织275人集中参观党风廉政教育基地，筑牢思想防线；规范处分决定执行，重点开好宣布处分决定会、专题民主生活会和警示教育大会"三个会"，做好查办案件的"后半篇文章"；瞄准"心结"，聚焦"病灶"，按照相关规定对5名受处分人员开展回访教育，有效发挥回访教育工作的激励效果和带动效应。

（四）坚持把监督贯穿管党治党全过程各方面，日常监督效能不断彰显

一是把政治监督融入日常监督。综合运用《纪检监察机关派驻机构工作规则》规定的9种日常监督方式开展“政治扫描”，切实把政治监督融入日常监督。动态更新领导干部廉政档案，把握工作重点内容，扎实开展政治生态谈话，精准绘制驻在单位政治生态“全景图”和班子成员“立体像”，完成对厅党组6名领导班子成员的政治生态画像，扎实做好“政治体检”。加强对民主集中制、重大事项请示报告、“三重一大”等制度执行情况的监督检查，充分发挥派驻监督优势，把会议监督作为日常监督的重要抓手，做到提前介入、全程参与、从严把关。全年参加驻在单位会议114次，暂停和取消议题5项，提出监督意见及建议77条。二是聚焦重大节日、重要领域、重点环节开展监督检查。在端午节、“五一”、中秋节、国庆等假日期间，发送廉政提醒短信，倡导勤俭节约新风尚，持续营造和谐文明廉洁的节日氛围。针对全省交通运输系统管护考核评价抽检结果，提出限期整改、加强管控的监督意见。紧盯交通系统工程建设招投标领域存在的围标串标、违法转包分包等问题，在上线运行招投标电子监督平台的基础上，加强招标投标全过程监管。共监督公路工程146个招标项目、217个标段，合同金额43.55亿元，对发现异常的8家投标单位涉及3个项目根据相关规定进行处置。三是严把廉政审核关。落实联系各单位分工责任制，强化近距离、常态化监督，便于及时发现问题；对驻在单位拟提拔任用干部、评先评优对象进行廉政体检，坚持对“带病提拔”“带病表彰”零容忍，廉政审核把关264人，出具廉政审查意见19份；对新任56名处级干部进行任前廉政谈话；对11名“三龄两历一身份”存在问题的拟提拔考察对象坚决予以否决。

（五）持之以恒加强自身建设，锻造忠诚干净担当的高素质纪检监察铁军

一是进一步增强政治能力。通过集中学习、自学、开展交流研讨、撰写心得体会等方式，全面学习宣传贯彻中共二十大精神。坚持党建工作和业务工作同谋划、同部署、同落实，强化政治功能。组织召开主题党日活动、支部委员会等30次。通过集体过“政治生日”、积极参加省纪委监委组织的各项活动，砥砺初心使命，增强干事创业凝聚力。二是进一步锤炼过硬本领。采取小课堂、以会代训等多种方式加强全员教育培训，持续增强法治意识、程序意识、证据意识；注重实战练兵，在监督执纪执法一线锤炼过硬思想作风、能力素质。全年参加各类业务培训共18批22人次；1人获“山西省纪检监察系统先进工作者”称号；4人获“优秀公务员”称号；在省纪委监委网站主页发布105篇工作动态信息，位列派驻纪检监察组第一方阵。三是进一步加强自我约束。严格落实省纪检监察干部48字行为规范和“五个过硬”要求，强化自我约束，主动接受党内和社会各方面的监督；严格执行打听案情、说情干预、违规过问案件登记备案和报告制度，切实把保密纪律作为政治纪律抓紧抓实；把严管厚爱落实到日常教育管理工作中，激励干部担当作为。

一年来，山西交通运输纪检监察工作扎实开展，广大纪检监察干部履职尽责、担当进取，在纪检监察工作实践中增强使命担当，经受了锻炼和考验，坚定信心和决心。工作中，我们深刻体会到，推进交通运输纪检监察工作高质量发展，必须始终坚持正确政治方向，坚定自觉捍卫“两个确立”、做到“两个维护”，坚持把党对反腐败工作集中统一领导落实到行动上、体现在工作中；必须始终坚持胸怀“国之大者”，强化政治监督，树牢服务观念，自觉服务保障党的国家事业全局；必须一体贯通落实党组（党委）主体责任、书记第一责任人责任和纪检监察部门监督责任，做到同题共答、同向发力、同频共振；必须始终保持严的主基调不变，“严”字当头，全面从严，不断实现不敢腐、不能腐、不想腐一体推进的战略目标；必须时刻铭记打铁必须自身硬的要求，始终坚持敢于斗争、善于斗争，在坚持自我革命、勇于斗争实践中锻造纪检监察铁军队伍。

在肯定成绩的同时，也要清醒地认识到，全省交通运输系统党风廉政建设和反腐败斗争还面临不少顽固性、多发性问题，各级党委、纪检部门本职工作和队伍建设方面也存在一些差距和不足。主要表现在：一是学习中共二十大精神、贯彻落实党的理论路线方针政策不够到位，学懂弄通做实并用以研究指导工作还有差距，深化改革主动作为不够，防范化解重大风险存在薄弱环节，全方位推动交通运输事业高质量发展方面还存在不足。二是全面从严治党“两个责任”有落差，落实整改责任不到位，对巡视、审计等监督检查发现问题整改不够彻底；坚持以严的基调强化正风肃纪还不够有力，不正之风潜滋暗长土壤还在，违反中央八项规定精神及违规违纪违法案件仍时有发生，问题表现还比较突出；个别单位权力运行不规范，一些重点领域和关键岗位存在廉政风险，还存在涉嫌职务违法犯罪等腐败问题；改革到位的单位不设纪委和纪检监察室，专职纪检干部缺失，监督力量弱化，实现有形有效监督全覆盖存在短板。三是贯彻落实新时代党的组织路线不够有力，个别基层党组织党建责任制落实不到位，干部日常监督管理不够严格，作风不实，纪律要求不严，干事创业担当作为的氛围不够浓厚，等待观望现象依然存在。十二届省委第二轮巡视反馈中也指出厅纪检监察组存在政治监督不够精准有力、日常监督纵深推进不够、审查调查工作比较薄弱、对内设纪委加强业务指导有欠缺等问题。针对这些问题，我们将高度重视，在下一步工作中积极谋划，切实加以解决。

二、2023年主要工作

2023年是贯彻中共二十大精神的开局之年，是山西全方位推动高质量发展的重要之年，在新起点、新征程上做好交通运输纪检监察工作责任重大、使命光荣。2023年工作的总体要求是：坚持以习近平新时代中国特色社会主义思想为指导，深入学习贯彻中共二十大精神，深刻领悟“两个确立”的决定性意义，增强“四个意识”、坚定“四个自信”、做到“两个维护”，按照二十届中央纪委二次全会、省委十二届五次全会及省纪委十二届三次全会部署要求，坚决贯彻坚定不移全面从严治党战略部署，认真落实健全全面从严治党体系任务要求，深入开展党风廉政建设和反腐败斗争，紧扣全方位推动高质量发展鲜明主题，锚定全面建设清廉山西目标任务，持续推进政治监督具体化、精准化、常态化，始终坚持“三不腐”一体推进，为推动新时代新征程山西交通运输高质量发展提供坚强保障。

（一）推进政治监督具体化精准化常态化，保障中共二十大战略部署在交通运输系统落实落地

联系实际抓监督，推进政治监督具体化。把中共二十大确定的目标任务和战略举措、党中央、省委、省政府重大决策部署与省交通运输系统职责相结合，抓深抓实政治监督，全力保障高质量发展。聚焦习近平总书记关于交通运输工作重要指示批示精神贯彻落实和交通运输工作会议决策部署，督促各级各部门细化实化工作任务，建立清单、逐项落实。健全台账管理、监督问责、整改纠偏和“回头看”机制，及时发现和纠正政治偏差，着力纠治上有政策、下有对策和有令不行、有禁不止等问题，着力纠治做选择、搞变通、打折扣和阳奉阴违、自行其是等问题，着力纠治“低级红”“高级黑”等问题，着力纠治想问题干工作损害大局、危害长远等问题，着力纠治贯彻落实大而化之、不切实际等问题，确保贯彻执行不偏向、不变通、不走样。

聚焦重点抓监督，推进政治监督精准化。坚定维护党中央权威和集中统一领导，严格落实《党中央关于加强对“一把手”和领导班子监督的意见》及省委实施意见，强化对驻在单位党组（党委）领导班子及厅属二级单位“一把手”带头做到“两个维护”、带头遵守政治纪律和政治规矩、履行管党治党政治责任、贯彻执行民主集中制、严格落实中央八项规定及实施细则精神等情况的监督。聚焦驻在单位党组2023年十个方面重点工作安排，重点监督三个一号旅游公路建设、5个县“县县通”高速公路、提升煤炭运输综合保障能力、完善太原、大同双核驱动交通运输体系、加快构建现代化综合交通体系、优化营商环境等重点领域，督促公正用权、依法用权、廉洁用权，守牢安全生产底线，有序推进各项工作任务。聚焦政治生态建设情况，督促全系统党员干部依照党章、准则、条例等党内法规制度办事，持续推动风清气正政治生态巩固发展。

融入日常抓监督，推进政治监督常态化。用好参加驻在单位会议进行党内监督的重要平台，把政治监督贯穿省交通运输事业发展全过程、各方面，融入重大发展战略、重要政策举措、重点项目任务的制订和落实之中，做到监督全覆盖、监督全过程、监督全链条，把政治监督贯穿管党治党谋划、部署、实施、督促、考核、问责等各个环节，加强对民主集中制、重大事项请示报告等制度执行情况的监督检查，形成发现问题、提出建议、压实责任、纠正偏差、推动整改、深化治理的监督闭环，促进各项决策部署落实落地。

（二）压紧压实巡视整改责任，确保巡视整改取得扎实成效

切实增强巡视整改的思想自觉、政治自觉和行动自觉。中共二十大对“发挥政治巡视利剑作用，加强巡视整改和成果运用”作出重大部署，习近平总书记也强调“巡视反馈了，整改不落实，就是对党不忠诚、对人民不负责”。紧紧围绕巡视反馈问题，切实把巡视整改作为学习贯彻中共二十大精神的实际行动和重要检验，自觉从捍卫“两个确立”、践行“两个维护”的政治高度来看待巡视整改，把巡视反馈问题整改落实作为必须完成的政治任务，作为推动自身高质量发展的重要契机。

强化巡视整改责任落实。压紧压实党组（党委）巡视反馈问题整改主体责任、党组（党委）书记第一责任人责任，准确把握阶段特征、问题特点及交通运输行业特色，推动整改融入日常工作、融入深化改革、融入全面从严治党、融入班子队伍建设；督促班子成员自觉履行“一岗双责”，形成上下贯通、部门联动、环环紧扣、合力攻坚的整改工作局面。驻厅纪检监察组一方面将督促驻在单位党组（党委）落实巡视整改责任，围绕巡视反馈的4方面35项问题和4条整改意见建议，逐条细化措施，明确目标时限，制订《整改工作方案》和“三清单”；另一方面要认真梳理巡视反馈驻厅纪检监察组2方面5个问题，制订问题清单、责任清单、整改清单，认真加以整改。

强化巡视整改监督检查。加强系统集成整治，在依规依纪依法及时处置巡视移交问题线索的同时，把督促整改贯穿日常监督的全过程和各环节，督政治态度、督责任落实、督任务落地、督整改成效，做到整改到哪里，监督工作就跟进到哪里。强化跟踪督办，对照“三清单”突出节点控制，盯时间节点、盯质量进度、盯漏项缺项，坚决做到整改不到位不罢手、整改不彻底不收兵。坚持问题导向、目标导向、结果导向，把巡视整改评估作为监督闭环的具体实践，推动形成监督、整改、治理的良性循环，对敷衍整改、整改不力、虚假整改的严肃问责。

（三）完善全面从严治党体系，进一步贯通融合凝聚监督合力

进一步贯通“两个责任”落实。压实党组（党委）主体责任，督促党组（党委）将党的建设与交通运输工作同谋划、同部署、同推进；督促各职能部门落实监管职责，依纪依法规范权力、制约权力、监督权力；坚持履行协助职责和监督责任有机结合，全面落实协助推进全面从严治党“八项任务”，促进全面从严治党党委主体责任和纪委监督责任贯通协同；进一步规范各单位纪检工作，各级党委（支委）要大力支持纪检工作，进一步关心爱护纪检干部，激励他们担当尽责。驻厅纪检监察组要进一步加强对各级纪检部门（机构）的业务指导和监督检查。

进一步完善政治巡察联动监督机制。压紧压实巡察工作主体责任，督促厅党组有序深入开展巡察工作，健全完善发现问题、整改落实、成果运用、信息共享统筹联动工作机制；督促做好政治巡察“回头看”，强化结果运用，做深做实巡察“后半篇文章”，推动巡察整改主体责任与监督责任落实；统筹运用日常监督和专项督促检查，建立健全巡察长期整改问题督促落实机制，确保问题整改过程扎实和结果高质量；建立巩固拓展整改成果制度机制，重点加强对系统性、普遍性、深层次及制度机制性问题的治理，切实把巡察成果转化为推动改革、促进发展的成效。

进一步优化贯通协同机制。坚持党统一领导、全面覆盖、权威高效，完善政治监督与日常监督融合机制，深化运用“四项监督”统筹衔接机制；以党内监督为主导，加强纪检监察监督与审计监督、社会监督等其他监督联动协作，用好审计等监督成果，切实增强左右衔接、横向协同的治理效能，扩大监督治理的集成优势和综合效能；建立健全与厅机关党委、组织人事、财务、审计等部门的常态化信息沟通、线索移送、措施使用、成果共享的机制和程序，形成全面从严治党整体合力。

（四）全面加强党的纪律建设，驰而不息落实中央八项规定精神、纠治“四风”

坚持把纪律教育抓在经常、严在平常。发扬纪律严明的传统优势，挺纪在前、教育在先，推动各单位党组（党委）把党章党规党纪教育作为必修课，强化纪律意识。坚持党性党风党纪一起抓，坚持正面引导和反面警示相结合，加强党性教育、纪律教育，加强对纪律执行情况的日常监督，督促党员干部严格执行党的纪律规定和规章制度，使铁的纪律转化为党员干部的日常习惯和自觉遵循。用足用好《纪检监察机关派驻机构工作规则》规定的九种日常监督方式，全面加强改进日常监督，严肃党内政治生活，深入开展廉政谈话，严把廉政审核关，坚持严的基调和实的要求相统一，精准运用“四种形态”监督执纪，坚持边查处问题、边完善制度，坚持纠树并举、激浊扬清，对监督检查中发现的共性问题，注重从制度机制上深挖根源，提出纪检监察建议，有针对性地督促建章立制、堵塞漏洞。

坚持把中央八项规定精神作为长期有效的铁规矩一抓到底。始终保持高压态势，把经常性的纪律教育抓在手上，坚持挺纪在前、教育在先。严肃查处“不吃公款吃老板”、“不吃本级吃下级”、隐蔽场所违规吃喝、借培训考察之名公款旅游问题；严肃查处以讲课费、咨询费、服务费等名义违规收送礼品礼金，以电子红包、快递物流方式“隔空送礼”等隐蔽性问题；对违反中央八项规定精神问题，及时严肃处理，点名道姓通报，持续释放越往后盯得越紧、执纪越严、处理越重的强烈信号。

坚持精准靶向纠治“四风”突出问题。“四风”问题树倒根存、顽固复杂，有的还在潜滋暗长，由风及腐、由风变腐的风险始终存在，稍有放松就会反弹回潮，要充分认识“四风”问题的政治危害，深挖根源、精准纠治。要坚决纠治影响党中央决策部署贯彻落实、漠视侵害群众利益、加重基层负担的形式主义、官僚主义；深入整治损害党的形象、群众反映强烈的享乐主义、奢靡之风；坚持风腐同查同治，深挖享乐奢靡背后的利益交换、请托办事等问题，阻断由风及腐的演进链条。

（五）保持反腐败强大力量常在，坚持“三不腐”一体推进

紧盯腐败问题，保持高压态势。坚持无禁区、全覆盖、零容忍，坚持重遏制、强高压、长震慑，紧盯举报线索较多、问题反映集中、涉腐可能性大的重点领域和关键环节进行整治。严肃查处公路工程建设、“影子”工程、招投标、分包转包、资金管理等方面腐败问题，严肃整治权钱交易、商业贿赂等损害政商关系和营商环境的腐败行为。坚持对重要问题线索先行研判处置，提级办理，完善“组组”协同监督、“室组”联动监督、“室组地”联合办案等机制，打通监督执纪执法运行机制堵点难点，增强办案质效和威慑力。

扎紧制度笼子，强化刚性约束。坚持边办案、边剖析、边整改、边治理，深入剖析体制性、隐蔽性、普遍性问题，深化以案为鉴、以案促改、以案促治，把办案成效体现在促进改革、优化治理上。加强对纪检监察建议执行情况的监督，以监督促整改、以整改促治理。常态化推进不能腐制度建设，切实增强治理腐败效能。严格落实制度执行监督工作规定，压紧压实制度执行主体责任、监督责任，强化制度对权力的刚性约束。

加强警示教育，增强预防自觉。结合“党风廉政宣传教育月”，进一步用好《违规违纪违法典型案例警示录》扎实开展警示教育活动，并将警示教育纳入全系统干部培训的重要内容。针对不同层次、不同领域的特点，进一步认真做好政策、纪法宣讲解读工作，推动警示教育常态长效、入脑入心，将教育成果转化为党员干部坚定理想信念、提高党性修养、依法履职担当的行动自觉。扎实推动清廉机关建设,充分运用廉洁文化资源,引导党员干部树立正确世界观、人生观、价值观,促进党员干部克己奉公、廉洁勤政。

(六)统筹抓好权力运行制约体系建设,扎实推进清廉机关建设

全力推动权力运行制约体系建设试点工作。以制度建设为主线,聚焦权力配置,依法科学配置权力,明晰权力边界;聚焦权力运行,实现权力运行制度化、规范化、程序化;聚焦权力公开,促使隐性权力公开化、显性权利规范化。督促党组(党委)全面梳理廉政风险点,紧盯选人用人、行政审批、行政执法、工程建设、财政支出等重点领域,推动各部门梳理权力清单和权力运行风险点,建立廉政风险防控台账,健全动态分析研判机制、内部监督制约机制和岗位风险防控机制,对权力运行各环节全过程监督,力争在6月底前选塑2~3个单位或部门率先建立权力运行制约机制,通过典型引领,着力构建"权责法定""权责透明""权责统一"的权力运行制约体系。

持续监督促进营商环境优化。围绕打造"三无""三可"营商环境要求,实行全链条监督,把监督置于事前酝酿、事中讨论、事后执行等环节,紧盯目标、任务、进度、成效等关键环节,及时发现并纠正影响优化营商环境的苗头性、倾向性问题。聚焦"四个着力"开展监督检查,围绕优化营商环境的重点工作、重点环节、重点岗位、重点事项,建好监督台账、理顺监督路径,精准发现优化营商环境过程中的痛点堵点难点问题,督促相关职能部门及时解决,坚持边改边建边规范,督促立行立改和建章立制相结合。精准运用"四种形态",对"吃拿卡要"损害营商环境的行为严肃追责问责,全力推进全链条优化审批、全过程公正监管、全周期提升服务。

扎实推进清廉机关建设。压实各级党组织主体责任,发挥清廉建设工作专班统筹协调、组织推动、督导落实作用,督促全系统各单位把准清廉机关建设与管党治党的内在联系,"一把手"亲自上手、主抓直管,各责任部门和单位按照目标要求和负责事项,着力规范权力运行,不断强化监督管理,切实加强作风建设。驻厅纪检监察组将履行监督责任和协助职责,加强监督指导,防止出现偏差、落差、温差,对在推进清廉机关建设中不研究、不部署、不落实的,按规定严肃问责。

(七)扎实开展干部队伍教育整顿,锻造对党绝对忠诚、敢于善于斗争、自身正自身硬的纪检监察铁军

2月23日,中共中央印发《中共中央关于开展全国纪检监察干部队伍教育整顿的意见》,习近平总书记作出重要批示,对全国纪检监察系统集中开展干部队伍教育整顿作出重大部署。2月28日,省纪委印发《山西省纪委监委关于开展纪检监察干部队伍教育整顿的实施方案》,安排部署山西省纪检监察干部队伍教育整顿工作。3月17日,《驻省交通运输厅纪检监察组印发开展省交通运输系统纪检监察干部队伍教育整顿实施方案》,召开教育整顿动员部署会,安排部署全省交通运输系统纪检监察干部队伍教育整顿工作,明确本次教育整顿从2月24日开始至年底,分为学习教育、检视整治、巩固提升3个环节,时间明确、步骤清晰、措施具体,要求全系统各级纪检监察部门坚决落实。开展教育整顿,是习近平总书记亲自点题、亲自部署的重大政治工作。全系统纪检监察干部要深刻认识此次教育整顿的重要性和必要性,把思想和行动统一到习近平总书记重要批示精神及省纪委教育整顿工作安排部署上来,自觉接受刻骨铭心的革命性锻造和深入灵魂的精神洗礼。

要加强政治教育、党性教育,进一步纯洁思想。强化政治意识,坚定政治立场,严守政治纪律,永葆绝对忠诚的政治品格,通过开展政治教育、党性教育,教育引导纪检监察干部掌握明辨是非的思想武器、筑牢拒腐防变的思想堤坝。要强化理论武装、提升党性修养,坚持不懈用习近平新时代中国特色社会主义思想凝心铸魂;要坚定理想信念、坚守初心使命,切实解决好世界观人生观价值观这个总开关问题,大力弘扬伟大建党精神,坚守共产党人的精神追求,传承纪检监察机关优良传统,在诱惑和考验面前不移其志、不改其心、不忘其本。要树牢宗旨意识、践行群众路线，坚持以人民为中心的根本立场，把人民至上贯穿纪检监察各项工作中，不断校准权力观、政绩观、事业观。

要敢于刀刃向内、自剜腐肉，进一步纯洁组织。发扬彻底的自我革命精神，时刻保持警醒，经常"打扫庭院"、坚决清理门户。自觉接受最严厉的约束和监督，深入查找存在的突出问题和不良现象，及时进行纠治整顿。杜绝"护犊子""捂盖子"思想，对执纪违纪、执法违法现象零容忍，坚决防止利用监督执纪执法权和职务影响力谋取私利，严防"灯下黑"。对纪检监察干部队伍中违纪违法行为早报早查、一查到底，对欺瞒组织、顶风违纪的，依规依纪依法严肃处理。

要全面压实责任、强化监督，进一步严管严治。时刻保持严的基调、严的措施、严的氛围，做到真管真严、敢管敢严、长管长严，层层传导压力，把严的要求传导到每一名纪检监察干部。全系统各级纪检部门负责人要加强对本部门专（兼）职纪检监察干部全方位管理和经常性监督，把严格教育管理监督体现到思想、工作、纪律、作风、生活等方方面面，对履责不到位、工作不落实，导致干部队伍出现严重问题、造成严重后果的将严肃问责。

要坚持敢于斗争、善于斗争，进一步增强本领。深刻认识党风廉政建设和反腐败斗争的长期性、复杂性、艰巨性，不断强化思想淬炼、政治历练、实践锻炼、专业训练，练就敢于善于斗争的硬脊梁、铁肩膀、真本事。不断增强政治本领，胸怀"国之大者"，更加自觉地从政治大局和战略全局高度思考谋划工作，观察分析形势要注重把握政治因素，筹划推动工作要注重落实政治要求，处理解决问题要注重防范政治风险；增强专业本领，强化法治意识、程序意识、证据意识，精准把握政策，严格按照法定权限、规则、程序办事；增强推动纪检监察工作高质量发展本领，深学习、实调研，在调查研究中深化学习，在总结提炼中探求规律，不断研究新情况、解决新问题，努力使各项工作思路举措更加科学、更加严密、更加有效。

新时代催人奋进，新征程任重道远。2023年交通运输纪检监察工作重任在肩、使命如磐。我们要更加紧密地团结在以习近平同志为核心的党中央周围，全面学习把握落实中共二十大精神，大力弘扬伟大建党精神和彻底的自我革命精神，踔厉奋发、勇毅前行，一以贯之推进全面从严治党、党风廉政建设和反腐败斗争，推动交通运输系统纪检监察工作高质量发展！

山西省邮政管理局

乘势而上开新局 砥砺奋进新征程 在奋力谱写交通强国建设邮政新篇章中彰显山西作为

——在2023年全省邮政管理工作会议上的讲话

山西省交通运输厅党组成员、副厅长，省邮政管理局党组书记、局长 秦红保

（2023年1月18日）

这次会议的主要任务是：以习近平新时代中国特色社会主义思想为指导，深入学习贯彻中共二十大精神和习近平总书记关于邮政快递业重要指示批示精神，全面落实全国邮政管理工作会议、省委经济工作会议和省两会决策部署，总结回顾2022年工作和新时代十年全省邮政快递业发展成就，分析研判发展形势，部署2023年重点工作。

一、2022年工作和新时代十年全省邮政快递业发展成就回顾

2022年是党和国家历史上具有里程碑意义、必将载入史册的一年，也是山西省邮政快递业发展史上极不平凡、极不容易的一年。这一年，全省邮政系统坚持以习近平新时代中国特色社会主义思想为指导，深入学习贯彻中共十九大、十九届历次全会和中共二十大精神，坚定不移贯彻习近平总书记重要指示批示精神，坚决落实国家局党组、省委、省政府决策部署，按照“经济要稳住、发展要安全”的重要要求，坚持扁平指挥、果断施策、尽锐出战，尽心保障群众基本寄递需求、推动企业复工复产，全力维护行业安全稳定运行局面。2022年，受全国经济下行形势影响，行业增速出现收窄，全省邮政行业寄递业务量完成13.83亿件，同比下降4.46%；行业业务收入完成128.94亿元（不包括邮政储蓄银行直接营业收入），同比下降3.71%。其中，快递业务量完成7.1亿件，同比下降9.66%；业务收入完成79.47亿元，同比下降11.85%。

（一）坚持优化产业布局，高质量发展形成新态势

立足新发展阶段，贯彻新发展理念，积极参与构建新发展格局，以更高站位谋划高质量发展。一是农村寄递物流服务基本实现全覆盖。坚定不移办好省政府年度民生实事，着力打造农村寄递物流体系建设“山西模式”。到10月底，全省1082个乡镇100%建成快递综合服务站，20356个行政村100%通快递，其中，91个县（市）初步建成农村共配网络，16094个行政村新建快递网点，引导形成了“快快”“快邮”“快交”等多种融合发展新模式，有效补齐农村物流短板，城乡循环更加高效畅通。国家邮政局局长赵冲久专题批示肯定全省邮政系统工作；省委书记蓝佛安亲赴晋中市和顺县调研指导；副省长两次作出批示肯定，极大提振行业士气。各市邮政管理局乘势而上，克服困难，奋勇争先，推动全覆盖工作开花结果、落地见效。大同市邮政管理局坚持苦干实干，创新办法，推动整合，在全省率先完成全覆盖工作。太原市邮政管理局积极协调地

方，争取市级财政补贴138万元，有力推动农村寄递物流发展。运城市邮政管理局注重实绩，突出实效，有效落实“一特色三标准”建设要求，快递进村成效明显。二是上下游产业高度协同。快递服务现代农业持续壮大，“快递+太原老陈醋”年业务量达1063万件，已进入2022年度金牌项目评审阶段；联合省农业农村厅顺利完成3个快递服务现代农业示范项目申报工作；引导培育“一市（地）一品”项目23个、“一县一品”项目10个。全省行业全年累计带动农产品上行超7000万件，拉动产值超18亿元，有力巩固脱贫攻坚、促进乡村振兴。“快递进厂”取得新进展，累计培育快递服务制造业典型融合项目25个，拉动产值达8.8亿元。高度支持跨境电商寄递物流发展，国际邮件快件寄递业务量超320万件，出口国际邮件再获省政府三年财政补贴支持。三是交邮融合更加深入。加快推动行业融入现代综合交通运输体系，快递货机起落达2544架次，高铁运输快递线路达46条，高运能干线车辆超3500辆。“客货邮”融合发展稳步推进，一批农村客运站得到盘活利用。四是大力支持企业服务创新。持续加强邮政综合服务平台建设，医邮、法邮等新型合作加快普及。末端服务方式更加多元集约，全省累计布放智能快递柜4638组，建成快递末端服务站10529个。太原市邮政管理局加快推动智能快件箱普及，年内争取市级专项财政补贴200万元，并获建设用地免费保障支持。

（二）坚持深化依法治邮，现代化治理迈上新台阶

坚持依法行政，规范行使职权，深入推进部门法治政府建设。一是行业法治建设稳步推进。组织开展“八五”普法工作，严格落实行政执法“三项制度”，深入实施“双随机、一公开”监管，坚持“照单履职”，扎实推进包容审慎柔性执法，有效规范自由裁量行为。二是普遍服务监管更加有力。坚持“政”字当先，坚守“两条红线”，做好“两项审批”，持续加强农村局所监管，切实强化高校录取通知书寄递、邮票发行、党报党刊投递等监督。农村邮路汽车化率首次达到62.42%，新增农村投递汽车787辆。建制村周投递频次三次及以上的比例达100%。全面加强机要通信监管，高质量完成两轮全覆盖检查，机要通信确保万无一失。三是快递市场监管有序深化。聚焦“放管服”改革，坚持优化许可审批，创优营商环境，有序推动快递服务站、智能快件箱等新业态监管，年内新增许可企业65家。扎实开展城市快递末端服务规范专项整治，持续净化市场经营秩序。四是绿色环保治理显著增强。扎实开展行业生态环保执法，年内实施行政处罚5起。联合省发展和改革委员会推进塑料污染整治，特色做法多次被国家发展和改革委员会简报采纳。聚焦包装减量化、标准化、循环化，提前完成“9917”工程目标任务。积极推动运输环节能源结构调整，新能源车辆达到1652辆。绿色“双十一”成效明显，省内各大媒体争相报道，舆论环境持续向好。

（三）坚持筑牢底线思维，安全发展呈现新局面

坚决贯彻总体国家安全观，聚焦提升寄递安全、生产安全、信息安全水平，持续强化本质安全建设。一是高质量完成重大安保任务。坚持最高标准、最严要求，高位统筹、上下联动、精准发力，以寄递渠道安全为重点，统筹推进安全生产、群体稳定等工作，顺利完成北京冬奥会（冬残奥会）、全国两会、中共二十大等重大活动期间寄递渠道安保工作。其中，中共二十大期间寄递渠道安保工作获国家邮政局党组高度肯定。二是着力防范化解风险隐患。增强优患意识，提高防控能力，综合推进寄递渠道涉枪涉爆涉毒、扫黄打非、危险化学品等专项整治，有力保障邮路畅通安全。连续5年以一号文件部署安全生产工作，狠抓安全生产大检查和“十五条”硬措施落实，扎实推进“四不”问题和“传送带堵缝、人车分流”两项任务整治，持续强化作业现场管理，杜绝重特大亡人事故发生。会同公安、网信等部门开展邮政快递领域个人信息安全专项治理。切实发挥“绿盾”系统优势，视频巡检、远程监控形成常态，安全生产技防能力显著增强。三是持续关心关爱快递员群体。站在巩固党的执政基础、促进社会公平正义的全局高度，用心用情关爱快递员群体。稳步推进行业人才工作，职业技能提升培训和等级评价人数达8741人；快递工程技术人员职称评审工作取得阶段性进展。积极推动基层网点优先参加工伤保险，新增参保人数超3.4万人。非公有制快递行业党委实现省市全覆盖，行业工会、共青团日益发展壮大，爱心驿站等加快建设，快递员组织覆盖、权益保障、凝聚服务等取得新进展。同时，高效处置“12305”热线申诉、“12345”转办线索和信访案件，确保各类合理诉求“办得及时、办得满意”，真正架起“连心桥”，凝聚发展向心力。

（四）坚持强化政治担当，全面从严治党呈现新气象

坚持党要管党，从严治党，始终把加强党的政治建设放在首位，持续推动全面从严治党向纵深发展、向基层延伸。一是联动推进巡视巡察整改。坚持强化政治站位，上下联动推动中央巡视整改，一体推进全省第二轮第二批政治巡察工作，注重统筹“当下改”治标和“长久立”治本，确保“政治体检”一竿子插到底，有效发挥巡视巡察利剑作用。二是持之以恒正风肃纪。狠抓纪律作风建设，驰而不息纠“四风”树新风，扎实推进清廉机关创建，依规依纪查处违反中央八项规定精神典型案件，组织召开全省系统警示教育大会，部署开展新任职干部集体廉政谈话，切实强化“一把手”和领导班子监督，一体推进不敢腐、不能腐、不想腐。三是全力加强系统党建工作。坚持把学习贯彻落实中共二十大精神作为首要政治任务，制订省邮政管理局党组学习宣传贯彻中共二十大精神实施方案，集中收听收看中共二十大开幕式，第一时间召开党组会议进行学习传达。扎实推进模范机关建设、红旗部门评比，持续推动基层党组织规范化标准化建设，组建省局机关退休干部党支部。高度重视意识形态工作，积极开展精神文明创建，省局连续14年获“省级文明单位”称号。各级邮政管理部门积极落实抓党建主体责任，严密党的组织体系，严格执行组织制度，有序推动基层党建工作开展。四是稳步推进干部队伍建设。坚持党管干部原则，落实新时代好干部标准，优化“育选管用”工作，突出政治素质考察和实绩考核，抓好后继有人这个根本大计，持续完善上挂下派、异地交流、蹲苗历练等培养机制，年内提任3名“85后”副处级领导干部、3名“80后”市局班子成员，7名干部实现异地交流任职。制订出台省邮政管理局直属事业单位管理办法，主动适应新形势新任务，全面加强事业单位管理。

一年来，全省邮政系统严格落实“过紧日子”要求，总体压减一般公共预算项目支出58.32%。统筹做好新闻宣传、督查信访、国家安全、保密、档案、政务信息公开、人大和政协建议提案办理等工作。

新时代十年，在国家局党组、省委、省政府的坚强领导下，全省系统全省行业党员干部职工牢记习近平总书记殷殷嘱托，坚决捍卫“两个确立”、自觉做到“两个维护”，埋头苦干、顽强拼搏，创先争优、敬业奉献，不断开辟全省邮政快递业发展新局面，行业规模、服务能力、创新活力、综合实力跃上新台阶，服务生产、促进消费、畅通循环的现代化先导性作用进一步发挥，为促进全省经济社会发展做出积极贡献。

（一）十年来，坚持抓好重点任务落实，行业改革持续向纵深推进

“1+11+X”监管机制更加完善，邮政业安全中心实现省市级全覆盖，省邮政业安全监控中心上线运营，县级监管机构多点开花，地方财政事权与支出责任逐步落地，双重管理体制得到进一步加强。“放管服”改革持续深化，包容审慎柔性执法与许可审批优化同步推进，末端网点备案日益便捷，税费减免惠及更多企业。快递小哥参保机制持续健全，行业人才工作取得显著进展，非公有制快递党建卓有成效，基层快递员权益得到更优保障。新业态加快发展，智能快件箱有序普及，驿站类企业深耕社区、校园，充满生机。

（二）十年来，加快推动高质量发展，行业运行保持高速增长态势

行业规模持续扩大，业务收入从2012年的29.9亿元增长到2022年128.94亿元，年均增长达15.74%；快递业务量从2805万件增长到7.1亿件，增长24倍；年人均使用快递量从0.79件增长到20件。产业融合更加深入，快递服务现代农业成效明显，涌现出一批业务规模较大、惠及百姓较多的金、银牌项目，成为巩固脱贫攻坚、促进乡村振兴的重要力量之一。快递进厂有序推进，服务现代制造业作用更加凸显，拉动上下游产业能力进一步增强。快递电商高效协同，农村电商发展取得重要进展，人民群众生产生活更加便利，成为激活大众创业、万众创新的重要源泉之一。产业现代化水平明显提升，“三化”建设惠及长远，新技术、新装备大量应用，智慧分拣、智能投递逐步普及，行业集约发展趋势更加明显。快递市场竞争更加充分，品牌企业不断兼并、重组，服务品质、产品供给向更优提升。区域发展更加协调，太原龙头牵引作用持续凸显，各地行业齐头并进、多点开花、竞相发展，一批枢纽型邮件快件分拨中心投入运营，空间布局更加合理，资源配置更加高效。十年来，邮政快递无处不在、无人不用，已逐渐成为农特产品的直通车、制造业的流动仓、商品流通的加速器和跨境电商的桥头堡，人民群众用邮获得感、幸福感、安全感明显增强。

（三）十年来，积极推进高效能治理，现代化治理能力显著提升

内部管理有序深化，“管理杯”活动常态开展，模范机关建设、红旗部门评比、清廉机关创建一体推进，作风建设和效能管理取得长足进步。政策引领不断增强，“十三五”“十四五”规划接续实施，一批引领行业发展的政策文件陆续出台，顶层设计更加科学完善。大力推进“七五”“八五”普法，稳步推进部门法治政府建设，依法治邮取得阶段性进展。行业安全治理更加高效，寄递安全监管网络越织越密，协同治理机制更加健全，防范和化解风险能力不断增强。

（四）十年来，始终坚持人民至上，更好满足人民群众美好生活期盼

邮政普遍服务质量明显提升，空白乡镇局所按期补建，建制村全部通邮，综合服务平台加快建设，邮政发展内涵和外延不断扩展。快递网络更加健全，快递进社区、进校园、进乡镇、进村率均实现100%，连续10年妥善应对旺季服务挑战，快递服务满意度不断提升。

（五）十年来，持续优化营商环境，积极服务经济社会发展大局

李克强总理专程视察调研运城中通快递，给予充分肯定。省委、省政府主要领导、分管领导常态化深入行业调研。行业发展陆续纳入省市级各项战略规划，省委经济工作会议、省两会、省政府常务会议、省长专题会等经常性研究行业事宜，农村寄递物流服务全覆盖首次纳入省政府民生实事。各地党委政府高度关心行业发展，一批属地支持政策先后落地，邮政快递业影响力显著提升。

十年成绩的取得，是党中央、国务院坚强领导和亲切关怀的结果，是国家局党组、省委、省政府正确领导的结果，是省直各部门、地方各级党委政府和社会各界大力支持的结果，是全省系统全省行业干部职工勠力同心、踔厉奋进的结果。在此，我谨代表山西省邮政管理局，向长期以来关心支持行业发展的各级领导和同事们，向全体干部职工和退休老干部职工致以崇高敬意和衷心感谢！

二、深入学习贯彻中共二十大精神，汲取勇毅前行新伟力，在奋力谱写交通强国建设邮政新篇章中彰显山西作为

中共二十大是一次高举旗帜、凝聚力量、团结奋进的大会。习近平总书记在中共二十大上所作的报告，高屋建瓴、气势恢宏，内涵丰富、思想深邃，是马克思主义中国化时代化的光辉文献，是指引社会主义现代化建设的行动纲领。全省邮政系统全省行业要把认真学习和全面贯彻二十大精神作为首要政治任务和头等大事，把二十大战略部署转化为改革发展的工作思路、工作举措和具体行动，以永不懈怠的精神状态和一往无前的奋斗姿态，奋力谱写交通强国建设邮政新篇章。

（一）坚持以新时代党的创新理论指引行业发展

坚持以马克思主义中国化时代化最新成果指引发展，关键就是要深刻领会和把握习近平新时代中国特色社会主义思想的世界观和方法论，切实做到“六个坚持”。坚持人民至上，就是要牢记人民邮

政为人民的初心使命，坚持办好邮政业更贴近民生实事，更好解决人民群众“急难愁盼”问题。坚持自信自立，就是要坚定不移走好新时代中国特色社会主义邮政快递业发展道路，坚定不移推动山西邮政快递业高质量发展。坚持守正创新，就是要坚决贯彻国家局党组、省委、省政府决策部署，一张蓝图干到底、一以贯之抓落实，把创新作为引领发展的第一动力，统筹推进体系创新、技术创新、模式创新、管理创新、服务创新，加快山西行业追赶超越步伐。坚持问题导向，就是要敢于正视问题、善于发现问题，敢于触及矛盾、善于解决矛盾，着力破解行业治理过程中遇到的新问题、改革发展存在的深层次矛盾。坚持系统观念，就是要统筹兼顾、综合施策，坚持创新、协调、绿色、开放、共享发展，统筹好保通保畅，统筹好发展和安全，牢牢把握发展主动权。坚持胸怀天下，就是要始终胸怀“国之大者”，更好服务构建新发展格局，服务经济社会发展。

(二)准确把握行业发展面临的新形势新任务

深入学习贯彻中共二十大精神，以中国式现代化推动行业治理，必须立足行业运行基本规律，准确把握行业面临的“四新机遇”和“四重压力”。

“四新机遇”是行业发展的利好所在。2023年，全省邮政系统干部职工站在省委、省政府继续大力推动农村寄递物流体系建设，部署开展农村寄递物流服务全覆盖提质工程，推进电子商务体系和快递物流体系高效贯通发展的“新窗口”，配套政策陆续出台，财政投入不断增大，农村寄递市场发展潜力巨大。承担起进一步畅通城乡循环，加快推动农产品上行，支撑农村电商发展，巩固脱贫攻坚和促进乡村振兴的“新使命”，物流主力军作用日益凸显，上下游连接更加充分，发展舞台更加广阔。呈现出地方党委政府更加关注、利好政策更加务实、人民群众需求更加旺盛的“新气象”，发展环境之好、支持力度之大、社会期盼之高前所未有。赶上全方位推动高质量发展，建设全国统一大市场，加快交通强国建设的“新契机”，在经济下行的严峻挑战下，依旧保持较好发展活力，始终是社会各界投资兴业的热点所在。

“四重压力”是影响发展稳定的堵点所在。一是外部环境仍不容乐观。当前全国、全省经济恢复的基础尚不牢固，需求收缩、供给冲击、预期转弱三重压力仍然较大，山西经济产业结构短时间内不会发生根本性变革，给行业发展带来的影响加深。二是保持高速增长承压较大。品牌企业竞争加剧，派送成本逐步增加，城市市场基本饱和，末端网络频遭冲击，稳运行保通畅任务繁巨，发展不稳定性有所增加。三是横向比较差距明显。客观讲，受山西经济影响，行业规模、增速、质量、结构与发达地区相比，有不小差距；主观讲，亮点工作涌现不足，创新管理有所弱化，山西特色不够鲜明，在全国范围内面临追赶超前难度大、后面追兵紧逼的严峻局面。四是思想观念更新转变不够。小成即满、因循守旧等靠要等思想在系统内萌芽滋生，一些单位和部门存在干事创业精气神不足、创新发展意愿不强、攻坚克难担当不够等问题，为发展戴上“锁脚镣”。

行业发展、事业进步有其内在规律，起伏波动、遭遇困境都是正常的，绝不能被短期变化牵着走，环境好一点就松口气，指标差一点就泄气。当前和今后一个时期，全省邮政行业都将处于结构调整的适应期、新旧动能转换的过渡期、保通畅的承压期，必须抢抓政策机遇，挖掘行业潜能，坚持从优势领域着力、从关键环节入手、从短板制约破题，坚决防止触碰红线、击穿底线的事情发生，全力推动行业高质量发展。

(三)坚持在谱写交通强国邮政新篇章中彰显山西作为

中共二十大对全面建成社会主义现代化强国两步走战略做出了部署安排。国家邮政局也对邮政行业发展做出历史性判断：从现在起到2035年，全系统全行业要紧紧围绕基本实现社会主义现代化要求，主动识变应变求变，主动防范化解风险，加快建设现代化邮政快递业供给体系、生态体系和治理体系，实现由大到强的跨越式发展，基本建成邮政强国，成为交通强国重要标志。到21世纪中叶，全面建成邮政强国，全面实现行业治理体系和治理能力现代化。邮政快递业成为社会主义现代化强国的一个代表性行业，在国民经济社会和发展中作用更加突显，在全球邮政业发展中位居前列。

全省邮政系统必须结合山西实际，聚焦国家局战略部署，提高站位谋篇布局，对标对表抓好落实，以担当作为求实效，以真抓实干谱新篇，奋力彰显山西作为。一是积极服务构建新发展格局。准确把握行业发展使命，不断深化供给侧结构性改革，加快建设高质量服务供给体系，大力推进农村寄递物流体系建设，不断深化产业融合，有效提升面向电子商务、现代农业和先进制造业的综合服务能力，持续优化行业发展环境。二是坚持防范和化解风险挑战。时刻牢记“安全为基”，突出预防为主，压实“三个责任”，提升监管刚性，理直气壮履职，动真碰硬执法，守住底线红线，坚决纠正粗、宽、松、软问题，对市场乱象零容忍，绝不姑息。三是纵深推进全面从严治党。深入推进党风廉政建设和反腐败斗争，全面加强基层党组织建设，持续建强非公有制快递党建阵地，为推动各项工作开展提供坚强的政治保障。

三、2023年工作安排

2023年是全面贯彻落实中共二十大精神的开局之年，是“十四五”规划承上启下的关键之年，是为全面建设社会主义现代化国家奠定基础的重要一年。全省邮政管理工作的总体要求是：以习近平新时代中国特色社会主义思想为指导，全面贯彻落实中共二十大精神及全国邮政管理工作会议、省委经济工作会议、省两会部署，坚决贯彻习近平总书记重要指示批示精神，大力弘扬伟大建党精神，扎实推进中国式现代化，坚持稳中求进工作总基调，完整、准确、全面贯彻新发展理念，服务加快构建新发展格局，着力推动高质量发展，更好统筹安全和发展，更好统筹行业质的有效提升和量的合理增长，全面深化改革开放，大力提振市场信心，把实施扩大内需战略同行业深化供给侧结构性改革有机结合起来，坚持以“发展质效提升年”为牵引，突出稳增长、强监管、优服务、保畅通，有效防范和化解重大风险，建设邮政强国，在奋力谱写交通强国建设邮政新篇章中彰显山西作为。

预计2023年，全省邮政行业寄递业务量完成16.2亿件，同比增长16%左右；行业业务收入完成158亿元（不包括邮政储蓄银行直接营业收入），同比增长22%左右。其中，快递业务量完成9.2亿件，同比增长30%左右；业务收入完成105亿元，同比增长32%左右。邮政、快递服务满意度稳步提高。

2023年，是省局党组确定的“发展质效提升年”，将充分聚焦高质量发展，锚定目标苦干实干。一是坚持在强化管党治党上抬高标杆、提升质效，以永远在路上的恒心定力，不断将全面从严治党向纵深推进；二是坚持在办好民生实事上抬高标杆、提升质效，扎实开展农村寄递物流服务全覆盖提质工程，有力推动电子商务体系和快递物流体系高效贯通发展，不断改善行业服务品质，推动城乡群众共享行业改革发展成果；三是坚持在深化依法治邮上抬高标杆、提升质效，着眼依法行政、科学监管，不断推动高标准平安寄递、高水平经营秩序、高质量服务能力建设；四是坚持在服务构建新发展格局中抬高标杆、提升质效，充分发挥打通大动脉、畅通微循环的重要作用，更深层次融入产业链供应链，更好服务地方经济社会发展，使行业发展动能更稳更足；五是坚持在推动创新发展上抬高标杆、提升质效，创新治理手段，健全制度体系，完善工作机制，不断提升行业现代化治理水平。

为实现这一目标，必须重点抓好六个方面工作。

（一）聚焦从严治党，夯实事业发展政治根基

事业成败，关键在人，关键在党。各级党组织必须坚决捍卫“两个确立”、做到“两个维护”，自觉担负起管党治党的政治责任。一是抓住学习贯彻中共二十大精神这一主线。这是全省邮政系统当前和今后一个时期的首要政治任务。全省邮政系统要以学习型党组织建设为重点，坚持把中共二十大精神作为党组理论学习中心组、“三会一课”、主题党日的常态化学习内容，坚持集体学习与个人自学、研读原文与组织研讨相结合，结合中央即将在全党开展的主题教育，准确把握精神实质、丰富内涵和实践要求，加强宣传，做好引导，坚持学以立德、学以增智、学以创业，以习近平新时代中国特色社会主义思想凝心聚魂，不断增强为党和人民事业奋斗终身的自觉性和坚定性。二是抓好纪律作风建设这一关键。持续筑牢中央八项规定精神堤坝，切实加强“一把手”和领导班子、年轻干部监督，严格落实党风廉政建设责任制，科学运用“四种形态”，特别是第一种形态开展监督，坚持抓早抓小、动辄则咎，及时谈话提醒、批评教育，让咬耳扯袖、红脸出汗成为常态，使党员干部不犯错或少犯错。同时加大违纪案件查处力度，毫不动摇严明纪法红线，使广大党员干部真正把心思用到干事业、促发展上，自觉在艰苦环境、复杂岗位砥砺品行、锤炼作风。三是抓实基层党组织建设这一基石。坚持过好党内政治生活，建立健全基层党组抓党建工作责任制，持续整治软弱涣散基层党组织，大力推进非公有制快递企业党组织建设，充分发挥各领域党员先锋模范作用，引导快递员积极参与基层治理，建强基层战斗堡垒。四是夯实干部队伍建设这一基础。出台大力发现培养选拔优秀年轻干部的实施意见，有序推进年轻干部成长，确保优秀年轻干部数量充足、素质优良、用当其时。大力实施异地交流、轮岗任职、上挂下派、蹲苗历练等培养机制，促使各层级干部在多岗位历练，成长成熟。牢固树立能者上、庸者下、劣者汰的鲜明导向，聚焦实践实干实效，坚持严管和厚爱结合、激励和约束并重，切实加大治懒治庸力度，对于不作为、不负责的干部进行组织约谈，对于造成重大损失的干部进行严肃处理，让有为者有位、无为者失位，激励广大党员干部干事创业、争先有为。

（二）聚焦重点突破，着力提升行业发展质量

突出主题、紧盯主线、聚焦主业、担好主责，全力推进“一个民生工程”，实施“两个专项行动”，形成推动行业高质量发展的“强引擎”“突破口”“主抓手”。一是大力推进农村寄递物流服务全覆盖提质工程。2023年省两会明确将全覆盖提质工程列为省政府12件民生实事之首，任务艰巨，使命光荣。全省系统要围绕“节点更完善、寄递更畅通、服务更优化、发展更均衡、运营更可持续”的目标任务，持续优化农村寄递网络，提升城乡循环质量，让农产品有个好销路、农民有个好收成。要推动完善省级财政补助资金管理办法，切实发挥财政牵引作用；要着眼巩固30个县级统仓共配一体化运营模式，打造样板示范县，总结经验，形成机制，逐步普及；要大力提升300个乡镇快递综合服务站，聚焦规范管理，夯实基础，不断丰富发展内涵；要坚持优化3000个村级快递便民服务点，着眼畅通服务网络，保证投递频次，打造一批高标准运营的村级网点。各市局要聚焦保运行、促稳定，切实加大运营企业监管力度，扶持打造一批优质企业，淘汰调整一批管理不良、运营不佳的企业，保证农村网络持续稳定运转。要切实加大宣传报道力度，探索好经验、好办法，打造好模式、好机制，展示好成效、好形势，努力擦亮农村寄递物流体系建设“山西招牌”。要提前做好准备，配合开展2022年度省政府民生实事财政资金审计工作。二是实施电子商务体系和快递物流体系高效贯通发展行动计划。这也是2023年省政府工作报告中做出的重要部署安排。要积极适应快递电商高效协同发展需求，研究制订支持电子商务发展的快递末端网点配套建设方案，深度服务全省经济社会发展大局。要积极推动省级快递智慧监管平台建设，加强预研分析，加快立项实施，不断拓展行业政务服务平台功能，实现全省快递监管智慧化、动态化、远程化、全流程化。要研究用好全省农村寄递物流上行快件补助资金管理办法，加大补贴力度，提高补贴效能，有效发挥财政资金“四两拨千斤”的撬动作用，持续推动行业高质量发展。三是实施规范快递市场服务专项治理行动。聚焦群众“急难愁盼”问题，着眼提升服务质量，严格落实《快递服务》标准，自2月1日起，在全省行业开展未按约定地址投递专项整治，重点查处农村快件未进村，城市快件未入户或未经用户同意擅自投放快递驿站、智能快件箱，以及农村快递服务违规收费等突出问题，切实保障人民群众合法用邮权益。

（三）聚焦依法监管，维护行业健康发展局面

坚持树牢法治意识，增强法治观念，不断提高依法监管水平，全力推进“十四五”规划实施。一是强化邮政普遍服务监管。全面落实《关于推进新时代邮政普遍服务高质量发展的意见》，毫不动摇坚守“两条红线”，做好“两项审批”，深入开展乡镇局所专项检查，全面巩固建制村通邮、农村局所营投分离和委代办改自办三个100%成果。严格落实机要通信两项规范，全力保障机要通信安全畅通。依法依规开展邮票发行、党报党刊投递、巡视巡察专用信箱服务、高校录取通知书寄递等监管。持续推进“邮快合作”，加快推动邮政综合服务平台建设，不断提升邮政便民惠民服务水平。加大监督检查力度，严格依法查处违法违规行为。二是强化邮政市场监管。全面实施市场准入监管措施，在许可审批中强化安全审核，进一步加强许可实地核查，推广电子证照签发应用。坚持事后惩戒与事中规范并重，强化落实企业守法经营主体责任和总部统一管理责任。深入推进快递市场秩序整顿，严肃查处超许可范围经营、无证经营、委托无许可企业经营等违法行为。重点加强用户申诉处理结果运用，继续推进行业信用监管。三是强化快递包装绿色治理。聚焦标准化、减量化、循环化，组织开展绿色包装治理专项检查，依法查处寄递企业生态环保违法违规问题。深入推进行业塑料污染和过度包装治理，实施绿色发展“9218”工程。继续开展绿色网点、绿色分拨中心试点，稳步提升可循环快递包装应用比例。推广新能源和清洁能源车辆，不断提升绿色治理效能。四是着力提升政府管理水平。编制省局本级权责清单。落实“数字政府”建设要求，梳理优化行业监管流程，提高监管效率和公信力。建立完善行业国防动员机制。贯彻修订后的行业统计调查制度，健全完善数据质量控制机制。加快落实邮政业发展“十四五”规划，重点做好中期评估工作。推动市级安全中心运行全覆盖，不断提升县级机构履职能力，切实规范事业单位管理。

（四）聚焦平安建设，坚决筑牢安全稳定防线

以“时时放心不下”的责任感和“寝食难安”的紧迫感，着力防范化解重大风险，切实推动行业平稳运行。一是强化寄递渠道安全综合治理。充分发挥寄递渠道安全管理领导小组联合监管效能，严格落实《关于进一步加强邮件快件寄递安全管理工作的指导意见》，深入开展“三项制度”专项整治，扎实推进寄递渠道各项治理，全面深化平安寄递建设。二是统筹推进安全生产各项工作。坚持安全第一、预防为主、综合治理，坚持“三管三必须”原则，严格履行部门监管责任，全面压实企业主体责任，推动实现安全生产职责全覆盖。持续开展“四不”问题整治和“传送带堵缝、人车分流”整治“回头看”，全面完成省、市两级处理场所规范化建设第二阶段任务，坚决防范和遏制重特大事故发生，不断提升本质安全水平。三是切实维护网络和信息安全。建立健全邮政管理、公安、网信等部门常态化协作机制，狠抓《寄递服务用户个人信息安全管理规定》等法律法规落实，切实加大隐私面单推广应用力度，扎实开展邮政快递领域个人信息安全治理专项行动。持续加强“绿盾”工程一期应用和二期建设，不断提升网络预警和防范能力。四是加强应急管理体系建设。扎实做好行业运行监测和舆情监测，严格落实信息报告制度，健全完善行业应急体系，扎实推进应急管理宣传教育，加快推动行业应急救援队伍建设，坚持抓早抓小，将矛盾风险化解在萌芽、化解在基层。五是关心关爱快递员群体。积极推进快递末端网点优先参加工伤保险，扎实开展职业技能提升培训和等级评价、职称评审工作，积极参与行业职业技能竞赛、“双创”大赛。组织开展第二届“三晋最美快递员”评选活动，积极推进“暖蜂行动”，不断增强从业人员获得感、幸福感和职业认同感。

（五）聚焦稳中求进，巩固稳中向好发展态势

坚持稳字当头、以稳为主，把深化供给侧结构性改革贯穿行业发展全过程，以稳促进、以进固稳，确保行业健康平稳运行。一是继续强化政策供给。各市局要充分发挥双重管理体制优势，加大请示汇报力度，力争在落实地方财政事权和支出责任、支持保通保畅、推动减税降费等方面争取更优政策，助企纾困，提振发展信心。积极推动国家区域重大战略涉邮任务落地，加快推动邮政强国建设。二是继续推动“快递进厂”工程实施。积极落实“5312”

工程实施方案，年内再培育一批快递服务先进制造业深度融合典型项目，引导快递企业发展供应链管理、快运等业务，推动快递功能进园区、入厂区，提升更加匹配制造企业物流需求的服务能力。三是继续推进“快递出海”工程。发挥太原国际邮件互换局平台作用，支持邮政快递企业发展跨境寄递业务，不断扩大行业对外开放水平。四是继续引导科技推广应用。持续推广“三智一码”等先进适用科技，支持龙头快递企业加大研发体系建设、加大科技投入、加大新装备新技术应用，不断提升创新驱动能力。

（六）聚焦大抓基础，提升行业现代化治理水平

进一步树牢大抓基层、大抓基础的鲜明导向，聚焦强基固本、守正创新，实打实开展工作，为全方位推动高质量发展打下坚实基础。一是强化“两型机关”建设。省局要重点打造创新型机关，突出管理职能，将工作重心放在推动思路创新、制度创新、工作创新上，开动思维，勤思善谋，不断加强对全省工作的管理、调度、统筹，加快布局一批创新项目、推出一批创新举措、开展一批创新试点，着力打造推动行业高质量发展的“智慧大脑”“中枢系统”。各市邮政管理局、省邮政业安全中心要重点打造效能型机关，突出执行抓落实，弘扬“马上就办、真抓实干”的工作作风，坚持围绕中心服务大局，把崇尚实干作为第一导向，靠实干立身，凭实绩进步，真正做到甩开膀子大干，迈开步子快干，俯下身子实干，勇于攻坚克难，担当作为，把机关建设成勤政务实、善作善成的效能机关。二是强化包干责任制。从2023年开始，凡重大工程、重大项目、重点工作均要明确责任领导、责任单位、责任人，坚持分片包干包保，形成一级抓一级，层层抓落实的工作局面。三是强化督查责任制。有效发挥省局督查委作用，聚焦年度重点工作，定期组织督查，形成“多方位、全覆盖、多层面、立体化”的大督查格局，对于在督查中发现有履职不当、执行不力、担当不够、作风不严的，将严肃通报问责。四是强化制度建设。聚焦模范机关建设，加快启动制度“废改立”，持续健全制度体系，不断推进机关内部管理实现更高水平制度化、体系化、规范化运行。聚焦依法行政、规范执法，不断总结治理经验，健全行业管理制度，形成具有山西特色的行业治理体系。

重在千钧，实干方能笃行；征途漫漫，奋斗方能致远。让我们坚持以习近平新时代中国特色社会主义思想为指导，全面深入学习贯彻中共二十大精神，在国家局党组和省委、省政府的坚强领导下，勠力同心、砥砺奋进，埋头苦干、勇毅前行，在奋力谱写新时代新征程交通强国建设邮政新篇章中彰显山西作为。

坚持严的基调不动摇 发扬自我革命精神 坚定不移推动全面从严治党向纵深发展

——在2023年全省邮政管理系统党建暨党风廉政建设工作会议上的讲话

山西省交通运输厅党组成员、副厅长，省邮政管理局党组书记、局长 秦红保

（2023年2月6日）

这次会议的主要任务是：以习近平新时代中国特色社会主义思想为指导，深入学习贯彻中共二十大精神，全面落实二十届中央纪委二次全会、全国邮政管理系统党风廉政建设工作会议和十二届省纪委三次全会部署要求，认真总结回顾2022年党建及党风廉政建设和反腐败工作，研究部署2023年工作任

务。下面，我代表省局党组讲三个方面的意见。

一、2022年工作回顾

2022年是党和国家历史上具有里程碑意义的一年，也是山西邮政快递业发展史上极不容易的一年。一年来，全省邮政系统各级党组织坚持以习近平新时代中国特色社会主义思想为指导，深入学习贯彻中共十九大、十九届历次全会和中共二十大精神，全面落实国家局党组和省委、省政府决策部署，坚决捍卫“两个确立”、增强“四个意识”、坚定“四个自信”、做到“两个维护”，始终以党的建设为统领，坚持严的基调不动摇，驰而不息正风肃纪反腐，坚定不移推动全面从严治党向纵深发展、向基层延伸，巩固和发展风清气正的良好政治生态。

（一）强化政治担当，全面压实从严治党主体责任

牢固树立抓好党建是最大政绩的理念，始终把抓好党建作为一切工作的基础和前提，以高度的政治责任感和历史使命感狠抓全面从严治党。一是严格落实管党治党政治责任。自觉把习近平总书记关于邮政快递业重要指示批示精神落实到业务工作中去，把全面从严治党要求融入到行业治理和发展的各个方面。严格落实《党组（党委）落实全面从严治党主体责任规定》，制订出台《中共山西省邮政管理局党组落实全面从严治党主体责任实施细则》《中共山西省邮政管理局党组落实意识形态工作责任制实施细则》，发出全面从严治党动员令，形成目标同向、工作同步、责任同负、考核同评的工作局面。省局党组坚持年初、年中专题研究党建和意识形态工作，与中心工作同谋划、同部署、同落实，牢牢把握意识形态工作主动权。组织召开全省系统党史学习教育总结会议，坚持巩固拓展党史学习教育成果，推动完善常态化长效化制度机制。二是坚决夯实管党治党基层基础。省局党组坚持把全面从严治党主体责任放在心上、扛在肩上、抓在手上，认真贯彻落实《中国共产党党和国家机关基层组织工作条例》和《关于新形势下党内政治生活的若干准则》，全面加强系统党建和党风廉政建设各项工作。严肃开展省局机关党委、纪委换届增选工作，扎实推进党费收缴、党组织规范化标准化建设、软弱涣散基层党组织整治等工作，严格落实“三会一课”、专题组织生活会和民主评议党员等制度，持续建强基层党组织。坚持选拔优秀干部充实到党建、纪检等重要岗位，推动业务干部与党务干部双向交流、交叉任职。省局党组成员以上率下，率先垂范，带头过好党内政治生活，带头讲党课、带头开展批评与自我批评、带头过好双重组织生活会，紧紧扭住主体责任不放松。组织开展2021年度基层党组织书记述职评议考核工作，年度考核获省直机关“好”等次评价。各级党组织坚持以下看上，压实责任，形成了上下联动，全面推进从严治党的良好局面。运城市邮政管理局以“三会一课”为载体狠抓支部标准化规范化建设，持续完善“6+”主题党日活动长效机制，支部政治功能和组织力不断增强。三是加强党对邮政快递业的全面领导。始终发挥党组织把方向、管大局、保落实的核心作用，坚决守稳政治机关定位，站在讲政治的高度全面落实国家局党组和省委、省政府决策部署，全力推动农村寄递物流服务全覆盖民生实事，持续关心关爱快递员群体权益，完成中共二十大、北京冬奥会期间寄递渠道安保任务，扎实推进非公有制快递企业党建工作，积极服务巩固脱贫攻坚、促进乡村振兴、推动平安山西建设，全省邮政快递业沿着正确政治方向稳步前行、高质量发展。

（二）强化思想建设，积极营造良好的政治生态

始终高度重视思想政治建设，锲而不舍、驰而不息加强理论武装，从严管理干部队伍，努力形成风清气正、崇严尚实的干事创业环境。一是深入学习贯彻中共二十大精神。坚持把学习宣贯中共二十大精神作为当前和今后一个时期的首要政治任务和头等大事，组织全省系统党员干部集中收听收看中共二十大开幕式，第一时间研究制订学习宣贯工作实施方案，党组理论学习中心组带头学习研讨中共二十大报告和习近平总书记最新重要讲话精神，利用每周一学习例会跟进学习中共二十大报告、畅谈学习心得，依托微信公众号开辟学习专栏，指导各基层党组织充分运用“三会一课”、主题党日等开展学习，鼓励党员干部运用“学习强国”学习平台等开展自学，持续营造学习宣贯中共二十大精神的浓厚氛围。长治市邮政管理局联合团市委、市快递行业党委深入企业开展中共二十大精神“送书本、领学习、贯落实”活动。二是持续加强政治理论学习。紧紧围绕学习宣贯习近平新时代中国特色社会主义思想，省局党组理论学习中心组开展学习12次，组织机关集体学习26次，坚持把学习中共二十大精神、习近平总书记最新重要讲话和指示批示精神、新党章、党规党纪作为重要内容贯穿始终，坚持把政治理论学习、党性锤炼作为“管理杯”考核、红旗部门评比的重要组成部分。全省邮政系统党员干部原原本本学、反复深入学、联系实际学，坚持以党的理论创新成果武装头脑，指导实践，不断推动山西邮政管理事业改革发展。晋城市邮政管理局坚持“每周一学、每月一讲、每季一结、每年一评”，持续加强政治理论学习。三是切实深化理想信念教育。省局党组书记带头为全省邮政系统干部职工讲授“七一”专题党课；省局组织开展“喜迎二十大 奋进新征程”庆祝建党101周年系列活动，机关干部职工集中收看《精神的力量》系列节目，赴太原解放纪念馆开展“赓续红色血脉，践行初心使命”主题党日活动，进一步引导党员干部坚定理想信念，弘扬伟大建党精神。太原市邮政管理局成立青年党员干部理论学习小组，进一步推进机关青年党员干部思想建设。四是持续推进模范机关建设。适应新形势新任务，印发《关于进一步强化全省系统干部主动担当履职尽责意见的通知》，大力推动年度红旗部门评比、劳务派遣人员创先争优评比工作，持续打造“高效机关、和谐团队”。大力推动精神文明创建，坚定不移弘扬社会主义核心价值观，积极推动节约型机关建设，深入贯彻《新时代公民道德建设实施纲要》《新时代爱国主义教育实施纲要》，持续倡导文明廉洁过节，切实增强机关凝聚力和向心力。省局连续14年获“省级文明单位”称号。忻州局举办“喜迎二十大”职工运动会，进一步丰富职工体育文化生活。朔州局先后获“省级青年文明号”“省级工会模范阵地”称号。

（三）强化问题导向，毫不动摇推动正风肃纪

坚持问题导向，突出标本兼治，防范与化解并重，科学运用“四种形态”，持续推进正风肃纪。一是持之以恒加固中央八项规定精神堤坝。严格执行国家局《关于贯彻落实中央八项规定精神的实施细则》，省局党组带头弘扬党的优良作风和光荣传统，严格落实公务接待、调查研究、新闻报道、公车使用等各项规定，坚决同特权思想和特权现象作斗争。紧盯享乐主义、奢靡之风新特点新表现，每逢重要节假日均发布廉洁提醒，重点整治违规收送礼金礼品、违规吃喝等顽瘴痼疾。聚焦形式主义、官僚主义等突出问题，着力压减文件、会议，减少基层调研检查频次，持续优化“管理杯”考核体系，将年终考核和领导班子考核从线下变为线上、将全面考核调整为重点考核，进一步减轻基层负担。注重防治“红头变白头”、同一内容会议层层套开等隐形变异问题，严格规范微信工作群等使用，坚决整治“指尖上的形式主义”。二是强化突出问题整治。认真研判当前系统存在的廉政风险和隐患苗头，严肃纠治“不吃公款吃老板”、收受管理服务对象财物、私设“小金库”、行政执法中吃拿卡要等问题，深入开展借培训之名搞公款旅游、参与“影子公司”“影子股东”谋利等问题专项整治，开展集体廉政谈话32人次，进一步增强党员干部纪法红线意识。阳泉局扎实创建清廉机关，有序开展制度“废改立”工作，党风廉政建设得到进一步强化。三是严肃查处违规违纪问题。坚持“严”字当头，科学运用四种形态，特别是第一种形态开展监督，综合运用廉政谈话、约谈提醒、检查抽查、政治巡察等方式，提高监督主动性和实效性，始终保持惩治腐败的高压态势。各级内设纪检组认真办理信访举报、驻部纪检组和地方纪委移交的问题线索，加强分析研判，依规依纪处置，最大限度实现政治效果、纪法效果、社会效果有机统一。吕梁局组织召开廉政警示教育会，通报典型违规违纪案件，进一步增强党员干部廉洁自律意识。省邮政业安全中心坚持在重要节点对全体党员干部职工进行廉政谈话，引导党员干部绷紧纪律之弦。晋中局坚持完善《科级干部廉政档案》，不断深化纪律作风建设。

（四）强化正确导向，持续加强干部队伍建设

全面落实新时代党的组织路线和好干部标准，鲜明树立信念坚定、为民服务、勤政务实、敢于担当、清正廉洁的选人用人导向，大力选拔德才兼备、忠诚干净担当的优秀干部。一是坚持事业唯上选人用人。坚持全省系统“一盘棋”，加强统筹谋划，建立健全异地交流、轮岗任职、上挂下派、蹲苗历练等培养机制，选优配强领导班子，建强建好干部队伍。2022年，先后提任3名“85后”副处级领导干部、3名“80后”市局班子成员，7名干部实现异地交流任职，3个市局领导班子得到优化配齐。临汾市邮政管理局开展新录用公务员入职谈话，引导年轻干部系好人生“第一粒扣子”，练就干事创业的过硬本领。大同市邮政管理局印发《关于进一步提高工作效能的通知》，着力整顿“庸、懒、散、慢、乱、浮”等现象。二是狠抓“关键少数”监督管理。省局党组第一时间传达学习国家局党组书记、局长赵冲久与局属单位主要负责人集体谈话精神，明确加强各级“一把手”和领导班子监督，规范开展领导干部个人有关事项报告工作。三是严格落实容错纠错机制。坚持落实“三个区分开来”要求，强化运用鼓励激励、容错纠错、能上能下三项机制，加强对受处分干部的后续关心，让其放下包袱、轻装上阵。

（五）强化基础建设，扎实推进非公有制党建工作

强化“党建+”工作理念，突出党的政治引领作用，把党的建设融入行业发展和治理等各项工作。一是稳步推进行业非公有制党建工作。深入学习贯彻《关于新业态、新就业群体党建工作试点总结会议相关情况的传达意见》，会同省委组织部等九部门联合印发《全省快递物流行业党建“五个一”示范建设行动实施方案》，发挥行业党建归口管理职能作用，持续推进非公有制党建工作。截至目前，全省11市均组建快递行业党委，非公有制快递企业党组织达到58个，覆盖党员达510余人。二是加强党对行业治理的引领作用。深入贯彻落实习近平总书记关心关爱快递小哥重要指示批示精神，组织开展2022年“快递从业青年服务月”活动，联合省快递协会举办首届“三晋最美快递员”评选活动，3名快递小哥获评全省五一劳动奖章。组织开展快递企业末端派费核算工作。联合省人社厅推进基层快递网点优先参加工伤保险。

（六）强化政治担当，稳步推动巡视巡察整改

提高政治站位，强化政治监督，充分发挥巡视巡察利剑作用，举一反三、标本兼治，持续巩固风清气正、健康向上的政治生态。一是主动扛起中央巡视整改责任。省局党组旗帜鲜明讲政治，坚持把推动中央巡视整改作为捍卫“两个确立”的重要体现，深刻把握国家局党组部署要求，自上而下传导整改压力，形成全省系统上下联动整改的良好局面。二是扎实推进中央巡视整改工作。省局第一时间成立由主要负责人挂帅的巡视整改工作领导小组，分别成立选人用人、巡视工作专项检查整改工作组，全面加强巡视整改的组织领导工作。组织召开全省系统落实中央巡视反馈意见整改动员部署会议，制订出台省局党组落实中央第十二巡视组巡视国家邮政局党组反馈意见的整改方案、上下联动推动巡察工作整改的实施方案、贯彻落实中央巡视国家局党组选人用人工作专项检查情况反馈意见整改方案，印发省局党组巡察工作领导小组工作规则等制度，立足本省实际，对照查摆问题，细化整改任务要求。三是高质量推进政治巡察工作。省局党组部署开展第二轮第二批政治巡察工作，从巡察干部人才库抽取骨干力量成立巡察组，及时开展培训，明确巡察重点任务，迅速安排下沉，对5个市局和省邮政业安全中心开展全面巡察。省局巡察工作领导小组召开专题会议听取巡察情况汇报，提出整改工作要求。各巡察组原汁原味反馈，全程跟进指导。被巡察单位自觉扛起巡察整改政治责任，制订整改方案，召开巡察整改专题民主生活会，与推动中央巡视整改形成有效联动，取得明显成效。

一年来，省邮政管理局党组自觉接受国家局党组监督指导，积极督促各级党组织坚决落实主体责任，深入贯彻党中央重大决策部署，坚定不移推进全面从严治党工作，持续推进“三不腐”，巩固和发展了风清气正的良好政治生态，为推动邮政快递业高质量发展提供坚强政治保障。

这些成绩的取得，根本在于有以习近平同志为核心的党中央的坚强领导，在于国家局党组的有力监督和管理，在于各级党组织和内设纪检机构贯通协同、齐抓共管、通力协作，在于全省邮政系统党员干部顽强拼搏、辛勤工作、敬业奉献，在于全省邮政系统纪检干部忠诚履职、担当尽责、敢于斗争。在此，我代表省邮政管理局党组向人们表示诚挚问候和衷心感谢。

二、深刻把握新形势新任务，以永远在路上的执着和韧劲，持续推动全面从严治党向纵深发展

1月18日，全国邮政管理系统党风廉政建设工作会议在北京召开。会议传达学习习近平总书记在二十届中央纪委第二次全会上的重要讲话精神，是深入推进全面从严治党的根本遵循，是新时代新征程党风廉政建设和反腐败工作高质量发展的根本指引。国家局党组书记、局长赵冲久所作的工作报告，对全省邮政系统继续推进全面从严治党，不断提升管党治党能力提出明确要求，指明具体方向，具有很强指导意义、实践意义。各级党组织要深刻领会习近平总书记重要讲话精神，深刻把握全国邮政管理系统党风廉政建设工作会议作出的部署安排，以昂扬的精神状态、务实的工作作风、坚强的政治定力，不断将全面从严治党战略部署落到实处、见到实效。

（一）深刻理解党中央对反腐败形势的新判断

在二十届中央纪委二次全会上，习近平总书记指出，反腐败斗争取得压倒性胜利并全面巩固，但还远未到大功告成的时候，反腐败斗争形势依然严峻复杂，遏制增量、清除存量的任务依然艰巨。党中央的科学判断，是我们做好接下来工作的根本指引。中共十八大以来，党中央以“十年磨一剑”的定力推进全面从严治党，刹住一些长期没有刹住的歪风邪气，纠治一些多年未除的顽瘴痼疾，彰显出百年大党勇于自我革命的执着和坚定。十年来，中共中央坚持祛疴治乱，不敢腐、不能腐、不想腐一体推进，坚持有案必查、有腐必惩，“打虎”“拍蝇”“猎狐”多管齐下，反腐败斗争形势取得压倒性胜利并全面巩固。但是，党中央也清醒地认识到，党面临的“四大考验”“四种危险”将长期存在，只要存在腐败问题产生的土壤和条件，反腐败斗争就一刻不能停，必须永远吹冲锋号，稍有松懈就可能前功尽弃。当前，腐败和反腐败较量还在激烈进行，并呈现出一些新的阶段性特征，决不能滋生已经严到位的厌倦情绪。

（二）清醒认识全省邮政系统党风廉政建设面临的新形势

十年来，全省邮政系统坚定不移深化全面从严治党，持续正风肃纪反腐，政治巡察实现两轮全覆盖，中央八项规定精神堤坝越筑越牢，“关键少数”和内部监督越来越严，制度体系稳步健全，权力运行制约和监督逐步增强，一些违规违纪问题得到严肃查处，党风廉政建设推进卓有成效，党的群众路线教育实践活动、“三严三实”主题教育、“两学一做”学习教育、党史学习教育接续推进，党风政风持续向好。然而，越是形势好、发展快的时候，越要做到居安思危，保持警醒警觉，一些重点领域和关键环节监督不够到位，权力集中的岗位、资金密集的领域、与行业管理相关的环节，仍存在较高廉政风险，形势依旧严峻复杂。当前，全省邮政系统基层党风廉政建设的基础还较为薄弱，推动全面从严治党向基层延伸上还有差距，“上热中温下冷”的现象还有一定程度存在；个别基层党组织落实全面从严治党主体责任自觉性主动性不够强，缺乏有效的抓手和路径，缺少真抓真管、长抓长严的决心和定力；一些领导干部履行“一岗双责”意识不够强烈，对分管部门、分管领域党风廉政建设和党员干部教育监督管理抓的不够用力，党建和业务“两张皮”现象还时有发生；内设纪检机构因人员编制、职数限制，力量较弱，纪检干部均为兼职，业务不熟，经验欠缺，

监督不够有力。对于这些问题，必须高度重视，切实加以解决。

（三）准确把握推进全面从严治党向纵深发展的新部署

全省邮政系统要牢牢把握全面贯彻落实中共二十大精神这条主线，准确把握党中央、国家局党组和省委关于推进全面从严治党向纵深发展的新部署，牢记全面从严治党永远在路上、党的自我革命永远在路上，在新起点上谋划好、推进好全面从严治党各项工作。一是坚持强化政治监督不动摇。不折不扣执行国家局党组和省委、省政府提出的重点任务、重点举措、重要政策、重要要求，不折不扣坚守人民邮政为人民的初心使命，自觉担当邮政管理部门的职责，确保"国之大者"在邮政系统不折不扣落地生根、见到成效。二是坚持纠治"四风"顽疾不松劲。毫不动摇把中央八项规定精神作为铁规矩、硬杠杠，持续深化纠治"四风"，把握作风建设特点，抓住普遍发生、反复出现的问题深化整治，推进作风建设常态化长效化。三是坚持严明纪律规矩不懈怠。引导党员干部牢固树立党章意识，自觉学习党章、遵守党章、贯彻党章、维护党章，把严的基调贯彻到制度制订、党纪教育、执纪监督全过程，深化用好"四种形态"抓早抓小、防微杜渐，让铁纪"长牙"发威，让干部警醒知止。四是坚持深化反腐惩恶不手软。一体推进不敢腐、不能腐、不想腐，坚决打赢反腐败斗争攻坚战持久战。五是坚持完善监督体系不停步。以党内监督为主导，促进各类监督力量整合、程序契合、工作融合，有效发挥政治巡察利剑作用，巩固拓展风清气正的良好政治生态。

全面从严治党，关键在责任落实。各级党组织要认真履行管党治党主体责任，各级领导干部要始终把全面从严治党作为最根本的政治担当，严于律己、严负其责、严管所辖，以上率下推动全面从严治党走深走实。各级纪检机构要增强斗争精神，从严监督执纪，坚持打铁必须自身硬，在攻坚战持久战中始终冲锋在最前面，为邮政快递业高质量发展提供坚强政治保证。

三、2023年工作安排

2023年是全面贯彻中共二十大精神的开局之年，高质量推进全省系统党建和党风廉政建设工作意义重大。全年工作的总体要求是：以习近平新时代中国特色社会主义思想为指导，深入贯彻党中共二十大和二十届中央纪委二次全会精神，全面落实全国邮政管理系统党风廉政建设工作会议、省纪委十二届三次全会部署安排，深刻领悟"两个确立"的决定性意义，增强"四个意识"、坚定"四个自信"、做到"两个维护"，自觉把握和运用党的百年奋斗历史经验，弘扬伟大建党精神，永葆自我革命精神，坚持和加强党的全面领导，贯彻落实全面从严治党战略方针，坚定不移加强党风廉政建设和反腐败工作，持续深化不敢腐、不能腐、不想腐一体推进，不断巩固发展风清气正的良好政治生态，为奋力开启加快建设交通强国邮政新篇章提供坚强政治保障。

（一）坚定不移以习近平新时代中国特色社会主义思想凝心聚魂

一是深入学习贯彻中共二十大精神。各级党组织要切实深化落实党组会议第一议题、党组（党委）理论学习中心组、"三会一课"等制度，把学习贯彻中共二十大精神作为当前和今后一个时期首要政治任务，结合即将在全党开展的主题教育，加强交流研讨，开展集中教育、专题培训和理论宣讲，把纯洁思想、纯洁组织作为突出问题来抓，坚持学思用贯通、知信行合一，及时跟进学习把握党的创新理论，真正把习近平新时代中国特色社会主义思想转化为坚定理想、锤炼党性和指导实践、推动工作的强大力量。二是不折不扣贯彻落实习近平总书记重要讲话精神。习近平总书记所作的中共二十大报告，以及在中央纪委二次全会所作的重要讲话，是指引当前和今后一个时期做好党建和党风廉政建设工作的重要行动指南，全省邮政系统要反复组织学习，切实加深理解，深刻把握党中央关于党风廉政建设新形势新任务新判断，自觉将贯彻落实习近平总书记重要讲话精神，作为忠诚践行"两个维护”的具体行动，作为做好邮政管理工作的根本遵循，进一步增强贯彻落实的政治自觉、思想自觉和行动自觉。三是坚决维护政治纪律和政治规矩。严格执行新形势下党内政治生活若干准则，全面贯彻民主集中制，认真落实重大事项请示报告制度，坚决维护党中央权威和集中统一领导，恪守“五个必须”，严防“七个有之”，在政治立场、政治方向、政治原则、政治道路上始终同以习近平同志为核心的党中央保持高度一致。

（二）坚定不移筑牢中央八项规定精神堤坝

一是持续纠治奢靡之风、享乐主义突出问题。密切关注“四风”苗头性、倾向性、隐蔽性问题，对虚假公函、“一函多餐”、快递送礼、在隐蔽场所吃喝、借培训考察名义公款旅游等隐形变异问题早发现早纠治，对享乐主义、奢靡之风露头就打，对顶风违纪行为从严查处，对风腐一体问题深挖细查，着力发现和查处享乐奢靡背后的利益交换等问题。二是持续纠治形式主义、官僚主义突出问题。紧紧聚焦国家局和省委、省政府安排的重点工作，集中精力办好关键大事，对于影响行业治理、加重基层负担的形式主义、官僚主义问题，特别是在工作中层层加码、麻痹松懈、任性用权、推诿扯皮、不担当不作为等问题，坚决纠治，绝不姑息。要突出靶向治理，继续纠治文件多、会议多、基层调研多、检查考核多、“指尖上的形式主义”等问题，着力解决照搬照抄、上下一般粗、会议层层套开、要材料过多过急、提要求不顾实际、随意向基层摊派任务、层层“甩锅”等问题，让基层干部轻装上阵，切实把时间和精力用于抓落实、促发展上。三是持续开展突出问题专项整治。各级党组织要定期开展政治生态分析研判，准确把握本单位、本部门、本地区特点，深入对照国家局党组、省局党组部署安排，及时发现研判廉政风险隐患，既要抓早抓小，抓住普遍发生、容易发生、反复出现的问题，更要盯住重要风险点，聚焦群众反映强烈的突出问题，开展专项整治，切实整治不正之风和腐败问题，推动形成清清爽爽的同志关系、规规矩矩的上下级关系、亲清统一的新型政商关系，涵养求真务实、清正廉洁的新风正气。

（三）坚定不移强化监督执纪问责

一是持续开展经常性纪律教育。全省邮政系统要把纪律作为管党治党的“戒尺”，把严的要求贯彻到规章制订、党纪教育、执纪监督全过程，既让铁纪“长牙”、发威，又让干部警醒、知止。要深化党性教育、纪法教育、警示教育，高度重视党员干部家教家风建设，既要管住自己，更要管住家人、身边人，引导党员、干部正心修身、固本培元、严守底线、不逾红线。要持续强化跟踪问效，深入开展教育回访、澄清正名、容错纠错等工作，努力实现政治效果、纪法效果和社会效果相统一。二是建立健全综合监督体系。省局党组将继续做实做好全面监督，综合运用纪检、巡察、审计、财务检查、专项检查、“管理杯”考核等方式开展全方位、立体化监督，充分调动各方面资源和力量，形成同题共答、常态长效的监督合力。要重点强化对权力运行的制约和监督，狠抓各级“一把手”和领导班子监督，主动适应新形势，不断加强对年轻干部教育管理监督。要把监督的落脚点放在推动重点工作落实上，强化跟踪问效，确保各项工作推进有力、成效显著。三是坚持强化执纪问责工作。要坚持严的基调不动摇，创新监督检查方式，对于顶风违纪问题，坚持露头就打，绝不姑息纵容。要科学运用“四种形态”开展监督，对于干部身上出现的苗头性倾向性问题，要及时咬耳扯袖、谈话提醒，严防小问题演化成大问题。要重点查处节假日期间，违规公款吃喝、公款旅游、公车私用等问题，坚决防范政商勾连等破坏政治生态的突出问题，持之以恒推进作风建设。要坚持做好查办案件“后半篇文章”，以案为鉴、以案促改、以案促治，把查办案件、警示教育、健全制度有机结合起来，不断铲除腐败滋生的土壤。

（四）坚定不移深化干部队伍建设

一是切实抓好领导班子建设。要突出抓好政治建设，把政治监督放在首位，加强理想信念教育和政治忠诚教育，突出政治训练和实践历练，练就把握大势、见微知著、运筹帷幄的过硬本领。要始终做到作风扎实、团结奋斗，扑下身子干实事、谋实招、求实效，努力创造经得起实践、人民、历史检验的实绩。要始终做到公道正派、廉洁自律,坚持把纪律挺在前面,坚决扛牢管党治党政治责任,严格履行"一岗双责",一刻不停推进全面从严治党。要注重选配领导班子正职,统筹推进副职配备,推动完善干部梯次配备,不断激发领导班子活力。二是切实强化干部育选管用。聚焦落实中央选人用人专项检查反馈意见整改,建立健全长效机制,持续提升干部队伍建设能力和水平。要坚持党管干部原则,落实新时代好干部标准,突出政治素质考察和实绩考核,抓好后继有人这个根本大计,积极推动干部交流,出台大力发现培养选拔优秀年轻干部的实施意见,有序推进年轻干部成长,确保优秀年轻干部数量充足、素质优良、用当其时,推动在各级领导班子配备中年轻干部达到一定比例。进一步发挥职务职级并行制度激励作用,注重奖励向基层和工作一线倾斜。三是切实加强干部监督管理。要继续加强领导干部个人有关事项报告制度的贯彻执行,按照国家局要求,逐步完善查核全覆盖工作机制,依规依纪开展认定处理。严格执行国家局党组规范领导配偶、子女及其配偶经商办企业禁业范围相关规定,严把领导干部提任关、申报关和监督关。要进一步加强领导班子民主生活会督导,做好领导干部兼职、出国境审批管理。要持续做好基层薪酬待遇保障工作,规范人员经费管理和津补贴发放,利用双重管理体制优势,加大向地方党委政府请示汇报力度,力争在纳入绩效考核、争取财政支持等方面取得更新更大突破。

(五)坚定不移深化巡视巡察整改工作

一是持续抓好中央巡视反馈意见整改。推进中央巡视整改是一个系统工程、常态化工作,必须久久为功,善作善成。各级党组织要坚决扛起上下联动推动中央巡视整改的政治责任,举一反三,深刻检视,有则改之,无则加勉,不断提升巡视整改成效。二是认真谋划系统内部巡察工作五年规划。要紧跟国家局党组部署,抓紧制订省局党组政治巡察工作五年规划,既要保持上下一致,又要突出系统特色,充分体现巡察工作的政治要求、责任要求、任务要求,更要具备很强的指导性、操作性、实践性。三是不断提高内部巡察监督质效。注重查找和整改各级党组织、党员干部与新时代新形势新要求不相适应的短板弱项,与建设邮政强国新征程相违背的不会为、不善为、不作为等突出问题,更好地履行职责使命。做好迎接国家局党组新一轮政治巡视筹备工作。

(六)坚定不移落实管党治党政治责任

一是强化"两个责任"落实。各级党组织要认真履行全面从严治党主体责任,各级领导干部要坚决落实第一责任人责任和"一岗双责"责任,始终把全面从严治党作为最根本的政治担当,严于律己、严负其责、严管所辖,以上率下推动全面从严治党走深走实。各级内设纪检机构要全面履行监督责任,强化斗争精神,勇于担责尽责,依规依纪依法开展监督执纪问责工作,不断提高纪检工作规范化、法治化、正规化水平。二是持续健全制度体系。坚持制度治党、依规治党,严格执行党内法规制度和国家法律法规,持续健全完善落实全面从严治党政治责任的制度机制,完善管思想、管工作、管作风、管纪律的从严管理制度,逐步构建明责履责、担责追责的严密内控机制。三是大抓基层强基础。要树立大抓基层、大抓党支部的鲜明导向,注重加强基层党支部建设,健全基本组织、建强基本队伍、完善基本制度、开展基本活动、提升基本服务,把基础打得更牢固,使每名党员都成为一面鲜红的旗帜,使每个支部都成为党旗高高飘扬的战斗堡垒。要大力推动行业非公有制党建工作,加快推动组建省级快递行业党委,对符合条件的非公有制快递企业,按照"成熟一个、组建一个、巩固一个"的原则,实现非公有制快递企业党组织应建尽建、应管尽管,充分发挥党建引领作用,不断加强党对邮政快递业的全面领导。四是加强纪检干部队伍建设。各级党组织要高度重视内设纪检机构建设,选优配强纪检干部,组织开展专业培训,不断加强思想淬炼、政治历练、实践锻炼、专业训练,练就敢于斗争、善于斗争的硬脊梁、铁肩膀、真本事。各市邮政管理局党组要定期听取纪检工作情况汇报,支持内设纪检机构履职,畅通纪检干部晋升通道。纪检干部要自觉接受监督，严防“灯下黑”，坚持以铁的纪律打造忠诚干净担当的铁军。

推进全面从严治党，责任重大，使命光荣。让我们更加紧密地团结在以习近平同志为核心的党中央周围，切实把思想和行动统一到中共二十大精神上来，统一到二十届中央纪委二次全会、省纪委十二届三次全会精神上来，统一到全国邮政管理系统党风廉政建设工作会议要求上来，坚定不移推进全面从严治党，以风清气正的干事创业环境为山西邮政管理事业健康发展保驾护航，为奋力开启加快建设交通强国邮政新篇章提供坚强政治保障。

山西交通控股集团

持续深化改革创新 全面加快提质增效
为奋力开创高质量发展新局面而不懈奋斗

——在山西交控集团二届一次职代会暨2023年工作会议上的讲话

交控集团党委书记、董事长 武 艺

（2023年2月9日）

一、2022年工作回顾

2022年，交控集团上下深入学习贯彻中共二十大精神，认真落实全省国有企业深化改革提质增效推进会议、推进交通强省建设动员大会精神，全力推动经营结构由“两条腿走路”向收费公路经营、基础设施建设、路域经济发展“三足鼎立”转型，完成目标任务，形成稳中有进、进中提质、持续向好的发展态势。

（一）经营质量效益迈上新台阶

全年实现营业收入526.99亿元，同比增长5.97%；实现利润总额12.69亿元，同比增长66.1%；资产负债率76.47%，较2022年年初下降0.11个百分点。坚持对标一流，紧盯突破“两线”，营业收入利润率等14项评价指标全部明显提升，其中8项指标超过行业平均水平。全集团综合融资利率由2021年末的4.6%降至2022年末的4.34%，下降26BP，减少利息支出8.7亿元。

（二）项目建设管理展现新作为

创造性提出“打包建设、以丰补歉，组团投资、吸引资金”理念，先后与大同、忻州、晋中、朔州、长治等市签订战略合作协议。50个在建项目顺利推进，全年完成项目投资340亿元、新签合同额288.5亿元。隰吉高速、朔神高速2个项目完成交工验收；207国道左涉新建一级公路、241国道朔州段建成通车；209国道吕梁新城区一级公路建设完成，临汾市大宁县沿黄旅游公路等4个527公里旅游公路和“四好农村路”项目通车运营。全面提升项目管理水平，路桥集团一公司、二公司取得公路工程总承包特级资质；阳蟒高速入围交通运输部2022—2023年度第一批公路交通优质工程李春奖；长临高速、运宝黄河大桥、晋中环城西路等6个项目获得山西省“汾水杯”工程质量奖、“山西省优质工程奖”；监理集团在全国交通监理行业第一家获得“交通运输AAAAA级服务品质认证”。

（三）精细化经营服务实现新提升

标准化管理制度体系更加完善，降本增效扎实推进。积极协调银团两次降低政府还贷路贷款利率，第一次由4.65%降至4.45%,2022年节约财务成本2.76亿元，年可节约财务成本5.05亿元；第二次由4.45%降至3.95%，从2023年1月份开始执行，年可节约财务成本12.49亿元。稳步推进忻州南北、大同南北和太原、晋中高速公路管理公司整合，核减机构44个、编制1032人，管养人员降至4人/公里，达到全国同行业领先水平。养护水平稳步提升，加大大数据养护决策、预防性养护力度，5年左右路龄路段养护科学决策使用率达到80%，预防性养护里程比例达到8%。加强养护工程造价审核，实施路桥隧年度定检、融雪剂集中采购和市场化购电，大力推广使用沥青就地热再生等新技术，全年养护成本降低1.88亿元。2022年国检山西省综合排名列全国第12名，高速公路技术状况列全国第7名，分别比上年度进位13名、17名，取得历史最好成绩，跻身全国第一方阵。数字化管理扎实推进，开发智慧软件，实现外省入晋车辆快检快放。货车ETC使用率达到73.68%，全国排名第一。集养护管理、路网运行、安全应急等功能于一体的智慧运营管理平台和集路况信息等多元服务于一体的“晋e行”App上线运行，有效提升通行效率和服务水平，服务投诉同比减少30.64%。

（四）路域经济发展跑出新速度

狠抓资产资源盘活利用，大力发展“交通+新能源”“交通+物流”“交通+数字经济”等交通关联新业态，全年实现路域经济收入98.16亿元。制订《路域经济中长期发展专项规划（2022—2035年）》，明确路域经济发展目标任务和具体路径。大力提升服务区经营水平，建立服务区公益服务和经营服务单独运行机制。以太忻经济区“城市会客厅”“葡萄之乡”等地域文化为特色，加快推进大盂、清徐等4对服务区提质升级改造。平遥服务区获评“全国高速公路旅游特色服务区”。大力推进清洁能源发展，形成“试点先行、科技支撑，就近消纳、余电上网”的总体思路，新组建新能源公司，在太原至忻州高速公路启动全国首例路堑边坡治理及光伏发电一体化科研试验段工程，新开工建设分布式光伏电站188座，装机容量6.6万千瓦。大力推进高速公路和旅游公路、“四好农村路”沿线充（换）电基础设施建设，在74对服务区安装179台充电桩，实现高速公路服务区充电站全覆盖。15个物流仓储分拨中心项目顺利推进。租赁土地、房屋、机械设备、通信管廊等实现营收近2亿元。山西固废资源化利用交通科技园开工建设，2万吨新型不锈钢防撞护栏生产基地即将建成投产。持续推进新能源物流平台、工程机械租赁共享平台、交通工业品数字化采购平台等新业态，累计实现交易额56亿元。积极发展ETC拓展、ETC保理、运营软件开发业务，实现收入8000万元。

（五）体制机制改革取得新突破

国企改革三年行动高质量收官，市场化经营机制不断健全完善，董事任期制、经理层聘任制、员工合同制全部落实落地，所属企业班子成员绩效薪酬比重提升至80%，实现利润升薪酬升、利润降薪酬降。剥离企业办社会改革任务全面完成。扎实推进扭亏减亏三年攻坚行动，13户企业实现扭亏减亏1.14亿元，超额完成年度目标。加快提升数智化管理水平，财务管理、资金监测等7大系统建成投用。集团公司获得工信部、中国电子信息行业联合会颁发的数据管理能力成熟度（DCMM）受管理级（2级）等级证书。扎实推进资产证券化，交控生态顺利进入新三板“创新层”。加强路桥股份市值管理，总市值由2021年底67.78亿元，上升至2022年底79.36亿元，上涨17.08%。加强采购管理，完成招采金额189.2亿元，节约资金10.5亿元。全面加强精益化、规范化管理，交控集团通过了ISO 9001质量体系、ISO 14001环境管理体系和ISO 45001职业健康与安全体系“三体系”国际标准认证。

（六）科技创新赋能集聚新优势

持续完善创新发展体系，加强科研项目管理。

全力打造一流创新平台，高标准建设智慧交通山西省实验室，按照新型研发机构功能定位，建立现代化管理制度和市场化运行机制，多项关键技术取得突破。交科集团获批设立国家级博士后科研工作站。山西省交通安全与应急保障工程研究中心、山西省公路养护技术创新中心和山西省工业固废资源化综合利用中试基地获批建设。信通公司、高速集团太原公司等5户企业被认定为国家级高新技术企业，交控生态公司被认定为国家级专精特新“小巨人”企业，设计院、检测公司、信通公司被认定为省级专精特新“小巨人”企业，交研公司、交安中心、新技术岩土公司被认定为省级“专精特新”企业。强化核心技术攻关，重交通超黏高韧薄层沥青复合路面关键技术等11个项目获得省部级科学技术奖。加快科技成果转化，自主研发的高速公路AI稽核大数据分析平台，实现追缴偷逃通行费9245万元；建成高速公路“一桥一档”管控平台，实现了全省高速公路和国省干线公路1.7万座桥梁安全性能的数字化监管。加快推动BIM数字协同、桥隧和ETC智能检测、雾区引导防撞系统、交通安全应急保障等成熟技术的推广应用，实现“六新”收入11.55亿元。

（七）管理控制体系得到新加强

全面加强内控体系、风险防控管理制度建设，进一步明确总部部室权责、规范了业务流程，形成“三横三纵”全员、全过程、全链条风险防控体系。全面加强投资管理，新修订《投资管理办法》，省内投资通过以丰补歉和组团方式吸引资金，将金资公司新增业务全部转向交控集团内部，有效提升投资科学性。深入开展“合同管理规范年”专项行动，经济合同、规章制度和重大决策法律审核达到100%，检查经济合同2.1万份，合同金额1240亿元。加强内部审计工作，开展各类审计16项，完成问题整改152个，规范资金7171万元。深入推进“安全生产专项整治三年行动”，“五大体系”建设深入推进，编制的《高速公路交通安全风险评估指南》地方标准正式实施，填补了国内高速公路安全风险评估判定标准行业空白。全面启动阳泉等8对服务区危货车辆停车区扩容改造和服务区视频监控全覆盖工程，本质安全水平不断提升。全年排查一般隐患6687项，已整改6628项，整改率99%，无重大安全隐患，安全生产形势总体平稳。

（八）党建引领发展收获新实效

坚持以政治建设为统领，认真落实“第一议题”制度，深入学习宣传贯彻中共二十大精神，确保党中央、省委关于国资国企改革和党的建设决策部署在交控集团落实落细。坚持党管干部党管人才原则与市场化选人用人机制相结合，建立管理人员竞争上岗机制，全集团干部竞争上岗比例达到31%。大力培养年轻干部，提拔使用23名40周岁以下优秀年轻干部，放在关键岗位历练。加强人才引育，引进了13名博士和高级技术人才、80名专业技术人才、278名高学历人才。加强“分层式”培训，启动了115名会计领军人才、200名机电和养护人员培养项目。对智慧交通山西省实验室等2个单位提级管理，实行综合管理职务和专业技术职务双轨制，提升科研人员地位和待遇。深入推进“抓党建促改革提质效”专项行动，所属3个党委、11个党支部被省国资委党委选树为红旗党委、标杆党支部。深入推进党建与生产经营深度融合，深化“1235”党建工作项目化管理，立项922个，党支部覆盖率达到90%。以职工代表大会为基本形式的企业民主管理制度更加完善，引领性劳动和技能竞赛活动持续开展。坚持党建带团建，交控集团团委被评为全国“五四红旗团委”。高标准推进清廉国企建设，“1520”行动计划深入推进，风清气正的发展生态不断巩固。

一年来，交控集团坚持“三足鼎立”战略方向，坚持以深化改革为动力，以提质增效为目标，以高标准党建为引领，推动高质量发展取得了新进展、新成效。这些成绩的取得，根本在于习近平新时代中国特色社会主义思想的科学指引，是省委、省政府坚强领导的结果，是省国资委、省国资运营公司、省交通运输厅等单位指导支持的结果，更是广大干部职工担当作为、奋力拼搏的结果。在此，我代表交控集团领导班子，向全体干部职工表示衷心的感谢并致以崇高的敬意！

在肯定成绩的同时，交控集团发展还存在一些不足。主要是综合实力还不强，与国内同行业先进企业相比，盈利能力、市场拓展能力都还有一定差距；精细化、数字化管理还需要进一步加强，高速公路经营服务水平还有提升空间；市场化经营机制还需进一步完善；与抢占行业制高点的要求相比，技术研发、成果转化方面还有一定差距；党建与生产经营深度融合还需要持续加强，等等。这些问题，需要高度重视，针对性地加快解决。

二、2023年工作总体要求

2023年，是全面贯彻落实中共二十大精神的开局之年，是实施"十四五"规划承上启下的关键之年，交控集团持续深化改革创新、全面加快提质增效的奋进之年。面向新的征程，要全面深入学习贯彻中共二十大精神，认真对标对表中共二十大报告确定的重要思想、重要观点、重大战略、重大举措，认真落实省委、省政府和省国资委、国资运营公司、交通运输厅的部署要求，把握大势、抢抓机遇、实干争先，努力实现质量更好、效益更高、贡献更大、竞争力更强的发展。思想是行动的先导，推进高质量发展首先要解放思想、转变观念，在实际工作中，要持续强化"六个意识"。

（一）要强化政治意识，践行使命担当

省委明确要求省属国企要在推动高质量发展中发挥引领带动作用。交控集团作为省属交通企业，必须清醒认识到，既肩负着国有资产保值增值、提高经济效益的责任，又肩负着当好交通强省建设"硬核"力量、服务人民服务社会的责任，可以说责任重大、使命光荣。交控集团从干部到员工，都要认真学习领会省委书记蓝佛安书记在省管主要领导干部专题研讨班上的重要讲话精神，深入思考、有效解答蓝书记提出的"12个重大问题"，都要把工作当成事业来干，经常想想我能为企业做什么，我为企业做了什么，努力闯出一条推进高质量发展的新路子。

（二）要强化市场意识，打造竞争优势

交控集团设计施工、养护监理、交通环保、智慧交通、物流能源等业务都处于市场充分竞争领域。对照一流企业，这些业务的集团外和省外份额还明显偏小。随着交通运输行业市场化、专业化、数字化程度的不断提高，市场竞争将更加激烈。相关企业干部职工必须强化市场思维，专心打造专业化的技术能力和服务能力，以竞争者的姿态，勇于跳出舒适圈，勇于跳出集团外，不断积累客户资源和市场经验，积极抢占市场份额，加快做强做大。

（三）要强化效益意识，提高经营能力

提高经济效益，实现利润最大化是企业的根本目的。效益上不去，其他工作做得再出色也没有抓住企业工作的根本。交控集团各成员单位都要聚焦自己的主业，坚决破除"大而全，小而全"的思维，管住一切与主业发展无关的投资冲动和不必要支出，向管理提升、市场拓展、技术进步要效益，最大限度地降低管理费用、财务费用和人工成本，实现降本增效。

（四）要强化改革意识，激发发展活力

交控集团组建以来，持续深化改革，取得积极成效。但绝不能满足于已取得的成绩，要看到发展的差距核心是改革的差距。2023年中央经济工作会议明确提出要谋划实施新一轮国有企业改革行动。既要落实好上级的改革要求，又要结合实际，深化高速公路管理、服务区管理、三项制度等重点改革，真正实现体制顺、机制活。

（五）要强化创新意识，提升竞争实力

科技是第一生产力、人才是第一资源、创新是第一动力。惟创新者进，惟创新者强，惟创新者胜。要深入实施创新驱动发展战略，坚持市场需求导向，准确把握产业发展方向，以科技创新为核心，统筹推进体制机制创新、经营模式创新、业务结构更新，不断提升创新对提质增效的贡献率。

（六）要强化融合意识，推动联动创效

充分发挥交通投资、建设、运营、科研全产业链优势，大力推动基础设施建设、收费公路经营、路域经济发展各业务深度融合，以产业链资源、经营性资源联动和数实融合、科技支撑，加快形成全链融合、互为支撑的良性发展格局，打造交通产业集群，提升协同创效水平。比如，可以利用太行灵泉产品开展高速公路营销促收，又要利用收费站、服务区广告设施积极宣传太行灵泉产品。

2023年工作的总体要求是：坚持以习近平新时代中国特色社会主义思想为指引，全面贯彻落实中共二十大精神，全面贯彻习近平总书记关于国有企业改革发展的重要论述和考察调研山西重要讲话重要指示精神，完整、准确、全面贯彻新发展理念，认真落实省委“业务归核化、治理规范化、管理数智化、资产证券化”要求，坚持高质量发展，强化党建引领，深入实施提质增效、扭亏减亏、数字化提升三个专项行动，突出向改革要效益、向管理要效益、向市场要效益、向服务要效益、向创新要效益、向人才要效益，持续推动经营结构向收费公路经营、基础设施建设、路域经济发展“三足鼎立”转型，加快建设现代化交通企业，努力进入中国企业500强。

主要预期指标是：全年力争实现营业收入600亿元，利润总额15亿元，资产负债率稳定在合理水平；通行费收入完成240亿元；净资产收益率达到0.5%，全员劳动生产率达到28.13万元/人·年，研发投入增长5%；两金增速不超过收入增速，两金占流动资产比重明显下降；高速公路MQI优等路率≥95%；全面完成各项经营业绩考核指标。

限制约束指标为：坚决杜绝各类重特大生产安全责任事故和重特大突发环境事件。

三、2023年重点工作任务

2023年发展指标的确定，体现主动作为的要求，需要付出艰苦努力才能实现。要善于抓住重点任务、关键环节，切实抓好以下九方面工作。

（一）坚定不移推进“三足鼎立”转型发展，全力夯实高质量发展产业支撑

紧紧围绕“公路交通基础设施投资、运营及配套资源开发、交通工程建设及服务”核心业务，聚焦主责主业，推动公路建设、经营与资源开发有机融合，实现转型发展、可持续发展、融合创新发展。

坚持全面提质增效。聚焦质量效益提升，做强基础设施建设板块，巩固提升优势产业；做优收费公路经营板块，强化管理增效支撑；做精路域经济发展板块，打造新的利润增长点，以新的业务格局，持续推动交通发展在路径上由相对独立发展向更加注重一体化融合发展转变、在方式上由追求速度规模向更加注重质量效益转变。要全面推进政府还贷高速公路和市场经营业务分类核算，增加市场经营业务分类核算内容，准确反映经营发展情况。

大力提升专业化能力。各成员单位要集中精力把自己的业务做细做精，下大力气解决影响和制约主要业务发展的理念思维、管理机制、技术创新、市场占有等方面的主要矛盾，提高主业发展质量。要立足于交通行业细分市场，努力争当创新能力强、市场占有率高、掌握关键核心技术、质量效益优的细分行业领导者，积极争创“专精特新”企业。

深入推进扭亏减亏专项行动。要加快清理非优势业务和低效、无效资产，坚决退出非主业、非优势领域，将资源向优势领域倾斜。要坚持“一企一策”、对症下药，实现8户所属企业扭亏减亏，确保已扭亏企业不返亏。要积极推进培训业务资源整合，实现专业化、规模化发展。

（二）全力加快交通基础设施项目投资建设，更好地服务全省发展大局

要围绕省委“一群两区三圈”城乡发展新布局、唱好太原、大同“双城记”的部署，创新投资理念，加快项目建设，提升管理水平，切实当好全省交通基础设施投资建设“主力军”。

高质高效推进在建项目。要统筹抓好投资、进度、质量、安全工作，积极协调解决用地手续、压覆矿产资源、征地拆迁等问题，加快推进离隰、昔榆、晋阳改扩建、青银二广联络线、汾石、浮临、黎霍7个在建高速公路项目建设；加快推进108国道忻州境内砂河至石岭关段改建工程PPP项目、336国道朔州境内应县罗庄至朔城区东榆林段改扩建工程PPP项目、209国道吕梁新城区公路改线工程、336国道朔州至平鲁段公路改扩建PPP项目、省道岚马线太原段PPP项目等7个国省干线一级公路项目建设，力争全年完成投资370亿元。隰吉高速、朔神高速要在5月底前通车运营；离隰高速年底前要建成通车，年内实现大宁、交口两个县通高速，确保2024年底前实现石楼、沁源、浮山最后三个县按期通高速。

创新投资理念。按照“打包建设、以丰补歉，组团投资、吸引资金”思路，积极推进与大同、忻州、晋中、朔州、长治等市战略合作协议加快落地，全年力争新签合同额500亿元，确保既当好基础设施建设“主力军”，又不突破负债警戒线。要先行加快推进太原市、大同市、晋中市、忻州市境内，繁峙至五台、古交至娄烦至方山、平遥至安泽、应县至繁峙4个高速公路项目落地；加快推进307国道阳泉坡头至榆次段一级公路新建工程、108国道太原过境段公路新建工程、339国道太原南过境公路改线工程、309国道长治段、109国道、208国道大同段等16个国省干线项目落地，实现集中实施快速落地、集中融资降低成本、集中开发路域资源“一举三得”目标。交投集团、高速集团、路桥股份、交科集团、信通公司、金资公司要发挥资金优势，积极参与项目投资，支持交通基础设施建设主业做强做优。要积极扩大项目合作，化解投资风险，学习管理经验，倒逼管理提升。

加大省外市场拓展力度。坚持“东扩西拓”，稳步扩大东部市场业务，大力拓展西部市场，充分利用交控集团成员单位在浙江、广东、河北、新疆、青海、甘肃等省份现有施工、设计、监理、机电、环保业务项目履约良好的基础，积极争取更多的省外市场份额，力争实现省外市场新签合同额50亿元。

持续提升项目管理水平。大力提升勘察设计品质，坚持深度设计，强化前期调查，减少不必要的变更，把品质、平安、智慧、绿色等理念和相关费用纳入设计中，有效提升全寿命周期设计、标准化设计、耐久性设计、建养一体化设计水平。认真落实工程技术措施革新、四新技术应用、班组建设、二次经营、三集中管理、永临结合、集中采购、机械化智能化施工等措施，提升项目盈利能力。要持续开展“平安百年品质工程”创建活动，建立健全质量管控体系，落实全员、全过程、全方位质量管理责任，适时组织品质工程建设观摩会，力争在年内取得汾水杯、太行杯等省部级奖项2项，鲁班奖或詹天佑奖等国家级奖项1项。要全面抓好固废资源利用、施工扬尘防治、新技术新设备推广、环保技术应用等工作，打造绿色工程。

（三）全面加强精细化管理，大力提升高速公路经营服务水平

紧紧围绕实现精细管理程度最高、道路管控机制最优、交通管制时间最短、清障救援速度最快、智慧交通信息最强、服务质量评价最好“六最”目标，实施“五大提升”工程，努力打造“集约畅通、舒适智能、绿色安全”的高速公路。

实施管理增效提升工程。稳步推进高速公路管理公司整合，实现政府还贷高速公路进一步“瘦身健体”。持续推动管理标准化在基层管养单元落实落细，细化运管计划编制、预算经费执行、收费机电系统运维、日常道路养护巡查、路域环境治理、安全隐患排查整治等操作标准，提升管理标准化水平。积极推进监控管理改革，加快完成由站级监控向路段监控、全域集中监控升级。积极推动路网运行保障一体化联动管理，整合清障救援资源，进一步提升救援时效、缩短交通管制时间。加快理顺服务区管理体制，完成南、北两个服务区公司组建，厘清公益服务、资产管理和多元经营权责，提升服务区管理水平。要积极协调省交通运输厅，推动500米以上桥梁计费和小客车提价调标尽快落地。

实施服务质量提升工程。制订出台路域环境常态化治理标准，加强日常巡查、保洁，经常性开展沿线抛洒和垃圾清理，有效修补标线标识，巩固原生态绿色走廊建设成果，从根本上解决路域环境问题。要提升“晋e行”App服务水平，丰富通行费按比例换积分、积分换服务、路网信息“一网”精准查询、网上打印发票和预存通行费等功能。加大机电系统日常巡查保养力度，确保车道收费精准、通行快速便捷、隧道运行安全。深入实施服务区提质升级三年行动，4月底前完成大盂、清徐服务区提质升级改造，新启动原平等3对服务区升级改造。积极推进服务区母婴室、第三卫生间、无障碍卫生间、冬季温水洗手设施全覆盖。

实施数字赋能提升工程。提升完善智慧运营

综合管理平台，扎实推进可视、可测、可控、可服务的高速公路运行监测体系建设。加快完成路桥隧等各类资产和管理流程的数字化改造，建立标准统一的基础设施数据库。加快建立业务中台，整合ETC用户资源和沿线服务资源，规范内外数据接口，推动数据资源的集中统一存储调用。加快推动基础设施运行自动感知和基层站区队管理与作业流程数字化，构建上下紧密衔接的智慧运营管理体系。

实施养护水平提升工程。完善养护管理市场化机制，实行高速公路养护专项工程养护企业总承包模式，以三年为一个周期，由高速公路经营单位将路况指标、养护经费按照合同约定交给专业化养护公司，发挥养护公司专业技术优势，实现控制养护成本、提升养护效率目标。养护监理也要全面推行打捆模式。加大"四新"技术应用，全面推广使用就地热再生、桥梁附件维护、KEP新型注浆材料、高聚合性材料等新工艺新技术新材料，确保高速公路路面性能指数(PQI)总体保持在92以上。

实施本质安全提升工程。要深度治理长大纵坡，精准提升交安设施，优化桥梁安全防护，强化隧道运行智慧监控、提高应急联动能力，坚决防止发生重特大交通事故。加快推进服务区视频监控全覆盖联网工程，加快实施3对危货车辆专用停车区新建和5对危货车辆停车区扩容改造。探索开展"一路一品"经营管理，在深入推进青银高速吕梁段、二广高速太长段两条"平安文明示范路"创建的同时，其他高速公路经营单位要结合实际，积极开展精细化养护示范路、路域环境治理示范路、文明旅游特色路、隧道智慧监测示范路、高陡边坡治理示范路等品牌创建工作，打造工作亮点，努力探索可复制可推广的经验。

（四）扎实推进路域经济发展，最大限度提高通道经济效益

要围绕公路产业补链、强链、延链，推动高速公路与新能源、物流仓储、数字经济、工业园区等产业融合发展，力争全年实现路域经济收入120亿元，最大限度激活公路交通全产业链优势，提升盈利能力。

加快发展新能源业务。全力推进分布式光伏发电项目建设，3月底前完成太原至忻州高速公路分布式光伏发电项目，已开工的191座光伏电站年内要全部建成。同步筹划2023年再建40万千瓦、并网20万千瓦建设任务。大力推进充(换)电基础设施建设，在76对服务区再建302台充电桩，年内实现高速公路服务区充电桩总数达到897台、充电桩停车位占到小车停车位15%。在环城高速公路和主干道高速公路沿线48座收费站区内部停车场、外广场候车区等位置新建充电桩104台，在三个一号旅游公路和"四好农村路"新建充电桩166台，在全省基本形成"重要节点全覆盖，运行维护服务好，群众出行有保障"的公路沿线充电基础设施网络。加快"综合能源补给岛"建设，建设完成加气站22座、加氢站1座、甲醇加注站2座，开通加气站、加油站各19座。要依托交控集团基础设施建设和交通物流优势，加快把油品直销、批发业务拓展到工程建设、物流运输等用油大户，力争"十四五"末，加油站零售量和直销、批发量各达到20万吨以上。

加快提升服务区经营水平。积极引进国内知名和地方特色餐饮品牌，打造"晋行晋驿""晋享美食""交投优选"品牌。在"一核"中部城市群周边和"两轴"二广高速、京昆高速上，完成53对服务区便利店连锁化改造和7对餐厅品牌化升级，在太原环城高速建设"服务区特色经营示范路"。提升服务区资产利用率，加快盘活低流量路段服务区存量资产。

加快发展仓储物流和广告业务。下大力气积极盘活交控集团剩余11.94万平方米闲置房屋、6528亩存量土地。加快推进15个物流仓储分拨中心建成投用，与粮食储存、医药配送等企业合作，打造高速公路物流仓储网络体系。按照"实业集团投资，高速公路经营公司代建"模式，完成165座跨线天桥和100座高立柱广告设施的建设及招商工作。交通研创商务基地上半年要全面开工建设。养护集团、环保公司要尽快分别搬迁至太谷和滨河收费站。

加快发展交通新材料业务。推进沥青供应业务规模化发展，建设完成1座改性沥青深加工基地、

5座再生沥青混合料基地。加快山西固废资源化利用交通科技园建设，小型预制构件、装配式建筑、废旧轮胎利用等生产线实现投产运营。加快低碳耐久型不锈钢护栏生产基地建设，在黎霍、汾石、浮临项目全面推广应用，其他新建在建高速公路要优化设计，积极使用不锈钢护栏；现运营高速公路管理公司采购护栏原则上要全部使用不锈钢护栏。探索建设“绿色矿山”，推进工程集中区域砂石材料自产自供。大力推广使用集团成员单位生产的灌缝胶、融雪剂、山泉水等产品。

加快发展交通环保业务。坚持以实现碳达峰、碳中和目标为引领，在汾石高速试点建设“近零碳”服务区。积极申报交通运输节能减排第三方服务机构。

各高速公路管理公司、服务区管理公司要在协调地方政府、手续办理、薄利多租等方面，大力支持新能源、仓储物流、广告等路域经济业务发展。市场充分竞争成员单位要充分用好现有勘察设计、施工、消防、电力、防雷等资质，加大现有资质升级力度，积极申报新的资质。置地公司要加快取得房建资质，与路桥房建单位全面承担集团公司收费站、服务区建改等房建项目。要进一步提高招标代理业务由交控集团内部单位实施的比例，确保达到90%以上。

（五）持续深化改革攻坚，不断激发发展动力活力

改革只有进行时，没有完成时。面对国企改革新要求和行业发展新变化，我们必须及时应变、主动求变，努力向改革和管理要效益。

加快推动治理能力和治理体系现代化。要完善权责法定、权责透明、协调运转、有效制衡的公司治理机制，切实把制度优势转化为治理效能。扎实做好国企改革三年行动成果制度化、长效化工作。要坚持对标一流，积极到标杆企业进行实地调研，建立联系机制，认真学习标杆企业好经验、好做法，转化为提升治理的具体措施。要认真落实《制度管理办法》，加强制度立改废释，强化制度执行与改进，推动制度更加成熟定型，构建系统完备、科学规范、执行有力的制度体系。

积极推进“三项制度”改革落细见效。突出业绩导向，完善考核方式，严格经理层成员任期制契约化管理、管理人员竞争上岗、末等调整和不胜任退出机制，真正实现干部能上能下。要改革员工一聘定终身的管理办法，对不尽职、不尽责员工要依法解除用工合同或不再续签，真正实现员工能进能出。要深化薪酬制度改革，充分发挥绩效考核指挥棒作用，成员单位班子成员薪酬要与效益紧密挂钩，实现利润升薪酬升、利润降薪酬降。抓好大同高速公司薪酬改革试点，以岗位技术含量、责任大小、劳动强度和工作环境确定薪酬，最大限度地提高员工工作积极性、主动性和创造性，真正实现收入能增能减。认真落实上级要求，上半年完成以加大绩效考核比重为主要内容的交控集团总部薪酬制度改革。要根据业务发展需要，加大全交控集团人力资源统筹力度，做到保障有力、人尽其用。

扎实推进提质增效专项行动。要按照省国资委、省国资运营公司部署，抓实抓深提质增效行动。加快推进资产证券化，全力推动生态公司在北交所上市。开展参股股权治理工作，规范管理，提升效益。要积极对接金融机构，做好债务置换和低成本融资工作，打通债券发行通道，进一步降低财务成本。积极用好基础设施领域不动产投资信托基金(REITs)工具，进一步盘活存量资产，路桥集团太佳东高速要争取支持，力争年内发行成功。

（六）深入推进“数字赋能”，加快实现质量、效率、动力变革

数字化是建设现代化一流企业必须攻克的新高地。要深刻认识数据作为新型生产要素的基础性、支撑性作用，依托交控集团产业优势、数据优势、场景优势，加快推进产业数字化发展。

加强顶层设计。把数字化升级作为2023年工作的首要任务，在交控集团层面成立数字化发展专项领导组，按照产业数字化、数字产业化、数据价值化、治理数字化“四化”协同思路，发挥智慧交通山西省实验室创新优势，尽快制订专项规划，加快推进交通基础设施规划、设计、建造、养护、运行管理等全要素、全周期数字化发展，打通数据孤岛，打造“数字交控生态圈”。要加强上下左右统筹，严防管理平台重复投资。加快筹建智慧交通山西省实验室（西安）研发中心，通过引进、自主培养一批高水平、高素质、高技能的程序工程师、软件分析师、系统架构师，打造软件研发创新高地。

积极推进产业数字化。工程管理数字化方面，要深化BIM技术应用，推进“工程建设项目智慧监管平台”实质性运行，整合投资管理、进度管理、变更管理、安全管理、试验检测等方面的数据采集和监管功能，把数字化渗透到工程策划、设计、招标、采购、施工、竣工验收全过程，提升资源配置效率。路网运行数字化方面，要持续推进视频云联网、隧道智能监控、基础设施数字化（公路档案库）等软件平台建设，推广应用危化品车辆过隧道跟踪辨识和自动警示系统、安全应急智慧平台、雾区诱导及防撞预警系统等安全产品，全面提升路网安全保障能力。

积极推进数字产业化。交科集团、信通公司、智慧交通山西省实验室要围绕智慧出行、智慧隧道、智慧服务区、智慧管控、智慧减灾、智慧运维等场景，提升软件开发、信息运维、数据处理开发与服务能力，加快推进隧道智能运维管控和快速检测、ETC智能快速检测等前沿技术研究和智能网联重载公路示范项目建设，打造数字化产业板块，争当智慧公路运营服务商和数字技术供应商。

积极推进数据价值化。强化互联网思维，拓展应用平台功能，深度挖掘数据价值。加强智慧养护管理、边坡监测、桥梁健康监测、星载InSAR高速公路穿越采空区形变监测、“北斗+”公路基础设施及地质灾害监测等软件平台建设，提升管养水平。要进一步优化完善“晋e行”App服务功能、商业功能，拓展“ETC+”多场景应用，以数字化提升出行体验、增加商业消费。

积极推进治理数字化。用好交控集团八大管理平台，加快各类数据资源的按需归集与共享，打破业务之间、企业之间信息壁垒，实现各类数据互联互通，促进数据资产赋能和业务协同，以数字化手段提升管理效能和治理水平。积极推进采购数智化，完善招采平台和交控云商系统建设，提升线上招采比例，公开采购结果，实现项目预算、招标采购、合同签订、合同结算、供应商考核评价的闭环管理。

（七）强化科技创新引领，全面提升核心竞争力

当前，新一轮科技革命和产业变革方兴未艾，科技创新加速推进。在激烈市场竞争中唯有创新才能获得竞争优势，唯有创新才能使企业行稳致远。我们要主动拥抱新技术，以数字化革命、“六新”研发应用、绿色低碳转型为方向，加快释放科技创新动能。

完善科技创新组织体系。加大“六新”收入产出比、研发项目转化比、高技术产品和服务市场占有率等指标考核权重，切实改变重生产轻创新、重研发轻转化、重投入轻实效的倾向，把工作着力点转变到推动降本增效、竞争力提升、产业升级上来。要严格科技创新项目管理，每个科研项目都要确定以一个主要负责人负责的组合团队，明确项目、成果、经费等责任，强化进度考核，坚决杜绝长期拖延、成果拼凑、转化造假等行为。要高标准推进智慧交通山西省实验室建设，加强经费投入和运行管理，努力打造全国交通旗舰型科技创新基地。要加强创新指导服务，深入推动产学研用一体化，建立培育库，力争再打造6户高新技术企业。

加大核心技术攻关。围绕基础设施建设领域，加大固废资源利用、机械化数字化建造、新材料新工艺应用、绿色公路建造等核心技术研发，加快形成标准体系、施工工艺、相关产品、工程装备相结合的行业领先解决方案。围绕公路运营、安全、节能领域，加快设施智慧检测、路网运行监测、交通安全装备、节能成套技术、全寿命周期养护技术等方面技术研发，着力降低整体运行和养护成本，加快形成辐射交控集团外部市场的检测监测装备、安全装备以及技改工程服务等创收能力。

加快科技成果转化。认真落实科技成果转化激励制度，对职务发明完成人、为专利转化做出重要贡献的人员和团队要重奖重用。要围绕沥青改性剂、路面新材料、标识材料、新型结构等，大力推进科技创新产品市场化、产业化，加快高温环氧沥青黏层高性能超薄磨耗层生产基地、防松脱多向变位梳齿板及等距变位式桥梁伸缩装置加工基地、装配式防撞墙生产基地等项目建设，在交控集团在建项目、养护工程项目上规模化推广应用。

加强人才引育留用。用好“一人一策、一事一议”政策，大力引进顶尖人才和创新团队。要提前锁定优秀大学生，做好“掐尖式”招聘，2023年要招聘50名勘察设计人才、100名政府还贷高速公路专业技术人才。要加大自主培养力度，大力开展能力提升工程，加强经营管理人才、专业技术人才、技能人才队伍建设，为基层人才成长发展“架桥铺路”。完善人才评价机制，提升职称评审工作水平。要认真落实好“揭榜挂帅”、科研经费“包干制”等中长期激励机制，为科技创新人员提供事业平台、科研经费、团队组建等全方位支持。要鼓励支持员工参与技术改进，广泛搭建创新工作室等基层平台，大力营造尊重创新、崇尚创新、鼓励创新的浓厚氛围。

（八）持续深化风险防控，守牢高质量发展底线

要切实增强“时时放心不下”的责任感，强化忧患意识，统筹推进风控、内控、合规管理体系建设，广泛收集风险信息，梳理内控制度流程，建立风险数据库并动态更新，系统提升风险管控能力，确保企业稳健运行。

坚决防范投资风险。严格落实投资全流程管理制度，严格科学投资决策程序，严控投资规模，严把投资方向。要加强投前事前管理、投中过程管理、投后评价分析，保证投资与财务能力相匹配，严防投资项目偏离主业方向的风险、投资项目建成后达不到预期的风险。要对不同类型子公司实行分类管理并动态监测，制订“预警线”和“重点监控线”，严防财务风险。

坚决防范安全风险。坚持人民至上、生命至上，安全第一、预防为主，坚决扛起安全生产的政治责任，严格落实“安全生产责任清单”，坚决防止以会议落实会议、以文件落实文件现象，切实把压力传递到基层一线，压紧压实全员安全生产责任。要坚决落实分级分类管控措施，深刻汲取2021年发生的多起涉路人员伤亡事故教训，强化养护施工作业现场安全管控。要紧盯危险性较大工程施工环节，严防陷落、坍塌、高空坠落等事故。要加强风险辨识和隐患排查治理，运用“四不两直”、明察暗访等方式，加强监督检查，切实把问题解决在萌芽状态，确保不发生重特大安全责任事故。

坚决防范法律风险。强化依法治企意识，坚持依法决策、依法治理、依法经营、依法管理，健全完善合规管理体系，减少诉讼案件发生。加强经济合同、规章制度、重大决策的法律审核，强化法律纠纷案件管理，不断提升企业依法治理和防控法律风险的能力。

坚决防范稳定风险。严格落实领导责任和信访包案制度，扎实做好矛盾纠纷排查化解工作。做好舆情监测处置工作，为企业发展营造良好的舆论环境。

（九）扎实推进党建与生产经营深度融合，奋力跑出实干争先加速度

做好全年工作必须强化党建引领，强化“融入中心抓党建、抓好党建促发展”的理念，积极探索创新党建引领高质量发展的方法和途径，不断提升科学谋划能力、提高执行落实能力，切实将党的政治优势转化为企业发展优势、创新优势、竞争优势。

强化理论武装，深化思想融合。坚持用习近平新时代中国特色社会主义思想武装头脑、指导实践、推动工作，持续推进中共二十大精神进项目、进站区、进头脑。要加强思想引领，紧密联系正在做的事，深化职工对党的创新理论、企业发展战略、生产经营目标的认知，升级宣贯企业文化，凝聚共识，统一思想，充分激发干部职工投身生产经营和改革发展的工作热情。

聚焦改革发展，深化组织融合。坚持党的一切工作到支部的鲜明导向，聚焦基本制度、基本任务、基本要求，把任务交办到基层站区、将责任压实到基层站区、将问题解决在基层站区，有效提升基层党组织的组织力、战斗力、创造力。要围绕生产经营“急难险重”任务，探索创新“党建+业务”工作模式，开展党员攻坚行动，提升党建工作精准性、推动发展实效性。要加强机关党建，建设学习型、创新型、效能型、务实型、服务型、廉洁型“六型”总部，发挥示范带头作用。要坚持党建带群建，不断完善以职工代表大会为基本形式的企业民主管理制度。要深化“号岗队手”争创活动，组织开展“青马工程”，引领团员青年岗位建功。

加强能力提高，深化队伍融合。坚持党管干部党管人才原则与市场化选人用人机制相结合，深化选人用人体制机制改革，着力打造一支忠诚、干净、担当的高素质干部队伍。要把党员标准与工作标准结合起来，发展党员要做到技术骨干优先、岗位标兵优先、劳动模范优先、遵纪守法优先、贡献突出优先。要把优秀党员人才推向企业中层管理岗位，把优秀中层管理骨干推向管理决策层，加大党务与业务、基层与机关干部轮岗力度，激励干部担当干事，促进成长成才。

围绕治理提升，深化制度融合。坚持党建与业务同研究、同部署、同检查、同考核、同落实，严格落实党委书记第一责任人责任和班子成员“一岗双责”。要围绕治理能力提升和不能腐机制建设，系统排查工作中的廉政风险点，完善财务、资产、合同、岗位等管理制度，实现风险防控与业务管理有机结合，持续推进清廉企业建设，以政治生态风清气正促进发展生态蓬勃向上。要提升审计监督工作水平，充分发挥内审在推进企业现代化治理中的职能作用。要完善工作任务清单制、工作推进专班制、一线工作法等制度，切实提高落实能力、执行能力。

各位代表，新时代大有可为，新征程前景壮阔。让我们更加紧密地团结在以习近平同志为核心的党中央周围，在省委、省政府的正确领导下，以永不懈怠的精神状态和一往无前的奋斗姿态，推动高质量发展不断取得新成效，为续写山西践行新时代中国特色社会主义新篇章做出新的更大贡献！

坚持旗帜领航　深化融合赋能
以高质量党建引领保障高质量发展

——在山西交控集团党的建设和党风廉政建设工作会议上的讲话

山西交控集团党委书记、董事长　武　艺

（2023年2月10日）

这次会议的主要任务是，以习近平新时代中国特色社会主义思想为指导，全面贯彻中共二十大精神和习近平总书记考察调研山西重要讲话重要指示精神，深入落实新时代党的建设总要求和新时代党的组织路线，全面落实省委十二届五次全会、省纪委十二届三次全会精神，回顾总结2022年党的建设和党风廉政建设工作，安排部署2023年工作任务，动员集团公司各级党组织和广大党员干部进一步提高政治站位，强化政治担当，奋力开创高质量党建引领保障高质量发展新局面。

一、党的建设和党风廉政建设工作不断向纵深发展

2022年，交控集团党委坚持以习近平新时代中国特色社会主义思想为指引，全面学习宣传贯彻中共二十大精神，坚持以高质量党建引领保障高质量发展，在巩固深化、创新提升、融合赋能上下功

夫，党的建设和党风廉政建设持续向纵深推进。全年实现营业收入526.99亿元，同比增长5.97%；实现利润总额12.69亿元，同比增长66.1%；资产负债率76.47%，较2022年年初下降0.11个百分点，经营效益创历史新高，形成了抓党建促改革提质效的良好态势。

（一）政治建设全面增强，上级决策部署有效贯彻落实

交控集团党委坚持把忠诚捍卫“两个确立”、坚决做到“两个维护”作为最高政治原则和根本政治规矩，落实在行动上、体现在工作中。全年召开党委会29次，研究议题324个，其中前置研究讨论重大事项125项，保证党中央、省委决策部署在交控集团的贯彻执行。持续压实党建工作责任，制订落实全面从严治党《任务安排》，坚持台账化管理、项目化推进，保证全面从严治党主体责任落实落细。严格追责问责，对落实“两个责任”不力的8名领导进行问责。坚持加强党的领导与完善公司治理相统一，制订《关于所属企业在完善公司治理中加强党的领导的实施细则》《规范企业经营管理工作实施细则》，不断完善权力配置和运行制约机制。部署开展全覆盖政治监督专项检查，发现问题898个，严格督促整改到位。发挥政治巡察利剑作用，完成了6户所属企业常规巡察。

（二）思想建设扎实推进，学习贯彻习近平新时代中国特色社会主义思想持续走深走实

认真落实“第一议题”制度，交控集团党委组织第一议题学习22次，中心组集中学习19次，专题研讨4次，党的创新理论武装持续加强。认真学习宣传贯彻中共二十大精神，明确了42项具体任务，领导干部带头进企业、进工地、进站区开展宣讲，交控集团兴起学习宣传贯彻中共二十大精神热潮，党员干部对“两个确立”的决定性意义有了更加深刻的领悟，进一步强化了看齐紧跟的政治自觉、思想自觉和行动自觉。制订《新时代加强和改进思想政治工作责任清单》，明确了52项具体工作任务，组织开展“新思想在山西”宣讲活动1322场，受众3.45万人次。全方位多角度开展宣传工作，意识形态领域形势持续向好，企业形象不断提升。

（三）组织建设不断夯实，组织功能和政治功能不断增强

在新组建、新整合公司同步推进党组织设置。深入开展“抓党建促改革提质效”“党支部过筛子”专项行动，所属3个党委、11个党支部被省国资委党委选树为红旗党委、标杆党支部。深入推进党建与生产经营深度融合，深化“1235”党建工作项目化管理，立项922个，支部覆盖率达到90%。提升党员发展质量，全集团吸纳351人入党，一线职工占比90%以上。开展“百站示范、千站提升”创优活动，授予97个基层收费站、服务区“示范站点”称号，持续强化基础工作、提升基本能力。以职工代表大会为基本形式的企业民主管理制度更加完善，引领性劳动和技能竞赛等活动持续开展。坚持党建带团建，交控集团团委被评为全国“五四红旗团委”。

（四）干部人才队伍建设持续强化，干事创业的氛围更加浓厚

坚持正确的用人导向，严把政治关、能力关、廉洁关，提拔使用了71名具有较强改革创新能力、实绩突出的干部。坚持党管干部党管人才原则与市场化选人用人机制相结合，全集团干部竞争上岗比例达到31%，末等调整5名中层干部。组织对6户企业进行选人用人专项检查，督促整改问题77个。加强人才引育，引进13名博士和高级技术人才、80名专业技术人才、278名高学历人才。加强“分层式”培训，启动115名会计领军人才、200名机电和养护人员培养项目。对智慧交通山西省实验室等2个单位提级管理，实行综合管理职务和专业技术职务并行，提升科研人员地位和待遇。

（五）清廉国企建设务实推进，风清气正的发展生态持续巩固

交控集团第一时间制订《行动方案》《2022年工作要点》，提出包括5大行动20项具体工作举措的“1520”行动计划。建立了“领导领题、系统破题、基层答题”工作机制，领导班子成员认领9项清廉国企建设工程、49个具体任务，着力打造具有交控辨识度和显示度的清廉国企。制订《关于加强对“一把手”和领导班子监督的若干措施》,督促“一把手”和领导班子严格遵守省委《规范省管企业经营管理工作规定》《规范省管企业领导人员经营管理行为“九个严禁”》,正确履职用权。持续保持高压震慑态势,2022年共处置问题线索281件,给予党纪政务处分129人、组织处理126人次。持续加固中央八项规定精神堤坝,查处违反中央八项规定精神问题7起,给予党纪政务处分7人。深入推进“四风”突出问题专项整治,开展“干部作风、公务用车管理、高速公路清障、高速公路治超、工资薪酬管理”5个领域专项整治,共发现问题95个,给予党纪政务处分和组织处理26人次。持续扎紧不能腐的制度笼子,先后召开董事会规范化建设推进会、法治建设工作会,深入推进“合同管理规范年”专项行动,进一步健全制度、建优机制。与省纪委监委联合开展智慧监督平台建设。积极修订重点工程建设、养护工程、科技研发、经营管理4个领域《监督管理办法》《监督工作指引》,加快推进廉洁风险防控体系建设。持续增强不想腐的思想自觉,召开两次警示教育大会,通报曝光身边11起典型案例,以身边事警醒身边人。

2022年,交控集团高质量党建引领高质量发展的良好态势不断巩固、带动效应更加显现,项目建设、经营管理、路域经济发展、深化改革、科技创新、风险防控等工作高效推进,发展活力明显增强。这些成绩的取得,根本在于习近平新时代中国特色社会主义思想的科学指引,关键在于省委、省国资委党委的坚强领导,在于交控集团广大干部职工和党务工作者的履职尽责、担当奉献。在此,我代表集团公司党委,向广大干部职工和党务工作者表示衷心感谢和崇高敬意!

在看到成绩的同时,要清醒认识到工作中还存在一些差距和不足:各成员单位之间党建工作进展不平衡,有的成员单位党建工作责任压得还不实,在从严从实上还需要进一步强化;有的干部能力素养与高质量发展要求还不适应,市场意识、企业思维还需要强化;土木、桥梁、隧道、机电、勘察设计等方面专业人才存在断档问题,引才育才还需要进一步加强;个别基层单位制度落实执行还不到位,基层党组织规范化建设水平仍需继续提升;有的干部职工在受监督和约束的环境中工作生活的习惯还未完全养成,正风反腐还需要持续保持高压态势。这些问题,需要我们高度重视,在下一步工作中持续用力解决。

二、切实增强新时代新征程上管党治党的政治自觉

中共二十大报告指出,全面从严治党永远在路上,党的自我革命永远在路上,决不能有松劲歇脚、疲劳厌战的情绪,必须持之以恒推进全面从严治党,深入推进新时代党的建设新的伟大工程,以党的自我革命引领社会革命。在二十届中央纪委二次全会上,习近平总书记站在新时代新征程党和国家事业发展全局的高度,深刻阐述健全全面从严治党体系的目标任务、实践要求,对坚定不移深入推进全面从严治党作出了战略部署,为深入推进新时代党的建设新的伟大工程提供根本遵循。省委书记蓝佛安在省纪委十二届三次全会上明确指出,要坚持严的基调、严的措施、严的氛围不动摇,坚定不移把全面从严治党在山西推向纵深,把党的伟大自我革命在山西进行到底。要认真学习领会、强化政治担当,切实把思想和行动统一到习近平总书记重要讲话和省委要求上来,推进全面从严治党、自我革命取得更大成效。

近年来,交控集团党委旗帜鲜明讲政治,理直气壮抓党建,党的政治优势、组织优势和群众工作优势不断转化为企业的竞争优势、创新优势和发展优势,有力引领保障企业综合实力稳步提升。实践充分证明,党建工作做实了就是生产力、做强了就是战斗力、做细了就是凝聚力。只有全面提升党建质量,才能实现企业高质量发展。

新征程上,加快推进“三足鼎立”转型发展,加快建设现代化交通企业,必须持续深入贯彻习近平总书记关于国有企业改革发展和党的建设的重要论述,强化系统观念,坚持守正创新,坚持高标准、

严要求，不折不扣地落实党中央和省委关于全面从严治党的部署要求，以钉钉子精神锻长板补短板，以党的建设新实效推动企业加快做强做优做大。

三、奋力开创高质量党建引领保障高质量发展新局面

2023年，是全面贯彻落实中共二十大精神的开局之年，是实施“三足鼎立”转型战略的关键之年。全年党建工作的总体要求是，以习近平新时代中国特色社会主义思想为指引，全面贯彻中共二十大精神，认真落实习近平总书记关于国有企业改革发展和党的建设的重要论述、考察调研山西重要讲话重要指示精神，深入落实省委十二届五次全会、省纪委十二届三次全会精神，持续强化政治引领、建强战斗堡垒、深化干部和人才队伍建设、加强思想政治工作、建设清廉国企，持续在抓提升、抓融合、抓赋能上下功夫，奋力推动高质量党建引领保障高质量发展取得新成效。重点要抓好以下六方面工作。

（一）持续加强党的政治建设，牢牢把握正确发展方向

党的政治建设是党的根本性建设。要始终把政治建设摆在首位，贯穿全过程，融入各方面，统领党的建设质量全面提高，使讲政治不断从外部要求转化为内在主动。

深化党的创新理论武装。坚持把学习宣传贯彻中共二十大精神作为首要政治任务，认真学习习近平总书记关于国有企业改革发展和党的建设的重要论述、考察调研山西重要讲话重要指示精神，严格落实“第一议题”制度，通过中心组学习、专题研讨等形式，坚持全面、系统、跟进学习，进一步推动党员干部在真学真信、学深悟透中坚定信仰信念，深刻领悟“两个确立”的决定性意义，进一步增强“四个意识”、坚定“四个自信”、做到“两个维护”。要在学以致用、内化转化上下功夫，坚持学思用贯通、知信行统一，切实提高运用党的创新理论指导实践、推动改革、破解难题的能力，切实把学习成效体现在思想认识提高上、工作能力提升上、突出问题解决上、改革措施推进上。

严守政治纪律和政治规矩。坚持把正确政治方向摆在第一位，时刻与习近平总书记的重要指示批示精神对标对表，始终做到党中央提倡的坚决响应、党中央决策的坚决照办、党中央禁止的坚决杜绝，不断提高政治判断力、政治领悟力、政治执行力。要坚持在完善交控集团治理中加强党的领导，进一步完善党委前置研究讨论重大经营事项清单，规范研究程序，发挥好党委在前置研究中的把关定向作用。要坚持讲政治与抓业务相统一，强化责任意识，知责于心、担责于身、履责于行，不折不扣把上级各项决策部署在交控集团落实落细。

推进政治监督具体化、精准化、常态化。聚焦贯彻落实中共二十大精神，省委十二届五次全会精神；聚焦省委蓝书记在省管主要领导干部专题研讨班上提出的“12个重大问题”的破解落实；聚焦交控集团二届一次职代会、2023年工作会部署，围绕项目建设、经营管理、路域经济发展、深化改革、科技创新、风险防控、安全生产和党的建设等重点工作，看发展责任担当起来没有，看重点任务落实下去没有，看风险隐患排查整改了没有，确保各项决策部署有效落地落实。要认真组织好3轮常规巡察和1轮专项巡察，增强巡察的精准性有效性，扎实做好巡察整改“后半篇文章”，充分发挥巡察利剑作用。

（二）持续加强基层组织建设，建强提质增效战斗堡垒

严密的组织体系是党的优势所在、力量所在。要深入践行新时代党的组织路线，树立大抓基层的鲜明导向，按照省委抓党建促基层治理能力提升的要求，推动各级基层党组织全面进步、全面过硬。

突出强化组织功能。根据业务发展情况和需要，不断创新党组织设置的形式，确保党的组织全覆盖和党的工作全覆盖。发展党员要向一线倾斜、向业务骨干倾斜，向在项目建设、管理提升、市场拓展、创新创效中表现突出的优秀员工倾斜，不断提升党员发展质量。要严格落实党支部联系点工作制度，发挥示范引领作用。要进一步用好“智慧党

建”平台，使基层党组织工作细化、量化、可视化，提高工作实效。

突出强化政治功能。分层分类做好上级决策部署和交控集团工作安排的学习宣传贯彻，让每一名党员对企业发展目标心中有数，做到上下同欲、力出一孔，打通提质增效任务落实“最后一公里”。各级党组织和广大党员要盯紧重点工作目标任务，常态化对照“时间表”“路线图”，提升工作效率。要持续推进红旗党委、标杆党支部建设和软弱涣散党组织整治，加强党建工作专项检查督导，推动基层党组织全面进步、全面过硬。要强化党员责任区和党员示范岗创建，真正让党员引领作用强起来、党员身份亮起来，做破解难题的先锋、服务群众的表率。要扎实开展“六型”总部建设。带头加强学习，建设政治坚定、业务精湛的“学习型”总部；带头研究行业政策，建设勇于变革、守正创新的“创新型”总部；全面提升工作效率，建设马上就办、立说立行的“效能型”总部；加强目标管理，建设管理科学、考核精准的“务实型”总部；强化服务至上理念，建设作风优良、服务优质的“服务型”总部；守牢廉政底线，建设风清气正、清清爽爽的“廉洁型”总部，在全集团发挥示范带头作用。

突出党建与业务深度融合。深化“1235”党建工作项目化管理，找准找实党建与业务深度融合的结合点，把握融合的内在规律，做到规范严谨、效果明显。要坚持问题导向，以具体问题为切入点，狠抓各项制度在基层落实落细，形成用制度管人管事、用制度保证任务责任落实、用制度保证清明清廉、用制度促进改革发展的良好格局。

（三）持续加强能力作风锤炼，打造高素质专业化干部队伍

企业发展得好不好、能不能盈利，关键在领导干部这个“关键少数”。要认真落实习近平总书记对国有企业领导人员提出的“20字”要求，大力弘扬企业家精神，建设对党忠诚、勇于创新、治企有方、兴企有为、清正廉洁的干部队伍。

坚持正确的选人用人导向。认真落实新时代好干部标准，严把政治关、廉洁关、作风关，及时把那些愿干事、真干事、干成事的干部发现出来、任用起来。要加强对选人用人情况的监督，大力倡导忠诚老实、光明坦荡、公道正派、实事求是、艰苦奋斗、清正廉洁等价值观，对有“不靠工作靠关系”“干得好不如背景好”等错误思想的干部要坚决排除，不予使用，切实营造风清气正的选人用人环境。要以增强班子整体功能为目标，统筹考虑年龄、学历、专业、特长等综合因素，选优配强，确保班子结构与企业发展相适应。要加强干部队伍梯队建设，继续做好优秀年轻干部培养选拔工作。

激励干部担当作为。完善领导干部考核评价机制，强化考核结果运用，坚持奖罚分明，使政治坚定、奋发有为的干部得到褒奖和鼓励，使慢作为、不作为、乱作为的干部受到警醒和惩戒。要严格实行经理层任期制和契约化管理，严格任期管理和业绩考核，实现管理人员能上能下。省委即将出台《山西省激励省属企业经营管理人员担当作为容错纠错办法》，要结合交控集团实际，切实抓好贯彻落实，合理容错纠错，真正让干部敢想、敢闯、敢拼。

加强干部日常监督管理。坚持严管和厚爱相结合，旗帜鲜明保护担当者、支持干事者、问责不为者、惩戒违纪者，大力营造干事创业的浓厚氛围。要坚持谈心谈话制度，及时了解干部思想动态，关心关爱身心健康，帮助解决实际问题。要通过考察考核、调研督导、个人有关事项报告抽查核实和提醒、函询、诫勉等方式，全方位、多角度、近距离了解识别领导干部，真正把管思想、管工作、管作风、管纪律统一起来，管好关键人，管住关键事，管出好干部。

提升干部能力素质。根据企业发展需要，针对性开展干部培训教育工作，针对不同企业、不同层级、不同岗位干部特点和需求，科学安排培训内容，大力提升干部市场开拓能力、经营管理能力、改革创新能力、调查研究能力和落实执行能力。各成员单位主要领导要以身作则，表率示范，带动干部职工在提质增效、攻坚克难中提高本领、增长才干。要适时组织外出考察，开阔视野，更新观念，对标学习同行业先进企业，“走出去”学经验、找差距、提能力，努力争当能干事、善成事的好干部。

(四)持续抓好人才强企工作,强化高质量发展人才支撑

推进高质量发展、提升竞争力根本在于创新,创新的关键在于人才。在激烈的市场竞争中,要赢得主动,加快做强做优,必须坚持人才强企战略,坚持引育并举,加快提升人才工作水平,以人才优势打造发展优势。

大力引进急需紧缺人才。用好"一人一策""一事一议"政策、"柔性引进"等方式,大力引进领军人才、创新团队,提升创新能力。探索通过设立异地研究院、异地研发中心、联合创新实验室等形式,建立开放、多元的人才引进机制。对交控集团紧缺的土木、桥隧、机电、财务、法律、新能源等专业人才,要提前锁定对应985、211和"双一流"高校优秀大学生,做好"掐尖式"招聘,2023年要招聘50名勘察设计人才、100名政府还贷高速公路专业技术人才。要继续采用社会招聘方式,引进一批急需紧缺、具有职(执)业资格证的专业技术人才,快速壮大人才队伍。

加大人才自主培养力度。针对智慧交通等重大科技项目,要组建跨企业、跨部门的"特战队",实行扁平式、团队化运转,在项目实施中培养一批创新人才。要大力开展能力提升和知识更新工程,加强经营管理人才、专业技术人才、技能人才队伍建设。要通过"老带新、熟带生、上带下"等方式,进一步抓好新型学徒培养工作。

健全人才使用激励机制。完善科技创新人才中长期激励机制,落实好"揭榜挂帅"、科研经费"包干制"等制度,赋予科研人员更大技术路线决定权、经费支配权、资源调度权。要建立以科研能力和创新成果等为导向的科技人才评价标准,让人才把精力真正用在创新创效上。要继续用好综合管理职务和专业技术职务并行制度,提升科研人员地位和收入。

(五)持续加强思想政治工作,凝聚改革发展强大合力

宣传思想工作是国有企业传家宝,要找准路径,守正创新,更好地坚定主心骨,汇聚正能量,振奋干事创业精气神。

用创新理论凝心铸魂。加强对成员单位党委理论学习中心组学习督导,持续推动中共二十大精神进站区、进项目、进头脑,不断增强学习实效。要用好交控大讲堂、交控集团网站等平台,大力宣传阐释党的最新理论成果,大力宣传省委、省政府重大决策部署和交控集团发展战略、发展成果,引导职工主动投身改革发展。要守牢意识形态主阵地,严格落实意识形态分析研判制度、报告制度、提示提醒制度和考核评价制度,牢牢把握工作主动权。要加强网络信息和新媒体管理,落实属地管理和主管主办责任。要探索建立交控集团文明示范窗口考核评价体系,培养积极向上、奋发有为的团队精神。

升级宣贯企业文化。大力推进企业文化建设,深入宣传企业愿景、企业使命与战略目标,规范运用企业文化标识,树立企业良好形象。围绕高质量发展主题主线,大力宣传基层一线项目建设、经营管理、路域经济发展、科技创新等火热实践,推出一批有分量、有亮点的报道,全面展示交控集团奋力前行、积极向上的精神风貌。要精心策划主流媒体采访活动,讲好交控故事。

加强统战和群团工作。建设党外人士建言献策平台,支持统战人士更好履行职能、发挥作用。健全以职代会为基本形式的民主管理制度,创建企务公开民主管理示范单位。持续推进主题劳动和技能竞赛、职工(劳模)创新工作室创建和"五小"创新等群众性创新活动,积极开展丰富多样的职工文体活动,激发职工的创造潜能和劳动热情。因地制宜推进"妈咪小屋"建设,健全困难职工家庭帮扶机制,帮助职工解决实际困难。要持续深化"号岗队手"创建活动,组织开展"青马工程",引领团员青年岗位建功。

(六)持续深化清廉国企建设,营造风清气正的发展生态

交控集团项目密集、资金密集、社会关注度高,时刻面临着廉政风险的考验。我们要清醒认识腐蚀和反腐蚀斗争的严峻性、复杂性,始终保持对被

"围猎"的警觉,把严的基调长期坚持下去,一刻不停地推进党风廉政建设和反腐败斗争。

扛牢压实主体责任。各成员单位党委要认真对照、认真落实《党委(党组)落实全面治党主体责任规定》等制度规定要求,强化政治担当,坚决做到守土有责、严负其责。党委书记要认真落实好第一责任人责任,领导班子其他成员要履行好"一岗双责"。要高标准抓好清廉国企建设,进一步充实内容,分解任务,大力开展成员单位、基层站所示范创建活动,积极争创清廉国企建设示范单位。领导干部要带头坚持民主集中制原则,严格执行"三重一大"决策制度,严格落实党委会、董事会、经理层议事规则和决策程序,严格执行廉洁自律规定,发挥示范带动作用。

坚持"三不腐"一体推进。紧盯工程建设、物资采购、招投标、中介服务、选人用人和公务用车管理、清障治超、薪酬管理等关键环节和重点领域,毫不松懈纠治"四风",以"零容忍"的态度惩治腐败,持续强化不敢腐的震慑。要坚持问题导向,从具体人、具体事入手,从问题源头上摸排制度漏洞,完善约束机制。要结合即将在全党开展的主题教育,持续加强党性教育、纪律教育、警示教育,引导党员干部筑牢拒腐防变的思想堤坝。

切实提升监督效能。要理直气壮加强对"一把手"和领导班子的监督,紧盯各成员单位和二级、三级企业"一把手"和领导班子,围绕贯彻民主集中制、依规依法履职用权、担当作为、廉洁自律等情况,定期开展沟通会商、谈心谈话,常态化进行监督调研、专项检查,从严从实加强对企业"一把手"和领导班子的监督。发现的一般性问题,要督促纠偏正向;发现违纪违法问题,要及时查处。要统筹推进各类监督力量整合、程序契合、工作融合,进一步推动政治监督、纪律监督、监察监督、巡察监督、审计监督的统筹衔接,形成监督合力。要用好与省纪委监委联合开发的智慧监督平台,提升监督智慧化水平。纪检干部要牢记"打铁必须自身硬"的道理,不断提升能力素质,不断提高纪检监察工作规范化、法治化、正规化水平。

全面从严治党任重道远。让我们更加紧密地团结在以习近平同志为核心的党中央周围,不断增强忧患意识、责任意识和斗争精神,真抓实干,勇毅前行,奋力推动高质量党建不断取得新成效,为加快"三足鼎立"转型发展、加快建设现代化交通企业提供坚强保障!

深入学习贯彻中共二十大精神
在新征程上坚定不移推进全面从严治党
奋力开创全面建设清廉国企新局面

——在山西交控集团2023年党风廉政建设工作会议上的讲话

山西交控集团党委委员、纪委书记、监察专员 周 刚

(2023年2月10日)

这次会议的主要任务是:坚持以习近平新时代中国特色社会主义思想为指导,深入贯彻落实中共二十大精神,全面贯彻落实二十届中央纪委二次全会、省纪委十二届三次全会精神,回顾总结交控集团2022年纪检监察工作,安排部署2023年工作任务。

一、2022年工作回顾

2022年，交控集团纪委、监察专员办公室在省纪委监委和交控集团党委的坚强领导下，以全面建设清廉国企为主题，开启了大创建、大监督、大惩治、大整治、大练兵五大工作矩阵，一体推进“三不腐”，持续深化党风廉政建设和反腐败工作，各项工作取得新的成效。

（一）开启清廉国企“大创建”工作格局

一是强化顶层设计。协助党委成立领导小组和工作专班，第一时间制订《行动方案》《2022年工作要点》，提出“1520”行动计划，即围绕全面建设清廉国企1个主题，实施管党治党责任落实、权力运行制约、干部管理监督、廉洁文化培育、清廉单元创建5大行动20项具体工作举措。二是抓实创建行动。建立“领导领题、系统破题、基层答题”工作机制，集团领导班子成员认领9项清廉国企建设工程、49个具体任务，以点带面，着力打造具有交控辨识度和显示度的清廉国企。三是创新工作方式。组织编印《清廉国企建设》内刊6期6000余册，用于部署工作、指导实践。出台《全面建设清廉国企“清单式”管理实施办法》，动态化、精准式管控清廉国企建设全过程，确保高标准推进、高质量落地。

（二）开启“大监督”工作格局

一是突出政治监督。聚焦整治“靠企吃企”“防范化解风险”等3大类15个方面重点内容，开展为期1个月全覆盖政治监督专项检查，督促整改问题898个。二是深化政治巡察。组织开展对6家企业党委的常规巡察，督促整改问题290个，处置问题线索12条。三是突出加强对“一把手”和领导班子的监督。制订《加强对“一把手”和领导班子监督的意见》，细化19条职责任务清单，与成员单位领导班子成员进行一对一谈话，督促严格遵守省委《规范省管企业经营管理工作规定》《规范省管企业领导人员经营管理行为“九个严禁”》，正确履职用权。对落实“两个责任”不力的8名领导干部进行问责。四是督促完成房屋产权登记确权颁证“清零行动”任务。推动6处小区2811套房屋完成首次登记，督办商户补缴人防费911万元。

（三）开启“大惩治”工作格局

一是在重预防中实现“不能”。深入推进大数据监督，升级改版“廉洁管理平台”，建设“一平台四中心”（技术支撑平台、数据中心、监督中心、分析中心、净化中心），用大数据实现对9864名监察对象的精准监督。全力推进智慧监督平台（国企版）交控集团试点建设，聚焦资金密集、资产聚集的重点领域，建立廉洁档案、案件分析、招标采购和信息查询四大模块，积极构建事前发现、事中阻断和事后查办的全过程监督预警体系，以信息化监督为清廉国企建设注入新能量。二是在提觉悟中促进“不想”。以身边事警醒身边人，召开两次警示教育大会，通报曝光身边11起典型案例，常态化开展“一月剖一案、一案一警示”活动。连续三年获“清风廉韵”微电影展优秀组织奖。

（四）开启“大练兵”工作格局

一是“铸魂”。将迎接、学习宣传贯彻中共二十大精神贯穿全年，在交控集团纪委成立5周年之际，举办了交控集团纪委“不忘来时路、奋进新征程”交流座谈会，坚定不移用习近平新时代中国特色社会主义思想统领纪检监察一切工作。二是“强肌”。出台《关于进一步加强纪检监察队伍建设的指导意见》，健全完善纪委书记年度述职和履职测评机制，出台交控集团纪检监察《工作制度》，编印《工作手册》，深入推进纪检监察工作规范化法治化正规化建设。三是“健体”。历时4个月，开展了全员岗位大练兵，选出优秀纪检干部，建立了审查调查和监督检查组长库，健全了纪检系统人才库，推动集中性练兵转为常态化实践练兵，打造永不谢幕的全员岗位大练兵，把队伍建强，让干部过硬。强化以干代训，全年有22人借调省纪委监委和驻省国资委纪检监察组帮助工作、接受锻炼。

二、形势分析

从党中央全面从严治党形势看，全面从严治党十年磨一剑，成绩有目共睹，但还远未到大功告成的时候。中共二十大报告鲜明提出："全党务必牢记，全面从严治党永远在路上，党的自我革命永远在路上，决不能有松劲歇脚、疲劳厌战的情绪。"在二十届中央纪委二次全会上，习近平总书记进一步强调，"全面从严治党永远在路上，要时刻保持解决大党独有难题的清醒和坚定"，并用"六个如何始终"对独有难题作了深刻阐释。同时，二十届中央纪委二次全会工作报告强调，要坚决打赢反腐败斗争攻坚战持久战，深化整治金融、国有企业、政法、粮食购销等权力集中、资金密集、资源富集领域的腐败，将惩治国有企业领域腐败问题放在突出位置。

从全省全面从严治党形势看，省委书记蓝佛安在省纪委十二届三次全会上强调，要时刻牢记习近平总书记"代价不能白付，教训必须汲取"的告诫，对照"六个如何始终"，交控集团面临的形势还十分严峻、问题还比较突出：一是对照"如何始终不忘初心、牢记使命"，一些党员干部理想信念缺失的问题还比较突出；二是对照"如何始终统一思想、统一意志、统一行动"，一些党员干部"七个有之"的问题还比较突出；三是对照"如何始终具备强大的执政能力和领导水平"，一些地方和部门选人用人不公的问题还比较突出；四是对照"如何始终保持干事创业精神状态"，一些党员干部消极作为和懒政怠政的问题还比较突出；五是对照"如何始终能够及时发现和解决自身存在的问题"，一些领域腐败行为易发多发的问题还比较突出；六是对照"如何始终保持风清气正的政治生态"，一些地方和部门政商不清、监督不力的问题还比较突出。省纪委十二届三次全会工作报告强调，要坚决整治国企、金融、政法等领域的腐败问题，坚决清理风险隐患大的行业性系统性腐败。

2022年，国企反腐持续加码，单是全省严厉查处的国企人员就有2487人，涉及造成国有资产重大损失的失职渎职问题，靠企吃企、关联交易、内幕交易、利益输送等腐败问题，违反中央八项规定精神和损害职工群众利益的问题等，可以看出，从中央到地方，反腐的力度越来越大，对国企的监管力度也越来越大。

从交控集团全面从严治党形势看，交控集团成立5年来，在省委、省纪委监委的坚强领导下，集团党委坚定扛起主体责任，交控集团纪委积极履行协助职责和监督专责，心往一处想，劲往一处使，忠实履行党章和宪法赋予的职责，充分发挥监督保障执行、促进完善发展作用，一体推进"三不腐"，持续深化党风廉政建设和反腐败斗争，持续营造风清气正的发展环境，为交控集团建设国内一流现代化交通企业提供了坚强的纪律保障。纪检监察事业也是从无到有、从有到优、不断发展壮大，通过短时间发展，走在省属企业纪检监察机构前列。5年的奋进历程和丰硕成果值得每一位亲历交控集团改革发展的干部职工感到骄傲和自豪。

成绩值得肯定，问题不容忽视。省纪委监委在2021年年初对2021年度考核点评中指出存在的三大问题：一是在督促推动下级党组织扛牢主体责任、班子成员履行"一岗双责"上还有待加强；二是监督压力向基层传导不够，基层纪检机构在履行监督职责上还存在不敢、不会的问题；三是纪检监察干部综合素质和业务水平仍有差距，需要在有针对性地强化业务培训、提升能力素质上下功夫。对此，2022年，交控集团针对性地开启五大工作矩阵，下大力气补短板、强弱项，取得一定成效，但交控集团党风廉政建设和反腐败斗争形势依然严峻复杂，与省纪委监委和交控集团党委的期望相比，依然存在不少问题，突出表现在以下三个方面：一是政治生态仍需净化优化。在国企反腐持续加码高压态势下，存量仍未清底、增量仍有发生，重点领域、重点环节和关键岗位腐败问题还时有发生，形式主义、官僚主义顽瘴痼疾还未根除，全面建设清廉国企的任务依然任重道远。二是主体责任扛得不牢。自成立以来，交控集团党委带头落实主体责任，纪委积极履行协助职责和监督专责，班子成员认真履行"一岗双责"，全面从严治党压力层层传导、层层压实。但压力传导仍不到位，责任意识层层递减，越到基层，力度越是递减，呈现"上热中温下冷"的现象，落实主体责任主动性和自觉性不强，有的当老好人、不想抓，有的光说不练、没有抓，“上面九级风浪，下面纹丝不动”的现象仍然存在；落实从严治党主体责任，党章有明确规定，中央有明确要求，但仍有一些成员单位党委只讲责不负责，只在职不担责，任命干部、使用干部，但不管理干部，党委主体责任“空转”，对党风廉政建设“说起来重要，做起来不要”，满足于开个会、讲个话和签个责任状，很少直接过问、具体研究和推动党风廉政建设相关工作。三是监督责任落实不力。斗争精神不足，包括交控集团纪委机关以及成员单位纪委在贯彻落实上级部署上主观能动性不强，等靠思想、畏难情绪依然存在，工作有安排，但执行不到位，缺乏创新办法和过硬措施。甚至有的成员单位纪委书记，怕得罪人、不愿担当，怕出错、不敢担当，安于现状、不肯担当，工作中瞻前顾后，顾虑重重，主动发现问题的意愿不强、能力不足，日常监督中“天下太平”，一到上级巡察或检查时就问题频发，有的在处置问题线索中“一函了之”或查否率高，全年给予党政纪处分人数更是少得可怜；还有不少成员单位纪委面对“一把手”和领导班子监督重点、监督难题绕道走，想方设法将监督重点转移到普通干部职工身上，往往不该管的管了，该管的没管住，引起职工群众不满。监督的“手电筒”只照别人不照自己，监督责任缺失，能发现的问题没有发现，发现问题不报告不处置，该去问责而不问责的，今后要加大对此类问题的追责问责力度；斗争本领不高，监督体系不够健全，缺乏监督全覆盖的制度机制、各类监督的贯通协调机制，纪委专责监督与各类监督关联互动、同题共答的监督合力尚未形成。系统治理只做表面，深化标本兼治、做实以案促改上还存在较大差距，案例剖析不够精准，整改建议针对性不够强，整改效果缺乏后续跟踪。

在这里着重列出三大问题，就是要告诫大家，只要存在腐败问题产生的土壤和条件，腐败现象就不会根除，反腐败斗争也就不可能停歇。同时也警醒大家，反腐败没有后退只有冲锋！没有妥协只有战斗！各成员单位要紧密结合正在召开的2022年度民主生活会和组织生活会，从思想上、行动上、落实上深刻反思剖析自身存在的问题，针对性提出整改措施，要把企业内部形势放到全省、全国的大形势、大背景下思考，提高政治站位，把思想和行动统一到党中央、中央纪委国家监委、省委、省纪委监委的判断和决策部署上来，加压奋进补短板、强弱项、固底板、扬优势，全力推动交控集团全面从严治党向纵深发展。

三、2023年主要工作

2023年是贯彻中共二十大精神开局之年，是实施“十四五”规划承上启下的关键之年，也是交控集团深化改革创新、加快提质增效的奋进之年。做好全年纪检监察工作，总体要求是：坚持以习近平新时代中国特色社会主义思想为指导，全面贯彻落实中共二十大精神，按照二十届中央纪委二次全会、省委十二届五次全会和省纪委十二届三次全会部署要求，坚决贯彻坚定不移全面从严治党战略部署，认真落实健全全面从严治党体系任务要求，深入推进党风廉政建设和反腐败斗争，深入推进清廉国企建设，深入推进新时代新征程纪检监察工作高质量发展，锻造纪检监察铁军，为交控集团持续推动“三足鼎立”转型发展、加快建设现代化交通企业提供坚强保障。

围绕全年工作思路，我们要全力推进监督护航、效能提升、作风建设、纪律建设、系统施治、示范创建、素质提升七项工程，重点抓好以下工作。

（一）全力推进“监督护航”工程，以有力政治监督保障中共二十大战略部署在交控集团落地见效

坚定维护党中央权威和集中统一领导。推动完善党中央重大决策部署和习近平总书记重要指示批示落实机制，做到件件落地、事事见效。督促集团公司各级党组织严格贯彻落实民主集中制，创新和改进领导方式，全面、系统、整体落实党的领导。严明政治纪律和政治规矩，及时发现并解决“七个有之”问题，确保全集团上下同党中央始终保持思想一致、意志一致、行动一致。

推进政治监督具体化、精准化、常态化。主动融入发展大局，加强对中共二十大战略部署贯彻落实情况的监督检查，加强对党章贯彻执行情况的监督检查，加强对交控集团工作会部署工作落实情况的监督检查，盯责任、保落实，盯问题、纠偏差，盯隐患、防风险，盯短板、促整改，监督推动交控集团各级党组织时时看齐、步步紧跟。聚焦完整准确全面贯彻“三新一高”重大战略部署和“经济要稳住、发展要安全”等重要要求，贯彻落实习近平总书记考察调研山西重要指示精神，结合省委书记蓝佛安在省管主要领导干部专题研讨班上提出的八项工作要求，结合交控集团持续推动经营结构向“三足鼎立”转型目标，有针对性地开展全程监督、跟进监督、常态监督，着力纠治做选择、搞变通、打折扣和阳奉阴违、自行其是等问题，着力纠治履行领导职责虚化弱化、责任传导不到位等问题，着力纠治贯彻落实措施大而化之、不切实际等问题，确保贯彻执行不偏向、不变通、不走样。

有力发挥政治巡察利剑作用。把“严”的要求贯彻到巡察全过程各环节，把推动学习贯彻中共二十大精神摆在巡察工作首位，围绕习近平总书记重要讲话重要指示批示和党中央重大决策部署持续深化政治巡察。统筹安排3轮常规巡察和1轮专项巡察任务，全力推动巡察工作向深拓展、向专发力、向下延伸。紧盯被巡察单位“一把手”和领导班子成员，全面掌握履责情况，精准发现问题线索，切实增强巡察监督的震慑力。以实的举措统筹巡察整改与成果运用，压实被巡察党组织整改主体责任，强化纪检机构和组织部门在巡察整改监督中的职能作用，探索建立整改情况报告、整改会商、整改公开、整改评估等工作机制，形成工作合力，深化以巡促改、以巡促治、以巡促建，扎实做好巡察整改“后半篇文章”。

（二）全力推进“效能提升”工程，以系统集成理念构建大监督格局

推动完善全面从严治党体系。压实主体责任，督促交控集团各级党组织将党的建设与生产经营同谋划、同部署、同推进、同考核，协同推进党的各项建设；督促职能部门落实监管职责，严格执行责任清单、约谈提醒、履责报告等制度。贯通“两个责任”，健全协助履行主体责任的有效载体和制度机制，协助党委推进全面从严治党的八项任务。突出从严治吏管权，着眼增强对“一把手”和领导班子监督实效，对贯彻落实党中央意见、省委实施意见、省纪委监委相关要求情况开展监督调研；着眼加强对年轻干部的教育管理监督，推动完善管思想、管工作、管作风、管纪律的制度机制。完善问责制度，精准规范、实事求是用好问责利器，防止问责乏力、问责泛化。

构建大监督体系。坚持内容上全涵盖、对象上全覆盖、责任上全链条、制度上全贯通，研究出台《构建“大监督”体系实施意见》。健全监督全覆盖制度机制，充分发挥纪检机构引导推动功能，使党委全面监督、党的工作部门职能监督、党的基层组织日常监督、党员民主监督更加有力有效。健全各类监督贯通协调机制，以党内监督为主导，把纪检监察监督同审计监督、财会监督、群众监督、舆论监督等各类监督有机贯通、相互协调，增强贯通监督、系统治理成效。健全基层小微权力运行监督体系，大力提升三级单位纪检机构履职能力，充分发挥基层纪检委员“前哨”作用，有效激活监督末梢神经，推动基层监督从“有形覆盖”向“有效覆盖”全面提升。深入推进大数据监督，持续深化“廉洁管理平台”运用，用足用好智慧监督平台（国企版），抓好大数据监督试点建设、经验总结、全面推广工作，变数据优势为监督效能。

突出对“一把手”和领导班子的监督。严格落实省纪委监委出台的纪检监察机构协助党委抓落实的29项工作措施，重点加强对各级“一把手”和领导班子对党忠诚践初心、“两个维护”抓落实、“三新一高”显担当、从严治党“两个责任”、遵纪守法做标杆5个方面情况的监督，督促其严于律己、严负其责、严管所辖、严促执行。切实加强同级监督，及时向党委及其班子成员通报有关党风廉政建设情况，督促党委“一把手”抓好下级“一把手”，督促班子其他成员抓好分管领域管党治党工作。全面加强对下监督，常态化开展监督谈话，及时开展廉政谈话，全面推进述责述廉，完善政治生态分析研判和政治画像工作机制，加强线索排查、纪律审查，切实把监督触角延伸到交控集团各级子分公司。督促成员单位建立健全重要情况报告机制，聚焦重点对象和重点内容，见人见事见问题，及时向交控集团报告单位领导班子违规违纪违法情况、发现的领导班子会议中有关问题情况、发现的领导干部违规插手干预重大事项情况、领导班子和班子成员从严治党情况、党风廉政情况、重大突发事件或者重大舆情，以及其他应当报告的事项。

（三）全力推进“作风建设”工程，以钉钉子精神持之以恒落实中央八项规定精神

严肃整治享乐主义、奢靡之风。重点查处“不吃公款吃老板”“不吃本级吃下级”等问题，严肃查处高档烟酒、“天价茶”、购物卡券背后的“四风”问题。从交控集团开始，对“吃拿卡要”问题进行专项整治。建立健全风腐一体问题同查、同审、同析、同治工作机制，查清腐败案件中的享乐主义、奢靡之风，深挖享乐奢靡背后的请托办事问题，坚决清除隐藏在人情往来背后的腐败现象，阻断由风及腐的演进链条。

重点整治形式主义、官僚主义。紧盯影响党中央决策部署贯彻落实、影响交控集团高质量发展、不尊重客观规律实际和干部职工需求的形式主义、官僚主义，坚决纠治不上心不用力、只表态不落实等问题。围绕促进安全发展，坚决纠治思想懈怠、工作流于形式等问题，对因责任不落实、监管失守导致发生事故事件的，严肃追责问责。围绕减轻基层负担，大力纠治文山会海、检查考核过多过频等问题，着力解决会议层层套开、提整改要求不顾实际、层层“甩锅”等问题，让基层干部轻装上阵，切实把时间和精力用于抓落实、促发展。

坚持纠“四风”树新风并举。持续深化“四风”突出问题专项整治，对普遍发生、反复出现的问题，注重从制度机制上找原因、补漏洞，从源头上铲除不正之风滋生的土壤，并及时将行之有效的做法固化为制度，推进作风建设常态化长效化。坚持党性党风党纪一起抓，在党性教育中加强作风剖析、在党风纠治中强化以案明纪、在党纪执行中规范日常行为，坚决破除特权思想和特权行为，谨防“家长作风”，引导党员干部牢记“三个务必”、践行“三严三实”。

（四）全力推进“纪律建设”工程，以严管厚爱激励党员干部担当作为

深入抓好纪律教育。要开展经常性纪律教育，推动交控集团各级党组织把党章党规党纪作为党委理论学习中心组、党支部学习的必修课，融入日常管理监督，统筹开展纪律教育、党性教育和廉洁文化教育，推动党员干部夯实党性根基、增强遵规守纪的自觉。要提高纪律教育的针对性，用身边事教育身边人，坚决防止“走过场”“一锅煮”。要创新教育形式，通过网络新媒体途径提供沉浸式、场景化体验，不断增强纪律教育实效性感染力。

严格纪律规定执行。要加强对党的纪律规定和规章制度执行情况的监督检查，对违反党纪问题，发现一起坚决查处一起，督促推动“关键少数”特别是年轻干部、各级“一把手”和领导班子成员在执行纪律上走在前、作表率。用好批评和自我批评武器，严肃党内政治生活，督促开好“三会一课”、主题党日、民主评议党员等工作，形成日常提醒、相互监督的氛围。严明组织纪律，坚决惩治跑官要官、买官卖官等行为，规范审慎回复党风廉政意见。

认真落实“三个区分开来”。实事求是容错纠错，做到对交控事业负责、为交控干部担当。对那些敢于担当、锐意改革而受到错告诬告的干部，要澄清正名、撑腰鼓劲；对推进工作中出现失误、犯了小错的干部，要大胆容错纠错，充分调动和保护干事创业的积极性和主动性；对受过处分的干部，改正了、警醒了，影响期满该起用的要大胆起用，真正通过早发现早提醒、真容错敢纠错、讲政策给出路，为鲜明树立“四敢”导向提供纪律保障，做到为担当者担当、为负责者负责、为干事者撑腰。

（五）全力推进“系统施治”工程，以“全周期管理”一体推进“三不腐”

强化惩戒震慑。要立足“不敢腐”这个前提，以零容忍态度坚决推进腐败惩治，更加有力遏制增量，更加有效清除存量。按季度听取各成员单位纪检机构案件查办情况汇报，督促加大办案力度，提高问题线索"成案率"，形成高压震慑。集中起底清理问题线索，对举报线索较多、问题反映集中、涉腐可能性大的及时核查，特别是紧盯"一把手"和关键少数，在惩治腐败上绝不松一扣、让一毫、退一厘。紧盯重点对象，把中共十八大以来不收敛不收手、胆大妄为者作为重中之重，严查"靠企吃企""影子股东"、关联交易、设租寻租、套取挪用、失职渎职等重点问题。加大对"蝇贪蚁腐"的查处力度，持续深入开展"干部作风、公务用车管理、高速公路清障、高速公路治超、工资薪酬管理"5个领域专项整治。坚决守住安全文明办案工作底线，坚决摒弃单纯依靠谈话突破特别是"撬开嘴、拿证据"的错误做法，抓好"走读式"谈话安全工作。

深化以案促治。要着眼"不能腐"这个关键，研究出台《做好案件查办"后半篇文章"的实施意见》，从典型案件中找准不能腐的着力点，以问题推动查补漏洞、以案件促进整改整治、以典型的人和事开展警示教育。督促指导发案单位开好宣布处分决定会、专题民主生活会和警示教育大会"三个会"；督促发案单位党组织查找漏洞、健全制度；及时对发案单位党组织、纪检机构负责人进行约谈或提醒谈话、警示谈话；常态化做好被处理处分人员跟踪教育回访，让犯错误的干部职工放下包袱、轻装前行，促进干部从"有错"到"有为"的转变。

提升思想觉悟。要抓住"不想腐"这个根本，统筹用好各成员单位现有廉洁文化阵地资源，积极探索不想腐教育的有效载体。常态化、针对性开展理想信念教育、忠诚教育和廉洁教育，从思想上固本培元。用好不敢腐的成果，充分发挥案件查办的警示教育功能，深入开展同级同类、分层分众警示教育。把不能腐的约束融入不想腐，织密制度笼子，强化制度执行，让约束在潜移默化中上升为纪律规矩意识，实现从不敢腐、不能腐到不想腐的境界升华。

（六）全力推进"示范创建"工程，以更实举措推动清廉国企建设

突出重点构建"五大体系"。通过重点突破、整体推进，切实把"五大体系"建设任务落实落地落到位。强化政治统领，推动交控集团各级党组织坚持不懈学懂弄通做实习近平新时代中国特色社会主义思想，全面贯彻落实上级各项决策部署。强化制度支撑，不断强化内控机制、合规体系和廉洁风险防控体系建设，持续规范领导人员经营管理行为。强化监督保障，贯通党委、纪检监察机构、组织部门以及其他部门的管理监督责任，健全动态分析研判机制、内部监督制约机制和岗位风险防控机制。强化文化浸润，深入挖掘集团优秀廉洁文化资源，打造具有交控辨识度和显示度的廉洁文化品牌。

争创示范单位。全面对标对表山西省清廉国企建设示范单位《创建管理办法（试行）》《考评操作手册》，结合交控集团实际，细化实化64项97条工作措施，全面开启示范单位创建工作。指导成员单位创造性开展工作，同步开展三级企业、基层管理单元的示范创建，选树一批"拉得出、顶得上、叫得响、过得硬"的清廉单位、清廉站区、清廉项目标杆。

压实责任体系。健全完善"领导领题、系统破题、基层答题"工作机制，压紧压实集团各级党组织主体责任，督促"一把手"亲自上手、主抓直管，督促班子成员履行"一岗双责"。贯通纪委监督职责和协助职责，发挥工作专班统筹协调、组织推动、督导落实作用，加强监督指导，防止出现偏差、落差、温差。强化宣传引导，深化运用《清廉国企建设》内刊、微信公众号，做实做细理念培育、传播引导、阵地覆盖等系列工作，充分调动全体干部职工争创示范单位的积极性，保持清廉国企建设的浓厚氛围。

（七）全力推进"素质提升"工程，以打铁必须自身硬的政治底气狠抓纪检监察队伍建设

对党绝对忠诚。坚定不移用习近平新时代中国特色社会主义思想统领纪检监察一切工作，从集团纪委班子抓起，从纪检干部所在党支部抓起，扎实开展党中央部署的主题教育，结合主题教育开展干部队伍教育整顿，坚定听党话、跟党走。进一步修订完善交控集团《纪检监察工作规则》《纪检监察工作考核办法》，着力加强集团纪委委员自身建设，加强集体学习，规范议事决策，带动全系统做政治过硬、遵规守纪的模范。

敢于善于斗争。围绕加强党对反腐败工作集中统一领导的改革目的，落实双重领导具体化程序化制度化要求，系统集成上级纪委对下级纪委领导的运行机制，全面履行上级对下级领导的职能职责，推动全系统提高履职质量。研究出台《加强纪检队伍建设的实施意见》，建立选育管用和考核评价机制，关心关爱纪检干部，营造识才爱才敬才用才的环境。贯彻深学习、实调研、抓落实的工作要求，持续深入开展全员岗位大练兵活动，深入实施教育培训、技术比武、实践锻炼工作，运用好《工作通讯》、专题调研、办案轮训三大载体，着力打造研究工作、交流思想、加强协作、培养干部的实战演练平台，坚定斗争意志、增强斗争本领。全面提升服务大局的能力，在服务交控集团高质量发展中勇当"尖刀班"、敢啃"硬骨头"，坚决同破坏交控集团安定团结的人、损害交控集团职工利益的事作斗争。

自身正自身硬。坚持刀刃向内，把一体推进"三不腐"理念贯穿自身建设，结合交控集团纪检监察工作实际，全面排查、系统梳理权力运行的管理漏洞、制度缝隙，细化完善符合自身特点的制度规定，不断健全内控机制，用制度管权管事管人，坚决防止利用监督执纪执法权和职务影响力谋取私利，坚决清除"害群之马"，坚决防治"灯下黑"，确保纪检监察队伍的先进性和纯洁性。

路虽远，行则将至；事虽难，做则必成。新起点赋予新使命，新征程呼唤新作为。踏上新的赶考之路，纪检监察工作使命光荣、责任重大。让我们更加紧密地团结在以习近平同志为核心的党中央周围，在省纪委监委和交控集团党委的坚强领导下，大力弘扬伟大建党精神和彻底的自我革命精神，锐意进取、守正创新，踔厉奋发、勇毅前行，不断夺取全面从严治党、党风廉政建设和反腐败斗争新胜利，为开创全面建设清廉国企新局面而努力奋斗！

山西航空产业集团

锚定高质量发展新目标 激发全方位改革新动能 奋力开创山西航空产业发展新局面

——在2023年山西航产集团工作会议上的讲话

山西航产集团党委副书记、副董事长、总经理　贾　勇

（2023年3月22日）

一、2022年工作回顾

2022年是极不寻常、极不平凡的一年，面对内外环境的不确定性、艰巨繁重的"赶考""补考"任务，集团公司坚决贯彻"经济要稳住、发展要安全"的要求，积极化解各类风险，持续改进经营管理，坚决消除腐败案件不利影响。全年，全省机场共保障运输起降8.42万架次、旅客吞吐量773.09万人次、

货邮吞吐量4.51万吨，实现营业收入4.14亿元，完成利润总额-3.17亿元，总体经营情况优于民航业平均水平，总体工作实现稳中有进、进中提质，夯实安全运行的“压舱石”，稳住主辅业务发展“基本盘”。

（一）优化主辅业结构，产业发展取得新成效

集团公司持续优化主辅业结构，积极推进航空主业、通航产业、非航产业、临空经济四大板块协同发展。航空主业全力保通保畅，全省机场共运营客运航线269条，通航城市85个；运营国际及地区航线1条，通航城市1个；运营货运航线6条，通航城市7个，保持了国内重点城市客运航班不断航、国际货运空中通道持续开放。通航产业不断拓展业务版图，短途运输、低空旅游常态化开展；省内通航机场托管运营合作加速推进；C919缩比验证试飞项目完成，直升机维修基地合作进展顺利；应急救援、护林保障、无人机应用、科普研学等通航业态实现扩点提质，通航产业呈现出强劲的发展势头。非航产业优化发展基础，物流、贵宾、广告、停车场等业务在省内支线机场逐步实现一体化运行；配餐、科技等业务合资混改工作有序开展；建设公司、能源公司、商管公司筹组工作稳步推进，非航产业市场化、专业化、一体化水平得到明显提升。临空经济发展启动规划编制，配合山西综改示范区编制及审定《太原机场临空经济区概念性总体规划》；启动《太原武宿国际机场空港核心区概念性规划》编制工作；结合太原机场三期改扩建工程，积极探索专项业务用房项目的商业模式、融资模式、管理模式，临空经济发展迈出坚实一步。

（二）扎实推进重点项目，基础建设跑出新速度

2022年，集团公司坚持重点项目带动，全面发力基础设施建设，为未来高质量发展持续夯实硬件家底。按照省委、省政府“交叉向前、压茬推进”的总体要求，太原机场三期改扩建工程先后完成可研、初设、环评、能评、防洪排涝、文物勘察、水土保持、建筑风貌、先行用地等审批手续办理工作，主体工程于2022年5月29日顺利开工，全年完成32个项目的招标、招采工作，累计投资40.06亿元，完成年度投资计划的113%，成为民航局“十四五”民用运输机场建设专项规划中，全国首批开工的中型枢纽机场建设项目。太原机场完成T1航站楼候机区功能设施改造、排水系统改造、远机位APU替代、飞行区充电设施建设等项目，西区滑行道工程完成第一阶段建设，已通过竣工验收和行业验收，并投入使用。长治机场配合市政府开展机场迁建前期工作。大同机场启动三期改扩建项目，完成可行性研究报告编制工作。吕梁机场完成道面病害防治项目。忻州机场启动改扩建前期工作，完成总规修编报审稿。临汾机场完成机场总规修编批复工作。运城机场已完成航站区改扩建工程。朔州机场新建工程有序推进，竣工在即，与省交通运输厅、朔州市政府签订托管协议和补充协议，各项开航前期工作进展顺利。晋城机场新建项目已列入民航局《“十四五”民用航空发展规划》，完成预可研编制和场地测量、勘察、环评等相关工作。省内机场基础设施建设呈现出高质高效、有序推进的良好态势。

（三）坚持补短板强弱项，保障能力实现新提升

在航空主业运输起降架次、旅客吞吐量、货邮吞吐量三大指标断崖式下滑的形势下，集团公司充分利用保障压力较小的窗口期，锻长补短、固本强基，全方位提升安全、运行、服务品质。全面开展安全生产大检查，全年共排查和消除各类风险隐患1509条，整改率98.21%，未完成整改项已全部采取等效防范措施；深入推进机场安全管理体系建设，完成安全管理体系外审；在两会、冬奥会、中共二十大等重要保障期间，扎实开展“五个专项严查”，精准防范化解重大安全风险；加强机坪运行、军民航协调、通航运输、不停航施工、跑道侵入、鸟击防范和网络安全管理，安全生产基础得到进一步夯实；大力推进应急救援区域中心建设，协调建立应急救援互援机制，提升了全省机场突发事件联动处置能力。完成运行监控中心基础建设，实现省内机场运行数据与民航局数据库互通互联；搭建区域运管委协同模式，统筹开展省内机场航班调时工作，提升全省航班运行效率，省内机场运行一体化管理水平显著提升。扎实开展“民航服务规划实施年”活动，围绕服务标准化建设、行李全流程跟踪、旅客中转服务、便利特殊旅客出行、提高航班正常率等内容，打造服务品牌，有效提升旅客满意度和获得感。

（四）深化改革激发动力，经营管理跃升新水平

集团公司始终将改革作为推动企业发展的核心驱动，深化改革取得积极成效。国企改革三年行动高质量收官，现代企业治理体系进一步健全完善。优化年度综合考评机制，经营效益在考核体系中的主导作用进一步突显。扎实开展提质增效和扭亏减亏三年行动，制订提质增效细化任务80项，已完成76项，有效提升了企业经营管理总体质效，停车场公司、五台山机场快线公司实现扭亏，完成省国运公司年度扭亏减亏任务。全新构建财务管理架构体系，财务共享平台正式上线，将所属单位全部纳入共享范围，推进全集团业务报账与会计核算标准化、自动化、智能化、精益化，有效促进了财务管理转型升级。

（五）提升合规管理能力，依法治企提上新高度

2022年，集团公司坚持把合规管理体系建设作为提高企业内控能力、有效防范经营风险的重要抓手。持续推进规章制度体系建设，全年修订和新增规章制度27项，现行有效制度达到180项，初步形成了“责权明晰、分级管控、有效制衡”的制度体系。完善合同管理体系，有效融合法务与审计防控职能，全年审核合同535份，共计金额66.12亿元，实现对集团总部及实际控制企业50万元以上合同的审核全覆盖，有效提升依法治企能力。加强诉讼管理，推进重点案件执行，晋韵楼租赁等重点案件办理取得突破性进展，全年集团公司及各成员企业共执行回款1890.16万元。大力开展“消费维权”“知识产权保护”宪法日等普法宣传活动，提升全员合规意识、法治意识。重点推进应收款清欠工作，按照“应收尽收”原则，坚决清理历史欠账，全年收回应收款90项，合计金额8678.28万元，完成预付款账务处理28项，合计金额1618.27万元，超额完成省国运公司下达的应收款项压降目标。扎实开展审计监督，全年完成4名二级企业负责人经济责任审计，完成50项工程项目结算审核，送审金额11579.38万元，累计核减金额935.41万元，有效规范项目管理、节约了项目成本。

（六）持续加大科研力度，创新发展增添新动力

2022年，集团公司发生研发支出447万元，同比增长73.36%。通航实验室《无人机森林火灾巡检及应急通信技术》研究项目通过验收。无人机公司《森林防火智能巡检无人机系统研制及信息平台关键技术研究》项目获批重点研发计划。在太原机场三期改扩建工程中应用项目管理系统及BIM技术，实现对工程建设全过程的数字化渗透。扎实推动财务管理等8大国有资本数智化管理系统建设，全面融入了国资系统穿透式监管体系。以太原机场为试点，完成行李全流程跟踪系统、新能源设备管理平台等项目，为省内机场智慧化建设形成示范效应。完成《中型枢纽机场智慧化专项研究》项目成果报告，为集团公司加速推进数字化转型、赋能高质量发展奠定了基础。

（七）全面加强党的建设，推动发展呈现新气象

集团公司始终坚持以党的政治建设为统领，把学习贯彻习近平新时代中国特色社会主义思想和中共二十大精神作为首要政治任务，完整、准确、全面贯彻新发展理念，用贯穿其中的立场、观点、方法统一思想、统一认识、统一行动，确保党中央和省委、省政府决策部署在集团落实落细。坚持两个“一以贯之”，把党的领导全面融入公司治理各环节，制订《党委工作规则》《党委书记专题会议工作规则》，修订“三重一大”决策事项清单和党委会、董事会议事清单，确保党委充分发挥管大局、把方向、促落实作用。强化基层党组织战斗堡垒作用，开展党建项目化、党支部“过筛子”、“红旗党委”创建、“标杆党支部”创建等工作，推动党建工作与中心工作深度融合。坚持党管干部和党管人才原则，大力引进高素质人才，全年新招录毕业生199名，其中研究生学历占比16.08%，本科学历占比65.83%，职工学历结构发生明显变化；大胆选拔优秀年轻干部，全年新提拔任用年轻干部23名，其中“80后”干部占比73.91%，政治素质高、专业能力强的专业化、年轻化干部人才队伍初显规模。深刻吸取违纪违法案件教训，扎实开展“以案促改”，推动集团公司党员干部转变思想观念，改进工作作风，加强廉洁自律。坚持党建引领，带动宣传、统战、工会、团委及乡村振兴等各方面工作取得扎实进展，为企业高质量发展提供了坚实的思想基础和组织保障。

过去的2022年，我们风雨同舟、勇毅前行，积极克服人员短缺压力，保持安全生产形势的持续平稳，妥善应对极其不利的生产经营形势，维持“一主三辅”产业的有序发展，驰而不息推进体制机制改革，逐步建立新的运行管理模式，扎实开展“以案促改”，有效推动思想观念转变和工作作风改进，成绩来之不易。这些成绩的取得根本在于习近平新时代中国特色社会主义思想的科学指引，在于省委、省政府和集团党委的坚强领导，在于广大干部职工的拼搏奉献。在此，我代表集团公司，向全体干部职工表示衷心感谢！

在肯定成绩的同时，我们必须看到，集团公司在推进高质量发展过程中还存在一些不足。一是产业转型基础薄弱，缺少多点支撑，航空主业占比大，收入来源单一，抗风险能力差；缺少多元优势互补，过多依赖航空主业的区域性垄断地位；缺少多级市场承载，在需求端挖掘业务增量上存在短板；内在竞争力不强，运用市场经济基础机制培育核心竞争力，积极参与和赢得市场竞争的能力有所欠缺。二是体制机制还需完善，企业的薪酬管理体系导向作用不明显，薪酬水平未能真正与经营业绩挂钩，“大锅饭”问题未得到彻底解决；绩效考核体系激励作用不明显，考核指标欠缺针对性，考核结果运用不充分，“指挥棒”和“催化剂”作用未能充分发挥；基础管理运行体系提效作用不明显，部分工作流程烦琐，整体工作效率偏低，导致企业经营管理活力不足。三是思想观念不够解放，部分干部的企业思维、市场理念、竞争意识不强，思想观念陈旧，对本单位本部门本业务领域的发展缺乏系统谋划，对业务模式、业务流程缺少市场化创新，在“走出去”向外拓展市场方面缺少主动作为。这些问题需要我们高度重视、深入分析，以强烈的责任感、使命感、紧迫感扎实推动各项工作不断开创新局面。

二、2023年工作要求

2023年是全面贯彻落实中共二十大精神的开局之年，是实施“十四五”规划承上启下的关键之年，集团公司以全新的精神面貌，推进“一主三辅”产业升级、提升安全运行品质、激发经营管理活力、加快推进数字转型、提高基础设施水平，全面攻坚高质量发展的奋进之年，做好2023年的工作责任重大、使命光荣。

立足新时代，我们要清醒认识到，外部环境依然面临较大不确定性，宏观经济领域需求收缩、供给冲击、预期转弱三重压力仍然较大，居民消费快速恢复基础尚不牢固，高铁路网布局、周边机场竞争对我省航空客源产生分流效应，这些因素交织叠加，进一步加大了做好2023年工作的复杂性艰巨性。同时，我们也应该深刻认识到，消费需求强势复苏，航空市场快速恢复迎来机遇。国家加快推进区域发展战略，规模巨大、内畅外联的现代流通服务体系建设，将为集团公司拓展多元化服务带来更大空间。我省打造内陆地区对外开放新高地、积极融入京津冀协同发展和中部崛起战略，为集团公司开辟国际航线、发展临空经济带来政策机遇。太原机场三期改扩建工程顺利推进，为集团公司以核心项目为牵引，带动主辅业快速发展，实现企业做大做强带来前所未有的历史机遇。

面向新征程，我们要倍加珍惜山西民航50多年来持续平稳的安全生产形势，倍加珍惜集团上下同心同德、团结奋斗的大好局面。全面深入学习贯彻中共二十大精神，对表中共二十大精神和党中央、国务院大政方针，对表习近平总书记考察调研山西重要讲话重要指示和对民航工作的重要指示精神，对表民航局等国家部委工作部署，对表省委、省政府、省国资委决策部署和工作要求，对标同行业领先企业和其他省属企业先进管理经验和经营理念，把握大势、抢抓机遇、乘势而上，以效率变革、动力变革促进质量变革，推动集团公司高质量发展行稳致远。

（一）提高政治站位

省委明确要求省属国有企业要在推动高质量发展中发挥引领带动作用。全体干部职工必须认识到，做好2022年各项工作，全面推动高质量发展，是集团公司贯彻落实中共二十大精神，承担国有企业政治责任、社会责任、经济责任的集中体现，是破解当前一系列结构性、体制性问题的必然选择，也是在当前形势条件下寻求质的有效提升和量的合理增长的正确选择。只有加快推动高质量发展，才能夯实集团公司持续健康发展的根基，增强发展的安全性、稳定性、可持续性，增强企业的生存力、竞争力、发展力、持续力。

（二）持续解放思想

思想是行动的先导，只有思想解放先一步，改革力度才能大一步，发展向前才能迈一步。全体干部职工要对标高质量发展趋势、对标产业转型和数字转型要求，以开放的心态拥抱改革、拥抱转型，增强市场意识、竞争意识、效益意识、改革意识，做到敢想敢干、敢破敢立、敢闯敢试，积极推进组织创新、管理创新、业态创新、流程创新、技术创新，激发集团公司高质量发展的磅礴力量。

（三）转变工作作风

要坚决克服“不以为然、自以为是”的自大情绪，“拈轻怕重、推诿扯皮”的惰性思想，“不紧不慢、不思进取”的散漫作风，和“坐吃山空、四平八稳”的“混日子”状态，持续改进工作作风。要大兴调查研究之风，各级干部要围绕推动数字转型、产业转型，带着明确的目的、具体的问题深入基层一线开展调查研究，把现状了解全面，把情况摸实摸透。要大兴求真务实之风，通过分析研究、总结提炼，找准问题本质，拿出解决问题的真招、实招、硬招。要大兴狠抓落实之风，鲜明树立狠抓落实的工作导向，健全完善抓落实的工作机制，优化抓落实的工作方法，勤勉敬业、担当作为，推动集团公司各项决策部署真正落地、全面落实。

（四）聚焦短板弱项

要坚持问题导向，聚焦集团公司在管理、经营、生产、服务等各方面存在的短板弱项，作为2022年全面提升基础管理的主攻方向，制订行之有效的措施，以“钉钉子”精神逐项加以改进。要坚持系统思维，处理好顶层和基层、当前和长远、局部和全局、重点和全面的关系，既不能“头痛医头、脚痛医脚”，也不能眉毛胡子一把抓，要把握好事物之间的普遍联系，加强前瞻性思考、全局性谋划、战略性布局和整体性推进，实现多重目标间的动态平衡。要坚持结果导向，既要在表面上“消炎镇痛”，更要真正切入问题产生的根源，彻底解决阻碍发展的顽瘴痼疾，最终达到“固本培元”的效果。

（五）提高抓机遇能力

必须全面分析把握当前发展机遇，这既是集团大有可为、顺势而为的历史机遇，也是集团必须大干快干、迎头赶上的历史趋势，要有机会难得、稍纵即逝的紧迫感，要增强发展信心，精准把握政策导向，坚持高点着眼、系统分析、超前谋划，积极争取和创造有利环境，谋定科学有效工作举措，全面提升工作效能，压茬推进任务落实，借势借力、有为有效，因势利导开创集团公司高质量发展的新局面。

全年工作的总体思路是：坚持以习近平新时代中国特色社会主义思想为指引，全面贯彻落实中共二十大精神，全面贯彻习近平总书记关于国资国企改革重要论述和考察调研山西重要讲话重要指示精神，以及全国民航工作会议、省委经济工作会议精神，紧紧围绕蓝佛安书记在省管主要领导干部专题研讨班上重要讲话要求，完整、准确、全面贯彻新发展理念，强化党建引领，深化改革创新，提升经营管理，抓实产业升级，防范化解风险，深入实施提质增效、扭亏减亏三年行动，坚持重大项目牵引，加快推动数字转型，推进集团公司“一主三辅”做大做强做优，实现质的有效提升和量的合理增长。

综合分析企业发展面临的形势任务，确定集团公司2023年经营目标为“一控两稳四提升”。其中：“一控”为严控成本比重，企业成本费用总额占营业收入比重较上年度下降50%。“两稳”为安全生产总体形势保持平稳，杜绝机场责任原因导致的航空安全事故、空防事故、重大道路交通事故、人员伤亡或自亡事故；集团所辖干、支线机场平均放行正常率稳定在85%以上。“四提升”为：利润总额提升至-15000万元；净资产收益率提升至-6.4%；全员劳动生产率提升至19.6万元/人；工资总额提升至不低于山西省企业工资指导线基准线，确保圆完成省国运公司下达的各项经营业绩考核指标。

三、2023年重点工作任务

为全面完成集团公司2023年各项预定工作目标，全体干部职工必须明确重点任务、抓住关键环节，主动作为、担当奋进，高标准、高效率重点做好以下工作。

（一）坚持协同发力，推进“一主三辅”优化升级

以构建“多点产业支撑、多元优势互补、多级市场承载、内在竞争力充分”的山西航空产业体系为目标，推进航空主业快速恢复，扩张通航产业版图，提高非航业务市场化水平，开创临空经济发展新局面，逐步探索蹚出一条产业优、质量高、效益好、可持续的山西航空产业转型发展之路。

航空主业是集团公司的支柱产业、关键产业，是集团当前发展的根基，在集团发展总体战略中起着稳安全、稳根本、稳预期的关键作用，必须牢牢把握战略机遇，持续做强航空主业。一是坚持供给侧发力，全力提高运力运能。通过加密存量、恢复断航、增开热点、优化“快线”，加大市场开发力度，确保全省机场日均客运航班量、国内客运航线条数以及通航城市数量恢复至2019年的80%。围绕提高航空货物出口外运能力，积极引进全货机定期国际货运航线。围绕提升航空货运综合保障能力，加快推进航空物流基地建设。提前着眼太原机场三期改扩建工程投运后运力需求，完成太原机场高峰小时时刻容量扩容工作。积极协调各航空公司，引进增加过夜运力，提升早晚时刻利用率。完成太原机场第四家基地航司落地工作，为太原机场三期改扩建工程完工后快速扩大运输生产规模赢得时间。二是坚持需求端挖潜，培育稳定航空客货源。整合省内机场航线网络和渠道资源，与航司、文旅企业、客票代理、OTA平台合作，推出精品航线营销产品。鼓励各成员机场“一场一策”制订实施营销宣传方案，完善中转联程功能，升级空铁、空空、空地联运产品，千方百计引流获客。按照2024年底前投用时限，加快推进国际邮件互换局扩容项目建设。对接省有关单位，围绕苹果手机太原机场出口外运目标，按照省级方案积极开拓货运市场，为航空主业快速恢复夯实基础。三是稳步恢复国际航线，促进航空口岸高水平开放。主动服务我省打造内陆地区对外开放新高地战略，积极恢复太原至欧美澳、日韩、东南亚等地国际航线以及港澳台地区航线。根据市场需求，配合当地政府，恢复省内其他口岸机场飞往东南亚的旅游包机航线，打通我省对外交流空中通道。四是积极扩大宣传影响，提升全省机场整体品牌形象。充分利用民航、文旅系统各类会议会展平台，扩大我省航线航班知名度。加强与民航局、国内外航空公司、省外机场、文旅企业及其他民航业相关单位的沟通合作，在交流协作中扩大行业影响。

通航产业是集团公司的战略产业、优势产业，是省委、省政府赋予集团公司的重大战略任务和光荣使命，发展通航产业其时已至、其势已成、其兴可待，要聚焦国家通用航空业发展示范省建设要求，整合资源、创新发展，持续做大通航产业。一是精耕通航主营业务，巩固生产运营能力。在稳定运营现有短途运输航线基础上，新开长治—五台山、运城—吕梁—延安等短途运输航线。积极拓展“通航+旅游”新业态，优化升级太原、晋中、忻州等地空中游览项目，更好发挥通航运输“小、快、灵”优势。发挥服务地方职能，保障完成省应急厅全省森林防火应急救援任务，拓展地方政府航空应急救援业务。深挖政府航空服务采购需求，努力实现警用航空运行、航空勘测、航空培训等业务的市场突破。扩大无人机飞行应用场景，对接地方政府和社会机构，在地理测绘、电力线路巡检、农险勘验、航拍摄像等方面布局无人机业务，扩大通航作业领域。二是加快推进重点项目，带动通航产业多元化发展。围绕军民融合战略，推进直升机维修基地落户尧城机场。抢抓太原市无人机试验区获批机遇，促进研发、总部类企业孵化落地，构建制造业与服务业一体化的无人机产业体系。三是加快科研创新发展，培育多元通航文化。持续办好太原航空博览会，打造一流通航会展品牌。完成山西航空综合馆布展工作，确保年内投入运行。加大通航产业科研攻关力度和研发资金投入，以尧城机场7号库为基础，逐步完善通航重点实验室场所设施功能，提高通航科研能力。启动《无人机智慧农险信息系统开发技术研究》项目立项。打造通用航空“产学研用”创新发展新链条，加快构建布局合理、特色鲜明、保障有力、产业协调的通用航空产业集群。

非航产业和临空经济是集团公司的特色产业、朝阳产业，是集团公司重点培育的新增长极，要按照专业化重组、板块化经营、集团化推进的思路，扎实推动非航产业和临空经济加快发展。一是坚持市场化导向，持续做精非航产业。第一，丰富非航业务新业态。成立机场商业管理专业化公司，制订出台管理办法和工作方案，做好所属土地、建筑物及固定资产的管理、租赁和开发利用工作，推进商业管理集中化、经营业务规模化和业态模式多样化，确保新公司在年内实现盈利。第二，推进非航业务一体化。对已初步形成专业化管理的贵宾、广告等合资公司，要在双方互利共赢基础上，对接省内各支线机场达成深度合作意向，进一步推动服务标准统一和经营业务渗透。第三，拓展非航业务外部市场空间。对于保障性较强的配餐公司、科技公司、停车场公司，要持续优化打造服务品牌，在已开展业务全面提质升级的基础上，年内至少向外拓展2项新业务。二是坚持规划先行，抓紧完成临空经济核心区布局。第一，加快制订临空经济发展布局规划。加大与省市政府部门的沟通协调，推进《太原武宿国际机场空港核心区概念性规划》报批工作。第二，启动临空经济核心区重点项目建设。围绕T3航站楼和综合交通枢纽，制订临空经济核心区门户区内商业布局、开发模式、运营模式等相关规划，完成项目招标，并在年内开工建设。第三，积极探索临空经济发展投融资模式。加强与金融机构合作，引进社会资本，多样化探索投资合作模式，为临空经济发展快速形成规模奠定基础。

（二）突出项目牵引，巩固厚植发展硬件基础

省委提出，要围绕“两个基本实现”，加快补短板、强弱项、固底板、扬优势，谋划实施一批打基础、利长远、增后劲、惠民生的基础设施建设工程。集团公司要充分利用投资拉动经济增长的政策环境，大抓项目、抓大项目，加快实施航空产业基础设施工程，厚植未来发展基础。

坚持项目第一支撑的鲜明导向，优质高效推进太原机场三期改扩建工程。一是蹄疾步稳推进工程进度。在手续合规前提下，抓紧推进主体工程施工图设计、手续办理和招采工作，确保飞行区、市政、配套等工程年内全面开工。飞行区工程年内完成工程总量不低于9%，航站区工程、配套工程、市政工程年内完成工程总量不低于10%，整体工程年内完成投资不低于25亿元。二是从严从细确保工程安全。进一步完善安全管理制度和安全管理模式，建立健全风险排查机制，采取针对性防范措施，确保工程安全万无一失。着力堵塞体制机制漏洞，及时识别、管控工程建设过程中的廉洁风险，打造廉洁工程。三是精益求精狠抓工程质量。要坚持以人为本，围绕人民群众高品质航空出行需求，结合行业新技术应用情况，密切与使用单位、设计单位、施工单位的沟通协调，动态优化工程方案，加强工程质量管理，努力将太原机场三期改扩建工程打造为精品工程、样板工程。四是精打细算严格资金管理。合理安排各子项工程预算，做好分项预算编制执行，提高建设资金综合效益。根据工程进度及付款实际，积极争取政府专项债、民航发展基金以及银行贷款支持，多举措、多途径落实建设资金，为工程建设提供强有力支撑。实施项目全过程审计，最大限度规避和控制资金风险。

突出“蓄势、补短、提质”，提升基础设施水平。完成太原机场飞行区4号坪优化改造工程。持续推进太原机场13号跑道仪表着陆系统更新改造项目，确保2024年完工。加快完成长治机场新建DVOR导航台项目建设及空管设备更新改造项目。推进大同机场三期改扩建工程可研报批工作，适时启动导航设施设备更新项目施工。完成吕梁机场排水系统及边坡修复工程项目。继续推进忻州机场改扩建项目总体规划和临汾机场改扩建项目可研报批工作。积极协助晋城市政府，扎实推进晋城机场项目前期工作。完成朔州机场航空代码申请、行业验收、使用许可证申领以及校飞、试飞等工作，确保年内通航。

以太原武宿零碳机场示范项目为抓手，推进绿色机场建设。落实《山西省碳达峰实施方案》《山西省推进分布式可再生能源发展三年行动计划》，以太原武宿零碳机场示范项目为抓手，以“两源一储一中心”为技术路径，推进绿色机场建设。协调新开发银行，确保项目贷款资金批复到位。加强与外部新能源企业对接，争取年内完成能源公司筹建工作。以年内启动零碳机场示范项目相关工程为目标，有计划、分步骤完成可研编制、项目立项、施工招标等前期工作，助力太原机场供能方式向近零碳和零碳转型，在全省“一盘棋”推动碳达峰和碳中和进程中展现集团公司应有担当。

（三）增强系统思维，提高风险防范化解能力

要从讲政治的高度深入学习领会习近平总书记关于防范化解重大风险的一系列重要论述，深刻认识和把握防范化解重大风险的重要意义、形势任务、路径方法和使命担当，以“时时放心不下”的责任感，增强忧患意识、强化责任落实，紧盯各环节、各方面关键风险点，善作善为、常抓不懈，为集团公司高质量发展提供坚实保障。

坚决确保安全生产形势持续平稳。确保航空运行绝对安全，确保人民生命绝对安全，是集团公司最基本的政治使命和社会责任，也是集团公司实现高质量发展的生命线。要深刻认识民航安全工作“五个属性”，坚持“五不为过”和“五个必须”，坚决做到“三个敬畏”。各成员企业要严格落实集团公司安全工作会部署的七个方面二十项重点工作，持续健全完善安全管理体系，确保体系要求在安全管理全链条、全环节得到严格执行。要压紧压实安全管理责任，确保责任链条横向衔接、纵向到底。强化安全生产规章制度刚性落地，确保安全生产、安全管理、安全监督全过程合规。要全面深化安全文化建设，建立安全从业人员作风建设长效机制，推动全员从“要我安全”到“我要安全”的深刻转变。要持续加强专业能力建设，打造一支作风优良、素质过硬、执行力强的安全工作队伍。要扎实开展常态化风险隐患排查整治，做到精准识别、科学管控、及时整改，坚决堵塞安全生产管理漏洞。要持续抓好跑道安全、运行安全、空防安全、消防安全、施工安全、网络安全等基础领域安全工作，提升本质安全能力。要做好军民融合运行保障管理专项整治工作，全面排查整改军民合用机场运行薄弱环节。要加快安全管理信息平台建设，加强数字技术运用，着力提升安全管理整体效能。

不断提高运行服务保障工作品质。持续加强航班正常管理，保持航班放行正常率不低于国内平均水平。进一步发挥区域运管委协同模式作用，优化调时工作程序。完善机场服务质量管理体系，持续开展服务质量提升行动，规范服务流程，优化服务品质，确保民航局有效投诉数量较2019年大幅度降低，旅客投诉处理率100%。各成员机场要开展差异化服务品牌建设，形成集团公司“一场一品牌”的服务品牌体系，将高品质航空安全运输服务打造为集团公司高质量发展的重要比较优势，更好发挥机场对外开放形象窗口作用，为山西省持续优化营商环境贡献航产力量。

科学有效防范重大经营风险。强化投资风险管理，严格落实投资全过程管理制度，加强事前管理、过程管理和投资后评价工作，确保投资项目财力可控、风险可控、预期可控。强化财务风险管理，持续完善资金管理规章制度体系，制订《大额资金使用管理办法》《银行账户及资金管理办法》《资金集中管理办法》《债务管理办法》，开展资金精细化管理，做好资金监控，推进资金归集，切实提高流动性风险防范能力。

全面提升企业合规管理水平。全面推行总法律顾问制度，建立总法律顾问对重大经营管理事项的审核把关机制，促进企业依法经营、合规管理。扎实开展集团公司加强内控体系建设提升合规管理水平三年行动，夯实合规管理的“三道防线”，创建"人人合规、事事合规、时时合规"的企业氛围。按照审计全覆盖的目标，完成干部离任经济责任审计和工程项目跟踪审计工作，进一步发挥好审计监督作用。抓好审计问题整改落实工作，提升企业合规化管理能力。

(四)持续深化改革，激发企业经营管理活力

围绕落实省属企业提质增效和扭亏减亏三年行动要求，以持续深化改革为驱动，优化企业"内部"营商环境，激发释放各级企业经营活力，全面提升企业现代化治理水平。

完善治理体系，推进经营管理提质增效。优化"内部"营商环境。以激发成员企业自主经营意识为目标，分级分类完善各成员企业决策清单，推进各分公司独立核算。要强化对各成员企业的经营监管，优化合规监管模式，确保各成员企业经营管理持续合规。集团总部要突出服务职能，做好国家、民航、省级层面的政策研究解读培训，帮助成员企业积极开展外联协调和业务指导，要坚持问题导向，优化业务流程、提升工作效能，扎实推进"放管服"改革，以务实举措为各成员企业纾困解难、增添动力，让成员企业"花最少的时间、跑最少的路、交最少的材料、找最少的部门"。扎实推进扭亏减亏任务落实。按照《扭亏减亏总体行动方案》和《扭亏减亏三年攻坚方案》，"一企一策"制订年度工作方案，量化分解年度目标，有效减少存量亏损，坚决杜绝新增亏损。持续优化基础管理运行体系。按照国资监管要求，结合实际，扎实推进规章制度"立改废释"，年内完成集团层面规章制度汇编工作。持续落实全面预算管理，优化预算管理体系，加强预算控制，坚决做到"无预算不支出"，并将预算完成情况纳入对各成员企业的考核事项。强化会计监督，做好账务核算，规范纳税管理，及时清理往来款项，提高会计信息质量。

立足长远发展，扎实推进三项制度改革。优化劳动管理模式。以提升全员劳动生产率为目标，加强劳动用工管理。全面开展专业技术和操作技能人员职称评聘，打通管理序列、专业技术序列和操作技能序列之间的交流发展通道。立足太原机场三期改扩建工程投用后主辅业务发展需要，制订实施未来三年人力资源储备计划。优化干部管理模式。集团总部和各成员企业要逐步建立完善各层级经理层契约化和任期制工作机制。修订完善干部人事管理制度，积极稳妥开展缺编干部选拔和轮岗交流，夯实后备干部梯队。强化干部履职考核，全面打开"能上能下"和"末等调整"流动通道。加强年轻干部考察培养，建立优秀年轻干部信息库，开展教育培训、实践锻炼、跟踪培养，持续提升干部能力水平。优化薪酬管理模式。全面推行分子公司领导班子成员年薪制，实现年薪水平与经营业绩直接挂钩。完善薪酬结构，加大高级专业技术人才和高技能人才的薪酬倾斜力度，充分发挥薪酬管理体系的正向激励作用。

强化激励引导，深化绩效管理体系改革。优化考核指标设定。对集团总部和各成员企业实施分类考核，并根据集团公司年度经营指标及省委、省政府重点任务，结合各业务板块、各分子公司经营实际，建立"一企一策"的差异化考核指标。创新考核方式。运用行业横向比较和历史纵向比较方式，鼓励企业自加压力，追求高目标，鼓励企业"跳起来摘桃子"，鼓励企业走出去闯市场。强化考核结果运用。适度拉大考核成绩等次差距，确保考核结果刚性兑现。完善工资总额决定机制，将工资总额与收入、利润、劳动生产率等考核指标密切挂钩。结合提质增效和扭亏减亏任务，设置超额利润奖励和减亏奖励，深度激发各成员企业经营活力。严格考核过程监督。充分利用数字化监管平台，加强对各成员企业绩效指标完成情况的跟踪调度。同时，加强对各成员企业内部绩效考核执行情况的督导检查，确保考核过程公平公正、"指挥棒"作用充分发挥。

(五)推动数字转型，赋能提升整体工作质效

全面推动数字转型是集团公司顺应时代变革、落实中央和省委决策部署、推进产业转型升级、实现高质量发展的必然选择。要充分利用当前窗口期，汇聚各方优势力量，全力推进"数字航产"和"智慧空港"建设。在管理上提高精益化、信息化水平，在生产上提高智能化、数字化水平，最大程度压减非生产非经营性成本，扩大企业利润空间，将培育数字优势作为打造集团公司发展比较优势的重要抓手。

培育形成推进数字转型的浓厚氛围。数字经济是未来经济增长新引擎，要在思想上树牢以数字转型重构企业核心竞争力、重塑企业管理模式的正确方向，在企业内部充分凝聚起数字转型共识，引导全体干部职工全员关注、共同参与，深入思考数实融合的方向、方法和路径，推动数字化理念深入人心，形成思想交流碰撞、思路创意涌动、思维活力迸发的浓厚氛围。

加快完善集团数字转型顶层设计。以规划文本形式将中型枢纽机场智慧化专项研究成果上升为集团公司数字转型战略规划。要规范数据治理，统一数据标准，溯清数据源头，形成“清洁、有效、完整、可靠”的“数据底座”，深化生产、运行、管理等各业务场景的数字化重构。要建立集团数字化转型的组织体系、保障体系、制度体系，统筹推进集团数字化转型进程。

将数字转型要求贯穿太原机场三期改扩建工程建设全周期。要以太原机场三期改扩建工程为载体，年内完成基础设施、生产运行、安防、旅客服务、能源管理等五大信息主题，以及信息安全、自动化运维两大保障体系的施工图设计与招标工作，并持续优化建设方案，为打造数字机场、实现数字转型奠定基础。

推进现有生产保障和经营管理流程的数字化转型。要加强对生产、运行、商务、管理等环节流程数据的收集和整合，为打通业务流，实现数字化转型积累数据基础。继续完善财务共享系统，实现全集团全业务线上报账，推进商务智能等模块建设，提升财务数字化水平。全力配合省国有资本运营有限公司完成国有资本数智化管理平台系统建设。完成省内支线机场行李全流程跟踪系统项目建设。

（六）强化党建引领，始终把牢正确发展方向

始终把坚持党的领导、加强党的建设作为企业发展的“根”和“魂”，以高质量党建引领高质量发展，全面提高政治引领能力、科学谋划能力和执行落实能力，推动党的政治优势、组织优势、群众工作优势转化为企业的发展优势、创新优势、竞争优势。

持续强化理论武装。深入开展学习贯彻习近平新时代中国特色社会主义思想主题教育，坚持用习近平新时代中国特色社会主义思想和中共二十大精神武装头脑、指导实践、推动工作，确保贯穿其中的立场、观点、方法进基层、进项目、进头脑。加强思想引领，深化职工对党的创新理论、高质量发展要求和年度经营任务的认识，统一思想、凝聚共识、鼓舞士气，充分激励干部职工积极主动投身企业生产经营和改革发展。

深化党建业务融合。要强化“融入中心抓党建、抓好党建促发展”的理念，做到政治理论与业务工作同步学习、党建规范与业务规范同步建设、服务群众与业务能力同步提升，有效增强基层组织的组织力、战斗力、创造力，打造强大“红色引擎”。要围绕生产经营目标任务，创新“党建+业务”的工作模式，提升党建工作的精准性和推动工作的实效性。要持续完善各级党组织抓落实的体制机制，确保集团公司改革发展各项重点任务落实落地。要坚持党建引领，提高宣传、统战、群团、乡村振兴工作质量，更好发挥服务大局、服务群众的作用。扎实做好矛盾纠纷排查化解、网络舆情监测处置等工作，为企业发展营造良好氛围。

加强人才队伍建设。坚持党管干部党管人才原则与市场化选人用人机制相结合，从集团公司发展需要出发，构建人才发展良好环境，健全人才培养、引进、使用、管理全链条工作体系，以更高站位、更宽视野发现人才、使用人才、配置人才。要强化源头储备，坚持基层和实践导向，加强优秀年轻干部的考察、识别、培养，加大党务与业务、基层与机关的干部交流轮岗，让更多优秀人才经风雨、见世面，在实践历练中提升“一专多能”的复合型能力。

推进清廉国企建设。要围绕治理能力提升和“三不腐”体系建设，深化系统治理、源头治理、综合治理，排查风险，堵塞漏洞，完善财务、投资、资产、合同、项目等重点环节管理制度，实现风险防控和业务管理有机结合。要进一步贯通全面从严治党“两个责任”，巩固深化“以案促改”成果，持续构建廉洁文化体系，推动迅速彻底重塑政治生态，助力清廉国企创建取得更大实效，以风清气正的政治生态保障集团公司高质量发展蓬勃向上。

面对集团公司改革发展的艰巨任务，我们必须保持转型定力，坚定必胜信心；必须发扬斗争精神，奋力攻坚克难；必须矢志团结奋斗，共绘发展蓝图。把思想和行动统一到中共二十大精神上来，统一到党中央和省委、省政府决策部署上来，统一到集团公司高质量发展的目标任务和战略举措上来，不驰空想、不骛虚声，应变局、开新局，以坚定不移的决心、坚如磐石的意志、坚决有力的行动，为服务全省高质量发展做出新航产的新贡献！

强根铸魂 彰显新担当
务实笃行 展现新形象
以全面从严治党新成效护航集团高质量发展新征程

——在2023年山西航产集团全面从严治党暨党风廉政建设工作会议上的讲话

山西航产集团党委专职副书记、副董事长 高之岩

（2023年3月21日）

一、2022年工作回顾

2022年，在省委、省国资委党委的坚强领导下，集团坚持以习近平新时代中国特色社会主义思想为指导，认真贯彻中共十九届六中全会精神和中共二十大精神，贯彻落实省第十二次党代会、省委十二届五次全会重要部署，坚持以党的政治建设为统领，以全面建设清廉国企为抓手，推进党的各项建设，推动全面从严治党与从严治企有机融合，始终以高质量党建引领和保障集团高质量发展。

（一）着力发挥政治引领作用，坚持用习近平新时代中国特色社会主义思想武装头脑、指导实践、推动工作

理想信念根基更加牢固。集团党委始终把学习贯彻习近平新时代中国特色社会主义思想作为首要政治任务，以把握和吃透蕴含在其中的立场观点方法为目标，坚持读原文、悟原理，坚持真学真信真用，政治站位不断提高、政治立场更加坚定。一年来，集团党委严格落实“第一议题”制度，严抓党委理论学习中心组学习，坚持在知行合一、学以致用上下功夫，做到学思用贯通、知信行统一，为推动集团高质量发展提供坚强思想保证、理论支撑和精神力量。

意识形态阵地更加坚实。集团党委坚持在全面学习、把握、落实中共二十大精神上下功夫，通过收听收看中共二十大开幕会实况、中央及省委宣讲团宣讲报告会、开展“新思想在山西”和中共二十大精神专题宣讲等方式，掀起了学习宣传贯彻中共二十大精神热潮，引导广大干部职工切实将思想和行动统一到落实工作举措、合力攻坚克难、助力改革发展上来。坚持以中共二十大精神为引领，牢牢守住意识形态主阵地，定期分析研判意识形态领域新情况新问题，保证了集团意识形态工作平稳可控。

巡察利剑作用更加彰显。集团党委始终突出政治功能，在抓实巡视整改和内部巡察工作上下功夫。进一步完善巡视整改会商机制、“三清单”制订

及动态调整等机制,定期听取整改工作推进情况汇报,研究提出针对性举措,确保整改见人见事见效;始终突出政治监督,坚持“三个聚焦”,完成对贵宾公司党委的巡察工作和对后勤分公司党委入驻工作,有力推动全面从严治党向基层延伸。

(二)集团党委着力提升治理效能,坚持以党建“第一责任”领导和保障发展“第一要务”

决策机制执行持续规范。集团党委坚持将加强党的领导和完善公司治理有机统一,以民主集中制为核心,持续规范决策机制,紧扣集团公司章程,系统性修订《“三重一大”决策事项清单》,配套完善《党委前置研究重大经营管理事项清单》《党委会议事规则》《董事会议事规则》等制度,进一步厘清党委与其他治理主体权责边界,全年对244项议题进行了研究审议,确保了党委对公司重大政治责任、战略发展方向、经营发展理念、重大风险问题把控到位。

合规体系建设持续推进。集团党委坚持以实现“强内控、防风险、促合规”为目标,进一步建立健全风险防控和合规管理体系,构建全面覆盖的审计工作体系,防范化解重大风险能力得到进一步提升。紧密围绕“依法治企”要求,持续完善以投资、财务、法务审计为主体的制度管理体系,制订《合规管理暨内控体系建设方案》,出台《合规管理办法(试行)》,在提升依法合规经营管理水平的同时,为集团持续健康发展提供制度保障。

重点任务落实持续发力。集团党委始终坚持“两个一以贯之”要求,坚决扛牢政治责任、经济责任和社会责任,将讲政治的要求贯穿于落实省委、省政府、省国资委党委各项决策部署和推动集团改革发展任务全过程,集团党委把方向、管大局、促落实,坚定政治方向,保持政治定力,确保队伍稳定、工作不断,认真落实苦练内功“32字”要求,坚决筑牢安全运行,不断推动深化改革、提质增效,进一步提升了统筹把握大局能力。集团党委坚持树牢项目第一支撑的鲜明导向,凝心聚力、攻坚克难,保证太原机场三期改扩建工程项目如期开工、加速推进;坚持围绕“建设通用航空业发展示范省”目标,齐心合力、开拓创新,推进通用机场建设、探索无人机应用新业态、开展省内航空护林及应急救援,彰显航产集团责任担当。

(三)着力夯实组织基础,坚持锻造坚强有力的战斗堡垒

主体责任持续压实。集团党委坚持聚焦主体责任、第一责任、监督责任,不断加强对“一把手”和领导班子监督。紧紧围绕全面从严治党暨党风廉政建设工作会议精神、党委工作要点及年度重点任务安排,通过召开党务工作例会、党群部门例会、印发党务工作简报、定期进行督办等方式,确保了年度重点工作的落实落细。结合集团机构改革及干部管理权限,及时调整理顺独立法人单位党组织隶属关系,进一步强化了党组织自身建设,推动党建工作与生产经营工作有效融合,提升了服务大局、服务发展的能力。认真践行群众路线,常态化开展“我为群众办实事”实践活动,妥善解决职工利益诉求,实实在在为职工群众办实事、做好事、解难事,扎实推进“十件实事”落到实处。

工作质量有效提升。集团党委坚持将党建工作项目化作强化党建工作与生产经营工作深度融合的重要举措,持续实行“1+5”工作法,重点以打造“廉洁示范工程”为目标,推进太原机场三期改扩建“清廉进行时”党建项目;以宣传讲解党务知识为目的,推进“情景剧中学党务”党建项目,做到创新性工作抓亮点、常规性工作抓成效。坚持以突出政治功能、提升组织力为主线,组织开展党支部“过筛子”专项行动,认真总结成效经验,对标检视差距不足,抓实整改促进提升,切实把党支部建设成为团结群众的核心、教育党员的学校、攻坚克难的堡垒。积极谋划落地帮扶村产业项目,组织开展帮销助销、送医下乡等活动,多措并举助力乡村振兴。

(四)着力激发内生动力,坚持打造高素质干部人才队伍

干部队伍建设进一步强化。集团党委鲜明树立忠诚干净担当用人导向,压实选人用人工作集体领导把关作用和责任落实。坚持从企业发展“后继有人”的战略高度出发,大力选拔政治过硬、业务精通、作风优良的优秀年轻干部，2022年新提拔任用的23名中层干部中，“80后”17人，占比73.91%；同时，加快推动各成员企业开展干部选拔配备工作，共提拔三级干部42名，其中“90后”13人，占比30.95%，干部年龄结构得到改善。

干部队伍作风进一步转变。集团党委强化严管厚爱结合，推动形成“能者上、优者奖、庸者下、劣者汰”从业环境。突出务实功、出实招、求实效，开展大调研、大讨论专项行动，广大干部在深入调研中研究新情况，解决新问题，有效推动重点工作开展；突出强化廉洁从业意识，实现廉洁档案二级、三级干部全覆盖，有效监督党员干部正确履职；突出年轻干部教育管理，坚持预防在前、教育在前、警示在前，通过“开展一次廉政谈话、接受一次警示教育、签订一份廉洁承诺”等形式，督促新任职干部不断提升廉政风险防范化解能力；突出问题导向与结果导向，对2021年度考核排名靠后的3名中层干部进行末等调整，对严重违纪违法中层干部及时给予开除党籍、开除处分，持续营造风清气正、干事创业良好氛围。

人才队伍结构进一步优化。集团党委认真落实省委稳就业工作会议精神，持续加大人才引进力度，优化人才队伍结构，2022年共招录各类人才199名，其中，研究生学历32人，占比16.08%；本科学历131人，占比65.83%，为推动集团发展注入新鲜血液、丰富人才储备、提供智力支撑；持续推进“人人持证、技能山西”工程，完成1500人次技能提升培训，截至2022年12月底，共有440人持有专业技术资格证书、1453人持有职业资格证书，同时围绕我省重大战略、重点产业等方面，推荐并确定了33人为省国资委党委联系服务专家，积极为人才成长提供空间、搭建平台，为集团高质量发展增添新动力。

（五）着力筑牢思想堤坝，坚持提升全面建设清廉国企工作成效

清廉国企建设引向纵深。集团党委牢牢抓住党委主体责任这个“总纲”、纪委监督责任这个“保证”、党委书记第一责任这个“关键”、班子成员“一岗双责”这个“基础”，以全面建设清廉国企工作方案为指导，以工作要点为责任清单，积极打造“六大工程”。坚持党委专题听取全面从严治党、党风廉政建设和反腐败工作情况汇报2次，党委会研究党风廉政建设相关工作16次，及时分析研判，明确工作思路；综合运用自查自纠、交叉检查、监督检查等方式开展“四风”突出问题专项整治，党委、纪委同向发力，扎实推进全面从严治党向纵深发展。不断强化廉洁文化建设，通过在内网开设“学习词典”专栏，在微信公众号开设“清廉航产·卡片时间”等栏目，开展“清廉国企主题文化作品”征集活动，有力推动清廉思想入脑入心。

廉政警示教育走深走实。集团党委坚持用身边事教育身边人，教育引导全体干部全面对照、深刻反思、举一反三，不越红线、不触底线、不碰高压线；坚持将党纪国法教育和依法治国依规治党教育作为落实全面从严治党主体责任的重要内容，纳入“不敢腐、不能腐、不想腐”机制，在集团办公网学习宣传专栏刊发相关学习资料，在纪检监察专栏发布纪检监察信息，合力搭建宣教平台，不断强化不想腐思想教育、提升拒腐防变能力。

以案促改工作取得成效。集团党委坚持以案促改、以案促治，组织召开党风廉政教育大会，参观山西省贯彻落实中央八项规定精神专题展、“牢记初心使命”大型党风廉政教育主题展，进一步强化了各级党员干部红线意识、敬畏意识；坚持聚焦投资管理、采购制度管理、财务内控管理，持续深化制度建设，不断强化对权力运行的制约和监督；认真召开“以案促改，全面建设清廉国企”专题民主生活会，班子成员对郝孝义系列腐败案件再认识再起底再反思，围绕理想信念、政治立场、主体责任、内控体系、遵纪守法、履行职责等方面存在的突出问题进行深入查摆，多角度深刻剖析问题产生的原因，提出针对性整改措施，确保以案促改工作取得实实在在的成效。

（六）着力凝聚发展合力，坚持强化宣传思想和统战群团工作

集团党委坚持将统战工作纳入党委议事日程，定期研究部署，每季度进行思想形势分析研判，进一步增强统一战线各领域风险隐患防范化解能力；坚持以弘扬社会主义核心价值观为切入点，积极创建“一企一品”精神文明品牌，已形成太原机场“晋心至臻”、大同机场“花园式机场”等9个品牌，为推动集团发展提供强大精神动力，展现对外良好形象；坚持以“安全、创新、开放、敬业”为核心价值观，确立新航产企业文化理念，加快企业文化建设步伐；坚持以“奋进新征程、建功新时代”主题采访活动为契机，深挖基层一线工作实绩和感人故事，其中，“用力奔跑，朝着有光的方向——中天科技公司在山西航产集团高质量发展中实现更大作为”在“学习强国”学习平台刊发，有效激励广大干部职工意气风发奋进新征程、建功新时代。

集团工会进一步建立健全职工代表大会制度，开展职工代表提案征集和职工代表巡视工作；加强职工阵地建设，新建职工足球场、心理健康服务中心相继投入使用；协助各二级工会建设“一会一品”特色职工服务站10个、职工服务点13个；丰富职工文化生活，成立足球、乒乓球、健步走等11个职工兴趣协会；继续做实“冬送温暖、夏送清凉”、金秋助学、职工医疗互助等工会传统品牌，广泛开展劳动和技能竞赛，努力打造知识型、技能型、创新型的高素质职工队伍。

集团团委坚持以“团结凝聚青年，帮助成长成才，增强团队活力，服务发展大局”为总体思路，持续强化思想政治教育；出台《共青团工作激励机制指导意见》，开展“喜迎二十大、永远跟党走、奋进新征程”系列活动、“争做青春安全‘吹哨人’”主题活动、“青年创新创效”活动及志愿服务系列活动，全方位培养、激励青年发展成长。

一分耕耘一分收获，回顾这一年，在省委、省国资委党委的正确领导下，在集团广大党员干部职工共同努力下，我们在付出的同时也取得诸多成绩，太原机场三期改扩建项目引起社会各界高度关注，基层春运保障故事荣登央视新闻，太原机场公司马通贵当选全国人大代表，助力左权农特产品展销活动收到良好反响；集团公司连续15年保持全国“安康杯”竞赛优胜单位称号，贵宾公司贵宾服务部新锐班组获得“全国工人先锋号”荣誉称号、太原机场公司获得“全国民航五一劳动奖状”等等。越来越多的航产故事、先进个人涌现而出、走入大众视野，充分展示了航产人的精神风貌，展示航产集团的崭新形象，集团的政治生态持续向好。

回顾这一年，在推动集团党委全面从严治党主体责任落实的同时，我们更加深刻地认识到：

必须抓实思想教育，筑牢“主阵地”，旗帜鲜明讲政治，学思践悟凝共识，在坚定不移学懂弄通做实中共二十大精神方面持续用力。

必须筑强战斗堡垒，激发“原动力”，促进党建与生产经营工作在更深层次上有效融合，在全面增强党组织政治功能和组织功能方面持续用力。

必须锤炼过硬作风，应对“新考验”，深刻领悟以严的基调强化正风肃纪的内在要求，在坚决打好党风廉政建设和反腐败斗争攻坚战持久战方面持续用力。

必须强化责任落实，把握“主动权”，进一步健全完善“四责协同”落实工作机制，在打造同向发力、同步运转、同频共振责任共同体方面持续用力。

必须牢记职责使命，展现“新作为”，始终围绕中心抓党建、抓好党建促发展，在坚持以高质量党建引领保障高质量发展方面持续用力。

同时，我们还要清醒地认识到工作中仍存在的问题和不足：一是党建工作浮于表面，实效衡量缺乏考核，深度达效仍有差距，“两张皮”的现象还个别存在；基层党组织在落实组织生活制度过程中，还部分存在注重形式而忽略成效的情况，对在改革过程中不断出现的新问题，有效解决的力度不够。二是面对集团安全和经营双重压力，一些干部缺乏紧迫感，思想观念更新步伐不快，寻求发展的思路不宽，思想上时有松懈，工作上标准不高，缺少迎难而上啃“硬骨头”的精神，出现“躺平”心态，责任意识和担当精神不够。三是针对集团系列腐败案件，以案促改成效还不够突出，尚未完全形成层层递进、环环相扣的责任落实体系，在维护纪法、制度权威方面还需强化；廉政教育效果没有完全凸显，利用身边人身边事警示教育力度还不够。四是党建工作仍拘泥于传统方式，结合实际创新不足，创建具有集团特色的党建品牌、清廉文化品牌工作力度不够。

新一年的工作已开启，我们要坚持抓牢重点任务、在力求突破上下足功夫，坚持突出问题导向、在整改落实上下足功夫，坚持抓好巩固提升、在建章立制上下足功夫，坚持以上率下、在责任落实上下足功夫，充分发挥党建引领保障作用，锚定新目标、推出新举措，真抓实干勇担当，凝心聚力谋新篇。

二、2023年党建工作思路

2023年是全面贯彻落实中共二十大精神开局之年、实现"十四五"规划承上启下关键之年，同时也是新航产以新作为深化改革发展、以新作风积极创建清廉国企的攻坚之年，我们要坚持感悟思想伟力，增强政治定力，提升治理能力，激发内生动力，凝聚发展合力，充分发挥党委把方向、管大局、促落实的领导作用，基层党组织战斗堡垒作用，党员干部示范带头作用，以及党员先锋模范作用，始终以过硬的本领、务实的作风、严明的纪律，在有力推进航产集团重点改革发展任务的进程中担当作为、攻坚克难，共同书写航产集团高质量发展新答卷。

2023年党建工作总要求是：坚持以习近平新时代中国特色社会主义思想为指导，深刻领悟"两个确立"的决定性意义，不断增强"四个意识"、坚定"四个自信"、坚决做到"两个维护"，认真学习贯彻落实中共二十大精神，贯彻落实新时代党的建设总要求，坚持围绕"一条主线"，严格落实"两个责任"，认真践行"三严"要求，创新"党建+"四种模式，全面提升"五个力"，扎实推动党的建设与生产经营工作深度融合，始终以全面从严治党新成效护航集团高质量发展新征程。

2023年，集团党委将紧紧围绕"12345"工作思路，扎实推动党建新成果有效转化为服务集团发展的强大动力。

一条主线，即坚持加强党的领导和完善公司治理有机统一。集团党委将坚持以习近平总书记关于国有企业改革发展和党的建设的重要论述为根本遵循，坚持"两个一以贯之"，进一步完善现代企业制度，推动建立以集团公司章程为基础，以党委会、董事会、总经理办公会议事规则为框架，以业务管理制度为支撑的"1+3+N"公司治理制度体系，进一步提升"三重一大"决策规范化水平。

两个责任，即推动全面从严治党"两个责任"有力落实。研究制订党委落实全面从严治党主体责任年度任务安排，通过完善周、月、季工作推进机制，促进党建与业务互促共进、党务信息及时公开、党建工作提质升级；支持集团纪委履行监督责任，定期专题研究全面从严治党、党风廉政建设和反腐败工作，强化政治监督，持续提升"三不腐"一体推进综合效能，切实做到落实主体责任不折不扣，落实监督责任聚力聚焦。

"三严"要求，即坚持严的基调、严的措施、严的氛围不动摇，立规矩、正风气、强监督，从严要求、从严教育、从严管理。坚持以党内监督为统领，统筹协调巡察、纪检监察、审计、风控、法务、财务等各类监督，推动形成权责协同、运行高效的监督网。进一步深化全面建设清廉国企，有力推动全面从严治党与从严治企有机融合；认真贯彻落实"三不腐"一体推进重要方略，推动制度优势更好地转化为治理效能。

"四种模式"，即进一步探索与丰富"党建+"工作模式。

党建+载体——丰富党建工作新载体，坚持深化理论武装和理想信念教育，严肃党内政治生活，强化制度完善与宣贯，有效发挥考核助推器作用，推动实现党建质量新提升。

党建+融合——运用党建工作新方法，坚持在思路上再梳理、在举措上再完善，做到任务清单化、流程标准化、责任明晰化，融入生产经营，融入创先争优，推动开创提质增效新局面。

党建+创新——打造党建工作新品牌，坚持突出思想引领、文化浸润，把"规定动作"做扎实，把"自选动作"做精深，把"特色动作"做出彩，推动激发党建工作新活力。

党建+能力——练就党建工作真本领，自觉提升“七种能力”，勇于直面问题，善于破解难题，不断增强想干事的自觉、锤炼能干事的本领、涵养干成事的品质，推动树立真抓实干新作风。

提升“五个力”，即认真贯彻落实新时代党的建设总要求，持续强化党的建设各项工作，严守党内政治生活准则，不断提升党组织的引领力、凝聚力、战斗力、约束力、影响力。

三、2023年党建重点工作

（一）坚持以政治建设为统领，强根铸魂，全面提升引领力

我们要持续加强党的政治建设，严明政治纪律和政治规矩，严格落实各级党组织主体责任，进一步提高政治判断力、政治领悟力、政治执行力。

坚持用习近平新时代中国特色社会主义思想凝心铸魂。坚持把学习宣传贯彻习近平新时代中国特色社会主义思想和中共二十大精神作为重要政治任务，推动建立大学习机制，充分利用“航产大讲堂”等载体，不断丰富学习内容，推动理论学习往深里走、往实里走、往心里走。高标准高质量开展主题教育，加强对各二级党组织理论学习中心组学习的检查督导和巡听旁听，继续组织好基层宣讲活动，确保取得实效。坚持把思想政治工作融入集团发展过程，强化党员群众思想觉悟提高和观念转变，为集团提质增效、高质量发展提供坚强的思想和政治保障。加强对意识形态工作分析研判，及时采取针对性措施，做好舆情管控工作，压紧压实各级党组织意识形态工作责任。

坚决贯彻落实省委、省政府和省国资委党委决策部署。严格落实“第一议题”制度，进一步建立管理台账、学习研讨、贯彻落实、督导推动、跟踪问效工作机制，结合实际明确贯彻落实习近平总书记重要讲话、重要指示批示精神的具体举措，切实在“议”上下功夫；认真贯彻落实蓝佛安书记在省管主要领导干部专题研讨班上的讲话精神和省领导三次对航空产业调研讲话精神，围绕做强航空主业、做大通航产业、做精非航产业、完成临空经济核心区布局等重点工作，推动形成“三多一内”航空产业体系；突出项目牵引，提速提质推进太原机场三期改扩建工程等重点项目建设，进一步夯实集团未来发展基础。始终强化政治监督，通过做实重点举措、做优常态举措，保证省委、省政府和省国资委党委各项决策部署落地见效。

坚持以更高站位更实举措抓好巡视整改和内部巡察。重点推进省委巡视整改专项检查整改落实工作，压实整改责任，健全工作机制，明确任务要求，强化成果运用，深化标本兼治，坚持把解决突出问题与提高治理能力、完善治理体系结合起来，以巡促改、以巡促治，推动改革、促进发展。坚守政治巡察定位，强化政治监督导向，启动2023年巡察工作，全面贯彻“发现问题、形成震慑，推动改革、促进发展”工作方针，把巡察融入“不敢腐、不能腐、不想腐”一体推进格局，充分发挥利剑作用。加强巡察监督和审计监督统筹协调、成果共享，探索在党委统筹下巡察与审计一体谋划、协同开展，有效形成监督合力。

（二）坚持以组织建设为根本，固本强基，全面提升凝聚力

要坚持大抓基层的鲜明导向，不断增强党组织政治功能和组织功能，坚持把基层党组织建设成为有效实现党的领导的坚强战斗堡垒。

持续夯实基层组织。认真贯彻落实《中国共产党国有企业基层组织工作条例（试行）》《中国共产党支部工作条例（试行）》，严格执行党内政治生活若干准则。牢固树立“一切工作到支部”的鲜明导向，常态化开展党支部“过筛子”工作，切实在补齐短板弱项上下功夫；深刻认识“三会一课”是加强党性锻炼的重要平台，坚持从基础工作、基本制度、基本能力入手，扎实推进党支部标准化规范化建设；丰富学习内容，提升针对性和实效性，做到贴近实际、贴近工作、贴近党员，推动“三会一课”质量提升；创新教育载体，通过现场式体验、开放式讨论等方式，激发党员参与热情，提升“三会一课”吸引力，让“三会一课”真正成为党员经常性接受党性教育、推动中心工作完成和重要任务落实的主阵地。积极开展“七一”评先表彰、“学习身边榜样”等活动，进一步深挖特色、放大亮点，加强学习交流，发挥好先进典型示范带动作用；落实党内关怀帮扶工作，按要求做好党组织书记抓基层党建述职评议、发展党员、党费收缴、党内统计等专项工作。

持续推动深度融合。坚持党建工作和生产经营工作目标同向、部署同步、工作同力，做到业务工作开展到哪里、党建工作就延伸到哪里。坚持围绕热点、突出重点、突破难点、覆盖盲点、创新亮点，全力做好2023年党建工作项目化各层级项目实施；通过设置党员责任区、党员示范岗、党员突击队、党员服务队和党员承诺践诺等形式，引导激励广大党员创先争优、共克时艰；坚持党建工作责任制考核同领导班子和领导人员综合考核、经营业绩考核相衔接，紧紧围绕提高企业效益、增强企业竞争实力等开展工作、组织活动、发挥作用，推动党组织建设全面进步、全面过硬。扎实推动驻村帮扶工作，认真规划并积极落实产业项目，切实抓好劳动就业帮扶；加强帮销助销力度，解决好百姓“急难愁盼”问题。

持续强化教育培训。进一步加强学习型党组织建设，按计划开展领导干部专项培训、党支部书记和党务工作者专项培训；落实领导干部上讲台制度，组织各级领导班子成员、党组织书记及先进典型在“七一”前后，结合主题教育讲授专题党课。加强党员队伍建设，强化忠诚教育、纪律教育，通过党员进党校轮训全覆盖、“党课开讲啦”等活动，加强对党员日常教育培训，全面提升党员队伍质量。

（三）坚持以队伍建设为基石，担当作为，全面提升战斗力

要坚持党管干部原则，把新时代好干部标准落到实处，切实将建设忠诚干净担当的高素质干部人才队伍作为推动企业高质量发展的内生动力。

持续加强干部队伍建设。加强干部选任力度，推动选拔培养优秀年轻干部常态化。鲜明树立“有为才有位、有位须有为”用人导向，及时选优配强各级领导班子；坚持长远规划、树牢战略眼光、破除论资排辈，大力选拔勇于担当作为、工作实绩突出的优秀干部。持续加强干部实践锻炼，把干部能力建设摆在突出位置来抓，部署开展“干部能力素质提升年”活动，通过加强思想淬炼、实践锻炼和专业训练，促进各级干部斗争精神和斗争本领养成；加大干部轮岗交流力度，鼓励年轻干部到基层一线单位接受锻炼，切实增强履职能力。

持续加强干部监督管理。加强干部全方位管理和经常性监督，既紧盯“关键少数”，又管住“绝大多数”，贯通协同“两个责任”，引导树立正确的权力观、政绩观、事业观；加强对年轻干部的从严教育管理监督，进一步规范履职行权。改进和加强识别了解干部方式方法，注重深入实地、深入干部社交圈、朋友圈了解真实情况，经常性、全方位、多角度考察了解干部；进一步规范各成员企业选人用人工作程序，严格执行干部选任全程纪实制度，不断加强选人用人工作过程管控，提升选人用人质量；加大干部警示教育力度，坚持刀刃向内，严肃查处不担当不作为的人和事，通过加大干部“下”的压力激发“上”的活力。

持续加强人才培养力度。积极推动实施“长、家、匠”人才发展战略，进一步优化管理人才、专业技术人才、技能人才的职业晋升通道及三条通道之间的转序通道；推进技术技能岗位评聘试点工作，指导各成员企业成立委员会，逐步在全集团范围内推进技术技能岗位评聘工作。积极推进相关专业中级职称评审委员会建立，推进自主开展职业技能等级认定、教材编制等工作，完成专家组、试题库组建。持续开展社会和校园招聘工作，及时储备一批素质优良、数量充足、门类齐全、结构合理的人才队伍。

（四）坚持以党风廉政建设为抓手，正风肃纪，全面提升约束力

要全面加强党的纪律作风建设，坚持党性党风党纪一起抓，从思想上固本培元，提高党性觉悟，增强拒腐防变能力，坚持做到严于律己、严负其责、严管所辖。

尽快彻底重塑政治生态。深入贯彻落实中央及省委关于加强对“一把手”和领导班子监督的实施意见，坚持以强化制度建设、聚焦主责落实、形成监督合力等为着力点，推动以案促改工作取得成效。强化纪律教育、警示教育、法治教育、家风教育，严格遵守党章党规党纪和法规制度；定期摸排重点岗位、关键环节、太原机场三期改扩建等重点工程项目的廉政风险点，积极构建“亲”“清”业务合作关系，确保企业健康发展；探索法律、合规、内控、风险管理协同运作工作机制，不断增强风险防范意识、完善合规管理体系建设；聚焦项目投资、项目外包、工程招投标、物资采购、选人用人等重要领域，进一步建立健全议事有规则、管理有办法、操作有程序、过程有监控、责任有追究的制度体系，不断提升依法治企水平；加强制度宣贯与解读，强化制度意识，提升制度执行力。坚持用身边事教育身边人，以案为戒、警钟长鸣，筑牢拒腐防变思想堤坝，不断增强抓好党风廉政建设和反腐败工作的紧迫感与责任感。

持续深化清廉国企建设。始终将清廉国企建设示范单位创建作为全面建设清廉国企的重要载体和有力抓手，坚持与生产经营工作同部署、同推进、同落实。始终突出清廉主题、干部主体、制度主线，围绕强化政治统领、制度支撑、监督保障与文化浸润，深化清廉国企建设各项工作，做到对象上全覆盖、责任上全链条、制度上全贯通，层层传导压力、层层压实责任。坚持将典型案件警示教育与理想信念教育、党纪国法教育紧密结合，营造崇廉、尚廉、倡廉、守廉良好风尚；积极创建廉洁文化品牌，持续打造太原机场三期改扩建“廉洁示范工程”。严格按照清廉国企建设示范单位考评操作手册，坚持高标准对标、高质量达标，进一步推动集团党的政治建设坚定自觉、治理体系科学完善、干部队伍清正廉洁、廉洁文化深入人心、组织领导坚强有力。

持之以恒改进工作作风。始终严格落实中央八项规定及其实施细则精神，持续在常和长、严和实、深和细上下功夫。突出抓落实、重执行，坚决反对“做虚功”，大兴调查研究，并贯穿于各项工作全过程各环节，紧盯问题、摸清实情、分析症结，在调研中孕育新思路、形成新措施，实现工作闭环，不折不扣贯彻落实好省委、省政府、省国资委党委各项决策部署。突出强效能、优服务，坚决整治“庸懒散”，树牢实干导向，拒绝“躺平”“佛系”干部，以改进总部机关作风为先行，以创建服务型机关为目标，进一步提升服务意识、加强基层指导、提升工作效率，有力纠治形式主义、官僚主义方面问题。突出解难事、办实事，践行为民服务宗旨，常态化推进“我为群众办实事”实践活动，坚持身到、心到、做到，真正了解职工群众的操心事、烦心事、揪心事，坚持带着真情下去、带着实情回来，带着责任下去、带着任务回来，带着问题下去、带着满意回来，始终把职工群众满意作为衡量工作成效的标尺。

（五）坚持以宣传统战群团工作为纽带，凝心聚力，全面提升影响力

我们要坚持发挥好宣传的主力军作用、统一战线的优势作用、工会的桥梁纽带作用、团员青年的生力军作用，凝聚共识、同心协力，共同为推动集团高质量发展贡献力量。

持续加强宣传统战工作。紧扣宣传贯彻中共二十大精神这一主线，聚焦太原机场三期改扩建工程、全省机场一体化、通航发展以及清廉国企建设等重点工作，聚焦全国人大代表、劳模先进、基层一线职工，开展宣传主题策划活动、“新航产、新征程”主题采访活动。积极推进精神文明创建，完成二级单位省属企业文明单位申报和复审工作。广泛开展社会主义核心价值观宣传教育，深入开展“一企一品”精神文明品牌建设。推进企业文化落地，将企业文化深植于日常管理和职工行为规范中，着力打造集团品牌形象。坚持向统战人士广泛宣传党的创新理论，引导统战人士为集团改革发展献计献策，不断夯实团结奋斗的思想政治基础。

持续发挥工会桥梁纽带作用。推进集团职代会提质增效建设，提升民主管理水平；加快推进智慧工会建设，完善集团工会数字化管理系统；继续开展安全班组“三优”创建、“工人先锋号”创建活动，推动班组建设整体上台阶；丰富职工文化产品供给，全力打造“中国梦·劳动美”系列职工文化品牌；广泛开展“建功‘十四五’、奋进新征程”主题劳动和技能竞赛、“安康杯”竞赛、“技术比武月”活动、“五小”竞赛“六化”提质行动；积极构建多元化服务职工工作体系，树立大工会格局、大组织建设观念，推动基层职工之家和职工服务中心、站、点等职工服务场所共建共享共治，打通服务职工的“最后一公里”。

持续激励团员青年建功新时代。坚持不懈加强基层团组织建设，严格落实理论学习、组织生活、团员先进性评价、对标定级等方面举措；夯实推优入党工作基础，执行好推优入党工作程序；组建“青年讲师团”和“青年快板队”，深入学习宣传贯彻中共二十大精神；积极开展青年创新创效活动、交流共建活动、“春锋行动”志愿服务活动，推进各级“青年文明号”“青年安全生产示范岗”评选工作；建设青年典型引领工程、形象提升工程、关心关爱工程、阵地建设工程，进一步激发团员青年活力，为推动集团改革发展贡献青春力量。

全面从严治党永远在路上，党的自我革命永远在路上。我们要更加深刻地认识到，落实好全面从严治党两个责任是推动集团深化改革提质增效、走好新的赶考之路的坚强保障，我们要紧紧围绕省委、省政府和省国资委党委安排部署，在思想上形成“一盘棋”，在力量上拧成“一股绳”，始终以知责于心的内在自觉、担责于身的过硬本领、履责于行的实干姿态，激发新干劲、迎接新考验、展现新作为，坚持以全面从严治党新成效护航集团高质量发展新征程。

山西交通运输

2023 年鉴

大事记

1月

1月4日 交通运输部召开2022年部安委会第一次全体会议暨交通运输安全生产视频会议，总结2021年工作，部署2022年重点工作。山西省交通运输厅和长江航务管理局作交流发言。省厅党组书记、厅长赵建平在山西分会场出席会议，代表省厅介绍山西省深入开展"平安文明示范路"创建活动，努力提升公路本质安全畅通等工作情况。

"平安文明示范路"创建活动开展以来，山西交通运输系统坚决贯彻落实习近平总书记关于安全生产重要指示批示精神，坚持"人民至上、生命至上"，着力研究探索降低事故总量，遏制重特大事故发生的有效措施，在青银高速吕梁段、108国道晋中段开展"平安文明示范路"创建工作，全面提升公路路网本质安全畅通和谐。2021年以来，在示范路通行量增长2.6%的前提下，事故起数下降33%，死亡人数下降60%。赵建平重点从三个方面介绍全省"平安文明示范路"创建工作做法。一是防控风险、排除隐患，提升公路本质安全；二是完善机制、联合救援，提升应急管理能力；三是精准养护、快速处置，确保公路畅通和谐。

厅领导段新源、郭丙福、李贵顺在山西分会场参加会议。

1月6日 省交通运输厅党组成员、副厅长王晋主持召开灾后恢复重建领导组办公室会议，对灾后恢复重建项目的施工图设计、工程可行性研究等工作进行再部署、再安排。

会议强调，各单位要提高政治站位，高度重视灾后恢复重建工作，严格落实省委、省政府、交通运输部关于灾后恢复重建工作的部署要求，按期完成这项关乎民生、人民群众出行、全省路网畅通的政治任务，确保受灾公路的路容路貌、通行能力、服务水平尽快恢复到灾前水平。各单位、各部门主要负责人要履行好第一责任人责任，层层传导压力，压紧压实责任，将责任落实到人头，扎实推进灾后恢复重建工作。要按照既定工作目标，倒排工期，制订计划，全程检点各环节工作，确保高质量、高标准完成公路恢复重建项目的施工图设计、工程可行性研究报批工作。

厅机关有关处室负责人，省公路局、省高速公路综合行政执法总队、省运输事业发展中心、省交通运行监测中心主要负责人，山西交控集团、山西航产集团、山西汽运集团有关负责人在主会场参加会议。各市交通运输局、各公路分局、省高速公路综合行政执法总队各支队主要负责人及相关部门人员在分会场参会。

1月7日 省交通运输厅、省公安厅联合印发《全省道路运输安全风险隐患大排查大整治"百日攻坚"专项行动实施方案》（以下简称《方案》），自当日起至3月底，在全省开展道路运输安全风险隐患大排查大整治"百日攻坚"专项行动。

《方案》要求各单位坚决贯彻落实习近平总书记关于安全生产重要论述和指示批示精神，以对人民群众生命财产安全极端负责的态度，狠抓道路运输突出风险隐患排查治理，严厉打击各类非法违法生产经营活动，坚决纠正违规违章行为，全力消除影响道路运输安全的突出风险隐患，有效防范和坚决遏制各类生产安全事故，营造安全稳定的道路交通环境。

同日 省交通运输厅举行备勤冬奥铲冰除雪应急演练暨誓师动员部署大会。交控集团大同北高速公司、大同南高速公司、朔州高速公司30余辆除雪保畅设备和50余名备勤人员在大同北公司集结开展演练。

此次演练加强应急队伍配合默契度，规范应急处置流程，提升冰雪恶劣天气的快速反应处置和协调配合能力，展示突击队良好备战状态，达到积累经验、优化方案流程的预期效果，有效提升保障队伍实战能力。

1月10日 省交通运输厅印发《关于做好第二个中国人民警察节宣传活动的通知》，对相关工作进行安排部署。活动时间为1月10日至16日。

1月11日 省交通运输厅召开重点公路工程第一季度调度暨安全生产视频会议，分析当前安全生产形势，提前谋划复工复产，部署“首季开门红”工作任务。厅一级巡视员李贵顺出席并讲话。要求各单位各部门要围绕“全方位推动高质量发展”要求，踔厉奋发、埋头苦干，坚定信心、全力以赴做好2022年重点公路建设工作。

1月14日 按照中央统一部署和省委要求，省交通运输厅党组召开党史学习教育专题民主生活会，以大力弘扬伟大建党精神，坚持和发展党的百年奋斗历史经验，坚定历史自信，践行时代使命，厚植为民情怀，勇于担当作为，团结带领人民群众走好新的赶考之路为主题，按照“学史明理、学史增信、学史崇德、学史力行”和“学党史、悟思想、办实事、开新局”的目标要求，紧密联系厅党组班子工作，联系党组班子成员个人思想和工作实际，深刻查摆检视问题，深入开展批评和自我批评，明确整改措施和努力方向。厅党组书记、厅长赵建平主持会议并讲话。省委党史学习教育第十三巡回指导组组长李朝亮到会指导并作点评讲话。

会议通报2021年度民主生活会整改任务落实情况和本次专题民主生活会征求意见情况。赵建平代表厅党组班子作对照检查，带头作个人检视剖析。党组班子成员逐一进行个人检视剖析，自我批评揭短亮丑，相互批评开诚布公，达到咬耳扯袖、红脸出汗、增进团结、振奋精神的目的。

赵建平在总结讲话中，对整改工作作出部署，提出3点要求。一要加强学习，不断提高政治站位，以习近平新时代中国特色社会主义思想为指导，深入学习贯彻中共十九届六中全会及省第十二次党代会精神，切实把领悟“两个确立”，践行“两个维护”落实到具体行动上，体现在工作效果上。二要再接再厉，压实管党治党责任，班子成员要履行好“一岗双责”职责，真正把严的主基调长期坚持下去。三要善始善终，持续抓好问题整改，针对此次民主生活会征求到的意见、查摆分析出的差距和不足，坚持从自身改起，有什么问题就改什么问题，什么问题突出就集中力量解决什么问题，力戒改小不改大、治标不治本，切实让这次民主生活会取得实实在在的成效。

1月17日 由中国铁建大桥局承建的临猗黄河大桥山西侧钢箱梁顶推取得重大突破，顺利实现首跨过41号墩、前导梁跨越128米大跨径、飞架42号墩的节点目标，标志着大桥顶推施工进入连续拼装、循环顶推施工新阶段。

临猗黄河大桥全长5427米，大桥主桥采用等高度连续钢箱组合梁，从山西、陕西两侧顶推平台对向顶推施工，连续顶推长度、最大顶推长度、顶推施工时同步控制千斤顶数量、单桥耐候钢使用量4项指标均为世界第一，被交通运输部列为平安百年品质工程创建示范项目（第一批）清单。

大桥主桥单跨最大长度为128米，共30跨，顶推钢箱梁长度186.6米，钢箱梁及导梁总重量为3380吨，同步控制千斤顶数量增至16套组，以每次行程85厘米距离向前循环推进，实现首次主钢箱梁上墩施工。为保证该节点目标顺利完成，项目管理团队科学谋划，加强资源配置，进行详细技术交底，采取多项防寒保温措施，加强检验检测频次，确保钢箱梁在组拼厂板单元核心箱焊接和顶推平台核心箱整体焊接质量，全面加强板单元材料入场、核心箱运输、吊装、后勤保障工作，保证了长联顶推的顺利完成。

1月19日 根据省直工委《关于做好2021年度省直机关党组织书记抓基层党建工作述职评议考核的通知》要求，省厅召开2021年度基层党组织书记抓基层党建工作述职评议考核会议。厅党组成员、副厅长、厅直机关党委书记王晋主持会议并点评。厅直机关党委委员、厅直单位党组织书记和厅机关各党支部书记参加述职评议考核。

省高速公路综合行政执法总队党委书记刘清平、省交通运行监测中心党委书记董化金作为厅直单位党组织书记代表进行现场述职，其他单位党组织书记以书面形式进行述职。

王晋在点评中，要求各单位党组织书记要自觉聚焦形势和任务，围绕中心工作，切实发挥好基层党组织的战斗堡垒作用，把广大党员凝聚在一起，克服困难、迎接挑战、取得胜利；要学好用好党的创新理论，带领大家更深刻地认识“两个确立”的决定性意义，自觉增强“四个意识”、坚定“四个自信”、做到“两个维护”；要学好用好党的法规制度，规范言行、规范管理、规范工作，共同营造担当作为、干事创业的好氛围；要学好用好党的纪律，明确底线、划清红线、整肃作风，维护安定团结、风清气正的政治生态。

1月25日 2022年全省交通运输工作会议召开。会议采用电视电话形式，总结2021年交通运输工作，分析形势，部署2022年工作。厅党组书记、厅长赵建平出席会议并讲话，要求以习近平新时代中国特色社会主义思想为指导，进一步弘扬伟大建党精神，按照省第十二次党代会、省委经济工作会议、省两会和全国交通运输工作会议部署，紧扣全省全方位推动高质量发展的目标要求，以交通强省建设为统领，加快建设高质量综合立体交通网，着力提高交通运输服务供给质量，深化重点领域改革，守牢安全生产底线，巩固拓展良好政治生态，久久为功，真抓实干，在奋力谱写全面建设社会主义现代化国家山西篇章中当好开路先锋，以优异成绩迎接中共二十大胜利召开。厅党组成员、副厅长王晋主持会议并讲话。

赵建平要求，2022年要重点做好10个方面工作：一是全力做好安全工作；二是着力推进交通强国建设；三是持续完善综合立体交通网；四是着力提高交通运输服务供给质量；五是强化同乡村振兴战略有效衔接；六是厚植交通运输发展绿色底色；七是全力推动交通运输数字化转型；八是持续深化重点领域改革；九是全面提升行业治理水平；十是加强党的建设和党风廉政建设。

会上，厅党组成员、副厅长、省邮政管理局局长秦红保宣读《山西省交通运输厅关于各市交通运输局2021年度重点工作完成情况评价结果的通报》。厅党组成员、副厅长、省民航机场管理局局长段新源宣读《山西省交通运输厅关于表彰2021年度目标责任考核优秀厅直单位的决定》。厅党组成员、副厅长王四小通报黄河、长城、太行三个一号旅游公路建设有关情况。山西交控集团、晋中市交通运输局、晋城市交通运输局、兴县人民政府、山西路桥集团、山西贵恩博信息科技有限公司作交流发言。

王晋强调，要吃透会议精神、落实目标任务、改进工作作风，切实把会议精神转化为开新局创佳绩的强大动力，在全方位推动高质量发展中勇当先行、建功立业。

厅领导王建业、郝玉柱、雷天才、李贵顺，厅二级巡视员、驻厅纪检监察组副组长、总工程师、厅机关各处室主要负责人，厅直各单位主要负责人，山西交控集团、山西航产集团主要负责人在主会场参加会议。各市交通运输局、省公路局、省高速公路综合行政执法总队、省运输发展中心、省交通运输运行监测中心设分会场，各市政府分管领导、各单位班子成员及相关部门主要负责人、在建重点公路工程项目主要负责人在各分会场参加会议。

1月29日 省政府办公厅发布《山西省促进网络货运行业健康发展工作方案》，加大网络货运企业政策支持力度。其中，对货运司机不再预征个人所得税，改为自行申报缴纳。

同日 交控集团与忻州市政府签订战略合作框架协议，合作项目涵盖重大交通基础设施、市政建设、光伏发电、智慧城市、园区建设、服务区提质升级等多个领域，进一步打开政企合作广阔空间。交控集团正积极与太原市政府对接，通过主动服务、广开合作，在融入地方高质量发展的同时更好地加快企业提质增效。

1月 交通运输部办公厅下发《关于公布公路交通标志标线优化提升专项工作实施情况的通知》，对公路交通标志标线优化提升专项工作进行全面总结。省厅受到交通运输部表扬。此次专项工作，省厅将公路标志标线排查整治作为一项常态化专项养护工作来抓，普通国省干线新增标志203块、更换标志128块、调整标志9块、拆除标志17块，新增标线29778平方米，调整标线23567平方米、清除标线1537平方米。高速公路新增标志452处、更换标志332处、调整标志167处、拆除标志89处，新增标线56172平方米，调整标线109611平方米，清除不合理标线52988平方米。

省厅根据公安交管部门提供的全省高速公路交警测速点清单，采取有效措施，对全省高速公路测速标志标识进行清理和规范。共清理测速设备609处，拆除标志286处，保留274处；清理双关提示语标志105处，增设两公里告示标志65个，274处测速点均按标准设置了标志引导和标语提示，在车流量较大的收费站外广场加装10处电子导航大屏。

是月 根据《山西省交通科技创新中心管理办法（试行）》，按照“聚焦重点、合理布局、动态调整、引领发展”的原则，省交通运输厅开展科技创新中心培育命名工作。首次认定工作历经三个多月，通过发文征集、资料申报、符合性审查、现场答辩等环节，经处室推荐、专家评审、厅党组会研究审议等程序，从33家申报单位中，选定山西交通生态环保科技创新中心、山西绿色道路材料科技创新中心、山西交通管理研究创新中心、山西公路施工安全科技创新中心、山西高速公路养护科技创新中心、山西交通安全应急保障创新中心、山西交通高等教育创新中心、山西交通职教创新中心8个厅科技创新中心进行培育，并授牌认定。在方向上突出优先保障底线工程，优先支持安全、环保方向科技创新中心的创建，突出了便捷、高效、绿色、经济等特点，助力全省交通运输行业高质量发展。

是月 由吕梁市出发装载5000吨出口货物的新能源车队顺利抵达天津港南疆港区码头，卸货后满载进口矿石返回吕梁市，实现山西、天津两地进出口货物的公路通道双向重载运输，标志着“津海晋门”绿色物流大通道全面打通。

是月 207国道左涉公路新建工程全线建成。项目全长60.889公里，起点位于晋中市左权县辽阳镇207国道K1056+850处，与阳左高速左权连接线K7+218.626处相接，终点位于长治市黎城县下清泉村南与河北省交界处，是左权县及晋煤外运的主要通道。开工以来，左涉公路公司秉承“科学、严谨、务实、高效”的作风，坚持“12345”管理理念，以提质增效为中心，狠抓安全质量，对标对表推行标准化建设，凝心聚力，艰苦奋战，完成建设任务。

是月 交通运输部公布2021年度全国交通技术能手评审结果，授予蒋华等245人“全国交通技术能手”称号，颁发“全国交通技术能手”证书，全省交通运输行业7人获此殊荣。

是月 国家邮政局公布“2021年快递服务现代农业金牌项目”名单，“运城苹果”和“吕梁杂粮”两个“快递+”项目上榜。“快递进村”工程实施以来，省邮政管理局深入贯彻落实国家邮政局安排部署，聚焦“南果中粮北肉东药材西干果”省级战略部署，引导全省行业充分发挥平台优势，创新服务模式，积极开展快递服务现代农业工作，持续培育全省快递服务现代农业金牌项目。其中，“运城苹果”年度寄递量达到2400.49万件，拉动消费10.38亿元。“吕梁杂粮”寄递量达1346.2万件，拉动消费4.03亿元。

2月

1月31日—2月6日 春节假期期间，全省交通运输保持安全平稳有序。全省高速公路、普通国省干线公路路网运行整体平稳，道路水路和民航运输安全有序，无较大拥堵和旅客滞留事件。

全省普通国省干线收费公路累计通行量39.1万辆，与2021年同期相比增长18.8%。全省高速公路累计通行量448.63万辆，与2021年同期相比减少2.16%。其中七座及以下小型车辆418.79万辆，免收通行费17501.13万元。全省道路客运累计投入客车13214辆次，与2021年同期相比增长0.07%；累计完成客运量18.16万人次，与2021年同期相比增长25.24%。全省城市客运累计投入公交车65109辆次，与2021年同期相比降低0.94%，累计完成客运量1208.64万人次，与2021年同期相比降低0.83%；累计投入出租车运力22.56万辆，与2021年同期相比增长5.5%，累计完成客运量846.81万人次，与2021年同期相比增长6.67%。全省水路客运累计投放客船69艘次、2166个客位，与2021年同期相比降低11.23%；累计运送旅客0.4245万人次，与2021年同期相比降低30.33%。全省民用机场累计完成运输起降2204架次，与2021年同期相比增长49.2%；累计完成旅客吞吐量19.42万人次，与2021年同期相比增长57.7%；累计完成货邮吞吐量287吨，与2021年同期相比增长5.7%。

1月31日—2月6日 春节假期，中国铁路太原局集团有限公司旅客发送量累计达68万人次，其中，2月6日达21.3万人次；货物发送量1530万吨，日均装车3万余车。管内日均发送旅客7.5万人次，较2021年同比增长18%。节后该太原局还将加大太原、大同、吕梁、临汾、运城、忻州等地区运力安排，满足学生、探亲旅客返程出行需求。

其间，太原局累计运送煤炭1286万吨，其中，大秦线煤炭日均运量108万吨。对口供应的秦皇岛港、唐山港、曹妃甸港存煤保持在1300万吨以上，所供电厂存煤可耗天数平均保持在20天以上，有效保障国家能源安全和人民群众采暖用电需求。

2月8日 省交通运输厅党组理论学习中心组开展专题学习，传达学习习近平总书记在山西省考察调研、看望慰问基层干部群众重要指示精神和省委常委会扩大会议有关部署安排，传达学习省有关会议精神，安排部署全系统贯彻落实工作。厅党组书记、厅长赵建平主持会议并讲话。厅领导王晋、段新源、王四小、郭丙福、王建业、郝玉柱、雷天才、李贵顺参加学习。

会议还传达全省贯彻落实中央八项规定精神监督提醒谈话电视电话会议精神、全省政府系统抓落实提高执行力推进会议精神，并就相关工作进行安排。

2月11日 13时14分，一列41辆编组、满载726.38吨玻璃餐具、布料、健身器材、阀门等货物的X8436次中欧班列由中鼎物流园发出，经满洲里口岸通关出境，全程运行10052公里，最终抵达白俄罗斯明斯克。本次班列是中鼎物流园开行的第558列中欧中亚班列，也是春运以来开出的第10列。

2月23日 省政府批复同意在207国道左权至黎城界及南沁线左权桐峪至河北涉县界一级公路K2+750处设置左权收费站，位于左权县城区蛤蟆滩村；同意在207国道左权至黎城界及南沁线左权桐峪至河北涉县界一级公路K53+365处设置麻田收费站，位于左权县麻田镇南窑村。

2月 交通运输部、财政部、农业农村部、国家乡村振兴局联合印发通知，命名2021年度“四好农村路”全国示范县，并对“四好农村路”建设市域突出单位予以通报表扬。长子县、阳城县、高平市、晋中市榆次区、河津市被命名为“四好农村路”全国示范县。晋城市、运城市作为“四好农村路”建设市域突出单位受到通报表扬。

通知要求，全国示范县和受到表扬的地区要充分发挥典型引领作用，不断探索总结“四好农村路”高质量发展的成功经验。各级交通运输、财政、农业农村和乡村振兴主管部门要建立完善协同配合机制，进一步健全完善“四好农村路”高质量发展体系，推动“四好农村路”高质量发展，服务巩固拓展脱贫攻坚成果同乡村振兴有效衔接，助力农民农村共同富裕。

是月 山西省人民政府发布《2021年度山西省科学技术奖授奖项目（企业）目录》，山西交控集团4项科技成果获评2021年度山西省科学技术奖。其中，涌水隧道高聚物注浆堵水加固材料的制备及其应用获技术发明奖二等奖、黄土沟壑区桥梁下部结构安全评估与处治技术研究获评科技进步奖二等奖、一种可快速开放交通的沥青路面冷补材料及其制备方法获评技术发明奖三等奖、特殊条件下普通干线公路运营安全保障技术研究获评科技进步奖三等奖。

是月 山西交控集团召开总经理办公会，重点就融入太忻一体化经济区建设进行工作安排，在省第十二次党代会这一重大决策部署上提早谋划、积极融入，全面布局新基建领域，力争“当好开路先锋、抢抓发展机遇”，用真招实举助力太忻一体化经济区建设。

是月 省交通运输厅厅直各单位认真学习贯彻习近平总书记1月26日至27日虎年春节前夕到山西考察调研看望慰问基层干部群众作出的重要指示。连日来，厅直各单位分别召开会议，传达学习贯彻习近平总书记考察调研重要指示精神，紧密结合本单位实际研究贯彻落实举措。大家一致表示，一定要将习近平总书记重要指示牢牢记在心里，转化为奋进交通强省建设新征程的强大动力，按照省委十二届三次全会和厅党组部署，始终做到

"浮现画面、体会情怀，牢记教导、感恩奋进"，扎扎实实做好交通运输各项工作，不断开创高质量发展新局面。

是月 太原市政府发布《太原市"十四五"综合交通运输体系规划》，明确到2025年，太原市将形成"3223出行交通圈"，即太原到国内主要城市3小时通达，太原到省内设区市2小时通达，市区到县2小时通达，市区内30分钟通勤。

是月 省发展和改革委员会、省财政厅、省邮政管理局联合印发《2022年农村寄递物流服务全覆盖实施方案》（以下简称《方案》），聚焦办好2022年省政府民生实事，切实解决农村群众寄递难题，畅通城乡循环体系，有效助力乡村振兴。

《方案》提出，要在全省80个县、11个县级市，涉及911个乡镇、16094个行政村，同步开展农村寄递物流体系建设，2022年底实现农村寄递物流服务全覆盖，2023—2024年持续推动、巩固发展，基本形成开放惠民、集约共享、安全高效、双向惠民的农村寄递物流体系。聚焦"一特色三标准"目标，推动每个县（市）培育形成一种符合实际的农村寄递物流模式，每个乡（镇）新建或改造提升一个标准化快递综合服务站，每个行政村设立一个标准化村级快递便民服务点，保证行政村每天一频次以上标准化寄递物流服务。为切实推动项目建设，2022—2024年省级财政资金对农村地区下行快件进行差异化适当补助，推动快递网络下沉。

3月

3月1日 大同市推进交通强市建设动员大会召开。会议深入学习贯彻习近平总书记关于交通运输工作重要论述，贯彻落实全省推进交通强省建设动员大会部署要求，动员全市上下抢抓机遇、勇担使命，加快推进交通强市建设，打通"大动脉"、畅通"微循环"、当好"先行官"，为大同市"奋斗两个五年、跨入第一方阵"提供强有力的交通运输支撑。

3月2日 省交通运输厅安委会召开全省交通运输安全生产视频会议，贯彻落实全国、全省安全生产会议精神，安排部署全国两会和冬残奥会期间全省交通运输安全生产工作。厅党组成员、副厅长王晋出席会议并讲话。

会议要求，各单位要突出重点，结合安全生产专项整治三年行动、"百日攻坚"专项行动和危化品安全风险隐患集中整治，紧盯突出问题和薄弱环节，全面排查整治交通运输领域安全隐患，严厉打击各类违法违规行为。要结合行业各领域特点，集中开展排查整治，全力把问题排查彻底、整治到位。主要领导要亲自研究部署、督查落实，层层传导压力；要及时分析研判形势，确定工作重点难点，有效消除化解风险隐患。道路运输、城市客运、公路运营、水上交通、工程建设各领域要做到全覆盖无死角，持续做好铁路沿线尤其是公铁并行路段的隐患排查治理。同时，要提升违法行为的发现和查处能力，积极引导社会公众参与交通运输安全治理，建立完善安全隐患举报奖励制度。对排查出来的问题隐患要逐项逐条对账整改。

3月4日 2022年全省交通运输系统党风廉政建设工作会议召开。会议总结回顾2021年交通运输全面从严治党工作，分析形势，部署全年党的建设各项任务。厅党组书记、厅长赵建平出席会议并讲话，要求坚定捍卫"两个确立"、坚决做到"两个维护"，切实把思想和行动统一到习近平总书记在中共十九届中央纪委六次全会上的重要讲话精神上来，按照省委书记林武在省纪委十二届二次全会上的讲话和全会部署，用好党的百年奋斗历史经验，牢牢扛起全面从严治党主体责任，坚持严的主基调不动摇，以党的政治建设为统领，不断坚定政治信仰，提高政治能力，净化政治生态，建设清廉交通，以优异成绩迎接中共二十大胜利召开。

2021年，厅党组全方位深入学习贯彻新时代党的建设总要求，牢牢扛起全面从严治党主体责任，推动政治建设统领作用更加充分发挥，理论武装更加持续深化，党组织凝聚力更加增强，率先试点政治巡察工作，作风整治初见成效，监督执纪更加精准严格，交通运输风清气正的良好政治生态进一步巩固。一年来，厅党组坚持以全面从严治党引领保障交通运输全方位高质量发展，实现“十四五”良好开局。

厅党组成员、省纪委监委驻厅纪检监察组组长王建业传达中纪委十九届六次全会和省纪委十二届二次全会精神，总结2021年纪检监察工作，就做好2022年纪检监察工作作出部署、提出要求。他强调，要胸怀“国之大者”，精准有力推动政治监督具体化常态化；保持反腐败强大力量常在，确保“三不”一体化推进取得更大治理成效；驰而不息纠“四风”树新风，持续加固中央八项规定精神堤坝；坚持把监督贯穿管党治党全过程，不断提升监督执纪执法水平；坚守巡察职责定位，建立健全联动工作机制；持续深化体制机制建设，进一步增强协同高效的监督合力；发扬自我革命精神，锻造新时代政治过硬、本领高强的纪检监察铁军，全方位推进交通运输纪检监察工作高质量发展，为加快建设交通强省、当好开路先锋提供坚强政治保障。

厅党组成员、副厅长王晋主持会议，并就贯彻落实会议精神，抓好近期安全生产、信访工作等工作作了安排。厅领导段新源、王四小、郭丙福、郝玉柱、雷天才、李贵顺出席会议。

厅二级巡视员、驻厅纪检监察组全体人员、总工程师、厅机关各处室主要负责人，厅直各单位党政主要负责人在主会场参加会议。厅直各单位领导班子成员和相关部门负责人，各市公路分局、各高速公路综合行政执法支队领导班子成员及相关部门负责人在分会场参会。

3月7日 全省交通基础设施建设项目前期工作视频会议在太原召开。会议对加快推进“十四五”规划项目可研报告、土地预审、环评、水保等前期工作进行部署安排，要求各市交通运输局、厅直有关单位明确目标、细化任务，全力做好2022年项目前期工作。厅党组成员、副厅长王四小出席会议并讲话。要求进一步加强组织领导、严格工作程序、卡死时间节点、选好咨询队伍、深化方案研究、科学组织论证，扎实推进项目前期工作，保证质量。

厅总工程师高新文主持会议，厅综合规划处、厅农村公路管理处负责分别就前期工作作了具体安排。厅直相关单位、各市政府分管副秘书长、交通运输局、公路分局分别在主、分会场参加会议。

3月8日 全省公路工作会议在太原召开。会议全面总结2021年工作，分析面临形势，安排部署2022年重点任务。

会议强调，面对新形势新任务新挑战，全省公路系统必须坚持和加强党的全面领导，必须始终坚持以高质量发展为总牵引，必须准确把握改革的时度效，必须坚持底线思维、发扬斗争精神，必须增强实干精神，保持战略定力不动摇，奋力夺取全年发展的高分报表。

会议明确，2022年主要预期目标是：完成建设投资140亿元，完成新改建270公里，工程质量平均合格率不低于97%。养护工程质量合格率达100%、优良率达90%以上；国道、省道公路技术状况指数MQI优良路率分别达到85%和80%以上。收取车辆通行费3.9亿元；预算执行率达到98.5%以上。超限率控制在2‰以内。巩固安全生产形势，坚决防止重大及以上责任事故。

同日 省公路局召开2022年党的建设工作会暨纪律作风专项整治动员会，要求各级党组织大力弘扬伟大建党精神和自我革命精神，解放思想、实事求是，迎难而上、苦干实干，持续加强党的政治建设，持续加强基层组织建设，持续提升行业文明发展新形象，坚持不懈推进全面从严治党向纵深发展，扎实开展纪律作风专项整治，以高质量党建推进各项任务落地落实，不断开创党建工作新局面。

3月9日 2022年全省高速公路（交通运输）综合行政执法工作会议、高速公路综合行政执法系统党建和党风廉政建设工作会议召开，总结2021年工作，分析当前形势，明确发展思路，部署2022年重点任务。

会议要求，2022年要抓好全面深化综合行政执法改革、全面履行综合行政执法职能、全面营造安全稳定发展环境、全面推进“四基四化”建设、全面增强可持续发展能力、全面推进法治部门建设进程、全面提升执法队伍能力素质、全面强化党的建设和党风廉政建设8个方面重点工作。

会议从5个方面对党建和党风廉政建设工作进

行部署。强调要全力推进党的政治建设,不断加强党对高速公路综合行政执法工作的领导;坚持不懈深化理论武装,为全面依法履职、实现高质量发展注入强大思想动力;坚定贯彻新时代党的组织路线,精准有力推动各级党组织全面进步全面过硬;坚持加强干部队伍建设,着力打造一支政治坚定、能力过硬的高速执法队伍;全面推进清廉高速执法建设,探索走出“两个责任”贯通联动、一体落实的新路子。

同日 省交通运输运行监测与应急处置中心(厅新闻中心)召开2022年工作会议暨党风廉政建设工作会议,总结2021年工作,部署2022年重点任务。

会议强调,作为全省交通运输行业服务部门和厅党组的“喉舌”,要牢牢把握新机遇,着力破解发展难题,努力实现路网运行监测能力水平与全方位推动高质量发展的新需求相适应,路况信息发布质量与服务公众美好出行的新要求相适应,新闻舆论引导、舆情应对能力与弘扬新时代交通精神、讲好新时代交通故事的要求相适应,加快构建完善综合交通运输运行监测体系、出行信息服务体系、预测预警与应急保障服务体系、网上网下一体与内宣外宣联动的交通运输新闻宣传体系、舆情监测处置体系“五个体系”,为全方位推动交通运输高质量发展提供服务保障和舆论支撑,以优异成绩迎接中共二十大胜利召开。

会议要求,全年要重点做好8个方面工作。一是推动信息化建设,着力强化资源共享信息互通;二是加强路网运行监测,积极探索“全覆盖”实现方式;三是提高路况信息发布质量,不断增强服务公众能力;四是完善预测预警与应急保障机制,全面提升保障服务水平;五是着力做好运维保障工作,确保各系统安全稳定运行;六是讲好新时代交通故事,持续提升舆论引导能力;七是压紧压实安全生产责任;八是坚持党的全面领导,不断提高党的建设质量。

同日 临汾市召开2022年交通运输工作会议,总结2021年工作,部署2022年任务。

3月11日 山西交控集团一届五次职代会暨2022年工作会议召开。2021年以来,山西交控集团统筹推进项目建设、经营管理、企业改革、科技创新等各项工作,实现营业收入493.44亿元,利润总额7.36亿元;多项科技成果获评山西省科学技术进步奖,长临高速等3个高速公路项目获评“李春奖”。同时,全省最后两个“县县通高速”项目汾石、临浮高速公路开工建设,对4对服务区“一区一策”提质升级改造,新开通21对服务区、21座加油站,建设完成20座加气站。

2022年,山西交控集团将从加强党的建设、交通基础设施项目建设、推动高速公路经营管理提质增效、培育壮大路域经济和交通关联新业态、全面提升经营管理水平、深化创新融合、紧盯风险防控七方面发力,推动高质量发展,做强做优交通关联新业态,助力山西推进交通强省建设、山西中部城市群高质量发展和太忻一体化经济区建设。

3月15日 凌晨0时42分,16010次货物列车载着50台发电机组驶出侯马北火车站,这是山西省经中老铁路首次发运的跨境铁路货物。这批货物在西安编组集结后,将经磨憨口岸站出境,运往老挝万象。

同日 省交通运输厅召开全省道路运输安全风险隐患大排查大整治“百日攻坚”专项行动视频调度会议,传达交通运输部相关文件精神,对深入推进道路运输“百日攻坚”专项行动进行安排部署。厅党组成员、副厅长王晋出席会议并讲话。要求始终坚持问题导向,确保整改到位;始终坚持目标导向,确保执法到位;始终坚持结果导向,确保履职到位。为全省全方位推动高质量发展创造良好交通运输环境,以优异成绩迎接中共二十大胜利召开。

同日 2022年省运输事业发展中心工作会议召开,总结2021年工作,部署2022年重点工作任务。

3月16日 《中国交通报》头版刊发厅党组书记、厅长赵建平署名文章《奋力谱写加快建设交通强国山西新篇章》。文章指出,深入学习贯彻中共十九届六中全会精神、汲取党的百年奋斗历史经验，加快建设交通强国生动实践，深化全面从严治党是交通运输工作不断取得新发展的精神力量，交通运输高质量发展的关键所在，交通运输科学发展的坚强政治保障，为全省加快推进交通强国建设试点工作指明方向。

3月 山西省重点公路工程项目"虎"力全开，吹响复工号角，掀起复产热潮。省厅认真学习贯彻习近平总书记考察调研山西重要指示精神，紧紧围绕全省交通运输工作会议决策部署，突出重点、把握关键、稳中求进，全面加快推进重点公路工程项目复工复产。

是月 省高速公路综合行政执法总队党委书记、总队长刘清平率队赴省公安厅交管局、省运输事业发展中心、省交通运输运行监测与应急处置中心开展工作对接交流走访活动。

是月 交通运输部印发《关于公布2021年度"十大最美农村路"等名单的通知》(以下简称《通知》)，推选北京市密云区密云水库南线等10条农村公路为2021年度"十大最美农村路"，同时推选山西省吕梁市兴县沿黄扶贫旅游公路等7条农村公路为2021年度"我家门口那条路——最具人气的路"。

《通知》要求有关地方交通运输主管部门再接再厉，进一步完善体制机制、强化保障措施，加快实现农村公路建管养运协调可持续发展，积极探索"四好农村路"高质量发展的成功实践之路。各地交通运输主管部门要认真学习、宣传推广年度"十大最美农村路"和"最具人气的路"的好经验好做法，持续开展好"我家门口那条路"主题活动和"最美农村路"推选，聚焦农村公路"品质高、网络畅、服务优、路域美"发展目标，强化"质量过硬、路通民富、出行便利、绿化优美、路域和谐"导向，引导社会各界关注和支持农村公路发展，为巩固拓展脱贫攻坚成果、全面推进乡村振兴营造良好氛围。

4月

4月22日 山西省印发《关于切实做好货运物流保通保畅工作的意见》，提出一系列行之有效的具体措施，多部门多系统联动，为企业纾困解难，确保交通运输大动脉"血脉通畅"。

4月30日 太原重工轨道公司相关负责人带着锦旗，来到山西转型综改示范区管委会，感谢他们帮助企业渡过难关。在通行证保障下，共有近1.5万吨原材料入场，1万件产成品从厂里发出，有力保障公司正常生产经营。

5月

5月9日 省交通运输厅召开第二季度重点公路工程调度暨安全生产电视电话会议，对"双过半"、年度投资目标任务、建成完工等重要工作目标进行再安排、再部署、再推进。截至5月底，全省重点公路工程投资完成136.44亿元，完成年度目标任务28%，较上年同期增长1.4%。协调卫健、交警等相关部门，及时打通重要设备、材料运输通道，为完成全年目标任务奠定坚实基础。

厅党组书记、厅长赵建平汇报全省交通运输主要工作开展情况。省政府办公厅副主任李天照出席座谈会。厅领导秦红保、王晋、段新源、王四小、郭丙福、雷天才、李贵顺、高新文、厅机关有关处室和厅直有关单位主要负责人参加座谈会。

5月19日 全省铁路沿线安全环境治理联席会议暨全省铁路沿线安全环境治理工作会议在太原召开。副省长汤志平出席会议并讲话。

会议肯定一年来全省铁路沿线安全环境治理工作取得的阶段性成效。会议要求深入贯彻落实习近平总书记关于安全生产的重要指示精神，按照省委、省政府近期关于加强安全生产工作的一系列部署要求，针对问题分类施策，把铁路沿线安全环境治理抓紧抓实抓到位。会议强调要集中整治存量问题、有效遏制增量问题，加快推进道口"平改立"和上跨桥移交，加强线路封闭管理，突出整治轻硬质漂浮物、危树认定治理和违法抽取地下水等重点隐患问题，要进一步完善工作机制和责任链条，推进"双段长"制落细落地，不断提升信息化监测治理水平，广泛开展宣传教育，全力推动全省铁路沿线安全环境治理水平取得新成效。省交通运输厅代表省铁路沿线安全环境治理联席会议通报工作情况；省公安厅、省生态环境厅、大同市、晋中市、中国铁路太原局集团公司作交流发言。会议在各市、铁路沿线各县及驻地在山西省外的成员单位设分会场。

5月19日—31日 省交通运输厅一级巡视员李贵顺和省交战办专职副主任、厅总工程师高新文带队赴重点公路工程项目开展调研。省厅调研组深入太原西北二环、黎霍高速、汾石高速等项目施工一线，实地查看工程进度、质量控制及安全生产等各项工作，要求锚定年度投资目标任务，优化施工组织、加大资源投入、持续掀起建设高潮，为完成年度目标任务奠定坚实基础。

调研期间，省厅调研组分别会同太原市、吕梁市政府和省自然资源厅领导进行座谈，协商推动解决征地拆迁、资金落实、正式用地手续办理等制约项目建设的突出问题，真正为重点工程疏堵解困、保障要素到位，营造重点工程建设的优良环境。

6月

6月1日 省交通运输厅安委办印发《关于开展2022年“安全生产月”活动的通知》（简称《通知》），对全省交通运输行业“安全生产月”活动进行安排部署。《通知》要求各单位要高度重视、加强领导，结合各自实际制订活动方案，认真组织开展好“安全生产月”各项活动，推动安全生产各项政策措施落地见效，确保全省交通运输安全生产形势持续稳定向好。

6月2日 山西高速首个“无人值守智慧车道”改造测试工作长治高速公路分公司丰宜收费站完成。入口车道“智能发卡机器人”和出口车道“智能收费机器人”正式上岗。

“智能收费机器人”具备收费车道全程无人值守优势，可达到5秒自动发卡、18秒完成缴纳通行费，支持ETC、支付宝、微信等多种非现金支付手段，适用于ETC、MTC、混合车道等各类收费场景。相较于人工车道，发卡效率提高近10%，平均收费时长减少2~3秒。

6月9日 省交通运输厅召开全省迎接国家路网监测工作安排部署和动员视频会议，动员各级各部门提振精神，激发斗志，迅速掀起公路管养工作新高潮，以最好路况、最优管理、最美环境、最佳形象迎接国检。厅党组成员、副厅长王晋主持会议并讲话。会议要求各单位各部门统一思想，凝聚共识，对标先进，全力冲刺，打赢这场攻坚战和翻身仗。

6月10日 省交通运输厅召开2022年度巡察工作动员部署会。厅党组成员、副厅长王晋作动员讲话，驻厅纪检监察组副组长任玉胜主持会议。会议要求各级党组织和各巡察组要深刻领会党中央和省委关于巡察工作的最新部署要求，进一步增强政治责任感和使命感。会议强调巡察组要坚持问题导向，要自觉接受巡察单位监督，持续推动巡察工作向纵深推进，为交通运输事业长期健康稳定发展提供坚强政治保证。

本次巡察从6月中旬开始，8月中旬结束，厅党组派出2个巡察组，对省高速公路综合行政执法总队太原、晋中、长治、晋城、临汾、运城支队开展常规巡察。

6月13日 省政府新闻办举行全省“稳住经济一揽子政策措施”系列第二场新闻发布会。省厅新闻发言人、厅党组成员、副厅长王晋代表省厅深入解读交通运输行业稳投资促消费政策措施和保产业链供应链稳定政策措施等相关内容。王晋指出，全省此次出台的稳经济一揽子政策措施，在全面落实国家要求的同时，结合山西实际，提出交通运输行业12项具体举措。省厅按照省委、省政府决策部署，把稳增长放在更加突出位置，发挥“先行官”作用，全力以赴推动各项政策措施落地见效。

6月14日 副省长在省交通运输厅调研指导工作，详细了解全省交通运输情况，并与干部职工深入座谈交流。他要求交通部门要不负重托，牢固树立以人民为中心的发展思想，发扬纪律严明的良好传统，提升对各类交通情况的调度和处置能力，以饱满激情、旺盛战斗力和求真务实作风，为全省全方位推动高质量发展贡献力量；要认真履行好政府监管责任，压实压紧生产经营单位主体责任，严格落实管控措施，有效防范和遏制各类事故，为中共二十大胜利召开营造良好环境。

6月15日—7月9日 为进一步凝聚榜样力量，大力弘扬新时代交通精神，激励全行业广大干部职工在交通强国建设中砥砺前行、建功立业，省交通运输厅启动“凝聚榜样力量 弘扬交通精神”先进典型推荐宣传活动。

推荐范围为各市交通运输局、厅直各单位、山西交控集团全体党员干部职工，重点倾向各基层一线。

6月16日 省交通运输厅在太原工人文化宫广场开展“安全宣传咨询日”活动，围绕“遵守安全生产法，当好第一责任人”主题，在全社会大力营造“关注安全，关爱生命”的浓厚氛围。厅党组成员、副厅长王晋参加，并讲解有关安全知识、发放宣传资料。

6月17日 省交通运输厅召开厅安委会第三次全体（扩大）会议暨推进交通运输安全生产大检查大整治大提升专项行动视频会议，深入学习贯彻习近平总书记关于安全生产的重要论述和指示批示精神，分析研判并坚决稳控交通运输安全形势，对全面加强交通运输安全生产各项工作进行部署。厅党组成员、副厅长王晋出席会议并讲话。要求各单位各部门要清醒认识做好交通运输安全生产工作的极端重要性，进一步提高政治站位，把安全生产放在更加突出位置，统筹发展与安全，立足从根本上消除安全隐患、从根本上解决问题，全力以赴落实好安全生产各项措施，为中共二十大胜利召开提供坚实安全保障。

6月21日 上午10时18分，伴随着汽笛长鸣，满载着日用百货和机械配件等货物的长治首列国际联运货物列车从长治陆港物流园区缓缓驶出，发往哈萨克斯坦和乌兹别克斯坦。

此条班列线路，是郑州铁路局在山西省开通的首条国际联运货物列车，构建起全省晋东南地区对外开放新通道，助力全省全方位对外开放的新格局。

6月22日—27日 交通运输部路网技术状况监测组来晋开展2022年度国家公路网技术状况监测评价工作。

本次路网监测评价工作通过内业资料检查、现场监测等形式进行，内容包括养护管理检查、路况抽检、重点桥梁隧道监测及公路交通安全设施评估等方面，重点抽检全省341国道、G3511高速公路和部分桥隧。

厅党组成员、副厅长王晋出席反馈会并作表态发言。他表示，省厅将对标交通运输部要求和监测组反馈意见，举一反三，从科学决策、体制机制、资金保障等方面找短板、寻差距，以检促养、以检促改，加快完善治理体系，强化养护资金保障，全面加强科学决策，创新实施公路技术状况监测，切实提升公路本质安全水平，持续努力、久久为功，全面推动全省公路养护管理工作再上新台阶。

6月25日 由厅政策法规处和省交通运输综合行政执法局联合举办的“交通运输行政执法公开课”第一讲以视频会议形式开课。厅政策法规处处长杨继勇授课。

省局和各支队领导班子成员、相关部门业务骨干、各市交通运输综合行政执法队的业务骨干共580人参加学习。

6月30日 省交通运输厅党组成员、副厅长王晋带领慰问组赴孝义公路管理段、汾石高速项目开展“关爱职工、清凉一夏”活动，为奋战在一线的职工带去防暑降温物资，送上一份清凉。

王晋在讲话中，对基层工作给予充分肯定，并勉励一线干部职工继续发扬连续作战精神，抢抓晴好天气，不畏艰辛，再接再厉，优质高效完成施工建设任务。要求进一步增强责任感和使命感，把服务和保障一线职工健康权益作为工作重点，抓好安全生产和防暑降温工作，帮助一线职工平安度夏。

7月

7月1日 省交通运输厅印发《山西省绿色交通“十四五”发展规划》。以习近平生态文明思想为指导，以《交通强国建设纲要》为引领，以推动交通运输节能降碳为重点，稳步推进交通运输碳达峰、碳中和工作。总结全省绿色交通发展现状，分析当前交通运输绿色发展存在问题和形势要求，提出全省绿色交通“十四五”发展总体思路。

同日 省交通运输厅组织厅机关党员干部赴石楼县，与厅驻村帮扶工作队联合开展“喜迎二十大 奋进新征程”主题党日活动。厅党组成员、副厅长、厅直机关党委书记王晋参加活动。

7月4日—8日 省委组织部与省交通运输厅在省委党校联合举办山西省交通运输高质量发展研修班。省交通运输厅党组成员、副厅长王晋作开班动员讲话，省委党校副校长史洁、省委组织部干部教育处副处长刘晓涛出席开班仪式。部分市县交通运输局、厅属各单位、厅机关各处室领导，以及省交通运输厅驻石楼帮扶工作队部分队员参加本次研修班。

王晋在结业讲话中，要求勤于学习，进一步增强学习主动性与自觉性，以本次培训作为新起点，以对全省交通运输事业高度负责的责任感和使命感，积极构建“争当学习型干部，创建学习型组织，营造学习型氛围”新格局。要善作善为，进一步推进各项工作举措落地落实，把培训学到的新知识转化为推动交通运输高质量发展的不懈动力，勇于担当、善于作为，奋力开启交通强国建设山西新征程。

7月5日 省交通运输厅与中国人民银行太原中心支行联合召开全省交通物流专项再贷款工作推进电视电话会议，贯彻落实中共中央、国务院关于促进产业链供应链稳定、助力交通物流业纾困解难的决策部署，安排部署全省交通物流专项再贷款工作，加快推动交通物流专项再贷款政策落地见效。省交通运输厅党组成员、副厅长郭丙福，中国人民银行太原中心支行党委委员、副行长邢毅出席会议并讲话。

郭丙福在讲话中，要求各级交通运输部门要深刻认识做好交通物流专项再贷款工作的重要意义，进一步提高政治站位，准确把握形势，强化责任担当，加强协同联动，抢抓政策“机遇期”“时间窗口期”，扎实推进交通物流企业融资对接，加快推动交通物流专项再贷款政策在全省落地见效，助力交通物流业缓解痛点、破解难点、走出困境。

会议解读交通物流专项再贷款政策精神，介绍全省交通物流专项再贷款工作实施方案。

会后，农业发展银行山西省分行和山西汽运集团举行交通物流专项再贷款银企签约仪式。

7月6日 山西省干部驻村工作领导小组对2021年省直单位驻村帮扶工作考核情况进行通报，省交通运输厅在综合评价中获优秀等次。

7月8日 为深入学习贯彻习近平总书记考察调研山西重要指示批示精神，大力营造迎接中共二十大胜利召开的浓厚氛围，省交通运输厅举办“奋进新征程 建功新时代”优秀文化作品大赛，在全行业征集优秀文化作品，全面宣传中共十八大以来山西交通运输事业发展的变革性实践、突破性进展、标志性成果，充分展现人民群众的获得感、幸福感和安全感。

7月13日—15日 省交通运输厅在省交通干部学校举办厅属单位财务人员业务培训班。厅属各单位财务部门负责人、业务骨干及厅机关有关处室相关人员共计60余人参加培训。

本次培训邀请省财政厅省直预算处、国库处、资产管理处、政府采购处、预算绩效管理处等业务处室的专家授课，课程涉及财政预算管理制度、预算绩效管理、政府采购政策、信息化系统运用以及《行政事业性国有资产管理条例》的解读等。培训紧扣工作实际，具有较强针对性和指导性，为财务人员提供一次高规格、高水准、高质量的充电机会。

7月15日 省交通运输厅召开安委会第四次全体(扩大)会议，贯彻落实全国、全省安全生产工作会议精神，总结上半年安全生产工作，分析研判形势，安排部署下一阶段交通运输安全生产重点工作。厅党组成员、副厅长王晋主持会议并讲话。要求各部门、各单位高度重视、高度警觉、高度戒备，绝不能过高估计安全生产形势，绝不能过高估计交通运输领域保障安全生产的能力和水平，要以“时时放心不下”的责任感，以“坐不住、等不起”的紧迫感，从严从深、从细从实全力做好安全生产各项工作。

7月20日 山西省交通运输厅印发《高速公路运营管理办法(试行)》。

7月26日 省交通运输厅召开重点公路工程第三季度调度暨安全生产视频会议。厅一级巡视员郝玉柱，省交通战备办公室专职副主任、厅总工程师高新文出席会议。会议要求各单位进一步提高政治站位，增强政治敏锐性，围绕“经济要稳住、发展要安全”重大要求，周密部署、扎实开展“奋战一百天 喜迎二十大”主题活动，全力打造一流平安百年品质工程，以实际行动和优异成绩迎接中共二十大胜利召开。

7月27日 省交通运输厅组织厅机关退役军人赴驻并某部参观，让退役军人重温部队生活，发扬部队优良作风，为建设交通强省再做贡献。

7月28日—29日 省交通战备办公室专职副主任、厅总工程师高新文带领督导组赴朔神高速公路、241国道阳方口至朔州市区和336国道朔州至平鲁公路改扩建工程项目现场督导调研及安全生产督查。高新文察看两个项目实体工程建设情况和安全生产情况，并现场与地方政府主管部门负责人、项目主管单位负责人等研究解决制约项目推进的问题，明确投资、工期等主要目标。要求全面部署开展“奋战一百天 喜迎二十大”主题活动，紧盯年底建成目标，倒排工期、挂图作战，优化施工组织计划、强化资源要素保障，确保按期建成。

7月29日 省交通运输厅组织厅机关及直属单位党支部书记、党务干部等20余人参观“山西省直机关创建模范机关暨优秀党建品牌成果展”，旨在学习先进模范、汲取榜样力量、勇当开路先锋。

8月

8月1日 省交通运输厅组织厅机关党员干部前往山西省党风廉政教育基地，参观“牢记初心使命”党风廉政教育大型主题展，教育引导党员干部增强纪律规矩意识，筑牢拒腐防变的思想防线。厅领导王晋、段新源、王四小、郭丙福参加。

8月2日 省交通运输厅在省公路局组织召开普通国省干线公路新改建工程专项调度会。厅一级巡视员郝玉柱，省交通战备办公室专职副主任、厅总工程师高新文出席会议。

会议召集10个进度滞后、影响年度目标任务完成的项目实施县(区)政府、建设单位、交通运输主管部门、公路分局等负责人参加。会议对各项目推进情况、存在问题、解决措施进行分析点评，重点对项目推进的制约因素进行深入剖析，找准问题，查明原因，拟定措施。要求各单位、各部门要以高度的政治责任感推动投资目标落实。各县(区)政府要坚决扛起主体责任，讲政治、顾大局，保证工作落实和目标实现。

同日 省交通运输厅召开全省快递物流行业党建工作会议。厅党组成员、副厅长、省快递物流行业党委书记郭丙福出席并讲话。要求行业党委将党的建设与快递物流行业发展同谋划、同部署、同推进、同考核，层层压实责任，加强工作督导，强化基础保障，推动各项任务要求一抓到底、落地见效，以优异成绩迎接中共二十大胜利召开。

8月2日—3日 省交通运输厅信访工作专题培训班在省交通干部学校举办，来自全系统67名信访工作人员参加培训。本次培训班邀请到省委党校和省信访局的领导、专家和学者，围绕中共十九届六中全会精神、习近平总书记关于加强和改进人民信访工作重要思想、《信访工作条例》、信访积案化解专项工作要求和《信访信息系统网上办理规范》等内容进行集中授课。

8月5日 省交通运输厅党组召开专题(扩大)会议，传达学习全省贯彻落实中央八项规定精神专题警示教育大会精神，安排部署贯彻落实工作。厅党组书记、厅长赵建平主持会议。厅领导王晋、郭丙福、王建业、郝玉柱、雷天才出席会议。

赵建平在讲话中，要求全系统广大党员干部要深入学习贯彻习近平总书记关于作风建设的重要论述，坚持一体推进不敢腐、不能腐、不想腐，驰而不息纠治“四风”，以案为鉴、引以为戒，以优良作风奋力开创全方位推动交通运输高质量发展新局面。

厅机关各处室主要负责人、厅直各单位党政主要负责人参加会议。

8月9日—10日 为贯彻落实省委、省政府和交通运输部关于平安建设工作的决策部署，进一步提升全系统干部职工管理业务水平，省交通运输厅举办2022年度交通运输平安建设管理业务培训班。各市交通运输局、厅直各单位分管领导和山西交控集团部门负责人、业务骨干，厅机关有关处室负责人共计50余人参加培训。

8月10日 省交通运输厅召开全省交通运输平安建设工作会议，深入贯彻落实省委、省政府、交通运输部决策部署，分析研判当前行业平安建设形势，查找问题症结，并对下半年全省交通运输平安建设工作特别是中共二十大维稳安保各项任务作出进一步安排部署。厅党组成员、副厅长郭丙福出席会议并讲话，各市交通运输局、厅直各单位分管领导，山西交控集团运营部负责人参加会议，厅公安处负责人主持会议。

会上，太原、大同、阳泉、临汾市交通运输局，省公路局、省运输事业发展中心、省交通建设中心和山西交控集团8个单位就本系统、本领域平安建设工作进展情况作交流发言。厅公安处负责人对当前全系统平安建设存在的问题进行梳理分析，并对近期重点工作作具体安排。

郭丙福在讲话中，要求坚决排查化解各类风险隐患、坚决落实省委“护城河”工程部署、坚决抓好各领域公共安全管理、坚决守好行业治安防线、坚决强化应急处置。守土有责、守土尽责，以最高标准、最严要求、最强措施落实好各项工作。

8月11日 省交通运输厅召开全省“四好农村路”和三个一号旅游公路建设工作推进暨存在问题约谈督办专题会议。厅党组成员、副厅长王四小出席会议并讲话。厅相关处室负责人，各市交通运输局局长、规划与建设管理科（室）负责人，各市督导组组长参加会议。

会议要求各市交通运输局提高政治站位，把“四好农村路”和三个一号旅游公路建设摆在突出位置来抓，切实增强责任感和紧迫感，按照“任务不减、目标不变、标准不降”的工作要求，加大力度、加快进度，确保各项任务完成。

同日 为进一步提升全省交通运输系统标准化编制和管理水平，省交通运输厅举办2022年度全省交通运输系统标准化业务培训班。

为了扩大培训覆盖面，切实减轻基层负担，培训创新性地采取“线下+线上”相结合的形式进行。各市交通运输局，厅直各单位，交控集团、航产集团标准化管理人员和编制人员，以及厅机关处室业务骨干参加，省、市、县三级单位及个人用户200余人，共计400余人参加培训。

8月12日 省交通运输厅召开全省交通运输防汛紧急视频调度会，深刻汲取“8·11”吕梁中阳境内离隰高速路基1标2分部翟家山大桥钢筋加工棚突发山洪事件教训，全面部署交通运输领域安全隐患排查整治工作，确保全行业安全度汛，确保全行业安全生产形势持续稳定。厅党组成员、副厅长王晋主持会议并讲话。要求各部门、各单位要充分汲取“8·11”事件教训，举一反三，结合正在开展的专项整治三年行动和安全生产大检查大整治大提升行动，迅速组织对公路运营、工程建设、道路运输、轨道交通、水上交通、铁路安全等方面开展汛期安全生产隐患排查整治，切实将各类风险隐患防范在早、化解在小，严防各类安全事故发生。

会议通报交通运输部调度山西省有关情况，山西交控集团负责人作表态发言。厅机关相关处室负责人，厅直各单位、山西交控集团分管领导及相关部门负责人在主会场参加会议，各市交通运输局、各市公路分局、各高速公路综合行政执法支队分管领导和部门负责人在分会场参加会议。

8月15日—19日 省交通运输厅在右玉干部学院举办2022年基层党组织书记暨党务干部能力提升培训班。来自厅直系统的80余名基层党组织书记和党务干部参加。

本次培训采用专题授课、现场教学、音像教学相结合方式，特别邀请省委党校专家教授专题讲授《中国共产党百年奋斗的重大成就与历史经验》《学习习近平总书记关于提高政治能力的要求》《党的十九届六中全会精神解读》等内容；聆听右玉县原政协主席王德功作的题为《“红色”基因为“绿色”发展固本培元》专题报告。

8月17日 省交通运输厅同西安铁路监督管理局分别就2022年上半年铁路沿线安全环境治理工作情况展开交流。双方系统分析铁路沿线安全环境治理工作中存在的共性问题，并对下一步联合工作进行安排部署。

8月18日 省交通运输厅召开交通物流专项再贷款工作视频调度会，总结近期交通物流专项再贷款工作情况，并对下一阶段交通物流专项再贷款重点工作任务进行安排部署。厅党组成员、副厅长郭丙福，中国人民银行太原中心支行货币信贷管理处处长范广明出席会议并讲话。

郭丙福在讲话中，要求各市交通运输部门坚持问题导向、目标导向、结果导向，深刻认识做好交通物流专项再贷款工作的重要意义，切实增强落实交通物流专项再贷款政策的紧迫感、责任感，主动作为、靠前服务、攻坚克难，加快推动交通物流专项再贷款政策更好在全省落地见效。

会上，各市交通运输局汇报交通物流专项再贷款工作推进情况，省运输事业发展中心介绍工作调研情况，中国农业发展银行山西省分行作交流发言。

厅财务收费管理处、厅公路运输管理处负责人，省运输事业发展中心主要负责人，交通物流专项再贷款合格银行有关负责人在主会场参加会议。各市交通运输局主要负责人及相关科室人员、人行山西各市中心支行相关负责人在分会场参会。

同日 省交通运输厅和省公安厅联合召开高速公路服务区派驻警力协同工作推进会议，拟先期在全省50对高速公路服务区派驻警力，并在国庆节前完成派驻。省交通运输厅党组成员、副厅长王晋，省公安厅党委委员、副厅长马润生出席会议并讲话。

王晋在讲话中，要求各单位、各部门要高度重视，迅速行动，全力以赴推动服务区派驻警力各项工作尽快落地落实，切实发挥派驻警力的安全堡垒作用，为人民群众出行提供更安全、更便捷、更舒心的服务体验。要主动会同属地公安机关，进一步加强路警协作，积极探索构建高速公路服务区路警联合治理长效机制，推动派驻警力协同工作长效化、制度化、规范化。

会上，省公安厅治安总队、山西交控集团分别作发言。各市公安局分管局长和治安支队支队长，省交通运输厅机关相关处室负责人，山西交控集团运营管理部、交投集团、路桥集团、高速公路服务区管理有限公司负责人参加会议。

同日 省交通战备办公室专职副主任、省交通运输厅总工程师高新文，省公路运输工会负责人一行，赴运城南高速、运城北高速、运三高速施工现场开展“关爱职工 清凉一夏”活动，为奋战在一线的职工，带去防暑降温物资，送上一份清凉。

8月18日—19日 省交通运输厅一级巡视员郝玉柱带领督导组赴运三黄河大桥连接线、临猗黄河大桥及引线工程项目现场进行汛期安全生产督导。省交通战备办公室专职副主任、厅总工程师高新文一同参加。

督导组要求，要牢牢守住汛期安全生产底线红线，清醒认识抓好当前公路工程建设安全生产工作的极端重要性，切实强化风险隐患排查治理和应急处置工作，重点做好黄河流量和水位变化、现场风力变化等的监测预警以及高墩施工、顶推施工等高空作业的安全防范，全力以赴抓好各项安全生产防范工作，坚决杜绝各类安全事故发生。

8月22日 省交通运输厅部署开展汛期重点公路工程建设安全生产检查工作。成立南北片区2个检查组，分别由省交通建设中心和省高速公路综合行政执法总队牵头，赴在建高速公路工程项目开展汛期安全生产检查工作，普通国省干线公路项目由省公路局组织开展。省交通运输厅对各检查组和各项目随时随机开展督导工作，进一步压紧压实各建设单位的安全生产主体责任，筑牢汛期安全生产防线。

8月23日 省交通运输厅机关第十四、十二党支部与山西通航集团党总支开展联合主题党日活动，重温入党誓词，参观尧城机场航空科普文化馆、塔台、机坪，并合影留念。这次联合开展主题党日活动，将党建工作与民航业务工作有机融合，通过相互学习交流，达到借鉴提高、互促共建的目的。

8月31日 省交通运输厅一级巡视员雷天才带领调研组到交通运输政务服务窗口调研，要求按照中共中央、国务院、交通运输部及省委、省政府工作部署，落实惠企政策，优化营商环境，全力推动市场主体扩量提质，为全方位推动高质量发展提供坚实支撑。

9月

9月5日 根据省委关于巡视工作统一部署，省委第五巡视组巡视省交通运输厅党组动员会召开。省纪委常委、秘书长刘东光，省委第五巡视组组长赵忠保，副组长刘孝林、陈晓红出席会议。会前，刘东光主持省委巡视组与省交通运输厅党组见面沟通会，传达习近平总书记关于巡视工作的重要论述和中共中央及省委关于巡视工作的新部署新要求。会上，刘东光作动员讲话，对做好巡视工作提出要求。赵忠保通报巡视任务和工作安排。省交通运输厅党组书记、厅长赵建平主持会议并作表态发言。

省委第五巡视组有关人员、省交通运输厅领导班子成员出席会议。省纪委监委驻省交通运输厅纪检监察组相关负责人，厅二级巡视员、安全总监，机关各处室、直属单位负责人列席会议。

9月6日 上午，省委宣传部举行“山西这十年”系列主题新闻发布会的第十一场发布会，也是省交通运输厅专场新闻发布会。省交通运输厅新闻发言人、厅党组成员、副厅长王晋，厅党组成员、副厅长、省民航机场管理局局长段新源，厅党组成员、副厅长王四小，厅党组成员、副厅长郭丙福，省邮政管理局党组成员、副局长赵光介绍中共十八大以来全省交通运输事业高质量发展的进展与成效，并回答记者提问。

王晋介绍，中共十八大以来，全省交通运输系统深入贯彻落实习近平总书记视察山西重要讲话重要指示和关于交通运输的重要批示重要指示精神，在省委、省政府的坚强领导下，全省交通运输工作取得显著成就，主要体现在5个方面。即：项目先行，基础设施建设取得跨越式发展；提升服务，增强百姓满意度获得感；深化改革，治理机制完善成熟；创新驱动，科技发展支撑转型升级；生态优先，走绿色低碳发展之路。

发布会上，围绕民航运输、“四好农村路”建设、物流运输、邮政快递业等方面的成就，省交通运输厅相关负责人回答媒体记者提问。

9月7日—8日 省交通运输厅组织举办公路建设平安百年品质工程创建专题培训班。各市、县（区）交通运输局，相关厅直单位，重点公路工程项目投资、建设等单位相关负责人共计500余人通过线上教学方式参加培训。

9月13日 2022年山西省交通运输业职工职业技能大赛在寿阳县海鑫职业技能培训学校启动。大赛由省交通运输厅、省人力资源和社会保障厅、省总工会共同主办。省总工会副主席谭立新，省交战办专职副主任、厅总工程师高新文，省人力资源和社会保障厅二级巡视员武建国出席。

本次大赛共设置行政执法员、机动车驾驶教练员、高速公路收费稽核员、无人机测绘操控员、公路监控与信息采集发布员、车辆通行费收费员等6个职业（工种）。

启动仪式上，裁判员、参赛选手代表进行宣誓。仪式结束后，相关领导实地参观竞赛场地。

同日 省交通运输厅召开全省交通运输部综合执法检查反馈问题整改和舆情事件通报电视电话会议。厅一级巡视员雷天才出席并讲话。要求各单位、各部门要切实提高政治站位，坚持底线思维，聚焦矛盾问题，以“时时放心不下”的责任感，抓紧抓实常态化查纠整改工作，高标准、高质量开展好整改落实工作，不断提升依法行政的能力和水平。

会议通报《交通运输部办公厅关于交通运输行政执法领域舆情事件的通报》，太原市交通运输局、忻州市交通运输局、长治市交通运输局、省高速公路综合行政执法总队负责人作表态发言。

省市县三级交通运输主管部门、综合执法机构负责人和部分执法人员分别在主会场和分会场参加会议。

9月16日 省交通运输厅党组成员、副厅长郭丙福带领调研组到长治市，就国道环线公路自由流收费试点工作推进情况进行专题调研。要求各相关部门要加强沟通协调，严格时间节点，积极推进项目运营前的各项工作。

9月19日 全省“四好农村路”和三个一号旅游公路高质量建设推进会召开，深入贯彻习近平总书记关于“四好农村路”的重要论述和考察调研山西重要指示精神，贯彻落实中共中央、国务院决策部署，对高质量推进“四好农村路”和三个一号旅游公路建设进行部署。省委副书记、省长蓝佛安出席并讲话。副省长主持。

会上播放全省“四好农村路”和三个一号旅游公路建设纪实片。省交通运输厅汇报有关情况，阳泉市、运城市及山阴县、静乐县分别作发言。市、县设分会场。

9月20日 省交通运输厅召开全省高速公路和普通国省道项目前期工作第六次视频调度会暨用地手续办理专题培训会。会议系统学习自然资源部《关于积极做好用地用海要素保障的通知》和《关于加强用地审批前期工作积极推进基础设施项目建设的通知》精神，全力推进公路建设项目用地预审报批工作，力争年内再完成一批项目的立项审批，全面形成“续建一批、开工一批、谋划储备一批”的项目梯次推进格局。

同日 为深入贯彻落实中共中央、国务院决策部署，加快健全完善公路沿线充电基础设施，不断满足日益增长的电动汽车充电需求，服务公众便捷出行，促进电动汽车产业发展，省交通运输厅联合省能源局、国网山西省电力公司、晋能控股电力集团印发《加快推进公路沿线充电基础设施建设实施方案》。

9月21日 省交通运输厅联合人行太原中心支行召开交通物流专项再贷款工作视频调度会，总结近期交通物流专项再贷款工作情况，深入查找存在问题，并对下一阶段交通物流专项再贷款重点工作任务进行安排部署，持续推进政策落地取得更大成效。厅党组成员、副厅长郭丙福，中国人民银行太原中心支行党委委员、副行长、副巡视员邢毅出席会议并讲话。

郭丙福在讲话中，要求各市交通运输部门要切实提高认识，站在落实国务院稳住经济大盘总体部署、国务院保通保畅总体要求，以及当好先行者，达到促进山西高质量发展的高度，成立专班，明确分工，压实责任，鼓足干劲，加大工作力度，持续跟踪调度，力争在第四季度取得更大进展。

同日 省交通运输厅召开专题工作会议，安排部署中共二十大前道路运输管理、超限超载治理、维稳安保、铁路沿线安全环境治理等工作。厅党组成员、副厅长郭丙福出席并讲话。要求站在讲政治、顾大局的高度，充分认识当前工作的重要性和紧迫性，增强责任意识，坚持问题导向，树牢底线思维，突出工作重点，压实工作责任，加大工作力度，营造安全稳定社会环境。

9月28日 全省交通运输系统近期有关工作安排部署电视电话会议召开。会议深入贯彻落实中共中央、国务院和省委、省政府决策部署，对交通运输安全生产、保通保畅、信访、服务保障等工作进行再安排、再部署。会议要求以顽强作风、务实举措、担当作为，筑牢交通运输安全生产堤坝，保畅通、保安全、保稳定、促发展。

会议传达全国交通运输安全生产视频会议精神，通报2022年以来安全生产工作和近期物流保通保畅督导检查有关情况。各市交通运输局设分会场参加会议。

同日 省公路运输工会召开第四届委员会第一次全体会议，总结第三届第一次全委会以来的工作，部署今后五年工作任务，选举产生新一届工会领导班子。省总工会党组成员、副主席杨晓兰，省交通战备办公室专职副主任、厅总工程师高新文出席会议并讲话。

10月

10月1日 零时起，山西省内收费公路货车通行费在原有政策基础上，再减免10%。按照国务院有关决策部署，交通运输部下发通知，自2022年10月1日零时起至12月31日24时，全国收费公路在继续执行现有各类通行费减免优惠政策的基础上，统一对货车通行费再减免10%。接到交通运输部有关通知后，省交通运输厅迅速组织相关单位，开展高速公路费率制作工作，确保按要求及时准确上报交通运输部路网中心；组织督促省公路局、各市交通运输局，对管理或监管的开放式收费公路，同步启动收费站车道系统相关费率及软件更新和复核工作，并确保新费率准确无误。

10月1日—7日 山西省境内收费公路货车通行费将在原有优惠减免政策基础上，再减免10%政策执行以来，全省收费公路已累计减免货车通行费4288.75万元，惠及货车134.64万辆次。

10月9日 副省长到中国石油运输有限公司山西分公司调研指导工作。省交通运输厅党组书记、厅长赵建平，省政府办公厅副主任李天照陪同调研。调研中，他们一行参观监控大厅，听取党委书记、经理林川介绍分公司落实企业安全生产主体责任、国庆节和中共二十大前的安全管控等重点工作汇报。详细了解北斗车辆监控系统，观看车辆信息化管理系统演示，充分肯定分公司利用技术手段，发挥技防、人防、物防优势，确保运输安全和民生保供等各项工作所取得的成绩。

他在讲话中，要求山西分公司要更好地发挥央企在安全生产领域带头作用，贯彻落实好省政府决策部署，持之以恒抓好安全生产工作，切实推动安全管理再上新台阶，用实际行动诠释“人民至上，生命至上”重要理念。要深入贯彻习近平总书记关于安全生产工作重要指示精神，严格落实安全生产主体责任，坚持以党治企，践行央企使命担当，强化企业内部管控，为山西省经济发展和中共二十大胜利召开做出更大贡献。

10月11日 太原重工股份有限公司（以下简称太重公司）超大部件运输联席会议在省交通运输厅召开，厅一级巡视员雷天才出席并讲话。

会上，太重公司汇报258吨重的压机模块设备装载运输方案；山西交通科学研究院集团有限公司对《太原重工股份有限公司车货总重388.2吨运输方案通行验算情况及建议》进行详细介绍；厅行政审批管理处宣读相关专家对太重公司388.2吨压机模块设备运输车辆通行桥梁安全评估结果，发表对超大部件超限运输的许可意见。会议还对整体运输方案及安全保障工作进行评估，明确运输过程中所涉及各部门的分工职责。

雷天才在讲话中，要求太重公司及运输单位要提前向气象部门了解气象状况，运输过程要严格按照《公路桥涵养护规范》要求通过桥梁，与省交通运输厅各部门及公安交警密切配合，确保全程安全有序。厅公安路政处、治超处、审批处、路网处，省高速公路综合执法总队、山西交控集团、山西交通科学研究院集团有限公司，公安交警部门，太原重工股份有限公司、上海巨神大件运输有限公司有关人员参会。

10月16日 省交通运输厅组织机关全体干部职工在厅五楼会议室集中收看中国共产党第二十次全国代表大会开幕实况。厅领导赵建平、王晋、段新源、王四小、郭丙福、郝玉柱、雷天才、高新文一起观看电视直播。

大家聚精会神听，专心致志看，跟随着习近平总书记的报告，系统地回顾过去五年工作和新时代十年伟大变革，全面学习新时代新征程中国共产党的使命任务。机关全体干部职工深受鼓舞、倍感振奋，纷纷表示，要认真学习贯彻、深刻领会二十大精神，认真贯彻落实习近平总书记在报告中提出的新要求，充分发挥交通运输的先行作用，为全面建设交通强国、全面建成社会主义现代化国家、全面推进中华民族伟大复兴做出新的更大贡献。

10月17日 交通运输部网站公布《交通运输部办公厅关于公布打造国内水路旅游客运精品航线试点单位及试点内容的通知》，山西2条线路上榜。山西太行山大峡谷旅游发展股份有限公司八泉峡景区的八泉峡1号码头至八泉峡里码头航线入选自然景观游，试点船舶：八泉峡001。山西漳泽水库管理有限公司的润泽园至湖中岛至壁头航线入选特色文化游，船舶名称：太行湖001。

10月25日 省交通运输厅党组召开会议，传达学习中共二十大精神，安排部署全系统学习宣传贯彻工作。厅党组书记、厅长赵建平主持会议并讲话，强调要把学习贯彻中共二十大精神作为当前和今后一个时期的首要政治任务，迅速掀起学习宣传热潮，切实推动二十大精神落地见效，以新担当新作为推动交通运输工作再创佳绩，为全省经济社会发展做出更大贡献。

厅领导王晋、段新源、王四小、郭丙福、王建业、郝玉柱、雷天才、高新文出席会议；厅二级巡视员、驻厅纪检组、安全总监、厅机关各处室主要负责人、厅直各单位党政主要负责人参加会议。

10月26日 省交通运输厅组织厅直各单位、厅机关相关处室工作人员51人到省党风廉政教育基地，参观“严守铁规矩——山西省贯彻落实中央八项规定精神专题展”，接受党风廉政教育。厅领导段新源、王建业、郝玉柱、雷天才，驻厅纪检组、厅办公室、人事处、财务收费管理处、机关党委以及厅直八家单位主要负责人和相关处室负责人参观专题展。

参观人员均表示，该展览为参观者上了一堂立体、直观的廉政警示教育课，是一次触及灵魂的党性淬炼。作为党员领导干部，要深刻汲取典型案件的教训，举一反三，警钟长鸣，做到始终不越红线、不触底线、不碰高压线，在清廉山西、清廉机关建设中作表率、走在前，以好作风好形象创造新成绩，为山西省全方位推动高质量发展当好开路先锋。

10月27日 山西省铁路沿线安全环境治理联席会议办公室在省交通运输厅组织召开35千伏以下跨越普速电气化铁路电力线路迁改工作推进会，省交通运输厅、省能源局、省电力公司、太原局相关部门负责人及有关人员参会。会议对《2022年全省铁路沿线安全环境治理工作要点》下达35千伏以下跨越普速电气化铁路电力线路迁改的治理任务销号情况进行通报，省电力公司、太原局分别汇报治理进展情况、存在问题，提出下一步工作建议。会议分析全省35千伏以下跨越普速电气化铁路电力线路现状，就今后一段时期建立工作机制，分类施策治理，加强隐患管控，确保公共安全充分交换意见，提出要求。

10月29日 为庆祝中共二十大胜利召开，进一步激励广大干部职工关注身体健康、丰富精神文化生活，省交通运输厅举办“建功新时代、奋进新征程”健步走主题活动。厅党组成员、副厅长王晋作动员，厅机关干部职工积极参与。

11月

11月9日 省交通运输厅召开第六次安委会暨“两个行动”推进视频会议，贯彻落实中共二十大精神和省安委会有关部署，分析研判当前安全生产形势，全力推动“两个行动”（安全生产专项整治三年行动、安全生产大检查大整治大提升行动）落实落地，部署年底安全生产各项工作。厅党组成员、副厅长王晋主持会议并讲话。

会议强调，全省交通运输系统要认真学习贯彻中共二十大精神，坚决贯彻习近平总书记关于安全生产工作重要论述和指示批示精神，强化底线思维，保持清醒认识，把握风险规律，时刻关注、及时预判、积极应对、妥善处置各类安全风险隐患，把学习贯彻二十大精神体现到抓安全生产的实际行动上，用安全发展成效体现责任担当，努力为山西全方位高质量发展保驾护航、贡献力量。

11月10日 省交通运输厅召开重点公路工程第四季度调度暨安全生产视频会议。会议强调，中共 二十大开启新的奋斗征程，各单位要深入学习宣传贯彻中共二十大精神，紧紧抓住剩余有效工期，奋战50天，推动项目建设提速冲刺、交卷，为推进中国式现代化交通强国建设做出新贡献。

11月16日 省交通运输厅党组成员、副厅长郭丙福赴石楼县罗村镇驻村帮扶点宣讲中共二十大精神，并实地调研罗村镇乡村振兴人才培训基地和沙窑村设施蔬菜大棚基地。省交通运输厅相关处室负责人、石楼县委书记王廷洪、副县长郭登文等参加调研。

郭丙福在讲话中，要求把贯彻二十大精神和落实习近平总书记视察山西重要讲话重要指示精神紧密结合起来，培育一批引领行业发展的骨干龙头企业，做好各项要素保障，努力构建现代农业产业发展体系。

11月18日 省交通运输厅党组成员、副厅长王四小在省高速公路综合行政执法总队晋中支队作中共二十大精神宣讲报告。要求全省交通运输系统要进一步自觉地把思想统一到二十大精神上来，把力量凝聚到目标任务上来，以更加坚定的政治自觉、更加饱满的精神状态、更加务实的工作举措，一步一个脚印把二十大作出的重大决策部署在三晋大地付诸行动，见之于成效。

省交通运输厅安全总监郭富平、厅综合规划处处长许有志、厅农村公路管理处处长姬鸽陪同参加宣讲会。晋中支队党委班子成员、副处级干部、各党支部负责人、各大队大队长、机关全体人员在主会场参加，各大队人员在各自分会场以视频形式参加。

11月 国家机关事务管理局、中直机关事务管理局、国家发展和改革委员会、财政部联合公布第二批节约型机关建成单位名单，省交通运输厅被授予“节约型机关”荣誉称号。

是月 省交通运输厅党组成员、驻厅纪检监察组组长王建业深入省高速公路综合行政执法总队晋中支队二大队外勤组宣讲中共二十大精神并调研指导工作，要求基层执法人员把功夫下在平常，坚持将学思践悟贯穿始终，认真学习宣传贯彻中共二十大精神。驻厅纪检监察组副组长任玉胜一同调研。

12月

12月2日 在第11个122“全国交通安全日”来临之际，省公安厅、省委网信办、省文明办、省教育厅、省司法厅、省交通运输厅、省应急管理厅、共青团山西省委联合制订下发方案，以“文明守法 平安回家”为主题，充分发挥各自职能作用，同心协力推进交通文明建设。如启动122“百城千村美丽乡村行”活动，深入乡镇、农村进行冬季交通安全巡回宣讲；组织“两站两员”、交通安全志愿者、文艺小分队等开展进村入户宣传。组织开展面向老年人、学生群体的交通安全主题教育，聚焦乘车、步行、骑行等出行方式，提高“一老一小”人群交通安全自护能力。充分利用楼宇电视、LED显示屏、引导屏、宣传栏等为“文明守法 平安回家”主题“亮屏”，确保交通安全倡导提示时时可见。加强融媒宣传，推动交通安全议题进媒体、进网络、上“云”端。联合保险公司、互联网企业等，组织开展“文明好司机”推选、公益宣讲人招募、绘画作品征集、有奖知识竞答等群众性活动，鼓励企业发挥安全主体作用和社会责任，共同建设安全畅通、文明和谐的道路交通环境。

12月7日 省交通运输厅党组成员、副厅长王晋到省公路局作中共二十大精神宣讲。王晋从交通运输行业在经济社会发展中的地位和作用出发，结合山西交通运输行业实际，深刻阐述高质量发展的重要性和紧迫性，要求公路系统各级党组织和广大党员干部职工面对新挑战，要坚持发扬斗争精神，知难而进，迎难而上，奋力推进国省干线公路实现高质量发展。宣讲具有很强的理论性、指导性和针对性。

省交通运输厅厅直机关党委专职副书记武安瑜陪同参加宣讲会。省公路局领导班子成员、局机关中层干部及干部职工代表、局直单位领导班子成员参加宣讲会。

同日 由省交通运输厅、省文学艺术界联合会举办的“踏访黄河、攀登长城、跨越太行”主题旅游公路摄影大赛评审会在省交通运输厅召开，对向社会各界征集的摄影作品进行集中评审，评选出一等奖、二等奖、三等奖和优秀奖。

省交通运输厅对获奖人员进行表彰，并在黄河、长城、太行三个一号旅游公路“0公里”标志文化驿站举办优秀作品展览活动，充分展示此次摄影大赛取得的成绩，助力三个一号旅游公路建设，提高山西省全域旅游知名度。

12月9日 省交通运输厅党组成员、副厅长段新源深入省交通干部学校作中共二十大精神宣讲。

段新源号召全校广大干部职工，把贯彻落实二十大精神与贯彻落实习近平总书记关于教育的重要论述和视察山西重要讲话重要指示精神结合起来，认真学习领会，把中共二十大精神转化为推动干部教育高质量发展的强大动力。

省交通干部学校党委书记、校长辛泉生主持，省交通运输厅第十四党支部全体党员、省交通干部学校领导班子成员、全体教职工及合作办学机构党员代表参加宣讲会。

12月13日 省政府新闻办举行新闻发布会，深入解读《山西省加快复工复产和服务业复苏若干措施》。厅党组成员、副厅长郭丙福代表省交通运输厅介绍有关情况并回答记者提问。

12月13日—14日 省交通运输厅党组成员、副厅长 王晋带队赴吕梁市调研、检查安全生产工作。

在调研中，王晋一行实地查看"平安文明示范高速公路"薛公岭长陡下坡降温池改造情况、避险车道升级改造项目进行情况，听取高速交警"三道防线"建设实施情况汇报，观摩路警联合应急指挥平台和隧道AI联网监测系统演示等。王晋充分肯定平安文明示范高速公路创建工作取得的成果。他表示，各部门各单位高度重视，在道路本质安全水平提升、风险防控和隐患治理、智慧化管控、救援清障等方面工作力度大、措施实。下一步，要继续咬定目标，对标全国先进，提高标准水平，在"精、准、细、实"上下功夫，打造有特色的山西平安文明示范高速公路创建经验。

在石楼县罗村镇，王晋一行就巩固脱贫成果和乡村振兴工作进行实地调研。希望驻村工作队进一步夯实思想根基，增强责任感和使命感，不断积累经验，全力以赴，砥砺前行，为石楼乡村振兴做出新贡献。王晋一行还深入山西焦煤集团化工有限责任公司平安民爆物品配送中心、山西信发物流有限公司，对企业安全生产工作进行检查。王晋要求要充分认识做好安全生产工作的重要意义，落实好企业安全生产主体责任，加强人员管理和教育，严格落实车辆安全检查。交通运输部门要加强事中事后监管，依法严格查处各项违法违规行为；建立危险货物运输行为监管、非法行为查处联动机制，狠抓安全隐患治理。

12月13日—15日 省交通运输厅举办公路项目前期工作视频培训会，具体工作由省交通建设中心承办。各市县交通运输局、省公路局及公路分局、厅发展研究中心、山西交控集团及所属企业，各重点公路工程建设项目等80多家单位从事公路项目前期工作的管理和技术人员千余人次参加本次培训。

此次培训采用线上会议方式进行，邀请行业专家，对全省公路项目前期工作涉及的用地指标、土地预审、补充耕地和永久基本农田保护、自然保护地、生态保护红线、文物保护、水土保持等工作进行解读，就有关政策规定、工作流程、办理程序、报批内容、审查要点难点等进行细致、通俗易懂的讲解，并剖析具体案例。

12月14日 省政府新闻办举行新闻发布会，深入解读《关于进一步促进民间投资的实施意见》。省交通运输厅党组成员、副厅长王四小代表省交通运输厅介绍有关情况并回答记者提问。"十四五"期间乃至以后一个时期，全省收费公路均主要通过PPP等市场化建设融资模式推进，全省收费公路市场无差别、全方位向民间资本开放。为充分发挥市场在资源配置中的决定性作用，更好发挥政府作用，省交通运输厅坚持"两个毫不动摇"，积极支持民间资本进入交通基础设施投资领域。

同日 山河能源有限公司一行来到省交通运输厅，向省物流保通保畅工作领导小组办公室送来内容为"雪中送炭、冬日送暖"的锦旗，感谢省保通保畅办公室急企业之所急、解企业之所忧，积极协调有关部门。省物流保通保畅工作领导小组办公室副主任、副厅长王晋与企业进行座谈。王晋详细了解山河能源有限公司的生产经营情况，并表示要持续做好交通运输行业为企业的各项服务工作，对企业提出的困难要高度重视，要在第一时间部署安排，立即与企业取得联系，采取有力措施，迅速解决问题。

12月21日 繁峙至五台高速公路(以下简称繁五高速)开工仪式在繁峙县举行。省交通战备办专职副主任、省交通运输厅总工程师高新文等出席开工仪式。忻州市委书记朱晓东宣布开工，忻州市市长李建国主持。项目起点位于繁峙县楼岗村，与灵河高速繁峙枢纽相接，终点位于五台县瑶芝村，与忻阜高速相连，设计全长约65公里，总投资约98亿元，预计2026年通车。

作为山西省"十四五"高速公路规划网"四纵十五横"东纵的重要组成部分，繁五高速建成后可实现忻阜、灵河高速连接贯通，极大促进沿线经济社会发展，在全省全方位推动高质量发展中发挥积极作用。

12月 为认真贯彻落实习近平总书记关于安全生产重要指示精神，积极主动应对年终岁首交通流量持续增长形势，省交通运输厅安委会下发《通知》，全力守牢行业安全生产底线，坚决杜绝重特大事故发生，以最高标准、最严要求、最实举措抓好安全生产工作，确保交通运输行业安全生产形势持续稳定。各单位要进一步提高政治站位，积极主动科学预判，做好客流货流突发增长各项安全准备。重点围绕"两客一危"车辆、城市轨道交通、涉客船舶、重点水域、路网运行、公路水运工程施工等加强安全监管。

山西交通运输

2023 年鉴

省厅机关

山西省交通运输厅办公室

2022年，省交通运输厅办公室坚持以习近平新时代中国特色社会主义思想为指导，紧密聚焦全厅中心工作，立足充分发挥“参谋助手、综合协调、督办督查、服务保障”四大职能，尽职尽责做好“政务”“事务”“服务”及其他各方面工作，有效推动厅党组各项决策部署落地实施，为全省交通运输系统顺利实现全年目标任务做出积极贡献。

【提高办文质量】坚持把文稿服务作为第一要务，牢固树立精品意识。在办文过程中，始终坚持围绕中心、服务大局总方针，深入思考研究，与相关业务处室充分对接、掌握实情，力求将上级政策要求和厅党组决策部署全面准确体现于相关文字材料中，全年共起草、审核把关文稿材料240余篇，报送省委、省政府政务信息和约稿36篇，上报交通运输部信息20余篇。同时，及时准确完成18次厅党组会议、13次厅长办公会议、4次厅党组专题会议记录、整理及会议纪要撰写，为厅党组有关决策部署落地落实奠定坚实基础。

【加强目标责任考核】认真总结年度目标责任考核工作实践，突出务实、精准，制订出台2022年度考核办法。针对省委、省政府下达省厅年度目标任务和厅党组确定重点工作，及时分解任务、层层落实责任、明确时间节点，分类设定市交通运输局、厅直单位、厅机关处室三类考核对象2022年度目标责任考核指标，为年终考核提供依据。同时，加强跟踪督导，随时掌握进展，每月按时向省考核办、省政府办公厅相关处室报送目标任务和重点工作进展情况，保质保量抓好落实。

【推动重点工作落地落实】严格落实“13710”督办事项办理要求，省委、省政府督办相关事项均按要求推进。截至2022年11月30日，累计办理“13710”督办事项100件，其中省委“13710”平台督办事项16件，均属年度任务，在办16件，12月底全部办结；省政府“13710”督办平台事项84件，在办25件，待办结审批7件，办结52件。

【深入开展内部制度清理】对1982年以来出台制度规范进行彻底清理，共涉及158件，其中：公告废止122件，保留10件，列入修订计划26件，涉及党组决策、资产管理、公务接待、合同管理、档案管理等诸多内容，修订工作已全部启动。通过文件及制度“废改立”行动，把工作过程中遇到的新问题、形成的新经验反馈到制度设计环节。

【做好建议提案办理和信访工作】全年共接待受理信访事项357件。其中，信息系统转交148件，厅长信箱留言193件，走访10件，来电1件，来信5件。主要涉及人事待遇类纠纷、各类司机诉求、交通建设纠纷、各类政策咨询和问题投诉等，所有信访事项均及时受理，按期办结。高标准完成省十三届人大六次会议、省政协十二届五次会议交省厅办理41件建议和30件提案的答复工作，按时完成省政府办公厅建议提案处、省人大和省政协交办意见征集、会议协调、素材收集报送等工作任务。

【强化档案管理】开展2022年档案工作专题培训和国际档案日系列宣传活动。成功申报并持续推进厅行政审批和监察平台电子文件归档与管理试点项目、离隰高速公路电子文件归档和电子档案管理试点项目。完成厅机关2021年增量档案整理及数字化工作。

【提升服务能力水平】认真做好厅协同办公平台（办公自动化系统）运维保障工作，新增上线“预算编报”“征求意见”“请休假”“工作台账”“文件共享”5个模块，优化省厅行政审批事项联审联办流程，切实提升工作效率。对视频会议线缆、网络、设备进行优化升级，实现部—省—市三级级联，全年共计保障各类会议175次。稳步推进厅机关整体搬迁事宜，筹备阶段及时报请省政府、对接省机关事务管理局和省财政厅，并综合协调建设、设计、施工、监理、供应等单位；搬迁阶段积极组织有序搬迁，按照平面布局图，做好办公设备、用品以及家具等物品摆放工作；后续阶段全面恢复新办公区秩序，完成现办公场所物资清理、资产交接等工作。

【抓好政务网站及政务新媒体建设】在厅政务网站开设山西保通保畅工作、夯实网络责任、凝聚榜样力量、弘扬交通精神等专栏专题，开展在线访谈4次，发布政策类解读25篇。全年共发布新闻稿9169篇，保通保畅日报39期，处理依申请公开18次，向省政府网站报送稿件344篇。政务服务事项办件量110685件。“厅长信箱”“网络信访”“网上咨询”等栏目共收到群众来信192条，实际办结率100%。发布网站共建季报4次，网站共建月报11次，通过制度建设及共建共维促进网上履职能力和服务水平不断提升。

（刘成恩）

山西省交通运输厅人事处

2022年，在厅党组坚强领导下，厅人事处坚持以习近平新时代中国特色社会主义思想为指导，深入学习贯彻新时代党的组织路线，认真落实省委、省政府和厅党组决策部署，按照厅党组的统一安排和厅领导的指示要求，认真履职尽责，推动各项工作任务高质量完成。

【政治引领夯实根基】厅人事处始终坚持从政治大局出发，把深入学习贯彻习近平新时代中国特色社会主义思想作为首要政治任务。按照厅直机关党委安排，积极组织开展党支部学习，重点学习中共十九大、十九届历次全会会议精神，习近平总书记视察山西重要指示批示精神和关于交通运输工作重要论述及全国组织部部长会议精神。组织党支部全体党员观看二十大会议实况，会后每周进行集中学习二十大报告和党章，通过原原本本、逐字逐句学习，确保做到全面准确，深入理解内涵，精准把握外延。通过认真开展党支部活动，强化政治理论学习，全体党员干部思想自觉和政治站位有明显提高，切实增强“四个意识”、坚定“四个自信”、捍卫“两个确立”、做到“两个维护”。

【巩固机构改革成果】一是深化交通运输综合行政执法改革。充分发挥高速公路综合行政执法工作联席会议制度优势，推动建立高速公路保护协作机制。2022年1月，经联席会议研究通过，正式印发《高速公路综合行政执法机构与高速公路经营企业业务协作方案（试行）》。截至年底，积极对高速公路综合行政执法的职责边界、业务流程等方面进行梳理明确。二是厘清职能部门职责权限。依据省委编办明确的单位职责范围，以省运输事业发展中心为先期试点，随后再对省交通建设中心等5家厅直事业单位的职责进行细化，在3月份印发《交通建设中心等单位细化职责、业务范围、业务边界和工作流程清单（试行）》，用清单管理的方式厘清6家厅直事业单位和厅机关各处室的职责权限，进一步健全协调配合机制，实现事业单位重塑性改革的预期目标。三是明确机关部分领导岗位职责。根据《关于交通运输部门承接铁路安全监督管理职责后机构编制调整的通知》和《关于调整山西省交通运输厅机构编制的通知》有关规定，在参考借鉴交通运输部及其他兄弟省份交通运输厅做法、征求厅领导及部分处室意见基础上，经党组会研究同意，3月正式印发《省交通运输厅总工程师、总会计师、安全总监职责》。

【加强干部队伍建设】一是严格干部选拔任用。坚持政治标准，严格把好政治关，按照省委组织部《关于加强干部选拔任用纪实工作操作规程》，制订工作方案，对选拔任用工作的主要任务、方法步骤及组织实施作出具体安排，设置政治素质考察内容，推动干部队伍不断增强政治判断力、政治领悟力、政治执行力。全年协助厅党组调整干部101名，其中提拔任用厅机关正处级领导干部6名、平级调整3名；提拔任用省高速公路综合执法总队及支队正处级领导干部14名、副处级领导干部36名、平级调整4名；晋升二级巡视员2名、三级调研员9名、四级调研员4名、科级干部20名；推荐2名科级干部到司法厅工作，选拔1名企业业务骨干到厅机关任副处级领导职务。二是扎实开展干部培训。根据省委组织部和交通运输部年度教育培训工作安排，围绕省厅重点工作任务，统筹各处室培训申报项目，经厅党组同意制订印发《2022年度全省交通运输系统干部培训计划》。按照培训计划，于7月份在省委党校举办“交通运输高质量发展研修班”，11月份分别线上举办“2022年处级干部培训班”“省高速公路执法总队新任职处级干部履职能力提升培训班”，将二十大精神解读列为重要课程。组织全省交通运输系统各级干部分别参加山西干部在线学院“中共十九届六中全会精神网络专题培训”、交通运输部“2022年度网络培训班”和省委组织部“新任职处级干部专题培训班”及“春季、秋季主题班次”等专题培训。全年累计培训1400余人次，有效提升全省交通运输系统领导干部政治素养、领导能力和专业水平。三是做好干部考核激励和日常监督工作。坚持严管厚爱结合、激励约束并重。完成2021年度厅机关工作人员、厅直领导班子和厅管干部年度考核工作，从全系统推荐出16名“担当作为表现突出干部”并兑现相应奖励。按相关程序推荐优秀单位(处室)及个人分别参加平安山西建设、法治政府建设、山西省污染防治攻坚战等先进集体及个人评选，共推荐6家先进集体、6名先进个人。做好2021年度个人有关事项填报工作，从资料发放、学习培训、组织填报等各个环节细化管理，明确工作任务，加强提醒督促，做好政策解释，避免干部个人填报失误。抓实抓好两项法规执行，2022年个人有关事项共委托查核6批135人，其中重点查核4批112人，随机抽查1批20人，查核验证3人，根据结果进行比对核实，并依纪依规提出处理建议。运用好考核激励和干部监督等方式，切实落实干部激励和保护机制，提振干部队伍干事创业的精气神。四是制订干部荣誉退休实施办法。积极贯彻落实省委组织部、省委老干部局、省财政厅、省人社厅《关于印发〈山西省干部荣誉退休制度(试行)〉的通知》精神，结合省厅实际，会同离退休人员工作处、公路运输工会等部门共同制订《山西省交通运输厅干部荣誉退休实施办法(试行)》，10月份正式印发。对落实干部荣誉退休制度明确工作要求和具体步骤，确保增强交通系统退休干部的政治荣誉感、组织归属感和生活幸福感。

【扎实推进驻村帮扶】按照厅党组关于推进乡村振兴、扎实做好驻村帮扶工作的有关要求，结合石楼县罗村镇实际，年初制订印发《2022年度厅驻村帮扶工作计划》。按照帮扶计划，指导驻村帮扶工作队扎实开展各项工作。一是持续开展防返贫动态监测、脱贫劳动力稳岗就业、问题排查整改等工作，5个帮扶村累计摸排监测农户5799户13717人次，现有动态监测“三类”户共6户18人，脱贫劳动力务工就业人数达1976人；二是推动建成村镇乡村振兴技能培训基地，已列入乡镇及县级技能培训计划范畴，已邀请县有关部门开展培训活动6次；三是结合当地集体产权制度改革，积极筹措资金，以县乡为主体引进老农集团建立设施蔬菜大棚，形成产前、产中、产后全方位联动的帮带模式，截至年底，一期9座48亩日光温室大棚已投入使用；四是发挥行业帮扶优势，推进帮扶村产业路和村通道路提升改造，泊河至曹村产业路已完成征地拆迁工作，各村通村道路已完成前期勘测规划并报厅相关部门；五是主动对接消费帮扶，通过“以购代捐”“以购代帮”的形式促进帮扶产品销售，以实际行动提高帮扶村群众收入；六是监督用好省民政厅50万元临时救助资金，督促当地制订《临时救助资金使用办法》，配合当地村委将救助金发放到位、用到实处，切实解决村民实际困难。

【保障职工福利待遇】一是做好工资管理相关工作。严格贯彻执行山西省机关事业单位工资福利待遇有关政策，第一时间将最新政策传达贯彻到位。组织开展厅属事业单位开展工资津贴补贴自查清理及规范工资津贴补贴专项工作，明确事业单位工资津贴补贴发放项目和标准，确保不因政策掌握和理解偏差导致违规发放津补贴问题。每月按照规定做好机关工资发放和工资变动申报，审核厅属事业单位工作人员工资变动，配合财务部门做好机关事业单位人员预算相关申报工作。在保证严肃执行工资政策的同时，向有关部门争取政策，确保厅机关及厅属各单位工作人员各项福利待遇落到实处。二是做好社保相关工作。切实做好厅机关在职、离退休人员社保相关业务，按规定将基础绩效奖纳入2022年度养老保险和医疗保险缴费基数，及时向厅直各单位传达最新社保政策。做好职业年金记实工作，根据省财政厅《关于下达省本级财政全额供款单位职业年金记实资金的通知》，在规定时间内完成省厅2014年10月至2020年12月期间工作人员职业年金单位应缴部分做实工作。积极配合厅离退处做好离退休干部定点社区服务站备案、超期未认证申请补发退休金、异地安置、大病年审等事宜。

【抓好人才队伍建设】一是做好人才招录工作。按照省委组织部、省人社厅工作安排,根据《公务员考试录用》《事业单位人事管理条例》和《关于进一步改进和加强事业单位公开招聘工作的意见》等有关规定,认真组织开展2022年度人员招录招聘工作。经规定程序,接收6名定向选调生、招录2名参公事业单位人员、招聘12名厅直事业单位工作人员,已办理完毕录用手续,到岗工作。11月下旬,根据省委组织部要求,以视频会议的方式完成对6名2023年度清北选调生考察工作,正积极与考生沟通,争取顺利引才。二是优化职称评价方式。对评审流程再次优化,积极推行线上申报,以行政审批平台为基础,搭建职称申报系统,将申报审核工作从线下搬到线上,实行网上申报、网上审核、网上反馈,全过程不与申报人员见面;改进考试方式,把考试由淘汰手段变成促学工具,组建理论考试题库,考试采用系统分配座位、随机组卷的方式,淘汰纸质试卷,改为计算机线上作答。实行人脸识别验证,所有参考人员必须通过人脸对比才能进入考场,从根源上杜绝作弊行为;在全省首推“线下评审+线上答辩”的高级职称评审方式,答辩工作从现场转至云端,充分发挥省交通干部学校平台优势,配齐软硬件设施,真正做到让信息多跑路,让人员少流动,实现科学评审、高效评审的远景目标。截至年底,2022年度中级职称评审工作结束,高级职称评审正积极推进,其中313人具备工程师资格。

【认真落实重要事项】一是做好便携急救包发放工作。按照省厅《关于印发〈2022年全省交通运输更贴近民生实事〉的通知》工作部署和厅领导指示,厅人事处扎实开展“全省客运车辆便携急救包发放”专项工作,3月28日在太原市成功举办“全省客运车辆便携急救包发放”启动仪式,4月底前顺利将便携急救包发放到位。二是规范借用人员管理。根据省委巡视反馈意见,按照厅领导要求,以“确有必要、总量控制、严格程序、能借能回、管用衔接、规范有序”的原则,制订起草《省交通运输厅机关借用人员管理办法(试行)》,对借用条件、范围、人数、时间、审批程序、人员管理、待遇保障、考核鉴定、解除借用、工作纪律等方面作出规定。三是落实厅机关搬迁制证工作。按照厅机关整体搬迁工作方案具体要求,开展厅机关人员门禁、餐卡及车辆出入登记相关工作。印发《关于完善厅机关工作人员(借用人员)信息登记有关事宜的通知》,对厅机关及驻厅单位正式人员和借用人员相关信息进行收集整理。四是积极化解信访问题。会同厅信访办、省公路局、省执法局等部门单位,积极化解信访。就原高速企业路政人员信访问题,及时答复,耐心讲解,最大限度避免信访人员矛盾激化。坚持特事特办,尊重历史的原则,多次协调省人社厅、省委编办等部门,解决原省高管局蔡建设到龄退休后相关待遇问题。

(侯子聪)

山西省交通运输厅政策法规处

2022年,厅政策法规处坚持以习近平总书记全面依法治国新理念新思想新战略为根本遵循和行动指南,以实现交通运输治理体系和治理能力现代化为目的,狠抓交通运输法规制度体系建设、行政权力的制约与监督、普法宣传教育等重点工作的落实,为推动全省交通运输高质量发展、开启交通强国建设山西新征程提供法治保障。

【加强习近平法治思想学习】坚持把学习宣传贯彻习近平法治思想作为一项长期政治任务来抓,厅党组中心组每季度至少学法1次,结合厅分管工作,制订厅领导学法清单,2022年厅党组集体学法4次,重点学习习近平法治思想,厅领导谈学习体会,结合分管工作就如何贯彻落实习近平法治思想、如何融入到具体工作实践等认真交流发言。厅领导带头到分管单位宣讲习近平法治思想和习近平总书记关于全面依法治国的新论述。制订普法责任清单和领导干部学法清单。将《习近平法治思想学习纲要》《中华人民共和国宪法》《中华人民共和国民法典》以及行业法律法规等作为交通运输系统各级党委(党组)理论中心组学习的重要内容,纳入干部培训必学的重点内容。要求各级交通运输部门坚持读原著、学原文、悟原理,深入学习宣传习近平法治思想的核心要义、精神实质、丰富内涵、实践要求。

【扎实组织专题培训】 领导干部专题培训班均专设有法治课程,习近平法治思想为必学内容。开展新进公务员法律知识培训,把法制教育纳入工作人员入职第一课。组织广大干部职工利用“学习强国”、法宣在线、“山西交通在线”等平台,加强法治理论和法律知识学习,提高法律素质。依托山西省交通干部学校开设山西交通运输执法系列讲座线上课程,进一步增强严格规范权力运行和依法行政的法治意识,全面提升全省交通运输行业人员的政治意识、素质能力和法治水平。

【认真落实党政主要负责人法治建设第一责任人职责】 充分发挥各级党委(党组)在推进法治建设中的领导核心作用,将党政主要负责人履行推进法治建设第一责任人职责情况纳入政绩考核指标体系,要求各级党政主要负责人自觉运用法治思维和法治方式深化改革、推动发展、化解矛盾、维护稳定,加快推进法治交通建设。厅长办公会专题研究并制订下发《山西省交通运输厅2022年全省交通运输法治工作要点》,明确各级党政主要负责人建立推进法治建设工作职责,涉及法治工作领导、交通运输法规制度建设、深化交通运输综合执法规范化建设、推进“八五”普法宣传教育、加强法治监督和保障等六大方面内容。

【深化交通运输立法工作】 2022年《山西省道路货物运输源头治理超限超载暂行办法》列为省政府规章的正式立法项目。在修订过程中,充分听取企业意见,会同省司法厅在其官网以书面形式向社会广泛征求意见,经过多次调研、修改、论证后,最终于2022年12月2日经省人民政府第156次常务会议通过,2023年3月1日起施行。

【坚持依法决策,妥善化解矛盾纠纷】 2022年,山西省交通运输厅行政应诉案件2件,一是“太原市富通公路工程有限公司诉山西省交通运输厅行政补偿”一案,由山西省交通运输厅二级巡视员和山西省交通运输厅政策法规处处长出庭应诉参加庭审,最终太原市中级人民法院判决驳回原告太原富通公路工程有限公司的诉讼请求。二是古交市原相乡下石沙村村民曹燕斌诉山西省交通运输厅行政纠纷案,最终太原市中级人民法院判决山西省交通运输厅胜诉。2022年度,山西省交通运输厅行政复议、行政应诉无败诉案件。

【建立健全约束机制,强化制约监督】 编制印发《山西省高速公路综合行政执法事项清单》,并向社会公布,接受群众监督。制订出台《山西省交通运输厅法律顾问制度》,聘请山西鼎信泽律师事务所为法律顾问,配备公职律师。建立一支内外结合、专兼融合、优势互补、保障有力的法制工作队伍,高效推动厅党组依法决策、依法行政、依法管理的能力和水平。全年共完成规范性文件、重大行政决策事项和合同等合法性审查29件,公平竞争审查1件。2022年,厅政策法规处联合法律顾问对照新修订《中华人民共和国行政处罚法》的规定,完成1981年以来厅发500余件规范性文件的清理工作。在网站首页增设“十四五”规划、法治政府建设等专栏,方便民众及时知晓相关知识和动态。

【全面推进行业信用体系建设】 一是积极推进社会诚信建设。制订出台《2022年交通运输信用体系建设工作要点》,对全年信用建设的任务目标、责任分工进行总体安排。二是推进信用建设相关制度建设。起草《山西省交通运输信用管理办法(试行)》《山西省交通运输系统信用信息归集制度》《山西省交通运输系统信用信息公开制度》等制度和办法。三是扎实推进信用信息归集、公示、共享。按照省发展和改革委员会有关要求组织开展行政强制、行政确认、行政裁决、行政奖励、行政监督检查5类行政管理信息归集上报工作。与有关处室密切配合,认真做好行政处罚和行政许可等信用信息公开评估工作。四是积极开展信用宣传。通过“信用交通·山西”网站积极宣传社会诚信、落实国家和省委、省政府社会诚信建设有关工作要求。及时更新栏目，实时公示行政许可与行政处罚信息，并向省发展和改革委员会信用网站实时推送。组织开展《山西省社会信用条例》学习宣贯活动及“6·14”信用关爱日活动。

【建立规范化长效机制】 制订下发《关于进一步加强全省交通运输综合行政执法建立规范化长效机制的实施意见》，在2022年的全省交通运输工作会议上对执法规范化长效机制落实进行部署，明确交通运输综合行政执法事项，统一交通运输行政处罚裁量权基准，完善执法监督机制，推动执法联动机制建设，构建全省交通运输执法“一张网”新格局。2022年5月22日至29日，山西省交通运输综合行政执法局受省交通运输厅指派，对全省11个市、23个县(按照不低于20%的比例抽查)进行督导检查。

【加强执法车辆规范化管理】 按照交通运输部新的标准要求，加强执法执勤用车的监督管理。制订下发《关于做好交通运输执法执勤用车标识相关工作的通知》，对执法执勤专用车辆的颜色、图案标志、标识、车辆编号等内容，按照新标准重新进行统一规范。编制执法执勤用车编号规则，规范《交通运输执法执勤用车示警灯使用证变更审批表》，严格按标准对执法执勤用车示警灯使用证进行变更和重新办理，2022年对全省交通运输系统99辆执法执勤用车示警灯使用证进行办理。

【全面加强行政执法制度建设】 修订并印发《行政处罚自由裁量权基准制度》(以下简称《裁量基准》)。厅政策法规处对交通运输领域适用现行有效的93部法律、法规和规章近1000个条文进行梳理，认真听取市、县交通运输局及一线执法人员意见，对标和借鉴18个兄弟省市交通运输厅、局先进经验，2022年初形成草案后，组织省委法制办、省司法厅、高校、一线执法人员进行论证。经过多渠道、多层次广泛征求意见后，对照各方面意见进行研究修改形成终稿。

《裁量基准》共15章397个条目，与2014年版相比，增加“公路交(竣)工验收”“公路养护”“城市客运”“车辆动态监管”“车辆技术监管”五部分，增设五章。在处罚基准的格次划分方面，对处罚金额1万元以上的法律规定，一般分轻微、较轻、一般、严重、特别严重五个格次；对处罚金额3000元以上1万元以下的法律规定，一般分较轻、一般、严重、特别严重四个格次；对处罚金额3000元以下的，一般分较轻、较重、严重三个格次。同时为方便交通执法人员查阅，将法律法规的羁束行政处罚(未赋予自由裁量权的行政处罚)的规定也予以收录。2022年12月，《行政处罚自由裁量权基准制度》正式印发。2022年启动《山西省交通运输行政执法文书》的修订工作和《山西省交通运输执法文书制作指南》的编写工作。

【积极推进执法队伍能力建设】 以“四基四化”建设为契机，定期开展全员执法培训，建立全覆盖、分批次、有规划的基层综合执法职业化培训体系，加强基层基础基本功建设。2022年，厅政策法规处组织全省交通运输系统60余名行政执法人员以习近平法治思想、《中华人民共和国宪法》及行业相关法律法规等为内容，开展为期三天的执法骨干培训班。2022年度厅政策法规处组织全省各级交通运输系统行政执法人员参加省司法厅线上开展的“行政执法大讲堂”活动，就合理行政裁量、严格行政执法、落实行政执法三项制度、进一步规范行政执法行为、行政执法与刑事司法的衔接、乡镇执法改革和执法能力提升、严格规范公正文明执法、基层行政执法程序实务等内容开展8期线上授课，为保证学习效果，要求参培人员在线上进行签到，确保执法人员与课时学习全覆盖。厅政策法规处和省交通运输综合执法局联合印发《“交通运输行政执法公开课”培训计划》，安排11讲，共计64个课时，聘请省内外专家授课，参训5000余人次。

【认真开展行政执法规范化等系列调研】 一是开展全省交通运输综合执法队伍和运行机制调研。完成以交通运输综合执法机构、人员、内外部运行情况、职责区分、执法队伍管理情况、存在不足及有关建议为主要内容的调研报告。有重点地摸清具体的综合数据，为下一步深入推进交通运输综合执法机构改革提供有力支撑。共整合组建交通运输综合行政执法机构98个。其中，省级1个，市级11个，县级86个。划转执法人员6798人，其中，省级1382人，市级1896人，县级3520人。二是开展《中华人民共和国交通运输法》立法需求调研。根据交通运输部要求，对《中华人民共和国交通运输法》立法需求开展调研。分析总结现代综合交通运输体系推进中的共性问题，对《中华人民共和国交通运输法》的立法原则、重点制度等方面提出具体建议。三是开展行政执法规范化调研。配合广东省交通厅开展交通运输轻微违法告知承诺制调研，分析总结本领域行政执法轻微免罚制度的建设和实施情况，对下一步全行业制订实施规范提出具体建议。按照省司法厅要求，开展交通运输领域规范行政执法裁量权调研，分析总结交通行业行政执法裁量权贯彻落实情况，对交通领域执法裁量权制度制订情况和执行情况进行认真调研总结。开展交通运输说理式执法调研。配合山东省交通运输厅开展"谁执法、谁普法"普法责任制研究工作，深入调研分析说理式执法工作开展情况。

【完成交通运输部综合执法现场检查工作】7月11日至14日，交通运输部检查组对山西省交通运输厅和太原、晋中、长治三个交通运输局交通运输法治部门建设和综合行政执法情况进行现场检查，厅政策法规处在厅交通战备办公室专职副主任高新文具体领导下，高标准完成每一个环节的工作落实，山西省交通运输法治部门建设和综合执法工作得到部现场检查组认可。检查组认为，山西省能够以交通运输法治政府部门建设为载体，深入推进"放管服"改革和综合行政执法改革，积极落实行政执法规范化长效机制，持续加强执法队伍建设，各项工作取得明显成效。特别是法治政府部门建设持续深化、交通运输地方立法工作取得积极进展、行政执法规范化长效机制逐步落实见效、"放管服"改革优化营商环境持续深入推进，这四个方面工作完成尤其突出。

根据交通运输部检查组反馈意见，厅政策法规处共梳理出法治政府部门建设、落实行政执法规范化长效机制、综合行政执法改革、深化"放管服"改革4个方面15个问题，及时向厅主要领导汇报了检查情况及反馈的问题。2022年7月21日，厅党组务虚会上，对有关问题进行专题研究，认真研究部署整改工作，并将"执法不严、执人情法""推进基层执法人员执法证件的申领""加快推进交通运输综合监管平台"等事项纳入山西省交通运输厅"2022年下半年重点工作任务"中，分解到分管厅领导和相关处室。

认真制订《交通运输部检查组发现问题整改清单》，并起草《山西省交通运输厅2022年交通运输综合执法检查反馈问题整改工作方案》，经厅长办公会议研究通过后，印发厅机关相关处室、各市交通运输局、省高速公路综合行政执法总队对照整改。9月13日，省交通运输厅一级巡视员雷天才主持召开全省"2022年交通运输部综合执法检查反馈问题整改工作会议"，精心部署抓整改抓落实具体工作，经一一核实调查所有问题得到整改解决。

【扎实开展执法领域突出问题专项自查工作】1月，按照中央依法治国领导小组办公室的要求，省交通运输厅在全省范围内开展交通运输执法领域专项自查工作。印发《关于开展全省交通运输执法领域突出问题专项自查的工作方案》《关于组织开展执法领域突出问题自查工作督导检查的通知》，采取明察与暗访相结合方式，对各市交通运输局、省公路局、省高速公路综合行政执法总队、山西交通控股集团专项自查工作开展2次督导，重点查看各单位排查问题是否动真碰硬，问题清单是否典型，是否落实到具体人、具体事、具体部门、具体过程情节；整改措施是否有针对性，整改责任是否落实到具体部门和具体责任人等。全系统针对梳理出的79个问题，制订整改措施152条。截至2022年2月15日，已有66个问题得到整改，整改率83.5%，对13个问题挂牌督办，除部分单位因执法人员领取国家执法证人员过少，没有取消交通运输部证外，所有问题于4月底前整改完成，5名责任人受到处理。

【开展常态化查纠整改工作】制订完善行政执法监督制度，采取日常监督与专项督查相结合、明察与暗访相结合的方式，突出查摆和纠正问题，不断提升执法监督工作的科学性、准确性、导向性。充分发挥执法案件内部审核、审批程序监督作用，对执法关键环节和程序严格把关。完善执法办案评价指标体系和考评制度，对执法评议考核发现的问题纳入整改清单，跟踪督导，确保整改到位。落实41.35万元经费，改进提升“12328”交通运输服务监督电话运行服务质量，畅通投诉举报渠道。组织实施“12328”系统每日运行情况通报制度，实行“一日一公示、一日一排名”，督促各地市有针对性提高服务质量。

（史华敏）

山西省交通运输厅综合规划处

2022年，在厅党组坚强领导下，厅综合规划处以习近平新时代中国特色社会主义思想为指导，全面贯彻中共二十大精神，深入贯彻省第十二次党代会和省委经济工作会议精神，按照全方位推动高质量发展目标要求，服务实现“两个转型”、推动“三个转变”、打造“四个一流”，以交通强省建设为总抓手，以构建现代化综合立体交通网为目标，以山西中部城市群、太忻一体化经济区为重点，坚持稳中求进，适度超前，完善规划政策体系，扩大交通有效投资，超前谋划重大项目，加快推进前期工作，全力服务乡村振兴，做好强国试点工作，成果显著，为加快交通强国建设，奋力谱写中国式现代化山西篇章贡献力量。

【基本形成交通运输规划体系】 把规划编制作为贯彻落实国家双“纲要”，建设交通强省重要抓手，围绕国家和省最新战略部署，充分衔接最新规划和政策文件，坚持问题导向、坚持对标对表、坚持开门问策。采用线上线下结合，集中组织专家研讨，全年累计组织20余次研讨会、征求意见10余次，规划编制全面提速。在2021年印发《山西省省道网规划（2021—2035年）》《山西省交通运输“十四五”发展规划》等综合规划基础上，全年又完成7项规划编制送审工作，已印发6项，补齐“3+2+22”交通运输规划体系的重要环节。一是聚焦综合立体交通网建设，会同省发展和改革委员会共同编制《山西省综合立体交通网规划纲要》，已于12月30日以省委名义印发。二是聚焦“一群两区三圈”城乡区域发展新布局，以省厅名义印发《太忻一体化经济区高质量发展交通运输实施方案》《山西中部城市群“十四五”交通运输发展专项规划》；会同省发展和改革委员会编制《山西中部城市群交通基础设施互联互通专项规划》《太忻一体化经济区综合交通网实施方案》，分别以省政府和省太忻发展领导小组办公室名义印发。三是聚焦“六新”率先突破，推进信息技术深度赋能交通基础设施，以省厅名义印发《山西省交通运输领域新型基础设施建设行动方案（2023—2025年）》。四是聚焦乡村振兴，以省厅名义印发《山西省“十四五”交通运输巩固脱贫成果 衔接乡村振兴发展规划纲要》。

【交通固定资产投资再创新高】 贯彻落实中央经济工作会议关于积极扩大有效投资精神，围绕省政府700亿元交通固定资产投资年度目标，多措并举，确保计划安排合理、要素保障有力、投资进度准确掌握。一是争取更多国家资金支持。落实省长蓝佛安重要批示精神，梳理“跑部对接”事项清单，深入研究中央和省级财政支持基础设施建设的政策措施，2022年争取到位车购税150亿元。二是争取省级财政支持。协调省财政安排资金67亿元支持2022年农村公路建设；同时，新申请省级财政资金12.1亿元用于PPP（政府和社会资本合作）路面改造项目政府付费和普通国省道养护，极大程度缓解全省多年来普通国省道养护资金不足问题。三是多渠道筹措建设资金。加强与省发改、财政等部门沟通协调，争取收费公路专项债和政策性开发性金融工具支持重点公路项目建设。2022年共有2个项目发行或调整使用收费公路专项债券27.95亿元，有力保障重点项目的资金需求。四是做好统计监测工作。对表年度投资目标任务，加强分析监测调度。每月编制交通投资情况简报、每季度印发情况通报，督促指导行业主管部门和项目单位明确目标、把控进度，加快推进项目建设形成有效投资。

2022年，全省累计完成交通固定资产投资829亿元，同比增长15.9%，超额完成全年目标任务，投资额再创历史新高。

【超前谋划重大公路项目】 坚决贯彻落实省委、省政府“全面加强基础设施建设，适度超前开展基础设施投资”战略部署，以联网、补网、强链为重点，聚焦综合立体交通网和交通强省建设，全面、系统谋划支撑“一群两区三圈”新布局，重点支撑中部城市群和太忻一体化经济区建设重大公路项目，受到省委、省政府主要领导高度肯定。全省“十四五”共谋划重大建设项目174个，总投资9069亿元。其中，2022年建设项目54个，总投资2825亿元，计划完成800亿元。高速公路方面，一是推进太原西北二环、繁五等支持中部城市群和太忻一体化经济区率先发展项目，协调太原市启动太原环城高速公路功能调整前期工作，在全国率先实现环城高速公路整体调整为城市快速路；二是推动汾石、临浮等5个“县县通”项目建设全面提速，预计2024年全部建成通车，提前1年实现县县通高速；三是推进昔榆、河北新乐至忻州等出省口项目，特别是东向出省通道，强化省际连通；四是推进太旧、原太等建设年代较早、车流量大、交通繁忙拥堵的国家高速公路扩容改造。预计“十四五”末，全省高速公路通车里程突破6600公里。普通国省道方面，一是推进一级公路贯通工程，全面提升干线公路长距离、大宗运输的服务能力，108国道、208国道、307国道全线达到一级公路标准，全面实现设区市城际高速公路和一级公路双贯通。二是推进城市过境改线、瓶颈路段升级改造、重要节点连通工程，“十四五”期间基本消灭普通国道和重要省道瓶颈路段。预计“十四五”末，全省普通国省道一级公路通车里程突破4000公里，占普通国省道通车里程的32%左右，占比超出全国平均水平约15个百分点。

【项目前期工作取得成效】 抢抓中央财经委第十一次会议“加强交通能源水利等基础设施建设”的政策机遇期和收费公路政策调整的窗口期，通过狠抓落实，前期工作跑出“加速度”。一是四张清单强力推进。成立工作专班，全面启动“十四五”规划项目前期工作（约是“十三五”的2~3倍），建立任务、责任、进度和问题“四张清单”，通过“调度、通报、排名和督导奖惩”四种方式强力推动，力争用1~2年时间完成全部项目的立项审批。2022年以来，采取指导督导并重、线上线下结合方式，先后组织召开8次重点项目前期工作调度、培训会，充分调动各级各部门的积极性和主动性，形成上下联动、大干快上良好氛围。二是狠抓质量严控投资。抽调省内外60余名知名专家组成专家组，为项目提供全过程技术咨询服务。一方面，从制度入手，历时2个月，专题研究数十次，历史性、系统性地出台《关于提高公路建设项目可行性研究报告质量严格估算投资控制的通知》和《公路建设项目工程可行性研究报告编制技术指导意见（试行）》，全稿2万余字，较好解决全省公路项目技术标准、规范执行尺度不一问题，为可研报告编制、咨询评估、专家审查奠定坚实基础；另一方面，针对重点推进56个重大项目，厅党组成员、副厅长王四小亲自组织、亲自参与，组织专家组提前对项目功能定位、技术标准逐一进行审定，在全省路网中统筹考虑同一路线不同路段、不同路线之间的技术标准衔接，这在全省项目前期推进史上尚属首次；最后针对56个重点项目全部组织现场踏勘，反复论证技术复杂项目，较好地解决了以往省级层面侧重于图上作战的问题，真正形成开门问策、集思广益、实事求是的工作新格局。按照最新研究成果，56个重大项目估算投资较规划投资平均降幅达11.5%以上，用地降幅达7.4%以上，实现项目前期从速度和规模向更加注重质量和效益的转变。三是要素保障取得重大突破。一方面，统筹做好项目前期和国土空间规划“三区三线”划定的衔接工作。“十四五”规划项目全部形成高质量矢量数据，提交自然资源部门纳入国土空间规划“一张图”，穿越自然保护区核心区的7个项目用地范围全部调整为一般区，90%以上的项目完成基本农田调整补划，14个项目已完成穿越生态保护红线不可避让性论证和生态功能影响论证，为在省级完成用地预审报批奠定坚实基础，较报国家层面审批周期缩短3~6个月，交通成为专项国土空间规划进度最快、质量最高的部门，也是全省唯一全部提供项目矢量数据的部门。另一方面，统筹做好项目融资方案和资金保障的衔接工作。数十次赴省财政厅与有关处室对接，积极寻求省级财政资金对公路建设项目的支持。

已全面完成2022年度部、省重点任务。一是“十四五”规划待建126个项目全部完成线位方案研究并形成高质量矢量数据，全部纳入国土空间规划。二是全年重点推进的56个高速公路和普通国省道一级收费公路项目，已全部完成技术方案专家论证，其中，省委、省政府重点关注的太旧高速扩容改造、繁五、应繁等高速公路和108国道太原段、307国道晋中段等普通国省道一级收费公路全部完成专家评审，待用地预审批复后，省发展和改革委员会即可完成立项审批。三是9月28日自然资源部同意全省按照新的“三区三线”划定成果启动项目用地预审报批后，56个重点项目用地预审报批工作全面提速，在不足2个月时间内，10个项目用地预审已报自然资源部门待批，6个项目已完成市县两级五部门核查、待报批，预计2023年3月底前将完成15个项目的立项审批，上半年完成约80%的项目立项审批，年内全面开工建设，形成“在建一批、开工一批、储备一批”良性梯次推进格局，为未来三年交通扩大有效投资打下坚实基础。

【服务乡村振兴发展】深入贯彻省委农村工作会议精神，聚焦年度目标任务，凝聚市县合力，协调推进农村公路建设和农村客运发展，持续巩固拓展脱贫攻坚成果同乡村振兴有效衔接。一是明确发展目标。贯彻落实省委农村工作会议安排，制订《山西省2022年农村公路建设实施方案》，围绕构建“布局合理、通村畅乡、安全便捷、服务优质、绿色经济”的农村公路网目标，为乡村振兴战略实施提供交通先行支撑。二是落实问题整改。根据《山西省2021年度国家巩固拓展脱贫攻坚成果同乡村振兴有效衔接考核评估反馈问题整改工作方案》有关要求，研究制订《2021年国家脱贫攻坚成效考核反馈交通问题整改工作方案》，梳理“十三五”期间脱贫攻坚整改问题，组织各市县交通运输部门“回头看”，各项反馈问题已全部整改到位。

2022年，全省建成“四好农村路”4732公里、三个一号旅游公路2526公里，分别完成年度目标118.3%、101%，新增179个较大人口规模自然村通硬化路、12个乡镇通三级及以上公路，所有县（区、市）城乡客运一体化发展水平均达到AAA级以上，交通脱贫攻坚成果有效巩固，乡村振兴基础进一步夯实。5月12日，在省委农村工作领导小组关于全省2021年度实施乡村振兴战略实绩考核结果通报中，省交通运输厅被评为优秀等次。

【加快推进交通强国试点工作】按照省政府《关于交通强国建设试点的实施方案》和《关于交通强国建设试点的考核办法》（以下简称《实施方案》、《考核办法》），统筹协调推进五项试点一阶段任务加快实施。一是完善试点推进机制。按照《实施方案》，制订厅内责任分工，出台《关于印发交通强国建设试点任务厅内分工的通知》，形成“一项任务由一个厅领导领办，一个处室牵头，有关处室相互配合、共同落实”的工作格局，明确责任、确保落实。二是形成试点考核机制。以《考核办法》为基础，进一步细化2021年度试点任务考核评分细则，形成《交通强国建设试点任务2021年度考核方案》，组成由试点任务牵头处室带队的5个考核组，对所负责试点任务2021年完成情况进行考核。三是规范激励资金发放和使用。根据考核结果，研究起草《交通强国建设山西省试点任务年度激励资金分配暂行办法》，确保公平公正、激励实施单位攻坚克难、改革创新。交通强国建设山西省五项试点任务2021—2022年65项具体任务和18项预期成果已基本完成并取得阶段性成效。

【“跑部对接”跑项增资取得重大突破】落实省长蓝佛安重要批示精神，深入研究把握中央政策，梳理“跑部对接”事项清单并精准落实对接责任，积极争取中央项目和资金支持。2022年全年共争取到位车购税150亿元，全国排名第5；已争取到2023年第一批车购税资金预算58亿元，全国排名第12，其中普通省道和农村公路“以奖代补”预拨资金21亿元，全国排名第5。

【交通强省建设政策保障能力取得重大突破】坚持把完善政策体系作为推动交通强省工作落实的重要基础。全年累计研究起草10项政策性文件，出台实施7项，填补多处政策空白，为多项工作和多类项目高效推进提供可靠依据，取得很大成效。高速扩容和互通立交建设方面，印发《关于推进全省高速公路扩容改造工作的实施意见》《关于加强和规范全省高速公路互通立交出入口新（改扩）建工作的实施意见》，是全省首次对该类项目提出政策指导，有效解决项目社会效益与经济效益之间存在矛盾这一阻碍落地实施的最大症结，更好推动高速公路集约高效发展。建设养护资金分配政策体系建设方面，形成"一套标准，两个方案，三个办法"公路水路建设养护资金分配政策体系，历史上首次通过一套标准明确所有公路建设和养护、场站、水运、行业支持等项目建设的部省补助办法，彻底解决省厅多年来资金分配和计划管理标准零散、程序繁杂、职责交叉、各自为政问题。有效提高资金使用精准度和有效性，降低资金分配中存在廉政风险，为"十四五"规划实施提供坚强资金保障。前期质量管控方面。印发《关于提高公路建设项目可行性研究报告质量严格估算投资控制的通知》和《公路建设项目工程可行性研究报告编制技术指导意见（试行）》，为专家组和咨询评估单位提供审核依据，推动全省重大公路项目平均节约建设投资11.5%以上。

【创新前期工作推进模式取得重大突破】在研究繁五、应繁高速公路项目筹融资方案过程中，创新提出"四方案一报告"前期工作方法，即在确定技术方案基础上，提前启动融资方案和潜在社会投融资人压力测试方案，结合可为投资人提供的项目征地拆迁、路衍专营经济、融资协助等优惠条件，用好贷款优惠政策，最大程度降低融资成本，提升项目落地率。繁五、应繁高速公路项目筹融资方案得到省主要领导高度评价和忻州、朔州两市主要领导高度认可，两市按既定融资方案加快推进前期工作，力争2023年全面开工建设，该模式也为全省经济效益较差省高网项目和普通国省道收费公路项目落地实施提供路径示范。

【创新项目投融资模式取得重大突破】依托太原晋中公路建设项目，创新提出"市级打捆招标、项目肥瘦搭配、社会资本让利、政府建运补助"筹融资建设模式。区别于逐个项目开展投资人招标的传统模式，以市为单位将建设项目打捆招标，显著压缩投资人招标周期，提高招标效率；实现项目肥瘦搭配以丰补歉，有效提高规划项目落地率；有效降低投资人建设成本、财务成本和运维成本，提高利润率和控制风险能力。

（郑雪芳）

山西省交通运输厅财务收费管理处

2022年，厅财务收费管理处以习近平新时代中国特色社会主义思想为指导，认真贯彻落实中共十九大、二十大精神，全面贯彻习近平总书记视察山西重要讲话重要指示精神，紧紧围绕省委、省政府决策部署，在厅党组的坚强领导下，对照交通强国建设和高质量发展要求，积极推进各项工作稳步向前，各项工作取得积极成效。

【加强党建工作，提升工作质量】按照省直工委《关于认真落实党的组织生活制度进一步提升党支部工作质量的通知》文件要求，厅机关第五党支部积极推进落实党的组织生活制度，进一步提升党支部工作质量。开展组织生活会和民主评议党员工作，按照机关党委要求，认真、严肃开展组织生活会，党员领导干部带头开展批评与自我批评，增强党支部政治生活的原则性、战斗性。本年度共召开党支部会议39次，其中开展集中学习活动34次。以集中学习和自学相结合方式，每周五为固定集中学习时间，采取党支部书记讲党课、党员轮流领学等方式，重点学习习近平总书记论廉洁文化等重要讲话精神、全省交通运输系统党风廉政建设工作会议精神、《山西省规范领导干部办理婚丧喜庆事宜规定》、《在全党开展党史学习教育总结报告》、中共二十大报告等，学深悟透新时代党的创新理论，真正做到理论上清醒、政治上坚定、行动上有力。加强党员学习教育培训工作。组织党员积极参加厅直机关党委开展的党史学习教育，在“山西交通在线”、山西干部在线等平台自主学习等。持续提升党支部工作质量，开展主题党日活动，组织党员赴高君宇纪念馆参观，让每位党员心灵受到洗礼，坚定入党初心，牢记党员身份，履行党员义务。突出党员干部先锋模范带头作用。在消费帮扶专项行动、“博爱一日捐”、“送温暖、献爱心”等活动中，带头参与，奉献爱心。

【夯实财务管理，提高内部控制管理水平】 一是梳理岗位职责，提升工作质量。为进一步提升处室工作效率和工作质量，优化人员配置，认真梳理处室岗位职责，明确任务分工，整理形成岗位职责说明和业务流程图，分析职责风险点，将各项工作进行清单化、台账化管理，厘清工作思路，提高工作效率，全方位保障处室各项工作高质量完成。二是做好2021年度内部控制报告编报工作。为贯彻落实《行政事业单位内部控制规范（试行）》《关于全面推进行政事业单位内部控制建设的指导意见》，积极推进内控体系建立与实施工作。结合2021年度行政事业单位内部控制报告编报工作，对全系统财务管理现状自查并进行风险评估，查找管理薄弱环节和高风险领域；有效运用不相容岗位分离、内部授权审批控制、业务活动归口管理、信息内部公开等内控基本方法进行把控，通过完善自身制度体系、明确岗位职责、制订风险应对策略、梳理业务流程等管理措施，加强自身单位层面和业务层面的内部控制，不断加强内部控制体系建设。此外，通过开展内部控制评价与监督，及时发现内部控制体系尚未覆盖到的问题或者与实践脱节的情况，及时发现、调整，倒逼制度体系持续完善。在完成预算一体化会计核算“清零任务”方面，在全系统内统一会计核算软件，完成与财政预算一体化系统的无缝对接。截至11月底，全系统144个预算单位的上线率、数据有效率均为100%，完成财政要求的“清零”任务。在账户管理水平方面，账户年检工作获得省财政厅通报表扬。根据省财政厅《关于开展2022年省级预算单位银行账户年检工作的通知》工作要求，厅财务收费管理处认真组织系统内各单位开展2022年账户年检工作，按时完成账户年检工作，彻底解决厅系统财务多年来账户数量多、清理难度大、账户类型不合规等问题，厅本级账户完全达到省财政厅管理要求。11月，省财政厅发文进行通报表扬，这是省交通运输厅首次在账户管理工作方面获得省财政厅肯定。

【着力防范化解债务风险，牢牢守住债务风险底线】 加强与各金融机构合作，积极争取相关金融政策支持，积极推进降低普通收费公路存量债务资金成本、优化资金结构，加强各类债务资金管理。一是为牢牢守住政府还贷一级收费公路债务风险底线，积极筹措资金，及时安排偿还省厅政府还贷一级公路项目全年贷款本息，确保债务安全。二是2022年5月，国务院出台《扎实稳住经济的一揽子政策措施》，提出“继续推动实际贷款利率稳中有降，提高资本市场融资效率，加大金融机构对基础设施建设和重大项目的支持力度”的相关政策，财务收费管理处积极履行政府还贷高速公路债务风险监管职能，与山西交控集团、国家开发银行山西省分行积极沟通磋商，促成国家开发银行对山西交控集团的银团贷款利率从4.5%降低至3.95%，预计每年可节省利息约12亿元。三是在当前LPR利率水平总体下降的市场环境下，交通运输部出台的自2022年10月份起货车通行费减免10%的政策，使得政府收费公路项目贷款还贷压力持续加大，为此，厅财务收费管理处积极与相关金融机构沟通协调降低省交通运输厅管理的存量贷款利率水平，取得积极进展。其中交通银行对省公路局晋城分局长晋线（凤凰山隧道）项目贷款利率从4.4%降低至4%，平均每年节省利息约175万元；农业发展银行山西省分行对省公路局晋中分局董榆线项目贷款利率从4.795%降低至4.45%，平均每年节省利息约70万元。

【部门预算管理工作取得明显成效】 一是牢固树立“过紧日子”思想，高质量完成2023年度交通运输部门预算编制工作。厉行勤俭节约，严控一般性支出，在落实“三保”任务基础上，利用有限资金全力保障交通运输项目建设，高质量完成2023年度交通运输部门预算编制工作。按照适度超前进行交通基础设施建设的总体要求，2023年，省厅向省财政厅申请省级财政预算资金105.38亿元，其中普通国省道建设、养护等支出33.5亿元，三个一号旅游公路建设省级补助23.26亿元、一般农村公路建设养护、场站建设等18亿元，确保各项工程建设资金需求，为稳经济大盘贡献交通力量。二是预算绩效管理工作再上新台阶。按照加快建成全方位、全过程、全覆盖的预算绩效管理体系总体要求，根据省财政厅《关于做好2021年度预算绩效管理考核工作的通知》，厅财务收费管理处积极梳理2021年度预算绩效管理工作开展情况，从制度建设、业务培训、日常工作开展情况、工作特色等方面进行总结。在最终考核结果中，省交通运输厅连续三年得到省财政厅的通报表扬。按照财政部《政府和社会资本合作(PPP)项目绩效管理操作指引》的相关规定，对需要在本年付费的国省道路面改造工程PPP项目2021年度运营支出，督促省公路局加快绩效评价进度，及时组织开展运营期绩效评价报告复核。通过复核，进一步发现绩效评价工作中存在的问题，提高政府付费金额准确性，为申请2021年度运营期政府付费预算提供依据，确保相关预算及时申请到位。配合或自行开展重点项目绩效工作。按照财政部《项目支出绩效评价管理办法》相关规定，厅财务收费管理处配合财政部山西监管局、交通运输部财务审计司等部门开展车购税重点项目绩效评价工作，并组织对省道双阳线盂县过境公路改建等3个普通省道建设项目开展绩效评价。通过开展此项工作，及时发现问题，总结项目管理经验，提出改进意见和建议，进一步加强和规范项目资金管理，为指导下一年度预算提供参考和依据。三是全面规范政府采购管理。强化依法采购意识，规范政府采购行为。对符合政府采购要求项目，均按要求纳入政府采购平台进行全过程监督管理，加强采购预算管理、采购需求管理和采购计划申请管理。进一步规范采购行为，落实政府采购意向公开制度，5月份开展政府采购项目意向公开情况排查整改工作，督促采购意向公开制度全面落实，助力优化营商环境。上半年共审核政府采购计划申请343笔，积极为下属单位解决采购过程中的各类问题。此外，做好脱贫地区农副产品采购工作，准确填报预留份额，及时完结交易，建立定期通报制度，从需求侧助力乡村产业振兴。

【不断提高收费公路管理水平】一是继续合理推广高速公路差异化收费政策。按照交通运输部等三部委全面推广高速公路差异化收费政策精神，持续实施高速公路差异化收费政策，实现所有路段、企业全覆盖，优惠方式包括分车型、分方向及分路段等，优惠幅度均不低于5%，最高可达70%。全年优惠通行费28.3亿元。二是积极研究推进长治市国道环线公路自由流收费。为更好提供交通运输服务，促进山西省公路全方位高质量发展，在转型发展上率先蹚出一条新路，积极会同省发展和改革委员会、省财政厅及有关部门和处室助力推进长治市国道环线公路自由流收费。统筹考虑收费标准、技术方案及配套措施，助力推动长治市国道环线公路开展自由流收费。组织第三方机构开展成本调查，科学合理得出调查结果，夯实收费标准制订基础。在没有先例可循的情况下，以成本调查结果为依据，不增加群众出行总体负担为原则，经多次讨论，反复推敲，拟定该项目收费标准定价方案，并顺利通过价格听证。在开展成本监审与价格听证工作同时，牵头组织开展设站审核工作，督促项目建设单位及时完善设站审计报告、交工验收报告等资料，在与发改、财政部门达成一致审核意见后，于9月23日报送省人民政府审批。11月17日，长治市国道环线自由流收费正式通过省人民政府批复，标志着该公路成为山西省首条采用自由流收费技术的开放式收费公路，实现开放式收费公路由分车型按次计费向按里程精准计费的变革。三是继续做好收费公路设站审核等工作。厅财务收费管理处严格执行“放管服”改革有关精神，前置审核环节，提高工作效率，做好收费公路设站审核等工作，完成207国道左涉一级公路、静乐丰润至兴县黑峪口高速公路和长治市国道环线一级公路设站审核工作，通过省人民政府的审批，又增加2个山西省通往河北、陕西出省口；会同省发展和改革委员会、省财政厅，依据有关规定，将长临高速公路收费期限暂延长至新《收费公路管理条例》出台前，确保长临高速正常通车运营前提下，正式收费手续核定与有关遗留问题整改工作双推进；积极行动，主动服务，指导隰吉高速、朔神高速等年内预计建成高速，提前准备，前置审核程序，为下一步做好审核工作奠定基础。认真开展收费公路年报统计工作。按照交通运输部统一部署，按时间节点完成山西省2021年度收费公路统计年报系统上报工作，11月10日，在省厅官网向社会发布。据统计，截至2022年末，全省收费公路107条6605.8公里，其中，高速公路85条5821.4公里；普通公路22条784.4公里。落实阶段性减免收费公路通行费政策。为深入贯彻国务院常务会议决策部署，落实好“在第四季度，将收费公路货车通行费减免10%，同时对收费公路经营主体给予定向金融政策支持，适当降低融资成本”的工作要求，2022年10月至12月，全国收费公路在继续执行现有各类通行费减免优惠政策的基础上，统一对货车通行费再减免10%。省交通运输厅严格按照要求安排部署，成立专项工作领导组，组建工作专班，明确相关部门职责分工和工作要求，建立工作保障机制。在政策实施期间，督促各收费公路经营管理单位加强运营管理，保障收费公路通行效率，提高服务水平，为运输企业降低通行成本；按照中国人民银行、交通运输部、银保监会的相关要求，21家全国性银行根据收费公路贷款主体在2022年度第四季度需要偿还的合格贷款利息，按年化利率减0.5个百分点收取。2022年11月22日，人行太原中心支行、省银保监局会同省厅印发对收费公路贷款主体给予利息减免的通知，对收费公路贷款主体和相关银行相互配合做好信息核对与让利测算、减免金额的复核确认等做了具体要求，确保阶段性减免货车通行费与收费公路贷款主体利息减免工作共同推进，按要求保质保量完成。据统计，2022年10月1日至11月22日，全省收费公路阶段性减免货车通行费3.5亿元，惠及货车1456万辆，平均日减免金额660万元，平均单车减免24元；金融机构对全省收费公路贷款主体给予利息减免可达4亿元。

【认真做好资产管理工作】 一是高效完成公路资产专项清查。为全面摸清全省公路资产实物量和价值量，进一步规范和加强全省公路资产管理，根据财政部、交通运输部要求，厅财务收费管理处会同省财政厅资产处按照“统一组织、统一要求、分级负责、分级实施”的原则，精心组织，统一部署，通过业务培训、搭建交流平台，逐级审核等方式，构建财政与交通运输部门相互配合、协调一致工作机制，合力发挥财政部门综合管理和交通运输部门行业管理双擎带动和第三方专业机构助力效能，发挥“双擎一助”优势，顺利高效完成全省2021年公路资产专项清查工作，得到财政部认可。截至清查基准日，全省清查出公路资产总里程144721.55公里，公路资产总价值7266.12亿元。此次公路资产专项清查是贯彻落实《行政事业性国有资产管理条例》重要举措，对夯实国有资产报告与政府财务报告基础、促进全省公路事业发展具有重要意义。二是加强资产管理指导工作，完成事业单位改革“后半篇文章”。根据省委、省政府关于事业单位改革和省级事业单位办企业脱钩改革有关精神，按照厅党组统一部署，2021年底，顺利获得省财政厅涉改事业单位资产划转的批复。为尽快落实资产划转，做好改革“后半篇文章”，厅财务收费管理处通过书面督促、调研答疑等形式，实时了解资产划转进展情况，针对共性问题统一指导，个性问题分类解决，进一步理顺解决资产划转过程中的问题，同时也在厅属事业单位里树立严格日常管理，履行相关程序管理理念，为进一步强化资产管理力度，有序推进公益类事业单位重构性改革发挥积极作用，受到厅属事业单位广泛好评。三是帮助服务业小微企业渡过难关、恢复发展。省厅积极落实省财政厅减免国有房屋租金政策，截至12月底，全系统共减免房屋租金242.23万元。此外，做好资产月报、年报工作，掌握下属单位资产情况。

【积极落实市场主体倍增工作要求】 首先，按照省委、省政府实施市场主体倍增工程工作部署，结合省厅《2022年市场主体倍增政策落实任务清单》要求，开展支持民营企业参与已建成高速公路经营权转让；推动交通行业供应链核心企业，加强对上下游小微企业应付账款确权等工作。同时明确工作计划，首先开展已建成高速公路经营权转让等有关情况调查工作，掌握全省目前具备经营权转让高速公路情况，了解各高速公路经营企业对经营权转让意愿。其次，指导交控集团等高速公路经营企业在有意愿转让前提下，开展具备经营权转让条件高速公路信息公开等工作。再次，根据《收费公路管理条例》《收费公路权益转让办法》等规定，会同省发改、省财政等部门积极对接交控集团等高速公路经营企业，依法依规加强政策指导，积极推动民营企业参与已建成高速公路经营权转让，配合转让方在签订协议后完成备案等相关工作。最后，督促交控集团等企业加强对上下游小微企业应付账款确权工作，支持供应链小微企业应收账款质押融资。

【压茬推进助企纾困各项政策】为促进行业恢复发展，党中央、国务院、省委、省政府先后出台《若干政策》和《若干措施》。为确保交通运输企业能够传达到基层，落实到企业，切实享受到政策红利，作为牵头处室，进一步完善工作机制，通过清单化、台账式管理，细化分解工作任务，压茬推进落实工作。通过电视电话会议、官网、新闻媒体、微信公众号等途径对政策和措施进行广泛宣传和解读。主动对接企业，了解企业诉求，先后通过问卷调查、座谈会等方式对公路经营、公路运输、民航、寄递物流企业的诉求开展调研，了解企业诉求，并将相关诉求报送至有关部门研究落实。联合财政部门出台《关于落实汽车客运站经营补助资金政策的通知》，要求市县按照一级车站100万元、二级车站50万元的标准落实汽车客运站经营补助资金；同时会同财政部门草拟《山西省农村客运补贴、城市交通发展奖励资金实施方案》，明确补贴资金支出范围和分配方式等内容，并印发实施。以上助企纾困各项政策及措施落实工作得到省发展和改革委员会通报表扬。

【推进交通物流专项再贷款政策落实】2022年5月，根据国务院常务会议议定事项，中国人民银行设立交通物流专项再贷款，自2022年5月1日起，向交通物流领域提供优惠贷款1000亿元。为贯彻落实好交通物流专项再贷款政策，促进产业链供应链稳定，助力交通物流业纾困，全面推进全省交通物流专项再贷款工作，厅财务收费管理处积极与人民银行太原中心支行对接沟通，多项措施组合发力，工作成效明显。首先，起草工作方案，进行安排部署。6月30日，省厅会同人民银行太原中心支行联合印发《山西省交通物流专项再贷款工作实施方案》，加强与人民银行太原中心支行、合格银行沟通协作，建立起务实高效工作机制，及时向人行、合格银行推送“两企两个”白名单，畅通政银企对接渠道，形成工作合力，并于7月5日联合召开工作推进会，对该项工作进行再安排再部署。其次，加强调度持续推进。根据工作进展情况，会同人民银行太原中心支行，分别于8月18日和9月21日召开专题调度会，找出问题想办法、定措施、促进度。再次，跟踪服务取得实效。7月29日，促成农发行山西省分行向山西汽运集团发放到位专项再贷款3.3亿元，这是目前全省单笔最大的交通物流专项再贷款(也是全国单笔数额较大的专项再贷款)。最后，加强跟踪分析，持续推进落实。要求各市交通运输部门会同属地人行机构适时开展工作调度，健全工作情况定期上报机制，加强对本地区交通物流专项再贷款的动态跟踪，及时发现问题，针对性予以解决。10月28日，省厅联合人行太原中心支行印发《关于进一步推进全省交通物流专项再贷款工作的通知》，要求各市交通运输部门、人行机构、合格银行要抓住有限工作时间，加大工作力度，瞄定预期目标，积极推进政策落地见效。据各市交通运输局统计，截至11月18日，全省交通物流专项再贷款累计发放11.53亿元。

【做好清廉山西建设工作】按照省财政厅《关于印发全面建设清廉山西“加强公共资金、资产、资源监管”省级督导方案的通知》《关于加强全省财政系统清廉山西建设工作的通知》，省厅高度重视，迅速安排专人负责，成立工作专班，明确责任分工，细化具体工作任务，结合实际情况明确具体工作计划，并按时报送建设清廉山西工作台账(月报)，及时向省财政厅报送工作进展情况。

【开展交通物流领域涉企违规收费专项整治行动】为认真贯彻落实党中央、国务院决策部署及省委、省政府工作要求，防止对服务业各项助企纾困政策措施效果被“三乱”（乱收费、乱罚款、乱摊派）抵消，厅财务收费管理处会同省发展和改革委员会有关处室深入开展山西省交通物流领域涉企违规收费专项整治工作。摸底调研，广泛宣传。4月至8月，先后通过调研、印发宣传手册等方式进行广泛宣传，组织各高速公路收费站面向司乘人员发放，同时并做好政策宣传解释解读，有效减少收费服务过程争议。先行开展公路乱收费自查自纠工作。6月，厅财务收费管理处结合山西省实际，决定先期开展为期一个月的公路乱收费自查自纠工作，为后期全国范围内开展的违规收费专项整治行动打下坚实基础。制订实施《山西省交通物流领域涉企违规收费专项整治行动实施方案》。2022年8月，成立以省交通运输厅主要负责人为组长的专项整治行动领导小组，结合全省实际制订实施方案，进一步确定专项整治范围和重点，细化任务分工，层层压实责任，有效地保障交通运输企业和司乘人员合法权益。

【持续推进收费公路贷款主体利息减免】切实减轻收费公路经营管理单位经营负担。深入贯彻国务院常务会议决策部署，落实好“在第四季度，将收费公路货车通行费减免10%，同时对收费公路经营主体给予定向金融政策支持，适当降低融资成本”工作要求，中国人民银行、交通运输部、银保监会联合发文，支持金融机构对收费公路贷款主体在2022年第四季度需要偿还合格贷款利息，按年化利率减0.5个百分点收取。为尽快落实支持金融机构对收费公路贷款主体给予利息减免政策，减轻收费公路经营管理单位偿债压力，同时，鉴于此项工作涉及贷款主体和金融机构较多，且需要在短时间内完成合格贷款金额确认、让利金额测算、补充协议签署、复核汇总上报等一系列工作，坚持“政策找人，服务上门”工作作风，迅速组织专人开展工作：第一时间以电话、短信方式将文件精神传达至各收费公路经营管理单位及其监管单位，要求先行开展有关工作。主动与人行太原中心支行沟通，联合发文部署支持金融机构对收费公路贷款主体给予利息减免，并积极配合银行做好贷款信息核对确认和让利金额测算；静默管理期间留承办人坚守工作岗位，吃住在单位，解决各单位系统报送中存在的问题与困难，做好与交通运输部、人民银行的沟通对接，督促指导收费公路贷款主体加快工作进度，定期反馈工作情况，按时报送相关资料，受到有关部门好评。

（郭　金）

山西省交通运输厅建设管理处

2022年，厅建设管理处坚决贯彻落实厅党组工作部署，重点公路建设项目投资有序达产达效，质量安全水平稳步提升，建设市场健康发展，公路建设高质量发展取得阶段性成果。

【科学推动复工复产】深刻认识重点公路建设稳增长、促转型、惠民生重要意义。首季调度会，及时按照“太原以南地区2月20日、太原以北地区3月20日全面复工”总节点和“健康复工、平安复工、文明复工、快速复工”总目标部署，科学指导各项目精准实施稳岗留工、错峰返岗等措施，制订切实可行的复工复产保障方案。截至3月底，全省重点公路项目实现“应复尽复，能开全开”，重点公路项目一季度累计完成投资40.84亿元，同比增长30.4%，顺利实现“首季开门红”。

【全力推进提速达效】多措并举，高效推进重点公路工程建设。有效发挥省重点公路建设领导组机制优势，召开全省重点公路工程建设推进会，副省长出席会议并讲话，进一步形成全省上下紧密联动、全力推动重点公路工程建设的强大合力；专题召开普通国省干线公路新改建工程专项调度会，查找问题、拟定措施，重点推动进度滞后的普通国省干线项目建设提速；及时召开重点公路工程季度调度会，紧盯项目推进进度，及时解决项目建设中遇到的困难和问题。截至11月底，重点公路项目累计完成投资473.29亿元，占年度任务目标的96.5%。其中高速公路累计完成投资341.19亿元，完成年度目标任务的97.5%；国省干线累计完成投资132.1亿元，完成年度目标任务的94.2%，基本达到预期目标。省政府工作报告明确的静兴、隰吉、朔神和运三黄河大桥连接线4个年内建成项目，静兴高速于10月14日正式通车运营，朔神、隰吉高速已完成工程施工任务，运三黄河大桥连接线统筹推进沥青路面施工、附属工程建设等工作，确保顺利完成全年建成目标任务；108国省线河津市过境改线（寺庄至龙门段）工程等3个普通国省干线项目顺利完工建成。

【深入开展质量提升专项行动】以平安百年品质工程创建为载体，统筹"交通运输安全生产专项整治三年行动""坚守公路水运工程质量安全红线"行动和安全生产大检查、安全生产强化年等活动一体推进。及时印发"公路工程施工现场数控指导目录（第一批）"，在黎霍高速建成全省首座装配式桥梁，"无人化智能施工集群"路面摊铺技术以及液压模板、移动式台座等梁板预制先进技术得到进一步推广应用，"智慧工地""数字施工"初见成效；创新监管模式，从省厅层级委托第三方试验检测单位对全省高速公路工程质量开展检测，在工程建设质量安全监管体制改革成功基础上再加一道保险，检查督促各市交通运输局落实普通国省干线公路新改建工程质量监督责任，推动重点公路工程质量安全监督新机制有效运行；阳蟒高速入围"李春奖"评选，长临高速、运宝黄河大桥等5个重点公路工程入围"省优质工程"评选，建设管理品质认可度持续提升。

【全面夯实安全生产基础】部署开展"公路建设工程隧道施工安全步距、高墩桥梁安全防护"以及复工复产安全检查、汛期安全检查、自建房安全排查等专项行动，共计排查安全生产隐患552条，督促各单位全部按要求完成整改；及时对太原西北二环康家梁隧道施工步距超标、未按专项方案施工等行为进行查处，有效发挥行政监督执法威慑作用；持续开展从业人员行业标准规范在线学习考核，进一步夯实从业人员理论基础、提升安全意识；全面筑牢安全生产防线，取得高速公路项目"平安工地"建设考核百分百合格、重点公路工程建设安全生产"零死亡"等优异成绩。

【推进服务保障】持续加强与各级有关部门沟通协调，分类施策、统筹推进，着力破解项目建设手续办理环节的难题堵点，持续提升服务保障工作效能。一是主动服务，靠前指挥。持续开展"一线工作法"，深入太原西北二环、朔神、运三黄河大桥连接线等项目督导调研，现场办公，高效解决太原西北二环项目征拆堵点、运三黄河大桥连接线涉路施工难点等制约问题。二是问题导向，专项协调。协调省自然资源厅解决运三黄河大桥连接线和晋阳高速公路改扩建项目2800余亩补充耕地指标，进一步强化建设项目用地保障；协调吕梁、临汾、运城等市建立违法用地罚款专项用于被处罚项目建设的工作机制，很好地统筹和平衡依法用地和创优营商环境的关系；协调行政审批部门进一步强化企业信用承诺管理，打通施工许可审批堵点，离隰、黎霍等10余个重点公路项目顺利取得施工许可批复，有力推进项目建设再提速。三是强化指导，重点突破。全过程协调指导黎霍、离隰、汾石高速等项目建设用地手续报批工作，实现全省重点公路工程在建项目正式用地手续"零"的突破；指导朔神、离隰等6个重点项目成功纳入政策性开发性金融工具支持项目清单，积极推进项目建设的提速增效；助力稳定经济增长、稳定市场主体各项决策部署的落实落细，部署开展阶段性缓缴工程质量保证金、推广以工代赈等行动，积极减轻企业负担，有效提升从业企业积极性。

【优化营商环境】持续提升公路水运建设市场管理，在招投标、根治欠薪、信用评价、资质审核等方面协同发力，实现制度体系持续健全、监管能力有效提升。一是持续加强招投标监管。用好电子招投标交易和监督两个平台，并不断检视完善，堵漏洞、补短板、填盲区，推动公路工程交易行为日趋规范。全年共发现异常投标单位6家，涉及2个项目，均按照招标投标管理相关规定，由评标委员会否决相应投标文件；全面落实省纪委"不能腐"制度建设要求，开展专家盲评试点和后评估工作。进一步营造公平公正交易环境，促进公路工程招标投标市场高质量发展。二是做好行业根治欠薪工作。开展公路水运工程建设领域根治欠薪专项行动，共解决164人500余万元工资及时、足额发放，获评省政府农民工工作暨根治欠薪领导小组和省人社厅表彰的“根治欠薪先进集体”。三是推动信用建设不断深化。严格从业企业信用评价评定及结果应用，不断强化信用评价在行业监管中的积极导向作用，助力公路工程建设高质量发展。四是扎实做好资质管理。既当好行业市场“守门员”，也做好企业“服务员”。严格履行审查工作职责，把好从业企业进入市场第一关，做好服务指导，及时为申报企业安排组织审查、出具意见。指导山西路桥第一工程有限公司成功申报公路施工总承包特级资质，强力推动省内路桥施工企业在转型升级中抢占制高点，实现新时代公路工程建设高质量发展。五是持续推动完善建设程序。提高工作效率，推动依法合规组织工程建设。高效完成晋阳高速公路改扩建、汾石等续建项目和青银二广太原联络线等新开工项目的设计审批，顺利完成右平、神岢高速公路工程验收以及太原环城高速冶峪互通改造工程等项目竣工验收，一批超期试运营项目实现合法运营。

（李雪浩）

山西省交通运输厅公路运输管理处

2022年，厅公路运输管理处严格按照省委、省政府决策部署，在厅党组正确领导下，主要在推进客货运输高质量发展，做好惠及民生实事，落实省委、省政府中心工作3个方面，做了大量卓有成效的工作。

【推进客货运输两个高质量发展】 客运方面：一是促进农村客运高质量发展。联合省公安厅、财政厅、自然资源厅、农业农村厅、文旅厅、乡村振兴局、邮政管理局、供销合作社9个厅局印发《山西省推动农村客运高质量发展实施方案》，依据政府主导、政策保障，服务民生、固本强基，因地制宜、共享融合，改革创新、统筹推进原则，从优化完善农村基础设施网络、持续提升城乡客运一体化水平、加快推动多业融合共享发展、打造智慧绿色出行服务模式、强化农村客运安全管理、营造公平有序市场环境、加大农村客运发展扶持力度、全面开展试点示范创建活动八方面入手，推进农村客运高质量发展。协调省财政厅为部、省城乡客运一体化示范县给予500万元补助，作为农村客运信息化建设、配套项目建设等支持经费，推进城乡客运一体化发展。二是巩固建制村通客车成果。8月初，由于更换车辆及补助资金未落实到位等原因，运城河津市和临汾尧都区部分地区出现“通返不通”情况，厅公路运输管理处第一时间协调有关部门进行整改，截至8月17日，通过各方努力，全部整改完毕，恢复运营。三是积极推进电子客票系统建设工作。根据《交通运输部办公厅关于做好道路客运电子客票推广普及有关工作的通知》文件要求，组织有关部门梳理全省客运站情况，制订应用方案，协调财政部门落实资金来源。已通过厅长办公会审定，待财政资金到位立即组织硬件设备安装。四是积极推进定制客运发展。为持续激发道路客运市场活力，培育道路客运转型发展动力，进一步激励和规范客运定制服务发展，更好服务旅客安全便捷出行，厅公路运输管理处下发《关于转发〈班车客运定制服务操作指南〉的通知》，要求各有关单位结合实际，认真组织实施。全省开展定制客运业务的班线经营者15家，定制客运平台数量2家，平台运营模式自营和班线客运经营者以外的机构运营各1家。定制客运班线数量45条，占全省道路客运班线比例1.6%，主要以中短途、省内线路为主。定制客运车辆数量220台，占全省道路客运车辆比例3.8%，总座位数2435座。货运方面：一是积极推动货物运输结构调整和多式联运发展。经过组织调研，起草《山西省推进多式联运发展优化调整运输结构工作实施方案（2022—2025年）》，2022年11月，以省政府办公厅名义印发。二是积极申报第四批多式联运示范工程项目。2022年，山西省“山西焦煤集团优化调整运输结构打造智能绿色能源物流体系多式联运示范工程”“山西打造‘要素链、技术链、产业链’创新升级网络化多式联运示范工程”。经综合评议，确定作为第四批多式联运示范工程创建项目。三是支持组织太原、大同市申报国家综合货运枢纽补链强链城市工作。厅公路运输管理处于10月下旬组织太原市、大同市交通运输局召开专题视频会议，继续积极组织开展国家综合货运枢纽补链强链城市申报。四是持续推进《山西省网络平台道路货物运输经营者信用评价指标体系及支持政策研究》科技项目，引导网络货运新业态规范健康发展。

【完成四件民生实事】一是持续扩大“司机之家”覆盖范围。已建成14个“司机之家”(已验收并报部)。截至2021年底，部级验收公示的9个“司机之家”正常运营，能够满足货车司机停车、餐饮、洗浴等基本需求。二是持续扩大道路运输电子证照应用服务范围。全省道路运输电子证照系统已完成与交通运输部电子证照系统的联调对接，截至10月底，累计生成电子证照190.94万个，申领25.79万个，从业人员通过电子证照App共办理高频事项75106件。三是积极开展助企纾困。组织有关单位对全省汽车客运站营运收入、职工人数、欠薪欠保等情况进行摸排，协调发改、人社等部门为汽车客运站从业人员争取最低生活保障。积极对接省财政厅召开研讨会，配合研究提出山西省汽车客运站经营补助资金等支持政策。省财政厅联合省厅印发《关于落实汽车客运站经营补助资金政策的通知》，明确各市县财政部门原则上可统筹各类财政资金，通过盘活存量、调整支出结构等方式，按照一级车站补助100万元、二级车站50万元的补助标准，足额保障客运汽车站经营补助资金落实。四是推进三级农村物流体系建设。推进农村客货邮融合发展，为巩固交通运输脱贫攻坚成效，推进农村客运、货运、邮政快递融合发展，统筹解决农民群众幸福出行、物流配送、邮政寄递3个“最后一公里”问题。年初，省厅组织省统计局，省邮政管理局，省运输事业发展中心，山西交控集团，华远国际陆港集团，太原、晋中两市交通运输局等部门召开推进农村物流发展座谈会，厅党组书记、厅长赵建平亲自安排以“四个融合”为重点全面推进农村物流高质量发展工作。

【全面落实省委、省政府五项重点工作任务】一是服务业提质增效。省厅牵头交通运输业专班，2022年1月至10月，全省完成营业性公路货运量9亿吨，同比下降2.8%；完成营业性公路货物周转量2652亿吨公里，同比增长1.8%。太原铁路局周转量累计完成3761.18亿吨公里，同比上升0.7%。全省民航运输机场运输起降3828架次，同比下降70.54%；旅客吞吐量32.67万人次，同比下降74.98%；货邮吞吐量0.34万吨，同比下降46.36%。全省邮政行业业务总量累计完成104.18亿元，同比下降1.99%。二是优化营商环境促进市场主体倍增。继续推广高速公路差异化收费政策，支持交通运输小微企业加强应收账款确权。网络货运发展方面，2022年1月至9月份，山西网络货运企业总数达到454家，比2021年增加125家。其中入统企业达151家，较2021年底增加88家，入统营业额达793亿元。三是发展新能源汽车重点产业链。5月27日，按照省长蓝佛安安排，省里成立10个重点产业链专班，副省长为新能源汽车产业链链长，省厅为链主牵头部门。6月，厅党组成员、副厅长郭丙福带队分别深入吉利晋中基地、大运汽车两个链主企业进行实地调研。在充分调研基础上，与工信、发改、财政、科技等相关部门、高等院校以及两个链主企业进行多次沟通，起草《新能源产业链工作推进方案(2022—2025年)》，方案明确指导思想、工作目标、具体任务和推进措施，8月19日已发各相关部门和地市征求意见。与省产业链链长办联合印发实施，方案出台后将为全省新能源汽车产业链全行业提供强有力的引导支持，加速建设竞争力强、地域特色鲜明的本土新能源汽车产业链。2022年，全省新能源汽车产销量持续旺盛，1—10月份，吉利汽车(晋中基地)累计生产整车91252辆，比上年同期增长42%；产值179.5亿元，比上年同期增加108%，税收3.33亿元，比上年同期增加59%。大运汽车新能源车销售量为10283台，比上年同期上涨627%。四是促进数字经济全面发展。为深入贯彻省委书记林武在同步推进“两个转型”暨促进数字经济全面发展大会上的会议精神和省长蓝佛安具体工作安排，持续深化产业转型，加快数字经济全面发展，10月21日，省厅印发《山西省交通运输厅关于组建同步推进“两个转型”和促进数字经济全面发展工作专班的通知》，厅党组书记、厅长赵建平作为专班组长，切实加强组织领导，全面贯彻落实省委、省政府的决策部署，加快推进新一代信息技术与交通运输深度融合、全面发展，推动全省数字交通产业高质量发展不断取得新突破。与此同时，厅公路运输管理处研究起草《山西省交通运输厅同步推进“两个转型”和促进数字经济全面发展工作方案》，方案主要围绕构建数字交通“一平台、四体系”，即打造一个数字化监管平台，交通基础设施数字化融合体系、交通运输行业数字化治理体系、交通运输信息数字化服务体系、交通运输数字产业化体系四大体系同步建设。五是助力煤炭保供。切实做好今冬明春能源运输保障工作。充分做好煤炭公路运力储备，扎实推进物流保通保畅，切实强化公路运输兜底保障功能。做好充足准备承担迎峰度冬能源兜底性运输保障任务。全省货车保有量56.3万辆，其中12吨以上的重型卡车约33万辆，占比近60%。全省网络货运企业总数达到454家，整合省内外社会运力达186万余辆，排名全国第3。各级交通部门依托华远陆港等大型国企常年储备各类应急运输车辆500余台，用以应对突发性、指令性应急运输保障。仅华远陆港集团即可在全省组织大型货运车辆1000余台，突击完成紧急运输任务。当遇到紧急情况时，可在短期内迅速启动应急保障机制，组建公路保运车队，满足煤炭外运需求。1—10月，四大国有煤企公路运输量达2.75亿吨，日均达91.27万吨，同比增长7.8%。

（魏　新）

山西省交通运输厅安全监督处

2022年，厅安全监督处认真贯彻习近平总书记关于安全生产的重要论述和系列指示批示精神，紧紧围绕省委、省政府关于安全生产工作的安排部署，以“两个行动”（安全生产专项整治三年行动、安全生产大排查大整治大提升行动）为牵引，严格落实各项工作措施，全行业安全发展理念进一步深化、安全机制体制进一步完善、安全应急能力进一步提升，安全生产形势总体平稳，安全生产事故起数和死亡人数实现“双下降”，未发生重特大事故。

【学习贯彻习近平总书记关于安全生产重要论述】 专题学习习近平总书记关于安全生产重要论述和重要指示批示精神4次，系统学习安全发展、严守底线、强化责任、依法治理等重要内容。厅安委会全年共召开6次全体会议、4次专题调度会，将学习贯彻习近平总书记重要指示批示精神作为重要议题。同时，组织全系统安全生产干部集中收看《生命重于泰山》《生命至上 警钟长鸣》等警示教育片，在“山西交通在线”平台设置习近平总书记关于安全生产重要论述和指示批示精神专栏，全系统干部职工近5万人参加学习，推动学习贯彻活动持续走深走实、入脑入心。

【压实安全生产责任】 一是坚决扛牢部门监管责任。按照“三管三必须”要求，制订印发《厅领导2022年安全生产重点任务清单》和《山西省交通运输厅安全生产职责分工》，进一步明确厅领导责任、厅机关处室监管责任、厅直单位监管服务责任。研究出台《公路水路及城市客运交通运输行业安全生产分类分级监管实施细则》，把行业内每一家生产经营单位监管责任落实到具体部门和责任人员。二是压紧压实企业主体责任。推动构建以落实企业主要负责人安全责任为重点的企业安全生产责任体系，规模以上道路运输企业、场站、公路运营单位均建立从主要负责人到一线人员的全员安全责任制，制订全员岗位责任清单，层层签订《安全生产履职尽责承诺书》。督促企业健全完善以“双重预防”机制为重点的安全生产管理制度，扎实开展风险分级管控和隐患排查治理，严格按有关规定提取使用安全生产经费，积极开展线上线下安全教育培训。积极鼓励推广安全生产责任保险、配备安全总监等新型安全管理模式，交控集团施工企业、高速公路运营公司均落实安全生产责任险，交控集团、路桥集团配备“安全总监”，向道路运输企业推广安责险和“安全总监”制度。

【扎实开展“两个行动”】一是三年行动收官。三年期间，先后制订出台《山西省公路危险路段排查治理管理办法》《山西省高速公路危险货物运输车辆通行与服务区停放安全管理办法》《国省干线公路养护工程管理办法》《高速公路运营管理办法》《山西省铁路沿线安全环境管理“双段长”制实施办法》等20余项省级制度成果；研究制订《山西省交通运输重大安全风险清单》，明确32项重大风险清单，指导交通运输企业排查出重大风险27个，逐个制订防控措施，形成全省交通运输安全生产重大风险“一张图”和“一张表”，实现交通运输重大风险管控率100%；累计排查整改安全问题隐患1.67万项，交通运输“85项整治任务”全面完成，“7项重点”和“4项难点”专项治理成效明显，全行业本质安全水平进一步提升。二是大排查大整治大提升行动成效显著。省市县各级均成立工作专班，细化梳理工作任务，确定25项具体措施，并逐项明确责任举措，实行挂图作战。各级各部门共成立检查督查组1758个，检查企业（单位）1626家，排查发现问题隐患1605条，其中重大隐患12项，已全部整改。通过开展大排查大整治大提升，及时消除一批安全隐患，严肃查处一批违法违规行为，公开曝光一批典型案例，全系统安全生产形势明显向好。

【推进重点领域安全生产专项整治】一是道路运输领域。将危险货物道路运输专项整治作为重点，先后组织开展道路运输安全风险隐患“百日攻坚”、危险化学品道路运输安全风险隐患集中治理等多个专项行动，省厅成立专项督导组，对11个市24个县（区）46户危货运输企业进行地毯式检查，发现的4大类2333条安全隐患全部得到整改；建立危险货物道路运输安全监管平台，实现电子运单、道路运政信息、联网联控系统数据融合和业务联动，1.9万余台“两客一危”重点营运车辆推广全部加装智能视频监控报警系统，每月将重点营运车辆动态监控数据向全省通报；强化监管信息共享，在部门网站、微信公众号增加重点营运车辆及从业人员资质查询服务，在所有“两客一危”车辆车身张贴信息查询二维码。水上交通领域，集中开展船舶碰撞桥梁、涉客船舶航行安全“百日行动”、加强水上交通运输安全监管等专项治理行动，全省208艘涉客船舶明确监管责任部门、责任人，按要求完成对4处跨黄河其他等级航道桥梁排查整治任务，强制注销报废船舶28艘，堪划载重线不符合要求船舶12艘，动态更新问题隐患和整改措施“两个清单”，推进辖区139项水上交通安全风险隐患清零。公路水运工程建设领域，深入推进“公路水运工程质量安全红线行动”、平安工地建设、质量提升等专项行动，加强对桥梁基础、梁板上部和桥墩（柱、塔）、隧道掌子面、高边坡工程等关键部位以及开挖与支护作业、大型机械设备作业等重点环节的施工安全防范检查，累计排查整改安全生产隐患552条；全省高速公路项目“平安工地”建设考核百分百合格、重点公路工程建设安全生产“零死亡”成绩优异。二是公路运营领域。以“四提升一改造”（隧道提质升级、独柱墩桥梁运行安全提升、公路桥梁安全防护能力提升、安全设施精细化提升、危旧桥梁改造）为重点，全面提升公路安全保障水平，全年完成公路安全防护工程400公里，完成危旧桥梁改造151座，排查整治事故多发和高风险隐患路段174处。加强地质灾害多发路段排查评估，累计采集全省高速公路、普通国省公路、农村公路各类自然灾害风险点信息9.3万余个，全部录入数据库。三是铁路沿线领域。根据《山西省铁路安全管理办法》《山西省铁路沿线安全环境治理联席会议制度》等规定，组织排查铁路沿线问题隐患1931项，已整治1857项，销号率96.17%；395座上跨铁路桥梁移交392座，完成率97.24%，沿线安全环境治理实现常态化制度化。

【加强安全督导检查和严格执法】结合全省实际和交通运输安全生产特点，制订《年度安全生产监督检查计划》，在全国全省两会、元旦、春节、“五一”、国庆等重点时段，由厅领导带队，采取“四不两直”明察暗访等方式，对行业重点领域进行督导检查。2022年，全省交通运输行业累计派出各类检查组2434个，检查5865次，发现一般隐患8744项、重大隐患13项，全部完成整改。严格安全监管执法，高速公路综合行政执法总队全面实现上路执法，全年立案查处67起，处罚金额27.37万元；在全系统组织开展全省混凝土搅拌企业（商砼）源头治超“春雷行动”、道路危险货物运输专项整治行动和道路运政、源头治超、城市客运的执法检查工作，查处案件3966起，罚款1762万元。

【防范化解高速公路危货运输车辆运行和停放重大风险】 在全国率先从制度上解决高速公路危货车辆“怎么走、怎么停、怎么管、怎么救”的问题。制订《山西省高速公路危险货物运输车辆通行与服务区停放安全管理办法》《高速公路服务区危险货物运输车辆停放管理技术指南》等制度。全省56对服务区安全风险评估已完成19对。对危货车辆夜间聚集性停放较为突出的阳泉、岚县、东阳关等12对服务区进行局部改造，增设危货车辆夜间停放信息管理及引导系统，增加危货车辆专用停车位150个；在9对服务区入口1公里处安装危货运输车辆停放信息情报板；会同省公安厅在高速公路危货运输车辆停放较多的50对服务区设立警务站，强化联合管控。拟在岚县、平定县、黎城县新建3对危化品专用停车区，增加550个危货车辆停车位，有效化解危货车辆聚集性停放带来的重大安全风险。

【开展典型示范创建】 紧盯重点领域和突出问题，通过典型引路，推动安全治理向主动预防转型。一是开展“平安文明示范高速公路”创建活动。联合省公安厅、山西交控集团，在青银高速吕梁段开展“安全文明示范高速公路”创建试点工作。从公路桥梁、隧道、路面、路基、安防设施等技术状况方面，提升公路本质安全水平。对示范路2处高风险路段和4处中风险路段采取防控措施。加强路警应急保畅协作，划定全长11公里安全应急保畅防御区域，解决晋陕两省之间车辆拥堵问题。与2021年相比，2022年青银高速吕梁段通行量基本持平，发生涉及人员伤亡事故起数、造成死亡人数和受伤人数，分别下降26%、35%和21%。二是加强路警协同治理。在太佳东高速公路开展重点营运车辆通行管控路警察协同治理试点，通过信息资源共享、建立联合监控平台、多渠道安全预警、联合执法处置、联合应急救援等方式，有效防范化解重点营运车辆通行高速公路重大安全风险、遏制各类事故发生。全年联合处置突发事件119起，视频纠违492起，发送抄告书1418份，约谈运输企业19家，联合救援危化品运输车辆63辆，路段危化品运输车辆违法违规数量下降34%，道路交通事故同比降低39%；服务区过夜停放危化品运输车辆控制在20余辆，大大缓解危化品运输车辆夜间聚集性停放重大风险，有效缩短危化品运输车辆应急救援时间，实现全路段半小时快速救援。

【切实加强行业消防安全管理】 紧盯公交车、“两客一危”、客运站场、长大隧道、高速公路服务区、项目工程驻地等重点领域和重点场所，将消防安全作为安全检查和日常管理重要内容，有效防范和坚决遏制火灾事故。所有公交车和“两客一危”车辆全部配备灭火器，所有客运站场、长大隧道均配备消火栓，结合服务区提档升级，集中精力完成72对服务区消防设施改造，并配备微型消防站。

【抓好应急处突工作】 一是强化协同联动。加强与公安交警、应急管理、气象等部门以及周边省份交通运输部门应急联动，及时会商协办有关情况，持续巩固联防联控工作格局。二是开展应急资源全面摸排调查。依托山西省交通运输应急管理平台，对全省交通运输系统应急物资、应急队伍、应急装备等全面摸底。三是加强应急演练。全系统2022年累计开展各类应急演练900余次，涵盖道路运输、消防应急、防汛抢险、道路抢通、桥隧运营等交通运输各类突发事件。四是强化应急值守。严格24小时值班制度，每月进行一次视频连线调度，每季度对应急值班情况和行业主要突发事件向全省进行通报，对各单位脱岗漏岗、信息迟报漏报情况等在年底安全考核中予以扣分。

（刘晓芳）

山西省交通运输厅科技处

2022年，在厅党组正确领导下，厅科技处积极贯彻厅党组各项工作的安排部署，全面推进科技、标准、节能环保等工作，各项工作进展顺利。

【推进科研管理工作】一是开展2022年度科技项目立项工作。2022年度科技项目选题坚持服务交通强国建设、服务交通领域碳达峰、碳中和目标实现等重大战略课题，经征求意见、专家评审并提交厅党组会审议，确定4个科研项目并下达计划。实现选题立项由面到点、由多到精、由粗到细转变。二是组织2023年度科技项目立项工作。坚持早征集、深挖掘、细凝练、严遴选原则，聚焦交通运输“十四五”期间发展需求，征集下一年度课题，确保课题方向能够有效支撑交通强省发展。三是组织开展2022年度交通运输行业重点科技项目清单申报工作。积极响应行业科技攻关需求，围绕基础性、前瞻性理论研究和前沿性、应用基础研究及共性关键技术研发广泛征集项目并进行申报。四是组织开展2022年交通运输科技示范工程申报及答辩工作。根据《交通运输科技示范工程管理办法》《交通运输部办公厅关于征集2022年度交通运输科技示范工程需求的通知》有关要求，指导相关单位积极凝练申报项目，推荐上报“普通国省干线智慧和环保科技示范工程”并已进入方案论证环节。五是向中国工程院选报2022年度战略咨询研究项目选题意见建议。组织有关单位及专家，对全省交通运输行业战略研究需求进行认真梳理，提出“电气化技术在未来公路新基建应用的战略研究”咨询研究项目建议，并向中国工程院申报。省厅于2021年独立申报“新能源汽车换电模式先行先试战略研究”获中国工程院立项，由院士孙逢春领衔，省厅与北京理工大学等单位共同参与，该课题受到国务院及相关部委高度重视，换电模式正式成为全国新能源汽车发展路径之一。六是科学调整科技项目计划，对“工业固废-CFB灰渣注浆充填材料制备与应用关键技术研究”等19项科技项目计划进行调整，进一步发挥相关单位科技创新主体作用，提升科研水平和资金使用效益。七是牵头推进交通强国试点“智能网联重载货运车路协同发展试点”任务。充分发挥组织、指导、协调作用，会同项目责任单位进一步明确各年度发展目标、主要任务、实施路径和保障措施。按照时序要求建成五盂高速公路、阳泉市大连街等共25公里测试路段，初步建成测试区域智能运控系统、多元感知物联网、基础设施数字孪生系统等，并开展车载视觉系统、激光/毫米波雷达等感知技术研发，完成年度既定任务。

【优化行业科研力量】一是深入贯彻落实科技创新人才推进计划。根据《交通运输行业科技创新人才推进计划管理办法》和《交通运输部办公厅关于开展2022年度交通运输行业科技创新人才推进计划组织推荐工作的通知》要求，本着公开、公平、公正原则，推荐3人申报交通运输部科技领军人才，1个工作室申报国家级创新团队。二是积极扩充山西省科技专家库。面向全省交通运输行业，遴选出167名政治过硬、公道正派、学术过硬的行业专家，进入省科技专家库，有效扩充科研队伍、充实技术力量，为全省交通运输行业发展提供人才支撑。三是积极申报国家交通运输科普基地。为有效提升科普工作质量，扩大科普覆盖范围，按照《国家交通运输科普基地管理办法》要求，组织第二批国家交通运输科普基地申报工作，推荐山西省交通科技研发有限公司黄土地区公路建设与养护技术交通行业重点实验室、山西通用航空集团有限公司山西航空文化科普基地2个基地申报国家交通运输科普基地。四是筹办山西交通创新论坛。探索构建科技交流启迪平台，吸收全国范围内各行各业优秀专家学者，突破行业、所有制、区域限制，营造开放、共享创新环境，全面提升全省交通行业创新水平和科学思维，以创新促发展，以创新促转型。

【推动重点领域标准有效供给、高效应用】一是积极组织2022年省级地方标准、十大产业链省级地方标准、数字领域省级地方标准等标准的审核申报，全年共向省市场局申报省级地方标准28项，获准立项20项，在省直部门名列前茅。二是严格标准制修订流程，规范标准化工作管理，重视技术审查，广泛征求意见，全年共推动发布省级地方标准9部。由山西省交通规划勘察设计院、省交通运输安全应急保障技术中心共同编制的《高速公路交通安全风险评估指南》（DB 14/T 2468-2022）填补国内高速公路安全风险评估判定标准的行业空白，是山西开展“平安文明示范高速公路”创建工作的重要成果。三是推动标准基地建设，按照《关于下达2022年山西省技术标准创新基地项目计划的通知》，交科集团申报山西省技术标准创新基地（道路交通）（筹）正式获得山西省市场监督管理局批准，是首批两家筹建单位之一。四是加强标准化宣传。对新发布的地方标准，及时组织宣传贯彻；对已经实施的地方标准，严格监督标准贯彻执行效果，考核标准的先进性和适用性。举办2022年度全省交通运输系统标准化业务培训班，开展2022年世界标准日宣传活动，在全省交通运输系统中营造良好标准宣传氛围。

【推动交通减污降碳协同治理、长效落实】 一是认真落实第二轮中央生态环境保护督察整改任务。印发《山西省交通运输厅贯彻落实中央生态环境保护督察报告整改方案》，全面深入抓好问题整改。通过党委（党组）理论学习中心组学习等形式，切实增强“生态优先、绿色发展”的思想自觉、政治自觉和行动自觉。结合《山西省深入推进扬尘污染防治工作方案》和交通运输系统工作实际，细化任务，明确采取有效措施，坚决遏制交通运输行业扬尘污染问题“反弹”和“冒头”，形成扬尘污染防治长效机制。二是持续推动交通运输碳达峰、碳中和工作。完成“山西省交通运输行业碳达峰、碳中和专项行动方案研究”项目并通过验收。在国家《交通运输领域绿色低碳发展实施方案》和专家意见基础上，会同省发展和改革委员会、省工信厅、省生态环境厅讨论研究形成《山西省交通运输领域推进碳达峰专项行动方案》征求意见稿。三是创新推动交通运输领域光伏产业发展。深入落实省委9月19日专题会议精神，迅速摸清交通运输行业企业光伏发展利用底数，完成《山西省交通行业域内分布式光伏发电建设规划大纲》编制工作并报省委、省政府，同时按照国家《智能光伏产业创新发展行动计划（2021—2025年）》，鼓励推动光伏发电在交通领域多场景应用。

（李达峰）

山西省交通运输厅治超处

2022年，在厅党组坚强领导下，全省交通运输系统治超工作深入贯彻山西省第十二次党代会“全方位推动高质量发展要求”，落实全省交通运输工作会议精神，以“抓综治、保畅通、保安全、为人民”为总要求，继续坚持源头管控和路面治理不放松，严厉打击非法超限超载运输行为，为全省经济社会发展提供安全畅通的交通运输环境。一年来，全省治超工作继续保持高压态势，年度各项治超目标完成良好，取得显著成效。全省累计投入139.6万人次，检测车辆7673.2万辆，共查处违法超限超载车辆10536辆，卸载货物20.2万吨，罚款1510万元，超限超载率始终控制在0.2%以内，继续保持全国最低水平。

【开展修订工作】《山西省道路货物运输源头治理超限超载办法》（以下简称办法）于2月22日正式启动修订工作，成立由交通运输厅党组成员、副厅长、省治超办副主任郭丙福任组长的起草组，抽调系统内治超工作业务骨干，制订方案，倒排工期，确保按时完成。办法（草案）分别征求厅法规处等7个处室，国家治超办、交通运输部、省经信厅等部门及11市治超办共计24个单位意见，共收到修改意见和建议103条。先后召开讨论会11次，修订草案15稿，充分体现《中华人民共和国安全生产法》在源头治超工作中的应用，将山西省15年的治超经验纳入规章体系。修改和删除与现行上位法不符、操作性不强、与实际工作脱节的相关规定，新增信息化建设、网络货运和信用治超等内容，强化政府及其相关部门源头治超监管主体责任，明确货运源头单位及其工作人员的主体责任，充实货运源头单位法定职责义务。该办法已于2022年12月2日经省人民政府第156次常务会议通过，自2023年3月1日起实施。

【提升治理成效】 严格落实货运车辆违法超限运输信息抄告制度，统计汇总全省站点、路面、源头、高速公路查处的违法超限运输信息及高速公路出入口检测发现的疑似违法超限运输信息。强化对违法超限超载车辆行为的追踪管理，将外省籍违法超限运输信息共227台次分别抄送至河北、河南、辽宁等6省交通运输厅；山西省籍1辆货运车辆在一个记分周期内违法超限超载运输3次，被列入严重违法超限超载运输失信名单，在省厅网站公示并按程序报交通运输部。

【加强高速公路治超称重设施改造和联网运行工作】 2022年，山西交控集团等高速公路运营管理单位共投入4100余万元对全省690条高速公路出口车道的治超设施设备进行升级改造，在全国率先实现所有高速公路收费站出入口货车100%称重检测。全省所有高速公路出口，未安装称重设施的收费车道加装称重设施；已安装称重设施但数据不能联网上传的，进行车道改造和软件升级，具备实时上传功能。同时，对高速公路匝道出入口称重检测设施中超过使用年限、设备老化、误差较大的进行更换。治超系统升级已完成系统开发、软件测试、入网检测和试点运行，现处于全网试运行阶段。

【开展短途非法超限超载运输百日治理专项行动】 针对短途超限超载屡禁不绝，“百吨王”及闯卡、绕卡等非法运输行为时有发生等问题，自8月12日开始，在全省范围内开展“短途非法超限超载运输百日治理专项行动”。成立由省治超办主任、省政府办公厅副主任李天照为组长，省治超办副主任、省厅交通运输副厅长郭丙福为副组长，省治超办、省交通运输厅、省公安厅交管局相关人员为成员的专项行动领导组。充分发挥市县治超工作机构的组织、指导、协调和监督作用，建立健全交通综合执法改革后的源头监管和路警联合执法机制，抽调公安交警、交通综合执法等精干力量，分三个组对全省进行督导检查和明察暗访。按照重点县市以及投诉举报较多的县(市、区)必查、其他县市抽查原则，对全省60个县(市、区)、146家政府公示的货运源头企业进行明察暗访，共发现各类问题39个，涉及重点货运源头企业38个，下发书面督导意见22份。共对17家企业作出处罚，共处罚款76.4万元，相关责任人受到纪律处分。

【加强科技治超】 2018年全省启动五级治超信息管理指挥系统平台建设后，部分市县信息化意识不强、建设工作滞后，全省源头企业信息数据互联互通率低，超限检测站数据传输网络化、执法监控实时化、执法文书电子化没有完全实现。针对上述问题，2022年狠抓责任落实，4月份召开全省治超信息化建设推进会，5月、6月、7月三次对进展缓慢的市县全省通报，对信息化建设不力的市，请驻厅纪检组约谈督促。省级治超平台已基本建设完成，横向能连接高速公路出入口、运政人车户、货车卫星定位等数据，纵向能连接全国治超平台和11个市级治超平台；全省11个市全部完成市级治超平台建设，实现辖区内公路超限检测站和重点货运源头企业互联互通，为全方位治超、全天候管控奠定科技基础，逐步补上信息化滞后短板。

【积极推进站点规范化改造】 为确保市、县交通运输局所辖站点统一、有序运行，并充分调动市、县交通运输局治超工作积极性，缓解各市、县治超经费不足状况，在厅领导大力支持和有关处室积极配合下，给予市、县交通运输局所辖运行中的27个治超站共计1620万元经费支持。受补站点按计划进行维修改造，更换维护检测设施设备，进一步提升治超执法科技化、信息化能力。

(段璐婷)

山西省交通运输厅审计处

2022年，厅审计处认真学习宣传贯彻中共十九大及历次全会和二十大精神，以习近平新时代中国特色社会主义思想为指导，以全省交通运输工作会议精神为引领，立足新发展阶段，贯彻新发展理念，更加有效发挥审计监督在推进交通运输治理体系和治理能力现代化中的职能作用，做好常态化“经济体检”，统筹推进各项工作落实。

【党建工作成果丰硕】 厅审计处高度重视党建工作，从组织领导、工作部署、措施制订、监督检查等方面做了大量工作，2022年被评为优秀基层党组织。一是以强化党的思想建设为切入点，持续深化理论武装。第一，系统学习中共二十大精神。把学习宣传贯彻二十大精神作为首要政治任务，在开幕当日，组织全处干部收看开幕式，先后组织五次党支部会议集体学习二十大精神，坚持读原文、悟原理，原原本本学习报告，深刻领悟关于党和国家事业发展大政方针和战略部署的历史逻辑、理论逻辑、实践逻辑。第二，党支部每月集中学。充分运用专题会议、交流研讨、“三会一课”、主题党日等形式。2022年以来共组织召开集中学习培训21次，开展专题讨论2次。第三，线上指尖主动学。利用“学习强国”学习平台、“山西交通在线”平台、好干部在线等开展线上学习，打造“线上课堂”。第四，利用时间碎片灵活学。为党员干部征订《党的二十大报告学习辅导百问》、《党章修正案学习问答》、《习近平谈治国理政》第四卷、《百年初心成大道——党史学习教育案例选编》、《百年大党面对面》等书籍，要求党员利用零散时间随时随地学。二是以压实主体责任为关键点，持续推进全面从严治党。第一，将党建纳入审计范围。坚持党对内部审计工作的全面领导，认真贯彻落实好党关于审计工作的各项部署和要求，确保把党的领导落实到内部审计工作的全过程各环节。在领导干部经济责任审计过程中，将各单位党建工作开展情况纳入其中，着重考察各单位党建工作开展情况及对业务工作推动情况。对在内部审计工作中如何实现党建工作和业务工作的真正融合作出有益探索。第二，普通党员讲党课实现全覆盖。为调动普通党员积极性，2022年着重推动普通党员讲党课，实现普通党员讲党课全覆盖。2月，宋蔚以《思想觉醒是伟大建党精神的灵魂》为题讲授专题党课；3月，李耀文讲授“三大战役”专题党课；4月，牛亚伟以《对表入党誓词 对标不忘初心》为题讲授专题党课。第三，扎实开展主题党日活动。5月，赴大同平型关战役纪念馆开展主题党日活动，全体党员受到深刻教育，增强历史责任感和使命感。三是以党支部结对共建为着力点，开创基层党建工作新局面。2022年与娄烦公路段党支部开展结对共建活动。以围绕中心、服务大局、资源整合、优势互补、互利共赢、共同提高为原则，充分发挥共建党支部的优势互补作用，提升双方党建工作水平，不断巩固和发展各自的一些特色做法，拓宽活动内容和范围，发挥各自优势，开创基层党建工作新局面。第一，组织建设互促。拓展和完善基层党组织功能，创新基层党组织活动形式，并充分发挥结对双方党组织自身优势，定期交流党建工作经验，共享党建工作信息，联合开展主题党日活动，推动党建和文明建设深入发展，提高党建工作水平。第二，党员干部互动。组织党员定期交流学习经验体会，促进社会公德、职业道德、家庭美德、个人品德提升，共筑新时代文明实践的新高地。第三，党建载体互用。发挥“互联网+党建”平台效能，建立共建党支部微信群，双方利用本单位党建资源，定期共同开展党建活动，资源共享，联谊发展，创新亮点，为基层党建工作积累经验。第四，科学发展共赢。在党建工作引领下，共建党支部不断完善交流学习的方式方法，优势互补、工作互动，开创共同发展互利共赢新局面。

【稳步推进经济责任审计】有步骤推进省公路局系统主要领导经济责任审计，规范权力运行，提高管理水平。一是确定审计范围。经与人事部门对接，按照干部管理权限，综合考虑任职时间、年龄等因素，确定三个公路分局局长开展经济责任审计。二是审前调查摸底。以点带面赴太原公路分局开展审前摸底调查。三是综合审计力量。厅审计处工作人员牵头负责审计项目，并借助社会中介机构力量开展审计。四是做好动员部署。分别赴太原、大同、晋城等地召开经济责任审计工作进点会，明确审计工作总体任务。五是强化内部沟通。召开专题会议，对审计工作开展情况进行综合研判，研究存在问题，统一思路，推动审计工作稳步推进。六是加强监督检查。在审计过程中不定期检查中介机构审计方案执行及现场审计开展情况，在现场审计结束后，另外组织专业人员对被审计单位资料进行复核，对审计工作质量进行检验。七是进行综合研判。对审计发现的问题与被审单位进一步核实，并邀请相关专家进行综合研判，力求问题客观真实、定性准确，能够如实反映领导干部履行经济责任情况。

【外部审计配合效果显著】3月10日，省审计厅派出审计组对省厅及所属省公路局等单位2021年度预算执行情况和农村公路建设、养护补助专项资金管理、使用、绩效情况进行审计。为做好配合工作，按照审计组需求，协调督促厅直各单位、厅机关相关处室做好资料提供、报送、解释、后勤保障等工作。随时了解审计组工作需求和工作方向，随时沟通审计相关情况，上传下达，切实做好配合服务工作。审计组初步出具审计报告征求意见稿后，厅审计处及时协调和联系相关业务处室和厅直单位，对提出的问题进一步核实、解释和沟通，及时提交相关印证资料或积极整改，多次与审计组成员协商，最终审计组对征求意见稿进行修改，将原29个问题减为16个，不仅问题大幅缩减，部分问题还改变描述和定性。收到正式审计报告后，厅审计处牵头组织厅直各单位和厅相关处室，对照审计报告提出的问题，逐项研究、细化分解、列出清单，形成台账，落实责任，明确整改牵头处室（单位）和配合处室（单位），把整改工作作为严肃财经纪律、提升系统预算管理水平的重要举措，推动整改工作有序开展，截至年底，审计提出的16个问题中13个已得到有效整改，3个正在持续整改中。

【完成车购税资金专项审计“回头看”】 根据《交通运输部办公厅关于开展车辆购置税交通运输专项资金结存及消化情况审计调查“回头看”工作的通知》要求，部署车购税资金专项审计发现问题整改情况“回头看”，督促各地、各单位持续推进车购税专项资金使用监督，加强对审计发现问题整改，确保审计整改工作取得实效。2021年车购税专项审计之后，厅审计处紧盯存在问题，成立资金化解专项工作领导组，明确资金化解责任分工，召开专题会议推动工作落实。2020年及之前年度车购税结存资金已全部消化。2022年通过分解压实责任，依法合规加快结存资金的消化使用，对进展缓慢的项目，督促有关单位加快推进，及时跟进工程计量和资金拨付等措施加快资金支付，避免资金闲置。2021年及以前年度车购税资金结存情况和2022年车购税尚未支出情况在全国排位靠前。

【审计整改工作更加深入】 切实做好审计整改“后半篇文章”。全面落实审计整改主体责任和监督责任，完善审计成果运用，有效堵塞管理漏洞，不断提升治理能力。一是下发审计整改通知书，以促进整改为导向，强化风险防控，完善管理制度，推动单位（建设项目）规范管理。二是加强把关，对账销号。强化对被审计单位整改报告把关，针对审计发现问题全处人员共同逐条研究分析，真正做到每个问题都有落实、有整改，建立整改台账，对账销号。经集体研究认为整改不到位的，重新下发整改通知，督促其限期整改，直到问题完全整改到位。三是根据《省纪委监委驻省交通运输厅纪检监察组与厅审计处构建联动协作机制的实施意见》规定，审计结果均提交省纪委监委驻省交通运输厅纪检监察组，进一步增强监督合力。

【建设项目审计逐步推开】 按照《公路水运基本建设项目内部审计管理办法》相关要求，为突出重点，完善工程建设项目程序，促进提高政府投资绩效，经与省公路局共同进行项目情况摸底后，对具备开展竣工决算审计条件的项目逐年安排。2022年对3个工程项目竣工决算开展审计，同时安排省公路局开展两个项目的竣工决算审计，各建设项目大部分开展项目跟踪审计。通过项目跟踪审计，关口前移，抓早抓小，及时了解项目建设过程中存在的不合理不规范问题，督促项目立行立改，将问题解决在萌芽状态，推动项目规范建设。项目竣工决算审计进一步推动项目决算管理规范化，提高项目竣工决算编制质量，通过决算与概算、预算的对比分析，查找问题，对比分析，进一步提高资金使用效益。

【养护资金专项审计有序开展】 根据2022年第13次厅党组会议精神，为全面了解国省干线养护资金下达、使用和效益情况，开展对2021年以来全省国省干线养护资金使用情况进行专项审计调查。一是组织专家研讨。组织省公路局计划处、财务处、养路处、审计处等职能处室的专业人员进行座谈，针对本次审计开展的方式、方法，应予以关注的重点、难点问题进行研讨，形成统一意见。二是进行先行先试。选取阳泉、忻州两市先行开展试点，通过在两市查阅资料、现场查看等方式，为在全省全面开展工作取得经验。三是下发审计调查表。在试点填报和专家评审基础上，形成统一审计调查套表，并下发全省各公路分局进行填报。

【处室常规工作扎实推进】一是开展公路建设开工前资金落实情况审核。贯彻中央"稳经济"总体部署，落实省委"全方位推动高质量发展"总体思路和要求，寓监督于服务，在服务中监督，全年对74个公路建设项目开工前资金落实情况进行审核，并出具审计意见。二是印发《2022年山西交通运输审计工作要点》。按照交通运输部《2022年交通运输财务审计工作要点》和山西省审计厅《2022年内部审计工作要点》的要求，结合全省交通运输工作实际，印发《2022年山西交通运输审计工作要点》。从8个方面对全省交通运输行业内部审计工作提出要求，并就相关具体工作进行布置，安排省公路局对两个建设项目进行竣工决算审计，安排省高速公路综合行政执法总队对两个支队进行预算执行和财务收支审计，同时对各市交通运输局在开展专项审计调查、强化审计结果运用、凝聚审计监督合力、推进审计队伍建设等方面进行工作安排。三是从审计视角对厅机关日常业务提出意见。贯彻执行《厅长履行经济责任风险防控办法（试行）》，关口前移，从审计视角出发对厅机关日常业务进行把关，比如就追加项目支出预算有关事宜、研究拨付项目专项债券资金有关事宜、研究下达补助资金投资计划有关事宜、研究拨付补助资金有关事宜等事项提出审计意见，为厅党组科学决策服务。

（牛亚伟）

山西省交通运输厅行政审批管理处

2022年，在厅党组正确领导下，厅行政审批管理处继续认真贯彻落实国务院、交通运输部和省委、省政府关于全面深化"放管服"改革、着力培育和激发市场主体活力的决策部署，紧紧围绕高质量发展、精准服务的核心，结合2022年处室重点工作任务，以改革创新为理念，推出系列优化营商环境具体举措，进一步加大简政放权、放管结合、优化服务改革力度，不断提高行政效率、提升服务品质。

【承担工作任务进展顺利】2022年以来，厅行政审批管理处省级行政审批事项均按期办结，截至12月9日，总共办理113242件，其中大件运输全程网办112644件；工程建设类许可事项公路水运工程建设项目设计文件、设计变更审批27件，公路建设项目施工许可34件，公路工程质量安全监督手续批复27件，公路工程交竣工质量鉴定7件；竣工验收9件；涉路施工许可事项办理93件；海事船舶检验事项办理182件；各类资质认定事项44件，备案类12件。网办率达99.47%。2022年前三季度省交通运输政务服务窗口均获得山西省政务服务中心"红旗窗口"单位称号。

【做好大件运输网上审批工作】为此厅行政审批管理处认真贯彻落实货运物流保通保畅工作的决策部署，充分发挥网上受理审核审批的优势，安排窗口工作人员居家办公，认真做好大件运输全程网办工作，确保审批不停、运输不断，全力保障大件运输的正常运行。交通运输政务服务窗口聚焦企业需求，主动靠前精准服务，保障重点企业大件运输正常通行受到社会和媒体的高度评价。10月，经过工作人员多次深入一线对太重258吨压机模块运输装载细节指导及前期的一些具体工作，在严格审批程序的同时，尽量简化许可流程，太重车货总重达388吨"巨无霸"于10月16日正常起运，并于17日顺利运出山西省，为山西制造走向全国提供强有力的支撑。此次运输工作得到企业和媒体良好评价，《山西日报》做全程报道，对省厅大件运输服务给以充分肯定。

【推进大件运输服务的宣传工作】一是大件运输服务工作人员深入太重集团等大型重工设备生产企业实地调研，了解重大装备制造情况，引导企业学习和掌握大件运输相关法律、法规和政策，依法履行申请、审批程序，讲解、引导安设源头治超设备的重要性。二是充分利用宣传折页、网络、广播等介质，线上线下同步对大件运输管理服务工作进行宣传；通过厅门户网站和山西省交通运输厅行政审批和监察平台科普大件运输业务知识、意义及规范性要求。三是3月18日，厅行政审批管理处处长苏敏通过山西交通广播节目，就大件运输管理服务工作做专题讲解，从概念、意义切入，到大件运输规范，再到大件运输审批“一网通办”“跨省通办”的实效等做详细介绍，现场解答听众提出的问题，反响良好，并通过宣传山西省太重集团4次500吨以上超大部件“大国重器”的运输案例，让广大人民群众更加深切地体会到做好大件运输工作是一件牵动社会、关乎民生、意义非凡的工作。为进一步加强大件运输服务管理工作，根据《交通运输部办公厅关于进一步加强大件运输管理服务工作的通知》，厅行政审批管理处制订印发《关于贯彻落实〈交通运输部办公厅关于进一步加强大件运输管理服务工作的通知〉的实施意见》(简称《意见》)，《意见》细则性提出具体落实举措，包括从源头治理抓起，压实大件运输生产企业、运输企业安全生产责任，强化事前、事中、事后监管机制，以及完善、优化服务系统等涉及运输工作的全过程内容，使大件运输工作具体细化，明确各方责任分工，具有较高指导性。

【深入推进省级行政审批事项】推进“一网通办”和“跨省通办”。根据省行政审批服务管理局的工作安排，在省级行政审批事项“一网通办”基础上进一步逐事项逐要素详细梳理，积极研究制订省厅“跨省通办”事项清单。选取告知承诺制事项和形式审查事项作为推行网办重点事项，“公路超限运输许可”“船员培训机构培训计划备案”“公路养护作业单位资质审批”三个事项已实现“跨省通办”，申请人可异地网上提交申报材料，不需要到省交通运输政务服务窗口办理，实现“零跑动”。同时根据《山西省人民政府关于进一步深化“证照分离”改革激发市场主体发展活力的通知》及《山西省商事制度改革领导小组办公室关于印发〈放宽市场准入政策落实工作方案〉的通知》精神，厅行政审批管理处制订并印发《涉企经营许可高频事项办事指南》，进一步细化工作，编制告知书和承诺书示范文本，提出监管规则和标准，不断加大审批事项网办深度和网办覆盖率，为便民利企提供优质服务又向前迈进。

【推动行政审批和监察平台提质扩容】为满足网办申报需求，加强与交通运输部相关业务平台与厅自建其他平台对接深度，山西省交通运输厅行政审批监察平台及山西省公路水运市场监管平台与省政务服务一体化平台已顺利完成对接；山西省运政管理系统、山西省道路运输从业人员综合管理信息系统、山西城市客运管理系统已完成与省行政审批局用户统一身份认证对接；根据交通运输部2022年第12号令，公路工程监理企业资质认定实现电子证照要求，交通运输部综合运输信息平台积极与政务一体化平台对接，为“全程网办”提供物理保障。11月1日，跨省大件运输并联许可“掌上办”正式在国家政务服务平台上架运行，实现由“网上办”转为“掌上办”，更好地满足大件运输企业许可申报“随时办、随地办”需求，真正达到“指尖触达、掌上通办”，顺利完成年度“十大更贴近民生实事”的任务目标。

【成立“证照分离”改革工作领导小组】根据《山西省人民政府办公厅关于建立健全抓落实工作机制进一步提高执行力的实施意见》《山西省人民政府关于进一步深化“证照分离”改革激发市场主体发展活力的通知》要求，对照《山西省“证照分离”改革全覆盖事项清单(2021年版)》，结合交通运输工作实际认真梳理，形成《山西省交通运输厅“证照分离”改革事项清单》，为加强对清单改革执行情况实行的动态管理，由厅行政审批管理处牵头成立山西省交通运输厅“证照分离”改革工作领导小组，并建立工作机制，通过详细的月报表，可实时掌握“证照分离”改革事项推进和落实的情况，有力推动证照分离改革工作的进一步发展。

【推进工程建设项目审批制度改革】自2021年以来，省厅积极配合省行政审批服务管理局和省住建厅，不断深化交通运输领域工程建设项目审批制度改革。2021年梳理完善社会投资交通工程项目(不含PPP项目)办理事项清单并起草全事项办理标准流程图；2022年按照《山西省深化工程建设项目审批制度改革2022年工作要点》工作部署，完成省政务服务一体化平台相关审批事项要素调整，梳理细化交通运输工程项目规模分类并起草编制山西省政府审批公路建设项目(含PPP项目)全事项办理标准流程图和山西省社会投资公路建设项目(不含PPP项目)全事项办理标准流程图。

【进一步取消和下放行政审批事项】2022年1月，根据《山西省人民政府关于取消和下放一批行政审批事项的决定》，省厅按照“应放尽放、能放尽放”原则，取消下放6项省级行政审批事项。其中取消3项行政审批事项为“在通航水域进行水上、水下作业施工同意及作业完毕遗留物清除效果验收认可、船员培训机构许可初审、船员培训机构培训计划备案”；下放审批层级3项行政审批事项为“通航水域岸线安全使用和水上水下活动许可、专用航标的设置、撤除、位移和其他状况改线审批、渔业船舶及船用产品检验”。

【规范梳理交通运输政务服务行政许可类事项目录】2022年6月，为全面贯彻《国务院办公厅关于全面实行行政许可事项清单管理的通知》和衔接落实好省深化“放管服”改革优化营商环境工作领导小组办公室《法律、行政法规、国务院决定设定的行政许可事项清单（2022年版）》精神，按照要求认领行政许可事项，对照《国家级基本目录》和《国家清单与“四级四同”目录名称匹配清单》，进一步规范梳理行政许可事项清单；9月份根据《山西省人民政府办公厅关于全面实行行政许可事项清单管理的通知》，梳理交通领域许可类清单并积极贯彻转发至各相关部门，推进新的交通运输服务指南编制。

【优化行政审批制度】2022年5月，按行政审批事项分类，利用不同时间段对交通运输政务服务综合窗口工作人员进行系统的综合行政审批业务培训，提高窗口审核申请材料深度，制订集容缺受理+一次性告知+告知承诺制为一体的优化审批制度，形成《省交通运输政务服务窗口行政审批事项申办材料一次性告知单》，明确各事项申报材料的具体要件、容缺内容、告知承诺期限、规格份数、出具单位、咨询电话等内容，有效解决申请人“来回跑”的问题，在容缺受理过程中，受理与补充材料同时并进，为申请人提供更多便捷，大幅度节省办事时间，切实为省级重点项目和赶进度贴近民生的紧急工程提供保障工期支持。从本年度4月份开始，厅办公自动化系统上新“行政审批事项”模块，加速交通运输政务服务事项审批流程运转，提升内部事务流转效率。在使用过程中，动态完善、优化在线审批流程，不断提高实用性，进一步提升工作效率。

（刘　宁）

山西省交通运输厅民航综合协调处

2022年，厅民航综合协调处高质高效落实完成各项重点工作，踔厉奋发，积极推进省委、省政府及厅党组布置安排的各项重点工作；深耕细作，夯实全省机场一体化制度基础；久久为功，履职尽责，做好各项延续性重点工作。

【做好冬奥会保障工作】按照省领导在北京2022年冬奥会和冬残奥会组织委员会《关于印发〈北京2022年冬奥会和冬残奥会航班备降保障工作指引〉的通知》上的批示精神，省厅迅速组织落实，为主要承办处室，积极着手推进相关工作。首先，沟通对接，建立联系。快速与参与山西省涉奥航班保障的省卫健委、省外事办、省体育局、太原海关以及山西航产集团等有关单位协调对接，征求各方意见，按照要求，明确各方责任、细化保障流程、形成工作规范。其次，制订方案，明确任务。在前期与各单位沟通对接基础上，根据各方意见，草拟《山西省保障北京2022年冬奥会和冬残奥会航班备降工作方案（讨论稿）》，两次征求各单位意见并进行修改完善，5个成员单位按照职责分工也拟订各自的细化工作方案。随即向省政府呈报《山西省交通运输厅关于呈报全省保障北京2022年冬奥会和冬残奥会航班备降工作方案的请示》，省长蓝佛安、副省长汤志平、副省长于英杰均作出批示。最后，安排演练，确保各项工作落到实处。按照省领导指示，各成员单位在山西航产集团先后进行两次针对性演练，按照北京冬奥组委原则上不从备降机场入境要求，经过两次针对性演练，达到保障涉奥各方如期、安全、有序抵离的预期效果，完成此次涉奥航班备降保障各项准备工作。

【完成国际航班入境分流服务保障】一是安排专人参与国际入境分流航班保障值守，及时提供现场协调指导。二是按照分工做深做细各项工作。3月16

日，省厅在省政府召开的国际航班经停太原入境工作指挥部会议上，专题向省长蓝佛安汇报省厅在上海国际入境分流航班转运工作运力保障、转运全闭环管理和应急处置机制等方面准备情况，并于3月18日全程参与两次预演活动，确保筑牢外防输入坚固防线。三是及时与驻厅纪检监察组、厅综合运输处、厅安监处等相关处室保持联系，随时按照要求调整运力，确保各工作环节高效合规运行。自承接转运工作至2022年底，完成北京、石家庄、西安、上海等地共105班国际入境航班的服务保障工作，其中，2022年共保障上海入境分流国际航班20班，协调转运车辆133台次，转运人员2287人次，严格执行全链条、全闭环管理，转运过程零事故。此项工作得到中国民航局局长冯正霖的高度肯定。

【夯实制度基础】通过各种方式调研全国20多个省市地区民航机场管理情况，系统归纳总结各省管理经验和亮点，结合山西省省情进行深入分析，草拟《山西省机场一体化运营管理办法》，多次通过电话等方式征求各地市及有关单位意见，达成一致后，呈报省政府获得批准。2022年11月该管理办法正式下发，同时督促各地积极抓好落实。该办法进一步夯实制度基础，不断提升全省机场一体化运营管理工作水平。

【做好运行保障工作】2021年，全力协调推动山西省首条国际货运航线实现首飞。2022年6月底，该航线已运行满一年，经过沟通、分析、研判，综合各方反馈航线运行情况，于2022年7月向省政府呈报《关于继续执飞太原至旧金山国际货运航线事宜的报告》，省领导圈阅。厅民航综合协调处抓紧落实该项工作，协调商务厅口岸办等相关单位，继续做好该航线运行保障工作，实现航线持续良好运行。自2020年7月起，山西省与国内部分重要城市“公交化”市场开发和航线培育工作经过一年半运营，有效带动山西省与北京、天津、上海三地之间经贸往来和文旅交流。为支持保障航线继续顺利运行，厅民航综合协调处向省政府呈报《山西省交通运输厅关于申请2022年度“公交化”航线航班专项补贴资金的请示》，常务副省长张吉福批示“很好”，并转省财政厅提出意见，省财政厅建议2022年度继续对“公交化”航线航班进行补贴，所需资金从年初预算安排的航空市场和航线培育专项资金中解决，张吉福批示“同意所拟，呈蓝省长审示”，省长蓝佛安批示“同意”。按照省领导指示，厅民航综合协调处继续做好资金保障工作，确保重点城市“公交化”航线持续运营。

【做好督导评估工作】2022年12月，省厅继续协调各方开展对全省机场一体化运营管理的督导评估工作，广泛听取各方情况反馈，总结经验，汇总问题，形成督导报告呈报省政府。

【参与安全检查工作】“3·21”东航MU5735航空器飞行事故发生后，党中央、国务院高度重视，习近平总书记及多位中央领导作出重要指示批示，中国民航局及山西省委、省政府迅速开展各项安全检查工作，结合民航局“行业安全大检查”活动及全省落实全国安全生产电视电话会议专项行动，迅速组织开展民航安全隐患排查整治。

经过沟通协调，省厅与民航山西安全监督管理局联合印发《关于印发〈山西民航机场运行安全大检查工作方案〉的通知》，从严从细排查全省航空领域所有产业、企业等安全隐患，重点检查省内运输航空公司、维修单位、上周期黄区机场和军民合用机场以及太原机场、空管运行单位的专业队伍建设、规章标准执行、安全现场管理、安全保障能力、安全责任落实等方面短板弱项。从快整改突出问题，细化责任、到人到岗、闭环管理，确保整改到位。严格督促在山西省区域内有航空运输业务企业，建立健全飞行失控、可控飞行撞地、跑道安全、极端天气等重点风险管控机制，提高全链条、全过程风险防控能力，确保“两个绝对安全”。

（贾一帆）

山西省交通运输厅民航建设运行处

2022年，厅民航建设运行处以习近平新时代中国特色社会主义思想为指导，认真贯彻落实中共十九大、二十大精神，全面贯彻习近平总书记视察山西重要讲话重要指示精神，紧紧围绕省委、省政府决策部署，在厅党组坚强领导下，对照交通强国建设和高质量发展要求，积极推进各项工作稳步向前，各项工作取得积极成效。

【推动基础建设】推动太原武宿机场三期改扩建开工建设，继续推进运城机场飞行区改扩建、朔州机场新建工程建设，推动晋城机场新建和大同机场改扩建前期工作。推进芮城、灵丘、繁峙等通用机场建设。5月29日，太原武宿国际机场三期改扩建工程举行开工仪式；运城机场飞行区改扩建工程继续推进跑道、机坪工程建设；朔州机场新建工程正在推进跑道工程、航站楼工程、航站区附属工程以及排水、防洪、供电、通信、道路等场外工程；晋城机场正在推进立项报批、试验段建设、征地拆迁等各项前期工作；大同机场改扩建继续推进立项报批等前期工作。芮城通用机场主体工程已完工，待验收使用；灵丘通用机场正在推进改建工程建设，繁峙通用机场继续推进开工前期准备工作。

【推进"通航+旅游"任务】研究起草交通强国交旅融合试点中"通航+旅游"任务考核评分细则。开展低空旅游专题座谈，与省文旅厅产业发展处相关负责人，就低空旅游发展现状、存在问题、下一步推进举措等进行充分沟通交流。完成五台山—临汾、尧城—上街、尧城—长治—运城等短途航线开通工作。山西通航集团编制完成年度低空旅游项目实施方案，围绕太原、晋中、大同、忻州、运城5市11点（1~3个项目/市）开展低空旅游项目招商工作，新开忻州云中河景区低空旅游项目。截至11月底，2022年短途运输已累计执行624架次，运输旅客1934人，飞行总时长802.97小时；低空旅游累计执飞171架次，运输旅客434人次，飞行总时长30.48小时。

【开展民航安全隐患排查专项整治】"3·21"东航MU5735航空器飞行事故发生后，为认真贯彻落实习近平总书记重要指示及中央领导批示要求，按照省政府关于在全省民航领域开展安全隐患排查的部署要求，省交通运输厅全力以赴开展相关工作。第一时间成立工作专班，建立工作机制，确保工作落细落实。积极与民航山西监管局进行专题对接，相互传达省政府常务会关于民航安全隐患排查整治部署要求以及民航局、民航华北局关于加强航空安全工作要求。在此基础上，结合全省民航领域工作实际，研究起草《山西省民航安全隐患排查专项整治方案》，经省政府专题会议研究，并征求相关部门意见修改完善后，省政府办公厅印发《关于在全省开展民航安全隐患排查专项整治工作的通知》（以下简称《通知》）。省厅作为此次专项整治工作领导小组办公室，多次沟通对接省直有关部门，细化梳理任务分工，及时掌握各领域专项整治进展情况。同时，为进一步落实《通知》要求，结合山西民航实际情况，按照厅长赵建平、副厅长段新源安排部署，省交通运输厅联合民航山西监管局印发《山西民航机场运行安全大检查工作方案》，成立安全大检查领导小组，下设航空公司、运输机场、空管运行单位三个检查组，对全省民航机场运行开展安全大检查工作。省交通运输厅民航建设运行处、民航综合协调处联合民航山西监管局机场处、空防处，在前期远程检查基础上，分两个检查小组对大同、运城机场运行安全进行现场检查，通过查阅文件资料、实地查看、现场询问等方式，重点检查大同、运城机场落实国务院安委会关于加强安全生产工作15条硬措施的有关内容、民航局和华北管理局关于安全大检查的有关内容等要求。检查小组向大同、运城机场，就督导检查中发现的问题和短板弱项进行反馈，提出工作建议以及限时整改要求。此外，民航山西监管局也完成省内运输航空公司、维修单位、其他运输机场、空管运行单位的检查工作。截至6月30日，全省民航安全隐患排查专项整治工作已完成动员部署、排查整治、集中攻坚、巩固提升四个阶段，各有关单位均研究制订专项行动具体落实方案，并综合运用现场和远程监管、"四不两直"和明察暗访等方式，对重点场所、重点设施、关键环节的安全风险隐患进行全面排查治理，建立隐患排查清单、整改落实清单"两个清单"，边查边改、立查立改，通过现场办公、进驻督导等方式，不断完善治理措施，专项整治工作效果显著。此外，持续抓好隐患排查清单、整改落实清单动态清零工作，每季度末进行清零工作统计，健全完善安全预防长效机制。

【进行食品安全监督管理】督促要求山西航产集团落实食品安全主体责任，严把流通销售质量安全关，定期或不定期开展食品安全隐患自查和专项治理工作，及时报送食品安全政务信息等。5月30日至31日，组织专人赴运城机场、大同机场等，开展食品安全检查工作。截至10月25日，累计反馈省食安办相关意见、工作信息12次，督促山西航产集团按时报送食品安全工作信息9次等。

（张羽宇）

山西省交通运输厅路网运行管理处

2022年，在厅党组坚强领导下，厅路网运行管理处坚持以习近平新时代中国特色社会主义思想为指引，深入贯彻中共二十大精神和习近平总书记视察山西重要讲话精神，认真落实交通运输部和山西省各项安排部署和工作要求，对照省委、省政府、交通运输部安排的重点工作及2022年全省交通运输工作要点，积极推进各项工作稳步向前，各项工作取得积极成效。

按照党中央、国务院决策部署和交通运输部，省委、省政府工作要求，联合公安、卫生部门，开展全省国省干线公路保通保畅工作。一是强化责任落实。严格落实属地保通保畅责任，强化责任落实和担当，充分发挥工作专班统筹做好保通保畅作用，各市、县（市、区）主要领导要履行好第一责任人的责任。二是持续优化调整政策举措。根据形势变化和国家、省最新要求，先后16次调整优化保通保畅政策举措，其中2次为物流保通保畅领导组通过增设检查通道、优化检查流程、启用车辆行程轨迹电子大屏、实行客货分离、货车优先和省内省外车辆分车道检查等方式，切实提升路网通行效率。10月底，根据省领导指示要求，综合山西省保通保畅有效做法和外省先进经验，省保通保畅领导小组印发《进一步做好物流保通保畅工作细则》，对货车拥堵应急处置等八方面工作提出更具针对性和操作性规定。根据国家优化防控20条措施和山西省35条实施意见，印发《关于进一步做好保通保畅优化管控措施的紧急通知》，进一步优化调整现行保通保畅政策。三是严格执行"即接即转即办"。建立"即接即转即办、转办事项调度、超时督办整改"工作机制，做好与重点企业的跟踪对接，一事一协调，切实提高接办、转办事项处理时效，优先放行重点物资运输车辆，保障粮食稳产稳收、能源供应有序、外贸发展稳定，满足重点产业链供应链上下游企业的各项物流需求。对于货车司机在路上遇到的一些问题，要求在2小时内解决；对于一些地方制度性政策问题，一般要求在3天内解决。四是坚持副处级领导值班值守制度。建立24小时处级党员干部带班值守制度，及时协调解决货车司机和企业反映的各类事项。五是坚持"白名单"和通行证制度。建立重点产业链供应链"白名单"制度，纳入企业5473户，主动靠前服务，"一企一策"及时协调物流运输过程中存在困难和问题；及时启动通行证制度，在全省公布128个办证地点，累计发放7万余张；强化煤炭运输保障，对涉及电煤运输的高速公路收费站，开通所有收费车道，最大限度保障通行能力。六是全面启用货车专用停车场。为进一步提高货车通行效率，全省规划在货车流量较大的高速公路收费站出口附近建设货车专用停车场，实行分区管理。七是加强监测调度。严格落实部省站三级调度、路警联动、区域协调、多方联防联动工作机制，坚持每日对全省国省公路进行调度，特别是对高速公路能源运输主通道23个易拥堵收费站坚持每半天调度，纠正违反政策做法。八是加强督导检查。成立11个督导组持续在各市开展常态化督导服务，其间3次与省委督查室集中督导，推动各地严格落实各项保通保畅政策。同时，综合运用路网监测、定期调度、明察暗访、典型曝光、督办转办、约谈整改等方式，及时推动解决通行过度管控问题。10月份以来，先后召开5次调度会，督导检查753次，通报各类问题180个，下发督办函43份，转办上级反馈和群众投诉问题280余件，约谈2个市保通保畅办和3个县政府负责人。九是强化基础服务保障。高速公路服务区、收费站积极为司乘人员提供咨询、开水、如厕、方便食品、住宿等暖心服务。向社会公布全省通行证办理地点并附联系人、联系电话，并要求各地主动服务。十是畅通投诉举报渠道。对省、市两级“12328”交通热线增加人工座席，确保在第一时间解决货车司乘人员反映的问题，在最短时间解答货车司乘人员咨询事项。公布各市保通保畅工作投诉举报电话，将司乘人员存在的问题及时转办涉事市、县解决，提高接办效率，坚决杜绝电话长时间占线等问题出现。同时，全省设立赋码解码申诉电话，在支付宝开发“码上健康”申诉小程序，解决货车司乘人员在入晋后被赋码的问题。十一是加强政策宣传引导。及时在省厅官网、公众号和山西卫视、《山西日报》、《山西晚报》、《经济日报》、人民网、《中国交通报》等主流媒介积极宣传车辆滞留服务、帮助和疏通疏导等工作，创造积极正面社会舆论环境。

【健全完善制度建设】 根据交通运输部和山西省相关要求，结合实际，健全完善系列制度。在养护管理方面，印发《国省干线公路养护管理办法(试行)》《政府还贷高速公路养护管理办法(试行)》《国省干线公路预防养护管理实施细则(试行)》《国省干线公路桥梁养护管理办法》《国省干线公路隧道养护管理办法(试行)》；在路网运行管理方面，印发《高速公路服务区管理办法(试行)》；在监督管理方面，印发《高速公路运营管理办法(试行)》《高速公路服务质量考核评价细则(试行)》。

【加强公路日常养护】 一是在科学研究全省公路冬季养护工作特点基础上，组织开展全省国省干线公路“灌缝补坑”专项行动，在投入资金较少前提下，有效处治全省国省干线公路裂缝坑槽等病害，消除雨(雪)水渗入路基，损毁公路等隐患，延缓公路路面路基损毁进度，节省养护资金，延长公路使用寿命。在2022年交通运输部组织的公路检查评价时，得到检查组充分肯定。二是制订《国省干线公路养护工作要点》，明确国省干线公路养护四项工作目标和九项工作重点任务，特别是坚持以“灌缝补坑”为主的日常养护，以祁临高速公路K557+154~K581+000路段和102省道太长线K27+000~K48+000段(榆次豆腐庄至太谷西曲河段)为试点，采取日常养护精细化的方式，打造国省干线公路“日常养护”样板路段，不断总结路基路面及沿线设施日常养护中好的经验做法，形成日常养护精细化作业标准、行为准则，进一步规范日常养护工作。三是加强考核评价工作。2022年3月，制订《2022年度普通国省干线公路养护管理考核方案》《2022年度高速公路养护管理监督评价方案》，分季度对公路技术状况水平、日常养护进行考核评价，督促各公路管养单位加强日常养护，不断提高公路路况质量水平。

【持续提升路网运行服务工作】 一是明确工作目标和任务。为进一步提升路网运行服务水平，2022年3月制订《国省干线公路路网运行服务工作要点》，明确七项工作重点任务，切实为人民群众出行提供便捷、高效、高品质服务。二是深入推进服务区提质升级行动。在2021年工作基础上，强化日常管理，保持外观形象焕然一新、车辆存放秩序井然、公共环境干净整洁、功能分区基本健全。三是建设长大桥梁健康监测系统。加强长大桥梁健康状况实时监测预警，组织实施晋济高速南河特大桥、七甲桥3号大桥健康监测系统建设。

【稳步推进自然灾害综合风险公路承灾体普查工作】 按照交通运输部和省普查办的工作部署，基本完成数据审查工作。高速公路共调查5744.6公里，采集并上报交通运输部路线、桥梁、隧道、高边坡和各类自然灾害风险点信息10019条，数据采集、质检已完成100%，高风险点数据已核查100%。普通国省公路调查里程12552.8公里，采集上报交通运输部信息10265条，数据采集、质检已完成100%，高风险点数据已核查100%。农村公路共调查124291.5公里，采集上报交通运输部信息93030条，数据采集、质检已完成100%，高风险点数据已核查100%。开展全省普查工作成果编制，主要包括普查技术总结报告、数据质检报告、数据核查报告和公路自然灾害风险点分级分布图，为形成国家层面的公路灾害风险区划图提供基础支撑，有力指导公路建设、管养和安全运行管理工作。

【开展普通国省干线收费公路自由流收费技术试点工作】一是收费标准审批。3月4日，省厅以《关于商请对长治市国道环线公路自由流收费试点车辆通行费收费标准开展成本调查及价格听证的函》向省发展和改革委员会商请开展成本调查及价格听证工作。3月30日，省厅财务处会同长治分局，专程赴省发展和改革委员会协调有关工作。3月31日，省发展和改革委员会复函明确成本调查工作由省厅负责，定价听证工作由省发展和改革委员会负责。随后，省厅选定成本监审机构中审亚太作为本次成本调查的第三方承办机构，由其先行提出工作方案，由省发展和改革委员会及下属单位成本监审调查局进行业务指导。6月初，中审亚太完成长治市国道环线公路车辆通行营运成本调查报告。6月23日，长治市发展和改革委员会召开长治市国道环线公路自由流收费车辆通行费收费标准定价听证会，会后形成听证报告。二是设计文件审批。3月3日，省厅印发《关于长治市国道环线公路改扩建工程增加"自由流"收费系统等初步设计的批复》。4月1日，省厅印发《关于长治市国道环线公路改扩建工程增加"自由流"收费系统等两阶段施工图设计的批复》。7月7日，省厅印发《关于长治市国道环线公路改扩建工程两阶段施工图设计的批复》。9月23日，省厅会同省发展和改革委员会、省财政厅向省政府报送《关于长治市国道环线公路采用自由流收费技术收取车辆通行费及核定收费标准等相关事宜的请示》。11月7日，省长办公会第26次会议审议通过。11月17日，省政府印发《关于同意长治市国道环线公路采用自由流收费技术收取车辆通行费的批复》。省厅会同省发展和改革委员会、省财政厅印发《关于长治市国道环线公路采用自由流收费技术收取车辆通行费等相关事宜的通知》。

【有序推进灾后恢复重建工作】2021年10月，因强降雨，全省公路灾毁17626处。为尽快将受损公路恢复到灾前水平，根据《交通运输基础设施灾后恢复重建工作方案》，确定恢复重建项目5013个，截至年底，已完成前期工作，预计2023年全部完成。

（朱 烨）

山西省交通运输厅农村公路管理处

2022年，在厅党组坚强领导下，厅农村公路管理处深入贯彻落实习近平总书记关于"四好农村路"建设重要指示批示精神，按照全省"四好农村路"和三个一号旅游公路高质量建设推进会的安排部署，聚焦年度目标任务，突出工作重点，强化跟踪指导，凝聚市县合力，加快推动"四好农村路"和三个一号旅游公路高质量发展，完成年度各项工作任务，不断完善农村公路高质量发展体系，更好服务乡村振兴和文旅业发展。2022年全省下达农村公路年度建设任务6830公里，总投资300亿元。截至年底，建成7257公里，完成投资331亿元，分别占目标里程和投资的106%、110%。

【持续推动"四好农村路"高质量发展】全省安排"四好农村路"新改建任务4330公里，投资90亿元。截至年底，完成4733公里，完成投资126.8亿元，分别为年度计划的109%、141%，其中，新增179个较大人口规模（30户及以上）自然村通硬化路，占443个规划任务的40%；12个乡镇通三级及以上公路，占57个规划任务的21%。新增危桥改造95座，完成投资2.6亿元；村道生命安防工程434公里，完成投资1.1亿元。进一步提升农村公路网畅通能力和本质安全水平。

【旅游公路全面提速提质】2022年目标是安排建设任务2500公里，投资150亿元，实现主线基本贯通。截至年底，全省建成2524公里，完成投资151.6亿元，分别为年度计划的101%和101%；主线累计建成3566公里，如期实现基本贯通。自2018年开工建设以来，全省累计完成投资611.1亿元，建成7992公里（黄河一号2812公里、长城一号2223公里、太行一号2957公里），同步建成慢行步道571公里、驿站85个、观景台114个、停车场177个、房车营地38个，连通A级及以上景区112个，覆盖非A级景点315个，基本建成"结构合理、设施完善、功能齐全、特色突出、服务优良""城景通、景景通、城乡通"全域旅游公路网。

【交通运输与旅游加速融合】 一是交旅融合基础设施建设稳步推进。在完成旅游公路2500公里、打通主通道“两个硬指标”的基础上，2022年打造黄河一号河津段、太行一号平定冠山段为代表的“城景通、景景通、城乡通”精品旅游风景道，同步建成慢行系统156公里、驿站29个、观景台19个、停车场21个、房车营地10个，串联了沿线38个A级及以上旅游景区、130个非A级旅游资源（点）。二是运游融合服务能力明显提升。全省依托汽车客运站建设旅游集散中心115个，设立交旅咨询点、旅游直通车停靠点1700个，实现区域间、市域间、城乡间高效互通。全省AAAA级及以上景区开通旅游公交线路256条，基本实现AAAA级景区全覆盖，太原、晋中、大同等旅游城市还开通多条旅游班线、旅游直通车；各市引进“神州”“一嗨”等汽车租赁企业，开展“落地租车、异地还车”服务，较好地满足了旅游出行个性化需求；大力发展“通航+旅游”服务模式，累计开通9条省内短途航线和4条省际短途航线，偏关老牛湾、碛口古镇等10个景区开通了直升机低空游览项目，更好地满足了游客高层次服务需求。三是大数据与旅游交通深度融合。有序推进旅游公路沿线5G基站布局，累计新改建5G基站11442座，为规划的67.8%，通车路段覆盖率达86%。依托大数据、云计算等技术，启动了太行一号晋中环城绿道、平定段和黄河一号河津段、万荣段智慧旅游公路建设。汇聚整合各类交通与旅游要素信息和状态数据，推进吃、住、行、游、购、娱动态跟踪数据融合，依托旅游交通App等终端，实现旅游交通信息、车票、门票、住宿等查询、预订和结算一体化，提升游客智慧出行体验感。四是制度标准体系不断健全。以省政府名义印发了《关于加快推进“四好农村路”高质量发展的实施意见》《山西省高质量推进黄河、长城、太行三个一号旅游公路建设工作方案》，制订了《山西省黄河、长城、太行三个一号旅游公路标志标识信息系统设计方案》，对统一标准、规范管理、优化设计、保证质量发挥重要作用。

【农村公路管养工作持续升级】 一是管养改革持续深化。认真贯彻落实全省《关于深化农村公路管理养护体制改革的实施意见》，明确市县两级日常养护资金投入比例，全面压实管养主体责任，建立绩效考核机制，扎实开展路况自动化检测，农村公路路域环境得到持续优化，管养治理体系基本构建。目前，全省农村公路养管机构设置率达到100%、管理机构运行经费和人员纳入财政预算比例达到100%、列养率达到100%，优良路率达81.65%。二是改革试点工作稳妥推进。6个改革试点单位按照申报主题内容和实施方案，积极开展“路长制”、养护生产、信用评价、信息化建设、美丽农村路建设等方面试点工作，引领农村公路管养体制改革各项政策、措施、任务落实落地。其中，长子县、沁水县、榆次区获评“四好农村路”全国示范县，晋源区、蒲县获评“四好农村路”全省示范县。三是农村公路治理能力显著提高。全省建立起覆盖县、乡、村道三级“路长制”组织体系和县有执法员、乡有监管员、村有护路员的路产保护队伍，登记在册县级路长117人、乡级路长1294人、村级路长21198人，形成“政府主导、部门协同、上下联动、高效运转”工作格局；以信息化为抓手，在全省推广“路长制”App，对各级路长、三员体系实时动态管理，开启农村公路巡查、路况上报、应急处置“掌上”管养新模式。

【加强行业监管力度】 一是坚持从设计源头抓质量。牢固树立全寿命周期设计理念，对旅游公路建设项目实行全过程设计监督，全年咨询80个项目1388公里，解决路线方案不合理、设计深度不足、绿色环保防护等问题和缺陷，有效节约建设投资。二是强化过程监管。健全质量监管责任体系，严把市场准入、材料进场、过程监理、交竣工验收等关口，确保工程质量和施工安全。采取“一月一排队，一月一通报”方式推进工程建设，先后召开项目前期会、推进会、约谈会，与各市签订责任书，有力规范秩序、堵塞漏洞、推动建设。三是加大督导力度。在依托市县公路局加强日常督导基础上，6次派出督导组实地对11个市117个县（市、区）农村公路资金管理、工程进度、质量安全、生态环保等内容进行督查“全覆盖”，与市县交通运输部门形成工作合力。从2022年对农村公路路基、路面、桥涵构造物等实体指标质量抽检看，“四好农村路”总合格率96.3%，旅游公路总合格率99.7%，工程实体质量总体较好。

【工作亮点突出】 一是成功召开全省推进会。9月19日，省政府召开全省“四好农村路”和三个一号旅游公路高质量建设推进会，省长蓝佛安出席会议并讲话，给予“极大改善农村交通出行条件，加快全省高质量发展步伐”的高度评价，提出“八个再”的新要求，吹响全省农村公路高质量发展的号角。二是示范创建成效明显。平顺、垣曲、壶关3个县被交通运输部等部委列为2022年度“四好农村路”全国示范县创建单位，黄河一号河津段被评为2022年度“我家门口那条路——最具人气的路”，太行一号旅游公路晋中环城绿道被中国公路学会评为2022年度全国“交旅融合创新项目——智慧化项目”。三是受到省政府重点关注和表扬。“四好农村路”和三个一号旅游公路建设列入2022年省级重点工程建设项目，纳入省政府178项抓落实重大专项机制，建立了任务、责任、措施、结果“四个清单”，每月通过13710系统加强调度和推动落实。7月29日，受到省政府办公厅通报表扬，评为B类：“抓落实亮点突出，获得肯定认可”。年底被省政府评为A类（第8名）：“抓落实成效显著，取得丰硕成果”。四是主线贯通活动有序展开。按照省政府审定《三个一号旅游公路主线基本贯通系列活动》，成功完成了媒体采风活动和主题摄影大赛评审工作，通过举办主线贯通系列活动，全面展示旅游公路建设成果，提高山西省全域旅游知名度。

（孙　宇）

山西省交通运输厅水路运输管理处

2022年，全省水路运输领域坚决贯彻落实交通运输部，省委、省政府及厅党组各项决策部署，坚持以海事“四化”建设为统领，认真履行海事行政、水路运政、港口航道行政职能，扎实推进水上交通安全专项整治三年行动巩固提升、强化全年各项任务及收尾工作，压紧压实属地水上交通安全各方责任，强化属地安全监管执法检查，破解海事发展瓶颈和安全监管难题，严密组织水路运输业核查，加强船员管理，推动船舶检验高质量发展。

【水运市场平稳有序发展】 持续优化营商环境，从源头上规范指导水运企业和船舶市场准入，新增水运企业5家，船舶23艘，注册船员231名，水运市场进一步发展壮大。加强水运市场秩序与服务质量监管，指导八泉峡景区、通天峡景区等2家水运企业通过交通运输部水路旅游客运精品航线试点。严密组织水路运输业核查，限期整改7家（含1家个体）、船舶27艘，撤销不符合许可条件旅游客运企业1家，加强对4家未通过核查企业的跟踪监管，有效提升营运船舶本质安全水平。开展无船承运业务企业运价备案情况检查，掌握全省无船承运经营者经营底数。

【牢固水上交通安全基础】 一是扎实推进安全专项整治。集中开展船舶碰撞桥梁隐患治理、涉客船舶航行安全“百日行动”、加强水上交通运输安全监管专项排查整治、船舶国籍证书注销、船舶载重线和货物装载等专项治理行动，按要求完成对4处跨黄河其他等级航道桥梁排查整治任务，强制注销报废船舶28艘，勘划载重线不符合要求船舶12艘，动态更新问题隐患和整改措施“两个清单”，推进辖区139项水上交通安全风险隐患清零，完成三年行动收尾工作。二是安全监管责任有效落实。压紧压实水上交通安全各方责任，强化属地监管执法检查，9个地市30个有水运企业的县（区）交通运输局主动适应综合执法改革要求，克服机构调整困难，加强管理制度和执法队伍建设，水上交通安全监管不断不乱。运城加强对黄河沿线已关闭渡口、码头和51艘非营运船舶的动态监管，有效杜绝“船舶非法载人偷渡”行为；晋城、吕梁加强与行政审批部门沟通协调，强化对4家未通过核查企业的跟踪监管；晋中、长治及时督促辖区6艘船舶整改最低配员不足问题；朔州、大同、忻州加强对辖区相关水域核实处理，强化水上非法营运整治。三是重要时段期间监管有力。完成春运、“五一”、汛期、中秋节、国庆等重要时段水上交通安全监管，强化现场盯防，落实中共二十大"核心时段"临时交通管制等安全保障服务措施。省交通运输综合行政执法局加强对各地水上交通安全落实情况进行抽查，强化问题跟踪督导；省运输事业发展中心16次对有关市交通运输局极端恶劣天气预警预报责任落实情况进行调度，66次落实禁限航管控措施，有效防范化解水上交通安全监管风险隐患。四是应急救援能力不断提升。推进编制水上搜救能力建设专项规划。建立以企业为主体的43家、363人搜救队伍，组织开展水上应急救援演练38次，累计发放水上搜救奖励资金24.9万元。严格事故调查处理，推进"一案双查"，筹划海事调查官培训，编列水上交通事故调查处理年度预算经费25.5万元。五是进一步规范"三无"船舶管理。联合省公安厅、省农业农村厅、太原海关印发《关于贯彻执行〈"三无"船舶联合认定办法〉的通知》，加强县级以上地方人民政府对水上安全管理工作的组织领导，严厉查处、打击利用"三无"船舶非法运输、非法捕捞、非法采砂等各类违法犯罪活动，切实维护水上正常管理秩序。

【加快推进"十四五"重点水运建设项目前期工作】强化"跑部对接"，加强与交通运输部规划司沟通协调，指导市县交通运输主管部门积极推动重点水运建设项目前期工作。榆社县云竹湖航运建设工程、沁县千女湖至瘦西湖旅游航运建设工程可行性研究、初设均已获得批复，已初步具备开工条件，部分便民交通码头（河津船窝、梯子崖、龙门码头、通天峡南码头、石泉水库码头、梁家湾水库便民码头、圪芦湖水库便码头等）已取得工程可行性研究和初步设计批复，其余便民交通码头前期工作正在有序推进。谋划部"十四五"规划中期调整有关事宜，进一步加强水运建设项目储备，力争将部分备选项目调整为正选项目、新增部分航运项目。

【履行船舶检验主管部门职责】研究谋划省级船舶检验机构设置和人员配备整体规划，履行船检主管部门职责，结合各分支机构业务和人员配备情况，统筹研究是否继续保留部分船检分支机构，船检机构设置转为"1+N，以1为主"模式，加强省级船舶检验机构建设，强化人员经费保障和验船师培养力度，合理调配全省验船师，保证船舶检验质量。加快推进《山西省船长小于5米的机动船、电瓶船检验暂行办法》出台，推动各有关部门落实船舶检验要求，确保全省公务船舶按规定参加法定检验。指导省运输事业发展中心提出强化人员、经费保障建议，为省运输事业发展中心增列船舶检验经费49万元，保障全省船舶检验工作正常开展。93人参加部海事局组织验船师培训，进一步提升内河小型船舶和渔船检验能力。年度完成船舶检验发证324艘，为保障全省水运企业营运安全打下坚实基础。

【狠抓船员管理】下发《关于进一步规范船员考试工作的通知》，落实部海事局船员考试由海事管理机构组织实施要求，压实行业主管部门和行政审批部门考试、发证管理责任。建立实施100总吨以下内河船舶船员理论考试题库，完成对两个培训机构质量管理体系中期审核和换证审核。12人通过部海事局组织的船员管理质量管理体系普通审核员培训、考试，并取得适任资质。共完成内河船员各类培训19期共578人次，组织适任考试12期，231名船员取得适任证书，船员队伍发展壮大。

【加强审批事项事中事后监管】简化水路运输经营相关信息变更办理程序，取消水路运输经营者固定办公场所发生变化、主要股东发生变化备案，由市场监管部门或行政审批管理部门通过"互联网+监管"系统，直接将变更信息推送交通运输管理部门。全面梳理"互联网+监管"系统认领事项，对无监管对象、受自然条件制约无法开展监管的事项进行清理。采取"双随机、一公开"方式开展开航前安全检查与水路运输业核查。

【加强航道渡口码头管养】加强黄河航道保护，按照《中华人民共和国航道法》要求落实航道通航条件影响评价制度，采取委托第三方机构咨询方式完成静兴调整黄河特大桥航道通航条件影响评价审核，将航道通航条件影响评价纳入《山西省工程建设项目审批流程图》。开展黄河柳林县三交至碛坪湾段、偏关老牛湾段等2项航道应急抢通工程，共投入资金155.3668万元，合理利用农村水路客运油补资金，更新维护部分地区渡口码头安全设施。

【落实河湖长制工作任务】依法强制报废超过使用年限船舶,新投入使用的内河船舶执行新标准,严禁新建不达标船舶进入水运市场,继续执行船舶码头污染物接收、转运、处置联合监管制度。落实黄河流域省级河湖长联席会议办公室要求,规范交通运输领域取用水行为,配合做好河湖"四乱"问题排查整治工作。对列入汾河流域防洪能力提升工程实施方案的83座桥梁属性、有无防洪评价报告进行深入排查,获取所有桥梁的河道详细数据,配合加快推进汾河流域防洪能力提升工程。配合省水利厅加快推进太忻经济区滹沱河供水工程前期工作,在安全技术评估和设计方案科学可行前提下,优化服务流程,提高服务效率,加快完成涉路施工许可工作。

(苏慧杰)

山西省交通运输厅城市客运管理处

2022年,在厅党组正确领导下,厅城市客运管理处紧紧围绕省委、省政府和厅党组提出的目标任务及工作安排,在优先发展公共交通、规范网约车健康发展等重点工作中取得良好成效。

【深入贯彻城市公共交通优先发展战略】一是持续推动国家公交都市建设示范工程创建工作。2022年8月底,指导临汾市完成交通运输部公交都市建设示范工程验收专家组实地验收考评(仍在等待验收结果,交通运输部尚未公布);同时,指导阳泉市编制《阳泉市创建国家公交都市建设示范工程实施方案》,推荐阳泉市为创建"十四五"期国家公交都市。二是深入开展绿色出行创建行动,太原、大同、阳泉、临汾4市绿色出行比例均达到70%以上。2022年8月,联合省发展和改革委员会召开专家评审会核查各市验收申请报告,根据评审意见和评审分数推荐交通运输部对太原等4个创建城市进行验收;9月对接陕西省复核工作组完成对太原等4市的实地复核工作。12月29日,交通运输部、国家发展和改革委员会下发文件公布上述4市为考核达标城市。三是扎实做好适老化交通出行服务民生实事。通过出行信息分析和筛选,各市优先选择老年乘客乘坐率较高并且途经医院、公园、学校较多的公交线路进行适老化改造,全省共开通敬老爱老公交线路12条,完成公交站点适老化改造296个,配备候车座椅545个,增设电子公交站牌28个,吕梁市、临汾市新增更新90辆低地板及低入口城市公交车。各地公交企业选拔配备服务意识强、驾驶经验丰富的驾驶员,通过定期开展适老化服务培训、微笑服务评比等方式,不断提升服务"软实力",在线路运行全过程积极营造浓郁的爱老护老氛围,让老年人乘得舒心、坐得顺心。太原地铁2号线23座车站共计配置无障碍渡板46套,上下车无障碍渡板全配备,使轮椅乘客上下车安全平稳。四是指导各市强化管理共享单车企业运营行为,太原、晋城等市出台互联网租赁自行车运营企业服务质量考核办法;太原市交通运输局会同相关部门组成考核组对服务质量进行考核,根据考核结果动态调控共享单车企业车辆投放份额,加大运营管理力度,规范车辆投放和停放秩序,提升服务保障能力。

【推进中部城市群一体化,提升公交同城化服务水平】为加快提升中部城市群公交同城化服务水平,2022年3月,厅城市客运管理处会同厅公路运输管理处组织太原、忻州、晋中市交通运输局和省运输发展中心召开专题会议,就推进太原至忻州忻府区、太原至晋中太谷区公共交通一体化发展进行深入研讨。太原市交通运输局已形成中部城市群公交同城化初步方案,正在等待财政部门进一步审核;忻州市交通运输局已将开通忻州西站至太原市跨城公交线路的方案呈报市政府,正在按照批示意见进一步修改完善,待方案成熟后上市政府党组会研究决定。2022年9月,太原市已首先开通920支路(尖草坪停车场至太忻经济区)公交线路,方便市民往来太忻一体化经济区。为贯彻落实省委、省政府对太忻经济一体化提出太忻区域内全面实现交通一卡通要求,厅城市客运管理处组织相关市、县交通运输局、太忻运营中心等部门有关人员进行座谈,认真梳理现状及存在问题,在征求相关单位意见后,草拟《太忻一体化经济区交通一卡通互联互通实施方案》，经厅党组会研究通过，于8月24日印发。截至2022年底，太忻一体化经济区已全部实现交通一卡通互联互通。

【持续规范网约车行业健康发展】 一是报请省政府建立山西省交通运输新业态协同监管厅际联席会议制度，促进部门间协作配合，加强对网约车等交通运输新业态监管，推动11个设区市在市级层面建立联席会议制度。二是建立网约车订单合规率季通报制度，推动各市加快推进网约车合规化工作，截至年底，全省共核发“网络预约出租汽车运输证”2.8万张、“网络预约出租汽车驾驶员证”3.7万张，合规化水平不断提升。2022年8月以来，太原市网约车订单合规率持续保持在80%以上。三是积极推进网约车平台企业抽成“阳光行动”，督促各市交通运输局定期调度在本地运营服务的网约车平台公司，跟踪任务目标落实情况，山西省主要网约车平台企业已落实抽成“阳光行动”相关要求，在驾驶员端App实时显示每单抽成比例，保障驾驶员知情权。

【提升出租汽车服务水平】 一是大力宣传先进典型事例，带动行业服务提升。在交通运输部、中华全国总工会联合开展“2021年最美出租汽车司机”推选宣传活动中，太原市山西宝利出租汽车有限公司李志军、阳泉市顺达出租汽车有限公司徐金林2人获“2021年最美出租汽车司机”称号，通过多种形式宣传号召全行业学习优秀出租汽车司机先进事迹，营造见贤思齐、爱岗敬业、热诚服务浓厚氛围。二是持续提升“95128”巡游出租汽车电召服务，为老年人提供便捷打车出行服务。山西省11个设区市城市建成区已全部开通“95128”电召服务，截至年底，累计完成电话约车服务39.5万单。各市通过设立宣传点进行普及推广、向出租车司机开展线上线下培训、在车门醒目位置张贴“95128”标识等方式加大宣传推广力度，订单数量、完单率均有较大提升；太原、忻州、阳泉、临汾、运城等市还成立“爱心车队”、雷锋车队等，优先为老年人提供用车服务。

【扎实做好城市公交行业稳定工作】 8月22日，交通运输部组织召开全国城市公交行业稳定工作视频调度会，厅城市客运管理处迅速召开会议传达部相关会议精神，对公交行业稳定工作进行安排部署。在全面摸排山西省城市公交企业经营情况后，向省政府报送《关于山西省城市公交行业稳定工作的情况汇报》，同时定期摸排各城市公交企业欠薪欠保等涉稳风险，及时掌握行业动态，确保在中共二十大召开期间山西省城市公交行业保持安全稳定，未发生涉稳事件。为缓解山西省城市公交企业经营压力，进一步维护行业稳定，厅城市客运管理处在拟定《山西省农村客运补贴、城市交通发展奖励资金实施方案（征求意见稿）》（以下简称《实施方案（征求意见稿）》），建议将城市交通发展奖励资金中涨价补贴的70%统筹用于优先发展城市公共交通，对新能源公交车运营予以补贴，《实施方案（征求意见稿）》已报送至省财政厅。

（郭　艺）

山西省交通运输厅厅直机关党委

2022年，在厅党组坚强领导下，厅直机关党委认真落实中央和省委关于全面从严治党的战略部署，按照厅党组党风廉政建设工作会议安排，积极发挥职能作用，协助落实全面从严治党主体责任，不断加强全系统党的建设。

【做好中共二十大精神学习宣传贯彻工作】 一是早谋划、早准备，及时跟进学习中共二十大精神。10月14日，厅党组印发《关于组织收听收看中共二十大开幕式实况的通知》，要求全系统各级党组织按要求组织收听收看。10月16日，厅领导、二巡、总监及各处室处长、副处长在厅机关集中收听收看二十大开幕式及习近平总书记代表十九届中央委员会向大会作的报告。协助厅党组召开（扩大）会议，以第一议题形式传达学习二十大精神，先后起草《关于认真学习宣传贯彻党的二十大精神的通知》《关于学习宣传贯彻党的二十大精神的通知》《关于深入学习宣传贯彻党的二十大精神的工作方案》等3份指导性文件，从快、从细安排部署中共二十大精神学习宣传贯彻工作。二是坚持守正创新，确保学习入脑入心。在学习宣传贯彻中，明确学习内容，丰富学习形式，迅速掀起学习宣传热潮。第一是“关键少数”领学促学。拟定《厅领导党的二十大精神集中宣讲工作方案》，8位厅领导深入所在党支部、厅直单位和基层单位集中宣讲中共二十大精神。第二是学习资料全覆盖。第一时间为厅领导和厅机关各处室编印《在中国共产党第二十次全国代表大会上的报告》单行本和《中国共产党章程(修正案)》单行本，为全体党员统一购买《党的二十大报告学习辅导百问》等学习用书。第三是专家学者讲学。邀约中央党校李旭章等著名专家学者，为广大党员提供中共二十大精神最新政治理论指导，进一步拓展广大党员干部学习的深度和广度。第四是组织开展学习培训。组织基层党组织和机关支部采取集体学习和个人自学相结合的方式，深刻领会“全面学习、全面把握、全面落实”的重要要求，完整、准确、全面领会中共二十大精神，进一步增强贯彻落实的自觉性和坚定性，组织开展全系统中共二十大精神线上考试。第五是立足岗位落实。起草《厅党组关于深入学习宣传贯彻党的二十大精神的工作方案》，将学习贯彻中共二十大精神与全省交通运输具体工作相结合，为今后一段时期交通运输事业发展指明前进方向，提供根本遵循。三是注重宣传引导，积极营造浓厚氛围。大会召开前，以迎接宣传贯彻中共二十大为主线，以“奋进新征程 建功新时代”为主题，围绕展示全省交通运输改革发展成效和加快建设交通强国，组织征集服务经济建设等4个方面12项成果素材，形成《山西省交通运输厅中共十八大以来宣传思想工作情况报告》，向省发展和改革委员会提交5项“奋进新时代”主题展品清单。组织举办“奋进新征程 建功新时代”优秀文化作品大赛，征集各类作品380余件，共评选出一等奖2名，二等奖9名，三等奖15名，优秀奖30名。大会召开后，督促各单位及时总结提炼学习宣传贯彻中共二十大精神的具体措施和实际行动，充分利用《山西交通》、厅官网及山西交通微信等新媒体平台做好宣传报道工作，广泛报道全系统在贯彻落实二十大精神方面的好典型、好经验、好做法，积极营造浓厚的学习宣传氛围。积极开展“凝聚榜样力量 弘扬交通精神”先进典型推荐活动，深入挖掘50余名扎根基层一线，脚踏实地、默默奉献的优秀团体和个人，建立行业典型数据库，联合人民网山西频道，推出“奋进交通人”专题，对9个具有代表性的集体和个人进行广泛宣传，在全系统营造见贤思齐、争当先进的生动局面。

【协助厅党组履行全面从严治党主体责任】协助召开2022年全省交通运输系统党风廉政建设工作会议，对全系统全面从严治党工作作出安排部署。为进一步提升党建规范化水平，启动党建工作矩阵研究工作，出台《关于加强基层党建工作联动的实施意见(试行)》，责任落实体系已完成初稿。按照省委《关于加强对“一把手”和领导班子监督的实施意见》等有关规定，协助厅党组落实好“一把手”和班子成员的监督责任，印发《强化对“一把手”和领导班子监督的工作任务分解和责任清单》，确保职责明确到部门，责任落实到人头。召开上半年全面从严治党专题党组会议，分析全面从严治党形势与任务，结合交通运输系统工作实际，进一步修订完善《厅党组及领导班子成员落实全面从严治党责任清单》，组织厅直各党委、总支、支部报告全面从严治党责任落实情况。协助在全系统部署开展清廉建设工作，6月印发起草《清廉建设工作的实施意见》，明确细化26条具体工作措施；依托“山西交通在线”平台，组织厅机关、厅直单位开展清廉机关网络培训；制订下发《清廉机关示范单位创建工作责任清单》，将工作责任细化分解到各部门。

【协助厅党组完成省委巡视任务】根据省委关于巡视工作的统一部署，省委第五巡视组自2022年9月初至10月底，对厅党组开展常规巡视。厅直机关党委认真落实厅党组要求，全程组织起草厅党组《工作情况汇报》，积极稳妥做好与巡视组的配合沟通，扎实推进立行立改事项整改，全力完成迎接省委常规巡视各项工作任务。

【开展政治监督】按照党风廉政建设会议要求，在现有巡察制度基础上，制订年度《巡察工作计划》和《巡察工作方案》，更新充实巡察人才库人员，抽调12名干部组成2个巡察组，对省高速公路执法总队太原支队等6个单位启动新一轮巡察工作。巡察共发现各类问题67个。正在督促各单位抓紧整改。

【积极做好快递物流行业党建工作】 夯实省快递物流行业党委组织基础，吸收省发展和改革委员会、省工信厅、省公安厅交通管理局、省邮政管理局和3家行业内龙头企业相关负责人为行业党委委员。为进一步加强对快递物流行业团员青年的引领凝聚，会同团省委联合组建山西省快递物流行业共青团工作指导委员会。推动各市行业党委组建工作，全省11个市均成立快递或物流行业党委。8月份，组织召开全省快递物流行业党建工作会议，出台《中共山西省快递物流行业委员会工作规则（试行）》《省快递物流行业党委关于开展"党建联盟"共建活动的实施方案》等制度性文件，进一步推动全省快递物流行业党建工作，带动行业高质量发展。

【强化责任担当，推进党建工作】 厅直机关党委以党的政治建设为统领，制订出台2022年党建工作要点，全面推进全系统党的政治建设、思想建设、组织建设、作风建设、纪律建设，把制度建设贯穿其中，不断提高党的建设质量，推动党建向中心工作聚焦。一是加强党的政治建设。坚持民主集中制原则，2022年组织召开党委会议9次，研究议题34项，对中共二十大代表遴选、党的制度建设、党员发展培训、换届选举、党费收缴使用管理等事项进行研究，并就党员发展、转正等工作情况，按照党内法规规定，及时上报厅党组研究。扎实开展2021年度党组织书记抓基层党建工作述职评议考核工作，1月以厅直机关党委扩大会议形式，召开2021年度基层党组织书记抓基层党建工作述职评议考核会议，厅直6家单位考核等次为"好"，2家为"较好"。配合完成省直机关出席二十大代表候选人推选工作。二是加强党的思想建设。认真服务厅党组理论学习中心组学习，制订出台《2022年党组理论学习中心组学习计划》，研究设计16个学习专题。每月筹划制订厅机关党支部学习计划安排表，将学习宣传贯彻中共二十大精神、省委十二届五次全会精神等内容列为重点，统一学习内容和学习形式，确保时间、人员、内容和计划的落实。强化意识形态工作机制，结合实际调整厅党组意识形态工作领导机构的设置，协助厅党组持续抓好意识形态工作责任制的落实，并对2021年度意识形态工作情况进行通报。定期开展意识形态分析研判，及时向省直工委报告情况。三是加强党的组织建设。严格执行新形势下党内政治生活若干准则。认真落实"三会一课"、民主评议党员等党的组织生活制度，3月底前，组织厅直系统104个党支部开展2021年度基层党组织组织生活会和民主评议党员工作，约1700名党员参加，厅领导均以普通党员身份参加所在党支部组织生活。组织厅机关党员干部赴石楼县开展"喜迎二十大，奋进新征程"主题党日活动；为12位老党员颁发"光荣在党50年"纪念章；"七一"期间，对厅直系统97名共产党员、28名党务工作者和16个基层党组织予以表彰。高质量完成2022年党内统计半年报工作。配合省直工委完成"奋进赶考路"大型党建全媒体专题访谈活动和清查整治党务工作事项外包、委托辅助服务事项等工作。配好党组织班子。2022年是厅机关党支部集中换届年。年初印发《关于提醒厅机关党支部做好按期换届工作的通知》，推动厅机关5个党支部完成换届选举工作，继续督促其余11个党支部（总支）按期完成换届选举工作。强化党员教育管理。高标准完成发展党员工作，在全系统广泛推广5个阶段25个步骤做好发展党员工作步骤，共计发展党员40人。全年按时接转党员组织关系57人次。从严从实抓好党员教育培训工作，持续抓好党组织书记、党务干部、青年党员等的培训工作，8月组织厅直系统的80余名基层党组织书记和党务干部赴右玉干部学院参加2022年度能力提升培训班。进一步规范党费收缴使用和管理。四是加强党的纪律作风建设。坚决落实中央八项规定及其实施细则精神，印发《关于贯彻落实中央八项规定精神抓好党员干部警示教育的通知》《关于深入落实中央八项规定精神坚决纠治"四风"问题的通知》；严肃查处省运行监测中心干部违规吃喝问题。强化工作纪律检查，在全系统开展作风纪律整顿，全年采取"四不两直"方式对厅直单位开展工作纪律建设2次。严肃查处违规违纪案件，处置问题线索4件，其中，直接参与初核2件，函询1件，转办1件。共对1人诫勉谈话，1人批评教育，责令1个党组织作出深刻检查。坚持开展廉政文化进机关等系列活动，一体推进三不腐，进一步巩固纪律作风防线。坚持在关键时间节点监督提醒，全年共计发送廉政短信1000余条。做好以案促改，督导前期出现问题的2个单位召开专题民主生活会，组织厅班子成员和厅机关干部2次参观省纪委党风廉政展览；组织全系统专兼职纪检干部开展1次业务培训。五是加强党的制度建设。健全完善工作制度，制订出台《中共山西省交通运输厅直属机关委员会议事规则（试行）》《中共山西省交通运输厅直属机关委员会委员工作职责及分工》《青年理论学习小组实施方案》等一系列制度性文件，从顶层设计上为全面从严治党提供理论支撑。加速推进模范机关建设，认真研究谋划创建模范机关工作，专题研究在厅机关、省公路局、省高速公路综合行政执法总队、省运输事业发展中心、省交通干部学校5家单位开展培养选树模范机关典型和党建品牌优秀案例试点；积极参与省直工委模范机关评选和“党建品牌”优秀案例征集活动；组建厅机关青年理论学习小组，充分发挥好以点带面作用。六是深入推进精神文明建设。2022年以来，首次启动行业文明单位创建工作，积极探索行业主管部门对市（县、区）省级文明单位的管理机制，加强对各市交通运输单位精神文明创建工作的指导力度。年内共申报2个省文明单位标兵、3个省文明单位；2022年省直文明单位评比表彰后，厅机关及厅直单位已全部获得省直文明单位标兵称号；共13个单位（集体）申报2020—2021年度全国交通运输行业精神文明建设先进集体，全部列为候选对象。继续深入开展社会主义核心价值观主题实践月和学雷锋志愿者服务活动，以实际行动诠释新时代山西交通人责任担当。积极参与省直机关文明家庭、道德模范评选培树工作，组织申报1个省级文明家庭、2名第六届省直机关道德模范，交通运输系统2人分别获省直机关第五批“文明家庭”称号和省直精神文明建设先进工作者称号。认真贯彻中央关于“十四五”文化发展规划相关精神和中共中央办公厅、国务院办公厅《关于推进实施国家文化数字化战略的意见》，提出交通运输宣传思想和行业文化建设工作计划。6—7月，对全系统现有13个文化场馆（含教育基地）进行专题调研，组织撰写《山西交通运输系统文化场馆建设调研报告》《山西交通运输系统文化场馆建设提升改造推进方案（草案）》。

（郭灵琼）

山西省交通运输厅离退休人员工作处

2022年，在省委组织部、省委老干部局直接指导和厅党组正确领导下，在厅相关处室及广大老干部支持配合下，厅离退休人员工作处以习近平新时代中国特色社会主义思想为指导，全面贯彻中共十九大和十九届历次全会精神，以迎接中共二十大、学习贯彻中共二十大精神为工作主线，以中共中央办公厅印发的《关于加强新时代离退休干部党的建设工作的意见》（以下简称《意见》）和《中共山西省委老干部局2022年工作要点》为指引，着眼山西交通运输工作总体部署，全面加强新时代离退休干部党建工作，认真落实好政治、生活待遇，不断丰富精神文化生活，引导离退休干部发挥优势和作用，进一步提升离退休干部服务管理水平。

【基本情况】 截至年底，省交通运输厅系统共有离退休人员6982人（离休人员66人，退休人员6916人）。其中：厅级35人，副处以上428人，党员901人。从事离退休人员工作的工作人员70余人。厅机关离退休人员共有77人（离休人员7人，退休70人）。其中：厅级29人，处级33人，科级3人，工人5人。共有党员72人。编制5人（领导职数一正一副），在编人数3人。厅离退休人员工作处为党总支委员会，下设4个党支部委员会，党员71人（在职3人）。党总支委员会书记由离退休人员工作处处长担任，各党支部书记由退休老干部担任。

【加强政治建设，深化思想教育】 按照厅党组统一部署，并结合省厅离退休人员实际情况，制订科学学习方式和计划，以党支部为单位，组织老干部开展多种形式的政治学习。组织大家认真学习习近平总书记考察调研山西重要指示精神以及中共二十大精神，采取灵活多样方式组织引导老干部积极参加党史学习教育。通过“三会一课”、线上+线下、主题党日等形式，组织老干部职工认真学习领会省委组织部、省委老干部局文件精神，把学习《意见》作为当前和今后一段时间最重要的政治任务来抓，让离退休党员干部原原本本学、融会贯通学、联系实际学，全面准确把握《意见》的科学内涵、核心要义及部署要求。不断增强离退休干部思想政治工作的针对性和有效性。充分发挥离退休干部党总支主阵地作用，采取集中阅读、专题辅导、支部学习、送学上门、学用“山西老干部”和“离退休干部工作”公众号等线上线下互动形式，做实做活离退休党员干部思想工作，每年为每位老干部订阅一份《报刊文摘》。组织退休老干部开展健步走参观考察等示范活动。为进一步把学习活动引向深入，充分利用《山西交通报》这一媒体，让离退休人员及时了解全省交通运输系统政治、工作发展动向，同时采取会议宣传、座谈了解等多种形式，倾听老干部意见、建议和感受。积极组织全系统离休干部参加党建答题活动，让老干部们又一次重温党的历史，体会党的恩情，备受鼓舞和教育，坚定理想信念，永远跟党走的决心。“七一”前夕，为入党50周年的离退休人员颁发纪念章，增加其荣誉感。

【加强管理水平，提升服务质量】关心老干部生活，坚持一年两次向老干部通报工作情况，重要文件、会议和重大事项及时向离退休干部传达。按政策规定将离休干部应享受的各种补助、补贴等发放到位。及时了解困难和合理要求，认真处理老干部来访问题，努力把矛盾化解在萌芽状态。坚持推动政策落细落实和满足老干部高质量医疗服务需求相统一，将大型医疗机构及社区卫生服务相结合，由原来的“一对一”变为“一对多”模式，让医疗机构和就近就医做到无缝衔接，用心用情用力服务好老干部。继续完善《离休干部“一人一策”基本信息及服务台账》，完善离休干部信息库，精准掌握每一位离休干部基础信息，做到每一位老干部家庭住址、联系方式、职级待遇、身体状况，服务需求，困难诉求“六必清”。精准记录离休干部需求和服务工作开展情况，做到“一人一个服务方案，一人一本服务台账”。同时按照党章规定结合离退休干部实际情况，按时收缴党费，并上缴厅直党委。在厅领导支持下，多方筹措资金，共计花费10余万元将原有的老干部活动室修葺一新，设置固定党员活动室，室内布置规范整齐，党旗、入党誓词、党的宗旨、“三会一课”制度、党支部机构网络图、党员风采等内容规范上墙；配置的书柜内陈列党建读物、党建文献等书籍及相关杂志，成为党员学习主阵地，同时为丰富老干部生活，设置棋牌室、健身房。同时为离休干部配备医药箱并制订详细药品清单、准备应急药品，以备不时之需。在做好厅机关离退休人员工作同时，积极指导厅直各单位根据实际情况做好工作。

“敬老月”期间，省厅认真学习关于开展“敬老月”活动有关文件精神，贯彻落实老龄工作决策部署，坚持贴近实际、贴近基层、贴近老年人原则，精心策划、周密安排，就活动宗旨、活动主题和时间、活动内容、活动步骤做认真安排部署，用心用情主动为老年人办实事、办好事，工作到位不走过场。

坚持“四访一庆”长效机制（生病住院必访、重大节日必访、后事料理必访、重大困难必访，生日必庆贺）。定期对长期卧床、生病住院退休干部进行走访，送上鲜花和慰问品，把厅党组的关心、关爱转达给离退休人员及家属。

离退休人员在过生日当天还会收到一个生日蛋糕、一束鲜花、一句祝福，用看得见、摸得着的实事、好事，架起连心桥，起到暖人心、得人心、稳人心作用。

【提升工作水平，发挥积极作用】一是做到三个结合。把做好老干部思想工作与落实老干部政治待遇结合起来，与解决老干部生活实际困难结合起来，与加强老干部党支部建设，充分发挥其作用结合起来。二是在活动上创新。根据老干部特点，充分利用各种资源，按照“学、乐、为”要求，改变传统以“说、教”为主的活动方式，科学合理设置活动载体，在做好老干部思想政治工作同时，促进身心健康。三是在工作思路上创新。在原有组织体系基础上，根据居住情况和身体状况，鼓励广大离退休干部党员参加社区党组织活动。

【组织开展形式多样的活动】 开展以喜迎中共二十大为主题的一系列活动。组织离退休人员参加省委老干部局、省老龄委开展的“喜迎中共二十大 幸福三晋老年人”优秀文艺作品征集活动。“喜迎中共二十大 有为三晋老年人”典型案例征集活动和诗书画摄影展共收集书法作品28幅、绘画作品7幅、摄影作品35幅、征文1篇，其中11幅获奖；组织参加省直属机关老年人体育协会组织的老年台球比赛，获“先进组织单位”。5月，组织30余名厅机关离退休干部参加“共筑中国梦 健康伴我行”喜迎二十大春季健步走活动，增强身体素质，展现阳光心态，体验“绿色、低碳、环保”科学健康生活理念。为丰富老干部精神文化生活，9月中旬组织20余名离退休老党员开展“喜迎二十大，永远跟党走，展交通风采，观公路新貌”主题党日活动，诠释老干部爱党护党政治情怀。10月组织全系统离退休老干部开展“喜迎二十大 永远跟党走”党建知识答题活动，以答促学，正确引导离岗不离党、退休不褪色的政治觉悟，答题170余份，答题率100%。

组织开展“迎重阳，送温暖”活动。为弘扬中华民族尊老、敬老、爱老的传统美德，重阳节前夕，厅领导对离退休老干部走访慰问并发放慰问金；省交通干部学校邀请白求恩医院心血管内科主任医师程晋芳为离退休人员作“预防心脑血管疾病”健康知识讲座，科普医疗知识，并进行现场互动答疑，使离退休人员提高保健意识、加强预防疾病观念。吕梁、长治、忻州、太原公路分局对离退休人员进行慰问，送去米、面、油等慰问品；晋城公路分局将“尊老金”发放到离退休人员手中，同时，还特别关心高龄有病、“空巢”、贫困离退休干部职工，了解生活状况，帮助解决实际困难，把单位关怀送到身边；晋中公路分局组织70余名离退休人员前往灵石“红崖峡谷”进行登高活动，忻州公路分局开展趣味游戏等系列活动，运城公路分局为离退休干部送去慰问信。一系列活动使广大离退休人员感受到党组织关心和关怀。

【保障权益，落实待遇】 认真贯彻落实《中华人民共和国老年人权益保障法》，在生活上关心离退休人员，严格按照政策规定，依法维护合法权益。8月，进行一次健康体检，积极主动宣传老年健康促进行动以及老年人健康管理、老年健康与医养结合、高血压患者健康管理、糖尿病患者健康管理等国家基本公共卫生服务政策提升老干部职工健康素养。11月为离退休人员订购报刊费用每人每年300元。

（王美芳）

山西省交通运输厅铁路安全综合协调和监督管理处

2022年，厅铁路安全综合协调和监督管理处深入学习中共十九大和十九届历次全会精神，深入贯彻落实省第十二次党代会、省委经济工作会、省两会会议精神，按照全国交通运输工作会和全省交通运输工作会议工作部署，紧盯目标任务，狠抓落实，扎实推进安全环境治理，并完成其他各项工作。

【总结考核铁路沿线安全环境治理工作】 一是认真开展年度工作总结。收集整理各成员单位和各市2021年度铁路沿线安全环境治理工作情况，扎实做好2021年度铁路沿线安全环境治理、铁路安全生产专项整治工作总结并报省领导和国家铁路局，接受国务院安全生产和消防工作考核巡查。二是初步建立综合考核机制。下发考核通知、细化考核方案，将铁路沿线安全环境治理工作纳入省平安建设、安全生产和消防工作“双考核”，组织对各市2021年治理工作进行考核评价。三是组织开展铁路安全生产专项整治三年行动总结评估，全面总结工作成效，《山西实施“三注重”工作法推动实现环境治理实现常态化制度化》由铁路沿线安全环境治理部际联席会议工作简报印发。

【制订工作要点召开会议全面部署2022年工作】 一是制订下发工作要点。制订《山西省2022年铁路沿线安全环境治理工作要点》，从6个方面，确定24项工作要点，征求成员单位意见后印发，同时下发《2021年山西省境内铁路沿线安全环境遗留及新增问题》，明确年度目标任务。二是筹备召开工作会议。筹备、召开成员单位、各市、铁路沿线县参加的全省铁路沿线安全环境治理联席会议暨全省铁路沿线安全环境治理工作视频会议，通报2021年全省铁路沿线安全环境治理工作，进一步安排2022年铁路沿线安全环境治理工作重点任务，省领导做重要讲话。

【调研督导推进重点难点问题治理】一是调研督导重大安全隐患整治。南同蒲昌源河大桥上游水坝，2021年溃坝后未拆除，依然威胁大桥安全，多次督促祁县政府、协调太原铁路局，于5月初完成水坝爆破拆除。省道曲坪线老玉井桥废弃21年，存在安全隐患，因郑州局涉铁施工相关费用巨大，未能拆除，组织晋城公路分局、工程设计单位现场调研，推动省厅与郑州局集团有限公司签订公路、水路与铁路重大项目建设相互支持配合协议。二是调研部署公铁并行交会地段隐患排查整治。组织铁路、公路相关单位，对公铁并行护栏、公铁立交护栏安全隐患进行调研，赴省交科院交流相关规章制度，撰写调研报告，结合《山西省公路安全设施和交通秩序管理精细化提升行动方案》，下发《关于开展公铁并行交会地段防护设施精细化提升工作的函》，部署公铁并行交会地段防护设施进行排查评估。三是推动公铁并行设施移交工作。下发《关于推进公铁并行地段护栏移交工作的通知》，进一步明确护栏设置、移交、管养规定和移交程序，为省内护栏移交提供指导。实地调研，协调公路、铁路单位确定323省道上跨瓦日铁路桥梁遗留问题解决方案，督导长治市邯长线5座上跨桥加快检测移交。四是组织忻州市、忻州公路分局、太原局研究优化108国道忻州境内改建方案，确定108国道改线后利用薛梅线桥涵连接道路拆除既有道口方案。五是检查促进治理工作。对晋城市境内铁路沿线安全环境遗留及新增问题治理缓慢情况，通过电话督促、发提醒函等方式有效促进其工作及时开展。印发《关于全省铁路沿线安全环境治理工作进展情况的通报》，及时总结前一阶段工作，部署安排全年工作顺利完成。六是调研山西地方铁路、专用铁路沿线安全环境治理工作开展情况，与国能集团3家铁路运输企业建立工作协调机制，确定以完善铁路“双段长”制为引领、以土道口专项整治为抓手，推动地方铁路、专用铁路安保区划定和地方政府安全保卫事权落实工作计划。

【铁路沿线安全环境治理工作取得成效】山西省铁路沿线安全环境治理联席会议办公室认真落实部际联席会议要求，协调建立突发事件路地报警联动机制，组织开展突发事件路地联合演练，获得部际联席会议办公室肯定，在2022年第5期工作简报上通报表扬。

部际联席会议办公室对大同市开展铁路沿线安全环境治理检查调研，对山西省铁路沿线安全环境治理工作提出表扬和肯定，在2022年第10期工作简报上通报表扬。山西省全面贯彻习近平总书记重要指示批示精神，强化组织领导，狠抓机制建设和隐患排查整治，有效治理一大批隐患问题，铁路沿线安全环境得到有效改善，获得部际联席会议办公室肯定，在2022年第11期工作简报上通报表扬。截至年底，排查发现1931件铁路沿线安全环境问题，已治理1864件，销号率96.53%；395座上跨铁路桥梁累计移交393座，完成率99.49%，铁路沿线安全环境治理实现常态化制度化。一是治理工作机制进一步完善。长治市、吕梁市市县两级联席会议全部建立，补齐机制短板。太原明确隐患问题认定、入库、整改、销号环节，规范治理流程。吕梁市与太原铁路局签订《路地应急处突警务协作协议》，提升预警预防能力。二是治理协同合力进一步形成。省委政法委铁路护路联防中心真督实导抓攻坚，协调治理47处复杂难点问题。坚持问题导向，常态化开展铁路沿线“四防”专项整治，发现铁路沿线安全环境问题402个，均移交相关单位治理；省工信厅强化道口安全管理，重要时间节点组织各市工信局、各铁路有关工务段对铁路无人看守道口开展采取“四不两直”安全检查，排除安全隐患；省农业农村厅推进村庄清洁行动，开展村庄清洁“秋冬攻势”专项整治行动，持续开展大扫除、大整治、大清洁，彻底清理铁路两侧长期堆放的建筑垃圾和生活垃圾。开展废旧农膜回收，防范可能因废旧地膜飘散挂网造成的交通运输及电力使用安全隐患。三是治理落实能力进一步增强。临汾市下发《2022年临汾市境内铁路沿线安全环境问题整治责任清单》，明确整治责任单位、责任人、整改时限。忻州市采取市级领导包重点、行业部门业务指导包项目、交通局领导带队现场督导、下发提醒函等方式确保治理有效落实。四是治理重点难点进一步突破。铁路道口“平改立”工作，临汾市2个道口封闭改路工程接近完工，朔州市两座立交桥签署地方、铁路、施工三方协议，忻州市108国道道口拆除方案已确定，晋城市路地签署2处“平改立”协议。长治、晋城上市跨并行设施移交迅速推进。大同市违建违占问题得到妥善解决。五是治理积极成效进一步显现。阳泉市组织开展“双段长”培训，提高风险辨识和隐患问题排查处置能力。大同、临汾等市积极开展“五进”爱路护路宣传活动，增强群众保护意识。大同市代表山西省接受铁路沿线安全环境治理部际联席会议办公室调研检查，获得检查组充分肯定，其经验材料全省转发。

【探索履行铁路安全监督管理职责】一是深入分析铁路沿线环境安全形势，从落实铁路沿线安全环境属地治理责任、加强铁路沿线安全环境重点问题治理、确保铁路沿线安全环境存量隐患清零等三个方面对大检查工作进行部署。二是对接西安铁路监管局联合开展安全监督。与西安铁路监管局相关人员座谈，交流铁路沿线存在的机制问题，会商确定加强地方铁路和专用铁路方案，应邀联合对铁路专用线建设进行安全监督检查。三是初步形成铁路运输企业准入许可审查机制。参与和邢铁路运输企业准入许可审查，依据涉及全省事权范围，梳理相关法规，提出涉及山西省事权范围材料清单，审查提出意见建议。四是积极融入交通运输领域“安全生产月”活动。汇总铁路沿线安全环境治理依据和要求，选编17类28个铁路沿线安全环境隐患案例，编印《铁路沿线安全环境治理宣传手册》，在交通运输系统开展的“安全宣传咨询日”活动中向广大群众讲解有关安全知识、发放宣传资料。五是精心总结准备，迎接国务院安委会对全省2021年度安全生产和消防工作考核，考核组未在铁路沿线安全环境治理方面提出任何问题。

（梁全德　任瑞凯）

山西省公路运输工会

2022年，在省交通运输厅党组、中国海员建设工会和省总工会正确领导下，省公路运输工会以习近平新时代中国特色社会主义思想为指导，全面学习贯彻中共二十大精神，贯彻落实习近平总书记关于工人阶级和工会工作的重要论述，以宣传贯彻中共二十大为主线，按照厅党组统一部署和省总工会“七项行动”任务安排扎实工作作风，突出工作落实，谋求高质量发展，团结动员广大职工为全面开启交通强国建设山西篇章新征程贡献力量。

【强化职工思想政治引领】在厅党组领导下，工会坚持每月组织1~2次党支部学习活动，组织全体党员干部开展学习教育。2022年以来，党支部共召开党支部会议26次，先后学习《2022年全省交通运输系统党风廉政建设工作会议》《山西省交通运输厅贯彻落实省委〈全面建设清廉山西的行动方案〉实施意见的通知》《关于进一步做好山西省交通运输厅所属单位纪律检查工作实施办法（试行）》以及《中共山西省交通运输厅党组关于深入落实中央八项规定精神坚决纠治“四风”问题的通知》。中共二十大召开之后，先后四次采取组织召开省公路运输工会常委会议、主席办公、党支部专题会议等形式，深入传达学习二十大报告、《习近平关于社会主义精神文明建设论述摘编》、习近平总书记《在二十届中央政治局第一次集体学习时的重要讲话》精神，并结合工作实际开展心得体会交流。印发《关于认真学习宣传贯彻党的二十大精神的通知》，发动广大基层工会干部职工积极创新学习形式，搭建学习平台，增强学习吸引力感染力，通过发动职工自学、组织集中学习、分享交流、举办职工讲堂等多种方式，切实引导广大职工自觉把思想和行动统一到中共二十大精神上来。

【深入开展扶贫帮困】全系统工会自上而下深入开展2022年元旦、春节“两节”送温暖活动，对全省交通运输系统下岗失业、患重病、工伤病亡、遭受各类灾害或突发意外等情况造成生活困难的职工家庭开展走访慰问活动，帮助解决实际问题，保障家庭基本生活；慰问劳动模范、离退休老干部（含老领导）及在重点工程和重大项目建设中做出突出贡献的职工、节日期间坚守一线岗位的干部职工，共发放慰问金26万元。组织开展2022年“关爱职工，清凉一夏”送清凉活动，围绕全年的重点项目、重点工程，对在建的部分“四好农村路”、三大板块旅游公路、高速公路、干线公路建设项目以及高速公路收费站、国省干线公路道班等一线职工进行慰问，慰问太原南郊公路管理段、汾石高速公路有限公司等7个单位的582名一线职工，发放慰问品共计15余万元，为他们送去关爱和清凉。

为更好地开展省总工会提出的“中国梦·劳动美——喜迎二十大 建功新时代”职工阅读活动，在广大干部职工中掀起阅读研究讨论高潮，提高广大职工、新就业形态劳动者（货车司机）的文化素养，丰富广大干部职工文化生活，投入74.4万元，为交通运输部验收通过的7个司机之家和8个所属基层工会购置15台数字化阅读机（平台），为职工提供身边的移动数字化阅读学习服务。

下拨2022年一次性特别电子餐饮消费券经费补助。根据省总工会、省财政厅、省商务厅、中国人民银行太原中心支行《关于动员引导全省广大职工积极消费促进以餐饮服务业为重点的小微企业发展的通知》文件精神，积极组织开展消费券发放工作。针对部分单位发放困难实际，省公路运输工会主动作为，积极与省总工会沟通协调，赢得政策支持，为资金困难的部分基层工会下拨经费补助85.76万元，确保所有会员单位均享受到组织温暖。

根据省总工会、省卫健委《关于继续开展“妈咪小屋”建设工作的通知》，在全系统范围内开展“妈咪小屋”建设工作，下发《继续开展“妈咪小屋”建设工作的通知》，在全系统扶持建设15家高标准“妈咪小屋”，并从中择优选出2~3家上报省总工会，由省总工会审核验收命名。

【做好先进典型选树工作】根据省总工会要求，表彰一批在山西省经济建设、政治建设、文化建设、社会建设、生态文明建设和党的建设中涌现出的先进个人和集体，授予山西省五一劳动奖和山西省工人先锋号。工会严格按照规定程序进行推荐，层层把关，优中选优，山西省高速公路综合行政执法总队和山西交控集团有限公司晋中高速公路分公司获“山西省五一劳动奖状”称号，两名个人获“山西省五一劳动奖章”。根据省总工会《关于对2020—2021年度全国“安康杯”竞赛先进集体和优秀个人进行评选推荐的通知》文件要求，省公路运输工会按照规定程序推荐优秀单位1个，优秀班组1个，优秀个人1个。在全系统组织深入开展劳模月活动，向省总工会推荐3部劳模主题视频参加评选，获二等奖1部，获三等奖1部，省公路运输工会获优秀组织奖。组织推荐申报全省交通运输系统“六新”领域职工（劳模）创新工作室。择优推荐刘志华创新工作室等10个职工（劳模）创新工作室。根据推荐申报条件，经组织厅科技处、省公路局、省高速公路综合行政执法总队、山西交控集团相关专家组成5人评审组，对上报10个职工（劳模）创新工作室资料进行评审、打分、排序。综合各工作室申报资料、评审组的意见，对刘志华创新工作室等9个职工（劳模）创新工作室进行本级命名。山西路桥建设集团有限公司申报的张亚军创新工作室被中国海员建设工会命名为“交通建设产业劳模和工匠人才创新工作室”。运城北高速分公司申报的丁志荣职工创新工作室等4个职工创新工作室被山西省总工会命名为“山西省职工创新工作室”。参加中国海员建设工会开展的“第二届全国交通行业职工岗位创新成果征集活动”，山西交控路桥集团再生资源开发有限公司申报的“新型无碱速凝剂混凝土湿喷施工技术”被评为“第二届全国交通行业职工岗位创新标杆成果”，山西交控路桥集团昔榆高速公路有限公司申报的“大型复杂枢纽保通设计的数字解决方案”被评为“第二届全国交通行业职工岗位创新优秀成果”，省公路运输工会被评为优秀组织单位。

【广泛参加、开展劳动和技能竞赛】举办2022年全省交通运输业职工职业技能大赛。联合省人力资源和社会保障厅、省总工会举办山西省交通运输业职工职业技能大赛，设立行政执法员、机动车驾驶教练员、无人机测绘操控员等6个工种竞赛项目，更好地提高竞赛组织规范化水平，引领广大职工利用职工技术技能平台、职工技能竞赛平台、职工创新创效平台，提高创新生态链整体效能中释放职工创新创造创效潜能，为全方位高质量发展提供强大人力支撑。制订《山西省公路运输工会职工职业技能比赛奖励暂行办法》。进一步完善全省交通运输系统职工职业技能比赛机制，增强比赛活力、吸引力和社会影响力，在全省交通运输系统广大职工中营造学习钻研技能氛围。根据《中华全国总工会劳动和技能竞赛规划（2021—2025年）》和《中华全国总工会办公厅关于深入开展“十四五”全国引领性劳动和技能竞赛的通知》要求，省公路运输工会开展公路工程建设全系统引领性劳动和技能竞赛活动。最大限度激发广大交通运输行业职工劳动热情和创新创造活力，大力推进交通重点项目建设，为加快构建新发展格局当好先行。按照《中华全国总工会劳动和技能竞赛规划（2021—2025年）》和《中华全国总工会办公厅关于深入开展“十四五”全国引领性劳动和技能竞赛的通知》要求，省公路运输工会下发《关于开展2021—2022年全系统公路工程建设全系统引领性劳动和技能竞赛活动的通知》。全系统共上报施工项目13个，施工队伍59支。监理项目13个，设计项目7个。工会通过招标形式聘用第三方咨询机构对推荐的山西省重点公路建设项目进行安全生产检查，并出具《山西省公路运输工会2021—2022年全系统公路工程建设引领性劳动和技能竞赛活动技术服务报告》，通过对山西路桥第一工程公司吕梁国道改线工程LM项目部等10家单位及5名个人进行表彰。

【稳步推进工会组织建设工作】根据省总工会要求和厅党组同意，9月28日，省公路运输工会召开第四届委员会第一次全体会议，总结省公路运输工会三届一次全委会以来的工作，部署今后五年工作任务，选举产生第四届委员会主席、副主席、常务委员会委员和第四届经审委主任。继续加强基层工会换届工作，督促指导所属厅属单位做好工会组建工作。截至年底，所有新组建厅直单位均已完成工会组建工作，办理工会法人资格证书。高质量完成2022年全系统工会统计年报工作。根据省总工会《2022年度全省工会统计年报调查方案》，继续采用在线直报方式，及时准确掌握工会组织建设及工会各项工作发展情况，在全系统各级工会共同努力下，完成2022年全系统工会统计年报工作，为全系统各级工会开展工作提供真实可靠的统计信息支持。

【管好用好工会经费】为有效规范财务运行，深入做好廉政风险防控，省公路运输工会四届一次常委会修订《山西省公路运输工会工作规则》和《山西省公路运输工会经济活动管理内部控制制度》，制订《山西省公路运输工会经审工作制度》，促进省公路运输工会工作的制度化、规范化，进一步提高内部管理水平，使工会经费和资产更好地服务职工、服务基层、服务工会全局工作。根据省总工会《关于开展全省工会系统财务经审自查检查工作的通知》，为积极深化财务体制改革，不断提高预算管理水平，健全工会内控制度、财务监督机制，5月份以来，省公路运输工会经审委开展对省公路运输工会本级自查、对省公路局、省高速公路综合行政执法总队、省交通干部学校、省运输发展中心、厅监测运行中心、山西交控集团有限公司工会开展财务经审工作，审计年度为2021年度（部分单位需延伸至2017年度），共发现内控执行方面问题10项，会计核算方面问题7项，货币资金管理方面问题5项，预算执行方面问题2项，合同管理方面问题2项，会计基础方面问题11项，固定资产管理方面问题2项，省公路运输工会及时督促以上单位迅速说明问题，开展整改工作，整改率100%。根据《省公路运输工会经济活动管理内部控制制度》，坚持将工会经费管理作为一项重要的工作抓牢抓好，将该项工作纳入全年工会工作谋篇布局，根据《工会预算管理办法》预算编制的要求，按照“统筹兼顾，保证重点；量入为出，收支平衡；真实合法，精细高效”的原则，工会编制2022年度经费收支预算。举办“喜迎二十大 建功新时代”全国财务知识竞赛选拔赛。本次选拔赛评选出一等奖1名，二等奖2名，三等奖3名。通过本次比赛工会财务工作者对财务工作中重点、难点、易错点有新的认识，对工会会计制度实施、经费收支管理的认识和应用水平得到进一步提高。

【广泛开展职工文体活动】 元宵节前夕，在省交通运输厅机关开展“欢闹元宵·乐猜灯谜”活动，机关100余名职工参加猜灯谜活动，让厅机关全体职工感受元宵节的喜庆气氛，促进干部职工之间交流。“三八”节前夕，组织“庆三八”“交通强省·巾帼力量”系列活动，厅机关女职工，厅直各单位、山西交控集团女职工参加活动。

组织开展禁毒宣传教育工作，在太原东高速服务区，为过往司机及乘客发放禁毒教育宣传单，通过展板介绍等方式，呼吁广大群众珍爱生命，远离毒品，切实提高群众识毒、放毒、拒毒能力和禁毒意识，收到很好禁毒宣传教育效果。

按照上级有关要求，结合工作实际，积极组织开展丰富多彩的职工文体活动。6月，按照省总女职工委员会要求和工作部署，省公路运输工会在全系统开展“关爱儿童”征文活动，活动共收回100余篇征文；7月，组建省交通运输厅运动会比赛组委会，于7月18日至28日参加省直机关第六届职工运动会中的健步走、乒乓球、羽毛球、象棋、围棋5项项目的比赛。省交通运输厅代表队在本次比赛获得女子乒乓球单打第五名、女子羽毛球单打第五名的优秀成绩；8月，举办“喜迎二十大 奋进新征程”主题演讲比赛，来自不同岗位14位参赛选手参加比赛，充分展示新时代省交通运输系统职工奋勇拼搏良好素质和积极向上精神风貌；10月，举办“建功新时代 奋进新征程”健步走主题活动，厅机关40余名干部参加活动。

（王　京）

山西交通运输2023年鉴

厅直单位

山西省公路局

2022年，在省委、省政府和省交通运输厅坚强领导下，全省公路系统认真落实“经济要稳住、发展要安全”的要求，按照全省交通、公路工作会议明确的目标任务，统筹抓好改革发展稳定和党的建设各项工作，经受住来自各方面的风险挑战考验，推动公路事业发展取得新进展、迈出新步伐。

【认真做好养护工作】 一是工作重心加快向养护聚焦。各分局按照山西省公路局(以下简称省局)提出的“三个坚决”要求，把精力和资源聚焦到公路养护上来，深入开展“公路养护提升年”活动，路况水平大幅提升，路面使用性能指数PQI均值从上年的82.2提高到84.57，PQI优良路率从上年的67.84%提高到77.21%，路况水平全国排名从上年的第23位前移到第20位，赶超进位呈现良好势头。二是牢固树立日常养护月月抓、日日抓、时时抓的观念，以“灌缝补坑”专项行动为抓手，全面加强日常养护，精心组织季节养护，深入推进科学养护、精准养护。落实公路段一月一检查、分局一季度一检查、省局半年一检查制度，以有力监督推动有效落实。三是坚持以雨为令、以雪为令，做好汛期抢险救灾、冬季抢通保通工作，彰显公路部门的责任担当。四是把路面改造PPP项目摆在重要位置，理顺各方关系，压实分局监管责任，督促项目公司规范履行运营维护主体责任。五是以中央和省级财政资金加大投入力度为契机，启动“十四五”后三年滚动发展计划编制工作。普通国省道对经济社会发展的支撑保障作用得到进一步发挥。

【推动公路建设持续健康快速发展】 从扩投资、稳经济大局出发，为公路建设提供优质高效全周期服务。一是推动在建项目顺利实施。充分发挥部门专业优势，帮助建设单位加强施工组织管理，优化施工组织计划，创优建设环境，加快工程建设，全年完成公路建设投资139亿元、完成里程279.6公里，连年超额完成省厅下达目标任务，为扩大交通投资、稳住全省经济大盘作出积极贡献。二是转变工作方式，实现由“直接管理”向“间接管理”转变。通过一年两次综合检查和不定期专项督导，全面掌握项目实施情况，为省厅决策调度提供重要依据。三是切实履行支持保障职能。成立项目前期工作专班，建立任务清单、责任清单、进度清单，全力协助省厅做深做实47个收费公路项目的前期工作、完成新开工项目“三区三线”线位审核、完成4个项目竣工验收，为公路建设贡献力量。

【提升安全发展水平】 坚持人民至上、生命至上，安全第一、预防为主，严格落实安全生产责任，建立安全生产形势定期研判、常态化督导检查机制，深入开展专项整治三年行动和大检查大整治大提升专项行动，持续开展隐患排查治理。自然灾害综合风险公路承灾体普查工作顺利通过交通运输部和国务院普查办的质检核查认定，各项指标通过率达100%。完成灾后恢复重建任务59项，改造危旧桥梁隧道74座，实施灾害防治及应急抢修123处17.7公里，安全保障能力持续提升。坚持关口前移，加快源头治理，完成96座桥梁提升技术方案初审、11座桥梁防洪评价，完成167.4公里公路安全设施精细化提升工程前期工作。编报125座桥梁、11座隧道、116处高等级地质灾害隐患点、211公里中央分隔带护栏增设等重点领域改造方案。全系统继续保持安全生产无事故。

【提升行业治理效能】 一是强化路产路权保护。严格遵循“政府主导、部门联动、属地管理”治超原则，认真履行货车称重检测职能，积极协助相关部门做好执法辅助工作，全年检测货运车辆4017.4万辆，查处超限车辆6103辆，卸货11.77万吨，超限率持续控制在0.2%以内。构建路产保护、公路养护、综合执法联勤联动机制，办理涉路案件1302起，路产保护效能有新的提升。二是加强预算管理。剔除不可抗因素，2022年实际预算执行率达到99%，比上年提高1.7%。三是防范化解债务风险。坚持挖潜堵漏、开源节流并重，奖惩并举激发收费活力，全年累计收取车辆通行费3.65亿元，为各类车辆政策性减免通行费2796.2万元。抓住国家减费让利政策机遇，争取有关银行为晋城、晋中两条政府还贷收费公路减免利息支出1293万元。四是加强审计管理。配合省委审计办、省审计厅完成对尹新平任期经济责任审计。各级内审部门完成各类审计120项,推动修订完善内控制度10项,优化完善业务流程33项,充分发挥审计监督作用。五是合力推动局直企业纾困解难。省局、分局加大对局直企业扶持力度,设身处地为企业办实事、解难题。局直企业克服人才流失、队伍老化、经营困顿等诸多困难,一手抓内控,一手抓营销,在激烈的市场竞争中争得一席之地,保持平稳运行。

【坚持创新引领发展】贯彻落实省政府《交通强国建设试点实施方案》,扎实推进重载运输建设试点,省局及晋中分局组建工作专班,完成重载运输路网布局方案研究和全省路网规划,制订晋中示范区建设实施方案,加快208国道清徐县常家庄至晋中长治界新建工程等重载运输路段建设。建成自动化观测交调站240个,自动化观测比重由22%提高到70%,终结交调工作主要依靠人工的历史。长治环城公路进入自由流收费时代,为收费公路收费模式创新提供有益借鉴。

【加强党的建设】抓好党的理论创新武装,兴起学习宣传贯彻中共二十大精神热潮,开展喜迎二十大系列活动,深刻领会“两个确立”的决定性意义,不断增强“四个意识”、坚定“四个自信”、做到“两个维护”。坚持“围绕养建抓党建、抓好党建促养建”,推动党建与业务工作互融互促发展。严格执行中央八项规定精神,坚决整治形式主义、官僚主义,切实为基层减负。加强对权力运行的制约和监督,深入开展廉政风险点排查,加快形成用制度管权管事管人长效机制。集中开展纪律作风专项整顿,大力整治“庸懒散浮虚拖”现象,进一步提振干部队伍干事创业精气神。

(薛东梅)

山西省高速公路综合行政执法总队

2022年,在省委、省政府和厅党组坚强领导下,全系统高举习近平新时代中国特色社会主义思想伟大旗帜,认真学习贯彻中共十九大、十九届历次全会和二十大精神,坚决贯彻落实习近平总书记视察山西重要讲话重要指示,攻坚克难,奋力拼搏,全力保障高速公路完好、安全和畅通,完成省厅下达的各项年度目标任务。省高速公路综合行政执法总队(以下简称省总队)先后获2022年度交通运输部法治政府部门建设通报表扬集体、全国交通运输系统“七五”普法工作先进集体、山西省“五一劳动奖状”、省直文明单位标兵、2021年完成省厅目标责任考核优秀单位、厅直系统先进基层党组织等称号,各项工作迈上新台阶。

【执法职责梳理界定】组织编制《综合行政执法事项清单》(2022年版),连同高速公路综合行政执法机构、行政执法人员基本信息,一并向社会进行公示。制订印发《执法人员规范手册》《执法案卷制作基本规范》《行政执法业务流程(试行)》以及行政执法“三项制度”实施办法等相关制度,刻制行政执法专用章并正式启用。完成高速公路路产赔(补)偿费执收主体和交通罚没收入执收主体变更工作,并开设专用账户。

【协作联动机制】1月29日,省总队和山西交通控股集团组织召开业务协作对接工作部署会议,印发《业务协作方案》和《对接工作方案》,明确协作内容、工作职责、工作流程。各支队主动作为,与辖区29个高速公路经营企业建立联席会议制度和业务协作实施方案,定期进行座谈交流、互通情况、解决问题、谋划工作。各执法大队与辖区路网运行保障机构制订周协作例会制度和执法协作、联合巡查、信息共享等具体工作机制。12月28日,在和省公安厅交通管理局多次沟通协商基础上,联合印发《高速公安交管部门、高速综合执法部门协作工作机制(试行)》,依法履职、密切协作、齐抓共管、优势互补的良好局面正在形成。

【执法大队外勤组】在山西交控集团辖区内设置的64个执法大队外勤组,于4月底前全部挂牌并完成进驻,基本生活设施、办公设备已经采购、调拨到位。同时,按照协作方案要求设置在其他路网运行保障大队(中队)驻地的办案点已落实41处,基本实现执法管辖全覆盖。

【干部调配】 5月份，省总队党委正式任命各支队正科级干部102名，指定部分支队机关科室和一线大队负责人6名。8月份，配合厅党组提拔任命14名正处级、36名副处级干部，至此，总队领导班子、11个支队领导班子、总队机关12个处室，共27名正处级、54名副处级干部全部配备到位，各层级领导框架搭建完成。10月份，制订印发《山西省高速公路综合行政执法总队重塑性改革后首次岗位设置实施方案》，明确管理岗位、专业技术岗位、工勤技能岗位的任职标准、聘用办法和程序，充分调动干部职工干事创业的积极性，为全方位推动高质量发展提供坚强保障。

【执法队伍素质】 深入贯彻落实交通运输部和省厅《交通运输综合行政执法队伍素质能力提升三年行动实施方案（2021—2023年）》，明确"提升政治素质、提升基本素质、提升执法规范化水平、提升执法能力、提升服务质效夯实基层基础、提升执法人员身体素质"等七项主要内容，提出具体要求。扎实开展业务知识学习培训，先后组织开展"全系统综合行政执法人员年度轮训、执法大队大队长初任培训、交通运输行政执法业务公开课、执法业务培训、工程质量安全管理普法培训、全省工程质量安全监督执法人员培训"等专题培训，共培训执法人员4000余人次。组织开展"大走访、大调研、大整治、大练兵、大宣传"活动，举办全系统换装仪式，广大干部职工的精神面貌明显好转，担当作为意识进一步增强，综合执法能力不断提高。

【"四基四化"建设】 制订印发《交通运输综合行政执法队伍素质能力提升三年行动实施方案（2021—2023年）》《山西省高速公路综合行政执法业务流程（试行）》《山西省高速公路综合行政执法标识建设规范》，选定全系统21个大队作为"四基四化"建设试点单位，明确建设内容、建设标准和具体要求，全力推动法治化、规范化、正规化建设再上新台阶。截至年底，19个试点单位已经完成建设任务，具备总结验收条件。同时，总队机关和各支队的"四基四化"建设，也取得积极成效。

【综合执法业务】 自2022年4月份全系统陆续开展上路执法以来，截至12月底，高速公路巡查里程140多万公里，配合高速交警处置交通事故197起，参与处置突发事件371起，为过往车辆纾困解难550次，消除（整改）公路隐患398处，监督检查超限检测站点797个，提出整改建议121条。累计办理路政（治超）、运政、建设和养护工程质量安全监督执法领域行政处罚和行政强制案件178起，处罚金额46万元；自全系统高速公路路产赔偿业务开展以来，累计办理路产赔偿业务502件，收缴赔偿费689.3万元。组织开展"高速公路建设安全领域执法亮剑行动""关键原材料质量专项整治""高速公路建设梁板浇筑安装专项监督执法检查""养护工程安全监督执法专项行动""集中整治拖欠农民工工资专项行动"5个专项行动，完成12个在建高速公路项目的监督执法检查，质量指标抽查总体合格率为96.7%，比2021年提升0.8个百分点，督促整改各类问题隐患426条，有效推动公路工程建设质量安全水平稳步提升；组织开展源头治超"春雷行动"、"暖冬行动"、危险货物运输专项整治行动、打击非法从事出租汽车经营行为专项行动和道路运政、源头治超、城市客运执法检查，查处案件8738起，罚款3073万元；认真组织开展水上交通执法检查，对11家水运企业及所属船舶经营资质进行抽查，共发现问题23项，督促企业限期整改到位，确保水上交通安全有序。

【保通保畅】 在省厅督导组统一指挥下，总队和各支队主动与地方政府，加强沟通协调，着力解决路网堵塞、货车滞留等突出问题。各支队长担任保通保畅工作组副组长，在辖区内进行物流保通保畅督导检查，有效缓解高速公路部分路段拥堵状况，此项工作得到省委、省政府和省厅的充分肯定。同时，省总队和山西交控集团、省公安厅交通管理局联合印发《关于高速公路收费站出口不畅路段预防道路交通事故的指导意见》，建立健全联勤联动机制，强化路面执法巡查，开展疏堵保畅工作，特别是国庆和中共二十大召开期间，"一路三方"紧密协作，共同维护路网运行安全畅通，为全省高速公路平稳运行做出积极贡献。

【执法改革督导】根据省厅《关于进一步加强全省交通运输综合行政执法建立规范化长效机制的实施意见》和省厅工作会议安排，省交通运输综合行政执法局专门组成4个督导检查组，于5月22日至29日，对全省11个市、23个县（区）交通运输综合行政执法机构进行督查，充分了解市县交通运输综合行政执法业务开展情况以及存在的困难问题，形成专题报告向省厅进行全面汇报，推动市县两级交通运输综合行政执法机构全部挂牌组建、运行等各项改革任务走深走实。在做好以上工作的同时，总队党委狠抓新闻宣传工作，全年信息发布数量名列厅直单位前茅。统筹推进乡村振兴、工会妇女、共青团、老干部、交通战备、退役军人优抚优待等各项工作，完成省厅下达的各项目标任务。

【加强党对综合执法工作领导】坚持把学懂弄通做实习近平新时代中国特色社会主义思想作为首要政治任务，认真组织学习中共十九大、十九届历次全会和中共二十大精神，紧紧围绕习近平总书记考察调研山西重要指示精神，充分运用中心组领学、“第一议题”促学、线上线下自学等方式，及时跟进学习，确保始终同以习近平同志为核心的党中央保持高度一致，不断提高政治判断力、政治领悟力、政治执行力，树牢“四个意识”、坚定“四个自信”、做到“两个维护”。坚持民主集中制，统筹推进执法改革发展等重大问题，不断研究新情况、总结新经验、解决新问题。一年来，共组织召开党委会16次、总队长（局长）办公会8次，研究议题115项。认真落实重大事项请示报告制度，坚持向厅党组、驻厅纪检监察组及时报告有关工作情况。充分履行党委对意识形态工作的全面领导责任，有力保障和维护全系统意识形态领域总体平稳。

【激发基层党组织活力】加快构建上下贯通的组织体系，制订印发党组织筹备选举规范化指导意见，扎实推进各支队党委、各党支部调整组建工作。截至年底，11个支队党委全部完成选举组建，上下贯通、执行有力的组织体系进一步建立；深入开展模范机关建设。将创建模范机关列入党建工作要点，以基层党组织为重点、党内政治生活为载体，在全系统创新开展联学共建活动，组织总队机关第七党支部与黎霍高速建设管理单位党支部联合开展主题党日活动，以点带面着力打造优秀“党建品牌”；大力培育行业新风正气。在中国共产党成立101周年之际，认真组织开展“两优一先”评选表彰、红色经典诵读、党组织书记讲专题党课等一系列活动，党员干部的凝聚力和向心力不断增强。

【扛牢全面从严治党主体责任】严格贯彻执行《党委（党组）落实全面从严治党主体责任规定》，坚决贯彻落实中纪委、省纪委全会精神和全省交通运输系统党风廉政建设工作会议要求，年初组织召开全系统党建和党风廉政建设工作会议，及时制订印发年度党建工作要点，对各级党组织管党治党工作进行规范化指导，确保全系统党的建设始终沿着正确方向前进；深入开展纪律作风整顿工作。聚焦纪律作风建设5个方面重点，利用两个月时间部署开展集中整治，各级党组织自查发现并完成整改188项突出问题，推动全系统党风政风稳中向好、持续向好。结合干部调整配备情况和工作实际，研究制订并及时更新总队党委主体责任清单、党委书记及党委委员责任清单、总队各部门负责人责任清单及各支队第一责任人责任清单，推动建立贯通总队、支队、大队的第一责任人链条，逐步形成“关键少数”对“绝大多数”的带动效应。始终把民主集中制作为党的根本组织原则和领导制度来遵守，一年来，累计研究“三重一大”事项超过70项，全部做到集体研究讨论、科学民主决策。

【推进清廉高速执法建设】严格贯彻落实省委关于全面建设清廉山西的重大部署和厅党组有关要求，研究提出清廉高速执法建设目标，制订出台《关于全面建设清廉高速执法的实施方案》，结合高速执法工作实际，探索提出清廉执法、清廉队伍、清廉支部等创建任务，形成全面推进党的政治建设、实现严格规范公正文明执法目标等6方面23项具体举措，并将清廉高速执法建设纳入各级党组织书记述责述廉内容、作为评判各级党组织履行管党治党政治责任的重要依据，确保各项重点任务落地落实。同时，在各支队挂牌成立后，迅速明确各支队纪检工作分管领导和具体承办人，初步建立由29名兼职纪检干部组成的执纪监督队伍，并将87名基层党支部纪检工作承办人纳入纪检干部人才库，进一步配强执纪监督力量，为清廉高速执法建设提供有力保障。

【坚持严的主基调不动摇】牢固树立“作风建设永远在路上”意识，深入贯彻落实中央八项规定及其实施细则精神，在春节、中秋节、国庆等重要时间节点通过微信、短信、公众号等平台发送廉政提醒，要求广大干部职工筑牢思想防线，廉洁过节。持续加大反“四风”工作力度，针对办公用房配备、公务车辆管理等关键领域环节，在全系统累计开展5轮次专项督查，深入挖掘查找“四风”隐形变异问题，跟踪督促推动整改落实。严格按照问题线索四类处置方式，对上级转办及总队、支队收到的17件问题线索进行相应处置，已经办结15件、正在办理2件，以强力问责推动全系统政治生态实现持久风清气正。

（杨金成）

山西省运输事业发展中心

2022年以来，在厅党组坚强领导下，山西省运输事业发展中心（以下简称运输中心）党委坚持以习近平新时代中国特色社会主义思想为指导，深入贯彻落实中共十九大、十九届历次全会和二十大精神，贯彻落实习近平总书记考察调研山西重要指示，深刻领悟“两个确立”决定性意义，按照省委经济工作会议和全国、全省交通运输工作会议部署，以交通强省建设为统领，全面提升运输服务能力，全力推动运输事业发展质量迈上新台阶，全面加强党的建设，完成年度工作目标任务。根据省厅交通工作会议精神和《2022年工作要点》，全面扎实抓好党的建设，扎实开展民生实事、运输发展研究等重点工作，各项工作任务取得显著成效。

【扎实办好民生实事】一是推进适老化交通出行服务。持续开展巡游出租汽车“95128”电召服务平台推广使用工作，2022年以来，灵石县、盂县、壶关县、高平市、浮山县、永济市等6个县（市）开通“95128”电召服务平台。截至12月底，全省共有11个设区市和40个县（市）开通“95128”电召服务平台，共有219个出租企业加入平台，平台注册车辆数约3万辆，注册出租汽车驾驶员约4.5万人，订单累计完成约37万单，公众号关注人数25.8万人次，日均接单量约为1080单，接单成功率为38.2%。二是不断推进道路运输驾驶员高频服务事项“跨省通办”服务提质增效。进一步完善山西道路运输电子证照系统“跨省通办”业务功能，完成IOS版本兼容性、App跨省通办页面撤销功能、审批结果反馈显示等系统升级，有效提升审批进度和用户体验。进一步拓展服务功能，全省道路普通货车年审、换发、变更、注销和诚信考核已实现通过国家政务服务平台、部微信公众号、互联网便民政务系统网页端、道路运政一网通办微信小程序、道运通手机App5个入口进行办理。截至12月31日，全省道路运输驾驶员高频服务事项“跨省通办”业务申请110551件，办结101816件，办结率为97%，成功率为77%。三是道路运输电子证照推广应用不断拓展。全省实现道路运输行业的“三类九证”通过电子证照系统生成，以及部省联网和跨省互通互认。同时，在全国率先使用道路运输电子证照App办理驾驶员高频事项“跨省通办”业务；在危化品电子运单全国联网中，率先实现“互联网+”政务服务示范应用，融合山西省危险货物道路运输电子运单二维码展示功能，通过一个App软件可查询运单和证照关联信息。截至年底，全省道路运输电子证照生成量为195.44万张，申领数量为26.03万张。四是协助省厅完成全省客运车辆10万套出行便捷急救包发放任务。充分发挥中心服务职能，组织专人开展全省客运车辆分类统计、召开座谈会、起草急救包发放方案等工作。3月28日，协助省厅成功举办全省客运车辆便携急救包发放启动仪式。启动仪式后，积极协助省厅督导各市急救包的发放、物资维护管理和行业人员培训等后续工作，积极协调中国红基会、省红十字会和供货商，4月底前所有急救包全部发放到位。

【持续提升运输发展服务能力】一是积极推进山西省危险货物道路运输安全监管系统项目建设。在系统一期项目验收并上线运行基础上，积极推进系统二期项目建设。先后完成行业信息服务系统、数字证书认证系统和4个数据库群建设、系统等保测评、软件三方测试、系统试运行和项目审计等工作。该项目按设计要求已完成全部工程建设任务，于2023年2月10日顺利通过山西省政务信息管理局竣工验收,并取得计算机软件著作权登记证书。二是深入开展网络平台道路货物运输工作。全面规范网络平台道路货物运输经营，维护道路货物运输市场秩序，进一步促进物流业降本增效。全省网络平台道路货物运输正式接入企业445家，另有223家企业现已进入能力测试阶段。对交通运输行业标准《网络平台道路货物运输服务规范》提出建议并上报。三是积极开展出租汽车行业信息化建设相关工作。全省省级网约车监管平台通过与交通运输部部级网约车监管平台进行数据交互，实现了部与省级网约车数据信息对接。平台实现网约车企业、车辆、驾驶员的信息查看，行政许可数据等信息一致性比对等功能。通过与交通运输部网约车信息交互平台实时数据的比对，不断调整和完善全省网约车监管信息交互平台的相关功能；及时了解掌握全省网约车行业发展情况、合规化情况，对网约车行业发展情况开展数据分析。截至年底，全省共有网约车企业227家，网约车28417辆，驾驶员36888名，接收部平台动静态数据，月均1535万余条。

【着力做好行业发展研究和管理辅助】一是积极开展道路客运市场发展研究。组织开展全省道路客运行业情况调研，通过采取书面调研和实地调研相结合的方式，全面了解道路客运企业及从业人员意见及诉求，着力从如何解决道路客运企业及从业人员合理诉求，营造良好道路客运行业发展环境进行深入分析研究，形成调研报告并提出解决问题的建议。依据交通运输部《道路旅客运输及客运站管理规定》和道路客运发展政策精神，组织开展全省定制客运发展研究，起草全省《关于加快发展班车客运定制服务的指导意见(送审稿)》，为省厅下一步工作提供建议和决策参考。完成对全省农村客运油价补贴政策调整和省际道路客运班线相关研究，向省厅公路运输处提交《关于调整农村客运、出租车油价政策的通知》和《关于加强省际道路客运班线有关工作的通知》的建议稿。二是积极开展多式联运示范工程等相关工作。协助指导山西中鼎物流公司、山西方略保税物流中心有限公司通过全国多式联运示范工程项目评审验收工作，推动货运组织模式创新，大力发展公路甩挂运输，广泛推广网络化、企业联盟、干支衔接等甩挂模式，提高集装箱运输专业化程度。积极推进货运车型标准化，稳步开展危险货物运输罐车、超长平板半挂车、超长集装箱半挂车治理工作。做好既有营运车辆情况排查，实施省级多式联运示范工程，支持开展集装箱运输、全程冷链运输、电商快递班列等多式联运试点示范创建，加大政策扶持力度，支持延伸服务链条向多式联运经营人转型。三是开展货车司机群体调研。组织赴晋中祁县、太原清徐对货运司机群体诉求进行调研工作，通过了解货车司机意见及诉求，从解决从业人员合理诉求、营造良好从业环境、改善服务、促进行业持续健康发展、推动形成齐抓共管工作格局等方面进行分析研究，提出解决问题的建议，维护货车司机合法权益，推进道路货运行业健康稳定发展。四是深入贯彻落实营运车辆检测改革。完善营运车辆检测机构“三检合一”政策，减轻道路运输经营者负担、优化道路运输营商环境。对取得市场监管部门颁发相关资质认定证书的机动车检验检测机构接入道路运输车辆综合性能检测系统，极大方便广大运输经营者就近检测，改进车主服务体验。五是举办2022年山西省交通运输业职工职业技能大赛。9月16日，运输中心联合省公路运输工会在晋中市寿阳县成功举办全省机动车驾驶教练员竞赛。来自11个市19支代表队57名选手参加此次竞赛，全方位展现全省机动车驾驶教练员的专业素养和职业风采，生动诠释劳模精神、劳动精神、工匠精神价值追求，以实际行动彰显“技能报国、交通强国”时代主题。六是开展全省船员考试题库编制和考试软件研发。组织完成“山西省内河三类船员驾驶岗位理论考试题库”的编制和评审工作。船员考试题库包含客船特培、驾驶与管理、避碰与信号、船员基本安全等四个类型共计1280道试题。在编制题库的同时，完成相关考试软件的开发工作，并结合实际运用到考试工作中。七是开展水路旅游客运精品航线试点评估。组织交通运输（含交通运输综合执法、船检）、文化旅游等相关领域专家对上报的4家水运企业开展实地考察，分别对水运景观环境、客运船舶、设施品质、港口客运站、停靠站点服务品质等进行综合评估，最后确定3家单位（山西太行山大峡谷旅游发展有限公司八泉峡景区、山西平顺虹梯关通天峡景区有限公司、山西漳泽水库管理有限公司）为水路旅游客运精品航线试点，并将评估建议统一报省厅水运处。八是扎实开展船舶检验工作。高标准、严要求、保质保量地完成2022年船舶现场检验和证书制作工作，截至12月31日，全省共完成船检发证324艘，其中运输中心检验240艘。完成全省船舶检验机构更名，完成全省船舶检验发证系统平台商船和渔船融合。组织验船人员参加部局船员管理业务培训、网络攻防实战演习防守工作相关网络会议、组织全省93名验船人员参加部局适任资格培训。研究并起草全省“长度小于5米的机动船、电瓶船检验暂行办法”，目前已经初步专家评审，正在全省征求意见中。九是协助开展城市客运相关工作。配合省厅完成临汾市国家公交都市验收和太原等4市绿色出行城市创建部级实地交叉复核检查工作；初步完成山西省城市公共交通企业质量信誉考核办法的起草；草拟山西省城市交通发展奖励资金管理实施细则，并配套草拟城市公共交通发展奖励资金考核指标。

【全面加强党的建设】一是以政治建设为引领。始终把讲政治作为第一要求，坚持从讲政治高度谋划、部署、推动工作；严肃党内政治生活，严明政治纪律和政治规矩，坚持把纪律和规矩挺在前面；坚持党委集体研究决策制度，截至年底，共组织召开党委会16次，党委专题会议3次，研究议题75项。二是持续强化党的思想建设。印发《2022年党委理论学习中心组和干部理论学习重点内容》，认真组织党委中心组和各党支部深入学习贯彻中共十九大和十九届历次全会、二十大等文件持续完善专题学习、交流研讨等学习形式，不断提升学习效果，补足精神之“钙”，筑牢思想之基。三是持续加强党的组织建设。树立“大抓基层”导向，做实党组织规范化建设，完善11个党组织和144名党员台账，建设完善党务办公和党员活动场所；强化“三会一课”制度执行，做到每月有学习计划、有理论教育、有主题党日、有党课安排，不断增强党组织战斗堡垒作用。召开“七一”表彰大会暨“喜迎二十大，奋进新征程”主题党日，精心组织喜迎二十大系列活动，中心党委和各党支部认真深入学习二十大精神。四是狠抓党的作风建设。抓好统筹谋划，有效落实“两个责任”，组织召开2022年党风廉政建设工作会议，签订党风廉政建设责任书；从集中学习、警示教育、查摆整改、督导检查等环节扎实有效地开展纪律作风专项整顿活动，基本解决运输中心机关干部纪律作风方面存在的突出问题。结合纪律作风专项整顿，进一步提升党员干部纪律规矩意识；紧盯假日节点，驰而不息纠正“四风”问题。五是持续抓好党风廉政建设。成立中心纪律检查工作领导小组。组织召开集体廉政提醒谈话暨纪律作风整顿“回头看”会议，进一步增强全体干部职工廉洁自律意识和拒腐防变能力，推进纪律作风整顿取得实效。认真学习全省贯彻落实中央八项规定精神专题警示教育大会精神，并按照厅党组提出的四个“对照”进行深刻内省，从中有所思、有所悟、有所触动，要以案为鉴、引以为戒，始终不越红线、不触底线、不碰高压线。六是开展文明单位建设。组织开展生活困难党员、老党员走访慰问活动；开展“我为灾区献爱心”“送温暖、献爱心”捐款；开展庆元宵文体活动及健身周活动；开展义务植树、学雷锋志愿服务等活动，特别是运输中心已坚持多年开展义务献血活动。2021年9月，运输中心被省直文明委授予省直文明单位标兵称号。此外，按照省厅安排部署，还认真开展行业数据统计、法治建设、科技创新、生态环保、信用体系和标准化建设、安全生产专项整治三年行动和安全生产大检查、大整治、大提升专项行动，以及中共二十大、两会等重要活动和春节、国庆等重大节假日期间的运输保障和安保维稳专项工作，完成省厅交办的各项任务。

（王　梅）

山西省交通运输运行监测与应急处置中心

2022年，山西省交通运输运行监测与应急处置中心（以下简称应急中心）紧紧围绕厅党组工作部署，主动融入大局、服务大局，抓重点、补短板、强弱项，推动路网运行监测、公众出行和应急保障服务、交通新闻舆论宣传等各项工作取得显著成效，完成目标任务。

【逐步完善路网运行监测体系】 根据现有信息化条件，应急中心依托互联网，接入省公路局、运输事业发展中心、山西交控集团的部分信息化平台，并与山西交控集团合作对交通事件管理平台进行持续改进，更好地满足运营管理和公众出行需求。着力提升信息采集和信息报送能力，全年共向各运营路段公司下发预警信息、专题信息530余条，有力促进突发事件应急准备和路网运行的安全畅通。着力提升信息数据分析和利用能力，定期编制运营分析报告（月报、年报），包含民航、轨道交通、高速公路的运营数据信息、值班信息和出行服务信息，发挥好参谋助手作用。省级治超平台已完成建设，进入试运行阶段，全省11个地市全部完成数据对接。截至年底，省平台与地市及部级系统数据交换稳定，数据传输准确性100%。承担的《人工智能交通行业数据治理关键技术及应用示范》已完成课题研发，并获得2项软件著作权、1项发明专利。

【优化公众出行服务】 拓展高速公路路况信息发布渠道，主要依托厅网站、山西交通微信公众号、山西高速微信公众号、山西交通广播电台以及高德、腾讯、百度地图等平台进行对外发布，一体化、多层次出行信息服务体系初步构建，公众出行体验进一步提升。“12122”高速公路紧急救援热线和“12328”交通运输服务监督电话坚持以人民为中心，把群众是否满意作为工作衡量标准，把解决问题作为热线工作的“生命线”，热线服务质量不断提升。“12122”救援热线1—12月累计呼入量为58.8万次，累计人工接听量为17.5万次，全年值班人员监控并发布交通事件2.8万余件，共实施紧急救援236次。“12328”热线1—12月共受理有效业务137万件，其中信息咨询、意见建议、投诉举报业务分别为135.1万件、1330件和1.9万件，分别占业务总量的98.61%、0.09%和1.38%。工单限时办结率89.77%，抽查回访满意率99.54%。特别是承接全省交通物流保通保畅值班电话以来，共接物流保通保畅热线1100余件，及时为广大货车司机提供暖心服务。

【助力省厅完善政务信息化顶层设计】 在全面梳理省厅政务信息化现状基础上，根据国家与全省要求，从全厅业务需求和实际情况出发，协助省厅设计完成山西省交通运输信息监管平台“三个一”（1个整体监管应用平台、1套综合交通运行监测与应急指挥体系、1个山西省综合交通运输数据资源库）总体架构。以铁路管理、公路管理、水路管理、民航管理、邮政管理、运输服务六个领域应用体系建设为主要内容，政务服务、信用管理、综合执法、行业管理、应急指挥五个横向业务协同为基础，构建省厅行业治理协同智治的数字交通应用系统群，为政府、企业、公众三类用户提供全业务领域数据呈现与交互能力。为各职能单位与处室构建集日常值守、应急处置、跨部门协同、决策会商等各项业务为一体化综合运行监测平台与“数据+视频”“座席+远程”“硬件+平台”的综合运行环境。为省厅各职能单位与处室提供横向各部门、纵向各层级、各不同业务信息系统间数据应用和共享，推进省厅数据信息资源深度利用和对外开放。

【增强服务保障能力】 认真开展厅机关各项网络信息系统运维保障工作，对厅协同办公平台（办公自动化系统）、办公网络、LED大屏、视频会议等信息系统按照业务特点与重要性进行有针对性的服务保障。协助省厅设计完成山西省交通运输信息监管平台“三个一”总体架构。加强网络安全保障工作，定期对高危系统漏洞及流行计算机病毒情况进行通报，共发布网络安全预警通报18期，抵御漏洞、网络攻击、非法访问共计40万次。代省厅草拟《山西省交通运输厅政务信息化项目管理办法》《山西省交通运输厅网络安全管理办法》。积极推进应急指挥中心、应急指挥车、空中无人机“三位一体”应急通信指挥保障体系建设，配合省厅完成交通移动通信应急指挥平台改造升级方案。与山西汽运集团迎泽物流公司签订应急保障车队协议书，初步构建起应急保障运力调配机制。与省气象服务中心建立联络机制，进一步提升交通气象预报预警服务能力。持续做好全国高速公路信息通信系统联网工程（山西段）、山西交通通信专网运行维护工作，共维护各级各类通信设备95套，通信光缆790公里，通信管道47公里。系统完好率98%以上。

【全面提升新闻舆论工作能力和水平】 一是牢牢把握正确舆论导向，不断巩固壮大内部主流舆论阵地。《山西交通》紧紧围绕全省交通运输工作大局和厅党组中心工作，坚持每周一期保质保量，在做好常规宣传基础上，重点宣传“四好农村路”和三个一号旅游公路、物流保通保畅等工作成效。共进行采访报道80余次，协助省物流保通保畅领导小组办公室编发督导简报20余期，为厅办公室、厅直机关党委、厅人事处等有关处室提供印证支撑材料近20次。报纸发行覆盖全省交通运输系统，并与全国12个交通运输厅、局的新闻部门进行交流。尤其是四版作为文艺副刊，为全系统文学爱好者保留一方净土，搭建交流平台，共刊发诗歌、散文160多篇，进一步满足干部职工精神文化生活需求。新媒体平台在信息发布中加大图解、海报、动漫、H5动画、短视频等新媒体产品的使用，增强发布数量和制作水平，“粉丝”数量和阅读数据显著提升，先后荣获“百年风华，交通风采”全国交通运输摄影大赛优秀组织奖、“非凡十年，影鉴交通”首届交通运输短视频创摄大赛二等奖、“奋进新征程 建功新时代”山西省交通运输厅优秀文化作品大赛微视频作品优秀奖。截至11月，微信发布1800余条、“粉丝”人数为11.4万人，微博发布2700余条、关注人数为18.7万人，抖音发布327余条、“粉丝”人数为8万人。“山西交通”微信公众号、“山西交通”微博在全国省市级交通运输微信和微博综合排名中保持在15位左右。二是持续用力做好外宣工作。《中国交通报》山西记者站充分利用平台优势，及时宣传全省交通运输行业取得的重大成就、典型人物、先进事迹。全年在《中国交通报》发稿124篇，在新媒体发稿60余条，超额完成年度任务，被中国交通报社表彰为“全国十佳记者站”。山西电视台驻厅记者站主要围绕“四好农村路”和三个一号旅游公路、交通基础设施建设等重大主题事件进行系列报道。全年在央视《新闻直播间》播出1条，在山西电视台新闻联播、《晚间新闻》、《新闻午报》等新闻栏目中播发各类新闻20条。进一步加大与中央驻晋及省内主流媒体的沟通合作，全年7次组织中央驻晋及省内主流媒体，对交通运输行业统筹保通保畅工作进行集中采访报道。2022年，中央驻晋及省内主流媒体共刊发全省交通运输新闻400余篇，其中《山西日报》刊发交通专版14块、主要稿件40余篇。三是积极开展交通舆情监测和舆论引导工作。依托第三方专业机构，搭建高度集约化和专业化舆情监测平台，能够较为全面地对全网信息完成采集整理工作，确保收集广度和深度。平台每日获取推送数据量约2.8亿条。

【强化党建引领】 一是筑牢党员思想根基。注重教育引导全体党员干部不断增强“四个意识”、坚定“四个自信”、做到“两个维护”，坚持把党的政治建设摆在首位，不断提高政治领悟力、政治判断力、政治执行力，弘扬伟大建党精神，不折不扣推动厅党组决策部署在中心落地生根。二是全力推动全面从严治党向纵深发展。压紧压实主体责任，认真履行“一岗双责”，制订并落实党风廉政建设责任清单，层层签订《党风廉政建设责任书》，持续深化党风廉政建设。严格落实中央八项规定及实施细则精神，定期对工作纪律、工作作风情况进行检查，对倾向性、苗头性问题及时提醒，对发现问题督促其限期整改。常态化开展谈心谈话，每逢节假日向全中心干部职工发送廉政提醒，让党员干部时刻绷紧廉政之弦。编印行政管理制度汇编（试行）、纪检工作汇编，并加强对制度执行情况的检查监督，用制度管人管事。

（吕秉洮）

山西省交通建设中心

2022年，在厅党组正确领导下，山西省交通建设中心（以下简称建设中心）按照省厅交通运输工作会议部署，紧扣全方位高质量发展目标要求，紧盯年度目标任务，全面加强党的建设，统筹重点公路工程项目建设服务大局，全力推动质量安全保障服务工作高质量发展，守牢安全生产底线，完成年度目标任务。

【坚持党建引领】 一是把牢政治方向，坚定政治立场。坚持把政治建设摆在首位，认真学习贯彻习近平总书记系列讲话和视察山西重要讲话重要指示，及时传达学习中央和省委、厅党组重大决策部署精神。二是强化理论武装，增强理想信念。深入学习贯彻中共十九届六中、七中全会和二十大精神，全年召开党组理论学习中心组学习会议14次、举办中心组专题读书班2期。不断加强新时代精神文明建设，2022年获“省直文明单位标兵”称号。三是加强组织建设，筑强战斗堡垒。全年新发展党员4名，选派3名党员参加党务干部培训班，积极开展庆祝中国共产党成立101周年、慰问老党员和困难党员、“喜迎二十大”等系列活动。四是深化作风建设，推进正风肃纪。3月15日至5月15日，开展为期两个月的纪律作风整顿；继续实行《廉洁承诺书》《廉洁告知书》制度，有效预防和制止违规违纪行为发生；强化日常监督执纪，“三重一大”事项均提交党委会议讨论决定，提请派驻纪检组列席党组会议，在节日前夕对党员干部进行廉政提醒。

【做好项目建设前期服务工作】 一是努力完成省厅下达投资任务。全省高速公路建设累计完成投资356.5955亿元，完成年度投资任务101.9%。二是扎实推进复工复产工作。督促在建高速公路项目编制复工复产工作计划，按期完成复工复产。督导各项目建设单位按照工程进展及时调整剩余投资计划和施工组织计划，确保全年生产有目标、考核有依据。三是全力推进高速公路项目前期工作。黎霍、汾石、离隰3个项目取得正式用地手续，浮临、晋阳高速改扩建、昔榆3个项目上报自然资源部；朔神、三门峡黄河大桥连接线、隰吉3个项目取得土地二次预审手续；晋阳高速改扩建、离隰、浮临3个项目取得林地批复手续；汾石、离隰等9个项目取得省人社厅被征地农民基本养老保险补贴批复手续；落实三门峡黄河大桥连接线、晋阳高速改扩建2个项目补充耕地2818亩，补充耕地指标累计完成率达63.4%。四是加强农民工工资服务工作。及时转发有关农民工工资管理支付的规定，在全省高速公路建设领域开展拖欠农民工工资问题集中整治专项行动。截至年底，全省14个在建高速公路均未发生拖欠农民工工资现象。

【提升重点公路工程建设质量服务水平】 一是深入推进质量提升专项行动。认真严格落实“工程首件制”，推动各项目开展质量通病治理，推动完善技术标准引导体系，大力推行先进工艺方法并加快智慧工地建设，创新隐蔽工程监管。结合质量提升行动开展平安百年品质工程、绿色公路创建等专项行动。对照质量安全红线问题清单，继续开展专项检查和整治工作。二是严格开展质量检查工作。年初对5个在建项目开展复工复产检查。全年完成对朔神、晋阳改扩建工程等8个项目综合检查，共抽检199952点（组），合格率97.1%。三是及时组织交工和竣工质量相关检测、鉴定和验收工作。截至11月底，对239国道东坊城至大磁窑、静兴和闻垣高速古城联络线机电工程进行交工质量检测；对右平、阳左高速连接线、307国道寿阳张靖至西丰头段改建工程、108国道下北泉至神堂堡段4个项目进行竣工质量鉴定。朔神、隰吉、运三交工质量检测工作预计在年内完成。四是及时开展交通产品质量抽查工作，定期进行质量状况通报和分析。

【筑牢行业安全生产防线】 一是扎实推进安全生产排查整治工作。先后对离隰、朔神、昔榆、黎霍、太原西北二环5个在建高速项目开展复工复产安全专项检查，集中开展高速公路建设工程隧道施工安全步距、高墩桥梁安全防护专项行动及高速公路建设领域安全隐患大排查行动，共计排查问题隐患993条并全部整改完成。二是积极开展综合检查。截至11月底，完成对朔神、运三高速公路连接线等8个高速公路项目安全综合检查，发现问题隐患216条（红线问题11条），整改216条。督导各项目建设单位在安全生产大整治、大提升行动中排查问题隐患1973处，全部动态清零完成整改。三是全力做好“安全生产月”宣传活动，围绕活动主题在临猗黄河大桥项目举行活动启动仪式，开展“安全宣传咨询日”活动，组织“安全生产公益大讲堂”，制作宣传展板，在职工中开展有奖知识竞答活动。四是持续开展“三送行动”，先后在离隰、临猗黄河大桥、隰吉、临浮、黎霍、汾石、太原西北二环7个项目分别组织平安百年品质工程创建经验交流会。五是加强动态监管，适时发布监管重点。结合重点公路工程施工季节性节点，适时发布不同阶段安全管理工作重点，加强值班和信息报送工作，通过提前部署和科学预防，确保全年全省重点公路工程建设领域安全生产形势总体平稳。

【加强行业市场管理服务水平】 一是协助省厅完成2021年度监理、检测企业信用评价工作。共完成13个建设项目的21家监理企业的信用评价；完成全省65家等级检测机构的检测信用评价，评价结果为AA级6家，A级50家，B级9家。二是认真做好行业服务工作。对企业提交的人员注册注销申请进行认真审核，对符合条件人员进行审核登记；及时为企业办理资质申请、换证、延期、变更等事项；认真履行从业单位业绩初审工作；组织造价人员管理和继续教育；协助省厅完成对37家试验检测机构专项督查整改核查工作及34家检测机构志愿的帮扶工作；组织2022年度全国公路水运工程试验检测专业技术人员职业资格考试山西省考区的考试工作。三是切实加强工地试验室和现场监理机构管理。对晋阳改扩建、离隰高速等6个建设项目的8个工地试验室备案申请资料进行严格审查，核准发放《工地试验室备案通知书》；完成10个建设项目38个工地试验室的变更登记工作；严格落实监理报告制度，全年在监理报告平台接收监理月报159份。

【做好工程造价技术服务保障工作】 截至11月底，共完成48个项次的工程可行性研究、概算、预算、调整概算等审查任务，审查总金额992.68亿元，调整不合理费用25.7亿元，调整率2.6%，其中核增1.98亿元，核减23.72亿元，总核减21.74亿元，核减比例2.2%。组织完成“山西交通建设中心2022年度委托第三方设计（咨询）单位进行公路工程造价审查服务项目”的招标询比。编制完成2022年版《公路工程造价管理文件汇编》。完成2022年6期的《公路工程造价信息》出版工作。

【做好民航机场及运输枢纽（场站）项目建设服务工作】 积极做好《山西省“十四五”综合货运枢纽（物流园区）建设规划》编制相关服务工作；协助省厅做好新建机场、通用机场及重点景区直升机等项目建设的服务工作；协助省厅推进多层级综合客运枢纽建设；协助省厅全面启动货运枢纽（物流园区）建设；加强对《民航工程建设行业标准管理办法》等相关行业标准规范的学习，为完成交通运输工作会议提出的建设任务做好充分准备。

【做好日常综合管理】 一是加强平安建设组织领导，坚持平安建设与建设中心工作同部署同落实同考核。切实抓好重要节日、重点时段、重大活动，特别是中共二十大召开期间安保维稳工作。深入开展矛盾排查化解，及时发现、掌握各类矛盾纠纷苗头隐患，确保“三个不发生”。二是完成安可工程替代工作，加强网络安全管理，规范数据安全保障工作，全年未发生重大网络安全事件。四是做好中心重点工作、亮点工作的宣传报道，全年通过各平台发布信息47条次。

（王志勇）

山西省交通运输厅发展研究中心

2022年，山西省交通运输厅发展研究中心（以下简称发展中心）认真学习贯彻全省交通运输工作会议及党风廉政建设工作会议精神，坚决贯彻落实厅党组各项决策部署，全面加强中心党支部建设和党风廉政建设，深入开展交通运输规划研究、重点建设项目前期工作和史志年鉴编撰等重点任务，不断提升为厅服务能力和水平，完成全年目标任务。

【强化理论武装，巩固深化党史学习教育成果】积极推进常态化学习，深入开展习近平新时代中国特色社会主义思想，中央、省委、厅党组最新会议文件精神，法律法规及业务知识等内容的学习。着力推动党史学习教育常态化长效化与学习型单位建设相融合，与交通运输发展研究工作相融合，与提升干部职工综合素质相融合，切实把常态化学习作为坚定信念、提升能力、砥砺品格、锤炼本领的重要抓手，不断提高政治理论和业务知识水平。一年来，共组织集中学习研讨10余次，对党史学习教育进行总结测评，特别是针对中共二十大精神深入开展学习研讨，组织进行知识竞赛答题等活动，同时充分利用好干部在线、“山西交通在线”培训等平台以及省厅组织的专题培训强化学习，深化拓展党史学习教育成果。

【加强党支部建设，严肃党内组织生活】党支部注重规范党内组织生活，严肃开展党史学习教育专题民主生活会和党员组织生活会，并按程序对党员进行民主评议。积极推进模范机关建设，坚持把“讲政治、守纪律、负责任、有效率”要求贯穿始终，以创促建，确保中心在建设模范机关上走在前、作表率。认真落实“三会一课”制度，严格执行“三重一大”集体决策制度，定期召开党员大会和支委会议，对重点任务和工作责任分解细化、责任到人。扎实开展主题党日活动，赴小店区西蒲村、刘家堡村等地参观学习，聆听革命故事，传承红色精神。组织集中观看《谷魂》《遵义会议》等爱国主义影片。

【狠抓作风建设，积极推进全面从严治党】发展中心党支部严格履行全面从严治党主体责任和监督责任，深入学习贯彻中央纪委六次全会、省纪委十二届二次全会以及全系统党风廉政建设工作会议精神，扎实开展纪律作风整顿工作。在强化理论学习和警示教育基础上，聚焦整顿重点，深入贯彻落实中央八项规定精神及其实施细则，加强节假日等关键节点监督检查，坚决查摆和整治“四风”问题。严格按照省厅要求，梳理规范办公用房、公务用车使用管理。严明工作纪律，严格执行请休假制度和节假日带班值班制度；强化日常考勤监管，杜绝迟到早退、无故脱岗等现象，形成严谨规范工作作风。在贯彻执行党的纪律作风建设各项制度同时，进一步规范中心制度体系建设，在原有30余项工作制度基础上，结合纪律作风建设工作实际，制订出台《山西省交通运输厅发展研究中心重点工作督查督办制度（试行）》和《山西省交通运输厅发展研究中心干部职工请休假制度（试行）》，为夯实纪律作风建设奠定良好制度基础。

【着力推进高速公路建设项目前期工作】根据省委、省政府“适度超前谋划实施基础设施项目”和交通运输部扩大交通运输有效投资会议精神，省厅建立高速公路和普通国省道建设项目前期工作推进机制，成立前期工作专班，中心负责组织推进高速公路项目前期工作。按照省厅要求，中心建立项目前期工作管理台账，逐项排出时间表，建立任务、责任、进度、问题“四清单”，并加强与厅综合规划处、专家组、编制单位和咨询机构沟通联系，加快推动前期工作进程，有力促进“十四五”规划项目的顺利实施。截至年底，中心参与全省高速公路前期工作任务共15个项目（5个国高项目、10个省高项目）。其中：青银国家高速公路旧关至太原段改扩建、繁峙至五台、应县至繁峙、大同南绕城和离石至碛口5个高速公路项目完成工程可行性研究评审；阳城至永济高速公路和风陵渡黄河大桥及连接线2个项目已召开专家论证会，正在进行修编完善；河北新乐至忻州高速山西段和二广高速原平至阳曲段改扩建工程2个项目已完成工程可行性研究初稿；古交至方山、晋城东南过境2个项目工程可行性研究报告已修改完善，具备组织评审条件；剩余4个项目中，浑源至阜平高速公路山西段、石楼至转角2个项目工程可行性研究已完成，省厅拟与邻省进行出省口对接；临沁高速公路浮山至沁水段工程可行性研究完成，等待临汾市补充地方政府意见；太原环城退线项目启动较慢，正在积极推进退线方案编制工作。

【积极开展交通运输基础课题研究】扎实推进2021年底启动《山西省高速公路互通立交增设改造专项研究及管理办法》（简称“互通立交”）、《山西省推进综合交通枢纽体系建设提升枢纽辐射能级战略研究》(简称“枢纽”)两项基础课题研究,高质量完成课题研究报告,为省厅做好顶层设计、制订政策提供参考和支撑。一是“互通立交”课题组经过实地调研和线上需求调研,并充分借鉴国内其他省份经验,于2022年4月形成《关于规范全省高速公路互通立交出口新(改、扩)建的实施意见》初稿,并多次组织专家组进行讨论、修改,于5月通过厅党组会议,研究报告同步完成征求意见稿,经专家函审修改后,7月22日召开课题评审会通过专家评审,省厅于10月12日印发实施。二是“枢纽”课题组通过函调方式收集省发展和改革委员会、省自然资源厅等省直单位及厅机关相关处室对全省综合交通枢纽建设的建议及课题研究相关资料,于2022年4月底完成研究报告初稿,6月底在太原与厅直有关单位和相关处室进行座谈,就研究初步成果进行交流,对太原、大同、长治、临汾等重点枢纽场站进行实地调研,8月完成征求意见稿,并征求专家意见,修改完善后,9月形成送审稿,并于9月29日通过专家评审。

【完成国家公路网线位规划任务】2022年7月,《国家公路网规划》正式印发,交通运输部于11月发文要求各省组织开展国家公路网线位规划工作。根据省厅安排,运输中心承担山西省高速公路线位规划任务,时间紧,任务重,发展中心紧锣密鼓,积极协调项目单位,搜集相关数据。在统筹考虑沿线重要控制性工程、枢纽互通布设、城市过境方案及通道其他线性基础设施配置等因素基础上,研究提出路线线位方案,明确路线起终点、省际接线点、县级控制点,为充分利用和有效控制国家公路通道线位资源,进一步优化山西省公路网布局结构,促进省域公路更好地与国家公路网匹配衔接奠定基础。

【扎实开展全省交通运输史志编纂工作】一是完成《山西交通运输年鉴(2022)》《山西交通运输大事记(2022)》编纂工作。截至年底,运输中心收集汇总全行业112家单位及厅机关有关处室报送相关资料,对近500万字资料进行扎实细致的分析研究,认真组织完成资料整理、编辑及审校工作。二是完成省厅交办的资料报送工作任务。发展中心积极参与交通运输部,省委、省政府等相关部门史志年鉴编纂工作。由专人负责,按时完成有关资料编辑报送任务。中心累计向省委党史研究院(山西省地方志研究院)报送《山西年鉴(2021)》稿件2.7万字;向交通运输部办公厅报送《中国交通运输年鉴(2021)》地方篇稿件1万字;向省政府办公厅报送《山西省志·政府志》稿件2万字;向《中国交通年鉴(2021)》报送稿件1.5万字。三是持续推进厅直有关单位志书编修工作。2022年3月,《山西高速公路管理志》《山西技师学院志》出版,省厅要求厅直有关单位编纂出版的12卷志书已出版8卷。

【推进平安单位建设】定期开展消防安全隐患排查和网络信息安全检查,做好日常和节假日期间安全监督检查工作,为正常工作开展打造安全工作环境。扎实开展防范化解安全稳定风险自查,明确专人负责收集、汇总、梳理各类安全稳定、保密等风险隐患信息,建立台账进行管理,确保单位安全稳定。

【推进文明单位建设】一是扎实开展工会工作。完成乡村振兴对口帮扶石楼县罗村镇前圪垛村预算资金拨付工作,开展消费帮扶专项行动,通过“以购代捐”方式促进帮扶产品销售;组织开展义务献血、学雷锋志愿服务、“送温暖、献爱心”捐款等社会公益活动;建立完善职工活动室和图书阅览室,开展乒乓球比赛、健身等活动,丰富职工精神文化生活;对在职及退休干部职工进行节日、生日、生病慰问,组织进行年度健康体检、订阅报纸杂志等,营造和谐共进良好氛围。二是深入开展社会主义核心价值观主题实践教育月活动。利用在线教育平台举办道德讲堂,进一步学习领会习近平总书记关于家庭家教家风的重要论述,重温《新时代公民道德建设实施纲要》,弘扬职业道德,培育职业精神,凝聚干事创业精气神。三是继续加强各类宣传教育工作。组织开展中共二十大精神知识竞赛、节能宣传周和全国低碳日主题宣传、“五一”国际劳动节主题宣传、禁毒宣传教育、国际档案日宣传等活动,进一步提高全体干部职工综合素质。2022年,发展中心被省直文明委表彰为“省直文明单位标兵”。

【推进法治单位建设】将法治学习纳入全年学习计划安排，进一步提高干部职工法治思维和能力。认真组织学习习近平法治思想，组织开展“美好生活·民法典相伴”主题宣传、国家宪法日《中华人民共和国宪法》宣传周等主题活动，组织进行宪法宣誓和集中旁听庭审；围绕全民国家安全教育日宣传，组织集中学习《中华人民共和国数据安全法》等内容。

（李文越）

山西省交通运输厅联网收费结算与会计核算中心

2022年，在厅党组坚强领导下，厅联网收费结算与会计核算中心（以下简称核算中心）坚持以习近平新时代中国特色社会主义思想为指引，认真贯彻落实全省交通运输工作及核算中心工作会议精神，推进党建和业务深度融合，聚焦联网收费与会计核算主业，坚持稳中求进和改革发展大局，全力推进各项服务保障工作再上新台阶。

【突出政治建设】核算中心领导班子牢牢扛起全面从严治党主体责任，始终在政治立场、政治方向、政治原则、政治道路上同党中央保持高度一致，履行“一岗双责”，毫不动摇把政治标准和政治要求与推进核算中心各项工作有机结合起来，筑牢收费核算事业持续健康发展的政治保证，指导推动中心工作全面开展。

【落实党建工作任务】一是抓好党支部思想建设。充分发挥党支部集体学习领学促学作用，落实列席旁听制度。用好“学习强国”学习平台、“山西交通在线”培训平台，全体党员干部用习近平新时代中国特色社会主义思想武装头脑、指导实践、推动工作；认真落实省委《党委（党组）意识形态工作责任制实施细则》，坚决反对和抵制各种错误言论，有效防范化解风险隐患特别是政治风险。全年召开党风廉政建设工作会议和党建工作推进工作会议各1次，全年共组织党支部集体学习14次，全体党员集中学习30余次。二是做好党支部组织建设。认真贯彻落实基层党组织工作条例的要求，严格落实党支部民主生活会、组织生活会、“三会一课”、主题党日等制度，健全完善党支部议事规则，规范决策程序；扎实推进党支部各项职能标准化建设，强化对“三重一大”事项决策、执行过程监督，完善落实内控制度，强化全过程的监督。选人用人方面，贯彻落实党管人才、党管干部要求，选拔5名干部充实到中层正、副职领导岗位，平均年龄42岁，全部本科以上学历，其中2人为研究生；面向社会公开招聘5名年龄在30周岁以下大学生，为事业发展增添活力。三是加强模范机关建设。作为一项长期政治任务，结合创建要求，先后两次到党建工作优秀兄弟单位取经，并请经验丰富党建专家指导、培训党务干部，提升核算中心党建业务水平。四是发挥堡垒模范作用，助力全方位高质量发展。主动将党建工作融入到中心工作、具体业务中，班子成员率先垂范，党员干部闻令而动，涌现出在保障中共二十大召开前后夜以继日坚守岗位、在安全生产工作关键时期主动放弃休婚假、在保通保畅保运中临产三天前仍在任劳任怨工作，在普通平凡岗位默默无闻、甘于奉献共产党员身影，有力地带动核算中心工作全面高质量开展。

【亮点工作】一是开展劳动技能竞赛活动，在业务重人员紧的条件下，党支部勇于担当，成功举办首届全省高速公路收费稽核员技能竞赛，有力推动全系统收费业务水平提升，彰显党员干部在奋进新征程中顽强拼搏和模范引领。二是强化监测预警和7×24小时值班值守，确保全国两会、冬奥会、冬残奥会、中共二十大等重大活动期间全省联网收费系统的安全稳定运行。

【加强廉政建设】一是抓好压力传导。认真贯彻清廉建设要求，协同部门负责人共同制订详细责任清单，签订《党风廉政建设责任书》，努力构建“知责、履责、尽责、担责”责任体系。二是抓好制度落实。完善内控制度，严格落实主要负责人“四个不直接分管”制度，努力推动用制度管人、管钱、管事、管权，着力构建决策科学、执行坚决、监督有力的权力运行机制。三是抓好常态化管理。采取“抓早、抓小、抓细、抓长”监督手段，持续加固中央八项规定精神堤坝，在重要节假日及关键节点通过两节重点提醒、新上岗干部廉政谈话、收看廉政教育专题片、廉政教育基地接受精神洗礼等方式，构建风清气正、积极向上良好环境。

【做好联网收费工作】一是提升清分结算效率。建立通行费日报制度，确保每旬结束3个工作日内，生成通行费划拨通知单并及时公布。2022年全省通行费拆分247.29亿元，其中：政府还贷路段通行费拆分181.30亿元，交控集团经营性路段53.86亿元、汾平公司2.53亿元、京大公司1.60亿元、翼侯公司1.79亿元、阳五公司0.91亿元、龙城公司5.02亿元、绿地城投0.14亿元、静兴公司0.14亿元。二是提升服务保障能力。指导督促高速公路运营单位严格落实差异化收费、阶段性货车减免政策、通行费优惠预约通行服务规程和节假日小客车免费等政策。春节、清明节、“五一”、国庆期间共计减免小客车821.57万车次，通行费约3.15亿元；差异化收费政策优惠通行费28.27亿元；减免出口“绿通/收割机运输车”86.86万车次，减免通行费4.23亿元；阶段性减免货车惠及2205.99万辆，减免金额5.83亿元；金融机构对全省收费公路贷款主体给予利息减免39326.76万元，其中山西交控集团减免38750.49万元、中交翼侯公司减免127.04万元、汾平公司减免86.53万元、龙城公司减免274.72万元、绿地公司减免87.97万元。三是强化收费网络安全工作。按照部网络安全管理要求，顺利完成“等保”备案工作。中共二十大期间根据交通运输部和部路网监测与应急处置中心网络安全攻防演练要求，组织2次攻防演练防守工作，演练期间全省未发生网络安全事件。四是强化系统运行维护工作。日常联网收费系统设备巡检共计606次，故障维修5次；网络设备配置数据进行10次备份，光纤交换机更换主板风扇2次；漏洞排查升级共28次，防火墙开通策略共26次。服务器及虚拟化、小型机及存储、核心数据库整体运行安全稳定，机房UPS供电系统、空调系统运行正常，未发生网络安全事件。五是强化基础信息报备工作。为确保新开路段顺利开通，积极配合静兴高速完成通车前PSAM卡购置和站级PSAM卡授权服务器申请工作。完成忻阜高速顿村收费站基础信息（新增1个收费车道），晋阳高速周村北收费站基础信息（新增3个收费车道），山阴收费站基础信息（新增5个收费车道），静乐分润至兴县黑峪口高速公路基础信息报备工作。确保全省基础信息更新及时、准确上传。六是修订完善联网收费规章制度。编制《山西省联网收费清分结算管理细则（试行）》，为提升全省精准清分提供有力保障，确保各参与方清分结算“公平公正、及时准确、公开透明”。七是制订联网收费系统技术标准。依据交通运输部及省交通运输厅管理办法和要求，以及工作实际，已完成制订《山西省联网收费系统技术要求（试行）》《山西省高速公路联网收费系统网络安全管理办法（试行）》《山西省高速公路联网收费系统网络安全事件应急预案（试行）》《山西省高速公路联网收费系统运维工作指南（试行）》《山西省高速公路联网收费系统并网接入管理规范（试行）》工作。八是积极推进全网稽核联动工作。组织三次全省范围稽核业务专项培训；配合部路网中心开展部级稽核平台专项自查工作，核查30余万车次，核定漏费车辆28.33万辆次、漏费金额4453.32万元；追缴漏费车辆9.67万辆次、通行费2297.37万元、清分后达3906.64万元。积极开展绿通专项稽核行动，建立数据模型，筛查嫌疑数据，从绿色通道投诉、应急查验使用、查验信息缺失、一次行程不同车种等不同角度对全省2022年绿色通道车辆通行情况（80余万车次）进行分析核查，为提升全省绿色通道车辆管理和查验工作提供坚实数据支撑。九是积极推进联网收费系统升级改造工作。根据省厅工作安排，截至年底，已经做好工程前期项目完善需求及调查摸底工作。

【做好会计核算工作】一是强化日常会计核算和服务保障工作。认真做好厅系统财务预算项目、实有资金、通行费收入发生经济业务会计核算服务保障工作；认真做好厅直机关党委及厅机关各支部党费收缴、支出和会计核算工作；认真做好本中心预算资金、通行费划差业务审核、归集、整理、核算及相关服务保障工作。并按要求完善省级部门预算编制基础信息，及时、准确做好2021年度决算、国有资产报告、内部控制报告及政府财务报告等各类报表数据，为领导提供真实有效、具有参考价值的财务分析及决策依据。二是强化通行费收入解缴、划差返还保障工作。及时足额向省财政解缴通行费收入，累计上交省财政通行费收入10.66亿元，其中，政府还贷高速公路通行费收入5.91亿元，普通公路通行费收入3.66亿元(含利息收入)，路产损坏赔偿费1.09亿元，为省厅还贷支出、厅属各单位预算支出等提供了保障。按照高速公路联网收费“通行费统一拆分、资金差额结算”的原则，做好通行费收入划差返还工作，认真落实通行费日报制度，确保各运营单位通行费划差及时上解，严格按照规定时间节点返还通行费划差，累计划差返还各路段通行费36次821笔，返还通行费收入57.77亿元，保障各运营单位正常运行。三是强化资金支付管理。建立PPP项目车购税资金使用情况月报表，及时、全面掌握使用情况；开通监管账户短信通知业务，确保车购税资金安全；开展项目预算执行情况绩效自评工作，为改进管理提供重要依据；认真落实财政资金直达工作，及时将车购税资金拨付信息与预算信息进行关联，提升省厅直达资金执行率。高速公路PPP项目，全年累计申请25笔，金额47.37亿元，经审核分10批次完成支付。截至目前，累计下达车购税预算136.72亿元，累计支付123.11亿元，支付率90.05%，为保障重点项目建设正常推进提供有力的资金支持。四是做好省财政预算管理一体化维护保障等工作。针对厅系统144家财政一体化会计核算单位所提出的问题，及时解决落实，并督促核算软件服务人员实时维护修复。根据《山西省审计厅对山西省交通运输厅2021年度预算执行情况及农村公路建设、养护补助专项资金进行审计的通知》要求，积极配合做好厅系统财务、本中心相关资料的收集、报送、对接和协调工作；并及时向审计组提供审计所需证明材料，做好解释工作，确保审计工作顺利进行。

(杨　俊)

山西省交通干部学校

2022年，山西省交通干部学校(以下简称学校)坚持以习近平新时代中国特色社会主义思想为指导，深入学习贯彻习近平总书记考察调研山西重要讲话重要指示精神，认真贯彻落实厅党组决策部署，强发展、求突破、促安全，加快打造学校品牌，服务交通强省建设取得新成绩、迈上新台阶。学校被交通运输部评为“2020—2021年度全国交通运输行业文明单位”，连续4年被评为山西省交通运输厅目标责任考核优秀单位。

【加强党的建设，强化管党治党】一是政治引领作用突出。校党委通过集中学习、研讨交流、讲授党课等形式，组织广大党员深入学习贯彻中共二十大精神，深刻领悟“两个确立”决定性意义，把提高政治判断力、政治领悟力、政治执行力体现在不折不扣推动中央大政方针，省委、省政府及省厅决策部署的落地见效上。二是组织建设不断强化。深化党建品牌创建，组织各党支部积极开展“一支部一品牌”建设，与山西老年大学等单位建立结对共建机制，形成“优势互补、资源共享、共筑共建”的党建工作新格局。“七一”前夕，对涌现出的先进党支部和优秀个人进行表彰，对困难党员、老干部进行慰问，举办文艺会演、主题征文、知识竞赛等活动。年内发展党员3名，吸纳入党积极分子2名，党组织的政治功能和组织力得到新提升。三是文明校园建设不断加强。利用妇女节、教师节、重阳节等传统节日开展插花、做月饼、棋牌赛等群众喜闻乐见的活动；组织教职工年度健康体检、送温暖献爱心、消费扶贫等活动；落实离退休人员待遇，为离退休人员发放生日蛋糕卡，营造人心思进、人心思齐良好氛围。四是清廉学校建设有效推进。学校认真贯彻落实中央八项规定精神和全省实施细则，严格落实党风廉政建设责任制，压实全面从严治党主体责任，完善工作机制，成立学校纪律检查工作领导小组，常态化开展廉政提醒和谈心谈话工作，组织参观廉政教育基地，在正反两面学习教育中知敬畏、存戒惧、守底线。全面梳理出权责运行、人员管理、资金使用等重点环节可能存在的廉洁风险点,制订34个工作流程图和22个廉政风险防控运行图,将廉政风险防控工作落实落细。

【与时俱进大胆创新】 一是干部培训取得新成效。2022年共举办各级各类培训35期7216人次。“山西交通在线”培训平台协助省厅及其他社会组织完成40余期线上培训超350万学时;完成两批次、4100余人的公路施工企业安管三类人员考核。与山西交控集团签订三年制“高端养护人才百人培养”项目合同;与信通公司实施订单式个性化培训服务,组织开展2次招聘面试、8场考务合作。承担山西交控集团临汾南公司优秀挂职中层副职岗位员工选拔工作,完成24名考生6个门类的理论题库和现场答辩工作。二是继续教育获得新突破。与山西老年大学建立多方面的战略合作伙伴关系,引入老年教育,终身教育体系逐步形成。2022年学校招生490人,自主培养毕业生374人,被山西开放大学评为“示范性考点(先进集体)”,顺利通过3个函授站年检,完成山西开放大学体系办学评估自评检查工作。优秀毕业生和学生学位获得数量,是北京交通大学学习中心建立以来,人数最多的一学年。三是平台效能实现新提升。学校协助省厅、山西交控集团及各部门完成在线平台线上题库建设300余套2万余题,协助山西交控集团高速服务区管理公司完成“岗位大练兵、素质大提升”全员线上培训与测评,得到高速服务区管理公司领导高度认可;山西交通在线安全教育培训平台上线4525家企业,累计参训近13万人次,完成培训9.5万人次。四是人才服务再上新台阶。学校协助省厅以行政审批平台为基础,搭建职称申报系统,全省率先开展职称线上答辩,完成398名高级职称、313名中级职称的评审工作,得到省人社厅高度认可。上报省人社厅交通专业技术高、中、初级职称数据11297条,交通工程人才库进一步更新,为省厅人才储备提供较为完善的数据支撑。五是技能认定结出新硕果。2022年,学校完成山西交控集团4491人公路收费与监控员数据上网与费用收取工作;组织实施全国机动车检测维修专业技术人员(山西考区)311人次的职业水平考试;完成全省交通运输系统工人技术等级考试共计270人的组织、审核及报名工作,并协助考生顺利完成考核;如期完成57人的城市轨道列车司机职业技能鉴定工作;成功推进住建系统培训、鉴定资格审查及协议续签等事宜,启动并完成6期900余人的项目工作;获批成为山西省首家全国机动车驾驶教练员专业能力评价项目实施机构;制订以公路收费与监控员、公路养护工为主导的新型培训暨评价方案。

【不断提高管理水平】 一是队伍建设得到新提升。学校不断改善人才队伍结构,2022年公开招录专技岗人员1名;不断提升干部履职能力,组织新提任干部试用期满考核、中层干部年度考核以及教职工岗位绩效考核;不断加强干部职工的教育培养,举办教职工素质能力提升培训,有效落实在职和离退休人员的福利待遇,进一步激发广大教职工的活力和动力。二是内控管理实效得到新提升。学校坚持依法依规按制度办事,对预算管理和政府采购行为管理制度进行修订,资金使用更加规范;修订完善67项制度,重要事项在办公自动化系统里都有对应的程序且不断调整优化。三是社会影响力得到新提升。学校始终坚持正面宣传,弘扬主旋律,讲好干校故事,为学校高质量发展凝聚力量,全年发布信息83篇,新媒体短视频76个,公众号保持每周更新一期。

(张警予)

山西交通运输

2023 年鉴

公路系统

山西省晋路投资开发有限公司

2022年，山西省晋路投资开发有限公司（以下简称晋路公司）在省局党委坚强领导和大力支持下，坚持以习近平新时代中国特色社会主义思想为指导，深入贯彻中共二十大精神和习近平总书记视察山西重要讲话指示精神，认真落实省局决策部署，经过全体干部职工同心同力、开拓创新，全年各项工作稳步发展。

2022年，各子公司经营业务在不同程度上均受到影响，特别是太谷厂区3个子公司，人员居家办公时间长达半年，项目业务开展严重受阻，致使全年各子公司经营完成情况均不理想。全年累计完成产值11745.23万元（不包括房地产公司）。其中，德力咨询公司完成565.08万元；科技公司完成962.53万元；绿化公司完成1492.6万元；同创公司完成4701.72万元；工程公司完成1210.04万元；励新公司完成376.53万元；新能源公司完成1015.47万元；资产公司完成613.22万元；道生公司完成808.04万元，留抵退税额396.85万元。房地产公司完成建安投资123万元，完成销售回款7937万元。

【促进发展，开拓市场】一是坚定信心迎难而上，抢抓机遇奋勇向前。各子公司勇于克服困难，加大业务承揽力度，想尽一切办法积极开拓市场。科技公司承揽国家重点项目交通量调查的施工安装已全部完工，承揽并完成晋中分局远程监控设施维护、收费站收费设施检修、灵石隧道机电工程等项目；绿化公司完成寿阳307国道绿化项目；工程公司在完成神池项目遗留工程基础上，承揽长治水毁工程项目。在施工闲置期间提前做好设备维修、保养工作，有效提升设备完好率；新能源公司认真收集神池项目资料，做好采暖季运行各项工作。完成太谷园区、雅安超限站、灵石、晋城凤凰山隧道光伏清洗、检修及灵石梁家疙瘩超限站空气源热泵更换工作；励新公司承揽忻州市交通运输局大牛店超限站维护工作，完成忻州、晋中、大同、朔州、晋城等5个地区超限站及高家会公路超限检测站日常维修及设备维护；同创公司继续做好煤炭行业产品销售同时，逐步向服务销售以及电商平台销售延伸。向太原向明智控科技公司提供200余套防爆箱主控单元设备，完成太重挖掘机自动化生产线人机交互系统项目和蓝焰煤层气胡底压缩站监控系统的升级改造项目；资产公司继续开展借款业务；房地产公司完成路欣苑人防工程验收工作，并办理房产证201户；德力咨询公司认真做好维护资信资质工作，2022年12月通过公路工程咨询甲级资信评审；道生公司108国道太谷东服务区、宁武晋路道生LNG服务区两个项目整合资源，寻求项目多样化合作的商业模式。蒲县乔家湾服务区进入消防验收及竣工验收审批阶段，长治南服务区、太谷白村服务区、蒲县化乐服务区等项目也在持续开展中。二是积极开拓市场，勇于求新求变。同创公司着眼长远发展，坚持技术先行，坚持响应国家国产化要求，深化与国产化企业合作，在工业互联网、大数据、5G、信息安全等新技术领域开展更深入的研究，打造面向各领域应用的工业互联网平台，进一步促进智能制造解决方案的落地应用。科技公司积极开展新技术的开发、应用工作，特别是交通量调查项目中应用的激光交调技术是目前最先进的技术，精准度高，未来前景广阔，科技公司成功申报并获批“专精特新”企业，为科技型企业进一步发展和高新技术企业申报奠定良好基础。绿化公司承揽运城市官道河绿化项目。德力公司全方位开展咨询业务，逐步完善成为综合型咨询公司，三年内力争挤进全省咨询行业上游。

【实施内部精细化管理】一是强化内控建设，实施财务精细管理。严格把控预算。各财务预算内项目按既定计划时间节点有序推进，其他方面预算执行认真核实后再行决定。实现成本控制。树牢“过紧日子”理念，实行精细化管理，强化成本管控。二是强化业绩考核，激发干部活力。修订细化2022年度绩效部分考核指标，对管理人员年度目标提出质量和要求，进一步量化指标。依照员工岗位说明书，制订工作要求和考核要点，进一步明确员工围绕岗位职责怎么干，要达到什么标准，中层管理人员怎么考核的问题，强化基础工作质量，推动公司整体工作向好的方向发展。三是强化安全生产意识，筑牢安全防线。深入贯彻落实习近平总书记关于安全生产的重要论述及对安全工作的重要指示批示精神，坚持“难中求稳、稳中求进、进中求效”总基调，全面谋划部署全年工作任务，制订印发《2022年安全生产工作管理要点》、观看《生命重于泰山》电视专题片、扎实开展“安全生产月”等活动，以更高政治站位、更严工作标准、更强责任担当抓好各项工作，确保二十大召开期间公司持续安全平稳可控，公司全年无安全事故的发生。四是强化精神文明建设，提升内生动力。始终把精神文明建设和企业文化建设相结合，采取开座谈会、道德讲堂、观看教育片、外出参观学习，在晋路公司和各子公司办公场所内制作宣传栏、展图、展板，利用电脑屏保、微信平台等形式，增强职工自觉践行社会主义核心价值观的意识。持续开展精神文明单位创建和社会关怀帮扶工作，每年“学雷锋志愿”服务队定期前往福利院慰问外，教育引导党员发挥先锋模范作用，积极响应山西省红十字会“博爱一日捐”和民政厅“送温暖、献爱心”活动，捐款共计7580元。工会注重关心职工生活，定期慰问困难职工，看望患病员工或家属，充分发挥公司联系职工群众桥梁纽带作用。

【强化党建引领】 持续抓好基层党建，助推企业高质量发展。根据省局党委党建工作思路，结合单位工作实际，制订晋路公司《2022年党建工作要点》，明确全年党建工作目标方向。一是落实政治理论学习制度。以集中组织方式深入学习习近平新时代中国特色社会主义思想、学习贯彻中共二十大全会精神、习近平总书记考察调研山西重要指示精神、习近平总书记关于宣传思想工作和精神文明建设等重要论述、学习贯彻省第十二次党代会精神、省委十二届五次全会精神，2022年共组织中心组学习14次，党支部学习30余次。二是严格组织生活。认真落实“三会一课”制度、党支部书记带头讲党课等形式多样的活动。严格执行民主生活会、组织生活会制度，晋路公司班子成员分别以普通党员身份参加所在党支部活动，与党员干部一起学习讨论、接受教育。三是积极开展“党建品牌”创建。以“廉洁担当有活力，服务企业促发展”这个中心要求，通过品牌酝酿、品牌引领、品牌创建、品牌认定四个环节，积极在各支部探索开展党支部品牌创建，进一步增强基层党组织的创造力、凝聚力和战斗力。四是深化典型选树宣传工作。在“七一”期间组织开展优秀共产党员、优秀党务工作者、先进基层党组织的评选和表彰活动，共表彰6名优秀党员，3名优秀党务工作者，1个先进基层党组织。有4名优秀党员，2名优秀党务工作者，1个先进基层党组织受到厅党组、局党委表彰奖励。五是发挥党员先锋模范作用。教育引导党员发挥先锋模范作用，广大党员不仅在各自工作岗位上处处带头、扎实苦干，六是做好发展党员工作。按照《中国共产党发展党员工作细则》，公司党委高度重视党员发展工作，年内转正党员12名，在积极分子中发展预备党员15名，截至年底公司党员总人数达到95人。

压实压紧主体责任，全面推进从严治党。严格履行全面从严治党主体责任和“一岗双责”，始终把落实党风廉政建设责任制作为重大政治任务，牢牢扛在肩上、抓在手上。召开年度党建和党风廉政建设工作会议，传达省局2022年党建工作会议精神，部署党建工作，制订细则明确班子成员、各级负责人的领导责任、次要责任、直接责任和监督责任。细化2022年党风廉政建设主体责任清单，进一步厘清党风廉政建设的责任边界、明确责任内容，强化责任考核和责任追究，构建权责对等、责任清晰、履责到位的全链条、闭环式责任落实体系。深入推进党风廉政建设和“两个责任”有效落实，与各单位、各部门负责人签订党风廉政建设责任书，加强日常监督和专项监督工作，制订监督检查计划。通过列席“三重一大”事项会议、重大节日检查等方式，强化监督责任落实。

强化廉洁意识，筑牢思想防线。一是落实落细制度建设。制订《纪律作风专项整顿实施方案》《清廉山西行动实施方案》。方案叙述纪律规矩意识不强、落实中央八项规定精神不到位、“四风”屡禁不止、作风不实懒散等具体内容。制订《2022年纪委监督检查工作计划》，紧盯关键节点开展作风检查，通过定期、不定期对各单位业务接待、公款购买礼品、违规发放津贴补贴和公车管理等落实八项规定精神落实情况进行专项检查。二是从严从紧自律廉洁。把全面从严治党列入党委会议重要内容，纳入党支部学习教育内容，组织全体党员收看警示教育片《失重》，推动形成“不想腐”的自觉。组织开展谈心谈话，及时掌握干部思想动态，坚持早提醒、早防范、早查纠，及时解决苗头性、倾向性的问题。组织党员学习《廉洁自律准则》和《纪律处分条例》，购买《监察法和实施条例》《纪律检查委员会工作条例》《纪检监察机关派驻机构工作规则》等书籍，让廉洁思想入脑入心，进一步筑牢拒腐防变思想防线。

（刘雅楠）

山西省公路物资供应有限公司

2022年，山西省公路物资供应有限公司（以下简称物资公司）在省局党委正确领导下，坚定贯彻党委“三个围绕”工作方针，踔厉奋进、努力创新，各项工作齐头并进，取得优异成绩，全年共计销售和代理销售各类沥青6万余吨，实现销售额2.19亿元，净利润105万元，全面完成省局下达的关于国有资产保值增值、增产增效经济目标。

【增进生产管理】2022年，始终坚持把企业生产管理作为企业稳步发展的最核心，紧紧围绕业务销售、资产管理和综合治理三个重心开展经营管理工作。一是业务销售平稳增长。公路建养工程缩减，主要客户优先沥青内部循环等不利因素，针对性采取一些应对措施，取得良好效果。上半年，坚定贯彻党委“清理库存，积蓄动力”决策，紧紧抓住俄乌冲突带来高油价机遇，将业务重点放在地方养护工程物资供应上，以快速清理自储、外储及战备沥青为目的，主动拓展省内养护市场，狠抓重点区域拌和用料，积极引导业务部门灵活落实自储沥青量先价后，外储沥青价先量后方针，累计向长治、晋中等公路养护项目、沥拌站、供应商及长期合作单位梯次有序地批发零售沥青2万余吨，抢在油价大幅回落前彻底清空库底，创造利润700万元。下半年，随着公路工程规模铺油渐入高潮，又重新将业务重心拉回至保障超大项目的供给上，努力结合供需诉求的微妙变化做出多项扩展服务的整顿调整。第一，积极运用地方国企的平台优势和流通企业的纽带作用，不断通过丰富上下游两端客户合作模式和创新交流，疏通国企与民企、生产与消费、央企与地方串联连接断点、难点；第二，持续加强与中海沥青项目协作的深度广度，努力提高流通环节中服务质量，不断通过协调协商、主动揽责，适当承接等方式，化解供需主体超大项目中包括计划变更、计量延后、票据亏吨、定价迟滞在内的主要冲突和纠纷；第三，努力扩大中介代理地域销售范围，不断通过跨区调配、行业拆借、存量担保等途径，扩展中标项目覆盖面，扩大统购合同供应量，拓展规模客户潜在需求。年内，共推进两个超大项目顺利实施。第一，联合中海石油与路桥公司签订集采沥青三方服务合同，原定标4万吨，实际供应2万吨；第二，由中海油牵线促成公司与北京、青岛、黄岛三家大型民企签订2.2万吨定向沥青采购合同。两项目不仅带来利润450多万元，更为双方进一步深入开展交流合作打开想象空间。二是经营管理工作再上新台阶。第一，在接续加大财务部门事前管理职能，螺旋提升资产效率和资金封控管理基础上，进一步提高企业闭环管理能力，积极出台以积分数据的形式考核企业员工《员工积分管理制度》，切实推进现代化企业管理水平；第二，勇担国企社会责任，坚守国有企业保值增值底线思维，努力提升闲置资产和低效资产收益的安全边际，在累计减免小微企业的115万元各项费用基础上，稳步推进加油站、写字楼、临街商铺等经营性固定资产保值增值，实现营业外收益400多万元。三是综合治理活动日趋完善。坚定贯彻习近平总书记“发展绝不能以牺牲安全为代价的红线意识”，进一步夯实“一把手”负总责，副职领导各负其责社会治安防控体系，努力完善治保和消防机构，规范定期巡检制度，先后组织4次大范围安全生产检查和专题研判会,3次锅炉检修,2次消防实战演练,2次安全专题讲座,多次集中排查漏洞隐患、更换应急设备、升级安检系统;坚持以"八五"普法宣传为契机,狠抓综治宣传,增强干部职工法治观念,全年共组织法学讲座5次,中心组开展法制专题学习4次,发放宣传材料200余份,2次开展在线法律知识测试评比活动;坚持信访工作"稳"字当头,坚持贯彻党的群众路线,倾听人民群众的利益诉求,坚持定期意识形态研判会、座谈会,畅通职工诉求反映渠道,全力保障公司经营和管理工作的顺利推进。

【加强党的建设】始终坚持以习近平新时代中国特色社会主义思想为指导,认真学习贯彻中共二十大和二十届一中全会精神,以政治建设为统领,积极摸索党建引领物资公司高质量发展方式方法。一是首先在理论学习上,不断运用"学习强国"学习平台、"山西交通在线"、专题宣讲、线上测试等渠道和方式,引导党员干部融会贯通中共二十大会议精神,深刻体悟"两个确立""三个决议"丰富内涵,全年累计购买学习书籍近300册,组织中心组学习32次,党组织书记讲党课4次,局领导专题宣讲二十大精神1次,开展主题党日活动20次,形成学习心得80余篇、笔记39本。二是在正风肃纪上,认真落实党风廉政建设主体责任,遵行民主集中制、"三重一大"议事制度,出台党风廉政建设工作条例,责任清单、分解、细则等文献10余项;组织党员干部参观廉政教育基地,观看警示教育展播,建立健全廉政约谈,定期报告,廉政风险台账等多项制度流程;严格遵循中央八项规定、强化个人申报制度、规范民主评议、严肃民主生活会。三是在基层组织建设上,层层压实党建主体责任,建立班子成员基层联系点,积极寻求省厅、省局领导帮扶指导,不断提升党建融合发展水平;努力通过"三会一课",民主评议,主题党建等经常性活动,健全组织生活,通过持续开展"党员先锋岗"、走访黄崖洞教育基地、组建学雷锋志愿服务队等活动丰富支部教育形式;坚持开展员工生日福利、爱心捐助、主题团建等暖心爱岗活动,全面提升职工团队的归属感和凝聚力,引领企业文化建设。

【深化体制改革】自局长胡钢成2020年首次提出"局直企业依托路而不依赖路"的工作要求后,就把围绕创新发展推进体制改革作为深入开展深化改革的一项工作重点,大力推进沥青材料创新、营运模式创新和加快工程机械市场领域切换等多项改革,取得非常突出的成绩。尤其是全资子公司恒义昌,在主营业务完成多领域、多区域销售转移基础上再做拓展,布局转向新能源、新动力等相关设备及服务业,并与三一重工、安凯客车、山西能源、城乡管理部门等绿色能源上下游客户建立起初步战略合作框架,年内销售的工程设备也基本跳出传统公路领域,发展空间广阔。

(陈　蕾)

山西省公路工程质量检测中心（山西省公路工程监理技术咨询有限公司）

2022年,山西省公路工程质量检测中心(山西省公路工程监理技术咨询有限公司)[以下简称中心(公司)]面临前所未有的压力和挑战。上马开工项目较少,加之相关体系运作,给投标工作带来巨大挑战。中心(公司)党委竭尽心智,多方运筹,签订合同额2100万元。在全力承揽业务的同时,中心(公司)党委强化经营管理,科学控制成本,加大回款力度。截至年底,完成产值2600万元,实现利润217万元,超额完成210万元的目标。国有资产保值增值率为102%,成本较上年度压减2.8%。

【完成资质延续】中心(公司)党委高度重视资质维护,"一把手"亲自抓,早动手,细准备,抓落实,于6月17日顺利通过试验检测室综合乙级试验等级复核,使试验资质顺利延续。并于12月上旬顺利完成交通运输部监理甲级资质复核上传工作。

【强化管理,推进工作】一是项目管理稳步推进。组织职能部室对项目部日常工作进行指导、监督、检查,使项目部各项工作有条不紊开展。10月对在建项目进行综合检查,对存在问题书面通知限时整改,有效推动项目管理的落实,受到业主好评。各项目部工作优质高效,口碑良好,为今后可持续发展奠定坚实基础。二是学习考证再创佳绩。中心(公司)党委以人才为本,通过7年来持续引导,大兴学习之风,全体职工谈学习,比学习,学习型单位已然形成。全年共有52名职工报名参加职业资格考试,7名试验检测师(员)通过考试,4名职工通过高级工程师评审。三是安全生产常抓不懈。安全生产工作紧紧围绕《2022年安全生产工作目标责任书》,结合单位工作实际,从源头抓起,重点抓好项目部的自身安全和工程实体的施工安全、车辆安全、机关办公环境的安全,对机关进行不定期检查。项目部实行安全生产一票否决制,对抓安全不力项目部取消评比资格。重大节日和中共二十大期间,安排对项目部进行安全专项检查,要求深刻认识安全生产重要性,必须高度重视。同时加大教育培训工作力度,扎实推动规章制度和有关要求的贯彻落实,全年无安全生产责任事故。五是精神文明有效创建。中心(公司)党委高度重视精神文明创建工作,把精神文明同职工幸福感紧密结合起来,精神文明创建工作再提升。

【加强党的建设】 中心(公司)党委以党建为统领,深入学习贯彻十九届二中、三中、四中、五中、六中全会精神和省第十二次党代会精神,全面落实党的建设各项工作,取得实效。一是厚植党的理论优势,坚持每周一次政治理论学习。党委领导和中层以上干部参加,领导带头领学,其他干部分别领学,内容有《中国共产党组织建设一百年》、《百年初心成大道——党史学习教育案例选编》、《习近平谈治国理政》第四卷、《党的二十大报告学习辅导百问》法治内容、安全生产内容及省厅巡视精神等内容,共计30次,使参加学习职工在政治理论水平方面有全面提升。二是厚植党性根基,充分发挥基层党组织战斗堡垒作用和共产党员先锋模范作用。下发文件提出详细要求,党支部工作得到规范,水平显著提升。积极倡导共产党员干在前面、冲在一线,特别是重要岗位和条件艰苦段落,都有共产党员的身影,先锋模范作用得到很好发挥。"七一"期间,各党支部开展丰富多彩主题党日活动。三是厚植党的执政基础,狠抓党风廉政建设。中心(公司)党委把抓好廉政建设、抓好队伍干净纯洁同经济效益、持续发展的信誉口碑紧密联系起来,不是空谈虚抓,而是同每一位职工切身利益挂钩,始终保持队伍纯洁。通过回访、座谈、暗访,未发现违反党风党纪问题。

(乔　芳)

山西诚达公路勘察设计有限公司

2022年,山西诚达公路勘察设计有限公司(以下简称诚达公司)按照省厅、省局确定的工作总基调,以全面完成经济指标为方向,以深化企业改革为驱动,抓住年初确定的工作目标,带领全体员工群策群力、奋力拼搏,各项工作均取得较好成效。

【完成省局下达年度目标考核任务】 2022年共承接工程可行性研究、咨询、勘察设计等各项业务45项,签订合同额5603.4万元,完成省局全年3500万元计划合同额的160%;实现产值3509万元,完成省局下达2600万元产值的135%;实现利润241.5万元,国有资产保值增值率为110%,成本较上年度压减6%,员工人均收入增加3%,各项指标超额完成省局下达年度目标考核任务。

【经营管理】 制订2022年工作清单,下发重点工作责任分解及考核方案,科学划分"责任田",责任到人,发力推动经营全员参与,并纳入全年工作考核,同绩效发放挂钩,做到全体员工齐心协力参与经营,确保年度岗位目标实现和工作任务完成。

【安全责任】 深入开展安全生产三年专项整治活动,实行安全生产分级管理:管理层—中层—班组,推行安全生产逐级承诺制,各分管领导、各部室负责人、全体员工签订三级管理安全承诺书,层层落实安全责任。加大对安全隐患和危险源排查力度,建立健全安全风险预控体系,各项安全指标均在省局安委会签订的目标责任书范围之内,确保全年无安全事故发生。全年累计开展专项安全检查、教育活动12次,开展消防安全应急培训演练2次。

【日常管理】 进一步加强食堂后勤管理,提升服务质量,制订翔实食堂管理制度,从价格、采购比选到食品加工等方面严格把关，规范各项流程，提高餐饮服务水平与后勤保障能力。

【激励机制】为能够更好地激发员工工作热情、使公司更好更快地向全省行业龙头发展，经过多方学习借鉴后，新出台符合公司实际的薪资管理办法，从保障性、激励性、公平性三方面同时发力，充分考虑业绩、效率、技能、学历等因素，在维护员工基本经济利益的情况下，做到为公司经营出谋划策，是劳资双方实现共赢有效手段。

【科技创新】积极承揽申报省厅科技项目，新立项了山西省普通国省干线公路管理养护体制研究、再生沥青混凝土超薄罩面关键技术研究等课题，从技术创新和理论制度创新两方面有了新的跨越，带动公司科研水平提升，打造适应新形势发展要求的“新形象”。

【人才引进】在进入“十四五”时期后，高质量发展对人才工作提出更高的要求。诚达公司作为技能型企业，技术力量的补充是人才引进工作的重中之重。2022年公司主动与哈尔滨工业大学、兰州大学、西南交通大学等高校联系，引进6名专业技术人才，涵盖交通工程、土木工程、道路工程等专业，很好地补充公司的中坚技术力量，确保资质升级和年轻员工阶梯发展的需求。

【重点项目】在进度和质量的双重压力下，完成省交通运输厅“十四五”规划项目中“三区三线”编制、路线方案论证及工程可行性研究初评工作；2023年全省干线公路的预养护、危桥改造、山西国省道路况普查等项目也正在高速推进中；太原108国道、太原208国道、晋中307国道、阳泉239国道、临汾309国道、灵丘336国道、洪大高速等重点项目实现省内项目全面开花、业务拓展不断深入良好局面，为高质量发展提供支撑，也为下一步改革奠定基础。

【拓宽合作】本着引进来、“走出去”发展战略，进一步拓宽合作渠道，与天津市政、中设集团、铁三院、延安湖北省院、铁十七局设计院等在项目实施方面实现强强联合，拉长公司横向发展空间，扩大市场份额。省内与各地市资源整合，通过与当地政府合作，承接汾阳、忻州两个市政项目，有效扩充经营业务范围，进一步放大业内影响力。通过近几年公司全体上下的不懈努力，诚达公司整体实力位于全省同行前列。

【企业形象】一是在2022年度公路设计企业综合信用评价中，公司信用等级在全国和全省两个评价体系中都被评为AA；二是积极申报优秀设计项目，307国道汾阳市过境改线工程等项目，分别荣获山西省优秀公路工业设计一等奖1项，二等奖2项，三等奖1项；三是在2022年度山西省勘察设计行业优秀评选中，诚达公司再次上榜。以上奖项极大地提高公司知名度，社会认可度持续加大，为公司树立良好企业形象。

【理论学习】一是坚持用习近平新时代中国特色社会主义思想武装头脑、指导工作，紧紧围绕上级党风廉政建设和反腐工作会议精神，年初对党风廉政建设工作进行专题部署，层层签订《党风廉政建设责任书》和《党风廉政承诺书》，将党风廉政建设工作指标完成情况纳入全年工作考核。认真落实中央八项规定精神及反“四风”工作，全年无任何违纪违法问题发生，保持清廉单位本色。二是始终把全员终身学习作为增强党性、加强修养的关键。坚持以党委中心组学习为龙头，以集中学习与个人学习同步进行为手段，全年组织党委中心组集中扩大学习25次，重点持续学习贯彻习近平新时代中国特色社会主义思想和中共二十大精神，学习贯彻习近平总书记考察调研山西重要讲话重要指示和省委十二届五次全会精神以及勘察设计相关专业业务知识。三是公司党委中心组以及各支部通过集中学习、主题党日、专题培训等多种方式，在公司持续深化学习教育。全年组织观看中共二十大开幕式盛况、省直工委主办的《奋进赶考路》等节目，研读《百年初心成大道——党史学习教育案例选编》《习近平法治思想学习纲要》《习近平关于社会主义精神文明建设论述摘编》《习近平谈治国理政》第四卷等。另外，持续健全中心组理论学习制度，同时要求各党支部认真落实“三会一课”制度，建立学习教育的长效管理机制。充分利用网络载体进行自学，在“山西交通在线”平台及时跟进，参与中共二十大在线学习答题测评，不断激发党员干部的学习积极性和主动性。

【提高政治站位】 不折不扣贯彻落实省厅、省局各项方针政策和工作部署，围绕中心、服务大局、突出重点、狠抓落实，保质保量地完成上级下达的各项工作任务。一是加强和改进意识形态工作。牢牢把握党对意识形态工作的领导权，坚持严管与厚爱相结合，激励与约束并重，开展党员干部思想动态分析，把解决思想问题与解决实际问题结合起来。最大限度让业务工作和党建深度融合，让党的建设引领各项工作高质量推进。二是结合实际，明确班子内部责任分工，每周例会都要按各自分工进行工作安排和阶段性工作落实。年初明确班子成员经营指标，传导压力，积极解决公司在党建工作和业务发展中的协同效应。三是严格落实“三会一课”、民主生活会、组织生活会等组织生活制度。规范基层党组织管理，完善党组织台账，加强党费收缴、管理和使用。四是抓好审计整改工作。认真贯彻落实省局文件要求，第一时间对照审查到的问题开展整改工作，摸清问题根源，制订整改措施，并根据完成结果上报整改情况。

（韩　彦）

山西省公路构件厂

2022年以来，山西省公路构件厂（以下简称构件厂）领导班子按照省局党委安排部署，认真学习贯彻中共十九届六中全会精神、中共二十大精神和习近平总书记视察山西重要讲话重要指示精神，巩固深化“不忘初心、牢记使命”主题教育成果，引领党员干部坚定理想信念、筑牢初心使命，开拓思路，凝心聚力，共克时艰，加强企业内部管理，深化人事管理制度，鼓励职工自主创业，多措并举，开源节流，加快推进事企脱钩改革工作。

2022年全年向省局借款未突破省局规定。2022年通过房产土地及机械租赁和开源节流、多措并举实现增收166.78万元。构件厂从2012年8月份政策性关停退出水泥产业后，尤其是从2016年以来，厂里采取多方位、多渠道措施开源节流，鼓励职工自主创业，并投资20余万元培训A1本驾驶员18名，为职工创造就业机会，通过一系列措施实现企业减负，增加企业收入，保证企业转型过渡期职工工资，维护企业稳定，同时通过增收节支累计减少3040万元省局借款。

【确权颁证】 2022年5月，按照国家房屋产权登记确权颁证清零行动相关政策精神，积极为厂区92户和厂里许坦西街20号院128户职工住户申办房屋产权登记确权颁证工作，厂里成立房屋产权登记确权颁证清零行动工作专班，及时研究解决存在的问题，加强组织领导和统筹协调，积极向太原市清零办和处遗办报送房屋产权登记确权颁证清零相关材料，完善手续，咨询相关政策精神，抓住这次处遗政策窗口期，制订目标，倒排清零工作台账，确保8月底首登率达100%，9月底转移登记实现应办尽办、愿办尽办。

厂区1号楼、3号楼、5号楼住宅楼共92户，在这次房屋产权清零颁证时，因厂区无土地使用证，无法办理。厂里许坦西街20号院7号、9号住宅楼共128户，房屋产权属于省公路局，房产的土地证是属于省公路局。

厂里许坦西街20号院7号、9号住宅楼共128户，在2022年房屋产权清零颁证时，存在越证和无证，在企业资金十分紧张情况下，按照房屋产权登记确权颁证相关规定，向太原市规划局缴纳2万元测绘费用和45728.34元加建越证违法建设行为罚款。由于以上两幢住宅楼房屋产权土地证属于省公路局，最终无法办理以上房屋产权清零颁证。

【依法依规牢牢守住土地资源】 由于历史原因，构件厂历经1958年和1970年两次建厂，多次征用土地，历史遗留问题较多，土地占用情况复杂，部分土地手续不完善，以及与周边村庄还存在地界不清晰问题。多年来在申办土地证方面，相邻的三个村庄在签字上始终不予配合，难度很大，致使厂区一直未能办理到土地使用证，直接制约着厂里的转型转产工作。

尤其是在1989年厂里与大岩村村委签订协议中，明确承认构件厂从建厂以来陆续占用其60亩土地，在未补办正式土地手续之前，每生产一吨成品水泥补偿大岩村0.6元补偿费。到2012年8月关停之日,已累计支付大岩村委180余万元补偿费,给企业造成巨大经济损失。多年来该村委以此协议为据,给厂里申办土地手续造成一系列阻力。

企业关停后,厂里将厂区土地确权作为企业转型发展的一项重要工作,组织厂里相关部门,全力以赴,积极申办厂区土地证,到太原市城建档案局查阅补充完善部分土地文书资料,并聘请山西省盛道律师事务所专业律师,把关审核厂区土地确权证明材料,从法律角度出具厂区土地使用权的法律意见书,以便今后依法依规解决土地历史遗留问题。

厂里多次与万柏林区政府、区国土资源局、东社街办多方协商沟通,本着尊重历史,搁置争议,平等协商的原则,与厂区临界的上庄村、王家庄村已无争议,仅剩与厂区临界的大岩村存在土地争议。

【深入学习贯彻中共二十大精神】 中共二十大召开后,厂党委在全厂全体党员干部中迅速掀起深入学习贯彻二十大精神高潮,党委书记、支部书记履行“第一责任人”职责,发挥“领头雁”作用,充分运用中心组学习、“三会一课”制度,学习习近平总书记在中国共产党第二十次全国代表大会上所作的报告,认真领悟中共二十大提出的新思想新论断、作出的新部署新要求,深刻领悟“两个确立”的决定性意义,加深对习近平新时代中国特色社会主义思想、马克思主义中国化时代化、中国式现代化等重大问题的认识。要求各支部书记要亲力亲为,认真组织全体党员读原文,学习有笔记、有心得体会,充分利用网络等线上学习教育平台,抓好线上学习,营造浓厚学习氛围,达到入脑入心效果。深刻领会和准确把握中共二十大精神精髓和实质,要在全面学习、全面把握、全面落实上下功夫,一分部署、九分落实,把学习和实际工作具体相结合,助力企业改革发展。

【严格党内政治生活】 厂党委牢记使命、履职尽责,自觉遵守党章,严格按照党的组织原则和党内政治生活准则办事。坚定正确政治方向,在思想上、政治上和行动上始终与党中央保持高度一致。严守政治纪律和政治规矩,严格执行《关于新形势下党内政治生活的若干准则》,严格党内政治生活,进一步加强党的集体领导。严格执行民主集中制原则,严格执行“三重一大”议事决策制度,严格落实重大事项请示报告制度。坚持领导班子专题民主生活会、基层组织生活会、“三会一课”、民主评议党员等制度。大胆、经常、用够、用好批评和自我批评这个武器,不断提高党内政治生活的严肃性、实效性。始终把抓班子带队伍放在重要位置来讲,对干部不良行为及时批评制止,对错误做法及时纠正改进,努力使全厂上下形成心往一处想、劲往一处使、一心干事的合力。

【加强党风廉政建设】 2022年,在省局党委正确领导下,厂党委认真学习贯彻落实《中共中央关于加强党的政治建设的意见》,深入开展党的政治纪律和政治规矩学习教育,扎实开展“党风廉政宣传教育月”活动,坚持把政治建设摆在首位,压实全面从严治党主体责任和监督责任。厂党委切实担负起主体责任,班子成员同样承担着分管领域党风廉政建设重要职责,着力抓住三个环节。一是增强责任意识,在抓好业务工作的同时抓好党风廉政建设;二是明确党委书记要认真履行第一责任人职责;三是实行集体领导与个人分工负责相结合,各负其责,狠抓落实。按照“谁主管,谁负责”原则,履行“一岗双责”的责任,保证主体责任在分管领导层面落实;签订《全面从严治党主体、监督和“一岗双责”责任书》。

厂纪委以监督执纪问责为抓手,把党的纪律和规矩挺在前面,严格执行局党委《关于进一步贯彻落实中央八项规定精神的实施细则》,持续深入整治“四风”特别是形式主义、官僚主义。加强对重点人员、重点岗位的监督,注重领导干部的自查自纠,开展批评和自我批评,使其不断完善自我。加强制度建设,规范权力运行,强化对权力的制约和监督,严格责任追究。

厂纪委忠实履行党章赋予的职责,坚决贯彻党的自我革命战略部署和全面从严治党战略方针,整治群众身边的不正之风和腐败问题,一体推进不敢腐、不能腐、不想腐。

(石秀林)

山西省筑路机械厂

2022年以来，山西省筑路机械厂（以下简称筑机厂）领导班子按照省局党委的安排部署，认真学习贯彻中共十九届六中全会精神、中共二十大精神和习近平总书记视察山西重要讲话重要指示精神，巩固深化"不忘初心、牢记使命"主题教育成果，引领党员干部坚定理想信念、筑牢初心使命，开拓思路，凝心聚力，共克时艰。

【任务目标】一是筑机厂全年完成产值569.8万元，超额完成39.8万元。二是国有资产保值率100%，完成既定目标。三是厂区内安全生产形势良好，全年未发生安全责任事故。

【租赁业务持续发展】一是利用资源，租赁创收。筑机厂充分利用厂区内可用场地资源，为企业增加收入。原办公小二楼及楼前空地，与立方体育签订5年租赁合同，收取租金40万元，解决2021年度退休职工"事企差"的难题。二是服务至上，稳定租户。筑机厂秉承服务至上的原则，为各租户提供各种便利的条件，提供免费车位200多个，同时筑机厂根据省委、省政府相关文件精神，并结合筑机厂实际情况，对符合减免条件的承租户，减免3个月的房租，所减免的房租在今后的租赁合同中租期中顺延，保持厂区内的租户稳定，2022年全厂租赁合同续签率100%，租金回收率100%。三是安全护航，加强管理。厂区内定期进行消防检查、安全隐患排查，为租户们提供一片安全、和谐、稳定的天地，全年无安全责任事故。租赁业务是筑机厂的主要经济来源，是筑机厂今后取得更大发展的基础。

【生产基地迁址顺利，生产业务好转】为适应改革形势和企业发展需要，经多方探讨、慎重选址，原交城生产基地于3月底至5月历时1个多月时间，顺利迁至清徐潇河产业园区；筑机厂克服业务承揽困难、技术人才短缺、资金回笼慢等多重困难，该基地于6月份投产，截至10月中旬业务产值300余万元。该基地的投产为筑机厂加工业务初步闯出市场，为企业持续发展迎来新的开端。

【办公场所升级改建，形象提升明显】厂领导班子调整工作思路，用"借鸡下蛋"的方式，用第三方的资金抵垫，将原来空闲的游泳池场地改造扩建为办公场所，新建党员活动室、阅览室。新场所、新环境，职工的认同感、归属感更加强烈，精气神也明显提高，焕发出新气象、新活力，树立企业新形象。

【坚持为群众办实事，完成不动产清零】一是"我为群众办实事"的家属区惠民工程收尾工作顺利完成，家属区铺上沥青路面，雨水、污水实现分流，居民生活环境得到有效改善。二是自2021年11月以来，太原市政府在全市开展房屋产权登记确权颁证清零行动，筑机厂按照《太原市房屋产权登记确权颁证清零行动的工作方案》要求，多次召开会议，统一思想，成立专项工作小组，明确专人负责，配备专用车辆，积极配合街办、社区开展不动产清零工作，在2022年2月下旬，家属区1~5号楼及平房在太原市不动产清零中心完成不动产清零的首登工作，经向黄陵街办和太原市"清零办"请示，可视为已完成"清零行动"。三是家属区6号楼于2022年3月底，在太原市不动产清零中心完成不动产清零的首登工作。为保证在确权颁证工作中国有资产不流失，保障购房职工的合法权益，确权颁证小组在厂党委的带领下根据《太原市公有住房出售管理办法》（并房改委字〔2000〕第5号）文件相关条款规定，查找当时职工购房相关文件，经测算，基本还原当时售房的情况，制订《山西省筑路机械厂关于家属区6号楼办理房屋产权登记处理相关历史遗留问题的方案》，并提请山西省筑路机械厂第七届七次职工代表大会审议通过，同时北京盈科（太原）律师事务所出具《山西省筑路机械厂关于家属区6号楼办理房屋产权登记处理相关历史遗留问题的方案之法律意见书》，至此家属区6号楼存在的历史遗留问题得到妥善解决，并开始启动分户办证工作。

【夯实党建基础，扩大党员队伍】厂党委以机关党支部为标杆，从严从实规范党内政治生活，同时各支部把好党员发展入口关，2022年筑机厂严格按照组织程序发展4名预备党员，没有不合格党员，并按照规定做好党费收缴使用管理和党组织关系转接等日常工作。

【强化纪律，严肃党内政治生活】筑机厂党委坚决把严明政治纪律摆在首位，进一步强化大局意识、担当意识和权责意识。2名班子成员均能严格执行党员领导干部个人事项报告的有关要求，如实上报个人事项。2022年筑机厂全年无违法乱纪现象。

【安全生产形势良好，厂区和谐稳定】一是信访工作成效明显。2022年筑机厂共接来访9次，累计接待来访人员80余人，所有矛盾均已成功化解。二是安全生产形势平稳。对厂区驻厂单位和租户定期进行检查，转发政府相关安全文件，严格落实安全生产措施，全年厂区内无任何安全责任事故。

（常传鹏）

山西省公路局太原分局

2022年，山西省公路局太原分局（以下简称太原分局）坚持以习近平新时代中国特色社会主义思想为指导，深入学习宣传贯彻中共二十大精神，以推动高质量发展为主题，以加快建设交通强省为抓手，统筹推进路况提升、安全稳定等各项工作，进一步增强干线公路服务保障能力，完成全年各项目标任务。

【科学谋划，全力推进】2022年，太原分局全面贯彻习近平总书记历次调研山西重要讲话重要指示和对交通运输工作的重要论述，认真落实全省《贯彻交通强国建设纲要的实施意见》，全力打造太原地区“国省道一级公路环线”，推动108国道、208国道、307国道、339国道及317省道等5条国省干线公路提档升级。太原地区“国省道一级公路环线”5个项目被省政府列入《山西省“十四五”现代综合交通运输体系发展规划》和《山西省2022年重点工程》，太原市政府已同意作为5个项目的建设主体，并同意授权分局作为实施机构。为加快推进“国省道一级公路环线”项目前期工作，成立以局长闫志雄为组长的项目前期工作领导组，按照行业主管部门、地方政府及专家意见不断优化技术方案，提高工程可行性研究报告编制质量，并同步开展项目专题专项服务单位的招标工作，积极推动土地预审、环评、水保、防洪等专项评估工作，保证各项前期工作有序推进。截至年底，各项目前期工作进展顺利，预计2023年全部开工建设。

【精准养护，分类施治】一是深入开展“公路养护提升年”活动。围绕“路面、路基、桥涵隧道、路域环境、服务品质、基础管理”六大提升内容，坚持分类施治、精准养护，制订出台太原分局《2022年养护工作要点》《2022年普通国省干线公路养护提升年活动实施细则》《公路养护提升年考核办法》，采取“三定”（定底线、定时限、定标准）措施，强化落实，严格督查，确保路况质量稳步提升。2022年，太原分局所辖公路技术状况指数MQI优良路率保持在82.6%，路面性能指数PQI平均值较2021年提升2.3个点。二是狠抓路面病害处治，开展“灌缝补坑”行动。全年累计完成灌缝贴缝303890米，薄弱路段坑槽修补33306平方米，在PQI大于85的路段实施沥青路面刷油18190平方米、同步碎石封层19460平方米、薄层沥青罩面160522平方米，结合灾毁恢复，将339国道、双阳线共计9.5千米薄弱路段进行提质升级。三是分类制订桥梁养护方案，实施精准养护。年内，集中力量实施三类桥维修和一、二类桥梁专项养护，完成三类桥维修2座，一、二类桥梁专项养护39座。实施汾河二坝桥等危旧桥改造工程全力创建品质工程。四是建立完善公路基础数据，全面提升基础管理水平。利用公路技术状况评定系统，建立路况数据基础库、路面病害处治台账，完善桥隧基础数据和公路沿线设施台账，及时更新全国自然灾害综合风险公路承灾体普查数据库和地质灾害隐患排查台账,落实了“一隐患一档案”工作制，为科学制订路况处治方案提供可靠依据。

灾毁恢复工程共6项，投资4431.1万元。一是清徐境内339国道灾毁恢复工程。施工图预算批复3409.7万元，财政预算到位2738万元。二是古交境内339国道灾毁恢复工程。施工图预算批复130.7万元，财政预算到位102万元。三是南郊境内307国道灾毁恢复工程。施工图预算批复159.8万元，财政预算到位130万元。四是阳曲境内省道双阳线灾毁恢复工程。施工图预算批复334.3万元，财政预算到位232万元。五是娄烦境内217省道灾毁恢复工程。施工图预算批复162.1万元，财政预算到位110万元。以上1~5项工程年内已全部完工。六是娄烦境内215省道灾毁恢复工程。施工图预算批复234.6万元，财政预算到位161万元，完成161万元。未完成的主要原因是该工程涉及征地，与地方政府沟通协调有所延误。

太原分局切实履行PPP路段养护监管职责，针对2021年底PPP路段路面使用性能指数PQI均值降幅较大的问题，对项目公司下达《关于太原地区国省道PPP项目路段监管工作有关事项的通知》《关于PPP项目路段PQI低于85路段的督办函》，对PPP路段存在问题挂牌督办。年内按照“公路养护提升年”活动要求，进一步抓好PPP路段的路面、路基、桥涵、路域环境提升效果监督。

【严格监管，积极推动】一是241国道、省道岚马线汾河水库段改线工程PPP项目。2022年度累计完成投资160249.34万元，完成本年度目标任务。累计完成总投资291543.34万元。工程进度达到项目公司年初制订的投资计划目标。太原分局坚持“监管、督促、服务”理念，定期对项目公司开展履约督导检查和绩效考核，并将检查考核情况发函通报。年内针对发现问题，对省路桥集团、路桥五公司、项目公司约谈1次，以督办单形式督促项目公司整改4次，确保项目建设总体处于可控状态。二是国家区域性公路交通应急装备物资（山西）储备中心（太原公路机械化养护中心）项目。该项目原规划为太原分局机械化养护中心。4月1日，交通运输部、国家发展和改革委员会下发关于《国家区域性公路交通应急装备物资储备中心布局方案》的通知，正式在太原市布局1处辐射山西和内蒙古中部的国家区域性公路交通应急装备物资（山西）储备中心，以应对周边地区大规模滑坡等自然灾害导致公路交通终端的突发事件。省交通运输厅研究决定，将国家区域性公路交通应急装备物资（山西）储备中心、机械化养护中心、战备库一体规划建设，最大限度利用土地资源。太原分局组织专人形成工作专班，委托太原市城乡规划设计院编制可行性研究报告，项目总占地面积为6.38万平方米，规划建设生产业务楼一座，库房两座，建筑总面积35282.35平方米，项目总投资额14349.5万元。目前正加快推进。

【转变观念，依法履职】在路产保护和维权方面。太原分局积极面对路政管理职能移交后面临的问题，组织开展路产保护维权专题调研和政策论证，认真执行《太原公路分局公路及设施保护办法》，成立公路巡查护路队，强化护路员法规、业务培训和统一持卡上岗，建立与交警、交通综合执法部门联动机制，坚持常态化巡查护路。年内，所管辖路段共发现10起损坏路产事件，收取赔（补）偿费101.1566万元，较好地保护路产路权。在超限治理方面。持续提升超限检测队伍素质和站点基础设施建设，发挥不停车检测系统信息化优势，严格执行24小时检测货运车辆的规定，强化与治超办、交警联动机制，不断提升治超工作常态化和规范化水平。年内共检测车辆2169958辆，查处超限车辆551辆，卸载18790.63吨，超限超载率控制在0.03%以下。

【高度重视，管防并举】太原分局先后下发《关于进一步强化责任做好安全稳定工作的通知》《关于做好中共二十大前后有关工作的通知》，就防汛应急、保通保畅、安全生产及保持改革期间职工队伍稳定做详细安排。持之以恒抓好安全生产。以全面完成《安全生产专项整治三年攻坚行动2022年任务清单》为抓手，积极开展公路危病桥隧、安全隐患路段大排查、大整治、大提升专项行动，规范醒目设置警示标识标牌，按期完成分局危旧桥梁改造和公铁并行路段护栏设施专项整治。持续抓好平安文明工地建设，认真组织开展隧道施工安全步距及高墩梁安全防护专项行动。建立安全风险防范机制，加强地质灾害多发路段排查评估和安全隐患台账建设，全力做好季节性预警预防和重要节日、重点时段、重大活动期间的公路安全保畅。强化应急能力建设，建立应急值守常态化机制，加强应急物资库和应急保障救援队伍建设，以公路段为单位组织开展应急演练，进一步健全完善应急预案体系和全分局跨区域、跨部门协作联动、两方联动新格局。

【凝心聚力，正风肃纪】一是深入学习宣传贯彻中共二十大精神。二十大召开前，太原分局党委在全系统组织开展“喜迎二十大，建功新时代”主题实践活动，各党支部组织开展“喜迎二十大”主题党日和道德讲堂、寄语二十大、观看红色影片、赴红色教育基地参观学习等活动，为迎接中共二十大胜利召开营造浓厚氛围。中共二十大胜利召开后，迅速组织党员干部职工收听收看实况直播，32名党组织书记、党员代表适时发表感言。党委以领导班子中心组学习、党员理论学习和党支部“三会一课”“主题党日”为抓手，综合运用“学习强国”“山西交通在线”等平台，组织党员干部深入学习二十大政治报告及其有关决议、公报，在全系统迅速掀起学习贯彻中共二十大精神高潮。二是认真开展纪律作风专项整顿工作。按照省厅党组开展专项整顿通知精神和省局党委实施方案具体要求，太原分局认真抓好学习教育、自查自纠、总结评估等环节，着力解决当前纪律作风方面存在的公车使用不规范、上下班工作纪律执行不严格、工作期间有随意离岗脱岗等突出问题。

（李　渊）

山西省公路局大同分局

2022年，山西省公路局大同分局（以下简称大同分局）在省厅、省局坚强领导下，在省局各处室大力支持下，以习近平新时代中国特色社会主义思想为指导，紧紧围绕全省交通“十四五”发展规划目标，持续推进公路路况水平、养护治理能力、路网运行效率、出行服务质量、技术创新能力等方面提升，全力推动大同干线公路高质量发展，完成全年各项工作目标。

【公路建设】各在建项目牢固树立“以人为本、安全第一、质量至上”的理念，统筹好项目进度、质量、安全和廉政的关系，紧紧抓住施工黄金期，坚持把质量监管贯穿到项目建设全过程，严格遵守技术规范，审验各工作环节，确保将每一个工程项目都真正建设成为让人民群众满意的民生工程。

【改革发展】以交通强省为契机，大力推进项目前期立项和储备工作，提高前期工作质量，加强项目调度与跟踪管理，做到规划一批、论证一批、建设一批、储备一批，力争使更多项目列入上级规划，为公路可持续发展提供后劲。2022年已完成工程可行性研究编制和批复5项，投资估算9180.14万元；正在开展前期工作4项，估算总投资30.55亿元。

【养护管理】大同分局以上年度路桥检查结果为依据，制订2022年养护工作目标考核实施方案，按季度划分任务清单，做到责任到人、分级评价、分级验收、逐段销号。同时按照“重点路创精品、中等路促提高、薄弱路保畅通”养护思路，制订养护工作计划，完善日常巡查、路况检查、安全督导等一系列制度。对优良路突出小修养护的及时性，对中等路突出功能性和结构性相结合的处置方式。全年完成养护工程8项，完成投资4397.3万元。

【超限治理】强化内部管理，加强业务培训，完善管理措施，扎实推进联合治超常态化开展，不断巩固提升路产路权成果，确保治超工作安全、规范、有序。全年共办理路政案件54起，路政案件的发现率、查处率、结案率均达到100%；依法收取路产赔偿费70.94万元；共检测车辆240余万台次，查处各类违法车辆376台次，卸载货物10981吨，超限超载率控制在0.02%以内。西韩岭收费站全年完成通行费征收6029.7万元，创历史新高。

【安全生产】大同分局按照大检查、大整治、大提升和专项整治三年行动检查清单，深入开展风险隐患排查整治，完善安全隐患排查治理，组织相关科室定期对辖区国省干线公路进行安全检查和隐患排查，共排查一般安全隐患43处，整改43处，整改率100%。同时为提升应急保障能力。对局属各单位应急预案、队伍、物资、装备进行全面统计，完善基础数据库建设，提高应急资源统筹利用水平。年初，在常家堡市级应急库利用公路养护安全作业沙盘，对一线工作人员进行养护作业安全培训，为规范布设养护安全作业和管控打下坚实基础。积极组织开展综合应急演练，5月在灵丘段和大同县段开展防汛抢险应急演练。通过演练提高应急响应、救援行动、应急恢复等方面协同配合能力，确保发生突发事件后抢险有序、高效。

【从严治党】 大同分局通过年初召开党建暨党风廉政及反腐败工作会、年中召开落实全面从严治党主体责任推进会、年终召开基层党组织书记抓党建述职评议会，签订党建、全面从严治党目标责任书，进一步压实各级党组织主体责任、各级班子主要负责人"第一责任人"责任和班子成员"一岗双责"，支持纪委发挥监督责任，将全面从严治党主体责任落地落实落细。修订完善《大同分局领导干部外出报备制度》《规范领导干部婚丧喜庆事宜规定》等制度，组织开展工程建设项目银行账户专项整治行动，切实形成全面从严治党齐抓共管良好局面。

【学习教育】 大同分局党委第一时间向全体党员干部赠送《党的二十大文件汇编》《党的二十大报告学习辅导百问》《二十大党章修正案学习问答》，运用"学习强国"、"山西交通在线"、微信汇贤学堂等平台组织开展线上二十大精神专题讲座、每日一测、知识测试，推动中心组带头学、党支部跟进学、党员干部全面学，领悟大会精神、统一思想行动、狠抓任务落实，迅速兴起学习宣传贯彻二十大精神热潮。

【党的建设】 坚持把政治建设摆在首位，坚定捍卫"两个确立"、坚决做到"两个维护"，旗帜鲜明讲政治，树牢"四个意识"、坚定"四个自信"。坚持党委会"第一议题"和中心组"第一任务"制度，坚持用党的创新理论最新成果武装头脑、指导实践、推动工作，坚持系统学习和专题研讨、个人自学和组织培训相结合，持续学懂弄通做实习近平新时代中国特色社会主义思想。印发2022年党建工作要点，做到党建与养建管同谋划、同部署、同推进、同考核。以规范填写《党支部工作纪实手册》和实时上传三晋先锋支部工作为载体，切实提高党支部"三会一课"质量。2022年"三晋先锋"位列全市党委第一。进一步加强两级领导班子建设，坚持民主集中制，严格执行"三重一大"制度，不断提高各级班子集体决策水平，努力打造引领公路事业高质量发展的坚强领导集体。

【文明创建】 不断完善计划管理，合理安排资金；健全财务监督制度，严格费用支出；加大审计跟踪监督力度，确保分局各项经济活动安全平稳运行；落实信访责任制，创建和谐稳定的发展环境；组织干部职工在山西交通在线平台开展"道德讲堂"专题学习，2022年《文明山西》、山西交通门户网站、《大同日报》等省市各类主流媒介以行业要闻、工作动态、公众号推送、图片新闻进行分局各类宣传报道20余篇，深入开展对口帮扶村的乡村振兴工作，"五月书香阅读悦美"读书会、喜迎二十大健步走、市新华书店整理书籍志愿等活动，在省局"美丽公路行、喜迎二十大"微视频大赛活动中受到省局党委通报表彰，激发职工活力，增强单位凝聚力和向心力。分局共获得1个"全国文明单位"、1个"省级文明标兵单位"、4个"省级文明单位"、17个"市级文明单位"称号。

（张建伟）

山西省公路局朔州分局

2022年，在省局坚强领导下，山西省公路局朔州分局（以下简称朔州分局）坚持以习近平新时代中国特色社会主义思想为指导，深入学习贯彻习近平总书记视察山西重要讲话，全面落实全省交通运输工作会议、全省公路工作会议精神，按照省厅省局各项决策部署，以推动高质量发展为主题，以改革创新为动力，以"三抓三创两落实一保障"的"3321"养护工作举措为抓手，转变思想观念、精准持续发力，加强国省干线公路日常养护，持续提升路况水平和服务品质，积极推进智慧绿色公路创建，持续夯实安全应急保障能力，深入推进党建和党风廉政建设工作，全力创建"畅、安、舒、美"的公路通行环境。

【高效推进】 朔州分局把公路基础设施建设作为巩固脱贫攻坚成果、促进区域经济高质量发展重要抓手，持续推进项目前期储备、续建项目和新开工项目建设。朔州境内11座危桥改造续建工程于4月初复工，9月底全部完工，完成投资2178万元；朔州境内336国道东榆林危旧桥梁改造工程于7月开工，11月完工，完成投资166万元；省道大忻线苑家辛庄危桥改造工程于7月开工，12月完工，完成投资

606万元。朔州境内普通国省道预防养护工程于9月底开工，完成投资552万元，完成计划投资50%。全力推进项目前期工作，大力加强与发改、国土、环保等部门沟通协调，积极破解制约性因素，推动省道宁应线铺龙湾至陈家堡段改建工程、241国道右玉县城过境改线工程、336国道平鲁县城至口子上段改建工程、208国道怀仁王家堡至山阴薛圐圙段公路改扩建工程等项目前期工作取得实质性进展，为高质量发展积攒后劲。此外，加强对241国道阳方口至朔州段和336国道朔州至平鲁段公路改扩建工程、336国道朔州市境内应县罗庄至朔城区东榆林段改扩建工程项目的监管，确保项目高效实施。

【公路养护】 2022年以来，朔州分局把稳定和提升路况作为养护工作中心任务，以新发展理念为导向，聚焦品质、创新服务，全力提升干线公路服务水平和服务质量，打造人民满意公路。全年共完成翻浆治理960平方米，车辙处治1.9万平方米，沥青路面贴缝带贴缝12.6万米，密封胶灌缝146.5万米，龟网裂刷油2.8万平方米，坑槽修补8.7万平方米，路基边坡整修13万平方米，石砌边沟补修2960米，锥坡、八字墙维修410立方米，增设标志98块，画设双组分标线14300平方米，补设轮廓标、警示桩166根，维修波形护栏512米，清理非公路标牌36套，水毁恢复38处。2022年底道路技术状况明显提升，道路技术指数MQI值达85，MQI优良路率达82%，PQI值达83.4，较2021年提升4.2，具体做法：一是明确工作举措，压实养护责任。早安排早部署，召开养护工作形势分析研判部署会，对全年养护工作进行安排部署，根据各公路段路况实际及路况指标变化情况，全面深度分析、科学精准研判，提出“三抓三创两落实一保障”的“3321”养护工作举措（“三抓”，重点抓好路面纵横缝、龟网裂、坑槽病害的治理，全力提升路况水平；“三创”，要求每个公路段创建不少于20公里示范路段、创建一个高标准示范道班或服务站点、创建一项养护实用创新项目；“两落实”，严格落实公路段路况PQI提升目标任务、严格落实养护检查考核制度；“一保障”，提升应急保障能力，保障道路安全畅通，全年安全生产无事故），同时与公路段签订养护工作目标责任状，根据各公路段实际情况，分别提出3~6个点不等的路况PQI值提升目标，激励各公路段摒弃等靠观望、畏难不前思想，在改革过渡期，振奋精神，不忘初心，为公路事业接续奋斗。二是实施精准养护，提升路况水平。在养护工作中，根据路况分析结果，针对路面病害不同，精准施策、分类施治，邀请中公高科专家进行养护技术培训，为养护工作把脉问诊，提出科学养护对策。按照“准确预判、未坏先补”“有缝必灌、灌必达标”“有坑必补、整平压实”的原则，规范做好灌缝和补坑工作，对路面纵缝采用贴缝带贴缝，横缝采用熔融型密封胶灌缝，龟网裂采用局部刷油罩面，全面提升路面修补率。三是集中采购材料，降低养护成本。为了降低养护成本，提升养护资金使用效率，提升养护质量，继续对路面养护材料沥青、密封胶、贴缝带实行统一集中采购。通过竞争性磋商，从十几家投标单位中遴选出符合技术标准、质量好、价格低的供应商，为日常养护提供优质材料。四是加强桥隧养护，确保运营安全。严格落实桥梁安全十项制度，健全桥梁安全运行长效机制，不断推进桥梁管理制度化、规范化。进一步完善山西省公路桥梁和隧道档案库，对档案库中基础数据、电子档案和动态数据进行充实完善，建立数据动态更新长效机制，按要求频率开展桥梁日常检查和经常检查，及时在档案库中录入检查结果，推进桥梁养管科学化。五是坚持以人为本，拓展服务内涵。对近年改造的服务区、停车区，通过示范引领，以点带面，进一步拓展服务功能，增加服务设施，整体推进干线公路公共服务水平再上新台阶。把凤凰城服务区成功运作的经验继续在全分局推广，以典型引路，在每个公路段打造一个功能完备又独具特色的服务站点，让这些服务站点成为干线公路上服务社会大众的一张亮丽名片。六是治理扬尘污染，美化路域环境。严格落实上级关于生态文明建设和环境保护重大决策部署，切实有效治理干线公路扬尘污染，创建干净整洁的路域环境。加大机械设备清扫力度，充分利用近年购置的10台清扫吸尘车，8台洒水车，加大清扫频率，适时洒水除尘，喷洒抑尘剂，保持路面清洁。全年共出动清扫车1420台次，洒水车458台次，装载机116台次，自卸车102台次，人工13380人次，喷洒道路抑尘剂180吨。

【路政治超】继续秉持“依法行政、为民服务”理念，狠抓超限超载治理，积极维护路产路权，切实保障人民群众安全、便捷出行，通过加强路政宣传，营造全社会共同保护公路完好、安全、畅通的良好道路通行环境；举办治超执法专题培训，进一步规范治超执法行为，提升执法人员综合素质；持续强化路警联合治超力度，加强常态化稽查力度，全年共检测车辆333.2万辆，依法查处超限车辆375辆，卸载货物3887.87吨，超限率稳控在0.2%以下。深入开展路域环境综合治理，累计拆除巨型非公路标志标牌50块，小型非公路标志标牌24块，清理建筑控制区内违法建筑、构筑物，公路用地内堆积物53处，共计562.8平方米，清理路障67处，共计289.5平方米，切实维护路产路权，保障人民群众出行。

【安全生产】把保障人民群众生命安全当成最大的政治，坚持把安全发展贯穿于建养管各领域全过程，严格落实“党政同责、一岗双责、齐抓共管、失职追责”总要求，层层压紧压实安全生产责任，做到守土有责、守土担责、守土尽责。以开展安全生产大检查、大整治、大提升专项行动为主线，重点做好急弯陡坡、临崖临水、长下陡坡等重点路段隐患排查治理，建立隐患排查台账，形成隐患排查治理常态机制。全年共排查道路安全隐患16处，全部整改完成。建立地质灾害风险管控台账，将排查出的50处公路地质灾害风险点，纳入风险管控。完成公路危险路段部级督办11处平交道口，2处省级督办事故多发及1处路侧险要隐患整改。积极开展汛期水毁防治，在汛期到来前提前储备足够防汛抢险物资、工具，对防汛设施进行全面排查。在303省道K207处公铁立交桥下开展防汛抢险应急演练，在规定时间内及时高效处置水患险情，保障道路桥梁的安全畅通。加强雨天道路巡查，及时发现水毁及时处治，全力将水毁险情处置在萌芽状态，把水毁损失降到最低。

【党建工作】坚持把党的政治建设摆在首位，引导党员干部深刻领会“两个确立”决定性意义，切实增强“两个维护”自觉性。重温习近平总书记“7·9”重要讲话精神，推动习近平总书记关于机关党建工作重要讲话重要指示批示精神落地生根。聚焦管党治党责任和重大任务落实，强化政治监督，确保党中央重大决策部署到哪里、公路工作就跟进到哪里，确保公路事业沿着高质量发展方向前进。聚焦迎接、学习、宣传、贯彻中共二十大主题主线，聚焦贯彻落实上级决策部署，聚焦建养管重点工作，旗帜鲜明讲政治、立场坚定抓工作，以政治建设为统领，以转变观念、改进作风、强化素能为抓手，坚定不移推进党的建设各项工作。聚焦思想引导、汇聚力量、服务大局，组织开展“感党恩、听党话、跟党走·喜迎中共二十大”系列活动。中共二十大召开后，研究制订学习宣传贯彻实施方案，并组织开展交流研讨，迅速掀起学习宣传贯彻二十大精神热潮。认真落实民主生活会、“三会一课”、“主题党日”等党内制度，组织开展“学习习近平总书记考察调研山西重要指示精神”、“清明节网上祭英烈”、党支部书记讲党课、与长治分局联合开展“坚定‘两个确立’守好纪法红线”等主题党日活动，有力强化党性锻炼，增强理想信念。深化拓展“十个起来”，推进基本队伍、基本活动、基本阵地、基本制度、基本保障全面过硬。抓好党员教育管理，落实好“三会一课”、主题党日、民主评议党员、组织生活会等制度，进一步完善党支部联系点等工作，不断提升规范化建设水平。严格履行党风廉政建设“第一责任人”职责，年初及时召开会议安排部署党风廉政建设任务，研究制订《党风廉政主体责任清单》，进一步压实领导干部党风廉政建设担子。全年专题研究党风廉政建设和反腐败工作10余次，听取党风廉政建设和反腐败工作专题汇报2次。组织开展“党风廉政宣传教育月活动”，进一步提高广大党员干部廉洁自律意识，筑牢廉洁思想防线。持续推进理想信念教育、党纪国法教育、廉政警示教育常态化，围绕革命传统教育和红色基因教育，组织朔州分局党员干部赴右玉干部学院开展“坚定两个确立、守好纪法红线”主题党日活动，进一步强化广大党员干部法治意识和法治思维，使广大党员干部增强法治信仰，树牢清廉价值理念。按照省厅党组、省局党委安排部署，精心组织开展纪律作风专项整顿。聚焦政治站位不够高、消极等待观望、纪律规矩执行不严等专项整治重点以及省厅政治监督和省局专项监督检查反馈问题整改进行自查自纠，共查摆4方面问题6条，细化整改措施20余条。同时，健全完善《机关考勤管理办法》《公务车辆使用管理办法》以及财务管理等方面规章制度，形成以制度管人管事工作局面，有效防范廉政风险。通过纪律作风专项整顿，切实提升全分局干部职工遵章守纪的思想自觉和行动自觉，带动形成担当作为、纪律严明、团结奋进、风清气正干事创业氛围。严格落实中央八项规定精神及其实施细则规定，强化重要时间节点明察暗访，坚决防止隐形、变异“四风”问题。持续整治形式主义、官僚主义突出问题，全面梳理排查工作中不落实、少落实、慢落实、应付式落实等突出问题，制订负面清单，推进作风改进。厉行勤俭节约，严格“三公”经费管理，在全分局推行经费切块管理模式，提高资金使用率，实现效益最大化。

（刘亚斌）

山西省公路局忻州分局

2022年，山西省公路局忻州分局（以下简称忻州分局）坚持以习近平新时代中国特色社会主义思想为指导，认真学习贯彻中共十九大、二十大精神，深入贯彻落实习近平总书记视察山西重要讲话精神，紧紧围绕高质量发展主题，以建设交通强省和“太忻一体化经济区”为契机，认真贯彻落实省厅、省局和市委、市政府各项决策部署，统筹公路养建管工作，统筹发展和安全，强化党建引领，凝聚和带动广大干部职工踔厉奋发、锐意进取，全力抓前期、促建设，强养管、提路况，防风险、保稳定，完成全年各项任务目标。

【推进108国道一级路改建工程落地建设】108国道改建工程立项，恰逢“太忻一体化经济区”建设重大机遇，成为“太忻一体化经济区”建设的头号先导性项目，同时也是“十四五”期间全省规模最大的国省干线新改建工程项目，受到省委、省政府，市委、市政府和社会各界高度关注。该项目于2021年7月30日批复立项，副省长汤志平、忻州市委书记朱晓东、市长李建国、副市长温建军等省、市领导亲自对项目前期工作“把脉问诊”，进一步优化程序，破解难点，并组建前期工作专班，跟踪推进，全力解决征地拆迁等要素制约，为项目的顺利实施提供有力支撑。在推进过程中，忻州分局牢牢把握“太忻一体化经济区”建设重大机遇，积极与沿线地方政府、省厅、省局等职能部门沟通联系，主动对接，分工协作，形成合力，紧盯时间节点，强化协调联动，全力以赴加快项目前期工作，在有限时间内，完成项目投资人选定和两阶段设计批复，确保项目快速落地实施。截至12月底，累计完成投资15.55亿元，超额完成省厅下达的10亿元投资任务。

【提升国省干线公路养管水平】忻州分局管养国省道干线公路里程为全省最长，且多为煤运通道，大承载车辆多，交通量大。由于近年来养护经费有限，投入不足，路况下滑压力持续增大。面对困难，忻州分局不等不靠，迎难而上，以巩固和提升路况为核心，切实抓好日常养护、季节性养护和预防性养护，多措并举，精准施策，全力消除路面病害，提升路况质量，路网通行保障能力得到稳步提升。一是统一思想，提高认识。面临路况指标严重下滑严峻形势，年初，组织召开养护工作安排部署会议，就全面提升管养干线公路路况水平进行动员部署，在吹响养护攻坚战集结号，广大干部职工进一步认清形势，积极转变观念，重拾优良作风，振奋精神，攻坚克难，狠抓各项任务的落实，推动全年养护工作提档升级。二是多措并举，加强日常养护。为及时、全面、高效处治道路病害，努力实现全年路况的稳定提升，3月，在全区域开展“春在路上 美丽公路”养护主题竞赛活动，抢抓春季养护有利时机，早安排、早行动，大力实施路面灌缝和坑槽修补作业，及时处理翻浆和沉陷等病害，积极开展路肩边坡修整，清除沿线两侧堆积物，美化路域环境等工作，持续深化“美丽公路”建设。

面临上半年路况评定落后不利局面，10月，忻州分局以开展“六保”（保证目标任务完成、保证路况质量提升、保证病害有效修补率提升、保证道路畅通、保证安全事故零发生、保证单位持续稳定）工作为核心的竞赛活动为抓手，全面对照省厅路面技术评定数据结果，科学谋划、认真分析，查找原因，强化措施，及时转变固有思维，有针对性制订处治方案，精准开展各类病害处治，先后完成路面坑槽修补102450平方米、灌缝贴缝981220米、刷油4600余平方米、处治龟网裂18650平方米，病害有效修补率显著提升。三是对症下药，精准实施提高路况水平。2022年，统筹小修保养费1000万元，又自筹资金1500余万元，对路面病害进行精准性处治，科学组织实施加铺、罩面中修工程，将有限资金用在最急需处治路段上，做到精准安排、精准投入、精准提升，确保资金效益最大化，通过精准发力，整体路况质量得到大幅提升。四是明确目标，打好阶段性战役。紧紧围绕全年路况提升总目标，按照“春季早干、夏季攻坚、秋季大干、冬季提升”阶段性目标任务，落实落细养管各项工作措施，层层压实责任，签订责任书，立下军令状，以阶段性“小目标”的实现，确保整体路况质量提升“大目标”，持续推进公路养管工作提质增效。一年来，通过广大干部职工不懈努力，苦干实干，分局管养干线公路PQI指数较2021年提升近7个百分点，指数增幅位居全省最高。

【积极推进项目前期工作】 忻州分局紧抓国家政策机遇，结合区域发展需求，着眼长远，主动作为，超前谋划，不断加强项目储备，强力推进前期工作。2022年，推动新改建项目前期共有3项：338国道西镇至阳方口段改建一级公路工程、247省道刘家塔至土崖塔公路改建工程和336国道河曲电厂至黄河大桥新建工程。在推进338国道、247省道改建工程项目前期工作中，积极与省厅、省局及原平、宁武、河曲、保德地方政府和工程可行性研究单位多次进行协调对接，主动跟踪，紧扣时间节点，有序推进工程可行性研究编制和审批工作，力争按照忻州市政府要求，2023年底落地实施。截至12月底，338国道西镇至阳方口段改建一级公路工程和247省道刘家塔至土崖塔公路改建工程，工程可行性研究报告已通过省局评审，并上报省厅；336国道河曲电厂至黄河大桥新建工程，目前正在编制工程可行性研究报告，已向省局汇报初步拟订路线方案，待省交通运输厅和陕西交通运输厅研究确定黄河大桥桥位后，完成工程可行性研究报告。与此同时，路网改造工程前期工作也进展顺利。其中“十四五”期间忻州市境内普通国道危旧桥梁改造工程项目技术方案省厅已批复61项；“十四五”普通国道安全提升工程项目技术方案，5条国道34段隐患路段，共计45.16公里，省厅已批复；2022年预防性养护工程技术方案79.293公里和2023年路面养护工程技术方案139公里，省厅均已批复；普通国省道地质灾害技术方案27处，其中6处已通过省厅评审，其余21项正在编制技术方案。路网改造工程前期工作的顺利推进，为2023年及“十四五”忻州分局管养道路路况质量和运营安全提升奠定基础。

【全面强化路产路权保护和超限治理工作】 在路政执法改革完成后，而路政执法实际不到位形势下，忻州分局立足本职，继续做好路产保护和涉路施工行政许可的现场勘验及初审等辅助工作。路产损失共发生125起，收取路产赔（补）偿费共162万元。清理路障5556平方米/137处、挖边沟1580平方米/50处。涉路许可初审完成4件，办理超限运输许可6084份。公路超限检测站持续深化“三提升一杜绝一创建”活动，切实加强日常和现场管理，进一步严肃工作纪律、规范治超行为、强化现场监督，有效杜绝公路“三乱”现象发生。同时，坚持把文明单位创建和治超工作紧密结合，有力推动治超队伍综合素质、工作质量、文明形象实现较大提升。局属11个公路超限检测站全部创建县级文明单位，其中安头、阳方口、石家庄等多个超限检测站被授予市级文明单位称号。截至12月底，共检测车辆378万辆，卸货1015吨，查处超限车辆155辆，抄告违法超限车辆129辆，超限率严格控制在0.01%以内。

【持续提升行业治理能力和治理水平】 立足行业实际，进一步夯实管理基础，将精细化管理作为强主业、补短板、提效能的重要抓手，紧紧围绕中心工作、机关工作效能等目标，在提升管理水平和效益上狠下功夫，积极完善各项管理制度，有力促进整体工作不断进步和提升。一是修订完善《编外用工管理办法》《请休假管理办法》《应急值班制度》《重大事项报告》等制度，以完善规章制度体系推动工作效能提升；二是进一步强化全流程预算管理，加大预算执行力度，达到"事前预警、事中控制、事后分析"的财务管控目标，确保预算资金安全，规范有效运行；三是加强合同管理，健全完善合同全过程管理制度，重大事项、重大资金合同签订严格按制度程序进行审批；四是加强审计监督，深入推进领导干部任期经济责任审计、局属养护段预算执行审计及建设项目跟踪审计、竣工决算审计，加大对重大和专项资金的监督，确保专款专用；五是认真做好完工项目竣工验收工作。2022年，顺利完成209国道偏关堡子湾至五寨三岔段改建工程竣工验收工作；338国道朱东社至原平段公路改建工程和209国道杨家营至堡子湾段改建工程正在进行竣工验收前准备工作。

【营造安全稳定发展环境】 按照"讲政治、抓发展、惠民生、保安全"总思路，把"保安全"摆在全局工作突出位置，进一步增强忧患意识，从严从实从细抓好安全工作，全力以赴保安全促稳定。严格落实安全风险防控体系和隐患排查治理体系双重预防措施以及忻州市安全生产"543"工作机制，扎实开展"安全生产专项整治三年行动"和安全生产隐患"清零"行动，修订完善应急预案、配齐应急物资，强化应急演练，加强应急值班管理，做好重大活动和重点时段公路安全保畅工作。截至12月底，共排查一般隐患93处，整改93处。完成部、省、市督办的30处危险路段的摘牌销号任务，全年组织应急演练21次。加大安全生产督查和责任落实考核力度，先后开展安全生产大检查、专项督查，做到防患于未然。坚决扛起信访稳定工作责任，努力把影响和谐稳定的苗头和事端解决在基层、化解在萌芽状态。2022年，忻州分局被中华全国总工会、应急管理部、国家卫生健康委员会表彰为2020—2021年度全国"安康杯"竞赛活动先进集体。

【加强党的建设和党风廉政建设】 一是强化党建思想政治引领。深化理论武装，把牢政治方向。党委中心组学习不断深化，系统学习传达"纪律作风整顿通知精神""十九届中央纪委第六次全体会议精神"等内容。深入贯彻落实省厅党组、省局党委重要安排部署，召开"解放思想、真抓实干"主题行动动员会，并要求各基层党支部进一步提高思想认识，结合公路实际，高质量开展和推进。强化组织建设，严格落实党建各项工作任务。二是坚持将党建与业务融合作为新时代提升党的建设重要内容，创新"围绕养建抓党建、抓好党建促养建"思路举措，在融合上下功夫。各基层单位结合工作实际开展"党员先锋岗""党员突击队""党员示范路""我是党员我先行"等各具特色实践活动，推动党建和业务融合发展，同向发力，提质增效。三是注重教育引导。积极组织干部职工观看警示教育片，通过学习，提高党员干部政治素养和理论水平，牢固树立讲党性、讲规矩、讲程序、讲纪律意识，引导和督促党员干部严守党纪党规，恪守政治信仰，坚定政治立场。四是坚持问题导向、结果导向、目标导向，深入推进党风廉政建设向纵深发展，有序推进党风廉政建设和反腐败工作，风清气正的政治生态进一步巩固。

（陶江江）

山西省公路局吕梁分局

2022年，山西省公路局吕梁分局（以下简称吕梁分局）在省交通运输厅、省公路局正确领导下，认真贯彻落实全省交通运输工作会议和全省公路工作会议精神，团结带领全局广大干部职工攻坚克难、砥砺奋进，全力以赴抓养护、推项目、守底线、强党建，较好地完成年度目标任务。

【聚焦主责主业，持续抓好公路养护】 坚持精准化养护理念，以路面养护为中心，以路基标准化建设为重点，突出预防性养护和薄弱路段养护，路面有效修补率达到80%以上，第四季度公路技术状况指数MQI值86.31，优良路率85.59%，路面性能指数PQI值82.074，同比MQI值提升0.36，优良路率提升

5.13，PQI值提升1.297。一是合理规划，科学施策。有序推进次差路段和薄弱路段路面改造，巩固优良路、提升中等路、减少次差路。重新修订国省干线公路养护管理评价办法，加强考核频次，按季度进行督查、通报。完成预防性养护工程10条路线102.7公里。预算批复投资1995万元，财政预算下达1886.1万元。二是精准养护，精细操作。按照“抓住日常精心养、突出季节精准养、区别病害科学养”的工作思路，以“养护管理提升年”活动为载体，以“畅、安、舒、美、洁”为工作目标，全面加强路基、路面养护工作。坚决杜绝前修后坏现象，提高修补工作的完好率，将有限的资金发挥到最大的作用。三是严控质量，规范管理。全面落实桥隧管养运营责任，加强日常养护管理和巡查，对检查中发现的病害隐患，及时维护修复，确保桥隧运营安全。开展7座危旧桥梁改造和75座三类桥梁提档升级专项治理，桥梁一、二类占比有明显提升，无四、五类桥梁，20座隧道一、二类占比达100%。四是守住红线，压实责任。完成灾毁恢复工程7项6477.5436万元。排查的公路承载体风险点经交通运输部核实209处，治理7处。完成6处部级、2处省级挂牌督办事故多发路段，2处路侧险要路段整改工作，完善2处较大事故发生路段护栏、标志、标线和安全警示牌等设施。投资1015万元，完成339国道临县境内7.637公里的公路安全提升工程。对发生的251多处水毁积极应对，全力抢修，目前已处治244处，剩余7处的技术方案已上报，待批复后进行处治。五是综合施策，加强PPP项目运营管理。以合同为基本依据，明确路面、路基、桥梁养护和运营责任主体。督促项目公司尽快完成遗留工程和质量缺陷修复，做好竣工验收各项准备工作。督促项目公司完成整改7.1公里缺陷工程。成立维权工作专班，通过法律途径维护省道三大线因煤矿采空引发的公路隐患治理赔偿路产路权。

【坚持问题导向，加强沟通协调】 进一步理顺与地方政府职能，做好监管、协调、服务工作，督促地方政府全面履行职责，落实到位筹措资金，全力推进征地拆迁工作，保障项目顺利推进。2022年，省局下达目标任务3项12.31亿元，实际完成投资12.72亿元，占目标任务103.28%。其中，209国道交口县城段公路改线工程计划投资1.1亿元，完成投资6749万元，完成目标任务60.94%；省道三大线石楼县过境（孟家塔至板桥段）改线工程计划投资0.26亿元，实际完成投资0.14亿元，占目标任务的51.02%；209国道吕梁新城区（方山县城至中阳金罗镇）段公路改线工程计划投资10.94亿元，实际完成投资11.91亿元，占目标任务108.83%。

【在服务重大战略实施中体现行业担当】 与地方政府深度融合高效联动。通过市政府层面牵头，与相关县市联动融合，汇聚各方力量，重点推进一级公路和“瓶颈”路段升级改造项目，优化存量、稳定增量，梯次推进公路建设。根据市政府工作安排，为汾石高速公路罗村镇至转角（晋陕界）高速公路工程、离碛高速；307国道清徐至汾阳一级公路改线工程、307国道汾阳至晋陕界段改建工程实施机构，同时还负责离隰高速、汾石高速的征地拆迁协调工作，各项目正按时间节点有序推进。一是积极落实生态文明建设任务。以吕梁市蓝天保卫战行动为载体，推进路域环境综合整治。持续开展道路扬尘污染防治，吕梁市区周边15公里以及其他各县市城区段，采用洗扫车、洒水车等无扬尘清扫作业。进一步推广国省道路面保洁纳入政府购买服务模式，加大路面清扫保洁的力度。积极配合有关部门开展“一廊两带”等重点领域生态修复治理，共同建设美丽公路走廊带。二是全力助推防返贫工作。与兴县东会乡鱼湾村开展结对共建活动，把结对共建活动转化为防返贫的强大动力，在互帮共建的基础上，全力以赴巩固脱贫成果，推动乡村振兴。三是认真做好“四好农村路”和三个一号旅游公路督导工作。“四好农村路”676公里，完成投资21.7亿元。黄河一号旅游公路完成162公里，完成投资17.5亿元。

【加固发展底板，提高行业治理水平】 一是抓好安全维稳工作。从“两个维护”高度正确认识和把握安全生产工作，严格落实“三管三必须”，逢会逢事逢节必讲安全，全面开展风险隐患大排查大整治，加大安全生产隐患排查整治力度，全年安全生产无事故。认真学习《信访工作条例》,深入开展矛盾纠纷排查化解。二是依法开展治超工作。坚持政府主导,部门联动,进一步完善涉路违法案件民事处理与行政处罚抄报双重工作机制,全力依法依规维护路产路权。全年查处损坏公路案件143起,收取赔(补)偿费180万元,发现率100%、查处率100%、结案率100%。超限固定检测站共检测车辆3902746辆,查处超限车辆300辆,卸载转运货物5987.55吨,超限率0.01%。交警记分896分,罚款228200万元。交通执法队罚款29000元。三是加强计划预算管理。对吕梁分局15个预算单位2020年末资产清查工作报告进行最后一次核实验证,协调完成本级老干公用经费和养护大中修建管费的预算调整申请工作。四是强化审计监督。完成省审计厅对书记任期延伸审计工作和省交通运输厅对分局主要负责人5年任期审计工作,完成市审计局对相关单位2021年灾毁恢复工程的专项审计和省交通厅安排的养护资金调查审计工作。五是增进民生福祉。分局机关和市区范围内实体单位7月初正式搬迁入驻新的办公楼,终结十多年在外租赁办公历史。继职工居住小区节能改造后,多方沟通,争取到市政府和住建局支持,更换安居家属小区地下管网,进一步完善基础设施,实现雨污分离、智能停车等。

【加强政治建设,全面从严治党】 坚持把政治建设摆在首位,以习近平新时代中国特色社会主义思想为指引指导,以喜迎中共二十大和学习宣传贯彻大会精神为主线,深刻把握"两个确立"的决定性意义,坚决捍卫"两个维护",不断提高"政治三力"。坚持围绕党建抓养建,抓好养建促党建,紧紧围绕养护工作实际,以纪律作风整顿和清廉机关创建为载体,扎实推进政治、思想、组织、作风和纪律建设,干部队伍能力大提升、作风大转变,使省厅省局各项决策部署落到实处。深入推进基层党支部第一责任人责任、班子其他成员"一岗双责"落实,充分发挥党支部"战斗堡垒"作用。继续打造"党员示范路""党员先锋岗"党建品牌,引导全体党员积极弘扬社会主义核心价值观,"两路"精神和"人在路上、路在心中"的公路价值理念深入人心。

(樊小兰)

山西省公路局晋中分局

2022年,山西省公路局晋中分局(以下简称晋中分局)全面贯彻落实中共二十大精神、习近平总书记视察山西重要讲话精神,全面贯彻落实省厅、省局各项决策部署,统筹重点工作推进,发扬"见第一就争,见红旗就扛"工作精神,担当作为,勇毅前行,团结拼搏,争当开路先锋,各项工作稳中有进,完成省厅、省局下达的各项任务指标。连续第21年被省局授予"标兵单位"荣誉称号。

【公路养护】 一是持续巩固"双优"创建成果。确立"优不降、良提等、中改良、灭次差"路面养护工作思路,以提高有效修补率、提升路况"含金量"为抓手,以"双优"创建为目标,瞄准省局下达的路况质量指标,全面推进精准养护。第一,坚持小修养护为主,守住路况"基本盘"。11个公路段全部配齐各类型灌缝设备,精准实施灌缝、贴缝、局部挖补、局部罩面等小修养护。路面有效修补率达到92.6%,全省最高,小修养护精细化水平显著提高。第二,精准实施预防养护和修复养护,提升路况"含金量"。贯彻精准养护理念,将路龄在10年以上、路况以良为主,且重载交通量大、保持难度大的路段作为全年路况提升的重中之重,实施路面加铺处治65.6公里,全部提升为优等路,对PQI值处于80~85的重点路段分析病害现状,针对性实施同步封层、纤维微表处、超薄罩面等预防养护94.3公里,有效延缓路况衰减趋势。第三,针对性实施次等路专项处治,扩展路况"增长极"。深入分析制约路况提升主因,对境内33.8公里水泥路全部实施"白改黑",筹集资金对交通量急骤增长、路况下滑严重的太长线12公里三级路采取挖补加铺等措施提升路况,解决制约全分局路况提升"瓶颈"问题,路面养护步入良性循环发展轨道。路面优良路率达99.6%,路面PQI值92.09,11个公路段全部达到"双优"标准,优良路率、PQI值居全省之首,再创分局历史新高,高于全省高速公路路况指标。完成养护工程27项，完成投资33410.02万元。二是持续引深“六个专项行动”。扎实开展沿线设施专项整治。对辖区内设施构造物进行全面维修整治。大力提升公路绿化美化品质。坚持观赏与实用相结合原则，持续实施边坡紫穗槐补植，精心搭配花卉品种，全力打造绿色长廊。打造畅安舒美养护管理示范路，全面提升路域环境。以创建省道太长线为日常养护管理示范路为抓手，制订创建方案、明确创建标准、全方位确定重点任务，集中开展整治提升，打造晋中公路养护特色亮点，创建文明示范美丽公路1146公里。全面提升干线公路服务品质，打造服务新亮点。坚持“服务、养护、应急”三位一体统筹布局，建立公路服务区、停车区48处，因地制宜、因路制宜，提升干线公路服务区内涵，“一路一主题、一段一特色”晋中文化公路品牌更加凸显。三是扎实开展桥隧专项养护。认真落实桥梁养护管理责任。全面开展桥梁档案库完善工作，按时完成省厅督办的20座桥梁问题整改，完成27座桥梁预防养护，桥梁技术状况全部达到二类以上。持续加强隧道安全管控。认真做好隧道基础数据核查，完善“一隧一档”技术档案。对108国道厦门隧道、董榆线蔡家庄隧道机电设施实施提质升级改造，隧道安全运行管理能力进一步提升。涵洞大清底取得实效。部署开展涵洞大清底专项行动，完善管养涵洞基础数据。全年累计清挖疏通涵洞1982道，维修涵洞163道，力争三年内所有涵洞全部达到较好及以上水平。

【公路建设】重点工程建设稳步推进。5个新改建重点工程项目完成投资30.21亿元，完成省局下达任务指标。一是坚持统筹谋划，全面强化项目组织领导。组建强有力项目管理团队，召开项目攻坚推进会。落实落细领导包项目督导责任，层层签订目标责任书，用好“四全工作法”，建立“1+4+3”工作机制，坚持问题导向，每10天召开一次督导协调会，创优项目建设环境。二是弘扬工匠精神，着力打造品质工程。加强关键人员管理。重点对项目经理、总监、业主代表进行监督管理考核。严把材料设备进场关。对大宗材料实行严格进场准入制和合格签认，对主要施工机械设备实行进场设备验收准入，不合格一律清退，确保做到以设备的优良保工程优质。严格首件产品认证制。制订出台首件产品认证制度，明确实行“首件产品”认证的程序和要求，对质量问题“零容忍”。组织召开隧道初喷、挡墙浇筑反面现场会，清退责任心不强的4名项目总监，2名监理组长、监理员。全面推行标准化梁板预制。出台《标准化施工手册》，开展“一室两区三厂”标准化建设，规划4个集钢筋加工、混凝土拌和、梁板预制的一体化标准场站，全面推行标准化施工，确保梁板预制质量。抓细节抓薄弱，消除质量通病。通过采取重锤夯实、水泥搅拌桩、多次调整混凝土配比等措施，重点加强桥涵台背、挡墙墙背、路基填挖接合部位、软弱地基的处理、隧道超挖以及混凝土外观质量的管控，消除质量通病，在省局质量检查中各项指标名列全省前茅。突出示范引领，深化“质量提升年”活动。开展以“加强质量管控、提升工程品质”为抓手，以“六个看不见、四个不准复工”为标准的“六个现场”竞赛活动，全面掀起大干快上、争创一流、打造品质工程的建设氛围。三是强化智慧赋能，打造智慧工程。建立可预警、可监测、可防控、可追溯的BIM信息化管理平台，在拌和场、大型基坑、桥梁、隧道等关键部位，安装各类监控系统、云检系统120台(套)，采用智能化监测、监控系统，实现数据自动采集，实时上传，达到工程建设全方位实时监控。四是全面加强安全管理，打造平安工程。印发安全生产标准化手册，委托专业检测机构对高挖方边坡、桥梁隧道总体进行施工安全风险评估。认真落实安全技术交底和开工前施工安全生产技术方案专项评审。开展隧道施工安全步距、高墩桥梁安全防护专项行动，建立分局智能化安全体验馆，全员开展安全培训。五是践行生态文明理念，着力打造绿色示范工程。淘汰落后工艺，推行现代工法，创新环保理念，选择第三方对环保、水保全过程监测，认真落实“六个百分之百”。与此同时扎实做好PPP项目监管。制订出台PPP项目监管办法，对青银二广高速太原联络线、339国道昔阳县城过境(建都隧道)改线工程进行全方位监管，确保工程始终处于可控范围。2022年,两个监管项目完成投资18亿元。

【项目前期工作】抢抓国家适度超前加大基础设施建设大好机遇,以及省厅解决土地规划指标和收费公路政策调整两个“政策窗口期”,高质量超前谋划项目建设。一是科学统筹。综合分局长远发展和路网提升两方面因素,对2035年前规划建设的项目,抓住“三区三线”调整机遇,全部列入国土空间规划,做好用地储备。二是创新机制。按照“市级打捆招标,项目肥瘦搭配,社会资本让利,政府建运补助”筹融资新模式,破解资金“瓶颈”和路网提升两个难题,重点推进8项698公里一级公路项目,总投资439亿元,协助省厅完成太旧扩容改造工程晋中段的项目前期工作。项目个数、规模、投资分别占全省的15.8%、20.3%、20.4%,排名全省第一。为做实做深项目前期,市政府成立工作专班,晋中分局成立项目攻坚领导组,建立完善多部门协调联动机制,主要领导亲自谋划、亲自协调、亲自推动,着力推动省市同步同向同力推进。截至年底,8个项目已有7个项目通过省交通运输厅工程可行性研究评审,土地预审已全面启动,前期工作受到省交通运输厅通报表扬。项目实施以后,晋中境内国省干线公路一级公路占比将由2022年底的30%提升到65%,全省最高,可达到发达省份水平。与此同时,累计争取专项债券42.36亿元,中央车购税15.4568亿元,居全省首位。

【灾毁重建】2022年灾毁恢复项目共18项,总投资1.32亿元。其中:国道灾毁恢复项目12项,总投资1.11亿元;省道灾毁恢复项目6项,总投资0.21亿元。工程于7月全面开工后,18个灾毁恢复项目全部完工,完成投资1.32亿元。

【安全稳定工作】巩固提升安全生产专项整治攻坚行动成果,扎实开展道路运输“百日攻坚”行动,扎实开展安全生产大检查、大整治、大提升活动,重点对全分局范围内自建房、桥梁隧道施工、道路交通安全隐患进行全覆盖无盲区排查,共排查整治各类隐患40余处,完成部省挂牌督办的5处事故多发路段治理,扎实做好汛期防汛抢险工作,开展干线公路综合抢险保通应急演练,确保干线公路安全度汛。加快推进省级交通安全文明示范路建设。

【路产路权维护及公路治超】加强与交警、交通运输综合执法等涉路部门联动,积极探索综合执法改革之后维护公路路产路权的新思路,确保路产路权维护不出现空档。全年累计发现、查处、结案路政案件294起,收取路产损坏赔(补)偿费420.58万元,占全省24%。以队伍建设、作风建设、环境整治为重点,持续深化纪律作风大整顿和自查自纠工作。综合运用监控抽查、内部稽查、单位自查等手段,加大稽查处罚力度,努力实现“零违规”目标。深化路警联合治超,落实派驻执法人员,加强规范执法,依法治理超限超载。累计检测运输车辆557.95万辆,超限超载率严格控制在0.02%以内。扎实推行法制部门建设,开展“八五”普法,集体学法4次,晋中分局被表彰为“山西省法治政府建设先进集体”。

【通行费征收】2022年依法征收通行费,认真落实“绿色通道”和重大节假日免收通行费政策,完成通行费征收2.18亿元,超额完成省局目标任务,占省局收费公路总额60%。

【党的建设】始终把旗帜鲜明讲政治作为首要任务,深刻领悟“两个确立”决定性意义,坚决做到“两个维护”,在灾后恢复重建、中央省市环保督察、重点项目建设等工作中,认真贯彻省厅、省局决策部署,全年召开党委会议31次、党政联席会议19次,以实际行动贯彻落实二十大和习近平总书记考察调研山西重要讲话重要指示精神,确保执行党中央和上级党组织决策部署不偏向、不变通、不走样。一是强化思想建设。坚持把学习习近平新时代中国特色社会主义思想作为头等大事,严格落实“第一议题”制度。班子成员带头宣讲中共二十大精神,制订学习宣传贯彻中共二十大精神实施方案,明确14项工作举措,确保学有所获、学有所用。全年组织中心组学习24次、交流研讨5次、专题宣讲4次。二是强化组织建设。持续巩固基层党组织标准化建设成果,纵深推进抓党建促基层治理能力提升专项行动,扎实开展“六比六看六提升”主题活动。“七一”期间,选树5个先进基层党组织、61名优秀个人,激励广大党员干部走前列、做表率、当标杆。督促各党支部严格落实“三会一课”、组织生活会、民主评议党员等制度，指导开展主题党日活动12次。组织全体党员干部沿着总书记考察调研足迹，开展“追随领袖足迹、感悟领袖情怀”主题党日活动，进行沉浸式宣讲研学，推进基层党组织全面进步、全面过硬。三是强化全面从严治党。扛牢全面从严治党责任，每季度对党风廉政建设和意识形态工作进行分析研判，持续开展三个月纪律作风专项整顿，专题研究党建、全面从严治党4次，对分局123名副科以上干部和新改建工程项目146名项目经理、总监、业主代表进行集体工作约谈，对新调整的6名科级干部进行任前谈话、廉政谈话，对34名兼职纪检员进行廉政提醒约谈，给予2名科级干部诫勉谈话、10名科级干部约谈提醒、1名党员党内警告处分，不断推动全面从严治党向纵深发展。四是深入推进清廉机关建设。以“以文化人、以廉润心”为主题，以“一屏、一墙、一室、一册、一展”五个载体为抓手，聚焦“找问题、防风险，守规矩、转作风，树典型、勇担当，建机制、育文化，创标杆、提效率”十项重点工作，细化工作方案，成立工作专班，全覆盖、全方位、全链条推进“六大清廉单元”创建，争创“十大标杆”。清廉机关创建被中国交通报社、中国交通报刊协会评选为交通运输廉洁文化建设行政事业类十佳优秀案例。五是深化行业文明创建。广泛开展社会主义核心价值观教育，开展丰富多彩的群众性文明创建活动，统筹做好工青妇团、老干、新闻宣传等各项工作。省交通运输厅和人民网山西频道共同制作以“凝聚榜样力量，弘扬交通精神”为主题的晋中公路人“先锋保畅、铁军护路”宣传片，宣传晋中公路人担当作为的奉献故事，营造向上向善向美向新的时代风尚。被交通运输部表彰为全国交通运输行业精神文明建设先进集体，被全国总工会授予全国工会职工书屋示范点。

（赵小丽）

山西省公路局阳泉分局

2022年，山西省公路局阳泉分局（以下简称阳泉分局）坚持以习近平新时代中国特色社会主义思想为指导，紧紧围绕“经济要稳住、发展要安全”总体要求，在省厅党组、省局党委坚强领导下，积极把握省市稳经济一揽子政策措施和公路在加快交通强省、强市建设中带来的重大战略机遇，锚定全年目标不放松，以“时时放心不下”的责任感，踔厉奋发，勇毅前行，靠前作为，全力保稳定、迎盛会、抓发展、促改革，交出一份特色亮点鲜明、整体工作提升、目标全面完成优秀工作答卷。

【抢抓政策机遇期，公路建设取得重大成果】 项目建设是推动高质量发展的强力引擎和重要抓手。阳泉分局围绕建好项目总目标，按照确定的“12349”工作思路和要求，把项目建设放在稳经济促发展重要位置，强化统筹推动，提前协调研判，努力克服建设任务重、时间紧、管理难度大、地材紧缺、征拆影响等重重困难，在多难局面中突破“瓶颈”、攻坚提速，有力保障项目建设提质增效。338国道、239国道盂县境内两个改线项目，理顺从分局、建管处到设计、监理等关系，明晰职责，压实责任，形成合力，实行全过程、全方位管理，“以周保旬、以旬保月、以月保季、以季保年”。239国道郊区过境、省道双阳线盂县过境两个行业监管项目，按照“监管不越位、协调不缺位”的工作思路，采取与实施机构签订年度目标责任书、召开专题推进会等方式，不断强化建设过程督导服务。特别是省市关注的307国道、207线阳泉市绕城改线工程现已完工，为服务阳泉经济高质量发展大局和人民群众更好、更美出行环境提供新的服务支撑。同时，按照省厅、省局深化品质工程创建要求，深入开展质量提升专项行动，大力推行首件制，标准化、精细化管理，实行数控压力机线上云检自动采集和实时上传，以及质量专项监督检查加强质量管控，推动工程建设质量持续提升。

【聚焦主责主业，全面提升养管水平】 深入落实省局开展“公路养护提升年”活动，按照确定的“12678”工作思路和要求，多措并举提升养管服务，完成迎检任务，实现“优良路稳中有升、中等路稳中求进、次差路稳中向好”总体养护目标。一是坚持

"请进来、走出去"两手抓。紧紧围绕路况提升总目标,聘请行业资深专家对2021年分局公路路网监测技术情况进行全面深入分析,提出三方面建议措施。同时运用养护多功能路况检测车进行常态化路况检测,实施精准养护。到晋中分局进行观摩学习交流,借鉴先进工作理念、管理手段,真取经,取真经。二是坚持"强投入、抓日常"两手硬。加大费用投入,筹措300余万元用于各养护段路面养护材料补助,2023年路面养护共投入1535.72万元,较上年同比增长110.58%。加大路地共建力度,完成207国道义平路路段8公里路面大修,全面开工建设省道352线平定境内的杨树沟至郝家庄15公里路段的路面大修。坚持四季养护,抓日常抓经常,开展桥梁、隧道、涵洞数据大清底行动、路面病害处置和"灌缝补坑"行动,着力保持和稳定路况水平。三是坚持"保畅通、提服务"两促进。完成5座三类桥提升,对2021年桥检存在问题清单整改,一、二类桥梁占比达到97.6%。完成地灾工程治理隐患3处18段,已整改完成省挂牌督办的交通事故多发路段4处。明确不同设施的恢复期限,确保沿线设施齐全完整醒目规范。用布设33处监控点和建成的边坡、桥隧健康监测系统,加强重点路段部位监测监控。扛起监管责任,将PPP项目公司全面纳入分局养护管理体系,对项目公司养护管理与公路段一同检查、考核和排名,确保成效。按照市政府环保工作要求和实施生态筑基战略部署,深入打好干线公路污染防治攻坚战,强化机械清扫、洒水抑尘和设施保洁,开展"一违两非"和"五堆一隔离"专项治理行动,推动路域环境持续向好,切实擦亮生态底色。

【科学统筹调度,项目前期有序推进】按照确定的"134510"工作思路和要求,坚持规划引导,跟踪分析"十四五"交通公路政策,进一步完善推进"十四五"国省干线项目规划,第一批推进7个项目已全部纳入"山西省省道路网规划(2021—2035)"建设项目、山西省"十四五"现代综合交通运输体系发展规划重大交通基础设施建设项目和省市县三级国土空间规划。同时借助市委市政府优化营商环境、前期手续办理"百日攻坚"行动的东风,抽调专门力量组建前期工作专班,主动加强与省、市上级主管部门的沟通协调,分别与盂县、郊区、平定政府召开对接协调会,达成共识,形成合力,前期项目手续的办理进程得到加速推进。一是新改建工程前期项目3个,即239国道肖家汇至滴水崖段公路改扩建、207国道阳泉境交口至巨城段改扩建和307国道旧关至西郊公路改建工程,已完成省厅、省局组织路线的现场踏勘及"三区三线"方案论证,省厅组织的路线方案审查已通过,修编完成的可研报告已上报省厅。二是晋中分局牵头阳泉分局配合的前期项目2个,即307国道线坡头至榆次改建阳泉段和207线西郊至左权改建阳泉段工程,按照省厅、省局安排,积极做好项目现场勘查、基础资料收集和地方政府的协调等配合工作。同时,积极推进315省道(水峪至马家坡段)路面改造等养护前期工程,着力构建"储备一批、开工一批、竣工一批"项目建设良性发展格局。

【树牢底线思维,落实安全防范措施】全面落实贯彻中央、省、市安全生产会议精神,把全力做好中共二十大召开和单位安全稳定作为底线工作进行安排部署。按照确定的"12349"工作思路和要求,坚持每月召开一次安全生产例会,每季度至少召开一次安委会专题研究安全工作,并通过把安全生产例会开到"一线"形式,形成安排部署和一线检查同进行的工作新模式,更好实现安全发展。专题学习国务院安委会安全生产15条硬措施及省安委会56条、市安委会70条具体措施内容。以山西省交通运输安全应急保障技术中心为技术支撑,重新修订《安全生产责任制度》,编写《全员责任制》和《工作清单》,着力构建安全生产责任体系。持续巩固提升安全生产专项整治三年行动,扎实开展安全生产大检查、大整治、大提升专项行动和安全生产领域风险隐患大排查、大整治百日攻坚行动,并对在建工程聘请专家参与安全生产检查,对全线整改情况进行复查,形成检查、整改和复查闭环管理。进一步完善安全生产"道路风险分级管理四色图",编制下发《安全生产重点风险管控清单》,定期开展安全生产风险辨识、研判、分级管控与评价工作，确保风险有效管控。以提升实战能力为导向，根据实际开展地质灾害、防汛等6次应急演练，出动人员208人次，机械31台次，切实提升灾害防御能力。坚持信访月度摸排机制，加强重要节点时段防控。深入推进公路治安综治和扫黑除恶等工作，守住底线，筑牢防线。全面实现"杜绝重特大事故、遏制较大事故、减少一般事故"整体安全生产目标。

【加强基础管理，不断提升治理创新】 一是持续加强超限检测，制订下发阳泉分局《关于开展交通运输执法领域突出问题专项自查的工作方案》和《关于做好当前公路超限检测工作的安排》，及时转变职能，更新制度流程，推进驻站、联合执法常态化机制，超限检测保持规范运行。全面提升服务功能，让"司机之家"成为群众需求"暖心之家"，树立"窗口"单位良好形象。二是持续规范财务管理，坚持"先有预算、后有支出"原则，截至12月底，预算执行率为99.5%，完成省厅局统一安排会计核算衔接工作，全部经济业务录入新的会计核算。完成2021年度财务决算、政府财务报告和内部控制报告编制工作以及2020年度、2021年度部门决算公开等工作。三是持续推进公路信息化建设，进一步建立和完善"一中心五平台"为重点架构的路网监控指挥体系。四是智慧工程监管监造迈出坚实步伐，338国道、239国道盂县境内两个改线项目BIM建模及涵盖具有项目导览、进度管理、质量管理、安全管理、党风廉政、物联网六大功能模块体系已初见成效，并有针对性、有重点开展桥隧等技术研究项目攻关5项。五是推进技术创新。局属盂县段率先对道班图表进行电子化管理。盂县东段引进沥青热熔釜，提升冬季沥青路面裂缝修补成效。盂县段引进桥梁伸缩缝密封胶，用于桥梁伸缩缝的维护。加强"五小"创新成果应用，坡度尺、波形护栏清洗机、桥梁支座观测镜等工具机具得到广泛应用。

【持续加强党的建设，全方位提升党建质量】 阳泉分局党委按照确定的"12344"工作思路，全方位提升党建质量。始终把讲政治要求贯穿于全面从严治党的全过程，召开党支部书记述职质询会，开展"喜迎二十大、永远跟党走、奋进新时代""七个一"系列活动。特别是二十大召开时，及时组织收看习近平总书记在中国共产党第二十次全国代表大会上做的报告，并安排贯彻落实，确保公路工作沿着正确方向前进。始终把加强理论武装作为党员干部坚定理想信念的重要抓手，开展理论中心组集中学习12次，举办公文写作、信访工作、安全生产和养建工程等培训班，推进党史学习教育常态化长效化，切实把学习成果转化为推动建养管工作的创新思路和有效举措。始终把党建和业务工作有机融合，进一步推进党组织、党员进社区、村"双报到、双服务"，切实在创建全国文明城市工作中发挥战斗堡垒和先锋模范作用。不断提升"党员示范路"创建标准，创建"六个"公路(畅通、安全、绿色、美丽、智慧、清廉)，切实做到"干线公路延伸到哪里，党组织引领服务到哪里"。阳泉分局纪委坚持严的基调不动摇，对各党支部履行"两个责任"情况、制度执行情况、职能部门履行"一岗双责"情况、民主集中制和重大事项请示报告等执行情况进行抽查检查，对学习教育开展情况、落实中央八项规定精神情况、纪律作风建设情况等情况进行监督检查，对养建工程项目重点领域、重点部位和重点环节实施全过程监督。并开展"清廉公路"建设十项活动，切实以良好纪律作风保障推动分局各项工作高质量发展。同时，按照文明单位创建和文明城市创建标准要求，以开展"中国梦·劳动美喜迎二十大建功新时代"群众文体活动为主线，举办"坚守初心献身公路 牢记使命甘当路石"演讲比赛和"诵读红色经典·传承时代精神"红色阅读等活动，带动激励职工立足本职建功立业，不断提升和扩大新时代精神文明创建成果。2022年阳泉分局被省局评为"目标完成优秀单位"、获得"六连胜"，养护管理、党的建设、项目法人等单项成绩稳居先进行列。阳泉分局工会获"第三批全省工会党的创新理论宣讲示范站"称号。

(韩 静)

山西省公路局长治分局

2022年，山西省公路局长治分局（以下简称长治分局）紧紧围绕省交通运输厅、省公路局决策部署，紧扣国省干线公路全方位高质量发展目标，立足长治市建设全国资源型城市转型升级示范区、打造现代化太行山水名城发展定位，全面推动路网结构优化、养护水平升级、服务能力提质。全年累计完成工程建设投资10.14亿元；完成危桥改造工程2项，地质灾害处治工程1项，灾毁恢复工程8项，完成投资7219万元；累计填补坑槽12.2万平方米，处治路面翻浆1.53万平方米，刷油罩面14.97万平方米，MQI值为86.49，较考核指标高出4.49；PQI值为84.099，较上年提升2.505；优良路率为85.64%。先后被表彰为全省污染防治攻坚先进集体，被省交通厅选树为“凝聚榜样力量、弘扬交通精神”先进典型。

【加速构建内外通达干线公路网络】紧紧抓住国家加大基础设施投资建设重大机遇，与地方政府和发改、交通、土地等部门紧密对接，以实现对外通达、对内通畅为目标，着力构建以“一纵一横一环”一级公路国道为骨架，以县域过境干线为脉络的干线公路网络，打通大动脉、畅通内循环，全面打造路网畅通、管理科学、服务优质、保障有力的新时代干线公路服务保障体系。208国道线晋中长治界至屯留小河北段先后完成社会资本方招标、投资协议和PPP合同签订、项目公司组建等工作，成功申请政策性开发性金融工具（基金）5.46亿元并投放到位，落实“十四五”车购税补助资金10亿元，部分控制性工程已开工建设，累计完成投资5.6亿元。208国道上党司马至高平刘庄段（长治境内）顺利开工建设。309国道线晋冀界至长治临汾界段项目工程可行性研究报告通过省厅评审，土地预审和项目规划选址资料完成编制报至省自然资源厅，辛安泉域水环境影响评价报告完成批复。241国道沁源过境交口至有义段公路改建工程建成通车，累计完成投资1.82亿元；341国道平顺王庄至晋豫界段公路工程完成投资22.22亿元，占总投资的93.2%；省道黄龙线长子过境段改建工程完成投资4.08亿元，占总投资的64.6%；519国道、348省道（原省道南沁线）武乡县城过境改建工程土地预审和选址意见书已批复，可研报告报至省发展和改革委员会。341国道屯留张店至沁源古县界一级公路升级改造项目启动前期工作，组织召开前期推进会，协调组建市级工作专班，完成线位方案规划，正在加快推进前期各项工作。

【全力推进绿色智慧公路建设】一是全面开展自由流收费技术试点。将试点工作细化为9类14项具体任务，牵头组建由市发改、财政、公安、政法、司法、交通、审计、宣传等部门组成的工作专班，实行每周例会制度，邀请省相关部门召开试点征求意见座谈会，完善试点方案。先后组织完成自由流收费系统批复建设，业务规则制订，费率方案研究和价格听证，规范性文件起草和合法性审查，社会稳定风险评估和应急预案制订备案，宣传方案和宣传大纲论证等相关工作。同时，与公安交警部门协同搭建国道环线车辆监测管理平台，为自由流收费试点实施奠定基础。2022年11月17日，试点方案正式通过省政府批复，成为全省首条采用自由流收费技术的开放式收费公路，打造普通国道收费公路按里程精准计费的“山西样板”。二是积极推进普通干线“智慧环保”科技示范工程创建。认真贯彻落实《交通强国建设纲要》，充分发挥科技创新对普通干线公路建设的引领和支撑作用，依托208国道线晋中长治界至屯留小河北段改扩建工程，开展以“智慧和环保”为主题的科技示范工程建设，包括智慧公路、道路路产综合利用、煤基固废材料综合应用和道路沿线污染防治4个方面15项技术，是交通运输部目前唯一的普通干线公路“二改一”科技示范工程。仅在项目前期就通过优化设计，充分利用旧路资源，节约公路用地指标3100亩。

【扎实推进日常性、预防性养护】一是坚持养护主业地位不动摇，扎实推进日常性、预防性养护。召开养护工作座谈会、推进会，系统分析、因路施策，逐公里制订针对性路况提升方案。以“公路养护提升年”活动为载体，开展春融期路面病害处治、夏秋季路况整治提升、冬季道路保通保畅3个养护专项行动，及时消除路面病害，稳固路况水平。加强桥隧日常运行监测，从防护、排水等方面全面加大桥隧养护力度，有效提升桥隧安全运营水平。坚持问题导向、目标导向、结果导向，以341国道为核心抓好重点路段路况提升，以良好的路况水平完成迎检任务。二是坚持工程建设质量不动摇，全力推进养护工程项目建设。建立完善养护工程质量核查、问题通报和责任追究等管理机制，充分发挥各公路段一线协调、管理便利作用，项目所在地公路段全过程、全方位参与到养护工程管理过程中，从设计、材料、施工、验收四个环节严把质量“关口”。定期对养护工程质量及内业开展了阶段性质量安全检查，挂牌督办质量突出问题，及时消除各类质量安全隐患。省道河潞线地质灾害处治工程、341国道北甘泉大桥危桥改造工程、207国道北庄一桥危桥改造工程及3个项目8个灾毁恢复工程全部完工。三是坚持严格管理不动摇，全面加强经营性公路监管。加强日常监管，健全自检考核体系，与运营公司签订目标责任书，定期开展运营情况督导检查，确保公路养护质量保持在取得收费权益时核定的技术等级和标准。落实属地公路段监管责任，将项目公司养护管理工作纳入各段年度养护管理目标责任制考核，对PQI值低于85的路段进行挂牌督办、限时整改，杜绝失管失养现象发生。四是坚持依法维权不动摇，全面加强路产维护和路域环境治理。深化与交通部门建立的路政养护协调工作机制，常态化开展路政养护联合巡查，做好涉路信息互通共享，及时有效处置涉路损路违法行为，确保路产路权得到及时有效保护。加强路域环境治理，以过村镇路段和易扬尘路段为重点，依托地方政府，联合相关部门推进路域环境共治共享，累计清理非公路标志18块，摆摊设点23处，乱堆乱放103处，垃圾、堆积物13797立方米，修整文化景点8处。加强同交通执法部门联系，积极推进超限站交通驻站执法工作，实现超限检测和治超执法的无缝衔接。2022年，局属8个超限站共检测车辆330.2万辆，查处超限车145辆，卸货987.34吨，超限率0.004%，远低于0.2%的控制指标。

【巩固全局安全稳定发展水平】 一是强化组织领导。认真贯彻落实习近平总书记关于安全生产的重要论述和系列指示批示精神，牢固树立以人为本、安全发展理念。围绕“巩固提升”主题，扎实推进安全生产专项整治三年行动，制订实施方案，建立“四项清单”，成立领导组和工作专班，建立“网格化管理、地毯式检查、穿透式监管、清单式整改、销号式验收、回溯式巩固、倒查式问责”全程闭环管理机制，补齐安全生产短板弱项。二是严格专项治理。深入开展安全生产专项整治三年行动，安全风险隐患大排查、大整治“百日攻坚”专项行动，安全生产大检查、大整治、大提升专项行动，加大道路隐患排查治理工作力度，排查整治公路运营一般隐患37处。按照“全覆盖、零容忍”的原则，对桥梁隧道、急弯陡坡、连续长陡下坡、事故多发和地质灾害等存在安全风险隐患路段进行排查整治，进一步提升干线公路安全防护水平。在工程建设一线开展坚守质量安全红线专项行动，组织参建单位学标准、学规范、学安全，明确建设、施工、监理等各方的安全责任，组织对安全操作规程执行情况以及汛期等重点时段应急防范措施的可行性开展综合检查，向施工单位下达督查通报2份，已全部整改完毕，确保安全生产制度和安全防护措施落实到施工一线。三是加强防汛备灾。把汛期公路沿线地质灾害防范应对工作摆在重要位置，认真汲取2021年洪涝灾害经验教训，加强同应急、气象、水利等部门和地方政府的沟通对接，提前对汛情进行分析研判。对全局12个应急保障区队建设进行提升，投资114万元对28个应急库补足应急物资，在嬴仗岭隧道建立微型消防站，开展隧道交通事故应急演练、公路保畅应急救援演练、水毁塌方应急演练，对辖区内发生的滑坡、落石等第一时间进行清理，保证汛期道路安全畅通。四是全面维护稳定。将二十大维稳工作作为一项重要政治任务，召开专题安排部署会议，从严落实领导包案责任和属地化解责任，深入了解职工群众最关心的热点、难点问题，建立有效的矛盾疏导化解机制。以重点人员、重点群体为重点，开展信访安全稳定风险隐患排查和走访，努力做到“发现得早、化解得了、控制得住、处理得好”，坚决将矛盾纠纷和信访安全隐患稳控在萌芽、化解在基层、解决在当地。

【全面加强党的建设】 一是认真学习贯彻中共二十大精神。把迎接、学习、宣传、贯彻二十大作为2022年党建工作的主题主线，二十大前开展“喜迎二十大、永远跟党走、奋进新征程——我的青春我的团”等主题活动，组织全局干部职工集体收看二十大开幕会直播，开展理论中心组集体学习，深入养护治超一线开展宣传工作，将二十大精神送到基层一线，切实把学习成效转化为做好公路养管工作的内在动力。二是锲而不舍建强基层组织。组织召开党建和党风廉政建设会议，层层压实党建主体责任，推动各项决策部署贯彻执行到位。召开党支部书记抓基层党建工作述职评议考核会，大力推动基层组织工作脱虚向实，推进基本队伍、基本活动、基本阵地、基本制度、基本保障全面过硬。组织党员干部分两批赴右玉开展党员干部党性教育暨履职能力提升培训班，用“右玉精神”净化淬炼党性，进一步激活全局党员干部的干事创业活力。牢固树立“一切工作在路上，路面就是脸面；一切工作到支部，党建也是养建”的理念，坚持推动党建养建融合互促，以党建品牌创建为旗帜，在养管一线持续引深开展“党员示范路”“党员先锋岗”等示范创建活动，切实把党建活力转化为发展活力、党建优势转化为发展优势。三是扎实推进行业文明建设。组织开展“社会主义核心价值观主题实践教育月”系列活动，通过集中收听收看、线上学习、“三会一课”等多种形式开展“两路”精神等新时代交通精神的学习宣传，组织开展“弘扬传统美德、厉行勤俭节约”为主题的道德讲堂，鼓励和引导干部职工积极参与各类志愿服务活动，有力提升公路行业形象。充分发挥好群团组织的“纽带”作用，开展五一健步行等职工文体活动，凝聚人心、鼓舞干劲，带动大家立足本职岗位建功立业的工作热情。四是坚持推进全面从严治党。深入推进廉政警示教育活动，召开专题警示教育大会、中央八项规定精神警示教育大会、落实“省委第五巡视组巡视省交通运输厅党组动员会”精神部署会，组织观看警示教育片《失重》，确保党员干部廉洁自律政治自觉不断增强。扎实推进落实“清廉山西行动”，以严明党的政治纪律为主线，带动“六大纪律”全面严起来，对基层单位出具廉政审核报告13份，对12名预备党员进行纪律审核，对养护工程领域关键岗位进行廉政风险排查。精准运用“四种形态”，不断健全完善廉政风险防控和预警机制，进一步规范权力运行，堵塞管理漏洞。锲而不舍纠正“四风”，对基层单位开展政治巡查，对假期值班值守、公车封存、食堂管理、津补贴发放等情况进行抽查，对违规开设银行账户问题开展专项治理，对办公用房情况进行“回头看”，坚决防止“四风”问题反弹回潮。五是扎实开展纪律作风专项整治。召开纪律作风专项整治动员会议，出台《纪律作风专项整治工作方案》，深入开展自查自纠，对查摆出的问题建立台账、严肃整改。督导组采取“四不两直”方式，对各基层单位开展明察暗访和专项整治，印发督查通报，直面问题、不讲情面，把压力层层传导到基层一线，为全局改革发展稳定等各项工作顺利推进提供坚强纪律保证。

（宋瑞亭）

山西省公路局晋城分局

2022年，山西省公路局晋城分局(以下简称晋城分局)坚持以习近平新时代中国特色社会主义思想为指导，紧紧围绕“经济要稳住、发展要安全”的总体要求，在省厅党组、省局党委坚强领导下，踔厉奋发，勇毅前行，交出一份特色亮点鲜明、整体工作提升、目标全面完成优秀工作答卷。

【完成公路建设任务】 坚持“项目为王”，2个重点在建项目完成年度投资12760万元，占年度目标任务12650万元的100.86%，完成年度目标任务。207国道长治晋城界至陵川段升级改造工程，项目采空区治理全部完成，涵洞通道29道全部完成，桥梁基础及下部结构除4个空心薄壁墩外全部完成，全年完成投资1.015亿元，占年度目标任务101.5%。342国道晋城过境段书院街连接线工程，10月18日正式通车运行，完成年度投资2650万元，占年度目标任务100%。207国道新房洼至省界瓶颈路段改造工程被省住房和城乡建设厅授予“山西省优质工程奖”称号。

【**提升路网服务水平**】始终把公路养护摆在首要位置，围绕“畅通、安全、平整、干净”原则，以巩固提升路况为中心，以规范养护管理为抓手，精心开展“养护提升年活动”，按照“1199”的工作思路，全面推进路网服务水平实现新提升。加强养护项目建设，全年完成三项89公里地质灾害处治工程、两座隧道安全隐患治理工程、4个(20处)灾毁恢复工程，完成养护工程投资13649.9万元；省道阳济线K0+500至K42+860段灾后恢复重建工程，完成项目前期工作，顺利开工建设。加强日常养护管理，以路面养护为中心，以路基标准化建设为重点，科学编制《2022年度公路养护管理三级网格系统示意图》《公路养护管理系统网格职责清单》，突出预防性养护和薄弱路段养护，全年完成路面灌(贴)缝88.24万米，刷油10.49万平方米，基层面层处治6.08万平方米，中修6.5万平方米，维修更换百米桩1323个、里程碑63个，保养维修桥梁202座、隧道31座，路况水平稳中有升，路面性能指数PQI值达87.23，全省排名第二。持续推进“一县一路一特色一亮点”建设，全力打造342国道田园风光和观光康养休闲长廊、省道227线晋高一级路全线生态养护示范路、208国道线新房洼至省界南太行“网红公路”打卡地景观大道，干线公路美丽生态通道形象初成。高度重视国省道路域环境整治，严格落实“六个百分百”环保要求，以病害处治、预防性养护、清扫保洁、标志标线、绿化、六乱治理为抓手，大力整治道路扬尘污染，努力打造生态绿色示范公路，全年未发生环境保护追责事件。为落实康养大会“1+6+N”活动，投资75万元，高速度、高标准、高质量完成了208国道绕城段、晋高一级路、陵川342国道等47公里干线公路路况及路域环境整治提升工作，为康养大会提供良好公路通行环境，受到市委、市政府肯定。

【**路政治超和通行费征收平稳有序**】加大路产维护，积极履行国省干线公路路产赔(补)偿费收取职责，全年收取赔(补)偿费349.95万元，确保路产路权不受侵害。保持治超高压态势，严格落实治超“十不准”纪律、“五坚持”原则、八项制度要求、“一超四罚”政策，扎实推进路警联合执法常态化制度化，积极配合属地治超办和交警开展联合执法专项整治活动，全年检测货运车辆143.8万辆，查处超限车辆412辆，卸载货物6707.89吨，非法超限超载率控制在0.029%，超限率始终处于全省低位水平。严格许可办理，公路审批窗口办理超限运输许可证1941件，网报1864件，网报占比96%。行政许可8月份由晋城市行政审批局移交省交通运输厅进行审批。严格通行费征收管理，持续开展温馨服务、微笑服务和便民服务，全力打造新时代收费窗口新形象，全年征收车辆通行费2857.6246万元，通行费上解率100%。

【**安全维稳保持良好态势**】高度重视安全生产工作，严格落实安全生产责任制和安全生产清单化管理，强化日常安全检查和隐患排查整治，扎实推进大检查、大整治、大提升行动和专项整治三年行动，绘制重大风险“一张图”、干线公路冬季(春运)重点保障路段分布图，与交警部门联动做好春运等重点时段安全形势分析研判，共同保障干线公路运行安全。全年开展应急演练7次、安全检查11次，共排查安全隐患151条，整改151条，整改率100%。全局无安全生产事故发生。加强安全应急能力建设，修订《突发事件应急预案》，将公路养护智慧管理平台、“隧道通行车辆统计平台”与路网应急信息中心深度融合，通过大数据提高安全管理智能化水平。6月21日，联合地方应急、消防、交警、医疗等相关部门，在郝家庄隧道开展隧道突发事件综合应急救援演练，有效提升突发事件预警和应急处置效率。年内高效处置2起突发险情(1起挡墙坍塌、1起路基塌陷)。注重安全成果转化，总结近年来生产经验教训，形成《分流管控运营成果的反馈讨论》《近三年安全生产专项整治的探索与思考》《直击“7·11”》等一批安全文化作品。强化综治维稳工作，深入开展“三零”单位创建，全面推进社会治安综合治理工作，层层压实稳控责任，扎实做好思想引导、矛盾化解、风险稳控工作，努力把矛盾化解在基层，把问题解决在初始状态，局属各单位未出现赴省进京集访现象。2022年分局落实“三不变”承诺，积极筹措资金，兑现九方公司53名专技人员工资、7名技师工资，按时兑现调标工资、基础绩效奖，确保全局和谐稳定。

【防范化解债务风险取得新成效】重点抓好长晋一级收费公路债务化解问题。2022年，晋城分局多次积极主动与交通银行沟通协调，9月19日签订补充协议，将本项目贷款利率由4.41%下调为4%。四季度为响应国家政策，交通银行再次对分局贷款利息减免0.5%。2022年应偿还贷款本息14946万元，实际偿还14752.1万元，利息减免193.9万元。2023年1月16日，晋城分局与交通银行再次签订补充协议，贷款利率从4%下调为3.97%。

【房产清零行动取得显著成果】晋城分局涉及“清零行动”工作范围的两处房产（新区和北区），共132套住房，8月底完成首登。北区40户住户已全部办理完成，完成率100%；新区92户住户办理完成77户，完成率83%，基本实现“应办尽办、愿办尽办”目标。

【稳妥推进改革试点工作】7月12日、13日，公路系统改革先行在晋城市开展试点事宜，引起包括九方公司人员在内的数人咨询，大家反映较为强烈。7月13日，晋城分局党委及时召开会议，通报《晋城市普通国省道管理体制改革试点方案（征求意见稿）》和存在问题，对改革可能遇到的情况进行舆情预判，并向省局作专题报告。7月19日，省局党委书记尹新平带领有关处室人员深入晋城分局就改革试点工作与干部职工座谈，面对面认真听取九方人员、换马桥超限检测站人员、科级干部、编外人员、异地工作5类人员意见，全面分析解读公路系统改革，并提出要求。领导高度关注改革舆情动态，坚决贯彻上级决策部署，教育引导干部职工正确认识改革、坚决拥护改革，坚持谁分管、谁负责，逐级压实责任，积极稳妥推进改革试点工作。

【党建、党风廉政建设和精神文明建设】坚持“围绕养建抓党建，抓好党建促养建”，持续推动全面从严治党向纵深发展，进一步深化党建品牌创建，全方位提升党建质量和水平。一是加强思想政治建设，全面抓好学习宣传贯彻二十大精神活动。坚持用习近平新时代中国特色社会主义思想武装头脑，通过收听收看二十大开幕会、集体学习、个人自学、交流研讨、主题党日活动、“身边的榜样”先进事迹报告会、“奋进新征程、建功新时代”微视频评选、“喜迎二十大、永远跟党走”职工才艺展和“‘山西交通在线’培训平台”“学习强国”在线学习等，推动二十大精神入脑入心，进一步增强“四个意识”、坚定“四个自信”、做到“两个维护”、拥护“两个确立”。全年党委中心组集体学习17次，发放二十大精神学习书籍700余册，报送的微视频《直击“7·11”》在省局评比中获特别奖，阳城公路段原丰军被省委组织部评为“担当作为干部”。二是强化组织建设，规范党内政治生活。持续深化“党旗领航、一路先行”党建品牌创建，开展优秀案例评选，向省局党委、市直工委报送优秀案例1例。基层党支部按要求完成换届改选，按时召开民主生活会、组织生活会和民主评议党员活动，进一步规范“三会一课”、主题党日活动。全年预备党员转正5名，新发展党员6名。三是加强党风廉政建设，认真落实“两个责任”和“一岗双责”，加强廉政教育，组织观看《贪腐之鉴》《典型案例警示录》《端失》等警示教材，开展政治巡察和纪律作风专项整顿，强化“三重一大”制度执行情况监督检查和重要节点专项监督检查，充分运用“四种形态”强化监督执纪问责，严肃查处违反中央八项规定精神和“四风”问题，全局廉政和作风建设持续好转。四是积极推进“清廉机关”创建。成立领导小组、制订《实施方案》，通过专题讲座、主题征文、制作廉政文化墙、录制廉洁微视频、在分局信息上连载廉政小故事、发送廉政信息、“话”家风、送春“廉”等，营造浓厚创建氛围。其间，邀请晋城市知名国学讲师杜育梅讲授《朱子家训》和晚清重臣曾国藩的治家理念；在“我身边的清廉故事”主题征文中，高平公路段陈金虎作品被市直纪工委选中入围，分局被晋城市列为重点创建示范单位。五是强化意识形态工作。积极开展形势教育，定期开展意识形态分析研判，加强微信公众号、办公群管理，确保意识形态阵地可管可控。六是扎实抓好驻村扶贫工作。分局驻陵川县崇文镇西龙门村工作队被陵川县驻村工作领导小组办公室评定为五星级。七是持续推进创文工作。积极开展社会主义核心价值观教育，主动参与城市文明创建，深入开展文明单位创建，扎实做好联点共建、文明交通志愿服务等，继续保持“全国文明单位”称号。

（宋永胜）

山西省公路局临汾分局

2022年，山西省公路局临汾分局（以下简称临汾分局）坚持以习近平新时代中国特色社会主义思想为指导，深入贯彻中共十九大、十九届历次全会精神，认真学习中共二十大精神，按照省厅、省局决策部署和全省交通运输和公路工作会议目标要求，以建设人民满意公路为目标，全方位推动公路工作高质量发展，为区域经济发展提供有力公路支撑。

【统筹谋划项目，建设品质工程】紧紧围绕“十四五”项目规划，以提升干线公路网综合服务能力为目标，以强化项目前期运作为重点，把握国省道规划调整、过境路优化改线、低等级路提档改造三个重点推动项目储备实施，积极推进路网结构优化升级，全力引导和推动公路建设持续健康发展。“十四五”期间谋划过境改线项目16项，建设里程467.33公里，总投资约293.16亿元。其中已开工建设项目4项，建设规模总计131.57公里，总投资82.16亿元；已开展前期工作项目12项，建设规模总计335.77公里，总投资约211亿元。谋划低等级路升级改造项目19项，累计建设规模925.42公里，总投资约272.64亿元。全年开工建设1项，超额完成年度任务。推进前期项目2项，均按PPP项目模式推进，均计划2023年开工。监管在建项目3项，1项已竣工通车，1项超额完成年度投资计划，1项因项目公司融资到位滞后影响当年施工进度，当年完成总投资65.3%。

【提升服务保障能力】一年来，以把稳路况、抓规范、促提升为核心，制订2022年临汾公路养护“1128”工作思路，践行全寿命周期成本理念，分析研判检测数据，合理分配保养经费，科学制订养护对策，保持优良路存量，高标准开展中修和预防性养护，全市干线公路的路容路貌得到显著改善。全年共开展三轮大规模路面病害处治活动，共完成处治坑槽8.9万平方米、沉陷2.72万平方米、车辙11.4万平方米，同步碎石封层34.3万平方米、刷油33.4万平方米、灌缝138.3万米、贴缝7.34万米。同时，将公路环保作为践行全方位高质量发展和绿色发展的一项重要政治任务，深入打好污染防治攻坚战，多措并举助推公路环保工作见实效。高标准实施20项养护工程，共完成投资4.5亿元。统筹1579.1万元费用完成中、小修养护工程56项，应急抢修工程26项。

【强化综合治理，夯实发展根基】一是坚守安全生产底线红线。压实安全生产责任，筑牢安全生产防线，推进安全制度落实。进一步深化安全专项整治，开展安全专项行动，落实落细问题隐患整改、重大隐患挂牌督办、追责问责和联合惩戒“四个清单”制度。全年共开展安全大检查10次，排查隐患142处，完成整改142处，整改率达100%。二是规范治超费收管理。严格落实超限检测工作制度和通行费收费标准，为广大群众提供优质温馨服务。全年检测货运车辆540.18万辆，查处非法超限超载车辆400辆，卸载3640吨，全部按照工作流程移交交警处罚，移交当地治超办进行源头核查，严格执行“一超四罚”工作流程，超载率0.007%，大大低于0.2%控制上限。路政服务大厅全年共受理超限运输许可3884件，全部落实限时办结制度。全年处置路产赔偿事件149起，收取路产赔（补）偿款126.8万元。西涧北收费站收费总额为4771.3万元。三是高度重视信访工作。全面贯彻《信访工作条例》，逐级组建信访工作专班，及时发现矛盾、把控矛盾、化解矛盾，坚决守住底线，维护稳定局面。四是持续提升应急能力，完善应急体系，加强队伍建设，强化物资管理，为及时高效处置突发灾害事件提供有力的制度、人员和物资支撑。全年累计开展各类应急演练21次。

【加强党的建设】一是深化政治理论武装。坚持学习教育月月有安排，党支部集中学习有制度、有记录、有考勤，及时跟进学习习近平总书记最新重要讲话精神，反复学习习近平总书记视察山西重要指示批示精神和关于交通运输、环保、安全工作的重要论述等；特别是中共二十大胜利召开后，组织专题学习，印制学习方案，宣讲解读报告，购买学习书籍，撰写心得体会，参与线上测试，多形式、多途径迅速掀起学习宣传二十大精神热潮，把思想认识行动统一到二十大精神上来。2022年以来，共组织集体学习23次、专题交流研讨5次。二是增强组织凝聚合力。深化拓展“十个起来”，高标准落实“三会一课”、主题党日、组织生活会等制度，引深“党员示范路”“党员先锋岗”等活动，打造“党旗护航、一路先行”党建品牌创建，基层党组织和广大党员扛起责任担当。三是推进党风廉政建设。深入开展纪律作风专项整顿，坚决压实责任，确保整改成效。扎实开展“党风廉政宣传教育月”活动，持续深化主题教育整改成效，坚定不移贯彻中央八项规定精神，毫不松懈纠治“四风”。扎实推进清廉机关建设，成立工作专班，明确组织职责，制订行动方案，全面落实作风建设“八项措施”，紧盯关键领域和重点部位，强化对权力的制约和监督，保持正风反腐高压态势。

（贾　鑫）

山西省公路局运城分局

2022年，在省厅党组、省局党委坚强领导下，山西省公路局运城分局（以下简称运城分局）坚持以习近平新时代中国特色社会主义思想为指导，紧扣交通强省、交通强市建设目标任务，全局上下团结一心，出实招、重实干、勇担当、善作为，党建、养护、建设、治超、征费、安全、行业文明等工作全面提升，跨上新台阶。

【落实养护工作】为加强养护管理工作，不断提升公路养护管理水平和通行保障能力，针对路龄增加、路面持续老化、养护资金紧缺等问题，坚持“好路更好、中路向好、差路保稳”12字方针，科学研判，缜密分析，强化路面精细化养护和全寿命周期理念，树立精准养护观念，领导班子多次召开养护工作专题研讨会、座谈会，科学统筹养护资金，制订精准养护方案，树立精准养护观念，做到“五个精准”（介入时机精准、项目安排精准、资金使用精准、措施落实精准、养护成效精准）。加大路面预防性养护力度，及时开展春季预防性养护，大力实施路面贴缝、灌缝、刷油、碎石封层预防性养护，有效地遏制病害的发展。加大路地联建联管力度，以城镇过境段、平交道口为整治重点，积极开展路域环境综合整治活动。同时强化部门联动机制，深入开展沿线非公路标志牌、违章建筑等乱搭乱建、乱堆乱放、乱扔乱倒等违法行为的治理工作，合力创建“八无”路域环境，综合整治覆盖率达到100%，路容路貌干净整洁、舒适亮丽。高度重视在运城举办的山西省第八次旅游发展大会暨第33届关公文化旅游节筹备工作，投入400余万元全力做好旅发大会沿途道路的环境整治工作，树立标杆，全力打造示范路段，全方位提升路基、路面、沿线设施、自然生态、人文景观等标准，以点带面，示范引领，真正使文明示范路段成为河东大地上的亮丽风景线。通过努力，运城分局完成旅游发展大会工作任务。先后完成108国道汾河大桥等10座危旧桥梁加固改造；完成108国道西薛桥等9座桥梁的安全防护设施改造；统筹投资1229.99万元，完成路面大中修工程约48公里；投入286万元，完成水毁及应急抢险123处。2022年年末国省干线公路路面使用性能指数（PQI）值为83.3，MQI值为87.9。

【推进项目建设】为抓好项目建设，精准梳理项目情况，拟定有效措施，把进度目标层层分解，建立健全进度控制体系，完善考核评比机制。坚持问题导向、目标导向、结果导向，做好各阶段督导、自检、抽检、试验等工作，确保每道工序、各个环节、关键部位、隐蔽工程无质量安全隐患。采用不定期现场巡视与实体检测方式对建设项目进行监督，督促各建设项目进行科学管理、规范施工，创建质量优良、工地平安，资金安全，打造绿色、和谐的品质工程。2022年，运城分局新建工程项目6项，新建养护工程4项，共计完成投资6.27亿元。6个新建工程项目共完成投资4.68亿元，其中，省道裴运线南张至薛李段公路改建工程、108国道河津市过境改线（寺庄至龙门段）工程已经完工，省道临夏线新绛县城过境段改线工程、521国道盐湖段改建工程、522国道平陆三湾至常乐段改建工程、342国道闻喜县城过境改线工程正在紧张施工中。4个新建养护工程共完成投资1.59亿元，其中，运城境内普通国省道灾后3个恢复重建项目完成投资5810万元、运城境内108国道水毁恢复工程完成投资4650万元、522国道平陆至曹川段米汤沟大桥重建工程完成投资2813万元、运城境内2022年普通国省道预防养护工程完成投资2658万元，养护工程项目均超额完成投资计划。

【路政、规费征收平稳有序】辖区内共发生路政案件111起，路政案件发现率、查处率、结案率均达100%，路产设施保持率为100%，收取路产赔（补）偿费87.9531万元，有力保护公路路产路权不受侵害，公路自身完好、安全与畅通，推进公路路域环境的良性发展，提升国省道干线公路综合服务保障能力。9个公路超限检测站共检测货运车辆2404567台次，查处超限运输车辆1268台次，卸载超限货物28779.327吨，车辆超载率为0.05 %，无投诉、无信访、无影响行业形象事件和公路“三乱”现象发生。规费征收方面，完成公路通行费征收1567.05万元，超额完成267.05万元。

【常抓安全生产】认真贯彻落实习近平总书记关于安全生产重要论述和指示批示精神及省委、省政府、省厅、省局对安全生产工作安排部署，牢固树立安全发展理念，坚持以人民为中心，弘扬“生命至上、安全第一”的思想，牢固树立红线意识，不断压实安全生产主体责任和监管责任，加强安全生产基础管理，狠抓公路专项整治、风险管控和隐患排查整治，主动担当，积极作为，扎实开展安全生产专项整治三年行动、道路运输“百日攻坚”、安全生产大检查大整治大提升行动、“安全生产月”、安全生产隐患排查整治专项行动等活动。全年，共排查各类安全隐患278项，整改278项，整改率100%。辖区内2处省挂牌督办交通事故多发路段和6个市督办事故多发路口整改工作全部完成。

【提升综合管理】加强预算、财务和审计工作。细化预算编报内容，严格预算程序，实事求是，公开透明，增强预算的准确性、合理性和规范性，为预算执行奠定基础。下达预算32233万元，执行32233万元，执行率100%。加强人事劳资管理，按月足额发放工资、缴纳五险一金，实现单位人员信息台账、编制、工资、社会保险、公积金等业务的动态管理。加大审计监督力度，完成4个基层单位主要领导离任经济责任审计和3个公路段行政领导2019—2021年度任期审计。同时，重视和加强机关政务、职工教育、信访、工会和老干部等各项工作，并取得明显成效。精神文明建设硕果累累，2022年全局荣获（保持）国家文明单位1个、省级文明单位标兵3个、省级文明单位（省厅文明示范窗口或青年文明号）16个、市级文明单位标兵9个、市级文明单位4个，行业文明创建水平持续提升。

【做好党建工作】运城分局党委坚持以习近平新时代中国特色社会主义思想为指导，提高政治站位，坚决贯彻落实上级党委的安排部署，结合工作实际，积极主动作为，真抓实干，推动党要管党、全面从严治党向纵深发展，为全局各项工作稳步推进提供坚强政治和作风保障。一是强化理论学习，不断筑牢理想信念之基。第一，认真学习中共二十大精神。运城分局党委把认真学习领会、全面贯彻落实二十大精神作为当前和今后一个时期的首要政治任务。第二，坚持班子成员先学一步、深学一层，积极发挥领学促学作用，把中共二十大精神的思想精髓和核心要义解读好、传播好。以“理论中心组学习”“主题党日”“三会一课”“每周二集中学习日”为重要抓手，通过“线下+线上”“个人自学+集中研讨”等多种形式，组织党员干部全面、系统、深入学习领会二十大报告，践行二十大提出的新理念、新征程、新特征、新要求，确保各项工作始终与上级党委中心工作同频共振、同向而行、同心合拍。第三，持续深化巩固党史学习成果。分局党委为每个党支部新购置学习书籍，组织党员干部深入学习习近平总书记视察各地的重要讲话精神，坚持做到读原著、学原文、悟原理，始终在学通、弄懂、做实上下功夫，真正把学习贯彻新思想往深里走、往心里走、往实里走，在深学笃信中打牢听党话跟党走的思想根基。全年组织开展党委理论中心组扩大学习12次，主题党日12次，领导干部上党课6人次。二是突出政治统领，全面提升党的政治建设。第一，切实履行班子成员“一岗双责”制度，坚持民主集中制，严格贯彻落实“三重一大”工作制度，形成一级抓一级、层层抓落实的党建工作新格局。第二，提高政治站位，运城分局党委坚持把党的政治建设贯穿于全面从严治党的全过程，教育引导党员干部牢固树立“四个意识”、坚定“四个自信”、做到“两个维护”、捍卫“两个确立”，自觉在思想上政治上行动上同以习近平同志为核心的党中央保持高度一致，切实做到不管是学习、工作还是生活中，都能始终坚持正确政治方向、舆论导向和价值取向。第三，加强和规范党内政治生活。认真落实“三会一课”、组织生活会、领导干部双重组织生活、民主评议党员、谈心谈话、重大事项报告、民主集中等制度，坚持和完善“主题党日”“三会一课”“集中学习”等模式，深化“1515”党建工程，扎实开展“五面红旗”示范单位创建工作。三是加强作风建设，大力弘扬党内新风正气。第一，在全局范围内开展党员干部作风大整顿活动。运城分局党委聚焦中心工作和重点任务，组织全局1237名干部职工，结合各自工作职责和岗位实际，认真查找自身在5大方面20个突出问题的具体表现，着力纠正部分党员干部责任意识不强、工作态度不端、进取精神不足行为，解决“最后一公里”落实不到位问题。第二，开展落实中央八项规定精神专项整治活动。分局党委组织成立督导检查组，由班子成员带队，采取听汇报、查验相关印证资料，与相关人员谈话等方式，对分局26个基层单位进行督导检查，进一步严明纪律和规矩，引导党员干部知畏知止，进一步推动落实中央八项规定精神往深处走、向实里落。

（张　霞）

山西交通运输 2023 年鉴

综合执法

山西省高速公路综合行政执法总队太原支队

2022年，山西省高速公路综合行政执法总队太原支队（以下简称太原支队）在省交通运输厅党组和省高速公路综合行政执法总队（以下简称省总队）党委坚强领导下，始终坚持以习近平新时代中国特色社会主义思想为指导，认真学习贯彻中共十九大、十九届历次全会和中共二十大精神，坚决贯彻落实习近平总书记考察调研山西重要讲话重要指示精神，团结带领广大干部职工扎实开展各项工作，完成年度各项工作任务。太原支队先后被山西省精神文明建设指导委员会复查确认"继续保留山西省文明单位"称号，被山西省直机关精神文明建设委员会评为"2021年度省直文明单位标兵"。

【持续深化综合行政执法改革】完善联动机制，建立业务协作、联合执法等工作机制。太原支队、科室和大队两级领导干部调配到位，六个执法大队外勤组挂牌进驻全面履行上路执法职责，执法队伍素质和业务技能明显提升，为维护太原地区交通运输市场秩序，保障高速公路完好、安全和畅通打下坚实基础。

【业务协作】根据省总队下发的《业务协作方案》和《对接工作方案》，太原支队积极与太佳高速公路东段运营分公司、太原高速管理公司协商，率先完成联合制订《业务协作联席会议制度》《业务协作方案》和联合发文的任务，确定参与联合会议的部门、人员及分工，明确对接联系人。所属各大队与辖区路网运行保障机构制订例会制度和联勤协作、联合巡查、信息共享等具体协作工作机制。

【挂牌进驻】太原支队与太佳高速公路东段运营分公司、太原高速管理公司秉持相向而行、互相理解、换位思考、合力推进工作理念，经协商确定各大队外勤组执法办公场所。2月6日，三大队和六大队外勤组分别在东二环高速公路平头收费站、太佳高速公路东段静乐服务区举行挂牌仪式。2月18日，一大队、二大队、四大队和五大队外勤组分别在阳曲收费站、迎西收费站、古交收费站和清徐收费站举行挂牌仪式。驻地生活设施、办公设备、执法执勤装备基本满足执法工作需要。

【队伍建设】5月6日，太原支队召开干部大会，宣布支队机关各科室和基层各大队大队长任命决定。8月，厅党组提拔任命2人为太原支队副支队长。至此，太原支队领导班子、机关各科室和各大队领导框架搭建完成。8月11日，太原支队党委扩大会议对支队领导班子成员职责进行明确。同时，太原支队岗位设置方案获省交通运输厅、省人社厅备案批复。认真贯彻落实《执法队伍素质能力提升三年行动实施方案（2021—2023年）》，太原支队先后7次组织职工参加省司法厅组织"行政执法大讲堂"活动；通过"交通运输行政执法人员学习考试管理系统"平台，组织146名在编在岗人员参加线上业务考试12次，每月参与率均达到100%，平均达标率97.01%，答题平均正确率95.49%。同时积极参加由省总队组织开展的"全系统综合行政执法人员年度轮训、新提任处级干部履职能力提升培训、执法大队大队长初任培训、学习贯彻中共二十大精神线上培训"等，通过加大培训考核力度、"以案释法"案例评析、实行执法业务常态化考试等方式，强化执法人员业务知识储备和技能提升。

【执法巡查】开展上路执法以来，太原支队累计出动执法人员5789人次，出动车辆1884车次，路面巡查里程175209公里，巡查率97.86%。开展专项执法检查135次，其中路政专项执法检查36次，治超专项执法检查41次，超限检测监督指导32次，运政执法专项检查18次，建设和养护工程质量安全监督执法检查8次。太原支队配合相关单位处置交通事故40起，参与处置突发事件39起，开展纾困解难便民服务51次。发现公路设施损坏等隐患31处，下发路产修复通知书11份。涉路施工许可现场勘验2起，涉路施工现场监管44次，养护作业及养护工程现场监管26次。监督指导超限检测站点49个，发现问题15个，提出整改建议12条。各大队与企业及交警联合行动12次。太原支队累计发现非法超限运输、涉路施工违法行为、故意损坏路产等违法情形80起。针对不同违法情形处理，当场制止纠正且不予处罚51起，适用简易程序处罚21起，适用一般程序处罚5起，移送相关单位部门1起。累计办理路政（治超）执法、运政执法、建设和养护工程质量安全监督执法等业务领域的行政处罚和行政强制案件24起，总罚款金额30000元。其中简易程序处罚案件21起，罚款金额22000元。一般程序处罚案件3起，罚款金额8000元，已结案案件23起。行政强制案件2起。

【安全质量执法监督】根据省交通运输厅、省总队关于高速公路建设工程领域安全整治百日攻坚专项行动要求，太原支队完成对太原西北二环高速公路建设工程安全风险隐患大排查大整治情况的专项检查，对四个建设单位施工现场安全生产条件、施工和消防安全、工地临时建筑等方面发现的问题和存在的隐患，均检查通报督促整改。同时，积极配合省总队开展在建高速公路工程安全质量执法检查，完成对太原西北二环高速第1、2、3、4，ZH5—8、9、10、11、12标项目在建高速公路工程安全质量执法检查工作。

【规范化建设】积极推进太原支队规范化建设，梳理业务和工作流程，建立和完善各项制度，构建系统完备、科学规范、运行有效的制度体系和管理体系，使各方面制度更加成熟。选定2个大队为“四基四化”建设试点单位，统一外观标识、执法服装及装备、执法文书等；扎实落实法治队伍“革命化、正规化、专业化、职业化”建设要求，加大执法队伍理论素养和业务技能的培训力度，在全支队开展整风肃纪活动，切实转变工作作风，太原支队整体文明形象得到提升。一是整章建制。对省总队需要先行制订的部分制度清单进行分类归口梳理，并结合实际，按照管理工作科学化、规范化、制度化、可操作性强的要求，先后建立和完善党建类、行政管理类、行政执法类、财务审计类、资产管理等各项管理制度，促进管理工作按程序、分步骤、有规律的进行，实现各项工作开展有章可循、有据可依，推动各项工作有序运行。二是“四基四化”建设。认真贯彻落实《山西省高速公路综合行政执法“四基四化”建设实施意见》和《高速公路综合行政执法标识建设规范》要求，按照“试点先行、统筹推进”的工作部署，选树三大队和六大队为“四基四化”建设试点单位，依据建设内容和标准，大力整治办公环境，推动“四基四化”和执法标识规范化建设。6月底，各大队外勤组已全部完成综合行政执法标识规范化建设有关工作，塑造良好的外观形象。三是作风建设。坚持把纪律和规矩挺在前面，进一步加大对支队机关和各大队执法风纪、规范着装、劳动纪律及考勤制度、工作作风等落实情况的督查力度，发现问题及时反馈整改。认真开展执法领域突出问题专项自查工作，建立查纠整改长效机制，努力打造一支忠诚干净担当、爱岗敬业、忠于职守、纪律严明、风纪优良执法队伍。

【安全生产】坚持“安全第一、预防为主”方针，强化安全生产防范知识宣传，提升干部职工的安全防范意识；适时召开安全生产工作专题会议，研判安全生产形势，制订工作方案和应急预案，提高防灾减灾救灾和突发事件处置保障能力；认真执行安全生产管理各项规定，紧盯重要时间节点、重点环节、重点部位，扎实开展安全隐患排查整治工作，确保监管无盲区、无遗漏、全覆盖。一是工作部署。按季度组织召开安委会会议，及时传达交通运输部、省交通运输厅、省总队有关安全生产工作会议精神，分析研判安全生产形势，安排部署安全生产工作，并在春运、两会、汛期、重点节假日等时段，加强监督检查，进一步压紧压实安全生产工作责任，最大限度防范各类安全生产事故发生，推动支队安全生产形势稳定向好。二是宣传教育。认真组织开展“安全生产月”、“路政宣传月”、“5·12”防灾减灾宣传周、“6·16”安全宣传咨询日和“119”消防宣传周等活动，在收费广场、服务区及办公场所等区域进行宣传，营造“关注安全、关爱生命”的浓厚氛围。组织干部职工集中收看《生命重于泰山》专题宣传片，参加消防应急演练等，有效推动支队“安全生产月”活动的全面开展。三是专项行动。根据省总队《2022年全省高速公路综合行政执法系统安全生产大检查大整治大提升专项行动工作方案》要求，制订《2022年太原支队安全生产大检查大整治大提升专项行动工作方案》和《安全生产专项整治三年行动2022年任务清单》，进一步明确专项行动的总体要求和重点任务，有序推进专项行动工作开展，严厉打击违法违规行为。强化工程质量安全监督，督促建设单位持续开展地质灾害风险排查，全力做好安全生产防范工作。四是应急防范。认真落实省交通运输厅、省总队及相关部门防汛、防风、防寒潮等相关工作要求，利用宣传媒介开展安全宣传活动，进一步强化舆论引导；积极制订工作方案和应急预案，细化分解落实责任，对重点区域提前开展安全隐患排查工作，同时不断完善预警机制，切实加强应急值守和信息报送工作，太原支队应急防范工作取得实效，全年未发生一起安全生产责任事故。

【党的建设】坚持强化党的政治统领，组织干部职工认真学习贯彻习近平新时代中国特色社会主义思想，持续巩固拓展党史学习教育成果，切实加强党对太原支队综合执法工作的领导；充分发挥党建工作统一思想、凝心聚力的强大作用，积极推动基层党建工作开展。始终坚持全面从严治党，深入开展清廉机关、清廉支部、清廉队伍、清廉执法创建活动，让清廉理念、清廉措施融入太原高速综合行政执法事业发展各个方面。严格落实太原支队党委理论学习中心组学习制度，组织学习贯彻中共十九大、十九届历次全会和二十大精神，以及习近平总书记考察调研山西重要讲话重要指示精神，讲授专题党课，宣讲中共二十大精神。全年共开展集中学习6次，各党支部各开展5次。旗帜鲜明讲政治，督促各党支部落实周二集中学习及周五学习制度，将集中学习与个人自学、线上学习与线下学习相结合，及时跟进学习党的最新理论成果，教育引导广大党员干部深刻领悟“两个确立”的决定性意义，不断增强“四个意识”、坚定“四个自信”、做到“两个维护”。严格贯彻民主集中制，共召开党委、支队长办公、改革领导组会议30次。督促各党支部落实“三会一课”、主题党日等制度，及时完成党委更名、党支部调整组建以及民主评议党员、党组织书记抓基层党建述职述责述廉评议考核等工作，积极开展纪念中国共产党成立101周年活动，选派职工参加省总队“喜迎二十大·建功新时代”诵读红色经典活动。

【党风廉政建设】严格执行《党委落实全面从严治党主体责任规定》，与各党支部临时负责人签订《党风廉政建设第一责任人责任清单》，层层压实责任。充分履行党委对意识形态工作的全面领导责任，适时开展分析研判，牢牢把握意识形态工作领导权。严格落实领导干部下基层调研制度，及时督导检查阶段工作落实情况；多场合强调并督查工作纪律和劳动纪律，扎实开展纪律作风整顿工作，纪律作风建设不断加强。深入贯彻落实中央八项规定精神，针对办公用房配备、公务车辆管理等关键领域环境，开展专项督查，深入挖掘查找“四风”问题。切实加强纪律教育和一线执法人员依法执法教育，通过学习研讨、集体廉政谈话、警示教育、督导检查、志愿服务、节前廉政提醒等，全力推进清廉高速执法建设。

（周海燕）

山西省高速公路综合行政执法总队大同支队

2022年，在省厅党组和总队党委坚强领导下，山西省高速公路综合行政执法总队大同支队（以下简称大同支队）坚决贯彻落实省厅、省总队决策部署，锚定总队提出的“一年打基础、三年上台阶、五年创一流”的目标任务，团结带领广大干部职工，攻坚克难、守正创新、踔厉奋发、勇毅前行，全方位推动支队各项工作高质量发展。

【做好综合执法工作】2022年，大同支队累计巡查里程125964公里；出动车次978台次；出动人员3060人次；共开展路政执法专项检查13次；开展治超专项执法检查37次；开展超限检测督导指导46次；开展运政执法专项检查27次；开展建设和养护工程质量安全监督执法检查5次；配合交通事故处置4起；参与处置突发事件8起；开展纾困解难便民服务102次。一是搞好协调，挂牌进驻。2022年2月底，通过沟通、协商等基础性工作，先后与大同南、北高速公司召开业务协作联席会议，并展开业务协作对接及路内执法办公场所等事项协商。一、二、三、五、六、七大队外勤组先后挂牌。3月，一、二、三、五、六大队外勤组进驻值班。大同支队积极与悦达京大高速公司协调，12月，四大队进驻执法。进驻后，各大队外勤组迅速熟悉路网运行业务，调查路产档案，建立相关台账，开展执法巡查。二是加强协作，多方联动。经过采取多次讨论、研究、征求意见等办法，支队、各大队与大同高速公路南、北公司及所属路网、路产、隧道管理及超限检测等相关部门相继联合制订业务协作方案和业务协作联席会议制度。与大同北公司和高速交警二支队召开联席会议，加强协作，联合巡查，联合执法，形成一路三方联合协作执法模式。全年，支队与高速公司及交警共召开协作联席会议6次，开展联合行动3次；大队与高速公司所属单位召开协作会议28次，开展联合行动137次。三是创新举措，破解难题。支队新领导班子组建后，针对执法人员年龄偏大、办案能力不足现状，经充分调研论证，采取“因地制宜多措并举，‘三驾马车’齐头并进”工作举措，破解大同支队开展执法工作的难题。成立“一队两组”一个联合执法队，两个大队与市交通运输局综合执法队和高速交警联合执法，形成声势，扩大影响，产生效果。对内成立一个协助各大队执法办案组和一个高速养护工程质量安全执法办案组，打消各大队办案难的顾虑，打破制约支队执法办案的“瓶颈”。同时，要求一个大队保证办理一个高质量、有影响的案件。各大队加强执法巡查检查，加大办案力度，短短一个月，全支队办理路政、运政、超限处罚案件21起，罚款7.2万元，办案的力度和效果，处于全系统领先位置。四是担当作为，知难而进。支队多次与悦达京大高速公司沟通协调，在开展经营性高速公路综合行政执法上取得“破冰”成效。双方建立联席会议制度和业务协作机制，12月，四大队与企业人员开展联合执法巡查，开辟全系统与经营性高速公路企业联合执法的先河。支队与辖区内高速公路公司、高速交警逐步形成协作、联动、高效的合作局面，将辖区高速公路建设成为联动路、共建路和高质量发展路。五是保通保畅，不辱使命。大同支队肩负着省保通保畅第二督导组督导重任。按照保通保畅工作要求，支队抽调精兵强将服从大局、顶住压力，冒着风险、主动出击，出动227车次，1373人次，发现问题66个并及时督导得到解决，完成保通保畅工作重任。

【推进党建见成效】一是在政治引领上发力，立场坚定，旗帜鲜明。坚持每周二、五政治理论学习不动摇，组织干部职工全面学习中共十九大、十九届历次全会精神和二十大精神、习近平新时代中国特色社会主义思想与习近平考察调研山西重要指示批示精神等。充分用好“学习强国”、“好干部在线”和“山西交通在线”等平台，常态化开展政治理论和业务学习，全支队形成学理论钻业务良好氛围。广大干部职工深刻领悟“两个确立”的决定性意义，增强“四个意识”、坚定“四个自信”、做到“两个维护”。二是在组织建设上发力，建强组织，理顺关系。在市委组织部和总队党委关怀领导下，完成支队党委更名，撤销原执法局14个基层党支部，组建9个基层党支部，理顺支队所有党员组织关系。精心策划、凝聚共识、严格程序、严肃纪律，2022年12月19日，召开中国共产党山西省高速公路综合行政执法总队大同支队委员会第一次党员大会，选举成立新一届党委。三是在纪律作风上发力，从严治党，压实责任。严格贯彻执行《党委(党组)落实全面从严治党主体责任规定》，及时召开党建和党风廉政建设会议，对全年党风廉政工作进行全面部署。签订责任清单，压实主体责任；签订党风廉政责任书，推动全面从严治党向基层延伸、压力向基层传导。同时，各党支部深入开展纪律作风整顿，党员干部认真查找纪律作风存在的问题，剖析原因，制订措施，迎头追赶。全年共开展警示教育6次，签订廉政承诺书90余份，开展廉政提醒6次，处置问题线索2件。

【抓好安全稳定工作】一是深入学习习近平总书记安全稳定重要论述，大力开展交通运输安全生产专项整治“三年行动”和“大检查大整治大提升”专项行动。二是全面落实省交通运输厅、总队安委会精神，支队上下令行禁止，警钟长鸣，狠抓落实，防微杜渐，做到万无一失。三是全力做好矛盾风险及时化解工作，扎实做好节假日期间消防安全、应急值班和平安建设的组织领导，特别是中共二十大召开期间，深入细致地开展安保维稳和矛盾排查化解，重点加大对公路水路护路联防、反恐防范、扫黑除恶、“扫黄打非”工作力度，对单位苗头性、不稳定因素做好耐心细致工作，没有发生矛盾激化和越级上访事件。

【夯实基础工作】一是分解目标任务责任到人，围绕年度目标责任考核、信息编报、保密管理、政务公开和协同办公平台管理等工作，各科室对号入座、分解到人，建立台账，明确职责、提升效率，推动综合管理上档次上水平。二是加强信息化建设，做到专人管理、专人维护，没有发生任何网络安全事故。三是完成支队机关、一大队和六大队标志标识建设，改善机关办公环境，定制执法公文包、档案盒、信封、便签、水杯等，展示新形象，塑造新风貌。

（昝成继）

山西省高速公路综合行政执法总队朔州支队

2022年，在省厅党组和总队党委坚强领导下，山西省高速公路综合行政执法总队朔州支队（以下简称朔州支队）坚决贯彻落实省厅、省总队决策部署，攻坚克难、守正创新、踔厉奋发、勇毅前行，推动各项工作高质量发展。

【推进业务工作】一是扎实开展路政巡查工作。有序做好执法职责承接，率先建立完善路产设施信息台账，严格按照总队执法业务流程指引开展工作。全年累计出动执法人员1134人次，出动车辆424车次，路面巡查里程83953.09公里，巡查率46.67%；累计开展专项执法检查265次，依法办结案件22件，配合相关单位处置交通事故10起。二是加强专项执法检查。全面开展养护工程监督、客运经营整治等各类专项执法检查。针对山西交控养护集团养护施工安全主体责任落实不到位问题，开出全省首张高速公路养护工程罚单。9月，联合驻地市县两级交通运输综合执法机构在进出朔州各高速路口共同开展为期一个月的打击非法从事出租汽车经营行为专项行动，利用高速公路通行大数据精准摸排比对违法经营客运车辆，查获违法经营行为8起。三是建立健全协作机制。与高速公路运营企业及高速交警召开业务协作联席会议3次，联合印发业务协作方案和业务联席会议制度。各大队与辖区协作单位共召开协作会议14次，开展联合行动32次，进一步强化在联合巡查、联合执法、跨区域信息共享、应急处置保障等方面的协作，形成监管合力。

【服务民生和社会发展】一是彰显“执法为民”理念。坚持以人民为中心的发展思想，认真把握执法工作定位，寓执法与服务之中。结合执法中心工作开展纾困解难便民服务34次，体现政法权威，彰显执法温度，受到货主和司机高度赞扬。二是落实保通保畅职责。在市保通保畅办的积极配合协调下，督导解决问题147个，督办、转办问题16个，为保障辖区货运物流畅通和群众正常生活发挥积极作用。三是抓好抓实执法领域突出问题后续整治。配合省厅对交通运输执法领域突出问题专项整治遗留问题和“12328”“12345”移交的突出问题进行进一步梳理，对督导发现的问题加力加压解决，尤其是针对武汉斑马科技有限公司朔州分公司6辆汽油车无法办理营运手续一事，加强督促协调，为上述车辆办理营运手续，及时解决群众“急难愁盼”问题。

【做好“四基四化”建设】一是加强执法能力建设。先后开展“执法业务大讲堂”4次，参加各类线上学习、线下培训20余次。并采取组织业务骨干讲解法律法规、流程指引及典型案例方式，交流学习执法中遇到的问题。加强实操技能培训，组织开展执法全过程现场训练5次，多次跟班市交通综合执法队、高速公路路网保障大队现场观摩学习。开展队列、交通指挥手势训练20余次，落实着装规范、用语规范、内务规范要求，执法队伍风纪风貌得到有效转变。二是推进执法场所标准化建设。落实交通运输行政执法形象建设规范要求，统一机关和基层执法大队标识标志、场所外观、办公环境等。各大队外勤组全部完成挂牌进驻，执法装备、安全防护装备等执法执勤装备全部配备，办公设施、食堂、宿舍等基础设施日益完备，基本具备办公条件。三是狠抓法治建设。强化法制宣传教育，积极开展“八五”普法工作，建立普法清单，利用“路政宣传月”、“安全生产宣传月”、“12·4”国家宪法日等大力宣传国家及交通运输行业有关法律法规。领导带头学法用法，全年共组织专题学法19次，制订相关制度和流程性规定14项，营造学法尊法用法守法浓厚氛围。

【坚定扛起管党治党政治职责】 一是抓牢思想政治建设。为干部职工统一购买《习近平谈治国理政》第四卷和中共二十大精神系列用书。全年理论学习中心组集中学习17次，各党支部集中学习262次，开展专题研讨8次，认真学习习近平新时代中国特色社会主义思想、习近平总书记考察调研山西重要指示精神和习近平总书记关于安全生产、交通运输的重要论述，及时跟进学习习近平总书记最新重要讲话精神。扎实做好中共二十大精神学习宣传贯彻工作，组织开展“喜迎二十大，奋进新征程”纪念中国共产党成立101周年主题活动。二是抓实班子队伍建设。严格落实党内政治生活有关规定，认真召开民主生活会，带头参加所在党支部组织生活会，严肃开展批评与自我批评，按规定报告个人有关事项。严格落实民主集中制，制订完善《“三重一大”决策制度》《党委会议工作规则》《支队长办公会议工作规则》等制度，全年召开改革领导组（扩大）会15次、支队长办公会3次，研究重大事项46项，推动解决重大问题24个。三是全面强化组织建设。召开党员大会，选举产生朔州支队党的委员会，启动支部委员会换届工作。落实基层党组织书记抓基层党建工作述职和述责述廉制度，全年共开展支部书记专项述职2次。深化基层党组织标准化规范化建设，召开专题推进会，选树一个试点，探索“互联网+”党建机制，运用“三晋先锋”平台全面推广线上党费收缴和线上“三会一课”。四是抓好精神文明建设和工会群团工作。践行社会主义核心价值观，发挥党员先锋模范作用，下沉社区参与文明交通、整治环境卫生志愿服务，全年服务时长达440小时。设立完善“党员活动室”“妈咪小屋”“职工书屋”“职工活动室”等场所设施，申报省级文明单位。支队先后被评为朔州市2020—2021年度精神文明创建先进典型和市级首批社会主义核心价值观建设示范点。

【深入推进清廉高速执法建设】 一是健全监督体系。成立领导小组，配齐各党支部纪检委员。制订《贯彻落实中央八项规定精神的实施细则》与《党员和领导干部操办婚丧喜庆事宜规定》党的建设类2项和《行政执法全过程记录制度》《行政执法督导检查制度》等行政执法类15项工作制度，研究起草履职风险防范手册。强化执法监督检查和风纪纠察，推进各类监督贯通协调。二是强化党风廉政建设。开展党规党纪教育，全年开展廉政学习4次，认真学习《中国共产党党内监督条例》《中国共产党廉洁自律准则》等内容。强化警示教育，紧盯重要节日节点开展廉政提醒，发布廉政信息6条，观看《零容忍》5次，召开廉政警示教育会3次，与各大队、各科室新任负责人进行廉政谈话2次。推进监督责任落实，支队党委、各支部层层签订党风廉政建设责任书，每位党员向所在支部作出廉政承诺，明确责任边界、细化责任清单。三是强化纪律作风建设。召开纪律作风整顿专项会议2次，针对查摆出的5方面19个问题，坚持“当下改”和“长久立”相结合，目前已整改16个，主动担当意识不够强、创新意识不够、理论学习流于形式3个问题需要长期坚持整改，通过健全党的建设类1项、行政管理类6项、干部人事类3项规章制度形成长效机制。全年未发生因违法违纪被党纪政务处分和约谈函询的情况。

（田向刚）

山西省高速公路综合行政执法总队忻州支队

2022年，山西省高速公路综合行政执法总队忻州支队（以下简称忻州支队）认真贯彻落实厅党组、省总队工作会议部署，各项工作再上新台阶。

【坚持学习为先，提高政治能力】 坚定深入学习习近平总书记系列重要讲话精神及中共二十大精神,不断提高政治判断力、政治领悟力、政治执行力,深刻认识“两个确立”的决定性意义,增强“四个意识”、坚定“四个自信”、做到“两个维护”。扎实推进党组织“第一议题”学习制度,认真抓好二十大精神学习宣传贯彻,积极开展党委理论学习中心组学习12次,支部学习51次。以“书记讲党课”“专题党课”“专题宣讲”“学习研讨”等方式,借助“山西交通在线”“学习强国”学习平台、“业务执法平台”线上平台,全覆盖、多频次开展学习活动,切实统一认识行动。

【坚持党建引领,强化队伍建设】 坚持以党建统筹全局,严格落实“三会一课”,扎实开展主题党日、组织生活会、民主评议党员、书记讲廉政党课等活动。机关所属支部召开换届选举大会,产生新一届党支部委员会委员。召开第一次党员大会,选举成立忻州支队党委。严格落实党风廉政建设主体责任和班子成员“一岗双责”,扎实开展书记讲廉政党课。加强党建云平台建设,搭载忻州市直工委党建云平台,实现“把组织建到网上、把党员拉到线上、把工作做到群中”目标。积极推进问题整改工作,把巡视巡查和审计问题整改与当前各项工作统筹结合起来,做到“两手抓两促进”,确保整改落实到位。

【深化规范管理,推进基础工作】 一是加强干部管理。对领导干部个人有关事项报告逐一审核、严格把关,个人重大事项如实报告率100%。加强干部人事档案管理,做好离退休人员的管理服务工作,并积极推动岗位设置实施方案有效实施。二是加强财务管理。强化预算管理,强化资产管理,做到账实相符,统筹利用资产,严格按规定对资产进行购置、维护,盘点固定资产,做好报废资产处置工作,确保国有资产安全完整、保值。三是加强风险防控。严格落实安全生产责任制,定期召开季度安委会,做好重要时间节点信访工作,及时整改安全隐患,确保全年安全生产无事故。扎实开展2022年“安全生产月”活动和“路政宣传月”活动,为保持高速公路综合执法工作持续健康发展营造良好的法治环境。四是助力乡村振兴。通过“扶贫832平台”采购工会福利、慰问品等3万余元,有力促进贫困人口稳定脱贫和地区产业持续发展,以实际行动为巩固脱贫攻坚成果贡献力量。五是积极参与文明城市创建。积极开展文明交通宣传劝导服务。

【紧盯突出问题,专项整治成效显著】 一是认真开展交通运输执法领域突出问题专项自查工作。第一时间对整治范围、时间节点工作进行及时安排和部署,取得明显成效。二是积极开展作风纪律整顿活动。对上年度五方面工作查摆出的问题进行“回头看”,对未整改到位的5类18条问题进行整改,逐条逐项销号清零。三是严格落实公路保通保畅主体责任,单位主要领导作为第四督导组成员参与山西省物流保通保畅、农业机械保通保畅以及防汛备汛的督导工作,通过实地查看、座谈会、听取汇报、动态监测等方式督导忻州辖区收费站、服务区、物流寄递企业及交通系统内部单位、高速公路运营公司等部门相关方面工作。

【聚焦主责主业,稳步推进综合执法】 一是路政领域。强化日常巡查,2022年,共开展路面巡查717车次,巡查里程133737.12公里。配合交通事故处置10起,参与处置突发事件4起,发现公路设施损坏隐患25次,联合企业以及交警协作35次。二是治超领域。全年开展超限检测站执法检查共计16次,专项检查开展8次,发现问题4个,已全部整改。按照要求,八个大队各自对辖区收费站、超限检测站,场所外观改造、公示栏监督台更新、高速公路出口治超称重设施改造和联网运行整改工作进展,各项工作预计完成时限,高速公路匝道入口日常运行情况等5个方面进行治超工作调研,并对辖区高速公路超限检测点(治超办公室)进行全覆盖检查,各被检查单位该工作已全部完成。三是路产赔款收缴。按照总队和一处统一安排部署,忻州支队从2022年11月1日至12月底,共办理高速公路路产赔偿89起,收取费用886879.4元,跃居全省前列,其中:忻州高速公司71起698811.4元,山西高速集团大成公司1起9760元,山西交投忻阜公司17起178308元。

【亮点工作】 一是基层党组织建设。2022年1月率先完成16个原执法分局党支部撤销工作,新成立11个党支部,进一步优化基层党组织设置,提高党支部的凝聚力、战斗力、影响力,为加强党的基层组织建设和队伍建设奠定良好基础。二是执法业务工作。六大队办结全系统依法履职以来第一案，而且涉及危化品运输。办案工作得到省总队政策法规处、执法二处高度关注和大力支持，在调查取证、法律适用、文书制作上全方位指导，在提升综合执法素养上全覆盖授业。此案的成功办结，对筑牢“第一道防线”，历练队伍，具有典型意义和示范价值。三是党风廉政建设。支队领导班子坚持把落实党风廉政建设责任制作为重要抓手，统揽担责、清单明责、履职压责，为支队高质量发展保驾护航。注重廉政教育，拓宽教育新载体，利用党委理论中心组、讲党课、支部学习深入开展正反两方面的警示教育，筑牢思想防线，着力打造出党风廉政宣传教育“新常态”的浓厚学习氛围。四是精神文明建设。根据山西省精神文明单位创建要求和考核细则，忻州支队利用原执法分局文明单位数量多、文明单位职工占职工总数一半以上等优势，把文明单位创建工作与日常工作同步推进，进一步创新载体，完善机制，落实措施，转变作风，最终，支队机关和8个大队同享省级精神文明单位荣誉，蝉联全省文明单位，为忻州支队高速公路综合行政执法工作提供强大思想保证、精神动力和舆论支持。五是保通保畅工作。严格落实公路保通保畅主体责任，作为第四督导组主要领导成员全方位参与忻州市物流保通保畅、农业机械保通保畅以及防汛备汛督导工作，协助组长通过实地查看、座谈会、听取汇报、动态监测等方式督导忻州辖区收费站、服务区、物流寄递企业及交通系统内部单位、高速公路运营公司等部门相关方面的工作。还依托大队在“五一”、端午节、中秋节和国庆节期间开展保通保畅工作。对督导中出现的问题及时上报并改进，对亮点工作建议在全省推广应用。六是在全省率先完成与高速公路经营企业及路网运行保障机构的顺畅对接、有序协作、全面履职工作。支队主要领导、分管领导、部分科室负责人2月完成与高速运营公司对接部署会议、执法大队（外勤组）办公用房选址工作和8个大队外勤组揭牌，4月完成与运营公司业务协作方案和联席会议制度会签，依次解决大队外勤组干部职工办公、住宿、就餐等问题，5月已全部具备上路执法条件，外勤组开始轮班值守，为开展综合执法工作奠定坚实基础。

（杨淑娟）

山西省高速公路综合行政执法总队
吕梁支队

2022年，山西省高速公路综合行政执法总队吕梁支队（以下简称吕梁支队）围绕省总队提出的“聚焦执法主业，强化依法行政，巩固拓展改革成果，努力走出一条山西高速公路综合行政执法发展的新路子”的工作总目标，坚持以综合执法业务、基础管理、党风廉政建设为抓手，以强化教育、提升能力、培养人才骨干为依托，统一思想，凝聚共识，全力推动吕梁高速公路综合行政执法事业行稳致远。

【聚焦执法主业做好各项工作】一是主动对接，强化业务协作。深入贯彻落实全省高速公路综合行政执法业务协作对接部署会议精神，在全系统率先开展对接工作，先后与辖区内3家高速运营公司联合出台业务协作联席会议制度和实施方案，并根据实际情况召开4次联席会议，各大队参加10余次“一路三方”协作协调会议，形成高效运转合作机制。二是以学促知，筑牢理论基础。吕梁支队以提升干部职工业务素质和执法能力为切入点，先后组织开展1次军事训练、2次业务培训、3次交流研讨、4次业务公开课，利用微信工作群创造性开展“天天学法”业务能力提升活动；积极组织开展“请进来、走出去”活动，先后邀请法律顾问、原高速路政人员指导解答实践中遇到的困难和问题。11月15日，组织业务骨干赴市交通运输综合执法队，实地学习先进经验和工作方法，着力提升执法人员综合能力。通过一系列学习交流，筑牢理论基础，增强履职干事能动性，比学赶超积极性大幅提升。三是因地制宜，创造特色模式。人员少、力量弱、经费及装备不足等问题严重制约着综合执法业务有效开展。经过充分调研论证，吕梁支队实行更加符合实际的“支队统筹、联勤联动、轮岗交流”执法模式。在新模式下，各大队不断丰富形式，提高工作效率，将综合执法、路保和养护巡查有效结合起来，实现资源整合，最大程度发挥各自职能作用。全年累计巡查635次，巡查里程63265公里，出动执法人员1740余人次，办理路产赔（补）偿案件9起，涉及金额281308元，下达路产修复通知书10余份，办理各类行政案件20起，共计处罚87200元，没收违法所得585元；其中《山西柳林汇丰兴业同德焦煤有限公司占用桥下空间及在公路建筑控制区内修建建筑物案》是吕梁乃至全系统首起拆违案件，拆违占地面积1108.8平方米，建筑面积2000余平方米，有效震慑违法建设行为。通过在实践中不断摸索，逐步形成具有吕梁特色且高效可行的执法模式，综合执法工作的服务、保障、执法等重要职能进一步彰显。四是以点带面，推进专项行动。根据总队部署安排，吕梁支队集中力量、统一进度，在支队范围内协调推进各类专项行动。2月，及时开展执法领域突出问题专项自查工作，坚持统筹推进，既刀刃向内，又敢于监督，先后赴市交通运输局、石楼县进行督导，确保专项自查工作走深走实；4月，积极配合开展公路保通保畅工作，先后深入高速收费站207次、服务区36次、物流及运输企业24家，推动国务院、省政府"两保"决策部署落地生根；根据"平安文明示范高速公路"创建工作安排，调配6名执法人员充实到一、二大队，有效保障创建工作顺利开展；统筹推进路域环境整治专项行动，11月深入到吴城服务区宣传相关法律法规，认真做好专项行动的准备工作。五是以上率下，确保监督实效。采取网上学习、现场教学等方式，不断补短板、强弱项；支队分管领导多次带队深入辖区各高速公路养护作业现场及在建高速项目施工现场开展监督管理和安全监督执法工作；业务科室充分发挥引导、指导作用，统筹各大队推进养护工程质量安全监督工作；各大队大胆探索、积极实践，领导干部自觉带头、深入养护一线，先后办理涉路施工案件3起，被动工作局面逐步打开，整体工作得到上级及运营公司的肯定和认可。六是精益求精，严把法制审核关。吕梁支队着重审核适用法律法规、自由裁量适用、处罚程序合法、执法文书的规范制作等方面，严把各个环节审核关，力争每个处罚案件都合法合规。共审核行政处罚案件5起，占行政处罚总案件的35.7%，其中涉路施工2起，非法营运3起金额总计56000元，上报行政处罚决定执法信息8份。

【强化党的建设】2022年，坚持以习近平新时代中国特色社会主义思想为指导，全面贯彻落实中共二十大、十九大、十九届历次全会精神，紧紧围绕全省高速公路综合行政执法系统党建和党风廉政建设工作会议部署要求，以党的政治建设为统领，持续改进和加强党的领导，不断强化思想理论武装，驰而不息推动党建和党风廉政建设工作取得良好成效。一是持续深化学习教育，坚决捍卫"两个确立"、践行"两个维护"，自觉把握和运用党的百年奋斗历史经验。一年来，中心组共集中学习11次，党支部集中学习111次，开展主题党日活动11次，按季召开专题会议进行意识形态分析研判，重点关注人员思想动态、工作任务衔接、改革发展大局等核心领域，牢牢把稳正确的舆论方向，不断强化对意识形态工作的掌控力。二是持续加强基层组织建设，树牢为民情怀，扎实推动基层党建和党风廉政建设工作整体提质提效。牢固树立"党的一切工作到支部"鲜明导向，及时落实党委更名、支部撤并组建、党员调配等工作；认真学习贯彻《关于推动党史学习教育常态化长效化的意见》，扎实作好党史学习教育总结评估、成效测评等"后半篇文章"；坚持清单式工作方法，将全年党建工作细化为切实可行的具体任务，对照清单逐项销号清零；深化拓展"我为群众办实事"实践活动，组织在职党员进社区报到，主动亮身份、明职责、作承诺，结合文明城市创建活动、社区党建、帮扶救助、卫生清理、文明劝导等志愿服务，努力让周边群众感受到吕梁高速执法的"温度"。三是持续完善体制机制，强化警示教育，深入推进全面从严治党责任落地见效。支队党委将纪律作风整顿工作与"清廉机关"创建有机结合，聚焦问题导向，以抓实"七个一""十个一"规定动作为载体，着力促进支队转作风、促担当、提标杆、创一流，签订《大队、科室党风廉政建设第一责任人责任清单》11份，《党员干部廉政承诺书》57份，开展警示教育4次，着力推动主体责任层层传导。

【基础管理打开新局面】 一是人事管理进一步规范。按照岗位设置工作要求，成立岗位设置领导组，制订《岗位设置实施方案》，科学合理设置工作岗位。按规定为全体退休人员订阅报纸杂志，及时组织开展体检及重阳节慰问等工作。二是财务管理进一步加强。完善内控制度，强化内控管理，提升整体水平，按要求对原14个基层分局组织开展领导干部离任经济责任审计；全面规范财务管理，严格把控预算支出进度，按时上报预算执行情况，确保全年预算支出率达标合格。三是法治建设有序推进。按照“八五”普法要求，坚持在中心组和党员干部集体学习中穿插法律知识；积极开展“路政宣传月活动”，先后出动人员53人次，发放资料5000余份；以“美好生活·民法典相伴”为主题深入社区、学校开展民法宣传活动；结合综合执法，通过吕梁电视台现场报道、以案释法、执法人员进演播室普法等多种形式和渠道，开展行政执法宣传教育。

【安全生产形势持续稳定】 加强组织领导，健全责任体系。严格落实“一岗双责”安全责任制，围绕创建“零事故”单位总体目标，不断深化安全生产专项整治三年行动和综合治理工作。支队先后召开4次安委会全体会议和12次安全生产，认真做好安全生产工作，实现支队安全形势稳定向好。加强宣传教育，提高安全意识。组织干部职工学习省厅和总队安委会议精神，同时依托“山西交通在线”学习平台，积极开展交通安全宣传和从业人员安全知识培训，进一步引导干部职工树立预防为主、防微杜渐的正确思想。

（宋　文）

山西省高速公路综合行政执法总队晋中支队

2022年，在省厅和省总队坚强领导下，山西省高速公路综合行政执法总队晋中支队（以下简称晋中支队）干部职工以政治建设为统领，以党建工作为引领，深化执法改革，强化执法主业，完成年度目标任务，晋中高速执法事业高质量发展实现强势开局，呈现出“党委坚强有力、班子团结务实、队伍风清气正、工作争先进位”崭新局面。2022年，经党中央批准，司法部主办，被表彰为首批“全国行政执法先进集体”；“五型”党建经验被市直工委评为“优秀党建品牌”在全市交流；在全省高速公路综合行政执法系统年度目标责任考核中位列第一，被总队评为“2022年度优秀支队”。

【依法履职，联动协作】 落实总队业务对接协作要求，先后与辖区5个高速公司、高速交警六支队签订《业务协作机制》，构建业务协同、信息共享、齐抓共管、优势互补业务协作新格局。按照总队上路执法安排，常态化对执法区域“五条七段”高速公路开展巡查执法，累计开展路面巡查1327次，出动执法车辆1327台次，出动执法人员3782人次，路面巡查总里程13.97万公里；累计下达违法行为通知书16份、责令整改违法行为通知书16份、路产修复通知书2份；累计办结行政处罚案件14件、处罚金额1.6万元、移送案件1件、行政检查案件2件。累计处理路赔案件46件、赔（补）偿金额68万元；组织高速公路养护工程质量安全监督执法检查、高速公路路域环境整治执法检查、高速公路治超监督执法检查、高速公路“打非治违”执法检查“四个专项行动”，实施专项执法检查95次。配合总队开展专项督导检查10余项。组织案卷评查2次，全支队办案覆盖率达100%、结案率达100%、案件评查率达100%。

【强化学习，注重教育】 坚持用习近平新时代中国特色社会主义思想凝心铸魂，紧跟党中央和省委部署，组织中共十九届六中全会精神、习近平总书记考察调研山西重要指示精神专题学习，将学习贯彻中共二十大精神作为首要政治任务，定计划、出方案、抓学习，统一思想、统一意志、统一行动，推动二十大精神入脑入心、走深走实。全年举行党委中心组学习21次、专题研讨4次，各党支部组织政治理论学习60余次。厅领导、驻厅纪检监察组领导到支队宣讲和调研工作4人次。持续开展执法队伍素质能力提升三年行动，采取专业培训学、线上线下学、考试答卷学、案卷评查学、现场实操学、外出观摩学“六学联动”，组织全员集中培训、业务骨干轮流讲学、执法业务知识竞赛等66次，参学2000人次，举办“道德讲堂”4次，聘请执法业务专家专题讲座3次，选派20名业务骨干参加总队执法业务培训、省政务大厅超限业务办案实操演示。

【深化改革，完善机制】 坚持做好改革“后半篇文章”，及时完成6个大队外勤组揭牌进驻，在全系统率先启动执勤备勤工作。有序推进“四基四化”建设，支队机关及2个试点大队的执法标识规范化建设如期完成。重构制度体系，完成8大类55项管理制度起草工作。组织修订行政管理、党群工作、执法业务、执法风纪规章制度124项，印发施行工作规则18项、行政管理制度12项，启用新编支部工作台账。建立高速执法规范化长效机制15类34项。开展“路政宣传月”等法治宣传系列活动，广泛宣传交通运输政策法规，展出宣传版面22块，分发宣传资料5130余份，接受群众咨询669人次，组织编发《路政治超法制宣传册》500册、《运政法制宣传册》500册。加大宣传报道力度，在《中国交通报》、《山西日报》、中国交通新闻网、中国交通在线等媒体发表21篇报道，彰显高速执法行业的影响力和知名度。一年中，广大干部职工下大力气打基础、利长远、促发展，基础管理、行业形象和队伍面貌得到明显提升。

【扛牢责任，守牢阵地】 坚决贯彻习近平总书记关于安全生产重要指示精神，坚持安全发展理念，持续开展安全生产专项整治三年行动、安全生产大检查大整治大提升专项行动、安全生产执法监督活动、安全生产月活动，统筹落实安全管理、信访工作、应急防范、值班值守、防汛防灾等工作，召开安委会5次、安全生产专题会4次、信访专题会2次，全力查隐患、治难点、迎盛会、保平安，确保全年安全“零风险”“零事故”，保持总体安全稳定态势。

【固本强基，凝心聚力】 党委坚决扛起全面从严治党政治责任，坚持和加强党的全面领导，召开第一次党员大会，选举产生第一届党委委员会，调整班子成员分工，优化27个议事协调机构。认真执行民主集中制，召开改革领导组会23次、党委会9次、专题会6次，研究“三重一大”议题15项。坚持党管意识形态不动摇，力保全支队意识形态形势总体平稳。积极探索新时代党建融合发展新模式，着力打造学习型、责任型、规范型、服务型、廉洁型、融合型“六型”党建品牌，党建经验入选《晋中市直机关优秀党建品牌资料汇编》在全市交流。持续深化党支部标准化规范化建设，新成立8个党支部，修订编印支部制度、手册、台账、范本共8册。围绕“喜迎二十大、奋进新征程”主题举办“十个一”系列活动。“五星级党员活动室”和“省级文明单位标兵”创建通过验收。持续强化正风肃纪，坚持贯彻落实中央八项规定精神，持续纠“四风”树新风，不断强化党性教育、党风纠治、党纪保障，一体推进“三不腐”。扎实推进清廉高速执法建设，进行廉政集体谈话4次、讲授廉政党课4次，开展警示教育3次，制订廉政风险防控制度13项，重大节点发布廉政提醒4次，全体党员签订廉政承诺书，开展作风纪律督导检查和明察暗访11轮次，推动形成风清气正的政治生态。开展“我为群众办实事”实践活动，慰问困难党员22名、一线党员12名、退休老干部职工34名，解决基层和职工“急难愁盼”实事30项。认真落实市委乡村振兴驻村服务任务，做好乡村治理、产业落地、节日慰问、爱心捐款等工作，受到政府和村民好评。

（王云龙 陈建文）

山西省高速公路综合行政执法总队阳泉支队

2022年，山西省高速公路综合行政执法总队阳泉支队（以下简称阳泉支队）认真贯彻省厅、省总队各项工作部署，紧扣全面工作任务，坚持稳中求进工作总基调，以中共二十大精神为指导，紧扣全方位推动高质量发展的目标要求，聚焦执法主业、省厅“1345”工作矩阵和省总队“1136”工程，强化责任担当、弘扬实干精神，以更新思路、更高标准，推动各项工作再上新台阶。

【强化学习培训，提高理论水平】 按照省厅、省总队部署要求，阳泉支队坚持政治引领、把准政治导向，不断加强党的建设和干部队伍建设。一是坚持学用结合，扎实推进理论学习。研究制订党建工作要点，从7个方面23项要求对全年党建和党风廉政建设工作进行缜密细致安排。开展改革领导组集中学习9次，各党支部集中学习200余次，专题研讨6次。二是强化党支部建设，筑牢战斗堡垒。结合实际扎实开展“三会一课”、道德讲堂、主题党日等活动，运用“学习强国”学习平台、“山西交通在线”学习平台的政治理论学习，不断提升政治素养。三是加强干部队伍建设，激发干事创业活力。加强干部思想教育常态化，建立健全谈心谈话制度，激发干事积极性。加强对干部的考核管理，激发干部干事创业的信心。四是严格落实责任制，牢牢掌握意识形态工作领导权，全年专题研究意识形态工作4次，将意识形态工作融入到中心工作同部署、同落实、同推进。五是提升干部队伍能力素质，组织开展一系列学习、培训、案例实操和军事化训练，实行执法业务学习考试常态化管理，组织开展业务考试10次，答题参与率100%。组织开展《民法典进行时》宣教讲座，开展3次案例实操演练，组织参加省司法厅“执法大讲堂”14期、组织交通运输行政执法业务公开课4次。

【突出重点，扎实开展工作】一是积极推进业务对接协作。根据上级要求，阳泉支队积极与高速公路运营企业（太旧公司）对接，确定一、二、三大队外勤组办公地点和4个临时大队办案点办公地点。出台与高速公路运营企业的业务协作保障机制（试行）和业务协作机制（试行）。支队所属大队与辖区太旧分公司所管的路网、养护等运营企业全部签订协作机制并开展协作配合实施。二是扎实开展业务工作。阳泉辖区管辖里程为322.4公里，共开展路面巡查806车次，巡查里程96476公里，巡查检查出动2069人次，专项执法检查63次。配合交通事故处置20起，参与处置突发事件94起，开展纾困解难便民服务26次，发现公路设施损坏隐患52次，违法情形10起。支队与高速公路运营公司召开协作联席会议4次，各大队联合企业以及交警协作119次。专项行动方面，按要求先后完成辖区内高速公路保通保畅工作、“五一”、端午节、国庆节期间的督导检查，2022年全省交通系统防汛备汛督导检查等工作，用实际行动全力保障辖区内高速公路的安全畅通。阳泉支队全年共查处违法案件3起，行政处罚共4.1万元。其中，三大队率先查处首例未经许可擅自从事客运营运车辆1次。三是扎实开展“路政宣传月”和“安全生产月”活动。以交通运输行政执法十条禁令为内容开展宣誓，签订执法人员廉政承诺书。开展路政宣传月“集中宣传日”活动。设置8个宣传点，印制、发放宣传彩页2600余份，放置大型展板10块，发放扇子、杯子小礼品200余份，为司乘人员送水、送餐150余份，提供法律咨询服务50余次。阳泉电视台新闻频道报道1次，报纸刊登2次，网络发表5次，职工抖音、朋友圈转发30次。实现线上和线下宣传有机融合，营造社会共治共享、全民参与的良好氛围。安全生产月活动。通过主题宣传、消防专题讲座、隐患排查、应急演练等方式，教育干部职工树立“关注安全，关爱生命”发展理念，全面掌握安全防范知识，不断提升岗位安全素养。四是扎实开展“四基四化”建设。支队会同广告公司实地对4个大队驻勤点办公室、场所外观、楼道、外墙、走廊的标志标识、办公环境等进行设计制作，截至年底，试点大队标准化建设任务已完成。

【深化安全生产】严格落实上级关于安全生产的各项决策部署和会议精神，坚持底线思维，切实抓好安全生产各项工作。一是完善安全防范应急预案和安全生产制度等20余项。二是深入开展“交通运输安全生产专项整治三年行动”，落实“四个清单”，强化安全风险管控和隐患治理工作。三是组织开展“三零”单位创建。按照“谁主管、谁负责”的原则，结合各自职能，制订责任清单，推动形成上下协调、条块联动、区域衔接的工作局面。四是抓实抓细信访工作。各级责任人认真做好矛盾纠纷化解工作，最大限度把矛盾化解在基层，切实解决群众困难，确保支队安全稳定。

【夯实基层组织，全面从严治党】一是狠抓政治建设，强化从严治党主体责任。党委书记切实履行党风廉政建设第一责任人职责。将党风廉政建设责任逐一分解落实、责任到人、分工明确，建立党委书记负总责，党委成员“一岗双责”的廉政工作机制，层层签订责任书，全面压实责任。11月11日，召开阳泉支队委员会第一届党员大会，选举产生新一届党委委员3名，随即召开第一届全体会议，选举产生党委书记，明确党委成员分工。坚持民主集中制，落实“三重一大”集体决策制度。组织开展改革领导组集中理论学习9次，安排部署党风廉政建设工作6次。支队党委聚焦党的政治建设，全面提高机关党的建设质量，着力打好“加减乘除”组合拳，开创清廉机关建设新格局。深入开展纪律作风整顿，按照“七个一”活动要求，高标准严要求扎实推进活动开展。二是狠抓廉政教育，强化廉洁自律思想防线。严格落实党委理论中心组学习、“三会一课”、民主评议党员等制度，充分运用“山西交通在线”学习平台、专题培训、党支部书记上党课等形式，开展党员理想信念、党性党风党纪教育，提升党员党性修养。加强廉政警示教育、常敲廉政警钟。全年共组织开展廉政警示教育7次（支队4次，大队3次），廉政提醒6次，监督检查6次（实地检查3次，电话查岗3次）。三是狠抓集中整治，强化规范行为常态长效。加强节假日等重要节点管理，组织开展元旦、春节、清明节、“五一”、端午节、国庆节等节日期间纠“四风”、树新风和违反中央八项规定突出问题廉政提醒和查纠工作，确保节日风清气正。四是狠抓监督管理，强化规矩意识入心践行。严格执行党内监督制度，认真执行党的各项规章制度，积极完善全面从严治党工作体系，做到廉政谈话全覆盖、廉政责任书签订全覆盖。定期开展纪律监督检查，对检查中存在的问题进行督促并及时整改。

【深化文明创建，做好乡村振兴工作】 一是坚持社会主义核心价值观引领，培育时代新人，弘扬时代新风，不间断开展常态化志愿服务，建立志愿服务站点，带领支队职工积极参与志愿服务活动。成立“省级文明单位标兵”工作专班，筹备2022年文明单位验收各项印证资料，统筹做好验收前各项工作。二是加强工会、群团组织建设，成立“高速综合执法青年社团”“青年理论学习小组”，发挥好桥梁纽带作用，凝聚单位力量。三是认真做好脱贫攻坚和乡村振兴有效衔接各项工作。认真贯彻落实好上级各项帮扶政策，加强定点帮扶工作研究。通过领导定期调研、组织参加培训、开展“结对认亲”、职工消费扶贫、返贫动态监测、建立爱心超市等一系列举措，切实加大帮扶力度，为村民排忧解难。

【夯实基础管理，提升管理水平】 认真抓好目标责任考核、政务信息编报、保密管理、政务公开和协同办公平台管理等工作，规范机要保密收发文管理，加强对主机等终端失泄密管理，认真落实省厅和省总队有关信息化管理制度，国产电脑上桌率100%；公文及时查收处理，归档率达100%。开展档案自查自评工作，完成档案归档处置工作。财务管理严格执行“收支两条线”规定，严格执行内控制度，认真做好监管、审批报销、会计核算等基础工作。根据改革工作推进情况，阳泉支队岗位设置及聘用工作已初步完成，建立健全各项人事工作管理制度，实现事业单位人员变动信息台账、编制、工资、社保等业务的动态管理。

（张　鑫）

山西省高速公路综合行政执法总队长治支队

2022年，山西省高速公路综合行政执法总队长治支队（以下简称长治支队）坚持以习近平新时代中国特色社会主义思想为指导，深入学习贯彻中共十九大和二十大精神，认真贯彻落实全省交通运输工作会议和全省高速公路综合行政执法工作会议精神，紧紧围绕总队党委“一年打基础、三年见成效、五年创一流”工作目标，聚焦执法主业，全面依法履职，统筹推进各项重点工作，全力保障辖区高速公路完好、安全和畅通，完成总队下达的各项目标任务。先后获2021年目标责任考核优秀单位、省级文明单位荣誉称号，各项工作迈上新台阶。

【加强党建和党风廉政建设】 政治建设方面，支队党委通过深入学习贯彻中共十九大和二十大精神，不断增强“四个意识”、坚定“四个自信”、做到“两个维护”、捍卫“两个确立”。紧紧围绕中心工作，不断增强班子团结和驾驭工作全局能力。在日常工作中，长治支队领导班子努力做到本职岗位务必尽责，困难面前敢于负责，出现问题勇于担责，始终认真贯彻执行民主集中制，在各类决策过程中做到坦诚相见、开诚布公、精诚合作，营造相互尊重支持、相互补台补位的良好氛围。思想建设方面，严格落实《党组（党委）理论学习中心组学习制度》，坚持党组织书记讲党课，用好“学习强国”“山西交通在线”等学习平台，支队领导积极完成“好干部在线”学习平台专题学习任务，在线率达到100%；定期组织干部职工学习习近平新时代中国特色社会主义思想和中共二十大精神，干部职工参与政治理论学习的主动性和积极性得到全面提升，党员干部队伍“政治三力”得到不断提高。组织建设方面，理顺基层党组织和155名党员的组织关系，明确各党支部临时负责人。各党支部于3月分别召开2021年度组织生活会和民主评议党员工作。通过积极筹备，10月20日召开党员大会，选举产生第一届委员会，党的组织建设得到加强。党风廉政建设方面，紧紧围绕省总队《2022年纪检工作要点》，认真贯彻落实省厅党组和驻厅纪检组工作部署，切实加强清廉高速执法机关建设，制订《党委履行全面从严治党主体责任清单》，与各党支部签订《党风廉政建设目标责任书》，开展“党风廉政宣传教育月”活动；抓住重要节点，紧盯“四风”问题新动向，加强监督执纪工作；深入开展纪律作风整顿，通过分析研判梳理出五个方面15个问题，列出清单和完成时限。各科室、各执法大队及党员干部积极整改存在的问题，整顿取得明显成效；多渠道营造廉洁从政的舆论氛围，在微信工作群及时发布相关政策法规，在重大节假日时间节点发送廉政短信，做到提醒教育同步进行。同时，畅通信访举报渠道，监督举报体系更加完善，有力促进和加强党风廉政建设。

【高速公路综合执法】 坚持“制度机制建设、执法队伍建设、执法案件办理、法制宣传教育”四个并重，统筹推进全面履职，执法巡查实现常态化，全年出动执法车辆835车次，出动执法人员3503人次，巡查里程122760.49公里，除去极端天气等的影响，路面巡查率达到83.7%，占全省第二；开展高速公路建设、养护工程质量与安全，高速公路桥下空间、涵洞、建筑控制区、公路保护区，高速公路服务区大件运输车辆超限超载、客（货）运车辆经营、机动车维修等各类专项执法行动65次；查办各类违法案件15起，不予行政处罚4起，行政处罚11起，处罚金额23700元，占全省结案数65起的17%；开展保通保畅督导99次，对长治辖区17个高速公路超限检测站进行专项督导，综合执法工作初见成效。一是执法制度和机制建设。长治支队与长治高速公路公司、太长高速公路公司先后召开四次联席会议，签署《高速公路综合行政执法业务协作联席会议制度》《高速公路综合行政执法业务协作机制》《高速公路综合行政执法业务协作保障机制》，业务协作工作对接顺畅、有序开展。二是机构改革和执法队伍建设。顺利完成各执法大队外勤组选址、挂牌、建设和人员调配工作。深入开展执法形象提升行动，支队机关和各大队办公环境、职工队伍精神面貌焕然一新，工作作风明显改观，纪律观念明显增强。同时，不断加强执法队伍建设，先后举办四期执法业务培训，累计培训执法人员100余人次，全员开展队列和交通执法手势操的常态化训练，不断提高执法队伍的综合执法素质。三是综合执法重点工作。以案件办理为突破口，全面开展路域环境整治行动，对发现的各类未经许可涉路施工违法行为和交通运政方面的违法行为加大查处力度，消除安全隐患，保障辖区高速公路安全畅通；建立完善辖区高速公路基本信息台账，内容包括收费站点、服务区、治超检测点、桥梁、隧道、涵洞等信息；高度重视物流保通保畅工作，积极组织协调，按照“四不两直”的方式对长治市辖区重点领域、物流保通保畅工作开展督导检查，促进辖区高速公路和物流运输畅通。四是法制宣传教育。组织开展“路政宣传月”“安全生产月”和“宪法宣传周”系列活动。通过进企业、进校园、进社区、进乡村和开展集中宣传日活动，布设展板、悬挂标语、发放宣传资料，取得明显宣传成效。同时，组织一线执法人员参加旁听庭审活动，旁听庭审活动实现制度化和常态化，提高执法人员的综合法治素养。

【做好综合行政管理工作】安全生产方面，全面开展安全隐患排查和整治，及时消除各类隐患；按照《关于做好高速公路路面执法安全工作的通知》要求，明确安全责任分工，编制安全责任清单，做到安全教育和安全提醒的常态化；先后两次组织消防安全培训，提高干部职工的安全意识和相关技能，为各项工作高质量发展提供安全保障。全年未发生安全生产责任事故。信访工作方面，通过召开信访工作专题会议，加大《信访工作条例》宣传贯彻力度·规章制度方面，对涉及党务管理、行政管理、财务资产管理、高速公路综合行政执法管理、干部人事管理和综合治理等55项规章制度进行全面梳理、修改完善并颁布实施，为推进高速公路综合执法工作高质量发展提供制度保障。信息宣传方面，全年编发《长治高速执法信息》53期、工作动态300余篇，在中国交通新闻网、中国交通在线、山西电视台、《山西法制报》、《长治日报》、《山西交通》、《上党晚报》等主流媒体发表宣传稿件60余篇。综合服务保障方面，统筹兼顾，全面加强固定资产管理、执法装备管理、后勤管理、公务用车管理，为支队各项重点工作任务，提供有力保障和良好服务。在工会工作方面，积极做好职工福利、健康体检、老干部慰问、活跃职工文化生活等项工作，充分发挥工会组织桥梁纽带作用。在人事管理方面，完成干部职工正常晋升薪级工资和发放工作、在职和退休人员津补贴自查清理、干部职工各项保险基数调整、岗位设置、退休职工审批、退役军人优待证办理、干部人事档案专项审核“回头看”整改落实和2023年人员申报计划工作。在财务管理方面，完成年度财务决算报表、财务报告、内控报告的编报和2023年预算的编制工作，配合省总队完成原长治交通运输执法局所属县分局领导离任审计工作，配合省交通运输厅完成原长治支队支队长王京会经济责任履行情况审计工作。同时，加强财务审核及内部控制管理力度，加强非税收入的管理，有效地提高预算资金风险防范能力。

【培养法律专业型人才】积极鼓励干部职工参加国家法律职业资格考试。年内，支队职工王晓、郝智敏2人取得国家法律职业资格证书。此前，已有解世峰、郭金、侯林林3人通过此项考试。至此，共有5人取得国家法律职业资格。

【建设综合执法规范化体系】成立案件办理法制审核小组，对重点案件开展法制审核，进行业务指导。同时，还编制综合执法法律文书电子化填写模板，拍摄行政执法规范演示片，将着装规范、单兵装备使用、上岗执法岗前准备、巡查行车、车辆停放、记录仪使用、特殊情况处置、巡查记录移交八个方面内容逐一模拟真实场景进行演练，该演示片下发各大队后，有效提升一线执法人员执法能力。

【丰富职工文化生活】职工白海涛摄影作品获省总队“喜迎二十大、清廉伴我行”摄影书画展优秀作品奖、侯敏获省厅“喜迎二十大、奋进新征程”主题演讲比赛三等奖并代表总队参加省厅文艺会演，受到厅工会和总队工会领导一致好评。

（韩建华）

山西省高速公路综合行政执法总队晋城支队

2022年，山西省高速公路综合行政执法总队晋城支队（以下简称晋城支队）坚持以习近平新时代中国特色社会主义思想为指导，深入贯彻落实中共二十大和习近平总书记视察山西重要讲话重要指示精神，紧紧围绕总队“1136”工程和五个战略基点，实现交通执法工作全面覆盖，与高速交警和高速公路运营企业协作机制全面建立，执法队伍素质能力全面提升，“四基四化”建设扎实推进，党建工作深入开展，完成各项工作任务。被晋城市年度目标责任考核领导小组评为“促进晋城经济社会发展贡献单位”，被山西省关心下一代工作委员会、山西省精神文明建设指导委员会办公室评为“山西省关心下一代工作先进集体”，被山西省精神文明建设指导委员会评为“山西省省级文明单位（标兵）”。

【扛牢政治担当，强化党建和党风廉政建设】一是全面理顺党组织关系。10月28日，召开党员大会，采用无记名投票方式进行选举，产生新一届党委委员。6月，成立机关党支部、退休党员党支部、5个大队党支部共7个党支部，支部成立选举全部完成。支队各级党组织关系全面理顺，为综合执法业务的顺利开展提供坚强组织保障。二是全面加强政治建设。牢固树立执法机关首先是政治机关意识，年初召开党建专题会议，明确主要工作任务，制订具体推进措施。落实党风廉政责任制，与基层7个支部签订全面从严治党责任书。加强意识形态工作，建立意识形态及网络意识形态工作台账，确保意识形态领域安全。加强理论学习，严格落实“第一议题”制度，组织党委理论学习中心组集中学习12次，党支部每周二、五开展集中学习，党委书记讲党课2次，党委委员到党支部联系点讲党课2次；撰写学习中共二十大精神心得体会60余篇，开展二十大精神知识测试，利用“学习强国”、“交通在线教育”平台、“三晋先锋”等网络培训平台开展自学，常态化提高党员干部政治理论素养。三是全面开展纪律作风整顿。制订下发《党委履行全面从严治党主体责任清单》，3月和4月开展“整顿干部作风 优化营商环境”专题警示教育月活动和纪律作风整顿活动。认真开展分析研判，梳理出支队纪律作风整顿问题清单共8项，问题清单已全部销号清零。制订《2022年晋城支队综合行政执法工作要点细化分解表》，细化量化为8类29项具体工作任务，各项任务均已落实。全体干部职工列出自己的问题清单共128条，均已整改到位。认真贯彻落实中央八项规定精神，在元旦、春节、清明节、“五一”、端午节、中秋节、国庆节等节日期间采取微信工作群提醒、节前集体廉政谈话等方式，严防“四风”问题反弹。

【贯彻总队部署，推进依法依规全面履职】一是积极召开辖区协作联席会议。3月底全部完成与辖区5家高速运营企业联席会议制度和业务协作实施方案（试行）的联合发文；5月底，所属5个大队与各自辖区相关单位均签订和实施例会制度、执法协作、联合巡查、信息共享等机制，确保支队执法工作顺利对接。支队、大队与辖区高速公司召开17次业务协作联席会议，为执法工作顺利发展打下坚实基础，全年开展联合巡查、执法等53次行动，切实保障高速公路路网安全通畅运行，稳步树立良好的高速综合行政执法形象。二是持续开展各项执法工作。开展路政领域执法，对巡查中发现的“擅自涉路施工”“在建筑控制区搭建地面构筑物”等36起违法现象进行制止，并责令限期改正违法行为。联合路网保障中队对造成路产损失的车辆进行布控，成功追回路产赔偿款2万余元。自11月起，办理赔补偿案件66起，收缴赔（补）偿费518022.5元。开展运政领域执法，全年共进行运政执法专项检查377次，办理3起运政违法案件。开展道路危险货物运输专项整治工作，对辖区9个高速公路服务区共进行20次专项检查，出动执法车辆20台次，出动执法人员52人次，协调推动高速公路服务区专用停车区等设施设备建设，积极引导危化品运输车辆按规定区域停放并采取合理安全措施；在“五一”、国庆等重大节假日，加大对“两客一危一重”检查力度，维护运输市场秩序。开展治超领域执法，支队与市治超办、各大队与各县治超办建立联络机制，开展高速公路服务区加强大件运输车辆超限专项检查，共办理14起违法超限案件，有力打击违法超限运输行为；对晋城、长晋、晋焦、高新、阳蟒5个高速公路公司34个超限检测场所进行调研，对辖区高速公路超限检测办公室每月实现全覆盖督导，持续保持高速公路超限治理高压态势。开展工程质量领域执法，开展高速公路养护工程质量安全监督执法，分别对晋焦高速天子岭隧道、牛郎河隧道病害处置工程，晋济高速1056公里+200米路面养护工程，长晋高速补画路面标线工程，高陵高速路基路面桥梁专项养护等10项工程现场施工安全进行检查，针对发现的问题提出整改意见；9月28日至10月18日，开展高速公路养护工程安全监督执法专项行动，对辖区五家高速运营企业养护工程安全生产情况进行检查，助力中共二十大胜利召开。积极配合省总队对晋阳高速改扩建工程进行监督检查。对晋阳高速改扩建工程安全风险隐患大排查大整治情况进行检查，抽查一分部的内业资料、申匠枢纽工程、南村枢纽工程和牛王山隧道进口工程的施工现场，指出发现的安全隐患并督促整改。晋城支队累计共出动车辆1368辆次，出动执法人员3292人次，巡查里程113767公里，进行专项检查870次，其中路政专项执法检查184次，治超专项执法检查121次，超限检测监督指导178次，运政执法专项检查377次，建设和养护工程质量安全监督执法检查14次。共发现路政、运政、超限等各类违法行为共36起，当场制止纠正15起，立案查处21起，适用简易程序处罚16起，适用普通程序处罚4起，收缴罚没款共30700元。三是积极推进“四基四化”建设。加强执法场所规范化建设。选取一大队、三大队为规范化建设示范点，建设食堂、浴室、洗衣房、阅览室和健身房，改善办公环境，提升基层执法人员生活质量。提升执法人员业务素质。积极组织法律法规知识学习考试培训教育。组织全体执法人员按时收看省司法厅组织的“行政执法大讲堂”，每日进行模拟答题训练，每月开展一次行政执法法律知识考试，增强执法人员法律素养。加强基层管理制度规范化建设。成立案件办理互助小组，在各大队执法人员办理案件过程中，及时进行指导，对已完结的案件及时进行审核，并及时向总队报送执法信息公示资料，严格执行行政执法三项制度，未发生一起复议诉讼案件。四是开展保通保畅工作。根据省厅《全省公路保通保畅督导工作方案》要求，晋城支队迅速投入工作，及时与晋城市人民政府、晋城市交通运输局进行督导工作对接，认真学习掌握全省公路保通保畅政策，持续开展辖区公路保通保畅督导工作。4月19日以来，共督导高速公路收费站206个次，服务区37次，干线公路检查点8次，货运企业6家，寄递物流企业28家，行业主管部门等4家。保通保畅工作取得成效，晋城市所有县(市、区)保通保畅工作机制及督导工作机制全部建立；通过对寄送物流企业和物流总仓专项督导、上下联动、政策推进，晋城市所有寄送物流企业全部正常运行，晋城市快递物流总仓正式运营，各县(市、区)物流总仓逐步投入运营，全市寄送物流企业运营态势持续向好。

【全面统筹推进，强化工作协调发展】 一是持续抓好安全生产工作。深入学习习近平总书记关于安全生产重要论述，开展安全生产月活动。观看《生命重于泰山》专题片，定期召开安全生产专题会议，分析研判安全形势，推动各项安全生产工作落地落实。积极结合执法工作开展行业执法领域安全生产检查活动，对辖区五家高速运营企业养护工程安全生产情况进行检查。做好元旦、春节、“五一”、清明节、端午节、国庆节、中秋节等时间节点安全生产工作；强化应急值守和信息上报制度，应急期间严格执行24小时值班制度，及时、准确上报信息。参加晋城高速、济晋高速、晋城执法、高速交警、晋城消防救援、晋城医疗救援中心联合举办的晋豫防汛抢险救援实战演练，进一步提高各部门和执法人员协同作战和应急处置能力。二是开展以“守护公路安全、争当服务先锋”为主题的“路政宣传月”活动。在辖区高速公路收费站、服务区、沿路企业设置12个宣传点，出动宣传车12台，发放宣传资料3000余份，悬挂宣传标语16条，出动人员60余人，宣传人员深入客运场站、建设工地、高速公路服务区、收费站等地向司乘人员讲解路政知识、发放宣传单、小礼品，营造浓厚的法治文化氛围。三是稳步推进精神文明建设和创城工作。以春节、元宵节、清明节等中国传统节日和学雷锋月为时间节点，开展“我们的节日”“志愿服务”等系列活动，引导人们在认知传统文化的过程中增进爱党、爱国、爱家乡的情感。赴结对共建社区小区开展志愿服务活动8次，帮助小区居民打扫环境卫生，消除卫生死角。

(丁　亮)

山西省高速公路综合行政执法总队临汾支队

2022年，在省厅、省总队(局)正确领导下，山西省高速公路综合行政执法总队临汾支队(以下简称临汾支队)坚持以习近平新时代中国特色社会主义思想为指导，认真落实全省交通运输工作和省高速公路综合行政执法工作会议精神，牢牢把握稳中求进的总基调，以聚焦执法主业为中心、以完善制度建设为基础、以构建有效顺畅运行机制为重点、以提升队伍综合素质为根本、以强化依法行政为手段、以深入推进执法改革为动力、以发挥党建引领作用为保障，进一步增强责任意识和进取精神，统筹推进党的建设、党风廉政建设、安全维稳及乡村振兴等工作，团结拼搏，开拓进取，强力推进全面依法履职、基础管理、队伍建设，各项中心工作有序推进，为实现全年工作目标任务打下坚实基础。

【做好党建工作】认真学习贯彻落实中共二十大精神、习近平总书记考察调研山西重要指示精神和省第十二次党代会精神，依托纪律作风整顿活动，狠抓从严治党主体责任落实。在着力构建“清廉机关”“清廉高速执法”工作中持续发力。一是聚焦政治领航，深化学习教育。支队党委坚持把强化党的政治建设摆在突出位置，始终保持正确的政治方向。领导班子高度重视政治理论学习，从严制订理论学习中心组学习计划，充分发挥每月1次党委中心组学习带动引领作用和班子成员模范带头作用，在召开专题党委会议前，及时跟进学习习近平总书记最新重要讲话精神，党委委员政治理论水平得到明显提升。积极督促科室、大队党员干部职工通过每周二、五集中学习、专题研讨、个人线上线下自学等方式，持续深入学习中共十九届六中全会精神、省第十二次党代会精神及二十大精神等重要内容。通过撰写学习笔记和心得体会、完善党员个人纪实手册、定期答题测试等，持续强化学习效果，极力做到补钙壮骨。及时组织召开支队高速公路综合行政执法暨党建和党风廉政建设工作会议，对全年工作进行全面安排部署。截至12月底，共组织召开12次主题鲜明的党委中心组学习，开展2次专题研讨交流，班子成员深入基层开展8次“宣讲报告会”。二是强化组织建设，扎紧制度笼子。根据改革要求，积极上报请示市直工委，撤销原21个党支部，成立11个党支部。11月上旬，积极筹备支队党委换届工作，并召开支队第一次党员大会，选举出新一届委员会，党组织的凝聚力和战斗力进一步提升。支队领导班子成员严格落实双重组织生活会制度，及时成立3个督导组全程参与指导各基层党支部专题组织生活会，并以普通党员身份参加所在支部的专题组织生活会。进一步完善支队《党委会议工作规则（试行）》《支队长办公会议工作规则（试行）》《党委理论学习中心组学习制度》及《“三重一大”事项集体决策制度》等制度55项，并多次召开专题会议研究讨论，有力促进班子团结，确保各项工作高效顺利推进。三是加强队伍建设，凝聚工作合力。支队领导班子勇担改革重任，多次召开改革领导组会议，对4个科、8个大队干部职工重新调配，优化资源配置，凝聚工作合力。5月，经请示上报总队党委批复同意后，总队人事教育处对支队4个科长、8个大队长进行任命，并临时兼任支部书记，确保党建工作延续性。8月，总队党委配齐配强支队领导班子，为全支队各项工作注入强劲动力。临汾支队高度重视实战练兵，积极开展督导检查，快速适应职能转变。2022年，在业务对接、保通保畅、防汛备汛、路政宣传及日常路巡、安全维稳、会操训练等工作中，班子成员以上率下、主动作为，全面检验历练综合执法队伍，为有力推动支队发展进步奠定坚实基础。

【强化综合执法业务】一是对接工作如期完成。制订《临汾支队与辖区高速公路运营公司业务对接方案》，成立领导组，全面推动支队和各大队与高速公路经营企业业务尽快有序对接，按时完成各大队外勤组挂牌，执法工作正常开展，由支队三位副支队长和分管的科室人员成立3个工作组，负责对所分管大队设立外勤点办公选址、挂牌、日常办公运行进行协调指导对接，按照支队协调领导组工作部署抓好落实。二是协作局面逐步形成。支队经过多次讨论、研究，征求意见等环节，分别与临汾南、北高速公司和晋中公司联合制订业务协作方案和业务协作联席会议制度，并联合发文。各大队与辖区路网、路产、隧道管理及超限检测等相关部门召开联席会议，联合印发协作方案。3月，与临汾南高速公司、高速交警四支队召开第一次联席会议；8月，与临汾北高速公司、高速交警四支队召开联席会议，初步形成一路三方联合协作的执法模式。三是综合执法工作不断推进。支队下设八个大队，管辖高速公路里程675.9公里，现在除八大队（管辖里程67.2公里）与中交翼侯公司未对接外，其余七个大队（管辖里程608.7公里）都已完成对接，正常开展执法工作。现有从事巡查工作人员81人，实现执法巡查常态化，及时发现查处损害路产路权案件，消除影响公路安全畅通的行为；发现问题及时督促经营企业进行整改。截至12月底，巡查里程154624.8公里，巡查率47.6%。开展路政专项执法检查73次，开展治超专项执法检查53次，开展超限检测监督指导56次，开展运政执法专项检查65次，参与处置突发事件3起，开展纾困解难便民服务20起。四是依法组织开展执法执勤巡查。各大队在巡查过程中对辖区内公路桥梁、隧道、涵洞、公路标志等设施以及服务区、停车区、收费站、超限检测站点等场站进行调查，建立路产信息台账；对建筑控制区、公路用地范围内存在的违法建筑物、非公路标志等违法设施进行排查登记并建立台账；对辖区内涉路施工情况进行摸底。收集各项目许可资料，建立涉路施工监管台账，保障高速公路完好、安全和畅通。对违法超限、大件运输、擅自取土、封控区破坏护坡、损坏公路未及时报告等违法行为共处罚30225元。五是加大对辖区高速公路经营企业超限检测工作进行治超专项监督指导。配合省厅、总队推进高速公路治超称重设施和联网改造工作，临汾支队调研小组制订督导调研方案，明确调研时间和范围，突出工作重点，确立调研具体措施，分别对临汾南、临汾北、晋中分公司、中交翼侯等高速公路37个超限检测场所进行调研，并将调研情况汇总上报。六是全面加强安全生产和应急管理。支队始终将安全生产纳入党委重要议事日程，每季度组织召开安委会会议，定期研究解决安全生产重大问题，组织开展《中华人民共和国安全生产法》的宣传贯彻，制订支队领导班子成员安全生产重点工作任务清单并分工细化。深入开展交通运输安全生产专项整治“三年行动”和“大检查大整治大提升”专项行动。把安全维稳、平安建设摆在头等重要位置抓紧抓实，牢牢守住改革期间底线红线。

【强化法制业务培训】一是组织开展高速公路运政执法业务培训。2月23日，邀请临汾市交通运输综合行政执法队科长郭东平结合实际案例阐述行政处罚法、行政强制法基本概念，对现场笔录等法律文书进行说明讲解，内容精彩丰富、实用性强。总队执法二处科长戴成伟联系自身运政工作实际，从法律条文、执法流程、执法程序风险点等方面分享自身工作经验，授“真经”、传“实招”，机关及各大队业务骨干共38人参加培训。5名人员参加省司法厅组织的执法资格考试。二是组织执法流程说明、规范使用文书等内容业务培训。4月至5月，法制科人员在深入研究、精心筹备基础上，到基层各大队就执法流程说明、规范使用文书等内容进行面对面授课，互动式交流，授课现场解决一线执法人员的疑问，详细讲解执法文书的填制，进一步提升执法业务工作水平和使用各类执法文书的能力。三是以“三项制度”为抓手，统筹推进法制学习培训。全面贯彻落实交通运输《行政执法公示制度》《行政执法全过程记录制度》《行政执法决定法制审核制度》三项制度，学习《交通运输行政执法程序规定》《中华人民共和国行政处罚法》等法律法规，组织对行政执法文书使用管理制度（试行）、山西省高速公路综合行政执法业务流程指引（试行）、执法事项清单等进行学习讨论，研究有关公路技术、养护、标志标线规范、技术标准等业务知识，强化法律意识，提高业务能力，提升执法水平。及时组织观看交通运输安全生产风险警示片及典型事故教育片，持续加强法律法规业务知识和国家安全知识答题测试，强化巩固业务培训效果，为交通运输综合执法改革奠定坚实基础。同时，支队每月组织业务考试并公布线上学习情况综合排名、考试成绩，及时通报执法业务学习情况，并对下一步执法业务学习、考试提出要求，切实抓好执法人员业务学习培训，更好适应新的工作需要。四是发挥机关引领作用，带头落实执法学习长效机制。多次组织机关全体干部职工对《高速公路综合执法系统法治宣传教育第八个五年规划》《交通运输部关于严格规范公正文明执法的意见》《交通运输行政执法禁令》《交通运输行政执法人员职业道德规范》等内容进行学习，树牢为民理念，守好底线，履行好自己的责任。8次组织全体干部职工参加“行政执法大讲堂”并向总队报送参加培训相关情况。五是组织开展“美好生活·民法典相伴”主题宣传活动。结合“八五”普法规划全面实施和每周二、周五学习，深入学习习近平法治思想，特别是习近平总书记关于《中华人民共和国民法典》的重要指示批示精神。通过集体学习、个人自学、研讨交流等多种形式，深刻理解《中华人民共和国民法典》实施的重要意义，并组织干部职工开展集体研讨。

【规范管理执法执纪水平】一是抓好内部执法执纪督导检查。在全支队范围内组织开展严肃风纪常态化督导检查，采用明察暗访、随机抽查等形式，对支队机关、各大队围绕日常管理、规范着装、仪容举止、内务管理、执法用语等内容开展风纪规范现场督导检查，对发现的问题进行现场指出并抓好整改落实，切实发挥督导检查规范与指导、预防与纠错作用，引导执法人员端正态度，严肃执法风纪，锤炼工作作风，实现全支队思想认识、风纪意识、精神状态、规范管理水平和队伍整体形象明显提升。二是扎实开展专项自查工作督导。根据省厅、省总队部署要求，结合工作实际认真谋划，严密部署，扎实推进。同时，在2021年专项整治基础上，于1月28日至30日、2月7日至10日进行专项工作督导。组织专人深入到霍州、洪洞、安泽、曲沃交通运输局、交通运输综合执法队、客运站等相关单位进行实地查看。对总队要求调查落实的7个问题进行汇总上报，完成督导工作。

【完成纪律作风整顿工作】按照省总队党委《山西省高速公路综合行政执法总队纪律作风整顿工作方案》要求，临汾支队党委高度重视，精心组织，强化责任，狠抓落实。一是聚焦政治领航，深化学习教育。积极组织召开2022年纪律作风整顿工作动员会，对扎实开展“七个一”活动进行再动员、再部署，并结合工作实际成立领导组，拓宽抓手，在完成好省总队规定动作“七个一”的基础上，增加特色动作“三个一”，即开展一次道德讲堂、进行一次红色教育、举办一次文体活动。从严从实下发“十个一”重点任务分解表，进一步明确时间节点，责任分工。成立三个督导组，设立意见箱，公开举报电话，层层压实责任，强化压力传导，确保全体干部职工思想统一，行动迅速。精心列出重点学习内容篇目，统一印发学习笔记本，及时督促全体人员撰写学习笔记和心得体会。机关和各大队利用周二、周五集中学习方式，由领导班子成员带头领学习近平总书记关于党风廉政建设重要论述、党章党规党纪、交通运输廉洁执法相关规定等重点内容。特别是支队党委发挥中心组学习引领带动作用，从严制订学习计划，组织5次党委中心组学习，按时上报中心组学习报表。认真对照省纪委《落实中央八项规定精神负面清单》和驻厅纪检组汇编的《警示录》开展2次专题学习，领导班子成员紧紧围绕推进综合执法工作，谈体会、谈认识，达到入脑入心效果。同时，全体党员积极利用“学习强国”“三晋先锋”“山西交通在线”及交通运输模拟练习系统等学习平台，分层次、多渠道强化学习教育，干部职工综合素质和专业能力得到明显提升。二是坚持问题导向，拓展平台载体。紧紧围绕学习提升专项活动、执法领域突出问题专项整治、驻厅纪检组专项检查等，从严对照省总队《落实中央八项规定精神实施细则》、改革期间“六项纪律”，开展专题分析研判会，详细列出问题清单7项、整改清单15项，建立健全问题整改台账，明确整改目标、整改措施、整改责任和完成时限，精准施治、靶向发力。大力开展“清廉机关”宣传建设活动，建立健全工作台账。三个督导组利用2天时间深入八个大队对纪律作风整顿和专题组织生活会进行督导检查，督促严格执行政务值班制度、请销假制度、外出报备制度等，狠抓“六项纪律”的落实。支队长李建勋组织副科级以上党员干部开展深入学习领会习近平总书记考察调研山西重要指示精神的宣讲报告会，领导班子成员深入基层进行8次宣讲。支队长同各科、各大队负责人签订《党建和党风廉政建设责任书》12份，形成一级抓一级，一级对一级负责局面，及时督促各部门真正把全面从严治党责任落实到位，真正做到责任覆盖无盲区。各部门按时上报问题清单台账，全体在职干部职工签订上交廉政承诺书。同时，组织机关全体党员集中观看警示教育片和模范事迹片，通过正反典型教育，使广大党员干部职工接受廉政文化洗礼，自觉拒腐防变，做到廉洁修身。三是坚持统筹兼顾，巩固整顿成果。支队将纪律作风整顿与执法业务学习考试、交通指挥手势操军事化训练、“路政宣传月”活动及货运物流保通保畅、防汛备汛等工作紧密结合起来，多措并举，狠抓落实。支队机关、各大队每周开展一次会操训练，每月通报公示交通模拟练习系统学习情况，定期组织学习考试，全面提升综合素质。

【开展高速路政宣传活动】 5月7日至6月3日，组织开展2022年“守护公路安全、争当服务先锋”路政宣传月活动，印制《中华人民共和国行政强制法》《山西省高速公路管理条例》《山西省高速公路综合行政执法事项清单(2022版)》等7部与高速公路综合行政执法密切相关的法律法规及规范性文件、宣传资料各1000份，宣传绶带50条，横幅15条，展板23块，张贴标语10余条。活动开展以来，临汾支队宣传组通过深入式走访、互动式交流，将最新高速执法政策送进千家万户，共出动执法人员493人次，出动执法车辆86车次，对高速公路公司关停收费站巡查54次；对高速公路关停服务区巡查18次；结合纪律作风整顿，梳理整改问题17个；结合实际开展暖心服务活动1次，走访企业15家、学校2个、现场宣传42余场次。同时，依托“两微一端一抖一网”等新平台推送宣传信息43条，与高速沿线政府领导共同开展入企服务，走进运输企业宣讲路政政策，多家新闻媒体跟踪报道，营造浓厚宣传活动氛围，展示临汾支队执法人员良好形象。

【创新活动载体】 临汾支队机关组织开展《弘扬奉献精神·永葆赤子之心》道德讲堂活动，观看警示教育片《永远在路上·人心向背》，通过学习先进模范和反面典型人物事迹，全体党员心灵受到震撼，灵魂得到洗礼。组织全体党员参观临汾古城公园雕塑艺术馆，进行“重温入党誓词”集体宣誓，自觉接受红色教育，培养爱党爱国情怀。一大队、二大队深入八路军学兵队旧址、《游击队之歌》诞生地——秦家大院重温党的光辉历史，提振精神，鼓舞斗志。三大队集中收看《红船精神》，牢记初心使命，砥砺奋进前行。部分单位组织开展健康向上的文体活动。全支队上下创新形式、丰富内容，红色教育和文体活动为引深纪律作风整顿工作注入活力。同时，在加强干部职工教育监督管理上持续发力，落实意识形态工作责任制，上报落实意识形态工作情况，深入学习传达上级各类文件、会议精神，在清明节、“五一”、国庆节等重要节点，及时转发廉政提醒，营造风清气正、和谐干事的工作氛围。选派1名党员参加市直工委“庆‘七一’、促清廉、展风采”主题演讲比赛。选派1名党员参加省总队党委组织的“喜迎二十大·建功新时代”红色经典诵读活动。支队6名优秀共产党员、1名优秀党务工作者和1个先进基层党组织受到省总队党委表彰奖励，在全支队树立模范榜样。

【发挥工会保障功能】 在2022年“两节”期间，以突出“服务职工，温暖万家”为主题，临汾支队领导带队，亲自把慰问品送到离退休和困难职工家中。同时，受省厅、省总队委托，慰问离休老干部及困难职工贺桂祥、畅瑞丽、杨晓云，分别发放慰问金2000元。7月，为切实维护高温期间广大职工在生产生活过程中的安全和健康，坚持“安全生产、生命至上”宗旨，积极开展形式多样的送清凉活动，为基层一线干部职工购买13340元的藿香正气口服液、花露水、菊花茶、绿豆、白冰糖等防暑用品，现场了解职工存在的困难，此次活动慰问干部职工187人次，涉及9个单位，让广大职工得到组织关怀，激发工作热情。9月，组织广大干部职工积极参加省总队举办的“喜迎二十大、清廉伴我行”书法绘画摄影展活动，袁彦社、郑章有、孙明义3人的书法绘画摄影作品得到省总队领导表扬和称赞。2022年，共走访困难职工及困难遗属33人次，发放救助慰问金19100元。

【扎实开展专项整治】 一是紧抓安全不放松，切实强化安全意识。狠抓安全责任制建设，完善防范制度和应急体系建设，发挥安委会的领导统筹之责，以排查整治为抓手，消除各类安全隐患。切实把安全生产作为当前的头等大事，始终绷紧安全生产之弦，进一步强化工作举措，层层压实责任，大力推进开展安全生产月实施，及时修订临汾支队领导班子安全责任制，切实强化责任分解和覆盖，形成党政“一把手”管全面、其余领导班子成员各自负责分管领域的安全责任格局；支队安委会定期开展专项会议，研究解决部署安全专项工作；组织干部职工集中收看《生命重于泰山》警示教育片，安全生产法律法规宣讲，组织安全生产“大家谈”活动，并印制宣传标语、彩页、展板等资料，进一步提高职工安全意识。三次组织在全支队各科、大队进行安全隐患排查整治行动，建立专项台账，实行整改销号，重点检查机房网络设施，确保不发生网络安全事件。严格落实安全生产责任和管理制度，扎实推进安全隐患排查，确保交通安全、人身安全、经济安全和财产安全，做好信访工作，做好应急值守等工作。二是对高速收费站保通保畅、防汛备汛工作进行督导检查。在省督导办统一指挥下，在临汾市政府及相关职能部门大力支持下，支队、各大队统一思想，严格按照督导调研工作指引，积极配合省保通保畅第十督导组，紧紧围绕22项督导调研内容，身沉一线、连续作战，采取突出重点、主动出击的方式，从驻同厅属各单位到客货运场站、客货运企业，严格按照部颁标准进行核查，主动深入高速收费站、普通国省、县乡干线、寄递物流运输企业等，按同一尺度督导检查保通保畅、防汛备汛等具体工作，通过查验资料、实地督导、随机走访等方式，详细了解实情、掌握情况，发现问题及时反馈，督促立行立改，问题清单及时上报，为全力保障物流畅通，坚决守好临汾阵地、山西阵地积极想办法、谋策略。

（郭　旗）

山西省高速公路综合行政执法总队运城支队

2022年，在省厅党组和省总队党委坚强领导下，山西省高速公路综合行政执法总队运城支队（以下简称运城支队）党委以习近平新时代中国特色社会主义思想为指导，紧紧围绕总队党委“一年打基础、三年见成效、五年创一流”工作部署，制订实施“1277”工作计划（坚持以政治建设为统领，围绕创建一流队伍、一流业绩目标，构建“七个加强、七个推动”工作格局），团结带领全支队干部职工，攻坚克难，锐意进取，较好地完成了目标任务。

【全面从严治党】一是组织建设更加规范。制订出台《党委工作规则》《党委会议工作规则》《党委理论学习中心组学习制度（试行）》等制度，着力构建完备规范的制度体系。持续开展“6+”主题党日活动。组织开展“喜迎二十大 建功新时代”红色经典诵读活动。积极申报创建“五面红旗”示范单位。按要求召开运城支队第一次党员大会，完成党员大会选举工作，党委委员进行工作分工。8个大队党支部全部完成选举。2022年，累计召开改革领导组会议27次。支队领导班子配齐后，召开支队长办公会议11次。支队党委成立后，召开党委会议3次，严格按程序研究讨论“三重一大”等事项和议题，有效保障各项工作顺利推进。二是理论武装更加坚实。严格落实“第一议题”制度，坚决捍卫“两个确立”，不断增强“四个意识”、坚定“四个自信”、做到“两个维护”。全年累计开展理论学习中心组（扩大）学习12次，组织政治理论集体学习37次。持续推动学习常态化制度化。组织开展中共二十大精神专题学习10次，平均每人参加网上培训78.5课时。同时，运城支队及各大队制作中共二十大精神宣传专栏，营造浓厚学习宣传氛围。三是党风廉政建设和精神文明建设不断推进。扎实开展纪律作风整顿行动，梳理出理论学习、工作作风等5方面17个问题并跟踪整改。同各大队、科室签订《党建和党风廉政建设责任书》12份。2022年12月，成立运城支队纪律检查工作领导小组，履行监督责任，并深入8个大队进行专项监督检查，发现7个问题并及时督促整改落实。开展廉政专题学习10次，全员作出廉政承诺，重要节日发布廉政温馨提醒4次。积极开展精神文明创建工作，组织参加12次文明交通劝导和40人次公益服务等文明城市创建活动。管飞被运城市精神文明建设指导委员会表彰为运城市第七届运城助人为乐道德模范提名奖。四是认真落实厅党组巡察反馈意见和驻厅纪检监察组监督检查反馈问题整改工作。针对厅党组巡察一组反馈意见提出的4方面13个问题,制订整改方案,严格落实巡察整改"三清单"制度,明确责任部门、责任人员、整改措施和完成时限。截至年底,13个问题中,6个问题已整改完毕,4个问题支队已经采取相关措施进行整改,后续还需上级政策进一步支持。其余3个问题将持续进行跟踪整改。按照驻厅纪检监察组监督检查要求,针对监督检查出的12个问题,支队切实提高政治站位,分类建立整改台账,细化整改时间和整改目标,逐项对照研究解决,在举一反三上着力,在建章立制上下功夫,12个问题全部整改。

【**强化执法工作**】一是协作联动不断强化。与运城南、北高速运营公司签订《业务协作方案》和《对接工作方案》,召开联席会议3次,积极开展协作。与运城市交通运输综合行政执法队建立协作机制,实现对道路旅客运输非法违规运营和违反公路法律法规行为精准打击与有效治理。同时,建立与高速交警四支队的联络机制,共同保障高速公路完好、安全和畅通。七大队与芮城县陌南镇政府签订"共建共治共享"合作协议,进一步拓宽涉路违法信息收集渠道,开启高速公路综合治理先河。二是执法工作全面铺开。巡查工作有序推进。积极探索内、外联合巡查方式,定期召开业务工作推进会,加强对重点路段、重点区域的治理。全年共巡查高速公路里程129248公里,开展专项执法检查活动352次,其中路政专项执法检查58次、治超专项执法检查137次、运政执法专项检查55次、超限检测监督指导97次,建设和养护工程质量安全监督执法检查5次,切实维护路产路权。办案能力逐步提高。邀请省总队孙瑞光就部分大队办理的案件进行现场指导,组织两次案件查办视频培训,解决实际问题,推动案件进展。支队和一大队按照法定程序举行全系统首次听证会。全年共查办行政处罚案件26起,结案25起,案件数量位居全省前列;开展辖区高速公路服务区机动车维修行业专项检查,对问题企业督促整改;对辖区内的治超站(点)进行全面专项督导调研。全年发现超限检测站点问题9个,提出整改建议7条。全年联合高速公路运营公司共办理路产赔偿43件,共收回路产赔偿款465938元。三是专项行动取得扎实成效。4次下发专项整治行动补充意见,梳理出10项问题全部得到整改。开展安全风险隐患大排查大整治"百日攻坚"专项行动。对8个高速公路服务区及在建高速公路项目建设单位进行专项检查,深入排查安全隐患。开展"路政宣传月"、"安全宣传咨询日"、"12·4"国家宪法日专题宣传等活动,取得良好宣传效果和社会效应。四是法治建设扎实推进。指导各大队规范制作法律文书,健全执法文书领用、保管、上报、备案等制度。规范执法程序,对处罚结果严格审核把关并按规定公示。

【**稳固基础管理**】一是持续加强学习和宣传。坚持每周二政治理论学习,周五业务知识学习。全员完成"学习强国""山西交通在线"学习平台的学习任务。开展执法业务常态化学习,全年举行12次执法平台考试。制订出台《运城支队关于加强宣传报道工作的通知》,全年内网通讯报道上稿415篇,其中,省总队公众号转载37篇。二是基础工作不断夯实。建立完善《执法执勤装备管理制度》《大队食堂管理制度(试行)》等制度,稳步推进各项工作规范化。完成支队岗位设置工作,岗位设置方案获得上级批复。科学编制预算,严格执行预算,把有限资金用在事业发展最需要的地方。细化年度目标责任考核指标,发挥好考核"指挥棒"作用。重视关心下一代和离退休干部职工工作,为职工子女发放学习用品及图书,为退休职工举行光荣退休仪式等。三是"四基四化"建设扎实推进。支队机关和试点大队(三大队、四大队)"四基四化"必建项目均按规定完成,统一全支队文件盒、信封、茶杯等项目。四是持续改善职工工作生活环境。对3个大队基础设施进行维修改造。集中调配办公家具和空调设备,确保各大队实现正常办公;8个大队食堂就餐问题全部解决。完成支队机关餐厅、办公楼窗户改造。五是充分发挥人员正向激励作用。制订出台《运城支队选拔优秀人才方案(试行)》《运城支队编制外人员年度考核暂行办法》,强化结果运用,营造干事创业的良好氛围。

【筑牢安全稳定屏障】一是全年召开5次安委会会议，召开12次安全生产分析研判会，分析总结安全形势，安排部署安全生产各项工作。开展第21个全国“安全生产月”活动和“6·16”安全宣传咨询日活动。坚持安全生产“一月两巡查”制度，安全隐患及时发现并整改到位。二是更换支队网上行为管理器、办公内外网设备、网络线路和SIM电话线路，实现网络稳定运行和升级换代。三是物流保通保畅工作效果明显。按照省厅物流保通保畅工作的要求和任务，深入运城高速收费站、寄递物流企业等站点开展常态化督导检查，着力解决路网堵塞、货车滞留等问题。国庆及中共二十大期间，坚持“日督导日报告”制度，有效缓解高速公路部分路段拥堵状况。

（李　鑫）

山西交通运输2023年鉴

邮政管理

山西省邮政管理局

2022年，全省邮政行业寄递业务量完成13.83亿件；行业业务收入完成128.94亿元(不包括邮政储蓄银行直接营业收入)。其中，快递业务量完成7.1亿件；业务收入完成79.47亿元。

【实现农村寄递物流服务全覆盖纳入2022年山西省民生实事】 山西省两会期间，省委书记蓝佛安(时任省长)代表省政府公开承诺，2022年将集中力量办好12件民生实事，实现农村寄递物流服务全覆盖首次纳入其中。此次纳入民生实事，标志着农村寄递物流服务全覆盖工作已上升至省级战略层面，基本形成由省邮政管理局与省发展和改革委员会联合牵头，省政府统一考核，各级人民政府一体建设的工作格局，将有力推动农村寄递市场繁荣，为畅通城乡循环，助力乡村振兴提供有力支撑。2022年3月，省政府办公厅发布《关于印发2022年省级重点工程项目名单的通知》，明确将山西省农村寄递物流体系建设项目以及太原邮件处理中心项目(太原市)、山西蓝远快递物流园项目(晋城市)、山西中通新建电商快递产业园及包装生产线项目(晋中市)3个快递园区建设纳入2022年省级重点工程项目。各市相继将加快快递业发展纳入政府工作报告，全省行业发展迎来系统性重大利好。

【邮政快递业发展纳入多项高层级规划】 省政府及相关部门先后印发《山西省邮政业发展“十四五”规划》《山西省“十四五”城乡社区服务体系建设规划》《山西省“十四五”推进农业农村现代化规划》《山西省2022年职业技能培训工作方案》等一系列专项规划及方案。结合全省实际，明确邮政快递业完善基础网络建设、提升公共服务水平、推进快递扩容增效、坚持市场多元发展、推动行业数字化转型、加快绿色邮政快递发展、完善行业治理体系、营造良好市场环境、推进治理协同创新9项主要任务；确定寄递枢纽布局建设、城镇小区邮政设施建设改造、拓展快递服务领域、农村三级寄递物流体系建设、产业服务空间拓展、绿色包装工程6个重点项目，提出坚持党的领导、加强组织协调、健全政策支撑体系、加强行业标准建设、优化行业发展环境、提升科技创新水平、加强人才队伍建设7项保障措施。使人民群众就近就便办理和享受到邮政快递基本公共服务。

【“快递+特色农业”项目有力有效助力乡村振兴】 2022年，省邮政管理局引导行业持续打造快递服务现代农业精品项目，培育出运城苹果、吕梁杂粮、清徐老陈醋等三个快递服务现代农业金牌项目和20余个“一市一品”农特产品进城精品项目，拉动消费超过18亿元。其中，运城苹果年度寄销量达到2400.49万件，拉动消费10.38亿元；吕梁杂粮寄销量达1346.2万件，拉动消费4.03亿元；清徐老陈醋寄销量达1063.39万件，拉动消费4.25亿元。巩固脱贫攻坚，助力农民增收和乡村振兴成效明显。

【省邮政管理局获“促进山西经济社会发展重要贡献单位”并连续15年获“省直文明单位标兵”等多项殊荣】 6月2日，省年度目标责任考核领导小组办公室反馈省邮政管理局2021年度目标责任考核等次评定结果，省邮政管理局被评为“促进山西经济社会发展重要贡献单位”，其中党建工作考核获优秀等次。9月27日，省直机关精神文明建设委员会印发通知，省邮政管理局获评“2021年度省直文明单位标兵”称号。这是自2007年以来连续15年保持此项荣誉。2022年3月，省人民政府安全生产委员会办公室、省“扫黄打非”工作领导小组先后通报上年度工作考核结果，省邮政管理局分获安全生产工作优秀等次并连续六年获评“扫黄打非”先进集体荣誉称号。

【省邮政管理系统完成第二轮政治巡察全覆盖】 8月20日，按照省邮政管理局党组部署，第一、第二巡察组分别完成太原、长治、晋城、临汾、运城5个市局和省邮政业安全中心巡察意见反馈工作，顺利完成第二轮第二批政治巡察任务，实现全省邮政管理系统中共十九大期间巡察工作全覆盖。第二轮巡察坚持以习近平新时代中国特色社会主义思想为指导，深入贯彻中共十九大和十九届历次全会精神，全面贯彻巡视巡察工作方针，严格执行《中国共产党巡视工作条例》和省局党组巡察工作实施办法，突出政治巡察，坚持问题导向，紧盯领导班子和“关键少数”，强化“三个聚焦”，综合运用查阅资料、实地走访、问卷调查、个别谈话、受理来信来电来访等方式，主动接受社会监督，对被巡察党组织与领导干部履行政治责任和职责使命情况进行全面政治体检。

【省邮政管理局出席“山西这十年”系列主题发布会介绍新时代全省邮政快递业发展成就】 9月6日上午，省委宣传部举行“山西这十年”系列主题新闻发布会(省交通运输厅专场)。省邮政管理局党组成员、副局长赵光出席发布会并回答记者提问，系统介绍新时代全省邮政快递业主要发展成就。中共十八大以来，全省邮政快递业发展迅速，规模持续扩大，服务网络更加健全，发挥着连接千城百业、联系千家万户、连通线上线下的重要作用，已经成为人民群众美好生活的重要组成部分。一是行业深化改革持续推进；二是行业长期保持快速发展；三是基础服务能力更加高效；四是通政便民利商作用凸显；五是服务乡村振兴有力有效；六是持续发挥应急保通畅功能。

【全省农村寄递物流服务基本实现全覆盖】 截至2022年10月底，全省农村寄递物流服务全覆盖民生实事基本完成，117个县(市、区)的1082个乡镇100%建成快递综合服务站，20356个行政村100%实现通快递、100%实现3个以上品牌快递直投，其中，91个县(市)初步建成农村共配网络，16094个行政村新建快递网点，县、乡、村物流节点基本建成，引导形成“交快”“邮快”“快快”等多种融合发展新模式，农村地区快递服务基本实现全覆盖，城乡循环更加畅通，年内拉动运城苹果、吕梁杂粮、山西老陈醋、长治小米等特色农产品上行销售超5000余万件，拉动产值超18亿元，巩固脱贫攻坚成果、促进乡村振兴作用持续展现。省委、省政府高度重视邮政快递业发展，11月9日至10日，省委书记蓝佛安(时任省长)深入晋中市昔阳、和顺、左权三县宣讲中共二十大精神，调研产业项目建设、巩固脱贫成果和乡村振兴等工作时，专题调研和顺县农村寄递物流服务全覆盖工作，充分肯定民生实事推进成效，明确表示予以支持。副省长贺天才参加。省邮政管理局党组书记、局长秦红保在和顺县陪同调研。调研中，蓝佛安详细询问农村寄递物流发展情况，秦红保现场进行汇报。蓝佛安强调，发展农村寄递物流是民生要事，必须突出邮政快递业的公共服务属性，继续加大财政支持力度，依托“交快”“邮快”“快快”合作等模式，巩固提升农村寄递物流服务质效，推动各类农村公共服务与邮政快递服务网络聚合，有力有效全面深化快递电商高效贯通发展。11月22日，省委书记蓝佛安(时任省长)在省邮政管理局呈报的《关于农村寄递物流服务全覆盖民生实事进展情况的报告》上作出批示。他对省邮政管理局推动农村寄递物流服务全覆盖所做的努力表示肯定，要求进一步研究加快农产品上行措施，畅通农产品进城通道。副省长在批示中表示省邮政管理局大力推动农村寄递物流服务全覆盖民生实事，为畅通城乡循环，释放农村消费潜力，促进乡村振兴做出贡献；希望进一步融入山西发展大局，对接发展规划，实现更高质量发展。

【强化“抓行业必须抓党建”的责任意识，快递行业党组织体系实现全覆盖】 省邮政管理局认真贯彻国家邮政局党组和省委关于推进行业党建工作有关部署要求，根据《关于加强新业态、新就业群体党的建设工作的意见(试行)》精神，持续强化“抓行业必须抓党建”的责任意识，积极发挥监管优势，把党的领导和建设贯穿快递物流行业发展全过程，推动全省11个市全部组建成立快递行业党委。截至2022年底，全省非公有制快递企业党组织58个，覆盖党员513人，快递行业党组织体系初步搭建完成。

【把关心关爱“快递小哥”工作作为重大政治任务，快递员群体合法权益得到有效保障】 认真贯彻落实习近平总书记关爱“快递小哥”指示要求，联合人社、工会、红十字会、团组织等部门在全省持续开展“暖锋行动”“快递从业青年服务月”等专项活动，为快递从业者提供服务与帮助。全省共建成设立快递员爱心驿站、关爱站等服务阵地350个，组织开展快递员免费体检和义诊覆盖3143人次，为快递员提供法律和心理咨询服务覆盖2154人次，推动企业为34389名快递员优先参加工伤保险，快递员荣获省内组织的各项荣誉称号15人次。全年快递从业人员职业技能提升培训6353人，等级评价2388人，通过初级职称评审38人。累计争取到社会各界对快递小哥防寒、保暖等工作生活用品捐赠物资价值670余万元，维护广大快递从业人员的合法权益，切实增强邮政快递从业人员的荣誉感、归属感。

【全省邮政管理系统掀起学习中共二十大热潮】中共二十大召开以来，全省邮政管理系统行业通过各种形式开展学习交流，多方学、仔细悟、广宣传、务实干，迅速掀起学习宣传贯彻中共二十大精神热潮，真正做到学有所思、学有所悟、学有所得。省局党组理论中心组第一时间传达贯彻中共二十大精神，领导班子成员专题研讨学习，省局机关党委坚持每周一组织党员干部集体学习，各市局、各级寄递企业通过支部学习、入企宣讲等形式开展学习活动，推动中共二十大精神迅速在全省邮政快递行业落地生根。

（常　敏）

山西省邮政业安全中心

2022年，山西省邮政业安全中心聚焦“双高拓展年”，贯彻“高质量发展、高效能治理”工作思路，巩固邮政业高质量发展成果，推进邮政业安全监管支撑体系建设，发挥服务支撑保障职能，结合实际，全力推进10项重点工作。

【发挥农村寄递数据服务功能，保障政策精准落实】一是印制《山西省农村寄递物流服务全覆盖文件汇编》。对工作开展以来的各项指导性文件进行汇编印发，加大文件宣传贯彻力度，为推进工作提供有力支持。二是全力支撑全省农村寄递物流全覆盖数据采集工作。深入县级运营企业及村级站点，详细了解共配企业运营及站点系统使用情况，组织省级主要品牌企业召开全省农村寄递物流服务全覆盖数据推进会，协调各品牌快递企业与技术公司开展数据对接，按照“一特色三标准”要求，结合工作实际，逐步建立起支撑有力、稳定高效的数据抓取模型，为准确掌握推进情况提供决策依据，为下行快件精准补贴提供数据支持。

【做好中共二十大安保工作，保障行业稳定运行】一是提高政治站位，强化政治担当。组织全体党员干部集中观看中共二十大开幕会直播，聆听习近平总书记所作报告。党支部书记通过“建功新时代 喜迎二十大——省邮政业安全中心发展的必由之路”专题党课，重温辉煌党史，回顾中心建设发展历程，鼓励青年踔厉奋进。二是全员动员部署，压实主体责任。召开寄递渠道安全和服务保障工作部署会议，制订《党的二十大期间安全服务保障工作方案》，动员中心全体党员干部职工紧密配合、高效衔接，全力做好二十大期间安全服务保障工作。三是做好重点工作，助力行业安全运行。重点做好行业安全保障和运行监测，“绿盾”工程信息系统建设应用和用户申诉受理工作。制订二十大安保期间专项视频巡检方案，将全省9个主要品牌12路北京方向安检机视频纳入重点轮巡，通过双屏联动，早晚班交替，实现日常轮巡及重点轮巡同步，对过机安检、安全生产进行全天候巡查监管。安保工作期间，向省局报告线索33起，涉及7个市局，安全生产隐患6起。做好行业运行数据分析和舆情监测，通过实名制监督管理系统，对全省各品牌企业身份证异常信息和从业人员自寄件信息进行重点监测，监测身份证异常293条，从业人员自寄件27618件，全部移交省局。录制安全生产宣传片，强化行业安全生产教育宣传。受理民生保障“特事特办”6件，切实解决用户“救命药”、生活必需品等寄递需求，全力保障申诉渠道畅通，助力行业平稳运行。

【深化“绿盾”工程建设，增强智慧监管实效】一是深入开展“两联”项目巩固提升工作。采取“一对一”方式对各市局及寄递企业进行线上指导800余次，组织调研组赴晋中、运城2个市局和中通、申通等10家主要品牌企业实地调研12次，就相关问题专项通报省邮政公司，持续解决视频点位在线率、安检机开机率低的问题。二是开展视频联网巡查监管系统覆盖率、在线率专项提升工作。全面梳理全省省、市级分拨中心接入情况，督导未接入的20个分拨中心尽快接入。通过电话、微信、现场督导等方式协调国家局安全中心运维人员，指导市局工作人员和企业技术人员优化视频点位布局，排查设备故障，解决巡查系统无法预览视频的问题，全力保障视频巡检监管系统视频图像正常浏览。截至11月7日，全省共接入省、市级分拨中心及邮政重要网点1521个、摄像头4104个，摄像头在线率为80.2%。三是加强线索处置，提升智慧监管效能。强化线上巡检和线索摸排力度。每天8小时常态化人工盯屏，重点查找企业落实安全生产等问题线索，建立问题线索台账，累计核查526条作业违规事件、4153件过机安检异常快件、32827条身份证异常、11074条从业人员自寄件问题。加强线上巡查线索闭环管理。人工巡检进行报告和移交违规作业线索82条，向省局报告作业违规问题、安检机不开机问题线索649条。四是强化考核管理，全面深化系统应用。召开2022"绿盾"工程信息化建设应用工作视频调度会议，出台《山西省"绿盾"工程应用管理办法》，规定省、市两级"绿盾"工程系统管理、应用和考核等内容。在月通报制度基础上，建立"绿盾"应用情况定期报送制度、工作简报制度。截至年底，印发《全省"绿盾"工程建设和应用情况通报》9期，《山西省"绿盾"工程系统应用工作简报》6期，《关于2022年全省邮政快递企业安检机联网系统运行情况通报》《关于2022年全省邮政快递企业视频联网巡查监管系统运行情况通报》《关于2022年全省邮政快递业实名制监督管理系统运行情况通报》3期和邮政企业《关于2022年10月份"绿盾"工程建设和应用情况的通报》。

【推进行业基础数据采集，服务行业监管工作】一是开展行业基础数据采集工作。印发行业基础数据信息采集方案，向各品牌许可企业、分支机构、末端网点采集14类115项信息，包括基本情况、车辆、人员、设备和路由等信息，建立全省行业基础数据台账。二是开展常态化行业运行监测。定期通过"绿盾"工程监测行业投递量、揽收量、实名量等运行指标和舆情信息，编制行业运行监测专报21期。三是核查许可企业信息。组织人员逐一致电337家许可企业，核查负责人员及地址信息，并建立许可企业联系群。已采集240家企业，12690名从业人员信息。四是完善邮政快递业基础数据信息采集系统，增加"智能快件箱""行政处罚"模块，设计行业基础数据信息采集系统展示页面。

【加强寄递安全综合治理，强化安全风险管控】一是做好"三重"保障任务。利用"绿盾"工程信息系统，做好重大活动寄递渠道安全和服务保障工作。印发重大活动期间寄递渠道安全和服务保障工作方案，抓好北京冬奥会、冬残奥会和业务旺季、春节期间运行监测、应急值守等工作，编发《旺季行业运行信息专报》6期，《党的二十大期间山西省邮政快递业行业运行信息日报》28期。二是完善应急管理体系。修订《山西省邮政业突发事件应急预案》，印发《山西省邮政快递业应急保障队伍建设实施方案》，组织9家省级公司成立本企业应急保障队伍，涉及人员190名、车辆49辆、作业场地22.5万平方米，以及物资储备若干。三是开展安全生产大检查。印发方案确定16项重点任务，配合省局排查整治风险隐患，并指导各市安全中心开展大检查。四是加强辅助执法人员队伍建设。将行业法律法规学习纳入理论学习重点，积极参加国家局、省局组织的相关培训及"行政执法大讲堂"等，着力提升辅助执法人员业务素质和综合执法能力水平。

【加强行业安全宣传教育，助力行业安全运行】一是开展全省行业安检机从业人员培训。开展全省行业安检机从业人员培训，共培训138人次，并发放合格证书。二是开展"安全生产月"活动，加强法律法规宣传教育工作。开展"送法入企"主题宣传教育活动。印制《邮政业安全生产法律法规制度汇编》发放至全省336家许可企业。组织全体人员集体观看《生命重于泰山》警示教育片，学习《中华人民共和国网络安全法》。通过微信公众号开设"安全生产月"专题宣传板块开展法律法规宣传，定期发布安全生产相关法律法规知识、宣传视频，引导企业提升安全生产责任意识，增强从业人员安全意识，遵守安全生产相关法律法规。三是开展业务宣传教育。印制《"绿盾"工程信息系统主要功能应用指南》《三级农村寄递物流宣传指导手册》；拍摄《山西省邮政快递业安全生产宣传片》，通过多渠道、多举措，推进行业安全生产教育。四是开展相关专题培训。开展全省"绿盾"工程信息系统网络和信息化安全专题培训会议，"绿盾"工程信息系统培训视频会议。邀请省网信办信息处专家开展全省系统网络和信息化安全专题培训。开展邮政业消费者申诉处理培训、太原局"12345"工单处理业务培训、太原市快递从业人员投申诉处理技能提升专题培训。五是开展行业宣传工作。政务网站上线运行。中心政务网站是全国第二个上线运行的省级邮政业安全中心网站，主要设置中心动态、通知公告、时政新闻、"绿盾"工程、党的建设、安全管理、申诉动态等板块，可以全方位展示山西省邮政业安全中心建设情况和工作经验。鼓励各市局及安全中心报送信息。印发《关于加强新闻宣传和信息报送工作的通知》，鼓励市邮政管理局、省邮政业安全中心积极报道。截至年底，市局及市安全中心共报送14篇政务信息，其中晋城5篇、太原3篇、大同2篇、阳泉2篇、朔州1篇、运城1篇。公众号共推送894篇，政务信息72篇，涵盖业务工作、党建、政策法规、天气预警、时政新闻等相关内容，其中"省局动态"采纳2篇，省局网站"地市动态"采纳31篇，"国家局邮政业安全中心"采纳38篇。在中共二十大期间，建立专题报道栏目，对相关工作进行专题报道，共更新51次。

【加强申诉服务管理提升，妥善处理用户申诉】一是规范申诉处理流程。增加接诉座席，延长接诉时间，建立申诉处理工作AB岗制度，保障申诉渠道畅通。出台"12345"工单转办流程，厘清申诉中心与各市局工作职责。加强申诉处理人员轮值培训，提高申诉处理工作水平。二是加强与行业监管联动。修改申诉处理与行业监管联动工作的"管理杯"考核指标。加大用户申诉问题线索处置力度，向省局报告线索18条、向企业移送6条。三是提升用户申诉体验。积极推进"12305"语音智能系统项目，开通"12305"信息接入及推送服务功能，提升申诉中心服务功能。截至2022年11月7日，接听用户申诉来电21962件，处理申诉5545件，同比增长31.96%，其中网站申诉1785件，电话申诉2170件，微信平台1488件，局长信箱5件，政务服务平台97件。在已结案的申诉中，有效申诉为542件，无效申诉为5003件。处理"12345"工单2422件。经调解，为用户挽回经济损失约164.37万元，消费者对企业申诉处理满意率为96.3%；对管理部门有效申诉处理满意率为98.93%。

【加强网络舆情动态监测】一是密切监测舆情动态。利用人民众云等舆情监测系统，密切关注主流媒体，聚焦行业舆情热点，广泛搜集舆情热点信息。二是拓宽舆情监测渠道。强化与省网信办联络沟通，与黄河新闻网建立舆情合作机制。三是编制行业运行信息日报、专报。重点关注行业运行数据、舆情动态、申诉问题，专人负责，为行业平稳运行提供数据和信息支撑。截至年底，编制中共二十大期间行业运行信息日报28期；行业运行专报21期，旺季行业运行监测日报21期。

【强化中心建设管理，有效提升工作效能】一是加强党建工作。增选党支部副书记和支部委员。根据省局机关党委批复，党支部增设1名党支部副书记和支部委员。制订印发全面从严治党工作要点、党风廉政工作要点，成立意识形态工作、保密工作领导小组。召开党史学习教育专题民主生活会和2021年度组织生活会，开展民主评议党员。积极迎接省局党组巡察，召开巡察整改专题民主生活会，完成巡察整改工作。召开意识形态工作半年总结会，总结上半年并部署下半年工作。二是加强政治理论学习。深入学习习近平总书记在庆祝中国共产主义青年团成立100周年大会上的重要讲话精神、关于安全生产重要论述和中共十九届六中全会决议。学习习近平总书记在二十届中共中央政治局常委同中外记者见面时的重要讲话精神。视听学习《奋进赶考路》。开展"迎七一""跟党走——喜迎二十大、奋进新征程"等主题党日活动，组织全体党员前往彭真生平暨中共太原支部旧址纪念馆参观学习。截至年底，开展支委会理论中心组学习10次、双周学习17次。三是严格党员干部管理。完成

2021年度干部考核并嘉奖优秀干部。修订劳务派遣用工管理办法、各类假期及考勤办法。完成4名人员招录工作，加强新入职人员管理。组织开展公文专题培训、摄影摄像培训、会商系统和视频巡查监管系统培训。四是开展廉政警示教育。元旦、春节、中秋节、国庆节等重要节日开展廉政警示教育，学习习近平总书记关于意识形态工作重要论述和《省局规范领导干部办理婚丧喜庆事宜的规定》，印发《进一步贯彻落实中央八项规定实施细则》，观看廉政警示教育片《围猎：行贿者说》，微信公众号发布廉政教育内容"节点是干部'四风'的'考点'"。五是加强财务管理。做好预决算公开、财务报告、内控报告、资产年报、2023年预算编报工作。盘点新购固定资产，加强资产管理及内控管理工作。六是推进文明创建。印发精神文明建设要点，组织开展"博爱一日捐""送温暖、献爱心"募捐活动，妇女节、读书月、健身操等活动。七是完成主机房专项整改工作。组织技术公司开展主机房现场排查工作，优化技防线路布局，提升网络稳定率，起草机房管理制度，保障信息系统基础物理环境稳定运行。

（段荣开）

太原市邮政管理局

2022年，太原市邮政管理局按照"服务全领域、激活全要素，打造双高地、畅通双循环"的工作思路，围绕省局党组确定的"双高拓展年"和市局党组确定的"创新能力提升年"目标，全面统筹发展和安全，各项工作取得显著成效。

【牢记领袖嘱托，理论武装头脑，推进从严治党大治理】 一是持续巩固党史学习教育成果。及时召开总结会议，全面总结党史学习教育开展情况。党组理论学习中心组发挥龙头作用，始终坚持"第一议题"制度，组织专题学习10次、交流研讨4次，通学《习近平谈治国理政》第四卷、《百年大党面对面》等规定内容，切实做到学深悟透、学以致用。主要负责人带头讲党课，"关键少数"作用持续凸显。成立青年党员干部理论学习小组，举办两期专题读书班；特邀"新思想在山西"市委宣讲团开展专题宣讲，部署组织"观红色电影+志愿服务"、"强国复兴有我，青春筑梦未来"、参观太原解放纪念馆等活动，大力弘扬伟大建党精神。牢牢把握意识形态领导权，定期总结研判意识形态工作，确保党员干部坚决捍卫"两个确立"，自觉做到"两个维护"，唱响爱党爱国爱社会主义的昂扬旋律。扎实开展"我为群众办实事"实践活动，下大力气推进农村寄递物流服务全覆盖、寄递渠道安全保障、邮政快递市场监管、关心关爱快递员群体等民生实事落地，全力以赴答好新时代民生答卷。各级党组织广泛参与、积极动员、跟进看齐，认真完成规定动作，创新完成自选动作，开展双周学习例会12次、道德讲堂3次。二是全面压实管党治党政治主责。严肃党内政治生活，认真落实"三会一课"、专题民主生活会、组织生活会等制度，完成机关党支部书记调整。持续强化正风肃纪，主要负责人常态化开展作风能力建设警示教育，进一步防范软弱涣散风险。扎实推进模范机关建设，紧跟省局月报制，同步建立工作月动态机制，夯实工作基础，推动重点工作落实。精神文明创建有序深化，联动开展机关、直属事业单位和行业精神文明建设工作，印发文明、双拥简报各4期，连续六年获"文明单位"称号，连续三年获"双拥单位"称号。接受省局党组第一巡察组政治巡察，一体推进巡察整改和巡视整改各项工作。系统开展清廉机关建设工作，召开动员部署会暨廉政专题党课，盯紧重要节点开展廉政教育提醒，狠抓节日廉洁防范；开设"清廉机关卡片时间专栏"，累计发布19期，组织参观"牢记初心使命"党风廉政教育大型主题展等活动，政治生态持续向好。三是有序拓展快递行业非公有制党建阵地。以机关党建带动行业党建，充分发挥快递行业党委作用，成立快递行业治理专项工作组，从织密组织网络、优化服务保障、推动参与行业治理等方面入手"破题"，推进"两个全覆盖"，全市主要品牌企业全部建立党组织，行业党员现有196名，非公有制党建取得重要进展。协调属地"两新"工委，完成顺丰、申通党建示范点的打造；号召机关、各邮政快递企业党组织成立党员先锋队，累计成立30支志愿服务队，425人（86名机关和行业党员、339名从业人员）投入到志愿服务之中，“红色动能”成效明显；发动行业参与“创文明城市 讲太原故事”短视频大赛，制订《2022年太原市邮政公司（营业窗口）服务太原创建全国文明城市实施方案》，局领导带队深入25处邮政窗口现场督导检查，实现创建点位检查全覆盖。

【加强队伍建设，彰显行业担当，锻造善作善成中坚军】一是开创省内行业辅助执法队建设先河。积极向市委市政府请示报告行业发展成绩与困难，注重加强与地方各部门的协调联动，经市政府批准，由市财政保障政府购买劳务派遣人员经费和业务经费，组建成立太原市邮政管理局综合行政辅助执法队，有力加强行业监管力量。制订印发《政府购买劳务派遣人员管理暂行办法》《政府购买劳务派遣人员培训方案》等制度，细化责任分工，选优配强负责人；协调机关事务管理局，解决辅助执法人员办公业务用房；按程序组织完成人员招录、面试、体检、签订合同、入职培训、后勤保障等工作，目前到位40人。二是突出强化干部队伍建设。坚持更严格做好干部选拔任用，修订完善《太原市邮政管理局内设机构、人员编制及主要职责等具体内容》《公务员教育培训管理办法》《关于加强干部队伍建设的实施意见》《太原市邮政管理局各类假期及考勤管理办法》《太原市邮政管理局直属事业单位管理办法》等制度。2022年，到位副职领导2名，领导班子配齐到位，职级晋升干部1名，轮岗干部2名，试用期满转正干部1名，接收转任干部4名，调出干部3名，有效盘活干部资源，梯次结构更加合理。更严格做好领导干部日常监督，完成年度领导干部个人有关事项申报，统筹推进政治巡察、信访监督等工作，完成公务员、事业单位及聘用制人员年度考核，严格做好先进典型选树，好中选优、优中选强，2名干部记三等功，2名干部获年度考核优秀等次。加强对干部的关心关爱，主动作为，将绩效工资纳入市财政预算，积极落实工会福利、保育费、年休假等规定，切实维护党员干部合法权益，进一步激发党员干部干事创业热情。三是巩固提升基础管理建设。新闻宣传紧跟事业发展步伐，官方网站主阵地更加巩固，微信公众号关注度稳步提升，一批凸显深度、紧跟热度的重大题材报道屡次被国家局、省局、市政府官网和邮政快递报等刊登转载，太原电视台、《太原日报》等持续关注行业发展动态，汇聚推动高质量发展的强大精神动力。持续加强机关财务管理工作，落实“过紧日子”要求，强化预算执行和内控管理；发挥双重管理体制优势，成功将局机关纳入市财政预算单位并开设地方零余额账户一个。印发月例会制度、工作简报制度、会务保障管理办法、司勤人员管理办法等制度，切实提高机关行政效能。先后深入辖区16家许可企业、分支机构及智能快件箱运营企业开展统计检查，严格做好统计数据审核上报，全面夯实统计数据分析应用。

【创优发展环境，推动融合提质，迸发转型发展新活力】一是坚持做强规划引领。深度嵌入地方，整合优势资源，实现行业发展与城市发展同频共振，先后推动将农村寄递物流服务全覆盖工作、智能快件箱项目建设、寄递渠道安全和服务保障等邮政快递业发展内容纳入太原市国民经济“十四五”规划、“十四五”现代物流发展规划、“十四五”应急管理体系和本质安全能力建设规划、加快现代服务业发展政策意见、推进服务业提质增效行动计划、贯彻落实《交通强国建设纲要》实施意见、创新提升营商环境加快推进市场主体倍增工程行动方案、扎实稳住经济一揽子政策措施行动计划等重要规划。联合市发展和改革委员会印发《太原市邮政业发展“十四五”规划》，更高站位引领行业发展。省市党政主要领导相继亲临调研，批示肯定发展成绩，增长活力不断涌流，高质量发展积厚成势。二是坚持发展智慧快递。稳步推进智能快件箱项目建设，反复沟通协调市财政局力求实现补贴落地，为快递企业争取到项目补贴250万元。坚持问题导向，打通工作堵点，联合市房产局印发通知，明确要求各物业为智能快递箱建设提供免费用地；积极推动快递用地纳入市国土空间专项规划中，争取项目专属用地。截至年底，全市铺设智能快件箱7666组，完成现阶段建设任务目标，五年总建设进度达到26.81%，网络转运更加高效，辐射发展能力不断增强。三是深化“放管服”改革。持续优化、简化许可核查要点和方式，实现快递企业备案资质全流程网上办理，执法监管更加规范，有效推动邮政快递业市场主体倍增。2022年以来，新增许可企业10家、备案分支机构6家、末端网点231家；全市共有许可企业55家，备案分支机构349家，末端网点2821家，机构总数达3225家。四是构筑关爱快递小哥暖心阵地。积极对接人社局、团市委、总工会等部门，推动落实好职称评审、职业技能培训和鉴定、人才评选表彰、关心慰问等方面的工作。先后开展“冬送温暖、夏送清凉”、单亲困难女职工等慰问活动，为10000余名快递小哥发放电子餐饮消费券，累计慰问金额达153万余元。联合市总工会推进爱心驿站标准化建设，明确市内12个网点开展提档升级改造项目，已完成3个标准化驿站建设并通过省、市总工会检查验收。积极推进基层快递网点优先参加工伤保险工作，全年参加人数达8298人，完成全年任务82.98%。开展首批100名快递从业人员职业技能等级认定考试；推动邮政快递企业开展职业技能提升培训，累计完成培训2265人；开展快递工程技术人员职称评审，首批通过18人，技能人才培养取得重要进展。3人分别获得太原市“喜迎二十大、建功新时代”职工摄影展一、二等奖，行业工会联合会获得优秀组织奖。

【拓展服务深度，规范市场秩序，开辟共建共享新局面】一是实现全市农村寄递物流服务全覆盖。加强全链条全环节督促指导，联合市发展和改革委员会、市财政局召开全市农村寄递物流服务全覆盖工作推进会；发挥县级邮政业安全中心属地作用，共同督导企业加快进度；引导邮政企业和各快递企业在农村地区加大合作力度，加快补齐农村寄递渠道服务短板。联合市发展和改革委员会向市政府争取对标准化站点的市级财政补贴，市财政局拨付市局2022年农村寄递物流服务全覆盖标准化网点专项补贴138万元（每个网点3000元）；同时协调市财政局将农村地区下行快件补贴纳入2023年预算，安排专项资金约200万元。持续跟进运营企业农村寄递物流服务质量，加快推动农村寄递物流体系建设工作，该项工作获得省委民生实事督导组肯定。8月，全市6城区4县（市）636个行政村实现农村寄递物流服务全覆盖，其中426个快递网点实现标准化建设，提前完成任务目标。二是持续提升末端规范服务保障能力。聚焦经营合法化、服务规范化，大力推进末端综合服务站规范管理，集中整治违法违规行为，市场秩序得到进一步改善。提高投诉处置实效，实行挂账督办、销号管理，切实维护消费者的合法权益，满足投诉人合理诉求，全年累计处理“12345”投诉332起，市委社情民意转办件48起，处理省局转办信访件4件。三是不断巩固邮政综合服务保障水平。组织召开全市邮政普遍服务监管工作会，逐季召开政企联席会，安排部署全年重点工作任务。完成《第24届冬季奥林匹克运动会开幕纪念》《中国共产党第二十次全国代表大会》等重大题材纪念邮票发行监督检查。提升信息化监督效能，通过普服监管系统开展例行检查邮政网点174个。合理制订全年执法计划，全力抓好巡视专用信箱寄递保障、党报党刊投递和机要通信监管工作，依法检查64个普服网点（其中乡镇网点27个）、3个投递场所，下发责令改正通知书8份。持续巩固建制村通邮成果，建制村直接通邮率保持100%，投递员App开展投递打卡率达99.97%。“零丢失、零误投”完成高考录取通知书寄递。高质量完成信件、包裹时限测试。优选建制村加快村邮站建设进度，悬挂新村邮站铭牌，补充签订报刊妥投协议，累计建成村邮站50个。邮政综合服务平台建设稳步发展，各类业务叠加经营，普遍服务发展呈现新气象。政邮、警邮、税邮合作区县覆盖率100%，其中，政邮合作寄递量达5.84万件，警邮合作寄递量近25万件，税邮合作寄递量达5.8万件，代征税款近570万元，各项业务数据均创历史新高。四是有力有效服务乡村振兴。积极推动邮政企业服务农村电商发展和特色农产品外销，打造“一市一品”农特产品进城，培育阳曲小米和清徐陈醋两大扶贫项目。2022年以来，阳曲小米实现业务量1.6万件，农产品收入39.95万元。自2021年10月以来（申请服务现代农业金牌项目规定日期），清徐老陈醋业务量达1176.8

万件，完成收入4563.79万元，带动农业产值达6828.3万元。局领导带队深入娄烦县对口帮扶村开展调研慰问，积极探索村民致富新路。五是绿色转型更加鲜明。强化组织领导，大力实施“9917”工程，推进行业节能减排、绿色低碳发展。多次召开生态环保工作推进会，学习宣传相关法律法规。积极对接发展和改革委员会、市场监督管理局等相关部门，开展“绿色产品与绿色认证宣传周”活动，组织各品牌快递企业签订环保倡议书，逐步提升绿色包装比例和应用规模。完成绿色网点、分拨中心建设评价验收工作。持续加大对寄递企业生态环保工作的执法监督检查力度，开展专项检查68人次。截至年底，全市行业采购使用符合标准的包装材料应用比例达93%，规范封装操作比例达94%，邮件快件不再二次包装比例达99%，可循环快递箱（盒）使用量达3.23万个，回收复用瓦楞纸箱达650万个，新能源车辆保有量608辆；全市162个普遍服务网点配置绿色包装回收箱。

【坚持人民至上，强化安全监管，打造综合执法新格局】 一是快递市场安全监管体系更加完善。每日向企业通报存在问题，营造高压态势，采取定期通报、集体约谈、行政处罚等手段，分级分类对监管发现的问题实行闭环管理。结合常态化和重大活动寄递渠道安保特点，打造形成与公安国安检察院联合督导检查、局领导分片包干、工作专班定期检查、市级邮政业安全中心视频巡检、辅助执法队和县级安全中心每日随机检查综合执法新格局。二是稳步推进行业监管信息化。充分运用“绿盾”工程信息系统，加速全市行业安全监控平台建设，对全市9个分拨中心和201个重要网点进行人工巡检，现场指导“绿盾”配套设备安装、安检机设备联网、视频监控摄像头位置选取、点位命名等具体工作，规范各快递企业实名收寄、开箱验视及过机安检基本操作流程，为邮政普遍服务网点分级管理、统计工作、视频监控和行业数字地图等提供技术支撑。截至年底，视频联网巡查监管系统接入企业10家，安检机联网系统接入企业安检机设备14台，通过智能分析发现异常件4901件。完成快递行业配送体系安全调度系统项目立项和绩效评价工作，为项目建设奠定基础。三是安全治理更加严格。妥善做好两会、中共二十大等重大活动寄递渠道安全和服务保障工作，与邮政快递企业签订寄递安全和服务质量承诺书。成立督查检查组，局领导分片包，联合公安、国安、检察院多轮次开展督导检查，压实企业安全生产“三项制度”和“四要素”落实到基层员工。对部分企业落实“三项制度”不严等问题进行行政约谈和立案查处。开展行业安全生产知识专题培训，强化行业安全风险隐患排查整改。妥善做好行业“扫黄打非”、禁毒、反恐、涉枪涉爆、知识产权保护、邮政用品用具监管等工作，发挥好寄递渠道“关卡”和“哨兵”作用。组织协会、辅助执法人员深入顺丰、邮政、京东等品牌企业26个网点开展快递三轮车年审检查工作。太原市寄递物流安全管理在省考评市平安建设中排名一类，1人获“扫黄打非”先进个人称号，3人获全市2020年度安全生产“优秀个人”和“先进个人”称号。2022年以来，累计出动执法检查1526人次，检查企业677家，下达责令改正通知书91份，对各类违法违规行为立案查处17起，共处罚金47.4万元。

（魏胖胖）

大同市邮政管理局

2022年，大同市邮政管理局深入贯彻落实全省邮政管理工作会议精神，对标“双高拓展年”建设要求，统筹发展和安全，推动全市邮政快递业健康、畅通、安全、和谐、绿色发展。

【“红色引擎”驱动高站位政治工作】 一是以强化政治引领为先，坚持把“两个维护”作为机关党建根本任务。年初，召开工作会为全年党建及党风廉政建设工作把脉定向，年内3次专题研究部署党建、党风廉政和意识形态等工作，引导党员干部深刻把握“两个确立”，增强“四个意识”。组织“喜迎二十大、永远跟党走”系列活动，全体党员干部集中观看中共二十大开幕盛况，举办线上研讨班、知识测试等深入学习宣贯二十大精神，形成学习报告23篇。党组、党支部、干部三级联学，开展“领导干部上讲台”专题党课3次，中心组学习10次，党支部交流研讨等活动7次，赴大泉山精神纪念馆实地学习1次，扎实铸牢政治根魂，凝聚红色力量。二是以深化正风肃纪为要，大力开展清廉机关建设。与科室负责人逐一开展廉政谈话并签订承诺书，全面压实“一岗双责”。签订重大节日廉洁承诺书48份，常态化开展廉洁提醒，加固思想防线。常抓警示教育，3次组织观看警示教育纪录片，以案为鉴守好纪律底线。纪检组精准运用监督执纪“第一种形态”，累计谈话30余人次，依纪依规处理违纪干部1人，持续释放严的信号。深入开展公款旅游、影子公司等专项整改。扎实推进巡察整改“回头看”及中央巡视国家局党组反馈意见联动整改工作，梳理问题42个，制订措施69项，已基本完成整改。三是以共谋行业发展为重，积极构建局机关党支部与行业党支部结对共建机制。指导建立党建活动室2个，开展主题党日、红色基地参观学习等活动5次，强化行业党委阵地建设；深入灵丘、广灵两县调研指导建立县级企业联合党支部2个；积极争取入党名额，发展预备党员5名，培养入党积极分子30名，夯实行业非公有制党员力量。推动市快递协会顺利完成换届。

【“模范机关”引领高素质人才队伍】一是对标先进优化机关管理。明确五型机关建设标准。向各品牌企业发放工作联系卡，落实首问负责制，优化办公流程，提升工作效能；立改废保密、统计等制度4项，机关运行更加规范有序。连续争取到工会经费3万元，组织开展工间操、健步走等活动，不断丰富职工文化生活。通过“视频展风采”“通讯话未来”“诗歌绘新卷”等形式立体展现市局十年来的工作成效、科学绘制未来行业高质量发展路径，提振干事创业精气神，营造社会舆论好氛围。二是培优育强深化队伍管理。坚持择优选拔、人岗相适原则，提拔转任科级干部3名，晋升职级3人，申请地方交流干部1人，队伍结构更加合理。按季度开展公务员平时考核，通过“奖优罚劣”推动“争优创先”，激发队伍活力；组织开展“业务知识大讲堂”“干部历练下一线”等活动，培养业务多面手。三是务实举措实化快递员权益。联合交通、发改等部门印发《关于做好快递员群体合法权益保障工作的实施方案》，夯实政策保障；联合市委组织部、市城市管理局共建服务快递员的“小哥驿站”14个；协同人社局推动快递员优先参加工伤保险；与团市委共同开展快递从业青年服务月活动，形成多重关爱体系。全市1013名从业人员参加技能培训及评价取证工作，130人通过技能认定考试。左云县乡邮员皇甫永军获“2022年山西省五一劳动奖章”。

【“放管服效”塑造高标准营商环境】一是出好助企政策“组合拳”。结合实际，细化10项行业稳经济一揽子政策措施。联合规划、住建部门印发《大同市推进城市智能快件箱建设实施方案》，推广智能快件箱无接触配送。推荐顺丰、中通网点申报“诚信经营 放心消费”示范单位，市局连续两年获评全市“突出贡献单位”。二是打好发展质量“主动仗”。深化营商环境“放管服”，持续推行“一网通办”，降“门槛”、提服务、压时限，全年新增快递网点262家，清退注销86个；办理撤销邮政普遍服务和特殊服务审批1个、迁址备案等5个，全市各类网点达1536个。指导韵达、申通等品牌分拨升级改造，持续深化邮政综合服务平台建设，“邮政+警、税、政、医、法”等业务量达9.5万件。三是用好集约发展“寄递+”。培育大同黄花、阳高京杏等“寄递+”典范项目4个，产生包裹81.76万件，带动销售额1731.8万元。“快递进厂”产生包裹1221万件，支撑销售额1.5亿元，指导4家企业入选与制造业融合发展项目库，两家被列为重点项目。

【“农村寄递”打造全覆盖服务体系】在省邮政管理局局长秦红保两次批示肯定、两次调研观摩指导下，7月15日在全省率先实现农村寄递物流服务全覆盖。一是结合实际“两步走”。年初会同发改、财政印发方案，明确六县全覆盖、四区稳提升的两步走战略，确保不落一村一镇。二是联系地方“两手抓”。推动成立由两位市委常委任组长的工作专班，与市发展和改革委员会建立联合调度工作机制，汇聚地方合力。局领导带头攻坚、下沉一线45次，逐县召开协调会、座谈会18次，联合调研通报2

次，破除企业观望情绪、解决进村共配难点。三是县域整合“齐推进”。明确“每个乡镇整合一个综合服务站”原则，将原103个乡镇网点整合为59个综合服务站，按照“不搞分类试点、整县同步推进、快件先下再优”的思路，同一县域范围内网络整体切换、同日启动运营、网点逐步优化，最大限度规避原企业运营网络利益矛盾，最快速度实现县域内农村寄递物流服务全覆盖。四是云上挂图“全员战”。专门搭建大同市农村寄递物流“智慧云码”，动态更新、全员督战，实现工作进度量化、数字化、透明化管理。全市6县65个乡镇1097个行政村通过邮快、快快、交快等多种模式共配进村，日均农村快件下行量达3.5万件，增幅超40%。大同市邮政管理局多次向市委、市政府汇报工作进展，市政府主要领导充分肯定建设成果，分管副市长专门批复要求各部门加快推进县级仓配中心建设任务落实。会同市发展和改革委员会开展县级仓建设逐县督导和四区服务提升工程两项行动，确保民生工程高质完成。

【依法治邮锻造高质量发展内核】一是行业法治建设再夯实。大力宣传贯彻全省邮政业发展“十四五”规划，深入开展“八五”普法活动，组织机关人员定期参加执法大讲堂学习，不断提高法律运用能力。指导从业人员集中观看《安全重于泰山》等警示教育片100余场，发放各类法律法规汇编资料1000余份，在全行业营造尊法学法守法用法的良好氛围。二是邮政市场监管再强化。高质量完成全年两轮和中共二十大期间机要通信专项检查，宣传贯彻落实“两个规范”，在全省率先指导邮政企业改造机要室3处。按季度下发通报、召开政企联席会，扎实推进普服工作落实落地。聚焦乡镇和城市两个维度，组织开展乡镇邮政服务专项检查和城市邮政服务水平调查，持续提升普遍服务均等化水平。巩固提升建制村通邮成果，全市1424个建制村全部实现周五班以上投递，打卡率保持在99%以上。《人民日报》当日见报率保持在100%。持续开展全市邮政普遍服务综合信息台账化管理，完成重大题材纪念邮票发行监督、高校录取通知书寄递服务保障、巡视专用信箱寄递服务等工作。不断强化监督员培训管理，各县（区）社会监督员实现全覆盖，累计监督网点172个。三是快递市场监管再升级。坚持关口前移、预防为先，明确从企业主要负责人到一线从业人员的责任与要求，督促企业管理水平优化再提升。突出快递市场清理整顿，组织开展全市快递网点备案手续自查自改，严厉查处6起违法行为，市场监管再精准；及时响应群众诉求，查处末端网点违反服务标准问题2起；充分发挥“绿盾”工程作用，依托安全中心大力开展网上巡查、抽查，累计发现整改问题78个，受理解决消费者申诉1320件，全链条全领域监管能力再提高。2次召开行业生态环保工作推进会，依法处理1家违反生态环保法规的企业，强化行业绿色收寄意识；全行业累计回收复用瓦楞纸箱155万个，可循环快递箱盒0.81万个，新能源汽车保有量118辆，行业绿色发展底色更鲜亮。

【综合治理保障高水平寄递安全】一是严格守稳安全生产底线。以压实企业主体责任为牵引，动态调整行业安委会成员，积极探索政企合作、多元共治新模式。广泛开展安全生产月系列活动，开展年度综合应急演练，建成134人、54台车辆的应急保障队伍。持续巩固安全生产三年行动成果，督导企业完善安全生产制度措施和问题隐患“两个清单”，内外加压促整改。以视频会议直达一线网点为支撑，组织警示教育、安全生产培训等活动7次，深入开展“四不”整治、场所风险排查、燃气安全、危化品、消防安全等专项整治行动，消除一般隐患82个。以年度安全生产工作要点为抓手，从严从快查处安全制度执行不严、安全设备使用不规范等问题。二是坚决守牢寄递安全红线。充分发挥领导小组机制，组织召开年度工作会议；联合检察院、公安、国安等部门开展落实“七号检察建议”、“扫黄打非”、涉枪涉爆涉危等专项检查。开展个人信息安全治理行动，强化信息安全源头治理；通过观看视频、集体宣誓等活动，深入开展行业禁毒宣传，为全市平安建设贡献积极力量。二十大期间，全局坚持检查督导不断档、分片包干全覆盖，领导带队出检218人次，检查企业107家，下达责令改正通知书22份，完成寄递渠道安全服务保障工作，有力维护行业安全稳定。截至10月，全局共出动执法人员1043人次，检查企业597家，下达责令改正通知书58份，约谈告诫5家品牌企业，立案19起，罚款14.51万元。

（李　东）

朔州市邮政管理局

2022年，朔州市邮政管理局聚焦省邮政管理局“高质量发展、高效能治理”双高拓展年要求和各项工作布局，锚定全省快递强市和全省系统强局目标，以创优行业高质量发展环境和优化治理能力为目标，以“两优两强五统筹”为保障落实体系，各项基础和重点工作稳步推进，全年工作目标任务基本完成。

【全力以赴推进农村寄递物流服务全覆盖】明确时间节点，倒排任务进度，实行挂图作战，销号管理，七措并举，确保三季度末全面完成任务目标，山阴县、怀仁市、右玉县、应县4个县（市）40个乡镇715个行政村全部设点悬挂标识。一是确定全年工作总基调。全省动员会召开后，朔州市邮政管理局与市发展和改革委员会组织召开专题会议，确定试点先行引路、跟踪总结评估、推广复制模板的梯次递进思路。在尊重原有模式基础上，山阴县先行推进“统仓共配”，三个县（市）同步推进共同配送。二是打造示范广泛带动。局领导带队先后18次下沉一线，在山阴、怀仁召开推进会、调度会、观摩推进会9次，现场指导签订合作协议，实地观摩展示，交流经验心得、共享优秀做法、解决难题，打造12个标准化乡镇快递综合服务站和25个标准化村级快递便民服务点，示范带动标准化建设。三是借力借势争取合力。紧抓参与市政府民生实事落实督查工作契机，开展联合调研、联席会议、联合宣传10次，借势向各县（市）政府提出“在规划用地、设施设备购置等方面为快递企业提供政策支持和资金帮扶”的意见建议，调动地方积极性。四是实时摸底动态督导。建立“日摸底、周提醒、月总结”制度，分片包干专人跟踪督导，全方位、全时段、全流程把握各县推进情况。五是攻坚克难消除盲区。联合市发展和改革委员会、市财政局多次向市政府汇报争取，申请将朔城区、平鲁区纳入朔州市农村寄递物流服务全覆盖市级财政补贴范围。同时，继续扩大“邮快合作”实效，朔城区和平鲁区“邮快合作”覆盖率达到38%。六是加大宣传引导力度。先后在邮政快递报、《山西日报》、省市政府官网、电视台等各类媒体发布消息通信30余次，真实介绍农村便利店增加快递业务后，营业额大幅度增长案例，大大激发企业和村民参与的积极性。七是建立惩戒跟踪机制。5次约谈既不参加共配、也不投递到村的快递企业，随机抽取进村快件回访用户和发放调查问卷，掌握用户满意度和用邮诉求，及时跟进调整服务，持续提升寄递服务水平。

【统筹做好党建和党风廉政建设】一是全面系统加强党的建设。坚守政治机关职责定位，切实扛起管党治党责任，把党的全面领导落实到各方面各环节。发挥党组理论学习中心组引领示范作用，集中学习研讨14次，深学笃用习近平总书记关于党建和经济社会发展的重要讲话和重要指示批示精神，组织收看中共二十大开幕会。高标准打造支部党建活动室，以阵地建设巩固基层党组织规范化建设成果，获市直工委称赞。强化党员日常管理培养，转正党员1名，培养积极分子2名。开展“奋进新时代 喜迎二十大”主题党日活动，通过重温入党誓词、红色诗歌朗诵、唱红歌、党史知识竞赛等多形式回顾党的历史，引导党员干部以饱满热情和扎实成绩向二十大献礼。积极稳妥落实意识形态工作实施细则，持续强化意识形态工作领导权，截至10月底，编发各类新闻信息95篇，行业好故事好事迹好成绩更广泛展现。持续加大快递业党建工作力度，争取市委组织部支持打造行业党建活动室，31家规模以上快递企业党组织覆盖率达到全覆盖，全市非公有制快递党员数量达34名。二是扎实推进从严管党治党。先后召开党建暨党风廉政建设工作会议和党组专题研究会议，全面落实从严治党工作和党风廉政工作要点。集中学习研讨习近平总书记关于新时代廉洁文化建设的重要讲话，组织“廉洁邮管 共建同行”主题党日活动，观看清廉山西宣传片和《零容忍》等警示教育片，和党员及家属签订承诺书和倡议书，深植“学廉、崇廉、守廉”理念，以良好家风涵养清廉政风，着力打造清廉公正、务实高效的模范机关。坚持在日常监督中精准把握运用“四种形态”，开展专题自查和廉政执法问卷调查，有效消除在许可审批、行政执法等领域出现的吃拿卡要、以权谋私、失职渎职等倾向性问题。驰而不息纠治“四风”，在春节、“五一”、端午节、中秋节、国庆节等热点时段，开展节前提醒，节前签署廉洁过节承诺书，严防“四风”反弹回潮。三是加强精神文明建设。持续加强行业自律、职业道德和诚信体系建设，6月获评2020—2021年“市级文明单位标兵”，7月获评“促进朔州经济发展重要贡献单位”称号，10月荣获2021年省级“青年文明号”称号。进一步加大行业先进典型选树工作，1人获评“三晋最美快递员”，3人获评全市“最美青年”称号，推荐1名快递小哥出席朔州市第七届人代会。行业工会有效争取市总工会支持，打造42个市级“户外劳动者爱心驿站”。1279名快递员注册中国志愿服务联合会。积极响应参加“朔州市文明交通百日行”志愿服务活动。

【统筹做好行业发展能力提升和产业协同】一是积极培育快递服务现代农业示范项目。打造“快递+杂粮”“快递+亚麻籽油”“快递+沙棘汁”“快递+莜面鱼鱼”银牌项目方阵。其中“快递+杂粮”年业务量达29.16万件，完成收入151.13万元，支撑产值达812.4万元；“快递+莜面鱼鱼”，年业务量达550万件，完成收入1760万元，支撑产值达2.75亿元，成为朔州新的经济增长点，进一步激活农村要素市场。二是“快递进厂”加速融合。依托全国最大的日用陶瓷生产基地，有效嵌入上游产业，加快形成制造业与邮政快递业互动互补、互融互进发展格局。先后推动18家快递企业为山西瓷源阁商贸有限公司、山西尊强陶瓷有限公司等多家陶瓷企业提供寄递服务，精准发挥“快递进厂”实效，成功培育“快递+陶瓷”典范融合项目，带动应县、怀仁企业销售陶瓷540万件，业务收入达2007万元，支撑产值达1.43亿元。

【统筹做好依法治邮和队伍建设】一是普服监管取得新效能。建立四级管理组织体系，试行周工作计划制度，8名专职普服管理员作用得到有效发挥。推动完成91个局所服务设施设备完成改造和变更备案，实现设施、设备、人员、公示、业务“五统一”。乡镇当日见报率提升至60%。有序保障巡视巡察专用信箱邮件寄递服务。优化续聘监督员7名，投稿在国家局刊发数量居全省前列。针对性开展邮政普遍服务法律法规培训班，提升企业尊法守法意识。全年检查普服局所51个，检查纪特邮票9次，向邮政企业下发通报4份、责令整改通知书5份。二是强化邮政市场监管。综合运用说服教育、劝导示范、行政指导等非强制性执法手段，经常性使用批评教育、告诫约谈、法制培训、责令改正等一般性监管措施，精准把握执法尺度，对屡教不改、触碰红线等企业坚决处罚，始终形成有效震慑，企业真正做到服管认罚真改。充分有效借鉴各地在绿色发展、经营秩序、安全监管等方面好的办法和经验，下大力气开展行业绿色生产转型，“9917”工程取得实效：朔州邮政快递业使用符合标准的包装材料比例达到94%，规范包装操作比例达到95%，可循环快递箱使用量达到2.02万个，回收复用瓦楞纸箱301万个。全年共检查企业232个，立案查处企业22个，罚款18.4万元，约谈告诫企业4个，下发责令整改通知书95份。三是强化队伍建设。严格落实关于加强全省系统干部队伍建设的实施意见，继续加大干部轮岗选育培养力度，全面发掘每名干部特点潜力，精准培养“一专多能”复合型干部，放权压担，焕发出你追我赶、奋勇争先新活力。

【统筹做好行业服务水平提升和快递员权益保护】一是提升普遍服务水平。“邮快”合作持续稳定运行，邮政企业代投快件27万件。县级城市《人民日报》当日见报率持续保持100%，乡镇当日见报率提升至60%。十九届中央第九轮巡视和七届朔州市委第二轮巡察专用信箱邮件寄递服务工作平稳有序。监督员实现县级全覆盖，7名监督员反馈监督报告308份、有效问题1个。二是提升行政服务惠企便民。持续优化审批流程，压缩备案时限，诚心实意为企业减负松绑，有效受理“12305”“12345”热线、局长信箱办的群众诉求工单173件次，办结率和满意率均为100%。三是有力关爱和保障从业人员权益。联合发改、交通等10部门印发《做好快递员群体合法权益保障工作的实施方案》，高标准打造270平方米综合阵地，增加职工书屋、视频会议、健身娱乐、成果展示、户外劳动者爱心驿站、末端综合服务站等功能，为行业党委、行业团委、行业协会工作履职尽责提供有力阵地依托，形成党建引领、工会支撑、融合共建的党群工作阵地，得到省总工会调研组肯定；连续五年开展“快递青年服务月”活动，春节、元宵节联合工会、团委慰问快递小哥1178人，“夏送清凉”向300名快递员发放消暑用品9件(套)；首批12名快递员入朔州开放大学提升学历，5名快递员通过职称评定初审；联合妇联开展行业“三八”节慰问52名行业女职工；联合五部门开展最美快递员评选；联合朔州市人力资源和社会保障局印发《推进基层快递网点优先参加工伤保险实施方案》，618名快递员参加保险；为行业1704名从业人员发放300元/人消费券。

（高　伟）

忻州市邮政管理局

2022年，忻州市邮政管理局坚持服务民生、提升水平，推动行业利好政策出台和落实，加强行业安全监管，巩固安全态势，规范行业发展，提升发展水平，邮政业在高质量发展道路上迈出新步伐，全局各项工作取得显著成效。

【持续深入开展全面从严治党】一是落实党建主体责任，全面从严治党。始终围绕大局和发展主题主线，思考谋划党建和全面从严治党工作，并把党建工作列入重要议事日程，做到年初有研究、年中有推动、年末有总结。年初，按照省局党组要求，结合市局实际，印发了全年党建工作要点，细化目标、明确重点，全面强化对党建工作的领导。年中，以党组理论中心组学习为主阵地，结合“三会一课”、主题党日活动、观看警示教育片等多种形式，紧紧围绕中共十九大精神、二十大精神、二十届一中全会精神、《习近平谈治国理政》第四卷、习近平总书记关于邮政业的重要指示精神等重点内容，开展深入广泛的学习宣贯，切实增强“四个意识”、坚定“四个自信”、做到“两个维护”。二是深入开展理论学习，用新知识武装头脑。第一，坚决把“两个维护”落到实处，认真做好学习宣贯中共二十大工作。制订系统学习计划，运用好《党的二十大报告辅导读本》《党的二十大报告学习辅导百问》等辅导材料。第二，积极参加知识竞赛，打造党建亮点活动。集中组织党员干部重温入党誓词、实地参观红色教育基地——忻口战役遗址，党支部书记围绕“强化政治机关意识，走好第一方阵”讲授专题党课，积极参加市直工委“党建大讲堂”活动，深入巩固党史学习教育成果。第三，坚持以党建带群建、群建促党建，不断深化群团各项工作。指导行业党委推动企业党员到党群服务中心报到备案，参加社区志愿服务，引导企业职工立足岗位作贡献，持续弘扬“小蜜蜂”精神，积极参与平安建设和文明创建等工作。结合实际开展“三警”教育。第四，扎实开展“我给群众办实事”活动。为全市471名快递员发放补贴15万元，发放“娘家人”云闪付电子消费券350份，价值10.5万元。三是突出纪律要求，加强党风廉政建设。把党建工作与邮政管理工作相结合，同研究、同部署、同落实、同考核，担负起全面从严治党建设的主体责任。年初，组织召开党风廉政建设工作会，全面部署党风廉政建设和反腐败工作，实施“签字背书”制度，局党组与各科室签订党风廉政建设责任书，开展经常性谈心谈话和廉政谈话，健全和落实廉政风险防控机制。

【各项重大决策部署不断推进落实】一是积极争取财政事权和支出责任落地见效。市财政局拨付安全监管经费14.5万元，并将2023年安全监管经费纳入预算。二是持续推进职业技能培训工作。组织完成技能等级认定考试334人次，稳步推进职称评审，完成10名快递员审查，交市人社局审批；推动全市2001名快递员优先参加工伤保险。三是扎实推进减税降费工作。前三季度，全市邮政快递业累计减税降费达242.4万元。四是推动新闻宣传工作提质增效。积极对接《忻州日报》《忻州晨报》等官方媒体，建立日常联系，加强正面宣传报道，提升形象，扩大影响。五是加大法治政府建设力度。与此同时，加大执法检查力度，对存在严重问题的相关企业进行立案调查，以案示警，以案释法。

【内部管理质量持续提升】一是积极采取各项措施，全面落实"过紧日子"要求。发扬艰苦奋斗精神，提升预算管理能力，精打细算，加强节约，严控行政经费和一般性支出。落实机关食堂管理办法，职工就餐实行报餐，用餐按量酌取，反对铺张浪费。二是严格落实人事管理制度，做好年度考核。重点从德、能、勤、绩、廉五个方面考核，全面做好调任干部相关工作。推动局内人员轮岗流动，优先保障执法人员队伍，确保行业监管职能有效发挥。

【行业发展环境不断优化】一是全面推进邮快合作。局领导带队先后深入忻府区、偏关、岢岚、繁峙等地重点督导，持续优化网络组织，增强运力人力。加强质量管控，保障邮快合作接得住、投得出、效率高、服务好。二是加强综合服务平台建设。继续拓展警邮、税邮、政邮、医邮、法邮等各类政务便民服务领域，截至年底，忻州市税邮、警邮、政邮合作保持县级全覆盖，其中税邮合作网点75个，警邮合作网点22个。收寄交管证照和身份证材料累计53150件，税务发票累计31418件，法院文书累计42108件。与此同时，稳固推进智能信包(快件)箱建设。三是推进快递进村及农村三级物流体系建设。忻州邮政管理局多次召开企业座谈会，并以县为单位分批次召开企业运营推进会，共同研究解决存在困难和问题。全市共建立2436个农村便民服务网点，乡镇网点及农村网点全部开始有效运行。对3家未按名址投递的企业立案调查，处罚金4.5万元。四是加强生态环境保护。持续开展物质超标包装袋和过度包装执法检查，电商快件不再二次包装率保持100%，新增设置符合国家或地方标准包装废弃物回收装置的邮政快递网点数量131个。五是开展全市快递末端网点、分拨中心专项治理工作。局领导带队，对各县(市)开展执法检查，检查市县两级分拨中心23个，对发现问题要求企业限期整改。开展安全生产大检查，现场督导检查邮政、快递分拨中心、营业网点94个，检查人次188人次，发现的问题均已完成整改。对企业安全生产工作进行专项检查，共检查邮政企业场所7处，出动检查人员14人次，排查安全隐患2处。检查快递企业场所33处，出动检查人员66人次，排查安全隐患2处。六是切实加强邮政机要通信监管。全市16个机要网点全部安装高清摄像头，监控录像保存时间超过90天，所有网点均配置甲级防盗门、安装不锈钢栅栏、设置隔离柜台及钢化玻璃。同时还指导邮政企业调整邮车发运计划，增开5条机要专线，实现从市区到各县之间下行方向机要件专车运输。七是持续开展邮政普遍服务达标情况执法检查。共进行实地检查81个，检查人次180次。八是认真做好邮票、党报党刊发行工作。九是持续开展社会监督工作。截至2022年10月底，共开展监督活动264次，监督网点264个，反馈报告264份，走访消费者456人次，有力发挥社会监督作用。

【扎实做好寄递安全服务保障工作】一是完成重要活动期间安全保障工作。局领导带队，开展冬奥会和冬残奥会期间执法检查。1月25日至3月13日，督导检查邮政、快递企业21家，检查42人次，问题企业均已完成整改。印发1000份国家邮政局 公安部 国家安全部《关于加强中国共产党第二十次全国代表大会期间寄递物品安全管理的通告》，要求企业组织员工学习落实，并张贴在场所明显位置，营造良好安保氛围。与此同时，成立由局领导带队的检查组，深入五台、五寨、偏关、代县、繁峙、静乐、河曲等县的一线网点、分拨中心进行明察暗访，二十大安保期间共检查企业113家，出动检查281人次，发现问题线索29处，下达责令整改6次，立案处罚3起，罚金5.5万元，其中邮政公司1起，罚金2.5万元。二是推动企业安全生产体系建设，充分利用全市"6·16"宣传平台，开展现场咨询服务活动。通过强化服务指导、规范纠正，设置合理的"纠错期"和"过渡期"，综合运用每月安全生产工作例会、工作通报、约谈企业负责人、召开座谈会、下发整改通知等手段，全面推行柔性执法，实施包容信用监管，优化法治化营商环境。全年共约谈企业14家，召开例会、座谈会23次，下发通报6次，全方位督促和压实企业责任。

（王伊南）

吕梁市邮政管理局

【聚焦民生实事，全力推进农村寄递物流体系建设】 严格按照全省邮政管理工作会议、市委经济工作会议精神，由领导班子成员和科室负责人包片负责，将构建县乡村三级寄递物流体系建设作为贯穿全年的重大政治任务。一是组建工作专班，明确主要工作任务。会同市发展和改革委员会、市财政局组建农村寄递物流体系工作专班。明确专班成员构成及各相关部门责任，并向牵头运营企业转发《山西省农村寄递物流服务全覆盖实施方案》，明确全市农村寄递物流服务全覆盖的主要任务和相关工作要求。二是严把各项流程，完成企业遴选。根据省统一安排和部署，会同市发展和改革委员会分别于3月初和7月上旬组织专家和各县（市）发展改革局完成12个县（市）及岚县牵头运营企业评选和动态调整工作，按照时限要求报省复核。三是加大工作力度，争取政策支持。6月13日，以市发展和改革委员会名义下发《关于加快推进农村寄递物流服务全覆盖工作有关事项的通知》。7月中旬，与市发展和改革委员会联合向市政府提交《关于农村寄递物流工作进展情况和相关政策建议的报告》，获得市政府领导肯定。四是加强调研督导，扎实推进工作。从5月中下旬开始，由局领导带队，先后赴各县（市）多次进行调研督导。6月28日，市发展和改革委员会组织召开农村寄递物流服务全覆盖会议。7月25日，与市发展和改革委员会联合印发《关于吕梁市农村寄递物流服务全覆盖工作通报和督导检查的通知》，8月下旬，会同市发展和改革委员会对全市进展情况进行第二次通报并提出相关要求，特别是针对岚县行政村便民服务点运营数量为零的情况提出批评并要求限期整改。五是做好数据审核，严格补贴发放。按照省局要求，确定专人负责和上报，对企业上报的下行快件数据严格审核把关。截至9月16日，全市132个乡镇、2016个行政村站点设置、标识设置已全部完成，全部网点开始运营。其中，石楼、中阳实现统仓共配，交城、柳林、兴县部分品牌实现统仓共配，汾阳、交口、文水部分品牌实现同仓共配，方山、孝义、临县部分品牌实现共同配送，岚县邮政公司和韵达、申通邮快合作实现共同配送。其间，副省长深入汾阳市阳城镇见喜村对农村寄递物流服务全覆盖建设推进情况进行调研，并对邮政管理和行业发展取得的成绩给予肯定。在深入开展农村寄递物流服务全覆盖中，吕梁市邮政管理局深挖本地优势资源，积极服务乡村振兴，引导全市邮政快递企业积极对接优势电商，不断拓展“吕梁杂粮”金牌项目，2022年全市杂粮寄递量达1466.3万件，业务收入总计7708.5万元，带动农业总产值4.3875亿元。继“吕梁杂粮”后，又相继打造出交城骏枣、交城玉米、文水沙棘、临县红枣、汾阳核桃等月销量万件以上的农特产品，为助力全市农业品牌化发展发挥重要作用。

【加强沟通协调，地方政府支持力度不断强化】 一是邮政业服务中心正常组建运行。年初，服务业中心通过全市事业单位统一招聘，6名工作人员全部报到上岗，8名在编工作人员全部到位；10月，组织召开座谈会，全面了解新入职人员思想状态和工作状态。“绿盾”工程基本数据统计等工作已移交中心，行业监管力量不断壮大。二是开源节流，坚持“过紧日子”。强化同地方政府协调力度，多次向分管副市长、市长汇报工作，与市财政局沟通协调，深化落实中央与地方财政事权和支出责任划分改革要求，争取地方财政资金45万元。强化预算绩效管理和节约型机关建设，优先做好重点项目保障，充分发挥机关财务保基本、保工资、保运行的基础性作用。三是积极协调出台行业扶持政策。获得2021年度“促进吕梁经济社会发展重要贡献单位”和2020—2021年度“市直文明单位”称号。以成立农村寄递物流体系工作专班为契机，进一步协调市发改、财政部门，将邮政快递业纳入《吕梁市助企纾困推动经济社会平稳健康发展扶持措施》保障范围，专门明确对农村地区除县政府驻地镇和乡政府驻地村以外的行政村的下行快件，财政资金予以差异化补贴。

【坚持综合治理，行业发展形势稳步向好】一是持续巩固行业安全生产成果。获2021年度全市安全生产和消防工作考核优秀等次，寄递渠道持续保持安全畅通。高质量完成北京冬奥会、两会期间全市寄递渠道安保工作。“绿盾”工程一期正式投入应用，市级分拨中心和重要网点监控摄像完成接入，视频联网和安检机联网率不断提高。联合市禁毒办、市公安局开展禁毒百日攻坚行动，进一步提高寄递渠道毒品治理能力和水平。联合市检察院深入推进“七号检察建议”落实落细。连续多年受到市安全生产目标责任考核表彰。召开年中安全生产工作会议，通报企业上半年安全生产工作情况并对下半年工作进行安排部署。开展“三项制度”执行情况专项执法检查和邮政快递业安全生产大检查，由局领导带队，深入全市各县(市、区)等地开展专题督导检查。完成冬奥会、全国两会、中共二十大等重大活动和重要节点安全服务保障任务。截至9月底，共作出行政处罚12起，罚款11.15万元。二是不断巩固邮政普遍服务保障水平。扎实开展邮政普遍服务达标检查和乡镇局所专项监督检查。开展城市普遍服务专项调查工作。完成两轮机要通信监督检查。定期召开邮政普遍服务政企联席会议。全力抓好巡察专用信箱寄递保障、党报党刊投递和机要通信监管工作。完成《壬寅年》《第24届冬季奥林匹克运动会开幕纪念》《中国共产党第二十次全国代表大会》等重特大题材邮票发行监督。召开2022年邮政特邀社会监督员培训会，充分发挥邮政特邀社会监督员作用，切实提高监督实效。三是邮政综合服务平台建设取得新成果。截至10月底，全市共有警邮合作网点19个，寄递量为40.37万件、代收税款353.74万元；税邮合作网点数为69个，寄递量为1.95万件、代收税款39万元；政邮合作网点数14个，2022年以来寄递量0.43万件、代收税款4万元；法邮合作网点13个，2022年以来寄递量16.56万件、代收税款174.51万元；警邮合作、税邮合作、政邮合作、法邮合作均保持所有县市区100%全覆盖。四是稳步推进绿色发展。召开全市行业生态环保工作会，对《邮件快件绿色包装规范》进行解读，对2022年行业生态环保工作进行部署。截至10月底，全市邮政快递业采购使用符合标准的包装材料应用比例91.98%，按照规范封装操作比例100%，可循环快递箱(盒)使用量7300个，回收复用瓦楞纸箱99.7万个。五是扎实做好统计运行分析。贯彻落实《邮政行业统计调查制度》，组织开展统计督查整改“回头看”。切实加强运行分析，注重提升数据实用性水平。六是全力保障从业人员合法权益。联合市交通运输局、市发展和改革委员会、市人社局等九部门印发《关于做好快递员群体合法权益保障工作的实施方案》，为保障好快递员合法权益奠定坚实基础。在全市行业发出倡议，向获评首届“三晋最美快递员”的先进模范学习。联合团市委、石楼县工会分别开展“暖锋行动”慰问快递小哥。联合市总工会，组织辖区企业签订平等协商集体合同，切实保障快递从业人员合法权益。开展“诚信快递、你我同行”“3·15”主题线上宣传活动。组织市区快递从业人员开展技能培训工作，并组织244名“快递小哥”参加职业技能等级认定考试。七是持续深化“放管服”改革，不断创优营商环境。积极落实省局和市政府工作部署，及时启动行业市场主体倍增计划，进一步优化行政许可审批机制，持续简化审批程序，压缩审批时效，畅通线上审批通道，不断提升惠企服务水平。截至10月底，全市共有许可企业41家，分支机构100个，末端网点982个。同时，全面开展快递市场秩序整顿和快递末端服务站规范管理工作，成立专项检查组，深入县城、乡镇一线开展专项督导检查。对交口中通、申通、极兔、韵达等企业末端网点未按照规定备案予以行政处罚，全面保障全市邮政快递企业合法合规运行。

【强化党建引领，坚持不懈把全面从严治党向纵深推进】一是积极开展“喜迎二十大 奋进新征程”庆祝建党101周年系列活动。党组中心组坚持每月学习制度，切实当好党史学习教育“领头雁”，组织全局党员干部赴刘胡兰纪念馆、泰化文化园开展主题党日活动，党组书记以《坚定不移走好五个“必由之路”奋力书写吕梁邮政快递业新征程上的新辉煌》为主题，为全局党员干部讲授“七一”专题党课。二是专题学习中共二十大会议精神。10月16日，组织全局党员干部结合自身实际情况观看二十大开幕直播盛况。17日，党组书记、局长淮电宁主持召开全局党员干部专题学习会，集中学习习近平总书记报告。19日，召开党组中心理论学习会议，再次对报告全文进行学习，及时跟进学习习近平在参加中共二十大广西代表团讨论时的重要讲话精神，并进行交流研讨。24日，组织全局党员干部赴吕梁市脱贫攻坚成就展馆开展“礼赞二十大，奋进续华章”主题党日活动。三是全面深化党风廉政建设。始终不渝坚持党的领导，旗帜鲜明讲政治，年初召开2022年党建暨党风廉政建设工作会议，研究出台年度工作要点，进一步明确全年目标任务。元旦、春节、“五一”、端午节期间，廉洁提醒与廉洁过节承诺书及时下发签署，形成“防四风”新常态。组织召开全市系统廉政警示教育会议，着力维护全局求真务实、清正廉洁政治风气。严格落实“三会一课”、民主评议党员等制度，持续防范软弱涣散风险，进一步发挥基层党组织战斗堡垒作用。四是以党建引领各项工作深入开展。建立党史学习教育常态化长效化学习机制，继续把党史学习教育引向深入，积极开展“我为群众办实事”工作，为离石区霜雾都社区配置智能快件箱，获副市长任磊高度肯定。局党组印发模范机关、清廉机关实施方案，在市局机关开展“政治机关、学习机关、服务机关、创新机关、清廉机关”创建三年行动，进一步激励机关党组织和党员干部新时代新担当新作为。

（郭　琦）

晋中市邮政管理局

【全面推动农村寄递物流服务体系建设】2022年，局党组紧紧围绕全覆盖目标，积极作为，党组成员带头下沉一线，逐县召开推进会，凝聚建设共识，市局干部积极跟进，基本实现每个县（市）3轮督导帮扶全覆盖。通过依托现有模式，贴合行业实际，坚持多站合一、共享共配、集合作业原则，全速推进全市农村寄递物流服务全覆盖工作。全市设置乡镇综合服务站84个，行政村设置便民服务点数量1582个，设置比例及标识设置均实现全覆盖。其余2个市辖区同步开展农村寄递物流服务提升工程，建设改造乡镇综合服务站62个，村级便民服务点171个。一是坚持目标导向，聚焦政策牵引。推动将“实现全市农村寄递物流服务全覆盖”列为晋中市2022年政府民生实事之一。与市发展和改革委员会联合制订实施方案、联合印发通知，要求各县（区、市）政府聚焦任务目标，在场地规划、政策、资金上给予倾斜。依靠联合督导工作机制牵头召开全市寄递物流服务全覆盖推进会议，定期通报各县（区）推动情况，宣传良好示范、推广典型经验，要求各县积极探索本地农村寄递物流体系建设的长效机制。二是坚持问题导向，聚焦企业疑虑。针对企业普遍存在的站点标准、路由规划、仓配分工等问题，及时协同探讨、及时反馈沟通，力争采取最快速最有效最便捷方式推动相关工作，介休统仓、寿阳入园、左权挂牌等问题都取得实质性进展。三是坚持效果导向，聚焦任务节点。引导邮政快递企业积极探索、加强资源网络共享，逐步形成了“多站合一”“多样合作”“多方协同”等包容共享的联动机制，已初步建成客货邮共配融合发展试点县5个（和顺、祁县、灵石、左权、寿阳），改造提升多种服务的综合农村服务站486个，培育快递服务现代农业示范项目4个（海霖醋、太谷饼、昔阳压饼、平遥牛肉）。

【进一步加强基层党组织建设】一是持续抓好理论学习。认真开展中共二十大精神学习，组织全体党员干部集中收看开幕实况，召开专题会议，局党组书记带头学原文、分享心得体会、开展知识测试，深刻领悟二十大提出的新思想新论断、做出的新部署新要求，不断夯实思想根基。通过官网、微信等各类媒体，营造浓厚学习氛围，掀起宣传贯彻热潮。全面发挥党建引领作用，召开党史学习教育总结大会，巩固拓展教育成果。重点学习习近平总书记考察调研山西重要指示、习近平总书记在庆祝中国共青团成立100周年大会重要讲话等精神，坚持用习近平新时代中国特色社会主义思想武装头脑，始终把准正确政治方向，切实增强践行“两个维护”的政治、思想和行动自觉。加强党员队伍建设，认真做好发展党员工作，实现“全员入党”目标，党组织战斗力持续增强。严格落实党内政治生活基本制度，召开党支部党员大会3次，支部委员会10次，党小组会议20次，班子成员为全体党员干部讲党课3次，不断提高政治判断力、政治领悟力、政治执行力。参观百团大战纪念馆，开展“追寻红色足迹 传承红色基因”主题党日活动。开展“送法进企业”普法宣传活动。获评晋中市交通运输系统优秀基层党支部。二是持续深化党风廉政建设。严格落实中央八项规定及其实施细则精神，印发年度党建和党风廉政建设工作要点，签订党风廉政建设责任书，深化重要节点廉政提醒，组织新任职干部廉政谈话，完善廉政档案，切实加强对全局工作人员的纪律要求和监督；开展“全面建设清廉晋中”主题党日活动，组织党员干部观看《零容忍》等警示教育纪录片，召开2次警示教育会议，为全体党员干部敲响廉政警钟，筑牢思想防线。认真开展巡察整改“回头看”工作，扎实开展借培训等名义搞公款旅游等两个专项整治工作，强化制度执行，完善长效机制，推进“全面建设清廉晋中”向纵深发展。按照中央巡视国家局党组反馈意见联动整改工作要求，结合2021年省局党组巡察晋中局反馈问题，开展巡视巡察整改“回头看”。严格落实意识形态主体责任，印发《落实意识形态工作责任制实施细则》。三是持续加强行业党建工作。召开全市快递行业非公有制党建工作座谈会，开展专题调研，全面推进快递行业基层党支部建设。全市11个县(市、区)均已建立非公有制党支部，共有党员40余人，行业党的队伍不断壮大，党的领导作用卓有成效。

【不断提高行业治理能力】一是持续深化“放管服”改革。推动邮政快递业市场主体倍增，截至10月新增许可企业7个，末端网点236个，新增快递末端服务站许可企业2个。完成15个新增、变更许可申请核查，19个快递企业分支机构变更。截至10月，晋中有取得快递业务经营许可的企业主体43个，备案登记的营业局、所、分公司及快递末端网点1104个(含邮政网点158个)。二是持续推进和巩固“快递进村”成果。打造“线上线下订购+基地直采直供+邮政快递配送”的农特产品网络营销寄递服务体系。推动“邮快合作”走深走实，县级合作覆盖率达100%，参与合作快递品牌9个，月均合作量近6.5万件，收入2.6万元以上。全市累计建设邮政综合服务站1157个，销售农特产品1504.5万元，带动邮政包裹快递业务量67.6万件，收入351.7万元。快递服务现代农业产值近200万元，服务制造业产值600余万元。三是持续推动邮政综合服务平台建设。大力发展警邮、税邮、政邮、法邮、医邮业务合作，由点带面拓展合作领域深化合作形式。截至年底，有警邮合作网点21个，县级覆盖率100%，寄递业务量9.45万件；税邮合作网点98个，与各级税务局签订战略合作框架协议，县级覆盖率100%，代征税款额44.72万元；政邮合作县级覆盖率100%，全部入驻政务大厅，寄递业务量0.37万件，有效带动全市便民类服务内容和跨行业跨部门平台合作；法邮合作县级覆盖率100%，深度融合法院业务场景、大数据要素和相关资源，寄递业务量达8.87万件，有效助力法院审判工作提质增效；医邮合作医邮县级覆盖率27%，寄递业务量7373件，多渠道、多形式为群众提供医疗、医药服务。力促邮政综合服务平台更高效、更便捷、更新型发展，全力打通服务群众“最后一公里”。

【努力夯实干部队伍建设基础】一是充分发挥双重管理优势，完善邮政管理体制建设。落实中央与地方财政事权和支出责任划分改革精神，加强与地方财政沟通对接，争取地方财政对邮政行业发展支持，配套资金20万元纳入2022年度预算并如期发放。在前期邮政业安全中心批复基础上，持续推动组建工作，人员、场地、资金已配备到位，工作职责及内设机构设置基本完成，实现独立运行。二是配齐配强领导班子，加强干部队伍建设。2022年，晋中邮政管理局新班子组建完毕，班子年龄结构、梯次配备更加合理优化，新班子严格贯彻执行民主集中制、党组织议事规则和决策程序制度，自觉维护班子团结，有效发挥集体领导作用，激发干部队伍干事创业精神。同时打破科室壁垒，调动全员开展执法检查。强化干部作风建设，严格干部考勤、工作、参加会议等的管理，加强行政执法人员法律知识培训，开展机关工作保密培训，将日常监督管理情况作为年终评先评优重要依据，修订《邮政快递业法律法规汇编》，切实提升干部队伍履职能力。三是强化快递员权益保障，推进行业人才体系建设。主动对接团市委、市总工会、市人社局等部门，建立常态化沟通机制，从安全健康、劳动保障、权益保障等全方位解决快递小哥“急难愁盼”。联合团市委、总工会、快递协会开展首届“晋中最美快递员”评选活动。联合九部门印发《关于做好快递员群体合法权益保障工作的实施方案》，联合市总工会、市快递协会积极开展形式多样的“送温暖”“送清凉”等慰问活动，累计慰问快递员1700余人次，送出23万余元慰问金及物资。联合市红十字会开展快递员应急救护培训，邀请市疾控中心专家组织全市邮政快递业防控培训，有序推进基层快递网点从业人员优先参加工伤保险工作，快递员累计新增参加工伤保险人数1310人次。扎实开展快递从业人员参加职业技能培训、鉴定、职称评审工作，完成职业技能提升培训473人，通过技能等级评价取证考试初级100人、中级143人，完成职称评审专家评审委员会组建工作。

（彭耀宇）

阳泉市邮政管理局

2022年，阳泉市邮政快递业平稳向好运行，取得显著业绩。

【高度重视党建各项工作】 一是深入开展党史学习教育活动。截至10月，共组织党组理论中心组学习10次，局务会议学习11次，党支部会议学习10次。按季度安排布置学习计划，抽查党员学习笔记。组织召开2021年党史学习教育总结会，持续巩固拓展党史学习教育成果。开展“重温阳泉记忆赓续红色血脉”的“七一”主题党日活动，组织党员干部收听观看二十大开幕式并进行集中研讨学习，将中共二十大精神作为当前及今后一项重点任务来抓。二是加强基层组织建设。成立党支部，认真做好新形势下的发展党员工作。三是高度重视行业党建和非公有制党建工作。做到两者紧密结合，以党建促行业发展。发展25名入党积极分子。中通快递员任丽军代表全市邮政快递行业参加山西省工会第十四次代表大会，并获“2022年山西省五一劳动奖章”，四是深化党风廉政建设，推进反腐倡廉工作。第一，局党组印发《落实全面从严治党主体责任实施细则》和《全市邮政管理系统2022年党风廉政建设工作要点》，确保廉政建设工作有序推进。开展2021年度述职述廉考评会与组织生活会，不断加强个人工作与生活作风建设，提升基层党支部组织力。层层签订廉政建设责任书，作出廉政承诺保证，定期开展廉政谈话，在节假日等主要节点与全体党员签订廉洁过节责任书，组织党员干部家庭签订《党员践廉家庭助廉承诺书》，组织召开政企廉政座谈会，观看反腐倡廉警示教育纪录片，发放调查问卷，切实把党风廉政建设主体责任扛在肩上、记在心上、落实到行动上。第二，强化问题导向，着力预防“四风”问题，切实开展典型创争、强质提能、作风督查，驰而不息改进作风。第三，创建清廉机关。制订实施方案，坚持目标、问题导向，清廉机关建设与全局中心工作、重点工作等深度融合、协同发展。

【扎实推进民生实事落地落实】 一是深入实施“快递进村”工程。年初，将农村寄递物流服务体系全覆盖工作确定为头号工作全力推进。联合市发展和改革委员会印发《关于印发〈阳泉市2022年农村寄递物流全覆盖实施方案〉的通知》（阳发改经贸〔2022〕91号），明确重点任务、推进步骤和关键节点，为全市农村寄递物流服务全覆盖有效推进打好政策基础。根据进度，市发展和改革委员会、市邮政管理局5次组织召开工作推进会，市发展和改革委员会和市邮政管理局择优遴选，确定平定县农村寄递物流服务全覆盖工作运营企业为平定县邮政分公司，盂县农村寄递物流服务全覆盖工作运营企业为盂县申通物流有限公司。截至7月31日，阳泉市平定、盂县共23个乡镇，已设置乡镇综合服务站23个，已悬挂标识23个，乡镇综合服务站覆盖率达100%；共525个行政村，已设置便民服务点525个，悬挂标识525个，村级便民服务点覆盖率达100%。二是提升农村地区邮政普遍服务水平。截至11月底，全市邮政普遍服务建制村投递打卡率稳定保持在99%以上。平定县邮政快递企业共享运输网络资源，日均下乡快件达5000余件。三是强化快递员权益保障。春节前夕开展“新春关爱快递小哥”活动，送上米、面、油、自发暖热贴等生活用品。联合共青团市委开展2022年“快递从业青年服务月”活动。联合市人社局举办主题为“快递安全促发展，工伤保险保民生”快递员优先参加工伤保险启动培训会，详细解读《推进基层快递网点优先参加工伤保险实施方案》，与市人社局签订《关于阳泉市邮政快递行业优先参加工伤保险相关工作的备忘录》，协同推进快递员优先参加工伤保险工作，共同维护好快递员群体合法权益。四是优化快递服务消费环境。深化治理突出问题，依法纠治违法违规行为，着力维护公平竞争秩序。截至年底，对违反快递市场秩序问题做出行政处罚8起，罚款10万元。五是加强用户个人信息安全保护。成立专项检查组，结合实名收寄信息异常问题整治，严防泄露客户信息。六是实施绿色发展“9917”工程。截至年底，领导小组深入检查137余家邮政快递网点，出动274余人次，对发现的问题责令整改，现问题企业已整改到位并交回整改报告。采购使用符合标准的包装材料比例达到98%，规范包装操作比例达到98%。七是加大行业人才培养力度。持续开展从业人员职业技能提升行动，提交省局制券信息364人，制券成功297人。稳步推进快递工程技术人员职称评审，2022年度工程系列中、初级专业技术职务任职资格评审工作启动，组织5名快递员参加申报工作。全市从业人员总数1398人，全年累计新增参加工伤保险总人数922人，其中优先参加工伤保险人数425人。

【不断完善法制法规体系建设】印发《阳泉市邮政业“八五”普法工作实施方案》。及时回复人大代表、政协委员提案共四件。做好2022年行政执法资格考试和证件申领工作。统筹宣贯《中华人民共和国行政处罚法》《快递市场管理办法》，以及邮政行政处罚程序、执法证件管理等制度。组织执法人员参加省司法厅举办的“行政执法大讲堂”活动，提升行政执法人员严格规范文明执法能力和水平。

【认真做好统计运行分析】严格落实邮政行业统计调查制度，及时完成统计系统内入统企业的新增与注销，切实加强统计运行分析，注重提升数据实用性水平，不断提高统计数据质量，为精准研判发展形势、做优行业监管提供支撑保障。2022年，共检查邮政快递企业20家，实现市级品牌企业与许可企业全覆盖，下发整改通知书1份。

【慎终如始做好全市邮政快递业保通保畅工作】全力保障行业正常运行，贯彻落实国务院下发的《关于切实做好货运物流保通保畅工作的通知》规定，扎实做好紧急药品、基本生活生产物资的运递保通畅工作。积极与交通等部门沟通，为邮政快递车辆办理通行证，确保车辆下得去高速、进得去城市，打通寄递服务运输“最后一公里”。周密部署，提高“人防”水平；升级消杀设备，提高“技防”能力；开展应急演练，提升预防能力；做好邮政快递业防控专项检查。专项检查共出动516人次，检查营业场所213个，覆盖率达55.91%，检查处理场所覆盖率达100%。共发现问题12条，已整改问题12条，已做出行政处罚2起。

【高度重视安全生产】一是定期召开安全生产例会，确保省局和市委市政府安全生产重要精神层层传达、稳步推进、严格落实。二是全面部署“安全生产月”活动。印发《2022年阳泉市邮政快递业“安全生产月”活动实施方案》，通过召开专题培训会议、开展安全宣传咨询日活动、应急演练和警示教育活动等多种宣传教育途径和手段，推动活动向纵深发展。三是组织开展安全生产教育培训，不断提高企业负责人安全生产红线意识和底线思维。四是开展企业安全风险评估和风险隐患排查工作。五是进一步提升重要节点安全服务保障能力。全国两会、北京冬奥会和冬残奥会、中共二十大期间，及时下发工作方案安排部署企业重大活动期间寄递服务保障、安全生产工作,联合国安、公安、检察院、市场监督管理局等部门开展寄递渠道安全检查,同时运用“绿盾”加强实时检查,以最高标准、最严要求、最强举措构筑寄递渠道安全保障防线。市局领导分片包干,督导检查。截至10月底,共出动检查人员1068人次,对全市16个快递企业、74个分支机构、255个末端网点实现全覆盖检查,约谈邮政快递企业10家,下发整改通知书29份,行政处罚快递企业16起,罚款19.5万元。

【提升普遍服务和机要通信监督效能】 一是监督邮政企业高效落实主体责任。67个网点更换新版上墙资料,32个网点更换门头店招,31个网点改造收寄台席、7个开办国际业务普服网点更换专用国际业务章戳、10个网点更换新标准局名牌、42个网点叠加易邮自提功能,普服网点规范化、标准化水平进一步提升。二是保障机要通信保密安全。市局把“确保机要通信万无一失”作为重要政治任务,认真研究谋划,全面安排落实,精心组织实施。三是创新监管,不断提高普遍服务监管水平。四是开展邮政社会监督工作。全市现有邮政特邀社会监督员3名,共开展监督活动96次,反馈报告96份,监督快递网点47个,普服网点49个,走访用户251人。提出建议1个,已通报邮政企业。五是强化邮政网点备案管理。

【持续加强“绿盾”工程信息系统应用】 印发《“绿盾”工程信息化应用管理办法》,为“绿盾”工程信息系统应用提供制度保障;印发《关于加强“绿盾”工程视频联网系统非现场检查的通知》,明确非现场检查工作内容、工作流程、工作方法;制订《党的二十大网络安全专项保障方案》,确保二十大期间“绿盾”工程视频联网服务器平稳运行。充分发挥“绿盾”视频联网巡查监管系统“线上监管”优势,积极防范各类风险隐患,维护寄递渠道安全稳定。“绿盾”视频联网巡检监管系统,阳泉市接入主要转运企业11家,实现主要转运企业分拣场地视频监控全覆盖。

(吴　林)

长治市邮政管理局

2022年,长治市邮政管理局统筹邮政快递业改革发展和安全,持续改善民生,坚持稳态势、强弱项、重监管、提质效,推进循环畅通,为全面建成与小康社会相适应的现代邮政业持续发力。

【优化行业发展环境,完善行业监管体系】 一是政策保障更加有力。推动长治市政府及有关部门先后出台《长治市现代综合交通运输“十四五”发展规划》等一系列“十四五”专项规划,对全市邮政快递业发展进行规划;印发《关于做好快递员群体合法权益保障工作的实施方案》《关于转发〈山西省人力资源和社会保障厅 山西省邮政管理局关于印发《推进基层快递网点优先参加工伤保险实施方案》的通知〉的通知》等一批行业利好政策,行业发展环境更加优化。二是行业治理体系更加完善。先后推动成立长治市快递行业党委和快递行业工会联合会,进一步加强党对快递行业领导,筑牢全市快递员权益的组织保障。指导黎城局做好机构改革期间行业管理工作,初步完成黎城邮政业安全中心机构保留及合并调整工作。三是地方政府行业监管经费落实到位。局党组积极推动财政事权划分改革政策落地,多次主动向市政府主要领导、分管副市长汇报行业发展及监管情况,争取地方政府支持政策。经过积极争取,长治市邮政管理局关于属地安全监管经费的请示得到市政府主要领导的批示,2022年度监管经费已经拨付到位,有力保障行业安全监管等工作。

【夯实管理,加强模范机关建设】 一是持续推进党的建设。认真开展党史学习教育活动,召开总结会、民主生活会、组织生活会、党组书记讲党课等活动,持续净化党内政治生态;通过组织全体党员干部集中收听收看中共二十大召开会直播、召开党组理论学习中心组(扩大)专题学习会议和党员干部、企业负责人座谈会,深入学习宣贯二十大精神。二是不断强化执纪监督。严肃认真开展巡视巡察整改工作,通过召开专题民主生活会、党组会开展新任职务职级干部集体廉政谈话，促进年轻领导干部廉洁自律、忠诚履职；开展2022年度内部审查工作，夯实内审工作制度化、常态化基础；通过党组书记讲廉政党课、廉政警示教育会、日常廉政谈话、签订廉洁承诺书等形式，传达违规违纪违法案例通报会议精神，引导党员干部时刻自重自省自警自励。三是加强机关制度建设。修订印发《局党组落实全面从严治党主体责任实施细则》、《机关公务员平时考核工作方案》、机关各类假期管理办法、干部任前廉政谈话制度、进一步加强干部因私出国（境）管理监督工作的通知、进一步加强机关管理工作的通知、信访工作制度、差旅费管理办法、会议费管理办法、培训费管理办法、档案管理办法、印章管理办法、保密管理办法等13个制度文件，进一步规范机关基础管理，改进工作作风。四是着力加强干部队伍建设。通过完善干部管理相关制度，加强干部日常管理，完善考评机制，提升工作效能；选拔3人讲政治、敢担当、能负重、有作为的“85后”干部担任内设机构负责人，进一步推进干部年轻化、梯次结构优化，不断激发干部队伍活力；协调地方政府取消长治局驻村工作任务，进一步优化机关人员配置；组织在省局工作锻炼的干部开展交流干部座谈会、“时时放心不下”专题学习等活动，激发党员干部勤思考、敢担当、善作为新活力。五是加强机关效能建设。大力建设学习型、法治型、模范型机关，1人顺利通过法律职业资格考试，3人阶段性通过法律职业资格考试、注册会计师考试等资格考试，1人获得市年度“应急先锋”“安全生产月”优秀个人称号；以精神文明创建为抓手，高标准强化机关建设、促进行业发展，再获“市级文明单位”“促进长治经济发展重要贡献单位”称号。六是扎实做好统计运行分析。严格落实邮政行业统计相关制度，开展统计督查整改“回头看”、统计督导检查和统计专题培训等工作，通过下发责令改正通知书、通报等形式不断提高统计数据质量。同时加强统计运行分析，为精准研判发展形势、做优行业监管支撑提供保障。

【全力推进农村寄递物流全覆盖】 作为省政府关注的重点民生实事之一，局党组高度重视，按照“党组总领、部门协作、市场主导、压茬推进”的思路全力推进农村寄递物流全覆盖。全市8个县76个乡镇设点全部完成并悬挂门头标识，涉及行政村1786个，设置便民服务点1786个，覆盖率100%，悬挂标识1786个，标识设置100%。财政补贴涉及1438个行政村，完成设点1438个，覆盖率100%，悬挂标识1438个，标识设置100%，完成工作任务。一是强化领导。局党组明确农村寄递物流全覆盖工作推进标准是“四有四确保”，即有协议确保有合作、有标识确保有服务、有统仓确保有共配、有实干确保有补贴，市局党组包片督导，每周召开一次碰头会，分析研判任务完成情况，并确定1名班子成员全程参与寄递物流服务全覆盖工作任务。二是坚持精准施策。按照“一县一策”的策略，局党组成员带队逐县、逐企、逐乡综合运用政策宣讲、案例讲解、前景展望、违法惩戒等方式破解难题，基本形成开放合作、资源优化、共建共用的合作模式。6月底，武乡县运营企业突然退出，长治市邮政管理局特事特办，派专人进驻武乡县定点攻坚，20天时间实现武乡269个行政村全部设点。三是加强部门协作。加强与发改部门沟通协作，形成市级统筹推进、县级协调监督、企业具体实施的工作格局。3月，会同市发展和改革委员会、市财政局出台《2022年农村寄递物流服务全覆盖实施方案》，顺利完成农村寄递物流运营企业遴选工作。联合市发展和改革委员会召开推进会3次、专班会5次，完成对8个县的全覆盖调研督导。四是开展跟踪督导。不定期明察暗访，对乡村网点进行突击检查，确保快递服务进村真实性。

【积极转变职能，优化营商环境】 继续落实“双随机、一公开”监管要求，全面实行随机抽查计划管理。针对严重违法失信主体依法提高抽查比例和频次等。截至9月底，2022年共出动执法检查744人次，检查邮政快递企业248家，下达责令整改59份，行政约谈6家，行政处罚9起，处罚金额19.4万元 。一是全力推进市场主体倍增工程。持续推行“1+1+2+N”模式，采取线上线下双结合方式，组织开展快递业务经营许可线上专题培训，不断提升核查效率；编印《快递业务经营许可申请操作指引》《实地核查内容清单》《实地核查内容重点提示》，方便企业场地材料准备，提升现场核查一次通过率；实现分支机构名录寄递服务，实现“一次不用跑”“不见面审批”；在全市开展快递末端整治专项行动，进一步规范了市场经营秩序。截至9月底，为企业办理许可9个，分支机构2个，超过2021年全年办理量；末端网点备案192个，比2021年末增加17%。二是规范公正文明执法。严格落实《邮政行政执法监督办法》，健全依法决策机制，重大决策执行合法性审查、集体讨论。强化文明执法，严格现场执法管理，重点强调执法人员检查时必须出示证件并佩戴执法记录仪进行，同时要求行政约谈等执法行为全程录像。强化公正执法，严格谨慎使用行政执法自由裁量权，同类型案件处罚尺度和标准保持一致。三是提升市场服务质量。加强举报、信访、申诉等渠道反映问题线索调查处置，切实保障用户合法权益。突出整治开办快递末端网点未备案、末端服务违规收费、违反《快递服务标准》等违法违规行为，处理“12345”市长热线转办申诉575件，处理满意度90%，快递服务质量得到有效提升。

【千方百计提升高质量发展水平】一是快递服务农业制造业效果初显。巩固发展“一市一品”农特产品进城项目，助力农产品出村进城，服务乡村振兴。鼓励快递进厂进村，探索仓配一体化、联收联投等新型配送模式，促进线上线下互动创新。深入开展沁州黄小米、壶关旱地西红柿、潞城大葱等“快递+农产品”项目，打造服务农特产品直通车，持续推进邮政电商平台建设，主动融合参与直播平台，积极拓展电商销售渠道，邮政企业在抖音和邮乐两个平台开展全年常态化直播，单次直播参与人数保持在1000余人次，涉及农产品20余种。沁州黄小米年业务量突破10万件，带动产值500多万元。培育振东药业、康宝药业等业务量过万的“快递+制造业”项目，2022年顺丰快递服务振东制药业务量达到10万件左右，业务收入完成520万元，支撑产值5000万元。邮政企业累计助农销售额达57万元，带动邮政包裹业务1.6万件，服务农户600户。特别是与长治文旅合作，推出长治“非遗”宣传售卖专场，实现邮政企业口碑与助农收入双丰收。二是推进邮政业绿色治理工作。积极推动落实“9917”工程，召开邮政业生态环保领导小组会议，印发《2022年邮政行业生态环境保护工作要点》，向企业解读《邮件快件包装管理办法》及行业生态环保工作要点，常态化开展重金属和特定物质超标包装袋与过度包装两个专项整治，对8个品牌处理中心进行重点检查。截至9月底，全市快递行业可循环快递箱（盒）使用量达0.8万个，电商快件不再二次包装率达99%，新增0.2万个设置标准包装废弃物回收装置，回收复用瓦楞纸箱52万个，新能源和清洁能源车辆不断增加。轩阳物流园区3个品牌快递分拨中心实现绿色化。开展“邮来已久、绿动未来”、绿色快递进校园、邮政快递业过度包装和随意包装治理等宣传活动，发放宣传手册1500余份，通过各类媒体，倡导群众绿色用邮、绿色消费，营造行业绿色发展氛围。三是持续开展快递员权益保障工作。联合九部门印发快递员群体合法权益保障实施方案，完成末端派费测算工作。与市人社局联合印发基层快递网点优先参加工伤保险工作方案，召开现场会答疑解惑。联合市总工会开展“送温暖”“送清凉”等慰问活动，向快递小哥赠送价值3万元的慰问品。行业工会为快递小哥争取发放了价值40万元的工会会员电子消费券和大病医疗互助保险。

【加强邮政普遍服务和特殊服务监管能力】一是稳步提升邮政普遍服务能力。对辖区内127个乡镇局开展检查，确保辖区内乡镇局所营投分离、代办改自办率保持100%，62个补白局所正常运营。持续巩固建制村100%直接通邮成果，多措并举推动实现全市2440个建制村周五投递频次。高标准完成高校录取通知书寄递，共收寄8374件，投递29181件。认真做好党报党刊发行工作，坚持做到党报党刊和机要通信投递不断档。全力保障巡视巡察等专用信箱寄递服务，全市共备案启用市、县（区）专用信箱47个，均能按照专用信箱邮件寄递要求完成寄递服务。二是深入推进邮政服务改革创新。全年新增邮快合作建制村768个，增长22.74%。不断拓宽邮政服务渠道，全市12个县（区）政务大厅设有政邮业务专席、22个网点开办警邮业务、76个网点开办税邮服务，实现县（区）覆盖率100%；开办零散病历档案邮寄等医邮业务，收寄4000余件病历档案；法邮合作取得新进展，全市累计邮寄传票3000余件；推进邮政服务进校园、进军营，入营直通服务，一站式服务模式受到部队官兵一致好评。指导邮政企业依托本地文化资源优势积极建设特色主题邮局，目前已建设开办平顺申纪兰主题邮局、潞州区八一广场红色党建主体邮局。三是积极下沉乡镇服务乡村振兴。持续加强县、乡、村三级基础设施建设，整合村邮站、邮乐购站等现有资源建设村级寄递物流综合服务站，全市已完成1442所综合服务站的整合建设。通过督促邮政公司分批分级、提高自有车辆比例、完善基础台账更新等着力推动农村邮路汽车化，全市农村邮路汽车化率达到40.6%。主动融合农村电商协同发展，平顺、武乡邮政企业借助当地国家级电商产业扶贫基地优势，主推平顺的大红袍花椒、党参、蘑菇酱和武乡小米的线上销售，2022年助农销售额达57万元，带动包裹业务1.6万件，服务农户600户。在抖音和邮乐两个平台开展直播，涉及农产品20余种，销量较好的有武乡小米、平顺花椒、沁县米醋等，累计2万余单。在“919电商节”直播期间，长治小米和平顺花椒分别销售达万单，成交额70余万元。四是全力保障邮政机要通信绝对安全。召开局党组会专题研究部署机要通信安全监管工作，由局领导带队开展督导检查。3月、6月两次开展“两个规范”宣贯、培训工作，督导邮政企业完成升级改造工作。全市12个县（区）机要室开展机要营业场所钢化玻璃隔断、更换甲级防盗门、“机要通信”背景墙等设施改造，9月底全部完成施工。上半年、下半年各组织开展一轮机要通信检查，做到营业网点、处理场所和接发转运场所、各个生产运行环节“两个100%”全覆盖。2022年，对两轮次全覆盖检查，共出动68人次，发现问题隐患1处，下达机要通信责令整改通知书1份。五是认真开展邮政服务监管工作。严格行政审批与备案管理，共收到邮政企业暂时停止或限制办理邮政普遍服务备案3个、备案变更信息3个，全部在时限要求内完成审批。按照年初制订的监督检查计划统筹推进执法检查工作，线上线下监管互补实现全覆盖，全年累计下达责令改正通知书1份、行政约谈3次，行政处罚1起。对《中国共产党第二十次全国代表大会》等纪特邮票发行工作开展监督检查，切实强化邮票发行监督管理。做好行业“扫黄打非”工作，召开寄递渠道“扫黄打非”专题工作会，6月组织相关培训，全年分批次及时传达查堵目录，共开展执法检查11次，出动检查人员26人次，检查企业45家次，检查邮政报刊亭13个。

【平安寄递建设取得新成效】 一是安全监管体系不断完善。坚持召开每月安全生产例会，建立例月简报制度。在创新工作方式规范企业内部管理持续发力，指导企业成立安全管理机构，完善充实各类安全台账。二是安全生产基础有效提升。全面开展邮件快件处理场所安全管理规范化提升行动，分拨中心自动化智能化水平和现场管理能力不断提高。其中：长治圆通转运中心投资2000万元，场地作业面积新增6000平方米，实现进出港分离；市圆通、中通、极兔分别投资300余万元购置“全自动环形交叉带+辅助线”分拣设备，市申通投资80余万元增加一套小件优化分拣设备。三是深化寄递安全综合治理。注重部门间协作，着力协同落实四方责任，积极开展部门间沟通协作，推动常态化联合执法，共享执法信息、案件线索，建立线索通报、案件移送、执法联动等工作机制，强化行政执法和刑事司法衔接，提升寄递安全监管能力，实现寄递渠道联防联管联控。四是强化应急管理。联合交通、卫健、应急管理等部门组织开展全市邮政快递业2022年综合应急演练，全市各市级主要品牌企业共60余人进行现场观摩；修订行业应急预案，印发应急预案口袋本5000册，行业应急管理水平有效提升。五是创新培训内容模式。持续使用“云上”培训新模式，通过网络云直播功能对全市各寄递企业安全负责人进行线上互动培训，线下开展安全巡回培训《寄递安全大讲堂》，取得较好效果。六是全力保障重要节点寄递渠道安全畅通。中共二十大期间，全局执法人员全部下沉一线开展执法检查，联合公安、国安、检察和邮政管理四部门组成联合督导组，出动检查人员48人次、检查企业15家、下达责令整改通知书3份，贯彻“全域安全”理念，派员参加市政法委2个督导组对全市12县(区)寄递渠道及进京通道情况的督导，实现联防联治联控。共制作下发通报4期、下达责令改正通知书14份、行政处罚4起。

（李　珍）

晋城市邮政管理局

2022年，晋城市邮政管理局坚决贯彻习近平总书记关于邮政快递业的重要指示批示精神，聚焦“高质量发展、高效能治理”，强力农村寄递物流服务全覆盖建设，统筹发展和安全，维护快递小哥权益。

【农村寄递物流实现全覆盖】 按照省局工作部署，结合实际，将农村寄递物流服务全覆盖作为首要政治任务和“一把手”工程，采取局领导分县包干、挂图作战、销号管理方式，先后20余次召开专题会议研究解决推进，组织各运营企业负责人现场观摩督导。截至9月20日，全市5个县69个乡镇设点全部完成并悬挂门头标识。行政村1575个，设置便民服务点1575个，覆盖率100%，悬挂标识1575个，标识设置100%。财政补贴涉及1287个行政村，完成设点1287个，覆盖率100%，悬挂标识1287个，标识设置100%，高标准、高质量完成全覆盖任务，切实将民生实事办实办好。开展二批下行快件补助资金审核申请，合计申报农村下行快件数量2052703件。持续推动城区范围农村寄递物流服务提升工程，督导各邮政快递企业积极履行社会责任，实现全市村村通快递。

【不断优化行业发展环境】 一是行业监管力量壮大。晋城市邮政业安全事务中心公开招聘1名工作人员，6名工作人员全部到位。二是主要市领导持续关注，邮政快递业内容纳入《晋城市2022年数字乡村发展工作要点》《关于加快健全全市绿色低碳循环发展经济体系的实施方案》《晋城市加强县域商业体系建设促进农村消费实施方案》《晋城市“十四五”物流业发展规划》，市委书记王震、市长薛明耀在讲话中，充分肯定邮政快递行业在社会生活中的重要作用。三是快递区域性分拨渐成规模，山西蓝远快递物流园区二期工程、中通快递(晋城)智能科技电商快递产业园区项目稳步推进，晋城申通省级转运中心正式运行，负责晋城、长治、临汾、运城四市的快件转运。

【“放管服”改革再上台阶】 一是持续深化“放管服”，推动许可、备案流程优化改革。全年许可准入2家，许可企业达到26家，分支机构增加10家，分支机构数量达到88家，市场主体倍增工程成效明显。二是持续开展快递末端服务站专项整治，对发现未经备案擅自营业、变更地址未及时备案的末端网点依法查处。三是快递市场秩序整顿工作，着力整治快递“黄牛”、利用快递服务“刷单”、低价无序竞争、快递末端服务不规范、快递绿色包装治理等突出问题，保护广大用户合法权益，维护快递市场公平竞争环境。四是坚持“双随机、一公开”，制订工作计划，并严格按照工作计划每月制订具体工作任务，随机抽取检查对象及检查人员。截至9月底，共随机检查10次，检查企业20家。五是行业党建工作持续深入推进。晋城市快递行业党委揭牌，中共晋城市快递行业支部委员会获批成立，成功举办“首届晋城最美快递员”评选表彰活动，快递小哥“双报到”参与基层治理。六是印发《晋城市“十四五”邮政业发展规划实施方案》，制订全年普法计划，统筹推进“八五”普法活动开展。七是深入开展春节期间和两会期间邮政业出版物市场监管工作。

【深化全面从严治党】 一是持续深化理论武装。局党组旗帜鲜明讲政治，始终树牢“四个意识”、坚定“四个自信”、做到“两个维护”。跟进学习习近平总书记重要讲话精神和《习近平谈治国理政》第四卷等。发挥基层党组织战斗堡垒作用和党员干部先锋模范作用，做好行业服务和稳定工作。成立以党组书记为组长的党建及党风廉政建设工作领导小组，印发《2022年党建工作领导小组2022年全面从严治党工作要点》《2022年党风廉政建设工作要点》，签订党风廉政责任书，形成一级抓一级，层层抓落实的工作机制。坚持"每周一学、每月一讲、每季一结、每年一评",印发《2022年理论学习中心组学习计划》,利用"学习强国""三晋先锋"学习平台开展经常性学习,党组成员带头交流发言。认真贯彻民主集中制原则,严格落实"三重一大"制度,严格落实双重组织生活制度,党组书记带头讲党课,党组成员积极参加党支部"三会一课""主题党日"活动。截至年底,已开展理论学习中心组学习11次,深入交流研讨10次,主题党日活动10次、党组成员讲党课3次。严格落实意识形态主体责任,及时调整意识形态工作领导小组,印发《落实意识形态工作责任制实施方案》,党组会议定期研究部署,每季度对意识形态领域研判,建立意识形态工作台账。二是巩固拓展党史学习教育成果。坚持不懈把党史学习作为必修课、常修课,建立健全党史学习教育常态化长效化机制。召开党史学习教育专题民主生活会,坚持民主生活会整改落实清单制,针对查找出来的问题明确整改方向、制订整改措施,持续推动新老问题一起改、改到位。开展以"喜迎二十大 奋进新征程"为主题的"七个一"系列活动,组织全局党员干部赴晋城市博物馆,了解、体验晋城文化窗口;利用"党员活动日"组织党员观看红色电影《狙击手》等。三是深化精神文明建设。以推动文明创建为抓手,鼓励党员下基层,积极培育和践行社会主义核心价值观,持续加大精神文明建设力度,在取得"市级文明单位"的基础上,争创"市级文明单位标兵";连续三年获"促进晋城经济社会发展突出贡献奖"称号。积极参与文明城市创建工作,开展学雷锋志愿服务主题活动、文明交通志愿服务活动、"联点共建"志愿服务活动。在重阳节为河东社区99名老干部职工送去节日的祝福和慰问品;组织"我的节日"登山活动,丰富党员干部精神生活。四是从严从实从细落实政治巡察整改任务。为确保巡察整改工作更好地贯彻落实,印发整改方案,研究贯彻落实措施。成立以局党组书记、局长为组长,党组成员为副组长,科室负责人为成员的领导小组,坚持主要领导亲自抓、负总责,专题研究部署推进政治巡察整改工作。整改过程实现闭环管理,全程督办。对照清单逐一检查,认真查摆,举一反三,剖析薄弱环节,分析问题根源,确保自查内容全覆盖。目前,反馈的问题中限期整改的全部完成,需长期整改的已经明确责任领导、承办科室。

【提升行业综合监管效能】 一是提升普遍服务监督效能。首先,巩固扩大乡镇局所专项整治成果,持续提升农村邮政服务规范化、标准化水平。1—10月,实地检查普服网点70个(乡镇局所47个),检查人员144人次,视频检查普服网点68个,下发责令整改通知书3份,约谈1次,季度通报3份。其次,组织召开机要通信新规范培训会,对《机要通信场所建设及设施配置规范》《机要通信服务规范》进行宣贯。再次,扎实开展邮政专用标志车辆检查、邮政机要通信监管工作,巩固发展"一市一品"农特产品进城项目。最后,强化邮政综合服务平台建设。积极引导邮政企业加强警邮、税邮、政邮、法邮合作,保持实现县(区)100%覆盖,"邮寄办"政务服务工作有序开展。二是扎实开展平安寄递工作。首先,积极推进"绿盾"工程建设,已完成邮政、顺丰、中通、京东、圆通、韵达等八家企业"绿盾"工程视频接入工作,其余企业也正在积极协调落实中。其次,持续开展涉枪涉爆隐患整治、反恐禁毒、"扫黄打非"、打击侵权假冒、野生动植物保护等专项工作。再次,完成邮件快件处理场所安全管理规范化第二阶段提升行动,全市县级寄递企业分拨中心全面实现"四个全覆盖、五个必须、六个严禁",有效提升企业本质安全水平,全行业安全生产形势持续好转。三是全面开展安全生产月宣传活动。联合公安、国家安全等部门开展邮政行业安全生产培训班,举办全市邮政业突发事件综合应急演练。四是深入开展邮政快递领域个人信息安全治理专项行动,加强信息安全风险管控。2022年,共出动执法检查348人次,检查企业122家,查处问题175个,下达责令整改22份,作出行政处罚12起,共计11.3万元,涉及服务质量、安全生产、绿色环保四大类。五是积极推进绿色邮政建设。首先,多次召开邮政业绿色环保工作推进会,大力实施"9917"工程,加快推进行业绿色发展。全市新增绿色网点10个,绿色分拨中心3个。其次,加大环保宣传培训力度，印发《2022年晋城市邮政快递行业生态环境保护工作要点》，开展《国家邮政局“十四五”邮政业绿色发展行动计划》《邮件快件包装管理办法》专题培训，大力宣传《固体废物污染环境防治法》和《固体废物污染环境防治条例》，结合实际开展“邮来已久、绿动未来”、绿色快递进社区、进校园宣传活动，进一步凝聚行业绿色发展共识。再次，邮政快递业绿色发展纳入《晋城市绿色低碳循环发展经济体系》。最后，深入开展行业绿色环保工作检查，督导企业严格执行行业绿色包装要求，向协议用户书面告知包装物要求、制订包装操作规范、加强从业人员包装操作培训、规范合理包装。全年共查处未向协议用户书面告知包装物要求的违法违规行为1起，立案1起，罚款0.2万元。截至10月底，晋城市采购使用符合标准的包装材料比例达到95%，规范包装操作比例达到96%，可循环快递箱达到0.24万个，回收复用瓦楞纸箱45万个。

【有力保障从业人员合法权益】 首先，联合市总工会开展“迎新春送温暖”慰问活动；积极对接市总工会，为全市近50名40周岁以上快递业女职工争取到免费“两癌”筛查服务。其次，开展首届快递行业职工职业技能竞赛，为获奖企业及快递员发放奖金1万余元。再次，加快推进基层网点优先参加工伤保险，联合市人社局印发《关于进一步做好基层快递网点优先参加工伤保险工作的通知》，全年统计新增参加工伤保险总人数1949人，其中优先参加工伤保险人数1047人。完成全年任务150%。又次，积极推进职业技能培训及取证工作，截至10月底，全行业完成线上培训任务300人，12人取得高级职业技能等级证书。最后，顺利完成好本年度职称评审工作，经评审会评委审阅材料、评议推荐和投票表决，6名申报人员全部通过评审。

（张馨月）

临汾市邮政管理局

2022年，临汾市邮政管理局按照国家邮政局党组深化“服务全领域、激活全要素，打造双高地、畅通双循环”的工作思路和省局党组“双高拓展年”的总体目标，以迎接中共二十大为主线，统筹行业发展，抢抓农村寄递物流服务全覆盖纳入全省民生实事的重大利好政策，推进全市邮政快递业高质量发展和高效能治理。

【强化党建引领，夯实基础工程】 一是坚持强化党的全面领导。严格落实党建主体责任，始终坚持党组集体领导，坚决贯彻民主集中制和“三重一大”决策制度。印发党风廉政建设工作要点、全面从严治党工作要点和实施细则等制度规定，定期召开专题会议研究部署党建和意识形态工作，确保全局在政治立场、政治方向、政治原则、政治道路上同党中央保持高度一致。二是扎实开展清廉机关建设。不断巩固党史学习教育成果，全面提升机关党的建设质量。组织党员干部集体学习习近平总书记在中共十九届中央纪委六次全会上的重要讲话精神、在山西考察调研时重要讲话精神等重要内容。强化以案说法，利用系统典型违纪违法案件开展警示教育，集体观看《零容忍》等专题纪录片。紧盯关键节点，持续抓好廉政教育和廉政提醒，签订元旦、春节、清明节、“五一”、端午节、中秋节、国庆节期间廉洁过节承诺书39份。在坚持“四必谈”基础上，不断推动谈心谈话制度走实走深，及时掌握党员干部思想动态，同时加强对新录用公务员的引导，及时开展入职谈话，培植廉政自律意识。三是努力丰富组织生活形式。组织全体党员干部开展“追寻领袖足迹、感悟初心使命”、“七一”建党节等主题教育活动，参观霍州、汾西红色基地、集体过“政治生日”、重温入党誓词、集体收看中共二十大开幕会，激励全体党员干部自觉发挥先锋模范作用，始终坚持履职用权和廉洁自律，保持先进性和纯洁性，有效筑牢遵规守纪的思想防线。四是持续推进行业非公有制党建。组织完成快递行业从业人员、党员分布、有入党愿望并递交申请书人员的“摸底”工作，对行业现有党员情况进行全面梳理，掌握基本情况。召开快递行业党委扩大会议，对成熟的非公有制企业，指导成立党支部，推进实现“两个覆盖”。开展快递行业“党旗飘扬在快递”活动，引导行业党员干部积极投身安全稳定与快递服务，服务群众，奉献社会。陪同临汾市委非公有制和社会组织工委书记调研指导快递业非公有制党建工作，现场破解非公有制快递企业党建难点，促进党建与业务同频共振，推动基层党组织全面进步、全面过硬。

【注重制度建设，抓好内部管理】一是注重制度建设，着力规范机关运行。认真落实省局《管理制度汇编》和市局制度体系，及时修订考勤管理、新闻宣传等制度办法，优化公文办理、公车管理、机关安全等内部管理流程。坚持发扬艰苦奋斗精神，严控行政经费和一般性支出，提升财政资金使用效能，全面开展精文简会，坚持“无必要不发文、无必要不开会”的工作思路，公文印发、会议数量明显下降。二是注重实干实绩，着力建设“忠专实精”干部队伍。强化人民邮政为人民的初心使命，坚持在重点工作突破等方面锤炼党员、识别干部发挥党员先锋模范作用。定期组织业务骨干开办业务讲堂，以理论学习和业务学习两手抓两促进、思想建设和能力建设两提升两进步为主要目标，通过流程讲解、法条解读、图片展示、案例剖析等方式，详细讲解公文写作、市场监管等业务内容，努力培养更多邮政管理工作行家里手。

【落实民生实事，践行初心使命】一是扎实推进农村寄递物流服务全覆盖。联合市发展和改革委员会、市财政局印发《临汾市2022年农村寄递物流体系建设全覆盖实施方案》，成立工作专班。多次召开党组会、局长办公会专题研究此项工作。按照“一特色三标准”目标，通过倒排周期，销号管理方式，按照规定时间节点，完成各阶段建设任务。截至9月底，全市14个县、2个县级市，122个乡镇农村寄递物流服务全覆盖工作已经基本完成，122个乡镇综合服务站、1849个村级便民服务点已全部设置完成、完成标识改造并开始运营。永和县、大宁县、乡宁县、吉县、翼城县、古县、襄汾县、汾西县、浮山县、曲沃县、隰县、霍州市、安泽县13个县(市)实现全部或部分品牌统仓共配。二是持续服务乡村振兴。结合本地所产时令水果，以邮政+“一市一品”开发为主攻方向，积极与特色农产品种植户、农村电商等农产品上下游融合发展，努力提高揽收配送时效和服务质量，更好地服务“三农”。引导邮政企业不断下沉服务末端，加强信息衔接，拓展业务地域，挖掘营收潜力，持续推进吉县苹果、隰县玉露香梨等“一市一品”精品项目，服务乡村振兴战略。截至目前，推动企业以玉露香梨、吉县苹果为精品项目带动农特产品销售额805万余元，邮政包裹业务量107.18万件。三是不断完善权益保障。在全市邮政快递行业深入开展关爱快递员“暖蜂行动”和“快递从业青年服务月”活动，建立沟通机制、拓展活动内容。联合省、市总工会深入快递一线举办“夏送清凉”慰问活动，为奋战在高温一线的快递从业人员送上夏日关怀与问候。联合市交通运输局、市发展和改革委员会等八部门共同制订印发《关于做好快递员群体合法权益保障工作的实施方案》，明确相关部门责任分工，细化工作任务措施。全力推进人才工作建设，组织开展全市快递从业人员优先参加工伤保险、职业技能提升培训与技能等级评价取证三项工作，截至10月27日，全年累计新增参加工伤保险总人数2719人，其中优先参加工伤保险人数495人。完成全年任务97.12%。四是持续推进协同发展。一方面，把邮快合作作为“一把手”工程，积极引导邮政企业与快递企业通过共同分拣、共用运力、共享网络等方式推进邮快合作，采取“城市综合运用、乡镇邮快并行、农村以邮为主”的推进思路，在城市地区鼓励邮政、快递企业综合利用城市邮政自提点和社区快递综合服务站投递邮快件，降低成本提升投递率；在乡镇地区，邮政和快递网点覆盖率较高，各自投递模式已成熟，并行发展；在农村和偏远乡镇地区，依托遍布各村的邮政村级服务站开展合作，降低快递投递成本，提升邮政村级服务站服务质量。截至9月底，邮快合作已覆盖17个县(市、区)137个乡镇1483个建制村。全年累计投递11.6万件，产生收入5.3万元。另一方面持续推进警邮、税邮、政邮合作。坚持以“邮政+政务服务”提升公共服务能力，协调税务、交警等部门强化与企业沟通联系，指导企业抓好深化“放管服”改革契机，发挥邮政资源优势，做好人财物支撑保障，持续拓展警邮、税邮、政邮、医邮合作范围，确保开办政务便民综合服务网点数逐年上升。截至10月底，全市警邮、税邮合作网点分别达到28个、87个，政邮合作覆盖17个县（市、区），实现警邮、税邮、政邮市县（区）100%全覆盖目标，税邮合作累计代征税款273.81万元，产生寄递业务2250件；政邮合作产生寄递业务1089件，医邮合作产生寄递业务1380件。

【坚持依法履职，提升服务质量】一是巩固扩大乡镇局所专项整治成果。共出检63人次，检查21个乡镇邮政局所，现场督促整改问题8个，通过视频方式开展非现场检查14次，下发责令改正通知书13份，已整改完毕。2022年，全市邮政普遍服务局所无“营投合一”转“营投分离”、委代办转自办“开倒车”现象。二是持续督导提升邮政普遍服务质量。在农村地区，推动邮政企业加大投入增配车辆，优化整合乡镇、农村投递线路，推进农村邮路汽车化，整合村邮站、邮乐购站等村级寄递物流综合服务站，加强县乡村三级基础设施建设，稳步提高农村投递服务水平。指导企业用足用好建制村直接通邮App，每日通报建制村投递打卡情况，全市建制村周三班以上投递比例保持100%，周五班投递频次占比较上年提升75.38个百分点，周三班投递频次占比降低75.19个百分点，建制村投递工作取得显著进展，全年每周实地打卡率持续保持在99%以上。在城市地区，持续督导邮政企业加强城市普遍服务设施建设，合理规划调整城市普遍服务网点布局，对邮储合一网点规范布局。开展城市邮政普遍服务营业场所摸底调查，全面掌握城市邮政普遍服务营业场所设置现状。三是认真开展邮政普遍服务执法监管。按照《邮政普遍服务监督检查指导手册》要求，共出动执法人员171人次，共检查普遍服务局所36处次，邮件处理中心10处次，投递处理场所11处次，视频巡检112处次，下发责令改正通知书22份，检查通报3份，行政约谈11次，行政处罚3起，有效维护普遍服务水平。四是切实监管保障专项服务成效。扎实开展两轮机要通信全覆盖监督检查，共出动执法人员108人次，对辖区内17个县（市、区）的18个机要通信场所开展专项监督检查36次。实地监督《壬寅年》《中国共产党第二十次全国代表大会》等11套纪特邮票发售，出检24人次，督导企业强化内部管理，完善发售方案。督导企业规范巡视巡察等专用信箱寄递服务，以高度政治责任感确保完成好全市21个中央第九轮巡视专用邮政信箱的邮件寄递服务。保障高校录取通知书寄递服务，督导企业完善业务制度，规范业务处理，完善操作流程，保障高考录取通知书寄递服务安全畅通。

【严守安全底线，牢记肩上重任】一是切实抓好行业安全生产各项工作。深入推进寄递渠道安全生产专项整治三年行动，制订“巩固提升年”重点任务清单。继续推进邮件快件处理场所安全管理规范化提升行动，持续开展“四不”问题整治，巩固处理场所“传送带堵缝、人车分流”两项重点整治任务成果，全面完成56个县级处理场所规范化建设第二阶段任务目标。举办全市邮政快递业安全生产大培训，邀请市公安局、市国安局、市消防支队和市疾控中心等部门的专家现场授课。开展“遵守安全生产法，当好第一责任人”安全生产月系列宣传活动，现场发放新《中华人民共和国安全生产法》宣传单200余张，同时做好互动交流咨询，开展安全守法经营宣誓，组织应急示范演练。二是强化寄递渠道安全综合治理。严格落实“七号检察建议”要求，联合市人民检察院、市公安局通过召开座谈会、开展实地调研等方式，现场查看了解寄递企业“三项制度”落实情况发放“七号检察建议书”，讲解具体内容。深入开展执法检查，实现市级分拨场地、省级区域分拨场地全覆盖，17个县（市、区）全覆盖，1—10月，共出动检查人次261人，检查企业87家，发现问题隐患357条，已全部督促完成整改，行政处罚10起，罚款14.1万元。联合市公安、网信等部门发文开展个人信息安全治理行动，压紧压实信息安全责任，强化个人信息安全源头治理，切实提升邮政快递个人信息安全防护的能力和水平。印发《全市邮政快递业2022年“全民禁毒宣传月”工作方案》，观看寄递渠道禁毒宣传教育片，签订禁毒承诺书，举行集体宣誓等形式，进一步强化邮政快递业寄递渠道禁毒意识，营造自觉抵制毒品侵害、积极参与禁毒斗争的浓厚氛围。四是全力做好寄递渠道安保和应急维稳工作。扎实做好全国两会、中共二十大、北京冬奥会、冬残奥会、杭州亚运会、成都大运会和进博会等重大活动寄递渠道安保任务，印发工作方案、召开动员部署会议、做好值班值守工作、开展执法检查，确保责任压实、工作落细，保障重要节点、重点区域平稳、安全、有序运行。

【践行绿色发展，推进生态治理】 一是积极落实国家邮政局“9917”工程。印发《临汾市邮政快递业2022年生态环境保护工作实施方案》，通过重金属和特定物质超标包装袋与过度包装两个专项治理，实现采购使用符合标准的包装材料比例达到100%，规范包装操作比例达到100%，可循环快递箱（盒）应用规模达到1.2万余个，回收复用瓦楞纸箱120余万个。二是持续鼓励共同分拣和共同配送。鼓励企业通过共享资源达到节能减排目的。已建成县域共同分拣中心13处，快递企业共用场地、设备、员工，节约资源，大大减少整体碳排放。三是督导企业落实落细主体责任。将环保指标性要求纳入考核制度中，强化源头治理，聚焦过度包装等短板深入自查，做好内部统筹，从预算到应用，全流程保障环保工作开展。全市198个普遍服务网点均配备瘦身胶带和绿色环保包装箱，且最少配备一套绿色环保免胶带包装箱，45毫米以下窄胶带封装实现100%，电子面单使用率达到99%以上。

（张　阳）

运城市邮政管理局

运城市邮政管理局坚决贯彻习近平总书记对邮政快递业的重要指示批示精神和上级决策部署，持续巩固行业改革发展稳定成果，统筹做好发展和安全等各项工作，行业发展质效显著增强，发展能力持续提升，发展态势稳定良好，取得较好成效。

【牢牢坚持政治建设统领，党建根基不断夯实】 牢牢把握行政机关首先是政治机关的职责定位，全面贯彻新时代党的建设总要求，坚决扛起管党治党主体责任。一是以政治建设为根本，党建统领全面增强。提高政治站位，保持政治定力，把政治建设摆在更加突出位置，制订《2022年全面从严治党工作要点》《2022年理论学习中心组学习计划》《落实从严治党主体责任实施细则》，明确任务重点，分解责任清单，督促党建工作责任上肩、任务上手，始终确保党总揽全局、协调各方。局党组会议定期研究党建、意识形态和重大事项，把政治标准和政治要求贯穿各项工作当中，党组政治组织力和政治领导力更加凸显。夯实党支部政治基础，以“三会一课”为载体狠抓支部标准化规范化建设，支部政治基础不断夯实。以党建带群建，以群建促党建，紧扣“谁负责、怎么建、力量弱、起作用”4个问题，以“微光星海，河东新锋”为主题大力实施快递从业群体党建破题攻坚行动，顺丰联合支部党建示范点举“旗”建“家”，5名党员亮“旗”回“家”。二是以政治学习为基础，党性信念更加坚定。把学习宣贯彻中共二十大精神作为当前和今后一个时期的首要政治任务，准确把握二十大精神丰富内涵、核心要义和实践要求，以上率下，在全面学习、全面把握、全面落实上下功夫。局领导带头深入学习，沉下心来带着感情学、带着问题学、带着责任学，以“狭路相逢勇者胜”的奋斗意志攻坚克难，以“时时放心不下”的责任担当狠抓落实，切实学出坚定信念、学出绝对忠诚、学出使命担当、学出能力水平，练就过硬本领。真学真信习近平新时代中国特色社会主义思想，坚决抓好总书记对邮政快递业重要指示批示精神，深入领悟总书记各地考察系列重要讲话精神，认真开展“三会一课”，常态化开展以“一月一主题”为特色的主题党日活动。巩固完善以固定时间、指定内容为特点的机关每周学习机制，拓展微信群、即时通、“学习强国”学习平台，探索形成党组学在前、支部学在全、干部学在深的学习模式，党员干部政治理论武装不断强化，理想信念更加坚定。三是以党风廉政为重点，管党治党不断压实。印发《2022年党风廉政建设工作要点》，与各科室签订《党风廉政建设责任书》，督促落实“一岗双责”。常态化开展廉政警示教育，观看系列警示教育片《零容忍》，开展党规党纪知识测试，推进廉政机关建设。对新任职干部开展廉政谈话,落实廉政风险防控责任。严格落实中央八项规定精神,持之以恒开展"四风"问题专项整治,机关人员干事担事意识持续增强,政治生态风气持续清朗。四是以队伍建设为关键,精神文明稳步向前。深化文明城市创建活动,机关干部下沉社区一线,助力基层治理,积极参与卫生整治主题活动,推动志愿服务制度化。抓好"我们的节日"主题活动载体,利用春节、元宵、清明节等传统节日,组织开展丰富多彩的经典诵读、节日民俗、文化娱乐活动,有效丰富干部职工精神文化生活,有效彰显行业精神风貌和责任担当。组织企业员工开展系列关爱活动,女职工"两癌"筛查、快递小哥慰问等实事有效传递党的温暖,从业群体使命感、荣誉感、归属感显著增强。

【全面聚焦"两个循环"大局,发展基础不断巩固】全行业坚持稳中求进总基调,以邮政快递业高质量发展为主攻方向,全力打造快递产业发展示范城市。一是更大格局健全保障体系。持续深化拓展体制机制改革成果,扎实做好机构改革"后半篇文章",市邮政业安全中心实现人员到位、经费到位、职责到位,监管体系重塑和功能再造初步完成。在更大范围、更高效能、更深层次强化行业发展保障,省局和市委市政府领导多次实地调研肯定并作出重要指示批示、亲临指导,为行业健康快速发展指明方向,奠定基础。与组织部、文明办、非公有制工委、市直工委以及交通、发改、财政、人社等党政主要部门协作更加紧密,机制更加顺畅,保障更加务实,行业保障更加健全有力。二是更硬担当完善末端网络。2022年,省市两级政府分别将年内实现农村寄递物流服务全覆盖确定为政府民生实事之一。运城邮政管理局提高政治站位,抓住政策红利,主动作为,深入调研,针对距离远成本高、人口少需求小、能力缺运营难三大难题,分类研讨,群策群力,因地制宜,因村施策,攻坚克难,统筹推进,全面推进农村寄递物流全覆盖建站设点。第一,统筹运力资源。深入挖掘社会运力资源,推动资源共享。沟通协调邮政企业线路班车运输快件进村,联络市交通局牵线定制网约客运车辆带件进村,妥善解决偏远乡村快件进村上行问题。第二,统筹流量资源。鼓励牵头企业挖掘乡村社会组织资源,复合利用超市、商店、村医务室等长期有人驻守的场所资源,实现快件进村、快件上行。第三,统筹人力资源优势。与市委组织部沟通协调,推动快递服务进驻村级党群服务中心,解决运营人员不足问题,同时推动牵头企业多轮次开展快递业务系统操作培训。第四,统筹政策资源。引导推动牵头企业在派费及补贴资金使用上向村级站点倾斜,提高村级站点生存能力,稳定持续提供快递服务。与此同时,运城邮政管理局根据实时推进进度,动态调整工作策略,协同督促推进。5月,针对彼时全市农村寄递物流全覆盖工作滞后情况,要求各县牵头企业提高认识、勇于作为加快推进步伐。6月,召开农村寄递物流服务全覆盖年中推进会,安排下行件补贴工作,对进度较慢的县进行专项督导,并深入乡村查看站点建设情况和门头标识悬挂情况。7月20日,联合市发展和改革委员会等部门召开全市农村寄递物流服务全覆盖工作现场会,通报当前各县(市)工作进展情况,做典型经验交流。因地制宜指导临猗县、垣曲县、闻喜县采用"快快合作"的模式,整合中通、申通、圆通、韵达、极兔5家民营快递公司组建共配公司,整合仓储、人力、运力资源,实现县级同仓共配,12个县(市)标准化统一民生实事门牌服务标识的乡镇快递综合服务站中转,标准化统一民生实事门牌村级快递服务点承载农村快件收发功能,建立起相对完善的"县—乡—村"三级物流体系,每日至少1频次的投递寄递快递趟车服务,从县级仓储物流中心到村级网点双向配送均实现24小时内送达,覆盖全市12县、128乡镇、1939个行政村的农村寄递物流服务全覆盖体系全面建成。邮政综合服务平台建设稳步加强,警邮、政邮、税邮、法邮、医邮合作覆盖县全部实现100%,"邮政平台+政务服务"助力"放管服"改革,使基层群众享受到实实在在的便捷服务。三是更深层次推进产业融合。以网络为硬核支撑,服务为强大动能,全环节全链条深度衔接融入运城农业、轻工业、电商等关联产业。第六届国际果博会设立快递专区,多家企业参展亮相。

主动参与“南果”平台建设，年寄递苹果2400余万件，快递收入1.2亿元，总产值约10.38亿元，拉动就业860人，运城苹果连续4年入选全国快递服务现代农业金牌项目，推动行业向物流体系和价值链条中高端迈进。四是更严管控开展绿色治理。坚持系统思维，聚焦包装绿色治理大力实施“2582”工程，全面落实《中华人民共和国固体废物污染环境防治法》和《邮件快件包装管理办法》，督导企业将绿色指标纳入制度考核。截至10月底，我市实现采购使用符合标准的包装材料比例达100%，规范包装操作比例达100%，可循环快递包装箱0.04万个，回收复用瓦楞纸箱43.13万个，环保绿色成为邮政快递业最靓底色。

【持续优化末端公共服务，治理能力加快提升】坚决贯彻上级各项决策部署，行业公共服务能力不断优化提升，行业治理体系和治理能力现代化迈出坚实步伐。一是把基层治理提起来。积极破解基层治理难题，充分发动快递行业队伍力量，联合政法委创新探索建立“网格员”制度，以“明确网格长的工作任务、制订网格长的工作标准、晒出网格长的工作业绩”为主线，系统解答“网”在哪里、“格”在何处、“长”相可人三大难题。针对“网”在哪里。第一，形成宣传网。组织各邮政快递企业学习宪法、民法典、邮政法等法律法规。在运城市政府网站、《运城日报》等新闻媒体宣传展示企业形象，受到群众好评。第二，形成监督网。网格长通过监督企业落实主体责任，在规范化作业等方面下功夫。监督企业积极配合市、县司法部门深化“法治邮路”，推进“宪法、民法典进万家”活动，做好快递员的法律知识普及和法治宣传工作。第三，形成防控网。第四，形成应急网。每年重要时间节点，专门组织开展防汛、消防、反诈骗等应急演练。相关领导和部门采取“四不两直”的方式检查，有效防范各种情况问题的发生。第五，形成督导网。按照快递建设“三化”标准，网格长在规范自身的同时，到各企业梳理营业场所、快件分拨作业流程等方面存在的问题，对问题进行督导。针对“格”在何处。第一，定格。网格长工作辛苦、责任重大、任务繁重，是个有责任、有奉献、有担当的工作岗位。第二，合格。网格长合不合格，主要有三看：一看平时，二看能力，三看成绩。对网格长进行“两评”：一方面是群众评议；另一方面是机关考评，接受成员单位评议、市邮政管理局和市邮政行业协会的综合评价。针对“长”相可人。近年来，网格长精耕细作，硕果累累，在不同的人群里有了不同的称呼。企业、群众遇事办事找网格长已成为常态，成为一方发展的“带头人”。在各地扫黑除恶、矛盾排查、抗洪救灾等工作中，网格长成为重要力量，成为监管部门的“千里眼”。二是把普遍服务监管硬起来。审慎包容开展行政审批备案，最大限度激发邮政企业活力，服务效能稳步提高。以乡镇网点“回头看”行动为重点，严厉整治普服营业、邮件投递、建制村通邮、邮票零售、邮车运营等方面违法违规行为，形成监管高压态势。督导企业建立投递打卡考核制度，全市2172个建制村每周五班以上投递继续保持100%。坚持政治标准，党组专题研究机要工作，发文安排全年机要监管，组织企业机要法规培训，每年完成13处机要网点两轮全覆盖检查，确保机要通信万无一失。大力抓好“一市一品”培育、党报当日见报、录取通知书寄递、社会监督等重点工作，邮政普遍服务满意度不断提高。三是把邮政市场监管严起来。围绕寄递安全违法、扰乱快递市场秩序、农村快递末端网点服务违规收费、快递服务作业不规范等方面开展专项行动，部署企业把法律责任和自查整改贯彻到各场所，体现到各环节，落实到各人员，加强内控，规范运行。指导企业加强储能，统筹任务，做好上下游、收派端、政企间衔接协同，科学制订服务预案。对扰乱市场秩序、违反服务标准、损害用户权益等行为持续亮剑，邮政市场发展秩序持续规范，发展质量稳步提高。四是把安全监管职责强起来。把安全作为发展前提和基础，大抓“三项制度”落实。在强化安全理念上，守牢安全红线，联合行业协会开展“送法入企”宣传活动。在强化安全责任上，邮政快递企业全部签订安全责任状，细化任务目标，督促企业责任、投入、培训、管理、应急五到位；深入推进安全专项整治三年行动，开展处理场所“四不”问题整治，切实堵塞消除安全漏洞；不断净化寄递安全环境。发挥寄递渠道领导小组职能，联合多部门举办“健康人生 绿色无毒”主题宣传活动，协同公安等部门抓好查枪禁爆、禁毒反恐、扫黄打非工作。强化寄递渠道安全综合治理。联合市区两级检察机关落实“七号检察建议”，通过召开联席会，联合检查调研、签署承诺书、设置联络站等形式完善常态化联络联动机制，推动寄递行业安全问题治理，推动高质量发展和高水平安全同向同力、共促共进。

【夯实机关建设基础，全面提升自身综合素质】 着力加强机关自身建设，扎实推进依法治邮，为建设服务型政府提供强有力支撑。一是聚势“放管服效”改革。将“放管服效”改革作为转变政府职能的重要举措，审批备案做到专人专岗、即报即审，对符合条件的企业实行“网上办、一次办”，审批事项按时办结率保持100%。1—10月，全市共办理分支机构备案46个，平均办结时限3个工作日。加强事中事后监管，市场主体“从宽进，从严管，从实服”格局加快形成，发展活力全面释放，发展秩序更加规范。二是聚力法治邮政实施。全面运用“双随机、一公开”方式，严格执行行政执法“三项制度”，认真落实“谁执法谁普法”要求，研究制订全年执法计划，动态调整“两库一清单”，推行“初违从宽，屡违从严，轻微从教，严重从罚”的柔性执法方式，让法治邮政建设在温情监管中向纵深推进。三是聚优干部队伍建设。坚持新时期好干部标准，选优配齐科室负责人，完成干部职务职级晋升，开展干部轮岗锻炼，做好年度考核和推先推优，组织“学党史、找差距、促提升”大讨论，激励干部勤学苦练、担当作为，干部队伍结构更优、活力更强、动能更足。岗位历练和党性实践同步开展，把入户反诈宣传、防汛救灾等一线急难险重任务作为检验机关干部担当奉献精神的试金石和磨刀石，让队伍在一线经风雨、见世面、练本领、增能力，打造讲忠诚、肯奉献、勇担当、善作为的监管铁军。四是聚精机关运行支撑。立足预算支出大幅压减的“紧实际”，把“过紧日子”作为运行常态和基本要求牢牢坚持。着眼开源，积极推动地方政府落实邮政领域财政事权和支出责任，行业监管经费申请获得市政府原则同意；着眼节流，从严从实从细制订落实“紧措施”，夯实“紧责任”，实现机关厉行节约、长效常治。筑牢意识形态阵地，建强用好官网、公众号、微信群、朋友圈等新平台新载体，加强与《运城日报》、电视台等主流媒体合作推介，围绕重点工作传播行业声音，展示行业形象，不断增强行业舆论传播力、影响力、引导力。定期做好统计数据分析上报，开展行业统计专项检查，规范统计基础，提高数据质量。完成市委、市政府交办各项任务。高质量完成工会、信访、保密、公文、档案、网站管理、信息公开等日常工作，为自身建设赋能添势，夯基垒台。

（王 格）

山西交通运输

2023 年鉴

交通控股

山西交通控股集团有限公司

2022年，山西交通控股集团有限公司（以下简称交控集团）上下深入学习贯彻中共二十大精神，认真落实全省国有企业深化改革提质增效推进会议、推进交通强省建设动员大会精神，全力推动经营结构由“两条腿走路”向收费公路经营、基础设施建设、路域经济发展“三足鼎立”转型，完成目标任务，形成稳中有进、进中提质、持续向好的发展态势。

【经营质量效益迈上新台阶】全年实现营业收入526.99亿元，同比增长5.97%；实现利润总额12.69亿元，同比增长66.1%；资产负债率76.47%，较2022年年初下降0.11个百分点。交控集团坚持对标一流，紧盯突破“两线”，营业收入利润率等14项评价指标全部明显提升，其中8项指标超过行业平均水平。全交控集团综合融资利率由2021年末的4.6%降至2022年末的4.34%，下降26个基点，减少利息支出8.7亿元。

【项目建设管理展现新作为】提出“打包建设、以丰补歉，组团投资、吸引资金”理念，先后与大同、忻州、晋中、朔州、长治等市签订战略合作协议。50个在建项目顺利推进，全年完成项目投资340亿元、新签合同额288.5亿元。隰吉高速、朔神高速2个项目完成交工验收；207国道左涉新建一级公路、241国道朔州段建成通车；209国道吕梁新城区一级公路建设完成，临汾市大宁县沿黄旅游公路等4个527公里旅游公路和“四好农村路”项目通车运营。全面提升项目管理水平，路桥集团一公司、二公司取得公路工程总承包特级资质；阳蟒高速入围交通运输部2022—2023年度第一批公路交通优质工程李春奖；长临高速、运宝黄河大桥、晋中环城西路等6个项目获山西省“汾水杯”工程质量奖、“山西省优质工程奖”；监理集团在全国交通监理行业第一家获评“交通运输AAAAA级服务品质认证”。

【精细化经营服务实现新提升】标准化管理制度体系更加完善，降本增效扎实推进。积极协调银团两次降低政府还贷公路贷款利率，第一次由4.65%降至4.45%，2022年节约财务成本2.76亿元，年可节约财务成本5.05亿元；第二次由4.45%降至3.95%，2023年1月开始执行，年可节约财务成本12.49亿元。稳步推进忻州南北、大同南北和太原、晋中高速公路管理公司整合，核减机构44个、编制1032人，管养人员降至4人/公里，达到全国同行业领先水平。养护水平稳步提升，加大大数据养护决策、预防性养护力度，5年左右路龄路段养护科学决策使用率达到80%，预防性养护里程比例达到8%。加强养护工程造价审核，实施路桥隧年度定检、融雪剂集中采购和市场化购电，大力推广使用沥青就地热再生等新技术，全年养护成本降低1.88亿元。2022年，国检山西省综合排名列全国第12名，高速公路技术状况列全国第7名，分别比上年度进位13名、17名，取得历史最好成绩，跻身全国第一方阵。数字化管理扎实推进，开发智慧软件，实现外省入晋车辆快检快放。货车ETC使用率达到73.68%，全国排名第一。交控集团集养护管理、路网运行、安全应急等功能于一体的智慧运营管理平台和集路况信息等多元服务于一体的“晋e行”App上线运行，有效提升通行效率和服务水平，服务投诉同比减少30.64%。

【路域经济发展跑出新速度】狠抓资产资源盘活利用，大力发展“交通+新能源”“交通+物流”“交通+数字经济”等交通关联新业态，全年实现路域经济收入98.16亿元。制订《路域经济中长期发展专项规划（2022—2035年）》，明确路域经济发展目标任务和具体路径。大力提升服务区经营水平，建立服务区公益服务和经营服务单独运行机制。以太忻经济区“城市会客厅”“葡萄之乡”等地域文化为特色，加快推进大盂、清徐等4对服务区提质升级改造。平遥服务区获评“全国高速公路旅游特色服务区”。大力推进清洁能源发展，形成“试点先行、科技支撑，就近消纳、余电上网”的总体思路，新组建新能源公司，在太原至忻州高速公路启动全国首例路堑边坡治理及光伏发电一体化科研试验段工程，新开工建设分布式光伏电站188座，装机容量6.6万千瓦。大力推进高速公路和旅游公路、“四好农村路”

沿线充(换)电基础设施建设,在74对服务区安装179台充电桩,实现高速公路服务区充电站全覆盖。15个物流仓储分拨中心项目顺利推进。租赁土地、房屋、机械设备、通信管廊等实现营收近2亿元。山西固废资源化利用交通科技园开工建设,2万吨新型不锈钢防撞护栏生产基地即将建成投产。持续推进新能源物流平台、工程机械租赁共享平台、交通工业品数字化采购平台等新业态,累计实现交易额56亿元。积极发展ETC拓展、ETC保理、运营软件开发业务,实现收入8000万元。

【体制机制改革取得新突破】 国企改革三年行动高质量收官,市场化经营机制不断健全完善,董事任期制、经理层聘任制、员工合同制全部落实落地,所属企业班子成员绩效薪酬比重提升至80%,实现利润升薪酬升、利润降薪酬降。剥离企业办社会改革任务全面完成。扎实推进扭亏减亏三年攻坚行动,13户企业实现扭亏减亏1.14亿元,超额完成年度目标。加快提升数智化管理水平,财务管理、资金监测等7大系统建成投用。交控集团获得工信部、中国电子信息行业联合会颁发的数据管理能力成熟度(DCMM)受管理级(2级)等级证书。扎实推进资产证券化,交控生态顺利进入新三板"创新层"。加强路桥股份市值管理,总市值由2021年底67.78亿元,上升至2022年底79.36亿元,上涨17.08%。加强采购管理,完成招采金额189.2亿元,节约资金10.5亿元。全面加强精益化、规范化管理,交控集团通过ISO 9001质量体系、ISO 14001环境管理体系和ISO 45001职业健康与安全体系"三体系"国际标准认证。

【科技创新赋能集聚新优势】 持续完善创新发展体系,加强科研项目管理。全力打造一流创新平台,高标准建设智慧交通山西省实验室,按照新型研发机构功能定位,建立了现代化管理制度和市场化运行机制,多项关键技术取得突破。交科集团获批设立国家级博士后科研工作站。山西省交通安全与应急保障工程研究中心、山西省公路养护技术创新中心和山西省工业固废资源化综合利用中试基地获批建设。信通公司、高速集团、太原公司等5户企业被认定为国家级高新技术企业,交控生态公司被认定为国家级专精特新"小巨人"企业,设计院、检测公司、信通公司被认定为省级专精特新"小巨人"企业,交研公司、交安中心、新技术岩土公司被认定为省级"专精特新"企业。强化核心技术攻关,重交通超黏高韧薄层沥青复合路面关键技术等11个项目获得省部级科学技术奖。加快科技成果转化,自主研发的高速公路AI稽核大数据分析平台,实现追缴偷逃通行费9245万元;建成高速公路"一桥一档"管控平台,实现全省高速公路和国省干线公路1.7万座桥梁安全性能的数字化监管。加快推动BIM数字协同、桥隧和ETC智能检测、雾区引导防撞系统、交通安全应急保障等成熟技术的推广应用,实现"六新"收入11.55亿元。

【管理控制体系得到新加强】 全面加强内控体系、风险防控管理制度建设,进一步明确总部部室权责、规范业务流程,形成"三横三纵"全员、全过程、全链条风险防控体系。全面加强投资管理,新修订《投资管理办法》,省内投资通过以丰补歉和组团方式吸引资金,将金资公司新增业务全部转向集团内部,有效提升了投资科学性。深入开展"合同管理规范年"专项行动,经济合同、规章制度和重大决策法律审核达到100%,检查经济合同2.1万份,合同金额1240亿元。加强内部审计工作,开展各类审计16项,完成问题整改152个,规范资金7171万元。深入推进"安全生产专项整治三年行动""五大体系"建设,编制的《高速公路交通安全风险评估指南》地方标准正式实施,填补国内高速公路安全风险评估判定标准行业空白。全面启动阳泉等8对服务区危货车辆停车区扩容改造和服务区视频监控全覆盖工程,安全水平不断提升。全年排查一般隐患6687项,已整改6628项,整改率99%,无重大安全隐患,安全生产形势总体平稳。

【党建引领发展收获新实效】 坚持以政治建设为统领,认真落实"第一议题"制度,深入学习宣传贯彻中共二十大精神,确保党中央、省委关于国资国企改革和党的建设决策部署在交控集团落实落细。坚持党管干部、党管人才原则与市场化选人用人机制相结合，建立管理人员竞争上岗机制，全交控集团干部竞争上岗比例达到31%。大力培养年轻干部，提拔使用23名40周岁以下优秀年轻干部，放在关键岗位历练。加强人才引育，引进了13名博士和高级技术人才、80名专业技术人才、278名高学历人才。加强“分层式”培训，启动115名会计领军人才、200名机电和养护人员培养项目。对智慧交通山西省实验室等2个单位提级管理，实行综合管理职务和专业技术职务双轨制，提升科研人员地位和待遇。深入推进“抓党建促改革提质效”专项行动，所属3个党委、11个支部被省国资委党委选树为红旗党委、标杆党支部。深入推进党建与生产经营深度融合，深化“1235”党建工作项目化管理，立项922个，支部覆盖率达到90%。以职工代表大会为基本形式的企业民主管理制度更加完善，引领性劳动和技能竞赛活动持续开展。坚持党建带团建，交控集团团委获评全国“五四红旗团委”。高标准推进清廉国企建设，“1520”行动计划深入推进，风清气正的发展生态不断巩固。

（张泽珏）

山西路桥建设集团有限公司

2022年，山西路桥建设集团有限公司（以下简称路桥集团）深入贯彻落实交控集团各项决策部署，扎实推进生产经营、改革发展和党的建设等各项工作，取得骄人业绩。

【经营业绩指标完成情况】交控集团下达指标为：路桥集团2022年1—11月营业收入202.31亿元，实现利润总额12.99亿元。一是投入产出指标。第一，利润总额（目标值16.15亿元）。11月完成2.14亿元，环比（较10月）增加13.23%。1—11月累计完成12.99亿元，同比（较2021年1—11月）增长34.85%，完成年度目标80.41%。全年预计完成16.16亿元，完成率100.04%。交控集团外部利润总额目标值6.46亿元，11月完成1.74亿元，环比增加815.79%；1—11月完成9.71亿元，同比增长33.04%，完成年度目标150.31%。全年预计完成13.69亿元，完成率211.92%。第二，经济增加值（目标值16.50亿元）。1—11月经济增加值完成14.82亿元，完成目标89.82%。全年预计完成16.63亿元，完成率100.76%。第三，营业收入利润率（目标值5.80%）。1—11月营收利润率6.03%，较目标值高0.23个百分点。预计全年完成为5.91%，较目标值高0.11个百分点。第四，净资产收益率（目标值4.4%）。1—11月净资产收益率4.37%，完成目标值的99.32%。预计全年完成4.67%，较目标值高0.27个百分点。二是提质增效指标。第一，全员劳动生产率（目标值29.98万元/人）。1—11月完成25.05万元/人，较上年同期增长19.12%，完成目标值的83.56%。预计全年完成30.73万元/人，完成率102.5%。第二，研发投入（目标值增幅2%）。1—11月研发费12.61亿元，较上年同期增长37.07%，完成目标值的83.96%。预计全年完成值较上年增幅2%，完成率100%。第三，止损挽损（目标值3户亏损企业减亏金额1693.70万元）。1—11月盈利1772.24万元，完成率100%。三是限制约束指标。资产负债率（目标值74.61%）。11月末，资产负债率73.94%，较目标值低0.67个百分点，预计年末资产负债率74.61%以内。路桥集团制订指标为：第一，新签合同额。中标项目116个，新签合同额217.54亿元，完成年度目标的45.32%。第二，施工产值。累计完成258.3亿元，完成年度目标305亿元的85%。第三，固废综合利用。全年累计利用1187万吨，完成年度目标任务1500万吨的79%。四是路域经济营收。全年完成31.74亿元，完成年度目标任务30.6亿元的103.7%。

【着力市场开拓，构建高质量发展新格局】一是立足省内市场。紧盯高速公路、普通国省干线、三个一号旅游公路等重点工程项目，中标108国道忻州境内砂河至石岭关段改建工程PPP项目，为打造山西中部城市群发展“北引擎”做出国企担当。二是坚持“走出去”战略。成立浙江分公司、西北分公司，并以分公司为中心，辐射周边省份，加大热点区域开发力度。特别是浙江市场，喜讯频传，年初中标235国道云和段改建工程，6月初中标奉化至江山公路江山上余至大桥段公路工程2标段，合同金额约3.6亿元。

【着力主强辅优，厚植高质量发展新优势】 一是积极推进项目建设。截至11月底，公路工程投资在建项目22个，完成建安费投资127.3亿元，完成年度计划158.87亿元的80%，完成同期计划的95%；在建施工项目261个，完成施工产值253.9亿元，完成年度计划263.9亿元的96%，完成同期计划的104%。二是深化品质工程创建。依托重大项目，推进"产业化、工厂化、装配化、集约化、智能化"建造水平。持续推进隰吉、离隰高速落实交通强国建设行动计划，推动绿色公路示范工程"见成效"。以昔榆高速为载体，做好智慧建造和BIM应用，打造示范工程。以青银二广高速太原联络线为试点，打造山西省首条有"感知"能力和"表达"能力的智慧高速。三是加快产业数字化转型。立足交通主业，进一步优化产业结构，紧抓"交通行业数字化转型"机遇，规划占地4.5万亩，联合三一、徐工、宁德时代、浪潮云等龙头企业，打造以"山西数字化交通产业园"为核心项目的交通新业态集群，推动交通与新能源、现代物流、装备制造、电商平台、职业教育的深度融合发展，规划在全省范围内建设"山西路桥绿色智慧交通换电站"项目，分期、分批建设完成1000个电动重卡充换电站；合作建设全国首个交通基建工业互联网平台"路桥云洲"，助力山西数智赋能三次产业跨越发展。支持混改公司中科智信发展，重点实施"数字产业化、产业数字化"工程，探索推进数字化智慧公路工程建设，打造太行一号旅游音乐网红公路。四是围绕交旅融合发展。对标全国一流服务区"阳澄湖服务区"，依托沿线生态、文化、旅游等路域资源，规划建设太原东二环服务区"鹿泉驿站"，着力打造山西首个"交旅融合"高速公路旅游目的地。五是大力发展光伏发电业务。在全省高速公路率先实施分布式光伏发电，2022年优先选取投资收益好且无须增容的项目进行建设，规划站点117个，装机容量31.88兆瓦。截至年底，累计建成光伏电站126个，装机容量34兆瓦，发电量超6000万千瓦时，实现营收超3000万元，示范推动绿色低碳发展。

【着力高效督导，加快重点工程新进度】 一是隰吉项目。路基、路面、桥隧、交安、机电、房建、绿化工程已基本全部完成，正在推进工完场清、缺陷修复、联调联试及运营筹备工作。累计完成投资127.17亿元，完成概算投资任务127.17亿元的100%。其中2022年1—11月完成投资30.94亿元，100%完成交控集团下达的任务目标。12月底前，工完场清及收尾工程全部完成，并完成项目交工验收和运营准备工作。二是吕梁国道项目。路基、桥隧工程主体已全部完成，沥青中面层完成84%，上面层完成75%。机电工程完成总量的85%；交安工程完成总量的65%；绿化工程完成总量的65%；房建工程完成总量的75%；外供电工程完成总量的90%。累计完成投资69.86亿元，占总投资71.84亿元的97%；2022年度完成投资9.57亿元，占年度计划10.07亿元的95%。12月15日前路面面层全部完成，12月20日前房建、绿化、交安、机电基本建成，完成交工验收工作（起点到信义汇通段）。三是朔州国道项目。除受征拆影响段落外，路基、路面、桥涵工程已全部完成，累计完成投资13.52亿元，占总投资16.38亿元的82.5%；2022年度完成投资5.79亿元，占年度计划8.4亿元的75.3%。

【着力提质增效，扩大高质量发展新成果】 一是持续推进信息化建设提档升级。全面打通信息壁垒，推动信息融通，助力业务管理提质增效。聚焦"业财一体化""项目一体化"，高效打造数字一体化管理平台，强化"数字化顶层规划设计"落地实施，推动"信息化管理"向"数字化产品"方向发展，形成覆盖基础管控、主营业务、辅助管理、党建办公、支撑运维5大类信息化架构。1月18日，山西路桥数字化转型案例成功入选中国信息协会《2021中国数字化转型优秀方案集》，登上信息化观察网"2021第五届中国软件和信息服务业年度风云榜"。二是严格项目策划。科学制订计划，严格定额管控，坚决杜绝项目管理费、临时设施费等超预算，确保目标利润的实现。严格预算管理，全面压降财务和人工成本，压缩非生产性支出。严格集中采购，充分发挥规模优势，继续扩大集采、统供范围，提高主要材料、服务类项目集采率，切实保障质量、降本增效，截至11月底，集采金额68.11亿元，节资2.04亿元，节资率%。严格成本核算，保证收入成本及时入账，缩小财务账面收入与工程产值之间差距。严格资产管控，强化资产的“基础、经营、数字、考核、评价”全寿命管理，全方位推动有形资产、无形资产的“集约化、数据化、共享化”。严格财务管控，建立从预算审批、业务申请、会计核算、资金支付的全业务链条标准化流程，构建业财融合财务报告分析体系，提高财务集中管控质效。

【着力科技创新，释放高质量发展新动力】一是营造良好环境，助力技术发展。构建技术标准体系，开发技术管理平台，建立技术专家库。完成492项一般科技研发项目立项，计划经费15亿元。二是聚焦施工工艺，加快落地实施。持续推进企业施工工艺标准化提升行动，完成“百项工艺”剩余50项标准的编制、发布；稳步推进地方标准编制，发布2项省级地方标准。三是立足自主创新，加大“四新”应用力度。11项技术工法通过中国公路建设行业协会工法技术鉴定，发布94项QC成果及质量信得过班组，推荐省部级QC88项，班组6项，夯实“技术路桥”基础。四是立足山西资源大省省情，掀起固废资源化利用革命性运动，与省产权交易中心共同搭建山西首个“再生资源碳交易平台”，在文水投资建设“山西固废资源化利用交通科技园”，主要开展小型预制构件生产及基质沥青存储等业务；自主研发“路桥生态水泥”，年量产销售20万吨以上；联合固废产出企业和科研院校机构，因地制宜对煤矸石、CFB灰渣、铁尾矿等工业固废资源，开展标准化、规模化、产业化利用，2022年以来推广使用1187万吨，累计推广使用4000万吨，致力在全行业打通固废资源利用产业链、创新链、价值链。

【着力产融结合，创新高质量发展新举措】一是积极推行多元支付业务。储备多元支付业务授信额度108.21亿元，本年累计开具银承、商票等39.2亿元，开具数字债权转让凭证2.85亿元，有效缓解资金压力。二是持续推进权益性融资业务。截至2022年11月，累计完成权益融资业务31亿元，有效优化资产负债结构。三是控制贷款规模，降低资金成本。完成项目贷款本金共66.7亿元的置换工作，一年期、三年期流动资金贷款利率及30年项目贷款利率均创新低。截至11月底，路桥集团债务性融资加权平均成本降至4.19%，较2021年底（4.49%）降低30个基点。四是创新融资模式。6月10日，成功发行山西省首单乡村振兴债——22晋路桥SCP001（乡村振兴），金额10亿元，期限180天，利率2.9%，创集团发债以来成本新低，发行首单科创类中期票据，利率3.5%，创同种债券利率新低。落地山西省内第一笔基础设施投资基金，用于离隰高速项目资本金；以股权投资的方式落地6.9亿元基础设施投资基金，用于忻州国道项目公司资本金。

【总体布局，实施战略性举措，建立现代企业新格局】一是加快产业重组，巩固发展基础。战略性安排产业布局，不断优化“两主两辅”。二是用好“第一资源”，打造人才高地。启动“三个一百”人才计划，建立高校人才招聘联络机制，开辟综合管理和专业技术人才管理“双通道”等措施，近年来吸引和延揽1000余名高校和社会人才加入。三是精简组织机构，实现瘦身健体。实施“六定”改革，精简机构、人员，扁平化管理二级企业。四是推进战略合作。坚持“对标一流、合作共赢”的原则，与文水县政府、省产权交易中心、浪潮云公司、汾阳市人民政府、北京林业大学、北京市农林科学院等政府、高校、企业签订战略合作协议，进一步扩大“朋友圈”，逐步构建战略协同发展格局。

【创新引领，深耕精益化管理，激发提档升级新动力】一是完善制度顶层设计，夯实现代企业治理基础。实现制度体系5.0升级、优化80余项核心流程。二是转变经营管理理念，建立成本精细管控体系。以成本管控为核心，以全面预算管理为主线，充分发挥成本控制、财务共享、招标采购等业务中心职能。三是加快信息化提档升级，聚合赋能管理新动力。高效建成“数字一体化”平台，建立数智管理中心，上线运行35个管理系统、350余项关键流程。

【深度聚焦，深化三年期改革，开辟快速发展新赛道】高质量推动150项改革任务落地见效，三年行动以来，资产总额突破1100亿元，产值连年保持300亿元以上，利润总额增至15亿元以上，在岗职工人均年收入增至9.52万元，达到省属企业中上游水平，为打造“管理科学、经济坚实、文化先进、职工幸福”的新路桥夯实基础。

【增强政治意识，提高站位抓落实】一是明晰重大决策权责。严格执行党委会、董事会、经理层议事规则和“三重一大”前置研究程序，制订《在完善公司治理中加强党的领导的实施细则》《重大决策法律审核管理办法》，修订“三会”议事清单和法律审核前置事项清单，制度体系完成5.0升级。提醒督办党委、董事会研究决策事项386项，有力保证各项决策部署贯彻执行。二是突出狠抓责任落实。印发《落实全面从严治党主体责任2022年任务安排及工作要点》，与39家二级党组织签订目标责任书，出台指导手册6本、工作要点49项。调整完善《党委及其成员落实全面从严治党责任清单》，修订《党建工作责任制考核办法》，召开季度分管副书记例会、党建交流会。保质保量完成深化改革三年行动全部目标任务。三是健全追责问责体系。制订《2022年度政治监督专项检查工作方案》，具体化常态化开展政治监督。按季度分析研判总结，建立规范有序的责任追究工作机制。

【夯实理论武装，树立标杆抓巩固】一是全面落实“第一议题”制度。发挥党委会、中心组领学促学作用，全年组织学习14次，学习研讨4次、读书会2次，开展作风建设专题学习2次；领导班子成员深入基层联系点50余次，包片督导重点项目60余个，宣讲21次；二级企业累计学习2600余人次，切实将学习成果转化为攻坚克难、干事创业的强大动力。二是深入开展中共二十大精神宣讲。制订学习宣贯方案，组建宣讲队伍，开展实施系列活动。开展党委书记党课宣讲、主题征文、专栏专题宣贯、书画摄影展等活动。组织两场中共二十大精神线上培训，受众638人次，切实把中共二十大精神落实到交控集团高质量发展各方面。三是建立党史学习教育长效机制。深入贯彻落实《省委推动党史学习教育常态化长效化的若干措施实施方案》，开展“新思想在山西”基层宣讲，深入推行“一线工作法”“限时办结制”“重点项目包片督导”等工作机制。党支部书记讲党课556次，党支部学习1250次，形成长效机制27项，获评省总工会、黄河新闻网“优秀组织单位”，有效推动党史学习教育落实落细。

【规范组织建设，凝心聚力抓深化】一是建强组织体系。制订印发《加强项目党支部建设指导》意见，组织两轮项目党支部建设工作专项检查，动态调整设置党的组织，理顺党组织隶属关系。获评交控集团“红旗党委”1个、“支部党建工作示范点”3个、“标杆党支部”5个，路桥集团党委被评为“党建工作示范点”。二是深化“赛马”机制。按照“352”标准对发展对象量化管理，不断优化党员队伍结构。全年发展党员65人，生产一线占62%；35周岁以下青年占50%。三是巩固党建成效。全年192个党建项目实现“全覆盖”，4个党建项目在交控集团终审中获奖。聚焦太原联络和忻州108国道两个建设项目，着力打造太忻经济一体化南北两个“红色引擎”。省委《前进》杂志刊发《信息化赋能一流企业》主旨文章，企业改革发展成果有效检验党组织的凝聚力和战斗力。

【强化队伍建设，激发活力】一是坚持党管人才不放松。修订《企业领导人员管理办法》等制度，制订年轻干部选拔培养方案、后备干部培养方案、人才培养方案。扎实开展年轻干部双向交流轮岗和实践锻炼，举办组织人事干部业务提升培训，提高干部的工作质量和能力水平。二是抓实“引育用留”创举措。制订《人才培养管理办法》等多项制度，建设“六类”人才库。上线干部综合管理信息系统，实现了干部、人才全过程管理。三是深化“三项制度”提质效。启动薪酬制度改革，实施全员绩效考核，推动薪酬分配与业绩贡献挂钩。上线组织人才信息系统，以信息化赋能人才工作，畅通人才成长路径。

【持续正风肃纪，深化全面从严治党】一是全面建设“清廉国企”。专题研究党风廉政建设工作6次，制订《“廉洁路桥”建设实施方案》《行动方案》，组织召开专班工作推进会3次，印发《全面建设清廉国企2022年工作要点》。完善“廉洁路桥·违纪风险大数据研判平台"建设,为全面建成清廉国企打造"智慧大脑"。二是切实提升监督效能。"清单式"精准有力开展政治监督,编制《政治监督工作导引》。梳理99项职责,强化对"一把手"和领导班子的监督,"一对一"细化联动监督。三是持续营造"气正风清"。持续加固中央八项规定精神堤坝,不断纠治"四风"。两节期间发现问题270项,下发整改通知书104份,均督促整改到位。利用"空中课堂"线上直播培训17场、受众1496人次,进一步强化廉洁文化建设。

【党建带领群建,群团工作抓创新】一是建强新闻宣传矩阵。印发工作要点,制订宣传方案,组织专题培训、开展宣传活动。审批备案新媒体平台26个,整合清理23个。累计发稿1052篇,官网浏览量达到148万人次,省级及以上主流媒体刊发稿件619篇,"山西路桥"社会关注度、品牌影响力显著提升。二是完善路桥文化体系。印发路桥集团《企业文化手册》,优化升级企业视觉形象识别体系,推进建设"品质·先锋"企业文化展厅,设计推出"山西路桥"品牌卡通形象"晋路路",树立起"山西路桥"品牌形象。三是夯实群团基础工作。坚持党建带工建、团建,开展劳动技能竞赛,组织"安康杯"竞赛,深化"一会一品""结对帮扶"活动,推广"必谈必访"工作机制,举行团委换届、"五四"表彰。举办共青团干部业务提升培训班、主题征文、演讲比赛和"号岗队手"创建活动。四是维护安全稳定大局。认真落实议稳制度,研究安全稳定工作4次,意识形态工作3次,常态化做好网络舆情、意识形态、统战、信访工作,切实维护交控集团稳定发展大局。

(刘　扬)

山西省交通开发投资集团有限公司

2022年,山西省交通开发投资集团有限公司(以下简称交投集团)上下坚持以习近平新时代中国特色社会主义思想为指引,深入贯彻中共二十大精神、全省国有企业深化改革提质增效推进会议、推进交通强省建设动员大会精神,全面落实交控集团"三足鼎立"发展战略,进一步深化改革创新,经济运行的质量和效益、重点项目建设、路域经济发展、国企改革三年行动、提质增效、安全生产、风险防范以及党的建设等各项工作都取得一定成绩,完成全年目标任务。

【经济运行质量效益稳中提升】全年实现营业收入20.38亿元;实现利润3.61亿元;全员劳动生产率41.47万元/人·年;资产负债率56.34%,均完成目标任务。坚持对标一流,紧盯突破"两线",对标高速公路行业绩效评价标准,盈余现金保障倍数1项指标超过行业优秀水平,两金占流动资产比重、成本费用利润率、现金流动负债比率等3项指标超过行业平均水平。

【重点项目建设速度加速推进】黎霍高速"平安百年品质工程"、晋阳高速改扩建示范项目、龙城服务区"山西首个开放式智能化服务区"正加速推进。全年完成项目投资79.74亿元,新签合同额5.46亿元,工程营收额4.3亿元,工程建设质量、安全、进度按计划全面完成,得到上级部门肯定。

【路域经济蓬勃发展】全力推进新能源业务发展,率先完成长治服务区西区、高平服务区东区2座LNG加气站建设工作。大力推进充(换)电站基础设施建设,实现所辖服务区充电站全覆盖。完成太长高速沿线5对服务区餐超汽和加油站新一轮招租工作。创新搭建"交投优选"平台,精选众多绿色健康农副产品入驻服务区、汽车站和办公园区,进一步丰富经营业态。搭建"凤凰云学堂"线上培训平台,实现凤凰山实训基地线上+线下培训模式联动发展。各非路单位主动投身市场,积极参与竞争,呈现良好发展势头。全年路域经济营业收入达3亿元,高质量完成交控集团下达目标任务的150%,路域经济逐步成为交投集团高质量发展的新引擎。

【改革创新取得新成效】国企改革三年行动高质量收官,市场化经营机制不断健全完善。董事任期制、经理层聘任制、员工合同制全部落实落地。"党建进章程"、董事会"应建尽建"、外部董事"应配尽配"和外部董事占多数全面落实;建立董事会向经理层授权管理制度,全部实现经理层契约化和任期制管理。扎实推进扭亏减亏攻坚行动,年度4户企业扭亏减亏任务完成，全年减亏额项目全周期数智化管理，成功取得国家软件著作权登记证书。“高速公路改扩建关键技术和工程示范”及“公路沥青路面就地热再生关键技术研究”项目研发任务完成并顺利通过验收。

【成本管控成效明显】 完成忻阜、高新及太长高速存量贷款79.69亿元的降息工作，年均压降42个基点，年节约财务成本3103万元。黎霍高速建设期贷款利率及项目贷款利率均压至3.15%~3.29%，压降50~86个基点，年节约建设资金1697万元。成功发行票面利率为2.39%的超短期融资券20亿元及票面利率为3.1%的中期票据3亿元，发行价格创山西省近一年同期限产品的历史最低。交投集团综合融资利率4%，比年初下降44个基点，节约财务费用8605万元。

【风险防控能力加强】 全面加强内控体系、风险防范管理制度建设。深入开展“合同管理规范年”专项行动，经济合同、规章制度和重大决策法律审核达到100%。加强内部审计工作，开展内部审计18项，完成问题整改23项。深入开展“安全生产专项整治三年行动”和安全生产“五大体系”建设，不断夯实安全责任体系。建立健全全员安全生产责任制，以责任制倒逼责任落实。全年隐患排查983项，治理983项，整改率100%，安全生产形势稳定可控，未发生安全生产责任事故。

【党建引领发展取得实效】 坚持以政治建设为统领，认真落实“第一议题”制度，深入学习宣传贯彻中共二十大精神，确保党中央、省委关于国资国企改革和党的建设决策部署在交投集团落实落细。深入开展抓党建促基层治理能力提升、党支部“过筛子”、基层党建强基提质行动。黎霍公司党委被省国资委选树为红旗党委，太长公司武乡收费站党支部被交控集团授予“标杆党支部”称号。深化“1235”党建项目化管理，交控集团2021年度表彰的30个党建项目中，交投集团获一等奖2个、二等奖2个、三等奖1个。根据“1520”行动计划，高标准推进清廉国企建设，全交投集团风清气正的发展生态不断巩固。

（韩　涛）

山西省高速公路集团有限责任公司

2022年，山西省高速公路集团有限责任公司（以下简称高速集团）高速集团上下深入学习贯彻中共二十大精神，以实干开路、用奋斗开局、凝心聚力、团结奋斗，坚决落实交控集团和董事长武艺“全力推动经营结构由‘两条腿走路’向收费公路经营、基础设施建设、路域经济发展‘三足鼎立’转型”部署要求，紧扣高质量发展目标，大力实施“12361”工程，坚定不移推进经营发展、项目建设、高速运营、路域经济、深化改革、安全生产等各项既定任务的落实落地，实现了经营质效稳步提升、路域经济重大突破、安全生产态势平稳扎实有力的良好发展格局。

【聚焦年度目标，经营质效再上新台阶】 始终坚定经营目标不动摇，全力以赴保营收、促增长，实现总收入20.43亿元，其中：营业收入19.1亿元，同比增长1.64%；利润总额4.59亿元，同比增长41.46%，完成年度目标的139%。始终坚持对标一流，持续强化提质增效，扎实推进扭亏减亏，净资产收益率等各项指标均得到大幅提升，全面完成交控集团下达的各项经营考核指标，在交控集团2022年度目标责任考核中获评“先进单位”，高速集团高质量发展态势强劲。

【聚焦项目支撑，投资项目建设稳步推进】 始终坚持“项目是第一支撑”，以高质量项目建设支撑全方位高质量发展。全速推进朔神项目建设，围绕“平安百年品质工程”工作部署，安全生产和项目建设，全年完成投资8.94亿元，按时完成全部建设任务，顺利实现交工验收。房地产项目努力克服行业下行压力、道路改造封闭等不利因素，抢进度、抓质量、保安全、控成本、促销售，全年完成投资2.8亿元，一期主体结构完成85%，取得所有楼栋商品房预售许可证，销售货值9976万元。积极筹划储备项目，重点跟进风陵渡黄河大桥、离石至碛口等新建高速项目，研究长临、灵山路产并购思路，持续探索壮大资产规模实施路径。

【聚焦运营管理，经营服务水平持续提升】落实"五大"行动，围绕科学决策、日常管理、联网收费、考核评价等运营管理重点，优化完善制度流程体系，提升高速公路运营服务水平。开展多种形式联网收费稽核，追缴逃漏费车辆25588辆、追缴通行费179.91万元，有效保障通行费收入应征不漏。大力开展预防性养护，精准实施修复性养护，扎实推进路域环境整治，路况指标大幅提升。平榆、大成、吕环PQI指标分别提升至91.11、92.19、92.61，吕环公司排名从全省第31名上升至第4名，高速公路本质安全水平得到大幅提升。全面实施一公司一监控集中监控模式，437路高清视频图像全部接入省高速公路视频云平台，通行效率和服务水平得到有效提升。持续优化服务区功能，完善服务区设施，服务品质和能力得到有效提升。

【聚焦"三足鼎立"，路域经济发展取得实质性突破】坚持把培育发展路域经济作为落实经营结构由"两条腿走路"向"三足鼎立"转型发展突破点。太原公司以内部业务为依托，大力拓展外部市场，全年实现营业收入2.78亿元，实现利润1434.36万元，实现外养护作业收入超过内部收入。提升电力设计施工资质，具备电力工程设计施工一体化能力，电力拆改、新建工程实现营业收入6503.77万元，50天内完成全省60对服务区的电力增容工程，在交控集团树立良好形象。交融公司重塑发展定位，积极发展高速沿线加气、充电、光伏发电项目，龙门、杨家湾、郝家庄3座加气站全部完成建设任务，取得土地手续。完成了38.97兆瓦分布式光伏发电项目投资备案，1.66兆瓦光伏面板安装，工程施工稳步推进。武宿充电站开通运营，成为交控集团首个开通运营的充电站，为交控集团盘活高速沿线闲置土地资源作出有益尝试。平榆、吕环、大成等5个站区充电站均已实现开通，全年高速集团路域经济整体实现营收1.79亿元，完成年度目标179%。

【聚焦国企改革，价值创造能力显著增强】坚持以深化改革为动力，以提质增效为目标，持续提升价值创造能力。扎实推进国企改革三年行动收官，各项改革任务基本完成，高速集团董事会规范化建设和太原公司综合改革专项案例被省国资委收录。探索实施预算"切块包干"改革，全面预算管理在经营管理、成本管控中的作用得到有效发挥。积极推动贷款利率下调，年节约财务成本2360万元。争取税收优惠政策，增值税留底退税1.35亿元、减免各类税款703.83万元。坚持"科技兴企"发展理念，积极探索建立科技创新考核机制，全年研发投入786万元，申报发明专利4项、取得实用新型专利5项。太原公司顺利通过省级"专精特新"和国家高新技术企业认定，成功入库省2022年第七批科技型中小企业名录。初步建设公司数智化管理平台，推进信息化管理向数字化管理转型，合同管理系统和固定资产管理系统已上线进入试运行。注重"一企一策"分类考核，构建"业绩为主、精准考核、刚性兑现"的考核导向，引入指标基准分级，建立3档业绩目标"摸高"机制，完善经营指标动态监测机制，充分发挥经营业绩考核的激励作用。

【聚焦风险管控，生产经营保持平稳态势】牢固树立风险意识、底线思维，强化风险防范化解，高速集团发展保持平稳态势。完善安全管控体系，认真落实安全生产责任制，全年未发生安全生产责任事故。持续推进安全生产标准化达标建设，高速集团总部取得"交通运输企业安全生产标准化达标建设一级证书"，所属运营公司全部完成安全生产标准化达标建设，取得一级证书2个，二级证书2个。持续加强投后管理，完成3个股权投资项目年度后评价自评，充分发表意见，维护高速集团合法权益。深入推进依法治企，构建起"1+6"合规管理制度体系，高质量完成合规建设试点任务。深入开展"合同管理规范年"专项行动，三项法律审核达到100%。开展法律纠纷案件跟踪管理工作，挽回经济损失2723万元。充分发挥审计作用，全年实施各类审计28项，挽回直接损失41.9万元。坚持党管信访原则，逐级压实责任，扎实做好信访工作和网络信息安全工作。

【聚焦党建引领，不断夯实高质量发展根基】始终坚持把党的政治建设摆在首位，把迎接中共二十大胜利召开和学习宣传贯彻中共二十大精神作为全年工作主线，认真落实“第一议题”制度，纵深推进“新思想在山西”宣讲活动，推动中央精神、省委部署、交控集团安排。高速集团的举措深入基层、深入一线、深入职工。以提升基层治理能力和经营能力为重点，一体推进基层党组织强基工程和所属公司法人治理结构健全完善，选优配齐所属公司领导班子，完成3户经营性企业外部董事的配备，所属公司的经营发展能力得到增强，太原公司党委获评交控集团“红旗党委”。扎实推进岗位大练兵活动，职工队伍业务素质和工作能力得到双向提升。全面落实从严治党要求，聚焦重点事项和关键领域，推动清廉国企建设、全面从严治党持续向纵深延伸，良好政治生态得到持续保持。工会组织活力全面激发，所属各公司全部建立健全工会组织机构，实现工会组织全覆盖。成功创建交控集团“工会党的创新理论宣讲示范站（点）”2个、“职工（劳模）创新工作室”1个、“妈咪小屋”2个、交通部验收合格“司机之家”2个。高速集团所属各公司获评“优胜项目”“工人先锋号”“巾帼先进集体”等先进集体荣誉8个，获评“模范职工”“交控工匠”“先进工会工作者”“巾帼先进个人”等先进个人11名。高速集团工会被授予“模范职工之家”“巾帼先进集体”等称号。

（郭晓磊）

山西交通科学研究院集团有限公司

2022年，山西交通科学研究院集团有限公司（以下简称交科集团）全体干部职工在交科集团党委坚强领导下，迎难而上、实干笃行，以超常决心、超常措施、超常努力，推动生产经营工作在爬坡过坎中实现量的合理增长和质的有效提升。全年完成营业收入29.57亿元，实现利润4.32亿元，顺利完成年度目标任务，高质量发展取得新的积极成效。

【顶住压力、迎难而上，生产经营稳中有进】交科集团紧紧围绕交控集团“三足鼎立”新发展格局，以一体化协同发展为抓手，克服重重困难，推动生产经营效益稳步提升。一是市场布局持续优化。统筹省内外两个市场，全年新签合同1349项，合同额31.2亿元。东北、华中区域经营中心挂牌运营，覆盖全国的6个区域经营中心布局顺利完成，全年承揽省外项目93项，合同额2.3亿元。省内市场进一步巩固，省内交控系统外新签合同342项，合同额6.44亿元。行业外市场加快拓展，全年新增非公路行业资质12项，承揽项目306项，合同额3.24亿元，同比增长125%。二是路域经济强势起步。发挥高端智库作用，牵头成立总体规划设计、智慧交通及科技转化工作专班，编制交控集团《路域经济中长期发展规划》《山西省新建（改扩建）高速公路路域经济配套基础设施规划设计指南》，以及边坡光伏系统等10个专项产业发展方案，助力交控集团构建路域经济高质量发展产业链。扎实开展具有交科特色的路域经济“八大行动”，以太忻高速光伏发电项目为代表的重点项目快速推进，全年完成路域经济收入20.48亿元，完成率136.5%。三是协同优势充分发挥。依托省外区域经营中心，各板块协同作战，先后承揽甘肃省西和至宕昌高速公路初步设计、黑龙江省山河至哈尔滨高速公路交安工程等一大批优质项目。省内以EPC模式中标61对服务区消防改造工程总承包项目，15对服务区公共卫生间、6对服务区“司机之家”、11对服务区消防设施和场区给排水管网改造总承包项目，各板块一体化协同发展意识和能力稳步提升。

【产研融合、双向赋能，创新驱动成效显著】交科集团持续加大科技研发、平台建设、成果转化力度，创新工作实现从任务型、基础型向应用型、需求导向型的转变，从传统技术型向智慧型转变，从单一、单向型向集群化赋能全产业链的转变。一是科研实力持续增强。全年投入科研经费2.71亿元，同比增长29.67%。新立各类科研项目61项，其中国家基金项目1项，省部级项目6项；授权专利148件，其中发明专利40件；获得软件著作权19件；立项各类标准18部，其中地标12部、团标6部；发布各类标准19部，其中地标8部、团标11部；获得省级科学技术奖励7项，其中“桩承式路基沉降分析理论与控制关键技术”获评省科学进步奖、一等奖。交科集团聚焦市场需求，研发出一批推动工程项目降本提质的技术成果，低碳耐久型防撞护栏全国首次通过全系列全车型实车足尺碰撞试验，全寿命周期成本较传统护栏降低60%；改扩建工程填方路基拼宽桩接盖梁式桥台技术，单个桥台节约成本100万元以上；全固废类采空区注浆充填技术相较传统注浆材料可缩减处置成本50%以上。二是平台建设提档升级。智慧交通山西省实验室通过省长办公会审议，是全省首个正式获批建设的省实验室；山西省道路交通标准化创新基地获批筹建，山西省公路养护技术创新中心获批建设；交科集团总部获批设立全国博士后科研工作站。所属5户企业入选省级“专精特新”中小企业、2户入选专精特新“小巨人”企业，2户入选“科技型中小企业”，4户企业通过高新技术企业认定，1户企业认定为山西省工程研究中心。三是成果转化提质扩面。“晋e行”公众出行平台累计用户突破120万人次；ETC智能检测系统在78条高速公路、212个收费站、550个门架系统进行检测应用；高速公路AI稽核大数据分析平台精准识别偷逃通行费用1.5亿元，挽回经济损失9000余万元；交通基础设施数据库涵盖全省15248座桥梁、873座隧道、2950处自然灾害风险数据；高速公路结构层厚度与病害检测装备已采集580公里雷达数据；BIM技术施工管理系统应用于祁离、昔榆等多个公路工程项目；工程建设信息化管理系统在汾石高速上线运行。国内首套可同时加工工业盐和海盐的全自动化环保型融雪剂生产线投入使用，已生产产品12000余吨；环保型彩色路面成套技术在左云长城一号线旅游公路转化落地，累计完成产值超过1500万元。全年“六新”收入突破6亿元，同比增长71.4%。

【深化改革、提质增效，治理能力不断提升】交科集团始终把深化改革作为推动高质量发展的关键一招，深入推进国企改革三年行动，企业治理体系和治理能力现代化水平稳步提升。一是治理结构不断完善。进一步规范董事会建设，配足配强所属企业外部董事，完善专门委员会制度体系，董事会定战略、作决策、防风险能力稳步提升。全面推行经理层成员任期制和契约化管理，生产经营内生动力有效激发。二是资源配置持续优化。优化调整勘察设计业务管理模式，发挥集团勘察设计双资质及科技创新优势，形成对外优势互补、协同发展、适度竞争的良好局面。稳步推进“处僵治困”工作，完成2户企业清算注销，“三供一业”顺利移交，房屋产权登记确权颁证清零行动20项任务完成，有效为企业减压降负。三是内控管理全面加强。完善成本管理组织体系，项目成本全过程闭环管理进一步增强，成本费用利润率处于行业优秀水平。推行物资设备和服务集中采购，采购成本降低5.2%。推进管理流程标准化建设，全面梳理45项工作流程，优化56项标准体系框架，初步建立运转高效的流程管控体系。

【坚守底线、筑牢屏障，风险防控持续加强】交科集团始终把风险防范工作摆在突出位置，抓紧抓实各项防范措施，为高质量发展奠定良好安全基础。一是风险防控能力整体提升。出台《全面风险管理办法》，强化董事会领导下的全面风险防控三道防线工作职能。认真开展安全生产3个专项行动，全员安全生产意识进一步提高。推进安全生产标准化建设，所属交通新技术公司成功通过交通运输企业安全生产标准化建设一级认证。做好债权债务管理，2022年存量贷款综合利率降至3.55%，创交科集团成立以来新低。积极拓展融资渠道，支持所属企业生产经营周转资金近1.2亿元。二是合规体系建设有序推进。出台《合规管理办法》，强化合规管理、内部审计、责任追究、三项法审、授权管理等风险防控机制建设。制订《领导干部党纪国法教育和依法治国依规治党教育学习计划》，健全法纪宣传教育机制，提高党员干部依规依纪依法办事能力。出台《担保管理办法》及《捐赠管理办法》，规范担保及对外捐赠行为，切实维护国有股东权益。

【固本培元、守正创新，党建引领贯穿始终】交科集团始终坚持培根铸魂，切实把加强党的领导体现和落实到交科集团改革发展全过程。一是充分发挥党的领导作用。严格落实党委会前置研究程序，前置研究讨论重大事项75项，有效发挥党委“把方向、管大局、保落实”的领导作用。认真落实《国有企业基层组织工作条例》，充分运用党建信息化平台，以“1235”法加强党建项目化管理，其中两个项目分获交控集团党建项目化成果验收一、二等奖，推进党建工作与生产经营深度融合。围绕关键节点积极开展新闻宣传工作和意识形态分析研判，牢牢掌握意识形态话语权和主动权。二是切实加强人才队伍建设。建立公开透明、竞争择优、能上能下的选人用人机制，全年提拔干部14名、重用11名、调整1名。完善人才引进机制，全年招聘高素质人才204人，采取“一人一策”“一事一议”的方式，引进博士11名，急需紧缺人才1名，柔性引进交通运输部公路科学研究院首席工程师王华牢博士担任智慧交通山西省实验室特聘专家。开发交科集团人力资源信息系统，充分发挥对人才工作的数智支撑作用。三是全面激发工团组织活力。成功创建1个省级、1个省交通运输系统和3个交控集团“职工(劳模)创新工作室”，累计创造经济效益1亿余元。高速集团团委获评交控集团“五四红旗团委”，4名职工分别获评“山西省五一劳动奖章”“山西青年五四奖章”“三晋工匠”提名奖和“山西省三八红旗手”，多个集体和职工获评行业和交控集团巾帼奖、岗位能手、模范职工等各类荣誉，学习先进、追赶先进蔚然成风。四是深入推进清廉国企建设。实施“人文式”监督，开展家庭助廉活动，通过上门家访领导干部及家属等方式，做到监督关口前移、事前预警。实施“探头式”监督，紧盯大额资金支付和资产交易、招采、项目管理等重大事项，紧盯干部作风、公车管理、企务公开、节假日等重点领域、关键节点，深入开展监督检查，推动纠治“四风”常态化长效化。实施“前置式”监督，加强廉洁警示教育，引导党员领导干部廉洁行权、干净干事，筑牢企业健康发展基石。

(张晓婧)

山西交通物流集团有限公司

2022年，山西交通物流集团有限公司(以下简称物流集团)面对全面止损扭亏的迫切形势和持续稳定发展的重大任务，在交控集团党委坚强领导下，坚持以习近平新时代中国特色社会主义思想为指导，深入贯彻中共二十大精神，全面落实省委、省政府决策部署以及交控集团党委各项工作要求，主动服务交控集团工作大局，助力“三足鼎立”转型战略，持续深化“155”战略工程目标，推动企业发展质量提升、效率提升、动力提升，不断激发主辅业创新活力，担当作为、奋力前行，找到解决问题的办法和路径，增强战胜困难的信心和决心，完成年度主要目标任务，顺利实现企业扭亏为盈，物流集团各项工作稳步迈上新台阶。

全年营业总收入累计完成5991万元，利润总额累计完成4868万元，经济增加值累计完成2840.28万元；营业收入利润率水平为81.26%，净资产收益率累计完成值为9.2%，全员劳动生产率49.37万元/人，年度研发投入131万元；完成减少2户亏损企业目标，与上年同期相比实现扭亏1448.77万元，完成年度减亏目标额117.14%；全年资产负债率为12.04%。

【聚焦主业发展，全力承接集团转型战略】 强化交通物流仓储主业发展，做到与交控集团经营发展目标精准合拍。对接省交通运输厅、省自然资源厅等上级部门，争取到全省首个存量交通运输用地5年期过渡政策。积极协调太原市规资局，完成项目土地划转事宜公示，启动不动产预告登记证书申办工作。探索政府还贷高速公路路网服务功能——应急物资储备库建设，为规范交通物流产业项目实施打下基础。积极探索物流分拨中心建设运营，推进高速公路“项目+资源”经营模式落地，启动太原、大同、吕梁、晋中、运城等地交通物流产业项目15个，完成投资2290万元，实现主业营收入账。推进开闭所换热站工程，供配电、供热及燃气等工程进度达到90%以上，累计完成投资4096.95万元。开发建设“物流驿站”“司机之家”，率先在薛公岭降温池、太佳省界收费站两地运营。

【深化企业改革，推进重点领域纵深发展】 抓住全省深化国企改革的重大机遇，做到与自身生产经营实际精准契合。全面落实国企改革三年行动目标任务要求，梳理深化改革9个模块、36项重点任务、74项具体措施。坚决贯彻扭亏减亏三年攻坚行动要求，制订实施方案明确扭亏减亏工作责任领导、扭亏路径等，2户企业全部实现扭亏为盈。完成所属招标公司、和谐公司股权转让工作，划转承接交控集团所持汾平公司参股股权，构建扁平化管理架构。创新形式建立领导班子成员联系点和总部各部室负责人包片工作机制，推动企业经营管理水平不断提高。建立“六定”改革长效机制，完善5户企业法人治理结构，全部实现董事会应建尽建及法人变更，17名经理层成员签订“两书一协议”。

【深耕能力提升，切实推进经营管理创新】 全面对标内外部经营管理先进经验，做到与业务流程方法精准对接。坚持开展每周经营业务推进会，针对业务作重点研判和部署，鼓励企业多方面拓展收入。加强与央企、头部物流企业的战略合作，通过项目合作、产业共建等方式，引导重点物流项目落地。积极前往系统内先进企业对标交流，重点围绕业务需求、提升服务等方面，探索业务发展新思路。前往山东高速集团、河北交投集团，进一步厘清重点业务优化方向，为后续发展提供参考和支撑。规范工程项目建设管理程序，下发《关于进一步规范工程项目计量管理工作的通知》。健全财务管理制度，积极完善资金管理、担保管理、债权债务清收管理等方面的规章制度，共计申请增值税增量留抵退税276万元。充分发挥审计监督职能作用，全年共审核合同128份，审核各类制度16项，审核重大决策56项，三项法审率达100%。开展物流集团主要领导任中经济责任审计、所属企业领导人员经济责任审计等项目，对企业经营管理风险做到有效防范。严格落实安全生产主体责任和“一票否决”制，开展安全生产专项整治三年行动和安全生产大检查大整治大提升专项行动工作。推进“安全应急智慧管理系统”“安全教育培训系统”应用，提升安全管理人员能力水平。建立健全采购管理组织体系，制订集采目录，完成招标采购计划7项。规范公务用车管理，建立规范公务用车的管控机制，费用支出明显降低。

【稳健发展业务，加快市场份额持续扩张】 谋划所属企业主辅业目录，为物流集团五大产业发展提供经营支撑。支持所属企业完成经营范围变更、增资、注册资本金实缴等决策事项5项。全力支持招标代理业务，持续提升经营管理水平，全年完成招标代理项目1168个，实现营业收入1233万元、利润779万元，实现交控集团体系内招标代理服务费降本800余万元。中标公路养护、安检配套、服务区卫生间改造、交安设施精细化提升工程等项目4105万元。开展融雪剂、交安设施材料、应急物资采购项目1325.8万元。拓展车辆租赁业务36台(套)，中标机械租赁项目240.94万元，总台数达到114台。

【积极开拓市场，持续拓展新利润增长点】 引入战略投资启动科技物流板块公司的设立工作，构建“线上一平台、线下一张网”的立体交通物流综合服务体系。积极推进大宗物资沥青材料经营业务，与晋中公路局、中铁三局离隰项目、太原西北二环项目达成2023年度总量3~4万吨沥青供货意向。中标运城北高速公路侯禹段交通安全设施精细化提升工程，合同总金额2249.2万元。建设资源再利用基地项目，通过加工、改造等方式实现路段公司废旧资源再利用。与山西四和公司签订国道线缆采购合同3750万元。与海南傲振飞创科技有限公司达成150万元镀锌钢管的采购意向。

【强化责任担当，全面加强党的政治建设】 认真落实“第一议题”制度，中心组全年学习15次，交流研讨4场。制订《党委会议前置研究讨论事项目录清单》三类31项，前置研究讨论重大经营决策事项52项。深入落实“三晋强基”工程，《党建领跑东社交通应急仓配中心跑出“加速度”》获评交控集团二等奖，机关党支部获国资系统、交控集团“标杆党支部”，团总支获评交控集团“五四红旗团支部”，11人获评“两红两优”。加强党对意识形态和宣传工作的领导，发表新闻稿共计450多篇。加强对工会、共青团等群团组织领导，坚持以党建带工建、带团建，努力构建企业“大党建”工作格局。全面推进清廉国企建设，制订清廉国企建设“1622”行动计划，明确“1356”总体思路，推动2022年任务清单6方面22项落实。发挥纪委专责监督作用，突出对“一把手”和领导班子监督，扎实开展2022年度政治监督专项检查。开展政治生态分析研判和对领导班子成员及中层干部政治画像工作，逐级开展廉洁谈话，签订廉洁承诺书。

（王惠玲）

山西交通养护集团有限公司

2022年，山西交通养护集团有限公司（以下简称养护集团）坚持以习近平新时代中国特色社会主义思想为指引，深入学习贯彻中共二十大精神和习近平总书记视察山西重要讲话重要指示精神，认真落实交控集团决策部署，以全方位推动高质量发展为目标，以经济效益为中心，养护预算单价下降、原材料价格上涨等不利因素，全年完成营业收入83298万元，实现利润3332万元，在不利经营环境下取得较好成绩，进一步夯实高质量发展基础。

【大力拓展市场，推动高质量发展迈出坚实步伐】 养护集团办理宁夏西部CA电子证书、西藏数字电子证书，补充完善“山西省公路养护市场监管公共服务平台”企业相关信息，充分做好投标工作。2022年，养护集团中标项目79个，中标金额27043万元，其中系统外中标项目6个，系统外中标金额2753万元。承揽大盂、清徐等服务区整体提质升级改造项目；有沥青拌和站的子分公司在做好沥青混合料自供料生产的同时，积极拓展国省干线公路养护市场和沥青混合料成品市场，沥青混合料销售额730万元。按照交控集团“三足鼎立”的战略部署，开展路域经济实施方案的调研，编写《废旧沥青混合料资源化利用项目实施方案》《钢渣废固利用产业实施方案》《沥青仓储、销售、深加工项目实施方案》《绿色矿山项目实施方案》，确立率先发展沥青深加工业务，积极拓展培育矿产资源等关联产业的路域经济发展方向，努力在产业链条拓展上做文章。

【推进环保拌和站建设，推动高质量发展源头支撑】 经过紧张有序建设，4月，侯马养护基地绿色环保智能沥青热再生拌和站建成投产，并取得排污许可证。至此，养护集团已全部完成汾阳、原平、长治、介休、榆次、侯马6个拌和站环保改造及搬迁新建工作，进一步完善全省养护基地布局，保障养护施工顺利开展，促进降本增效。榆次、侯马养护基地作为搬迁新建基地，按照沥青热再生拌和站的配置和标准进行设计建设，能够对路面废旧料进行再生处理，实现资源循环再利用，对提高全省高速公路养护废旧料再利用将起到积极推动作用。

【坚持研以致用，提高推动高质量发展的科技含量】 养护集团紧盯行业科技前沿，开展技术研究、技术攻关。年内科研课题有“高速公路路面和内部损坏一体化检测技术研究”等6个项目，科研投入约550万元，同比增长10%。积极推进“高速公路沥青路面厂拌热再生关键技术研究”课题，编写申报的“公路沥青路面厂拌热再生技术规范”，通过山西省标准委员会审核立项。养护集团参与编写的中国复合材料工业协会团体标准《T/CIA 002-2022复合材料电缆沟盖板》于2022年11月1日发布实施。“废旧沥青混合料资源化应用技术研究”“利用第五代雷达技术进行隧道仰拱质量检测”两个科技创新团队获评交控集团为先进科技创新团队，3名科研人员获评科技创新工作先进个人。

【聚焦提质增效，完善推动高质量发展的系列举措】 完善董事会与经理层契约化管理相关工作，签订经理层岗位聘任协议。养护集团及所属企业完成资金池搭建工作，全部纳入交控集团财务资金集中统一管理模式。制订《子分公司经营目标考核计分细则》《总部绩效考核办法》，组织完成2021年度绩效考核工作。编制《日常养护管理实施办法》（试行），修订《工程项目施工作业指导书》，不断推进道路养护的制度化、科学化、规范化、专业化。加强养护集团内循环体系建设，交安设施产品、乳化沥青产品、试验检测服务由养护集团内部子公司提供。国企改革三年行动收官，对标世界一流管理提升工作高质量完成，养护集团“整合资源、优化配置，促进公路养护高质量发展”的经验、做法，编入《山西省国企改革三年行动典型案例汇编》。

【突出风险防控，构筑推动高质量发展的安全屏障】 养护集团全面落实依法治企，开展“合同管理规范年”专项行动，对所属14家子分公司的合同管理工作进行专项检查。在优化原有合同示范文本基础上,印发施工合同等26种常用合同示范文本,优化合同审签流程,提高合同审签效率,为降低合同签约履约法律风险提供合规保障。严格执行“三项法律审核”,经济合同、规章制度、重大决策“法律审核”100%,确保规章制度制订、经济合同签订履行、重大经营决策合法合规符合程序。养护集团与所属企业主要负责人签订《安全生产履职尽责承诺书》,强化企业主要负责人安全责任落实。扎实开展安全生产大检查大整治大提升专项行动,实现施工周期内所有施工项目安全检查全覆盖。开展应急演练桌面推演和实战演练,切实提升突发事件应对处置能力。在养护集团及所属子公司实现安全生产标准化二级达标全覆盖基础上,通过交通运输企业安全生产标准化一级达标认证,所属晋北公司和榆次公司的两个班组被中国安全生产协会授予“全国安全管理标准化班组”称号。

【坚持全面从严治党,推动高质量发展强大合力】养护集团坚持把加强党的领导落实到改革发展全过程,认真落实在完善治理中加强党的领导要求。围绕“把方向、管大局、保落实”责任发挥,修订养护集团《“三重一大”决策制度实施细则》,指导所属企业规范党支部前置研究事项清单。坚持把党委会研究讨论作为董事会、经理层决策重大问题的前置程序,全年召开党委会25次,研究议题81个,其中,前置研究讨论重大事项25项。成立云州分公司党支部,实现党组织和党的工作全域覆盖。开展党支部“过筛子”和“抓党建提质效促基层治理能力提升”活动,促进党支部工作持续改进。深入推进党建与生产经营的深度融合,完成13个党建项目成果。养护集团党建工作受到上级党组织褒奖,所属晋北公司和检测公司党支部分别被省国资委和交控集团授予“标杆党支部”。不断加强工会组织建设,所属检测、博特、协成3家公司取得工会独立法人资格证。深入推进企务公开工作,适时公开职工关心的内容。成立全面建设清廉国企领导组,印发《全面建设清廉国企行动方案》,在办公自动化系统办公平台和微信公众号开通“清廉国企”专栏,及时宣传全面建设清廉国企进展情况和经验做法。开展政治监督专项检查、企务公开专项监督检查,推进全面从严治党压紧压实。

(梁福轶)

山西路桥股份有限公司

2022年,在交控集团正确领导下,山西路桥股份有限公司(以下简称路桥股份)确定稳主业拓市场,控风险促改革,提质效聚合力,强党建促引领,开辟资产证券化新路径,全面建设清廉国企,全方位推动路桥股份高质量发展全年工作思路,紧紧围绕“11317”目标任务,向管理要效益,向改革要效益,向服务要效益,向市场要效益,向科创要效益,向人才要效益,各项工作任务扎实开展。

【资产证券化工作加快推进】一是积极推进服务区资产并购工作。在交控集团安排部署下,已完成对标服务区各类资产排查尽调工作,明确收购模式、收购路径以及确定SPV(特殊目的载体)公司,待标的资产完成清算等工作后,装入SPV公司,进行股权并购。二是积极推进优质企业股权投资。已完成路桥股份内部优质企业尽调、方案编制、审批流程编制等工作,待取得重大进展后,依法依规公开相关内容。三是加大能源岛固定资产投资。按照交控集团路域经济发展的部署要求,积极推进投资新建云竹湖服务区两座加气站、平遥南服务区两座加气站等多个能源岛固定资产投资项目。

【高速公路经营水平稳步提升】一是费收创效能力显著增强。所属榆和公司共处理工单26231条,追缴51394车次,追缴通行费255.07万元。深入推行机电管维“1236”工作法,加大日常巡检和维护维修,提高设备完好率,全年利润总额实现5.63亿元,完成目标119.57%。二是养护保畅能力显著增强。重点实施榆社东汇线10千伏高速支线供电线路改线工程,彻底解决“永临结合”线路遗留停电隐患,按期推进“春融期”排查、射流风机检修、裂缝坑槽修补、桥梁泄水孔疏通、重点路面精铣刨等工作,及时排查治理道路病害,稳步提升路况水平。全年实施灌缝217.422米，坑槽1060.55平方米，更换护栏1997米，绿化修剪17397.4平方米，疏通泄水孔2089个，砌体8336.06立方米等，投入日常养护经费934.42万元，9项专项工程完成率100%。三是运营管理能力显著提高。持续深化“百站示范、千站提升”创建，持续打造“五强+”收费站、路产维护站、信息中心等基层示范单元。持续推进标准化建设，组织编制养护技术指南，强化病害成因分析，先后开展6次研讨，搭建框架，根据公路桥梁的结构类型、典型病害及养护维修能力编制养护技术指南，历时5个月，形成初稿，明确典型病害、成因、处治措施。扎实开展扬尘污染治理、隧道保洁清洗、“五堆”问题治理、交安设施完善等行动，路容路貌不断提升。四是路域经济能力显著提升。路桥股份加强顶层设计，起草印发《关于推进路域经济发展实施意见》，明确工作目标，确定3类23项经营思路。所属榆和公司将高空作业车、自卸车、装载机等15台作业车辆上传至山西路桥租立得平台，盘活闲置机械设备，与晋中市公安局达成协议，出租原主线收费站院内附属东楼部分区域和楼后方区域共622.8平方米用于康家楼公安检查站生活保障用房，实现对外收租对内提质的双重效益。全力推进电力入市交易，主动对接新能源公司，协调榆和公司签订综合能源服务框架合作协议，新增4个充电桩，光伏发电装机容量1812.6千瓦，路域经济累计营收4016.47万元，完成年度目标的133.88%。五是安全风险防控能力显著增强。起草印发《2022年安全生产工作要点》，统筹谋划全年安全生产工作，涉及26项重点任务，开展“专项整治三年行动”，涉及54项任务，完成率100%，积极开展安全标准化建设，所属企业获得安全生产标准化二级达标证书。顺利完成总部综合应急预案及专项预案并向省应急厅备案。组织总部及所属企业87名员工培训考试取得安全生产管理资格证书，安管人员取证覆盖率100%，积极参加安全生产月活动，获评“安全生产月——平安交控”团体优秀奖，全年安全生产态势良好，未出现一起较大以上安全生产责任事故。

【降本增效取得实效】一是下调存量贷款利率。加强与金融机构对接，紧抓利率下调时机，将榆和、平榆公司存量贷款利率下调20个基点，融资成本降为3.745%，全年节约财务费用758万元；利用国家关于对收费公路贷款主体给予利息减免优惠政策，积极争取贷款银行对第四季度利息让利，利率让利下调50个基点，让利金额881万元，两项合计节约财务费用1639万元。二是用好国家退税政策，做到“应享尽享、应退尽退”。加大与主管税务机关的沟通联系，用好国家各项税收优惠政策，其中：利用“三免三减半”优惠政策减免榆和公司企业所得税1053.28万元；积极申请增值税留抵退税退还税额304万元。三是建立债务动态管理机制，积极清理关联方债务。全面梳理路桥股份现有债务情况，制订债务清偿计划，加强债务保证金的退还工作，返还债务保证金3389.56万元，积极筹措资金偿还路桥集团往来款2亿元，所属企业平榆公司提前归还银行贷款本金5亿元，节约财务费用600万元，有效降低资产负债率。四是全面推行资金集中管理，提高资金效率及效益。为健全和完善资金内控体系，制订资金集中管理方案，分资金监控、资金归集、资金拨付、资金管理服务四个阶段实施，已完成路桥股份总部及所属企业6家银行的银企直连工作，通过浪潮系统实现实时查询银行余额和监测大额资金支出情况；所属企业榆和及平榆公司通行费收入实现资金归集，按旬归集通行费收入，为提高资金使用效率和效益奠定坚实的基础；开展闲置资金非理性存款金融机构比选工作，选取2家利率较高的银行作为闲置资金存放银行，已完成部分闲置资金的存款工作，存款利率均高于同期银行利率，大大提高闲置资金收益。五是加强预算管理，充分发挥预算指导性和约束力。组织编报2022年预算计划，指导协调路桥股份各部室及所属企业合理编制预算，汇总预算计划，形成2022年度预算草案报告，经股东大会审议通过后印发总部各部室及所属企业，将预算计划与费用报销有效结合，实行管理费用网报的预算控制，压缩非生产性支出，办公经费、中介费用较上年同期支出下降16.93%，坚决杜绝无预算支出现象。

【改革各项任务落地见效】一是推动深化改革三年行动工作。路桥股份认真贯彻落实党中央、国务院关于深入实施国企改革三年行动的重大决策部署，进一步推动改革走深走实，提升改革综合成效，根据交控集团工作安排，路桥股份对“三年改革”工作涉及的60项具体任务逐一梳理完成，实现年内全面高质量收官。二是持续深化三项制度改革。制订《关于建立“六定”改革长效机制的实施办法》，进一步推动“六定”改革常态化、机制化，制订《公司经理层任期制和契约化管理办法（试行）》等制度，在管理人员能上能下、员工能进能出、收入能增能减上实现突破。根据工作实际，调整人事酝酿小组，对领导班子分工进行调整。按照干部选用规定和程序，考察选任公司董事会秘书1人。为优化总部机构设置，结合路桥股份实际，起草《调整总部机构设置和职数方案》，将原党委工作部和综合管理部合并，增设产业开发部，并对原部门职能进行了优化。三是开展对标世界一流管理提升行动工作。扎实对标山东高速、招商公路，聚焦战略、投资、运营、人力资源等多个重点管理领域，找差距、想办法、促提升。通过对标持续推动精益管理，推动管理简化、量化、优化，争取尽快落地，增加路桥股份新的利润增长点。

【治理能力显著提升】一是结合发行股份购买资产并募集配套资金项目实施情况，以及路桥股份未来发展和内部工作实际需要，对公司章程中注册资本及部分条款内容进行修订。顺利完成新一届董事会、监事会及经理层的换届、聘任工作，确保各项工作有效衔接。同时，组织路桥股份董事、监事和高级管理人员及普通员工相继开展了上市公司治理、年报编制、规范运作、业绩说明会、投资者关系管理等共计29期资本市场网络培训，以及会长论坛、监管工作会议等活动。二是完成定期报告及各类临时性公告共计92项，涵盖路桥股份业绩预告、定期报告、年度预算、换届选举、制度修订、业绩承诺完成情况、股票异动等重大事项。三是加强路桥股份市值管理。2022年，面对经济下行压力，路桥股份锚定主营业务，稳定发展动能，按照交控集团“三足鼎立”发展策略，推动资产证券化、智慧交通、路域经济发展等工作，保持经营状态稳健趋好，同时加强与投资者交流联系，使路桥股份市场价值得到市场和广大投资者的认可。截至11月30日，收盘市值83.18亿元，全年前11个月均价对应市值87.87亿元，7月18日盘中最高市值130.27亿元，较2021年底市值67.78亿元，增幅分别为22.72%、29.64%、92.2%。四是做好投资者专线咨询回复及“互动易”平台问题的答复工作，全年累计回复投资者平台问答70余条，回复率达100%，解答并正面宣传路桥股份愿景、规划，树立良好资本市场形象。重点关注财经新闻、研究报告及媒体信息等，对网站、股吧、电子报等媒体信息做好舆情监测，涉及敏感信息均及时上报处置。

【内控体系建设不断完善】开展内控流程全面梳理工作，发现缺失或遗漏之处立即予以弥补。根据工作需要，对路桥股份现行制度进行清理，及时进行修立改废，为推进内控、合规、风控三位一体建设奠定了重要基础。完成对路桥股份总部及所属企业内部控制评价工作，进一步规范和加强各职能部门以及所属企业的内部控制建设工作，提高经营管理水平和风险防范能力。强化路桥股份的法律风险防控，积极推进合规及风控体系建设，加强对重要制度、重大决策、重要合同法律合规性审核，完善风险识别，规范审查流程，将法审程序作为硬性约束嵌入管理制度，全年审查路桥股份总部59项经济合同、29项管理制度，重大决策1项，法审率达到100%；高质量开展“合同规范年”活动，顺利完成总部合同管理专项检查；采取形式多样的宣传方式，积极推进知识产权文化知识普及活动、宪法宣传周活动等，落实经营管理人员学法用法制度，增强全员法治意识，路桥股份被中国公路学会评为“2022年度公路行业先进法治工作单位”。

【党的建设全面加强】一是严格落实“第一议题”制度。将学习习近平总书记系列重要讲话列入党委会议第一议题，深入学习习近平新时代中国特色社会主义思想和中共十九大、十九届六中全会精神，中共二十大精神，学习习近平总书记关于全面从严治党、安全生产和推进碳达峰、碳中和工作等重要指示。二是定期研究部署党建工作。路桥股份党委召开了11次党委会议，研究部署全面建设清廉国企、基层党组织建设以及“三重一大”事宜等43项，严格落实主体责任，通过召开党委会议、党建季度例会，把落实全面从严治党工作任务纳入会议的重要议程，形成上下同心、齐抓党建的良好运行机制。三是高标准开启清廉国企建设。制订《全面建设清廉国企实施方案》《全面实施清廉国企建设行动方案》《全面建设清廉国企工作要点》，以“清廉单元创建”为载体，集中创建12个清廉单元项目，全面构建管党治党责任落实体系。四是落实政治监督专项检查整改。路桥股份党委坚持问题导向，从严从实从细对交控集团政治监督检查组反馈的19个问题虚心接受，不回避、不推诿、不遮掩，认真整改，所有问题建立整改台账，严格把握整改工作的时间节点，确保反馈的问题件件有着落、事事有回应。

（许俪馨）

山西交通实业发展集团有限公司

2022年，在交控集团党委坚强领导下，在领导班子和全体干部职工共同努力下，山西交通实业发展集团有限公司（以下简称实业集团）各项工作保持稳中向好、稳中有进发展态势，完成交控集团下达的目标任务。

【抓班子带队伍，聚合力促发展】按照习近平总书记提出的新时期好干部的五条标准，贯彻落实“让干部敢为、地方敢创、企业敢干、群众敢首创”要求，制订落实《加强实业集团党委班子建设的规定》《加强对“一把手”和领导班子监督的若干措施》，坚定贯彻“两个确立”，树牢“四个意识”、坚定“四个自信”、坚决做到“两个维护”，确保各项工作有条不紊进行。一是强化服务意识。实业集团既建立“权利层层有、任务个个担、责任人人负”的工作机制，又秉承“真诚相处、融合共生、培养默契、优势互补”的处世原则。提倡“淡化管理、走向服务”的管理思路，重心下移，管理策略重点放在指导和引领上。通过柔性的管理将刚性的制度落实，体现以人民为中心的管理理念。二是树立发展理念。在领导班子中大力提倡“在工作中学习，在学习中工作”，班子成员保持心灵的纯净与激情，拓展专业内涵，增长实践智慧，提高了班子成员的素质，促进核心团队的成长，在思想上牢固树立法治观念，做到依法治企、依法用权。三是注重团结协作。领导班子注重团结协作，做到工作密切配合，工作分工不分家，处处发挥表率作用。班子成员在荣誉和个人利益面前不伸手。坚持民主集中制，凡企业“三重一大”都由领导班子集体讨论决定，促进民主集中制的有效实施。四是树立务实形象。知实情，深入生产一线，与广大干部职工广泛交流，调查研究。使实劲，以对上、对下高度负责的精神，把劲头使在解决实际问题上，使在经营管理工作上。抓落实，真心实意地为群众办实事，树立实干、公正、廉洁、奉献的形象。党员领导干部在工作中坚持高起点思考、高效率运作、高品位服务“三高标准”展示严、实、细、进“四字”工作要求，追求每做一事必致精品的工作标准，提高管理效率。五是加强廉洁自律。领导班子成员带头廉洁从业，大力开展廉洁教育，接受全体干部职工和社会的监督。实行企务公开，凡重大事务，均向各部门、单位公示。

【深入加强学习，不断提升能力】坚持把迎接和庆祝中共二十大作为全年工作主线，以“喜迎二十大”为主题先后开展红色经典诵读、职工书画摄影展等一系列活动，广泛营造建功新时代、奋进新征程的浓厚氛围。二十大召开后，及时印发学习宣传贯彻通知，要求各级党组织第一时间跟进开展学习。一是在“深学”上下功夫，强化理论武装。制订落实《深入贯彻落实习近平总书记考察调研山西重要指示精神的实施意见》，开展17次中心组学习、12次“新思想在山西”线下宣讲、5次“中共十九届六中全会精神”线上宣讲。认真组织学习《习近平谈治国理政》第四卷、《习近平法治思想学习纲要》、《中国共产党宣传工作简史》等。制订《学习宣传贯彻中共二十大精神宣讲工作方案》，党委自觉走在前、作表率，先后3次通过党委会、理论学习中心组学习，原汁原味学习中共二十大报告和相关辅导材料；要求各级党组织灵活采用各类平台和载体深入开展自学，确保党员干部学习覆盖率达到100%；开展学习贯彻中共二十大精神专题培训暨党务干部能力提升培训，组织参加交控集团学习贯彻中共二十大精神专题培训、山西干部在线学院“学习贯彻中共二十大精神”网络培训专题学习，开展“学习贯彻中共十二大精神四个深入思考”研究，进一步深化对中共二十大精神的理解。二是在“细悟”上做文章，营造浓厚氛围。坚持网上网下一体、内宣外宣联动，在微信公众号开辟学习宣传贯彻中共二十大精神专栏，鼓励各单位、部门通过交控集团微信公众号、网站以及山西交通、地方媒体等平台，全方位宣传学习贯彻的实际行动和良好成效。线下为全体党员发放了《党的二十大报告辅导读本》《党的二十大报告学习辅导百问》《党的二十大党章修正案学习问答》《党的二十大文件汇编》等书籍，主要负责人自觉发挥带头作用，深入党支部工作联系点宣讲中共二十大精神，要求各级党员领导干部面向基层一线开展宣讲，不断增进干部职工对党的创新理论的政治认同、思想认同和情感认同。三是在“笃行”上出实招，彰显责任担当。紧盯目标冲刺，各级党员干部特别是领导班子成员充分发挥牵头抓总作用，深入分解分管业务的各项指标任务，争分夺秒、对标补差，确保2022年目标任务完成。着眼2023年谋划，科学编排、超前谋划2023年和未来一段时期的工作思路、工作举措、目标任务，在贯彻落实中共二十大精神开局之年干出扎实成效。坚决守好底线，着力防范化解重大风险，确保实业集团发展大局和谐稳定。聚焦特色打造亮点，持续推进党员示范岗、党员先锋岗、党员突击队等载体进一步实施起来、进一步选树起来。

【突出党建引领，推进全面从严治党】 始终坚持党的领导，召开全面从严治党暨党风廉政建设工作会议、宣传思想文化工作会议、党的建设和清廉国企建设推进会暨“两优一先”表彰大会，制订并落实《党建工作领导小组2022年工作要点》《落实全面从严治党主体责任2022年任务安排》，把党的政治优势和组织优势转化为企业经营管理的优势，强有力地促进实业集团全方位推动高质量发展。一是履行从严管党治党责任。第一，坚持党委理论学习中心组学习，严格落实“第一议题”制度，以习近平新时代中国特色社会主义思想武装头脑、指导实践、推动工作。推进“两学一做”学习教育常态化制度化，推进“不忘初心、牢记使命”主题教育、党史学习教育常态化长效化，打造“个人自学、集中领学、研讨交流、专题培训”工作矩阵。第二，出台《关于进一步规范党委会有关工作的通知》，建立健全抓落实工作机制，进一步提高执行力的长效机制，召开党委会15次、党委专题会议9次，研究审议（审定或讨论）议题245项，定期不定期督办党委会决议落实情况，确保党中央和省委、省政府所有重大决策部署、交控集团党委任务安排，全面、正确、有效地贯彻执行到位。第三，制订《2022年度实业集团党建工作责任制考核指标》《党建工作责任制考核办法》；探索推进基层党建千分制考核与薪酬分配挂钩，加紧党建与生产经营深度融合，高速国新党支部1个项目获评交控集团“1235”党建项目化成果验收二等奖。第四，加强组织建设，组织调整党建工作领导小组等23个工作机构和领导班子成员基层党建工作联系点，落实《党支部“过筛子”工作方案》《基层党建强基提质行动的实施方案》《2022年度红旗党委、标杆党支部创建的实施方案》和《贯彻落实全省国有企业领导干部警示教育大会精神进一步加强基层组织建设的实施方案》，组织党建工作观摩学习交流、党支部工作手册对标提升活动，印发《党支部工作手册规范填写说明》，完成所属各党支部换届工作，规范所属党支部党员活动阵地建设，发展党员12名。第五，开展创先争优活动，制订《2022年度红旗党委、标杆党支部创建活动实施方案》，运城分公司党支部获得2022年度交控集团“标杆党支部”称号，实业集团党委授予4个党支部“标杆党支部”称号。第六，建设学习型企业，丰富拓展“大讲堂小夜校微课堂”建设，做优做实“党务干部内训师培训”，开设“党员微党课”“初心学堂”平台，优先做活党员政治理论教育。第七，加强人才队伍建设，制订《人才工作领导小组2022年工作要点》《2022年度集团成员单位人才工作专项考核方案》，开展2022年度职业技能培训和取证工作，采用校园招聘方式引进青年人才，新提拔任用干部33人，聘任58名职工专业技术职务。第八，加强精神文明建设和企业文化建设，围绕讲好企业有发展、人才有舞台、生活有滋味“三个故事”，开展“强国复兴有我”群众性主题宣传教育活动、“社会主义核心价值观主题实践教育月”活动、“时代楷模”主题作品展播、《新时代公民道德建设实施纲要》主题公益广告宣传、《中华人民共和国职业病防治法》宣传周活动、第七个全民国家安全教育日宣传、爱国卫生专项活动等，实业集团获评2022年“全国交通运输文化建设卓越单位”，3个分公司获评“全国交通运输文化建设专项优秀成果”，实业集团团委获评2021年度“山西省五四红旗团委”，实业集团女工委获评交控集团2021年度巾帼先进集体、2个集体获评上级团组织“两红两优”表彰。二是抓好清廉国企建设。第一，压实管党治党政治责任。成立清廉国企工作领导小组，设立工作专班，制订并下发《全面建设清廉国企实施方案》《全面建设清廉国企行动方案》《全面建设清廉国企2022年工作要点》《全面建设清廉国企清廉单元创建行动实施方案》和《全面建设清廉国企考核办法》及《全面从严治党责任清单》《党风廉政建设主体责任清单》等，通过牢牢抓住党委主体责任这个“纲”，纪委监督责任这个“保证”、党委书记第一责任这个“关键”、班子成员“一岗双责”这个“基础”，推动“四责协同”贯通联动、一体落实。召开2022年纪检工作会议，安排部署纪检重点工作，以“五个做实”推动五大工作矩阵落地，签订《党风廉政监督目标责任书》。制订并落实《开展“四风”突出问题专项整治的工作方案》，开展“干部作风、公务用车管理、工资薪酬管理”专项整治，组织全体纪检干部开展“清明节祭英烈、共筑廉洁魂”主题活动；召开警示教育大会，并以“如何做一名合格共产党员”为题，向党员干部提出“十个克服，十个提倡”要求。完成领导干部近亲属关系摸排、领导干部及其配偶子女经商办企业摸排等工作，对是否存在应回避未回避问题进行排查。第二，积极构建党的领导与公司治理深度融合的运行机制。修订党委重大事项决策权责清单，明晰重大决策权责，推动党建和经营管理有效联动；严明政治纪律和政治规矩，强化党委前置研究、“三重一大”事项决策、重大事项请示报告等落实执行情况的监督检查，更好发挥全面从严治党引领保障作用。认真落实《山西省规范省管企业经营管理工作规定》《山西省规范省管企业领导人员经营管理行为“九个严禁”》，制订实施细则、分解工作任务、明确责任部门、落实具体举措，做到党建责任与经营生产深度融合。第三，以“四个做实”推动四大工作矩阵落地。通过做实“六位一体”监督体系落实“大监督”，持续深化政治监督、督察监督、日常监督、会议监督、群众监督和联动监督，全面建设从“一把手”、领导班子成员到中层，再到基层各类主管人员的层级监督管理制度体系，加强对负责物资采购、工程项目、招标投标、财务收支、餐厅超市、油品购销等几类主管人员的监督；通过做实执纪问责来落实“大惩治”，用好监督执纪“四种形态”，加大重点领域、重点问题的查办力度，发挥案件查办治本功能，进一步提升问题线索管理实效，实施“十个一”工作法，严格执纪审查工作程序；通过做实专项整治来落实“大整治”，陆续启动工程建设、业态经营合规性、制度执行、物资采购、招投标等五项专项整治，下大力气清除重点领域“顽瘴痼疾”；通过做实全员实训来落实“大练兵”，开展岗位练兵、纪检业务培训和业务技能比武，提高干部队伍素质和履职能力，实施“五个一”工作机制，推进纪检工作规范化、法治化、正规化建设。三是做好安全生产管理。第一，以落实安全生产责任制为主线，对《实业集团2022年安全生产工作要点》进行责任分解，逐级逐层签订《安全生产目标责任书》，安全生产经费支持207万元。及时传达贯彻上级安全生产文件、会议精神，定期召开安委会、安全生产专题会等。第二，组织学习贯彻习近平总书记关于安全生产重要论述，持续推动落实安全生产十五条措施，持续学习贯彻《山西省生产经营单位主要负责人安全生产责任制规定》《中华人民共和国安全生产法》等法律法规，强化安全知识宣传培训，组织安全教育培训154次919人。第三，开展安全督导检查，围绕服务区商超食品、加油站等重点区域重点环节，开展了安全隐患大排查大整治活动，及时消除安全隐患。

【切实找准发展定位，攻坚克难产业发展】坚定"135"发展思路不动摇，坚持"专业化发展、精细化管理、集约化运行、规模化经营"工作方向，树立"全面回归经营本质"理念，全力推动主要经营指标尽快迈过"生存线"、达到"发展线"，构建新发展格局迈出新步伐，高质量发展取得新成效。截至11月底，实现营业收入13.01亿元，同比增长5.6%；预计全年实现利润总额1000万元，同比增长53.45%。一是"三站"建设。第一，加油站开通。2022年20座加油站开通任务，其中：襄汾西2座加油站北区已投入试运营，南区正在进行工程隐患整改；临县南2座、右玉南2座合计4座加油站正在办理完善最后一道运营手续；和权2座、大寨2座、平陆2座合计6座加油站，双层罐改造项目工程已完成，正在办理完善验收及运营手续，预计2023年初可投入运营；沁水、鲍店、汾西合计6座加油站改造施工设计图和可研报告编制已经完成，正在申请立项中；峰峪2座加油站正在办理土地性质更改手续。第二，LNG(液化天然气)加气站建设。2021年已建成垣曲等11座加气站，其中：灵丘2座加气站已试运营及销量合计2265.91吨、营业收入1584.76万元、吨均毛利150元左右；垣曲2座、潞城(北)1座、东阳关(南)1座、山阴2座加气站已完成主体工程建设安装，正在办理工程分项验收、运营手续；临县2座、吴城(西)1座加气站已完成主体工程建设安装，正在办理土地性质更改和完善建设手续，2022年加气站建设任务经调整后为新平堡等8座已办理完成土地手续，其中：新平堡2座、大营2座、轩岗2座、襄汾(西)1座共7座加气站已完成项目属地备案，鲍店(南)1座加气站正在办理项目属地备案，新平堡2座加气站已完成土建基础施工，其中南区已完成工程进度的60%；大营2座、轩岗2座合计4座加气站已进场施工；其余3座加气站正在办理完善"三证一书"等前期建设手续。第三，充电站(桩)建设。与国网山西电力公司就存在较大分歧的"租赁服务收费标准"等问题，双方经过多轮的谈判达成初步意见，并正在签订新一轮租赁服务合同。二是服务区提档升级情况。河津服务区提质升级工作已完成，大营服务区综合楼主体工程及经营区域建设已全面完工，襄汾服务区综合楼主体工程建设已基本完成且正在进行室内装饰装修工作，晋中服务区提质升级改造项目完成施工图设计和方案评审及正在组织施工招标。三是管理进位。第一，做强能源业务。通过与中国石化、中国石油、壳牌、中化等知名企业的强强联手、品牌嫁接，实现互利共赢的目标。进一步加强零售终端，采取"集采统配、统进分销"的经营策略，打造上下游一体化全生态业务链；积极打造"智慧交通"下的"智慧加油站"，利用中国石化IC卡与交控集团ETC开展深度融合，实现油与非油互动。第二，做优通信管廊业务。积极开拓通信管廊租赁市场，开展新租赁业务19项，通信管廊业务累计完成账面收入3413.19万元。与中国交通通信信息中心签订《全国高速公路信息通信系统升级完善工程部省共建山西省高速公路光缆建设工程合作建设协议》，争取到241.044公里36芯光缆经营使用权，拥有每年1500万元以上的潜在价值。第三，做大广告业务。采用"代理经营+租赁经营"的广告资源租赁方式，将政府还贷路段广告资源与经营性路段广告资源有机结合，整体落实授权经营模式，大力发展综合电子显示屏、太阳能环保灯箱等新型广告传媒形式，已先行先试在太原至汾阳高速路段建设26处互通、跨线桥广告点位；改造原杏花互通汾酒文化园，可实现固定资产800余万元的收益及每年20万元的广告点位租赁费；引入顾客关注度强的3D裸眼广告投放全省62对服务区，年内净利润55.845万元。第四，做实商贸业务。开展"晋行晋驿、晋享美时、实业优选"等自有商业品牌的核心价值建设，通过大宗物资集采集配、晋行晋驿电商平台、自有商品品牌开发等新途径、新业态，搭建集采集配服务网点，逐步实现"商贸+物流+品牌+互联网"的现代化经营模式。

【夯实企业发展根基，高质量提升发展本位】紧盯一流企业定位，打好国企改革三年行动的“收官战”，推动“改革成果”转化为“发展红利”。一是加强治理体系建设。第一，出台《关于所属企业在完善公司治理中加强党的领导的实施细则》，实业集团及所属子公司均已完成党建进章程工作，并严格执行党委前置研究讨论重大经营事项清单制度。第二，严格落实董事会向经理层授权管理制度，制订《董事会向经理层授权管理办法（试行）》《董事会向经理层授权事项清单》；推动经理层成员任期制和契约化管理，实业集团本部经理层成员签订《经营业绩责任书》《岗位聘任协议》。第三，制订《银行账户管理办法（试行）》《融资管理办法》《担保管理办法》等多项基本制度，增强财务风险防控能力；修订实业集团《“十四五”战略规划》，编制“十四五”主要经济指标预测表；加强资金风险管控，实施资金集中管控，推行“实施归集、联动支付”模式；优化银企直联业务，与银行网银系统背靠背，统一银行支付结算方式。第四，进一步加强投资管理，制订《投资管理办法和投资项目负面清单》，开展投资项目后评价，控制投资风险。制订《全面风险管理办法》《风险评估管理办法》《风险管理预警制度》，明确董事会、董事会审计与风险控制委员会、风险管理归口部门、各职能部门和业务部门、所属企业等不同层级的风险管理职责，实现风险的分类、分层和集中管理。第五，制订《企业扭亏减亏三年攻坚行动实施方案》，建立《企业扭亏减亏三年攻坚行动台账》，定期召开经营分析会，有序稳妥推进扭亏减亏工作。二是深化“六定”改革和推行全员绩效考核。第一，完成“六定”改革，明确各层级定位和职责权限。第二，建立差异化薪酬体系，制订《薪酬调整管理办法》，全面实施绩效工资制度，探索实施超额利润分享等中长期激励机制。第三，通过简化费用、合同等审批流程，尤其是对预算内经费使用、传统业务经营、常态化事项解决等进行简政放权，力求提升企业经营管理效率、效能。三是构建系统完备、科学规范、运行有效的制度体系。第一，制订《贯彻落实山西省规范省管企业经营管理工作规定实施细则》《实业集团内控风控合规一体化建设方案》，严格落实“三重一大”决策制度。第二，组织开展“制度大起底、流程再优化”专项行动，严格落实实业集团《党委会议事规则》《董事会议事规则》《总经理会议议事规则》和《党委前置研究讨论重大经营管理事项清单》。第三，进一步规范集团本部企务公开，提高企务公开的质量和效果。四是深入推进改革创新重大任务落实。第一，落实《实业集团国企改革三年行动实施方案（2020—2022年）》，确定70项重点改革任务完成率100%。第二，抓好“六个先行先试”：在总部机关先行先试“机构小、人员少、效率高的改革”，在吕梁分公司先行先试“引导鼓励人员下基层”，在临汾服务区公司先行先试“干部选拔必须经过党支部推荐前置程序”，在广告传媒分公司先行先试“在岗员工退出机制”，在信息技术公司先行先试“动态考核和比例性绩效”，在太原至汾酒集团区域先行先试“广告建设发布”。五是有力推动内控合规管理。开展推进党纪国法教育和依法治国依法治企教育学习，建立重大决策、规章制度、经济合同法律审查机制且三项法律审核100%，制订12类《标准合同范本》，所有合同签订之前必须经过法务审核。扎实开展“合同规范年”工作，对实业集团成立以来签订的经济合同开展专项检查工作，不断提高合同管理效能。强化内部审计工作，董事会下设审计与风险控制委员会，独立设置审计风控部，配备专职审计人员4名。对14个子（分）公司主要负责人进行经济责任审计，对16项工程实施竣工决算审计，针对交控集团审计发现的问题以及内部审计发现的问题督促整改落实。六是不断探索创新发展。第一，管理创新。成立能源、商贸、广告业务价格委员会，改招商项目原有的“综合评分法”为现在的自愿公开谈判采购，采用多轮报价方式，以经评审的最高价为中标价格，确保租赁业务成交价格符合预期。积极促进综合开发公司、广告传媒分公司、物业公司自主经营能力提升，参与业务租赁谈判，同等条件下优先内部企业经营、服务。第二，技术创新。大力发展平台经济，尝试与银行企业共同打造“晋韵品质e融通”小程序，搭建涵盖油气、商超、餐饮、上下游供应链及周边资源的会员营销体系平台；通过抖音、直播带货、快手等方式，发挥好经营增长的快变量、未来经济效益的增长极。第三，商业模式创新。采用“品牌集成运营”“自营+合作+品牌加盟”“外包+监管”等商业模式；择优引进知名品牌入驻，推动传统经营模式向连锁经营、平台+品牌、实体+网络等现代商业模式转变。第四，服务创新。推广“一个微笑、一声问候、一个搀扶、一声提醒”的“四个一”优质服务标准；严格贯彻服务区管理服务标准规范，定期开展规范培训和考试，通过开展质量信得过班组建设、干部职工积极参与“QC(质量控制)攻关”和“五小六化竞赛”，助力高速公路服务区“百站示范、千站提升”创优活动开花结果。

（冯立山）

山西交通建设监理咨询集团有限公司

2022年，山西交通建设监理咨询集团有限公司(以下简称监理集团)坚持以习近平新时代中国特色社会主义思想为指引，深入学习贯彻中共二十大精神，认真落实全省国有企业深化改革提质增效推进会议、推进交通强省建设动员会议以及交控集团2022年工作会议精神，按照全方位推动高质量发展目标要求，强主业优辅业、强开拓稳市场、强管理重创新，各项工作均取得新成效，超额完成目标任务，获评交控集团“2022年度目标责任考核标兵企业”，是仅有的四家标兵企业之一，监理集团发展呈现稳中有进、稳中向好的态势，朝着“十四五”高质量发展目标迈出坚定步伐。

【生产经营创收迈上新台阶】 2022年，监理集团上下团结一心，逆势而上，攻坚克难，通过资源共享、优势互补，形成规模效应，集团化运作水平得到提升，经营格局实现跃升。截至年底，在监项目229个，分布在山西、北京、青海、甘肃、西藏、贵州、广东、山东、辽宁9个省市区。新中标项目218项，中标及新签合同总额1.4亿元，其中省外项目11项2967万元，拓展增量项目达到一定规模。太佳项目公司通行费税后收入6441万元，利润1378万元，超额完成目标任务。全年实现营业收入共2.99亿元，同比增长10.3%；实现利润3818万元，同比增长12.8%，完成交控集团下达利润目标3400万元的112%，营业收入和利润两项指标均创历史新高。营业收入利润率、净资产收益率等5项评价指标明显提升，4项对标指标均超过行业平均水平。

【拓宽经营领域取得新突破】 监理集团抓住交通基础设施建设继续保持高强度投资、行业变革加快带来的机遇，聚焦主业，多元开拓，充分发挥资源优势，着力补短板、积极拓展资质范围，取得化工石油工程监理乙级、通信工程监理乙级、电力工程监理乙级、航天航空工程监理乙级、机电安装工程监理乙级5项资质证书，进一步拓宽经营领域。4月中标长治市沁源经济技术开发园区道路及管网建设一期工程全过程咨询服务项目，迈出向“1+N”全过程咨询企业转型发展的新步伐；5月中标浮临高速通信线路迁改和高压电力迁改监理项目，7月中标浮临高速环保综合技术咨询服务项目，以上项目的中标，开创监理集团的多个第一，在多元化发展道路上打造出新的经济增长点。

【加强内控管理取得新成效】 监理集团积极开拓思路，完善内控机制，加强内控管理，夯实腾飞之基。加强人力资源管理，不断提升人才队伍素质，重塑薪酬考核分配体系，突出盈亏、增量、责任、效率关键指标，薪酬分配向做出突出贡献的人才和一线岗位倾斜，2022年职工收入稳步增长，在调动职工积极性同时，提升职工的获得感、幸福感、归属感。加强风险管控，深入开展“合同管理规范年”专项行动；坚持“防治结合、以防为主”原则，强化合同法律风险控制前移，“三项法律审核”的审核率达到100%；强化审计风控职能，开展监理集团内部审计全覆盖工作。加强资金管理，严格按照财务预算控制成本费用，推进降本增效；制订《应收款项压控工作方案》，将“做好应收款项清存量、控增量”纳入提质增效重点工作；积极与多家银行沟通，降低了太佳公司贷款利率，压降融资成本，贷款期间内可节约融资成本1500万元。加强精细化、规范化、标准化管理，连续24年保持"三合一"管理体系认证注册资格；开展"交通运输AAAAA级服务品质认证"创建活动，在全国交通监理企业中首家通过AAAAA级交通运输服务品质认证；实施质量强企和标准化战略，组织编制《公路养护工程施工监理指南》《公路工程高性能混凝土应用技术规程》等4项地方标准，助力监理集团高质量发展。围绕"五大体系"建设，开展安全生产专项整治三年行动、安全生产标准化建设及全员安全生产意识提升等活动，风险辨识与管控、安全隐患排查治理能力全面提升，确保监理集团安全生产形势平稳向好。

【监理项目管理得到新提升】 监理集团大力加强对项目的检查、指导、管控力度，做好品质工程质量安全的"捍卫者"。开展由主要领导带队进行的质量、安全、廉政综合督查和安全生产等专项督查，促进监理工作质量不断提升，承担监理的霍永高速公路西段获评2020—2021年度第一批国家优质工程奖；广东省高明至恩平高速公路、山西省黎城至长治公路改扩建工程、青岛至兰州国家高速公路山西长治至临汾段3项工程均获评2020—2021年度公路交通优质工程奖"李春奖"。2019—2021年度连续三年在全国公路监理企业综合信用评价及全国公路水运工程试验检测信用评价中均被评为AA级。成功入选交通运输部2022年工程建设领域守信典型企业目录。监理集团受邀派驻到太忻一体化经济区建设指挥部督导组的4名职工受到太原市住建局的肯定和来信表扬。二分公司汾石高速等4个项目、四分公司西山供水隧道项目也分别收到业主单位的来信表扬，极大地鼓舞了全体监理人员的斗志，提升了监理集团的品牌监理企业形象。

【路域经济发展展现新作为】 按照交控集团"要大力发展路域经济和交通关联新业态，推动经营结构由'两条腿走路'向高速公路经营、基础设施建设、路域经济发展'三足鼎立'转型"的部署要求，监理集团立足实际，科学谋划，以发展需求和降本增效为导向，狠抓资产资源盘活利用，2022年闲置车辆租赁、闲置土地租赁、科技成果转化试验、检测服务等营收收入共264万元，完成交控集团下达的年度路域经济总目标200万元的132%。监理集团还积极承揽太忻高速公路全国首例路堑边坡治理及光伏发电一体化建设工程、高速集团交融公司电力增容、空气能改造、光伏发电项目监理任务，承揽离石东、代县服务区和大盂收费站、武宿立交桥充电桩项目监理任务，着力在路域经济发展中，提升企业经济效益。

【改革激发活力呈现新气象】 监理集团按照高质量发展要求，苦练内功、提质增效，国企改革三年行动收官，市场化经营机制不断健全完善，经理层聘任制、员工合同制全部落实落地，所属子、分公司班子成员绩效薪酬比重大幅提升，增加超额利润绩效薪酬，实现利润升薪酬升、利润降薪酬降，内生动力得到激发，发展质效得到提升。制订印发《2022年深化改革提质增效专项行动实施方案》，上下联动、逐级落实，扎实推进提质增效措施见行见效。进一步优化管理结构，向改革要效益，5个子公司分别增挂分公司后，全力以赴寻找路径、拓展市场，推动市场经营开新局，承揽太原龙城大街打通工程、青银二广高速公路太原联络线等多项交控外项目，呈现良好发展势头，为今后拓宽市政市场及开拓省外市场奠定基础。

【创新工作持续发力获得新硕果】 监理集团2项成果获国家知识产权局发明专利，2项成果获国家版权局软件著作权，1项科研成果获中国公路学会第三届全国公路微创新大赛铜奖；8项成果获评山西省质量管理小组活动二等奖，6项获评三等奖；1项获评全国质量信得过班组，3项获评山西省质量信得过班组。"隧道消防管道防漏防冻安全远程监测预警系统及安装方法"成果作为交控集团第三批安全生产示范项目在省内三家高速公路分公司转化实施，取得一定成效。

【党建引领发展取得新实效】 监理集团坚持以政治建设为统领，认真落实"第一议题"制度，深入学习宣传贯彻中共二十大精神，确保党中央、省委、省国资委、交控集团关于国资国企改革和党的建设决策部署落实落细。坚持党管干部、党管人才，大力培养年轻干部，提拔使用10名40周岁以下优秀年轻干部,放在关键岗位历练;加强人才引育,引进25名专业技术人才、1名高学历人才。组织相关人员参加全省交通运输系统QC(质量控制)小组、班组成果线上交流及培训。深入推进"抓党建促改革提质效"专项行动,所属道合监理公司党支部被省国资委党委选树为标杆党支部。深入推进党建与生产经营深度融合,深化"1235"党建工作项目化管理,立项11个,支部覆盖率达到92%。以职工代表大会为基本形式的企业民主管理制度更加完善,引领性劳动和技能竞赛等活动持续开展。坚持党建带团建,3名职工分别获评交控集团"优秀共青团员""青年岗位能手"以及"十大杰出青年",3名职工获评交控集团"担当作为"干部,3名职工获评交控集团"爱岗敬业"员工。高标准推进清廉国企建设,"1520"行动计划深入推进,风清气正的发展生态不断巩固。充分发挥群团组织的桥梁纽带作用。组织职工健康体检,开展两节送温暖、为职工发放生日礼物、慰问生病职工和困难职工帮扶活动;监理集团工会被交控集团授予"模范职工之家"称号,一分公司太原市政项目部被交控集团授予"巾帼先进集体"称号,汾石总监办、离隰监理一总监办、交科公司隰吉监理三总监办被交控集团授予"工人先锋号"称号。新闻宣传助力集团文化建设稳步发展,监理集团和交科公司均获评"庆建党百年华诞,展时代监理风采"活动突出单位,分别获得省建设监理协会"通联工作标兵单位"、"先进单位"称号,监理集团网站获评"监理企业优秀网站",内刊和简报分别获评"金页奖""银页奖"。

(袁燕芳)

山西省交通环境保护中心站(有限公司)

2022年,在交控集团坚强领导和鼎力支持下,山西省交通环境保护中心站(有限公司)(以下简称环保公司)始终坚持以习近平新时代中国特色社会主义思想为统领,坚定不移贯彻新发展理念,落实高质量发展要求,积极应对复杂严峻的经营形势,统筹推进生产经营工作,坚持以深化改革为动力,以提质增效为目标,以高标准党建为引领,环保公司生产经营呈现出稳中有进、持续向好的良好态势。

【主要经营指标完成情况】2022年,环保公司利润总额4524万元,完成年度目标112%;经济增加值3659万元,完成年度目标142%;营业收入利润率11%,净资产收益率为7.5%,全员劳动生产率为49.62万元/人·年,人工成本利润率106%,研发投入2347万元,路域经营收入4.15亿元,全年未发生重特大安全生产责任事故和环境污染责任事故,完成国企改革三年行动各项目标任务,环保公司高质量发展迈出新步伐,取得新成效。

【聚焦主责主业发展新优势】一是技术咨询主业再创新佳绩。在业务承揽上,环保公司创新营销服务模式,建立建设项目前期专项评估综合咨询"新模式";在省外市场区域布局上,巩固现有省外重点市场的同时,积极拓展华中、西南"新地域";在业务类型上,在夯实环评、水保传统优势业务基础上,积极开拓防洪评价、林地调查等业务"新领域",构建"行业内全过程咨询+行业外管家式咨询"业务格局。全年技术咨询合同共计8539万元。其中,交控集团外7850万元,占比92%;非交通业务3216万元,占比38%。先后承揽朔州市地下水环境状况调查评估、山西转型综改示范区水资源区域评估报告编制等标志性项目。二是聚焦转型推动发展新跃升。环保公司承办混改成立的交控生态稳步推进晋城市农村生活污水治理PPP(政府和社会资本合作)项目、广西省柳州泗维河流域上游矿区历史遗留污染综合整治项目、河南省内乡县矿山修复项目工程等项目,参与编制地方标准2项,拥有独立知识产权超50项,积极推动产学研精准落地,先后与中国科学院地球化学研究所等科研院校进行技术交流并签署战略合作协议。入选"山西省35家重点上市后备企业",入列国家级专精特新"小巨人"名单。持续推进环保公司资产证券化工作,5月20日,正式进入新三板创新层。三是环保公司环保装备材料实现新突破。第一,合资成立的晋交普利匡高平生产基地于7月正式投产,先后完成晋阳改扩建项目平台截水沟试验段，黎霍高速路基边沟试验段，完成朔神高速超高段中央分隔带纵向排水设施及集水井盖板项目。第二，中标昔榆高速公路高峪咀隧道口施工期喷雾抑尘项目，采用一体化智能喷雾抑尘系统装备，有效解决隧道口施工扬尘问题。中标吕梁南高速分公司桥梁混凝土防撞墙环保型防腐面漆材料供应，有效解决公路设施腐蚀技术问题。四是环保公司环境服务业务打造新引擎。积极践行全方位推动高质量发展新要求，按照内生式增长和外延式扩张的发展思路，先后中标太旧高速公路路域环境服务项目（中标金额301.7万元）、太原高速公路路域环境服务项目（中标金额655万元）和山西转型综合改革示范区市政、环卫、园林绿化服务项目（中标金额1804.95万元，服务期限三年），以精细化养护管理为手段和标准，稳步开展城市和路域环境服务工作，逐步形成一套具有环保公司特色的城乡公共环境管理服务体系，为加快打开相关领域市场，建立环保公司品牌形象，夯实板块发展根基奠定坚实基础。五是环保公司环保科技研发取得新成效。第一，为交通运输行业贯彻落实碳达峰、碳中和重大战略提供技术支撑。联合清华大学高质量完成《山西省交通运输领域碳达峰、碳中和专项行动方案研究》，起草《山西省交通运输碳达峰行动方案》，纳入山西省碳达峰、碳中和“1+N+X”政策体系。第二，为交控集团绿色低碳转型发展做好顶层设计，协助交控集团发布《生态文明建设“十四五”发展规划》，明确发展目标和九大重点任务；编制完成《交控集团路域经济环保产业工作方案》，确定环保咨询设计、环保材料和环保工程三大重点产业。第三，持续提升科技创新水平和成果转化能力。高质量完成《山西省黄河流域水资源高效利用问题研究》《山西省黄河流域水土保持问题研究》等省发展和改革委员会、省交通运输厅和交控集团重大科研计划项目；紧紧围绕公路交通建设全生命周期环境保护关键技术问题开展特殊地质复杂土质边坡生态修复、路域景观提升、施工扬尘防治、站区污水深度处理及中水回用等针对性科技研发攻关，形成自主知识产权并实现成果转化应用。

【开创管理赋能发展新局面】一是环保公司聚焦提质增效，完善推动高质量发展的系列举措。第一，将原环评咨询团队和水务咨询团队整合组建为“审批服务中心”，统筹承担建设项目前期环保、水利及自然资源前期专项评估综合咨询。第二，开展以提升市场营销能力为核心的提质增效活动，并聘请专业的咨询专家和团队进行销售培训和陪跑辅导。第三，强化资质资信申请和升级，取得环境保护工程设计资格甲级（水环境、物理污染、污染修复）、环境咨询（环保管家）服务二级证书、水土保持方案编制四星级水平评价证书，水土保持监测五星级水平评价证书，完成ISO 9001质量管理体系、ISO 14001环境管理体系和ISO 45001职业健康和安全管理体系的认证审核工作。二是环保公司突出风险防控，构筑推动高质量发展的安全屏障。第一，分层逐级签订环保公司《2022年安全生产工作目标责任书》19份，印发公司《安全生产责任清单》。第二，通过线上线下等方式针对新《中华人民共和国安全生产法》《山西省生产经营单位主要负责人安全生产责任制规定》等内容进行安全教育培训。第三，为全体员工购买人身意外伤害险，扎实开展“安全生产月”活动，开展安全生产大检查及防汛应急抢险演练。全年安全生产形势平稳健康良好，全年未发生重特大安全生产责任事故。三是环保公司统筹重点领域，增强推动高质量发展的内生动力。第一，精心组织开展重大经营风险隐患排查工作，有效辨识、衡量、管控公司在经营管理过程中可能发生的重大经营风险；第二，扎实开展内部债权债务清算工作，充分调动公司资金周转，确保国有资产保值增值；第三，开展制度建设、法律审查以及法律培训，全力推进经济合同、规章制度、重大决策的“三项法审”工作，全年共审查合同327份，规章制度33项，重大决策13项。本部及所属企业2022年无新增诉讼或仲裁案件。

【党建引领改革转型新成效】一是讲政治，坚决落实党委主体责任，将引领发展作为党建工作的第一追求。环保公司坚持以习近平新时代中国特色社会主义思想为指导，坚持以政治建设为统领，把党建工作与业务工作紧密结合，按照新时代党的建设总要求，以落实重点任务为抓手，全面落实从严治党主体责任，为公司高水平高质量发展提供坚强的政治保证。二是提品质，创新打造理论学习高地，将党建工作作为企业发展的内生动力。环保公司把思想政治工作同环保公司治理、制度建设、人才队伍培养、精神文明培育、企业文化建设、“我为群众办实事”等工作结合起来，将党的引领“融入血脉，见诸行动”；夯实党建特色品牌和党建项目化工作，着力推进理论学习制度化、规范化，实现党建能力和思想政治工作“双提升”。三是严监督，持续加强党风廉政建设，将铁的纪律作为干事创业的重要保障。环保公司牢牢牵住全面从严治党主体责任的“牛鼻子”，认真种好管党治党“责任田”，把主体责任纳入党委重要议事日程，与重点工作同部署、同推进、齐抓共管，做到履职尽责常态化，切实加强党的建设，把全面从严治党落到实处。

（温　涛）

山西交控置地有限公司

2022年，山西交控置地有限公司（以下简称置地公司）上下坚持以习近平新时代中国特色社会主义思想为指引，深入学习贯彻中共二十大精神，认真落实交控集团党委决策部署，紧紧围绕打造交控集团旗下现代交通地产一流企业的目标，攻坚克难、突破提升，高效化解风险难点，积极展现企业担当，开展一系列打基础、利长远、提质效、防风险工作，完成各项目标任务，经营发展能力稳步提高，干事创业氛围越发浓厚，形成稳中向好的发展态势。

【经营改革任务如期完成】 置地公司全年利润总额801.19万元，完成年度目标的119.58%；经济增加值3149.49万元，完成年度目标的116.05%；营业收入利润率3.45%，完成年度目标的175.13%；全员劳动生产率24.55万元/人·年；总资产报酬率0.15%，完成年度目标的107.14%。国企改革、安全整治、对标一流“三年行动”全面发力、多点突破，在许多重要领域和关键环节取得新成效。

【项目建设管理强势破局】 置地公司完成年度投资任务，在交控集团工程建设百日会战中排名靠前，获评交控集团“工人先锋号”。龙锦院已完成33栋主楼和63个区地库主体结构封顶，为如期交付打下坚实基础。易和苑10栋主楼、2栋商业楼已全部封顶，项目去化率达93.44%；丽水苑争取减免配套费3128万元，与属地政府达成回购协议，项目去化提前锁定，2021年9月盛大开工。太和苑、尧府两个项目，梳理解决历时5年的征拆遗留、工程可行性研究立项等各类疑难问题，扫除开工前一切障碍。路域经济产业园项目，完成项目部组建、园区概念设计、流程梳理、融资对接等前期筹备工作，1月11日开工清表。云南磨憨等待建项目，驻地干部员工积极谋划，做足做细前期统筹工作，蓄力待发。在项目推动过程中，置地公司各级领导干部转变思路，加快步伐，临难不却，履险不惧。一方面，狠抓工程进度。克服项目承接前后开发定位偏差、原材料上涨等因素影响，优化流程、精准排布、降本增效，较好完成了各项投资进度。另一方面，狠抓回款去化。积极优化营销策略，筹备各类营销活动，创新“营销+”模式，对接优质教育、医疗等配套资源，推动各项目迅速去化。龙锦院、易和苑两个可售项目，累计销售额17亿元。龙锦院项目在优质小学配套、优质中学直升等方面已取得突破性进展。

【辅业协同发展转型定向】 置地公司紧扣交控集团路域经济战略部署，深入分析辅业企业经营现状，采取强有力措施推动改革发展。交建工程公司进行整体注资转型，推动施工总承包资质申办，提前完成扭亏任务，实现盈利。物业公司推动“党建+”创新实践，深化网格化治理体系建设，充分发挥“红色物业”品牌优势，在专业化经营方面取得明显突破。国旅公司积极拓展红色党建培训业务，强势入驻交控集团“晋e行”服务平台，依靠资质优势，业务拓展能力得到有效提升。顿村培训公司积极优化组织结构，提高经营效能，在会务接待、职工活动方面重点推进，积极寻求业务拓展。

【管理控制成效显著提升】 置地公司积极用好国家税收优惠政策，应享尽享减税降费1587万元；有效节约项目前期配套费4000余万元；通过优化工法、市场询比、厂家直采等方式对项目成本进行有效控制，累计节约投资1.23亿元。同时，狠抓安全生产和风险防控工作，安全生产工作坚持抓常抓细，在交控集团“安全生产月——平安交控”系列活动中获评特等奖，有效促进置地公司安全管理能力的提升。

【科技创新发展活力增强】 置地公司围绕生产经营开展科技攻关，获批房地产开发（二级）资质4项；取得省级QC（质量控制）成果4项，实用新型专利4项，省级工法4项，编制完成企业标准4项，龙锦院项目班组连续获评全国质量信得过班组、国家级QC班组、山西省一等班组，科技赋能取得较大突破。

【党的全面领导持续加强】 置地公司健全完善49项党建制度，切实抓好基层党支部标准化、规范化建设，实现“项目建在哪里、党组织就覆盖到哪里、党员作用就发挥到哪里”，物业公司获评交控集团党委和省国资委“标杆党支部”。置地公司党委坚持党管人才，注重年轻干部培养选拔，中层“80后”干部数量占比46.3%，整体呈现“年轻化、职业化、战斗力强”特点；组织参与各级演讲、征文、书画摄影等比赛，多次获评交控集团优秀单位和个人奖项，团总支获评交控集团“五四红旗团支部”；高度重视交控集团党委巡察工作，党建综合类整改问题全部销号，基础管理工作得到交控集团高度认可。纪检干部队伍素质不断增强，4名参赛干部的成绩名列前茅，纪检工作年度考核在交控集团同级企业排名第一；制订清廉国企建设“六个一”行动方案，常态化开展“警示教育基地参观”“廉政微讲堂”“清廉国企进基层”“干部上讲台”等活动，针对重点环节重点领域，开展清廉单元创建行动，7项重点领域课题实现高效破题，全面从严治党走深走实，置地公司风清气正政治生态持续向好。

（孙文平）

山西交控金资管理有限公司

2022年，山西交控金资管理有限公司（以下简称金资公司）在交控集团党委正确领导下，积极响应交控集团向高速公路通行、交通基础设施建设、路域经济发展“三足鼎立”战略转型要求，以党建为引领，合规体系建设为抓手，纪检监督为促进，积极拓展各项业务，完善制度体系建设，优化内部治理结构，有效提升投资科学性。

2022年年底，在交控集团指导下，金资公司新增业务全部转向交控集团内部，高质量发展再上新台阶。全年实现利润0.7亿元。在浮盈无法确认情况下，整体利润总额水平较往年虽有回落，但总体业务投放质量有明显提高，预期收益率水平依旧保持不变。综合考虑浮盈收益，全年实现利润总额2.1亿元，个别考核指标依旧保持良好水平。资产管理规模40.4亿元，投资项目存续24个，合计投资余额23.78亿元。累计新增投放10.35亿元。其中，保理融资新增业务11项，新增业务规模5.45亿元；股权投资新增业务4项，新增投资3.9亿元；债权业务新增1项，新增投放1亿元。保理业务、债权业务均投向优质省属国企；股权类投资项目合作机构均为国内头部股权投资机构。

【大力发展保理业务】 金资公司保理公司积极发挥保理牌照作用，利用保理业务“依托供应链，建立信用链，疏通融资链，提升价值链”总体特点，采取多样化手段，着力打造新的效益增长点。在严控业务风险、确保业务合规的前提下，保理公司全年共新增业务11笔，累计投放金额约7.45亿元，全年实现营业收入2873.12万元，实现利润总额2467.41万元，年末保理资产规模5.17亿元。一是积极开拓新市场，根据交控集团面向国有企业开展业务的规定要求，保理公司先后拓展山西三建集团、建工集团、同煤租赁、晋控集团塔山电力等重点客户，与信通公司、养护集团等交控集团内部成员单位建立合作。二是持续推动业务创新，联合信通公司共同推出全新高速公路ETC记账卡产品“晋保通”，实现全省货车ETC记账卡的进一步升级和优化；积极参与山西国资供应链系统，利用山西国资供应链服务系统首批“晋易信”融资业务开展机会，为交控集团所属信通公司及养护集团多家外部供应商提供保理融资服务，拓宽线上业务模式。

【审慎(精准)开展股权投资】年初,在交控集团董事长武艺亲自主持的专题会议上,金资公司明确股权投资"审慎开展"业务定位。金资公司秉承"合规、稳健、融合、发展"投资理念,以"审慎开展"股权投资业务为根本,以实现投资人收益最大化为目标,以助力交控集团战略转型为使命,进一步优化制度流程,主动检视项目风险漏洞,积极稳妥拓展业务。全年实现利润总额1.53亿元,其中,收入及投资收益4089万元,项目浮盈1.12亿元。一是积极推动优质项目投放,利用合作伙伴在项目筛选、投研转化等优势,新增股权投资项目4个,其中智能创新基金投资项目3个:腾盾无人机1亿元、招银科创基金0.5亿元、招银科兴基金2亿元,投资金额合计3.5亿元;交通产业基金投资项目1个,投资金额0.4亿元。二是联系优秀企业,拓展合作空间,除与中金资本、招银国际、山证、中信城开、华平等机构保持良好合作外,还新开拓了IDG、华金资本、上海国投、国盛资本、盛时资本等22家股权投资金融机构,合作参与尽调并研判项目30余个,有效降低项目选择风险,提高投资效率。

【适度开展债权业务】金资公司在债权投资业务中,本着面向成员单位提供资金服务的原则,降低成员单位资金成本,打通内部资金融通渠道,简化成员单位资金审批,提高决策效率。截至年底,金资公司累计开展交投集团通建融创项目、置地公司龙锦花园项目等3笔债权投资业务,总投资余额7.99亿元,共收息1.64亿元。

【打造风控合规管理体系】金资公司按照省委提出的"管理建在制度上、制度建在流程上、流程建在权限上、权限建在平台上、平台建在数据上"要求,党建引领、纪检监督、法务风控、业务研判多管齐下,为金资公司健康有序发展留足安全空间。一是严格执行三项法律审核,共审核各类合同协议文本151份,涉及金额约70亿元,法律审核率达到100%。二是打造富有金资特色的风控合规管理体系。开展"内控合规建设季",邀请专业的咨询公司专家团队"号脉问诊",着力推动打造一个"上下打通"的管理战略体系,塑造一个"高效协同"管控体系,锻造一个"前后打通"管理集成业务流程体系,构建一个"强健严谨"风险内控管理体系,强化一个"活力开放"组织和人力资源管理体系。通过合规体系建设,完成核心流程设计134项,编制风控矩阵172项,汇编整理各项制度184项,补充完善内控缺失制度66项,形成《合规与风险管理文件汇编手册》《合规管理手册》制度体系成果,将金资公司的流程管理水准提升到更上一个等级。三是积极化解业务风险。在天津大通集团信托贷款项目发生本息逾期的情况后,组建风险处置工作组多措并举、多法共用,积极防范和化解项目风险,保障金资公司合法权益。3月,推动强制执行清收程序;4月成功催收本息1亿元;12月,资本公司、天津信托、天津大通签署债权转让协议及信托资产归还协议,资本公司顺利取得对应债权。截至年底,资本公司正在办理天津大通所持尧都农商行3.25亿股股权质押权变更工作,保证后续强制执行等工作顺利开展。

【全面落实国企改革三年行动】2022年是国企改革收官之年,金资公司通过深入学习贯彻习近平总书记关于深化国企改革发展和党的建设的重要论述,按照交控集团国企改革总体安排部署,紧密结合金资公司经营发展实际,全方位落实国企改革三年行动。一是全面推行经理层任期制契约化管理。金资公司本部及各子公司均完成"两书一协议"签订工作、制订金资公司董事会向经理层授权管理办法和授权事项清单。二是持续深化"六定"改革。按照交控集团统一安排,金资公司通过校园招聘引入高素质人才3名,通过公开竞聘方式选拔3名优秀青年充实到中层管理岗位。

(苏　超)

山西省交通信息通信有限公司

2022年是山西省交通信息通信有限公司(以下简称信通公司)重组元年,在交控集团党委和信通公司党委坚强领导下,全体干部职工深入学习贯彻中共二十大精神,以"着力做强数字经济"为目标,抢抓机遇、承压奋进，在加速创新成果转化应用和国产化替代方面贡献信通力量，在发展数字经济和路域经济新业态方面彰显信通担当，信通公司综合实力、核心竞争力和履行社会责任能力不断增强。

【强化经营管理，主要指标稳中向好】信通公司全年完成营业收入5.33亿元，实现利润总额1.30亿元，完成目标任务1.25亿元的104.15%；实现路域经济营收5.32亿元；累计清收应收账款1.97亿元；经济增加值、营业收入利润率等指标超额完成目标任务。特别是顺利通过国家高新技术企业认证，并成功获批“专精特新”和省级专精特新“小巨人”企业，信通公司核心竞争力不断提高。

【持续深化改革，发展活力显著提升】信通公司全面完成国企改革三年行动要求的52项目标任务，高标准编制完成信通公司“十四五”规划，为推进数字经济规模化和产业化提供重要支撑。根据交控集团批复实施“六定”改革方案，形成由10个职能部室、7个分公司和1个子公司构成的“总部+子分公司”管理模式，机构设置更加科学，职能更加优化，权责更加明晰。董事任期管理，经理层聘任制管理，选人用人及薪酬管理等进一步健全完善，形成精简高效、运行专业的管理体制。加快推进内部体制改革，修订完善激励约束机制、内部管控、风险防范、财务预算管理等方面共计45项制度，进一步夯实现代化企业管理制度。

【加速盘活资质，市场拓展再开新篇章】信通公司充分运用公路机电、电子智能化、消防、涉密和网络安全等13项资质优势，全年参与投标124项，中标102项，累计中标金额达1.6亿元。其中，省内市场成功中标交控集团的通信系统改造、省级视频云系统、匝道车型识别预稽查系统等重点工程项目，交控集团外中标娄烦县和尖草坪区两项公路检测站升级改造工程，在省外市场成功中标江苏省润扬大桥2022年三镜头镭视一体机及自动发卡机增设改造项目。获批四川省公路建设B级信用评价，为信通公司强力拓展四川市场、布局西南区域迈出关键一步。数字公司积极开展富余光纤和通信带宽资源对外租赁经营业务，着力推动构建“专网+公网”“有线+无线”高速公路网络格局。

【聚焦重点项目，数字化项目建设提档加速】信通公司全面完成高速公路隧道提质升级改造工程建设任务，以隧道安全系数和外观质量“双提升”，助力“平安隧道”建设。全面完成通信系统升级改造工程施工项目建设，有效提升图像数据传输质量和传输效率。完成高速公路治超系统升级改造项目、出口称重改造项目，助力全省在全国率先实现高速公路收费站出入口货车100%称重检测。多项数字化项目建设与时俱进、走在前列：省级视频云系统施工项目现已具备试运行条件，为各级高速公路管理单位之间实现监控系统平台“互联互通、资源共享、业务协调”，打好前站；国产化联网收费软件升级切换已基本完成，为高速公路收费运营业务数智化发展奠定技术基础；高标准推进高速公路智慧运营综合平台建设，综合展示平台，收费、养护、路产保护、路域经济等多项子系统已完成开发，投入线上运行；跨省交易对账、移动支付、ETC拓展服务等多个系统已正式上线运行，ETC交易结算及退费系统、收费大数据融合服务平台主体功能模块已上线，有力提升联网收费系统运营管理与服务能力。

【坚持服务至上，ETC运营服务及场景拓展持续提升】发行方面，信通公司年内发行ETC用户15.49万户，累计达559.08万户；成功推出ETC行业记账卡，年内办理206户、办理车辆1577辆；与金资公司、山西银行、光大银行等机构合作，创新开展ETC货车保理业务，办理“晋保通”产品业务150户。运营服务方面，信通公司货车ETC使用率73.68%，全网排名第一；构建“省级、站级、车道”三级稽核管理体系，处理各类违规工单5.83万条，追缴通行费2291.82万元；提升客服业务水平，全年客服接通率考核指标达标，投诉处理及时率、结案率均达100%，化解百万客户投诉指标长期稳居全国第一。场景拓展方面，信通公司联合实业集团、服务区管理公司，选取阳曲服务区为试点建设“ETC+加油站”；自主投资建设皇城相府景区、云丘山景区、洪洞大槐树景区停车场，与云冈石窟景区、雁门关景区、绵山景区等十余个景区达成建设意向；年内20个ETC智慧停车场已进驻龙城智迅完成建设工作，城市静态交通一体化服务生态场景不断拓展。

【坚持创新发展，数字经济创造新增量】信通公司围绕做强数字经济发展目标，立足核心技术自主可控理念，年内投入研发费用5252万元，实现高新技术收入9927万元，利用研发费用加计扣除等税收优惠政策，减免企业所得税1600万元。编制完成地方标准和工法5部，申报国家专利、软件著作权10项、授权2项，科技项目立项15项，申报6项QC（质量控制）小组成果，2项QC获得交通运输行业2022年度优秀质量小组，“陶海敏创新工作室”获评山西省交通运输系统“六新”领域职工（劳模）创新工作室。面向应用需求，信通公司自主研发的智慧收费机器人、自助发卡机、一体化智能机柜等已在全省推广使用，取得良好经济与社会效益。

【坚持底线思维，防范化解各类风险挑战】信通公司推进“合同管理规范年”和“法律服务高速公路路域发展”专项行动取得实效，全年法律审核经济合同1471份，规章制度111项，重大事项6项，审核率为100%。完成中共二十大、冬奥会、中国国际消费品博览会、中国国际服务贸易交易会、东博会等重点时期内网络安全保障工作，完成公安部、交通部组织的网络安全实战攻防演习等网络安全任务，以实际成效筑牢网络安全屏障，发挥维护网络安全主力军作用。强化资金管控，降低融资成本，获批交通银行1.2亿元综合授信，累计保函节约资金占用199.7万元；依托“晋易信”电子债权凭证开展供应链服务，率先在山西国资供应链服务系统中完成交控集团首单供应链支付业务，开辟便捷、低成本融资新渠道。

【加强党的领导，党建与生产经营相融互促】信通公司坚持以政治建设为统领，认真落实“第一议题”制度，坚持“1235”工作法推进党建项目化管理，持续推进“支部建在项目上”。通过校园招聘、社会招聘、内部引进等多种方式加强信通公司人才队伍建设，校园招聘6名“985”“211”高校优秀毕业生，社会招聘2名具有一级建造师资质的技术人员，选调5名软件类专业人员前往数字公司挂职锻炼。开展全员培训，全年开展一级建造师、软件开发技术能力提升等专项培训24次，累计培训600余人次，逐步健全专业技术人才队伍。按照交控集团党委安排，先后开展巡察整改和政治监督专项检查工作，信通公司党委高度重视，成立专项工作组，制订工作方案，对巡察整改提出的问题逐一落实、举一反三，建立长效机制。贯彻落实好交控集团纪委“1520”行动计划，不断强化组织领导、压实工作责任、加强督促检查，确保全面建设清廉国企取得实际成效。与养护集团、置地公司、太旧公司等单位开展纪检联建业务培训，绷紧监督执纪“安全弦”。

（王丽达）

山西交控汾石高速公路有限公司

2022年，山西交控汾石高速公路有限公司（以下简称汾石公司）以习近平新时代中国特色社会主义思想为指引，深入学习贯彻中共二十大精神，认真推进落实交通强省建设动员大会精神，全面贯彻落实交控集团“三足鼎立”转型发展战略部署，锚定“2024年通车”总目标不动摇，紧紧围绕28亿元年度投资任务，高起点谋划、高效率组织、高标准推进，科学分解任务，高效协调联动，层层压实责任，持续加快工程进度。年内完成投资28.1亿元，超额完成年度目标任务；累计完成投资48.16亿元，完成概算投资的41.1%。主线路基、53座桥梁、5座隧道全部开工。路基土石方完成总量的73.4%，桥梁桩基完成总量的92.21%，墩柱完成总量的67.24%，梁板预制完成总量的14.18%；隧道洞身开挖完成总量的34.93%，其中全线控制性工程东山特长隧道累计开挖4969米，交口隧道、火台山隧道已实现贯通。在完成年度既定目标任务的同时，形成项目建设稳步推进、公司治理持续优化、干部职工团结奋进的良好态势。

【坚持理念现行，“汾石经验”取得新突破】汾石公司积极融入全省全方位推动高质量发展大局，坚持“党建引领、安全保障、数智支撑、精细管理、优质高效”建设理念，以打造“品质汾石、平安汾石、绿色汾石、智慧汾石、清廉汾石”为建设目标，严把“质量关、进度关、安全关、为民关、清廉关”,稳步推进汾石高速项目高质量建设。制订出台“五大汾石”创建实施方案,明确创建目标及实施路径,在汾石公司及参建单位大力宣贯,稳步推进。坚持对标国内一流工程管理企业,充分借鉴和学习先进管理经验,创新管理理念,着力推进场站建设规范化、施工工艺标准化、管理模式体系化,编制完成《“三园两中心”标准化建设指南》《试验检测标准化指导书》《施工工艺标准化图册》《施工现场安全防护标准化图册》等9项标准化文件,持续深入推进实施,管理水平全面提升,“汾石经验”取得新突破。

【坚持前期发力,“汾石速度”跑出新指数】汾石公司在2021年度建设用地手续办理跑出“汾石速度”基础上,继续坚持“多思维、快跟进、强举措”工作基调,进一步细化工作措施,高效协调联动,实现“汾石速度”再发力。采取专人负责、专班推进,一年时间完成全部前期手续办理,实现项目建设全面依法合规。年底省交通运输厅再次发来表扬信,对项目前期工作成效给予充分肯定。高效推进征拆工作,坚持一线办公,确保重难点问题有效解决。截至年底,全线土地已交付99%,民房厂企拆迁完成98%,坟墓迁移完成100%,电信改迁已基本完成,电力改迁也取得突破性进展。

【坚持精细管控,“汾石机制”收获新提升】汾石公司以创建“品质汾石”为目标,推进平安百年品质工程建设。一是质量管控更加精准。创新采用施工总承包工地试验室“1+N”模式、工程监理与试验检测机构联合体运作,实现工程质量全过程精准管控。引入第三方质量技术咨询机构,全年共开展现场质量技术巡查86次,发现问题93条,提出建议54条,出具专项技术咨询报告6份,实现“发现问题、咨询献策、整改销号”质量闭环管理。以关键工程的施工质量为发力点,通过精准把控关键工序和薄弱环节,靶向治理质量通病,全面提升质量水平。省厅桥隧专项监督检查抽检合格率100%,交控集团专项检查抽检合格率97.3%。二是安全管控更加有力。以打造“平安汾石”、创建平安工地为目标,不断创新安全管理新模式。引入第三方安全技术服务机构,推行“安全大管家”“安全好医生”服务。建立“20+1”全员安全责任体系。实施“网格化”管理,研发“安全网格”App,设立安全网格66个,实现安全管理全层级覆盖。开展安全信息化管理,建立特种设备、作业人员信息化台账,以东山特长隧道为管理重点,建立信息化管控中心,全面加强危大工程实时监控管理。推行安全管理标准化,制订安全标准化图册,开展现场安全标准化观摩3次,安全应急演练13次。通过安全生产全面管控,年内未发生安全生产责任事故。三是环保管控更加有效。统筹全寿命周期管理,多维创建资源节约、生态环保、节能高效的“绿色汾石”。推广使用智能喷淋、“养护液+薄膜”养护等措施节约用水,采用光伏发电、空气能加热采暖等措施实现节电减排,充分利用各类固废材料提高资源利用率。以数智化能源综合管控与近零碳新基建深度融合为目标,创新打造省内首个近零碳服务区,通过深入研讨,修订完成建设方案。推进工地扬尘“六个100%”治理,持续加强施工现场环水保管控,实施全过程监管,发现隐患55条,整改率100%。四是合规管控更加严格。严格执行资金使用相关规定及合同条款,确保专款专用。累计到位建设资金47.06亿元,其中:项目资本金10.91亿元,债务性资金36.15亿元。年内共支付建设资金23.62亿元,其中:建筑安装工程费20.72亿元,土地使用及拆迁补偿款0.90亿元,建设期利息费用0.93亿元。制订2022年建设单位管理费预算并严格执行,实现项目管控降本增效。聘用总法律顾问及常年法律咨询机构,实现项目管理法规咨询全覆盖。编制《建设工程合同法律风险防范指引》,明确法审程序,持续更新法审台账,全年共审核公司重要决策、规章制度、合同文本共79份,法务审查率100%。依法合规开展招采项目16项,未接到任何投诉及异议。年内共签订各类合同31份,未发生合同纠纷。

【坚持科技赋能,“汾石模式”激发新动能】汾石公司深入贯彻智慧交通及全寿命周期理念,推动信息化建设,全力创建“智慧汾石”。按照“5+N”总体规划打造信息化综合管控平台,实现“信息化一张图”

集成化管控。打造建管养运服协同管理平台，实现模型、信息的交互使用。平台试运行顺畅，各项功能居省内领先水平。打造交互式实景沙盘，通过实景沙盘与AR技术虚实融合的方式，全方位展示BIM技术，汾石高速BIM成果获评中国公路学会“交通BIM工程创新奖”一等奖。坚定实施创新驱动，持续强化前沿科技研发，大力促进科研与设计、施工联动，开展“不同持力土层桩底复合式后压浆技术承载性能研究”等3项重点科研项目，实现聂生村大桥桩底复合式后压浆、采空区注浆材料优化等关键技术突破。大力推动“液压自动爬模”“智能焊接机器人”“移动湿喷机组”等35项“六新”技术、5项QC(质量控制)成果在下堡特大桥、东山特长隧道及梁板预制场等工点落地应用，显著提升项目建设的科技含量。

【坚持路域同步，“汾石样本”发挥新引领】 汾石公司积极配合交控集团制订《汾石高速路域经济配套基础设施建设工作方案》，高起点谋划项目储备，大力发展汾石高速路域经济产业。与路桥集团、交科集团等10家单位积极沟通，通过座谈会、外业勘查等方式就服务区、光储充供、光伏发电、物流仓储、固废利用、节能环保、智慧交通、科技成果转化、广告、通信管廊与通信系统10个产业40项细目进行充分对接，为高标准开展规划设计、高效率落实投资建设奠定坚实基础，确保路域经济项目与主体工程同步设计、同步建设、同步运营，为新建高速公路路域经济发展起到示范引领作用。

【坚持融合创新，“汾石形象”迈上新台阶】 汾石公司坚持以政治建设为统领，认真落实“第一议题”及中心组学习制度，组织各参建单位深入学习贯彻中共二十大精神。抓牢意识形态工作，发挥意识形态的思想引领作用，形成汾石高速高质量建设的强大凝聚力和向心力。充分发挥党委领导核心作用，保证党和国家路线方针政策及交控集团各项决策部署的贯彻落实。对3个党支部进行换届改选，配齐配强党支部班子，规范基层组织建设，汾石公司第三党支部分别被省国资委党委及交控集团党委评为“标杆党支部”。高标准严要求发展预备党员1名、入党积极分子11名，不断壮大党员队伍。开展党支部联建活动6次，把项目建设中的难点作为党建工作的重点，以高质量党建引领项目高质量建设。充分发挥工会桥梁作用，积极组织开展劳动竞赛活动，获评省公路运输工会及交控集团工会“公路工程建设引领性劳动和技能竞赛”优胜项目奖和个人先进奖。把助力乡村振兴作为项目建设的重要工作，制订方案，与沿线政府建立联动机制，全面统筹利用地方资源，推动地方经济发展。聚焦清廉国企建设主题，以教育引导为本，用制度建设护航，强化铁腕执纪问责，大力宣传清廉文化，以“清廉汾石”创建成效助力清廉国企建设提速推进。

（郭　锐）

山西交控临浮高速公路有限公司

2022年，在交控集团坚强领导下，山西交控临浮高速公路有限公司(以下简称临浮公司)上下深入学习贯彻中共二十大精神，认真落实中央、省委、省国资委和交控集团党委决策部署，紧紧围绕年度目标任务，统筹推进资金筹措、手续办理、工程建设，狠抓安全生产和质量管控，各项工作均取得新成效。超额完成年度目标任务，用地手续取得自然资源部批复，获交控集团充分肯定、省交通运输厅来信表扬和省领导高度认可，项目建设呈现快速推进的良好态势。

【手续办理，保障项目建设顺利展开】 临浮公司始终坚持问题导向、目标导向，认真梳理前期手续办理过程中的难点和堵点，成立工作专班，指定专人负责，精研政策、做足预案、多方联动、积极协调，采取“倒排节点、压缩时限、提前介入、因地施策”等有力措施，充分克服三调数据调整、三区三线规划调整等诸多因素叠加的影响，各手续办理快速推进。先后取得土地预审、工程可行性研究、环评、水保、防洪等16项前期手续批复。用地报批手续于2022年6月正式组卷，9月报至自然资源部，10月完成补正工作，11月获自然资源部的正式批复，跑出全省高速公路建设用地手续报批的“新速度”，收到省交通运输厅的感谢信，对临浮公司打赢建设用地审批攻坚战表示热烈祝贺和衷心感谢。征地拆迁方面，两县(区)共征用土地2006.23亩，涉及1408户，补偿合同已全部签订完成，交地率达100%。红线内涉及坟墓321座全部迁移完成，110千伏安及以下电力迁改28处全部完成，500千伏安超高压电力迁改霍临1号线已拆改完成，通信线路迁改涉及14处已完成13处，为项目顺利实施奠定坚实基础。

【强化管理，项目资金及时足额到位】 临浮公司科学制订资金使用计划，合理申请年度政府专项债券资金，积极争取市、县两级政府项目资本金及时足额到位，全年筹措资金6.19亿元，为项目建设提供有力资金保障。为降低融资成本，主动与工商银行、交通银行沟通谈判，通过协定存款利率等方式，获得利息收入242万元，有效缓解专项债券利息压力。同时，为强化资金监管，临浮公司与工商银行临汾分行合作搭建了省内唯一的资金监管平台，高效、便捷地对各参建单位资金使用情况进行审核、监管，保障项目建设资金合法、合理、及时、有效使用，更保障农民工工资专款专用和按时足额发放。

【破解难点，超额完成年度投资任务】 一是科学分解目标，层层压实责任。临浮公司年初会同参建单位科学编制2022年度产值及进度计划，细化至每月、每旬、每日。定期召开工程例会，全面分析制约进度的堵点、难点问题，及时开展进度计划动态调整，强化人、机、料等要素保障，确保工程进度扎实推进。二是压实责任，强化措施。临浮公司班子成员分段包保，重点难点集中攻坚，分阶段开展劳动竞赛，高标准完成“百日会战”活动。针对临汾东互通枢纽、洰河大桥等控制性工程，成立工作专班，现场解决存在的难点问题，确保施工进度达到时序要求。

【不越红线，平安百年品质工程建设】 一是工程质量稳步提升。临浮公司与各参建单位签订质量目标责任书，进一步落实参建各方责任。制订《质量管理办法(试行)》《工程质量巡查制度》《试验检测管理办法》等13项制度办法，全面规范工程质量管理。开展质量隐患排查整治，发现各类隐患问题64条，全部整改完毕。通过开展“质量月”系列活动、班组技能比武等方式，强化协作单位管理，全面提升参建人员质量意识和技能水平。全面推行首件工程认证，形成统一的工作程序和标准的操作规范，指导和引领后续同类工程工序施工，切实发挥首件引领作用。全年共开展质量专项考核2次，专项提升检查2次，总结交流2次，组织管理人员进行技术培训、考核81人次，组织技能比武1次，召开混凝土外观提升技术指导专题会议2次，召开首件认证专题会8次。二是安全形势平稳可控。临浮公司签订安全生产目标责任书106份，印发安全生产制度13项、专项行动方案8项，开展安全教育培训10次、累计培训179人次。及时召开冬季施工、高空作业等专题部署会议，对关键部位和特殊时段安全生产工作进行安排部署。结合安全生产专项整治三年行动“巩固提升年”和“安全生产大检查大整治大提升”专项行动，开展常态化安全隐患排查治理，全年共开展各类安全检查46次，发现安全隐患119条，已全部整改完毕。编写制订安全标准化图册，大力推进安全生产标准化建设，全面提升本质安全水平。强化应急管理，编制《生产安全事故综合应急预案》完成省应急厅和交控集团“双备案”。严格按照交控集团安排部署和属地政府相关要求，全年未发生安全生产责任事故。

【助力乡村，展现浮临高速社会形象】 一是严格落实“三同时”“四节一保”要求及“六个100%”标准，临浮公司从绿色设计、生态环境保护、景观提升等方面抓起，临建设施“能租不建”，最大程度节约资源能源。二是坚持永临结合，临浮公司将施工便道与田间道路统筹规划，既满足工程建设需要，也为当地群众出行、耕作提供便利。特别是正在与两县(区)洽谈的改移路项目，拟由属地交通运输局纳入“四好农村路”立项、审批，由浮临项目实施改造。项目的实施，将在极大简化浮临高速改移路手续办理环节的同时，助力沿线乡村振兴。三是充分利用荒沟荒坡作为弃土场地，临浮公司在满足弃土的同时填沟造地。经估算，浮临项目结束后，造地面积可达100余亩。

【强化内控，管理水平持续提升】 一是明确部室职能，提升工作效能。临浮公司严格按照交控集团批复“六定”方案，设置党委办公室、地方协调部、财务管理部、技术合同管理部、质量安全环保监督部5个部室，明确部室职能，细化岗位职责，形成各司其职、各负其责、协调运转的工作格局。二是完善制度体系，提高制度执行力和管控力。临浮公司先后制订党建、纪检、行政管理等方面制度96项，制度体系逐步完善，各部门工作有序运转。三是加强合规管理，强化风险防范。临浮公司深入开展“合同管理规范年”专项行动，经济合同、规章制度和重大决策法律审核达到100%。积极引入第三方机构对项目建设期间实施全过程跟踪咨询，及时了解情况、发现问题、防范风险，堵塞漏洞。

【加强党建，助推高质量项目建设】 一是推动党的领导与公司治理深度融合。临浮公司把党的领导落实到临浮公司管理和项目建设的各方面各环节，研究制订《党委会议事规则》《经理层议事规则》《党委前置研究讨论重大经营管理事项清单》等制度，厘清党委和经理层的权责边界，切实做到党委把方向、管大局、保落实，经理层谋经营、抓落实、强管理。二是强化干部队伍建设。临浮公司全年度选拔任用中层干部6人，其中40岁以下2人，40~45岁3人。持续推进项目管理人才、专业技术人才、党务管理人才、高技能人才“四支队伍”建设。汾石公司25名干部职工中2人有正高级职称，4人有高级职称，7人有中级职称，2人有初级职称，拥有职称职工人数占总人数的60%。创新建立“临浮大讲堂”，组织全体干部职工利用休息时间集中学习规章制度、标准规范，进一步提升临浮公司干部职工的规矩意识和能力水平。全年共开展“临浮大讲堂”21期。三是推进全面从严治党向纵深发展。临浮公司制订《党委及其成员落实全面从严治党责任清单》和《2022年任务安排》，压紧压实党委书记第一责任人责任，强化班子成员履行“一岗双责”的政治自觉，敢管敢严、长管长严，积极营造风清气正的政治生态。针对交控集团政治监督专项检查发现的11类19个问题，制订制度4项，修订完善6项，下发提醒函8人次，约谈15人次，开展制度学习10次，真正做到以改促建以改促治。高标准推进清廉国企建设，“1520”行动计划深入推进。成立建设清廉国企领导小组和工作专班，制订全面建设清廉国企实施方案、行动方案、2022年工作要点和任务清单推进情况表，切实做到目标明确、发力精准、落实到位。通过召开警示教育大会、观看警示教育片、通报典型案例、签订廉洁过节承诺书等方式，引导党员干部知敬畏、存戒惧、守底线。开展“树清廉家风，建清廉家庭”家访活动，为受访家属送上《清风传家》《严以治家》等书籍，引导家属争做“廉内助”，常吹“廉政风”。

（刘晓腾）

山西交控高速公路服务区管理有限公司

山西交控高速公路服务区管理有限公司（以下简称服务区公司）2022年6月15日注册成立，注册资本金500万元，隶属山西省交通控股集团有限公司。受交控集团委托，负责全省政府还贷高速公路服务区的统一管理，主要包括建立健全服务区管理体系、服务区公益设施的改建和维修养护、公益性服务的保障和提升管理、服务区资产的租赁经营及日常监督检查等。

服务区公司按照现代企业制度要求，设立党委会、董事会、经理层，机关内设职能部室8个，基层管理105对服务区，现有员工647人，其中：研究生8人，本科学历347人，中高级职称61人。设有12个党支部，现有中共党员222人。

服务区公司成立以来，以习近平新时代中国特色社会主义思想为指引，坚持党建引领，突出公益属性，以服务社会公众美好出行为宗旨，以打造“国内一流、山西特色、晋韵品质”高速公路服务区品牌为目标，坚持“四步走”发展战略和“四补两转变四突破一打造”发展路径，落实提质增效“八项措施”，建设高素质班子、中层、员工“三支队伍”，积极推进服务区设施提质升级改造和绿色智能服务区建设，专业化标准化精细化加强服务区现场管理和安全生产，人性化亲情化差异化提升服务区服务品质，市场化成本化清单化推动服务区降本增效，党建与业务相融共进赋能服务区高质量发展，努力将服务区打造成为服务群众美好出行的新驿站、展示晋韵文化内涵的新窗口、发展交控集团路域经济的新支点，为全省“十四五”转型出雏形和全方位高质量发展提供坚强的交通运输保障。

服务区公司成立以来，始终坚持以习近平新时代中国特色社会主义思想为指引，深入学习贯彻中共二十大精神，全面落实交控集团“三足鼎立”战略部署，以“服务公众美好出行、服务集团路域经济发展”为目标，不断深化体制改革，全力推进提质升级，持续提升服务质量，完成全年目标任务，获评交控集团“2022年度目标责任考核先进单位”。

【重点任务取得新进展】服务区公司“头号工程”推进大盂、清徐服务区提档升级改造，克服冬季施工等严重影响全力冲刺，完成总工程量的60%，为2022年及早投入运营打下坚实的基础。协调推进服务区充电基础设施建设，60对服务区的变压器增容全部完成，22对服务区的49个充电桩上线运行。积极推进危货车停车区改造，完成阳泉等13对服务区危货车停放风险评估，编制上报阳泉、岚县、东阳关3个危货车专用停车场建设工程可行性研究，切实提升服务区危货车停放安全管控能力。

【提质升级取得新成效】服务区公司认真落实《山西省高速公路服务区提质升级三年行动方案》，完成12对服务区公共卫生间，建成2对服务区“司机之家”“妈咪小屋”。精打细算解决欠账问题，完成大营等3对服务区的场区和管网升级改造、79对服务区统一标识、7对服务区场区病害处治、15对服务区水毁修复、24对服务区屋面防水修缮、10对服务区场区标线完善，基础设施得到极大改善。完成103对服务区无障碍设施、97对服务区229个户外卫生间和103对服务区205个便民服务亭、41对服务区警务亭、6对服务区旅居车位，公众出行的体验感、舒适度、满意度越来越高，平遥服务区获评“第二届全国高速公路旅游特色服务区”。

【管理服务取得新提升】服务区公司全面落实交控集团《高速公路服务区管理办法》，出台《服务区公益服务标准化管理指南》《公益服务检查考核办法》和《标准化考核细则》《物业服务考核细则》，延续“三补八化五改观一提升”专项整治成果，55对服务区开展网格化管理试点，建立日监督、周自评、月考核工作机制，推进服务区环境、形象、安全、服务、管理持续改观。制订《定额管理办法》，建立服务区日常养护、公益服务运营数据月报告制度，加强日常事项事前控制、事中监督和事后验收全过程管控。水电暖过户应过尽过，实施水电表分户改造和供暖精准取费。强化通道、边门管理，消除偷逃通行费隐患。一系列措施的实施进一步堵塞漏洞、推进降本增效。

【深化改革取得新成绩】服务区公司按照现代企业制度，建立健全党委会、董事会、经理层治理体系；完成服务区公司内设机构设置、人事手续划转、管理人员调整、劳动合同签订、“五险一金”办理等工作；出台12个方面142项管理制度，搭建起服务区公司管理“四梁八柱”；与交控集团签订《委托管理合同》，与实业集团签订《服务区授权经营合同》《服务区商业广告授权经营合同》，进一步细化厘清服务区公益与经营关系。建立重大决策、经济合同、规章制度法律审查机制，审查率达100%；扎实开展“合同管理规范年”专项行动，强化内部审计监督，切实做到依法合规管理。对服务区闲置资产进行摸底统计、登记造册，起草《盘活服务区闲置资产实施方案》。与养护集团、科技转化公司、华阳集团宏厦三建分别签订了战略合作协议，携手推进服务区高质量发展。

【安全生产得到新加强】服务区公司建立全员安全生产责任制，深入推进安全生产专项整治三年行动、大排查大整治大提升专项行动、“百日攻坚行动”等活动，排查安全隐患196项，整改178项，整改率90.8%。贯彻《山西省高速公路危险货物运输车辆通行与服务区停放安全管理办法》《高速公路服务区危险货物运输车辆停放管理技术指南》，加大设施改造的同时，制订实施危货车辆停放“十个要”日常精细化管理措施。落实《高速公路服务区派驻警力协同工作方案》，完成37对服务区警务亭建设，实现区警联动联勤，有效提升安全管控能力。加强应急处置，完善服务区应急预案，与养护集团合作组建应急处置小分队，强化应急值班值守，突发事件应急处置得到明显提升。

【党的建设取得实效】 服务区公司坚持政治统领，深入学习宣传贯彻中共二十大精神，用习近平新时代中国特色社会主义思想武装头脑，全年组织“第一议题”学习18次，党委理论学习中心组学习6次，班子成员开展宣讲12次，坚决拥护“两个确立”，进一步增强“四个意识”、坚定“四个自信”、做到“两个维护”。加强党的领导，完成“党建入章”工作，制订《在完善公司治理中加强党的领导的实施细则》等制度，全年召开党委会18次，研究事项221项，其中前置研究事项98项，党委把方向、管大局、保落实的领导作用得以充分发挥。加强组织建设，成立12个党支部，开展党支部“过筛子”、抓党建提质效促基层治理能力提升专项行动，编制《党支部标准化工作手册》，夯实基层工作基础；举办“喜迎二十大、展现新形象、建功服务区”演讲比赛活动，凝聚砥砺奋进正能量。加强干部队伍建设，制订《中层人员管理办法》《推进中层管理人员能上能下实施细则》制度，建立“五个一批”选人用人机制，完成机关18名中层管理人员、长治和运城辖区服务区32名负责人的选拔任用，树立鲜明的选人用人导向；开展全员“岗位大练兵、素质大提升”活动，涌现出“中国路姐”潞城东停车区张丽等先进典型。推进清廉国企建设，落实交控集团“1520”行动计划，细化为45项具体措施，深入开展清廉单元创建行动。

（高涌惠）

山西交控新能源发展有限公司

山西交控新能源发展有限公司（以下简称能源公司）设立于2022年7月26日，是交控集团积极响应国家能源战略和节能减排政策，围绕服务构建“三足鼎立”发展新格局，立足“6+16+N”路域经济发展布局而成立的有限责任公司。能源公司注册资本30000万元，是集可再生能源项目（光伏、风力发电）的投资、建设、经营、管理，充换电、储能、清洁能源、合同能源管理、能源系统集成及相关配套服务于一体的新能源开发和综合能源服务公司。

能源公司以“打造成为全国交通领域新能源产业发展标杆企业”为目标，以再生资源、循环经济、能源结构转型技术研发应用和数字化、网络化、智能化综合能源平台建设为重点发展方向，通过实施刚性重资产投入+柔性数据管控的新型盈利模式，推动高速公路领域能源装备、站区设施、运输物流等要素高质量协同发展，全力构建以新能源开发应用为主的综合能源服务体系，最终实现消耗性用能资产转变为营利性良性资产，助力交控集团实现高质量可持续发展。

2022年，能源公司上下深入学习贯彻中共二十大精神，在交控集团坚强领导下，紧紧围绕交控集团构建“三足鼎立”发展新格局，立足“6+16+N”路域经济发展布局，高站位学习贯彻、高起点统筹谋划、高标准定位实施、高质量开局起步，成立5个月的时间里，全方位推进能源公司高质量发展，实现营业收入66.46万元；建设分布式光伏电站22座共计16.6兆瓦、充电站64座；新签合同额1997万元；全年未发生安全生产、环境污染、网络安全责任事故，无不良信访事件，较好地完成各项工作任务。

【聚焦顶层设计，企业治理体系逐步搭建】 一是完成能源公司筹备注册工作。能源公司按照交控集团专业化领域细分部署要求，制订实施公司组建方案，完成能源公司筹备组建和工商注册登记，7月26日正式起航。二是推进“六定”改革工作。能源公司完成党总支、董事会和经理层“两会一层”和8个机关职能部门设置工作。强化薪酬和任期管理，按任期聘任经理层成员4名、总经理助理2名、部室负责人8名，制订公司《总部员工薪酬管理办法（试行）》《总部员工定岗及岗位调整管理办法（试行）》，将员工工资增长与公司经济效益、劳动生产率、贡献率、能力相挂钩，员工干事创业的热情充分激发。三是构建能源公司治理体系。能源公司制订试行党总支、董事会、经理层议事规则，清单化管理研究事项内容，召开党总支会议6次、专题会议1次，前置研究事项24项，研究决定从严治党事项33项；召开董事会5次，总经理办公会2次，党总支“把方向、管大局、保落实”，董事会“定战略、做决策、防风险”，经理层“谋经营、抓落实、强管理”各司其职、有效运转的法人治理结构初步形成。制订集党建业务、综合行政、法务合规、财务管理、规划投资、工程建设、安全生产、市场营销8大业务板块共60项基本管理制度和83个工作流程，编制完成《职能部室矩阵管理职能分工手册》，能源公司“四梁八柱”现代企业制度体系初显成效。

【聚焦职责定位，战略规划布局全面铺开】一是找准职责定位，明确发展方向。能源公司贯彻落实交控集团总体战略部署，大力践行路域经济“新能源”战略，培育新的经济增长点，实现路域经济产业发展反哺交通建设。以《新能源产业发展规划》为战略指引，共规划绿色能源、消纳节能、运维应急、衍生服务4大板块，涵盖分布式光伏发电、充换电基础设施、LED灯节能改造、清洁供暖项目等共10项经营业务。二是坚持统筹规划，注重分类施策。能源公司省政府会议通过由能源公司起草《山西省交通行业域内分布式光伏发电建设规划大纲（2022—2035）》；交控集团印发由能源公司起草《光伏发电、充电桩、太忻试验段、智能电表工作方案》，能源公司层面编制山西省高速公路500兆瓦分布式光伏、山西省高速公路充电设施基础、太忻试验段光伏等项目实施方案，全年新编规划11项。为开展光伏发电、充换电基础设施及零碳项目提供方向指引。

【聚焦项目建设，重点项目多点突破成效明显】一是积极推进山西省高速公路100兆瓦分布式光伏发电项目。能源公司编制项目建议书、实施方案、工程可行性研究报告等，完成项目投资立项、评估决策及省发展和改革委员会备案工作，同时申报2023年省级重点项目。加速推进项目建设，开工御西收费站、长治路产维护站等19处分布式光伏电站建设，装机容量12兆瓦。二是加速推进太忻光伏项目。能源公司深入落实交控集团《利用高速公路边坡发展分布式光伏发电总体工作方案》，成立工作专班，召开专班会和项目推进会10余次，统筹推进试验段项目各项建设，完成大盂互通光伏、大盂收费站光储充供、黄寨边坡光伏站点建设，装机容量4.6兆瓦。三是全力以赴推进充电基础设施建设项目。能源公司按照省交通运输厅等部门联合印发的《加快推进公路沿线充电基础设施建设实施方案》要求，开展全省服务区充电基础设施建设现场调研，完成编制项目建议书、工程可行性研究报告等，完成项目建设审批，获得省发展和改革委员会备案证，申报2023年省级重点工程项目。统筹推进顿村服务区等133个站点充电桩安装工作，上线运行39个站点。积极对接省交通运输厅，及时掌握全省旅游公路、“四好农村路”有关信息，为下一步公路充电基础设施建设提供数据支撑。全面启动光伏发电项目收购工作。研究制订《以非公开协议收购路桥机电公司光伏发电项目的实施方案》，立项启动收购工作。

【聚焦模式创新，市场经营实现多元发展】一是大力推进LED灯节能改造项目。能源公司按照交控集团指导意见，对全省高速公路隧道照明系统进行摸排调研，制订《高速公路隧道照明系统改造方案》。与忻州公司、吕梁南公司达成隧道LED项目合作意向。完成忻州公司、吕梁南公司隧道LED项目前期工作。二是高效完成清洁供暖试点项目。能源公司统筹推广应用新能源供暖设备，开展收费站低碳供暖改造，与忻州公司、吕梁南公司签订偏关收费站等7个站点供暖维修合同，合同金额1997万元，项目均已正常运行，供暖温度达标达效。三是创新开展综合能源服务。能源公司启动综合能源智慧管理平台建设，结合能源公司经营业务需求，推进电力承装（修、试）四级、购售电、电力施工等5项资质申报工作，与交控集团、太原公司、太长公司及榆和公司签订框架协议，达成综合能源服务战略合作共识；为今后拓展市场业务布局打下良好基础。

【聚焦安全发展，生产工作形势平稳有序】一是统筹抓好安全生产工作。能源公司建立安全生产管理体系，严格落实安全生产责任制，分析研判能源公司安全生产形势，制订隐患排查清单，按照“三管三必须”要求，明确职责划分，厘清监管事权、消除监管盲区，形成齐抓共管新局面。二是防范化解安全生产风险。能源公司坚持底线思维，树立红线意识，时时紧盯关键部位、关键领域、关键时段，以安全风险辨识为基础，突出风险管控，强化隐患治理，构建风险分级管控和隐患排查治理双重预防机制，多次深入太忻项目施工现场进行安全大检查，及时排查安全隐患，整改率100%。定期组织安全生产培训，不断提高安全防范意识和能力，筑牢安全生产思想底线。

【聚焦精细管理，内部运转更加规范高效】能源公司强化综合行政管理。从服务定位、协调办理、督办落实三个方面入手，以科学化、信息化管理为目标，实现办公自动化系统办公上线运行，实行周报、月报制度，严控“三公”经费使用，实现降本增效目标，能源公司基础保障能力不断提升。一是强化财务基础管理。开立能源公司银行账户，办理银企直联手续，建立财务核算账套，完成能源公司注册资本金5000万元的申请，获得光大银行流资贷款授信5000万元，保障资金需求，财务管理高效运行。二是强化依法合规管理。通过选聘法律顾问，建立科学决策“智囊团”，为能源公司依法经营、依法决策提供保障。制订《重大决策法律审核管理办法（试行）》等10项制度，进一步完善健全“3项法审制度+1项合规制度+1项风险管理制度+N项配套制度”的“3+1+1+N”制度体系，完成规章制度法律审核60项、合同法律审核45项，合同金额2273万元。通过举办“法治大讲堂”等内控体系培训，有效提升员工法律风险防控意识，能源公司依法治理能力不断增强。

【聚焦党的建设，党建引领保障充分发挥】一是加强思想政治建设。能源公司研究制订《党总支理论学习和干部理论学习安排意见》，通过党总支示范学、党支部引导学、网络平台经常学、张贴标语目染学等方式，组织党员领导干部深入学习宣传中共二十大精神、《习近平谈治国理政》第四卷等系列读物，在能源公司范围内营造浓厚的学习氛围。先后开展党总支理论学习6次，专题研讨1次，班子成员讲党课2次，形成高质量意识形态领域研判报告4份，不断推动党的创新理论和中共二十大精神入心入脑。二是加强组织队伍建设。能源公司及时理顺成立以来党组织隶属关系，申请设立党总支委员会和2个总部党支部，配齐党支部班子，确保党建工作有效开展。全面建设党支部工作阵地，印发《加强基层党支部建设的实施意见》及《基层党支部标准化建设实施指导意见》，为25名党员转接组织关系，按期足额缴纳党费，指导党支部完善制度、规范运行，有效发挥党支部战斗堡垒作用。三是加强人才队伍建设。能源公司实施《能源公司2022年度培训方案》，先后开展新能源发展策略与实施路径、智能源微电网建设、制度宣传贯彻等培训20次，基本实现员工培训全覆盖。鼓励员工提升职业技能，能源公司现有一级建造师执业资格2人、二级建造师执业资格2人、造价工程师执业资格1人、高级职称5人、中级职称17人、初级职称11人。制订《2023年校招方案》，在山西省国有资本运营公司官网和华北电力大学校招平台发布招聘信息，预计吸纳5名高学历专业化人才，为能源公司高质量发展注入动力源泉。

（高倩倩）

山西交控科技转化有限公司

山西交控科技转化有限公司（以下简称科技公司）是山西交通控股集团有限公司的全资子公司，注册资金10000万元，成立于2022年7月。科技公司是交控集团坚定贯彻创新驱动发展战略，加速主营业务领域的国内外先进工艺及技术成果转化，有效提升各项业务核心竞争力成立的科技创新平台。科技公司的主要使命是推动成果产品化、产业化，以高质量产品和技术服务推进内部降本增效，保障基础设施高水平服务。

科技公司下设党工部（组织人事部、宣传部、纪检室、团委）、综合事务部（董事会办公室、工会）、法务审计部、财务部、战略合作部（产品研发部）、技术开发部、市场营销部及工程管理部（安全环保部）8个部门。

科技公司致力于交通工程领域，为客户提供系统性的创新型解决方案。紧紧围绕“科技成果研发+产业化应用”发展战略，以科技创新为核心驱动力，为交通领域提供专业化的解决方案。重点发展以精细化、快速化为特征的公路养护业务；以品质化、多元化为特征的新材料业务；以数字化、智能化为特征的监测和信息化业务以及集成化、高可靠为特征的智能装备业务；以低碳节能、高质量为特征的工程技术业务。具体业务涵盖工程实施、工程咨询、智慧交通、智能装备、新材料、科技成果转化等服务。通过科技创新拓展交通产业链，带动产业结构优化升级，提升科技公司的核心竞争力。以科技创新及成果转化为根本发力点，致力于在公路行业细分领域构建竞争优势，打造成为交通行业科技创新生态特色的一流科技型企业。

2022年8月以来，科技公司干部职工深入学习贯彻中共二十大精神，认真落实交控集团各项安排部署，快速完成机构设置、团队建设和市场开拓工作，干部职工坚定信心、务实担当，全力推进各项工作落地落实，较好地完成交控集团赋予的阶段性任务。

【经营顺利起步】 科技公司挂牌运营以来，着力推进公路建管养运各领域科技成果转化，加快开拓快速养护、筑路材料、交通机电等各项业务，年度营业收入4851万元，利润总额6.11万元，全员劳动生产率31.4万元，市场空间初步打开，符合高新技术企业要求的经营管理体系基本建立。

【科技创新加快推进】 科技公司加快推进关键技术自主化与工程化应用，掌握沥青热再生剂以及沥青混合料改性剂、灌缝胶、贴缝带等材料工艺，具备高弹高黏磨耗层等新材料的生产及施工技术，启动直投式胶粉颗粒改性沥青及冷拌冷铺罩面相关项目研发，获批2项交控科技研发项目，申请相关专利11项，与行业前沿高校、院所以及优秀企业多次开展交流，为技术成果的产业化转化奠定基础。

【转化项目开局起步】 科技公司标准化、产品化、产业化是成果转化的必经环节，工程项目是推进成果转化的关键载体，就地热再生项目稳步推进，服务区改造、安全文明示范路、收费站改造、边坡监控等项目持续进行，涉及材料、工艺、机电等关键技术自主化程度稳步提升。

【市场布局加速拓展】 科技公司做精做强快速养护工程的同时，在隧道照明节能改造、服务区停车区管理系统、涉路施工安全预警系统等领域加速拓展，持续完善交通施工、材料、装备、机电等成套解决方案，商业竞争所需的阶梯报价、竞品分析、规范选型等策略逐步推进，交控集团内部和外部业务统筹开展的格局初步形成。

【努力筑牢安全底线】 科技公司取得安全生产许可证，建立安全管理机构，制订安全生产有关制度11项，安全生产责任体系基本建立，2022年度召开安委会会议2次，安全生产例会4次，安全生产监督检查步入常态化，安全隐患整改均已到位。

【内控体系基本建立】 科技公司建立分公司、子公司以及党建、工会等账套，严格实施各项费用管理，建立项目独立核算机制、推进项目预算与成本管理，设置研发项目专账并顺利实施研发项目加计扣除，建立符合高新技术企业要求的业务和财务体系。做到制度、决策、合同法审三个100%，严防企业经营风险，法治国企建设稳步推进。

【党建融入生产经营】 科技公司坚持以政治建设为统领，深入学习宣传贯彻中共二十大精神，确保交控集团党委各项决策部署落实落细。推进人才强企战略，加强懂技术、会经营、善管理的复合型人才培养，建立以经营绩效为基础的考核体系，要求全员面向生产经营一线，持续加强业务能力培养，激励全员考取职业资格证书。

科技公司成立以来，以高标准党建为引领，坚持创新是推进发展第一动力，聚焦科技创新带来的动力变革、效率变革、质量变革，在加快成果转化、实现提质增效、推动高质量发展方面取得了新成效、新进展。这些成绩的取得，根本在于习近平新时代中国特色社会主义思想的科学指引，是交控集团公司党委坚强领导的结果，是交控集团旗下单位支持、合作的结果，更是科技公司干部职工担当作为、奋力拼搏的结果。

（俞钧露）

山西交控太行灵泉山泉水有限责任公司

山西交控太行灵泉山泉水有限责任公司(以下简称太行灵泉公司)是按照交控集团“以路为基、产融结合、创新驱动、多元发展”工作思路,围绕“三足鼎立”工作部署,立足高速公路沿线资源开发利用,精准定位行业竞争优势的路域经济新型产业。生产项目于2021年5月25日经交控集团正式批复,2021年6月8日注册成立,注册资金3800万元,项目总投资2610万元,由长治公司和路桥集团共同出资,长治公司占比55%,路桥集团占比45%(2022年8月将长治公司股权划转至交控集团)。太行灵泉公司按照现代企业制度,建立健全法人治理结构。按照交控集团批复“六定”方案,编制107人,设立5个职能部室,即综合事务部、计划财务部、安全生产部、安全质检部、经营销售部。截至2022年年底,生产线运行3条,一条瓶装水生产线为国内知名厂家广州达意隆公司生产的吹灌旋全自动一体机,每小时产350毫升瓶装水12000瓶;一条全自动袋装水生产线,每小时产8升袋装水500袋;一条一次性桶装水生产线,设备经生产调试,2022年1月28日成功申办食品生产许可证并准许试生产,2022年6月正式投产。截至2022年12月31日,共有350毫升以及500毫升瓶装水、8升袋装水、6升一次性桶装水、10升一次性桶装水,5种产品规格。所有产品均得到市场消费者一致好评,认为太行灵泉水质纯净、入口甘甜、品质上乘。

2022年,交控集团推动经营结构向“三足鼎立”转型发展思路释放出的改革红利,激发了太行灵泉公司高质量发展的活力,一年来,太行灵泉公司坚持以习近平新时代中国特色社会主义思想为指导,深入学习贯彻中共二十大精神,认真落实交控集团党委的决策部署,顶住经济下行压力,奋发作为,克难前行,较好完成全年各项目标任务,取得经营管理“开门红”。

【坚持稳中求进,经营效益迈上新台阶】 太行灵泉公司锚定“扭亏为盈”任务,全面开启“二次创业”新征程,用业绩论英雄、以发展论功过,先后完成企业升级、注册增资、扭亏为盈3件大事,实现“立足交控、保生存、稳增长”的年度目标。全年共销售瓶装水229669箱,袋装水63161箱,桶装水108673箱,销售额共计875.38万元。

【坚持深化改革,管理体系得到新加强】 太行灵泉公司顺利完成注册增资,注册资本达到3800万元,资本结构进一步优化,资本实力进一步增强,资本充足率进一步提高,破除限制业务规模发展的制约因素。“六定”方案顺利获得交控集团批复,标志着太行灵泉公司推动市场化改革、建立与市场经济紧密融合体制机制迈出关键一步。进一步强化劳动用工改革,通过劳务派遣用工形式,节省运营费用28.8万元,激发人力资源效能。

【坚持聚焦主业,生产能力实现新提升】 太行灵泉公司全力克服生产经验不足导致产能不达标,原材料供应不足,一线职工紧缺导致产能难以提升等诸多困难,多措并举、综合施策,在企业产能、品质把控上都取得突破性的进展,全年共计生产各类型水25万余件,完成年度生产任务。进一步丰富产品矩阵,经过充分市场调研,仅仅利用50天时间,11月成功推出500毫升瓶装水、6升桶装水、10升桶装水产品,并得到良好市场反馈。

【坚持全力营销,销售业绩跑出加速度】 太行灵泉公司不断健全拓展销售网络,立足交控集团内部市场,积极与交控集团各成员单位对接,先后与多家单位签订战略合作协议,建立覆盖交控集团内部的直营体系;着眼外部市场,通过产品、价格、渠道、促销四大营销策略,逐步提升产品市场占有率。极大拓展省内零售市场,在太原、晋中、长治、晋城等地签订代理协议,市场化经营机制已初见成效。

【坚持底线思维,风险防控取得新实效】 太行灵泉公司完成水源地35亩范围内的土地以租代征和区域保护工作,申请设立水源地饮用水水源一级保护区,确保水源地范围内的安全。做好产品质检工作,从原材料环节到生产环节再到成品环节严格把控,严谨细致地做好每一瓶水的质检工作,经省、县质监局抽检全部合格。全年未发生一起安全事故。

【坚持党建引领,干事创业氛围更加浓厚】太行灵泉公司认真学习贯彻中共二十大精神,不断在学思践悟中把准方向、提高能力、推动落实。成立政治监督工作专班,推进党组织担当作为、干事创业,通过不断完善发展思路、破解发展难题,实现经营扭亏。全面推进清廉国企建设,扎实开展"四风"突出问题专项整治,全力打造风清气正的优良政治生态和发展环境。

(王 晓)

山西省交通规划勘察设计院有限公司

2022年,山西省交通规划勘察设计院有限公司(以下简称设计院公司)上下贯彻新发展理念,构建新发展格局,全面深入改革创新,围绕主要业务制订"44211"发展战略,高质量发展之路起步稳健,各项业务继续保持良好增长态势。全年完成营业收入8.15亿元,实现利润总额1.78亿元,落实回款7.97亿元,累计新签合同额9.35亿元,分别完成目标值的107.23%、106.57%、116.52%、103.89%,营业收入、回款与新签合同额实现连续三年增长,完成交科集团下达的目标任务。

【改革举措落实落地】设计院公司细化、量化改革"时间表""路线图",持续推动国企改革三年行动各项任务落实落地,50项改革任务顺利完成。一是持续推动设计院公司治理完善,完成董事会专门委员会的配置,修订董事会、总经理办公会议事清单,落实董事会向经理层授权"制度+清单"的管理模式,为促进董事会科学决策,经理层高效落实构建相互协调机制。二是全面推动改革升级加力。积极落实交科集团安排部署,完成交科设计院管理模式调整工作,及时完成"六定"调整。稳步推进"处僵治困",开展参股企业奥西可信文印解散清算工作,完成"三供一业"移交、房屋产权登记确权颁证清零行动等改革任务。着力推动内控管理优化,持续健全内部管理机制,出台《全员安全生产责任制度(试行)》《2022年度全面成本管理工作方案》《软件管理办法》等制度,有效推动日常管理的制度化、规范化。推进依法治企能力建设,积极推进法律服务与经营管理深度融合,实现"三项法律审核"全覆盖。成功延续高新技术企业,获得"专精特新"和"小巨人"企业认定,享受税收政策优惠,实现节约税款和效益的稳步增长。

【市场经营成效明显】设计院公司牢固树立"服务交控,立足省内,开拓省外"市场经营理念,建立与交控集团内、省内、省外分类经营机制,大力开拓市场,全年累计新签合同额9.35亿元,创历史新高。一是服务交控,内生动力持续提升。紧紧围绕交控集团"三足鼎立"新发展格局,以服务为先导,以做好4个决策服务机制为支撑,统筹技术服务与市场经营,广泛开展运营公路提质升级、路域经济新业务,新签合同额1.77亿元,较上年度增长124.26%。二是立足省内,市场经营多点开花。深入推进设计院公司领导分片区经营模式,形成"一把手"亲自抓,班子成员分片区具体抓,责任部门主动抓的联动格局;传统业务不断升级,首次承揽工程全过程咨询服务项目;市政、建筑、景观、路域经济等多领域多元发展成效明显,非公路景观类业务实现零的突破,市政业务持续发挥"长输管道"特色业务优势,承揽供水隧道项目。三是开拓省外,"走出去"步伐不断加快。以交科集团西北区域经营中心为"辐射点",推动省外经营工作由点到面发展,在新疆、甘肃、广东、山东、四川等地承揽项目,省外合同额5542.47万元。在新疆承揽2022年公路养护大中修项目勘察设计,甘肃中标西和至宕昌高速公路项目初步勘察设计。四是行业资质进一步拓展。新增市政行业设计乙级资质、风景园林专项设计乙级资质和电力行业设计乙级资质,初步形成公路勘察设计为主干,市政、建筑、景观以及油、电、气勘察设计为枝叶的资质布局。

【重点项目推进有力】设计院公司积极贯彻省委、省政府"适度超前谋划基础设施项目",聚焦交通强国、交通强省建设和太忻一体化经济区建设部署,推动项目取得重大进展。一是科学推进项目规划,完成省级交通规划《山西中部城市群交通基础设施互联互通专项规划》《山西中部城市群"十四五"交通运输高质量发展专项规划》。二是扎实推进项目审批，青银二广高速太原联络线、甘肃西和至宕昌高速公路初步设计获得批复；太旧改扩建、繁五高速等项目工程可行性研究上报交通运输部及省发展和改革委员会审批；有效推进项目落地，忻州108国道、长治208国道、朔州336国道等项目于年内开工，特别是108国道忻州砂河至石岭关改扩建工程项目，实现"当年立项设计，当年审批批复，当年实施开工"高效之举。三是高效推进路域经济，设立路域经济设计研究院，成立工作专班，编制发布《山西省新建（改扩建）高速公路路域经济配套基础设施规划设计指导意见》，完成太忻高速光伏发电项目、危化品专用停车区建设项目和《山西省三个一号旅游公路和"四好农村路"充电基础设施建设实施方案》编制工作，为交控集团大力发展路域经济贡献设计担当和技术作为。

【技术质量稳步提升】一是质量管理机制持续完善。设计院公司修订完善技术质量管理办法、勘察设计质量奖惩管理办法、后续服务管理办法等一系列质量管理规章制度，将质量创优目标纳入各生产部门目标责任书。加强事先指导，审核人员及早、主动深入项目外业现场同步确定方案。严格按照"两校三审"制度和"三环节"过程控制，全面落实勘察设计质量责任制。二是后续服务品质不断提升。设计院公司印发《关于进一步加强在建项目后续服务工作的通知》，提高后续服务的及时性和针对性。扎实开展"提升设计质量，增强服务效能"专项行动，设计院公司领导带队，深入汾石、黎霍、昔榆等项目提供技术服务200人次。晋阳改扩建、黎霍、临浮等17个项目业主单位发来表扬函，技术服务工作进一步得到业主认可。三是标准化建设成效显著。设计院公司积极引导和推进设计标准化，年内修订和编制完成路基、桥梁、隧道等专业的标准图59套，提高设计质量和效率，产生良好的经济效益。四是项目获奖成果丰硕。设计院公司18项勘察设计成果获得中国勘察设计协会、山西省优秀勘察设计奖、"太行杯"土木建筑工程大奖。其中，汾阳汽车客运站工程作为建筑项目首次在中国公路勘察设计协会获奖。

【技术创新多点突破】一是全力推动科研攻关。设计院公司坚持"项目从需求中来、成果到应用中去"原则，围绕工程技术难题、行业技术前沿展开科研攻关，推动科技创新项目化、项目生产创新化，科技创新工作取得显著成效。全年完成研发投入10065.16万元，15项课题通过验收，新立项课题10项。二是加强标准编制和专利授权。设计院公司编制完成团体标准7部，完成地方标准1部；授权专利、软件著作权34项，其中发明专利8项。组织编写《山西省勘察设计行业收费导则》中公路篇章，由山西省勘察设计协会颁布实施，提升企业话语权。三是扎实推动数字化设计。设计院公司紧紧围绕BIM、智慧交通等开展科研攻关和技术创新活动，完成省内首条智慧高速——青银二广高速太原联络线智慧公路设计，多维度打造领先实用、可落地推广的智慧公路方案；推动BIM技术应用于公路建养管理，在汾石、昔榆项目BIM技术应用成果分别获评中国公路学会交通BIM工程创新奖、一等奖、微创新大赛金奖。

【风险防线持续筑牢】设计院公司一是持续抓好安全生产工作。全面落实安全生产主体责任，健全完善安全生产管理制度，大力推进安全生产专项整治三年行动和安全生产大检查大整治大提升行动等，加大安全监督检查力度，及时消除安全隐患。强化应急管理，修订完善应急预案，开展应急演练，提升应急处置能力。设计院公司全年无安全事故。二是风险防控和合规管理稳步提升。围绕战略、运营、市场、财务、法律合规、廉洁六类风险查找各业务、各项重要经营活动及重要业务流程中存在的风险，积极推进采购、合同、成本等业务合规体系建设，实施全面预算管理，规范劳务用工，开展税务筹划，国企现代化管理步伐稳健前行。

【党建融合发展持续深化】设计院公司坚持党的领导和设计院公司治理有机融合，从政治上、全局上、战略上考量，以全面从严治党为总引擎，科学构建党委引领顶层设计、董事会决策、经理层实施和纪委监督、群团组织参与支持的治理架构。围绕设计院公司中心、重点工作开展“1235”工作法党建项目化管理，1项成果获评交控集团二等奖。以重实干、重实绩的鲜明选人用人导向，调整任用干部49名，敢于担当、勇于创新的干事创业氛围更加浓厚，4人通过公开竞聘进入中层干部序列，选人用人渠道进一步拓宽。交控集团文明单位标兵、省文明单位、交通运输行业文明单位、全国交通运输文化建设卓越单位等称号持续保持，设计院公司形象和品牌进一步提升。以理论“学”廉、政治画像“诊”廉、风险清单“盯”廉、清廉文化“强”廉等措施，扎实推进清廉国企建设，积极营造培育风清气正的政治生态和发展环境。

（郭　超）

智慧交通山西省实验室

智慧交通山西省实验室（以下简称实验室）2022年经省政府审议和省科学技术厅批复，是省第一家在建的省实验室。建设单位为山西交通控股集团有限公司，联合同济大学、太原科技大学共同建设，由山西省智慧交通研究院有限公司作为法人实体单位独立运行。

实验室从国家和山西经济社会发展的重大战略需求出发，聚焦交通基础设施数字化、交通基础设施智慧建养、交通安全与智能装备、智慧出行与车路协同、基础设施绿色低碳技术5大研究方向，以提升智慧交通领域原始创新能力、突破智慧交通前沿关键技术为使命，努力实现更多从0到1、从1到多的突破，奋力抢占科技竞争制高点，培育孵化高新技术产业，致力于打造成为我国智慧交通领域原创技术策源地、国有企业新型研发机构标杆和“两个转型”领头雁。

实验室现有固定人员中硕士以上学历占比67%，副高级以上职称占比71%，并外聘院士6人、海外高层次人才3人、在站博士后15人。科研实验室面积超32000平方米，并建设全国首条高速公路智能网联重载货运车路协同科研实验路、交通运输部黄土地区公路工程长期性能观测基地和大型结构仿真试验平台，配备科研仪器设备3000余台（套），总价值超过2亿元。

【筹建历程】2021年初，为响应省委、省政府关于推动全省创新体系改革、完善省域实验室体系建设的号召，交控集团启动智慧交通实验室申建工作，在清华大学、同济大学、武汉大学等高校的指导下，高质量编制实验室申报书。

2021年7月，实验室正式立项筹建。交科集团第一时间成立实验室建设专项工作组，配备专职人员组建筹备办公室，与同济大学、太原科技大学分别签署合作共建协议，编制实验室建设与运行实施方案，邀请交通运输部周伟总工、中北大学熊继军校长等知名专家对建设方案进行内部评审。11月，实验室聘任李德仁院士、陈云敏院士、陈政清院士和16名长江学者、国家杰青等知名专家成立了实验室第一届学术委员会，召开了学术委员会成立大会暨第一次会议。

2022年1月，实验室建设与运行实施方案顺利通过省科技厅组织的专家论证。实验室成为全省首个具备去“筹”条件省实验室。8月，关于实验室建设情况的汇报通过省长办公会和省创新生态工作领导小组会议审议。实验室成为全省首个通过省政府审议的省实验室，实验室的建设运行工作再次走在全省前列。

在实验室的建设过程中，省委、省政府给予高度关注。省长蓝佛安在交控集团调研过程中了解实验室建设情况，张吉福、汤志平、于英杰等省领导相继到交科园区调研指导，对实验室的建设进展情况表示肯定。特别是副省长于英杰在调研过程中，指出要“重点突出‘智慧’主题，不断提升自主创新能力”，随后安排专项会议听取实验室建设进展情况汇报，进一步指示要“努力将智慧交通山西省实验室打造成为国有企业新型研发机构标杆”。省交通运输厅也非常重视实验室的建设工作，在申建、运行等各个方面给予大量指导、支持与帮助。

【运行运转】一是推动独立法人运行。2022年4月，交科集团将所属山西交科信息系统工程有限公司更名为山西省智慧交通研究院有限公司（以下简称省智研院公司），作为实验室独立法人单位实体运转，并整合智慧交通领域相关资源，完成人员划转，实现全面正常运转。二是规范内部运行管理。实验室建立“管委会、室务会、省智研院公司党委会/董事会”三级决策体系，并将学术委员会作为咨询机构。实验室先后编制《开放基金管理办法》《学术委员会管理办法》《学术活动管理办法》等10项管理办法，通过省智研院公司党委会、董事会审议，正在筹备召开室务会会议。三是加强科技人才引育。2022年6月，交科集团从事智慧交通相关领域研究的40名科技人员正式划转至省智研院公司，先后从华中科技大学、北京邮电大学、长安大学等高校引进博士2人、硕士20人。2022年，交控集团计划为实验室引进80名优秀人才，正在有序开展面试工作。同时，通过高级研修班、“交科大讲堂”等形式，提升科研人员学术素养与技术水平。四是加大科技研发投入。交科集团通过创新发展项目的形式，立项智慧交通专项7项，投入专项科研经费3740万元（其中2022年安排经费1420万元、2023年安排经费1190万元、2024年度安排经费1130万元）。此外，省智研院公司2022年已自主立项科研项目7项，投入科研经费1370万元，支撑实验室各研究方向的高质量发展。五是提升自主创新水平。持续推动1项国家重点研发计划项目、2项国家自然基金项目、2项交通强国试点任务、4项中国博士后科学基金面上项目、1项国际标准编制项目、1项国家标准编制项目。截至2022年底，建成运行全国首个重载货运智能网联车路协同科研实验路段，研制落地全国首台（套）ETC智能检测系统、示范建设国内首例加筋土桥台工程，正在实施国内首例整胎加筋示范工程，高速公路联网收费AI稽核大数据分析平台多项指标全国排名第一，原创技术策源地建设加快推进。

【体制机制】一是建立团队合作机制。实验室以同济大学凌建明教授团队和太原科技大学马立峰教授团队为核心团队，根据实验室科研项目需要，分别灵活组建若干项目合作团队，建立核心团队与动态团队相结合的“1+N”合作机制。同时，实验室通过定向开放基金的方式，以每年财政经费的20%和15%与同济大学和太原科技大学开展定向合作。二是探索人才引进机制。实验室探索加强“候鸟制”人才引进，有效利用“外脑”资源，加快提升在新兴、薄弱领域的研究实力，通过引进杰出专家、领军专家、拔尖专家、行业专家、青年专家5类“候鸟制”人才，推动搭建山西省院士工作站、申报国家科学技术奖、承担重点研发计划项目、取得重大原创性成果。三是完善科研管理机制。实验室试行重大科技项目揭榜攻关机制，2个项目团队成功揭榜。在国家自然科学基金等科研经费试点推广“包干制”，试点项目科研经费完全由项目负责人承诺负责。在省智研院公司试点建立科研项目自主立项机制，为外部单位立项项目定向配套启动资金，并支持聚焦市场需求自主进行技术储备。四是明确成果转化机制。实验室以发展需求指导科研方向，构建“5+1+N”高效衔接、互补推进的发展格局，形成“样品、产品、商品”的创新路径，提升科技创新对主营业务的贡献率。同时，以ETC智能检测车为试点，建立“跟踪—评价—反馈”机制，畅通科技成果转化路径。

【科技创新】一是交通基础设施数字化方向。实验室在公路基础数据库建设方面，建成公路桥梁档案库、公路隧道档案库和公路边坡地质灾害智慧监控平台，完成健全完善国省公路桥梁基础数据和自然灾害综合风险公路承灾体普查等交通部、省厅重点工作。基础设施可视化应用方面，建立具有完全自主知识产权的BIM技术施工管理系统，应用于祁离高速、昔榆高速、汾石高速等多个公路工程项目，成功立项中国公路学会团体标准《公路工程信息模型数据存储标准》。交通感知与评估预警方面，公路桥梁在线监测平台汇聚了12座桥梁监测数据，“桥易检”App全面应用于全省桥梁调查、检测，山西省大件运输桥梁通行安全评估系统实现了桥梁可通过性智能评估。二是交通基础设施智慧建养方向。实验室在重载路面科学养护决策方面，形成数据驱动的道路基础设施评价技术，构建基于大数据的高速公路路面长期性能时变模型，建立项目级路面养护智能决策平台。公路工程长期性能观测方面，在吕梁山区、太行山区建设了8个公路地质灾害野外观测站，并搭建地质灾害数据中心，实现对公路灾害信息的实时监控和动态管理。黄土力学与工程特性方面，在太行一号国家风景道工程建造国内首例整体式现浇墙面示范工程，在汾石高速正在进行国内首例废旧轮胎整胎加筋路基示范工程。公路采空区防灾减灾方面，依托InSAR遥感技术，对全省公路采空区进行地表变形识别，成功应用于太原东二环绕城、晋阳高速、原太高速、京昆高速等。三是交通安全与智能装备方向。实验室在交通安全保障方面，隧道区段安全事故智能警示系统应用于玉梁山隧道和中条山隧道，高速公路养护作业安全立体布防系统在全省高速公路广泛应用；编制《山西省高速公路危险货物运输车辆通行与服务区停放安全管理办法》，出台地方标准《高速公路服务区危险货物运输车辆停放管理技术指南》。应急救援处置方面，建立交控集团安全生产事故应急预案体系，完成运城南、临汾南、临汾北、朔州、忻州、晋城、长治公司及养护集团突发事件应急预案的编制与修订工作。智能检测装备方面，自主研制的国内首台高速公路ETC智能检测系统在全省推广应用，隧道智能检测系统成果转化总里程达2500公里，高速公路结构层厚度与病害检测装备已采集580公里雷达数据。智能交通产品方面，形成视频大数据事件监测服务器、隧道车辆侧翻扶正系统、能见度检测仪等系列产品，服务区危化品车辆管控平台成功应用杏花、阳泉、临汾等10对服务区，LED照明灯具首次完成交控外业务拓展。四是智慧出行与车路协同方向。实验室在智能网联车路协同方面，完成全国首条高速公路智能网联重载货运车路协同科研实验路智能化改造工作，顺利通过交通强国山西试点任务2021年度考核，积极建立车路协同标准体系。智慧出行服务方面，“晋e行”公众出行服务平台已初步构建App、小程序、微信公众号等信息服务矩阵，累计服务用户已达110万人。交通大数据应用方面，建设的临汾南高速公路智慧管控平台，实现3分钟内对356路摄像机、12种交通异常行为的准实时事件分析；AI稽核大数据平台每年分析流水30亿次，图片总量超25亿张；高速公路流量流向大数据分析平台正式上线运行。交通智慧管控方面，高速公路建设项目综合管理平台在汾石高速落地应用，高速公路智慧运营综合管理平台全部业务场景基本建成并试运行。五是基础设施绿色低碳方向。实验室在综合能源管控方面，交控集团综合能源管控平台已完成平台的基本功能建设，编制汾石高速交口服务区打造近零碳服务区建设方案，“高速公路边坡光伏系统建设关键技术研究与工程示范”“分布式光伏+制氢储能技术研究”等项目加快推进。绿色低碳基建方面，低碳耐久型防撞护栏成功进行全国首次不锈钢护栏全车型实车足尺碰撞试验，建设国内首套可同时以工业盐和海盐为原材料的全自动化环保型融雪剂生产线，CFB灰/钢渣复合注浆充填材料依托汾石高速进行了采空区注浆填筑。

（张小彤）

大同高速公路管理有限公司

2022年9月28日，大同高速公路管理有限公司（以下简称大同公司）正式成立，担负着G18灵山高速、S36广源高速、S45同源高速、G55得大高速段、S5501大同绕城高速、G7京乌高速山西段、S45天大高速段、S30大呼高速段、G59呼北高速大呼段等路段的运营管理任务，管养里程共计568.85公里。大同高速公路管理有限公司是山西交通控股集团有限公司出资组建的专业化管理公司，是山西交控集团发挥存量资产集合优势、改革政府还贷高速公路经营体制的积极探索和优化国有资本配置、创新管理模式的有益实践，为山西交控集团公益性资产的受托管理企业。

2022年，大同公司带领广大干部职工高举习近平新时代中国特色社会主义思想伟大旗帜，深入学习中共二十大精神和省委十二届五次全会精神，全面落实交控集团2022年工作会议精神，紧紧围绕通行费增收这一中心，突出服务和保畅两个重点，聚焦收费机电、路隧维护、路网运行、路域经济四项任务，强化党建统领、改革创新、精细管理、风险防控，完成国企改革三年行动和安全生产专项整治三年行动，全面打赢优化整合“攻坚战”、保通保畅“持久战”，较好地完成年度各项工作任务。

【主要指标完成情况】 大同公司全年累计支出21034.93万元，其中，日常养护费用7112.57万元，养护工程费用5697.51万元，运行费用7209.08万元，安全经费1015.77万元，完成年度目标的96.45%。全年累计完成通行费收入19.59亿元，完成年度目标的127.45%。全年全线养护质量为优，优良路率100%。全年未发生一例网络安全责任事故、安全生产责任事故、环境污染责任事故，未发生一例有理投诉事件。

【深化改革再发力，优化整合再远航】 大同公司认真贯彻落实交控集团关于组建大同公司专业化集中经营的部署要求，通过落实治理结构治理体系、机构职数人员管理、绩效考核薪酬统评、合规管理风险防控、企业文化融合发展5大举措，五个月大同公司上下一心，经过共同努力，整合工作取得显著成效。一是从功能定位、权力责任两个维度，完善顶层设计。准确把握新时代国企功能定位，全面落实党对一切工作的领导，将党建总体要求写入章程，制订党委会、董事会、经理层议事规则，明确前置研究讨论重大经营管理事项清单、董事会向经理层授权清单，厘清权责边界，既保证党的领导、党的建设在改革发展中得到充分体现和切实加强，又有效激发经理层经营管理创新创效活力。二是从适应发展、高效协作两个维度，构建管理模式。设立10个机关部室、3个中心、66个基层单位，合理划分管理职责和分工。成立69个党支部，划分9个党建工作片区。三是从可计量性、可预见性两个维度，配置薪酬绩效。全局把控薪酬管理改革大势，通过反复测算人力成本预算总额，修订《薪酬管理实施办法》，统一薪级标准，推动实现管理人员“能上能下”、员工“能进能出”、收入“能增能减”。四是从法律审核、内部审计两个维度，提高抗风险水平。成立法务审计部，实施专业化、体系化、法治化监督。围绕“全面、全程、全员”，协同“合规、风险、内控、法务”一体化运作，逐步构建合规管理体系。五是从党建引领、凝心聚力两个维度，统一企业愿景。牢固树立“改革的成效通过实践来检验，整合的成功通过发展来解决”的理念，把党员先锋模范作用体现在提升本职工作业绩中，把支部战斗堡垒作用体现在破解问题、促进党建工作和生产经营深度融合上，在原同南和同北公司企业文化的基础上，积淀形成“畅安亨衢 大道同昌”的企业文化，统一大同公司发展方向和价值观念。

【生产经营创佳绩，对标管理提质效】 一是强管理、求突破，通行费收入创历史新高。大同公司立足联网收费“一张网”总体要求，创新提出保通保畅一盘棋、收费治超一体化、收费稽核一张网的“三个一”工作模式，制订《提质增效营销方案》，携手应县政府开展“蓝天保卫战”，组织大型运输企业座谈交流，与方特公司签署战略协议，10月20日提前完成通行费征收任务。聚焦稽核追缴，突出技能提升、技术创新、资源利用，建立可疑车辆、路径信息、影像证据、闯关车辆信息稽核关联“四大”数据库，组织开展“倒卡逃费、最小费额、液态顶轴”等专项行动，对内发挥各岗位协调联动性，对外深化高速交警、治超办多部门合作，追缴逃漏车辆5.7万车次，追缴通行费510余万元，多次受到交控集团通报表扬。绘制机电设备及各类线路走势平面图，推广应用二维码管理，构建设备全生命周期维护平台，开展机电设施设备故障“动态清零”行动，形成“故障单位点单—收费部门派单—维护单位接单—推进落实问效”的工作闭环，机电指标在交控集团排名上升40%。持续巩固“百站示范、千站提升”和ETC示范网点创优活动成果，展现文明服务、优质服务窗口新形象，收到“12328”表扬工单7起。二是提路况、美环境，保通保畅任务完成。大同公司以实施日常性养护、应急性养护和修复性养护为抓手，完成交安设施维修、桥梁维修、隧道病害处治等13项养护专项工程，路况水平趋于稳定。完成交控集团统筹得胜口、西口公安检查站配套、环城段3个收费站、新荣南收费站外广场5项改扩建工程和51项养护专项工程。创建打造环城段“平安文明示范路”、灵山段“品质工程示范路”、同源段“特色旅游示范路”、广源段“路况水平提升示范路”。三是优服务、树形象，路网运行保障稳中有序。大同公司结合业务调整，统一规范科技设备的应用、执法程序的规范、业务督导的范围，不断提升队伍形象素质能力。广泛开展“暖冬行动”“路政宣传月”等普法宣传，展示行业形象，提供优质服务。加强涉路施工现场安全监管，有效规范施工现场安全措施，确保道路安全畅通。紧贴社会公众需求，优化救援力量分布，组建应急救援队伍，确保清障救援事故处置快速高效。统一编制《路网运行专报》《机电设施设备巡查专报》，对路网运行流量态势开展数据分析，及时准确提供决策依据和管理数据。四是破瓶颈、拓新路，路域经济开发亮点纷呈。大同公司在保障路赔、清障、涉路施工补偿业务收入的基础上，从盘点高速公路沿线资源、挖潜闲置资产、优化产业结构多点发力，以73万元/年的租金出租沿线29个收费站广告经营权，推动试点收费站广场柱式喷绘广告设施建设，激活高速公路广告设施优势；持续开发并网发电项目，节约电费26万元，租金收入22万元；利用浑源西收费站闲置土地用于种植养殖，让职工吃上了新鲜菜和放心肉，节约食堂开支15万元。全年路域经济收入1238.95万元，有力推动营收结构向“三足鼎立”格局发展。五是控成本、兴科技，创新创效发展坚强有力。大同公司强化废旧资源利用，将主线治超站替换下的静态磅、收费岗亭安装在其他收费站继续使用，节约运营成本。强化自主创新研发，便携式CPC通行卡消毒卡盒针对性解决了传统粗放式消毒模式，节约物资成本。强化养护成本管控，根据日常项目性质，合理安排施工时间，多家比选材料，力争以最低的价格实施最优的养护项目，一般性养护工程费结余265万元。强化机电维护人才培养，探索“自主+外委”机电维护新模式，节约日常维护成本。应县收费站《提高顶轴车辆的识别率》QC（质量控制）项目获评“山西省质量管理小组活动成果奖”二等奖，路产维护部《降低防眩板立柱改造费用项目》《高速公路桥台接水盒的研制》，广灵路产维护站《研制不凝固手推式灌缝机装置》QC项目获评“优秀质量管理小组”。六是筑防线、严管控，安全生产形势平稳有序。引深安全生产五大体系，构建安全生产风险分级管控和隐患排查治理双重预防机制，有效推进安全风险管控和隐患排查治理工作规范化、制度化，完成安全生产专项整治三年行动、“安全生产大排查大整治大提升”专项活动和应急预案双备案、“三标一体”认证工作，积极争创安全文化示范企业，全年未发生一例网络安全责任事故、重大安全生产责任事故、环境污染责任事故。

2022年，大同公司紧紧围绕经营目标，找准支撑点，挖掘增长点，在改革中摸索、在摸索中创新、在创新中前进，各项任务取得较好的成绩，获评交控集团2022年度“先进单位”。

（池玉婷）

朔州高速公路管理有限公司

2022年，在交控集团坚强领导下，朔州高速公路管理有限公司（以下简称朔州公司）坚持以习近平新时代中国特色社会主义思想为指导，认真学习贯彻中共二十大精神，深入贯彻落实交控集团各项工作部署要求，紧盯国企改革目标任务，锚定高质量发展目标要求，全力推动朔州公司经营效益超越同期，改革攻坚蹄疾步稳，重点项目有序推进，安全管理提质升级，完成全年各项目标任务，呈现出稳中有进、稳中向好的发展态势。

全年通行费划转后收入105974万元，完成目标任务77730万元的136.34%，超额完成2.8亿元，同比增长40.72%，效益增长率名列第一。路域经济收入990.03万元，全年管养支出11353.06万元，养护工程支出未超过交控集团下达预算金额。人工成本投入产出率为881.23%，联网收费运营指标均达交控集团标准。

高速公路总体技术状况（MQI）95.3，MQI优等路率100%，路面性能指数（PQI）94.4，一、二类桥梁比例99.66%，新发现四、五类桥梁当年处治率100%，一、二类隧道比例100%，新发现四、五类隧道当年处治率100%。

国企三年改革按期完成，右平高速竣工验收顺利完成，大宗商品全部实行集中采购，“六定”长效机制健全完善，朔州公司全年无欠薪欠保事件，无信访案件，全年未发生网络安全责任事故，未发生重特大安全生产责任事故，未发生重特大环境污染责任事故。

【狠抓收费经营，效益增长成效显著】一是精准营销实现弯道超车。朔州公司在认真做好科学研判全年收费形势，强化征收责任，深化多元营销策略，大力推广“晋e行”公众服务平台和差异化收费优惠政策，深入地方厂企和运输企业开展宣传，为收费工作提供良好的营收环境。优化资源配置，启用山阴收费站新站区，增设2进4出6条收费车道，提高车辆通行效率；各收费站安装部署国产化收费软件，增加出口计重设备，保障客货车快速通行；完善辖区车辆通行环境，修缮收费岛、更换照明灯，统一治超点标识标志和宣传标语，3个收费站更换智能岗亭，提升收费环境；优化站级ETC网点目标任务考核体系，把ETC发行推广、宣传营销以及逃漏费追缴深度融合到ETC网点工作中，适时推进ETC网点工作人员转型，提高人力资源利用率和打逃成功率。全年各项收费运营指标均达到交控集团考核标准，其中门架连通合格率、门架OBU交易成功率、入口治超丢轴率、通信系统完好率、收费网络完好率等指标在交控集团排名前列。二是稽核打逃推进堵漏增收。朔州公司全力开展收费稽核行动，进一步加强警企联合，公开发布《朔州市公安局关于依法严厉打击偷逃高速公路车辆通行费违法犯罪行为的通告》，对偷逃费车辆形成强大震慑；主动联系朔州市治超办、高速公路综合行政执法朔州支队建立治超联动机制，多次开展联合打击非法超限超载行动；强化稽核对账协同联动，提升稽核工单、对账工单处置效率。朔州公司累计处理交易对账工单3900个，完成及时率100%，居交控集团前列。全年累计追缴车辆2.2万辆，追缴通行费225.53万元。三是科技创新提升管理效能。朔州公司完善“朔州机电运营管理信息化平台”建设，增加系统运行指标查询与考核功能；利用微波雷达和激光轮轴识别等技术升级改造入口治超系统，开发小黄人轴数车型读取模块、大数据信息调用模块，提高入口治超检测准确率和车辆通行效率；大力推广AI稽核技术，提高逃漏费智能拦截水平，自主开发稽核小程序，协助稽核员核算逃漏费金额，大大提升稽核效率。

【立足科学管养，路况水平稳步提升】一是日常养护管理进一步抓细。朔州公司坚持科技养护和机械化养护相结合，严格贯彻落实高速公路日常养护管理要求，对所辖路段进行全面细致的路况调查和隐患排查，及时发现修补更换路面坑槽及损坏的护栏板、立柱、刺网等安全设施。聚焦养护工作重点任务，快速处置路面坑槽、路面抛洒物等风险隐患，确保高速公路的安全畅通。全年累计完成路面灌缝30.33万延米，修补坑槽668.56平方米，修复砌体387.15立方米，水泥砂浆、急流槽砂浆等抹面3300余平方米，更换沿线护栏板6745米、护栏立柱869根，维修刺丝护网24000余米、维修防眩板632块、防抛网993.6平方米，全力营造安全舒适的行车环境。二是路域环境整治进一步抓牢。朔州公司坚持把路域环境再整治再提升贯穿到养护管理全过程、全周期，不断加大重点路段路面、桥梁的清理力度，确保美化提升工作持久推进。全年累计清扫路面18万余公里，清理中央分隔带1.3万公里、急流槽45968道、路基边坡6200.91公里、涵洞2900道；实施完成68段路面病害的修复和路面铣刨工作，对环城段的路面和毛皂等4座收费站的广场路面实施超薄罩面修复，提升高速公路路面性能。三是绿化美化工程进一步抓紧。朔州公司深入开展原生态绿色走廊工程建设和隧道提质增效美化亮化工作，全力推进高速公路路域绿化提质升级行动，原生态绿色走廊建设工程收官。完成山平高速公路鸳鸯会、吴辛寨、二道梁隧道亮化美化工程，对鸳鸯会隧道右幅2.7米洞内左右侧壁进行水性磁化涂料改造，改造面积26046.72平方米，对吴辛寨、二道梁隧道进行亮化贴砖12529平方米，有效提升隧道视觉美感和隧道亮度。四是年度重点工程进一步抓实。朔州公司加强重点工程监督管理，强化年度重点工程任务，新建山阴收费站实现顺利通车，4项路面养护工程和8处防眩设施改造工程已经全部完成。二广高速公路怀仁南互通工程正式开工建设，右平高速公路顺利通过工程验收。在二广高速大新段部分路段运用就地热再生技术，完成沥青路面专项病害修复性养护，提高了路面修补质量和路面养护工作效率，实现了废旧沥青材料100%就地再生利用。

【强化转型发展，路网运行规范高效】 一是路域经济多点推进。朔州公司依托高速公路点多、线长、面广的自然属性和对区域经济的引导、带动和辐射作用，从扩大高速公路服务性有偿收入、利用高速公路闲置资源、开发沿线资源新业务发力，积极探索辖区高速公路路域资源，形成高速公路路域资源综合开发的路径和模式；制订推进路域经济发展实施方案，对辖区15个收费站内外广场及附属设施广告位安装及投放情况进行摸底调查，对收费站内外广场广告投放进行市场调研；积极协助涉路施工单位进行现场勘查、协议签订、方案咨询、施工指导、竣工验收等施工全过程协调服务，依据收费指导文件收取涉路施工补偿费418万元。二是路产路权高效维护。朔州公司积极开展路产追缴工作，针对积压未结的赔偿难、执行难案件，主动与当事人、交警办案人、当事车辆挂靠单位、保险公司或其他相关单位进行联系，了解掌握案件情况，分阶段通过电话追缴、快件邮寄追缴、民事诉讼等方式进行路产追缴，全年共发生路赔案件201起，涉案金额361万余元，查处案件192起，共收取路赔款338万余元，成功追缴遗留案件6起，追回路赔款28万元，路赔案件追偿率93.53%，有效挽回路产损失。派驻朔州市政务大厅的高速路政窗口共办理2070个山西省超限运输车辆通行证。三是路网运行全面加强。朔州公司规范和加强日常监督检查，全年对区域内7对服务区和3对停车区开展330次监督检查；加大道路日常巡查力度，及时发现、处置各类风险隐患，有效保证道路安全畅通和司乘人员的生命安全；围绕"守护公路安全、争当服务先锋"的宣传主题，开展路网运行保障宣传月活动，为依法治路营造良好社会环境；加强路网运行保障系统党员队伍服务常态化建设，共计清理路面障碍物190次，帮助司乘排除车辆故障157次，参与灭火救援25次，救助流浪人员25次，开展志愿服务91天，收到锦旗及感谢信42次，取得良好社会效果。

【持续深化改革，内部管理细化巩固】 朔州公司认真贯彻落实习近平总书记关于全面深化改革重要论述，紧紧围绕《交控集团深化改革三年行动实施方案（2020—2022年）》《交控集团深化改革三年行动工作任务清单》要求，坚持总体部署和现实性任务有机结合、整体推进与重点突破有机结合，创新思路，精准发力，协调推进各项改革工作，全面完成51项改革任务。按照《山西交通控股集团有限公司关于高速公路路政机构更名等相关事宜的通知》《高速公路综合行政执法机构与高速公路经营企业业务协作方案》等文件精神，完成路网运行保障改革任务。持续健全完善"六定"改革长效机制，进一步加大职工培训力度，开展职业技能等级认定工作。2022年，朔州公司全体在岗人员全部进入管理类、技术类、技能类、党建类专业人才库，完成技能认定工作，实现人才梯队布局。

【聚力风险防范，安全管理加码增压】 一是安全生产责任进一步夯实。朔州公司按照"党政同责、一岗双责、齐抓共管、失职追责"要求，分层级签订安全生产目标责任书，全面落实安全生产责任制；编制印发《安全生产管理制度（试行）》，促进安全生产工作有规可守、有章可循；重新修订《岗位安全生产责任职责清单》，进一步明确各岗位安全生产责任，着力构建横向到边，纵向到底的安全生产责任体系和抓落实机制，形成"人人有责、各负其责、齐抓共管"的安全生产责任网。二是安全风险管控进一步筑牢。朔州公司按照"LEC法"重新制订安全风险辨识评估指南，对风险点进行评估，辨识出低风险项目52个，一般风险66个，较大风险7个，合理确定风险等级，建立完善安全生产风险源辨识和管控清单，实现风险分级负责、分级管控；重新修订收费、路产维护、隧道管理、路网运行保障、信息监控、综合共6个领域26类岗位和67类设施设备安全操作规程，有效杜绝安全生产事故发生；以预防和减少交通安全事故为出发点和落脚点，对辖区6段高速公路进行安全风险评估，制订风险等级清单，形成风险路段评估报告，为路段风险防治提供指导性建议。紧密推进安全生产标准化建设申报工作，高标准顺利通过考评验收。2022年，朔州公司获“交通运输企业安全生产标准化建设一级证书”。三是隐患排查治理进一步提升。朔州公司开展安全生产领域监督检查，全年共检查出各类问题37项。秉承“科学预判，提前部署，精准施策”的理念，优化完善各项应急预案，开展防汛、防火、防洪应急演练，储备应急物资，加强隐患排查，强化责任落实，做到防患于未然。在保畅通、保稳定上主动作为，扎实开展安全专项治理，持续完善安全管理体系，提升应急保畅能力，切实维护安全稳定，全年未发生重大安全事故。四是应急救援处置进一步完善。朔州公司重新修订《突发事件应急预案》，邀请专家和业务骨干进行桌面推演，及时改进各类问题和薄弱环节，完成省应急管理厅和交控集团“双备案”。按照“分级建立、高效处置、平急结合、节约实效”的原则，新建右玉南路产维护站二级应急物资库，完善了全路段“1+10”应急救援物资储备体系建设，实现统一规划、统一部署、统一管理和统一调度，增强防范应对处置突发事件的能力。

【加强党的领导，党建引领提质增强】 朔州公司坚持党的领导重大政治原则，充分发挥党委“把方向、管大局、促落实”领导作用，健全党委工作机制，确保党委决策方向不移、焦点不散、靶向不变。始终坚持以加强思想建党为根本，认真落实“第一议题”制度，深入学习宣传贯彻中共二十大精神，把理想信念教育作为思想建设的战略任务，积极构建多层次、多样化学习平台，形成党员领导干部带头讲政治、学理论的“头雁效应”。加强党支部管理，突出“三会一课”的政治性和规范性，开展形式多样的主题党日活动，强化党员干部的凝聚力和战斗力，规范党支部建设，开展党支部“过筛子”专项行动，对发现的软弱涣散党支部认真开展整顿。深入开展清廉国企建设，制订清廉国企建设实施方案和工作要点，推动清廉国企建设走深走实。朔州公司党委获评交控集团红旗党委，团委获评山西省“五四”红旗团委，成功入选山西省社会主义核心价值观建设示范点。

（刘国庆）

忻州高速公路管理有限公司

忻州高速公路管理有限公司（以下简称忻州公司）2022年6月2日注册成立，是以交控集团为股东的法人独资公司的全资子公司。经营范围包括：许可项目，即公路管理与养护（依法须经批准的项目，经相关部门批准后方可开展经营活动，具体经营项目以相关部门批准文件或许可证件为准）；一般项目，即土地使用权租赁、住房租赁、非居住房地产租赁、机械设备租赁（除依法须经批准的项目外，凭营业执照依法自主开展经营活动）交控集团忻州高速公路分公司（以下简称忻州分公司）于2022年6月27日注册成立，担负着新广武至原平、原平至太原、忻州至保德、神池至岢岚、原平大营至河曲、晋蒙黄河大桥等路段共计575.839公里的经营管理任务。

机关设党委工作部、综合办公室（董办）、党委组织部（人力资源部、团委）、纪检室、工会、计划财务部、收费管理部、路产维护部（路网运行保障大队）、安全应急部9个部室，下设信息监控中心、后勤中心、机电设备维护站、30个收费站，12个路产维护站，7个隧道管理站，10个路网运行保障中队，共62个基层单位。

2022年，忻州公司坚持以习近平新时代中国特色社会主义思想为指引，认真贯彻落实省委、省政府、省国资委、省国资运营公司和交控集团决策部署，聚焦全方位推动高质量发展目标，强化市场意识和企业思维，抓改革促发展，抓管理提质效，抓安全保畅通，抓党建强保障，持续深化改革，聚力提质增效，开创忻州公司全方位高质量发展局面。

【国企改革初显成效】 交控集团对原忻州南、北公司进行整合，成立忻州公司前期筹备工作领导组，制订《组建方案》《组织架构及岗位编制方案》《“六定”方案》，扎实有序推进忻州公司整合，核减机构14个、核减编制391人，设立9个部室、62个基层单位，实现扁平化管理。完成忻州公司工商登记注册、财务并账、产权登记、中层管理人员聘任、制度修订完善等工作，保障忻州公司合法规范有序运行。整合忻州片区中心、奇村分中心、原平北分中心，实现信息集中流转。完成路网运行保障机构设置，与高速执法忻州支队建立协作机制。深入开展“学、抓、促”活动、对标世界一流管理提升行动，国企改革三年行动实现高质量收官。

【通行费收入再创新高】忻州公司开展“便捷畅通、通行有礼”、“收费政策进万家”、治理非法超限超载宣传、“晋e行”App宣传推广、车辆ETC办理流程宣传等精准营销活动，吸引新老客户通行高速公路，拓展费源费量。全年累计完成通行费收入340055万元，完成年度目标的122.6%。优化升级联网收费系统，筑牢精准收费和精准拆分运行基础。开展“深挖潜、强机制、增质效、促管理”全面提升联网收费稽核效能专项行动，对30个收费站出口逃费车辆进行逐个排查，共追缴逃漏费车36094辆次，追缴通行费286.1万元。

【路域环境展现新面貌】忻州公司开展路域环境集中整治、二广高速原太段“精细日常养护”示范路段建设、绿色走廊建设，完成大盂互通、大盂连接线护栏板喷漆试验段施工，创造舒适优美的行车环境。实施隧道提质升级改造工程和路基、路面、桥梁、交安、隧道等专项工程，开展路面病害铣刨铺油、超黏磨耗层处治等，路况质量得到有效提升。对收费站内外广场、收费及治超车道和船岛进行修缮，对收费岗亭、收费顶棚、治超岗亭进行整修和清洁，对收费站公示栏进行标准化改造，更新LOGO标识，统一站区外观形象。定期对隧道照明灯具、电光标志、反光环进行清洁，及时更换隧道内欠压灭火器，定期对隧道内供配电、照明、通风、消防、监控及通信设施进行巡检排查，及时消除隐患，创造安全、稳定、畅通的隧道通行环境，

【公共服务能力实现新提升】忻州公司各收费站多渠道开展便民服务活动，累计提供便民服务13576次、咨询服务18853次、信息服务7293次、救助服务506次。通过LED显示屏和微信公众号等形式，适时提供信息服务，引导公众合理规划出行线路。开展收费站超限检测防拥堵专项整治。积极推行路网运行保障移动便民服务站品牌，为司乘人员提供便民救助服务200余次，收到锦旗20余面。推行“三位一体”联动协作机制，加强路警联勤联动，发布《路网运行监测与信息服务工作管理办法（试行）》，推动信息服务工作标准化、流程化、高效化。全年发布路况短信17301次，发布情报板信息5142次，受理紧急救援服务电话4411次，处理交通事故信息1128次。修订完善《服务投诉管理办法》，优化投诉处理流程。投诉事件办结率100%，收到交通运输部“12328”服务监督电话表扬235件，塑造企业新形象。

【路域经济发展跑出新速度】忻州公司统筹范围内路域资源，开展沿线站区房屋、闲置土地、光伏发电用地租赁及用电出售等对外经营事项。出租原平北机关办公楼、新广武、代县、河曲、静乐收费站等部分闲置房屋。对外租赁11个收费站船岛、岗亭、内外广场广告位，租赁30个收费站241个车道栏杆广告位，租赁忻州、原平收费站顶棚。利用闲置屋顶及土地建成16个站区约10.67万平方米的光伏发电，配合完成太原至忻州高速黄寨收费站南段边坡、石岭关路段边坡光伏发电科研实验段项目建设。积极推动忻州公司所辖路段内服务区、收费站加油、加气站土地手续转让办理，先后完成大营服务区、杨家湾收费站加气站土地不动产证办理。全年累计实现房屋租赁收入56.6万元，广告租赁收入24.79万元，光伏发电用地租赁收入53.39万元。建立路产逃逸案件追逃长效机制，强化涉路施工监管，全年累计路赔收入922.86万元，清障收入289.25万元，收取涉路施工协调服务费518万元，公路资源占（利）用补偿费100万元，路产赔（补）偿费39.39万元。

【安全应急能力持续强化】忻州公司加强安全生产5大管理体系建设，修订完善30项安全生产工作制度及安全生产操作规程、安全责任与工作清单，实现“一岗一清单”。引深开展安全生产专项整治三年行动、安全生产大排查大整治大提升专项行动、安全生产月、消防安全宣传月等活动，编制印发综

合应急预案、专项应急预案，开展防汛抢险、防拥堵、除雪防滑等实战、桌面演练196次，安全应急保障能力显著提升。完成大盂路产维护站应急物资库及应急物资车棚建设、芦芽山收费站安全预警防护系统建设，安装防疲劳驾驶与预警警示系统2套，在芦芽山、雁门关隧道洞口安装道路结冰与环境安全监测系统，在主线危险路段安装雷达触发式警示器及主动发光提示标志牌14套，道路本质安全防范水平得到进一步加强。获评安全生产标准化建设一级达标认证，3个班组获评“2022年全国安全管理标准化班组”、1名班组长获评“2022年全国安全管理标准化班组长”。

【党建引领发展取得实效】忻州公司加强党的政治建设，完善党委会前置研究程序，强化党委把方向、管大局、保落实作用。与各党支部签订《党建目标责任书》，压实党建工作责任。开展政治监督检查，全面做好企务公开和政治监督检查整改，运营管理工作得到进一步规范。强化党务公开和企务公开制度落实，形成民主管理、科学决策的工作作风。加强清廉国企建设，制订“1+5+N”清廉单元创建模式及“六好创建”标准，清廉国企、清廉单元建设取得阶段性成效。加强“四风”突出问题专项整治，梳理个性问题清单，逐项整改落实。开展“喜迎二十大、建功新时代”系列职工文化活动、社会主义核心价值观主题实践教育月、“厉行勤俭节约、反对餐饮浪费宣传月”等群众性活动，凝聚了发展合力。深入开展“守规矩、提素质、严作风”主题活动，有效提高工作质量和工作执行力。忻州公司继续保留“山西省文明单位”，获评“2022年度交通运输安全文化建设优秀单位”。

（李　剑　边裕人）

吕梁北高速公路管理有限公司

2022年，吕梁北高速公路管理有限公司（以下简称吕梁北公司）高举习近平新时代中国特色社会主义思想伟大旗帜，深入学习贯彻中共二十大精神，在交控集团党委坚强领导下，在全体员工努力拼搏下，认真践行“围绕一个中心”，提升“六大能力”工作思路部署，凝心聚力，主动作为，各项工作稳中有进，较好地完成年度目标任务。

【重点指标有提升】吕梁北公司全年通行费收入累计完成70048.94万元，同比增长9.98%，完成年度目标的105.83%；管养支出13284.23万元，预算执行完成89.69%；高速公路运营管理各项指标达到行业标准；通信系统升级改造工程完成100%，隧道提质升级改造项目，南山隧道病害处治工程、龙王庙1#隧道病害处治工程已全部完工，隧道提质升级路面抗滑不足处治工程已完成；未发生网络安全责任事故，未发生重特大安全生产责任事故和环境污染责任事件。

【管理效能有改善】吕梁北公司进一步深化国企改革三年行动，制订下发《深化改革提质增效方案》，扎实开展对标一流提升行动，完成国企改革三年行动41项工作任务；实行经理层任期制和契约化管理，严格落实经理层向董事会报告工作制度，全年共召开董事会17次，研究决策重大事项204项；坚持依法治企，按照交控集团“合同管理规范年”专项行动安排部署，对近年来签订的经济合同进行大起底和再审视，通过合同管理自查自纠、排查整改，依法治企和风险防控能力进一步提高；严格执行三项法审，全年审核经济合同260份，审核制度办法17项；坚持精细化管理，编制完成《2021年度经营运行数据分析报告》，坚持“月度通报、季度考核、不定期检查、常态化监督”机制，下发养护运营、收费管理、路网运行保障、机电综合检查考核分析报告，实行闭环管理，持续提升工作效能；坚持规范收费管理，开展收费营销引车上路活动，逐月分析测算收费任务完成情况，科学应对收费政策影响；持续强化稽核效能，运用大数据对丢卡车辆全方位排查，加大追缴通行费返还力度，全年共追缴通行费305.72万元，追缴逃费车辆24189车次。

【人才建设有作为】吕梁北公司分时段、分目标完成120人岗位操作技能人才和20人高技能人才的培训取证工作；以培养储备复合型人才为出发点，制订《员工挂职锻炼管理办法》，选择品行好、业务精、素质高的8人赴基层挂职锻炼；按照“多维识别、竞争选聘、综合研判”的原则，以自愿报名+委托第三方组织实施的方式，完成4名中层副职管理人员竞聘上岗工作。

【科技创新有亮点】 吕梁北公司进一步完善养护标准化管理系统、纪检监督、云上管车系统、机电运维管理系统、人事档案数字化综合管理系统、隧道云控系统“六大”技术平台；太佳西路网监测及运维分中心创建“机电工作室”，搭建学习交流平台，定期组织技能培训、实践操作、经验交流等活动；方山路产维护站“创新工作室”获评交控集团工会“职工（劳模）创新工作室”和全省交通运输系统“六新领域职工（劳模）创新工作室”。

【降本增效有成果】 吕梁北公司全面优化预算管理，严格按照年度预算方案，做好成本核算和指标控制；规范“总额包干”政策机制，落实日常养护和机电运维定额管理，压减办公费等非生产性支出，实行大宗商品集中采购，规范劳务外包管理，深入挖掘降本潜能；修旧利废，对隧道提质升级后的设备旧件进行“过筛子”，将可以重复利用的小部件通过“N合一”模式，自主研究尝试装配，创造市场价值39万余元；完成污水处理系统维护采购工作，对基础设施进行节能环保改造，综合提升其利用效率；为基层单位配备新能源生产车辆，减少车辆经费使用。

【路域经济有突破】 吕梁北公司全年路域经济收入276.45万元，同比增长55.01%。狠抓存量资产盘活，积极拓展增量项目，对闲置土地进行开发利用，与物流集团签订《兴县东收费站南侧可利用土地租赁合同》和《兴县东收费站南侧原岢临建管处办公楼租赁合同》，合同期限为10年，年收入51.7168万元+分红，达成原省界太佳主线收费站房屋土地租赁及合作意向；完成光伏发电建设29537平方米，开发收费站广告12处；兴县东物流分拨中心项目开工建设。

【服务保障有提高】 吕梁北公司常态化开展路域环境整治工作，与日常养护及预防性养护工作相结合，对辖区内影响路况指标的路面跳车、坑槽、裂缝等病害以百米为单位进行徒步排查，分析病害产生原因，制订有效处治措施。增设隔离栅2547.5米，修复刺丝3363.5米，完成灌缝97217.7米，坑槽修补1477.68平方米，稳步提升路况水平；全力提升窗口形象，定期清除收费广场和边沟卫生死角，冲洗擦拭车道、顶棚、岗亭、照明等设施；不断完善收费站便民服务举措，临县北收费站打造ETC办理、惠民服务、信息咨询、司乘小憩“一站式”服务中心，方山收费站成立“雷锋志愿服务站”，不断优化服务品质，提升顾客满意度；全力保障路网运行，建立交警、养护、收费、路网运行保障等相关单位的有效联动机制，定期召开路警协同共治联席会议，认真开展路产保护工作突出问题专项自查，加大服务区监督检查力度；全力保障机电运维，制订相应的考核办法，强化对外供电、机电维护等第三方维护单位的考核管理；创建机电工作室，培养“精益求精、敢于创新”的机电技术人才；对各收费站开展防雷检测工作，完成机电管理平台的ETC门架台账录入；全方位加强职工网络安全意识，强化网络安全防护能力，保障吕梁北公司网络安全设施设备安全运行。

【风险防控有举措】 吕梁北公司长效化抓实安全生产。深入推进安全生产大排查大整治大提升专项行动与安全生产专项整治三年行动，以道路养护、公路运营等重点领域安全整治为重点展开自查自纠。联合多部门开展危化品车辆泄漏突发交通事故应急演练和防汛抢险联合应急演练，预防和处置突发事件的能力进一步提高。强化应急物资储备管理，全面完成吕梁北公司一级应急物资库的建设，储备44种物资种类，基本保障在突发事件发生后能以最快时间完成应急物资的紧急调度；牢牢把握意识形态工作主动权，坚持密切关注当前形势，对重大事件、重要情况、重要舆情中的苗头性倾向性问题及时分析研判，召开意识形态分析研判会3次，党委书记议稳会3次。积极做好舆情管控工作，严格规范对外信息发布，执行“三校三审”，确保宣传舆论在政治上合格、内容上合适、尺度上合规，营造良好舆论环境。

【党建引领有成效】吕梁北公司进一步深化“4+2”党建责任清单式管理模式，形成党建工作“主体责任、监督责任、第一责任、一岗双责、部门责任、直接责任”六责协同机制；不断完善党委会制度，进一步厘清权责边界，持续提升“第一议题”质量，召开党委会21次，保证党委决策的民主、科学和准确；坚持“学习+研讨+宣讲+观摩”的模式，组织党委理论中心组集中学习16次，交流研讨4次，开展“吕北党建讲堂”3次，深入基层开展“新思想在山西”、《习近平谈治国理政》第四卷、“中共二十大精神”宣讲3轮次；创新“1224”工作机制，坚持把党史作为常修课必修课，推动党史学习教育常态化长效化；“全闭环”压实党建工作，抓紧抓实《抓党建促基层治理能力提升专项行动》《党支部“过筛子”》两项重点工作，下发年度考核细则且按季进行考核；“标准化”打造党建样板，深化“一支部一品牌”创建工作，召开基层党建工作观摩学习交流现场推进会，“尚廉白文”“红色兔坂”“青年驿站”等8个党建特色品牌初见成效；修订编印《发展党员工作手册》《党支部换届选举工作手册》。“项目化”激发党建活力，制订下发《关于推进党建工作项目化管理的指导意见》对工作目标、项目类别、实施步骤、实施流程等进行细化，用党建项目化的方式方法补齐工作的短板弱项；深入开展清廉国企活动，成立工作专班，坚持“一月一清单”“一周一调度”，梳理问题清单12项，将“会前学廉”纳入“第一议题”学习内容，开展企务公开、政治监督、日常监督等6次，完善升级“云上管车”系统，更新47辆公务用车的定位设备，有效遏制“车轮上的微腐败”。完善廉政风险防控体系，对《廉政风险防控运行手册》进行修订，不断加强对权力的制约和监督。积极打造清廉支部、清廉站区、清廉班组，深入开展“廉洁从家出发”活动，利用清廉吕北微信公众号开展“好家风”活动，引导干部职工形成修身律己、崇德向善的良好道德风尚。

【凝心聚力有招法】吕梁北公司进一步丰富拓展“心敬道”企业文化内涵，引导干部职工共建“日新吕北”。关心关爱一线职工，设置“职工之家”“青年之家”“职工书屋”“妈咪小屋”，修缮机关篮球场、增设羽毛球场，开展演讲比赛、职工趣味运动会、书画摄影手工作品展等系列活动百余次，持续提升职工的归属感。

（吕宇韬）

吕梁南高速公路管理有限公司

2022年，吕梁南高速公路管理有限公司（以下简称吕梁南公司）上下深入学习贯彻中共十九大、十九届历次全会和中共二十大精神，在交控集团党委的坚强领导下，强化党建引领、注重创新增效，全体干部职工风雨同舟、和衷共济，各项工作有力有序有效。

【目标指标完成较好】吕梁南公司狠抓收费营销，全年完成通行费收入127998万元，完成年度目标任务130457万元的98.37%，同比增长2.13%，取得三年来最好成绩。狠抓路况质量提升，公路技术状况指数（MQI）为93.3，路面使用性能指数（PQI）为93，道路优良路率100%，一、二类桥梁比例96%，三类及以上隧道比例100%，路况指数较上年明显提升。交通运输综合行政执法改革平稳过渡，强化路网保障职能拓展，依法保护路产、维护路权，发现、处理路产损坏赔偿案件215件，案件发现、查处、恢复率100%，路产损坏追偿率95.35%，收取路赔款315.83万元；自主和社会清障救援相结合，清障收入24.08万元。未发生重特大安全生产责任事故和环境污染责任事件。

【全面从严治党不断加强】吕梁南公司坚决扛起全面从严治党责任，严格落实民主集中制，强化班子队伍建设，坚持重要事项集体研究，全年召开党委会议30次，研究审议重要议题231个，其中前置研究经营管理重要事项187项，党委“把方向、管大局、保落实”作用得到充分发挥。高质量配合交控集团党委巡察组开展常规巡察，明确232条问题整改具体举措，问题整改率100%，管理质效有力提升。深入开展清廉国企建设，认真开展清廉单元创建和“四风”突出问题专项整治，建成党风廉政教育阵地，清廉国企建设有力有效。突出党建统揽，统筹发展和安全，推进标准党支部深化提升，设立党员示范岗，鲜红的党旗在基层一线高高飘扬。

【安全生产持续稳定向好】吕梁南公司认真落实交控集团“两个行动”总体部署，安全生产与业务工作同安排、同部署、同检查、同落实。高位推进“平安文明示范高速公路”创建，组织制订系列标准规范，认真开展道路安全风险评估，路警地协同开展高、中风险路段治理和易拥堵收费站治理，同步实施道路病害处治、桥梁加固、隧道提质，建成路警联合应急指挥平台、隧道AI联动系统，雾区引导防撞系统、疲劳驾驶提醒系统和能见度监测系统实现事故易发路段和长大纵坡路段全覆盖，道路行车风险有效降低，道路本质安全水平不断提升。建成安全生产标准化建设一级达标企业，建立“一事故一调查一报告”工作机制，扎实开展“安全生产月”活动，完成避险车道优化升级，多次开展突发事件应急演练和桌面推演，安全应急保障能力不断提升。

【企业治理能力有效增强】吕梁南公司扎实推进国企改革三年行动，确定8个方面、63项重点改革任务，完成既定任务。全面加强董事会建设，强化依法履职，全年召开董事会17次，审议决策重要事项191项；设置5个董事会专门委员会，建立完善董事会规范运作程序和董事会向经理层授权工作制度，实行经理层任期制和契约化管理；长效推进“六定”改革，创新开展中层管理人员竞聘上岗，组织机构和干部队伍结构进一步优化；完成公司标准化制度体系和流程管控体系建设，设立法务工作室，经济合同、规章制度及重大决策“三项”法律审核全面覆盖，提起、应诉诉讼案件18起，推动法治融入企业治理，企业治理体系不断完善、治理水平不断提高。以“保安全、保稳定、促和谐、促发展”为主要内容，在全公司范围内开展为期4个月的“两保两促”专项活动，3个督导组分别深入包片路段全覆盖督导检查6次，路域环境、值班值守、安全生产等方面问题30余项，推进吕梁南公司治理走深走实。

【收费管理机电运维持续深化】吕梁南公司紧盯收费营销和稽核管理，研究探索会员积分制收费营销举措，制订出台营销平台搭建方案，组织交通流量调查，实时掌握流量数据；组建2个收费稽核数据分析工作室，开展收费数据精准全量筛查，筛查流水983.84万条，派发嫌疑漏费工单8461条，经复核确认发起追缴6314车次，涉及金额26.85万元；在吕梁南公司三级稽核管理机制下，多部门联合发起追缴“客三改客二”典型逃费62.75万元。积极推进收费站站级标准化建设，试点完成吴城收费站综合管理平台建设，推行收费站PDCA全流程精准规范管理，实现站级管理精细化、标准化。持续加强入口治超，规范多轴多轮液压平板车轴数判定及持证大件运输车辆核验，入口非法超限超载车辆零驶入。实施收费站集中监控改造、汾离长大下坡路段监控视频改造、薛公岭隧道进出口自适应照明系统升级改造、隧道紧急电话系统升级改造和机电一体化运维平台建设等11个机电升级改造项目，机电运维管理数字化水平不断提升。

【道路管养质量有力夯实】吕梁南公司认真落实省交通运输厅、交控集团路域环境整治工作要求，长效开展路域环境整治和道路抛洒治理，实施大流量交通下的日常养护集中作业，坑槽修补、护栏板清洗、小广告清除、绿化修剪、杂物清理等日常养护项目一体推进实施，组织5次专项督导检查，路域环境持续改善。推行“四个集中”道路管养，实施全路段近12万平方米路面病害处治、48处水毁应急处治和汾离段降温池、停车区改造，完成K967、K1011处路基沉陷处治、后背沟大桥等4座桥梁桥面铺装改造、磁窑河大桥等8座三类桥加固和文峪河大桥桩基防护加固以及隧道提质升级，保障道路安全稳定，道路运行指标逐步提升。

【路域经济实现创新发展】吕梁南公司完成2处闲置办公用房和35千伏高压专线电力线路租赁，年收益65.82万元。推进3处上跨、下穿高速公路涉路施工项目，合法获取涉路施工收益229.12万元。与路桥机电公司协作推进高速公路沿线分布式光伏发电项目；与物流集团合作建设汾离段降温池“物流驿站”暨吕梁片区物流分拨中心，利用原汾阳西收费站闲置场地开展废旧护栏板深加工，创造价值65.7万元，积极谋划项目业务向外延伸拓展。本着

"区域联动、优势互补,协作共赢、抱团发展"原则,完成吕梁南、北公司双方收费站广告位整体对外招商,收益131.5万元,推动路域经济协调稳步发展。

【企业文化彰显强大力量】吕梁南公司紧密结合经营管理实际,将中华民族传统文化与现代文化相融合,赋予"平安高速 暖心吕南"深层次文化内涵,对企业核心价值观、使命、精神、愿景等文化理念进行系统梳理、深度提炼,形成"平安高速 暖心吕南——善诚和"企业文化品牌,全面倡导"守善致诚 和行致远"的核心理念,编印企业文化手册,深入开展企业文化宣贯,建成机关企业文化走廊、安全文化主题公园,摄制主题片、宣传片,设立郑长征工作室,剪纸文化获评全国首届交通运输文创产品征集活动"优秀文创产品",汇聚起昂扬向上、和衷共济的文化力量。

(刘万红)

中部高速公路管理(山西)有限公司

中部高速公路管理(山西)有限公司(以下简称中部公司),系交控集团有限公司全资子公司,2022年11月17日正式成立,注册资本500万元,采取委托管理方式统一管理山西交控太原、晋中高速公路分公司所辖的政府还贷高速公路运营管理工作,所辖高速公路主要包括G5京昆高速罗夏祁段和祁临段、G20青银高速夏交段、G2003太原环城高速、S56太古高速、S45天黎高速阳黎段,主线里程共计471.69公里,主要经营公路管理与养护、机械设备租赁、房屋租赁、非居住房地产租赁及土地使用权租赁。中部公司机关设有党委办公室(董事会办公室)、综合办公室、党委组织部(人力资源部、团委)、纪检室、计划财务部、收费机电部、路产维护部(路网运行保障大队)、安全应急部、法务审计部、工会10个部室,下设太原信息监控中心、晋中信息监控中心、机电设备维护站、后勤中心和36个收费站、11个路产维护站、5个隧道管理站、11个路网运行保障中队,共67个机构。

2022年,中部公司全体干部职工坚持以习近平新时代中国特色社会主义思想为指引,认真贯彻落实交控集团决策部署,紧紧围绕全方位推动高质量发展目标,坚持稳中求进工作总基调,聚焦主责主业、强化实干争先,生产经营,各项工作稳中向好、安全形势平稳有序、发展实力显著增强,呈现出蓬勃发展新气象。

【改革发展展现新作为】中部公司高质量完成国企改革三年行动各项改革任务,取得良好成效。加强党的领导和建设,确定党委法人治理结构中的法定地位。严格落实经理层成员任期制和契约化管理,按照"一人一书"方式与经理层成员签订《岗位聘任协议》《任期经营业绩责任书》《年度经营业绩责任书》。成立以来,重点围绕管理机制更新、运行机制完善、核心能力提升目标,进一步健全现代企业管理体系,厘清党委与董事会、经理层的权责边界,制订中部公司董事会、经理层议事规则及议事清单,建立"党委会前置、董事会决策、经理层执行"工作流程,初步形成协调运转、有效制衡的法人治理结构。

【经营效益迈上新台阶】中部公司全年实现通行费收入170700万元(太原片区84760万元,晋中片区85950万元)。编制超限检测业务标准化手册,全面启动收费管理标准化体系建设,实行出口"客货分离、货车优先"举措,开展突出问题自查整改和"我为ETC发行推广做贡献"等专项行动,全力提升收费站通行效率,推进通行费量稳定增长,同时持续净化收费环境、优化稽核奖励制度、把好稽核管理"六道关"、筑牢追逃治漏"防火墙",确保通行费"应收不漏、颗粒归仓",全年共复核特情车辆约27万辆,追缴通行费275.67万元。大力推进路域资源开发利用,制订路域经济管理实施方案、创收增收奖励办法等,不断释放经营潜力、激发管理活力。探索实践多种经营模式,深入推进沿线土地、场地、广告经营和通信资源的开发利用,全年完成路域经济收入2055万元。

【通行质量得到新提升】中部公司持续推进差异化养护和施工定额管理机制,科学统筹调配养护资金,确保有限资金发挥最大作用。太原片区各路段管养范围内建成"2311"示范化路段,通过示范路段建设,达到试点先行、连点成线的效果。晋中片区开展日常养护精细化项目管理评优活动，着力打造精细日常养护示范路段，引领养护管理高质量发展。实施完成31项养护专项工程和桥梁安全防护能力提升项目、隧道提质升级改造项目等工程。持续提升路域环境，在工程建设及“五堆”治理项目、公路运营及环境污染治理项目等方面进行排查治理，积极消除路域“脏乱差”现象，打造“舒美畅”通行环境。所属7个路段，高速公路各项技术状况全部达到交控集团路况管理指标要求。

【科技创新实现新突破】 中部公司深化企校合作，依托“太原高速—东南大学联合创新基地”搭建“智慧养护数字化管理平台”，“道路多功能吹扫机”获QC（质量控制）优秀成果，“隧道洞壁清理护多功能一体机”QC成果参加部级优秀成果评选并取得实用新型专利证书。“隧道事故车辆快速扶正系统”获得3项国家实用新型专利，在交控集团内部推广应用。《基于泛在感知的公路全生命周期养护决策试点应用》的试点项目通过交通运输部评审，已进入实施准备阶段。探索推进“智慧化”收费新模式，首批智慧发卡机器人已在5个收费站实施，实现全车型自动发卡管理。“混凝土路肩表层破损处治”“降低隧道发电机房室内温度”“ETC车道不降杆报警装置”等项目获评省级质量信得过QC小组奖。

【安全生产取得新进展】 中部公司持续推进安全生产“五大体系建设”，开展“安全风险隐患大排查大整治”“百日攻坚”“安全隐患随手拍”等各类安全生产专项行动，开展“5·12”全国防灾减灾日、“安全生产月”等宣传活动。以桌面演练与应急实战相结合的方式，先后开展各类安全应急演练53次，西山特长隧道道路交通事故综合应急演练得到交控集团领导好评。全年未发生安全生产责任事故，总体形势持续稳定。介休收费站等4个基层单位获评中安协“安全管理标准化示范班组”，中部公司获评“全国安全文化建设示范企业”。

【党建质量凸显新成效】 中部公司坚持党的领导和中部公司治理相统一，严格落实“第一议题”制度，切实把党委会研究讨论作为经理层决策重大问题的前置程序。持续建强标准化党支部，实现了“1235”工作法党建项目化管理工作基层支部全覆盖。高质量完成交控集团政治巡察和政治监督专项检查整改，深入开展清廉单元创建行动和思想作风纪律整顿活动。坚持关心基层一线、关爱困难职工，持续开展“春送健康”“夏送清凉”“冬送温暖”“扶难济困”等活动，驻村帮扶、信访、后勤保障等各项工作均取得新的成绩。2022年，获评交通运输文化建设优秀单位，晋中新媒体直播团队获评“中国路姐团队”，“大道宏途”党建品牌获评中国交通企业管理协会“交通运输优秀党建文化品牌”。

（杜晓阳）

太旧高速公路管理（太原）有限公司

2022年是太旧高速公路管理（太原）有限公司（以下简称太旧公司）“党的建设全面提升年”，也是“风险防控体系建设年”。在交控集团的坚强领导下，太旧公司全面学习宣传贯彻中共二十大精神，锚定全方位推动高质量发展目标，不断提升管理效率、服务能力及综合效益，完成年度目标任务，整体工作呈现出稳中求进、进中争优的良好态势，实现“全年红”，被交控集团授予“2022年度目标责任考核标兵企业”。

【以深化改革为发展引擎，企业治理效能更加显著】 太旧公司深入学习贯彻习近平总书记关于国企改革发展的重要论述，强化市场意识和企业思维。制订下发《深化改革提质增效方案》《交通强省建设方案》，认真开展“学、抓、促”专项工作。扎实开展对标一流提升行动，完成国企改革三年行动工作任务。编制完成内控、风险与合规“三合一”管理体系。完成太旧旅行社破产清算和太阳服务公司扭亏减亏任务。

【以提质增效为发展目标，运营管理更加高效】 太旧公司按照交控集团“三足鼎立”转型发展思路，着力强管理、提效益，夯实“收费公路经营”和“路域经济发展”两大板块根基，提高经营管理综合效益。一是收费公路经营稳中向好。深入开展“五大”行动，不断夯实高速公路运营管理基础。第一，收费。

全年累计通行费收入277700万元，同比增长8.77%，超额完成年度任务。开展“绿通车辆专项稽核”“大车小标核查”等稽核行动，累计追缴通行费645.71万元，位列全省第一。第二，养护。全面强化日常保洁和周期性保养，完成标准化养护路段创建。全年22项养护工程完成路面处治50.73万平方米，路面标线补画2.02万平方米，完成太旧路6座桥梁维修加固，阳泉西环10座桥梁防撞墙防腐处治。所辖路段道路总体技术状况指数(MQI)和路面技术状况指数(PQI)较年初分别提高0.84和1.37，优等路率提升了10.36%。第三，隧道。聘请第三方专业团队对隧道高压供电、机电系统进行专业化日常维护。实施了南娄、大南山隧道管理站电力监控系统升级改造。完成隧道火灾报警系统，平阳高速东段隧道照明及大南山、阳曲隧道照明分支电缆改造。完成佛岭隧道路面渗水，北茹、佛岭、藏山隧道监控设施高清化改造，以及隧道配电室、水泵房和变电站房等附属设施维修。第四，路网监测。开展交控突发事件报告报送格式规范测评考核，深化路警联动保畅长效工作机制，启用了新版办公自动化系统协同办公系统，积极推广“晋e行”App，实现太旧公司视频会议系统全覆盖。重新修订《网络安全管理办法》《网络安全应急预案》，完成太旧公司办公网络安全测评、风险评估和等级备案。第五，机电运维。完成通信系统升级改造任务，建立监控和通信系统网络安全防范平台，配合交控集团开展收费出口称重系统改造及收费软件国产化安装部署。第六，路网运行保障。完成路网运行保障大队及中队更名挂牌。加强涉路施工、养护施工项目监督，依法追偿路赔损失，提高清障救援效率。二是路域经济发展成果丰硕。第一，土地资源综合开发利用。通过资源整合，形成最优土地资源开发利用方案，完成武宿枢纽、原郝家庄收费站闲置土地对外租赁。第二，闲置资产租赁。优先盘活利用交通便利、面积适宜、区位优势明显的资产，与平定县公安局、阳泉市公安局合作，将原郝家庄、旧关收费站宿舍楼用于公安检查站人员办公住宿；与铁塔公司合作建设基站，放置通信设备。第三，广告传媒。积极推动太旧公司所辖高速沿线广告布局，收费站区广告设置业务。第四，绿色经济发展。加快激活新能源产业，与路桥集团合作完成分布式光伏发电项目，在部分站区屋顶、停车区顶棚安装光伏发电设施，装机容量1700千瓦。第五，车辆租赁和专项养护方面。太阳服务公司开展车辆租赁、设施恢复和绿化工程等工作。第六，道路服务方面。加强道路清障救援，加大路赔案件、逃逸案件查处力度，严格落实涉路施工补偿。全年实现营业收入1286.81万元。

【以安全稳定为发展底线，安全发展基础更加牢固】 太旧公司强化安全生产“五大体系”建设，切实打造“大安全”生产格局。制订《2022年安全生产工作目标责任书》。规范安全隐患整改责任清单、重大隐患挂牌督办清单，严格落实重大隐患挂牌督办和定期报告制度，认真开展“安全生产专项整治三年行动”“安全生产隐患排查整治行动”“安全生产大检查大整治大提升行动”三个专项行动。召开路警联席会议，提升路警联合应急能力。全年未发生安全生产责任事故，太旧公司获评山西省“安康杯”竞赛优胜单位、省级安全文化建设示范企业。

【以人才强企为发展支撑，人力资源配置更加优化】 太旧公司完善绩效薪酬分配制度，全面实行薪酬与考核挂钩，发挥考核激励作用。充分发挥好内训师在太旧公司培训教育体系中的引领作用。择优推荐1名正高级职称干部进入省科技厅专家库、省国资委党委和太旧公司党委联系服务专家库。组织4次公开竞聘上岗，2名优秀管理人才加入中层干部队伍，14名专业技术人才充实到机电运营维护中心，3名优秀员工进入机关职能部室，3名一线高学历人才调入交控集团总部及相关一类企业工作。

【以创新创效为发展动力，科技创新引擎更加强劲】 太旧公司积极应用新技术、新材料，大力推广路石SMC超薄罩面，试验应用高性能黑亮罩面新技术，全年累计实施SMC处治17.3万平方米，黑亮罩面4.9万平方米。完成“基于振动感知的沥青路面结构状态监测与分析”科研项目结题。开发应用《机电运行维护平台》。南娄隧道管理站两项QC(质量控制)成果通过省交通企业协会评审，“降低车行横通卷闸门故障率”课题项目获评省质量管理小组活动二等奖。“降低视频光端机故障率”课题项目获评全国交通运输行业优秀质量管理成果奖。自行研发的“一种机电设备清洗装置”通过专利授权。太旧公司创新工作室入选2022年全国高速公路运营管理优秀案例。

【以文化兴企为发展根基，太旧金字品牌更加闪亮】太旧公司持续提升“太阳花”服务品牌创建力、品牌力、影响力，太旧公司选送“太旧品牌永传承 太阳花开再接续”“向阳花开 不负韶华”分别获评百强好故事和优秀交通故事。开展“五一劳动奖”“工人先锋号”“巾帼先进”等评选推荐活动。举办太旧路通车26周年系列庆祝活动和第五届“太旧传承人”评选表彰。用好用活微信公众号、“太旧之声”内部期刊等宣传主阵地，展示全方位推动高质量发展的创新做法和生动实践。

【以党建引领为发展保障，融入生产经营更加紧密】太旧公司坚持党的领导和太旧公司治理有机统一，把党委会研究讨论作为董事会、经理层决策重大问题前置程序。严肃开展政治监督专项检查反馈问题整改。高质量推进抓党建促基层治理能力提升专项行动，严格执行党建工作双月例会制度，创新举办支部书记党建工作能力提升答辩会和支部书记全技能比武活动。进一步优化太旧公司机关党支部设置。组织实施基层党支部分级评定和支部书记抓基层党建述职评议考核。创新实施“三有”党支部和“三个工程”，推进基层党组织“结对共建”。谋划太旧公司党委、纪委等六个主体的“6181”创新计划，充实完善太旧公司“廉政教育文化长廊”，持续推进清正廉洁“四室”阵地建设，实施10个主体的清廉单元创建，树牢党建工作根基。

（王文跃）

临汾北高速公路管理有限公司

2022年，临汾北高速公路管理有限公司（以下简称临汾北公司）坚持问题导向，强化攻坚克难，找准“事之难者”抓落实；坚持目标导向，强化责任担当，瞄准“责之重者”抓落实；坚持结果导向，强化绩效考核，瞄准“行之效者”抓落实，通过“三个导向、三个强化、三个落实”，努力打造全方位推动高质量发展的“437”工作矩阵，按预期完成全年目标任务。

【经营指标达到预期】一是经济效益指标。临汾北公司全年征收通行费收入63480万元，完成交控集团下达目标任务74453万元的85.26%，划拨后与划拨前差额比例为-17.85%。二是运营管理指标。第一，保持良好路况方面。高速公路总体技术状况（MQI）≥96，实际为96.1；MQI优等路率≥95.4%，实际为99.6%；路面使用性能指数（PQI）≥93.5，实际为95.8；一、二类桥梁比例≥98%，实际为99.7%，新发现四、五类桥梁当年处治率100%，实际无四、五类桥梁；一、二类隧道比例≥95%，实际为100%；新发现四、五类隧道当年处治率100%，实际无四、五类隧道。临汾北公司全年养护管理位居交控集团第一。第二，收费管理规范方面。收费稽核工单完成率100%，实际为99.93%；ETC使用率≥63%，实际为62.34%；ETC车道一次性通过率≥98%，实际为99.69%；门架/车道连通合格率100%，实际为99.85%；收费数据上传及时率100%，实际为99.88%；状态名单下载及时率≥98%，实际为98.63%；入口治超检测轴数识别准确率≥99.9%，实际为99.89%；入口治超收费联动使用率100%，实际为100%。临汾北公司全年联网系统运行指标名列交控集团第四。第三，路网运行监测规范方面。视频监控图像完好率≥95%，实际为99.7%，畅行通在线率≥98%，实际为99.4%；交通运行信息及时准确报送率≥95%，实际为98.09%，突发事件信息及时准确报送率100%，实际为100%；服务投诉有效处置率100%，实际处理33起，其中：无理投诉28起，相对有理投诉5起，处置率为100%。临汾北公司全年突发事件信息及时准确报送率、服务投诉有效处置率双百分排名交控集团第一。第四，路网运行保障方面。路产损坏追偿率≥90%，实际为92.35%；入口非法超限超载车辆零驶入；交通事故平均处置时间较上年降低10%以上，108分钟较2021年减少15分钟，降低12.2%；特殊气候条件交通管制时长较上年降低10%以上,74652分钟较2021年减少46505分钟,降低38.38%。临汾北公司全年交通事故平均处置时间比交控集团平均127分钟缩短了19分钟。第五,季度运营管理监督检查评价。临汾北公司完成交控集团前三季度运营管理监督检查评价的迎检工作,对存在的不足和问题进行整改,通过持续补短板、强弱项,在高速公路运营管理方面的专业性、规范性和科学性得到进一步提升。三是重点工作指标。第一,通信系统升级改造项目进入试运营阶段。隧道提质升级项目完成交工验收。水毁灾后恢复重建项目200万元以上较大水毁病害处置工程和200万元以下水毁病害处置工程全部完工。第二,积极对接交控集团开展资金监测、财务管理、人力资源、投资管理、资产管理、阳光采购、资金融通等七个数智化管理平台建设。第三,完成年度其他重点工作任务。霍永东遗留工程项目主线路基已完工,路面和防护排水工程正在有序推进。洪洞西收费站业务用房建设完成了施工、监理单位招标工作。四是限制约束指标。临汾北公司始终把限制约束指标当作全方位推动高质量发展的"压舱石"和"助推器",不断强化网络安全、安全生产、环境保护、国企改革、合规管理、集中采购等各项限制约束指标保障作用,全面推动经营管理工作有序开展。

【安全生产稳中向好】一是责任落实和制度体系建设全面优化。临汾北公司印发《2022年安全生产工作要点》,结合各岗位工作性质和要求修订安全生产责任清单,实现"一岗一清单"。规范安全生产制度体系,对安全生产委员会工作、安全生产经费管理使用等26项制度进行了修订。二是风险防范和隐患排查治理扎实开展。临汾北公司修订《高速公路运营风险防控手册》,建立安全风险分级管控和隐患排查治理双重预防体系,形成成套的风险路段评估报告,申报落实霍永西段雾区引导防撞系统安全生产示范项目补助经费。针对桥梁隧道、边坡涵洞及易发生地质灾害路段形成安全隐患动态数据库,全年开展检查8次、专项行动5次,排查出安全隐患81条,整改81条,整改率达100%。三是应急处置和安全保障能力不断提升。临汾北公司编制修订突发事件综合预案、专项预案和现场处置方案,建立一个一级物资储备中心,六个二级物资储备中心,全年临汾北公司组织大型桌面演练4次、实战演练2次,各单位开展应急演练13次,突发事件应急处置能力进一步提升。积极开展"平安交控"、安全生产警示教育等活动,为900多名员工办理高速公路运营安全生产责任保险,完成"三标一体"认证,顺利通过中国船级社质量认证有限公司组织的安全生产标准化一级评审,3名干部获评交控集团"安全生产先进工作者"。

【改革创新持续深化】一是深化改革迈出坚实步伐。临汾北公司围绕全面推进国企改革三年行动、助力交控集团打造国内一流企业的战略目标,临汾北公司坚持从工作实际出发,加强对改革工作的统筹谋划、整体部署和统一领导,印发《深化改革三年行动实施方案(2020—2022年)》《深化改革三年行动工作任务清单》,成立深化改革三年行动领导组,形成上下贯通、协同联动的合力推进机制,构建部署、推进、检查为一体的工作体系,通过全体员工共同努力,任务清单内的44项改革任务全面完成。二是经营管理体系逐步完善。临汾北公司持续优化经理层治理体系,完善经理层成员任期制和契约化管理,修订《工作请示制度(试行)》,建立以经济和运营情况分析为核心的会议制度,经营管理效能全面提高。临汾北公司全年召开党委会28次,前置研究议题185个;召开董事会16次,决议通过提案60个;召开经理层会议15次,研究落实议题89项,保证党中央、省委、省国资委和交控集团党委决策部署在临汾北公司有效贯彻落实。加强合规管理和依法治企工作,认真开展"合同管理规范年"专项行动,全年法律审核经济合同338件、规章制度32项,"三项法律审核"率达100%。信访工作、督查督办、机要保密、固定资产、后勤保障等各项工作都实现了稳固进展。在交控集团运营管理公司中率先完成取消省界收费站废旧固定资产评估、处置工作。三是创新发展能力持续提升。临汾北公司在交控集团"百站示范 千站提升"创优活动中成功推优,信息监控中心、襄汾路产维护站、临汾收费站获基层管理单元“示范站点”称号；在汾西路产维护站打造“职工创新工作室”，自主研发的“一种用于安全锥桶半自动收放系统的传动装置”，有效解决安全锥摆放间距不均衡、工作效率低、施工作业安全性差等问题，获国家实用新型专利证书；攻克动态路段观测难题，针对霍永山区易塌方、沉陷较高风险隐患路段，研究攻关实时动态路段观测课题，采取安装户外太阳能摄像头的方式，实时动态掌握路段运行状况，降低风险隐患路段等级。

（吴彩贤）

临汾南高速公路管理有限公司

2022年，在交控集团党委的正确领导下，临汾南高速公路管理有限公司（以下简称临汾南公司），坚持以习近平新时代中国特色社会主义思想为指导，深入学习贯彻中共十九大、十九届历次全会和中共二十大精神，认真贯彻落实省委、省政府和交控集团党委重大决策部署，以深化改革为动力，以提质增效为目标，以标准化、精细化、数智化为路径，完成全年目标任务，各项工作取得显著成效。

【坚持固本强基，经营效益创历史新高】 临汾南公司全年通行费收入117200万元，完成年度征收任务107300万元的109.23%；人均通行费收入127.3万元；人工成本投入产出率达1108.55%；门架连通合格率等20项联网收费系统运行指标明显提升，其中9项指标居交控集团前列。其余各项指标均控制在行业标准和要求范围之内。

【坚持结果导向，改革任务落地见效】 临汾南公司始终把“深化改革三年行动”放在突出位置，实行“一个项目、一名领导、一个班子、一抓到底”的工作方式，建立“检查、通报、整改、销号”闭合管理模式，持续推进项目进度。以管理制度化、制度流程化、流程表单化、表单信息化助推深化改革三年行动取得实实在在成效，提前半年完成49项改革任务目标。

【坚持标准化建设，管理优势充分发挥】 临汾南公司聚焦“六化”要求，按照均衡界定职责、修订完善制度及流程表单、打造标准化示范单位3个模块，完成涵盖12项决策制度、123项综合制度、51项业务规范的制度体系建设工作，进一步优化管理流程，提高管理运行效率。同时，将强化制度执行作为工作重点，把制度落实情况与绩效考核相挂钩，建立制度修订“回头看”和周通报工作机制，基本形成“以制度管人、用制度管权、按制度办事”的良好机制。以“百站示范、千站提升”活动为抓手，以交控集团评定的6个“五强+”示范单元为辐射点，通过示范带头、典型引领，全力打造“政治引领力强、推动发展力强、科技创新力强、凝聚保障力强和基础工作力强”的一线站区阵地，以高效治理引领和保障高质量发展。

【坚持聚焦主责，经营成效显著】 临汾南公司收费营收能力不断提升。扎实开展文明微笑服务培训及竞赛活动，有效提升窗口形象及企业文化品牌影响力。配合属地政府开展柴油货车、散装物料车及大气污染整治，通行费增加约1500万元。利用108国道、209国道、309国道等并行国道翻修改造时机大力宣传优惠政策，重点引导货车通行高速公路，通行费增加约6000万元。大力开展稽核效能提升专项行动，全年共追缴通行费47.1547万元。持续推广发行ETC设备，发行ETC设备1867套。路况路貌管养整体改善。逐步扩大自主养护份额，将路面坑槽、裂缝修补等工作纳入自主实施范畴，节约养护成本约39.7万元。扎实开展路况检测和调查，应用路面养护决策系统，实现养护工程精准决策。加大预防性养护投入，对辖区沉陷路段实施了“物探+钻探”勘察，并积极探索采用高分子聚合材料对路基落水洞病害进行精准处治。持续开展路域环境整治活动，沿线路容路貌焕然一新。信息监控服务不断延伸。依托视频监控平台、高德智慧交通公共服务平台等智能化手段，不断加强信息自动采集能力。加强与邻近路段及邻省公司信息共享协调联动，与临汾交广电台签订路况信息实时播报合作协议，向社会公众提供360度的出行信息服务。路网运行保障管理规范有力。积极构建联勤联动新模式，在长临路段先行先试路养隧警错峰巡查机制，搭建了路况信息共享平台，从机制上实现路况巡查全覆盖。加强涉路逃逸车辆追查，全年共破获逃逸案件10起，追回路赔款19.49万元。

【坚持项目驱动，盘活路域经济】临汾南公司制订《深入开展路域经济发展工作实施方案》，有序推动6个领域16项重点举措全面开花结果。与路桥机电公司合作建设分布式光伏发电项目18处，每年预计可实现收益46.3万元，减少电费支出约48万元。将1处闲置院落及4处闲置房屋对外租赁，实现收益10.73万元。在枢纽互通区打造了150亩芍药种植园，三年后预计可实现收益40万元。根据交控集团《关于涉路施工项目赔（补）偿计费标准的指导意见》，积极推进各类工程涉路施工补偿工作，奋力开创“三足鼎立”高质量发展新局面。

【坚持科技赋能，技术成果丰硕】临汾南公司针对性引入就地热再生技术，实现旧路面混合料100%循环利用，较传统铣刨加铺每平方米造价节省约15元。积极开展固废低碳综合利用，对废旧的330块波形护栏板修复矫正后进行合理利用，节省费用约18.15万元。利用废旧铣刨料自主研制混凝土和沥青拦水带，节约养护成本约30%。自主研发的“全息车机管理系统V1.0”，为“一车一档”管理提供强有力的数据支撑。创新研发的“隧道消防管网电伴热智能控制系统”，同比实现电伴热系统节能降耗26.3%。加快推进收费数智化管理应用，西交口无人值守收费站投入使用后，可节约人员6人，年节省人工成本约45万元。积极推进质量管理小组和质量信得过班组评审工作，获得部级优秀QC课题1项、省级优秀QC课题2项、部级质量信得过班组1个。

【坚持底线思维，全面防控风险】临汾南公司紧紧围绕交控集团高质量发展总体布局和安全应急工作“十四五”规划，牢固树立安全发展理念，坚守安全生产红线底线，狠抓安全生产责任和措施落实，全年未发生一起生产安全责任事故，安全生产形势稳定向好。全年召开安委会4次、安全月例会12次，按季度开展安全生产目标责任考核4次。修订完善“1+15”应急预案，围绕高速公路运营17项致险情景，累计组织开展了应急演练113次。开展安全生产专项整治三年行动和“百日攻坚”集中行动，排查整改各类问题隐患170项，成功处置各类事件272起。开展年度安全风险评估工作，投入147万元实施养护作业现场安全立体布防系统项目，在临吉路段45处中央分隔带加装了安全预警和防撞设施，有效降低车辆撞击中央分隔带端头风险。扎实开展安全生产月活动，获评交控集团“安全生产月——平安交控”系列活动团体一等奖，13名干部职工分别获评个人一、二、三等奖和优秀奖。与此同时做好以下工作。一是严防经营风险。完善财务管理机制和请示报告制度，优化报账审批流程，全面提升财务风险防控能力。二是严防法律风险。严格落实“三项法律审核”，全年审核规章制度65项，规范合同267项，审查重大决策85项；高质量开展“合同规范年”行动，通过办公自动化系统等数智化平台，实行合同管理全过程管控的方式受到集团公司广泛推广；高效稳妥处置各涉诉纠纷5件；完成困扰临汾南公司九年之久的临吉高速项目决算审计工作，取得《临吉高速项目决算审计报告》，有效防范化解了遗留问题信访及涉诉风险。严防网络安全风险。探索建立“集中部署、统一防护、分层负责”的网络安全防范体系，进一步完善技术防范手段，加强网络安全应急响应。坚决守住稳控底线。坚持把信访稳定风险化解与信息预警、应急处置、舆论引导紧密结合，切实做到防范在先、化解在早、处置在小。

【坚持党建引领，压实全面从严治党“四责协同”机制】临汾南公司党委对标对表交控集团党委全面从严治党重大决策部署，探索建立全面从严治党“四责协同”机制，取得积极成效。持续压实党建工作责任。制订落实全面从严治党责任清单、任务安排，逐级签订目标责任书，通过建立提醒提示卡、台账化管理机制，保证全面从严治党主体责任闭环管理、落实落细。不断夯实基层组织建设。扎实开展“抓党建提质效促基层治理能力提升”和党支部“过筛子”专项行动，构建“党委统一领导、部门跟踪督办、支部落地实施”的管理格局。推进党建工作与生产经营深度融合，推出党建项目34项，其中2个项目分别获交控集团党建项目化管理成果二等奖和三等奖。深化干部和人才队伍建设。不断完善管理人员竞争机制，变“相马为赛马”，全年共调整使用干部17名，交流调整干部12名。深入实施“人才强企”战略，制订《人才培养发展规划》，扎实开展劳动竞赛和技能比武活动，全体党员干部职工的综合素质和履职能力显著提升。全年新增本科学历员工61人、专业技术人才32人、技能提升人才183人。深入推进清廉国企建设。印发“两方案一要点”“四清单四台账”，建立“周有动态、月有亮点、季有考核、半年总结、全年评议”工作机制，推动清廉国企建设各项任务落实落细。出台《关于加强对“一把手”和领导班子监督的实施细则》，全年共组织政治画像107人次，建立廉洁管理档案109份，开展廉洁提醒谈话190人次，任前廉政集体谈话28人次，办结纪检信访举报件5件，问责7人次，给予党纪处分3人次，不断强化不敢腐的震慑。通过开展纪律作风大整顿活动和执行力提升培训，建立VR党建+廉政教育馆等有力举措，不断巩固临汾南公司风清气正的政治生态。全面开展群团建设。常态化扎实推进“我为群众办实事”实践活动，全年累计办理关爱留守儿童、助力中考等实事160余件。推进党务、企务公开标准化运行，通过办公自动化系统平台向全公司所有职工公示有关事项，保障职工知情权、参与权、监督权。新建“妈咪小屋”1个、“劳模创新工作室”2个，新增市级“青年文明号”3个。临汾南公司所辖的乡宁西收费站被中华全国总工会、应急管理部、国家卫生健康委员会授予“2020—2021年度全国安康杯竞赛活动优胜班组”称号。

（李家宁）

长治高速公路管理有限公司

2022年，在交控集团正确领导下，在董事会支持下，按照高质量发展要求，长治高速公路管理有限公司（以下简称长治公司）广大干部职工精诚团结，接续奋斗，勇挑重担、攻坚克难，始终坚持党建引领，党建与业务深度融合，持续推进路况技术指标提升、路域环境优化、桥隧本质安全、道路水毁地质灾害处置、标准化运营建设、太行灵泉山泉水生产项目等重点工作，各项运营管理工作稳中向好。

【经营管理成效显著】2022年，长治公司主动作为，完成长治至邯郸段联网收费费率调整，深入推进“增收堵漏六步曲”，建立“12328”稽核工作架构，打造全省首条“无人值守”智慧车道，实现通行费征收数额连续三年正增长。积极对标挖潜，大力开展标准化路段和绿色长廊建设，着力推广应用新技术，智能化养护有了新突破，路容路貌路况进一步提升，所辖路段全年路况技术指标在交控集团名列前茅，其中公路技术状况指数（MQI）为94.8，路面质量指数（PQI）为93.31，位列第一。

【路域环境持续改善】长治公司一是根据各路段道路状况、路龄、交通量等综合因素，合理安排养护计划，积极构建“安全、畅通、智慧、绿色、人文”的高速公路交通环境。二是通过定期日常养护和小修工程、持续开展路域环境专项整治、依托“养护管理系统”规范开展路况巡查，道路路况技术指标得以有效提升。三是通过实施长邯高速东阳关隧道（下行）路面预防性处治、左黎高速公路源泉大桥桩基加固处治、青兰高速长邯段交通安全设施精细化提升、长邯高速改扩建项目尾工等系列专项工程，道路桥隧提质升级全力推进。四是通过加大标准化路段在各管辖路段的里程占比和继续打造长邯段、左黎段具有地域特色的高速公路原生态绿色走廊，路域通行环境质量明显改善。五是通过实施基于三维形态的沥青路面裂缝评价体系与养护技术的科技创新项目课题，积极推广应用标准化路段“防草布”、桥梁马蹄部位延伸“铝板”、新型树脂不锈钢U形排水沟、太阳能灯替代常规轮廓标等创新材料工艺，“四新”项目在道路养护领域应用层出不穷。

【安全管理平稳推进】长治公司一是紧紧围绕本质安全水平提升，推广实施安全生产“三道屏障”工作法，确保隐患排查“细”，隐患治理“实”，应急救援“快”。二是联合多个涉路单位，开展长临、长邯路段交通事故应急救援演练，强化信息共享、协同处置能力。三是深入开展安全宣传教育培训活动，深度融合“线上”“线下”，采取微信公众号宣传、专业知识培训、线下专项活动等方式，多形式、多渠道推动安全宣传教育培训，旨在提升全体员工安全生产责任意识、安全生产履职能力。

【综合管理稳步提升】一是建立完善涵盖战略管理、组织管理、运营管理、风险管理、人力资源管理等方面的现代企业内控管理制度，并修订成册以适应现代企业发展需求，全面推进董事会规范化建设、促进经理层依法高效行权履职，确保党委、董事会、经理层各司其职、协调运作、高效运行。二是注重分析研判，保障经营管理稳上台阶，建立经营目标完成情况月报、经营运行分析会议、经营运行分析定期报告等制度，持续加强经济运行统计监测与分析，切实保障年度经营业绩目标的完成。三是严格实施“三项”法律审核、合同规范管理、涉诉案件管理等工作，大力开展法律法规学习和全民国家安全教育日、《信访工作条例》宣传月、宪法宣传周等法治宣传活动，为长治公司的可持续发展提供坚强支撑和保障。四是实施“蹲苗培养”计划，选拔7名优秀中层副职管理人员主持工作，6名优秀员工协助工作，将工作能力提升快、职工满意度高的人员提拔任用，切实提高干部队伍综合素质和管理水平。五是组织开展“爱岗敬业”优秀人才入库选拔工作，通过民主推荐把好群众关、支部审核把好政治关、公开竞选把好能力关、党委选用把好用人关的方式，选拔4名优秀人才担任中层副职，切实为引领保障高质量发展行稳致远保驾护航。

【科技创新卓有成效】长治公司一是继续实施“科技兴企”“人才强企”战略，积极出台技术创新奖励机制，开展科技创新竞赛活动，全省首条“无人值守智慧车道”在丰宜收费站正式投入使用。二是自主研发“长治公司机电系统运维管理一体化平台”软件，运用物联网技术对陈旧老式LED情报板信息发布方式进行了技术革新，机电运维管理和情报板信息发布效率明显提升。三是“王安宏”劳模创新工作室先后研发隧道自动报警系统、智能控制充电平台等8项科技创新项目。“四新”技术和“五小”创新项目在党建、收费、路维、隧管、路网保障、信息监控等各个领域的广泛运用，不仅在高速经营管理中有效实现降本增效，且产生良好社会和经济效益。

【路域经济开局良好】长治公司在践行交控集团加快推动由“两条腿走路”向“三足鼎立”转型的工作部署实践中，经过反复研究、深入调研、分析研判，采用狠抓组织领导，促进路域经济项目尽快落地、促进落地项目尽快见效，保障人员、设施、资金、激励全部到位的“一抓、两促、四到位”工作法，确保了路域经济开发工作的高效推进。太行灵泉天然山泉水项目顺利投产，通过开展光伏发电、利用高速资源增加广告收入、利用闲置养护设备增加租赁营收、拓展清障救援市场等方式，路域经济得到快速发展；公司搭建的“长治高速公路物流信息共享平台”前期建设已基本完成，上线试运行；“机电智慧运维平台”也已筹备实施，可有效降低运维成本且有力推进机电维护市场的拓展；光伏发电一条路、综合物流园区、智慧交通平台、路网提质增效、新能源体系创收、外部市场拓展的路域经济发展“六新”格局雏形初现，带动产生更好社会效益和更高经济效益。

【党建引领持续深化】长治公司一是自主研发“长治高速智慧党建云”平台，加速党建工作智能化信息化建设，组织编写《党支部标准化建设工作指导手册》，加强基层党组织规范化标准化建设；二是实践推行“四张清单”式党员积分制管理机制和“6+X”党员政治生日活动，加强党员教育管理，发挥先锋模范作用；三是创新提出“五六七”思想政治工作法，加强职工思想政治引领，凝聚干事创业磅礴力量，强化正面引导和舆情监测，加强新媒体建设管理，排查整治各类工作群和小程序，意识形态领域平稳可控；四是深入开展“把骨干发展成为党员、把党员培养成为骨干”的“双向培养”工程，打造又红又专党务人才队伍，深化“传帮带”，依托劳模工作室、科技创新工作室搭建人才“孵化”平台，逐步建立管理人才、技术人才、技能人才、党务人才“四支队伍”储备库，努力造就一支忠诚干净担当的高素质管理人才队伍；五是大力实施服务基层职工专项行动，持续开展“我为职工办实事”活动，建立职工车辆维修保养平台、车辆保险缴纳平台、车辆加油直降平台、职工就医“绿色通道”，实施“金秋助学”“全员定期体检”等，直接或间接受益职工及家属高达1300人次，解决职工最关心、最直接、最受益的现实问题；六是大力实施“清廉国企”创建行动，开展纪委岗位大练兵推动纪检干部工作能力和执纪水平的全面提升，运用“大数据+天眼”的科技手段建立公务用车监督管理平台，按照不同业务领域编制清廉站区创建指导手册，助推清廉国企建设向基层延伸，全力打造风清气正的优良政治生态和发展环境。

【各领域取得显著成绩】长治公司研发“长高全息数感系统（V1.0）”和“长高机电智慧运维平台（V1.0）”获得国家专利；参与完成的“石膏泥灰岩隧道病害分析与处治技术研究”项目，获评中国交通运输协会科技进步奖、二等奖；获评交控集团2022年度“标兵单位”；丰宜收费站打造了全省首条“无人值守”智慧车道；长治东收费站天行班、虹梯关特长隧道管理站机电监控班两个班组通过中国安全生产协会2022年安全管理标准化班组创建；长治公司“王安宏”劳模创新工作室先后研发8项科技创新项目，获评交控集团“科技创新先进团队”；长治公司工会获评交控集团工会“模范职工之家”；翟鹏程等3人获评交控集团“担当作为干部”；宋国伟等7人获评交控集团“爱岗敬业员工”；一线员工吴晓渊家庭被省妇女联合会、省文明委评为“2022年三晋最美家庭”，并被交控集团工会推荐申报“2023年全国最美家庭”。

（毕亚静）

晋城高速公路管理有限公司

2022年，晋城高速公路管理有限公司（以下简称晋城公司）全体干部职工坚持以习近平新时代中国特色社会主义思想为指引，认真贯彻落实交控集团经营结构由“两条腿走路”向“三足鼎立”转型发展重大决策部署，扎实抓好主责主业，大力发展路域经济，经济效益指标超额完成，运营管理业务稳中向好，各项工作取得较好成绩。

【经营质量效益取得新突破】晋城公司全年实现营业收入63966.14万元，完成年度目标任务的113.38%。其中，通行费收入62677.59万元，完成年度目标任务的113.61%，完成力争任务的107.06%；路域经济收入1288.55万元，完成年度目标任务103.08%。管养支出9169.92万元，完成年度目标任务95.7%。人工成本投入产出率455.96%，完成年度目标任务116.3%。所辖路段运营管理指标均达到行业标准，隧道提质升级改造项目等4项重点工程按期交工验收。

【治理能力水平实现新提升】晋城公司完成国企改革三年行动目标任务，总结提炼思路做法，《盘活闲置资源 发展路域经济 激活全方位高质量发展新动能》入选省国资委第一批改革典型案例。聚焦交控集团党委巡察反馈意见，修订完善制度20余项，持续夯实管理基础。以“合同管理规范年”专项行动为抓手，通过宣贯培训、建章立制、监督考核、清理整治等措施，将依法治企嵌入经营管理全过程。全面加强精益化、规范化管理，顺利通过ISO 9001质量体系、ISO 14001环境管理体系和ISO 45001职业健康与安全体系监督审核。

【经营管理能力得到新加强】晋城公司深入开展联网收费稽核效能提升专项行动，完善稽核追缴奖励激励机制，2022年累计查处漏费车辆38475车次，追缴通行费104.15万元。开展通行积分兑换营销活动，定期组织差异化收费优惠政策评估，在四季度货车通行费减免10%的情况下，全年货车通行费收入增幅达到20%。加强养护项目管理，强化成本核算，科学谋划，统筹部署，扎实做好预防性养护和恢复性养护工程。按期完成5处重大水毁灾后恢复重建、环城高速K20和高沁高速K121高填方路基水毁预防工程，道路管养水平和路况指标进一步提升。完成机电系统设备优化升级、国产化联网收费软件和通信系统升级改造，视频云联网工程、隧道LED节能灯具改造有序推进，机电运维成本大幅降低。及时转变路网保障工作职能，对基层单位开展常态化监督检查，进一步提升基层工作质效，综合行政执法改革平稳过渡。

【路网服务效率有了新提高】晋城公司深入开展“五大”提质行动，不断提高公众出行舒适度和满意度。“百站示范、千站提升”创优活动成效显著，晋城西收费站等6家单位获评交控集团授予的“示范站点”。率先完成“一公司一监控”建设，路网集成高效运行。加强易堵路段治理，提前启用新周村北出口收费站，有效解决原周村北收费站匝道短、车道少、车辆拥堵倒灌主线等问题。加强与相邻路段、交管、气象等部门的协同联动，积极探索准全天候通行保障机制，编制《晋城高速应急分流手册》，不断提升路网通行效率。持续推进路域环境整治和原生态绿色走廊建设，对6大特色文化主题站区、市县交界等“界域”部位、隧道出入口段进行重点绿化、美化、亮化，精益求精推动路网品质提升。

【安全发展基础得到再夯实】 晋城公司全面深化安全生产专项整治三年行动，加大隐患排查整治力度，全年下发检查通报2份、隐患整改告知书5份，发现安全隐患153项，整改151项，整改率98.7%。顺利完成交通运输企业安全生产标准化建设一级企业认证，扎实做好晋阳改扩建工程安全监管、不良地质路段管理等工作，全面提升本质安全水平。围绕消除晋济高速长大纵坡安全隐患，持续完善全路段视频覆盖、建设货运车辆降温池休息区、设立专业化气象预报站和红十字救护站等，多措并举打造晋豫安全大通道，“平安文明示范路”创建初见成效。

【路域经济发展打开新局面】 晋城公司围绕交控集团“三足鼎立”转型发展战略部署，率先出台《关于深入推进路域经济发展的实施意见》，明确5大产业、3个平台、1个示范和0亏损的“5310”路域经济发展目标。固废利用项目依靠技术创新走出新路子，职业培训逐步迈向外部市场，生态农场打通内部循环，光伏发电陆续投入使用，卡友之家通过交通运输部、中华全国总工会“司机之家”项目验收，5大产业全面开花，经营活力逐步彰显。

【科技创新驱动激活新动能】 晋城公司大力倡导管理和技术创新，“QC(质量控制)”“五小”“匠心工作室”科技创新项目层出不穷，小发明、小创造蔚然成风。申乾、国强、相韬工作室被交控集团工会命名为“创新工作室”，机电维护中心“神盾”、牛匠收费站“雷霆”等7个小组及课题获2022年度优秀质量管理小组及成果奖。阳城路产维护站自主研发的道路轮廓标底座和手持式桥梁伸缩缝清理工具通过国家实用新型专利，科技创新激活经营管理新动能。

【党建引领发展取得新成果】 晋城公司始终把政治建设摆在首要位置，深入学习贯彻中共二十大精神，严格落实“第一议题”制度和党委理论中心组“首要议题”制度，“两个维护”的政治自觉更加坚定。全面推进“抓党建、促改革、提质效”专项行动，晋城西收费站党支部被省国资委党委选树为标杆党支部。深入推进党建与生产经营深度融合，深化“1235”党建工作项目化管理，项目覆盖率达到100%，“党建引领强稽核、聚力堵漏促增收”党建项目获评交控集团二等奖。公开选聘中层管理人员，通过公选产生2名中层正职，选人用人机制更加完善。加强企业文化建设，以6大特色文化主题站区建设为主线，积极探索文化引领路域经济发展新模式，持续推动晋城公司文化建设出精品。围绕全面建设清廉国企，坚持“三不”一体推进党风廉政建设和反腐败工作，“不能腐”的制度建设更加精准，“不敢腐”的监督机制更加健全，“不想腐”的思想堤坝更加牢固。

（钱华婷）

运城北高速公路管理有限公司

2022年，在交控集团党委的坚强领导下，运城北高速公路管理有限公司（以下简称运城北公司）坚持以习近平新时代中国特色社会主义思想为指导，全面贯彻中共二十大和习近平总书记考察调研山西重要讲话重要指示精神，以深化改革为动力，以提质增效为目标，紧盯经营主业，狠抓路域经济发展，全方位推动运城北公司高质量发展，较好地完成了年度各项目标任务。

【突出政治建设，不断提升党建工作水平】 一是加强学习教育，提高全员思想意识。运城北公司坚持用习近平新时代中国特色社会主义思想和中共二十大精神武装头脑，以党委会“第一议题”形式集中学习23次，中心组集中学习13次，深刻领悟

“两个确立”的决定性意义，增强“四个意识”、坚定“四个自信”、做到“两个维护”。坚持开展宣传教育，以“新思想在山西”活动为载体，宣讲171次，受众2626人，实现全体干部职工思想上自觉服从、行动上坚决紧跟。坚持党管意识形态工作，严格执行党委书记议稳制度和意识形态工作定期分析研判制度，每季度聚焦国企改革、防汛救灾等敏感问题，对职工思想加以调节引导，凝聚运城北公司改革发展合力。坚持拓展“运城北高速”宣传阵地，建立306名兼职新闻宣传队伍，举办4期新闻宣传培训班，印发党建简报28期，在外部媒体发送稿件60余篇，在交控集团上稿57篇，营造良好舆论氛围。二是狠抓深度融合，提高经营管理效率。运城北公司坚持落实民主集中制，发挥党委“把方向、管大局、促落实”作用，认真落实党对企业的领导要求，召开党委会23次，前置研究重大事项99项，推进各项决策部署落地落实。持续深化“1235”党建项目化管理，围绕年度经营总目标，科学谋划部署、狠抓落实见效，年内形成党建项目37个，解决生产经营难点堵点。坚持开展党支部标准化规范化建设，制订“党支部日常党建工作开展情况一览表”，动态掌握各党支部日常党建工作情况，明晰党支部规范管理和督办落实程序，科学指导各支部“主题党日”活动，力促广大党员在学习中筑坚强堡垒，在活动中树先锋形象。三是加强队伍建设，提高企业创新活力。运城北公司始终把人才作为创新发展的动力源泉，以育选用为基本举措，打造过硬干部队伍。坚持加强中层管理人员素质提升，聚焦党性修养、廉洁意识和履职能力，举办素质能力提升培训班，提高职业素养。坚持健全市场化经营机制，健全以效益为中心的管理模式，2022年选拔任用中层干部10人，使用优秀中层干部2人，平职调整中层干部12人。探索建立内部“共享用工”交流机制，通过薪酬预算调控，变被动轮岗为主动轮岗，对42人进行交叉交流学习，员工整体素养明显提升。

【突出主责主业，实现公司营业收入明显提升】一是深挖内部潜能，营收水平不断提升。第一，强化收费营销。运城北公司树立市场竞争思维，加强分析研判，通过设立便民服务台、员工专题培训等方式，向过往司乘发放高速公路行车指南等手册，大力推广“晋e行”App应用，全面提高营销质量。坚持精准营销，深入沿线企业、物流公司等单位，点对点做好差异化等优惠政策宣传，吸引更多司乘通行高速。全年共征收通行费139668.22万元，完成年度通行费收入目标值135000万元的103.46%。第二，坚持“三个减少”。运城北公司完善企路警多方全天候运行保障机制，统筹内部施工作业时间，减少因养护施工交通管制造成的通行费流失；强化应急能力，清障救援处置时长较上年降低15.9%以上，减少因交通事故救援缓慢造成的通行费流失；建立联席机制，特殊天气交通管制时长较2021年降低30.3%以上，减少因恶劣天气交通管制造成的通行费流失。第三，巩固稽核成果。运城北公司落实“深挖潜、强机制、增质效、促管理”专项行动要求，持续开展假冒绿通、大车小标、内部车、一车多卡等专项稽核行动，保持打逃追缴高压态势，提升联网收费稽核工作质效，共排查异常数据4.36万条，查处偷逃费车辆3.81万车次，追缴通行费181.08万元；查处假冒绿通车辆380车次，补缴通行费12万元；查处不合格联合收割机15辆，补费金额1.32万元。第四，狠抓路域经济发展。运城北公司坚持落实交控集团“三足鼎立”转型发展要求，制订印发《路域经济发展工作方案》，成立路域经济工作专班，实行以土地确权为基础，道路服务、广告经营、闲置资产租赁、绿色能源开发等项目为主的“1+4”路域经济发展模式，先后召开4次专题会议安排部署，主动与高速集团、路桥股份、物流集团等单位合作，推动路域经济高质量发展。截至年底，路域经济收入3183.56万元，目标完成率254.68%。其中路赔业务收入1023.62万元，清障业务收入54.71万元，涉路施工及其他收入311.43万元，租赁收入76.47万元，诉讼赔偿利得1717.31万元。二是树牢主责意识，保畅能力不断提升。第一，道路通行品质持续优化。运城北公司坚持“通是基础，畅是目标”，加强路面日常养护，发挥集中作业队专业优势，实行过程监管，累计应用超薄磨耗层、微表处预防养护技术约43万平方米，在2022年国家重点桥梁监测和路况检测中取得良好成绩，得到交控集团高度肯定。开展汛期隐患排查治理，结合防护排水系统整治专项行动，全面排查隐患，形成“两个清单”，分类维护处治，保障道路主体安全。加强桥梁养护管理，开展专项检查，完成5座三类桥的病害处治，提升桥梁安全水平。第二，机电管理水平持续提升。运城北公司实行预防性维养，压实巡检责任，细化巡检措施，完善巡检内容，开展门架设备维护648次，外场情报板维护336次，外场监控设备维护386次；加大月度全面巡检力度，发现解决问题20余项，开展专项应急抢修25次，为各项指标稳步提升提供保障。加强网络安全管理，全面排查网络安全隐患，开展收费系统病毒“清零”行动，共排查联网收费系统客户端302台次，加装内网安全审计系统40套，实现收费系统病毒“清零”目标，网络安全防护能力稳步提升。第三，快速放行能力持续提升。运城北公司将“疏堵保畅”作为第一要务，根据实际通行需求，深化联勤联动机制，强化路况研判分析，召开联席会议20余次，通过完善车道快速放行预案和通道设置等方式，主动开展预防性疏导160余次，开展拥堵路段疏堵保畅70余次，并持续加强信息服务，丰富微信公众号服务内容，增加语音座席，有效保障正常通行秩序。三是强化合规管理，工作效能明显提升。第一，运城北公司制度保障日趋完善，持续完善合规管理制度体系建设，统梳理并完善规章制度174项，围绕请示报告、招采管理、业务流程、薪酬分配、绩效考核等内容，定期开展调查研究，修订完善规章制度6项，优化工作流程7项，提高办事效率。第二，运城北公司信息化建设稳步推进，根据交控集团数智化管理平台建设要求，开展人力资源系统建设工作，配合交控集团做好信息采集录入工作；整合养护管理信息平台，根据“一路一档”“一桥一档”“一隧一档”“一灾一档”原则，完善基础信息数据库，强化数据动态管理，为养护决策提供科学支撑。第三，运城北公司依法治企持续加强。落实交控集团要求，三项法律审核达100%。加强诉讼案件管理，实行高位推动、律师专业驱动、部门督导协动、基层多方联动机制，全年办结诉讼案件6起，挽回损失136万余元。第四，运城北公司运行分析精准有力。发挥董事会作用，召开董事会15次，研究决策事项103个。发挥经理层“谋经营、抓落实、强管理”作用，定期召开总经理办公会议，传达交控集团各类会议精神，通报经营重点工作开展情况，安排部署事项88个，并按季度召开经营管理运行会议，深入分析经营管理工作，找准影响公司经营发展不足，促进目标任务落地见效。四是筑牢安全基石，安全保障不断提升。运城北公司牢固树立“安全为天、预防为主、科技领先、综合治理”的理念，顺利完成安全生产标准化建设一级达标认证和运城北公司《突发事件应急预案》第二版修订内部评审，修订完善覆盖各层级的安全岗位责任清单，逐层签订安全生产责任书，构筑“层层负责、人人有责、各负其责”安全格局。深入排查整改安全隐患，紧盯涉路作业、消防、隧道、防汛等重点领域，将日常巡查和专项检查相结合，开展滚动式、拉网式、地毯式排查，全部整改落实。

【突出作风建设，全面从严治党向纵深推进】运城北公司党委坚决扛稳管党治党主体责任，推进全面从严治党向纵深发展，巩固和发展良好的政治生态。一是坚持落实党建工作责任制，以党建工作、党风廉政建设工作、意识形态工作3个责任清单为抓手，完善党建相关制度27项，定期召开党建工作双月例会，专题研究全面从严治党有关事项，印发党建工作责任制提示卡8份，推动“两个责任”和“一岗双责”贯通联动、一体推进。二是抓好“全面建设清廉国企”落地，制订下发实施方案和行动方案，细化45项“责任清单”，并以此为契机，开展“纪律作风大整顿、工作效能大提升”专项行动，先后发现并整改问题247个；持续加强“四风”突出问题专项整治，深入开展自查自纠，全面营造创建氛围。加强“盐洁如玉·廉洁路长”廉政文化建设，编印《廉政文化手册》，成功申报2022年度交通运输廉政文化建设专项优秀成果。三是坚持做好警示教育，围绕交控集团内部典型案例，召开警示教育大会专题学习，先后开展正反面警示教育11期，并以身边事警醒身边人，结合实际，对有关违纪违规人员进行处理，促进党员干部知敬畏、存戒惧、守底线。

（忽国奇）

运城南高速公路管理有限公司

2022年，在交控集团的正确领导下，在交控集团各部室的指导帮助下，运城南高速公路管理有限公司（以下简称运城南公司）坚持以习近平新时代中国特色社会主义思想为指导，全面落实省委“三晋强基”和全面建设清廉山西部署，紧紧围绕交控集团高质量发展工作思路，强化“1346”党建工作体系和“13861”管控体系建设，上下齐心、凝心聚力，强党建、稳主业，保安全、提能力，统筹做好生产经营各项工作，在高质量发展道路上稳步前行。

【经营业绩指标有所突破】 一是经济效益指标。运城南公司全年实现经营收入36878.15万元，完成年度目标（46393万元）的79.49%；其中通行费收入35530.24万元，完成年度目标（45143万元）的78.71%；路域经济收入1347.91万元，超额完成年度目标（1250万元）的107.83%。运营管养支出8715.6万元，执行率97.57%（限值为8933.02万元）。人工成本投入产出率为267.06%，完成年度目标的84.25%。二是运营管理指标。高速公路总体技术状况（MQI）96，优等路率100%；路面使用性能指数（PQI）95.3；一、二类桥梁比例99.07%，无四、五类桥梁；中条山隧道为二类，一、二类隧道比例100%；路况技术各项指标均达到目标要求。收费稽核工单完成率100%；ETC使用率58.66%（指标为≥62%）；ETC车道一次性通过率99.81%（指标为≥98%）；门架/车道连通合格率100%/99.75%（指标为100%）；收费数据上传及时率99.86%（指标为100%）；状态名单下载及时率90.15%（指标为≥98%）；入口治超检测轴数识别准确率100%，入口治超收费联动使用率100%。视频监控图像完好率100%，畅行通在线率100%；交通运行信息及时准确报送率100%，突发事件信息及时准确报送率100%；服务投诉有效处置率100%。路产损坏追偿率100%，入口非法超限超载车辆零驶入，交通事故平均处置时间、特殊气候条件交通管制时长较上年降低均在10%以上。三是限制约束指标。未发生网络安全责任事故；未发生重特大安全生产责任事故；未发生重特大环境污染责任事故；未发生欠薪欠保事件；未发生信访事件。其他事项均按交控集团要求开展。

【经营管理效能大幅增强】 一是合规管理成效凸显。2022年是决战决胜国企改革三年行动收官之年，运城南公司紧盯“提质增效”战略目标，对标一流，在发展思路、经营指标、经营机制、改革举措、制度建设等方面对标找差，苦练内功、挖潜增效。制订完善9方面51项重要规则和内控制度，基本构建起高效顺畅的经营管理制度体系。全面优化办公自动化系统信息化办公，增加7类10余项事项的平台审批流转，提高办公效率。深入开展合同管理规范提升行动，完善合同签办审签流程，加强合同签办全过程管理。在财务系统中嵌入支付监控模块，实现合同支付的全过程监控。规范招标（采购）活动备案管理，强化招采活动的前、中、后三阶段全过程监督。全年累计完成招标活动97项，53个项目选取招标代理，其中山西交建代理招标项目占比71.7%，满足优先承办不少于50%的要求。二是路域经济全面发展。运城南公司坚决贯彻交控集团大力发展路域经济的战略决策，结合工作实际，组建综合协调、项目建设、管养业务、路域服务、涉路产业五个专业班组，开创“五轮驱动”的工作模式，按照“统筹规划，科学布局”工作理念，在创新成果转化、项目建设、租赁经营、资源利用、光伏发电等方面均有斩获，全年完成路域经济营收1347.91万元，全省率先超额完成任务目标。三是精细管理质效提升。运城南公司结合路域管理实际，对路产维护站管养责任路段进行调整优化，减少重复巡查，提高养护巡查工作效率。改进小修保养施工技术，总结“六步走”灌缝工法，从原材料、设备配置、操作工艺、质量检验、安全生产、竣工验收等方面开展全过程质量控制，有效保障处治实效。发挥稽核传统优势，对接收预判、讨论交流、汇总分析、处置流程进行固化处理，共处理工单3.34万条，追缴逃费车辆4225车次，追缴通行费18.96万元。开展收费管理专项稽查，纠正不规范事件248起，有效加强收费现场规范管理。搭建路网巡更系统，利用草料二维码完成“高速公路巡查电子标识”布设，实现路网巡查的精准性、可控性和科学性，有效提升路网巡查效率。开通路赔、清障等费用二维码对公交款渠道，并实现实时查询功能，消除公款私存隐患风险，满足司乘便捷安全清缴费用。四是降本增效潜能深挖。运城南公司组建运维站、隧管站两个队伍，变外包维护为自主运维，在加强机电设备运行保障的同时，每年可节约外包费用35万元左右。对中条山隧道进行大幅度升级改造，将4856个高压钠灯改造为LED灯，每年可节约电费130万元左右，节省率61%；维修频次由原来的每年5次降为1次，维修数量由700个降为200个，每年可节约灯具维修费用8万元左右。组织内部维修人员对隧道内灭火器、紧急疏散、应急电话、人行横洞等1316处电光标志实施更新，节约维修成本10.53万元；对供电系统、车道系统、路段情报板及监控等27起各类故障进行自主维护，节约维修成本23.78万元。五是科技创新成果显著。运城南公司组建科创团队，高效开展科技创新工作。在圣天湖、风陵渡站试点安装自动发卡收费机4台，节省人力投入和客户“被服务”等待时间。积极配合数通公司开展新版软件的试运行工作，完成170条车道全覆盖，发现解决各类软、硬件问题400余个，为国产化软件全省推广打下坚实基础。研发客、货车辆自动识别系统，对多轴多轮液压平板车的检测软件、检测流程进行了优化，入口称重数据检测匹配率提升15%。全年共注册QC（质量控制）小组12个，注册登记课题12个，其中2个课题获评“全国优秀质量管理小组”QC成果，1个班组获评省级“一等班组”。

【服务司乘能力大幅提升】一是车道通行效率持续提高。运城南公司开展通信系统升级改造，通过增加汇聚层OTN设备、光纤网络单元OLT及新增敷设运三段70公里光缆，提高通信系统的带宽、传输效率和传输质量，增强通信系统资源调配的灵活性。实施出口称重系统改造，通过改变车道设备位置，更换出口车道LED显示屏等方式，全面做好称重系统检测数据联网上传。二是服务客户能力持续加强。运城南公司开展ETC服务专项营销，新增ETC车辆900余辆，累计更换发行ETC设备2008台，充值76.21万元，提供咨询服务17306人次。开展“行业记账卡”推广工作，完成130辆公务车辆ETC办理工作，与各企事业单位建立联系进行大力推广。加强文明服务水平，做好事前积极预防、事中稳妥沟通、事后妥善处理，以温馨服务换取司乘支持理解，文明服务质效得到提升。全年处置投诉转办单76单，总数同比下降28%，有效投诉同比下降43%；有理投诉6单，同比下降54%；咨询29单，表扬1单。所有投诉均已完成有效处置，及时处置率100%。三是通行保畅能力持续提升。运城南公司精细化实施路面灌缝87927延米，坑槽修补4052平方米，路面应急处治7处4498.95平方米，排水设施修复2696米，护栏板线形调整8938米，柱式轮廓标缺672根，路面标线补画14339.05平方米，道路通行质量得到有效保障。围绕“应急处置响应快、交通管制解除快、保障群众便捷出行需求”的要求，与所辖5个路段高速交警分别建立即时信息共享平台，实现“信息报送、路网监测、运行保障”一体化协同管理机制。全年累计开展快速应急处置17次，排查治理隐患26处，有效确保高速公路的安全畅通。规范养护机械设备“一机一档”管理，开展强制维修保养，设备完好率达到95%以上，操作人员持证上岗率100%，满足日常养护、除雪、应急保畅等各项需求。实施运宝主线及隧道276路高清图像、监控大厅系统升级改造，满足视频图像直观展示及突发事件应急处置现场调度，全面提升了隧道安全风险防控能力。协调永济市政府无偿投资，完成永济收费站内外广场、入口超宽车道和计重设备全面改造，提高大件车辆通行能力，增加固定资产收入300余万元。四是路域通行环境持续巩固。运城南公司以迎接山西省第八次旅游发展大会暨第33届关公文化旅游节为契机，加大路面保洁力度，及时处置扬尘和路面抛洒，定期组织捡拾边坡白色垃圾，对沿线护网内“五堆”（裸露砂堆、煤堆、渣堆、土堆、垃圾堆）等不规范情况进行集中整治，确保道路及两侧边坡的整洁卫生。对照“345”创建标准，坚持常态化推动高质量道路养护、高标准路面保洁、高水平植被管护、高频次日常巡查，打造120公里路域环境治理示范路段，不断提升路域环境治理成效。全面推行“六浇两剪一涂白”高速公路绿化管养模式，完成全线200余公里的中分带绿化浇水及植被修剪作业。对城市周边及重点景区的20个收费站进行亮化美化提升，完成26条收费岛头岛带刷新，91处公示栏更新，实施解州收费站顶棚亮化刷新、运城西收费站岛带仿真草坪铺设等工作，提升对外展示窗口示范形象。

【安全生产保障持续夯实基础】一是加强安全生产责任体系建设。运城南公司根据新修改的《中华人民共和国安全生产法》修订完善《安全生产责任清单》，依法依规建立条目化安全生产履责管控模式。全面深入落实全员安全生产责任制，签订《安全生产工作目标责任书》54份。推广应用岗位安全生产工作规范，完善重点岗位、设备安全操作规程，推行全员安全承诺制，全面加强安全生产责任体系建设，不断提高全员主动安全意识。二是加强安全风险管控体系建设。运城南公司完善《风险辨识及分级管控报告》，制订风险辨识规则，明确风险辨识的范围、方式、程序以及评估、分级管控办法，围绕主要风险部位制作安全风险告知牌。针对高速公路技术状况、养护运营情况、业务管理实际等划分作业单元，根据辨识的主要致险因素，进行风险事件发生可能性评价，编制《高速公路运营风险辨识及防控手册》及《风险管控示意图》。做好能见度检测仪和雾区防撞系统的巡检维护，加快推进隧道事故智能预警系统工程进度，强化科技设备的使用率，不断提升风险管控水平。三是加强隐患排查治理体系建设。运城南公司深入开展“百日攻坚”和大检查大整治大提升专项行动，编制《安全隐患排查标准》，累计开展安全督导检查4轮次，开具安全隐患整改通知书40份，排查各类隐患232处，已全部整改到位。四是加强应急救援处置体系建设。运城南公司修订《应急值班管理制度》，严格落实24小时值班值守规定；完善《应急物资管理办法》，加强三级物资库日常管理，确保应急物资充足；健全《突发事件应急预案》，组织交通事故、恶劣天气、防汛抢险、消防灭火、道路拥堵、地震逃生等各类应急演练80余次。开发安全教育和安全应急信息管理平台，进一步促进安全管理工作标准化、科学化和信息化水平。五是加强安全生产保障体系建设。运城南公司全力落实人员思想保障，每月定期下发安全应急学习资料，组织全体员工到安全生产VR活动室和消防安全基地开展安全学习交流148人次。加强安全生产技能保障，组织350余人参加消防知识与自救互救常识培训，组织180余人开展“安全生产专题知识讲座”，组织22名一线“安全员”开展安全管理学习交流活动。积极投保高速公路运营安全生产责任保险1345份。鼓励员工参加注册安全工程师和消防工程师考试，11人取得相关资格证书。完成安全生产标准化一级资格复审工作。

【党的建设更加坚强有力】一是党的领导持续加强。运城南公司充分发挥党委把方向、管大局、保落实的领导作用，坚持把党委会研究讨论作为董事会、经理层决策重大问题的前置程序，建立《党委会议事清单》，完善《“三重一大”决策实施细则》，全年召开党委会23次，研究议题171个，其中前置研究讨论重大事项58项，保证重大决策部署的贯彻落实。修订《董事会向经理层授权事项清单》，各级主体权责分明、行权有序。压实党建工作责任，推出全面从严治党任务清单71项，以台账化管理、项目化推进方式保证主体责任落实落细。贯彻重大部署成效明显，积极组织推动交控集团党委交办的各项重点工作，高效完成企务公开专项巡察和政治监督专项检查整改工作。二是理论武装不断强化。运城南公司认真落实“第一议题”制度，中心组学习19次。统筹抓好公司党员干部政治理论学习，推进党的创新理论入脑入心。开展专家辅导讲学2期、专题学习“中共二十大精神”3期、“运南大讲堂”3期、“新思想在山西”宣讲报告会1场、交流研讨活动5次。修订《新闻宣传工作考核评比办法》，组建“四员”队伍，微信平台推送信息252期、1700余篇文章，向交控集团等上级平台、外部媒体推送并发表稿件171篇。定期开展意识形态和网络舆情分析研判，牢牢把握意识形态的领导权和主动权。组织观看保密宣传教育片，发放保密宣教资料，不断提升涉密人员保密意识和工作能力。扎实做好新时代统战工作，持续提高统战工作的科学化制度化水平。三是组织保障更加有力。运城南公司按照应建必建原则，批复成立芮城东、黄营收费站2个党支部，成立7个党建片区，构建党建工作网格化管理，基层支部的组织力和片区联动性得到有效提升。本年度新确定发展对象29名，接收预备党员10名，按期转正党员19名，延期转正1名，发展党员工作规范有序。组织36个基层党支部建立《支委会议事规则》《"三重一大"决策制度实施细则》，推动基层党支部决策水平持续提高。大力实施党员先锋示范引领创建工程，积极开展党建工作项目化管理，选定6个优质项目重点培育，永济路产维护站党建项目获评交控集团三等奖。四是干部队伍明显增强。运城南公司树牢"重实干、敢担当、有作为"的选人用人导向，运城南公司党委通过3批次干部动议，选任16名中层管理人员，平职调整36名中层人员；选拔产生40名一般管理岗人员，逐步完善了"从标杆到骨干，从骨干到中层"的干部培养选拔机制，干部队伍干事创业、担当作为的精气神得到全面提振。贯彻落实"人人持证、技能社会"总体要求，90%以上职工通过职业技能等级认定评价。坚持以职工为中心的发展思想，实施就近调整上班、提高职工收入、引入异地工作调节绩效等系列关爱措施，就近安排职工200余人次，干部职工凝聚力和归属感持续提升。五是民主管理持续发力。运城南公司修订完善《企务公开实施细则》，组织召开运城南公司二届二次职工代表大会，解答提案4大类16项，得到职工的广泛认可。通过节日活动、探望慰问、定制体检套餐等方式，把党组织的关怀和温暖送到每位职工的心坎上。打造企务公开智慧平台，从"一块板"升级为"千张屏"，实现企业经营管理的"一键监督"，提升了企业基层治理能力。开展丰富多彩的主题团日活动，依托团支部成立了5支"青年突击队"，不断发挥青年在企业改革发展中的积极作用。先后开展"喜迎二十大 奋进新征程"职工主题征文、书法、绘画、摄影、手工制作品评比征集活动，社会主义核心价值观教育实践、学雷锋志愿服务等活动，形成良好社会风尚。六是党风廉政持续深化。运城南公司组建"清廉国企"工作专班，印发"两方案一要点"，明确"时间表"，编制"任务图"，构建"四责协同"责任共同体。实行制度"助廉"，建立定期任务报告制度、月度推进会议制度，定期总结工作、研判问题、明确任务。召开专班工作会2次、推进会4次；加强监督"助廉"，持续开展"四风"突出问题专项整治、重点领域专项整治工作，巩固纪律作风专项整顿成效。召开警示教育大会3次，回访教育座谈会1次，回访教育11人/次。出台《关于加强对"一把手"和领导班子监督的实施细则》，探索建立"两单一函"（任务提示单、问题清单、纪检监督提醒函）机制，推动各级"一把手"和班子成员主动开展监督、自觉接受监督。政治画像118人次，建立廉洁档案144份，开展廉政谈话52人次。强化文化"助廉"，打造清廉文化阵地、开展"清风廉韵润国企"等系列活动，建成廉洁文化长廊10个、文化墙7块、培育室2个，书屋1个；开设"清廉国企"专栏，推送刊登河东清官廉吏谱等180余篇，制作发放宣传页2000份，悬挂刊播宣传标语200余条，编印《河东廉洁故事》等廉政刊物，制作宣传海报3期，先后赴柳宗元、司马光、薛瑄等廉政文化教育基地学习，以廉政文化建设涵养清风正气。

（忽国奇）

山西交通运输 2023 年鉴

民用航空

山西航空产业集团有限公司

2022年,全省机场共保障运输起降8.42万架次、旅客吞吐量773.09万人次、货邮吞吐量4.51万吨,实现营业收入4.14亿元,完成利润总额-3.17亿元,总体经营情况优于民航业平均水平,总体工作实现稳中有进、进中提质,夯实安全运行的“压舱石”,稳住主辅业务发展“基本盘”。

2022年,全省机场在全国境内254个定期航班运输机场(不含港澳台地区)旅客吞吐量排名中,太原武宿机场完成旅客吞吐量5526997人次,同比增长-44.7%,排名第36;运城张孝机场完成旅客吞吐量890982人次,同比增长-53.6%,排名第72;临汾尧都机场完成旅客吞吐量381970人次,同比增长-51.3%,排名第112;大同云冈机场完成旅客吞吐量359619人次,同比增长-59.4%,排名第118;吕梁大武机场完成旅客吞吐量214809人次,同比增长-43.4%,排名第146;长治王村机场完成旅客吞吐量190502人次,同比增长-45.6%,排名第153;忻州五台山机场完成旅客吞吐量166032人次,同比增长-44.1%,排名第158 。山西省机场旅客吞吐量在全国31个省(自治区、直辖市)机场旅客吞吐量中排名第23。

【党建引领】 2022年,山西航空产业集团有限公司(以下简称航产集团)始终坚持以党的政治建设为统领,把学习贯彻习近平新时代中国特色社会主义思想和中共二十大精神作为首要政治任务,完整、准确、全面贯彻新发展理念,用贯穿其中的立场、观点、方法统一思想、统一认识、统一行动,确保党中央和省委、省政府决策部署在航产集团落实落细。坚持两个“一以贯之”,把党的领导全面融入航产集团治理各环节,制订《党委工作规则》《党委书记专题会议工作规则》,修订“三重一大”决策事项清单和党委会、董事会议事清单,确保党委充分发挥管大局、把方向、促落实作用。强化基层党组织战斗堡垒作用,开展党建项目化、党支部“过筛子”、“红旗党委”创建、“标杆党支部”创建等工作,推动党建工作与中心工作深度融合。坚持党管干部和党管人才原则,大力引进高素质人才,全年新招录毕业生199名,其中研究生学历占比16.08%,本科学历占比65.83%,职工学历结构发生明显变化;大胆选拔优秀年轻干部,全年新提拔任用年轻干部23名,其中“80后”干部占比73.91%,政治素质高、专业能力强的专业化、年轻化干部人才队伍初显规模。深刻吸取违纪违法案件教训,扎实开展“以案促改”,推动集团公司党员干部转变思想观念,改进工作作风,加强廉洁自律。坚持党建引领,带动宣传、统战、工会、团委及乡村振兴等各方面工作取得扎实进展,为企业高质量发展提供坚实思想基础和组织保障。

【优化主辅业】 2022年,航产集团持续优化主辅业结构,积极推进航空主业、通航产业、非航产业、临空经济四大板块协同发展。航空主业全力保通保畅,全省机场共运营客运航线269条,通航城市85个;运营国际及地区航线1条,通航城市1个;运营货运航线6条,通航城市7个,保持国内重点城市客运航班不断航、国际货运空中通道持续开放。通航产业不断拓展业务版图,短途运输、低空旅游常态化开展;省内通航机场托管运营合作加速推进;C919缩比验证试飞项目完成,直升机维修基地合作进展顺利;应急救援、护林保障、无人机应用、科普研学等通航业态实现扩点提质,通航产业呈现出强劲的发展势头。非航产业优化发展基础,物流、贵宾、广告、停车场等业务在省内支线机场逐步实现一体化运行;配餐、科技等业务合资混改工作有序开展;建设公司、能源公司、商管公司筹组工作稳步推进,非航产业市场化、专业化、一体化水平得到明显提升。临空经济发展启动规划编制,配合山西综改示范区编制及审定《太原机场临空经济区概念性总体规划》;启动《太原武宿国际机场空港核心区概念性规划》编制工作;结合太原机场三期改扩建工程,积极探索专项业务用房项目的商业模式、融资模式、管理模式,临空经济发展迈出坚实一步。

【推进重点项目】 2022年,航产集团坚持重点项目带动,全面发力基础设施建设,为未来高质量发展持续夯实硬件家底。按照省委、省政府“交叉向前、压茬推进”的总体要求，太原机场三期改扩建工程先后完成可研、初设、环评、能评、防洪排涝、文物勘察、水土保持、建筑风貌、先行用地等审批手续办理工作，主体工程于2022年5月29日顺利开工，全年完成32个项目的招标、招采工作，累计投资40.06亿元，完成年度投资计划113%，成为民航局“十四五”民用运输机场建设专项规划中，全国首批开工的中型枢纽机场建设项目。太原机场完成T1航站楼候机区功能设施改造、排水系统改造、远机位APU替代、飞行区充电设施建设等项目，西区滑行道工程完成第一阶段建设，已通过竣工验收和行业验收，并投入使用。长治机场配合市政府开展机场迁建前期工作。大同机场启动三期改扩建项目，完成可行性研究报告编制工作。吕梁机场完成道面病害防治项目。忻州机场启动改扩建前期工作，完成总规修编报审稿。临汾机场完成机场总规修编批复工作。运城机场已完成航站区改扩建工程。朔州机场新建工程有序推进，竣工在即，与省交通厅、朔州市政府签订了托管协议和补充协议，各项开航前期工作进展顺利。晋城机场新建项目已列入民航局《“十四五”民用航空发展规划》，完成了预可研编制和场地测量、勘察、环评等相关工作。省内机场基础设施建设呈现出高质高效、有序推进的良好态势。

【安全生产】2022年，全年共排查和消除各类风险隐患1509条，整改率98.21%，未完成整改项已全部采取等效防范措施；深入推进机场安全管理体系建设，完成安全管理体系外审；在两会、冬奥会、中共二十大等重要保障期间，扎实开展“五个专项严查”，精准防范化解重大安全风险；加强机坪运行、军民航协调、通航运输、不停航施工、跑道侵入、鸟击防范和网络安全管理，安全生产基础得到进一步夯实；大力推进应急救援区域中心建设，协调建立应急救援互援机制，提升全省机场突发事件联动处置能力。完成运行监控中心基础建设，实现省内机场运行数据与民航局数据库互通互联；搭建区域运管委协同模式，统筹开展省内机场航班调时工作，提升全省航班运行效率，省内机场运行一体化管理水平显著提升。扎实开展“民航服务规划实施年”活动，围绕服务标准化建设、行李全流程跟踪、旅客中转服务、便利特殊旅客出行、提高航班正常率等内容，打造服务品牌，有效提升旅客满意度和获得感。

【深化改革】2022年，航产集团始终将改革作为推动企业发展的核心驱动，深化改革取得积极成效。国企改革三年行动高质量收官，现代企业治理体系进一步健全完善。优化年度综合考评机制，经营效益在考核体系中的主导作用进一步突显。扎实开展提质增效和扭亏减亏三年行动，制订提质增效细化任务80项，已完成76项，有效提升企业经营管理总体质效，停车场公司、五台山机场快线公司实现扭亏，完成省国运公司年度扭亏减亏任务。全新构建财务管理架构体系，财务共享平台正式上线，将所属单位全部纳入共享范围，推进全集团业务报账与会计核算标准化、自动化、智能化、精益化，有效促进财务管理转型升级。

【合规管理】2022年，航产集团坚持把合规管理体系建设作为提高企业内控能力、有效防范经营风险的重要抓手。持续推进规章制度体系建设，全年修订和新增规章制度27项，现行有效制度达到180项，初步形成“责权明晰、分级管控、有效制衡”的制度体系。完善合同管理体系，有效融合法务与审计防控职能，全年审核合同535份，共计金额66.12亿元，实现对集团总部及实际控制企业50万元以上合同的审核全覆盖，有效提升依法治企能力。加强诉讼管理，推进重点案件执行，晋韵楼租赁等重点案件办理取得突破性进展，全年航产集团及各成员企业共执行回款1890.16万元。大力开展“消费维权”“知识产权保护”“宪法日”等普法宣传活动，提升全员合规意识、法治意识。重点推进应收款清欠工作，按照“应收尽收”原则，坚决清理历史欠账，全年收回应收款90项，合计金额8678.28万元，完成预付款账务处理28项，合计金额1618.27万元，超额完成省国运公司下达的应收款项压降目标。扎实开展审计监督，全年完成4名二级企业负责人经济责任审计，完成50项工程项目结算审核，送审金额11579.38万元，累计核减金额935.41万元，有效规范项目管理、节约项目成本。

【创新驱动】2022年，航产集团研发支出447万元，同比增长73.36%。通航实验室“无人机森林火灾巡检及应急通信技术”研究项目通过验收。无人机公司“森林防火智能巡检无人机系统研制及信息平台关键技术研究”项目获批重点研发计划。在太原机场三期改扩建工程中应用项目管理系统及BIM技术，实现对工程建设全过程的数字化渗透。扎实推动财务管理等8大国有资本数智化管理系统建设，全面融入国资系统穿透式监管体系。以太原机场为试点，完成行李全流程跟踪系统、新能源设备管理平台等项目，为省内机场智慧化建设形成示范效应。完成“中型枢纽机场智慧化专项研究”项目成果报告，为航产集团加速推进数字化转型、赋能高质量发展奠定基础。

（张　芮）

太原武宿国际机场三期改扩建工程现场指挥部

【党建引领、凝心聚力，护航工程高效推进】一是太原武宿国际机场三期改扩建工程现场指挥部(以下简称指挥部)党委切实发挥政治引领作用，以实际行动做到“两个维护”。首先，理想信念根基更加牢固。始终把政治建设放在首位，严格落实“第一议题”制度，严抓党委理论学习中心组学习，坚持在知行合一、学以致用上下功夫，做到学思用贯通、知信行统一，为高质量推动工程建设提供坚强思想保证、理论支撑和精神力量。其次，意识形态阵地更加坚实。坚持在全面学习、把握、落实中共二十大精神上下功夫，引导广大干部职工切实将思想和行动统一到落实工作举措、合力攻坚克难、助力工程建设上来。二是指挥部党委夯实组织基础，锻造坚强有力的战斗堡垒。第一，持续压实主体责任。坚持聚焦主体责任、第一责任、监督责任，不断加强对“一把手”和领导班子监督。坚持不懈将理论武装引向深入，将中心组学习范围扩大至部门负责人，学习内容涵盖党的理论知识、行业先进经验，引导党员干部进一步提高政治站位，增强业务能力。认真践行群众路线，常态化开展“我为群众办实事”实践活动，妥善解决职工利益诉求。聚焦党风廉政教育，推动监督见诸日常、严在经常，有针对性、重实效地开展谈心谈话，节假日前集中廉政提醒、教育，营造风清气正的工作氛围。第二，认真落实民主集中制。制订、修订《指挥长会议议事规则》《党委会议事规则》等制度，规范工程事项重大决策，以授权模式开展项目管理，推进工程建设顺利高效开展。第三，充分发挥党组织作用。按照党员阵地建设标准，打造党员活动室，设置二十大精神宣传专栏，充分发挥党支部战斗堡垒作用，促进党组织活动规范化，增强党组织凝聚力和战斗力；把政治标准作为第一标准，规范发展党员。三是指挥部党委深化党风廉政建设，提升全面建设清廉项目工作成效。第一，清廉项目建设引向纵深。指挥部党委将全面建设清廉项目作为年度党建重点工作推进，围绕不敢腐、不能腐、不想腐一体推进战略目标，突出清廉主题、干部主体、制度主线，制订“清廉项目”工作方案，从“设计、招标、施工、验收”四个阶段梳理廉政风险点；成立全面建设清廉项目领导小组和项目推进工作、组织宣传工作、监督协调工作三个专班，明确工作职责，全方位推进“清廉项目”建设；细化2022年工作要点，明确方向指引，紧盯“关键少数”，营造崇廉尚廉氛围；创新推出“清廉进行时”党建工作项目，探索廉政建设新模式。第二，监督体制机制不断健全。面对工程投资规模大、建设周期长、参建单位多、廉政风险高的实际，指挥部党委不断完善监督机制体制建设，系统化梳理指挥部各岗位廉政风险，并划分层级，提出针对性防范举措，编制《指挥部廉政风险防控手册》；扩大专项监督的覆盖面，制订《指挥部三级干部廉政档案管理办法》，保证每一名干部都有廉政档案，每一项工作都在监督之下。第三，以案促改取得成效。围绕违纪违法案件，指挥部党委高度重视、积极安排，通过专题部署、资料阅看、案件剖析、谈心谈话、批评与自我批评、专题生活会等方式，引导党员干部以案为鉴，守纪律、讲规矩、知敬畏；以案促改、以案促建、以案促管;以身边事教育身边人,切实将不敢腐的震慑力、不能腐的约束力、不想腐的感召力结合起来;纵深推进全面从严治党,为太原机场三期改扩建工程建设营造风清气正的政治生态。

【干在实处、走在前列,突出项目引领作用】 一是跑出新速度。按照省委、省政府“交叉向前、压茬推进”总体要求,指挥部积极争取国家部委、民航局支持帮助,团结指挥部各成员单位及省级职能部门,加快前期手续办理工作,相继完成可研、初设、环评、能评、防洪排涝、文物勘察、水土保持、建筑风貌、先行用地等审批手续,成为民航“十四五”民用运输机场建设专项规划中,全国首批开工的中型枢纽机场建设项目。按照同等规模机场的批复周期及以往经验,共计抢抓压缩手续办理工期10个月,展示以项目建设推动高质量发展的“山西速度”。第一,高效推进手续办理工作。3月,太原机场三期改扩建工程的可行性研究报告获得国家发展和改革委员会批复;4月,综合交通中心配套(轨道交通土建预留)工程可研报告及初步设计获得省发展和改革委员会批复;5月,工程先行用地、环评、水土保持方案、文物保护等手续相继获批;10月,T3航站区的设计方案获得太原市审批局的批复。第二,深入开展设计优化工作。4月,太原机场三期改扩建工程机场工程(第一批)初步设计获批;5月,完成综合交通中心、综合交通中心配套(轨道交通土建预留)及停车楼等项目的施工图设计工作;6月,按招标程序确定飞行区工程设计单位,启动飞行区工程初步设计工作;9月,完成太原机场三期改扩建工程机场工程(第二批)上报工作,10月获批;组织开展航站区工程T3航站楼绿色创新初步设计、航站区工程(T3航站楼主楼、中指廊)超限高层建筑工程抗震设防等重大专题论证,并顺利通过评审。第三,协调推进系统工程建设。指挥部积极对接太原、晋中两市政府及山西综改示范区,在其支持下,同步推进征地拆迁、净空拆降、管线迁改等工作。先行用地范围内的征地围挡已全部完成。完成第五批障碍物(电力线路迁改)评估工作,协助华新燃气推进机场红线内5条燃气管线的迁改施工工作。在前期评审、评估的基础上,与成品油管线的产权单位签订了补偿协议。第四,依法合规推进项目招采工作。指挥部结合工程进度,规范开展项目采购等工作,2022年度共计完成32个项目的采购工作,项目中标(中选)金额共计89.6936亿元。签订合同110份,合同审核率100%,确保工程各项工作的合规性。第五,统筹加快项目施工进度。2022年下半年,航站区综合交通中心及停车楼、T3航站楼、高架桥等项目陆续进入施工阶段。扩建指挥部与各项目设计、施工及监理单位加强沟通、精心组织、密切配合,在省市职能部门、两市政府的支持帮助下,克服用地未全面移交、地下管线未完成迁改等实际困难,研究制订分批供地、分期施工方案,多方协调积极创造工作面,为工程施工顺利推进提供重要保障。截至2022年年底,各个项目取得惊人业绩。其中,综合交通中心项目,完成临建、临电、临水、止水帷幕、支护桩等的施工;优化深基坑设计及施工方案;完成可视化平台、工地实名制、云桩基等智慧化系统的建设;进一步优化施工图BIM,实现工艺工法可视化;工程桩、排水管等施工有序推进。T3航站楼项目,积极应对地质的复杂性、特殊性,多次研究并调整技术方案,持续推进试桩、试桩检测、试夯检测等工作。高架桥项目,工程桩施工、施工现场围挡、便道等施工稳步推进。临时业务用房项目,克服低温等的影响,组织参建单位加班加点、任劳任怨,保证该项目于2022年4月竣工并通过验收,5月初正式投运。二是配套项目协同推进。第一,轨道交通土建预留工程。截至2022年年底,施工围挡、施工办公区及生活区板房、食堂、停车场、道路平整等全部完成;临电、临水施工完成;优化深基坑设计及施工方案;完成轨交工程一期止水帷幕、支护桩、格构柱、工程桩及桩后注浆等施工任务;完成可视化平台、工地实名制、云桩基等智慧化系统的建设;进一步优化施工图BIM,实现工艺工法可视化。第二,口岸联检业务用房项目。3月,编制单位启动前期调研、可研报告编制工作;8月,完成可研报告(征求意见稿),并按反馈意见修改完善;11月,省发展和改革委员会组织召开评审会,按专家意见对接各联检单位,明确修改方案。第三，口岸查验设施设备项目。7月，通过阳光招采方式确定项目可研编制单位，9月，编制单位提交可研报告初稿，之后，持续对接各联检单位，明确各方具体需求及建设方案。三是西区滑行道工程（第一阶段）顺利建成并投运。该项目系国产C919大飞机完工中心及飞机维修、拆解项目的重要组成部分，其建设质量及进度，直接体现省委、省政府对营商环境和产业布局的重视程度。在2021年工作基础上，指挥部及早谋划、周密安排，于2022年3月复工，9月，完成第一阶段建设任务并通过竣工验收和行业验收，10月，民航华北局出具第一阶段行业验收意见，11月，该工程移交太原机场公司并投运。得到省委、省政府以及山西综改示范区的肯定和表扬。

【科学管理、完善机制，安全质量总体平稳】一是狠抓责任落实，全力以赴保安全。为落实安全主体责任，研究制订《指挥部“三管三必须”实施细则》《参建单位关键岗位人员管理办法》，认真核查参建单位履约情况，督促其按约定指派相应管理人员到岗，未及时到岗的，进行从严从重处罚；与各参建单位签订安全协议，对不到岗、未尽责等行为发函约谈，并制订严格奖惩措施。二是重视现场督查，切实提高检查质量。自2022年10月1日起，落实24小时应急值守制度，由指挥部领导带班，安质部、责任工程部专人值守，确保信息报送畅通，提高了应急处置能力。重视全过程安全监管，督促各参建单位定期辨识安全风险，实施“一项一清单”，并对重大安全风险实时管控；根据项目施工不同阶段的安全控制要点，将常态化检查与专项检查相结合，在开工前、重大节日前后、临时停工前、复工前各项目均要进行开复工检查，建立隐患销号制度，发现安全隐患要求立即整改，逐项销号，对于重复性的安全隐患通报批评，确保隐患排查及治理“横向到边、纵向到底”。督促各参建单位制订恶劣天气施工方案，及时关注天气预报，有效管控大风、暴雨、冰雪等恶劣天气时的安全作业；增加设施设备保养次数，保证入场使用正常；严禁无证人员上岗；高度重视应急处置工作，及时检点补充应急物资。

【精打细算、科学安排，强化资金管理工作】一是推进全面预算管理，积极筹措建设资金。2022年，分阶段对各项工程资金支出情况进行统计，根据资金使用计划积极筹措项目资金。深入研究资金筹措政策，争取地方财政的理解和支持，用足用好政策优惠红利。截至2022年12月底，太原机场三期改扩建工程开工，累计到位资金22.13亿元，年累计到位资金15.1亿元（其中地方政府专项债券到位15亿元，银团贷款提款0.1亿元），专项债累计支出15.77亿元。二是强化项目资金管理，如期完成投资任务。据项目投资计划，及时跟进督促投资任务的落实情况，按照航产集团及指挥部规章制度及合同条款，严格审核支付每一笔工程款项。太原机场三期改扩建工程项目年累计完成投资40.06亿元，完成全年计划35.4亿元的113%。西区滑行道工程项目年累计完成投资2018万元，超额完成年度投资计划。2022年，太原机场三期改扩建工程年度投资任务的顺利完成，在山西省、太原市稳经济、促发展工作中贡献重要力量，切实发挥出重点项目的“压舱石”作用，得到省委、省政府及市委、市政府领导一致肯定。

（闫珀庆）

太原国际机场有限责任公司

2022年，太原国际机场有限责任公司（以下简称太原机场）累计运营客运航线151条，通航城市84个，其中国内航线150条，国内城市83个，地区航线1条，地区城市1个，执飞航空公司33家，国内航空公司32家，外籍航空公司1家。运营货运航线6条，通航城市7个，其中国内航线3条，国内城市4个，国际航线3条，国际城市3个，执飞航空公司5家。全年共保障运输起降5.34万架次，同比下降39.52%，旅客吞吐量552.7万人次，同比下降44.7%。货邮吞吐量4.01万吨，同比下降28%。多式联运累计运输旅客12.74万人次。其中空巴联运7.26万人次，空空中转5.48万人次。全年实现营业收入2.89亿元，同比减少38.90%。其中航空性收入1.89亿元，同比减少

42.55%。非航空性收入0.98亿元，同比减少31.47%。全年实现利润总额-2.26亿元，同比增加亏损1.43亿元，营业总成本5.41亿元，同比减少8.61%。

【航空安全】一是安全管理体系建设稳步推进。深化体系手册修编，完善安全管理程序42部，以制度建设推进责任落实；全面修订机场使用手册，安全管理体系（SMS）建设工作顺利通过外部审核，初步建立安全管理体系框架，统筹推进SeMS、SMS-DG体系融合，促进安全管理良性运行和持续改进。二是安全治理能力持续提升。深刻汲取年内2起行业大型不安全事件教训，开展安全生产大检查、大整治、大提升行动，全年排查整改安全隐患205条；以自愿报告践行“吹哨”行为，全年收集有效自愿报告973份，发放总经理安全奖励金122人次，厚植安全文化；开展危险品资质培训458人次，货物收运人员业务专项培训1次，不断强化危险品管理能力。三是应急处置水平有所提高。完成航空器应急救援综合演练，有效检验应对航空器重大突发事件时机场的协同联动能力和决策指挥能力；配合航产集团推进应急救援基地项目；成立消防、急救应急队伍融合小组，开展队伍融合实战演练和业务互训，更新驻场单位应急预案，进一步强化应急处突能力。四是安全保障基础进一步夯实。坚持道面高标准养护，全年修补飞行区破损道面601处，跑道清缝、灌缝125330延米，重新施划道面标志线5865平方米；多措并举守护净空安全，开展针对性入村入户调查，从源头做好家鸽放养危害性宣传工作；引进激光驱鸟设备，提升夜间驱鸟效果；梳理“红线管控口”93处，明确责任清单，制订管控程序，强化红线管控。完成中共二十大、“两奥”、两会等重大运输保障任务，担起社会责任。

【党建工作】一是压实主体责任。研究出台年度工作要点，出台实施落实全面从严治党年度工作目标清单和任务清单，逐级签署目标责任书，狠抓“四责协同”。不断加强对各级“一把手”和领导班子的监督管理，逐级开展党组织书记抓基层党建述职评议和“一对一”履职谈话，推进全面从严治党主体责任、党建工作责任有效落实。二是强化思想教育。第一时间开展中共二十大精神学习宣传教育，通过基层宣讲和交流研讨，让理论学习在公司上下蔚然成风。定期开展思想研判，制订《舆情监控平台管理办法》，全年处置舆情预警16起，牢牢守住意识形态主阵地。三是夯实基层组织。贯彻落实国企改革提质增效“32字方针”，切实摸清问题、找准思路、挖掘潜力；巩固提升“党建工作项目化”成效，完成30个基层党支部“过筛子”专项行动，通过经验交流座谈，推动基层党组织全面进步；所属飞管场务队党支部和应急消防支队党支部荣获“省属企业标杆党支部”荣誉称号。四是筑牢自律防线。开展“全面建设清廉国企”和“四风”突出问题整治，常态化实施“不想腐”思想教育，营造风清气正政治环境；持之以恒抓好中央八项规定精神落实，坚持身边事教育身边人，全年集中学习31场，覆盖931人次。深度整合监督力量，统筹发挥基层监督、群众监督和渠道监督作用，建立“拉动式”监督方式，健全完善大监督工作格局。五是发挥纽带作用。落实职工关爱，配备完善职工共享休息室6个，广泛开展职工书画、漫画、摄影作品征集等活动，展现干部职工奋发向上的精神风貌；持续开展青年志愿者活动，发挥其在重要节点和重大保障任务中的服务支持作用；2022年太原机场公司荣获民航工会颁发的全国民航五一劳动奖状。

（袁祖希）

长治机场有限责任公司

2022年，长治机场有限责任公司（以下简称长治机场）完成运输起降3028架次，旅客吞吐量19万人次，货邮吞吐量93.2吨，对比上年同期减少29%、46%、24%。累计通航城市13个，即北京、上海、广州、深圳、武汉、重庆、天津、沈阳、长沙、成都、大连、西安、杭州。执飞运营航线8条，即北京（大兴）至长治至深圳、北京（首都）至长治、上海（浦东）至长治、广州至武汉至长治、重庆至长治至天津、成都至长治至大连、长沙至长治至沈阳、西安至长治至杭州。全年合作航司6家，即中国国际航空公司、中国南方航空公司、中国东海航空公司、吉祥航空公司、华夏航空公司、湖南航空公司。

【航空安全管理】一是强化责任落实，确保主体责任落实。根据实际情况，及时调整、更新各领导小组组织机构，明确责任，确保长治机场各项安全组织体系持续有效运行，全年累计召开航空安全管理委员会2次、航空安保管理委员会2次、安全形势分析会10次、安全生产周例会43次，及时安排部署各项安全生产工作，协调处理运行中存在的问题，为机场公司安全生产发展提供决策支持。二是完善体系建设，提供安全制度保障。以安全管理体系外审为契机，结合安全运行保障实际，先后制订长治机场《不安全事件调查管理办法》《风险信息警告与公布程序》《“吹哨人”制度（试行）》等7项安全制度；修订《航空安全保卫方案》《跑道安全手册》《净空管理办法》《航空安全保卫信息规定》等11项安全制度，为长治机场安全运行保障奠定制度基础。先后组织开展《民航安全风险分级管控和隐患排查治理双重预防工作机制管理规定》《民航单位法定自查工作规范》等专项规章、制度的培训宣传贯彻，努力营造各级安全管理人员“学规章、用规章、守规章”的良好安全文化氛围。三是强化多措并举，筑牢空防安保防线。按照要求，采取安保测试、安保检查、安保演练等多种质量控制手段，进一步强化安检质量。在现场运行中严格落实“六严”要求，杜绝未经授权人员、行李、物品、车辆进入控制区。对重点部位安排人员24小时值守、配备监控设备和物理围界的“人防、技防”措施，确保各项安保措施落实到位，顺利完成全年各项空防安保工作。四是强化应急管理，提升应急处置能力。进一步明确应急管理工作职能，组织开展应急管理手册修编和“应急值班规范年”、“5·12”防震减灾日宣传教育活动，对地震灾害防范应对情况组织开展自查，排查出的两项问题均制订等效措施；为确保汛期安全运行平稳，对防汛预案组织桌面推演，对各部门防汛物资储备情况进行排查；针对候机楼内用电设施设备进行专项检查和清查工作，确保消防安全持续平稳。全年共组织开展公司级航空器紧急备降桌面演练、防汛演练、地震演练和空防综合实战演练8次，各部门组织开展专项演练共计50余次，通过完善预案、组织培训、强化演练的工作措施，进一步提升突发事件应急处置能力。

【民航运行保障】一是开展专项活动，防范化解运行风险。2022年，先后组织开展“安全生产大检查”“安全生产大检查、大整治、大提升”“安全生产月”“机场领域安全专项检查”“危险品航空运输专项整治”“应急值班规范年”“防范化解重大风险专项整治”“平安民航建设”“目视助航设施设备专项整治”和“领导干部下基层、安全工作大家谈”专题调研活动等20余项专项活动，围绕安全思想认识、专业队伍建设、规章标准执行、安全管理链条、安全保障能力、安全责任落实等方面进行监督检查，共计发现问题隐患225项，完成整改215项，正在整改10项，整改完成率为95.6%。二是推广服务品牌，建立服务质量体系。根据民航局要求，以航班正常放行率和旅客投诉受理为指标抓手，以服务质量体系建设为工作重点，以服务品牌创建为工作亮点，全面规划长治机场服务质量管理工作。全年机场航班正常率保持在85%以上；共受理服务质量监督平台转来的投诉事件7起、表扬事件2起、咨询事件1起，均得到旅客的理解和认同，未出现超期回复和旅客申诉调解的情况；初步制订服务质量管理体系手册，优化完善服务质量管理的体系架构，增强服务质量风险的预判和服务改进提升，将服务质量管理工作更加系统化、规范化；重点推广“向阳花”服务品牌，推出优先值机、快速安检、优先登机、电话预约、专人引领、免费轮椅等多项爱心服务举措，提供“一对一”服务。自向阳花服务品牌实施以来，共保障特殊旅客340名，其中无陪旅客247名，轮椅旅客88名，其他旅客5名，有效提升旅客出行满意度，为旅客营造了更加舒适、便捷的乘机体验。

【市场开发】一是细化数据统计工作，实施动态化航班管理。二是大力开发通程航班中转业务。与航司合作，利用其丰富的航线网络资源，增加中转产品的辐射范围。其中华夏航空执行的成都至长治至大连、天津至长治至重庆两条航线，全年通程销售增量约9700人次，取得良好社会和经济效益的同时，很好地方便旅客出行体验。三是积极优化航班时刻。积极协调相关航司，对部分早出晚归的“航班边缘时刻”，以及“一市两场”共飞航线且起飞时间相差较近的航班进行优化调整。四是变更航线合作方式，提升资金使用效能。按照航产集团“提质增效”要求，为降低长治机场整体航班运营成本，认真分析、靶向发力，本着“风险共担、共渡难关”的原则，着手优化部分航线的合作模式，在2022年夏秋换季到期续签协议中，对广州至武汉至长治、重庆至长治至天津、成都至长治至大连、沈阳至长治至长沙航班，将补贴方式由保底补贴改为定额补贴，有效降低全年航线补贴支出，同时也开始用年度预计节余资金偿还相关航司的航线补贴历史欠账，为下一步良好合作打下基础。五是多措并举，做好航班宣传。通过参与“党风政风”与市民朋友互动、协商执飞航司开展“开学季，惠出行”“300元秒杀航线”等活动，积极开展多元化营销宣传活动，为旅客解答航线、票务、乘机问题，使旅客准确了解长治机场航班信息动态和优惠航空产品，扩大信息覆盖面，取得良好社会效益。六是做好通用航空保障。积极响应省委、省政府着力打造山西通用航空产业示范省，把建设通航强省作为全方位推动高质量发展重要举措的号召。与山西通航集团沟通、合作，开辟省内通航短途运输，2022年累计执飞短途载客运输定期航班，共保障通航短途运输271架次，运输旅客吞吐量985人次。

【经营管理】一是持续完善规章制度体系。按照工作计划，持续修订完善各项规章制度，从提高规章制度规范性、有效性、适用性出发，全年修订、新增制度29部，进一步完善规章制度体系。二是积极推进非航一体化。配合集团公司非航一体化工作，已完成广告媒体资源经营、信息网络、贵宾服务品牌管理输出、停车场业务、物流一体化合同签订工作，同时积极联系合作方推动一体化工作的开展。三是在降本上出实招，在增效上下功夫，多措并举打好降本增效“组合拳”。扎实开展调研工作，充分发挥广大员工“智囊团”作用，集思广益，攻坚克难，树立全员降本增效导向。2022年，员工自己动手完成三合一吹雪车维修，节约10万余元，车辆延长使用期限2至3年；协调驻场部队除胶，节约费用8万元；利用部队气象数据节约费用3万元；使用太原机场设备完成光强检测，节约费用2万余元；接收朔州机场管制气象、情报、通信导航专业人员培训，增收65万元。

（王 真）

大同机场有限责任公司

2022年，大同机场有限责任公司（以下简称大同机场）在航线补贴缺口较大情况下，保持航线网络布局，完成两次航班换季，恢复海口航线、新增贵阳航线，实现原有主要通航城市航班计划稳定运营。全年共与7家航空公司合作开通14条国内航线，通达城市22个。其中包括15个省会城市3个直辖市以及厦门、青岛、深圳、大连4个旅游和经济枢纽城市。2022年，大同云冈机场共保障运输起降5121架次，完成旅客吞吐量35.96万人次，货邮吞吐量620.3吨，同比分别减少53.19%、59.38%、61.30%。

【安全管理】完善安全管理体系。修订《全员安全生产责任制》，完善各层级安全责任制153项、安全生产岗位职责128项。全年共召开安全管理委员会会议10次，安全生产委员会会议2次，安全专题会7次，共部署安全工作402项。拓展“安智星”App应用，通过PC端和手机端相结合的方式开展无纸化安全监察，检查发现问题隐患均在App上完成“整改、跟踪”全闭环管理。通过平台发布规章标准、行业新闻、收集隐患问题、组织线上考试等，并利用“自愿报告”模块开展安全生产领域隐患“吹哨人”活动，累计消除隐患22项。现场运行指挥中心投入运行，优化改进协调保障流程，全年航班平均放行正常率94.4%，远远高于华北地区平均水平。常态化落实安全运行管理和安全检查考核各项工作、统筹推进各项安全专项整治活动，全年共发现问题320余项并及时整改。对照19个法定自查监察模块检查标准，逐项开展全覆盖监察工作，全年共发现问题116项并及时整改。发挥风险管理的作用，下发安全风险提示12期，新识别危险源22项。开展应急预案修订及培训宣传工作，组织宣传活动和专项演练，提高职工应急技能和预案熟悉程度，依托二十大安保工作部署，密集开展安保类预案桌面推演和实战演练。全年共组织应急演练95次，提升应对突发事件处置能力。

【党建工作】大同机场党委坚持以习近平新时代中国特色社会主义思想为指导，围绕全面从严治党要求，坚持把抓好党建工作作为最大政治责任。全年专题研究党建工作、意识形态工作4次，安排从严治党重点工作2次；加强落实党委会议事规则，全年共召开党委会26次，研究事项196项；修订完善《党委工作规则》《党委前置研究讨论重大经营管理事项清单》《党委“三重一大”决策事项清单》等规范性文件15个。落实《省属企业党的领导融入公司治理的实施意见》，加强对基层党建的领导和指导；组织召开年度党支部书记抓基层党建述职评议和三级干部考核工作，强化党支部书记管党治党责任和提升中层管理干部目标考核意识。加强思想建设，落实落地党委会“第一议题”制度，创新落实党委理论学习中心组学习，制订14个专题学习计划，实时建立和充实学习项目库。召开学习贯彻落实中共二十大会议精神理论学习中心组(扩大)学习专题会议7次，各党支部宣讲5次。做好公司对外宣传、微信公众平台等宣传阵地的建设和管理，在“学习强国”山西平台刊登新闻22篇、集团40篇、各媒体55篇；大同机场抖音号“吸粉”500余人次。2022年“我为群众办实事”实践活动重点事项已全部转换为具体工作。公司党委获省属企业“红旗党委”称号。

【清廉国企建设】强化大同机场两级党组织书记第一责任人职责和领导班子“一岗双责”，聚焦中心工作，常态长效抓好日常监督。以“三不”一体推进理念深化反腐败斗争，建立完善相关制度规定，用制度管权管事管人，加强对招投标、物资采购管理等领域的经常性监督检查，适时针对性地开展专项整治，常态化开展警示教育。织党员干部、专业岗位人员前往廉政教育基地、大同市美术馆开展清廉教育。扩大干部和关键岗位人员签订廉洁自律承诺书范围，加强小微权力监管，开展合同自查。

【经营管理】开展提质增效工作，从增收、节支、管理、安全、服务、市场、党建等多方面入手，制订提质增效细化任务79项，有效提升企业经营管理总体质效。全年共完成营业总收入2605万元，其中航空性收入1724万元，非航收入881万元。全年发生总成本费用、营业成本费用、管理费用较2021年同比分别减少10%、10%、5%。推进建章立制，做好制度修订和增补，进一步规范运行机制，共出台修订各类规章制度30余项。开展各项规章制度学习，定期对各项工作进行梳理，做好宏观把控，确保依法合规开展。持续推动劳动、人事、分配三项制度改革，开展专业技术人才评聘工作，优化人才发展环境，开展空管职称评审及安检员职业技能鉴定、专业技术技能等级认定考核工作，完成公司三级专家、本场评标专家的资格审核及评聘工作，1名员工被评为三级专家。制订企业年金及补充医疗保险方案，为员工提供更多福利保障。

【服务建设】制订进港旅客中转服务开通计划和保障流程，提升中转服务便利性。制订“行李门到门服务”推进计划，为实现旅客“徒手出行”奠定基础。与中航信合作开通“一证通行”，进一步完善“无纸化”出行服务。在公众号和抖音上发布首乘旅客服务信息告知，于值机柜台设置首乘旅客告知牌，发放“首乘旅客标识贴”，为首乘旅客提供更详细的信息告知和服务引导。

【基础设施建设】完成大同机场战略规划及“十四五”规划编制工作。成立三期改扩建项目建设专班推进项目实施，并完成项目可行性研究报告初稿编制及可研阶段项目勘测定界、地形测绘工作，近远期规划用地列入大同市国土空间规划内容，三期改扩建新增用地指标已报省交通运输厅。导航设施设备更新、飞行区排洪渠改造、消防设施设备更新项目也在持续推进中。完成口岸卫生检疫污水等处置系统改造项目，对国际航站楼漏雨、破损散水等进行全面维修，并跟进新办公楼装修工作。

【精神文明建设】以创城工作为契机，推出“打造吹响精神文明号角系列活动”，制订大同机场志愿服务活动计划，选派140余人纳入到志愿服务体系，以候机楼问询岗为试点，打造学雷锋志愿服务岗、微笑服务岗等精神文明品牌建设，志愿者志愿服务时间2000多小时。2022年，大同机场团委获航产集团“五四红旗团委”和“山西省五四红旗团委”称号，航行保障部团支部获省属企业“五四红旗团支部”称号。下属3个团支部完成“青年文明号”品牌创建。

【通过安全管理体系(SMS)外审工作】8月31日至9月2日，大同机场邀请华设设计集团，开展安全管理体系审核工作。审核单位结合大同机场实际情况分别成立综合安全、应急运输和运行安全三个审核小组，依据《运输机场安全管理体系(SMS)建设指南》相关要求，采取远程文件、在线问卷调查、实地现场查阅资料以及现场询问等方式，对公司层面、一线运行部门SMS建设的可行性和可操作性进行全方位审核。审核组认为大同机场对SMS体系核心理念把握准确，对SMS建设工作有想法、有方向，能将SMS体系建设融入日常运行工作中，安全管理方法初见成效。大同机场的规章制度建设、跑道侵入防范、助航设施防损和“安智星”智慧安全系统应用等亮点，得到外审专家组认可。同时，审核组也指出安全管理体系建设中风险管理、安全促进等方面存在的不足。通过三天审核，大同机场顺利通过安全管理体系(SMS)外审工作。

【安全生产月活动】围绕“遵守安全生产法、当好第一责任人”主题，开展安全倡议签名、安全承诺宣誓、“主播讲安全”、“争做安全吹哨人”主题演讲和隐患报告主题评选、班组长安全管理交流研讨、安全知识竞赛、安全宣教视频展播、安全宣传手抄报、安全宣传“五进”等一系列活动。利用“安智星”智慧安全App“自愿报告”模块提交安全隐患，强化源头治理，把风险隐患化解在萌芽状态。同时完善应急预案，开展“大同机场航空器偏出跑道应急处置”桌面推演，提高应急管理水平。2022年，大同机场安全质量部获得民航局“平安民航”华北地区三类民用运输机场考评第一名，山西省安全生产委员会办公室颁发的“安全生产月”活动“先进单位”称号。

【“吹响精神文明号角”系列活动】以强化精神文明创建活动为主线，助力创建全国文明城市工作，开展“吹响精神文明号角”系列活动。以“爱护机场环境，创建清洁城市”为主题，开启机场环境卫生清洁行动；在“五一”劳动节前夕，开展飞行区大整治活动，清理排洪渠、围界周边并对机坪高杆灯进行维护保养；利用闲置资源，在场区内开辟环境适宜、视野广阔的专用区域打造“骑行驿站”，在驿站醒目点位制作“微笑大同”的公益广告，并根据实际需求，进一步完善交通标志线，对破损路面和环境卫生等进一步修复和美化，增设连排座椅、路灯、太阳能垃圾桶等基础便民设施，为环卫工人和运动爱好者打造温馨休息港湾。同时响应市委宣传部“文化文明、文明大同、微笑大同”号召，开展“微笑大讲堂”活动，结合机场窗口服务实际，分别围绕“微笑生活”“微笑机场”主题进行宣讲。其中“爱护机场环境 创建文明城市”“微笑大讲堂”“骑行驿站”等在“学习强国”学习平台阅读量达到10万余次；在全市第三方评估中以91.2分位列第二。

【助学复学】9月11日，大同机场启动“助力复学”行动。提前谋划，优化保障服务流程，严格规范执行各项防控措施，调整办理手续时间，确保航班正点率，缓解航班高峰期值机柜台旅客排队压力，同时安排调配“青年志愿者”服务岗位，搭建复学“安全快速通道”，共保障726名学生顺利返校。

【创新创效工作室】10月24日，大同机场启动党员创新工作室、青年创新创效工作室项目。通过搭建平台提升技能，解决专业实践培养不平衡与能力发展管理脱节的问题，发挥党员先锋模范和“传帮带”作用，创新创效强引擎、着力培养“新工匠”，为员工打通技术创新与生产实践的“最后一公里”。

【助力乡村振兴】1月14日，大同机场党委扶持和共建的广灵县壶泉镇赵庄村“爱心超市”正式开业。党委书记、纪委书记为“爱心超市”开业揭牌，联合帮扶村共建的机关党支部组织党员向帮扶村“爱心超市”捐赠，充实物资库，以实际行动助力乡村振兴。该“爱心超市”成为广灵县首批乡村振兴点位。

（韩向荣）

忻州五台山机场有限责任公司

2022年，忻州五台山机场有限责任公司(以下简称五台山机场)充分发挥旅游支线机场优势，明确旅游和廉价航空的市场定位，市场重点开发转向低成本航空，合理使用航线补贴资金。全年运营航线19条，合作航空公司8家，开通成都、哈尔滨、重庆、天津、南宁、上海等16个城市。全年完成航班起降2690架次，同比2021年4385架次降低38.65%，完成旅客吞吐量16.60万人次，同比2021年29.70万人次降低44.11%，完成货邮吞吐量11.32吨，同比2021年167.34吨降低93.24%。

2022年，五台山机场持续将航空与旅游充分结合，实现精准营销，全年筛选15种杂粮产品在航空公司线上平台尝试上线销售，增加非航收入。全年机场商业合约方为7家。2022年，实现非航收入41万元。积极推进集团非航一体化部署落地，完成广告、贵宾、网络信息、货运、停车场一体化框架协议的签署，配餐一体化工作因集团配餐公司考虑到目前五台山机场体量较小暂缓实施。非航产业依托集团公司一体化部署，对机场非航产业市场化、专业化运作起到了积极推动作用。

2022年，五台山机场积极完善机场通航业务保障功能。9月23日，五台山机场至云中河景区低空旅游航线成功首航并投入运营。12月15日，临汾至五台山短途运输航线顺利开通。五台山机场在短途运输、低空旅游开发方面实现突破，为公司短途运输和低空旅游快速发展打下坚实基础。

2022年，五台山机场按照航产集团财务一体化平台建设部署，完成机场财务共享平台线上运行。五台山机场和集团财务共享人员对全年报账费用支出共同审核，在提高财务合规支付同时进一步提升公司财务管理水平。按照集团系统运用数据共享平台工作部署，推进了五台山机场系统运用数据共享平台常态化运行，强化各项运行数据的管理。

【航空安全】坚决贯彻落实习近平总书记关于安全生产的重要指示批示精神，深入落实市政府安全生产“543”工作机制，扎实推进安全生产三年专项整治，持续开展风险隐患排查治理工作，不断强化日常监管，提升专业安全保障水平，夯实安全发展的基础。全年共排查和关闭各类风险隐患133项。全年共计上报不安全事件12起，未造成责任原因的征候及以上事件。投诉事件24起，投诉处理率100%。2022年，机场航班放行正常率为97.57%。2022年机场运行安全综合保障能力较2021年得到了较大的提升。按照新的安全生产法，修订完善五台山机场全员安全生产责任制，对涉及55个岗位职责423项内容明确各岗位安全职责。全年召开安全生产委员会34次、安全生产专题会16次。开展安全生产一对一帮扶，梳理各类问题47项，努力提升安全管理效能。重新修订完善17个委员会明确责任落实。顺利完成SMS体系外审工作。党委领导干部开展下基层安全大检查、大走访等活动。开展安全风险专项识别活动，重新梳理空防安全、净空管理、鸟害防治、跑道运行等12个方面核心风险。持续开展航站楼、机坪安全运行监管，全年纠正各类三违现象199起。全年通过自愿报告系统接收员工自愿报告13起，关闭各类隐患13项。不定期下发各类安全通告54份，提前封锁安全风险源头。2022年，组织开展安检严查、背景调查、货运安全整治、航空安保应急管理等专项活动。完成春运、两会、冬奥会和冬残奥会、中共二十大等重要时期和重大活动保障。完成盲降校验、ADS-B投产校验、管制区移交、模拟机建设。4名人员管制情报执照和3名监视执照的资质考取，结束外部技术支援，空管实现自主保障初见成效。全年开展公司级“无脚本”应急演练10次。完成三年一度的应急救援综合实战演练。持续开展消防大练兵活动，每季度联合军方开展实战演练，持续提升消防安全管理能力。定期对核心运行服务器及存储设备进行定检与备份，组织开展网络安全意识培训，签订网络安全承诺书，顺利完成重要活动期间的网络安全保障。全年飞行区开展道面养护20余次，道面养护1000余平方米，累计处理服务车道不规则裂缝1200余延米，围界维修30处。开展飞行区FOD捡拾4次。开展飞行区排水渠集中清淤行动。全年开展净空巡视48次，联合地方政府、驻场部队开展净空宣传4次，与属地规划部门建立协调机制，机场净空环境良好可控。严格航班载重平衡监控，落实配载双复核、数据三相符工作要求，发现并及时处置两起前站错装事件，避免不安全事件发生。扎实开展“民航服务规划实施年”主题活动，成立专项领导小组，制订机场中转旅客保障方案，增设中转保障设施设备，优化旅客中转服务流程，提升了旅客满意度。建立站坪区域户外作业职工共享休息室，设立职工心理咨询室，提升职工心理健康意识和水平。结合AOC数据平台运行情况，制订《航班运行数据质量分析管理办法》，定期数据分析，提高保障效率。编制《公司服务质量管理体系手册》，推动服务管理逐步迈向系统化、规范化。

【党建工作】一是始终高举中国特色社会主义伟大旗帜。坚持以习近平新时代中国特色社会主义思想为指导，自觉在思想上政治上行动上同以习近平同志为核心的党中央保持高度一致。持续学习宣传贯彻中共二十大精神，认真落实“第一议题”制度，确保党中央、省委、省国资委党委、航产集团党委决策部署在五台山机场落到实处。二是全面加强党对企业的政治领导。修订、制订“三重一大”事项决策制度及清单，编制党委前置研究讨论重大经营管理事项清单及公司决策事项清单，董事会决策、经理层落实，形成权责法定、权责透明、协调运转、有效制衡的公司治理机制，充分发挥党委把方向、管大局、保落实的作用。三是持续推进全面建设清廉国企，深入开展“一把手”和领导班子监督工作自查自纠工作，开展《规范省管企业经营管理规定》和“九个严禁”贯彻执行情况监督检查，完成2021年集团公司党委巡察整改工作，深刻吸取集团公司发生的系列违纪违法案件教训，扎实开展警示教育，推动公司党员干部转变思想观念，改进工作作风，加强廉洁自律。四是坚持党管人才原则。全年招录新员工7人，劳务派遣2人，其中本科及以上学历2人，公司本科及以上学历人员占比已达61.39%。五是加强基层组织建设。开展党建项目化、党支部“过筛子”等工作，拍摄完成党内关怀帮扶党建情景剧《温暖同行》，推动党建工作与中心工作深度融合，深入开展“军民融合、党建共建”各项活动，推动军民航党建、安全、业务深度融合，夯实军民航基层党组织党建工作基础。2022年，五台山机场党委获省国资委党委“红旗党委”称号。六是坚持党建引领，带动宣传、统战、工会、女工、团委及乡村振兴等各方面工作取得扎实进展，为企业高质量发展提供坚实思想和组织保障。开展复工复产、新开航线专题新闻宣传报道1次，全年在航产集团内网及外部媒体发布新闻30余篇，充分宣传五台山机场，讲好五台山机场故事。七是充分发挥工会职能，完成工会换届选举，选举职工董事；制订公司工会“一会一品”建设方案，建立“职工活动中心”和“职工机坪休息室”两个站点，确保把提升职工工作环境落到实处。举办迎“冬奥”职工象棋比赛、“三八”女职工心理健康宣讲活动、安全生产月知识竞赛和安全“吹哨人”演讲比赛及职工体育文化节系列活动，丰富职工业余文化生活。

（韩　斌）

吕梁机场有限责任公司

2022年，吕梁机场有限责任公司（以下简称吕梁机场）共计完成飞机运输起降3722架次，同比下降38.12%，旅客吞吐量21.48万人次，同比下降43.42%，货邮吞吐量82.29吨，同比下降87.94%。完成利润总额-775万元，未完成航产集团下达-335万元的任务指标。2022年，吕梁机场经营收入急剧下滑，全年完成营业收入1476万元，其他收益（政府补助收入1745万元），发生成本费用3996万元。2022年，账面资产总额13170万元，负债总额10368万元，资产负债率79%，较上年上升1%。

【航空安全】一是加强组织领导，明确安全目标。严格落实安全生产会议制度，通过周讲评会、月度安全例会及安全专题会议，针对当前安全工作重点，研究对策，部署落实方案，全年共召开周安全生产讲评会17次、机场安全生产委员会10次。吕梁机场与各部门、班组及个人层层签订安全生产工作目标责任书，细化安全指标，明确安全要求；自“3·21”事件以来，每日召开早讲评会，对前日工作进行总结，布置当日工作要求，切实强化安全生产管理，及时发现问题、解决问题。二是完善安全管理制度，提高安全管理水平。完成SMS外审工作，对吕梁机场安全管理制度、机场使用手册和各部门二级手册进行梳理，共提出33项存在问题。重新修订安全生产责任制，进一步明确吕梁机场各层级的安全生产责任；按照双重预防机制管理规定及外审相关问题，修订《隐患排查治理记录》《风险管理工作制度》，建立健全双重预防机制，切实做好安全风险分级管控和隐患排查治理工作；修订《安全管理手册》，对各项安全管理制度进行汇总整理，制订完善《安全管理评审工作制度》《合约方安全管理制度》等制度，弥补管理空缺漏洞，提高安全管理水平。三是开展专项整治和落实重点工作，提升安全保障能力。首先，积极开展安全专项整治活动。开展安全生产大检查、大整治、大提升专项行动。分解细化15条重要举措，制订专项检查单，共149项检查内容，严格督查落实15条硬措施。组织开展“安全生产月”宣传教育活动。强化安全生产主体责任落实。开展安全生产大检查活动，发现问题7项，纳入隐患库，限期完成整改。组织开展“强管理、防风险、保安全”百日攻坚专项行动。重点检视吕梁机场在法定自查、安全培训、应急演练、隐患整改方面存在的推进不力、落实不到位的问题，确保全年安全生产任务完成。其次，落实安全重点工作，提升安全保障能力。开展机场航空安保质控工作。安保检查4次，安保测试8次，安保演练2次，组织全员进行“个人诚信申报”，对质控活动中发现的问题均进行隐患跟踪，确保隐患闭环管理。加强危险品运输管理工作。配合局方监察员开展机场不从事危险品运输地面服务线上专项检查。检查项目26项，发现问题2项并完成整改。深入开展法定自查工作。开展法定自查视频培训200人次，根据局方监管事项库更新情况及时修订机场法定自查标准，制订公司、部门、岗位三级自查计划。完成公司级法定自查项目1803项，不符合项107项，均已完成整改。2022年10月，钉钉线上法定自查平台投入使用，提高法定自查工作实效。持续推进安全作风建设和宣传教育活动。深入开展“安全服务随手拍”活动。建立自愿报告系统，鼓励员工争当“吹哨人”，主动报告工作中的风险、隐患和违章行为，全年共收到自愿报告7起，发放总经理奖励基金1350元。做好应急管理工作。修订应急预案，制订《应急处置检查单》，按季度进行检查；开展应急工作风险评估，组织开展应急演练，完成“使命——2022”航空器应急救援综合实战演练，强化机场各单位和外部支援协作单位的联动协同，有效提升吕梁机场应急救援能力，得到民航山西监管局充分肯定。与此同时，积极做好机场电磁及净空环境保护工作，加强机场消防安全管理工作，做好航班恢复后的安全保障工作。制订应急预案，建立备勤备班制度，完成航班保障任务。提升安全保障能力，做好航班恢复保障准备。

【党建工作】一是加强思想政治建设，强化理论武装。首先，抓好“第一议题”及理论学习中心组学习教育。印发《2022年度吕梁机场党委中心组学习计划》《吕梁机场党委2022年党员教育培训工作计划》，全年围绕党建、安全、改革、法治等方面共开展“第一议题”学习12次，中心组学习19次，专题研讨13次。组织开展“新思想在山西”宣讲工作，共开展12场次，受众170人；班子成员深入党建联系点开展专题宣讲习近平总书记考察调研重要指示精神5次，受众73人。其次，深入学习宣贯二十大精神。组织干部职工集中收看中共二十大开幕式，安排部署学习宣传贯彻，两级党组织迅速组织党员群众坚持读原著、学原文、悟原理，学习研读二十大报告并开展研讨交流，干部职工谈感悟、谈体会，掀起学习热潮。充分利用电子屏、阅报栏进行宣传，营造浓厚氛围。二是强化党组织建设，提升组织力。第一，全力开展巡察反馈整改工作。按照航产集团党委巡察组巡察反馈意见，吕梁机场党委迅速动员部署，逐一分析，逐项整改，制订整改方案，建立问题、责任和整改“三个清单”，并开展集中整改，召开巡察整改工作推进会，召开巡察整改和选人用人工作专项检查专题民主生活会，全面整改落实，并向航产集团上报巡察反馈意见整改“双报告”，整改情况在内网党务公开栏和外网向社会进行公开，接受监督。第二，加强基层党组织建设。组织召开党史学习教育专题民主生活会、工作总结会，完成两个党支部支部委员改选、2021年度党组织书记抓基层党建述职评议考核、2021年度基层党组织组织生活会和民主评议党员及党建情景剧拍摄等重点工作。扎实开展党支部“过筛子”和党建项目化工作。组织召开党建项目化、党支部“过筛子”安排部署会，制订方案，深入开展对照检查，组织召开党支部“过筛子”评估会及经验交流座谈会、党建项目化工作交流及推进会，不断抓实和强化党支部书记党建工作能力，进一步提高支部党建工作质量和水平。三是开展清廉国企建设，强化全面从严治党。第一，压实责任抓实工作落实。吕梁机场党委专题研究全面从严治党工作2次；印发《党委2022年工作要点》《党委落实全面从严治党主体责任2022年任务安排》《党委2022年全面从严治党工作目标责任分解清单》《关于贯彻落实〈全面建设清廉国企实施方案〉工作方案》《关于成立全面建设清廉国企领导小组和工作专班》《全面建设清廉国企2022年工作要点》，明确并细化工作任务、责任部门及责任人，抓实工作落实。组织召开贯彻落实航产集团全面从严治党暨党风廉政建设工作专题会和吕梁机场2022年全面从严治党暨党风廉政建设工作会，向各党支部颁发《2022年度落实全面从严治党主体责任目标责任书》，将全面建设清廉国企纳入机场公司年度党建工作责任制考核，压实责任，做到管党治党责任全覆盖。第二，强化党的领导与完善公司治理相统一。制订《董事会授权管理办法》《“三重一大”决策事项清单》，严格贯彻落实“三重一大”决策制度实施细则，严格执行党委前置研究讨论重大经营管理事项实施细则，截至年底，前置研究讨论重大经营管理事项36项；严格执行重大事项请示报告制度，已向航产集团报备请示报告25项。制订《吕梁机场有限责任公司党委会议管理制度》，进一步规范公司党委各类会议的准备、召集、记录、执行等工作，提升会议效率，有效推进各项工作开展和落实。第三，加强党建与生产经营深度融合。召开吕梁机场“破解发展难题 全面提质增效”专题学习研讨会。每月专题研究安全生产工作，解决安全生产重大问题。各党支部紧紧围绕“提质增效”主题，结合安全生产实际，组织广大党员群众开展“纾解心理压力 激发工作热情”“凝心聚力保安全 提质增效促发展”“党建引领聚合力 排查隐患保安全”及“齐抓共管 人人参与爱卫”等主题党日活动，充分发挥党支部战斗堡垒作用和党员先锋模范带头作用，加强党建引领，深入推进安全生产发展各项工作。第四，深入开展整治“四风”专项整治工作。制订《吕梁机场有限责任公司关于开展“四风”突出问题专项整治的实施方案》，围绕重点任务开展自查自纠，针对查找出的问题制订问题清单、责任清单，明确责任部门，制订整改措施，同时进行督办。开展“四风”突出问题专项整治暨中秋节、国庆节节点交叉检查。在公司内部开展“四风”突出问题专项整治的督导检查。四是加强群团建设，凝聚发展正能量。工会组织开展以“踔厉奋进展风采·虎虎生威闹元宵”为主题的庆元宵职工文化活动及“三八”妇女节活动。组织所有女职工共同观看航集团五一巾帼标兵（岗）宣传视频，学习先进事迹，五一巾帼标兵（岗）代表作感想发言；组织开展“喜迎二十大 永远跟党走 奋进新征程”职工亲子活动；积极落实“我为群众办实事”实践活动，邀请航产集团健康中心为公司干部职工进行健康体检及女职工专项体检，切实为职工办实事，办好事。团委联合共青团吕梁市委开展春运服务志愿活动，开展“永远跟党走，奋进新征程”超龄团员退团仪式主题团日活动，制作《新民主主义时期的青年运动史》微团课，组织开展新入职团员青年谈心交流会议。开展“喜迎二十大 奋进新征程”主题团课1次，覆盖人数15人；开展“喜迎二十大 永远跟党走”主题教育实践活动、“争做青春安全吹哨人”主题系列活动。组织3名优秀青年参加航产集团团委组建的“青春航产”新媒体工作室，完成“智慧团建”团员身份认定程序排查工作，选举推荐共青团吕梁市第四次代表大会候选人推荐人选1名。充分发挥团组织的志愿服务功能，在“吕梁至福州”旅游团专线保障工作中开展真情服务等志愿服务活动，共计开展活动2次，出动6人次。积极参与航产集团团委“我与国旗同框”活动，组织报送与国旗同框照片5张，“表白祖国 献礼二十大”感言5条；参加团省委“喜迎二十大 青春心向党”主题知识竞赛活动，共计108人参加；组织团员青年观看“中国共产党第二十次全国代表大会开幕式”，学习二十大精神，并开展研讨交流；针对基层团组织建设、团的工作、青年工作现状以及团员青年的思想状况等方面，组织开展“吕梁机场团青工作问卷调查”线上问卷调查工作，参与填写调查问卷共计132人，青年职工参与率达到90%。五是创新推动服务，积极开展精神文明创建。积极申报山西省文明单位，认真落实文明单位创建各项工作。深入开展吕梁市创建省级文明城市工作，成立创城工作领导小组、制订创城工作方案，建立重点任务清单，常态化开展督促检查工作。其间投资30余万元，对存在的问题进行全面深入的优化整改：对航站楼外顶棚进行重新喷漆，地面标线进行重新喷涂，更新标识标牌11处，维护内外灯箱15处，增设旅客招援视频通话设备，组建志愿者队伍，全力做好各项创城工作。

【经营管理工作】一是加强制度建设，提升管理水平。2022年，共修订完善《财务报销管理办法》《投资管理实施细则》等制度53项，提高工作规范化、制度化管理水平。二是加强干部队伍建设。组织开展三级管理人员及机关部室工作人员年度考核，根据国有资本数智化平台人力资源系统建设计划安排，完成三级干部及所有员工信息数据收集、职鉴考试；完成纪检工作机构专职负责人和工作人员的配备、竞聘选拔计划财务工作人员1名、货运监管员2名；招聘计划财务工作人员1名，飞行区管理部养场员1名，消防员6名。组织开展三级干部能力提升培训，共集中培训8次，有效提升干部队伍的能力素质，更好地推动工作落实，提升工作效能。三是加强教育培训。根据吕梁机场年度培训大纲制订安全、安保培训计划，按照培训计划定期对全员开展各类安全教育培训进行监督考核，以逢训必考方式，检验培训效果，2022年按照年度安保培训计划，组织机场非安保人员开展安保知识培训，共计两场，参训人数38人。吕梁机场邀请第三方培训机构教员对机场危险品航空运输从业人员进行现场培训。培训对象包括危险品6类人员和非6类人员共77名，确保机场危险品从业人员均持证上岗。四是借利好政策寻求减负。积极利用税收减免政策，申请减免吕梁机场2021年度房产税、城镇土地使用税193万元；针对市政府出台的《吕梁机场2021年考核管理（暂行）办法》，完成由市交通局组织的对机场2021年各项生产指标的考核工作；为严格控制各部门成本费用支出，与各部门签署目标责任状将经营效益指标、安全指标等内容分解到三级干部，做到人人手上有任务，人人头上有指标，真正做到严考核硬兑现，切实达到以考核促增效的目的。

【基础设施建设】稳步推进基础建设，飞行区道面病害治理工程已通过竣工验收。排水系统及边坡修复工程获得华北局可研批复，2023年4月对初步设计进行评审。航站楼雨棚钢结构和机场道路标线刷新工作已完成。供暖纳入城市集中供暖事宜，已与吕梁市新区建设管理中心对接，积极做好有关工作。应急救援预案纳入政府应急体系，截至年底，已确定预案评审单位，后续与市应急局对接完成相关工作。

（杨　岚）

运城机场有限责任公司

2022年，运城机场有限责任公司（以下简称运城机场）旅客吞吐量达到89万人次，货邮吞吐量达到3911.9吨。开通32条航线，35个城市。优化航线网络结构，加大航线密度。主动挖掘航空市场潜力，加密重庆航线，优化南宁、海口航线，引进国航、深航、东航、南航、厦航、昆明航6家航空公司，本场及过夜运力达到10架，其中深航投放7架驻场运力，东航投放2架驻场运力，南航投放1架过夜运力。

【党建工作】积极推进抓党建促基层治理能力提升专项行动、“五面红旗”示范国有企业创建专项行动和全面建设清廉国企行动。结合“党员干部作风大整顿”活动，坚持问题导向，以作风建设为突破口，以思想引领为切入点，梳理机场近年来的作风案例，形成案例汇编，并常态化开展警示教育，以身边人身边事的反面教训，深刻剖析问题根源，以常态化的警示教育引导全员把思想凝聚到参与到提升综合治理能力行动中来，达到扭转作风目标。获全市首批“五面红旗”示范单位称号。

【安全管理】深入学习习近平总书记关于总体国家安全观、安全生产的重要论述和对民航安全工作的重要指示批示精神，坚持“安全隐患零容忍”，突出重点稳态势，抓住关键除隐患，聚焦主责严监管，稳住安全整体态势。全面开展规章制度梳理和修订工作，进一步推进机场安全保障工作的规范化、标准化。有效深化隐患排查整治。关注重点风险隐患，全年聚焦不停航施工、机坪运行管理、跑道安全等重点领域，深入查找问题，完善整改措施，有效管控风险、消除隐患。深入推进专项行动。全年开展安全生产大检查大整治大提升行动，对照清单要求，部门自查和公司督查同步进行。

【服务质量提升】坚守民航“真情服务”底线，以提升航班放行正常率为切入点，把旅客的满意度和获得感作为关键指标，打造机场“匠心独运”服务品牌。持续提升航班放行正常率，杜绝机场责任原因造成的航班延误。2022年，航班放行正常率为97.17%，同比增长7.34 %。深入开展“民航服务规划实施年”主题活动，高质量推进《运城机场旅客服务质量管理体系》建设。按照市里要求，制订为企业贵宾服务保障方案。设立3个厅，为运城市排名靠前的纳税企业提供贵宾服务保障。

【扩建工程建设】运城机场改扩建工程分为航站区和飞行区两部分。航站区国内部分已投入使用。国际部分已通过行业验收，海关、边检设施设备已安装完毕，完全具备运行条件。2022年1月通过省级预验收，待海关总署组织国家相关部委进行验收并发布公布后即可投入使用。飞行区新建3200米跑道已全部贯通，计划2023年6月底转场投入使用。其余附属工程计划在2023年年底全部完工。扩建工程完工后，停机位将达到30个，机场等级将由4D升级为4E，可满足年旅客吞吐量450万人次需求。

【乡村振兴工作】驻村工作队积极开展工作，拓宽农产品销售渠道，通过个人购买、单位采购等方式，协助村内销售本地农产品，提升农户的收入，并协调商超、电商等平台，建立产销合同关系，推动线上线下共同销售，累计帮扶消费10余万元。

【工会活动】结合“我们的节日”工作要求，把弘扬优秀传统文化与常态化开展党史学习教育有机结合，持续在春节、元宵节、“五一”、“七一”、中秋节、国庆节等节日活动“讲故事、说党史、赛成绩”，以丰富多彩的活动弘扬社会主义核心价值观。

（李　鸣）

太原空港配餐有限公司

2022年，在航产集团和直属党委领导下，太原空港配餐有限公司（以下简称配餐公司）全体干部职工以“破解发展难题 全面提质增效”为指导，围绕“两稳一新”发展思路和“四向发力”工作措施，面对逆境，勇于担当，齐心协力，抓安全、保生产、求发展，加强组织领导，落实主体责任，安全形势保持平稳，全面实现各项安全目标；难中求进，开拓市场，拓宽业务渠道，加速产品研发，探索销售新模式，不断提升服务品质；多措并举，降本增效，应对变化，严控人员总量，积极争取各项政策补贴，努力降低运营成本；持续加强党建引领，始终把政治建设摆在首位，强化思想建设和宣传文化工作，深入推进基层党组织建设，加强党风廉政建设，发挥支部先锋模范作用，与生产经营相融合，完善职工服务功能，尽心竭力打造和谐公司“家文化”。

【党建工作】一是党管大局水平持续增强。以强化政治建设为引领，在“提素质”方面更加深入。以深化理论武装为重点，落实“思想引领、学习在先”机制，主动从习近平新时代中国特色社会主义思想汲取力量，应用“党建+”思维，健全完善领导班子带头学、党支部党员集中学、党小组长督促学、网络媒体跟进学、线上知识随时学等学习模式，分级分类提升党员队伍理论素养。全年组织开展专题学习15余次、领导班子成员讲党课4次、专题宣讲5次，撰写心得体会3篇/人次，专题研讨5次。始终把深入学习贯彻习近平新时代中国特色社会主义思想、中共二十大精神、习近平总书记在考察调研山西重要讲话重要指示精神、省委、航产集团等重要会议精神作为首要政治任务，作为教育员工、指导工作的必修课、常修课，不断提高党员干部的政治判断力、领悟力和执行力。利用党员微信群、“三晋先锋”、“学习强国”等平台开展学习，开展各类宣讲7场次，受众人数达到210人次，真正做到领会精神、学以致用，拧紧思想“总开关”的目的。二是以规范支委会前置程序为依托，在“把方向”方面更加精准。全年共召开支委会26次，对配餐公司设备投入、项目开展、安全管理、生产经营等116项重要事项进行研究审议，确保配餐党支部“三重一大”事项按照程序开展前置讨论，充分发挥了班子成员的集体领导作用，做到每一事项都在会前充分调研，会上充分讨论，会后决策严格执行。三是以提升聚合能力为目标，在“强核心”方面更加凸显。第一，紧扣党的最新理论知识，开展了“践行二十大精神，启航新配餐发展”系列活动，使广大党员干部职工“四个意识”更加牢固、“四个自信”更加坚定、“两个维护”更加坚决。第二，用党的最新理论武装头脑，指导配餐生产经营发展。结合集团党委二十大精神宣贯会“凝聚正能量，形成同心圆”要求，开展了“干部担当，对岗先行”活动，为实现扭亏脱困、提质增效，管理服务水平再提升注入了新的能量，真正将二十大精神落实到了配餐改革发展的中心工作中。第三，发挥党员干部的先锋模范作用，结合生产保障工作实际设立了“两岗一区”，从强化服务、保障安全着手，开展“我是党员我带头”专项活动，党员干部自觉自发参与到生产一线，勇挑重担、攻坚克难，真正做好一线员工的“主心骨”，充分发挥党支部的战斗堡垒作用，使“党旗在生产一线高高飘扬”。

【廉政建设】一是以扛实“两个责任”为主线，职责定位更加明确。细化制订《配餐党支部落实全面从严治党主体责任清单》，以支委委员重点任务清单为抓手，有效推动主体责任落实落细。建立廉政风险库，动态更新关键岗位和干部廉洁自律承诺书，施行全员廉洁承诺制度，构筑廉政风险点和防控措施双清单的特色党风廉政建设保障体系，增强党员干部红线意识和防范意识。二是以强化廉洁教育为载体，红线底线意识牢固。全年召开廉政建设专题会议1次，学习纪委通报6次，召开警示教育会6次，观看警示教育片3次，更新关键岗位廉洁承诺书10份，全员签订自律承诺书，做到权力运行到哪里，制度约束就延伸到哪里，监督检查就跟进到哪里。

【群团联动】工会积极发挥自身优势，丰富职工文化生活。先后开展健步走、拔河、篮球、游园等比赛活动；看望慰问职工10人次；组织配餐青年参加联谊活动4场次；审议通过2022年绩效激励方案，明确“不等不靠问市场要、多劳多得”的全员工作目标方向，进一步提升管理科学性。

【航空安全】2022年，配餐公司未发生任意一起涉及消防安全、空防安全以及食品安全等责任事故。全年完成安全制度共计7项目，包含消防管理、内保管理以及刀具管理等；组织对各部门作业指导书进行1次全面修订。此外于6月顺利通过CQC中国质量认证中心HACCP体系和ISO 22000食品安全管理体系监督审核，针对专家组提出的意见，进一步更新体系标准，完善各方面控制措施，为食品安全工作夯实基础。围绕安全生产知识、操作规程、技术标准以及风险管理等组织开展安全知识培训103次；结合国内外各类相关不安全事件（事故）组织开展安全警示教育10次；结合特殊节点、季节以及专项行动开展各类专项培训，在“高温防霉防腐”、“5·12”地震纪念日以及“119”消防宣传周等节点，对员工进行专项培训5次。全年共进行各类安全检查53次，发现一般安全隐患130项，完成整改130项，隐患整改率100%；机坪内违章事件2起，接到各类投诉共计54起，对应整改率和处理满意率为100%。

为切实提高员工应急处突能力，共开展各类应急演练31次，其中公司级6次，部门级25次。与此同时，加大生产环节把控力度，增强关键控制点的监督管理，扎实开展各类实验检测，全力保障食品安全质量。全年对1.69万余种原材料进行品控验收；进行果蔬农残检测519次；理化快速检测184余次；微生物实验1774次，通过实时监测各项检测指标，及时发现问题并采取有效控制措施，促进食品安全工作持续改进。

【生产经营】2022年，配餐公司共保障1.5万架次，比2021年（2.6万架次）降低42.1%；比2019年（3.4万架次）降低56.5%；餐食结算量为102.7万份，比2021年（223.7万份）降低54.1%，比2019年（332.4万份）降低69.1%。一是空地并举拓市场，开源增收创效益。配餐公司在抢抓市场恢复机遇同时积极拓展新发展格局，空地并举，大力拓展地面业务。航空市场业务方面，积极推进大同机场配餐服务。以大同机场配餐为试点，积极推进机场餐饮一体化发展，为主营业务拓展开辟新的增长点。已完成与大同机场航空配餐、航延餐服务签订承包协议，于2023年2月17日正式投入运营。积极准备，成功中选太原机场航延餐采购项目，并与东航山西分公司签订航延餐保障协议，实现航空餐饮延伸服务增收。2022年，航延餐保障餐食3375份，收入8.7万元。地面市场业务方面，第一，不断丰富产品种类。以春节、端午节、中秋节等传统节日为契机，创新研发花馍、粽子、月饼、卤肉等产品，提高市场竞争力和占有率，获得广大顾客的高度认可。特别是月饼和卤肉产品，销售一度呈现供不应求的状态，“空港头等仓品”的品牌效应逐渐显现，航空品牌价值不断攀升。第二，积极探索地面销售市场。成功申请烟草专卖零售许可证，先后与山西东方航空食品有限公司签订积点超市的供货协议，与山西龙城飞鹰航空发展有限公司签订研学餐供餐协议。第三，增加自助售卖机投放。完成自助售卖机租赁服务项目，在机坪工作区、办公楼、候机楼停车场、职工食堂等区域设立自助售卖机，提供饮料、食品、香烟等商品，满足不同区域人群的需求，增加收入的同时扩大“空港头等仓”品牌影响力。第四，加盟成熟“云洗”品牌连锁。利用库房废弃一角，经过前期市场调研、品牌比较和实地考察，与拥有20年以上洗护管理经验的“云洗”专业洗护中央工厂合作，盘活闲置资产，填补周边区域专业洗衣、鞋包洗护、奢侈品养护、团洗业务和上门服务的空白，为民航社区附近居民提供便民、惠民、利民服务。第五，积极开展全员营销活动。2022年，在总结上一年度全员营销工作的基础上，充分调动全体员工营销积极性，全面拓展营销渠道，促进配餐公司可持续发展，继续开展全员营销激励活动，制订《太原空港配餐有限公司2022全度全员营销方案（试行）》。在航空市场低迷的2022年，配餐公司航空主业收入较2019年降低约60%，但地面销售收入较2019年增长约330%，在经营收入的占比也从2020年的不足5%提高到30%左右。二是创新举措再发力，服务品质再提升。2022年，公司紧紧围绕中心工作，以服务品质再提升为抓手，提升食堂服务品质、筑牢餐食保供民生线取得显著成绩。第一，积极推进“智能食堂”建设。2022年8月，所有职工食堂启用“刷脸”支付系统，实现人脸秒刷支付，将法定休息时间不能充值的问题彻底解决，为职工带来不一样就餐体验。第二，多举措筑牢餐食民生线。配餐公司根据各单位工作性质开展分时段就餐模式。为了确保餐厅工作的健康、高效开展，将食堂管理员和所涉及的后厨人员进行“闭环式”封闭管理，从源头杜绝“病从口入”。为了避免人员聚集可能引起的安全隐患，开发健康餐谱、特殊准备清真餐食、设计单循环取餐路线，明确订餐流程，牢筑职工餐食安全最后屏障。2022年共保障航产集团职工餐食约39000份。第三，开设“空港头等仓品”专柜。在职工食堂大厅开设“空港头等仓品”专柜，摆放自助售货机，为大家提供物美价廉、品种多样的糕点、小吃、饮料、自制熟食、半成品家常菜等，满足职工就餐多样化需求。第四，走进社区自谋经营发展出路。充分发挥空港头等仓品“航空品质、零防腐剂”专业特长，加班加点生产花卷、包子、油酥饼、面条等主食和卤鸡、板鸭、酱肉等荤类食材，以设立社区便民服务点的方式，解决机场生活区范围内广大空勤职工家属后顾之忧，受到广泛好评。第五，开设T2航站楼职工餐厅。积极发挥中央厨房集中加工统一配送优势，通过制订每日餐食标准，多次组织人员实地推演，从餐食留样、人脸识别、自助取餐以及餐食回收等环节进行梳理，12月15日在航站楼开设“空港头等仓品”T2航站楼职工餐厅，打通职工餐食保障的“最后一公里”。

【行政管理】一是深化改革激活力，强化管理提质效。按照“制度管人、流程管事”的思想，强化内控体系建设。全年共制订、修订经营、采购、财务、安全、维修等制度28项。以深化改革提质增效三年行动为契机，积极推进绩效改革，具体方案全面征求各方意见、建议，经过多轮次修改、审核、审议，完成以“以量定编、以产定薪，标准认定、同岗同酬，量化为主、其他为辅，一线倾斜、公平公开”为原则的《太原空港配餐有限公司2022年绩效激励方案》，提交职代会审议通过后发布实施。尊重劳动、鼓励奉献、激励成长的工作氛围日益浓郁。二是精细管理促降本，多措并举助增效。遵循“自下而上、上下结合、总量平衡、以收定支”的原则，全年共支出维修费36.06万元，比2021年61.55万元降低41.41%；办公费5.43万元，比2021年8.79万元降低38.23%。与此同时，积极利用税收优惠政策，合理节税避税，减少税费支出，实现利润最大化。2021年营业收入2637.5万元时，缴纳增值税219.71万元；2022年营业收入2670.76万元时，缴纳增值税125.17万元，在营业收入增加的基础上，增值税缴纳减少94.54万元。2022年，合理运用“六税两费”减半征收政策等，享受减免城建税等税金8.34万元。在原材料集中采购基础上，及时了解市场物资价格状况，有效控制采购价格，提高采购成本控制水平，组织制订《太原空港配餐有限公司市场询价实施细则（试行）》。针对蔬菜、水果、禽蛋、肉类等价格随市场波动的物资，明确将“询价、报价、比价、定价”的“四价”定价机制列入采购定价机制，努力降低采购价格和生产运营成本。

（郭佳煜）

山西空港贵宾服务有限公司

2022年，山西空港贵宾服务有限公司（以下简称贵宾公司）统筹推进经营发展，重点取得三个方面突出成绩。一是稳扎稳打，安全整体形势保持稳定。牢记安全初心，深入贯彻落实双方股东各项安全工作部署，提升安全生产水平，紧盯重要时段重要节点，织密筑牢安全生产防线，全年未发生安全事故。二是担当作为，顺利完成各项重要保障任务。完成428批、3088人次的重保任务，承接援疆团队等接待保障工作。三是积极破局，实现业绩扭亏为盈。2022年，太原机场吞吐量下降，贵宾公司服务类业务严重受限，资源类业务市场需求低迷。贵宾公司在全体干部职工的共同努力下，实现扭亏，完成双方股东下达的利润指标。

【安全生产扎实稳健】一是安全管理不断规范。紧跟安全形势，抓好体系建设，制订修订安全制度10项，完善应急预案16项，开展应急演练4次。积极落实局方新要求，梳理法定自查事项库157项，更新8项。层层压实安全管理责任，各级人员目标责任书进一步细化、量化。严格落实安全生产一票否决制，有效发挥震慑作用。二是治理水平不断提升。不断丰富安全管理手段，建立健全安全生产委员会议事机制、安全举报信息管理机制和安全监督检查机制，安全工作更加高效。强化双重预防机制应用，全年识别并有效管控危险源56项，排查安全隐患68项，整改率100%。保持安全治理高压态势不松懈，“安全大检查”“应急值守规范年”等7项安全专项活动贯穿全年。三是安全队伍素质不断提高。认真贯彻持证上岗要求，组织开展专项资质培训，各级安全管理人员专业素质显著提升。安全“以考带训”机制取得实效，整体履职能力更加成熟。坚持以人为本，强化全员教育引导，深入推进全员法规教育、技能培训，全年开展安全宣教11次，安全培训18次，安全依法治理、“依规操作”意识深入人心。

【服务水平持续提升】一是持续健全服务体系。狠抓服务风险管理，全年更新“服务风险清单”80余项，服务品控能力进一步提高。健全特殊旅客服务管理体系，制订《残疾人航空运输管理细则》《残疾人服务保障方案》《残疾人服务培训大纲》。落地会议保障服务等新业务流程标准，确保新业务有序运行。二是持续提升客户体验。加强精细化服务管理，分析归集高频出行的高端客户信息，构建客户画像。进一步优化区域硬件配置，完成T1嘉宾休息室改造、T1头等舱休息室地毯更换、T2嘉宾休息室改造及T2嘉宾休息室客用家具更新。最大限度地满足旅客需求，提升旅客感官体验，调整升级20余种预包装食品和饮料，厅内增加香薰、绿植布置，为旅客增设手提袋、针线包、医药箱等。三是持续加强品牌运营。出台《品牌分级管控方案》，进一步规范品牌运用，更新辖区灯箱、门牌、引导指示牌及位置图等。开展"礼"行真情服务，"尚"达国门标杆品牌主题活动，挖掘品牌亮点、服务管理经验及品牌故事等，进一步加深服务品牌内涵。完成2022年太原能源低碳发展论坛等7次重要服务保障任务。

【经营工作成绩突出】一是营销管理提级进阶。以奖促行，推动全员营销模式落地，"多劳多得"导向逐渐形成，员工销售参与度进一步提高；以罚立规，落实个人业绩考核制度，建立末位淘汰机制，激发团队营销潜能，市场营销团队整体业务能力得到改善。充分发挥主观能动性，鼓励发动全体员工走出贵宾室推广服务产品，先后开展两阶段"百日贵宾服务联合推广活动"。2022年，贵宾公司在太原机场旅客占有率达4.5%，较2021年同期上涨了1个百分点。二是业务发展稳中有进。按照"保存量、提增量"的原则，加大客户维护力度，制订个性化维护方案，成效显著：力保7家到期银行冠名企业的正常续签，并新增两家银行冠名厅合作；新引入了2家传媒行业，开发贵宾楼首个广告业务；与航司客户达成共识，全面上调国航系服务费及摆渡车费用，平均涨幅为8%；与太原南站达成高铁站贵宾休息室服务合作等。三是省内贵宾一体化取得阶段性进展。先后与长治机场、五台山机场、吕梁机场达成经营与品牌输出合作，截至年底，已拥有运城、大同、长治、五台山、吕梁5家支线机场贵宾资源，并在业务开发方面取得一定成果，先后引进银行冠名2家，房地产冠名3家。

【企业治理效果显著】一是治理体系不断完善。优化治理机制，修订《董事会议事规则》，制订《董事会授权管理办法》。健全经理层综合考核评价体系，制订经理层成员任期制和契约化管理工作方案，完成经理层成员的岗位聘任协议书和个人年度经营业绩责任书的签订工作。完善制度建设，完成《会计档案管理办法》《公务用车管理办法》《安全监督检查管理办法》等17项制度的修订制订工作。二是成本管控取得实效。坚持"过紧日子"，以全面预算管理为抓手，严控非必要成本支出，并积极开展"节能降耗活动"，全年办公费同比下降22%，能耗费同比下降6.3%。用好国家税收减免等优惠政策，有效减少税务和租赁费用支出。与车企、饮食品厂家达成赞助合作，节省运营成本。三是人力效能持续提升。严格落实人工成本控制要求，加强绩效工资管理，动态调整劳务派遣和实习生用工比例，人工成本保持可控。优化员工医疗保障机制，加入山西航产集团补充医疗计划，为职工建立多层次医疗保障体系。严格落实选人用人工作要求，完成中层管理人员的试用期满考核及干部调整。

【党的领导更加坚强有力】一是不断加强党的政治建设。持续加强理论学习，深入学习中共二十大精神和习近平总书记视察山西重要讲话精神，全年共落实党委会"第一议题"12次，中心组学习首要议题18次，开展"新思想在山西"主题宣讲21场。坚持党的全面领导，严格履行党委前置程序，提报党委会研究经营、管理等重大事项15项，重点是进一步强化党对安全工作领导作用。全面加强清廉国企建设工作，通过规范党内政治生活、强化对"一把手"和领导班子的监督、建立健全各项制度机制等，确保公司各项任务合法合规运营。全年共发展党员7人，积极开展党建项目化、"过筛子"、"一支一品"等工作，进一步夯实基层党组织建设。二是持续深入党风廉政建设。持续加强政治生态建设工作，召开专题党委会议，重点研究党风廉政建设、巡察整改、"四风"突出问题等内容，持续推动"两个责任"贯通联动、一体落实。开展“四风”突出问题专项整治工作，全年共查摆形式主义方面问题5项，进一步巩固作风建设成效。开展廉政警示教育11次，做实以案促改、以案促治，提升标本兼治综合效应。建立中层管理人员廉政档案，增强意识，规范从业行为。加大纪检监督力度，突出政治监督，聚焦学习教育、安全服务、作风建设等方面，全年开展专项监督检查7次，参与谈判、人事、比选等监督工作30余次。三是坚持走好群众路线。以宣传为抓手，引领广大干部职工弘扬正能量，全年围绕党建工作、经营发展、贵宾好故事、先进模范等方面，向双方股东、公司内部发表新闻40余篇。建立“我为群众办实事”长效机制，开展“圆梦助学、梦想启航”“关怀职工、暖心服务”等活动。创建贵宾公司“一会一品”特色职工服务站、点，满足辖区内职工提供读书学习、宣传教育、便民保障等功能，有效提升员工获得感。加强“青”字号品牌建设，挂牌“青年创新工作室”，组建“薇光志愿服务队”，积极开展义务献血、文明创城等志愿服务4次，进一步凝聚职工思想共识和行动合力，持续营造浓厚氛围。

（王　君）

太原空港停车场管理有限公司

2022年，按照航产集团公司《2022年重点工作目标责任分解》内容，太原空港停车场管理有限公司（以下简称停车场公司）克服地铁施工对经营工作带来的不利影响，开拓经营思路，增收节支，提高效益水平，完成各项工作目标。

【经营管理】一是积极与银联联系、沟通，成功续签合作协议。积极与神州租车联系、洽谈场地租赁业务，签订了租赁场地协议，规范租车公司在车场的经营和交付旅客车辆过程。二是积极争取政策性收入，在继续做好国际航班保障工作的同时，与太原机场签订国际航班保障用车协议，增加收入。三是为应对道路客运市场萎缩冲击，充分利用自身优势和政策红利，与航空公司签订机组用车协议，拓展车辆包租业务。全年完成包租车28趟次，外部包租车46趟次，太原机场航班延误保障343趟次，西藏航空机组接送52次，东方航空不正常航班保障4趟次。

【安全生产】认真做好安全生产、队伍稳定等工作，不断强化安全基础工作，认真落实安全生产责任，开展安全生产隐患排查、培训等工作，提升停车场公司整体安全生产水平，全年停车场公司安全生产态势平稳，2022年实现安全生产年。一是落实安全责任，健全完善制度机制。第一，持续深入贯彻落实航产集团对安全生产工作部署要求，根据2022年安全重点工作任务清单，制订停车场公司全年安全重点工作任务清单，形成38项具体工作措施责任清单，责任到部门、责任到岗、责任到人，确保安全生产工作任务清单措施落实、落地。第二，重新调整安全生产领导小组，明确分管领导和责任到人，使安全生产工作有人抓、有人管、有落实。及时修订公司安全生产责任制，实行安全目标管理，层层签订责任书，分解落实安全生产责任。按照“谁主管、谁负责”“管生产经营必须管安全”原则，切实将安全生产责任落实到岗到人，做到职责明确，任务明确、责任到人、措施到位，实现安全生产责任制全员全岗位全覆盖。第三，按照航产集团及《道路旅客运输企业安全生产标准化评价实施细则》要求，对停车场公司安全生产的相关制度、14个应急预案、安全信息管理办法、岗位作业指导书等进行修订完善，对安全生产体系进行重新梳理、完善，修订有关安全生产管理制度，更新风险源数据库。第四，坚持召开每周讲评会，每月安全例会及专题会，传达上级安全文件精神，研究部署安全生产工作，确保重要节点、节假日及日常安全生产形势稳定。二是狠抓教育培训、应急演练，提升员工安全意识。首先，常态化开展安全教育培训、事故警示教育。结合安全工作实际，制订教育培训计划，积极开展多种形式的安全教育，利用微信工作群、安全例会、周讲评、班前会组织广大干部职工学习安全生产法、公司管理制度、应急预案、岗位作业书及相关安全管理规章等。共开展安全培训35次，安全教育25次，观看安全教育警示片4次。其次，强化应急处置能力。结合实际，制订年度应急演练计划，开展应急演练10次。其中，桌面演练4次，实战演练6次。开展航空安保测试一次，停车场收费部员工在8分钟内发现可疑物品，并按照处置流程进行处置，符合发现可疑物品应急预案要求。三是加大安全检查力度，做好双重预防工作。第一，做好各部门日常工作风险隐患排查。认真做好机场巴士每日“三检”工作，每周对车辆、车库、宿舍等重点部位进行安全大检查。对收费部的设施设备定期进行维修保养，重点做好车场内巡视和合约方管理，强化对场内消防、用电安全排查和网络安全检查，确保安全生产平稳。第二，持续推进安全风险管控。针对2022年地铁一号线在停车场内施工，公司领导及部门安全员对停车场安全风险进行重新研判，更新风险源数据库。持续推进隐患排查治理，2022年各部门自查共24次，发现隐患46项，开展安全督导检查共24次，发现隐患35项，共计81处隐患，全部落实到责任人，截至12月31日，81项隐患已全部完成整改，整改率100%，形成闭环。全面深入开展安全生产大检查大整治大提升行动，梳理15项重点内容。以重点内容为基础开展专项检查和隐患排查，督促责任部门对发现的安全隐患进行及时整改。第三，开展消防专项整治行动。对所有灭火器(288具)进行更换，对所涉岗亭设施设备线路、充电桩区、新能源车辆停放区、车库、职工宿舍区进行消防专项督导检查，发现的隐患已100%整改，形成闭环。第四，开展网络安全专项整治行动。以生产网络及安全设备、停车场收费管理系统、运行控制中心、互联网邮箱、微信公众号、微信工作群、LED屏等为重点开展了网络安全专项整治行动，确保重要网络和信息系统的稳定运行，确保生产运行正常有序。第五，强化重点时段、特殊时期的安全监管。停车场公司领导高度重视特殊时期抓好安全生产特殊意义，在节假日、两会等重点时段、特殊时期，严格落实安全生产、每日“零报告”，扎实开展安全生产大检查、大督查，加强现场安全管理，全力以赴抓好安全生产工作，确保重点时段、特殊时期安全稳定。四是认真落实各项安全生产活动。2022年6月，开展以“遵守安全生产法，当好第一责任人”为主题的“安全生产月”活动，利用悬挂条幅和机场巴士售票岗亭的LED屏广泛宣传安全生产理念，营造安全生产月的活动氛围。组织开展全员“安全随手拍活动”，把第一责任落实到每一位员工，人人争当“安全吹哨人”，增强干部职工安全生产的使命感和责任感等。积极组织全员参与线上华北局安全生产知识竞赛答题、山西省应急管理厅的安全知识竞赛，开展线下安全知识答题等活动，切实提升全员安全生产意识。邀请太原机场应急部门专业人员集中组织开展消防安全知识培训，重点以安全基本常识、岗位操作技能、自救互救技能等为主要内容的安全生产培训活动，切实提高从业人员安全意识和安全技能。

【党建工作】在上级党委正确领导下，党支部积极发挥基层党组织战斗堡垒作用和全体党员的先锋模范带头作用，带领公司全体员工，积极推进改革工作，完成扭亏及全年各项任务。一是始终把党的理论学习放在首位。以习近平新时代中国特色社会主义思想为引领，组织全体党员干部深入开展中共二十大精神宣讲和学习，原原本本、逐字逐句学习中共二十大报告和党章，学习习近平总书记在二十届一中全会上的重要讲话精神，全面准确领会中共二十大精神。二是只有理论上清醒，共产主义理想信念坚定，才能进一步提高政治站位，从思想上、行动上同党中央始终保持高度一致。党支部认真落实“三会一课”制度。结合实际开展主题党日活动。班子成员、党支部委员带头开展“二十大精神”宣讲，通过讲党课，组织专题学习、党小组学习和“学习强国”学习平台等方式，注重运用《党的二十大报告学习辅导百问》《二十大党章修正案学习问答》等辅导材料，利用主题党日组织党员专题学习中共二十大报告和党章，确保学习教育全覆盖。不断提高党员干部政治理论水平，为顺利完成全年工作打下坚实的基础。三是严格抓好发展党员工作。按照“成熟一个、发展一个”的原则，着重从在一线工作的优秀员工中培养发展年轻党员，切实增强党员队伍活力。全年对3名预备党员进行转正。党员党费收缴实行专人负责，定期收缴，从确保党费收缴和管理的规范化看，严格抓好党费收缴和管理工作。抓好注重人员思想教育，定期召开人员思想分析，分析研判人员思想，及时发现意识形态领域出现的苗头问题，确保党建工作不断提升。四是以落实“两个责任”为核心，以制度建设为根本，建立健全反腐倡廉长效机制，着力打造清正廉洁的党员干部队伍。认真落实党风廉政责任机制。严格党风廉政建设“两个责任”落实，利用集团内网《纪检监察》板块，定期以支部大会等方式组织党员进行学习，通过学习提高党员干部底线意识、红线意识；突出抓好廉政警示教育。每月以党支部学习或小组学习形式，学习讨论省纪委监委曝光的一系列违纪违法、违反中央八项规定的反面典型案例，充分发挥反面事例的警示教育作用，筑牢党员干部拒腐防变的思想防线。强化党员干部规则意识，自觉让权力在阳光下运行，为干部群众做出榜样，在党组织和群众监督之下，形成自觉维护党的各项规章制度良好风气。从严落实管党治党主体责任和第一责任人，做到守土有责，抓好党风廉政建设和反腐败工作，完善“三重一大”事项报告制度，推进党建工作与生产经营深度融合，支委前置研究讨论公司重大经营管理事项，提高党组织集体决策经济工作的能力。

（孙桂明）

山西民航文化传媒有限公司

2022年，山西民航文化传媒有限公司（以下简称文化传媒公司）强化太原机场及长治、大同、吕梁、五台山4个支线机场媒体资源运营管理，争取一定发展空间。2022年，太原、大同、长治、吕梁、五台山五个机场在内实现营业收入2147.11万元，完成本年预算3861.96万元的55.6%。同比下降42.12%，全年亏损966万元。

【经营创新举措及亮点】 2022年，太原机场全年旅客吞吐量552.7万人次，同比下降44.7%。广告收入骤减，客户流失严重。文化传媒公司危中求变，变中寻机，积极突破销售困局。一是全面实施“组合拳”举措。根据宏观经济和市场趋势，以“促销售、保收益、稳预期”为目标，对外“稳市场、稳客户”，对内“强机制、强队伍”，提升核心能力建设。动态调整应收账款、优质客户激励。深入推进创新发展新举措，“盘客户、盘资源、盘团队”行动稳经营。内部挖潜加大营销力度，落实《首都机场集团传媒有限公司直客营销激励办法》。二是加速挖掘新客户资源。2022年，新拓展客户7家，其中新签直客：中国工商银行太原分行、五台山沙棘制品有限公司、山西威炫商贸有限公司；新签代理公司：山西华腾文化旅游有限公司、北京华铁无限广告有限公司、山西雅德轩文化传媒有限公司、山西创思文化传播有限公司。三是全力降低媒体空置率。深入推进“空置媒体预代理”模式，利用代理商销售渠道引入更多市场参与者；精简媒体数量，提高供给质量，以供促需优化机场广告发布效果；利用“6·18”、“双11”、山西第十六届省运会、中国（太原）国际能源产业博览会、杏花村国际酒业博览会等重要活动开展促销；借助山西省广告协会平台，扩大销售渠道。四是全域统筹合作式营销。通过搭乘华北大区联动销售模式，带动山西机场媒体拓展销售市场。与江西分公司开展对标挖潜工作。与山西省通用航空集团有限公司合作，延伸无人机表演在大中型活动中的应用。与省广电合作，借助“山西媒体联盟”平台加强与各媒体平台资源共享，促进机场广告多网络媒体合作营销。推进乡村振兴产业项目，做好左权等扶贫农特产品广告宣传助销。

【履行社会责任，品牌建设加强】 始终秉持“立足机场、服务社会”原则，不断提升媒体资源的社会与商业价值，为政府、公安、机场及其他驻场单位提供各类公益宣传，发挥窗口媒体作用。2022年，公益宣传共计58项，其中有“爱国卫生月”“国家安全日”“全国防灾减灾日”“创建全国文明城市”“喜迎二十大”“二十四节气——3D裸眼视频”等，共2832.58平方米，宣传品质获各方认可和一致好评。

【媒体维护及安全管理】 一是强化媒体安全管理。按照年初制订的安全工作计划，定期及不定期对所辖媒体进行安全检查，以自查自纠和专项检查等方式对管理制度、台账、工作流程进行梳理，对安全风险管控清单通过红黄蓝橙四色标注分析。积极配合山西航产集团第五安全工作督导组进行全方位安全工作指导检查，对发现的问题按照“三不”原则立查立改。重要保障期间，严格按照保障计划加强值班值守，加强巡视频次和巡视力度，确保所有媒体及网络信息运行正常。二是强化施工安全管理。严格按照相关制度和要求进行日常和专项施工，由专人进行现场监督管理，全程跟进，并严格按照规定进行验收，对不达标项目立即进行整改落实。截至10月底，共更换灯箱广告及其他媒体画面376块，合计3312.08平方米，电子类媒体换刊97次，维修电视机2台次，更换灯管14根。7月，按计划对吕梁、长治支线机场户外媒体开展钢结构专业检测，并根据检测报告对相关媒体进行结构维护维修。10月对太原机场T2航站楼行李厅包柱媒体进行升级改造，提高媒体品质，美化候机楼环境，降低媒体故障率。三是强化外包商安全管理。对干支线机场外包服务商统一管理，通过现场会+视频会形式，每周定期组织召开安全工作会，宣贯相关文件要求，部署协调工作内容。每季度及重保前，组织安全及业务培训，组织应急演练，强化应急处理流程的熟练程度，提高公司员工及服务商安全意识和业务能力。四是强化安全工作交流。5月组织开展华北区区域媒体安全工作线上交流会，6月组织开展华北区远程时控项目实施工作交流会，7月组织开展华北区安全工作互查交流会。通过视频会议形式，围绕媒体安全保障及隐患排查、媒体安全运行情况、媒体施工管理经验、外包商管理经验交流、新技术应用经验、安全思想认识、专业队伍建设等方面内容进行汇报总结，通过交流互动达到加深合作、取长补短、共谋发展的效果。

【行政管理及培训工作】结合巡察制度审计要求，认真落实并持续完善各项制度，加强台账科学管理，以行政助力公司安全生产及市场经营。加强考核管理，强化督办意识，行政效能得到提升，工作质量和效率显著提高。坚持各项行政工作有计划、有执行、有总结。重视全员的职业素养培训和职业道路规划，强化人才梯队建设，严格规范选人用人，明确岗位分工，明晰工作职责。在工作中引入培养和“传帮带”，不仅适用于岗位要求，更要跟上行业改革发展大趋势。文化传媒公司统筹推进创新发展，提升员工专业素质能力。积极组织全员参加股东双方举办的“云课堂”“混沌大学”及数智化系统、财务共享系统等学习培训，邀请太原疾控中心、安全健康教育中心专家开展专题培训，引导全员结合实际系统学习、深入思考，探寻公司未来发展方向。

【强化党建与主题教育】一是深入学习贯彻中共二十大精神和习近平总书记考察调研山西重要讲话精神，大力弘扬伟大建党精神，深刻领悟“两个确立”的决定性意义，增强“四个意识”、坚定“四个自信”、做到“两个维护”，认真落实“一消一控两创”党建与业务融合。落实意识形态工作责任制，加强党风廉政建设，持之以恒正风肃纪，推进党建与业务融合发展。二是坚持“三重一大”和“三会一课”制度，强化“三基”建设，加强党风廉政建设，充分发挥基层党组织的战斗堡垒作用。全年组织党员集中学习30余次，召开党员大会5次、党支部委员会13次、党支部书记上党课4次，主题党日活动15次，新闻宣传报道24篇，按时收缴党费，为公司的经营、安全提供了坚强的政治保障，较好地完成了各项工作。三是加强大区党建交流学习，推进党建工作理念创新、机制创新、手段创新，激励工作效能提升。强化制度审计自查与整改，检验各项工作落实，查细查实问题隐患，完善整改措施，切实发挥好党的政治引领作用。开展“喜迎二十大 奋进新征程”系列活动，落实我为群众办实事工作，切实为群众办实事解难题。组织全体党员开展《零容忍》《权力的迷途》《加固堤坝》等廉政教育观影活动，组织全员集中观看影片《长津湖之水门桥》，增强爱国主义情怀。

（魏一鸣）

山西龙腾中天科技有限公司

2022年，在全体干部职工齐心努力下，山西龙腾中天科技有限公司（以下简称龙腾中天科技公司）以航产集团年初下达的各项经营考核指标为工作目标，秉承"党建引领经营，管理服务经营"原则，完成各项利润指标。

【党建工作】2022年，龙腾中天科技公司党支部以习近平新时代中国特色社会主义思想为指导，深入贯彻落实中共二十大精神和习近平总书记关于国有企业改革发展与党的建设重要论述。通过组织开展专题学习和培训，采用党支部会议"第一议题"、党员学习教育首要议题形式，切实跟进学习习近平总书记最新重要讲话和指示精神，为推动符合科技公司自身实际的改革发展提供科学指南。党支部瞄准年度经营目标，倡议成立"党员先锋队"和"青年突击队"，全体干部职工积极响应，均自愿报名加入，攻坚克难，完成年度任务指标。

【顶层规划】通过充分调研国际和国内信息科技行业市场，制订发展目标和未来3~5年发展蓝图。明确"优先发展和打造系统运维板块、项目建设板块，同步打造核心研发能力；同时，用3年时间将"收入增长率"和"利润率"达到行业良好值以上，未来用5至6年时间将营业规模、利润提升至行业较高水平，成为航产集团重要经营业务板块的战略目标。

【改革创新】2022年，通过优化结构，积极挖潜，降本增效，充分调动干部职工积极性。一是重点发展具有技术含量30%以上毛利润率的信息服务、工程集成业务，逐步降低5%至10%毛利润率的传统贸易购销业务，将公司较高利润率业务占比从2021年的43%提高到2022年的72%。二是拓宽营收渠道。推动全体干部职工积极走出去找项目、找业务，做好方案、做好服务、做好业务对接。实现全年收入由2021年1687.79万元增长到1713.11万元；全年利润由2021年153.14万元增长到363.76万元。三是降低采购成本。与华为、海康等企业签订战略协议和省内民航领域行业代理协议，以出厂价、最低价获取产品和服务，通过控制采购价格，实现综合采购成本压降10%至18%，项目成本压降4%至8%，全年利润率由2021年的9.07%提高到2022年的21.23%。四是培养管理人才。实行"揭榜挂帅"，以公开、公正、透明揭榜流程，将经营发展与员工自身利益紧密相连，让"干事创业有舞台，能力发展有空间"。党员先锋队队长揭榜运维服务部540万元利润指标，实际完成544万元，守住基本盘；青年突击队队长揭榜机场项目部100万元利润指标，实际完成165万元，打赢创新盘，为完成2022年经营任务打下坚实基础。五是实施绩效考核。2022年公司科学制订绩效考核制度，从4个维度推进考核。在"公司考核部门"方面，根据各部门目标责任状指标完成情况，将部门绩效与工作业绩挂钩，年底一次性兑现绩效工资21.7万元；在"部门考核员工"方面，由部门按实际个人业绩发放绩效工资，实现"多劳多得"；在"业绩为王，奖励超产"方面，对超额完成任务指标部门下发业绩超产奖，到年底兑现项目超产奖励4.04万元；在"项目为王，奖励优秀大项目"方面，根据完成合同的合同额与利润比例设立相应奖励绩效，到年底兑现项目提成奖励17.3万元。

【文化引领】2022年，龙腾中天科技公司凝聚提炼符合愿景和发展企业文化，打造"建设4个中天、培养5大能力、凝聚2个共识"的企业文化体系。"4个中天"即高效的中天发展道路、建设科学的中天经营理论、建设先进的中天治理制度、建设特色的中天企业文化；"5大能力"即拥有大格局和整体观、强烈的目标和结果导向意识抓住工作重点能力、快速发现规律和预测结果能力、创设沟通平台的能力、突破常规思考的能力；"2个共识"即昨天的最好结果，是今天的最低要求、想要成为优秀的人，就与优秀的人并肩同行。文化体系建设，增强"自信自强"，为公司发展提供更为强大的精神力量。

【加快研发】2022年，自筹资金投入研发费用近50万元，用于研发智慧人脸识别证件制作管理系统、门户网站系统以及穿透式智慧运营平台，并向省科技厅申报"山西省民航运输机场数智化转型科技发展规划"软课题研究项目。通过研发项目的不断积累，注入研发理念和创新文化基因，形成一批具有核心竞争力和商业价值的示范产品。

【生产安全】始终将保障安全作为各项工作的重中之重，将航产集团"100-1=0，没有安全一切归零"的安全理念贯穿于各部门安全生产全过程，及时贯彻、落实航产集团安全要求。一是逐级落实安全目标责任。根据航产集团签订的安全目标责任书，按照职能职责，分级细化，将责任落实到部门、落实到每个职工。二是围绕“安全大检查、大整治、大提升行动”主线，重点开展各项安全生产管理制度梳理，查漏补缺，先后出台《新冠病毒检测阳性应急处置预案》《地震应急预案》《各级值班制度》，修订了《应急管理手册》，安全管理制度体系初步建立。三是制订安全生产日常检查、月度安全巡查、消防安全自查、网络安全自查、安全隐患整改等安全治理清单，确保安全自查全面有效，推进安全隐患治理清零。共开展安全专项培训12次，月度安全检查5次、消防专项检查5次，共检查发现安全隐患26项，已整改清零25项，对未整改的1项加强每日巡视频次，制订专项措施，避免不安全事件发生。通过专项培训、日常检查等手段，切实提高全员安全意识和安全管理能力，在省国资委护网防御行动中航产集团取得国资体系第一名的好成绩。通过一年来安全有效保障，全年未发生各类不安全事件，确保航空集团信息网络正常稳定运行。

（张琳琳）

山西通用航空集团有限公司

2022年，山西通用航空集团有限公司（以下简称通航集团）全面贯彻省委、省政府、航产集团决策部署，主动应对市场困难，围绕全年目标任务，聚焦主责主业，积极谋篇布局，市场竞争加剧等诸多不利因素影响，取得安全防控和生产经营“双胜利”。

【聚焦主业，运营业务提质增效】通航集团稳住短途运输、低空旅游的“基本盘”，积极拓展航空应急救援业务、无人机应用市场，构建公司发展的多点支撑体系。一是短途运输航线、低空旅游航点持续优化。2022年，通航集团复航栾城至尧城省际航线，开通尧城至长治至运城、五台山至临汾省内新航线和忻州云中河、平遥古城低空旅游业务，短途运输累计执飞733架次，运输旅客2195人，低空旅游累计执飞171架次，运输旅客434人次。二是开展航空应急救援业务。三晋通航承担省应急厅、岚县航空应急救援业务，实施省内航空护林及应急救援作业飞行443小时24分、346架次、吊桶洒水110吨。三是围绕科普研学业务加快推进校企合作。与省内研学机构、大专院校开展合作，开展研学一日游活动26次和无人机执照培训5期，累计接待游客1550人次、培训学员100人次。四是无人机行业应用探索初见成效。积极开发无人机表演新业态，参与山西省无人机防控实战演练，配合阳泉雷达部队完成无人机编队模拟入侵演习科目；完成西山煤电初期数据采集、黑龙江2000平方公里正射影像图及多光谱数据采集等项目，开展T3改扩建航拍、矿山地质定界数据采集工作。

【强基固本，能力建设不断夯实】2022年，通航集团推动基础设施服务核心平台能力建设，不断强化通航运营保障能力，培育提升科研创新能力，进一步夯实了高质量发展产业基础。一是机场建设运营一体化服务加快布局。全面推动全省通用机场建设运营一体化服务能力建设，协助开展河曲、阳曲、吉县、交口、兴县通用机场建设前期工作，推进灵丘平型关、芮城、繁峙通用机场运营管理合作，为全面实现全省通用机场一体化管理奠定基础。二是通航飞行安全运行保障能力有效提升。进一步提升尧城机场保障能力，与空军大同基地、汾阳陆航旅、太谷武警和山西空管分局管制部续签管制保障协议，全年保障通航飞行任务2922架次，较2021年增长68.3%。不断完善运控中心飞行服务功能，全年接受省内外16家通航公司报送2420批次飞行计划，较2021年增长48%。三是重点产业项目牵引培育工作加快推进。完成山西航空产业综合馆布展方案专家评审并执行布展工作，稳步推进山西航空科普教育集聚地建设；紧抓国产民机战略机遇，C919缩比验证试飞项目开飞，保障完成太航仪表国产民机特殊科目飞行姿态验证和数据参数第一阶段收集、存储和处理工作；与航空工业昌河飞机工业集团航修公司直升机维修基地合作项目加速推进，助推山西进一步融入国家航空产业链条。四是聚力推动山西通航产业载体建设。协助太原市政府完成国家民用无人驾驶航空试验区申报的线上答辩、实地考察等工作，并于2022年8月成功获批；协助清徐县政府推动清徐通航小镇通过省发展和改革委员会评审、入选山西省特色小镇清单。五是着力提升企业创新研发能力。2022年，完成科研立项1项、授权实用新型专利1项、发表论文2篇；完成省科技厅“森林防火智能巡检无人机系统研制及信息平台关键技术研究”“山西省民用无人机交通管理科技发展规划研究”和通航重点实验室《无人值守全自动智慧巡检系统研制及无人机航迹规划技术研究》等科技项目4项，无人机公司顺利通过“国家高新技术企业”认定。

【党建工作】坚持党要管党，全面从严治党，长抓政治思想建设、重抓基层党组织建设、大抓清廉国企建设、狠抓以案促改、严抓作风建设，推动从严治党和党风廉政建设各项工作取得新进展、新成效。一是强化理论武装固根铸魂。党总支带头落实“第一议题”和理论学习中心组学习制度，全年开展“第一议题”学习17次，理论学习中心组学习20次，专题研讨14次，“新思想在山西”专题宣讲8次，重点学习中共二十大精神、习近平总书记最新重要讲话和重要指示精神，坚持不懈用党的创新理论武装党员干部、教育员工群众。二是严格贯彻民主集中制。党总支充分发挥“把方向、管大局、保落实”的作用，严格执行重大事项党总支前置研究程序，依规讨论和决定公司重大事项。班子成员带头贯彻执行上级党委决策部署、落实“一岗双责”、履行管党治党责任，推动党建工作与中心工作深度融合。三是强化基层党组织建设。充分发挥基层党组织战斗堡垒作用，完成党总支换届选举工作，成立山西通用机场管理有限公司党支部，修订党建工作目标责任制考核制度，开展党建项目化、党支部“过筛子”等工作，推进党的建设工作提质增效。四是系统推进清廉国企建设。强化对“一把手”和领导班子的有效监督，完成政治生态分析研判暨政治画像、企业规范经营管理和“九个严禁”等专项整治。制订《全面建设清廉国企工作方案》和《廉政风险防控清单》，扎实开展廉政警示教育，筑牢思想防线。持续开展“四风”突出问题专项整治，纠“四风”、树“新风”的成效不断显现。五是扎实开展以案促改工作。扎实开展“以案促改”，推动党员干部职工知规明矩，强化党性锤炼，改进作风建设，加强廉洁自律，重塑通航集团风清气正的政治生态。

【安全生产】秉承“没有安全、一切归零”理念，不断强化安全生产责任落实，逐步完善安全管理体系，积极推动规章制度落地，努力提升安全管理水平，确保安全生产。一是健全管理体制机制。把“人民至上、生命至上”贯穿安全生产工作的各领域、全过程，印发《全员安全生产责任制度》等制度、预案11项，安全整治类方案19项，围绕业务实际、职责权属，建立自上而下、覆盖全员的安全管理体制机制。二是压实安全主体责任。开展航空安保等专项安全检查，排查各类隐患，整改完成率98.8%，显著提升安全运行保障能力和合法性；召开各类安全会议，协调解决安全运行中的痛点难点，强化安全监管主体责任落实。三是修订安全风险与隐患排查双重预防机制。组织各运行单位负责人及业务骨干培训，认真开展安全风险的识别、评估、管控和残余风险再评估；针对尧城机场和三晋通航陆续组织开展航空器冲偏出跑道应急救援、消防灭火、地震疏散、反恐防暴处置等应急演练，有效提升应急救援处置技术能力与应变能力。

（黄旭栋）

山西航空产业集团有限公司
机务工程技术分公司

【全省机场机务一体化管理】2022年，在2021年建立全省机场机务一体化布局的基础上，山西航空产业集团有限公司机务工程技术分公司（以下简称机务公司）继续统筹推进机务一体化管理工作。一是全面承接临汾机场维修放行工作。年初即与临汾机场执飞航司开展维修业务洽谈，协议对接、服务方转换等工作，与除南航以外所有临汾机场在飞航司完成机务协议签署工作。在临汾机场设立机务维修站点，形成一体化管理“点站结合”模式，全面接管山东航空等6家航空公司在临汾机场的机务维修放行业务。二是开展朔州机场机务一体化前期工作。根据航产集团统一安排，完成朔州机场机务人员入职、培训等工作，开展专项培养。研究拟定《朔州机场机务维修委托服务协议》，协助朔州机场拟定开航前机务工具设备需求，配合其开展采购前期准备工作。三是持续优化"六统一"管理模式。在实现各地点各项工作标准统一和信息共享的基础上，以数智化协同手段，实时监控各机场航班保障关键节点，统一管控飞机维修工作进程，保证维修工作安全、有序。继续落实各地点工具设备由太原主地点统一购置、调配、维护、校验等工作，降低生产运行成本，减少支线地点管理难度，杜绝产生安全问题。继续根据各机场运营需要统一调配技术人员，满足各机场执飞公司放行能力全覆盖，改善支线机场维修能力薄弱的问题。机务一体化管理呈现出有序推进的良好态势。2022年，共完成26家航司保障协议签署工作，新增5家、续签21家。营业总收入2759.38万元，营业总成本3352.52万元，净利润负546.24万元。

【航空安全】一是工作作风建设。制订2022年安全作风建设和宣传教育工作方案与培训计划，开展9次培训，累计参训1252人次，全面深化安全文化建设，提升全员安全意识。二是安全监督检查。按照年初制订的法定自查工作计划，每月组织实施安全检查，全年组织开展12次自审，4次季度检查，每月至少执行4次不定时日常检查，配合外部检查12次，共发现问题13项，三级部门自查发现问题37项，公司级检查发现问题56项。发现问题均已列入隐患清单并进行挂牌督办。三是隐患排查治理及风险管控。积极推进安全管理体系建设，及时根据工作变化启动风险控制工作，2022年，识别隐患69项，均已完成整改。深入开展危险源识别工作，启动5次风险评估工作，共识别新增危险源5项，制订控制措施16条。四是应急管理。对照局方和各机场的应急预案，动态修订和完善应急预案体系，理顺公司应急管理组织机构，明确各部门职责、突发事件应急处置程序，9月发布。全年开展应急培训20次，累计参训3134人次，开展7次应急演练，提升人员应急处置能力。

【资质建设】一是维修许可证换证。《民用航空器维修单位合格审定规则》CCAR-145R4颁布后，按照新规章内容，对维修单位质量、安全、生产控制、工程技术、培训管理等系统开展全方位梳理和改进，做足各项准备工作，于8月获得局方批准。二是内训外培。利用航班保障量较小的窗口期，固本强基，为未来高质量发展奠定基础能力。完成培训大纲修订及培训课程体系完善，积极推进送外培训工作，全年送外培训26人次，7人完成机型复训和转差培训、4人完成质量审核员培训、6人完成安全管理人员培训、新增9人取得维修人员执照。三是承接国产ARJ21机型放行。经充分准备，承接成都航空国产ARJ21放行工作，成为华北地区第一家放行国产ARJ21机型的机场维修单位。四是积极推进昆明航空定检工作。定检维修员、维修控制人员、维修检验人员的续授权申请工作和定检工卡的培训工作。

【公司治理】一是制度建设。在2021年基础上，新建、修订公司层级制度11项、部门层级制度17项。通过制度体系的逐步完善，进一步明确机务公司党建、行政、安全内部监管的管理要求和各部门管理职责，促进合规运行。二是财务管理。结合实际运行，修订各项财务管理制度，提高操作性并严格费用支出管理职能；按照航产集团共享系统上线要求，实现收入、应付、资金、薪酬等各模块线上管理；规范收费工作，严格核对收费数据，确保应收尽收；制作预算管理培训课件并组织培训，进一步提高各部门预算管理基础理论水平。预算审核流程增加预审环节，严格把控预算制订的科学性、合理性。三是投资项目。2022年投资立项13项，金额总计44.47万元，所有项目完成实施。四是工具管理。继续对各地点工具设备购置、调配、维护、校验等工作进行统一安排，开展工具设备、航空耳机一般性故障自主维修及保养，通过自行维修勤务耳机，较好降低生产运行成本。五是合规管理。按照航产集团相关工作部署，着手建立合规管理体系，加大对重点岗位的约束力，有效推动管理工作规范化运行，切实提高内控治理水平。

【党建工作】一是思想建设。紧紧围绕机务公司中心工作，发挥党组织政治引领作用。以“中心组学习、三会一课、主题党日”为载体，深入学习习近平新时代中国特色社会主义思想和中共二十大精神、习近平总书记视察山西重要讲话重要指示精神等材料，保证党的基本理论、方针和省委、航产集团党委决策部署有效落地。全年共开展集中学习35次，为推动公司中心工作提供坚强思想保障和理论支撑。二是政治引领。动态修订《“三重一大”决策实施细则》《前置研究讨论重大经营管理事项实施细则》《党总支会议议事规则》《党建工作责任制考核实施细则》《新闻宣传工作管理细则》《党支部规范化建设实施方案》等多项制度，构建较为完备的党建制度体系，完善和发展党组织在基层治理中的功能，为推进党组织规范化建设起到促进作用。全年共召开党总支会议18次、安全专题工作部署12次、审议“三重一大”及其他事项55项，充分发挥党总支把方向、管大局、保落实的领导作用。三是组织建设。在增强战斗堡垒、发挥党组织模范作用方面，党总支把工作重心下沉，通过建立党员先锋岗、开展党建项目化、党支部“过筛子”、我为群众办实事等活动，推动党建工作与安全生产深度融合。在开展思想工作中党总支紧贴职工所思所想，帮助职工群众办好事，把职工是否欢迎、是否满意作为检验工作的标准，2022年通过“我为群众办实事”活动共收集职工反映问题和合理化建议14条，已全部解决落实，获得普遍认可，进一步提升党组织凝聚力、向心力和战斗力。四是意识形态。成立意识形态工作领导小组，按照分级负责原则，对责任进行分解、落实到班子成员和各党支部、各部门负责人。及时传达学习关于意识形态工作的决策部署及指示精神，做好政治宣传教育，通过机务公司微信公众号、机务维修网等新媒体平台发表140余篇新闻报道。高度重视员工思想稳定工作，落实党员包干责任制，坚持人员思想分析会制度，定期了解掌握员工思想情况，并将意识形态工作开展情况纳入党建工作责任制和部门考核内容。一年来，通过以上各项工作开展，加强意识形态工作的落实，促进和谐发展。五是廉政建设。持之以恒落实中央八项规定精神，严格履行“一岗双责”职责，不断强化清廉国企建设向纵深推进。通过管班子，带队伍，抓落实，严明政治纪律和政治规矩，严格执行新形势下党内政治生活若干准则。制订《2022年全面从严治党工作目标责任分解清单》和《党总支领导班子、主要负责人和其他领导班子成员落实全面从严治党主体责任清单》，推动全面从严治党主体责任落实。全年共开展党风廉政学习35次，开展专项警示教育，组织观看《正风反腐就在身边》《零容忍》等系列专题片，依规依法及时进行党务公开，通过自愿报告等形式调动职工群众对安全生产进行民主监督，为机务公司的发展建言献策，进一步加强了民主监督。坚持党风廉政自查自纠，全年共开展常态化出勤检查12次、节假日期间在岗在位专项检查12次，增强经营风险管控，加强对重点领域、重点环节的监管。六是群团建设。发挥工会组织作用，积极开展建言献策活动，激励广大员工建功立业，参与民主管理。弘扬劳模精神、工匠精神，选树典型，以点带面，发挥先进示范引领作用。完善帮扶机制，开展送温暖活动，做好对困难职工的慰问，维护职工权益。开展建设职工“心灵驿站”，排解压力，做好心灵疏导。制订《班组建设实施细则》，以抓基层、打基础、苦练基本功为抓手，深化开展“六型”班组建设，营造良好企业文化氛围。加强团支部建设，持续做好团员青年政治思想工作，注重团员青年的成长和发展，积极开展团员活动。争创省级“青年文明号”、全国“青年安全生产示范岗”增强团员青年职工凝聚力。

（李　莉）

山西机场物流有限公司

【航空运输生产】一是优化航线运营网络，努力构建市场开发新模式。通过对太原机场现有航线网络、航班腹舱、航空运价、执飞时刻等资源进行深度优化，实现对航空货运资源的灵活运用，并以此为契机积极寻求与航空公司、物流寄递企业的深度业务合作，特别是航空货运中转业务得到较大发展。二是狠抓业务合作机遇，大力发展国际客改货业务。南航国际客改货定期航线于2021年6月26日开通。山西机场物流有限公司（以下简称物流公司）在不断总结保障经验基础上，继续挖掘国际航空货运资源，积极寻求各方合作，并于12月上旬相继开通太原至布鲁塞尔、太原至马德里2条国际客改货定期航线。截至2022年1月16日，累计保障国际客改货航班40架次，保障国际货邮87996件/1320吨，实现太原机场国际客改货航班由“从无到有”向“从有到多”的重大突破，国际货运业务取得跨越式发展。三是力促业务模式融合，强势整合多元业务新发展。为进一步拓宽业务经营范围，山西博源恒通主营业务于2021年12月1日正式并入物流公司，进而突破此前单一的主营业务模式，初步形成以航空货站业务为主，陆空联运、空空中转、城市配送为辅的“一主三辅”业务发展新业态。

【党建工作】紧紧围绕航产集团党委工作部署，坚持以高质量党建引领推动发展，时刻保持风清气正、实干担当的政治生态，有力保证物流公司各项工作有序推进。一是筑牢思想根基，全面开展党史学习教育活动。以多种形式深入学习习近平新时代中国特色社会主义思想、中共十九大及十九届系列全会精神、省第十二次党代会精神，认真落实“三会一课”制度，严格遵守中央“八项规定”和上级党委、纪委加强作风建设的要求，强化监督机制，持续推进作风建设的不断转变。二是加强群团共建，充分发挥群团组织作用。务实开展党史教育学习，结合实际，把“我为群众办实事活动”不断引向深入，着力解决群众关心的热点难点问题。与省市相关部门联系，解决黄牌货运车辆进出机场受阻的问题；虚心听取客户意见建议，在出港货台安装传送机；了解基层群众需求，为广大职工解决上网难问题；对货站楼区域进行环境改造等，群众满意度得到提高。

（冀　沛）

山西航空产业集团有限公司后勤服务管理分公司

【党建工作】2022年，山西航空产业集团有限公司后勤服务管理公司（以下简称后勤公司）党委把增强“四个意识”、坚定“四个自信”、做到“两个维护”贯穿工作始终，强化党的建设在各项工作中的作用。一是组织党员干部认真学习中共二十大、十九大系列全会精神、习近平总书记视察山西重要讲话精神等，坚定党员政治信仰，从理论素养和思想意识上提高全体党员干部政治能力和水平。二是严格落实党内政治生活有关规定，坚持党委中心组学习、民主生活会、民主集中制等基本制度，全年共开展23次党委理论学习中心组扩大学习、1次民主生活会、21次党委会和8次党课学习。三是认真贯彻航产集团公司重要会议、重要文件精神和决策部署，强化党委领导、落实党委主体责任，确保党的建设在工作中的绝对领导作用。

后勤公司党委深入贯彻关于加强党的组织建设的新思想、新论断、新要求，充分认识加强党的基层组织建设的重大意义，打牢思想根基。一是坚持问题导向，以重点、难点问题突破带动全局。通过开展“改作风、树形象、提效率”专项活动，对公司干部员工进行工作轮岗，规范内部管理，提升员工综合能力和工作效率。二是完善、落实党组织的管理制度。制订修订《党组织联系服务党员和干部职工制度》《领导干部廉洁档案建立管理办法》《党委谈心谈话实施办法》等制度，细化领导班子职责和第一责任人职责，切实履行“一岗双责”确保各项任务落到实处、顺利推进、取得实效。三是严格落实从严治党主体责任。年初，召开从严治党暨党风廉政建设工作会，回顾总结2021年党建、纪检工作，安排2022年重点工作，并与所属3个党支部分别签订《2022年度落实全面从严治党主体责任目标责任书》，明确责任清单，压实责任担当，形成横向到边、纵向到底，上下联动的责任机制，增强公司党组织书记落实管党治党的主体责任意识。

后勤公司党委主要通过学习教育和意识形态研判等方式强化思想建设工作。一是组织全体党员坚持学习习近平新时代中国特色社会主义思想、习近平总书记重要讲话重要指示、中共二十大精神和国企改革三年行动要求等，着力抓好党员干部及广大职工的理论武装。二是制订《2022年党委中心组学习计划》《2022年党员学习教育计划》，按照计划持续推进学习教育工作，通过读原著、学原文、悟原理，用党的最新理论成果武装头脑、指导实践、推动工作。三是按季度分析研判意识形态、舆论舆情，持续关注干部职工思想动态，特别是在改革推进过程中，确保广大干部职工思想稳定，健康积极。

后勤公司党委充分发挥工会和共青团的桥梁与纽带作用，引导广大职工弘扬劳模精神和工匠精神，促进广大职工立足岗位、创先争优。2022年度，共慰问老党员、困难职工、离退休职工、患病职工等32人次。还精心组织元宵节、“三八”妇女节等文体和节日庆祝活动13次，开展“我与党旗同框”“学党史、强信念、跟党走”等各类活动7次，“学雷锋”等青年志愿服务4次。

【廉政建设】后勤公司党委始终把党风廉洁建设工作摆在突出位置，贯穿各项工作中。一是注重廉政教育，结合周讲评会或党委中心组学习，对党员干部及时传达上级有关文件精神和廉政最新动态。紧盯中秋节、国庆节、元旦等重要节点，以文化大讲堂、廉政教育专题会等为载体，进行典型案例的党风廉政日常警示教育，集中传达学习中纪委监委、省纪委监委节前公开曝光的违反中央八项规定精神和贪腐的各类典型问题案例，并公开公共邮箱，畅通问题反馈渠道。二是强化廉政监督，动态修订《廉政风险点及防控措施（2022版）》，梳理出重点岗位和关键环节廉政风险点18项，防控措施45项，让党员干部履职和纪检监督工作都能有的放矢、方向明确。并采用“四不两直”方式进行监督检查，发现问题，限时整改。三是推进建章立制，完善权力制约机制。印发《落实中央八项规定、持续深化作风建设问题清单》《党员干部正风肃纪“十三条禁令”》等有关制度，形成严格落实中央八项规定精神、持续深化作风建设的良好氛围。四是落实以案促改。根据《关于严格执行中央八项规定精神推动全面从严治党向纵深发展的纪检监察建议》（晋航产纪〔2022〕1号）文件精神，后勤公司党委对刘志华及合约方监督管理存在缺位漏位问题召开专题会，通报案件情况，进行深刻反省，剖析问题产生根源，确定整改措施及目标，并结合工作实际制订专项整改教育活动方案，督促基层党支部严格落实。同时向航产集团党委做出深刻检讨。

【安全管理】始终坚持“安全第一、预防为主、综合治理”的方针，加强安全教育培训，强化安全监督监管，落实安全生产责任。一是安全教育培训常态化，针对不同岗位需求和不同季节安全风险点进行不同的安全知识和安全技能培训，警钟长鸣，全年共组织安全培训和警示教育共30次。二是定时与不定时组织安全检查，保证及时发现隐患、及时进行整改。全年共组织卫生、消防、内保等安全检查93次，发现各类隐患75项，完成整改73项，整改率97.3%，其余两项正在整改中。

【乡村振兴】农村工作队通过多种方式、多条渠道积极推动帮扶村各项工作。一是帮扶村党组织建设。主要通过第一书记指导、组织各村党支部规范组织生活、为党员讲党课等方式，加强党组织建设。二是谋划落实产业项目。在航产集团党委大力支持和积极推动下，与左权县达成《巩固脱贫攻坚与乡村振兴有效衔接帮扶框架协议》。在航站楼利用灯箱、电子屏发布左权相关产业、景区景点、农特产品等广告，在T2航站楼开办左权农特产帮扶超市，专卖左权特色产品。三是在航产集团党委指导下，结合帮扶村实际特点，针对性确定“乡村振兴五年规划”的产业项目五项和配套的基础设施改造项目一项。已落实两个项目资金共计80万元。四是开展帮销助销，切实解决村农产品销售困难。共计协调销售石碾小米1万余千克、土豆0.5万余千克，解决帮扶村群众农作物滞销问题，提高农民收入。五是实地入户走访，扎实开展“三类户”排查，同步开展切实有效的帮扶措施，保证“三类户”生活稳定。还积极主动为村民办理小额信贷、查询验证社保补助、协调为村民做健康体检和急救知识培训等，多种方式送去航产集团对帮扶村群众的关心关爱。

【服务保障】2022年，本着持续推进“我为群众办实事”活动走深走实的原则，后勤公司党委号召全体员工积极发挥业务特长，主动提升一线服务质量，为大家解决实际难题。一是克服重重困难，完成太原机场区域各单位570户住房不动产权证的首次登记工作，其中218户已完成转移登记，剩余个别特殊情况正在研究处理中；二是结合实际运行中出现的情况，通过与地方管理方的沟通协调，基本完成“三供一业”改造工作；三是提升职工公寓入住安全性和舒适性，对部分设备进行维修更新、定期清洗淋浴喷头、加密公共活动区域消毒频次、提供一次性消毒物品等，为广大职工创造更健康更安全的居住环境；四是提前对服务区域的供暖制冷管道设施进行清洗检修，确保制冷供暖效果；五是在各个站点都建立服务保障微信交流群，畅通意见反映渠道，全年征集到各类问题260余件，全部给予答复和解决；六是以创城创卫工作为契机，对工作区及部分生活区进行彻底环境清扫保洁，共计灭蟑10次、投放鼠药60千克、清理卫生死角100余处、清理生活垃圾30车，清理杂草2万余平方米等；七是通过优化调度方式，科学合理调配各类公务用车，最大限度地提高车辆利用率、节约能源，促进保障工作健康有序开展。

【基建维修】一是承担各类零星维修工作150余项，夯实安全运行基础；二是基础建设项目助力安全运行，已完成太原机场航空货运物流基地货运流程及海关监管系统改造项目、航站楼高架桥侧壁粉刷、航产集团纪委谈话室维修改造等3个项目；三是正在推进公安局内墙粉刷、国际库安检信息系统建设、太原国际邮件互换局（交换站）扩容升级项目等3个项目；四是具备审计条件的太原机场1号航站楼高架桥平台拓宽改造项目、1号航站楼高架桥结构加固及1号、2号航站楼高架桥伸缩缝更换工程、航空业务用房及附属设施改造（一期）、集团办公楼室内粉刷及维修改造项目等15个项目已经提交送审，其中7个项目已审定。

【改革创新】一是积极贯彻落实省委“32字要求”中的“主强辅优、分灶吃饭”要求，按照航产集团深化改革决策部署和第43次专题会议精神，积极推进后勤公司改革进程。首先，调研山西滨汾物业集团有限公司、太原市怡安居物业管理有限公司及北京首都机场物业管理有限公司三家具有行业代表性的物业公司管理经营、运营模式，探索适合后勤公司改革发展的路径。其次，在完成调研报告、后勤公司未来三年经营状况测算基础上，拟定《经营改革思路和实施方案》。通过专题会讨论和专班协调，明确改革后的经营模式。截至年底，可研报告第二稿正在审稿；同时由于具体业务合同即将到期，根据航产集团党委会研究决定，已开展具体业务项目招标工作。二是通过科学改进，实现降本增效。第一，将绿化养护项目作为经营改革试点项目，通过经营模式由纯外包转为自主营业、自主采购物资、与共担单位协调沟通，划分责任界限，减少集团负担面积三条通道共节约成本10.44万元。第二，结合管理范围物业项目实际和降本增效目标，在招标时科学确定控制价，职工公寓和综合楼两个项目共计降低成本20.17万元。第三，通过市场调研、科学计算，降低招标控制价偏差，新承接的太原机场航站楼相关清洁保洁业务节约成本231.47万元。以上3个项目共计节约262.08万元。

（张亚欣）

山西交通运输2023年鉴

区域发展

太原市

太原市交通运输局

2022年，在市委、市政府坚强领导下，在省交通运输厅精心指导下，太原市交通运输局聚焦交通强国建设新征程，着力推动太原市交通运输系统全方位高质量发展。全年，太原市95家交通运输、仓储业规上企业完成营收1044.19亿元，道路运输企业完成总周转量78.26亿吨公里，增速5.41%，公共交通完成客运量1.54亿人次，轨道交通完成客运量2824.7万人次，完成营收任务；完成50条线路529台车辆的更新工作，太原市成为国内首批实现新能源公交车辆占比100%的城市之一；2022年12月，太原市被交通运输部、国家发展和改革委员会评为绿色出行创建达标城市，成为全国首批97个创建达标城市之一。

【政治建设】 严格落实"第一议题"制度，中心组累计29次跟进学习习近平总书记最新重要讲话、重要论述、重要文章，系统组织学习中共二十大精神，编印《习近平总书记交通运输重要论述金句摘编》，组织全体干部职工常学常思常悟，增强"四个意识"、坚定"四个自信"、捍卫"两个确立"、做到"两个维护"。第一时间传达学习贯彻中央和省委、市委决策部署，迅速研究落实举措，统筹推动主责主业，确保各项要求落实落地。

【全面从严治党】 局党组坚持及时传达学习市纪委问题通报，专题研究局系统党风廉政建设工作。扎实推进清廉机关建设，先后有11人受到党纪政务处分。深入学习贯彻省委、市委贯彻落实中央八项规定精神专题警示教育大会精神，局党组书记带头讲廉政党课，组织集体参观省党风廉政教育基地，部署开展纪律作风教育整顿和警示教育主题党日活动，全系统党风廉政建设取得新成效。

【基层党建】 局党组多次专题研究，对照身边案例，深入开展初心、凝心、匠心"三心工程"，督导落实"三会一课"制度，聚力解决基层党组织弱化、虚化、边缘化问题，营造"大抓党建"鲜明导向。

【快递物流行业党建】 认真落实习近平总书记关于关心关爱快递小哥和维护卡车司机合法权益的重要指示精神，着力推进快递物流行业专项治理，新成立基层党组织73个，710名从业者党员全部纳入企业和社区双重管理，推动建设2080个"暖蜂驿站"、1平方米爱心角，扩充组建76支行业志愿服务队，1300名志愿者积极投身社区建设、创城创卫第一线，着力打造红色引领行业高质量发展党建高地。11月，在全市率先组织开展视频晾晒评比活动，持续推动行业治理能力提升。党建牵引行业治理经验做法受到省、市表扬和推广，为全省开展快递物流行业党建提供新思路、新实践。

【干部和人才队伍建设】 严格落实党管干部原则，坚持事业为上、任人唯贤，累计提拔调整科级以上干部15人，有效调动工作积极性。依托"学习强国""好干部在线"等平台开展政治理论学习，组织参加全省交通运输高质量发展研修班，稳步提升干部综合素养。持续推进机构改革，制订《关于促进基层治理能力提升持续深化交通运输领域综合执法改革的实施方案》，组织招录27名一线执法人员，厘清执法界限、规范执法流程、加强执法力量。

【交通基础设施建设】 西北二环加快建设，完成投资80.11亿元，完成年度计划100.1%，累计完成195.46亿元。古交至娄烦至方山高速前期工作全力推进，土地预审组卷工作报审中。太忻大道（太原段）、娄烦自行车赛道建设全面完工通车。"四好农村路"完成建设里程184公里，完成投资5.6亿元，完成目标任务139%；旅游公路完成189公里，完成目标任务100%，完成投资11.3亿元，完成目标任务86%。客运东南站验收和运营筹备工作全力推进。

【交通运输服务保障能力】持续深化"公交都市"创建成果，推进189台纯电动公交车采购工作，开通机场至客运东南站（高铁站）至火车站公交专线、太忻经济区920公交支线，谋划推动太原至忻州城际公交开通事宜。开展绿色出行创建攻坚行动，经过为期2年创建，2022年11月顺利通过考核验收。12月，太原市被交通运输部、国家发展和改革委员会评为全国首批绿色出行创建评价达标城市。攻坚推进城市绿色货运配送示范创建行动，积极做好国家综合货运枢纽补链强链城市申报建设工作。

【行业治理】先后制订《重大行政决策工作制度》《太原市交通运输行政执法工作规则（试行）》等制度，开展文明交通综合治理专项行动，从严规范出租汽车经营秩序，持续推进网约车合规化进程，有力促进行业有序发展。行业监管体系不断完善，健全随机抽查事项清单、检查对象名录库和执法检查人员名录库，推动行业"双随机、一公开"监管常态化。

【夯实安全稳定工作基础】坚定扛起政治责任，深入开展信访治理和积案化解工作。持续深化安全生产专项整治三年行动，聚力开展"百日攻坚"、安全生产强化年、安全生产大检查大整治大提升行动，全力推进整改省联席办交办铁路沿线安全环境隐患，公交、地铁、铁路安全生产全年实现无事故，全系统安全生产工作基础得到夯实。

【宣传工作】筑牢意识形态主阵地，借力主流媒体发出交通声音、讲好交通故事，央广网、央视新闻、中国新闻网、今日头条等国家级媒体专题报道21次，省级主流媒体报道57次，市级主流媒体报道162次，西北二环和太忻大道重点项目建设、绿色出行、快递物流行业党建等工作赢得社会广泛关注。同步注重抓好交通运输行业精神文明建设和双拥工作落实，工青妇和离退休干部工作有序展开，军民融合与交通战备工作稳步实施，驻村扶贫工作与乡村振兴战略有效衔接，人大代表、政协委员提案办理积极推进，切实为全行业健康有序发展凝聚力量、夯实基础。

（郭江波）

小店区交通运输局

2022年，在区委、区政府正确领导下，在全体干部职工大力支持下，小店区交通运输局坚持以习近平新时代中国特色社会主义思想为指导，认真贯彻落实中共十九大、十九届历次全会及习近平总书记视察山西重要讲话重要指示精神，认真学习宣传贯彻中共二十大会议精神，紧紧围绕实施"七区战略"总要求，以党建工作为引领，全局上下凝心聚力、砥砺奋进，踔厉奋发、勇毅前行，各项工作扎实有序推进。

【政治理论学习】始终坚持把党的政治建设摆在首位，坚持党的政治领导，全面加强一流政治机关建设，增强"四个意识"、坚定"四个自信"、做到"两个维护"，做到贯彻落实习近平总书记重要指示批示和中共中央决策部署态度特别坚决、行动特别迅速、措施特别有力。牢牢抓住理论学习中心组学习这个重要载体，坚持班子成员先学一步、学深一层，带头读原著、学原文、悟原理，带头讲党课、作宣讲，切实把班子成员和全体干部的思想和行动统一到区委、区政府决策部署上来。

【意识形态工作】挑选多名政治素质硬、文化素养高、道德品质优的年轻干部成立网络舆情小组，落实网络舆情和突发事件处置主体责任。利用LED电子屏，持续宣传中共二十大、习近平总书记视察山西重要讲话重要指示、省市相关会议及区委"七区"战略等精神，引导全局干部职工树立正确世界观、价值观、人生观。

【执法人员素质培训】努力提高全局干部职工法律意识，加强执法人员素质培训，不断增强依法决策、依法管理、依法办事能力，主动养成从严从实、依法履职新常态，养成按规矩、按法律办事好习惯。

【"三问三真"大讨论活动】对照小店区委书记袁尔铭提出的"七方面短板不足和五种思维"重要指示，

以"问题查到没有、方法找到没有、工作落实没有"为导向,深入开展"三问三真"活动。要求全体干部职工紧紧围绕"七区"战略目标,认真践行"五种思维",奋力争当全方位推动高质量发展的开路先锋!

【庆"七一"大型合唱活动】 参加由区委、区政府组织的"实施'七区'战略,擘画百强新貌"庆"七一"大型合唱比赛,获二等奖。

【先进典型表彰活动】 召开快递物流行业"优秀党员"表彰大会,对奋战在快递物流行业一线的优秀共产党员进行表彰,号召广大党员群众对标楷模、学习榜样。

【"党员宣传岗"活动】 分别联合中通、顺丰、京东等快递物流企业,创新推出"快递物流企业党员宣传岗"宣传新模式,扎实开展防诈骗宣传活动。共深入快递物流企业10家,发放宣传资料3000份。

【"争创先进党支部、争当优秀共产党员"活动】 选树"滴滴""中通"2个先进党支部和4名优秀共产党员,将叫得响、过得硬、推得开的党支部建设经验做法在全区快递物流行业进行推广。

【领导班子建设】 持续开展"查作风、查责任、查漏洞、查落实"活动,组织开展党史学习教育专题组织生活会"回头看",深刻查找局党委和党员干部个人存在问题,建立问题清单、任务清单、整改清单,坚持立行立改、即知即改。

【党风廉政建设】 根据小店区纪律检查委员会办公室《关于在全区开展纪律作风集中教育整顿活动的实施方案》及《关于全面推进清廉小店建设的实施方案》要求,深入开展纪律作风集中教育整顿活动,召开纪律作风整顿大会,制订专项行动实施方案,明确整顿范围、具体要求,确保纪律作风教育整顿专项行动落实落细。

【"一桥、二路、五线"重点工程建设】 完成刘家堡汾河大桥危桥加固、乡村振兴产业路资源路工程、岗乱线、小仁线、郝南线改造工程项目,全年累计完成建设里程约60公里,上级领导多次深入工程一线检查指导,给予一致好评。

【安全监管】 按照"管行业必须管安全、管业务必须管安全、管生产经营必须管安全"要求,压紧压实党政领导责任、部门监管责任和企业主体责任,认真落实国务院安委会部署的安全生产15条措施及全省分解细化56条任务清单,严格落实国家安全责任制,建立和完善维护国家安全各项工作机制,克服人员不足、精力有限等诸多困难,聚焦职能职责,对标问题任务,紧盯重点、难点,加强责任落实,加强隐患排查治理,实现安全监管全年零事故。截至年底,共出动执法人员640人次,出动车辆340台,共检查企业550次,发现一般安全隐患105条,已全部整改,未发现重大安全隐患。

【农村公路抢险保通】 坚持以"防大汛、保畅通、保安全"为工作目标,认真贯彻落实省、市、区防汛工作安排部署,召开会议研究部署,成立12个防汛安全专班加强道路巡查,增加抢险物资储备,强化值班值守,强化防汛措施,明确防汛职责,确保交通运输安全度汛。全年共抽排水约1000立方米,设立警示标志20处,处理安全隐患30处,出动机械50班次,出动安全专班人员300人次,共投入抢险资金约500万元,确保道路安全畅通,为人民群众生命财产不受损失起到保驾护航作用。

【防止大气污染】 一是落实路面管控夜查常态化。2022年以来,全体执法人员参与值守,坚持每晚对辖区内渣土车遮盖不严、沿途抛洒等货运车辆和超限超载车辆进行查处。截至年底,共出动执法人员320人次,执法车辆160台次,查扣各类违章车辆36台次,劝返车辆107台次。二是开展尾气检测。联合交警、小店环保分局,采取固定值守和进场站、进企业、进车队等方式对重点车辆进行尾气检测。截至年底,共检测柴油货车113台次,不合格1台。三是根据省治超办工作安排,开展打击"百吨王"专项行动。自专项行动以来,共查扣车货总重超过90吨的货运车辆5台。

【文明城市创建】 一是实施小街小巷治理工程。完成荣军南街、黄陵路、坞城东街南巷等小街巷治理扫尾工程,画设道路标线约6500平方米,画设停车位629个约530平方米,画设非机动停车位2161个约7721平方米,确保小街巷路面平整、干净、整洁。二是实施点位创建。对平阳路、前进路、太行路、人民路、真武路、体育路等6家邮政网点达标工作进行监督检查，了解点位创建进度，对发现的问题及时进行整改，完成邮政网点达标工作。三是开展共享单车整治工作。对辖区重点线路、点位加大巡逻频次，确保共享单车规范停放，对散停乱放类、超量投放类、脏车坏车类单车及时进行转移调度，积极落实车辆维护管理，更好地方便群众。

【深化执法改革】根据《中共太原市委深化党政机构改革领导小组办公室印发〈关于组建太原市市场监管综合行政执法队的通知〉等5个文件的通知》精神，组建太原市交通运输综合行政执法队小店区大队，规格正科级，为市交通运输综合行政执法队的派出机构。核定自收自支事业编制152名，已划转人员151人，在职人员136人，退休15人。小店区大队设大队长1名（正科级），副大队长3名（副科级）。下设10个中队，副科级领导职数10名。60名执法人员已到12个街乡报到，其他执法人员仍在工程建设、安全监管及大气污染防治等原工作岗位开展具体工作。

（小店区交通运输局）

迎泽区交通运输局

截至年底，全区有农村公路120.087公里。其中，县公路5条，总长35.271公里；乡公路4条，总长24.007公里；村公路59条，总长60.809公里。

【高速公路、108国道过境建设】青银二广高速公路太原联络线是省政府确定的纳入交通建设“十四五”规划的重点项目，工程全长33.87公里，其中，迎泽区段13.25公里。108国道过境公路改造工程，工程全长52.2公里，其中迎泽区段7.5公里。分别经过张家河、孟家井、柳沟、小山岩等多个村庄。围绕农村公路与国道、市政道路连接，特色产业发展，对迎泽辖区内农村公路建设、县乡村道路建设统筹进行规划，让农村公路建设更加符合科学发展要求。

【重点公路建设】完成松小线道路交通安全隐患排查整改工程，建设里程5.2公里，投资432万元。完成迎泽区小山沟至大窑垴道路改造工程，建设里程3.7公里。完成迎泽区孟家井至小山岩道路改造工程，建设里程3.123公里。同时，积极协调108国道建设项目方，在该路段交叉口处预留互通匝道，与108国道相连，使其成为服务于全区经济发展的重要“国道走廊”。

【公路养护】全面加强地质灾害点动态管理和信息管理，强化协调和监督力度。及时上报，同各有关单位信息共享，提升处置突发事件的能力。建立定期巡检制度，对工程项目加强服务，加大对重点工程的质量安全检查。对重点建设项目要实施动态管理，必要时对项目适时调整。完成县乡公路路面80万平方米日常保洁，完成公路沥青灌缝70米，截至年底，累计清运边坡土石方滑落290立方米；修补坑槽12处；清除路肩杂物7000平方米，疏通排水沟16公里，清理疏通涵洞3座，治理路段优良状态达85%，保证道路安全畅通。

【道路运输安全生产】2022年是安全生产三年专项整治的收官之年。区交通运输局持续强化交通运输行业安全生产监管职责，严密组织实施百日攻坚集中行动，健全重点领域安全风险分级管控、隐患排查治理和双重预防工作机制，对照行业重大风险清单，全面排查、动态监管，扎实推进安全生产大排查大整治各项任务，坚决防控重大风险，努力提高行业本质安全水平。组织开展春运、“五一”、国庆等假期安全生产大检查，以“两客一危”为重点，在辖区监管交通运输企业全面开展安全隐患大排查。突出检查长途客车、旅游客车、危险品运输货车等重点车辆情况。截至9月底，累计对监管客运企业检查55次，发现一般隐患157条，全部落实现场整改；处理投诉督办案件34件，约谈客运企业4次。

【行业日常监督管理】一是以安全生产为抓手，全面加强行业日常监管工作。年初，与各类道路运输企业签订安全生产承诺书87份；根据交通运输行业特点，抓好重要时间节点、重点企业的安全检查力度，定期组织召开安全生产工作例会，以强化服务为宗旨，全面提升行业监管能力。二是完成辖区客运、旅游客运车辆年度审验工作。截至年底，已完成旅游客运企业7家432辆，班线1家300辆，总计

732辆营运客运的年度审验工作(五年以上营运客车落实道路运输证一年二审要求)。

【超限超载治理和货运管理】 对省治超巡查组提出的关于全区货运源头企业存在的问题进行积极整改,公示货运源头企业4家(其中1家企业处于停产状态),落实源头企业每周巡查任务,对于发现的一般性隐患均要求企业现场整改落实;持续做好路面联合治理,共处理超限超载车辆147起,移送抄告违法超限超载运输车辆115起。完成2家危险品货物运输企业质量信誉考核工作。加强燃气危险物品运输全过程管控,积极与相关部门配合,加大对非法托运、违规充装等行为的查处力度,切实强化源头监管。与公安、消防、市场监管等部门开展联合执法8次,现场消除一般隐患7起。

【维修及驾管培训机构日常监管】 辖区监管维修企业共66家(一类、二类维修企业18家;三类维修企业48家)。已完成三类维修企业35家2021年度质量信誉考核工作;辖区监管驾培机构现有19家,已完成18家驾培机构2021年度质量信誉考核工作。(新增、新备案企业不参加2021年度考核;一、二类维修企业由市局组织考核)

【企业安全生产检查】 落实环境保护相关要求,重点检查维修企业落实错峰调漆、喷烤漆、烘干、晾干作业,喷涂作业的过滤棉按照规定使用时间进行更换,并做好相关更换台账记录。未发现辖区企业出现"散乱污"现象,维修车间油气味较轻,废弃物、废气均能按照环保要求进行处置。驾培机构检查过程中,对于发现的一般性隐患均要求企业现场整改落实。

【接受迎泽区委政治巡察】 3月25日至7月29日,六届迎泽区委第三轮巡察一组进驻区交通运输局开展常规巡察。9月14日,巡察组反馈巡察意见,并指出工作中存在的问题和不足,有针对性地提出整改意见和建议。为全面落实巡察反馈意见建议,扎实做好整改工作,局党组高度重视,把推动巡察整改作为阶段性重要政治任务,认真反思,召开党组专题会议研究,制订整改方案,细化"三清单",局党组书记是履行整改第一责任人,班子成员按照职责抓好分工范围内的整改落实工作。建立整改责任体系,把任务分解到人、压力传导到岗,一级抓一级、层层抓落实。

【加强基层党组织建设】 落实党组会议"第一议题"学习制度,坚决落实全面从严治党主体责任,切实发挥党组统揽全局、协调各方作用。以基层治理能力提升为中心,通过不断提高全体党员干部党性觉悟,坚定理想信念,扎实学风,打造学习型机关队伍。局领导班子成员提升政治站位,发挥出把方向、管大局的示范引领作用。

(迎泽区交通运输局)

杏花岭区交通运输局

2022年,在区委、区政府正确领导和上级交通部门支持下,区交通运输局深入贯彻落实省、市、区会议精神,紧紧围绕全区总体工作部署,加快推进交通基础设施建设步伐,加强运输行业管理,有效推进交通行业文明执法,着力打造作风过硬的交通执法队伍,统筹推进交通运输各项工作,交通基础设施建设取得显著成就,交通运输行业管理水平迈上新台阶,养护管理常态化、安全管理全覆盖呈现良好态势,为全区经济社会加快发展提供坚实交通保障。

【重点项目建设】 2022年,承担建设的18.902公里"四好农村路"项目、22.45公里东西山旅游公路项目、22.801公里农村公路微循环项目,已全部完工。

【公路养护管理】 本着畅、洁、绿、美养护原则,在保畅、保洁、保安全、绿化、美化等方面做了大量工作,优化、美化公路环境,各项工作扎实开展,富有成效。截至年底,全区养护县乡村道223公里,完成养护路面面积25000平方米,修复水毁面积8500平方米,养护排水渠20公里,施划标线20公里,施划减震带5处,改善不良转弯1处,增设"一灯一带"3处,优良率达87%。

【交通运政管理】 一是规范车辆管理,完善评定归档工作。截至年底,在册货运车辆961台,新增及过户车辆47台,普货货车营运证审验491台;普货车辆等级评定538台；危货车等级评定69台；客车等级评定42台。二是严打非法营运行为，规范营运市场秩序。对东客站及周边和城乡接合部的非法营运车辆进行整治。截至年底，共出动执法人员1700人次，车辆520辆次，纠正轻微违章车辆90辆，查处并移交市队非法客运车辆6辆，现场未携带道路运输证、司机无从业资格证、旅游大巴车未办理包车合同、未进行安全例检1辆，与交警联动查扣非法超限超载车辆16辆，已处理16辆车共卸载货物402吨，交警累计记分66分，罚款12100元。为广大人民群众安全、畅通、有序出行提供有力保障。三是加强路政管理，保护路产路权。强化"路长制"责任。坚持日常巡查与定期检查相结合；列养桥涵摸清底数，做好检查记录，发现问题，及时处理，杜绝事故隐患，确保公路桥梁安全畅通。

【货运治超】 对辖区公示的9家源头企业实行巡查监管。按照对重点源头单位巡查次数每周不得少于1次，非重点源头单位每月不得少于4次要求，履行源头监督检查职责。截至年底，共计出动源头执法人员1062人次，执法车辆278车次，巡查企业278次。继续落实超限超载源头治理"黑名单"管理制度、"一超四罚"、对严重违法失信超限超载运输行为联合惩戒工作。截至年底，处罚超限超载车辆13辆。辖区经政府公示的货运源头企业，均能严格执行环保调度令，开展生产经营活动，并能按照环保要求对出入厂区车辆进行冲洗、苫盖。

【安全生产和应急管理】 一是在春节、两会、"五一""安全生产月"等重要节日和安全专项整治行动期间，开展道路交通、基础设施等安全生产大检查工作，将日常安全检查和安全生产专项行动密切结合，相互渗透，认真履行"一岗双责"工作职责。二是严格按照市局《客运/货运企业安全生产大检查重大项目表》的检查细则，坚持"三关一监督"原则，每月对企业开展随机抽查、定期检查，详细记录安全检查情况，对检查中发现的安全隐患要求立即整改并验收。截至年底，共开展安全生产应急演练3次，悬挂安全月宣传标语27条，辖区内"两客一危"重点企业共计3家，危险品运输企业2家，道路旅客运输企业1家，所有车辆均纳入动态视频监控系统。共计入企检查107次，共发现一般安全隐患问题47个，限期整改47个，整改率达100%。

【生态环境保护】 由交通、交警、环保部门组成联合执法队伍，开展有针对性的路检路查，重点检查柴油货车尾气排放、超限超载情况。在日常对客货运车辆进行监管的同时，在辖区县乡道路针对土场和拆迁工地进行巡查，严密防控运输抛洒现象。对全区县乡道路进行巡查，严查苫盖不严车辆，对于车身不干净的车辆在清洁干净后方可上路行驶，杜绝扬尘抛洒现象发生。

【快递物流行业治理】 一是各镇街结合各自特点为快递物流从业人员提供饮水、休息、充电、送清凉、送温暖、送健康等形式多样的服务，体现党对新就业群体的关怀，让从业人员体会到"家"的温暖；二是彻底掌握网约车司机、快递小哥、卡车司机、外卖小哥等日常休息聚集点情况，并结合各镇街实际情况，提供暖心服务；三是充分凝练经验，全面开展并抓好一项品牌特色工作。如敦化坊太铁一社区成立"享温暖骑手驿站"，涧河街道同乐苑社区"零距离服务骑手驿站"，杨家峪街道"歇一哈"骑手驿站等。

【文明交通综合治理】 一是根据交通运输服务监督电话、长途班线车主和出租车驾驶员反馈的线索进行重点查处；二是根据区交通运输局公布的24小时举报电话反馈情况，对非法从事客运车辆进行重点打击；三是联合交警部门对重点区域进行联合打击检查，纠正轻微违章车辆90辆，查处并移交市队非法客运车辆6辆，现场未携带道路运输证、司机无从业资格证、旅游大巴车未办理包车合同、未进行安全例检1辆，积极维护群众切身利益，不断规范运输市场秩序，提升交通运输服务全区经济发展能力。

（杏花岭区交通运输局）

尖草坪区交通运输局

截至年底，尖草坪区农村公路总里程334.855公里，其中县道8条共计93.375公里，乡道14条共计82.770公里，村道133条共计149.513公里，专道1

条共计9.197公里。全区农村公路列养率达100%，县道、乡道、村道优、良、中等路的比例达85%，路面技术状况指数(PQI)逐年上升。实现所有乡镇及行政村节点连通，全面实现行政村互相连通沥青、水泥路总目标，实现县、乡、村道路连通，实现全区55个建制村全部公交覆盖，已达城乡一体化标准。

【农村公路建养】一是公路建设持续推进。2022年“四好农村路”建设项目3条5.84公里，投资约1487万元，分别为新兰路口至金滩大道、北山头至108国道、西关口南街，均已完工。旅游公路建设项目2条10.59公里，投资约7729万元，分别为东西山旅游公路至耄仁寺、汾河二库连接线项目，已开工建设，完成总工程量30%，2023年3月底全面完工。二是公路管养全面加强。以县乡农村公路为重点，将数字平台“12319”及“12345”纳入日常养护，推进三级“路长制”，确保公路安全畅通。截至年底，出动养护人工800工日，养护机械40台班。完成损坏路面修复7429.55平方米，设置防撞墙325米，水毁抢修边坡塌方及基础4562.46立方米，修复标志标牌22套，投资约1563万元。全区农村公路优良率达85%。

【道路交通运输安全】认真履行行业监管职责，深化安全生产专项整治三年行动。强化道路桥梁、车辆、渡口、船舶、公路、桥隧、施工现场安全检查。全年累计检查项目及“两客一危”企业70次，发现一般安全隐患59条，整改隐患59条，整改率100%。持续开展“零事故”创建和道路交通事故预防“减量控大”提升工程，实施农村公路“一灯一带”工程建设。加大检查频率，切实有效遏制车辆非法违规运输和超限超载运输行为。全年本系统未发生安全生产责任事故。

【环境治理】深入开展环保攻坚行动和秋冬季大气污染防治集中行动。全年共出动执法人员215人次，执法车辆117车次。对全区29家公示源头企业车辆出入口加强监管，重点指导砼业、渣土、运煤等15家企业严格执行污染天气治理的措施运输，联合交警、环保等部门在向阳高速出入口设立治控点，严把燃料消耗量限值标准不符车辆进入尖草坪区范围，2022年淘汰注销国三及以下排放标准营运中型和重型柴油货车268台，增加新能源运输车辆265台。环境质量持续稳定改善。

【快递物流行业党建工作】一是严格落实2022年度基层党建工作重点任务，成立区快递物流行业党委，制订《抓党建促全区快递物流行业治理能力提升工作方案》《尖草坪区快递物流行业党政联席会议制度》等规章制度。采取“下发+上报+下沉”模式摸清基本情况，对不足3名党员的通过联建、派建等方式成立党支部。二是因特殊情况不能转组织关系的邮政快递3名流动党员纳入草坪邮政总支管理。三是对其流动党员全部到附近社区报到，纳入社区党组织管理。一年来共打造29个集便民服务、文化娱乐、学习提升于一体的“暖蜂驿站”，全区132个社区党群服务中心全部对快递、物流从业者开放，为快递从业者开放20个社区食堂，充分利用其自身服务范围广、机动性强的优势，化身“流动网格员”“社情收集员”和“民生服务员”，发挥“移动探头”展现“新”担当作用。

【依法行政】深入开展《中华人民共和国宪法》《中华人民共和国行政诉讼法》《中华人民共和国行政复议法》等基本法律法规的学习培训，坚持把法治建设和依法行政工作抓在手上，定期研究部署，及时破解难题。加强交通运输行业市场监管，加强事中事后监管，规范监管行为，提升行政监管效率。全年全系统未出现行政不作为、乱作为和办事不公开、不公正、不透明现象。

（尖草坪区交通运输局）

万柏林区交通运输局

2022年，在区委、区政府和上级主管部门坚强领导下，万柏林区交通运输局以习近平新时代中国特色社会主义思想为指导，全面把握新时代党的建设总要求，深入贯彻中共十九大和十九届历次全会精神，认真落实习近平总书记两次考察山西重要讲话重要指示和省、市、区委全会精神，聚焦“围绕中心、建设队伍、服务群众”的核心任务，积极落实行业保安全、保畅通、强服务职责，为万柏林区经济社会健康有序发展提供坚实的交通运输保障。

【农村公路建设】化堡线至店头“四好农村路”改造工程全长1.413公里，投资686.13万元，11月中旬全部完成；东西山旅游公路堡山龙王庙连接线工程全长18.090公里，投资8634.24万元，年底完工；东西山旅游公路龙泉寺连接线工程全长5.94公里，项目包含房车营地1处，停车场3处，平面交叉9处，9月15日签订施工合同，截至年底，已经开始边坡作业、路基修整。

【农村公路养护】根据县道县养、乡道乡养原则，养护部门以道班为依托，及时掌握公路运营动态，负责5条县道的日常巡查、养护工程管理和应急抢修工作，并对6个涉农村公路管理站（王化、杜儿坪、东社、白家庄、西铭和神堂沟公路），下达乡村公路及农村街巷硬化养护工程及日常养护经费，用于加强对乡、村公路和农村街巷硬化道路的养护管理。

【农村公路“路长制”】根据《万柏林区全面推行农村公路“路长制”实施方案的通知》，在全区3条县道、5条乡道的显著位置设置16套路长公示牌，标明路线名称、路线规模标准、路长和相关工作人员姓名、工作职责、管护目标、监督电话等内容，并将信息报送智慧路长云平台，接受社会监督。

【“一灯一带”建设任务】完成市交通运输局下达的农村公路平交路口5条减速带，公安交警部门要求的增设7套减速带标志牌和5组减速带标线的安装任务。

【危桥改造】万柏林区三岔口虎峪河桥评定为四类桥，积极和市政部门协调，将该桥纳入市政改造范围，做到销号清零。

【公路路政】加强常态化超限超载治理。采取超限站逢车必检和其他路段不定时巡查等方式，对非法超限超载运输行为进行专项治理，截至年底，共检测车辆7279车次，查处非法超限超载货运车辆18台次；根据上级部门统一安排，联合辖区交警对非法超限超载运输车辆进行专项整治，出动执法车辆20车次，执法人员80人次，查处非法超限超载运输车辆135辆次（其中“百吨王”17辆次），卸载分装货物133.12吨，有效保护公路路产路权。

【运输企业安全监管】督促企业签订安全生产承诺书，并按照时间节点对企业的安全生产情况进行监督检查，全年共开展安全监督检查316次，并完成65家企业的质量信誉考核工作。

【严查违法违规行为】为有效维护道路运输市场秩序，道路运输管理部门对辖区进行专项整治，截至年底，共出动执法车辆840辆次，出动执法人员3360人次，检查道路运输车辆4200车次，查处非法违法经营案件27件。

【行业污染治理】根据市、区“柴油货车和散装物料运输车污染治理联合执法专项行动”要求，联合属地交警、生态环境部门开展柴油货车尾气超标和渣土车管控专项治理行动，集中查处一批违法超限超载和扬尘抛洒的违法行为，逐步形成交通运输行业污染治理“零容忍”的高压态势。

（万柏林区交通运输局）

晋源区交通运输局

2022年，晋源区境内公路总里程为543公里（高速公路3条28公里，高速互通出口6处，国道1条13公里，县道6条92公里，乡道12条63公里，村道331公里，专用公路3条16公里，全区农村公路好路率96%）。形成以高速公路、国道为骨架，以农村公路、专用公路为脉络的较为完善的公路网。

【行业治理】打击非法营运方面，持续开展道路运输市场专项整治行动，共出动专项执法人员138人次，执法车辆48台次，检查车辆218辆，未发现非法营运车辆；超限超载治理方面，组织区交警、城管、市场监管及各镇（街）开展以“百吨王”为重点的专项治理，由交通、交警组成的治超队伍坚持路面源头检查，对辖区内的超限超载车辆进行严厉打击，共出动执法人员2300人次，执法车辆1100台次，联合执法查处超限超载车辆17台次，卸载货物425.65吨。

【安全生产】严格落实“党政同责、一岗双责、齐抓共管”要求，将安全生产责任分解落实到每一位具体人员，全区交通运输领域安全生产保持平稳态势。2022年,共巡查物流企业300次,巡查车辆300台次,巡查人员600人次,督促物流行业整改安全隐患20起,无重大安全隐患。6月13日,区交通运输局以“遵守安全生产法,当好第一责任人”为主题,采用“理论+实践”的形式,开展安全生产知识普及及消防演练活动,及时传达部署行业安全生产工作,加强安全宣传教育,提升从业人员应对和处置突发事故的能力。

【基层党建】 紧盯任务,创新举措,成立中共太原市晋源区快递物流行业委员会,制订《晋源区快递物流行业党建联席会议制度》,组织召开交流座谈会,围绕行业党委提出的“抓出亮点、形成特色、打造标杆”目标,紧盯物流快递行业人员流动大、找到党员难、管理教育难等短板弱项,开展快递物流行业“组织找党员、党员找组织”双找寻活动,选派3名有丰富党建工作经验的党员作为党建指导员下沉企业,指导企业党组织规范组织生活,提高基层党支部组织生活质量,增强机关党组织组织力。

【养护体制改革】 区交通运输局深入贯彻落实国家和省、市关于深化农村公路管理养护体制改革的总体部署和工作安排,以“路长制”“保资金”“评信用”为抓手,明确农村公路管理养护体制改革“围绕一条主线,突出两个重点,强化三项措施,实现四个提升”的总体思路,在巩固现有工作成果基础上,切实发挥改革试点“侦察兵”和“试验田”作用,共设置路长75名,区级路政员管理6名、乡级监督员22名、村级护路员122名,重点线路设置“路长制”公示牌110块,全区57个行政村通公交化客车、农户通硬化路,农村物流通达率、公路养护率等达100%。布局合理、连通乡村、快捷通畅、服务优质、安全绿色的农村公路体系基本建成。

【综合规划】 8月17日,《太原市晋源区“十四五”综合交通运输体系规划》经区政府同意发布,“十四五”期间,晋源区交通将按照“县道三级、乡村道四级”的标准,形成网络路,打通“断头路”,增设桥涵,完善排水,配套安全防护,着重提高路面等级,改善道路通行能力的原则,实行统筹规划,分步实施,逐步完善的战略步骤,统筹推进农村公路建管养运协调发展,努力实现农村公路发展“五个转变”(从“行业主导”到“政府主导”转变、从“规模速度”到“质量效益”转变、从“粗放管理”到“精细管理”转变、从“会战式发展”到“可持续发展”转变、从“单兵推进”到“融合发展”转变),促进城乡交通运输基本公共服务均等化,为实施乡村振兴战略提供坚实的交通运输保障。

(晋源区交通运输局)

清徐县交通运输局

2022年,在市交通运输局正确领导下,清徐县交通运输局以习近平新时代中国特色社会主义思想为指导,认真学习中共十九大、十九届历次全会和二十大精神,突出项目建设、狠抓安全工作,扎实推进交通基础设施建设,努力改善交通环境,交通运输各项工作全面协调发展。

【“四好农村路”建设】 根据省、市“四好农村路”建设计划,积极推进“四好农村路”建设,累计完成农村公路改建39公里,其中同杨线9公里、橙大线7公里、灾毁项目23公里。开工建设的东代线、果东线、307国道高速南出口高架桥、开南路等项目稳步推进,力争2023年上半年建设完成。

【高速公路建设】 省交通运输厅启动太原西北二环高速公路项目,清徐段全长15.2公里,红线占地约1122亩。牵头和协调项目的征地拆迁工作,通过积极协调,3个标段已全面开工建设。

【养护体制】 改革以来,发展中心养护项目全部项目化实施,采取公开招标方式选取施工、设计和监理单位。年累计完成12条农村公路的养护工程,主要包含孔张线、南温线、红城、新营、黑城营、长头、新堡、师家堡、马庄、中辽西、南程进村路11条道路,累计完成8公里。县、乡、村道路全部列入日常养护,累计完成坑槽修补2000平方米,粉刷防撞墙2000米,清洗防撞墙1000米,沥青灌缝6000米,补画道路标线1400平方米,新装波形护栏400米,新增标识标牌20块,减速带安装16道。农村公路好路率已提高至83%。

【安全运输】一是制订工作计划，签订目标责任书。制订《安全生产工作要点》《2022年安全生产监督检查计划》《消防安全工作方案》等，开展安全生产专项整治集中攻坚行动。按照“三管三必管”原则，与局属各单位签订《安全生产目标责任书》《消防安全目标责任书》《安全承诺书》等。组织开展“安全宣传咨询日”活动。设立宣传展台，通过现场讲解、发放宣传资料等方式大力宣传，提升人民群众交通安全素质。二是全力开展安全生产大检查大整治大提升行动。结合清徐县实际，会同综合执法队徐沟中队和东于中队对万弘通、华昱顺通等8家危货运输企业开展安全生产督导检查。同时，对汽车客运站、公交站、“两客一危”等重点行业领域进行安全督导检查。三是与重点运输、维修企业签订安全承诺书。根据《中华人民共和国道路运输条例》等有关要求，与151家重点道路运输企业、38家汽车维修企业和5家公路工程施工企业签订《道路货物运输企业责任承诺书》和《公路工程安全施工承诺书》。四是积极开展公交、出租车驾驶员安全培训。组织驾驶员开展运营服务基本知识、安全行车及突发情况处置、消防器材配备和正确使用等培训，并组织消防应急演练活动。

【路政治超】清徐县交通运输局是治超重点成员单位，承担全县3条国道、12条县道、35乡道、36家政府公示源头企业及北尹治超检测站治超工作的组织、协调等工作。一是加强源头执法。对36家公示源头企业进行不间断巡查，重点货运源头企业每月巡查不少于5次，有效促使治超重心前移，从源头上杜绝抛洒污染、超限超载车辆上路行驶。二是加强路面管控。严格执行五部委颁布的治超新规和山西省2022年治超工作要点及市、县治超工作会议精神，严厉打击在地短途非法超限超载运输行为，定期组织联合治超执法队对在建工地、储（售）煤厂、混凝土搅拌站、取土场等运输车辆实施集中整治。对查扣的非法超限超载车辆，坚决做到违法状态未消除不放行，公安交警未实施处罚、记分不放行，源头核查未完成不放行。三是最大限度发挥治超站点作用。北尹公路超限检测站严格执行24小时检测货运车辆的规定，加强对检测设施设备和安全保障工作的检查，保障治超站点站前渠化和电子抓拍系统正常运行，对存在安全隐患的重要环节及时排查整改，确保不出现安全责任问题。截至年底，共检测货运车辆302078辆。

【“路政宣传月”活动】对国道、县级主干线公路红线以内的垃圾、土堆、砂石等堆放物进行清理，加强路政案件的查处力度，做到及时发现、及时查处。共清理非法公路标识标牌230处，清理堆积物190处，路政案件查处2起，发现率、查处率、结案率均为100%，有效保护清徐县国道、县乡公路路产路权的完好畅通。

【污染治理】设置油房堡固定尾气检测点1个，设立3个固定遥感尾气检测点，分别在307国道中高白段、307改线西梁泉段、清东路西谷段，开展对20吨以上柴油用车大户排放达标集中治理工作，形成“天地车人”柴油货车全方位监管模式。3处固定遥感尾气检测点和移动遥感检测共检测车辆17141辆，其中柴油货车1824辆，不合格34辆；油房堡固定尾气检测点检测柴油货车750辆，不合格4辆，有效降低交通污染。

【攻坚行动】严格落实《清徐县2021—2022年秋冬季大气污染综合治理攻坚行动方案》，联合交警、市生态环境局清徐分局、公路段、治超办等相关部门，对公路重点管控区域内中重型货车限行、抛洒、篷布遮盖、超限超载等行为进行分流、劝返和处罚，有效减少中重型货车通行带来的扬尘污染。按照省、市铁路沿线安全环境治理会议暨有关文件要求，根据“双段长”制，要求铁路部门清徐段负责人按照隐患问题库清单及时与相关地方段长对接联系，共同排查、治理、整改、销号。

【“主题党日”活动】督促引导党支部和党员干部严格落实“三会一课”、谈心谈话、组织生活会、民主评议党员等组织制度，确保“主题党日”活动常态化、规范化。强化党风廉政建设，开展警示教育活动，加大党建工作力度，深化党建规范化管理。推进清廉机关创建，成立专项领导小组，并将各项工作任务落实到相关责任部门，并提出具体要求和落实机制。

【干部队伍建设】加强党员教育、管理、监督和服务工作。健全落实党内激励、关怀机制，积极推进党内民主建设，推行党务公开制度，保障党员对党内事务的广泛参与和有效监督。

【党建制度建设】制订党建工作长效机制，积极探索推进基层党建工作的有效载体和办法，通过党日活动、党课、学习园地、交流心得体会等，加强党建工作，总结新经验，及时转化为制度成果，提高工作实效。

【学习教育】采取集中和自学的形式组织党员对习近平总书记重要讲话和各项重大会议精神进行系统学习。开展线上学习，用好“学习强国”“三晋先锋”等学习平台开设的“党史学习”专栏，运用新媒体平台微党课，深化对各项学习内容的掌握。同时定期对党员学习积分进行排行，对认真学习的党员进行奖励，督促党员干部认真学习。

【违规违纪问题排查整顿】通过查阅档案和实地走访，根据每一位党员的不同情况，已按照县委的相关文件进行整改，并对相关资料补充说明，将21名党员的有关资料全部完善。

【快递物流行业党建】建立县级党建联席会，制订党建联席会制度；行业党委挂牌，规范阵地建设，制作发放“小哥驿站”牌子；对10人以上的29家快递物流企业开展检查登记备案。

【精神文明建设】有计划、有步骤地开展学习型机关创建工作，有针对性地开展学习活动；组织开展“七五”普法、宪法宣传等活动；大力加强职工文化建设，组织开展义务劳动、“博爱一日捐”、“慈善一日捐”、“受灾爱心捐款”等活动，深入开展“爱心送考”活动，高考期间出动出租车、公交车开展“免费乘车、爱心助考”活动，取得良好社会效应。

（清徐县交通运输局）

阳曲县交通运输局

2022年，阳曲县交通运输局紧扣新时代重大产业布局和民生最新需求，以工程建设为重点，纵深推进农村公路体系建设，奋力建设人民满意交通。先后于2017年和2019年分别被授予全省、全国“四好农村路”示范县称号，初步建成“五纵三横两环多辐射”的农村公路路网新格局。从2017年起，累计完成农村公路建设里程461.134公里，完成总投资12.16亿元，连续多年农村公路完成里程及投资规模居太原十县（市、区）之首。

截至年底，全县公路总里程1215.591公里，其中：高速公路3条，里程共计117.574公里，分别为原太高速34.494公里，太佳高速39.7公里，太阳高速43.38公里；国道1条，108国道与208国道在阳曲县境内重合通过，全程30.547公里，其中阳曲县过境路段4公里，为一级公路，其余路段为二级公路；省道1条，314省道又称双阳线，路线全长37.054公里，为二级公路，是阳曲县对外重要交通通道；县道11条，路线全长226.274公里；乡道58条，路线全长334.683公里；村道621条，路线全长469.459公里。

【理论学习】2022年，全局上下按照学习计划，通过领导带头学、干部集中学、个人自主学的方式，深入学习党的最新理论政策、业务知识和法律法规，在常规学习基础上，登录“学习强国”学习平台，实现全局党员线上线下学习全覆盖。坚持“请进来、走出去”相结合，全体党员赴娄烦县高君宇纪念馆参观学习，激发全体党员干部的爱党爱国热情，有效推动交通运输系统理论学习教育活动的开展和人员综合素质的提高。

【重点工程建设】一是以“太忻一体化经济区建设”为重点，全面做好项目服务保障工作。为高效推动项目征拆工作按时完成，局党组班子成员全部下沉乡镇，一线协调，奋战50天，按时保质完成1896.44亩土地收储和152户5.93万平方米房屋、24户3.5万平方米企业的拆迁工作任务。二是以“太行一号”旅游公路阳曲黄泥路主线改造工程为重点，巩固拓展“四好农村路”成果。全年拟新建、改扩建农村公路15条，截至年底，除重点工程黄泥公路正在实施县城改造段（3.6公里）的节点工程外，其他项目已全部完工，完成投资2.6亿元。

【公路养护管理】一是强化日常养护工作。积极探索市场化改革，大胆尝试“保姆式”养护模式，引进专业化、高素质的第三方养护团队，全面加强日常养护力度，实现养护模式的转型升级。二是完成各项养护工程。完成2021年“10·2”秋汛水毁重建项目39条公路，总投资约4007万元；完成小直峪进村路面修补工程、鄯都至羊驼场路面修复工程、东西山旅游公路水毁恢复工程、金家岗桥修复工程和北温川进村道路水毁恢复工程等各项养护工程，共计投资约400万元；完成东西山旅游公路和康西线亮化、修复工作，投资约62万元。

【交通行业监管】 一是路面治理力度不断加强。深化路警联合执法，及时查处各类涉路案件。共出动执法人员4836人次，出动执法车辆1326辆次，检查货运车辆15141辆次，查处不苫盖、抛洒违法车辆44辆，收缴罚没款9.7万元，继续巩固县乡公路无“三乱”成果。二是源头管理力度不断加大。累计出动车辆1470辆次，出动人员2956人次，对35家重点源头企业进行1470次巡查，处罚源头企业5家，罚款5.75万元，督促货运源头单位采取密闭措施防止出场(厂)车辆发生遗撒。三是治超站点监管不断强化。共检测车辆341571辆，查处非法超限车辆24辆，卸转货物959吨，罚款3.18万元，记111分，非法超限超载行为得到有效遏制，确保全县公路无非法超限超载车辆。

【客货邮融合发展】 一是强化党建引领，提升治理效能。组建成立阳曲县快递物流行业党委，全面指导企业开展党建工作。广泛开展“双找双亮”活动、实施“双培双带”工程，为全县符合条件的1068名从业人员制作上岗证，176名从业人员和党员到所在乡镇和社区报到。二是加强合作引导，实现优势互补。率先在太原市完成综合交通枢纽的建设及启用。打通县交通综合枢纽中心、录古咀交通综合服务站的沟通联系，发展助力交邮融合；整合县域内的市、县公交车辆入驻，提高公共交通运行效率；扶持阳曲邮政公司入驻县交通综合枢纽中心，推动“邮件快递分拨中心”建设。全县在客货邮融合发展方面走在前列，争当示范，受到上级部门高度肯定。

【安全生产机制】 紧紧围绕《中华人民共和国安全生产法》，以“消除事故隐患、筑牢安全防线”为主题，按照“管行业必须管安全、管业务必须管安全、管生产经营必须管安全”的原则，切实加强组织领导，层层落实责任，做到职责明确、责任到人、措施到位。全年共出动6组565人对252家企业进行安全检查，排查各类隐患数8个，整改完成8个，整改率100%，确保交通运输安全生产形势总体平稳，未发生较大及以上等级安全生产事故和安全责任事故。

【文明创建】 按照县委宣传部和县文明办统一安排部署，在积极完成日常“靓丽星期五”活动和交通文明劝导志愿服务活动以外，在中高考期间，安排20辆公交车、60辆出租车参加接力助考献爱心活动，帮助广大考生安全、快捷、准时抵达考场；积极参与义务植树活动，引导干部职工通过网络植树的方式，收集植树款3210元；踊跃参加“博爱一日捐”活动，累计捐款2960元；积极参与义务献血活动，共有48人参加，有29人符合献血条件，共采集新鲜血液11600毫升。

【党风廉政建设】 不断增强廉洁自律，从严落实两个责任。对照“清廉阳曲”建设要求，严格落实党风廉政建设主体责任，种好“责任田”、守住“主阵地”、打好“持久战”，不断提高抓党风廉政建设的自觉性和主动性。组织党员干部认真学习《中国共产党廉洁自律准则》《中国共产党纪律处分条例》和《关于新形势下党内政治生活的若干准则》《中国共产党党内监督条例》以及省、市、县委有关反对“四风”的规定，努力增强干部队伍抗腐防变和廉洁自律能力，建成一支不敢腐、不能腐、不想腐的风清气正的党员干部队伍。

(阳曲县交通运输局)

娄烦县城乡建设和交通运输局

2022年，在县委、县政府领导下，娄烦县城乡建设和交通运输局坚持以习近平新时代中国特色社会主义思想为指导，紧紧围绕全面贯彻落实省委常委、市委书记韦韬在参加娄烦县代表团审议时的重要讲话精神、县委十一届三次全会暨县委经济工作会议和县政府工作报告会议精神。紧扣县委提出的“三位一体”总体思路和要求、“一主三翼”战略目标、“水民县、园地吧”六字定位，主动作为、务实担当、攻坚克难，在政治站位上再提高，在中心工作上再创新，以雷厉风行、真抓实干务实的工作作风，不折不扣地执行县委、县政府决策部署，着力推动交通运输工作不断取得新成效，为全县建设“五个娄烦”和打造省城后花园、当好乡村振兴排头兵，贡献交通力量。

【重点项目建设】局领导带领工作专班蹲点联系14个重点交通项目，强化检查指导，定期分析研判，同时建立“周汇报”“月排名”制度，通过不断建立和完善机制，切实解决项目推进中存在的困难和问题，推动工程项目保质保量如期推进。

【“四好农村路”建设】认真贯彻落实县委“对标对表找目标”安排部署和要求，成立对标吕梁市交口县交通运输局“四好农村路”建设工作推进组和工作专班。以省、市“四好农村路”督导检查为契机，认真听取意见、建议和检查反馈问题，加强分析研判和督促指导，确保对标对表找目标工作有序推进。同时强化责任，对照“四好农村路”建设标准，将任务细化分解，定期通报进展情况，建立倒逼机制，形成你追我赶工作局面。

【公路养护】一是完成39处农村公路水毁道路修复工程；二是完成“一灯一带”公路隐患处15处安装任务；三是对影响汾河行洪桥梁和路段进行全面排查，并制订整改方案；四是开展路域环境整治，对全县路段进行环境整理；五是对四条县道行道树进行两次粉刷，出动车辆300车次，人员1000人，粉刷行道树共计7万多棵。

【优质服务】一是做好2022年春运工作，落实好重大节假日运输应急保障方案。二是加强客运车辆监管，规范经营；推进罗家曲公路超限检测站升级改造。三是加强营运货车网上办理工作。四是完成2021年度客运车辆质量信誉考核工作。五是开展公交客运服务提升工作，对客运企业从业人员开展培训4次，通过培训，有效提升运输服务水平。六是结合新汽车站临时试运营，按照创城标准，设置母婴乘车、老弱病残等特殊旅客绿色通道，确保最大化便民惠民。

【行业安全】一是落实安全生产部门监管责任和企业主体责任，针对不同领域，因类施策，确保行业安全生产持续稳定；二是利用GPS卫星定位监控，加强对重点企业、特殊行业特别是“两客一危一货”车辆监管，切实保障运输车辆安全稳定运行；三是加强宣传教育，增强从业人员和群众安全意识，积极开展“安全生产月”活动；四是完成安全生产专项整治三年行动市、县考核资料；五是深化“隐患清零”行动，通过对问题隐患落实整治，有效防范各类事故发生，为全县经济和社会发展创造良好交通运输安全环境；六是加大安全专项检查和监管执法力度，全面开展交通运输领域风险隐患排查整治工作，制订严格管控措施，为全县经济和社会发展创造良好交通运输安全环境。

【党风廉政建设】局党组高度重视抓好全系统党风廉政建设，将其纳入交通管理工作总体规划，摆在重要议事日程，融入到党建和业务工作各个环节。建立党政“一把手”负总责、班子成员各负其责、分管领导具体抓的工作格局，坚持“一岗双责”、一手抓交通业务工作，一手抓党风廉政建设的工作方针，及时研究解决存在的突出问题，不断增强党员和干部职工反腐倡廉意识，提高自身防范能力。

【党建工作】组织开展基层党组织标准化建设工作，通过动员部署，摸底自查，对标创建，组织交通系统三个党支部推进标准化建设。积极开展发展党员工作，按照“坚持标准、保证质量、改善结构、慎重发展”方针，全年发展预备党员2名，积极分子4名。

（娄烦县城乡建设和交通运输局）

古交市交通运输局

2022年，在省、市交通运输部门大力支持和古交市委、市政府坚强领导下，古交市交通运输局紧紧围绕中心任务，主动担当抓机遇、突出重点抓投资、多措并举抓基础、从严从实抓党建，坚定实干步伐，笃行不怠、踔厉奋发，推进交通运输工作健康发展，当好古交发展开路先锋，为古交经济社会高质量发展夯实基础，各项工作取得较好成绩。

【交通工程建设】聚焦路网建设，拓展城市空间，强力实施"大交通"战略，逐步形成"十字高速、一环绕城、三川互联"的交通路网格局，完成固定资产投资9327万元。

【安全生产】牢固树立"人民至上、生命至上、安全第一"理念，严格开展并指导监督企业落实安全生产责任制。认真组织全系统干部职工学习中央及省、市领导有关安全生产指示，全面贯彻落实上级有关会议文件精神。加强安全监管工作，组织开展安全生产专项整治三年行动、安全生产三大行动、打非治违、"安全生产月"等一系列安全生产活动。年初制订印发2022年安全生产工作计划和安全生产监督检查计划，制订完善《安全生产联席会议制度》《安全生产联合执法制度》《安全生产风险管控制度》等8项制度。2022年以来，全系统排查一般安全隐患134项，全部及时整改。

【安全宣传】督促企业认真抓好行业人员岗位培训和安全知识全员教育与考试工作。积极开展安全生产责任落实测评工作，对照测评体系，逐条逐项做好自查工作。悬挂安全宣传标语67处，制作宣传版面6块，张贴挂图232份，印发宣传资料3600份。为提高公交、出租客运经营者的安全和文明服务意识，召开培训会10次。对全市21条客运线路的通行情况和客运设施进行全面排查。督促企业认真开展安全主体责任落实年活动工作，严格落实《古交市重点行业领域生产经营单位主要负责人安全生产履职尽责承诺制度》，与监管企业签订安全生产承诺书171份。

【安全管理】加强对在建项目安全监管，督促施工单位认真落实安全规章制度，加强施工安全管理，开展以"防触电、防坍塌、防坠落"为重点的隐患排查整治工作，设置施工安全围挡2550米，警示墩2530个，警示标志80个，施工人员培训3次，确保交通施工安全。对急弯长陡坡路段、桥梁、隧道和临水临崖等事故易发路段有针对性地采取有效的安全防范措施，保障公路安全畅通。安装波形护栏360米，砌筑挡土墙110立方米，修补水泥混凝土面板2310立方米，排水沟300米，修补水泥路面1.7公里，修补沥青路面2.6公里，完成长峪沟桥、长峪沟小桥、长峪沟九三大桥防撞护栏设施。对县乡公路10座危桥进行改造。大力推动"一灯一带"建设，与公安交警部门密切沟通，安装减速带16条。

【常态化治超治限】截至年底，累计出动源头企业执法人员9676人次，执法车辆2389车次，巡查企业925次，共办理各类交通违法案件222件，其中非法旅客运输13件，货物抛洒行为5件，等级评定超期17件，源头企业6户，超限运输行为181件，罚款65.5万元。对源头企业治超工作人员培训125人次，和源头企业签订"无双超"承诺书68份，查处违法违规源头企业6户，逐步规范源头企业经营行为，做好监管。

【路域环境标准化】积极做好沿线路域环境及交通秩序综合整治工作，确保农村公路安全、舒适、畅通。截至年底，共出动执法人员648人次，共出动各类车辆（设备）90台次，清运垃圾20吨，清除新增乱搭乱建6处、清除违规广告牌26块、清理路面8公里、水沟10公里、清除路肩杂草40处，消除安全隐患60处，营造"畅通、安全、舒适、美丽"的路域环境，得到社会各界的好评。

【交通扶贫】坚持交通引领，不断促进脱贫攻坚成果同乡村振兴有效衔接。一是完成2022年"四好农村路"建设项目共10座桥梁改造任务，从根本上解决当地群众出行难的问题，为乡村振兴战略提供道路交通保障。二是发展寄递物流产业，实现农村寄递物流全覆盖。108个行政村按照标准全部建设村级快递便民服务点，覆盖率达100%。各村累计快递收件量每天增长到7000件，确保农产品运得出、消费品进得去，快件基本实现当日达或次日达，真正打通农村寄递物流服务"堵点"。

（古交市交通运输局）

大同市

大同市交通运输局

2022年，在市委、市政府坚强领导下，在省交通运输厅大力支持下，大同市交通运输局全面贯彻习近平新时代中国特色社会主义思想，深入贯彻习近平总书记考察调研山西重要讲话重要指示和关于交通运输工作的重要指示批示精神，坚持加快交通基础设施建设和规范运输行业管理并重，交通运输基础性、先导性、战略性作用充分发挥，全市交通运输事业实现又好又快发展，为经济社会发展提供有力支撑和坚实保障。

【公路建设与养护】 2022年，全市县乡村通车里程11226.018公里。全年共完成投资215803.84万元，完成路基521.621公里，完成路面530.905公里。其中，“四好农村路”完成路基308.416公里，完成路面323.259公里，完成投资102789.69万元，全省农村公路建设完成投资排名第一。农村公路养护全年共计列养里程11212.785公里，完成投资6612.20万元。全市农村公路MQI（公路技术状况指数）养护评定里程10575.639公里，优良路率达85.8%，优良中等路率达91.42%，远超省交通运输厅农村公路优良路率不小于75%、优良中等路率不小于90%目标要求。

【行业管理】 优化行政审批流程，提升工作效率和服务水平，延续省、市、县际客运班线8条，道路危险货物经营许可25件，配发车辆运营证178件。开展全市道路运输及相关业务经营企业质量信誉年度考核和道路旅客运输车辆年度审验工作，持续加强全市驾培行业监管，常态化开展“两客一危”专项治理。年底，全市“两客一危”企业50家，车辆1050辆，车辆实时监控系统安装率100%，上线率99.8%，排全省前列。积极配合发改、工信、商务等部门，持续推动大宗货物“公转铁”运输。积极推进绿色配送示范城市建设，完善城市绿色货运配送网络，创新城市配送组织模式。推进农村客货邮融合发展，打造浑源县、新荣区作为农村客货邮融合样板县，推荐新荣区客运站、浑源县王庄堡汽车站为客货邮综合服务站，分别开通新荣区客运站至平川村至管家堡乡至左云县三屯乡、浑源县永安镇至王庄堡（汤头太安岭）作为客货邮合作线路，途经西河口、小寺等28个建制村。

【新能源车辆应用推广】 新增和更新的公交车、出租车全部为新能源车。加快绿色出行创建，绿色出行比例达81.25%，城市公共交通出行分担率达54.50%，绿色出行服务满意率达99.33%。

【市场秩序整治】 市交通运输综合执法队在日常监管基础上，先后组织多次专项行动，在春节、“五一”等重要节日、极端天气，全方位、全天候、全时段开展交通运输市场秩序综合治理。对机场、火车站、各景区等重点区域，采取不定时巡查和蹲点稽查相结合的方式，规范客运市场秩序，共出动执法人员5500人次，执法车辆1500台次，共查处违法行为74起，处罚金额13.89万元。

【货运源头治理和路面治超】 始终保持高压态势，全年累计检测货运车辆近166万辆次，查处非法超限超载车辆526辆次，卸货6215.073吨，扣分1615分，罚款29.95万元，非法超限超载率控制在0.03%，实现低于0.2%年度超限超载的治理目标。

【安全生产】 按照“三管三必须”的要求，落实主要领导全面负责，分管安全领导统筹协调，各领域分管领导和部门各负其责，形成齐抓共管格局。严格落实企业主体责任，督促企业主要负责人签订70份安全生产履职尽责承诺书。按照新《中华人民共和国安全生产法》，推进全员安全生产责任制，督促企业落实安全经费，开展安全教育，制订应急预案并有针对性开展演练。扎实开展安全生产专项整治“三年行动”，持续开展行业安全隐患排查和治理，全年共排查隐患问题248条。强化重点时段安全管理，在春节、“五一”和安全生产月等重点时段，有针对性地开展督导检查。共排查一般隐患问题422个，其中市级70个，各县（区）352个，未发现重大隐患，截至年底，422个隐患全部完成整改。推进隐患治理向风险管控前移，提升企业风险防范能力。围绕“消除事故隐患，筑牢安全防线”主题，组织开展“安全生产月”宣传活动，累计发放各类宣传资料5000份，组织开展1次安全业务培训，参加人数90人次。

【党建工作】一是旗帜鲜明加强党的政治建设。深学笃用习近平新时代中国特色社会主义思想，深刻认识“两个确立”的重大意义，认真落实第一责任人、“第一议题”制度，完善党组议事规则和程序。二是推动党史学习教育走深走实。有序推进专题学习、专题党课、专题民主生活会，大力开展我为群众办实事，增强广大党员的向心力、凝聚力、战斗力。三是激励干部担当作为干事创业。坚持党管干部，坚持正确用人导向，加强干部理论教育和日常监管，干部队伍政治素养和业务素养有效提升。四是加强党风廉政建设，严格执行“八项规定”，锲而不舍纠正“四风”，认真排查廉政风险，补齐制度短板。全年党纪政务处理5人，提醒谈话3人。

【双超治理】根据超限超载出现的规律和特点，大同市交通运输局联合各方之力，区分时段，分别组织三次强有力的专项整治行动。第一次从4月1日至6月30日历时三个月，主要针对短途非法超限超载的治理。一是提高执法队伍的思想认识；二是整治源头治超的顽瘴痼疾；三是严厉打击短途运输车辆非法双超行为；四是大力营造群防群治的舆论氛围。第二次自8月10日至8月31日，主要对“百吨王”进行专项整治。全市共投入执法人员2100人次，查扣超限超载率在30%以上的超载车42辆，其中“百吨王”7辆，卸货800多吨，罚款4.8万元，记分87分。第三次是开展“百日治理”专项行动。为巩固和深化“百吨王”专项治理效果，市治超办根据省治超办《关于印发〈短途非法超限超载运输百日治理专项行动方案〉的通知》要求，决定在开展“百吨王”专项治理的同时，开展“百日治理”专项行动，时间从8月12日至11月19日。其间，至10月7日共查扣超限超载车辆54辆，其中“百吨王”8辆，卸货1000吨，罚款1.46万元，记分49分。截至12月底，全市累计检测货运车辆396.97万辆次，查处非法超限超载车辆984辆次，卸货1.29万吨，全市非法超限超载率达0.025%，实现全市非法超限超载率始终控制在0.2%以内的治理目标。

【“交通强市”工作】根据《交通强国建设方案山西省试点大同市实施方案》，2022年，市交通运输局组建交通强市工作推进专班，不定期对各县（区）、各部门工作进行督导，完成方案中推进交通运输与旅游融合发展、绿色高效物流服务体系建设等试点任务，并顺利通过省推进交通强国建设领导小组两次考核。交通运输与旅游融合发展方面，全市长城一号旅游公路主线实现基本贯通，“快进漫游深体验”的全域旅游公路网络基本形成，旅游公路配套服务设施正逐步完善；绿色高效物流服务体系建设方面，大同陆港型国家物流枢纽成功入选国家发展和改革委员会公布的2022年国家物流枢纽建设名单，成为山西省唯一入选的城市，完成绿色配送示范城市建设。

【法治建设】一是认真学习贯彻习近平法治思想。坚持把法治建设和依法行政工作紧密结合起来，定期研究部署法治建设任务，坚持不懈运用法治思维和法治方式推动交通运输工作的发展。二是认真落实领导班子中心组集体学法用法普法述法制度，组织干部职工参加9期“行政执法大讲堂”学习，每期参加学习人数达400多人次，切实将法治政府建设落实到交通运输系统工作的各个方面和环节，提高政府依法行政的公信力和执行力。

【平安铁路】2022年9月5日至7日，大同市代表山西省接受铁路沿线安全环境治理部标办公室调研检查，受到国家检查组一行好评。副省长就此作专门批示，省交通运输厅也将大同市铁路沿线安全环境治理工作经验印发全省各市予以推广。在具体工作中，一是市级层面主要领导非常重视，大同市委副书记、市长张强专门就铁路沿线安全环境治理工作作出批示。二是市铁路联席会议与平安铁路建设专项组实现资源共享，重大隐患、难度问题定期会商研究解决，突发问题、工作进展互通信息及时掌握，做到年初早安排、年中强督导、年末硬考核，形成齐抓共管的工作格局。三是发挥铁路沿线安全环境治理联席会议制度统筹协调作用，整理印发《铁路安全监督管理相关法律、法规、规章、文件汇编》，建立协同工作、联合检查、定期通报、年终评价、专题研究等机制。四是加强路地联动。把“双段长”延伸落实到基层，动态公布名单，明确“双段长”责任，畅通路地对接联络沟通渠道，优化路地双方联合执法和联合巡查工作流程，有效防范化解安全风险。五是率先在市级交通运输局中增加编制，增强铁路安全监督机构实力，在部分县（区）交通运输局也增设内设科室，将铁路沿线安全环境治理纳入交通管理体系。

【信息化建设】认真做好政府网站及政务新媒体信息公开工作，不断规范内容，扩大范围，较好保障政府网站和政务新媒体信息公开渠道安全运行和便捷畅通。其中，大同市政府网站累计发送信息353条，法定公开内容11条，政策文件30条，部门动态276条，包括财政预结算35条，行政执法专栏11条，信息公开年度报告5条；省交通运输厅网站累计发送信息50多条；微信公众号平台累计发送信息603条，关注人数达5377人，保证重点新闻和部门动态的及时发布。同时，持续改进机制，不断完善制度。

【节能减排】市交通运输局积极促进绿色低碳循环发展，开展公交都市创建活动，加快公共服务领域推广使用清洁能源、新能源汽车。截至年底，全市范围内公交车、出租车全部更换为新能源或清洁能源汽车。共有城市公交车1246辆，其中氢燃料电池车100辆，纯电动公交车635辆，插电气电混合动力公交车216辆，天然气清洁能源公交车295辆；出租车4935辆，其中清洁能源车4404辆，纯电动车531辆。

【环境保护】2022年，大同市各县（区）共计出动联合执法人员7452人次，出动检查车辆17987辆次，处罚车辆84辆，监督维护车辆104辆，罚款5.12万元；县乡道路扬尘污染治理，共清扫保洁1.88万公里，出动人员31744人次，清理抛洒748万平方米，清洗路面120万平方米；货运源头企业货车出场采取有效密闭运输措施，共出动执法人员7667人次，出动检查车辆66691辆次，检查企业2754家；车辆清洗防止带泥上路，出动执法人员936人次、检查车辆695辆次。

【政务服务】2022年，市交通运输局窗口行政许可共受理196件，公路建设项目施工许可23件，道路旅客运输许可14件，危险货物运输经营许可开业23件，配发道路运输证138件。

（高　青）

新荣区交通运输局

2022年，在区委、区政府正确领导下，在上级主管部门帮助指导下，新荣区交通运输局以习近平新时代中国特色社会主义思想为指导，全面贯彻中共十九大、二十大精神，深入贯彻区委经济工作会议和区招商引资暨项目建设推进会精神，紧紧围绕“交通强区”工作目标，全局上下凝心聚力，攻坚克难，砥砺奋进，各项工作均取得明显成效。

【党的建设】一是不断强化理论武装。坚持将理论学习同创建学习型机关活动进行深入结合，在传统学习模式基础上，利用互联网平台的高效便捷特点，积极采用“学习强国”“交通干部学院”等互联网平台开展学习，持续提升干部职工理论储备，不断增强“四个意识”、坚定“四个自信”、做到“两个维护”，2022年共开展党组学习4次。二是深入开展清廉机关建设，局党组以清廉建设促行业为出发点，针对交通行业潜在的难点堵点及廉政风险隐患，通过专项整治，分析研判交通领域清廉建设存在的风险隐患，落实防控举措，形成一风险一清单，专人负责，销号推进。把从严治党不断向纵深推进，形成政治清明、部门清廉、干部清正、文化清和、社会清朗的优良政治生态发展环境。

【安全生产】一是加大宣传教育力度，营造安全生产氛围。以组织开展“安全生产月”“路政宣传月”等各项活动为契机，推进安全生产宣传常态化，推动企业树立安全生产红线意识，落实安全生产主体责任，共发放安全宣传资料3520份，普及安全生产法律法规知识，提升全民安全生产素养，营造良好的安全文化氛围。二是抓好公路在建工程安全监管。加大施工现场防坠落、防坍塌、防物体打击和“反三违”工作严防严控力度。突出桥梁施工、高边坡和临崖临水作业安全管理，保证施工现场机械设备、临时性结构工程稳定，确保安全措施落实到位。切实做好极端天气下施工安全管理，严防大风、暴雨、泥石流等灾害的影响。三是加强农村公路运营领域安全监管。加强农村公路隐患排查治理，重点排查治理路面病害及临崖临水、急弯、高边坡路段安全风险隐患，及时规范处置路面病害，完善安全防护设施和交通标志标线。强化预警，及时发布气象和路况等出行服务信息，加强农村公路日常巡查，确保运营安全。四是加强道路运输领域安全监管。加强营运车辆和驾驶员的动态监控，及时发现并纠正驾驶员的不规范驾驶行为。突出“两客一危”重点营运车辆安全管理，强化交通运输从业人员安全意识教育和岗前培训，重点检查安全管理规定和制度执行情况，对不落实或落实不到位的一律停业整顿。全年共排查道路运输安全隐患24条，整改24条。五是加大超限超载治理力度。继续加大路面巡查频率和源头治理力度，巩固和深化与公安交警等部门的联勤联动机制，以固定治超监测站为依托，以流动执法为延伸，推进联合执法常态化制度化，全面落实“一超四罚”措施，从严整治超限超载行为，全年共移交交警处罚案件11起。

（高　青）

云冈区交通运输局

2022年，在区委、区政府坚强领导下，在市交通运输局大力支持下，云冈区交通运输局深入贯彻落实中共十九大精神，全局上下，共同努力，以构建和谐、稳定交通为目标，突出项目建设、狠抓安全生产、加强行业监管，内增素质、外树形象，为全区经济社会发展提供强有力的交通服务保障。

【公路养护】按照管养并重、有路必养原则，深入管养机制改革。首先，做好预防性养护的各项准备工作。年初对所养护的12条共187.901公里县公路的路基、路面、桥涵构造物进行全面细致的调查摸底，根据实际，制订处理病害的具体措施。其次，经常清理排水沟，疏导涵洞，确保排水畅通。年内，云店线换板4800平方米，兴王线换板5600平方米，兴王线、北同蒲线一电厂区段附近、大同师范至同泉路联通路安装护栏1032米，爆闪灯8个。塔里线灌缝6万米，填补坑槽500平方米，泉落路灌缝1.8万米。

【双超治理】截至年底，高庄、兴旺两个治超检测站共检测车辆481250辆，出动执法人员7807人次，查获非法超限超载车辆331辆，卸载货物4769.04吨，罚款19.73万元，处罚记分964分。

【安全生产】建立“党政同责、一岗双责、齐抓共管”工作机制，制订《安全生产“一岗双责”制度》，采取“严格履职尽责，增强监管能力、强化目标管理、严肃责任追究”四项举措，确保“党政同责、一岗双责”全面落实到位。截至年底，出动检查组对源头企业、驾校、维修企业、危化企业、旅游汽车企业检查562次，重点严把客运、危化企业安全管理关；运管所对监管的5家旅游汽车公司、1家汽车客运站和5家危化企业进行重点大检查。

【党风廉政建设】通过召开廉政会议、组织观看廉政警示教育纪录片，把开展理想信念教育、党风党性党纪教育、警示教育和岗位廉政教育有机结合起来，促进机关廉政文化建设深入开展，纠正有令不行、有禁不止的突出行为，切实纠正不作为、乱作为、“吃、拿、卡、要”等损害群众利益的不正之风，营造出一个执法必严、违法必究的严肃工作氛围，打造出一支廉洁、勤政、务实的交通干部队伍。

【“双服务”“双报道”】“双服务”“双报到”工作启动后，区交通运输局党支部高度重视，由专人负责，认真谋划推动。与云冈区玉泉街道平安里社区党支部对接，形成服务合力，持续开展党员进社区志愿服务活动。全局党员把“双服务”“双报到”工作作为履行初心使命、服务人民的根本宗旨，活动中，与社区“两委”班子详细了解社区群众需求，围绕“服务”这个核心关键，切实履行党员志愿服务职责。

（高　青）

云州区交通运输局

2022年，在区委、区政府正确领导下，在区人大、区政协监督支持下，在市交通运输局业务指导下，云州区交通运输局坚持以习近平新时代中国特色社会主义思想为指导，深入学习中共二十大精神，贯彻落实中央和省、市、区决策部署，团结带领全局广大干部职工，凝心聚力，攻坚克难，扎实工作，较好完成各项年度目标任务。

【公路建设与养护】2022年，省、市下达云州区农村公路建设项目共7项73公里（其中：县乡公路改造3项37公里，建制村通双车道4项36公里），总投资1.7亿元。年底，37公里县乡公路改造和36公里建制村通双车道项目全部完工，完成投资1.7亿元；投资3.1558亿元，路线全长65公里的长城一号旅游公路同步完成。按照区委、区政府复工复产的相关要求，投资160万元完成区址东环路1.5公里道路路面铺设工程。长城一号旅游公路投资、进度全市排名第一，“四好农村路”投资、进度全市排名第三。坚持建养并重，有路必养理念，全面推行“路长制”，明确区、乡、村三级“路长制”职责，落实各级主体责任，健全完善农村公路管养长效机制，全面运用山西路长App开展上路巡查，日常巡查农村公路409次，路政巡查124次。狠抓公路日常养护，提高通行质量。全年，共修复涵洞3道，清理疏通边沟100公里，维修波形护栏184米，补充道口桩756根，安装“一灯一带”减速带33条220米，补充标志牌20套，更换补充广角镜10套。县乡公路养护年终好路率平均达86%，超年度目标任务8%，确保道路安全畅通。

【行政执法】2022年，通过日常监督、“双随机、一公开”等多种检查方式开展执法工作，推动全区交通运输执法工作再上新台阶。对危化品运输企业进行定期巡查，对出租车非法经营行为进行专项巡查，共出动车辆67辆次，出动执法人员214人次，对出租车企业提出工作建议3条，对出租车批评教育6次。坚持高压态势，加大路警联合执法力度，严厉打击农村公路货运车辆超限超载运输违法违规行为和以“百吨王”为重点的非法超限超载运输行为，持续优化运输市场环境。开展“春雷行动”，加强辖区内重点商砼源头企业监管。共查处非法超限超载车辆199辆，卸货2864.2吨，交警扣分598分，罚款11.2万元。积极推进科技治超，投资160万元在县道鳌镇线南栋庄村路段安装无人值守电子智能治超系统，率先在全市实现农村公路科技治超。

【驻村结对帮扶】根据区委、区政府统一部署，选派6名优秀干部组建驻村工作队，驻峰峪乡西堡村、聚乐乡吴家洼村开展定点帮扶工作。驻村工作队和帮扶责任人坚持每月入户对群众收入及生活情况进行常态化走访，重点关注和防范化解因灾因病因意外事故等可能发生的致贫返贫情况，通过到户政策落实、资金支持和项目覆盖等措施及时化解风险，确保到户帮扶力度只增不减和工作成效只强不弱，巩固提高脱贫质量。积极引导全体干部职工参与购买消费帮扶产品共计1.14万元。同时，积极响应区委号召，助力黄花产品销售，充分发挥行业优势，有效拓宽销售渠道，完成销售额61.5万元。

【行业管理】按照《大同市云州区2022年创建全国文明城市工作方案》要求，对照创建标准和测评体系要求，扎实推进“八项提升行动”和“六大主题实践活动”，对区址范围内的32处公交站牌、14座候车亭集中清扫保洁，更新农村候车厅背景宣传板76块，对辖区路段40块605路公交线路标牌进行更新，提升公交车、出租车等客运车辆的服务质量水平，提高行业文明程度，树立良好交通运输形象。坚持以服务乡村振兴，建设人民满意交通为宗旨，统筹解决农民群众便捷出行、物流配送、邮政快递三个“最后一公里”问题，充分利用现有乡镇汽车站，盘活交通资源，构建“一站多能、便利高效”的农村运输服务发展新模式。对接区电商中心，利用周士庄、许堡2个乡镇汽车站，开通2条农村客货邮合作线路。周士庄站电商中心已开始入驻，正式运营。许堡站即将投入使用。按照经济运行任务分解，年内，由交通运输局负责的规上交通运输企业共2家，截至12月底，实际累计完成营业收入4600万元，其中：大同机场完成2400万元，同比下降48%；森聚淼运销公司完成2200万元，同比下降20%。

【招商引资】 按照区委办、区政府办《关于印发〈大同市云州区招商引资实施方案〉的通知》要求，明确目标任务，发挥行业优势，优化营商环境，围绕巩固拓展脱贫攻坚成果同乡村振兴有效衔接，鼓励民营企业参与道路、桥梁等基础设施建设，完成年度招商引资项目1个。

【信访和谐】 以维护人民群众合法利益和社会和谐稳定为主线，深入排查化解交通领域各类矛盾纠纷和信访案件，认真接待处理群众来信来访，切实做好重要会议、重大活动和重大节假日期间的信访工作，努力做到件件有着落、事事有回音。年内，区交通运输局信访事项及时受理率、按期答复率均为100%。

【安全生产】 扎实开展安全生产专项整治三年行动和道路运输安全隐患大排查大整治“百日攻坚”专项行动等一系列行动，突出“两客一危”，落实监管职责，强化施工质量安全监管，常态化开展铁路沿线外部环境安全环境治理，积极推进“十五项硬措施”落实落地，压实企业主体责任。全年出动检查人员361人次，检查运输企业128家次，发现一般隐患24项，整改24项，整改率100%。全年实现道路运输零事故、道路施工零事故、道路养护零事故的目标。

【党建工作】 加强基层党组织标准化规范化建设，严格落实中心组理论学习、“三会一课”、民主集中制等组织制度，全年局党组理论学习中心组集中学习11次，召开党支部党员大会5次，党支部会议11次，领导干部上党课8次。全面落实党风廉政和意识形态“一岗双责”制度，推动全局党风廉政建设持续发展；制订《关于推进“清廉机关”建设的实施方案》，推进健全和规范工程项目领域招投标制度机制、深化工程建设项目审批制度改革2项工作任务；深入贯彻中央八项规定精神，扎实开展“六治”作风大整顿，激励干部担当作为行动，以作风建设的新成效推动交通运输事业高质量发展。全力抓好意识形态工作，牢牢掌握意识形态工作主导权，切实维护意识形态安全。

（高　青）

阳高县交通运输局

2022年，在县委、县政府正确领导和上级交通运输主管部门关心支持下，阳高县交通运输局以习近平新时代中国特色社会主义思想为指导，全面贯彻中共二十大精神，弘扬伟大建党精神，按照省委“全方位推动高质量发展”和市委“奋斗两个五年、跨入第一方阵”的目标要求，紧紧围绕县第十五次党代会和县委十五届三次全会暨县委经济工作会确定的总体思路和目标任务，聚焦“两地两区三带”发展定位，紧扣“三大工程”建设，紧抓建设交通强市新机遇，以交通基础设施建设为中心，着重提升交通运输行业管理水平，真抓实干，锐意进取，全面推进交通运输各项事业发展。

【公路建设】 2022年投资建设公路项目5个，其中长城一号旅游公路项目2个，“四好农村路”项目3个。其中，长城一号旅游公路天镇至灵丘线阳高东双寨至上深井段（原东纵脱贫攻坚路），投资11938万元，建设里程42.962公里，全部建成完工。阳高神泉堡至南徐段（东纵脱贫攻坚路），投资21844万元，建设里程34.686公里，完成26.086公里；乡镇通三级及以上公路项目，县道一王线古城至朱家窑头段公路改造工程投资5573万元，建设里程24.215公里，全部建成完工。县道一王线朱家窑头至随士营段公路改造工程投资1560万元，建设里程6.785公里，全部建成完工；建制村通双车道项目，大泉山至阳西线公路改造工程投资562万元，建设里程3.744公里，全部建成完工。

【公路养护】 在农村公路养护中，始终坚持“有建必养、养必优良，有桥必管，管必到位”原则，对日常养护工作常抓不懈。一是在“路长制”基础上，建立健全农村公路管养工作体制机制，在全县范围内形成县有路政员、乡有监管员、村有护路员的农村公路管理队伍体系，开展公路管理日常工作；二是县乡村三级管养人员均能熟练使用“路长制”App，乡镇、村级路长定期开展道路巡查工作。完成省交通运输厅下达的4处国省道与农村公路交叉口的隐患治理，对农村公路路面裂缝进行沥青灌缝处置，填补路面坑槽，对标线磨损严重、模糊不清的路段重新画设标线。2022年共完成养护修复工程9处12.59公里，沥青灌缝14条线路共71.53公里，标线10条线路53.57公里，修复撞坏波形护栏128米，补充安装标志牌18块，爆闪灯20个，减速带112米，填补坑槽434平方米，安装“路长制”公示牌83块。

【综合执法】着力维护农村公路的路产路权。对县乡农村公路实施公路巡查，依法查处各类违法行为7起，其中排查安全隐患4处、占道经营1处、责令改正1件、公路赔偿案件1件。年内，定期对国省干线公路开展监督检查，依法打击清理非法公路标志，清理整顿摆摊设点等占道经营行为，共出动执法人员145人次，出动执法车辆38辆次，巡查发现擅自开设平交路口2起，罚款1.2万元；巡查发现擅自穿越公路违法案件1起，清理路边广告条幅5条，拆除非法广告牌1块，清理占道经营11处。在路政宣传月活动中，向过往车辆司乘人员发放有关《中华人民共和国公路法》《公路安全保护条例》《山西省公路条例》等宣传材料1500份，悬挂标语6条。

【安全生产】县交通运输局成立重大风险防范领导小组，由主要领导挂帅，吸收局属各单位主要负责人作为成员，加强对各种风险矛盾的防范工作。牢固树立发展绝不能以牺牲安全为代价的红色意识，认真贯彻中央、省、市、县关于安全生产工作的系列部署，坚持“党政同责、一岗双责、齐抓共管”和“三个必须”要求，印发《安全生产权力和责任清单明细》《领导班子成员及所属各单位安全生产工作职责清单》《2022年度安全生产监督检查计划》，召开11次安全生产例会，全年开展监督检查53次。在春节、清明节、“五一”等重点时段，多次深入暄阳汽车客运站、城市公共交通有限公司督察安全生产工作。2022年是安全生产三年专项整治的收官之年，根据2021年8月17日印发的《交通运输系统安全生产专项整治三年行动集中攻坚实施方案》，县交通运输局编制任务清单，确定7大类65项整治任务，年内完成集中攻坚任务53项。

【运输市场管理】全年全县完成客运量40.63万人次，客运周转量1368万人公里，货运量316万吨，货运周转量100700万吨公里。一是强化安全意识。年内开展行业安全风险隐患大排查大整治“百日攻坚”专项行动，深化“百日攻坚”集中行动隐患整改“清零行动”和行业安全生产大检查大整治大提升专项行动。二是源头治超。与30家源头企业签订《不超限不超载承诺书》，组织30家企业开展源头治超法律法规培训。督促货运源头单位提高政治意识，按照县委、县政府要求，合理安排货运车辆和接受货物。制订年度巡查计划，按照企业生产特点，分级分类开展巡查。全年共出动巡查人员1435人次、巡查车辆94辆次、巡查企业326家、检查车辆85辆。三是客货车辆监管。对公交公司、暄阳汽车客运站、新阳出租车公司进行2021年度质量信誉等级（公交公司为AAA级、暄阳汽车客运站AA级，新阳出租车公司AA级）考核。推广新能源车辆应用，2022年更新6辆出租车，全部采用新能源电动汽车。办结普通货运经营许可证629本，注销普通货运经营许可证198本。发放（换补）IC卡电子道路运输证2376张。

【党风廉政建设】时刻把党风廉政建设放在全面从严治党首位，把党风廉政建设纳入重要议事日程，和党建工作紧密结合，一同部署、一同落实、一同检查、一同考核。一是在思想认识上牢固树立“两个责任”意识。局党组定期召开会议专题研究部署年度党建和党风廉政建设工作，做到任务明确，责任到人，形成主要领导亲自抓，上下合力共同抓，一级抓一级，层层抓落实的工作格局。二是定期召开全面从严治党工作例会，对全局党风廉政建设工作进行分析研判，切实落实两个责任。年内共召开各类党风廉政专题会议11次。三是认真梳理系统廉政风险点，确定重点监督关键岗位和重点领域，对局下属单位主要责任人、领导班子成员、重点岗位人员进行廉政谈话，着重强调岗位廉政风险，提高廉政意识。同时，把纪律和规矩挺在前面，防止各种社会不正之风的侵蚀，净化交通系统风气。

（高　青）

天镇县交通运输局

2022年，在县委、县政府坚强领导下，在上级交通部门大力支持下，天镇县交通运输局围绕“奋斗两个五年，跨入第一方阵”总目标，通过全局上下共同努力，交通运输各项工作开局良好，进展顺利。

【“四好农村路”建设】一是完成乡镇通三级及以上油路天镇县卅（里铺）至赵（家沟）线卅里铺至孙家店段10.309公里，完成投资1798.45万元；二是完成较大人口规模自然村通硬化路天镇县滑家沟至张本夭线8.446公里，完成投资448.0056万元；三是完成建制村通双车道共3个项目15.738公里，其中，积大线至安家夭线，建设规模5.288公里，完成投资656.1445万元；东一柳营村至强家营线、东一柳营至定安营段，建设规模4.96公里，完成投资598.4364万元；新（堡湾）至南（营沟）线罗家山至葛家屯段，建设规模5.49公里，完成投资1163.2148万元。

【三个一号旅游公路】省道积大线至盘山显化寺旅游公路，为三个一号旅游公路项目，建设规模4.92公里，项目投资估算2024.9993万元，采用三级公路设计标准。已全部完工。

【农村公路日常养护】按照“县道县管，乡村道乡村管，水毁集中修复”原则，全年养护农村公路1365.2公里，累计清扫路面232公里，清理塌方3200立方米，疏通管涵8道，疏通边沟3600米，整修路基、清理淤泥9公里；结合路域环境治理，对县乡公路两侧的垃圾、柴草、粪堆、土堆等进行集中清理拉运，累计清理340公里；全年日常养护累计投入资金256万元。

【候车亭建设】投入资金41.1万元，在袁家梁、砖夭、朱家屯等20个村新建20个候车亭（候车亭采用钢结构，规模为长4米/宽1.5米/高3.2米），在玉泉镇、南高崖乡等5个乡镇维修12个候车亭。

【以工代赈工程】为带动贫困户稳定脱贫，实施以工代赈工程，完成上畔庄至薛辛夭、上畔庄至王家山、西罗夭至魏家山四级砂砾路5.55公里，大庄科至王会庄、义和坝至刘家坊四级水泥路2.4公里。

【组建执法队伍】根据县委编办《天镇县运输综合行政执法队主要职责和人员编制规定》，县交通运输局制订实施方案和细则，共从3个中心划转符合执法条件的干部38名，公务员5名共计43人组成执法队伍，下设4个中队和1个综合办公室。机构成立后，邀请县司法局、市交通运输局和县武装部分别对有关人员进行执法培训及军训，上半年正式开始执法工作。

【安全生产】认真贯彻落实“生命至上，安全发展”方针，全面完善安全生产责任制，改进交通安全生产管理机制，强化安全生产责任和安全生产措施，加强安全生产督促检查，加大对各中心的整治力度，有效预防安全事故发生，确保交通运输行业持续、健康、稳定、和谐发展的良好态势。“安全生产月”启动视频会后，利用出租车、公交车视频滚动播出，并悬挂横幅、发放相关宣传资料2000份。

【党风廉政建设】以党建工作为重点，以习近平新时代中国特色社会主义思想学习纲要为统领，一是加强理论学习，增强党员队伍整体素质。抓好交通学习型机关建设、重点加强干部职工政治理论学习，局党支部共组织党员干部学习活动13次，发展入党积极分子2名，收缴党费16249元。二是加强作风建设，提升党员队伍为民办事能力。修订完善党风廉政建设责任制细则，完善《公务用车制度》《请销假制度》《办公用品采购制度》《财务制度》等11项内部规章制度，用制度管权管事管人；大力抓好党员干部职工教育，提高执行制度的自觉性，使各项工作逐步规范化、制度化；大力加强党风廉政建设，严格党员执行中央八项规定和“十条禁令”，抓严抓实重大节日期间正风肃纪工作。

【脱贫攻坚】深入贯彻落实中共中央和省委、省政府关于巩固脱贫攻坚成果同乡村振兴有效衔接的帮扶政策，加强组织领导，紧密团结，努力工作，克服困难，锐意进取，全面提升驻村帮扶工作的精准性和实效性，稳步扎实推进各项帮扶工作，较好地完成各项驻村工作任务。

（高 青）

广灵县交通运输局

2022年，在县委、县政府正确领导和县人大、政协、纪委监委监督下，在上级交通部门支持下，以及县相关部门积极配合下，广灵县交通运输局认真学习贯彻中共十九大、二十大历次全会精神，以习近平新时代中国特色社会主义思想为指导，贯彻落实全国两会，省、市、县委全会精神，紧紧围绕全县“一门户三基地两长廊”发展定位，按照交通运输工作总体要求，扎实开展各项工作。

【公路养护】日常养护坚持防治结合，以路面养护为重点，治理公路沿线环境，防扬尘、治污物，清扫路面，清理沿线路侧垃圾，维修护栏。组织养护人员常态化到全县农村公路开展清扫路面工作，确保公路安全畅通。截至12月5日，累计出动机械1590个台班、人工4840人，清理路面抛洒及路侧垃圾1.09万立方米。组织巡查农村公路危险路段，制订防治措施，清理塌方、落石。完成水毁恢复工程36处，确保全年农村公路安全畅通，全年好路率76.26%。

【路政治超】以沙岭公路超限检测站为重点，严格落实路警联合执法工作，坚持24小时日常检测和交接班制度，对进站货运车辆进行动态超限检测。截至11月底，共检测货运车辆173235辆，超限超载45辆，卸载货物132吨。通过“以卸为主、卸罚并重”这些手段，使超限超载车辆得到有效遏制。全面实行路警治超联合执法，与县公安交警大队建立会商机制，组建联合流动稽查队，不定期开展联合流动稽查，发现违法超限超载车辆，引导至沙岭公路超限检测站接受检查处罚。同时，开展货运源头治超巡查，与政府公示的14家货运源头企业签订货运源头企业治超工作目标责任书，对每家货运企业采取每月不少于2次巡查的方式对货运源头企业开展常态化巡查，监督货运源头企业经营者按规定装载、计重、开票，不得放行超限超载车辆，严禁未采取有效封闭措施的货运车辆出场。此外，以从事长途班线“黑客运”为打击重点，常态化组织运政执法人员在县城及周边乡镇开展“黑出租、黑客运”专项整治工作，净化道路运输市场，规范经营行为，处罚非法经营车辆11辆，罚款5.5万元，对非法营运等道路运输违法行为形成巨大震慑力。

【运输服务】加快建立完善综合运输网络体系，统筹协调城市公交和农村客运协同发展，提高城乡客运网的覆盖广度、深度和服务水平。加快推进城乡货运物流一体化建设，构建覆盖县乡村三级农村物流网络。截至10月底，完成公路客运量2.6371万人，旅客周转量354.1997万人公里，货物运输量120.42万吨，货物周转量14561.8万吨公里。与2021年同期总量同比分别为：客运量-51.81%，旅客周转量-49.57%，货物运输量-23.78%，货物周转量-14.66%。

【综合治理】制订2022年度安全生产执法计划、制订2022年度安全生产综合监管工作计划、“两法一条例”学习计划；组织学习安全生产法律法规，明确各单位安全生产管理职责；认真做好两会、“两节”等重大节假日和重要会议期间安全生产大检查和领导无假日值班工作，全力维护行业稳定；制订出台安全生产大检查、大整治、大提升工作方案，并贯彻落实。其间，检查相关企业30家次，发现治理安全隐患24处，并积极予以整改。组织安全生产月活动，展出画板2块，悬挂条幅3条，发放各种宣传资料6000份；继续保持“三零”创建取得的阶段性成果，积极回应重点难点问题，大力提升群众满意度。全面开展杜绝毒驾教育宣传，与相关驾驶人员签订杜绝毒驾承诺书。积极办理“12345”政府热线和网络舆情92件，办结率100%。

（高 青）

灵丘县交通运输局

2022年，在县委、县政府坚强领导下，灵丘县交通运输局深入学习贯彻习近平新时代中国特色社会主义思想和中共二十大精神，从强队伍、重业务、抓规范、保安全、促党建等方面入手，全面加快交通基础设施建设，深化交通领域改革，在挑战中砥砺奋进，在机遇中阔步前行，呈现良好发展态势，有力支撑引领灵丘县经济社会发展。

【公路建设】聚力“快提速”，确保如期完成项目建设任务。始终密切关注群众切身利益问题，以保障和改善民生为出发点和落脚点，不断提升安全便捷出行能力，增强群众获得感满意度。2022年，农村公路建设共计完成投资35467.96万元。一是实施行政村主街巷修复工程。2022年共完成总投资1370万元的行政村主街道硬化修复工程，总面积115549平方米；投资1462.05万元，完成11个乡镇48个行政村141125万平方米主街巷路面硬化，使城乡一体化发展速度加快。二是实施“四好农村路”建设。全年“四好农村路”共计完成66.2公里，完成投资24067万元，包括续建项目3个，完成23公里，完成投资9458.5万元。其中，柳科至庄头段、木佛台至铁岭段公路提质改造工程23公里全部完工；石矾至桃花溶洞景区道路工程加快推进，预计2023年6月完工。新开工项目9个，完成43.2公里，完成投资14608.5万元。其中县道黑支线黑龙河至高渠沟段、县道驿灵线巨羊驼至固城段、乡道清泥涧至灵丘界、刁泉至河北界公路改造工程以及4个自然村通硬化路共计43.2公里全部完工；乡道荀庄至石窑公路改造工程路基已完成，预计2023年6月底完工。三是实施“长城一号”旅游公路建设。2022年新开工的东张庄至刁泉（空中草原）段工程，路基全部完成，路面完成10.76公里，完成投资9938.91万元。

【公路养护】认真落实省交通运输厅《农村公路养护管理实施细则》，遵照建养并重、养管结合、有路必管、有路必养原则，加强公路养护管理，加强日常养护和大、中修工程，持续提升公路服务能力。2022年共完成清理边沟、路肩323公里，清理清运塌方泥石流15260立方米，维修涵洞4道，修补路基3542立方米、路面1500平方米、排水渠560米；完成沥青灌缝27公里，水毁修复砌体27540立方米，修复护栏1448米；画设标线8989平方米，增设警示桩152根；安装减速带157米，安装各类标志标牌36个，有效地预防和减少公路病害发生，改善路况质量，为群众出行提供畅安舒美的通行环境。

【运输管理】全面梳理权责清单，包括行政检查项目30项、行政处罚53项、行政强制1项、行政许可23项，完善“四级四同”，“互联网+监管”信息录入量完成既定目标。多次开展法制教育宣传活动，联合省、市铁路护路联防中心，深入县实验小学开展爱路护路进校园宣传活动；以“守护公路安全、争当服务先锋”为主题，开展“路政宣传月”活动。同时，对执法领域问题进行清理和整顿，对非法经营车辆11辆、未持有效包车牌1辆、从业人员5人进行处罚，执法权威和公信力明显增强。以查处货车超限超载30%以上特别是“百吨王”严重违法行为为重点，开展专项整治行动，共出动执法人员2800人次，查处非法超限超载车辆22辆，卸载501.74吨，罚款2.33万元。全面落实污染防治任务。严格治理工程运输车超载、抛洒、尾气排放超标等违法行为，开展为期一个月的混凝土搅拌（商砼）企业专项治超“春雷”行动，处罚源头企业5家、不遮苫布货车6辆。深化工地扬尘污染、挥发性有机物防治等工作，整治汽车维修行业乱象，检查维修企业26家，责令暂停钣金喷漆房1家。2022年上半年更换的160辆新能源电动出租汽车全部投入使用，成为首个实现出租行业电动化的县（区），为构建绿色发展交通运输体系树立灵丘榜样。

【安全生产】深入学习贯彻习近平总书记关于安全发展理念、红线意识、底线思维、责任体系、防控风险等方面的重要指示，围绕“遏重大”底线，大力开展“安全生产月”宣传活动和安全生产专项整治三年行动，2022年共组织安全宣传活动6次，出动宣传车辆12辆次，发放宣传单3000份。年内，《安全生产专项整治三年行动》清单（共242条301项）涉及交通运输部门共14条14项，国务院《安全生产十五条措施暨全县分解细化五十七条任务清单》涉及交通运输的16条全部完成，完成率达100%。持续深入推进“有计划、有重点、规范化”的安全生产排查工作，严厉查处安全生产违法行为，全年累计出动检查组90组次、车辆99台次、检查人员210人次，共检查180家企业和单位，排查一般安全隐患72条，整改72条，整改率达100%，做到安全生产“零”事故。

【作风建设】 紧紧围绕“清廉灵丘建设”总要求，纵深推进权力运行清廉高效、政商关系亲清向好、行业环境风清气正的“清廉交通”建设，大力推进“六治”作风大整顿工作，制订《关于规范整治工程建设领域招投标和项目审批制度的实施方案》，明确组织领导，划定重点任务，规范工作步骤，以“责任清单”为抓手，着力构建责任分解、宣传引导、推动落实、问责追究等工作机制。同时，修订完善重大事项及工程集体决策制度和全面推行重大决策法制审查，实行“三重一大”制度，扎牢“制度笼子”。全年观看警示教育片2次，召开“80后”年轻干部集体廉政谈话和座谈交流会议1次。共办理“12345”平台来信105件，“12328”来信4件，及时回应社会关切，响应率、解决率、满意率达100%。

（高　青）

浑源县交通运输局

2022年，在县委、县政府正确领导下，浑源县交通运输局认真学习贯彻中共十九届历次全会及“二十大”会议精神，加大交通基础设施建设力度，主动适应新常态，解放思想，抢抓机遇，创新性地开展各项工作。

【党建工作】 坚持党建、业务两不误两促进的原则，大力推动党组织标准化建设，着力抓好重点任务落实，努力为群众办实事。在思想上，以持续推进党史学习为契机，通过集中学习和自主学习，达到学史崇德、学史增信、学史明理、学史力行，引导广大党员、干部增强“四个意识”、坚定“四个自信”、做到“两个维护”，不断提高政治判断力、政治领悟力、政治执行力。以党风廉政建设推动作风建设，用先进典型激发向上奋进正能量，用反面案例教育促戒碰法规、纪律、道德底线，始终把纪律规矩挺在前面，确保党的肌体保持纯洁、青春活力，守正创新。严格落实党风廉政建设责任制，严格执行“三重一大”制度，认真开好民主生活会和组织生活会，开展批评与自我批评，经常性开展谈心谈话，提示广大党员干部严守党纪党规，不断促进队伍的向心力、凝聚力和战斗力。

【公路养护】 2022年，养护工程共完成投资437.29万元。一是强化公路沿线路面保洁，加强日常养护工作力度，对主要县道进行重点整治。2022年共冲洗、清扫、保洁路面80公里，清洗波形护栏20万米，清除公路沿线生活垃圾、建筑垃圾等1000立方米，清除垮塌方3000立方米，做到管辖公路路面整洁、路肩整齐、水沟畅通，涵洞无淤塞，桥梁完好，行道树美观，基本达到“畅、洁、绿、美、安”标准，确保公路安全畅通。二是加强路政管控整治，开展沙石场清理整治。强化对国省道、韩镇线沙石场的管理，组织路政执法人员对公路沿线沙石场开展全覆盖检查，对排查出的问题积极督促落实整改，年内，公路沿线2家沙石场全面完成沙石场打围、沉沙池修建、进场道口硬化及堆场全覆盖整改。

【安全生产】 一是积极开展“安全生产专项整治三年行动”“百日攻坚”等各项安全生产活动，着力开展对道路运输的综合执法治理和宣传，切实解决道路运输安全生产存在的突出问题及薄弱环节，确保全县道路运输安全形势总体稳定。二是抓好客运站场源头安全管理，强化安全检查制度。严格执行“三关一监督”“四不进站、七不出站”等规定，强化安全工作检查、监督力度。三是加强源头、路面管理，推进治超工作。针对县内源头企业网点多、任务重、监管难的特点，落实落细源头巡查制度，深入货运源头、维修企业、驾培机构开展日常巡查，全年共出动执法人员360人次，出动执法车辆95辆次，检查道路运输企业230家次。在路面管控上，实行固定点监测、流动稽查和超限检测站点监控，全县短途及农村和旅游公路非法超限超载行为得到全面有效治理。四是切实加强全县道路安全隐患排查工作，实施县乡公路安全生命防护工程，推进公路临水临崖、急弯陡坡等危险路段改造整治，在大磁窑学校附近安设减速带2条共15米，及时修复损坏护栏，保障行车行人安全。五是加强农村公路运营安全，全面提升冰雪天气铲雪除冰能力。2022年1月以来，在县道郝罗线、韩镇线、陈韩线等主要线路储备防滑料，确保公路运营安全。

【法治建设】按照习近平总书记法治思想“十三个必须”要求，结合上级政府、行业部门推进法治建设工作部署，完善法治建设机制，定制法治建设举措，深化系统综合行政执法体制改革，围绕县委、县政府的中心工作和依法治县领导组工作部署，把学法普法扫黑除恶工作落实在行动中，为创建“平安交通”提供良好的法治环境。

【运输市场管理】2022年，开展运输企业专项整治，深入开展客运、维修站点的卫生治理，与1家客运站、18家维修企业签订责任书，严格督促客运、维修站点落实门前“五包”。对维修行业占道修车、油污路面等“脏、乱、差”行为，责令整改1家；督促二类、三类共32家维修企业与具备废油回收资质的公司签订废油回收协议；加强对公交、出租汽车车容车貌的整治，并积极引导客运企业开展创优争先、文明驾驶员等活动，促进城乡环境卫生综合治理在运输企业的不断深入。年内，由县交通运输局牵头，有关部门配合，加大对超标柴油车的处理，共淘汰国三超标柴油货车145辆；检查维修企业30家，配合生态环保部门检查货运车辆130辆，未发现私自拆卸三元催化装置等问题。

（高　青）

左云县交通运输局

2022年，左云县交通运输局紧扣市下达交通强国建设任务、县委经济工作会议和县政府《政府工作报告》确定的年度目标任务和工作安排，真抓实干、攻坚克难，各项工作取得显著成效。

【农村公路建养】巩固拓展脱贫攻坚成果同乡村振兴有效衔接，持续推进长城一号旅游公路和“四好农村路”建设。长城一号旅游公路连接右玉段主体工程完工，完成年度目标任务。辛堡子至杜家沟道路改造工程，完成路基土石方14.2万立方米，11道涵洞全部完成。完成15处农村公路平交道口的“一灯一带”建设。加大预防性养护实施力度，根据农村公路路况等级、分类等，统筹推进农村公路的修复性养护、专项养护和应急养护，加强地质灾害路段、危险路段等巡查，开展隐患排查治理，完成路基砌筑排水沟400米，路缘镶边400米，处理路面翻浆360平方米，填补坑槽8320平方米，处理搓板路段2500平方米，油路罩面3400平方米，形成日常养护、路政巡查的长效机制。

【行业管理】不断优化行政审批流程，提升工作效率和服务水平，全年共受理办结许可事项64件，换发道路运输经营许可证64件，配发车辆运营证287件。开展全县道路运输及相关业务经营企业质量信誉年度考核和道路旅客运输车辆年度审验工作。持续加强全县驾培行业监管。常态化开展“两客一危”专项治理，全县“两客一危”企业7家，车辆214辆，车辆GPS监控系统安装率100%，排全市前列。推进农村客货邮融合发展，县邮政公司与县公交公司采取交邮合作模式，实现农村寄递物流全覆盖。在全县设置3个乡镇快递综合服务站、145个村快递便民服务点、6个乡邮投递道段，县乡村三级寄递物流网络初步形成。完成规上交通仓储业指标任务，列入考核范围的一家规上运输企业1—11月完成营业收入12483.8万元，增速121.2%。12月当月完成660万元，1—12月完成营业收入13143.8万元，增速87%。

在日常监管基础上，先后多次组织专项行动，在春节、“五一”、国庆节等重要节日、极端天气，全方位、全天候、全时段开展交通运输市场秩序综合治理。采取不定时巡查和蹲点稽查相结合的方式，规范客运市场秩序，全年共出动执法人员1760人次，执法车辆594台次，共查处违法行为74起，处罚金额13.89万元。始终保持货运源头治理和路面治超高压态势，年内全县累计检查货运车辆近31.7万辆次，查处非法超限超载车辆56辆次，卸货400.5吨，扣分84分，罚款2.16万元，非法超限超载率控制在0.03%，实现低于0.2%年度超限超载的治理目标。

【安全生产】一是按照“三管三必须”要求，落实主要领导全面负责，分管领导统筹协调，各领域分管领导和股室（中心）各负其责，形成齐抓共管格局。严格落实企业主体责任，全面推行企业负责人履职尽责承诺制，督促企业主要负责人签订安全生产履职尽责承诺书。二是按照新版《中华人民共和国安全生产法》，推进全员安全生产责任制，督促企业落实安全生产投入，开展安全教育，制订应急预案并有针对性地开展演练。三是扎实开展安全生产专项整治“三年行动”。持续开展行业安全隐患排查和治理，共排查隐患问题48条，并督促完成整改。四是强化重点时段安全管理。在春节、“五一”和安全生产月、特殊天气等重点时段，有针对性地开展督导检查。五是完成安全生产标准化建设，全县214辆“两客一危”车辆全部安装智能视频监控报警系统；7家“两客一危”企业开展风险分级管控和隐患排查治理“双重预防机制”建立工作，推进隐患治理向风险管控前移，提升企业风险防范能力。六是围绕“消除事故隐患，筑牢安全防线”主题，组织开展“安全生产月”宣传活动，累计发放各类宣传资料2000份，组织开展3次安全业务培训，参加人数150人次。七是围绕防范化解道路交通领域风险隐患，以“平安交通”建设为抓手，严格履行行业监管职责，针对交通运输行业点多、线长、面广的特点，紧盯“人、车、路、企”重点环节，精准发力，切实推动交通运输治理体系和治理能力现代化。

【党风廉政建设】 始终将党风廉政工作作为首要政治任务，自觉落实主体责任。按照年度工作计划和“一岗双责”要求，将党风廉政工作与交通运输工作同研究、同部署、同落实、同检查、同考核。严格落实各项制度措施。加强检查监督，定期听取党风廉政建设工作汇报，及时发现和解决问题。认真开展“六治”作风大整顿，持续推进巡察整改工作。

【综合治理】 认真开展综治平安创建活动。一是加强学习。组织执法人员和机关干部职工开展学习交流，提升行政执法人员学法、遵法、守法、用法意识，提高运用法治思维和法律手段解决经济社会发展中突出矛盾和问题的能力。认真做好宣传发动工作，利用学习会议、宣传栏标语和组织干部职工学习文件、组织观看廉政警示片、精神文明创建宣传片、做答卷等形式，提高全体干部职工的创安自觉性和积极性。二是加强宣传。要求局属各单位充分利用微信群、QQ群等载体发放《中华人民共和国公路法》、《中华人民共和国道路运输条例》、“黑车”的危害等政策法规宣传资料加强法制宣传。三是夯实创建活动。强化社会治安综合治理，深入开展平安公路、车站、工地等创建活动和“三零”单位创建活动，持续推进常态化扫黑除恶斗争、反恐防范、安全联防、“扫黄打非”、禁毒等重点治乱工作，有力推进平安创建工作的开展。

（高 青）

朔州市

朔州市交通运输局

2022年，在市委、市政府正确领导和省交通运输厅指导帮助下，朔州市交通运输局始终坚持以习近平新时代中国特色社会主义思想为指导，认真学习贯彻中共二十大会议精神、习近平总书记视察山西重要讲话重要指示及对右玉精神的指示批示精神，深入贯彻落实全国、全省交通运输工作会议和省委十二届五次全会要求、市第七届委员会第四次全体会议精神，按照市委、市政府打造“四个高地”、建设现代化塞上绿都总体思路和要求，以推进交通强国建设为总抓手，以实现高质量发展为总目标，不断推动全市交通运输事业高质量发展。

【基础设施建设】 定期召开协调调度会，将重点项目建设任务分解，对项目前期立项报批、设计等全面跟踪推进，积极争取上级补助资金，加大与自然资源等相关部门沟通力度，着力解决建设项目涉及耕地、生态、水源地、林业、文物等问题，加快推进交通重大基础设施项目建设。高速公路方面，应繁高速公路路线全长39.68公里，估算投资58.97亿元，建设工期3.5年，2023年开工建设。截至年底，已完成省交通运输厅行业评审工程可行性研究、土地预审等服务招标工作。高铁方面，集大原高铁朔州段红线内征地拆迁工作已完成95%；恒山隧道工程累计开挖7875米，完成投资1.1301亿元；站前工程正在进行桩基、承台、制梁、架梁、路基填筑等工程；零碳高铁站工程可行性研究报告已批复，正在办理初步设计招标手续。普通国省道方面，241国道阳方口至朔州段和336国道朔州至平鲁段公路改扩建工程，本年度完成投资5.82亿元，占年底投资任务6亿元的97%，累计完成13.55亿元，占总投资16.38亿元的82.7%，截至年底，完成本年度目标任务。336国道朔州市境内罗庄至朔城区东榆林段改扩建工程，通过公开招标方式确定中标单位。项目公司已成立，施工图设计省交通运输厅已评审完成，等待批复；土地丈量和附着物评估已基本完成；已完成投资0.9亿元，年底完成投资2亿元。农村公路方面，长城一号旅游公路省定目标完成264公里，完成投资10.6亿元，截至年底，已完成里程175公里，完成投资6.63亿元。“四好农村路”省定目标完成投资3.6亿元，完成里程208公里，截至年底，已完成投资4.51亿元，完成里程232公里，超额完成任务。场站方面，迎宾大道至机场连接线道路建设总规模2.2公里，项目总投资1.96亿元，已完成工程可行性研究批复、施工图设计、土地等服务招标、造价咨询招标、施工招标，“三通一平”后可以进场施工。朔州东综合客运枢纽位于高铁朔州东站站前广场，项目占地118.7亩，总投资2.49亿元，已完成工程可行性研究批复。

【着力提升运输服务能力】一是完成春运保障任务。成立春运工作领导小组，制订印发《2022年春运工作总体方案》，投入客运车辆4907辆次，完成客运量109358人次，春运中未发生人员滞留，完成省、市交办任务。二是加大网络货运发展力度。筹备成立朔州市促进网络货运行业健康发展领导小组，谋划建立市级网络货运产业园，出台《关于促进全市网络货运健康发展的措施》，从更高层次推动做大做强，促进货运物流降本增效。三是加快国三货车淘汰。坚持早部署、早动手，建立联合办公机制，下发《朔州市推进国三及以下排放标准营运中重型柴油货车淘汰工作领导小组办公室工作进展情况通报》，截至年底，淘汰国三及以下排放标准营运柴油货车1343辆，占年度目标1757辆的76.42%。四是推进清洁能源车应用。起草《朔州市中心城区2022年度巡游出租汽车更新实施方案》，明确更新原则、更新范围、更新要求、经营权配置、更新程序等，并联合相关部门为市中心城区2022年巡游出租车更新的车主提供个人新能源购车创业担保贷款支持。截至年底，累计更新307辆，全部为新能源纯电动汽车。

【行业治理】开展专项行动。与公安部门联动，精准执法，共出动执法人员10000余人次，出动执法车辆2000辆次；纠正违规违章运输行为245起，查扣非法营运车辆120多辆；处理出租车违规案件232件，“12328”“12345”群众投诉举报办结率100%；处罚无证驾校1家，责令整顿非法改装汽修企业1家，下达违法通知书3家，查封“黑驾校”3家，切实保障驾培市场安全有序运行。加大公路超限超载治理力度，截至9月底，共检测车辆4972557辆，查处违法超限超载运输车辆618辆，罚款61万元，累计卸载16949.56吨，处罚源头企业超标准装载41.75万元，超限超载率控制在0.2%以内。加大路域环境整治，出台《深入推进道路扬尘污染防治工作方案》等一系列文件，加大市区“四环两路”日常巡查督导，共出动执法车辆400余辆次，执法人员2000余人次，发现道路扬尘污染问题60余个，已全部上报，并督促相关部门进行整治。

【安全生产】先后印发《关于做好春运、冬奥会、冬残奥会和全国两会期间安全生产工作的通知》《2022年交通运输监督检查计划》《2022年安全生产重点工作任务清单》等，压实安全生产责任。严格落实“双段长”制，下发铁路沿线安全治理工作要点，召开路地“双段长”对接会，联合铁路部门建立安全隐患台账，2021年朔州铁路沿线安全环境遗留及新增问题18件已全部完成整改。以“百日攻坚”行动、三年行动、三大行动和隐患排查整治行动为抓手，紧盯“两客一危一货”等重点车辆，加强安全风险隐患排查整治。2022年以来，累计派出检查组519个，检查企业921家，排查整治一般隐患177处，限期整改12家，停业整顿1家，行政罚款87.6万元，通过政府门户网站曝光典型案例7个。截至年底，隐患问题已全部整改，未发生生产安全事故，全市交通运输行业安全发展态势总体平稳。

【党建工作】坚持“第一议题”制度，局党组及时跟进学习习近平总书记重要讲话重要指示精神以及《求是》杂志发表的习近平总书记重要文章49篇。印发《2022年机关党建工作要点》和《中共朔州市交通运输局党组理论学习中心组2022年学习计划》，集中学习《习近平谈治国理政》第四卷，观看微纪录片《百炼成钢：中国共产党的100年》，不断提高领导班子和领导干部推动交通运输事业发展的理论水平与工作能力，为交通运输事业新发展提供强有力的思想保证。在“4·15”国家安全教育日到来之际，印发《关于学习研讨新时代国家安全工作重大成就的通知》，集中学习有关文件精神。“七一”前，组织广大党员积极参加“喜迎二十大·永远跟党走”党务实操知识竞赛。制订工作方案，印发《创建文明城市应知应会手册》，加大宣传力度。

（侯　兴）

朔城区交通运输局

【抓党建促基层治理】以习近平总书记关于加强基层治理体系和治理能力现代化建设的重要论述和习近平同志考察调研山西重要指示精神为指针，遵循区委《关于推进抓党建促基层治理的工作方案》，以“精细化”管理为主线，实行“五亮五学五考”。“五亮”即“亮职责、亮标准、亮流程、亮制度、亮业绩”，立好“规矩”求方圆，解决“‘规矩’不清不知为”问题；“五学”即向“文化讲堂”学，向“文化展板”学，向“书籍报刊”学，向“媒体网络”学，向“先锋模范”学，补“钙”铸“魂”长本领，解决“能力不足不会为”问题；“五考”即自觉接受上级党委“考”、人大政协“考”、政治巡察“考”、纪检监察“考”、人民群众“考”，跳起身子摘鲜桃，解决“考评不严不愿为”问题。

将党的路线、方针、政策，党规党纪、法律法规，区委、区政府工作的大政方针、战略决策与交通运输部门实际情况有机结合，为部门、机构、岗位量化细化工作职责；以“拔高工作标杆、创造一流业绩”为导向，将业务职能与岗位职能有机结合，为部门、机构、岗位确立具体工作标准；明确办公室工作流程、财务管理流程等16项工作流程；坚持全面覆盖、全程到位、制度束权原则，建立健全服务承诺制度等40项涉纪制度；年终采取述学述廉述职的举措亮业绩。将职责、标准、流程、制度、业绩在“廉政文化展示室”展示，或提纲挈领制成“责任牌”置于责任人办公室案头，让责任人“签字背书”严格履责。

遵循《关于新形势下党内政治生活的若干准则》，结合“两学一做”学习教育，“不忘初心、牢记使命”主题教育，党史学习教育，采取专题辅导、图板展示、简明问答、寓教于乐、对话交流、案例警示等有血有肉、广接“地气”的办法加热党内政治生活这个“大熔炉”。坚持周五“文化讲堂”制度，打造“文化长廊”“党建文化展示室”“廉政文化展示室”“平安文化展示室”；编发《爱“廉”说》《党内政治生活简明读本》《中国共产党简史索引》等系列口袋书；实地品学“右玉精神”，在紫荆山生态旅游区、神头风情小镇开展“畅享绿色、善待生态”主题党日实践活动，在塞北革命烈士陵园、李林烈士陵园开展“传承红色基因”活动，举办各类座谈会；运用党组成员张清严重违纪违法案例进行警示教育。

以《中国共产党党内监督条例》为准绳，着重从上级党委、人大政协、政治巡察、纪检监察、人民群众五个方面接受监督考评。党组领导遇有工作有疑惑、吃不准的问题坚持向区委、区政府领导多请示、多汇报，让区领导给指点迷津把关定向；先后接受区人大《中华人民共和国道路交通安全法》和《中华人民共和国公路法》《山西省公路条例》“一法一条例”的执法检查，党组领导代表党组向区人大报告全区交通运输发展情况、乡村公路建设情况，每年向人大提交履职报告，接受人大监督评议并加以整改。先后接受七届区委第一巡察组政治巡察和市区统筹第一巡察组巡察整改“回头看”，接受八届区委第三巡察组政治巡察。党组把做好巡察整改“后半篇文章”作为践行“两个维护”、体现对党忠诚的实际行动，针对巡察组反馈的问题身先垂范抓整改、凝心聚力抓整改、部门联动抓整改、突出重点抓整改、立足长效抓整改、制度规范抓整改，巡察整改踏石留印落地有声；主动接受区纪委监委派驻第五纪检监察组的监督，重要会议、重大活动主动邀请“五组”职工参加，“三重一大”等重要事项由领导班子成员集体讨论决定并自觉接受“五组”监督，诚恳接受“五组”的“廉政谈话”“监察建议”，积极支持纪检监察部门查办案件；坚持“政策透明、制度公开、要求明确、管理有效、监督到位”原则，从公开主体、公开范围、公开内容、公开方式、公开时间五个方面全面深化农村公路建设“七公开”，实行“阳光作业”，推进清廉建设。

【“清廉交通”建设】 按照省、市、区弘扬清廉文化开辟大方向，围绕从2022年开始“一年打牢基础、二年提质增效、三年巩固深化”总体目标，创造特色、谋求个性，创设多层次责任、多元化防控、多方位监督“三项机制”这一载体。结合全区开展清廉文化活动的节律，党组对“五个一”活动周密部署、精心组织，各项活动衔接紧凑有声有色。

“七一”期间，党组书记着重从深刻认识弘扬清廉文化的重要意义、弘扬清廉文化的战略部署、党员干部如何在弘扬清廉文化中发挥主体作用三个方面为党员干部讲廉政主题党课；组织党员干部在平鲁区李林烈士陵园开展“传承红色基因，建设‘清廉朔城’”主题党日实践活动；查摆出“全面从严治党、净化政治生态流之于宽松软，失之于严紧硬”突出问题；以《中国共产党党员领导干部廉洁从政若干准则》《中国共产党廉洁自律准则》《中国共产党纪律处分条例》《党委（党组）落实全面从严治党主体责任规定》等党纪条规为主要内容，组织开展应知应会廉政知识测试；组织货运企业、物流寄递企业、维修企业、客运公司等负责人开展民主评议政风行风活动。通过公开承诺、公开述职、民主评议、听政质询等办法广泛接受人民群众的评判和监督。

【以案促治促改】 以党组成员张清严重违纪违法案例为“镜鉴”，加强廉政警示教育。深刻剖析张清严重违纪违法给他本人造成的苦果，给家庭造成的恶果，给局党组造成的严重负面影响，在社会上造成的恶劣影响；着重从党组和他本人对其严重违纪违法进行追根溯源。党组从全面从严治党、净化政治生态方面查“漏洞”，重点从理论学习、从严治党、责任传导、制度执行、政治生活五个方面找“短板”，对他本人从理想信念、初心使命、敬畏戒惧三个方面找“弱项”；教育党员干部以张清的“前车”为鉴，知敬畏、守规矩、莫碰“红线”、莫踩“雷区”，在“清廉交通”建设中发挥主体作用，充当捍卫“两个确立”、政治理论学习、坚定理想信念、纯洁纪律作风、践行初心使命的表率。

【“五路工程”】 服务全区“三区一高地”建设特别是乡村振兴战略，按照构建现代综合立体交通运输体系大方向，持续推进贯通出境路、建靓旅游公路、织密园区路、修好快捷路、加速“四好路”的“五路工程”，致力构建布局完善、规模合理、结构优化、资源集约、衔接高效、互联互通的综合立体交通骨架网络，打造交通强国建设山西省试点的朔州市朔城区标杆。

“出境路”以协调征拆为主服务保障全省重点工程朔神高速公路建设、241国道改造、336国道改造三个项目。已协调拆除建筑物6519.28平方米，迁坟281座，拆除大棚9419.9平方米，涉及张蔡庄乡、窑子头乡、下团堡乡、北旺庄办事处4个乡镇（街道办事处）。

朔神高速公路由朔州市朔城区至忻州市神池县，起于朔城区张蔡庄乡黄儿庄村东，止于规划的神池至河曲高速公路神池枢纽，路线全长30.4公里，朔城区境内15公里。项目概算投资21亿元，建设工期3年，设计时速100公里，是事关全局性、战略性、标志性的重大基础设施项目。建成后，将加速朔州、忻州两地各类要素合理流动，促进两地一体化高质量、高速度转型发展；241国道改造由忻州市宁武县阳方口镇经朔城区至平鲁区井坪镇，路线全长60.98公里，朔城区境内42.7公里，由二级公路改造为一级公路。公路路面宽25.5米，设计速度80公里/小时。241国道改造对于提升朔州市综合运输能力，推动朔州市区与平鲁区“一体化”发展，缓解全省北部地区交通压力，改善城市交通出行环境和朔州市过境运煤通行能力具有十分重要的意义；336国道改造由应县罗庄至朔城区东榆林，一级公路标准，朔城区境内2公里，土地测量工作已结束，正在征地。

旅游公路持续服务保障全市重点工程。长城一号旅游公路朔城区境内71.2公里建设工程，完成12公里广梵线路面改造工程和2.8公里双化岭生态路至油路建设工程。

“四好农村路”共6个项目，包括7.1公里朔只线西环路至山场道路改造工程，6.9公里朔只线山场至大北岔道路改造工程，9公里朔州至张蔡庄县道改造工程，8.5公里应汴线朔城区段改造工程，11.9公里化庄至神武道路改造工程和3.3公里南山道路南磨石至泉子沟、南山生态路至黄家窑改造工程。

（朔城区交通运输局）

平鲁区交通运输局

2022年，在区委、区政府正确领导下，平鲁区交通运输局紧紧围绕区委突出党建引领，建设“一区两城”，写好“两本答卷”，在全方位推动高质量发展中奋力开创新局面工作思路，加快推进交通运输高质量发展。

【党风廉政】 按照2022年区直机关党建工作总体要求，加快构建“有制度、有阵地、有活动、有亮点、有实效”工作体系，深入研究“健全基本组织、建强基本队伍、发挥基本功能、执行基本制度、强化基本保障、扛起基本责任”一体贯通机制，健全完善党建目标机制，强化目标责任，责任到人，坚持从严治党，全面建设清廉机关，党组书记亲自抓、负总责，不断激发党员干部抓好党建工作信心，充分体现基层党建工作凝聚力和战斗力，以优异成绩迎接中共二十大胜利召开。

【抓党建促基层治理】 按照“围绕发展抓党建，抓好党建促发展”工作思路，深入开展抓党建促基层治理能力提升专项行动，充分发挥党建引领作用，全面提升基层治理能力，推动形成党的建设更有力量、基层治理更有成效、服务群众更有温度的新局面。在全区开展乡村治理中，充分发挥交通部门职能优势，努力把客运、货运、邮政快递等行业监管及“四好农村路”建设转化为为民服务的义务，有力推动乡村数字化治理、网格化管理，为乡村治理提供有力的交通运输保障。

【公路项目建设】 2022年，全区农村公路建设项目总规模121.7公里。其中，“四好农村路”新建计划任务53.5公里、续建任务16.7公里；三个一号旅游公路续建任务51.5公里。

2022年，省计划下达全区三个项目，路线全长53.5公里，其中乡镇通三级公路19.9公里；县乡道改造9.5公里；建制村通双车道24.1公里。截至年底，三项均已具备通车条件，完成年度建设任务。“四好农村路”续建工程16公里已全部成型。

长城板块旅游公路主线建设任务34.3公里，主线已建成通车，已完成年度建设任务。其中，白兰沟至金家窑段全长8.1公里；双碾至下乃河段13.5公里；响水营至白兰沟段12.7公里。旅游公路支线建设任务17.2公里，其中县道回平线改建工程13.2公里正在进行前期招投标准备工作；朔只线下木角至另山段4公里已完成基层建设。

【文明城市创建】 一是大力实施公交客运场站环境整治。围绕文明城市创建总目标，以创建文明车站、文明公交、文明车辆为重点，深入推进文明城市创建工作，对汽车站、公交公司、公交站台进行环境卫生整治，做到环境卫生干净、整洁、物品摆放整齐，实施汽车站后院硬化，院墙粉刷，完善汽车站消防、安全设施，建立学雷锋志愿服务站点有效改善看乘车环境，提升汽车站服务水平，总投资100万元。二是深入开展专项整治。强化城市公交客运管理，严厉打击拒载、讹诈乘客等行为，教育广大司机使用文明用语，提供文明服务。会同交警部门深入开展打击黑出租专项行动，全面加强对各类三轮车、摩托车、电动四轮车非法营运的整治，坚决曝光一批、处罚一批，不断完善长效管理机制，全力提升道路交通安全管理水平。三是努力营造宣传氛围。在汽车站、公交公司、公交站台宣传栏等显著位置展示社会主义核心价值观、行业规范市民文明公约、行业规范等公益广告，利用公交车车头、车身、车尾、车厢等不同位置展示“讲文明、树新风”关爱未成年人等创建文明城市公益广告，共张贴公益性广告、宣传标语320份。

【治超管理】 2022年以来，全局加大治超工作力度，在管理上进行规范、整顿，取得新成效，超限超载率稳定控制在0.2%以下。一是加大站点管理力度。整章建制，加强队伍建设，规范内部管理，加大科技投入，严防死守，继续加大治超宣传力度和打击恶意超限超载力度，强化动态治理，不断提高规范化管理水平。二是加大路面管控力度。认真落实部、省、市、区治超工作精神及要求，建立路警联动工作机制，依托治超站点，加大路面管控工作力度。采取加大日常巡查力度。组织路政、运政执法人员组建路面巡查队，加强日常巡查，特别是对重点路段加大巡查频次，有力打击绕道逃避检测行为，加大短途非法超限超载打击力度。加强内部督察。为确保专项行动扎实有效开展，加大内部督察力度，专门成立督察组，对治超工作中作风、纪律等问题进行全面督察，并设立举报电话，鼓励社会群众参与治超监督，切实加强治超工作力度。加大源头监管力度。继续落实“思想不松、要求不变、力度不减、标准不降”要求，采取“重点进驻、一般巡查”方式，加强对政府公示的75家源头企业监管，要求货运源头企业、货运企业、货运驾驶员签订“无超限超载”承诺书，开创源头治超工作新局面。

【农村公路养护】 持续加大养护管理力度，加强和规范农村公路养护管理，在任务实施方面遵循“巩固、提升、发展、完善”思路，分类实施整体推进，巩固一大批中等路，提升一大批次差路，发展一大批优等路，农村公路路况发生明显变化，确保优良中等路率控制在85%以上。2022年以来，按照乡村道提质、县道巩固工作思路，以乡村振兴重点村道路提升为重点，实施道路硬化27050平方米，完成乡村道路220处水毁灾后重建任务，完善防护排水安保设施183处，有效提升农村公路通行质量。

【道路运输管理】 认真贯彻“安全第一、预防为主”方针，以落实“三关一监管”职能为核心，加大安全、市场监管力度。一是加强安全监管，运输安全水平不断提高。以“安全生产月”“路政宣传月”活动为契机，严格“从业人员、场站设施、运营车辆”三方面源头监管。特别是加大“两客一危”车辆监管力度，完善GPS动态监控设施，强化监控手段。二是加强市场监管，运输服务质量不断提高。加强流动稽查，加大动态监管力度，深入开展运输车辆安全大排查、大整治专项行动。三是全面加强道路扬尘污染治理。紧紧围绕生态文明示范区创建目标，采取近期治理和长效治理相结合、日常监管与专项治理相结合的方法，多管齐下、多措并举，大力推进道路扬尘污染治理，强化公路养护保洁、货物运输站场的管控措施，遏制车辆运输带泥上路、苫盖不严、抛洒滴漏等行为。

（平鲁区交通运输局）

山阴县交通运输局

2022年，山阴县交通运输局紧紧围绕县委、县政府总体部署，以推进交通项目建设为重点，狠抓交通运输行业管理，加强交通运输领域依法行政工作，全面巩固安全生产成效，推动全县交通运输各项工作全面协调发展。

【“清廉交通”】 继续加强转变干部作风和加强机关效能、党风廉政建设，转变思想观念，端正工作态度，改变工作作风，增强服务意识，降低工作成本，不断提高工作效率和依法行政能力。一是认真推行政务公开，着力树立交通行业良好形象。二是认真开展提案、议案办理工作。2022年，共承办县人大、政协提案、议案14件，已全部进行答复。三是加强基层党建。制订党建工作年度计划，推进基层党组织标准化规范化建设，坚持落实好“三会一课”、民主生活会和组织生活会、谈心谈话、民主评议党员等制度，巩固基层党建规范提质增效。四是开展以案促改活动。以纪委监委典型案例对全体党员干部进行教育警示，以案为戒，“不忘初心、牢记使命”，严格要求自己，加强党纪党规学习，敬畏纪律规矩，对身边有违规违纪苗头倾向的职工要多提醒、多批评，防微杜渐。

【“四好农村路”项目建设】 乡镇通三级及以上公路建设项目，共涉及马营至苑家辛庄线（马营村至隧道口段）、快乐村至古城奶业园区线（洪济屯至羊圈铺段）、应县至汴子疃线（帐头铺至后所段）等3条道路，设计里程21.76公里，预算总投资4324.65万元。中标价3816.69万元。应县至汴子疃线（帐头铺至后所段）9.5公里，已完工；马营至苑家辛庄4.3公里，已完工；快乐村至古城奶业园区线（洪济屯至羊圈铺段）7.96公里，由于2022年雨季降雨量较大，导致道路两侧处于雨水浸泡状态且无处排放，如按照原设计进行施工，无法保证工程质量，该道路已停工，本年度无法完工，2023年雨水下渗完成路基稳定后实施。

建制村通双车道建设项目，共涉及合山线至贺家堡、下疃至西安峪、应汴线至马西线、应汴线至许家洼、古老线至雁门关林场、大营至西沙堆等6条道路，设计里程15.043公里，预算总投资1883.24万元。中标价1566.28万元。下疃至西安峪1.9公里、应汴线至马西线0.8公里、应汴线至许家洼2.5公里、大营至西沙堆3.6公里；古老线至雁门关林场2.4公里、合山线至贺家堡3.9公里，已全部完工。资源路、县乡公路改造建设项目，共涉及四里庄至奶粉厂线、虎山线至董元线（玉井镇过境改线）、故驿至南辛寨线等3条道路，设计里程9.538公里，预算总投资2284.96万元。中标价1812.66万元。四里庄至奶粉厂线1.1公里，已完工；故驿至南辛寨线4.7公里，已完工；虎山线至董元线（玉井镇过境改线）3.708公里，路基工程已完工。

【荣乌高速连接线道路工程】 设计里程1.86公里，预算总投资7683.51万元。中标价4784.35万元。已完成部分工程量。

【黄水河桥危旧桥梁改造工程】 桥梁长度35.04米，桥梁宽度10米。中标价156.33万元。受雨水天气多降雨量较大和河道需泄洪的影响，已完成旧桥拆除工作，桩基共8根，截至年底，已全部完成，0#、3#桥台盖梁已完成，1#、2#墩柱已完成，年内完工。

【三个一号旅游公路】 208国道（新广武）至胡峪口段工程，路线全长37.087公里（主线34.747公里，支线2.34公里）。预算总投资20638.25万元。中标价15731.5万元。2021年9月18日开工建设，2022年4月底复工，主线全长34.747公里，路面已铺筑完成，11月1日通车。项目内6座桥梁及涵洞工程已全部完成。支线受五台林局林地报批影响暂未开工。河阳大道南延至洗朔线工程，总里程6.896公里，总投资9280万元。已完成工程可行性研究报告批复，9月底完成工程初步设计批复，同步办理项目永久用地手续。12月上旬挂网招标，2023年5月开工建设。口子梁至吴儿城线工程。总里程14公里，总投资5300万元，施工单位正在进行路基清表。

【农村公路养护】 负责管养道路总里程1317.429公里，其中，县道192.16公里，乡道397.183公里，村道728.086公里。按照“路长制”建立农村公路养护管理长效机制，已正式实施。

【综合执法】 一是加强对辖区内公路执法巡查和监控力度，强化公路建筑控制区管理，及时纠正、制止和打击在公开路两旁搭建违法建筑物、非法埋设管道及电线杆和盗伐路树、盗窃破坏标志标牌等行为，有效保护农村公路路产路权，保障公路安全畅通。二是加强治超工作。联合交警大队等相关执法部门加强对运煤线路常态化执法。强化源头管理，对货运车辆进行监督检查，要求源头企业负责人切实履行治超第一责任人义务，积极配合、落实治超相关工作要求，严格控制超标装载。两个超限检测站共检测车辆108.5610万辆次，查处非法超限超载车辆70辆次，卸载货物971.68吨，计分177分，罚款3.86万元，全县货车超限超载率0.006%，三是加强扬尘治理工作。一方面，加大路面整治力度，抓好货车超限超载和撒漏、扬尘等行为治理工作；另一方面，加大对超限超载、非法改装行为的打击力度。强化治超与治污相结合，定点治理与流动治理相结合、白天治理与夜间治理相结合、路面治理与源头治理相结合，根据实际需要灵活执法，严厉打击货运车辆扬尘违法行为。2022年，共组织检查行业领域次数340次，出动执法人员1360人次，执法车辆340车次，共查处交通违法案件49起，收取罚没款39.8万元，其中，查处超限超载车辆38起，罚款36.9万元；查处非法营运“黑车”4起，罚款1.6万元；查处无从业资格证2起，处罚2000元，从业资格证未年审1起，处罚1000元，查处抛洒滴漏案件4起，罚款1万元。

【提升保障服务水平】一是加强运输服务，保持道路运输业良好发展态势。春运期间运输工作总体平稳、有序。二是加强驾培市场监管，提高机动车驾驶人培训质量。三是加强驾培机构教练员和教练车管理，督促驾培机构加强对教练员的职业道德教育和驾驶新知识、新技术的再教育，对教练员每年进行至少一周的脱岗培训，提高职业素质。四是督导驾培机构严格按照《机动车驾驶培训教学和考试大纲》开展教学培训工作，纳入驾培服务网络进行监控。五是及时处理“12345”政务服务热线平台服务工单。截至年底，共接到服务工单213件，处理213件，满意率达100%。

【筑牢安全生产防线】一是全面落实安全生产责任。实行重大节假日和特别防护期期间领导班子成员分片负责督察制度，与30家行业责任单位签订安全生产责任书。每季度召开一次安全生产工作会议，督促企业落实“五到位”，增强企业风险意识和责任意识。二是强化安全生产督察整治。开展重要时间节点安全隐患排查整治，督促有关单位全部落实被排查出的风险隐患点防控措施。对客货运输企业开展安全生产督察，要求对发现的8项问题隐患立即落实整改。三是加强行业安全生产监管。加强客运站场管理，严格执行“三不进站、六不出站”规定，严禁未经车检、门检的客运车辆上路营运，严格执行长途客车凌晨2时至5时停车休息或实行接驳运输规定。加强工程建设、设计环节把关，严格执行安全生产行政许可制度和新、改、扩建项目安全设施和职业病防护设施“三同时”制度。

（山阴县交通运输局）

应县交通运输局

2022年，应县交通运输局以习近平新时代中国特色社会主义思想为指导，紧紧围绕全面实施“六大工程”、推动“六个转变”，全面贯彻县委工作会议和经济工作会议精神，狠抓本单位年度目标工作任务落实，强化责任担当，认真履职尽责，实现预期目标。

【公路自建项目】一是双沟至梨树坪道路改建工程，路线全长11.75公里，预算投资2312.05万元，已完工。二是白马石至三条岭道路改造工程，路线全长10.716公里，预算投资2679.61万元，已完工。三是山岔至葱坪农村公路水毁修复工程，修复里程14.43公里，预算投资1669.57万元，已完工。四是西崔庄村西至县道东下线改造工程，路线全长1.88公里，预算投资467.77万元，已完工。

【上级下达新建项目】一是长城一号旅游公路。下马峪至清凉庄（山阴界至清凉庄），路线全长15.05公里，预算投资3250.54万元，已完工。二是长城一号旅游公路。应县木塔至龙首山景区段，路线全长12.025公里，预算投资7382.98万元。市交通运输局组包项目，建设中。三是建制村通双车道。西崔庄村北至西崔庄村西，路线全长2.34公里，已完工；大黄巍村西至Y122140622，路线全长1.9公里，预算投资701.86万元，已完工。四是乡镇通三级公路，杨堡至大穗稔，路线全长3.65公里，预算投资770.26万元，已完工。

【上级下达续建项目】一是长城一号旅游公路。高铁站至桑干河段，路线全长14.124公里，预算投资8135.37万元，项目建设中。二是长城一号旅游公路。桑干河至应县木塔段，路线全长9.634公里，预算投资7837.4万元，建设中。

【纪律作风整顿】按照县委要求，制订交通运输系统作风整顿实施方案，单位主要负责人结合工作实际，为全体党员干部上清廉建设第一课，告诫大家要廉洁从政，清白做人，干净做事，一定要耐得住寂寞，守得住清贫，踏踏实实干好工作，认认真真做好事业，激励全体党员干部担当作为，尽职尽责。党组书记、局长撰写有深度的反思剖析报告，按照“四破解”“四树立”工作整顿重点，全局纪律作风整顿工作深入不断开展。

【打黑治超】一是加强超限超载运输车辆违法行为整治力度。开展站点治超和流动治超、路面治超和源头治超、传统治超和科技治超。截至年底，共查处超载车31辆。二是加强非法营运整治力度。采取突击检查方式或不定期开展非法营运车辆整治措施，严厉打击黑出租、黑客运，有效维护客运市场稳定，保证道路运输安全。三是加强路域环境监管力度。通过开展公路日常巡查方式，对公路附属设施，公路建筑控制区全面监管，共及时查处和纠正侵犯路权行为3起，有效保护公路畅通无阻。

【道路安全运输】按照行业特点安排专职工作人员对各企业进行安全生产监管，行政执法队成立3个安全生产工作组，各企业成立安全工作领导组，设有专职安全员，形成局长负总责、分管局长具体抓、监管单位监督管理、企业主体抓的四级安全生产监管格局，层层传导压力，层层传导责任。

针对道路安全安装波形护栏、减速带、挡墙、护坡、标识标志等安全设施，联合交警队加强公路平交路口“一灯一带”工程建设，平交路口安装警示标志牌41块，安装橡胶减速带90条，热熔减速震荡带64条，安装信号灯13处。

继续推进“两客一危”重点营运车辆加装智能视频监控报警系统，安装率达70%。严格执行客运车辆“三不进站、六不出站”和危险货物运输“五不承运、五不出车”以及“三关一监督”等规定，继续实施“安全带—生命带”工程。

【驻村帮扶与乡村振兴有效衔接】协助帮扶黄土嘴村“两委会”全程参与并制订与乡村振兴有效衔接工作实施计划，引导全村农户大力发展符合市场需求和自身资源条件的主导产业。动员和组织村民参与村容村貌等村庄环境整洁工作，使该村美化、绿化、亮化工作提高到一个新水平。

【党建和党风廉政建设】认真履行从严治党“两个责任”，严格落实“三重一大”议事决策制度和党风廉政建设责任制，将意识形态工作纳入党组和各基层党支部集中学习内容，不断增强“四个意识”、坚定“四个自信”、切实做到“两个维护”，坚决拥护“两个确立”。共召开党支部(扩大)会议8次，党风廉政建设专题会议2次。

（应县交通运输局）

右玉县交通运输局

2022年，右玉县交通运输局在县委、县政府正确领导下，以习近平新时代中国特色社会主义思想为指导，牢固树立“四个意识”、坚定“四个自信”、做到“两个维护”，切实提高政治站位，弘扬伟大建党精神，推进重点项目建设，各项工作进展顺利。

【重点工作】一是“四好农村路”。2022年，全县实施“四好农村路”项目2个，总投资2167.47万元。其中，新建项目大川桥、山岔南桥危桥改造工程，已开工，2023年5月底前全部完工。完成续建项目后所堡至丁家窑路面改造工程9.57公里建设任务，总投资1371.47万元。二是长城板块旅游公路，截至年底，8条主线全部完成，完成投资5.5亿元，支线工程南元至三十二、刘贵窑至十三边，路线全长15公里，办理土地、林地审批手续中，2023年开工。

【推进发展】一是结合常态化扫黑除恶斗争行业治乱专项整治工作，严格落实项目招投标制度，规范程序，阳光操作。加强施工监管，确保工程质量。二是优化营商环境。深化“放管服”改革，简化行政办事程序与流程。三是平安交通建设。针对道路施工、“两客一危”等重点领域开展全面的安全检查工作。共组织开展安全生产检查活动68次，累计出动检查车辆190台次、检查人员280人次，排查各类安全隐患20例，并及时整改，有效遏制安全生产事故的发生。开展“6·16”安全生产宣传咨询日活动。

出动宣传车辆4辆，宣传人员15人，发放各类宣传资料1500多份。全年共举办安全生产培训2次，培训各施工单位负责人、安检员、各客运企业负责人共计150人。2022年，未发生道路安全生产事故。

【依法治交】一是配合落实执法改革工作。交通运输综合行政执法大队已履行职责，积极完成新的使命任务。二是综治信访工作。围绕交通稳定，推动重点领域、重点群体矛盾问题和信访积案攻坚。全局涉及上级交办重点信访事项3项已办结；便民热线76件已办结。三是常态化扫黑除恶斗争。综合行政执法大队建立长效机制，针对非法营运行为，上路巡查，形成有效震慑，维护客运市场秩序。项目招投标及建设过程中严格按照规范操作，从源头上杜绝黑恶势力介入，没有发现相关问题出现。

【从严治党】一是加强组织领导。落实县纪委监委关于党风廉政建设安排部署，及时调整领导班子成员工作分工，建立责任制清单，制订党风廉政建设任务台账，开展谈心谈话，深入整治“形式主义、官僚主义”，营造良好政治生态。落实第一责任人职责，听取党风廉政建设情况汇报并及时解决工作中的问题，严格按照制度管人管权管事，自觉接受监督，促进权力依法依规运行。二是加强党的政治建设。坚持和加强党的全面领导，推进基层党组织的政治建设、思想建设、组织建设、作风建设、纪律建设，严格落实中央八项规定及实施细则精神，强化反对“形式主义、官僚主义”工作，全面开展“交通领域专项整治”工作，切实把从严治党向基层延伸落实。三是强化权力制约和监督。带领领导班子严格按照议事规则和程序，认真落实民主集中制、“三重一大”事项集体决策制度。在重大决策、人员调整、财务管理、招投标、物资采购等方面严格按照党组会议表决结果执行，推动权力规范运行。四是在基层组织建设方面，加强基层组织建设，提升各单位能力建设；加强党员间沟通交流学习，推动党建各项任务落实。五是在意识形态工作方面，贯彻落实上级关于意识形态工作决策部署及指示精神，结合实际，制订实施方案、管理制度、舆情引导预案，成立领导小组，全面加强意识形态工作领导和管理。随时关注各类舆情，适时召开意识形态分析研判会，安排部署意识形态相关工作。2022年，全局未发生影响社会和谐稳定的意识形态领域舆情。

（右玉县交通运输局）

怀仁市交通运输局

2022年，在市委、市政府正确领导下，在朔州市交通运输局指导帮助下，怀仁市交通运输局高举习近平新时代中国特色社会主义思想伟大旗帜，认真学习贯彻中共十九大和十九届历次全会精神、习近平总书记视察山西重要讲话重要指示及对“四好农村路”建设、“交通强国”建设的指示批示精神，以推进项目建设为总抓手，以高质量发展为总目标，不断推动全市交通运输事业高质量发展。

【公路建设】一是G55二广高速公路怀仁南互通工程由省发展和改革委员会批准立项，总投资1.57亿元，其中全市投资5000万元，其余部分由交控集团负责。工程由交控集团朔州高速公路管理有限公司实施建设，由朔州市负责征地拆迁工作已结束。截至年底，跨线桥完成桩基工程和桥的下部构造（桥墩和桥台），涵洞工程两座已完成，房建工程完成基础工程，2023年8月竣工。二是怀仁市205省道拓宽改造工程全长7.621公里，批复投资3.63亿元，由怀仁市财政筹资建设。韩原铁路以北为双向八车道城市主干道设计，二广高速公路南为双向六车道城市主干道设计，截至年底，项目已进入招标阶段，2023年8月竣工投入使用。三是王家堡至怀玉街快速通道工程建设路线全长3.18公里，投资14910万元，截至年底，已完成上跨北同蒲铁路桥施工，办理土地手续中。四是怀仁市2022年长城一号旅游公路建设项目，计划里程21公里，计划投资10221万元，已完成工程量85%。五是怀仁市2022年“四好农村路”建设项目，计划里程60.7公里，计划投资8527万元，已全部完工。

【综合执法】一是加大对道路货物运输车辆检查力度，排查5家危货企业，共排查危货车辆156辆次，巡查普货企业共52家，巡查普货车辆1361辆。二是规范道路客运、驾校、汽修市场，巡查客运7家、客运站1家、汽修32家、驾校7家，查处非法私人练车点21家、手续不全驾校分校4家，查扣车辆4辆。三是全面加强非法超限超载治理工作，规范超限检测站建设，开展治理超限超载专项行动，加大对货运源头企业巡查力度，坚持货运源头单位“应监管尽监管”原则，各治超执法队以高度责任感和使命感，全面开展源头治超工作，共出动执法车辆150台次，执法人员700人次，规范源头企业装载。

2022年，查处普货案件50例，处罚金额9万元；源头装载超载经营案24例，处罚金额30万元；客运非法营运案17例，处罚金额91000元；出租车举报违法案16例，处罚金额3200元；乡村普客车辆案1例，处罚金额1000元。

【安全监管】 按照“安全第一，预防为主”原则，严格“一岗双责”制度，加大安全监管力度，全面推行“管行业必须管安全、管业务必须管安全、管生产经营必须管安全”工作要求，深化专项整治检查，开展全面系统安全生产工作，强化落实安全生产责任制，层层签订责任状，常态化开展安全生产大检查，全面做好“安全生产月”“三年专项整治”及“安全生产大检查大整治大提升专项行动”等，召开安全生产例会、专题会议等10次，开展交通运输安全生产宣传5次，印发安全生产宣传资料1万份，检查发现一般安全隐患15条，下达整改通知书15份，已全部及时整改完成。

（怀仁市交通运输局）

忻州市

忻州市交通运输局

2022年，忻州市交通运输局认真贯彻落实稳经济一揽子政策措施，充分发挥交通投资拉动经济增长主要作用，千方百计保建设、扩投资，助力市域经济运行稳中有进，为优化城乡区域发展创造先决条件。截至年底，全市公路通车里程达17486公里，位居全省第三。其中，高速公路899公里、普通干线1748公里、农村公路14839公里。公路密度69.18公里/百平方公里。全年完成交通基础设施建设投资66.85亿元，是年度目标任务134.2%，占全市固定资产投资9.52%。其中，国（省）干线公路完成投资13.33亿元，三个一号旅游公路完成投资25.39亿元，一般农村公路完成投资7.33亿元，城市快速路项目完成投资20.8亿元。全长6.4公里的336国道偏关县城过境公路改线工程和全长10.5公里的338国道原平市过境公路改线工程建成通车；历时三年筹备，路线全长170.6公里、总投资92.38亿元的108国道砂河至石岭关段改建工程全面开工建设。

【农村公路建设】 坚持“市负总责、县为主体、政府主导、交通协调、部门协作”工作机制，市领导亲自部署、多次指示，市局每月统筹、专项督导，各县（市、区）紧抓政策机遇期、施工黄金期、任务节点期，以月保季，以季保年，超额完成年度建设任务，新改建一般农村公路522公里，建设三个一号旅游公路764公里，同步建成一批骑行道、慢行道、驿站、观景台、停车区等附属设施。

【太忻复合型城际交通走廊】 忻州市围绕省委、市委下达太忻大道“9·30”通车目标，笃定“起步即冲刺、开工即决战”意志，全力推进城市快速路建设，尽锐出战，攻坚克难，仅用5个月时间如期建成太忻大道，同步建成忻原大道，积累宝贵建设经验，为太忻一体化经济区忻州片区强势起步再添新动脉。

【繁五高速公路建设】该项目立项已有10多年，因资金补助政策调整、技术标准变化多次修改建设方案，又因投资效益不佳两次流标。乘着太忻一体化发展东风，市领导亲自挂帅、专班推动、打捆实施，市财政出资9.28亿元作为项目补贴，省交通运输厅全方位帮助解决开工难题，压茬推进前期各项工作，实现年内开工目标。

【助企纾困】大力促进交通消费回暖复苏，持续促进汽车等大宗商品消费，落实国家新能源汽车免征购置税政策。搭建融资平台，落实专项再贷款。与中国人民银行忻州市中心支行联合印发《忻州市交通物流专项再贷款工作实施办法》，与中国农业发展银行等7家银行机构向交通物流领域提供优惠贷款活动，为108家企业发放金额10454万元，全省排名第四。

【综合运输】一是民航运输。五台山机场明确旅游和廉价航空市场定位，充分发挥旅游支线机场优势，与8家航空公司合作运营航线19条，开通哈尔滨、成都、天津、上海等16个城市，全年累计起降2690架次，同比下降38.65%，旅客吞吐量166032人次，同比下降44.11%，货邮吞吐量11.32吨，同比下降93.24%。二是铁路运输。加强加密太忻一体化城际运输，现有高铁列车12趟次，普通铁路列车18趟次。忻州西站全年旅客吞吐量93万人，同比下降35%。7月4日开通“太忻号”太原至忻州至原平城际列车，7月17日开通五台路港铁路专用线列车。三是城市旅客运输。积极筹备开通3条太忻城际快速公交线路，现有太忻城际公路客运班线车31辆。全市总计拥有公路旅客营运客车1444辆37187个客位，全年公路客运量406万人，同比下降39.6%，客运周转量3.5亿人公里，同比下降40.8%。11月底，实现辖区内二级及以上汽车客运站和定制客运线路电子客票服务全覆盖。忻州城区、繁峙、代县、原平、定襄、五台山风景区实现与全国主要城市公交一卡通。四是货物运输。全市拥有营运货车59487辆841836吨位，货运车辆数同比增长8.1%。五是邮政运输。邮政行业运行稳中有进。全年邮政行业寄递业务量7585.74万件，同比增长0.52%，邮政行业业务收入8.07亿元，同比下降1.14%。

【公共交通】全市在营公交车676辆，其中新能源车型569辆，占比84%；在营巡游出租车共3062辆，其中新能源车型1271辆，占比42%。年度更新新能源巡游出租车171辆，新增新能源公交车6辆。建立市交通运输新业态协同监管局际联席会议制度，印发《忻州市推进网约车合规化工作方案》，推动网约车平台公司落实抽成“阳光运动”，加强从业人员权益保障。组织3万名客货运驾驶员开展职业技能和职业道德网络远程教育，完成3.6万名道路运输驾驶员年度诚信考核与换证工作。此外，认真做好“12328”交通运输服务监督。全年电话受理信息咨询158447件、意见建议502件、投诉举报1719件，办结率达100%，及时办结率达95%。

【法治建设】认真履行法治交通建设主体责任，将“法治山西、法治政府、法治社会”纳入“13710”工作制度重点推进。落实领导干部学法述法制度，制订学法清单和履职应知应会法律目录。推进“八五”普法，在交通官网设立普法宣传教育和行政执法专栏。推进地方性法规立法，将《忻州市客运出租汽车管理条例》纳入“十四五”立法计划。

【行业治理】动态调整梳理执法事项445条，组织开展突出问题专项整治，严格落实行政执法“三项制度”“惠民、助民、便民、暖民”执法理念贯穿始终。全年开展10次专项执法行动，保持日常巡查常态化，办理案件69起，罚款39.07万元。深化“放管服”改革。落实相对集中行政许可权改革精神，全面实行行政许可事项清单管理，年度划转审批事项20项，累计划转62项。推进“证照分离”改革全覆盖，优化审批服务77件。组织实施“双随机、一公开”检查12项。深化“信用交通省”创建，企业信用风险分类结果和信用评价在部门联合抽查中常态化运用，做到“守信者无事不扰、失信者利剑高悬”。严抓公路治超。全年政府公示源头企业709家，检查出场车辆8.54万辆次，处罚源头企业和个人30起，罚款76.99万元。本部门所属7个公路超限检测站过检车辆197.1万辆次，查获超限车辆102辆次，罚款18.1万元。

【水域生态保护】落实河湖长制任务，加强公路建设、道路运输对跨域河流湖泊生态保护和船舶码头水污染控制，对黄河、汾河、朱家川河等流域开展巡河护河，实现全市水域交通运输零污染目标。

【平安交通建设】坚守安全生产底线红线，安全生产专项整治三年行动收官，84项清单任务全面完成。开展道路运输风险隐患大排查大整治“百日攻坚”专项行动和危货运输专项检查，整改安全隐患137项。

【农村公路管养】全年投入日常养护3150万元，投入养护工程5124万元，实施养护工程690公里，改造危桥7座，建设安防工程22公里。治理农村公路隐患路段53处，完成平交路口“减速带”100条建设任务。

【自然灾害综合风险公路承灾体普查】对忻州市运营744座桥梁、7座隧道和7194条农村公路空间分布、公路基础设施属性和影响公路自然灾害风险隐患点进行全面调查，建立公路工程基础设施承载体调查成果数据库。

【社会矛盾风险隐患大排查大起底大化解行动】启动信访信息日报告机制，坚持24小时领导带班、工作人员值班点名制度，组织开展劳动社保领域、道路运输领域风险防范化解攻坚行动，完成北京冬奥会、中共二十大等重大活动维稳安保任务。

【铁路沿线安全环境治理】认真落实铁路沿线“双段长”制，开展铁路与油气管道会违规工程、10千伏以下上跨铁路电力线改迁和公铁并行地段隐患排查，省、市两级督办隐患共计48处，整改销号43处，销号率达89.58%。

【常态化社会专项治理】坚持守土有责、守土负责、守土尽责，认真落实部门责任，全面完成市域社会治理现代化试点三年任务和扫黑除恶、扫黄打非、反恐、禁毒等年度任务。

【交通运输政治建设】以政治建设为统领，市交通运输局党组年度开展中心组学习18次，中层及以上干部积极参加“山西干部在线”学习，持续学习习近平新时代中国特色社会主义思想和考察调研山西重要指示精神，深入学习宣传贯彻党的十九届六中全会和中共二十大精神，弘扬伟大建党精神，引导广大干部职工深刻认识“两个确立”决定性意义，不断增强“四个意识”、坚定“四个自信”、做到“两个维护”。压紧压实党组书记和党支部书记抓党建工作职责，着眼当好“三个表率”、建设模范机关，开展党支部“领头雁”培训，按照“二十六个有”标准推进党支部标准化规范化建设。围绕项目建设等重点任务，组织开展优秀党支部、党员示范岗、党员先锋号等评选活动。成立忻州市物流行业委员会和13个基层联合党支部，组建县级行业党委14个。

【党建活动】扎实开展“解放思想、真抓实干”主题行动和“负责任、动脑筋、讲良心”“对党忠诚、清正廉洁”专题教育，积极开展“金点子”征集活动和“我为太忻一体化经济区建设做什么”大家谈活动，隆重召开庆祝中国共产党成立101周年主题党日大会。

【党风廉政建设】坚持“严”主基调，持续正风肃纪反腐，领导干部带头遵守中央八项规定，加强党员干部监督、教育和管理，坚决纠正“四风”问题，扎实开展“对党忠诚、清正廉洁”专题教育，大力创建“清廉机关”。按照市纪委监委安排，进一步完善市局机关及所属事业单位干部职工廉政档案。积极配合纪检监察部门严查违纪行为，经过认真核查，对两名干部给予政务警告处分、对两名干部给予党内警告处分。

【创文创卫】认真贯彻落实2022年创建全国文明城市推进会议精神，及时动员部署、分解任务，责任到人，较好地完成涉及本部门8项材料申报任务和13项实地考察任务。着力改善机关办公环境，结合创文创卫，市局对机关办公场所及周边区域进行全面整修，机关面貌焕然一新。

（赵　勇）

忻府区交通运输局

【三个一号旅游公路建设】杨石线续建项目，路线全长37.91公里，路基宽7.5米，10月底主体工程完工通车。奇顿合续建项目，路线全长23.51公里，全面完工通车。城区至遗山园续建项目，路线全长

4.746公里，路基宽7.5米，三级路，主要工程为路基、路面、绿化、安防、照明等，10月底完工通车。

【城际道路续建项目】 城际道路忻定大道续建项目，路线全长9.64公里，路基宽32米，双向六车道，主要工程为道路、桥涵、绿化、排水、照明、电力、通信等，主要任务是面层油铺设和其他附属工程，项目已全部完工通车。城际道路忻原大道续建项目，路线全长12.25公里，路基宽32米，双向六车道。9月28日主体工程全部完工通车，并申报国家优质工程奖。

【农村公路建设】 乡镇通三级公路合马线改建项目，路线全长19.95公里，路基宽度7.5米，主要工程为路基、路面、桥涵等，主体工程已完工通车。建制村通双车道工程改建和平街至樊野项目，路线全长0.526公里；杨家庄至光明东街项目，路线全长0.987公里，两项工程已全部完工通车。

【公路日常养护管理】 交通建设中心加大路料采备力度，积极进行水毁防治，利用有利时机，及时对坑槽进行填补，采备路料3240立方米，填补坑槽11020平方米，清扫路面469公里，维修排水沟2000米，清理垃圾201处，处理翻浆680米。对所养路段进行维护保养，确保道路安全畅通，路况质量稳中有升，实现优等路6公里，良等路125公里，中等路22公里，次等路20公里，优良路率达75.7%。

【公路养护大中修工程】 为消除道路病害，延长公路使用周期，结合区县公路路况实际，全年对县、乡、村道实施大中修养护，其中：喷油罩面15.2公里10万平方米，处理翻浆、沉陷4680平方米，补坑槽933平方米，路基边坡整修5000平方米，铺筑砂砾路面层7000平方米，维修路沿石1740米，浆砌排水沟197米，回填路基铺筑砂砾路面3公里1.5万平方米，清理边坡塌陷4269立方米，修复水毁道路4.685公里。

【路政常态化监管巡查】 结合农村公路路域环境整治，重点查处擅自破坏公路设施、挖掘公路等违法行为，全面清理路域范围内非法公路标志、构筑物，依法保护路产路权。道巡队在包片旭来街道办事处秸秆禁烧督察巡查工作中，出动人员200人次，出动车辆100辆次，及时制止秸秆焚烧4起，排查隐患6处，督促村委清运道路两侧堆放秸秆、荒草8处，清理路障2处，取缔非公路标志1起。有效地维护区域路段内公路安全畅通和路产路权。

【路政宣传活动】 以"守安全、保畅通、优服务"为主题积极开展路政宣传月活动，在关城、路村检测站、县乡公路沿线、人员聚集场所，向群众宣讲《中华人民共和国公路法》《公路安全保护条例》《山西省公路条例》，普及公路安全保护法律法规知识。同时，加强超限超载运输、公路沿线乱搭乱建、乱堆乱放、违法占道、污染公路、超限超载典型案例宣传。

【道路运输日常监管】 积极开展道路运输市场专项整治工作，严厉打击非法运输经营行为。联合市场监管、应急管理部门和有关乡镇，开展机动车维修行业大排查，进一步加强备案监管，依法依规取缔无证无照维修摊点。开展打非治违专项整治行动，严厉打击"黑车""黑驾校"等违法经营行为，规范运输市场秩序，确保全区道路运输行业安全有序发展。

【交通运输综合服务保障】 组织开展春节、"五一"、清明节、端午节等重大假日期间道路运输专项整治工作，持续强化对汽车站、火车站、高速口等客源集散地道路运输监督，加强城市周边及农村地区运输服务供给，纠违章、查隐患，积极引导城乡群众选择合法合规运输车辆出行，着力营造公开、公正、公平道路运输市场大环境。

【交通运输污染防治】 认真落实省政府关于国三及以下柴油货车淘汰工作要求，规范实施机动车排放检测与强制维护（I/M）制度，认真履行交通部门监督维修职责，加强与环保、公安交警等部门协同工作，协同环保部门检测取证、交警部门实施处罚。严格落实抛洒扬尘治理企业主体责任和行业监管责任，加强运输车辆管控，加大抛洒扬尘污染治理，加强散装物料运输源头管理和路检路查力度，巩固重型柴油货车和散装物料运输车污染治理联合执法专项行动成果。

【公路超限超载治理】 一是在路面治超方面。以关城、路村公路超限检测站为主控点，同步在境内其他路线积极开展流动稽查，加大治超辐射面，形成全区域、全路段、全天候监控，始终保持路面严管严控治超态势。按照“一超四罚”要求，检测站实行路警联合执法机制，路政、交警各司其职，三班24小时不停车检测。关城公路超限检测站检测过往车58636辆，查处超载车10辆，卸载224.3吨；路村公路超限检测站检测过往车151795辆，查处超载车52辆，卸载490.63吨，流动稽查队检查车35辆。二是在源头治超方面。以综合处置为依托强化源头治超，严格管控货运源头企业，全面加强源头监管和路面管控，充分运用各种手段，守住源头第一关。认真开展源头治理和打击短途非法超限超载运输集中整治行动，对辖区内各类货源点、汽车改装修理厂进行排查，严打非法源头企业。加大对在建工程施工现场和运输车辆监管力度，严禁超限超载，强化货运源尾企业监管，倒查途经路线、站点直至货运源头企业，有力形成源头治超闭环监管，严厉打击非法超限超载运输行为，确保全区超限超载率始终控制在千分之二以下。

【安全生产监管】一是坚持常态化日常监管。以安全生产专项整治三年行动为契机，以巩固提升为抓手，结合交通运输重点领域风险防控，紧盯“人”“车”“路”，全面加强安全生产工作。加强道路旅客运输非法违规运营精准协同治理，以“两客一危”车辆和重型货车为重点，强化危险货物道路运输安全监管，深入开展常压液体危险货物罐车专项治理，加快提升危险货物道路运输电子运单覆盖率。二是强化隐患排查整治。把“平安交通”创建、“百日攻坚”“回头看”和安全隐患大排查大整治大提升行动结合起来，启动道路运输车辆第三方安全动态监测，实现重点营运车辆全程动态监控。对典型违法行为实施集中整治，对重点领域和薄弱环节一查到底，查出问题坚持“零容忍”，及时研究对策、提出整改措施，从根本上解决问题。累计出动车辆140次，出动人员80人次，检查运输企业412家次，有力维护运输市场安全稳定。三是提升应急处置能力。进一步完善应急管理工作制度体系，坚持领导带班和值班员24小时在岗值班制度，实施重点时段、重大活动期间安全生产事故日报告、零报告制度，畅通信息报送渠道，提升报告时效和质量。强化跨部门、跨区域交通运输应急管理协同联动机制。5月组织相关人员观摩奇村举办的忻州市应急演练活动，进一步激发安全发展内生动力，提高应急处置救援能力。

【交通运输依法行政】一是深化法治机关建设。认真组织实施“八五”普法工作，主动学法用法守法。坚持落实“谁执法谁普法”工作机制，严格执行行政规范性文件管理制度和合法性审查机制。二是提高交通运输综合监管能力。在常态化执法基础上，盯紧重要时段、重点领域，开展多种形式集中执法行动，严厉打击交通运输行业各类违法违规行为。三是严格公正文明监管。全面推行行政执法三项制度，加强市场有效监管。充分利用“双随机、一公开”部门联合监管平台开展工作，全年“互联网+监管”平台监管行为共计675次。

（忻府区交通运输局）

定襄县交通运输局

【项目建设】忻原大道定襄县段路线全长1.94公里，投资估算4.43亿元。截至12月底，路基、路面、桥涵、隧道、照明、绿化已全部完工，完成总工程量98.8%，完成投资4.4亿元。9月，按照市政府要求对忻定大道定襄段沿线平交路口进行再优化，增设平交路口上下路辅道，10月底全部完工。三个一号旅游公路共3条15.3公里，投资5930万元。瑶池至三家村（二期）续建项目年度任务8公里，投资2900万元，10月全部完工。定襄至七岩山项目年度任务7.3公里，投资4500万元，10月底全部完工。南王至茶房口项目4.1公里，投资680万元，10月底全部完工。一般农村公路共4条16.5公里，投资1600万元。乡镇通三级路宏道至蒋村项目9.3公里，投资1300万元，10月底全部完工。自然村通硬化路共3条7.2公里，总投资300万元，10月底全部完工。康乐街拓宽改造工程677米，城市次干路标准，计划投资1350万元，10月底完工。沧榆高速定襄北收费站入口超宽车道改造工程200米，计划投资380万元，10月底完工。

【安全生产】提高重大风险防范意识。持续做好交通运输行业重大安全风险清单全面排查、精准管控和动态跟踪。深入开展安全生产专项整治三年行动,围绕"巩固提升"主题,着力在标准规范、政策措施层面针对性补齐短板,逐项推动落实,深化平安交通建设。把握不同时间节点安全生产工作重点,切实做好季节性预警预防,全力做好重要节日、重点时段、重大活动期间交通运输安全保障和信访等工作。提高重点领域本质安全水平。严格落实"三管三必须"要求,进一步压实各方安全监管责任和企业安全主体责任。严格"两客一危"、重载货车、农村客运安全监管。开展公路交通安全设施精细化提升专项行动。深化平安工地建设,坚守工程质量安全红线。提高交通运输应急管理能力。落实好重大节假日和重点时段值班值守工作,提高应急处置能力。加强应急值守专业化、规范化建设。健全完善应急预案体系,形成跨部门协作联动、联防联控新格局。开展典型事故案例复盘研究和多种形式应急演练,强化巨灾场景模拟构建,加强预警发布提醒,提升突发事件专业化应对水平。深化"三零"单位创建。有效防范化解各类风险隐患,妥善处置群体性事件,切实维护政治安全和社会稳定,守牢安全稳定底线。

【运输发展】积极推进"绿色交通"建设。坚持远近结合、突出重点、分类施策,有序推进绿色低碳交通运输体系建设。持续推广绿色低碳运输工具,推进运输装备专业化、标准化,加快高污染、高能耗老旧营运车船淘汰更新,持续推动城市公交、出租车、网约车等新增和更新车辆全部采用新能源车。大力推进城乡公交一体化,鼓励和规范定制公交、网约车等新业态。落实《山西省推进运输结构调整实施方案》,积极协同铁路部门推动大宗货物运输以铁路为主"公转铁"进程。推动公共交通优先发展,积极创建"国家公交都市建设示范城市",推进绿色出行城市创建,探索建立群众绿色出行"碳积分"机制,积极引导形成低碳出行生活方式。

【党的建设】把加强组织领导贯穿始终,把领导干部带头贯穿始终,认真贯彻学党史、悟思想、办实事、开新局要求,深刻感悟"两个确立"决定性意义、进一步增强"四个意识"、坚定"四个自信"、做到"两个维护",不折不扣完成部署各项工作任务。举行红色教育活动,深入开展"我为群众办实事"活动,累计开展16次专题研讨,完成办实事承诺10件。对部分基层党组织进行调整,2个党支部(运管党支部、客运党支部)合并为1个党支部,调整后机关党组共有1个党总支、2个党支部。深入推进党风廉政建设和反腐败斗争,保持惩治腐败高压态势,一体推进不敢腐、不能腐、不想腐。认真履行全面从严治党和党风廉政建设主体责任,坚持关口前移,抓早抓小、防微杜渐。加强党性教育,狠抓党内政治生活质量,开展廉政警示教育。瞄准突出问题和重点环节,持续推动中央八项规定有效落实。

【法治建设】严格落实领导干部学法述法和法治政府建设年度报告制度,强化党政主要负责人法治建设第一责任人职责。先后组织学习习近平全面依法治国新理念、新思想、新战略和《中华人民共和国行政处罚法》《中华人民共和国民法典》等内容。强化交通运输综合行政执法,梳理上报行政执法事项清单,健全"谁执法、谁普法"工作机制,积极推行"行政执法三项制度",落实《山西省交通运输厅交通运输行政执法指引(试行)》和《山西省交通运输领域实施包容免罚清单(第一批)》,逐步建立完善交通运输综合执法体制。聚焦人民群众反映强烈热点问题开展交通运输执法领域突出问题专项整治,共查处案件11件,罚款3.63万元。

【服务乡村振兴】一是强力推进交通基础设施建设,保质保量按期完成目标任务;二是稳步提升综合运输发展水平,服务乡村振兴能力不断增强,助力乡村经济发展;三是以"四好农村路"建设为抓手,加强公路养护管理,为乡村振兴提供优质服务;四是完成于家庄、回凤两个村55户脱贫户、7户"三类户"收支测算、信息采集、数据录入、动态监测和政策落实帮扶,建立健全资产管理制度和管理台账,全力做好驻村帮扶工作。

(定襄县交通运输局)

五台县交通运输局

【党建工作】一是始终把思想政治建设摆在各项工作首位，深入开展学习型机关创建活动，以学习中共二十大精神为统领，要求全体党员干部积极参加各类主题教育活动，认真学习宣传贯彻中共二十大报告精神，扎实开展"两学一做""党史教育"活动，通过领导讲党课、观看录像等形式多样、内容丰富的学习，巩固"不忘初心、牢记使命"主题教育成果，全局党员干部政治理论水平得到进一步提高。二是以"三会一课"、主题党日为抓手，认真开展理想信念、党性党风党纪教育，组织党员赴五台县红色教育基地参观学习，接受红色革命教育，熏陶红色文化，进一步增强党员干部党性修养。三是以民主生活会为载体，健全廉政谈话制度。采取个人谈话和集体约谈相结合方式进行谈话提醒和廉政谈话教育，主要领导与分管领导谈，分管领导与业务股室谈，进一步掌握思想动态，增进感情交流，凝聚工作合力。

【公路项目建设】一般农村公路项目建设。完成较大自然村通硬化路工程13条18.09公里，总投资938万元。完成建制村通双车道工程3条4.754公里，总投资294.8万元。完成资源路、产业路项目东坪线永安至苏家庄改造工程建设里程5公里，总投资900.8万元。三个一号旅游公路。完成续建项目太行主线教场至盂县界旅游公路，总里程8.795公里，总投资6477.6万元。新开工项目太行支线耿镇至灵境乡旅游公路，总里程12.76公里，总投资5789.6万元。已完成招投标工作，施工单位已进驻工地，但受气温影响，开工日期延迟，计划于2023年10月底完工。

【客运运输管理】全面监督客运站经营行为，重点督促客运站制度执行情况，杜绝客运站不按规定安全例检等行为发生，做到"四不进站、七不出站"。开展第25届全国推广普通话宣传周宣传工作，在汽车客运站等公共场所以及客车、出租车等营运车辆上张贴宣传海报，深入各运输企业实地宣传，在全县交通运输市场营造良好宣传氛围。全年共年审车辆216辆，新增车辆105辆，转入车辆87辆，转出车辆21辆。从业资格证年审190个。共发送旅客13602人，五台汽车站售票金额38.5万元。

【物流保通保畅】落实交通货运物流企业专项再贷款政策。通过融媒体和微信群宣传、组织企业召开专题会议、深入企业宣传等方式，对交通物流专项再贷款政策进行多方位宣传，共4家货运企业进行贷款申请。继续推进机动车排放污染维修治理站（M站）建设工作，加强机动车排放污染综合治理，全县共2家M站投入运营。加强节假日期间安全防范工作，共排查维修企业13家次，对于存在问题进行逐一督促整改。驾培管理和出租汽车管理。重点抓行业服务提升工作，深化"微笑服务、温馨交通"行业内涵，提高从业队伍素质教育，严格出租汽车从业资格准入关，建立健全出租汽车驾驶员诚信档案。

【综合行政执法】严格落实行政执法"三项制度"，全力打击非法运营行为。强化事前公开、规范事中公示、加强事后公开制度，全面推行执法全过程记录制度和重大执法决定法制审核制度，规范重大行政执法决定法制审核责任和流程，对重大案件办理严格执行集体讨论制度。全年共出动人员2682人次，出动车辆610车次，检查企业450次，检查车辆7956辆，共办理行政处罚案件48件，批评教育情节轻微未造成后果22例。收到转办"12328""12345"服务监督热线投诉举报线索33件，已全部核查到位，并进行结果反馈。加大教育培训力度，全面提升行政执法水平。坚持每月组织集中学习培训1次，组织参加县司法局主办的行政执法大讲堂学习15期次，所有执法人员参加全国交通执法信息平台学习培训，全面提升执法人员整体素质和执法水平。

（五台县交通运输局）

代县交通运输局

【交通建设项目】三个一号旅游公路建设任务为6条（续建项目3条、新开工项目3条），建设里程97.15公里，投资7.41亿元。全年任务里程、投资分别占全市17.1%、22.7%。本年累计完成投资4.828亿元，占任务投资65.2%。2022年争取上级补助资金1.9171亿元，其中续建项目3个11053万元，新建项目3个8118万元。

【108国道改建工程】108国道改建工程时间紧、任务重、难度大、涉及面广，县交通运输局牢固树立"一体化、一盘棋"思想，及早谋划，科学组织，各司其职，同步推进。针对征地、拆迁等工程急需办理事项，县人民政府及时召开协调推进会，建立专项联系渠道和沟通渠道，快速推进土地报批手续。前期工作进展顺利，工程项目部已进场，完成驻地、预制场建设，部分桥涵已开工实施。

【前期工作】根据实际情况，将原三个一号旅游公路2023—2025年项目调整为9个项目，提高可实施度。一是强化要素保障，加快前期工作进度。抢抓太忻经济区建设重大机遇，三大板块旅游公路项目均列入太忻经济区一体化建设项目库，随着太忻经济区一体化建设各项政策制订，2022年三大板块旅游公路项目用地指标随太忻经济区建设国土空间规划及太忻经济区"三区三线"划定逐步落实，同时县政府协调自然资源局、水利局、林业局等部门实施承诺制，加快项目用地、水保、环评、防洪评价等前期工作办理进度，确保各项目有序推进。二是创新项目建设模式，项目工程可行性研究报告与PPP模式前期工作同步推进，项目工程可行性研究报告一经批复即可进入PPP模式，解决项目建设管理及资金困难问题，保证项目按期开工建设，按期完成建设任务。

【"四好农村路"建设】一般农村公路建设目标任务2项，完成建设里程16公里，均为新开工项目。其中，资源路产业路升级改造工程项目1条16公里，投资6612万元；危桥改造项目1座24米，投资82万元。10月完成建设任务。把日常养护作为重点工作，完成平交路口减速带21个，路肩边坡杂草铲除80公里、清理道路两旁建筑生活垃圾136吨，拆除遗留、废弃广告牌和无实际用途、有碍观瞻视觉污染设施5处，清理塌方940立方米，清理排水渠6000米，修补坑槽3500平方米，疏通边沟3.5公里，疏通加固道路涵洞6道，粉刷里程碑36块，修补损坏护栏260米，修复路沿带、排水渠2800米，补齐标志牌16个、广角镜11个。完成25公里养护大中修工程项目。

【交通运输市场秩序】重点加大对非法营运黑车和城区客运违规行为打击力度，处置非法营运4起，罚款金额2万元。认真组织实施春节、清明节、"五一"、端午节假期道路旅客运输安全保障工作，确保旅客运输安全。加强日常监管，进一步规范驾驶员培训教学行为，坚持跟踪管理，不定期对驾校安全生产、教练员日常教学、教练车技术状况等进行检查，提高驾校教学质量和安全意识。

【超限超载治理】一是加大治超执法力度。由县治超中心牵头，交通、公安交警等部门参与，在全县范围内开展为期1个月治超治乱专项整治行动。县交通运输综合行政执法队共出动执法人员179人次，出动执法车辆60辆次，检查货运车辆560台次，卸载违规装载货约238.5吨，交通罚没款共计20.35万元。二是扎实开展非煤矿山企业、矿产品加工等企业交通运输方面突出问题排查整治，严格规范矿山源头企业、货运企业运输。共排查问题8项，下达责令整改通知书4份，已全部完成整改。

【行业安全管理】及时调整安全生产工作领导小组，层层签订责任状，明确责任，严格实行安全生产"党政同责、一岗双责"责任体系，严格落实"543"工作机制和"1312"工作法，牢固树立安全红线意识，维护交通安全生产持续稳定。全年排查安全隐患60处，下发责令改正通知书15份。其中，运输企业一般安全隐患56处，工程施工安全隐患4处，已全部整改到位。

【法治交通和行业治理】围绕法治山西、法治政府、法治社会一体建设试点工作部署，依法规范行政职权，提高行政执法能力，提升政务公开透明度，交通各项工作法治化、规范化水平得到进一步提升。一是组织学习习近平总书记在中央全面依法治国工作会议上重要讲话和关于法治政府建设重要指示精神，对《中华人民共和国宪法》《中华人民共和国民法典》《中华人民共和国行政处罚法》等一些重要法律法规进行学习。积极参加11期行政执法大讲堂行政执法培训,学习柔性执法、安全生产监管、执法业务等内容,进一步提升执法人员综合行政执法能力。二是贯彻落实上级惠企文件精神,开辟“绿色通道”,实行特事特办、快捷办理,制订13项包容免罚清单,进一步减轻企业负担。三是在重要决策制订和实施过程中,通过聘请2名法律顾问参与决策事项合法性审查,为做决策、行职权提供法律支持,促进交通执法法则把握,提高依法行政水平。四是在日常执法工作中,各执法单位结合“谁执法谁普法”“法律七进”等活动,采取法律咨询、座谈会等方式广泛开展道路交通运输法律法规宣传,营造良好交通普法氛围。

【党风廉政建设和其他工作】一是严格落实党风廉政党组主体责任,认真开展党史学习教育,认真学习贯彻习近平总书记关于意识形态工作重要论述,专题研究意识形态工作,进一步加强基层党组织建设,切实把全面从严治党要求贯彻到交通工作中。二是认真办理人大代表建议、政协委员提案等。共办理人大建议3件、政协提案1件,市“12345”政务服务热线45件、市“12328”交通运输服务监督电话转办单42件,做到件件有回音、事事有落实。三是发挥行业优势,扎实开展联系村帮扶,安排4人联系帮扶正下社村巩固脱贫成果与乡村振兴工作。四是认真开展文明城市创建、双拥、综治信访、普法等工作。

(代县交通运输局)

繁峙县交通运输局

【农村公路建设】长城一号旅游公路,路线全长77.607公里,主线已全部贯通,进行交通安全设施、绿化工程、微景观及附属设施施工,累计完成总投资额为4.7亿元,占项目总投资97%。太行一号旅游公路主线项目,路线全长66.24公里,主线已全部贯通,进行交通安全设施、绿化工程、微景观及附属设施施工,建安费完成额4.79亿元,占项目总投资88.1%。长城板块旅游公路支线项目建设,主要有:砂河镇至羊脑沟公路本年度任务完成里程为3公里,总投资840万元,路面主体工程已完工;金砂线至南关村公路本年度任务完成里程为3公里,总投资860万元,路面主体工程已完工;滹沱河至仰头山寺公路项目,路线全长12.5公里,估算总投资4242万元,已完成路面主体工程。乡镇通三级及以上公路建设项目——108国道至金山铺乡公路,路线全长4.254公里,估算总投资809万元,路面主体工程已完工。建制村通双车道公路建设项目:砂河至代堡公路、108国道至茨沟营公路、南关至大峪线公路,共6.06公里,估算总投资453万元,主体工程已完工。自然村通硬化路项目共20.73公里,估算总投资1656万元,主体工程已完工。繁峙县资源路产业路项目——108国道至装备制造园区公路工程,项目里程3.444公里,估算总投资802万元,路面主体工程已完工。

【公路养护】全年完成10条公路大中小修养护工程项目,完成投资346万元。分别是:神堂堡至庄旺线公路完成水泥混凝土路面162立方米,波形护栏28米,路肩墙62.3米;东庄至西连仲公路完成沥青混凝土路面1578立方米,粘层油1578立方米;四道沟至横涧村公路完成沥青混凝土路面1895立方米,粘层油1895立方米;砂河至高陵线公路完成排水沟浆砌片石122立方米,沥青混凝土12028立方米,粘层油12028立方米,波形护栏300米,标线232平方米,里程碑25个,道口标柱8根,爆闪灯10套,路域景观11处;柏大线至东介岔公路完成水泥混凝土645立方米,波形护栏68米,路肩墙600.7立方米;苏孟庄至下茹越公路完成水泥混凝土324立方米,波形护栏76米,路肩墙100.6立方米;应县至繁峙公路完成碎石同步封层13750平方米,沥青混凝土120平方米,粘层油13870立方米,水泥混凝土120平方米,标线540平方米,路肩墙150立方米;南关至黄家庄公路完成水泥混凝土425立方米,水泥混凝土228立方米;西义至高升寨公路水泥稳定碎石基层525平方米,沥青混凝土6649平方米,粘层油6649平方米,标志牌6块,道口标柱4根,爆闪灯1套,减速带8米,标线223.2平方米;108国道至上西庄公路完成标志牌

7块，减速带24米，道口标柱4根，爆闪灯3套。

【交通运输执法】 扎实开展“两客一危一货”道路运输集中整治、公路路域环境集中整治、打击非法营运集中整治等联合执法行动。全年共查处客运车辆违法违规案件19起，罚款7.45万元；查处违法超限超载车辆5辆，卸载17.76吨；查处1家源头企业超载案件，罚款1.15万元；公路路域环境集中整治专项行动共出动执法人员48人次，巡查公路里程1500公里，联合公路、交警等执法部门开展整治行动5次，处理路政违法案件2起，拆除违法广告标牌26块16平方米、违法构筑物1处11平方米、楼顶广告标牌2块4平方米，制止并清理违法增设道口5处。清理占用公路及公路用地、摆摊设点18处。

【安全生产】 按照县安委办统一安排部署，扎实开展“三年行动”“大检查、大整治、大提升”“百日攻坚专项行动”“安全隐患排查整治行动”，重点对全县“两客一危”运输企业、物流运输企业、农村公路建设项目领域安全生产风险隐患开展排查治理，深化平安交通建设。全年共出动检查组182个，检查企业68家，发现问题326个，整改326个。在农村公路过村路段安装减速带105道，爆闪灯26套，波形护栏300米，更换交通标志60块，刷新标线约7公里，修复农村公路水毁路段21处，投入资金216万元。

【工作措施及亮点】 坚持以党建为统领，推动长城一号和太行一号旅游公路主线和支线项目建设提速、农村公路改造工程提质、民生实事提效、平安交通建设效能提升四项重点工作，让基层党组织主动焕发活力，着力提升项目建设、公路管养、交通执法等重点工作。毫不放松抓好安全生产，全力以赴推进项目建设。项目建设方充分履行主体责任，及时跟进项目组织实施情况，确保项目按时序计划推进、高质高效建设。项目建设单位紧盯项目推进过程中存在问题，加强统筹调度，及时协调解决，在确保工程质量和施工安全前提下，全力以赴加快项目建设进度。公路工程沿线各乡（镇）、有关部门主要领导亲临一线、现场办公、通力合作，以最好态度、服务、措施，确保项目快落地、快建设、快达效。

（繁峙县交通运输局）

宁武县交通运输局

【项目建设】 2022年建设任务共19个项目，目标任务66.38公里。其中：三个一号旅游公路续建项目3个，新开工项目4个，目标任务投资7300万元；一般农村公路项目12个，目标任务投资4600万元。三个一号旅游公路建设项目。长城板块旅游公路主线（长城一号）忻州市宁武县境内阳方口段建设项目路线主线长3.78公里，目标任务为续建完成剩余2.68公里，完成投资2450万元，现已完工。长城板块旅游公路忻州市宁武坝门口至荷叶坪景区公路改造工程路线全长17公里，目标任务为续建完成剩余5公里，完成投资1300万元，现已完工。长城板块旅游公路支锅石至万年冰洞段工程建设里程14公里，目标任务为续建完成剩余4公里，完成投资550万元，现已完工。新开工长城板块旅游公路马家湾至杨庄（大外环）8.5公里，目标任务完成路面8.5公里，完成投资1000万元。施工单位7月底进场，道路受县供热工程铺设管道影响，已完成路基及道路护砌工程，超额完成投资任务。新开工杨胡至川胡屯2.6公里，目标任务完成路面2.6公里，完成投资1000万元。施工单位7月底进场，11月完工通车。新开工石湖河至阳方口6.46公里，项目为省、市本年补增计划，本年任务完成里程1.24公里，完成投资1000万元，前期工作已完成，进行财政评审工作。新开工西马坊狼迫沟至达毛庵3.7公里，本年任务完成里程1公里，完成投资350万元。项目为省、市本年补增计划，前期工作已完成，进行财政评审工作。“四好农村路”建设项目。自然村通硬化路9个项目22.96公里，总投资1450万元，全部完工。建制村通双车道石庄至马圈湾6.8公里，项目已于9月底完工。大忻线至火烧湾1.7公里，企业自建，已完工。资源路产业路中马坊至蒯屯关9.9公里，投资2050万元，11月完工通车。

【道路运输】 全县共有客运车辆86辆，客运线路44条，其中跨县线路10条，农村客运班线20条、农村公交线路14条；全县乡镇通班车率达100%，行政村通班车率达100%。共有货运企业64家(2022年新增7家),物流企业8家,货运车辆3785辆;辖区内有机动车维修企业13家。驾驶员培训学校2家。全年完成客运量36万人次,客运周转量4359万人公里;完成货运量705万吨次,货运周转量126215万吨公里。

【运输服务保障】客运市场服务保障方面。一是较好地完成春运、节假日运输组织工作,其间无重、特大运输安全责任事故发生。二是督促企业建立健全各项管理制度和基础档案,三是加强驻站人员日常监督工作,重点对汽车站严格落实"三不进站、六不出站"制度情况、安全例检情况、三品检查情况和客车出站前安全嘱咐情况进行跟踪监督。货运市场服务保障方面。加强货运管理,推进货运企业安全生产标准化建设,引导和促进道路运送企业加强管理,保障安全,诚信经营,优质服务。机动车维修市场服务保障方面。一是严格落实安全生产承诺制,与全区9家维修企业签订安全生产承诺书。二是开展全县机动车维修市场整治行动,维修办工作人员不定期对各类维修企业进行安全隐患大排查,指导、监督检查维修企业做好防火工作和维修保养工作,杜绝存在安全隐患,保障全区道路运输安全。三是定期对维修企业生产经营场所、技术状况、从业人员状况和经营行为、安全生产情况等进行全面检查。驾培市场服务保障方面。不定期深入驾培学校,对每期培训学员档案作规范化指导,对教练员理论和实际操作课授课情况及车辆性能进行检查。随着驾照考试难度增加,督促教练必须更到位地做好机动车驾驶员培训工作,推动驾驶员培训从"应试教育"向"素质教育"转变,促进全县驾培教学质量提高。

【安全生产】健全机构、明确责任。年初下发《关于进一步做好2022年交通运输安全工作通知》,并与各企业签订2022年度交通安全目标考核责任书和企业主要负责人《职责履职尽责承诺书》。精心组织,加强监管。为确保春节、"五一"、清明节、中秋节、国庆节等传统节假日交通旅客运输工作顺利开展及中共二十大胜利召开,在节日来临之前成立相应安全工作领导小组,召开各交通运输企业负责人参加节日安全工作布置会。节日期间,局机关部分职工放弃休假时间轮流上路对安全工作进行监督检查,无重特大安全责任事故发生,无旅客滞留现象发生。狠抓制度落实、完善工作措施。每月组织运输企业安全大检查,总结本月安全生产工作,对下月安全工作进行部署,就安全知识、日常注意事项进行培训和讲解,对存在问题要求及时整改。认真开展专项行动。积极开展"安全生产大排查大整治大提升"和"安全生产月"等活动,成立专门"安全工作领导小组",进一步明确各自职责,活动期间组织企业负责人、技安员进行安全学习,形成"主要领导亲自抓、分管领导负责抓、部门领导具体抓"局面。在开展一系列活动期间,在运输企业、车站、二类以上维修企业在显著位置张贴、悬挂安全生产宣传标语100余幅、办宣传板报14期,印发宣传资料5000份。

【铁路安全隐患整治】宁武县铁路沿线安全环境治理联席会议办公室设在县交通运输局,负责做好县域铁路安全管理问题协调工作,统筹做好各乡镇、各部门护路联防责任。针对县铁路沿线安全环境遗留及新增问题5个,整改完成3个。关于上跨铁路正线供电线拆改整治工作4条,完成2条,其余2条协调落实中。

【违规违法营运打击】在交通运输打击违法违规行为中,利用"路政宣传月""司法宣传日"等活动,通过悬挂条幅、发放传单,宣传乘坐非法营运危害性,引导群众自觉抵制乘坐非法营运车辆。加强打击违规从事客运行为客车,一经发现、立即处理。在此期间共发现不按规定站点、时间违规经营行为2起共罚款2000元。接到"12328"交通热线问题19件、"12345"政务热线问题8件,诉求内容涉及面广,包括客运、铁路安全隐患等方面,对每件都进行调查落实,群众投诉案件基本得到及时、合理回复,提高群众对执法工作满意度。

【路域环境治理】负责2条国道、2条省道、11条县道总计342公里路面安全设施及超限超载巡查。工作中,一旦发现路面及相关设施损坏,立即派片区执法小队去处置，有效保护执法区域路面及相关交通设施。

【源头治超】 全年共出动执法车辆240辆次，执法人员960人次，立案6起，其中处罚违规源头企业案件4起，使用非法改装车辆从事营运行为案件2起，行政罚款合计10.25万元。公示源头企业113家和包片督导东寨镇、西马坊乡治超工作，对货运源头企业113家采取进驻和巡查监管方式，设立治超源头巡查组2个，稽查队1个，华润电厂派驻2名，朝凯公司派驻1名，其余企业采取巡查方式。加大督导稽查力度，以暗访为主，明察为辅，每月轮流对监管企业巡查次数不低于3次，做到不留死角，通过和企业签订《治理非法车辆超限超载道路运输和货物抛洒扬尘污染防治》责任书，落实企业治超工作主体责任，加强源头企业治超制度和治超工作落实情况监管，做好货物运输车辆进、出厂登记监管工作。在治理短途非法超限超载和非法改装车辆方面，通过组织执法队员巡查货运、维修企业，加强企业落实主体责任工作，有效防范这些违规行为发生。对不采取遮盖措施引起货物脱落造成环境污染和路面损害运输行为，发现一起，查处一起，从源头方面有效地遏制超限超载经营行为。

【危险化学品道路运输安全整治】 对辖区内加油站、加气站进行摸排，特别对无许可危货手续流动黑加油车作为重点。6月接到举报后，执法人员立即赶赴现场，经确认，违法事实清楚、证据确凿，对2辆无营运许可黑加油车进行处罚，共罚款1.6万元，有效规范道路运输市场秩序。

【党建工作】 按照县党史学习教育要求，进一步学习习近平总书记新时代特色社会主义思想，做好党史学习笔记，完成"学习强国"学习平台、"三晋先锋"等学习内容，引导党员树立重视学习、坚持学习理念，完善"三会一课"制度，开展形式多样主题教育活动。党员队伍建设。建立健全党员信息维护更新制度，加强党员动态管理，建立健全不合格党员和违纪党员处理、责任追究等制度，保持党员队伍先进性和纯洁性。作风效能建设和反腐倡廉建设。进一步强化效能建设，切实转变不适应、不符合发展要求思想观念，更新发展观念，转变服务理念，探索科学工作思路和工作方法，创新服务方式变被动服务为主动服务，不断树立服务意识、责任意识、效率意识。进一步强化作风建设，牢固树立党宗旨意识和群众观念，全局广大干部职工进一步改进机关作风和部门行风，密切党同人民群众血肉联系，真正做到权为民所用，情为民所系，利为民所谋。

（宁武县交通运输局）

静乐县交通运输局

【项目建设】 337国道静乐过境改线工程，建设里程17.317公里，投资5.8亿元，工程可行性研究报告省交通运输厅已组织专家进行评审，待出具评审意见后，报送省发展和改革委员会进行立项。三个一号旅游公路静乐县杜家村至静乐县城公路改造工程，建设里程34.5公里，估算投资1.94亿元。5月27日完成立项批复，9月26日完成招投标工作，已开工建设，截至年底，完成投资9200万元。乡镇通三级公路县道娘梭线娘子神至赤泥洼段公路建设工程，路线全长18公里，批复预算8679万元，9月2日取得公路工程施工许可决定书，已完成路基土石方41.6万立方米、桥梁6座、涵洞48道、防护工程15.2万立方米，截至年底，完成投资6100万元。

【项目谋划】 太行板块旅游公路静乐县漫岩至邀湖公路改建工程。建设里程13公里，投资3499.9万元。工程可行性研究报告已批复，对勘察设计进行招标，2023年5月开工建设。长城板块旅游公路忻府区静乐界至石家庄公路改建工程，建设里程26.66公里，投资1.95亿元。工程可行性研究报告已批复，2023年5月开工建设。建制村通双车道兰家山至神家村公路改建工程，建设里程8.897公里，投资4058万元，工程可行性研究报告已批复，2023年5月开工建设。

【公路养护】 安装减速带22处，警示牌88块；修复路面1400平方米，挡墙434立方米，涵洞19.65立方米，护栏30米；修补坑槽4500平方米；抛洒融雪剂45吨；养护大中修任务；完成投资408万元。

【太原西北二环高速公路建设】静乐县境内5公里，投资约2.64亿元，市县两级已成立高速公路建设协调领导组，截至年底，累计完成投资2.51亿元，占计划投资95.07%。

【防洪能力提升工程】汾河干流影响行洪能力桥梁3座，分别是沟口村、木瓜山村、苏坊村三座农用桥，现已对沟口桥进行拆除，并对该桥进行重新修建，工程项目可行性研究报告编制中。木瓜山村、苏坊村两座农用桥防洪评价报告已由第三方编制完成，已上报省水利厅，并于10月17日出具《山西省水利厅关于汾河防洪能力提升工程木瓜山村、苏坊村农用桥涉汾河防洪评价审查意见》。

【安全生产】坚持人民至上、生命至上，统筹发展和安全，强化红线意识和底线思维，以落实安全生产“543”工作机制为抓手，按照“从根本上消除事故隐患，从根本上解决问题”总体要求，将安全生产工作充分与县域和行业工作实际相结合，统筹推进“平安公路建设”“三零创建”“百日攻坚”“大排查大整治大提升”以及巩固提升创文成果，安全生产“百日攻坚”完成，结合三年专项行动巩固提升年全面开展交通运输大检查大整治大提升行动。

【综合执法】按照健全机制，强化队伍，规范管理要求，进一步规范行政执法行为，加大执法工作力度。成立以大队长为组长，副大队为副组长综合执法组织机构，统筹推进协调调度、信息报送、组织督导检查等工作。加强宣传引导，向广大驾驶员讲解行业法律法规、职业道德规范，引导驾驶员遵纪守法、规范经营。在超限检测点利用LED电子显示屏滚动播放宣传标语，悬挂宣传条幅，对过往货车发放宣传单，向社会广泛宣传超限运输违法行为严重性、危害性。加强货运源头治理，强化货源单位主体责任，督促货源单位配备必要计量设备，严格执行货运车辆称重检测规定，要求货源企业落实岗位责任制，建立相应记录台账，杜绝双超车辆出厂上路。针对所管辖40家源头企业，共出动巡查人员360人次，检查源头企业400次，处罚金额2000元。复核过磅票据400本，从根本上杜绝双超车辆出厂上路。开展路警联合治超专项行动，严格落实“一超四罚”制度，共出动执法人员500人次，出动执法车辆340辆，共检测涉嫌超载车辆220辆，卸载处罚车辆107辆，处罚违法车辆5辆，处罚金额7200元。严厉打击非法营运，联合公安交警重点查处汽车站、南河滩、高速公路出入口从事非法营运私家车，查处出租车不按规定使用出租车计价器、不按计价器收取运费、不按核定经营范围经营、异地驻点拉客拼客以及违规从事班线客运等经营行为，出动执法人员700人次，执法车辆300辆次，查处各类违法违章车辆336辆。立案6起，处罚金额26000元。

【党风廉政建设】以习近平新时代中国特色社会主义思想为指导，认真贯彻落实中央、省、市关于交通强国建设决策部署，紧扣全方位推动高质量发展主题主线，聚焦县委“365”发展战略和全面建设清廉静乐新要求，做精做准政治监督，一体推进不敢腐、不能腐、不想腐。坚定不移捍卫“两个确立”、做到“两个维护”，以党政治建设为统领，深化理论武装，全面落实交通强省建设重点任务、巩固脱贫攻坚成果同乡村振兴有效衔接、推动城乡运输一体化发展、构建绿色低碳道路运输体系等重大决策部署。

（静乐县交通运输局）

神池县交通运输局

【项目建设】2022年，神池县农村公路建设项目主要包括：三个一号旅游公路，建制村通双车道、自然村通硬化路，安防、危桥改造项目。其中，长城板块旅游公路主线（长城一号）神池县境内南场（偏关界）至大狗儿涧（神池界）段项目，路线全长73公里，2022年完成43公里。全年完成乡镇通三级及以上公路阳韩线至义井镇公路改造项目1.5公里、建制村通双车道腰店子至永祥山公路改造项目3.2公里、自然村通硬化路改造项目5.7公里、村道安防工程项目1.65公里、危桥改造3座。

【日常养护】一是做好路基养护工作，保持路基密实稳定，排水畅通；二是注重及时对路面进行保养和修理，防止路面病害产生和发展，保持和提高路面强度、平整度，确保路面安全性和耐久性，保持路面经常清扫、干净整洁；三是加强桥涵构造物养护，保持在良好以上技术状况，保证公路安全畅通，同时认真做好公路沿线设施、绿化管护工作；四是做好农村公路日常巡查，建立巡查日志。

【养护工程】 根据道路实际情况，按照先急后缓，突出重点原则，制订维修方案，实施养护工程。完成尚仁线3.8公里沥青罩面工程；梨上线补坑槽、微表处工程；小神线13公里沥青灌缝工程；义长线17公里水稳补坑槽、泥结石路面工程；完成梨后线至下花园等7条乡村道路水毁恢复工程。

【防汛抢险】 采取7项措施做好工作，确保农村公路安全畅通。第一，认真贯彻落实6月24日全省防汛防洪抗旱工作视频会议精神和县政府安排部署，建立"一把手"负总责、分管领导具体抓、部门分工协作、责任明确防汛保通安全责任体系。第二，进一步梳理、细化防汛抢险应急预案，提前部署，逐一落实人员、机械、运力，提前做好应对准备。第三，强化物资储备。储备编织袋300个，发电机1台，照明灯5台、雨衣20件、铁锨20把、应急灯40个，确保防汛抢险所需。第四，做好汛前安全隐患排查。汛期前对管养农村公路水毁易发多发路段、地质灾害隐患路段、高填深挖路段和桥涵、防护工程、安全设施等进行全面汛前检查，建立隐患台账。对查出问题和事故隐患点，明确责任，落实人员，采取切实有效措施，限期逐一进行整改。第五，落实防汛职责。加强汛期公路日常巡查工作，加大汛期巡查频率，尽可能及时发现险情，建立巡查工作协调与信息互通机制，确保信息畅通。县道每周至少巡查2次，重点巡查灾害隐患、危险路段和桥梁，建立巡查台账，并及时处治。第六，抓好地质灾害防控。加强与国土、气象、水利等部门协调，积极排查公路地质隐患点，健全监测预警机制，以公路地质灾害活跃点和交通基础设施建设区域为重点，对险情重、危害大重点地质灾害隐患点落实专业人员和专业监测措施，加强监测。第七，建立汛期24小时值班制度和领导带班制度，落实专人负责报告制度，做好防汛期间道路通阻信息收集、报送和发布工作。

【打击非法营运专项行动】 按照神池县政府安排部署，为切实维护经营者合法权益，营造健康有序公共交通和道路运输市场环境，县交通运输局联合公安交警、城管、信访等单位在全县范围内开展严厉打击非法营运专项行动，形成合力统一、各司其职工作格局。在火车站、汽车站、学校、医院、人民广场组织开展宣传活动，发放宣传资料5000份，出动宣传车12辆次，悬挂宣传横幅6条，并通过电视台、神池在线等新闻媒体平台对打击非法营运专项行动进行宣传，发布通告，积极争取广大群众参与和支持，为打击非法营运活动营造浓厚宣传氛围。向社会公开举报电话，充分发挥社会舆论监督作用，设专人负责各类举报投诉案件，按时办结，做到件件有落实、事事有回音。对查扣非法营运车辆及时在政府网站进行录入，接受监督。

（神池县交通运输局）

五寨县交通运输局

【项目建设】 三个一号旅游公路白草庄水库至小河头建设项目总里程8公里，总投资2628.33万元，已全部完成建设任务。三个一号旅游公路五寨县城至芦芽山景区建设工程续建里程9公里，投资4074.15万元，已全部完成建设任务。县乡公路改造工程胡白线项目建设里程7.9公里，投资2463万元，已全部完成建设任务。建制村通双车道5个项目合计里程8.085公里，总投资572.985万元，已全部完成建设任务。自然村通硬化路16个项目合计里程55.084公里，总投资2555万元，已全部完成建设任务。

【道路交通安全】 第一，加大道路安全隐患排查治理。通过道路巡查，共发现47处道路安全隐患，现已整改47处。第二，完善应急预案及制度体系。提高处置能力，强化重要活动、节假日、恶劣天气期间公路安全保障，做好预防预控措施，防范安全事故发生。第三，强化日常安全监管。督导各企业开展安全隐患排查整治工作，共开展集中检查67次，发现安全隐患35条，已相继整改，并完成闭合。第四，抓好交通工程质量安全监督执法，保障品质工程建设。第五，持续加大对“顺风车”等非法营运车辆打击力度，保障交通运输安全。

【补考进位争先】共有入统入规交通运输企业5家，每月月初县交通运输局召开调度会议，充分与企业负责人沟通，帮助企业解决困难和问题。2022年，5家规上企业共实现营业收入96672.7万元，同比增长88%。

【理论学习】按照县理论学习中心组教育领导组安排部署，坚持中心组学习制度，制订学习计划，采取集中学习和个人自学方式，共组织集中学习35次，广大党员干部切实做到学有所思、学有所悟、学有所得。在学习内容上，组织开展“解放思想、真抓实干”主题行动，认真学习《习近平谈治国理政》第四卷、中共二十大会议精神等，进一步增强党员政治性、思想性和知识性，达到良好效果。

【乡村振兴】根据《中共五寨县委组织部 五寨县扶贫开发办公室〈关于做好驻村第一书记和工作队选派工作通知〉》精神，五寨县交通运输局重新调整充实驻村工作队，共派出3名干部组成驻村工作队进驻李家坪乡张家坪村，队长兼任第一书记。驻村工作队与当地干部群众一起共商集体经济发展，共建美丽宜居乡村，受到群众认可和支持。

【营商环境】一是完善交通基础设施建设。五寨县交通运输局不断加强统筹协调，明确时限、倒排工期，确保按时完成建设任务，为优化五寨县营商环境保驾护航。二是规范交通执法行为。推行交通运输执法权力清单制度，实行阳光执法，依法向社会公开法规依据、工作程序、处罚标准、处罚结果等相关内容，确保执法对象享有“知情权”；加强对行政执法监督检查，监督行政执法人员执法行为，并自觉接受执法对象和社会公众监督。三是加强对重点行业、重点领域、重点行为、重点区域日常监管、巡查，加大抽检范围、频次。四是加强队伍建设。以提高治理能力为目标，建立健全“优化、高效、协同”监管机制；以提高履职能力为目标，加强对干部职工业务培训、专业训练、实践锻炼，增强干部职工服务高质量发展水平；以全面从严治党为目标，加强作风建设，对在优化营商环境工作中不在状态、不作为、乱作为、慢作为人员及时进行批评诫勉，对造成不良影响人员严肃问责。

（五寨县交通运输局）

岢岚县交通运输局

【项目建设】长城板块旅游公路岢岚县境内王家岔至新民段工程，路线全长21.62公里，建设工期2年，总投资14996.4万元。年度完成投资2142万元，完成年度任务，2023年10月完工。建制村通双车道共2项，分别为209国道至焦山线和209国道至张义庄线，共7.488公里，总投资1509.9万元，已完工。

【养护工程】贯彻执行“建养并重、强化管理、深化改革、调整结构、依靠科技、提高质量、依法治路、保障通畅”公路工作方针。一是持续推行“路长制”，健全公路管理网格。建立县、乡两级11个公路管理站点，设立县级路政员、乡级监管员、村级护路员三级600人公路管护队伍；明确将农村公路管养纳入职责之内，农村公路养护人员、经费、设备等得到充分落实。二是加强公路养护，路况水平稳步提升。2022年完成投资378万元，以美化路容、优化路况为前提，其中133万元用于公路日常养护管理，做好公路养护、保洁等各项工作，确保辖区道路安全畅通，道路干净整洁。245万元用于养护大中修工程，路线全长59.6公里，实施路段为岢保线、石黄线，如期完工。

【客运管理】全面推进“文明交通绿色出行”，完善绿色公共交通体系。持续推进绿色公交系统建设，更换15辆充电车辆用于全城客运班线。公交公司完成公交车充电站正式运营。结合创文工作开展“文明交通绿色出行”主题公益活动，出动志愿者120人次，发放“文明绿色出行倡议书”6000份，提高公众对绿色出行方式认知度和接受度。全面推行城乡一体化，采取“大客车+小客车”“定日发车”“延伸公交班线”“电话预约”等多种途径，放大班线、客车加法效应，打通群众出行“最后一公里”。

【路政管理】以“规范执法，护路为民”为宗旨，坚持依法行政、依法治路、文明执法，强化路政管理，积极开展公路法律法规宣传活动和路域环境整治行动。设置重点路段入口限高限宽设施30余套、标识标志80多个，坚持路政上路巡查每月不少于16次，坚持集中点和流动治超相结合，保证全年超载率不超2‰。

【安全生产】 全年组织开展安全生产大检查10次，出动检查人数230人次，排查一般安全隐患136条，整改率达100%；扎实完成安全生产专项整治三年行动收官之战；召开安全生产专题会议12次，参加人数达90人次；开展"安全生产月"活动，发放宣传资料1000份。

【党建工作】 开展模范机关、清廉机关创建工作、严格执行"三会一课"制度，开展各类学习交流活动18次，完成"山西干部在线学院""三晋先锋""学习强国"App学习，落实"双报到、双服务"党员干部进社区活动。推进快递物流行业党建建设行动，新成立中共岢岚县顺丰速运联合党支部和中共岢岚县快递物流流动党员2个党支部，完成阵地建设，新发展积极分子3人。

（岢岚县交通运输局）

河曲县城乡建设和交通运输局

【项目建设】 2022年全力推进"四好农村路"项目建设，实施乡镇通三级及以上公路改建项目和建制村通双车道公路改造项目。乡镇通三级及以上公路改建项目包括5个乡镇共7条三级公路改建工程，总建设里程32.7公里，均在不达标四级公路基础上进行提升改造，总投资12676万元。7个项目均已开工建设，通土沟乡、沙坪乡、刘家塔镇4个项目已于2022年11月完成，其余3个项目2023年上半年完成。建制村通双车道公路改造项目包括7个建制村通双车道公路改造工程，建设里程16.4公里，主要建设内容为铺油工程，总投资1684万元。7个项目已于2022年11月完成。

【公路养护】 持续抓好4个养护工区8条县道日常养护，实施破损道路养护工程，重点开展道路沿线环境整治。

【安全生产】 扎实推进安全生产专项整治三年行动，印发安全生产专项整治大检查实施方案，重点抓好交通运输、公路工程建设等领域安全生产隐患排查整治，督促限期完成安全隐患整改，并建立行业安全应急预案，有效应对各种突发事件发生。2022年全年未发生安全事故。

【"解放思想、真抓实干"主题行动】 对照破"六弊"、兴"六风"主题内容，成立主题行动领导组，制订实施方案，形成统领全局十大工作制度和八项纪律。于2月11日召开动员部署暨2022年工作安排会，组织传达学习县委实施方案，安排部署2022年"三个重点"中心工作。结合城建交通领域实际，制订高质量发展"三个重点"责任清单，将"三个重点"任务分解到具体岗位、具体人，实行实名制管理，做到人人头上有任务、人人肩上有担子。此外，召开两次专题会议研究"解放思想、真抓实干"主题行动"金点子"征集工作，结合自身职能实际，围绕项目建设、民生改善提出3条有操作性"金点子"。

【抓党建促基层治理能力提升专项行动】 牵头负责新就业群体融入基层治理党建工作。组织完成快递物流行业党委选举，参与组建成立快递物流企业党组织1个，引导党员数量少的快递物流、外卖配送、物业企业与社区党组织党建联建，对未建立党组织企业，引导党员就近就便参加社区党组织活动。2022年新就业群体累计参与省级文明县城创建等志愿服务活动23人次。组织开展"最美快递小哥""最美货车司机"评选活动，共选出"最美快递小哥""最美货车司机"8名。通过扎实推进新业态新就业群体党建工作有效覆盖，发挥新兴领域党组织战斗堡垒作用。

【党风廉政建设】 积极推进党风廉政建设，召开安排部署会议、制订实施方案。局党组坚持不懈强化政治建设，落实好"两个维护"根本政治任务；驰而不息强化作风建设，拓展落实中央八项规定精神成果；锲而不舍强化纪律建设，推动全面从严治党向纵深发展。

（河曲县城乡建设和交通运输局）

保德县交通运输局

【"解放思想、真抓实干"主题行动】 召开安排部署会，制订实施方案，明确落实"四个环节""十一项任务"。主要做法：第一，围绕市委"一个牵引、六大突破"重大部署和县委"三项示范、六大提升"目标任务，结合方案内容抓好具体落实；第二，中层以上干部围绕分管内容和重点工作，找准工作着力点、发力点，广泛开展调研，着力破"六弊"、兴"六风"，以思想破冰、作风转变，推动工作提质、引领发展突破；第三，全体党员干部以实干笃行为导向，坚决破除守旧观念和僵化思维，冲破发展障碍和机制束缚，创新思路举措，推动作风转变，创造性地开展好自己工作；第四，各包片领导和相关人员到所包村和联系企业，全面指导市场倍增工作，做到思路到位、措施到位、责任到位，增强执行力，确保各项工作落到实处。

【新就业群体基层党建】 6月23日，经保德县委常委会研究决定，成立"中国共产党保德县快递物流行业委员会"，设在县交通运输局，隶属于县委非公有制经济组织和社会组织工委管理。在建立过程中，加强统筹协调，积极引导快递物流企业履行工作程序。深入开展调查摸底工作，对全县快递物流企业党员、积极分子基本情况进行摸底统计；积极沟通协调，召开专题协调会议对筹建快递物流行业基层党组织相关问题进行研讨；加强工作指导，对快递物流行业在基层党组织筹建及成立等方面给予支持。

【项目建设】 重点推进六个项目建设。开工建设三个一号旅游公路建设郭家峁至外盘塔项目6.2公里；完成建制村通双车道东关至刘家焉建设项目全程10.3公里；自然村通硬化路项目5个共9.9公里；乡镇通三级及以上公路（前会至杨家湾）项目10公里；完成村道安防项目3个共8.919公里；保德县腰庄至刘家洼道路改建工程，第一合同段已完工，第二合同段完成工程量80%。

【公路养护】 坚持把预防性养护和周期性养护工作贯穿于公路养护始终，快速、及时处理公路病害，延长农村公路使用寿命。日常养护坚持"四勤"、抓好"五养护"、实现"一提高、两确保"。对所辖路段进行疏挖边沟、培路肩、预防水毁、铲草保养等，共完成115公里日常养护工作。及时清理山体落石塌方51处共483立方米，恢复路基缺口73处共2481立方米，清理垃圾800立方米，较好地完成路容路貌等日常养护工作。为迎宾大道更换损毁波形护栏84米；桥西线挡土墙460立方米，水泥混凝土路面190平方米，挖弃土方19396立方米，钢带波纹管60米，急流槽44立方米，混凝土路肩墙110立方米，沥青混凝土面层540平方米，20厘米砂砾垫层480平方米，20厘米+20厘米碎石水稳层540平方米，路基砂砾回填810立方米，砼拦水带2.2立方米养护工程。沙保线安装波形护栏1512米，标志牌9套，减速带19.5米；桥西线浆砌片石路肩墙151.7立方米，混凝土护墩37立方米，波形护栏28米，减速带14米，标志牌3套；沙保线至康刘线波形护栏1028米，减速带6.5米，标志牌3套；农村公路平交路口"一灯一带"建设22处，减速带共安装126米，标志牌26块。安排相关人员对各条县乡公路进行定期巡查，实行专人专段分解责任制，巡查过程中及时填写日常巡查表，遇到问题急速上报，及时纠正违法占道、乱堆乱放等违法违规行为。

【驻社区（村）帮扶工作】 县交通运输局驻社区工作队联合县民间工艺美术传承开发基地，为每个有就业愿望劳动力提供就业"造血"能力帮扶。该基地按照"帮扶一人、就业一人、致富一家"思路，依托镂空工艺葫芦、烫画、剪纸与装裱工艺人才资源优势，引导工艺美术爱好者、无体力劳动能力群众，学习镂空工艺葫芦、烫画、剪纸与装裱工艺等劳动量不大文化技能，让他们利用文化技能实现增收，促进农村文化技能人才传承。经过一段时间学习，确定一部分适合加工制作人员，先期开展生产加工。形成边学习边生产，由学习助生产，由生产促学习文化产品加工机制。这项培训学习结束后，可安排专职和兼职就业人员60~100人。专职就业人员每月可创收2600~3000元。

【交通运输法治宣传】 以规范执法行为、转变执法理念、提升执法形象为基础，完善各项工作制度，积极开展“打非治违”、路产路权保护等工作，不断加强执法队伍建设，提高管理能力和执法水平。深化交通运输法治宣传。2022年4月通过电视台、县融媒体App发布《拒绝乘坐非法营运车辆倡议书》；6月以来到南河沟乡集市、南河沟中学、王家滩中学、电厂中学、同舟广场开展以“安全客运、文明出行”“保护路产路权、保障公路畅通”“打击超限超载、保障道路交通”为主题“6·16”安全宣传咨询日系列宣传活动，形成良好社会舆论氛围。

【货运治超】一是持续开展货运源头企业巡查检查，严格落实源头治超企业主体责任，2022年全年未发生源头企业违规违法装载配载行为；二是进行深入摸底排查，为全县治超工作会议提供正确翔实第一手资料；三是与全县58家货运源头公示企业签订《治超目标责任书》，共出动巡查检查人员670人次，出动执法车135台次，治超效果明显。

【客运市场整治】针对客运市场违规违法行为频繁反弹特点，持续开展客运市场整治工作，共整治非法违法客运车辆30辆次，行政警告教育9辆次、行政处罚10辆，合计处罚金额2.4万元，暂停营运7日车辆12辆次。

【路产路权】每月按照要求对122.4公里国（省）干线及144公里县乡村道，开展巡查排查工作，2022年办理赔补偿案件3起，赔补偿金额1.8856万元，处罚1起，处罚金额3000元，调查取证待办3起（当事人住医院），配合处置危运车事故2起。

【安全生产】印发《2022年安全生产工作要点》《保德县交通运输局关于开展安全生产大检查大提升大整治通知》《关于开展2022年全县“安全生产月”活动通知》，及时调整完善安全生产管理组织机构，层层签订责任状，明确责任，严格实行安全生产“党政同责、一岗双责”责任体系。全年安全检查出动93人次，检查企业21家次，排查安全隐患29项，全部整改完毕。道路运输服务中心日常巡查执法共出动巡查人员100人次，检查企业102家次；城市客运服务中心督促整改出租车车容不整、座套不洁等行为50辆次。在公交车、出租车上张贴打非治违创建文明县城标语200条，散发打非治违安全教育传单3000份；海事服务中心出动日常巡查20次，查船6艘，发放宣传画册100份；为长途客运班线车辆、公交、出租车辆发放急救包339个；康家滩煤矿口至飞龙山公园路段安装6处广角镜。

（保德县交通运输局）

偏关县交通运输局

【项目建设】忻州市三大板块旅游公路偏关县境内第一期附属工程，完成主线交工质量验收工作，完成投资14.98万元，关河口驿站内装修及场区建设已完成，丫角山驿站进行内装修及场区绿化景观设计。长城板块旅游公路二期主线（长城一号）偏关境内老营至南场（偏关界）段工程，主线路基已全线贯通。“四好农村路”建设，完成5条30.952公里县乡公路改造工程。336国道偏关县城过境公路改线工程项目，路基工程完成土方开挖117万立方米，占土方开挖100%；完成路基填方70.7万立方米；占路基填方100%；桥梁工程已完成桩基础工程，完成墩柱32根，占墩台总数100%；梁板预制140片，占梁板总数100%；梁板安装140片，占安装总数100%；涵洞完成478米/13道，占涵洞总数100%；防护工程完成4.09万立方米，完成总量90%；混凝土预制平台截水沟和浆砌片石急流槽约7045立方米，完成总量100%；边沟完成1000立方米，完成总量33%。

【经济指标】偏关县驰骋物流有限公司全年实现营业收入2017.7万元，同比下降545.7万元，增幅−21%。交通运输、仓储邮政业完成GDP总量1.03亿元，增量0.1亿元。主要固定资产投资：三大板块旅游公路偏关县境内第一期工程项目本年度完成投资6995万元；长城板块旅游公路主线（长城一号）偏关县境内老营至南场（偏关界）段工程完成投资1.08亿元；336国道偏关县过境公路改线工程完成投资2713.1万元；黄河一号旅游公路及支线亮化工程完成投资658万元；“四好农村路”建设工程完成投资2648.54万元。

【安全生产】一是把安全生产工作摆在突出位置。认真分析全县交通运输领域安全生产形势，按照

“三管三必须”要求和安全生产“543”工作机制，持续深化安全生产专项整治三年行动集中攻坚，全面开展道路运输风险隐患大排查大整治“百日攻坚”集中行动、“四牌一卡两栏”工作和交通运输安全生产大检查大整治大提升行动，按照安全管理“一岗双责”要求，层层压实安全责任，明确各级安全管理职责。二是围绕“道路运输安全生产风险隐患大排查大整治百日攻坚”“安全生产月”“2022年交通运输安全生产大检查大整治大提升行动”等专项整治活动，采取张贴宣传标语、悬挂宣传横幅、印发资料（2500份）等形式，广泛进行宣传，为交通行业安全生产各项工作顺利开展营造良好氛围。三是突出重点，切实抓好安全专项整治。以客运场站、城市公交、巡游出租车、货运物流、共享电单车、码头游船以及危桥、险路、施工现场安全管理为重点检查对象，以春节、“五一”、端午节、中秋节、国庆节和中共二十大期间等作为重点检查时段，公路工程建设和公路运行领域排查一般隐患106条，整改106条；水上运输领域排查一般隐患12条，整改12条；道路运输领域排查一般隐患40条，整改40条。

【防汛抢险】 8月8日以来，全县普降大暴雨，致使9条县道遭受不同程度水毁灾害。灾情发生后，迅速启动防汛抢险应急预案，领导班子成员和各有关单位负责人立即奔赴一线靠前指挥，深入指导受灾公路抢险救灾工作，有序开展抢险救援。紧急调动装载机、挖掘机等大型机械，抢修人员全部出动开展水毁抢修工作，采取“人工+机械”方式连续处置损毁路段、清理塌方、泥石流等，在危险路段、区域设置各类安全警示标志，加大公路巡查频率，及时会同交警部门做好交通管控，迅速封闭阻断路段，严防次生灾害发生。年度投资212万元对48处县道水毁路段进行修缮。2022年交通运输领域实现零伤亡安全生产目标。

（偏关县交通运输局）

原平市交通运输局

【党建工作】 认真学习宣传贯彻中共二十大精神，引导广大干部职工不断增强“四个意识”、坚定“四个自信”、做到“两个维护”，共同努力谱写新时代原平交通绚丽篇章。扎实开展“解放思想、真抓实干”主题行动，着力推进抓党建促基层治理能力提升专项行动，2022年完成“一令五卡”任务卡事项4项、明白卡事项4项，原平党建发表党员干部和党组织典型材料3篇、设立通行证办理党员先锋岗1处、组建12人党员先锋队1支、组建14人志愿者队伍1支。培养入党积极分子3人，接收预备党员1人，按期积极全额缴纳党费26303元。全面落实内控机制，坚守红线底线，惩前毖后、警醒全局，2022年党纪处分4人。

【交通基础设施建设固定投资】 紧扣“四梁八柱”产业战略和融入太忻一体化经济区建设主线，以交通强市建设为契机，助力乡村振兴战略，将打造现代立体交通路网作为履职工作重点，强力推进交通基础设施建设。全年固定投资目标任务55000万元，实际完成固定投资64590万元，完成率达117%。

【重点工程建设】 忻原大道旅游公路及配套基础设施建设项目三家村至天涯山风景区段工程项目顺利通车。原平段8.98公里于9月30日顺利通车。338国道原平市过境改线工程，路线全长10.38公里，于11月25日完工通车。“四好农村路”建设项目38条共103.4公里，累计完成投资10343万元。三个一号旅游公路建设项目，长城板块支线原平市子干乡停旨头至苏龙口镇北龙王堂段（紫荆山庄风景区）工程在建，年度目标投资4300万元，累计完成投资7273万元；黄河长城连接线角川至暖泉沟（原平宁武县界）段工程在建，年度目标投资5700万元，累计完成投资2460万元；长城板块支线原平市轩岗镇前岔口至云水镇下庄段工程主体工程已全部完工，年度目标投资2.7亿元，累计完成投资2.7582亿元；段家堡至义兴寨连接线原平市段家堡至下政化段工程主体已全部完工，年度目标投资2.1亿元，累计完成投资2.0163亿元。108国道改线工程原平市段征地拆迁协调项目，已完成开工前征迁协调工作。

【农村公路养护】 县乡道春季养护合格率达85%，完成县乡道路储备防滑料400立方米、融雪剂30吨，完成日常巡路2070次，日年作养4140人次。共铲雪16000平方米，融雪3.6万平方米，人工撒防滑料160立方米，清扫路面量计45.6万平方米、铲草12.16万平方米，清理边沟1200延米，补坑槽3800平方米、粉刷行道树27648棵。完成"一灯一带"建设工程36处、治理事故多发路口9处、治理安全隐患2条，完成项目观摩应急养护1次。

【法治建设】高度重视交通运输系统建设法治政府工作，成立依法治交工作领导小组，强化法治山西、法治政府、法治社会一体建设，出台制订《原平市交通运输局2022年依法治交实施方案》《原平市交通运输局2022年法治山西、法治政府、法治社会一体建设试点工作要点》以及各项工作实施方案共8个，持续落实党政主要领导推进法治政府建设第一责任人职责。在市政府网站和办公场所公示行政事项、办事流程等信息，创造公开、透明营商法治环境，本年度共审验货运道路运输证3736辆，新增车辆办理道路运输证1140辆，从业资格证年度考核2415人次。深入落实"八五"普法宣传，前往交通场站、学校、乡村、企业等进行法律宣传，发放宣传资料6000份，重要路段悬挂宣法标语65条，368辆客运车辆进行显示屏滚动宣法标语，营造法治工作氛围。深入推进依法行政，规范交通运输秩序。组织学习行政执法大讲堂4期，集中行政执法培训4起。14人取得行政执法证件，实现持证上岗、亮证执法。会同原平市市场监督管理局开展"双随机、一公开"联合执法检查12次，对货运源头企业进行源头治超巡查1887个次，约谈超载责任人13人次，记入黑名单管理驾驶员13名。行政执法立案455起、行政处罚177万元，较上年下降35%。原平市交通运输综合行政执法工作受到全忻州市同行肯定和认可，本年度共接待兄弟县市来原平交流学习3次，累计接待12次。

【行业安全】成立以党委书记、局长郑国梁为组长安全生产工作领导组，全面负责安全生产工作领导、监督和检查，并组织实施。先后出台《学习宣传贯彻习近平总书记关于安全生产重要论述集中攻坚年方案》《2022年度安全生产监督检查计划》《关于做好2022年安全生产工作通知》《安全生产管理工作职责分工》等落实安全生产工作文件。全年召开交通系统安全生产工作例会28次，严格落实安全生产"543"工作机制和"四牌一卡两栏"制，以开展"安全生产月""七进"为抓手，积极开展安全宣传教育活动，全年发放安全生产宣传单1.5万份，制作宣传图板，张贴横幅、标语对职工进行安全常识教育。开展"百日攻坚"行动。召开会议安排部署，印发《全市交通运输安全生产领域风险隐患大排查大整治"百日攻坚"集中行动实施方案通知》《公路工程安全风险隐患大排查大整治"百日攻坚"集中行动实施方案通知》《特种设备安全风险隐患大排查大整治"百日攻坚"集中行动实施方案通知》，对重点领域进行风险隐患大排查，严厉打击道路运输市场非法客运运营行为。开展"三大行动"。制订《2022年交通运输领域安全生产大检查大整治大提升专项行动通知》，要求单位组织进行自查，对监管企业开展全覆盖检查，督促指导企业建立健全全员安全生产责任制及监督考核机制，达到安全监管全覆盖。全年共出动2283人次、846车次，对734家企业进行安全检查、对农村公路巡查104次，发现企业隐患155条、道路隐患54条，对发现安全隐患，已全部进行闭环整改。

【交通运输应急演练】组织开展原平市338国道至白石公路改造工程施工现场塌方处置应急演练和子南线(和围)村水毁塌陷防洪防汛抢险应急演练活动，讲求实效，合理定位，检验预案，锻炼队伍，磨合机制，增强参与单位和人员对应急预案熟悉程度，提高应急处置能力，最大限度保护人民生命和财产安全。

【邮政业安全监管】成立邮政快递管理机构，安排专人对全市5家邮政快递企业进行安全监管。10月以来，邮政快递管理办公室坚持每周开展1次快递企业安全生产隐患排查工作，发现问题5个，消除安全隐患5起。

（原平市交通运输局）

五台山风景名胜区旅游和交通发展中心

【太行一号旅游公路项目建设】在景区管委会和上级主管部门以及地方乡镇大力支持下，3月15日复工，工程进展顺利。太行一号旅游公路主线李家峪至芦家庄段工程项目，线路全长19公里，总投资1.84亿元，2020年12月完成招标，2021年1月12日开工，完成路肩墙砌筑15271立方米，水沟砌筑1241立方米，完成路面铺筑8公里，完成涵洞32道，完成小桥3座。新开项目太行一号支线五台山东线（大底村—南坡村）旅游公路建设项目，起点位于五台山石咀镇大底村附近，与在建"太行板块旅游公路主线相接，终点位于台怀镇南坡村附近，与砂石线相接，三级公路标准，路线全长32.2公里。

【一般农村公路项目建设】 一般农村公路建设项目3个，建制村通双车道东庄至杨坡道里程为4.28公里，自然村通硬化路砂石线至石西沟里程为1.09公里，自然村通硬化路337国道至黄土沟线里程为1.6公里。6月21日开工建设，10月底全部完工。

【旅游公路养护】 春夏汛期季节，旅游公路沿线山体松动易落石，养护人员对砂石线等16处地质灾害点进行全天监测巡查，及时出动人员2000人次、240车次、铲车40台班，清理落石84处。特别是汛期在景区极端天气情况下，安全完成旅游公路汛期处置塌方、落石、泥石流整治警示工作及15处地质灾害隐患点巡查警戒预防处置工作，修筑护坡1处、便道2条约6公里，有效缓解景区汛期、旅游高峰期行车难问题。积极完成113公里旅游公路部分路面坑槽、边沟垃圾、边坡防护加固、整修坑洼、路面灌缝等道路日巡查养护工作，并存有影像资料，保证旅游公路安全畅通。

【安全宣传】 开展安全生产"百日攻坚"和"安全生产月"活动，出动40人次，在景区管委会和旅发局带领下在游客中心进行安全生产宣传。

【护林防火】 对所包村庄进行蹲点轮流值班制；中心及养护工作人员对单位沿线、房前屋后开展打草防火除隐患一系列工作；宿舍区禁止使用电暖器等高负荷电器。

【"路长制"实施】 景区管委会多次召开会议专题讨论研究"路长制"工作开展情况。针对2条旅游公路、48条乡村道路和5座台顶道路，制订道路路长和联系道路路长安排表，建立党政领导班子主要负责人为路长，线办主任为责任人，村支"两委"为分路长三级保障体系，将"路长制"工作向集镇、村组道路全面铺开，实现道路全覆盖。

（五台山风景名胜区旅游和交通发展中心）

吕梁市

吕梁市交通运输局

2022年，吕梁市交通运输局党组深入贯彻落实省委十二届四次全会精神和省委书记林武吕梁调研讲话、指示精神，全面落实市委、市政府和省交通运输厅各项安排部署，为全市经济社会高质量发展提供坚实交通保障。

【高速公路、重点项目建设】 省、市高度重视交通重点工程建设，省委书记蓝佛安、副省长汤志平深入209国道改线工程一线调研，市委副书记、市长张广勇多次调研交通重点工程建设，全年共完成固定资产投资103.6亿元。静兴高速完成设站审批，10月14日正式通车运营，是2022年全省在建项目中唯一通车高速公路。祁离高速由于投资人授信能力较弱，融资困难，致使项目处于停工状态。2022年市政府多次协调研究推动融资工作，加快推动祁离高速复工复产。离隰高速由省交通运输厅负责建设，年度计划完成投资25亿元，本年度已完成投资26.01亿元，完成年度投资计划104%。汾石高速由山西交控建设集团负责建设，年度计划完成投资28亿元，本年度已完成投资28.1亿元，完成年度投资计划100.4%。209国道吕梁新城区段公路改线项目本年度计划完成投资10亿元，已完成投资10.99亿元，完成年度投资计划110%，路基工程已全部完工，桥梁、隧道已全部贯通，路面工程完成总量80%。信义互通立交工程项目于2022年1月10日开工建设，完成投资1.44亿元，完成总投资95.8%，力争与209国道吕梁新城区改线工程同步完工投入使用。G20青银高速柳林东互通式收费站项目正加紧办理前期手续，2022年内开工建设，2023年年底前争取完成全部投资。

【“四好农村路”建设】 2022年，全市“四好农村路”建设任务638公里，计划完成投资21亿元。全年全市完成新改建里程676公里，完成任务106%；完成投资21.7亿元，占总投资计划103%；实施村道安防工程53公里，完成任务100%；完成危桥改造5座，完成任务100%。其中：较大规模自然村通硬化路完成280公里，建制村通双车道完成47公里，乡镇通三级及以上公路完成37公里，县乡公路改造完成208公里，资源路产业路完成104公里。黄河一号旅游公路任务是开工建设204公里（主线68公里，支线136公里），总投资19.6亿元。实际开工204公里，完成路基192公里、路面162公里。其中：主线开工68公里，完成路基56公里、路面25公里；支线136公里全部完工，共完成投资17.5亿元，完成年度计划89%。继续推进农村公路灾后重建项目，2022年计划完成投资1.8亿元。全年完成农村公路灾后重建项目133个，完成投资2.4亿元，超额完成投资0.6亿元。

【农村公路养护管理】 深入贯彻落实《农村公路养护管理办法》，进一步完善农村公路管理养护体制机制，加大农村公路日常养护投入，市级日常养护资金1536万元全部到位，县级日常养护经费应到位5116万元（其中包括孝义508万元），实际筹措5787万元，到位比例113%。全市13县（市、区）政府层面全部制订出台农村公路管理养护体制改革方案，全面推行建立县、乡、村三级“路长制”。农村公路路况自动化检测比例达43.21%。全力做好汛期地质灾害防范应对工作，印发《关于全力做好全市农村公路汛期地质灾害防范应对工作通知》，全力部署做好全市农村公路地质灾害防治及高陡边坡隐患排查工作。加强事故多发点段隐患排查整治，共排查出各类地质灾害隐患50处，截至年底，已经大部分处治完毕；排查出63处事故多发路口路段，已规范设置交通管理设施63处；排查出22处临水临崖、急弯陡坡路段，已改造整治完成22处。

【运政管理】 强化道路运输监管，依法完成质量信誉考核工作，并于10月底对考核结果进行公示。同时，充分应用道路运输企业质量信誉考核结果，印发《关于道路运输及相关业务经营企业质量信誉考核结果奖惩措施通知》，并责令连续两年考核为A级道路运输客运企业吕梁北武当鑫恒通旅游客运有限公司和石楼昌隆城市客运有限公司进行限期整改，11月底已整改完成。大力推进道路运输驾驶员高频服务事项“跨省通办”。为进一步便民利民，减少办事环节，优化营商环境，从2021年9月起全市已全部实现道路旅客运输、普通货物运输以及危险货物道路运输驾驶员从业资格证补发、换发、变更、注销及诚信考核等5项高频事项“跨省通办”。全年通过网上共办理道路运输驾驶员“跨省通办”业务5588件，办结成功率达82%。

【路政治超】 进一步推进治理车辆超限超载联合执法常态化、制度化，各县（市、区）治超办建立联合执法工作机制，并成立流动稽查队。依托超限检测站点，通过站点警联合执法、流动路警联合执法、信用联合惩戒等形式，加大对路面管控力度。全年共检测610309辆货运车辆，依法处罚超限超载车辆211辆，超限超载率控制在0.01%以下；巡查货运企业168次，依据“一超四罚”相关规定，共处罚源头企业6户，罚款8万元，卸载货物4515.65吨，移送交警部门处理罚款21万元，有力地打击短途非法超限超载行为。

【城市客运管理】 “市区公交车全民免费乘坐”列入市政府“5件民生实事”之一。市交通运输局高度重视，出台《吕梁市区城市公交免费乘坐实施方案》。4月1日，在市客运总站停车场举行“吕梁市区公交全民免费乘坐”启动仪式，标志着“市区公交车全民免费乘坐”这件民生实事正式落地，特别是大力贯彻落实市委、市政府《关于办好人民满意教育行动》，开通校园“定制公交专线”，先后在市区增加开通途经吕梁一中公交线路2条，开通东关小学、龙凤小学、朝阳小学9条学生专线，投入公交车42辆，服务于4000多名教师学生便捷出行。专线开通以来，累计服务教师学生28万人次，得到学生家长和教师一致好评。

【网络货运平台发展】积极推动网络货运平台发展，按照省、市关于提升物流全链条水平，推进交通物流新业态发展重点工作要求，市交通运输局加快推进网络货运健康发展，促进货运物流降本增效。起草制订《关于支持网络货运平台企业发展意见》，在财政奖补、税收返还、金融支持、优化营商环境等方面，制订一系列支持网络货运平台发展政策措施，有效提升全市网络货运平台发展吸引力，优化营商环境，增强网络货运发展软实力。全年发展网络货运平台企业9户，特别是引进山西大唐网络科技公司入驻市经开区，形成企业洼地，以企招商，已入驻18户企业，年营业收入达100亿元。

【服务业提质增效】大力推进交通运输、仓储服务业经济指标增速，市交通运输局主要负责人与市政府主要领导签订《2022年经济指标目标责任状》，要求2022年规模以上交通运输仓储业营业收入增速全省排名不低于第6，邮政业务总量增速全省排名不低于第5。紧紧围绕市政府下达目标任务，成立4个工作专班和2个监测专班，深入交通运输、仓储业经济指标下滑企业进行督导推进，具体了解企业经济指标下降原因，提出措施意见。全年全市交通运输、仓储和邮政服务业规上企业完成营收96.3亿元，与2021年同期相比增长7.41%，全省排名第3。

【助企纾困】根据市委、市政府工作安排，市交通运输局印发《开展机关干部深入道路运输企业服务工作实施方案》。2月16日至3月7日，由市交通运输局牵头，12个相关单位组成8个工作专班，深入86户规上道路运输企业，送政策上门进行惠企政策宣传，共发放入企纾困政策手册500册，为企业解决8个困难问题。由人民银行和市交通运输局牵头，协调市内7大银行开展交通物流专项再贷款，帮助企业解决资金需求问题。吕梁市各银行累计支持交通物流领域市场主体63个，发放贷款178笔，金额11089.1万元，全省排名第4。

【安全管理】一是提高政治意识，落实安全责任。局党组召开全市安全生产扩大会议4次，安全生产例会10次，发出安全工作督办函5份，组织开展全员应急救援演练和知识技能培训2场，开展安全宣传“五进”活动3次。二是扎实有效推进铁路沿线安全环境治理。印发《2022年全市铁路沿线安全环境治理工作要点》，将各项要点细分至各相关单位，并监督落实。市、县均建立铁路沿线安全环境治理联席会议机制，全市所涉及12个县、55个乡镇“双段长”人员已全部确定到人，全年召开联席会议2次，与铁路部门开展工作会商7次，排查铁路沿线安全风险隐患148条，下达督办函10份，督促整改问题隐患131条。三是扎实开展专项整治三年行动巩固提升和道路运输“百日攻坚”专项行动。制订《2022年吕梁市交通运输安全生产强化年实施方案》《吕梁市交通运输局安全生产专项整治三年行动2022年巩固提升年(安全生产强化年)任务清单》《2022年全市交通运输安全生产大检查大整治大提升行动实施方案》，明确责任部门和完成时限，巩固提升年10个专题184项工作任务，经自我梳理、评估，安全生产专项整治三年行动任务完成70%。全面开展道路运输安全风险隐患大排查大整治“百日攻坚”专项行动，对全市危险货物运输、水上运输、城市客运和公路建设等重点领域开展专项督察，督促企业全面开展自查自纠，集中排查治理安全隐患。市本级共成立5个督导组，检查企业35家，发现一般隐患103条，已全部整改完成。各县(市、区)交通运输局共成立270个督察组，检查企业593家，发现一般隐患592条，重大隐患1条，已全部整改完成。

【平安交通建设】扎实推进“平安交通”建设。道路运输领域，聚焦非法违法运输、疲劳驾驶、超速超员等顽症痼疾，严厉打击危险货物运输车辆长期异地经营、不落实危险货物道路运输电子运单制度等问题，积极倡导驾乘人员系安全带，杜绝分心驾驶。公路运营领域，持续推进公路安防工程建设，实施村道安防工程53公里，完成农村公路平交路口“一灯一带”建设521个，全部完成年度目标任务。工程建设领域，严格治理复杂地质条件勘探不到位施工、未按专项施工方案施工、施工人员搭乘农用三轮车往返施工作业点和驻地等问题。强化行业人员吸毒筛查，将吸毒筛查工作落实情况纳入年度平安建设考核范畴，严格落实交通运输经营单位每年组织本单位驾驶人员至少开展两次吸毒检测工作，做到应检必检、应筛必筛，及时掌握各类涉毒信息，坚决杜绝交通运输涉毒违法行为。

【安保维稳】成立以局党组书记、局长任组长的中共二十大维稳安保工作领导小组。重点排查重点工程项目拖欠农民工工资、城市公交企业拖欠员工工资、新增更新新能源出租车、货车司机群体等可能影响行业稳定风险隐患。加强应急值班值守，从10月8日至31日中共二十大召开前后，执行由局领导带班和科级干部24小时值班备勤制度，发现较大及以上突发事件、紧急重要敏感事项等相关事件，实行一事一报，确保信息畅通。

【法治建设】一是印发《交通运输执法领域突出问题专项自查工作方案》，召开动员会对全市交通运输执法领域突出问题专项自查安排部署，坚持问题导向，深入排查问题，建立清单台账，明确整改时限，强化整改措施。共排查出6方面8个问题，已全部整改到位。二是积极开展事中事后监管。印发《关于进一步明确职责推动“互联网+监管”工作通知》，将行政检查事项按科室职能进行分解细化，数据归集工作纳入日常管理中。全面推广“双随机、一公开”监管方式，持续完善抽查事项清单，动态完善随机抽查“两库”，制订《2022年度“双随机、一公开”抽查计划》，制订4项联合抽查和7项内部抽查任务，涉及交通运输领域10类企业，已全部完成。三是推进行政执法规范化建设。积极推动执法形象“四个统一”，对全市交通运输执法执勤用车进行摸底，印发《关于做好交通运输执法执勤用车标识相关工作通知》，统一规范全市交通运输执法执勤专用车辆标识。对市交通运输综合行政队执法人员持证情况进行清理，确保所持证件有效。进一步加强执法人员学习培训，共组织参加8期“行政执法大讲堂”线上培训活动，举办法治讲座2次，丰富执法人员业务知识，提高执法素质，规范执法行为，提升交通执法队伍整体水平。

【扫黑除恶和行业治理】常态化开展“扫黄打非”专项工作，认真贯彻落实中央和省、市常态化扫黑除恶斗争精神，加强宣传工作，在全市城市公交车、出租车以及车站等重要场所LED显示屏不间断滚动播出常态化扫黑除恶斗争宣传标语；在农村公路沿线、车站、码头渡口、公路施工工地等交通领域重要场所书写、悬挂标语横幅，营造浓厚舆论氛围。严厉打击交通运输场所和运输环节非法有害出版物传播，做到严堵流通渠道、加强阵地管理、强化督察监管，有效切断非法出版物流通渠道。持续加大运输市场乱象整治，结合春节、“五一”等节假日期间人流车流变化形势和特点，制订阶段性整治工作方案，相继组织开展道路危险货物运输安全管理专项整治、道路客运市场集中专项整治等行动，落实联合执法常态化工作机制，采取专项行动、错峰执法、流动巡查、突击检查等方式，严厉打击非法营运行为，严查出租车各类违规经营行为。市交通运输综合行政执法队全年共出动执法人员1460人次，执法车520辆次，查处非法营运车113辆，暂扣证件（道路运输证、从业资格证）26起，累计罚款60万元。

【党建工作】一是提高政治站位，认真践行“两个维护”、坚决捍卫“两个确立”。局党组深入学习贯彻中共二十大精神，强化捍卫“两个确立”政治、思想和行动自觉，把学习贯彻习近平总书记历次考察调研山西时重要讲话重要指示和关于交通运输工作重要论述作为首要政治任务，教育全局党员领导干部牢固树立“四个意识”、坚定“四个自信”、坚决做到“两个维护”，严守党政治纪律和政治规矩。认真贯彻中共中央和省委、市委决策部署，坚决同以习近平同志为核心的党中央保持高度一致。二是推动党史学习教育常态化、长效化，不断深化理论武装。把学习贯彻习近平新时代中国特色社会主义思想和推进全市交通运输高质量发展有机结合起来，运用理论思想指导实践、推动工作。进一步巩固拓展党史学习教育成果，持续在学懂弄通做实习近平新时代中国特色社会主义思想上下功夫，不断把学习教育成效转化为推动全市交通运输高质量发展科学思路、管用举措和有效办法。局党组中心组制订《2022年度学习计划》，党组中心组共组织集体学习9次。各党支部认真落实“三会一课”制度，召开党员大会11次，组织党员学习7次。

【党风廉政建设】 按照省、市政府廉政工作会议精神和“清廉机关”建设要求，部署开展“清廉机关”建设活动。印发《中共吕梁市交通运输局党组关于开展作风纪律整顿通知》，成立机关作风纪律整顿工作领导小组，重点整治形式主义、官僚主义及损害群众利益不正之风。局党组与驻局纪检组同向发力，对违反党规党纪党员干部坚持动真格、零容忍，发现一起查处一起。局党组全面履行管党治党主体责任，牢牢把全面从严治党主体责任扛在肩上。2022年全市交通运输党的建设和党风廉政建设工作会议，对全年党风廉政建设各项工作进行详细安排，市委巡察三组列席会议。党组书记与班子成员，班子成员与分管科室负责人签订2022年党风廉政建设责任清单，进一步提高全局党员干部廉洁自律和履职尽责意识。3月28日至6月30日，市委巡察三组对市交通运输局进行巡察，8月17日，向全局党组反馈巡察情况。全局党组高度重视，立即召开专题会议，研究整改工作。制订完成《落实市委巡察反馈意见整改方案》，成立由局党组书记任组长市委巡察反馈意见整改工作领导小组，并组成8个专项整改工作专班，严格执行各专班每周汇报制度，落实责任到人，扎实推进整改工作。截至10月20日，8个专项整改工作专班已经全部整改完成。

【行业文明建设】 积极开展省级文明城市创建工作，认真贯彻落实吕梁市创建省级文明城市补短板强弱项行动推进会上市委书记孙大军讲话精神，对照全局责任清单，扎实推动文明城市创建。印发《规范吕梁市区出租汽车客运秩序实施方案》，组织开展汽车站文明服务提升、出租客运市场文明规范提升等8大活动。针对省级文明城市验收涉及市交通运输局6项网上申报材料测评标准和15项实地点位测评标准制订工作清单，明确具体要求、责任科室和责任人，已按照测评标准全部验收。对中心城区100座年久老旧、存在安全隐患铸铁公交候车亭全部更换为不锈钢候车亭，将市区公交候车亭打造成为一道亮丽城市风景线。开展志愿服务，注册成立“吕梁市交通运输局志愿服务队”，服务队下设3支志愿者服务分队，每个分队100人，共计300人。在每个市区客流较大公交候车亭配备2名志愿者，在出行高峰期宣传绿色出行、文明出行，引导维护良好乘车秩序。

（陶建强）

离石区交通运输局

2022年，按照区委、区政府要求，结合省、市交通部门政策，离石区交通运输局深入学习贯彻落实习近平新时代中国特色社会主义思想，深入学习贯彻习近平总书记在中央和国家机关党的工作会议上讲话精神以及习近平总书记视察山西调研指示精神，全力推进交通运输工作稳步发展。

【道路交通】 根据市局年度计划，2022年全区共涉及旅游公路项目4个103公里，自然村通硬化路项目4个28.1公里，资源路产业路项目4个47.5公里，村道安防项目2个8公里。通过全面推进，截至年底4个旅游公路项目已全部开工建设；资源路产业路4个项目，2个项目紧张建设当中，2个项目已基本完工；自然村通硬化路3个项目和村道安防项目于8月底完成招投标，已基本完工。

【重点公路项目】 一是黄河一号旅游公路项目凤山区域循环旅游道路1238工程，路线全长39.611公里，其中：主线路线全长20.173公里，支线路线共计19.438公里。项目预算总投资20935.6万元。2020年7月开工，已基本完工，2022年重点实施路基病害处理，水沟及沥青路面铺装，使得项目全线贯通。二是离石区“四好农村路”虎山旅游道路，路线全长36.25公里，分为1条主线和5条支线。主线全长

19.327公里,5条支线合计全长16.923公里。项目预算总投资17811.8178万元,7月复工以来,完成主线路基工程4公里,便道12公里,完成投资935万元,累计完成投资1435万元。三是任家塔至宝峰山至永红村旅游公路,路线全长22公里,预算总投资17600万元。2018年9月开工建设,截至年底,已复工建设,累计完成投资约3600万元。四是黄巷沟至汾阳千年古道,路线全长6.465公里,预算总投资3879万元。截至年底,已开工建设。

【资源路产业路项目】 吕梁新城至离石东城至信义工业园区连接线,路线全长12.9公里,预算总投资3.3亿元。下安至西茂线路线全长3.04公里,预算总投资8526万元。2个项目有序推进,累计完成投资1.2亿元。滴瓦线路线全长13.9公里,该项目已完工。西茂线路线全长10.4公里,已完成4.2公里路面铺装,剩余路段有序推进。受强降雨影响,全区县乡道路发生不同程度水毁21处,特别是全区滴瓦线、店梁线发生严重水毁,部分路段发生中断交通险情,还有小吴线道路李家湾至驿沟段沿线河坝不同程度冲毁5处共计787米,吴城李家湾进村桥桥墩冲毁,对沿线道路安全通行造成严重安全隐患。经过紧张组织抢修,水毁路段全部修复完成,累计完成投资1000万元,有效保障群众安全通行。

【扫黑除恶】 始终把常态化开展交通运输行业领域扫黑除恶整治工作作为一项政治工作来推进,加强组织领导,广泛发动宣传,强化行业整治,全面深入项目一线、企业进行实地排查,强化综合运输体系治理,全面推进交通运输行业领域扫黑除恶工作向纵深发展,为全区经济社会高质量发展创造安全稳定交通运输环境。

【物流服务全覆盖】 8月24日,吕梁公共交通有限公司城乡分公司提出关于发展《离石区农村物流综合服务体系建设实施方案》,市局第一时间进行批复。随后,农村寄递物流工作相关业务陆续开展并完工。同时,就全区所辖12家寄递企业进行统一协调,和城乡公交公司形成寄递全面合作伙伴关系,也根据市局要求预留一部分资金,对工作突出快递物流公司进行以奖代补年终发放,保证农村留守人员每一份快递物流都如期收发。全区农村寄递物流建设于11月已全部完成并投入使用。

(离石区交通运输局)

文水县交通运输局

2022年,在县委、县政府正确领导下,在市交通运输局大力支持下,文水县交通运输局坚持以习近平新时代中国特色社会主义思想为指导,认真贯彻中共二十大精神和习近平总书记视察山西重要讲话指示精神,贯彻落实省、市、县党代会部署要求,扎实推进公路项目建设和交通运输综合执法改革,大力提升道路运输服务能力,牢牢守住安全生产底线,拓展交通运输发展新格局,有效推动交通运输高质量发展。

【意识形态建设】 局党组将理论学习制度化和规范化,利用民主议事日和组织生活日活动,学习习近平新时代中国特色社会主义思想、相关法律法规10次,做好意识形态领域建设工作。

【清廉机关建设】 一是坚持"党要管党,从严治党"。局党组认真落实"三会一课"制度,按时保质开展民主议事日和组织生活日活动,集中收看中共二十大会议,全面提升党员意识水平和觉悟。二是开展廉政教育,建设清廉机关。出台《2022年党风廉政建设和反腐败工作要点》《关于开展清廉机关建设实施方案》,认真开展"廉政机关"创建活动,全员签订《党风廉政建设承诺书》。加强日常监督,有效推进党员干部队伍廉洁、高效、依法履职。

【"放管服"改革】 积极推进"互联网+监管"工作,对照部门权责清单事项,进一步梳理明确部门职责范围内监管事项,努力实现监管事项清单管理。2022年"互联网+监管"平台共录入监管行为4432条,监管信息8条。

【"三项制度"建设】 以依法有序、科学规范原则,紧密联系实际,突出问题导向,全面推行"三项制度",完善行政执法三项制度"五清单一指南一流程图"。全年累计检查次数1107次,出动执法车辆1107车次,出动执法人员4252人次,共有行政处罚案件236

起，行政罚款93.29万元，已结案236起，无行政复议和行政诉讼案件。

【农村公路建设与养护】村庄道路整治工程项目，投资3947万元，完成25个村庄69条道路46.549公里村庄道路整治工程。2022年"四好农村路"项目，投资4899万元，改造县乡公路3条，建制村通双车道工程11条，累计里程25.05公里。水毁恢复重建项目，投资1000万元，对2021年10月强降雨造成县乡公路水毁灾害共计36.03公里道路进行恢复重建。农村公路养护工程，投资324万元，完成农村公路修复性养护工程5.555公里。刘胡兰纪念馆旅游公路项目为文水县2022—2023年重点民生项目，也是吕梁市2022年重点项目工程，路线全长17.435公里，双向四车道一级公路标准建设，估算投资44244.38万元，采用PPP模式建设，征地拆迁工作基本完成，施工单位已进场施工，年底前完成总工程量40%。2023年10月前完成剩余工程量。

【运输管理】全县道路运输公共服务能力大幅提升。全年开展驾驶员继续教育培训1778人次，开展从业人员诚信考核4093人次，新增培训发证危货押运证660本，普货资格证860本，新增客运资格证40本。开展出租车驾驶员继续教育培训200人次，开展从业人员诚信考核290人次。

【道路运输市场整治】严厉打击各种非法运输车辆及营运车辆超载等违法行为，共出动执法车辆389辆次，出动执法人员1230人次。有效打击各种非法运输行为，净化道路货物运输市场。

【治超工作】截至年底，共派出路政执法人员18人，执法车辆2辆参与县治超办统一组织领导交通、交警治超联合执法。2022年，共查处超限超载车辆60辆，卸载超限货物1619.98吨，罚款50400元。强化源头治超监管，对公示8户货运源头企业强化巡查监管，确保源头治超向纵深发展。

【路政管理】积极开展"路政宣传月"活动，出动车辆3辆次，出动路政人员30人次，制作宣传展板4块，悬挂宣传标语6条，散发宣传资料5000份。加强路政巡查，及时修复路产损毁情况及安全隐患33处；清理急弯险坡路段路面落石和占用路肩堆放垃圾共计28处；加大路损案件查处力度，及时有效地查处各类因交通事故引发路产损坏案件8起（含219省道1起），共收取路产损坏赔（补）偿费83147.50元。

【质量安全监管】安全监督执法方面，有效控制工程质量安全和建筑施工扬尘，强化消防、人防监管，2022年监管项目6个，工程监督率达100%，开展质量安全执法大检查75次，发现一般安全隐患6次并立即整改，深入监管企业组织安全培训1次。信用体系建设方面，录入山西省"互联网+监管"系统监管动态5条；录入行政处罚行为197条、行政检查行为2856条；录入"信用中国吕梁公共信用"平台行政处罚信息197条。录入文书档案387份，调阅档案239次，提档注销456份，协调各项工作90次。

【公共监督】2022年，共受理"12345""12328"交办案件163件，电话投诉5件，已全部调查处理并及时回复，接省治超督办案件1件，已调查处理并回复。案件回复率达100%。

【公路养护】一是加强路面养护。每周至少对县乡公路进行三次巡查，处理段马线孝义镇村口等6条公路坑槽900平方米。5月开始，养护中心对苍儿会旅游公路等危险路段进行防汛巡查，及时上报应急处理塌方50处。二是完善警示标志。对龙苏线等7个路段修复安装交通标志标牌160块，排查路口隐患安装减速带1000米、更换滨河西路示警桩210余根、对241省道文倚村、方圆村、武陵村安装更换波形护栏120米、更换苍儿会旅游公路隧道盖板36块。

【交通运输安全监管】积极推动"两个行动""安全生产月"等专项安全工作，加强安全隐患排查治理。一是"百日攻坚"集中行动。成立3个督导组，开展安全风险隐患排查251次，打击非法违法安全生产经营行为24例，发现公路安全隐患15项，均已整改完成。二是成立工作专班，召集"两客一危"重点企业推进部署，全力开展道路运输行业安全监督检查，累计出动检查组208组次613人次，排查发现一般安全隐患363项（其中客运行业33项），已全部整改。并对危化品运输企业进行专项检查，督促企业严格落实安全生产主体责任。三是"安全生产月"

活动。出台《“安全生产月”活动方案》，组织全体工作人员观看学习“生命重于泰山”安全生产纪录片；扎实开展安全生产宣传“五进”宣传教育活动，活动中印制宣传包1000个，宣传单5000份，下发《交通安全进家庭倡议书》2000份；组织企业负责人开展安全生产月知识大讲堂活动，参加“6·16”安全生产咨询日宣传活动。6月28日，组织“两客一危”企业开展交通运输安全生产应急救援演练。

（文水县交通运输局）

交城县交通运输局

2022年，交城县交通运输局领导班子紧紧围绕县委、县政府提出的实现挺进全省第一方阵目标，秉承“服务民生、服务社会、服务经济发展”工作理念，全力实施交通基础设施提质增效，统筹抓好公路建养、行业管理、党风廉政建设和安全生产等工作，稳步推动全县交通运输高质量发展。

【党建工作】 加强班子自身建设，落实党建工作主体责任。坚持定期组织干部进行集中学习，充分利用“学习强国”学习平台、主题党日活动和领导班子带头讲党课，严格落实“三会一课”、组织生活会、谈心谈话、民主评议党员、中心组学习等制度，进一步增强班子凝聚力，提高全体党员干部积极性、责任心和主动性，强化党内政治生活制度约束力和执行力。

【党风廉政建设】 一是将党风廉政建设和反腐败工作纳入党组工作重要议事日程，纳入整体工作总体布局，落实意识形态工作责任制和党建工作责任制，签订《交通运输局全面从严治党主体责任书》，全面形成“一把手”负总责、分管领导具体负责，班子成员履行“一岗双责”管理体系，切实压实责任。二是组织召开警示教育，全体党员干部深入查找自身思想、自身岗位、本单位突出问题。开展严肃批评和自我批评，不断增强自我净化、自我完善、自我革新、自我提高能力，做到心有所畏、言有所戒、行有所止。

【公路建设】 2022年公路建设重点工程分别是：交城县横下线旅游公路路面改造二期工程，路线全长3.228公里，估算投资3652.7113万元，已全部完工；闫交线段村至郑村段、段马线提质工程，路线全长6.46公里，估算投资2496.666万元，已全部完工；交城县2021年巩固脱贫成果衔接乡村振兴项目柏叶口村桥、青沿村牛心桥建设任务，已完工；交城县闫交线（阳渠至美锦路）提质改造工程，路线全长4.095公里，估算投资1593.5057万元，已全部完工；交城县夏广线（闫交线至307国道）提质改造工程，路线全长3.9公里，估算投资1499.6858万元，已全部完工；交城县段马线（段村至文水界）提质改造工程，路线全长1.245公里，估算投资425.2632万元，已全部完工；2022年巩固拓展脱贫攻坚成果同乡村振兴有效衔接项目建设工程项目共15个，涉及5个乡镇12个村，其中，12个项目已全部完工，2个项目已开工建设，1个项目进入招投标阶段。

【公路养护】 始终把农村公路养护管理工作放在突出位置，通过层层落实责任，建立农村公路“有坏就修、有堵就通，有缝就灌，有坑就填”工作机制，延长公路使用寿命，提高公路使用效率，增强路况质量和行车安全舒适度，为群众创造更加良好道路通行条件。完成交城县2022年养护工程施工（307国道至郭家寨），对全县10条县道152.438公里和22条乡道312.876公里、184条村道320.028公里进行大排查。重点清扫公路路面及路边生活垃圾，对县乡道路存在“脏乱差”现象进行彻底环境整治。

【客运市场】 日常监督管理企业共8家，客运企业车辆共计325台，通过大力开展客运市场秩序整治，加大对非法营运车辆打击力度，确保客运市场持续稳定、健康。企业日常安全检查每月巡查一次共计整改项目180次，其中日常道路巡查中没收非法营运出租标识50个，停车场扣押非法营运共享单车29台，扣押非法营运车辆1台，开具行政处罚决定书3次共计罚款7000元。

【货运市场】 根据危货运输行业管理法规，一方面，危货中队积极主动作为，制订具体执法专项行动工作方案，在全县范围内开展打击运输行业违法违规专项治理行动，并形成长效机制。截至年底共出动执法人员300人次，出动执法车辆60辆次，检查危化车辆600辆次，共查处纠正违法违规车辆14辆次，查处违法违规行为420起，安全整治行动取得阶段性成效。另一方面，以抓文明执法为切入点，加强执法执勤统一规范管理及考核，做到行政执法规范化、程序化、透明化，整齐规范行政处罚案卷宗。截至12月，完成行政处罚案卷29卷，排查危货运输企业累计187家次，排查出一般隐患51起，已落实整改51起，整改率达100%，保持全县道路运输行业安全形势持续平稳。普货运输方面，严厉打击道路运输违规行为。2022年，共行政检查70次，出动人员140人次，实施行政处罚案件34件，罚款总额5.4万元。检查运输企业60家，发现整改问题70条。

【源头治超管理】 与26户货运源头企业签订《承诺保证书》，督促源头企业强化落实治超主体责任，切实严把车辆装载、称重、超重卸载和出场(厂)关，保证不发生一例超限超载车辆出场(厂)上路。治超人员依法履行源头治超监管职责，对非法超限超载行为，发现一例处罚一例。截至年底，共计检查企业270次，处罚6家源头企业，罚款80500元。

【完善“互联网+监管”机制】 截至年底，“互联网+监管”平台系统数据统计共457次监管行为，执法人员同其他执法部门共同构建“双随机、一公开”监管。此外，突出对重点时间节点及专项行动安全执法检查。

【安全生产】 深入宣传贯彻习近平总书记关于安全生产重要论述和重要指示，认真落实省、市、县领导关于安全生产会议和讲话精神及重要批示，成立交通运输系统安全生产行动专班，签订《2022年度安全生产工作目标责任书》，层层压实责任，确保工作开展有组织、有行动、有效果。认真组织开展安全知识宣传与安全管理培训，截至年底，共组织局机关干部40人，企业50余户完成《山西省生产经营单位主要负责人安全生产责任制规定》等相关内容学习工作，90余户企业签订《安全生产履职尽责承诺书》，发放安全宣传单页500份，全系统未发生一起安全事故。

【信访工作】 将信访工作列入重要议事日程，严格按照《信访条例》要求，力求从解决问题上下功夫，确保件件有着落，事事有回音，全年共交办“12345”工单680条。

（交城县交通运输局）

兴县交通运输局

2022年，在县委、县政府正确领导下，在市交通运输局有力指导下，兴县交通运输局紧紧围绕市交通运输局下达15大项年度目标任务，结合实际情况，将任务细化分解落实到各股室，确定完成目标任务时限要求、工作节点，较好地完成各项目标任务。

【公路建设】 2022年，较大人口规模自然村通硬化路工程8个，完成里程36.6公里，完成投资0.1302亿元。完成指标100%；资源路产业路工程3个，完成里程43.2公里，完成投资8.66亿元。曹罗线(枣林坡至罗峪口段)工程完成投资0.65亿元，完成主体工程40%；兴县新建北山连接线公路工程完成里程15.3公里，完成投资5.83亿元，完成指标100%；兴县蔡家崖至石愣则公路工程完成里程4.6公里，完成投资2.18亿元，完成指标100%。

【安全生产专项整治三年行动】 深入开展2个专题和行业重点领域专项整治，动态更新问题隐患和制度措施“两个清单”，深化防范化解安全生产重大风险，建立重大风险基础信息、责任分工、防控措施、监测监控和应急处置五个清单，实施动态管理、精准管控。交通运输安全应急体系建设。年初修订完善应急预案，对现有应急救援设备和物资储备进行评估，完善专兼结合应急救援队伍和人员，组织开展1次综合实战演练。建立健全应急协调联动机制，强化重点时段、节假日、重点领域安全检查监管和应急值守与公安、交警等相关部门通过联合执法，相关安全监管信息共享，形成监管合力。认真贯彻落实《山西省铁路安全管理办法》，强化铁路安全联席会议作用，制订出台《兴县铁路沿线安全环境管理“双段长”制实施办法通知》(兴政办函〔2022〕11号)文件，常态化对全县铁路沿线安全环境进行治理。

【法治建设】 一是落实领导班子和领导干部年度述法、法律顾问、公职律师等制度，将《党政主要负责人履行推进法治建设第一责任人职责规定》纳入政绩考核指标体系，并加强对规范性文件、重大行政决策合法性和公平竞争性审查；二是认真落实领导班子和领导干部学法用法述法制度，安排专题学法4次；三是制订本单位法治宣传教育年度工作计划，建立普法清单；四是“12·4”国家宪法日分别组织执法人员到操场开展专题宣传活动，并当天联合公安、交警等部门在城市客运西站举办“12·4”宪法宣传活动；五是加强对行政复议和行政应诉工作。

【交通执法规范化建设】 一是完成交通运输综合行政执法改革，组建综合执法队伍，全面开展交通运输领域综合行政执法各项工作。二是健全综合行政执法人员岗位培训制度，组织执法人员开展4次专项培训；三是加快推进落实“四基四化”建设和交通运输行政执法公示、行政执法全过程记录、重大行政执法决定法制审核“三项制度”工作，建立行政执法公示制度，统一公示方式，依法、有序向公民、法人和其他组织公开执法主体、执法依据、执法权限、执法程序、执法结果等相关信息，推进行政执法公开，促进行政执法理念转变和行政执法方式创新，提高行政执法效率和水平，有效提升行政执法透明度和公信力，着力规范交通系统执法行为，加强执法队伍规范化建设。

【养护管理】 农村公路建设，严格按照相关规定，规范建设程序，办理前期手续，确保工程建设手续齐全，已完工项目按规定进行交竣工验收，验收率达100%。农村公路地方财政建设、养护投入不低于2021年，且日常养护投入部分到位率达100%。认真落实省政府《关于深化农村公路管理养护体制改革实施意见》晋政办发〔2020〕64号文件精神，制订出台《关于深化农村公路管理养护体制改革实施方案》完善农村公路管理养护体制，推进全县“四好农村路”高质量发展。全县农村公路优良路率不低于75%，一、二、三类桥梁占比不低于96%，大大改善全县农村公路出行条件。全县农村路况自动化检测比例达40%，通过“五措并举”等方式提升农村公路路政管理水平。

【路域环境综合整治】 2022年，执法大队配合农村公路养护所分别在所管辖路段进行多次公路路域环境综合整治活动，共计出动人员56人次，出动车辆30次，并在沿线学校、村镇等进行走访宣传，积极开展以“爱护公路、服务出行”为主题的“路政宣传月”活动。

【超限超载治理】 一是对重点道路进行专项突击检查，严禁车辆超载超限，对车辆运渣、运煤抛洒污染道路环境行为予以严格查处，出动稽查车200次，人员1000次，检查车辆900辆次，全县非法超限超载率控制在0.2%以内。二是持续推进车辆超限超载联合执法，建立源头单位责任制和挂牌督办制，对屡次出现违法超限超载车辆上路行驶源头单位进行挂牌督办。三是将治超经费列入本单位预算，确保及时、足额拨付到位。对政府公示货运源头单位监管覆盖率达100%，推进货运源头科技治超。四是行政区域内公路超限检测相互配合，加强超限检测工作，陆续实现交通综合执法进展和网上处罚。为杜绝非法超限超载车辆绕站行为，全县在沿黄旅游公路等路段设立5处限高、限宽设施，确保违法超载车辆规范行驶。

【财务审计】 细化预算编制，按规定建立中期财政规划项目库。“四好农村路”和旅游公路建设地方配套资金到位率达85%，省补、市补资金预算执行率超90%。组织开展预算绩效自评工作，按时报送绩效自评报告。制订本单位年度审计工作计划并上报市局备案；配备专(兼)职审计人员，保障审计工作经费与工作条件。

【公共交通】 继续推进城市公共交通优先发展工作，全县公共交通机动化出行分担率和公共交通站点500米覆盖率达到国家标准。截至年底，全县新增和更新城市公交、出租车(含网约车)车辆更新率不低于80%。持续推动网约车合规化工作，落实“阳光运动”，确保网约车从业人员权益保障工作。

【服务民生】 加强“12328”交通运输服务监督电话管理和“12345”政务服务热线管理，及时回复，回复率90%以上，群众满意度达100%。加大公共服务保障和财政投入，充分发挥“95128”电召服务电话作用，解决老年人运用智能手机打车困难问题。

【道路客运物流发展】实现辖区内二级及以上汽车客运站道路客运电子客票服务全覆盖。农村客运财政补贴机制全覆盖。陆续推进农村客货邮融合发展，统筹交通、邮政、供销、商务等资源，完善农村物流三级节点建设，争取做到县有中心、乡有站、村有点。

【公路水路安全联防】防止各类破坏公路水路安全事件发生，分别在公路、水路等地开展“平安交通”建设，“平安公路”“平安车站”“平安码头”“平安船舶”“平安工地”创建考评活动。

【常态化扫黑除恶斗争】与交通重点工作同部署、同检查、同落实。认真履行行业监管职责，稳步推进行业重点治乱工作，深入摸排涉黑涉恶违法犯罪及“保护”线索，积极宣传发动，坚持问题导向，紧紧围绕中央扫黑除恶第二督导组提出问题清单、问责建议、反馈意见和整改要求，认真做好整改工作。

【反恐防范】为加大对交通重要基础设施和客货运站（场）、码头（渡口）及公交车、班线客车、旅游包车等人员密集场所反恐防范力度，特别是重大活动、重要节点等敏感时期交通运输安保反恐防范工作，严格落实行业反恐防范职责，确保行业形势安全稳定。

【扬尘污染防治】建立健全运输车辆抛洒稽查管控长效机制，制订印发《专项整治实施方案》，整治期间共计出动50车次，加强交通运输局能耗和碳排放强度“双控”指标考核。

【环境保护】按照《山西省生态文明改革实施方案》和《山西省生态文明建设目标评价考核办法》有关要求，对全县开展绿色出行指标考核评价。落实市委、市政府和市局关于交通运输生态环境保护各项任务，实行生态环境保护一票否优。落实河湖长制工作任务，加强公路建设对跨越河流湖泊生态保护和船舶码头水污染控制。落实船舶水污染物处置联合监管制度，实施防治船舶及其有关作业活动污染水域环境应急能力建设规划，开展联合专项整治行动，完成码头与船舶污染物接收、转运及处置设施建设年度任务。组织开展船舶（含渔船）检验工作，依法报废超过使用年限船舶，禁止水污染物超标排放船舶。

【交通战备】按期完成国防工程建设、潜力统计调查、交通战备干部培训、档案资料库录入、上级赋予交通保障任务。组织开展“十四五”国防交通项目预研工作。修订完善保障方案。

【政务公开信息督察】政务信息公开，文件公开属性明确。年内报送信息12条以上，信息报送及时。对督察事项按时反馈，及时报送反馈结果。

【新闻宣传】通过采取多形式、多载体、多举措的方式重视交通宣传工作，加强网络宣传阵地建设。为支持和参加行业精神文明建设，认真组织开展社会主义核心价值观宣传教育月活动，并做好文明交通、文明出行等公益广告宣传工作。

（兴县交通运输局）

临县交通运输局

2022年，在县委、县政府正确领导和省、市交通运输部门大力支持下，临县交通运输局紧紧围绕脱贫攻坚、巩固拓展脱贫攻坚成果同乡村振兴有效衔接这一总目标，全面加强农村公路建设、养护、管理、运营，交通运输各项工作迈上一个新台阶，为全县经济社会发展提供强有力的交通保障。

【公路项目续建】2021年，累计铺开乡镇通三级公路1项22.8公里；资源路产业路1项19.9公里；县乡公路改造1项0.12公里；自然村通硬化路12项33.133公里；危旧桥改造5座，2022年11月底全部完工。黄河一号旅游公路临县段服务系统4个驿站已全部完工，即将投入使用，至此，黄河一号旅游公路“五大系统”已全部建成。

【公路项目新改建】2022年，全县农村公路建设任务为乡镇通三级公路1项24.545公里，县乡公路改造11项43.246公里，自然村通硬化路25项81.379公里。项目进行财政预算审核，即将进入招投标阶段，年内县乡公路和自然村通硬化路项目全部完工，乡镇通三级公路项目在年底前完成路基工程和主要控制性工程，2023年6月底完成路面铺装。254

省道、330省道临县境内白文至新舍窠段改扩建工程起点位于临县白文镇白文高速口处，顺接254省道，途经城庄镇、木瓜坪乡、玉坪乡、安业乡、大禹乡、三交镇、车赶乡、湍水头镇，终点止于湍水头镇新舍窠村，与在建209国道连接线及原218省道岢大线相接，主线全长51.615公里，连接线长度8.341公里，总投资约39.8亿元。项目可行性研究报告已分别通过吕梁公路分局、省公路局、省交通运输厅评审，项目地质灾害危险性评估已完成编制，土地预审已进入现场踏勘阶段，11月底完成项目立项批复，2023年春季开工建设。

【农村公路养护管理】继续加强对全县23个乡镇农村公路日常管养工作督促和指导，重点组织力量对直属管养14条道路水毁进行及时抢通抢修，对路面坑槽、水毁路段基层油层、挡护砌体、边沟涵洞排水系统等进行修复处理。在2022年主汛期按“先通后畅再修复”原则，采取“边排查边设计边整治”办法，在第一时间组织力量抢通基础上，全面铺开水毁修复工程。共计抢通修复水毁中断6处，修复路面油层20000平方米；填夯路基缺口236600立方米；修复水毁挡护砌体54100立方米，涵洞420米，排水设施17800米；清理塌方、淤泥、落石101400立方米。对重点路段增设安全防护设施，在完成上级部门下达42条“一灯一带”安防安装任务基础上，又对55个农村公路平交口增设145条减速带和警示标志标牌。组织第三方技术力量，对330公里县道、320公里乡道、346公里村道进行公路技术状况检测评定。高标准、高质量完成水毁修复、“一灯一带”生命防护工程、路况技术评定等工作，有效保障人民群众出行便捷安全，促使全县农村公路管养工作健康有序发展。

【超限超载治理】在县委、县政府正确领导下，在省、市治超办强力指导下，全县治超工作以歧道公路超限检测站为依托，以路面、源头、宣传、督办、培训、队伍建设为抓手，打响治超攻坚战，1—9月共计查处超限超载车辆26辆，卸载货物278.85吨，处罚记分91分，罚款2.8万元，处罚源头企业2户，治超工作取得斐然成效。

【综合执法】结合交通运输行业实际情况，设立两支稽查队共12人，两支队分工明确，尽职履责，主要负责保护路产路权、打击非法营运、治理短途超限超载、巡查源头企业、执法宣传、查处违法违规行为、查处举报案件等。先后组织开展一系列执法检查专项整治行动，有力保障交通运输行业安全稳定。截至年底，共出动执法人员551人次，出动执法车辆178辆次，查处非法违法营运车辆49辆，罚款2.6万元，查处车辆超标准装配载违法行为2起，罚款7.55万元。

【安全监管】坚持“安全第一、预防为主、综合治理”方针，积极开展平安工地、海事航运、道路运输等行业安全生产监管工作。截至年底，共出动80人次，分别对客运站、公交公司、道路运输企业(危化)督促检查12次。6月开展“安全生产月”活动以来，陪同市、县专项督察检查3次，在文化广场、重要路段开展安全咨询和散发宣传资料5000份，取得良好效果。督促企业落实安全生产主体责任，自查整改安全问题隐患38处，督促行业部门在开展安全隐患专项整治共检查企业32户，发现安全隐患41处，消除整改隐患41处，全部整改到位。每月召开一次局系统安全例会，通报有关安全事故，分析研判本部门安全工作，确保安全运行。主动与上级主管部门和各相关部门沟通联系，坚持每日向各部门报送相关数据报表，确保信息报送及时、畅通。

【公共交通服务】截至年底，全县共开通26条城乡公交运行线路，投放70辆新能源公交车辆，覆盖全县26个乡镇和462个行政村，从最初试运行逐步转变成为稳定有序的城乡公交一体化服务体系，在城乡公交不具备运行条件的169个行政村仍然由34辆便捷出行服务车担任农村居民出行服务任务。

全县有新能源出租车100辆，通过对出租企业和驾驶员进行考核、对企业的规范管理和对驾驶员职业道德和安全培训，全县出租车行业已经步入规范运行轨道。

全县共有33辆公交车辆，其中有28辆新能源电车和5辆燃油车。行驶里程70.96万公里，公交车辆准点率达88%。根据2022年省、市、县民生实事任务清单，全县城市公交于2022年8月1日起实行城区公交车全民免费乘坐，进一步增强城区居民幸福感、获得感。

（临县交通运输局）

柳林县交通运输局

2022年，柳林县交通运输局落实县委、县政府和市交通运输局下达年度重要工作目标任务，以强化党风、政风、行风建设和反腐败工作为着力点，以公路交通重点工程建设为龙头，以农村公路建设为中心，深化交通改革和加强行业监管，巩固拓展脱贫攻坚，全力助力乡村振兴，全县公路交通运输建设迈上一个新台阶。

【党建和清廉交通建设】 将党建与重点工程、重要工作深度融合，从严落实廉政风险管控，全面推动从严治党。上半年完成局党总支及执法队、发展中心、治超中心三个党支部换届选举工作，坚持每周五班子成员带头落实“学党史、悟思想、办实事、开新局”要求，深入推进党史学习教育，并把中共二十大精神学习融入公路交通建设，有效提升广大干部职工党性修养和责任意识，筑牢反腐倡廉和遵规守纪思想防线。4月、7月、11月分别在高速东口、兴县蔡家崖、三交志丹纪念馆及沿黄旅游公路工地举办主题党日活动，通过系列党建活动，传承红色精神，立足本职工作，积极努力进取。把建设清廉交通作为践行“两个维护”和落实全面从严治党重要内容。加强党的领导，充分发扬民主，实行集体决策，“三重一大”事项在调查研究基础上，集中研究、集体决策、政务公开，全年共召开23次党组扩大会议，落办80多项工作事务。主动接受监督评议和财审审计，从严治党向基层延伸、向党员覆盖，营造按章办事、公开透明、遵纪守法、风清气正良好工作氛围。

【安全风险隐患集中治理】 坚持以习近平总书记关于安全生产重要论述为指导，始终把安全工作摆在头等位置，严格落实“三管三必须”工作要求，细化安全举措，深入开展各类安全生产整治活动。从遏制重特大事故入手，强化安全生产组织领导和安全生产全员责任制，强化安全隐患排查治理和检查力度。下发《开展危化品道路运输安全风险隐患集中治理专项实施方案》《开展安全生产大检查大整治大提升专项实行实施方案》，对企业进行全覆盖检查，全年共开展各类专项检查8次，出动检查人员210人次，排查出安全隐患186条，全部整改，下发执法文书63份，实现安全隐患闭环管理和限期清零，全年共计受理公路工程质量监督项目9项，按照监督计划进行现场监督检查50次，并对发现质量安全问题进行督促整改，同时完成交工质量检测任务2项。确保“平安交通”形势持续稳定好转。

【行业维稳】 为进一步推进法治政府及平安柳林建设，确保交通行业维稳工作落实，坚持法律与实际相结合原则，针对行业内暴露出的问题，成立系统维稳化解矛盾工作领导组，组成6个矛盾化解专班，主动介入、依法依规、各司其职，法律顾问参与进行矛盾化解。加强“12328”交通服务、“12345”政务服务和各级转办函件处理，共受理工单352件，及时回复率达98%，群众满意率达97%。

【沿黄二期三交至石楼界项目】 省定黄河一号公路项目，路线全长8.28公里，三级公路标准，新建连接线3条2.36公里，四级公路标准。该项目总投资35635万元，2022年开工以来，累计完成路基土石方84.16万立方米；防护工程4195立方米；桥梁工程开工7座，完成桩基59根，墩柱4根；隧道开工2座，贯通1座，累计进尺306米；累计完成投资1.12亿元（其中新增固定资产0.3亿元），占合同价2.5亿元44.8%。

【“四好农村路”建设】 项目包括县乡公路改造、窄路基路面拓宽、建制村通双车道公路改造、自然村通路面硬化、撤并建制村通硬化路、危桥改造、隧道改造、乡镇客运站、村道安防9个类别30项工程，里程86.91公里，估算投资3.2亿元。开工项目共完成投资6600万元。

【东互通工程】 选址青银高速下白霜村至蔡家沟村。单喇叭互通立交，总投资估算3.192亿元。截至年底，工队进场，成立项目部，搅拌站基本建成，钢筋加工棚基本完成，征地约67亩，占50%以上，房屋评估已经完成，部分地段开始拆迁，部分桥梁桩基完工。年内共完成投资3000万元。

【307国道环城改线项目】项目起点县城东鸦沟，终点薛村，路线全长18.344公里，项目采用BOT模式建设，预算投资21.6亿元，注册资本金5.648亿元，其中邢台市政建设集团股份有限公司出资4.32亿元（实际出资5.1448亿元）；柳林县人民政府出资1.328亿元，银行融资贷款14.53亿元。截至年底，双方资本金已全部到位，银行融资贷款手续全部审批完成，后续银行融资贷款将根据工程计量每月发放。累计完成投资6.87亿元，年内完成投资5.9亿元（其中新增固定资产投资2.4亿元），占总投资21.6亿元31.8%。完成公路交通建设总投资7.98亿元，其中新增固定资产投资2.86亿元。

【城乡客运一体化改革】按照“先城区、后城乡”一体化改革工作思路，先期整合城区公交资源，区域通车33个建制村，有7条线路，5辆中巴客车运行。其余41个建制村采用电话预约，由4家出租公司32辆出租车固定承担电话预约业务。农村客运线路27条，营运客车52辆客运线路可途经全县157个建制村，通客车率达100%。截至年底，全县城区只剩5路14辆挂靠车辆商谈清理整合中。

【管养体制改革】认真贯彻落实县政府《创新农村公路日常养护管理体制机制实施意见》精神，积极探索农村公路养护管理新机制，实施管养分离，逐步推行养路市场化、工程招标化、管理合同化；通过公开招标选定5家养护公司，对全县乡村道路进行日常养护全覆盖，并对存在道路隐患及时全面排查，要求对存在安全隐患要坚决整治到位。采取日常养护、隐患整治、水毁恢复、应急抢险“四结合”措施和办法，保持10条246公里县道、37条345公里乡道、340条878公里村道安全畅通。

【农村客货邮融合发展】统筹交通、邮政、供销、商务等资源，推进互联互通，加快融合发展。不断完善物流三级节点建设，柳林县城建公交公司在薛村镇高红村开通柳林县农村客货邮综合服务站，设有物流综合办公室、快递室、保养室、洗车室，客货邮融合运营线路三交、石西、军渡及1路公交4条线路，现有县级物流中心3个、乡级物流站4个、村级物流点2个。

【全面依法行政，深化法治建设】坚持推行领导班子和领导干部述法制度落实，聘请法律顾问，加强对规范性文件管理、重大行政决策合法性和公平竞争性审查；实行“三重一大”议事制度；制订普法清单，全年共安排专题学法4次，组织各种法治培训20次，不断加强行政复议和行政应诉工作。

【行业监管】一是加强执法监管，规范执法行为。综合执法队全面履行交通运输综合行政执法监管职责，加大执法力度，严厉打非治违，加强路权保护，继续扫黑除恶，整治市场秩序等行业乱象，2022年共查处各类违法案件130件，行政处罚28.83万元；公路赔补偿案件10起，收缴补偿款11.8万元。二是注重源头治超，加强路面管控。治超中心抽调联合执法人员组成路警联合治超队伍展开联合执法，狠抓治超。全年共投入执法人员2458人次，307国道雅沟超限检测站累计检测过往货运车辆209167辆，查处超限超载车辆131辆，记分196分，罚款4.6万元，卸载货物1010.75吨，转载1010.75吨；县交警大队查处超载车382辆、记分601分、罚款14.2万元，同时县治超源头部门对政府公示113家货运源头单位进行监管。不进站抓拍系统闯卡319辆，录入271辆，记分441分，罚款5.42万元。

（柳林县交通运输局）

石楼县交通运输局

【黄河一号旅游公路石楼段工程项目】路线全长75.23公里，核定总预算144116.898万元，计划工期24个月。截至年底，已完成全部征地及便道建设，27座大中桥梁除4座下部结构施工外已全部架通，路基工程完成100%，累计完成投资12005万元，2023年5月底前完成水稳和路面铺设。

【石楼县汽车客运站工程新建项目】项目规划总占地面积1.4万平方米，总建筑面积2841平方米，其中：候车楼2523.38平方米，地上五层局部一层，建筑高度18.75米，候车厅高度7.35米，框架结构，设计概算为2687.13万元。截至年底,项目已完工。

【省道三大线石楼县过境(孟家塔至板桥)改线工程】 路线全长9.39公里,工程总造价1.9亿元,2019年9月开工,工程建设内容主要包括路基、路面、桥梁、隧道及安保五部分。截至年底,路基已基本完成。路面已完成铺油6公里。桥梁2座全部完成。隧道全长962米,隧道主体基本完成,进行照明和机电附属工程。本项目合同额19045万元,已支付工程款11587万元。

【石楼小镇桥梁工程项目】 项目起点与沿黄干线(248省道)K117+620处相接,终点与石楼小镇易地扶贫搬迁安置区C区内部道路衔接,路线全长209.66米。总投资1445.8226万元。2021年8月开工,截至2022年年底,已完成3号桩基、墩柱和系梁施工、预制张拉完毕13片30米T梁,共计完成投资约594万元,占合同价49.1%。施工在2021年11月中旬因征地拆迁问题尚未解决而暂停施工至今。

【自然村通硬化公路】 项目在原有土路基础上布线,路线全长60.841公里,投资估算6616.1588万元。

【石楼县沙窑至曹村小杂粮种植基地公路改建工程】 该项目为原有道路提升改造全长15公里,其中主线全长11.35公里,支线全长3.650公里。2021年11月立项,2022年2月批复预算2202.96万元,2022年6月开工,截至年底,完成总量52%,完成投资928万元。

【石楼县南环(板桥至沙窑段)公路新建工程】 批复概算72230.2174万元,按照PPP模式运营,已开工,完成总量3%。

【日常道路养护管理】 持续健全县、乡、村农村公路养护管理机构、养护机制和管理制度,推进日常养护经费纳入财政预算,建立以公共财政投入为主资金保障机制,全县道路养护覆盖率达100%。

【灾后恢复重建及公路养护处治】 积极向县委、县政府汇报请示,落实县统筹整合财政资金635万元,积极推进灾后恢复重建工作,在加强质量管理同时,落实好验收程序,完善设计文件、原始记录等档案资料,截至年底水毁路段已全部修复完成。加强道路预防性养护,全县道路完成105公里路面灌缝修复,减少雨水对路面漫入,延长道路使用寿命;加强道路隐患排查,及时处置安全隐患,强化修复性养护,提高道路舒适性,全县农村公路评定优良率达100%。

【交通行政综合执法】 交通运输综合行政执法队开展"春雷行动""打击常态化液压罐车专项行动""两客一危一货""打击非法道路运输经营行动"等一系列专项行动,并联合县交警队,针对客运班车乱停乱放,站外揽客,黑出租车非法运营等情况,开展打击非法出租车、非法客运等专项整治活动;积极配合县环保、交警等部门对重型柴油货车进行尾气检测工作,打好污染防治攻坚战;与县公安局开展联合禁毒整治工作;按照"政府主抓、部门联动、属地管理"总要求,切实加强治超成员单位协作配合,明确职责、分解任务、细化责任,开展以整治辖区内非法超限超载车辆运输行为"百吨王""百日行动"专项行动,有效地维护正常交通运输市场环境。截至年底,共出动执法人员300人次,巡查次数200次,进行企业例行检查140次,查扣非法运营车辆30辆,进行企业例行检查140次,已完结行政处罚类案件46起,处罚金额共91925元,其中违法超限运输案9起,非法改装车辆10起,车辆等级评定超期案14起,非法客运案2起,源头企业超限超载案2起,警告及责令改正案8起。

【货运监管】 全县共有28家货运企业,货运源头单位7家,营运货车521辆,从业人员350人。共出动检查车辆25辆次,检查人员75人次,检查企业92次,发现问题隐患26条,已全部整改。同时督促企业开展《晋交安培训》,确保每月1次企业安全生产培训。完成全县货运企业2021年度质量信誉考核18家。

【客运监管】 一是完成全县客运企业及汽车站2020年度质量信誉考核工作。共考核企业4家,未参加考核1家。考核均为A级。二是开展便携急救包发放工作,组织开展便携急救包发放培训启动工作会议,共计发放100个。三是开展道路客运安全工作,组织企业进一步落实企业主体责任,对全县客运驾驶员进行安全培训,共计培训85人次;对全县客运线路进行风险隐患排查,共计排查客运线路8条;开展汛期道路运输安全应急演练1次。日常安全检查工作方面，全年共计检查75次，出动检查人员120人次，其中检查发现一般安全隐患15起，已全部整改完毕。

【安全宣传培训及隐患排查】 全局在“五一”“十一”等重要时段，采取拉横幅、广场咨询、散发传单等方式，利用交通系统微信群、车站LED屏、出租车车顶屏等宣传资源，广泛宣传交通运输安全，积极开展安全生产宣传教育培训，并结合典型事故案例开展警示教育，组织道路运输企业主要负责人和安全管理人员参加安全生产业务培训4次，组织观看《生命重于泰山——学习习近平总书记关于安全生产重要论述》电视专题片，督促交通运输行业从业人员落实安全生产责任，提高安全意识。

【道路运输安全隐患排查】 全面排查整治道路运输行业安全生产工作，采取集中督导、重点检查、明察暗访等形式，检查各生产经营单位在安全生产中的薄弱环节，截至年底，检查道路运输及相关企业30家次，安全生产约谈2次，下发整改通知书3份，纠正从业人员不文明行为5次，已督促企业按要求完成隐患整改。

【寄递物流行业安全隐患排查】 开展邮政快递日常安全检查20次，联合检查2次，检查邮政快递企业7家次，组织召开寄递物流安全会议10次，督促企业落实开箱验视、实名收寄、过机安检“三项制度”落实，做好安全隐患自查整改、安全教育培训台账记录等工作，督促品牌寄递企业签订《安全承诺书》，签订率达100%。

【农村客运】 全县农村客运享受国家燃油补贴。2022年度共下发2020年度燃油补贴32万元。推进农村客货邮融合发展，完善农村物流三级节点建设，做到县有中心，乡有站、村有点。全县农村物流节点33个，乡镇覆盖率达78%，农村覆盖率达51%。

（石楼县交通运输局）

岚县交通运输局

2022年，在县委、县政府正确领导下，岚县交通运输局紧紧围绕年度目标任务，认真贯彻上级决策部署，积极履行职责，在切实落实好党建、法治、安全等工作基础上，重点推进公路工程建设、城乡客运发展、农村公路管养和保通保畅工作，扎实推动全县交通基础设施建设迈上新台阶。

【党的建设】 按照中共岚县县委印发《关于深入学习宣传贯彻中共二十大精神实施方案》要求，积极进行动员部署，深入学习领会、把握精髓要义，充分认识中共二十大重大意义，深刻领悟“两个确立”决定性意义，紧紧围绕“五个牢牢把握”核心要义，把从严从实要求和态度贯穿始终，持续加强干部队伍建设、坚持全面从严治党、全面贯彻实施交通强县行动，抓住山西作为交通强国试点省战略机遇，加快外联交通快道建设，推动中共二十大各项决策部署在交通运输领域见到实效，为全县经济转型发展贡献交通力量。

【非法营运整治】 联合交警队印发《岚县交通秩序专项整治百日攻坚行动实施方案》，组建流动检查组4个，累计出动执法人员405人次，主要分布于梁家庄、社科、静兴高速出口、王狮乡；累计排查社会车辆和出租车500辆；对摸排出54辆疑似黑出租车辆进行持续监控，联合公安、交警对重点监控车辆进行24小时布控取证；共查处非法运营车辆1辆，黑出租运营行为得到有效震慑。

【工程项目建设】 2022年，农村公路建设任务为“四好农村路”完成里程28公里，黄河一号旅游公路完成里程9公里，以上项目均已完成。岚河大桥危桥改造工程，路线全长0.296公里，原桥两侧各加宽8.38米，主要建设内容包括桥梁工程、路面工程、附属设施等。现已完成灌注桩39根，完成预制空心板22道，完成投资1100万元。岚河二桥危桥改造工程，路线全长0.258公里，原桥两侧各加宽8.38米，主要建设内容包括桥梁工程、路面工程、附属设施等现已完成灌注桩28根，完成预制空心板40道，完成投资800万元。南河三桥新建工程，路线全长146米，路基施工中，桥梁下部施工全部完成，上部箱梁预制完成50%。岚河四桥（迎宾大道）工程，路线全长2.637公里，路基路面宽度50米，新建7孔20米小箱一座，路基施工中，7孔20米桥梁下部施工全部完成，上部箱梁预制完成50%。岚县西环绕城工程，项目起点位于岚县县道东梁线（土峪乡清水河村），终点普明镇刘家庄村与252省道岚古路相接。路线全长约为12公里，宽18米，项目总投资约3.6亿元，已全面开工建设。

【农村公路养护】对16条农村公路进行水毁整治和养护治理。累计清理塌方598立方米、整修边坡10.85公里、硬化路肩962.73立方米、回填土方5558立方米。

【安全生产】学习贯彻习近平总书记关于安全生产重要论述，按照"管行业必须管安全、管业务必须管安全、管生产经营必须管安全"和"谁主管、谁负责"原则，明确安全生产职责，细化监管职责到各股室，推动行业安全监管规范化标准化。同时督促企业全面落实企业安全生产主体责任，和监管企业签订安全生产责任状，要求企业建立健全安全生产责任制、完善企业安全生产管理制度和风险防控机制，不断提高企业安全生产能力和水平。

【安全风险隐患排查】按照上级统一安排部署，坚持开展安全生产"大排查、大整治、大检查、大警示"活动、安全生产三年行动、灾情隐患排查工作等安全风险隐患排查治理活动。组建公路养护、城乡客运、道路运政、工程建设领域4个安全检查小组，全面排查检查交通运输行业领域安全生产情况，及时整改发现问题，全年未发生安全生产事故。

【法治政府建设】继续做好行业普法宣传组织领导。持续开展局务会学法学政策、"八五"、宪法宣传周等普法宣传活动，严格落实"谁执法谁普法"普法责任制，不断创新普法宣传机制。创新法治宣传工作载体、形式和手段，切实增强宣传实效性、影响力和覆盖面。推行领导干部法治考核和年度述法等制度，落实领导干部学法、讲法、述法工作机制。提升领导干部法治思维和依法行政能力。加强法治机构和法治人才队伍建设，增强法治机构工作人员思想政治素质、业务工作能力、职业道德水准。

【公共交通】在已有公交线路上，新增梁家庄乡上马铺村、侯家岩村、毕家坡村方向公交线路，和社科乡曲立方向公交线路。

【超限超载治理】坚持源头与路面并重，由局运管所牵头，规范源头治超基础工作，通过进驻、巡查等方式对政府公示货运源头企业实施监督检查，督促源头企业全面履行源头治超义务，切实防止违法超限超载运输车辆出厂（站、矿）上路。由局路政大队牵头，强化路面巡查，针对货运车辆超限超载、未覆盖篷布或加盖不严实、货物遗漏等违法行为开展专项行动。全年累计处理涉超限车辆2辆，罚款3.45万元。

（岚县交通运输局）

方山县交通运输局

2022年，在县委、县政府坚强领导下，在上级主管部门指导下，方山县交通运输局围绕县委、县政府重大决策部署，扎实推进交通基础设施建设，进一步规范交通运输行业管理，切实提升交通运输工作服务质量和水平，各项工作取得明显成效。

【党的建设】按照县委组织部要求，为进一步加强基层党支部建设，6月29日召开全体党员大会，换届选举出新一届党总支书记、党总支委员、党支部书记、党支部委员，配备党建办主任和2名工作人员，建立健全党支部各项工作制度30项，增强党建力量。坚决贯彻落实习近平总书记系列重要讲话精神，全面贯彻中共十九届历次全会和中共二十大精神，全面落实从严治党主体责任，加强对党员干部党纪、党规教育，严格落实"三会一课"制度，全年共开展支部党员大会4次、党支部委员会12次、主题党日活动12次，党小组会议12次，召开12次专题学习会议，形成心得体会60份，开展党组、中心组学习12次，组织研讨6次，党员干部积极采用"学习强国""好干部在线"等互联网平台开展学习，2022年"学习强国"学习平台60人年度积分共302388分，位于全县前列。

【清廉机关创建】以建设清廉机关为抓手，成立工作专班、制订任务清单、明确目标任务，将清廉要素深度融入党的建设全过程各方面，坚持以点带面、标杆引路、示范推行、全域共进，使机关全体党员干部廉政意识更强，清廉机关氛围更浓，清廉文化深入人心，学用结合，确保交通运输工作条条落实、件件落地、事事见效，全方位推进交通运输工作高质量发展。

【安全生产】 始终坚持贯彻“管行业必须管安全、管业务必须管安全、管生产经营必须管安全”要求，认真对照国务院15条硬措施，制订2022年度全县交通运输行业安全生产工作要点，截至年底，共召开安全会议12次，组织全县货运企业安全生产会议6次，组织全县源头运输企业治超会议1次，组织在建工程项目安全生产会议8次，组织观看《生命重于泰山》等专题片2次，通过分析研判当前安全生产工作面临形势和特点，要求分管领导、股室负责人、企业负责人认真履行职责，始终紧绷安全生产这根弦，压紧压实生产经营单位主体责任和部门监管职责。严格落实交通运输系统安全生产“全员化包联”制度，对全县客运、货运、维修、驾培、在建工程、货运源头企业全面包联到位，推动企业安全生产防范措施落地见效。

【扎实开展“两个行动”】 根据省、市、县《关于开展安全生产大检查大生产大整治大提升行动和专项整治三年行动》安排部署和工作要求，制订完善《安全生产三年行动实施方案》《关于开展集中整治全县货运源头企业及短途非法超限超载专项行动方案通知》《关于在全县开展打击货运车辆非法改装、“大吨小标”专项整治工作实施方案》等方案，明确工作任务，厘清工作思路，压实工作责任，为安全生产长效化、常态化开展提供人力支撑和制度保障。全年把“打非治违”作为工作重点，组织人员对车站、客货运企业、在建工程进行安全源头检查，共排查出7条安全隐患，对排查出来问题均要求整改落实，现已全部销号整改，切实将安全隐患问题消除在萌芽状态。

【常态化安全生产检查】 运用上门检查、工作提示、警示曝光、路面查控、联合惩戒等措施深入开展安全生产大检查，2022年共计出动检查92次，排查企业安全隐患45条，农村公路安全隐患38处，均已全部整改完成，整改率达100%。

【道路交通安全隐患整治】 截至年底，投资4.57万元完成农村公路平交道口减速带34道206.5米，投资32.9万元完成波形护栏1184.4米、标志牌17块、道口桩柱10个、反光漆刷护墩608米，消除农村公路安全隐患38处。

【道路运输市场秩序】 查处非法营运1辆、处罚5000元，全县道路运输市场经营秩序明显好转。超限超载整治共查处车辆8辆，处罚5.75万元，全县国（省）干线公路车辆超限率明显降低。非法改装整治专项行动期间，共出动执法人员280人次，出动车辆70车次，排查企业60家，排查重型自卸货车170辆，排查发现非法改装车辆16辆；罚款3.2万元。道路运输审验共计完成客车年审17辆、货车年审938辆，总计办件955件；完成从业资格证年审1553件、补发换发260件。

【信访工作】 由分管领导任组长，明确专人负责“12345”市长热线工作，2022年，承办省级投诉1件、“12328”热线3件、“12345”热线408件，均已办结，满意率达90%。

【驻村帮扶】 根据县委巩固脱贫攻坚成果同乡村振兴有效衔接工作安排，负责大武镇保安村下乡帮扶工作，结合保安村实际，一是继续大力支持传统种植业和养殖业，考察启动1个经济型观赏农业项目，2022年已培养出5个致富带头人；二是投资565万元实施修建保安村至菜地塃自然村通硬化路工程，工程已全部完工，彻底解决村民出行难问题；三是工作队每季进行一次全村全面排查，做到不漏一户返贫户，不漏一户消退户，做到应消尽消，应监测尽监测。

【旅游公路建设】 梅洞沟旅游产业公路连接线建设工程，里程2.775公里，计划完成投资1442万元，已全部完工，完成投资1250万元。鸦儿崖红色景区旅游公路建设工程，里程17.009公里，计划完成投资6000万元，年底征地拆迁工作全部完成，1~13公里桥涵、挡墙全部完工，完成路基5公里，完成投资6000万元。圪洞至梅洞沟旅游产业公路工程，2021年4月开工建设，11月中旬全线通车，完成总投资约10068万元。鸦儿崖红色景区旅游公路工程，项目投资估算总金额为11776.2466万元，累计完成投资额6000万元。

【重建项目】2022年洪水灾害导致全县的县、乡、村公路累计中断15处，受损里程90.5公里，路基缺口164832立方米，塌方17758立方米，沥青路面17940平方米，水泥混凝土路面40410平方米，桥梁420米/12座（全毁5座、修复7座），隧道受损2座222米，涵洞24道240米，排水沟18450米，护坡35立方米，驳岸、挡墙3465立方米，波形护栏704米，标线135平方米，路面泥沙7176立方米，针对发现问题，立即组织人员进行抢修，共投入大型机械6000台次，人力15000工日，15处中断路段全部抢通，重建里程17.602公里，完成投资327.1万元。

（方山县交通运输局）

中阳县交通运输局

2022年，在县委、县政府正确领导下，在市交通运输局监督指导下，中阳县交通运输局主动适应经济发展新常态，紧紧围绕年度工作目标，以推进项目建设为中心，以做好运输服务为重点，以细化安全监管为保障，狠抓工作落实，稳步推进交通运输各项工作。

【党建工作】一是坚持党建引领，落实好党内生活制度，组织召开党史学习教育专题民主生活会和党员干部作风建设民主生活会，切实提升领导班子战斗力、凝聚力；认真落实“三会一课”制度，规范组织生活；发展2名积极分子为党支部注入新鲜血液，进一步壮大党支部力量；积极开展中共二十大精神学习，组织集中观看开幕式直播，认真做好学习笔记。二是开展干部能力作风建设专项行动，制订方案、动员部署、自查整改、撰写心得，组织全体干部职工学习习近平新时代中国特色社会主义思想、中共十九大、十九届历次全会精神、习近平总书记关于干部能力作风建设相关论述等内容，专题开展“时时放心不下，事事落实到位”大讨论活动，全体干部职工原汁原味学习省委书记林武署名文章《要“时时放心不下”》，并撰写心得体会，专项行动有序开展，推动机关干部能力逐步提升，作风进一步改善。三是深入推动清廉机关建设，从不敢腐、不能腐、不想腐全方位推动清廉建设，印发清廉机关建设方案，组织开展廉政警示教育活动，机关全体干部职工全部建立廉政档案，签订廉政承诺书，更新完善22项机关内部制度。

【上顶山旅游公路建设项目】该项目是市政府重点项目，路线全长16.153公里，包括弓阳村至上顶山段10.824公里、乔则村至上顶山段4.68公里，连接线0.649公里。截至年底，项目基本完工，具备通车条件。

【“四好农村路”建设项目】包括建制村通双车道工程3条11.4公里、自然村通硬化路工程12条29.6公里和危桥改造1座。截至年底，项目在交工验收阶段。

【日常养护】一是全面落实“路长制”。设总路长1名，县级路长1名，乡级路长6名，村级路长100名，护路员100名，明确各级路长工作职责，建立健全农村公路养护巡查检查、督察考核机制，推动形成齐抓共管、高效运转养护体制，有效提升养护效率。二是完善养护承包机制。按照“县道县养、乡村道乡村养”原则，将7条186.4公里县道、2条15.5公里主干乡道和1条20公里军山森林公园消防通道日常养护工作，通过包干养护管理办法，分段承包给25个专业养护队伍，通过强化巡查检查、考核奖惩，切实提升道路养护效果。三是养护成效显著。日常养护方面投资230.8万元，完成路肩杂草清除，边沟、涵洞疏通，路面清扫，路肩整理等日常工作；排查处理路面、边坡、排水沟等安全隐患点26处。养护小修工程方面投资200.8万元，清理乔苏线路面塌方1200立方米；采取设立警示标志、安装交通信号指示灯、完善路面标线、划定震荡减速标线等手段，处理中岳线事故易发路段3处；喷涂万吴线土虎焉隧道洞身5752平方米，采取片石修复、安装波纹管、挖除回填土方等措施处理水毁排水设施5处。

【灾后重建】及时处理“8·11”自然灾害造成道路隐患，发现58处隐患点，已全部修复，累计完成投资651.3万元。

【公交运营管理】第一，自2021年12月推动落实《中阳县公交运营项目建设实施方案》以来，县交通运输局持续关注、指导公交运营，完善考核机制，稳步提高公交准点率、覆盖度，群众满意度大幅提升，2021年12月—2022年7月，全县30辆公交累计运行103.5908万公里，服务群众56.2576万人次。第二，积极完善公交基础设施。投资100万元，新建候车厅6个，站牌58个，招呼站牌22个，简易站牌18个，有效提高群众乘车安全性、便捷性，显著提升城市形象。第三，统筹整合公交线路，加密城区公交运营频次，提升群众乘车便捷度。第四，加大政府投资力度，落实城区公交全民免费政策，进一步彰显公交出行普惠特征，自8月免费以来，城区公交累计运营达40万公里，服务群众20万人次。

【机构改革】整合局机关、运输事业发展中心、公路发展中心执法人员，组建交通运输综合行政执法队，成立6个执法分队，分别负责客运执法、货运执法、国省道路路政执法及工程质量执法、县乡道路执法、路面治超执法、源头治超执法，为开展执法工作提供有力组织保障。建立交通运输信息中心，以科技力量提升运输管理水平。建设科技治超信息管理指挥系统，接入南大井超限检测站点、政府公示货运源头企业、无人值守系统等终端设备，打造全县治超“一张网”，切实提升治超工作规范化和效率化，有效增强超限超载管控力度。同步接入公交公司交通信息资源，实现对全县客货运输企业实施监控，推动交通行业治理现代化、智能化。强化公路工程质量监督能力，建成一个标准公路工程试验检测站，配备一系列检测仪器，具备水泥、混凝土、钢筋、沥青等公路建设材料性能测试功能。实验室建成有效丰富公路工程质量监督检测手段，大幅强化公路质量监督能力，为建设高质量公路提供强力保障。

【交通运输执法】大力整治交通运输市场违法违规行为。截至年底，运政方面，立案79起，罚款总金额210600元。其中，治超9起，城市客运(出租)23起，客运1起，货运43起，非法营运3起；超限检测方面，本年度共检测车辆1656761辆，平均日流量4887辆，查处超限车辆49辆，卸载货物160.29吨，转运41辆，转运货物130.81吨；路政方面，配合乡镇整治路边违规加水摊点28个，处理损毁路产案件1件，开展“路政宣传月”活动，提升路政执法群众知晓度。

【安全管理】深入开展安全生产“两个行动”、自建房安全专项整治工作，切实加强全县交通运输企业、县乡道路、公路在建工程安全监管，认真开展隐患排查，积极推进整改落实，截至年底，发现并处理一般隐患72处，其中道路运输22处、公路养护50处。处理部级督办危险路段安全隐患3处，分别为中岳线K13+700、K20+100、K56，处理危险路段自查隐患5处，治理铁道路口隐患1处，实现交通运输领域安全形势持续稳定良好局面。

（中阳县交通运输局）

交口县交通运输局

2022年，交口县交通运输局按照县委、县政府安排部署，加快重点项目建设，深化交通运输改革，巩固拓展脱贫攻坚成果有效衔接乡村振兴工作，不断提高服务水平。

【离隰高速公路工程项目】征地拆迁进度：主线占用土地已全部拆迁到位，连接线还在推动征拆工作。截至年底：涉及房屋为城区5户和马家山沟6户，已下发限期拆除通知书。

【汾石高速公路工程项目】征地拆迁工作进展：全县境内共需征地已全部签订征地协议，征用土地已全部交付，完成率100%。全县境内涉及坟墓迁移已全部完成迁移，完成率100%。涉及房屋拆迁51户，已完成拆迁43户，完成率84%。涉及拆迁厂企15处，已拆迁13处，完成率87%。高速占地涉及红线内林地权属争议面积1641.071亩，已经县林业局认定完成。补偿款发放情况：第一次包干协议签订征拆补偿款9492.7283万元，已发放至乡镇8225万元；补充协议签订征拆补偿款6036.4870万元，尚未到账。

【灾毁路段恢复重建工程】完成县道康石线、红回线灾后恢复重建项目，确保行车畅通。乡村道路灾后恢复重建项目共47个，由各乡镇人民政府组织实施，预算总投资516.7万元，项目资金来源于县财政统筹整合使用财政资金，该项目于7月初开工建设，已全部完工。“四好农村路”灾后恢复重建项目共25个，预算总投资868.847万元，资金来源于县财政统筹整合使用财政资金，资金分两次下达，第二次于9月20日到位。该工程于7月初开工建设，已全面完工。

【“四好农村路”建设】工程建设完成里程111公里，具体为：自然村通硬化路建设项目29.54公里/20条，已按时间进度完成建设任务；其他县乡公路改造76.2公里/8条（先建后补），已全部完成；西交子至乾村线路面改造工程5.4公里，已全部完工。积极推进“四好农村路”152公里及县乡公路工程交竣工验收工作速度，完善相关资料，加快手续办理，做到审批到位。

【农村公路日常养护】按照“县道县管、乡村道乡（镇）管”原则，建立健全农村公路管理养护责任制，出台全县全面推行农村公路“路长制”通知，明确县、乡、村三级路长体系。农村公路列养率达100%，县道优良路率达94.49%、乡道达92.59%、村道达76.58%，县、乡、村三级农村公路管养机构设置率达100%。全面排查防治地质灾害，实施汛期水毁路段应急处治，消除安全隐患，提高农村公路通行能力。先后完成沥青混凝土补修坑槽1862平方米，清塌方2687立方米，回填缺口687立方米，清理边沟8627米，清理杂草52公里。

【公交优惠乘车】2022年，全县继续实行65周岁老年人、军人、残疾人、消防员、中小学（含中职）、幼儿园教师免费乘车政策，积极申请县政府拨付2022年度公交行业政策性补助资金100万元并发放到位。真正将优惠乘车政策落实到位，完成脱贫攻坚成果有效衔接乡村振兴工作任务。

【爱心送考活动】组织辖区内公交、出租、网约车辆组成高考、中考爱心服务车队，为考生出行提供便捷、舒适、安全交通出行服务。高考、中考期间，共投入公交车辆60辆次，出租车辆25辆次。

【打击非法营运和违法载客专项行动】印发《关于开展打击客运行业经营不规范专项整治行动工作实施方案》，制订《关于严厉打击非法营运行为通告》，召开打非治违专项行动安排部署会。发放宣传单1000份，营造打击非法营运车辆浓厚氛围。与县公安局、交警队开展联合执法工作，共出动执法车辆12辆次，出动执法人员60人次，查扣非法营运车辆6辆次，处罚金额50000元。

【执法监督检查】为全面做好交通运输行业执法监督检查工作，执法队根据乡镇区域划分，明确监管中队和企业名称，每月不定期对辖区企业等进行监督检查，全年出动执法人员800人次，出动执法车辆81辆次，检查企业安全运营管理312次。打击重点交通建设项目施工当中存在私挖乱采矿产资源专项行动，严格按交口县打击私挖盗采工作会议要求，对交通运输领域重点建设项目进行实时监控和动态巡查打击，共出动巡查车辆285车次，出动巡查人员278人次，发现3处，立即责令标段停工，当日上报县打击私挖乱采工作专班，要求处置后再行开工，已全部处理完结。开展全县混凝土搅拌（商砼）企业专项治超“春雷”行动，采取执法人员驻点、巡查、视频监控等方式从源头杜绝超限超载车辆上路行驶。联合相关部门清理取缔公路沿线非法煤场、砂石料场及其他货物分装站场，杜绝货车中途加载。

【法治宣传】坚持“谁执法、谁普法”原则，利用安全生产月和信访日等活动，组织执法人员到县城广场、客运站、货运源头企业进行普法宣传，共派出执法人员61人次，散发宣传资料1200份。和货运源头企业开展座谈27次，深入了解执法与服务过程中存在的问题，有效开展交通运输执法领域普法宣传工作。制作《公路安全保护条例》《中华人民共和国公路法》《超限运输车辆行驶公路管理规定》《路政管理规定》宣传彩页和宣传条幅，深入全县各乡镇货运集散地、货运源头企业、治超站点、各公路路口进行宣传，共出动执法人员180人次，出动执法车辆45车次，散发宣传资料2000份。

【交通运输领域专项整治】加大交通运输领域专项整治力度，严厉打击超限超载、非法营运等违法行为，截至11月底，共办理行政案件数量107件，罚款金额60.27万元。其中：超限超载运输案件18起，处罚金额19.85万元；非法营运车辆6起，处罚金额5万元；无从业资格证件5起，处罚1万元；货运车辆抛洒13起，处罚3.9万元；其他违法案件处罚31.02万元。

【治超工作】2022年继续紧紧围绕“保治超就是保畅通，保治超就是保安全”工作目标，坚持抓治超就是抓发展工作理念，以源头、路面、站点为中心，积极开展治超各领域工作。截至年底，路面执法人员2823人次，路面和站点共检测车辆数900660辆，共查扣超限超载车辆106辆，卸载1069.51吨，扣分323分，罚款9.44万元。处罚源头企业13家，督办案件52件。

【安全监管】抓安全生产监管责任落实，抓企业主体责任落实，严格按照“党政同责、一岗双责、齐抓共管、失职追责”和“三管三必须”总体要求，逐级压实行业监管责任，每月组织召开安全生产工作例会，抓好各项安全生产工作，2022年，与6家客运企业、1家驾校、7家维修企业、29家货运企业签订2022年度安全生产承诺书，签订率达100%。通过检查、整改、“回头看”方式，真正做到静态隐患及时消除，动态隐患跟踪治理。

【“安全生产月”】一是加强安全生产培训。6月7日组织全体干部职工和辖区内各道路运输企业负责人观看《生命重于泰山》电视专题片，进一步树立以人为本指导思想和安全工作重于泰山责任意识，坚决克服麻痹思想和侥幸心理，始终保持危机感和紧迫感，切实做好交通运输行业安全生产工作。二是积极开展“安全生产月”活动，围绕“遵守安全生产法，当好第一责任人”这一主题，认真开展各项宣教活动，向过往群众发放交通安全法规宣传资料200份，接待现场咨询200人，充分利用出租车、公交车车载LED显示屏滚动播放安全生产月宣传口号，制作安全生产知识版面2块，在街道、车站、企业公共场所等醒目处悬挂横幅或展板共5条(块)。三是结合上级及全县工作要求，召开专题会议安排部署“大检查、大整治、大提升行动”工作，出台工作方案。

（交口县交通运输局）

孝义市交通运输局

2022年，在市委、市政府正确领导下，在市人大、市政协、市纪委监委监督支持下，孝义市交通运输局党组团结带领全体干部职工，坚持以习近平新时代中国特色社会主义思想为指导，全面贯彻落实中共十九届五中、六中全会，省第十二次党代会，吕梁市第五次党代会，孝义市第七次党代会精神，认真贯彻落实市委、市政府重大决策部署，紧紧围绕全市中心工作大局，持续推进党史学习教育，全面推进综合行政执法改革，高质量完成建设任务，积极做好保通保畅，较好地完成各项工作目标任务。

【党建工作】继续以党史教育为抓手，深入开展学习贯彻习近平新时代中国特色社会主义思想和中共十九大历次全会精神，扎实推进党史学习教育常态化，深入开展“我为群众办实事”主题实践活动。认真开展民主生活会、民主评议党员、组织生活会、“三会一课”、党员活动日等组织生活，党支部党员通过自学和集中学习相结合，把思想统一到党的要求上，践行为民服务宗旨，解决思想上和工作中存在的突出问题。局党组集中学习研讨3次，局党组书记为全体党员讲党课1次，分管领导到党支部进行党课宣讲5次，各党支部书记为本党支部上党课3次，局领导班子开展实地调研8次，形成调研报告13篇，与基层单位和服务对象座谈2次，开展进社区、进小区打扫、整治环境活动10次。

【助企纾困】深入企业主动靠前服务，严格落实市委办公室、市政府办公室联合下发《孝义市关于开展入企进村服务工作行动方案》文件精神，制订《交通运输工作专班开展机关干部深入道路运输企业服务工作实施方案》。组织40多名干部职工分为7个小组，分别对出租公交、危货、普货、维修、快递、驾培、汽车站7类企业开展入企服务，重点宣讲《关于促进服务业领域困难行业恢复发展若干政策》和支持民营经济发展省30条、吕梁市20条、孝义市15条措施以及解读减税降费、金融支持实体经济、鼓励科技创新、优化营商环境等政策措施。全面了解企业生产经营、能源保供、科技创新、营商环境、要素保障等情况，协调解决企业发展面临问题和困难，增强企业推动高质量发展信心和决心，尽快开工复工、实现稳产增产。共计收集行业共性问题27条，现场解决17条，有4条为市场调节行为，有6条问题需要市级层面进行协调解决。为市委、市政府决策收集到第一手资料，为民营企业发展壮大献策献力，入企服务受到企业一致好评。

【普法宣传】 结合“安全生产专项整治三年行动”和“大检查大整治大提升”活动，采取设点宣传、宣传车宣传、散发宣传单、悬挂宣传横(条)幅、在客运车上张贴标语、在客运站和公交车及出租车LED电子屏上滚动播出、深入各类企业宣传等形式，大力开展道路运输法律法规及安全知识宣传。累计参加市交通运输局及自身组织安全、法制等宣传活动7次，参加宣传人员51人次，接受群众咨询2900人次，散发宣传资料15000份，悬挂横(条)幅6幅，张贴标语225条，在客运站和公交车及出租车LED电子屏上滚动播出安全标语、警示语56条、深入各类企业宣传、座谈13次，极大提高运输企业、运输从业人员和群众法律、安全意识。

【客运行业监管】 加大客运站源头监管，对客运站安全检查6次，对存在安全隐患督促企业限期整改，并组织人员对整改落实情况进行验收。督促或参加驾驶员安全学习培训7次，参培人数累计1575人次，通过安全例检，消除一般安全隐患31起，把好客运源头关。

【“安全诚信优质服务”活动】 在全市客运、公交、出租、驾校等企业开展“安全诚信、优质服务”活动，召开动员会1次，企业从业人员200人参加，争创全市“安全诚信、优质服务岗位明星”、“安全行车明星驾驶员”、“爱岗敬业教练员”、诚信经营客运企业、品牌驾校，做到爱岗敬业、诚实守信、安全文明、优质服务。

【公路项目建设】 2022年计划施工项目8个，2021年灾后恢复重建项目5个，交通基础设施建设项目3个。其中，冀孝线剩余沥青路面铺筑工作因受气温影响较大，2022年无法实施，需等到2023年气温回暖才可实施。其余建设项目均已完工。

【公路运营领域安全监管】 持续推进公路安全设施精细化提升，加强对公路急弯陡坡、长下坡、桥梁等风险较高事故多发路段隐患排除治理，提升公路养护和运行管理水平。强化关键环节养护施工安全监测。联合公安交警部门开展公路安全设施和交通秩序管理精细化提升行动。处理路面坑槽200平方米。针对巡查中发现梧西线门楼窊段涉及山体滑坡，梧西线东许段弯道处缺少标志标牌标线，寺柱线产树原段、临崖段无防护设施3处隐患立整立改。出动大型挖掘机3台，翻斗车5辆对梧西线进行疏通，并砌筑石砌挡土墙进行边坡防护。对梧西线东许段进行标线施划，增加震荡标线，加装弯道诱导标志标牌及提醒标志标牌。对寺柱线产树原段、临崖段无防护设施进行安装波形护栏。

【维修行业专项整治行动】 为深入落实安全生产工作，打好污染防治攻坚战，进一步加强全市范围内机动车维修企业安全治理，环境卫生，促进机动车维修行业健康发展，配合乡镇街道、城市管理、市场监管、环保等部门在全市范围内开展机动车维修行业安全环境卫生专项治理。对15家维修企业下达整改通知书，落实对证照不全、场地硬化、废弃物妥善处置等多个方面整改。

【客运行业专项整治行动】 深刻汲取“6·13”出租车交通事故教训，维护良好道路运输客运市场秩序，结合交通运输领域安全隐患大排查大整治行动、安全生产专项整治三年行动计划，以相关法律法规为依据，从7月开始开展客运市场专项整治行动。突出重点，标本兼治，强化以人为本交通运输意识，全面规范全市城市客运市场秩序，构建和谐城市客运环境，为群众提供良好运输服务，为经营者营造良好经营环境。

【开展“安全生产月”】 认真组织开展2022年“安全生产月”活动总体要求，成立活动领导小组，协调推动安全生产月活动顺利开展，确保安全生产月活动取得实效。活动开展以来，共组织相关科室、监管企业观看培训学习“生命至上”习近平总书记关于安全生产重要论述9场，参与800人次，开展安全生产"大家谈"2次,推动安全生产十五条硬措施落实。通过线上、线下微信工作群组织监管企业宣传贯彻新《中华人民共和国安全生产法》推动"第一责任人"守法履责。

【"打非治违"活动】 综合行政执法队加强对非法违法违规运营精准协调治理,加强对重点车辆安全监管,强化危险货物道路运输安全监管,深入开展对非法运营、公路运输"百吨王"、"两客一危"重点车辆专项整治。2022年,道路运输领域打击各类违法违规案件1166起、罚款500万元。

【完善应急救援体系】 修订完善《地震应急预案》《防汛抗旱应急预案》《道路运输突发事件应急预案》,组织开展救援队伍"道路运输突发事件"实战化演练和桌面推演。加强监测预警预报畅通预警信息发布渠道,确保信息畅通,加强统筹指挥,强化突发事件、抢险救援协调联动。严格落实领导干部带班制度,加强值班值守,快速报送突发事件信息,最大限度减轻事故灾害造成损失。

(孝义市交通运输局)

汾阳市交通运输局

2022年,在市委、市政府和上级交通运输部门正确领导和大力支持下,汾阳市交通运输局以习近平新时代中国特色社会主义思想为指导,贯彻落实习近平总书记重要讲话精神,积极开展党史学习教育工作,贯彻落实市委六届五次全会暨经济工作会议精神,强化行业监管,认真履职尽责,大力推进重点公路建设项目,积极推进完成"四好农村路"建设,加强农村公路养护管理,规范交通运输综合行政执法,强化交通运输安全生产监管,提升行业文明形象,完成既定各项目标任务。

【重点公路建设项目】 汾邢高速公路汾孝东互通连接线工程二级公路2.215公里,总投资2265.3985万元,已完工。郭宏线(东遥庄至贾家庄段)路面改造工程全长10.88公里,总投资4100万元,2022年4月开工,分两个合同段建设,第二合同段全部完成;第一合同段路基工程完成,2023年6月底前全部完成。"四好农村路"项目,全市建设共3项12公里,总投资1974万元,8月15日开工建设,已全部完工。汾石高速公路征地拆迁汾阳市境内共7公里,涉及征地827.96亩、迁坟328座,厂企、民房拆迁12户,已全部完成。

【农村公路养护】 随着农村公路养管体制机制改革不断深化,县道、乡道、村道全部纳入养护管理范围,实行"管养分离、市场运作"农村公路管养机制。县公路和重点乡公路采取由农村公路养护管理所直养办法进行养护,并实行市场化管理承包给合格施工队伍。部分乡公路和290条505.6公里村公路则由所在乡镇管理站负责,由管理站与所属村委签订《村公路养护管理协议》予以施行养护工作。同时,农村公路养护管理所组织专人对县乡村公路养护进行巡查和考核,确保列养公路日常养护质量。其中,整修路肩边坡25公里。整治道路安全隐患34处,完成投资160万元;完成2021年农村公路专项养护水毁47处、危桥改造3座,完成投资167万元;完成汾酒大道至火车站热熔标线及振荡标线4375平方米,完成投资40万元;完成修补坑槽34400平方米、公路标线3057平方米,完成投资270.6万元。制订地震应急准备和抗震设防方案和抗旱防汛抢险预案,确保灾害发生后道路畅通。

【交通运输综合行政执法】 依法查处各类损坏、破坏、占用农村公路违法行为,保护路产路权不受侵犯,上路巡查2920人次,排查路面安全隐患27次;清理路面障碍物19次;清理占道经营6起;清理打场晒粮8起;处理涉路案件2起,处罚金额3000元;处理路产赔补偿案件4起,收取路产补偿费共计56213.18元;处理群众举报案5起;查处移送违法超限车辆27辆,完成省治超督办3件。规范城市客运市场秩序,出动执法人员950人次,检查公交车、出租车、网约车辆2150车次,对轻微违规70辆客运车辆进行教育警告,严重违规运营车辆予以记分、罚款,共行政处罚63人次,累计罚款17000元。货运源头治理,全年出动执法人员243人次、执法车辆81次,巡查源头企业81家,处罚超载案件1起,罚金1.15万元。全市超限检测站共检测车辆1832702

辆,查处超限超载车辆123辆,转运货物2470.6吨。

【安全管理】牢固树立红线意识和底线思维,加强生产安全管理,确保交通运输行业稳定发展。第一,强化领导落实责任。对交通运输系统负责监管所有企业实行挂牌责任负责制,签订安全生产目标责任书,层层负责,责任到人。第二,利用安全生产"宣传月""宣传日""安全带一生命带"等活动,广泛宣传,营造氛围。第三,认真落实安全生产"两个主体"责任,开展安全生产大检查大整治活动。第四,通过召开会议、转发文件等形式对企业进行安全教育和培训,深化开展安全生产专项整治三年行动,安全生产大检查、大整治、大提升活动、"打非治违"和重点领域专项整治工作。第五,联合汾阳市安监局、公安局开展"道路运输平安年"活动,重点对全市"两客一危"企业加强安全监管,督促企业认真落实安全生产主体责任,强化车辆动态监管,积极推进安全生产标准化管理,全年未发生一起安全生产责任事故。第六,强化督察检查,根据工作分工,局分管领导各负其责、各把一口,对分管单位、股室、工程建设项目进行定期安全督察检查,发现问题立即整改。全年共排查出隐患问题289个,已全部整改完成。

(汾阳市交通运输局)

晋中市

晋中市交通运输局

2022年,晋中市交通运输局始终高举习近平新时代中国特色社会主义思想伟大旗帜,全面贯彻中共十九大、十九届历次全会精神,围绕迎接中共二十大召开和学习宣传贯彻精神,深入贯彻习近平总书记考察调研山西重要指示精神,按照晋中市第五次党代会决策部署,和晋中市委经济工作会议、《政府工作报告》确定的年度目标任务和工作安排,真抓实干、攻坚克难,全面拓展交通强市建设新局面。

【政治建设】把学用习近平新时代中国特色社会主义思想贯穿交通运输工作始终,认真落实新时代党的建设总要求,持续推动交通运输系统政治生态风清气正。坚定理想信念,强化理论武装,扎实推动党的创新理论入脑入心。坚持读原著、学原文、悟原理,召开理论中心组学习会议12次,领导干部带头学习贯彻习近平总书记重要讲话精神,坚持用党的理论创新成果武装头脑、指导实践、推动工作。组织集中收听收看、专题宣讲培训、重点知识测试,增强贯彻落实的自觉性和坚定性。研究制订《学习宣传贯彻中共二十大精神任务分解清单》,将学习贯彻中共二十大精神与交通运输具体工作相结合,为今后一段时期交通运输事业发展指明前进方向。

【全面从严管党治党】扛牢主体责任、加强政治建设,推动全面从严管党治党向纵深推进。党组书记认真履行抓党建第一责任人职责,党组其他成员按照"一岗双责"要求抓好职责范围内党的建设工作。专题研究全面从严治党工作2次,严格落实民主集中制,"三重一大"事项集体讨论决定,及时主动向市委、市政府报告重大事项。把党的政治建设摆在首位,以开展巡察整改工作为抓手严格政治监督,扎实推进立行立改事项整改,全力完成40项巡察整改工作任务。积极开展先进典型推荐活动,利用微信公众号开展中共二十大精神每周一学,已发布5期专题,对瑞达公交等6个具有代表性的集体和个人进行广泛宣传,在全系统营造见贤思齐、争当先进的生动局面。从严从实抓好党员教育培训,组织20名党员干部赴平遥参加落实习近平总书记考察调研山西重要指示精神宣讲活动。健全完善从严管理干部工作机制，推荐任用局机关副处级领导干部1名，副处级事业领导干部1名，组织新提任正科级干部3名试用期满考核，表彰先进集体3个、先进个人69名。严格做好领导干部日常监督，做到严管与厚爱。

【党风廉政】改进工作作风、持续高压反腐，有效推动交通运输持久风清气正。改进工作作风，发文、会议数量和公务接待、公车运行费较上年同比降低。认真落实中央八项规定精神及实施细则，锲而不舍纠正“四风”，一体推进不想腐、不敢腐、不能腐，提醒谈话2人、诫勉谈话2人、党纪政务处分2人，持续巩固良好政治生态。在此基础上，局党组认真落实意识形态工作责任制，不断改进和加强宣传思想工作，加强思想阵地建设与管理，不断提升网络舆论引导水平，维护意识形态安全，全年共发布公开政务信息224条。同时，认真贯彻落实《中国共产党领导国家安全工作条例》，及时调整局国家安全工作领导小组成员，加强涉密人员、载体、场所管理，坚决维护交通运输领域安全。

【交通强国】坚持点面结合，突出宏观谋划与试点带动。一方面，强化规划布局。主动对接省交通运输厅及晋中市最新战略部署，聚焦区域和城乡统筹发展，组织编制综合交通运输、农村公路、城市公共交通3项中长期规划，全面形成“1+2”交通运输规划体系。另一方面，加快试点任务落实。研究制订交通强国建设目标任务清单，将交通强国建设纳入各县（区、市）和有关部门年度考核，第一阶段（2022年年底前）22项工作内容全部按期完成，其中，“散改集”运输试点寿阳至榆次“新型双半挂汽车列车运行”项目在全省率先启动，交通强国建设试点工作取得阶段性成果。

【交通基础设施】坚持整体推进，交通基础路网不断完善。狠抓项目建设，把稳投资摆在交通运输工作的突出位置，路网建设水平再上新台阶。截至11月底，全市交通固定资产投资完成106.8亿元，创历史新高。高速公路方面，在建项目昔榆高速累计完成固定资产投资126.80亿元，完成总投资209.86亿元的60.42%，本年度完成投资49.03亿元，完成年度投资计划45亿元的108.96%，全线路基、涵洞、桥梁、隧道完成工程量的95%以上。重点工程方面，省“一群两区三圈”太晋一体化重点道路项目文源路（晋中段）连接道路工程已纳入市城区城建重点工程建设项目，截至年底，该项目已完成立项，做好与太原市同步开工建设的准备。农村公路方面，完成固定资产投资26亿元，“四好农村路”完工319公里，太行一号旅游公路完工221.4公里，均超年度目标任务。建立“县有交通运输综合执法员、乡有监管员、村有护路员”三级养护队伍，实施农村公路技术状况自动化检测6400公里，PQI、BCI等关键指标居全省前列。“四好农村路”全国示范县达到3家。灾毁重建方面，全系统闻“汛”而动，协调抢险人员2.7万人次、投入机械1万台次，361项450处灾毁路段全部完成重建，人民群众日常出行和生产生活物资运输及国家能源保供运输均未受影响。

【交通运输服务】坚持以人为本，人民出行更加便捷舒适。持续提升交通运输服务能力和服务品质，改善服务体验，更好满足经济社会发展需要和人民群众美好生活新期待。城市客运服务水平显著提升。全市具备条件的2186个建制村100%通客车。设立公交电子站牌186块，手机查询乘车信息、出租汽车“95128”电召服务覆盖市城区。推进太原核心圈公交同城化，相继开通10条城际公交线路。开通大学城2小时循环线路，便捷大学城与市城区、交通枢纽接驳运输。绿色交通建设水平显著提升。累计淘汰国三及以下营运类柴油货车11397辆。全市城市公交车新能源车1625辆，占比98.7%；全市巡游出租车新能源和清洁能源车2961辆，占比98%，全省排名第2。

【网络货运平台】坚持系统协同，推动现代物流降本提质，推进平台经济发展。积极争取网络货运平台奖补资金，将增值税奖补政策覆盖范围由开发区扩大至各县（区、市），提升网络货运发展动能。通过主动靠前服务，深入开展入企帮扶。落实国家和省支持企业纾困解难政策，帮助交通物流业渡过难关，累计发放交通物流专项再贷款7800万元。发展网络货运平台企业27家，注册车辆达94.58万辆。

规上交通运输业营业收入90.29亿元，同比增长5.8%；货运周转量70.3亿吨公里，同比增长18.6%。介休贵恩博网络货运平台企业（成丰货运）先后获国家物流业数字化转型先锋企业等称号，成为全省网络货运发展的旗帜企业。推动客货邮融合发展。依托乡镇客运站、物流站点、邮政服务点，构建布局合理、功能完善的乡镇客货邮综合服务站点体系。建成5个客运枢纽和农村客货邮综合服务站，开通灵石县城至西许、灵石县城至英武等客货邮融合线路76条，覆盖途经建制村988个。

【行业治理】坚持深化改革，着力构建交通运输现代治理体系。提升安全治理能力，落实“三管三必须”要求，建立年度重点任务“倒金字塔”责任落实体系，召开安委会全体会议12次，分析研判安全生产形势。编制安全生产重点领域风险清单，开展重点领域督导检查375家次，发现并整改问题隐患349项。积极推动安全基础设施建设，完成220个农村公路平交路口减速带、95处路侧深沟隐患路段治理工作，完成率达100%。加强铁路沿线安全环境治理，共整治问题隐患65件。公路超限超载率始终控制在0.2%以内，继续保持在全省较低水平。全年未发生重特大事故。提升市场治理能力，结合清廉晋中工作，持续加强建设市场招投标监管，指导规范1个项目招投标行为；开展根治欠薪专项行动，协调解决5条欠薪线索。提升依法治理能力，市、县两级执法体系改革全面完成，落实行政执法公开、全过程记录、重大执法决定法制审核“三项制度”，综合行政执法“四基四化”建设加强，实现事前、事中、事后“三公示”。提升行政服务效能，“12345”和“12328”热线办理3592件，办结率达99.7%。

【工作亮点】一是形成交通强国建设新格局。推动成立市长任组长的交通强国建设领导小组，形成各部门通力协作、各单位全力攻坚、各级责任全面压实的工作新格局。二是旅游公路建设走在前列。市级承建的晋中环城绿道、汾河廊带生态旅游通道全部交工验收，太行一号旅游公路主线提前一年实现贯通，建成“城景通、景景通”示范段211公里，榆次区西南线入围“全国十大最美农村路”。三是网络货运发展势头强劲。以市政府办公厅名义印发《促进网络货运行业健康发展的若干措施》，统一管理单车独户车辆，网络货运企业营业额达154亿元。

（杨　珺）

榆次区交通运输局

【公路建设】2022年，完成晋中市交通运输局计划项目3项24.6公里，投资10985万元。其中：乡镇通三级及以上公路14.4公里，投资5775万元；其他县乡公路改造3.6公里，投资1045万元；三个一号旅游公路6.6公里，投资4165万元。完成区政府安排的其他民生工程2项3.4公里，投资1433万元。其中：榆次区小西沟林区防火通道工程1.1公里，投资672万元；榆次区修文镇中郝“郝山郝水”休闲农业道路工程2.3公里，投资761万元。

【行业服务能力升级】审验营运客车248台，投入旅游包车249台次，审核客运标志牌共1044个，完成客运量23403人次。指导32家经营困难企业报名交通物流专项再贷款，上报融资需求8165万元，农行向山西晨鑫盛物流有限公司发放贷款96万元。维修行业新增二类企业5户、三类企业16户，注销13户；安全在线培训全年覆盖从业人员8000人次。22家企业取得安全生产标准化三级认证。驾培行业共受理解决“12328”“12345”转办投诉468起；网上继续教育培训从业人员115人。公示合法货运源头企业90家，处理移送案件205件，抄告处罚货运源头违法案件7件（违章车辆8辆），卸载货物5088.61吨，检测货运车辆808辆次、超限超载车辆232辆次，办结放行218辆次，转运货物5935.25吨。实施路面循环养护1100公里，种植花草2.6万平方米，边坡修整32公里，补划标线3000平方米，立砖加固调整16000米，修整树穴260个，开展清理塌方应急演练1次。安装烤漆房漆雾装置企业149家，建成运行标准化机动车排放污染维修治理站（M站）5家，累计治理尾气车辆4854辆，新增新能源车412辆，退出市场车辆76辆，新增新能源车辆占比达52%。

【交通安全】以中共二十大交通领域安全工作为主线，以全区安全生产专项整治三年行动“巩固提升年”为牵引，持续引深安全隐患排查整治三年行动，深入开展全区交通运输安全风险隐患大排查大整治专项行动，建立问题清单、责任清单、整改清单，压实压紧安全生产责任，不断提升交通运输领域安全水平和道路运输安全风险防控能力，全力维护道路运输安全形势整体平稳。全区交通运输领域未发生安全生产事故。

（榆次区交通运输局）

太谷区交通运输局

2022年，按照区委、区政府“12345”战略部署有关要求，太谷区交通运输局坚持以习近平新时代中国特色社会主义思想和习近平总书记考察调研山西重要指示精神为指引，深入学习贯彻中共二十大精神和省、市会议精神，踔厉奋发，以昂扬斗志，坚定决心和饱满热情，精心组织、密切配合，努力完成上级交办的各项目标任务，交通运输各项工作加紧推进。

【干线公路】全速推进干线公路建设。一是山西农谷胡村产业园区路提质改造工程，建设里程5.594公里，项目共含3条道路，韩胡路长2.472公里，铸造路长1.810公里，纬十三路长1.312公里，总投资9782.39万元，该项目已完工。二是太谷凤仪东街片区综合管网及道路工程，建设里程为6.41公里，该项目新建3条道路，其中凤仪东街长3.150公里，站前路长1.56公里，支路长0.720公里，广场环路0.98公里，新建凤仪街东街和站前路按照城市规划主干道标准建设，道路红线宽36米，绿线宽44米，双向6车道，设计时速60公里/小时，新建支路按照城市规划次干道标准建设，道路红线宽28米，绿线宽32米。双向6车道，设计时速40公里/小时，该项目已全部完工。

【旅游公路】聚焦太行一号旅游公路建设，共计完成9个建设项目，建设里程24.248公里，完成投资3410.43万元。旅游公路至红枣园区项目由于涉及占用基本农田，拟调整为山西农谷铭贤学堂旧址至广誉远道路工程，项目积极推进。

【产业公路】完成大北农和鸿泰谷资源产业路改造项目，完成建设里程4.356公里，完成项目投资418.59万元。

【乡村振兴】按照国家、省、市、区关于巩固拓展脱贫攻坚成果同乡村振兴有效衔接的部署和要求，重点围绕推进三个一号旅游公路工程、乡镇通三级及以上公路建设项目、县乡公路改造、资源路产业路工程，不断巩固拓展交通运输脱贫攻坚成果，积极做好全面脱贫与乡村振兴有效衔接。积极推进受持续降雨影响造成交通设施受损的48个灾毁重建项目（涉及道路工程45个；涉及桥梁工程8个，其中5座桥梁与道路工程为同一项目），改善乡村交通路网条件，全方位推进农村交通运输高质量发展。

【“四好农村路”】持续深入贯彻落实习近平总书记关于“四好农村路”的重要指示精神，扎实推进“四好农村路”建设，共实施5个建设项目，完成道路改造工程25.866公里，完成投资7408.79万元。

【道路养护】继续加强日常养护工作，坚持建养并重，强化预防为主、防治结合的理念，积极推进县乡村公路的日常养护和中小修工程。加强月度全面巡查，及时发现和维护公路沿线附属设施的完好。全年日常养护工作量共计投入74人工，挖机4.5台班，投洒融雪剂19吨，安装21处减速带共计115米，安装标志牌18套，更换污水井盖2处，修复及更换标志杆1套，铺筑水稳垫层3.648立方米，沥青混凝土路面修复18.24平方米，喷画标线4082.8平方米，修补坑槽782.5平方米。县道太浒线隐患路段修复波形护栏116米，新增安装波形护栏32米。乡道浒胡线两处隐患路段安装波形护栏，共计750米。新范白线安装道路中间护栏54米，安装减速带47米，新增标志牌10套，消除人民出行安全隐患，完善交通安全基础设施，提升道路安全保障水平。

【行业安全】持续加强对交通运输系统各类企业的监管力度，组织开展全区道路交通运输安全专项整治。一是以“两客一危一货”、班线、包车客运等车辆为重点，检查道路客运实名制管理、严格落实汽车客运站“三不进站、六不出站”执行情况。二是对太谷全区3家危险化学品运输企业进行全覆盖安全专项整治，严厉打击非法托运、违规承运危险货物行为，重点整治非法“挂靠”营运车辆。三是依法严查严处客运车辆超速、超员、疲劳驾驶、动态监控装置应装未装、人为关闭等违法违规行为。累计出动执法人员400人次，检查道路运输企业300家次，共排查一般安全隐患85条，全部整改完毕，无重大安全隐患，确保太谷区道路运输行业安全生产专项整治工作的平稳运行。孟高超限检测站共检测范白线由西向东方向的货运车辆176284辆，接受移交及查获超限运输车共208辆，卸货4521吨，超限运输案件结案率达100%，超限比率始终控制在0.02%以内，有力遏制超限超载运输违法行为。

【灾后恢复重建】2022年，太谷区水毁灾后恢复重建工程共68条，道路74.383公里，除8座新建桥梁维护改造工程即将办理招投标程序外，其余道路改造工程已基本完成施工。

【综合执法监督】充分发挥行业监管职能，综合执法部门不仅加大对县乡公路的日常巡查力度，而且也加大对破坏路产路权、危险货物违规运输、违法和非法出租客运、超限运输等违法违规行为的处罚力度，全年累计巡查3810公里，出动执法人员2300人次，出动执法车辆1210台次。办理处罚案件238件，共处罚78万元，有效震慑客货运输市场，违法违规行为明显减少，太谷区道路运输市场秩序得到明显提升。

【环保工作】高度重视大气污染防治工作，结合行业特点，从严落实环保责任。一是整治扬尘污染。对未遮盖篷布、“抛洒滴漏”的货运车辆，采用教育与处罚并重方法，持续整顿货运市场秩序。1—12月，共处理扬尘污染案件45起，处罚金额5.4万元。二是强化柴油货车入户检测并开展机动车维修行业环保专项整治，对太谷区所有6家重型柴油货车进行抽检，抽检车辆40辆，督促4家机动车排放污染治理维修企业（M站）做好车辆检测和维修工作。组织召开太谷区32家维修行业VOCs治理及危废规范化管理整改推进会，加强与规范汽车维修行业危险废物收集、贮存、处置、利用和VOCs管控。三是加大道路清洁养护力度。对重点路段实行机械化清扫，确保县乡公路保持清洁。四是强化工地扬尘管理。施工原材料全部苫盖，增加洒水频次，工地车辆必须清洗轮胎方可外出上路，最大程度减少扬尘污染。五是严格实行应急预警。重污染天气应急响应期间，严格落实各项应急措施。

【党的建设】持续加强党的建设，按照要求采购学习材料，按照集中人员、固定时间、规定内容原则，抓好书籍精研细读。一方面，紧紧依托“学习强国”和“三晋先锋”融媒体学习平台，督促党员干部自主学习最新政策方针，组织全体党员干部学习中共二十大精神内容，用最新政治理论武装头脑，提升党性修养和思想境界。另一方面，严格落实每周五集中学习制度，开展专题学习、主题党日活动，全年共开展中心组学习24次，领导干部带头讲党课2次，邀请党校老师讲党课1次，不断提高党员干部政治判断力、政治领悟力、政治执行力。

（太谷区交通运输局）

榆社县城乡建设和交通运输局

【机构改革】根据中共晋中市委办公室、晋中市人民政府办公室关于印发《人口小县（榆社县）改革试点实施方案》的通知文件精神，整合县住房和城乡建设管理、县交通运输局，组建县城乡建设和交通运输局。9月1日，正式组建榆社县城乡建设和交通运输局，由政府副县长兼任局长，主持日常工作副职为正科级。10月1日，榆社县城乡建设和交通运输局举行揭牌仪式。

【事业单位改革】根据《中共榆社县委榆社县人民政府关于印发〈榆社县人口小县事业单位改革实施方案〉的通知》，整合原住建局的榆社县市政园林服务中心、榆社县城乡建设服务中心（榆社县房产服务中心）和原交通局所属的榆社县交通运输服务中心，组建榆社县城建交通综合服务中心。

【物流快递】建设完成县级电子商务公共服务中心1个、县级物流仓储分拣配送中心1个、村级电商物流服务站120个，实现乡镇农村物流节点全覆盖，初步构建起县乡村三级物流服务体系；运行农村邮政快递公交代运合作业务，交邮融合发展模式不断创新，行业管理水平不断提高。2022年全县城乡交通运输一体化发展水平达AAAAA级，为城乡交通运输一体化示范县创建奠定良好基础。全县8家快递企业邮政、顺丰、京东3家需将寄件直接送达客户外，其余“三通一达”、极兔快递5家企业全部入驻榆社县快递物流分拣中心，实现集中管理，智能分拣，统一配送；因地制宜整合农村现有“通村村”服务站、电商村级服务站、小卖部、超市、村邮站等村级服务场所，建设交邮融合村级服务站点，乡镇和建制村邮政快递网点覆盖率达100%；依托城乡客运资源，开通公交车辆客货邮线路2条，投入公交车8辆；培育货运班线3条，投入运输车辆15辆，有效提升运力效率。全县基本构建起覆盖广泛、配送高效的县镇村三级物流服务体系。

【开通全域免费公交】2022年1月1日，举行开通覆盖行政区域免费公交惠民生剪彩仪式。免费公交覆盖全县7个乡镇169个行政村和10个社区，全年运送旅客312.28万人次，运营车次162.79万车次，运营里程873.34万公里。全域免费公交开通，标志着榆社县成为全省第三家、晋中市首家开通全域免费公交的县级行政区。

【党风廉政建设】以清廉交通为切入点，加强党风廉政建设。局党组始终把党要管党治党责任摆到突出位置，按照“一岗双责”要求，落实党组主体责任、班子成员分管责任，层层传导压力。严格落实党风廉政建设责任制，严格执行“三重一大”会议研究，全年主持局党组中心组集中学习58次，实施“十三五”期间公路资产清查和工程项目竣工审计、项目财务决算审计。落实个人重大事项报告、年度述责述廉述法、民主评议、廉政谈话、定期讲党课和督导调研等系列制度，力求做到以责任明事，制度管人。以《党风廉政建设主体责任清单》，重新梳理干部职工风险点及预防措施，提高廉洁自律意识。

【清廉交通建设】坚持党建、业务两不误两促进。大力推进清廉交通建设，健全“不敢腐、不能腐、不想腐”的体制机制，切实提高党员干部党风廉政建设水平和廉洁自律水平，促进清廉思想、清廉制度、清廉规则、清廉纪律、清廉文化融入工作各方面全过程。着力抓好重点任务的落实。依据班子成员分工职责制订党风廉政主体责任清单，将责任细化为具体工作，安排到月、落实到人，形成层层传导压力、人人扛上责任、事事有人抓管的工作机制。从源头上预防腐败。构建“不敢腐、不能腐、不想腐”的体制机制，落实全面从严治党一岗双责责任。

【意识形态建设】严格落实意识形态工作责任，坚决守好意识形态安全。旗帜鲜明地站在意识形态工作第一线，抵御歪风邪气，防止错误思想侵蚀，做到“三个带头”和“三个亲自”，即带头抓意识形态工作，带头管阵地、把导向、强队伍，带头批评错误观点和错误倾向，重要工作亲自部署、重要问题亲自过问、重大事件亲自处置。

【精神文明建设】加强精神文明和机关效能建设。推进交通治理体系和治理能力现代化，推进党务、政务、财务公开工作，强化对基层权力运行的监督制约，不断净化基层政治生态，实现“三务”公开工作规范化、制度化、常态化。先后取得榆社县精神文明单位，全体干部职工以“学习强国”为平台，加强政治理论学习，先后2人被县委宣传部予以表彰。建立交通项目档案室，对机关老旧房屋和超限站存在隐患房屋进行维修改建，为全体干部职工创建优良的办公环境。同时强化政务信息和新媒体工作的宣传，加强平台信息内容及时更新，加大平台公开力度，做到信息应公开尽公开，让权力在阳光下运行，切实保障广大党员群众的知情权、参与权和监督权。

【建议提案办理】落实人大代表建议和政协提案意见34件，办复率达100%，人大代表和政协委员满意和基本满意率达100%。“12328”投诉42件、“12345”热线和信访案件得到有效办结和反馈。

【法治建设】严格遵守和执行宪法、法律和法规。坚持遵法守法用法，全面学习《中华人民共和国宪法》和相关法律法规条例和城乡建设交通运输领域规章，快速掌握履职所任职领域相关法律和规范性文件，做到依法行政、依法管理。

【乡镇通三级公路】聚焦交通强国战略任务，全面实施基础建设助推乡村振兴。实施乡镇通三级及以上公路，榆社县郭榆线至北寨乡镇通三级公路改造工程，全长0.5公里，项目投资估算为298.696万元，累计完成固定资产投资299万元。榆社县城至郝北公路改造工程，已完成沥青砼路面6公里、加固4座桥梁、新建8座涵洞，共完成投资5612.87万元，由于天气原因，剩余工程量于2023年5月底之前完成。

【旅游公路建设】实施太行一号旅游公路榆社县县城至武乡大岔沟旅游公路改建工程。该项目采用二级、三级公路技术标准，项目投资估算42504.74万元。水文站至廉村桥段已完成路基路面沥青铺设2.6公里，廉村桥至大岔沟段施工单位进场驻地建设已完成，大李道庄至大岔沟段沥青路面铣刨完成，累计完成固定资产投资7490万元。太行一号旅游公路榆社县小杜余沟至庙岭山公路改造工程。项目投资估算为2982.77万元。项目已列入太行一号旅游公路规划，法人已批复，资金已承诺，已完成立项批复、初步设计批复、施工监理招标已完成，办理土地预审和林地审批。

【危桥改造工程】榆社县廉村桥危桥改造工程，总投资674万元，桥长250米、宽13.6米，对该桥下部结构进行加固，完成年度投资674万元，于12月7日竣工通车，极大缓解进出县城车辆拥堵现象。

【乡镇通三级公路改造】榆社县南岔村危桥改造工程。榆社县2022年农村公路危旧桥梁改造完成任务1座(南岔桥)，完成投资20.44万元。

【安防工程】榆社县2022年安防工程全线里程7公里，累计完成固定资产投资113万元，完成安全隐患治理目标任务平交路口减速带20条。

【灾后恢复重建】该项目分为榆社县农村公路路基路面水毁修复项目(巩固提升项目)，已全部完工，共计完成28条路基路面及防护修复工程。榆社县桥梁涵洞水毁修复项目(巩固提升项目)涉及12座桥涵工程，已全部完工，完成4座新建桥梁和5道涵洞、桥梁的修复工程。完成投资5875.79万元。

【自建重点工程】榆社县华榆路北口至火车站及其支线道路改造工程。项目投资估算4687.4087万元，完成投资1093万元，新建西街段已完工，其他路段2023年5月底前完工。

【续建重点工程】榆社县廉村桥危桥改造工程，投资估算674万元，完成固定投资594万元。榆社县东郭线至岚峪村乡镇通三级公路改造工程。该项目采用三级公路技术标准，投资估算724.8627万元，完成投资588万元。榆社县西周村至龙王堂自然村通公路改造工程。投资估算339.8851万元。

【养护管理】提升公路运营服务水平，大力加强公路养护管理。联合县财政局、乡村振兴局出台《榆社县深化农村公路管理养护管理实施方案》，农村公路日常养护实行公司化运作，实行合同管理，农村公路养护按公路实际里程确定养护人员名额，优先选用脱贫人口(含全国防返贫监测系统中的“三类人员”)，根据每条农村公路交通流量的大小，技术等级不同合理确定日常养护补助，确保农村公路每个路段、环节、部位都有人盯、有人管。坚持将养护作业与农村人居环境“六乱”整治有机结合，日常养护累计完成路面保洁300公里、路肩培护75公里、边沟疏通150公里、栽种花草1公里、整修水沟180公里、清除杂草垃圾420公里。积极发动农村公路沿线周边群众开展路域环境整治活动，全力打造“畅、安、舒、美”通行环境。高标准进行养护提质和生命防护安全工程，推进乡村振兴战略实施。

【安全生产】以安全生产三年行动为出发点，确保交通行业安全形势总体稳定向好。一是强化组织领导，全面落实安全生产责任。严格落实安全生产“党政同责、一岗双责、齐抓共管、失职追责”和“三个必须”的要求，定期召开党组会议和安全生产例会，研究部署行业安全生产工作，深入开展“安全生产专项整治三年行动”，春运工作完成，充分利用“路政宣传月”“安全生产月”制作宣传单2800份，制作展板8块、悬挂条幅8条，对企业从业人员进行安全培训350人次，驾校培训学员300人次，开展客运驾驶员考核，城市客运驾驶员安全行车50万公里或连续安全行车8年的占70%，驾驶员安全行车30万公里或连续安全行车5年的达100%。二是突出重点，深入推进行业领域安全专项整治。系统防范化解道路交通安全风险整治方面，发挥牵头抓总作用，统筹协调辖区交警、公路、运管、交通执法等部门，按照职责分工，加强协调联动，建立交通系统多部门齐抓共管的专项整治工作机制。对25家合法源头企业做好日常监管工作，并与其签订货运源头治超承诺书。对山西榆社化工股份有限公司、榆社县高效混凝土配送有限公司进行重点监管，每月不少于4次的源头企业巡查，对检查中企业存在的问题做出相应的整改消除安全生产隐患。同时对客车驾驶员开展综合素质培训，考核合格率达100%。“两客一危”车辆和普通货运车辆定期检测率分别达100%和98%，道路运输安全行驶总里程99万公里。海事部门对9艘船舶进行船检，确保船舶状态良好。以高度责任感推进安全隐患整治行动。

【行政执法】 加强交通执法建设，形成行业治理新格局。深入化解不稳定因素，积极开展维护国家安全、扫黑除恶、反恐维稳、扫黄打非，深入城市客运和道路运输企业开展禁毒宣传教育活动，营造浓厚的禁毒社会氛围，与公安部门联合对道路运输企业驾驶人员和客运驾驶人员进行吸毒筛查统计。根据市、县“扫黄打非”工作安排部署，坚决维护行业意识形态安全和文化安全。组织执法人员《行政执法大讲堂》学习，提高业务素质能力，上半年出动执法人员300人次、车辆60台，办理行政处罚案件42起，罚款19.03万元。超限站检测车辆34605辆，查处超限车辆85辆，卸载1198.38吨，罚款5.99万元，记分230分，查处源头6起，罚款6.9万元。农村公路领域巡查35次，消除安全隐患5处。海事机构对注册10艘船舶适时开展船检工作。成立云簇湖景区“多勤联动”综合执法队，由交通运输局牵头，公安局、交警大队、市场局、住建局、水利局、文旅局、云簇镇、河峪乡等单位抽调专人组成，负责云簇湖景区乱象管控。

【道路运输体系建设】 加大对企业及汽车站重点监管，针对重大节假日特点，提前进行节前安排部署，节中不定时督察，节后总结。开展机动车喷涂业户挥发性有机物（VOCs）治理整治工作，集中摸排业户9家，与环保部门积极配合，指导帮助9家企业全部安装废弃净化处理设备；对全县22户集中开展备案审查建档工作，建立I/M站。有效地从源头上利用节能新技术、新工艺得到治理。深入推进《机动车驾驶人培训考试制度改革》，指导驾校建立完善基础管理工作和规范化建设，并适应市场变化，开展计时培训、先培训后付费方式，共培训学员200人。道路运输重点企业安全标准化建设达100%，重点营运车辆智能监控覆盖率和在线率达100%。节能驾驶技术得到全面推广，机动车维修废弃物规范处置率达95%以上。黄标车淘汰率达100%。柴油货车全年尾气检测率达100%。

（榆社县城乡建设和交通运输局）

左权县交通运输局

2022年，左权县交通运输局紧紧围绕县委、县政府决策部署，以党史主题教育为主线，以“交通强国建设纲要”为总方针、以“清凉夏都、红色左权、转型高地、太行强县”总目标，全面落实“四好农村路”高质量发展的建设任务，全局上下凝心聚力，科学推进建、养、管、运各项工作，有力确保各项工作年度既定目标任务全部完成。

【重点工程项目】 2022年，实施重点公路新改建项目12个，建设里程83.465公里，预算总投资9.49亿元。实际已全部开工建设，开工率达100%，其中：已完工8个，完成32.059公里，完成投资4.08亿元，完工率67%，剩余4个项目按进度推进。其中：首先聚焦农业农村打造振兴路，紧紧围绕全县“建设美丽乡村”行动，共实施340国道至柏峪山公路改造工程、河东桥和东水桥桥梁恢复工程、梁北线水毁工程、左权县蛤蟆滩至黄家会通村公路工程、左权县东长义桥、西河头桥及井沟桥水毁恢复工程、上丰垴至北郭晴岚至寒王公路工程、东山至夫子岭路面改造工程7个重点项目，建设总里程31.617公里，总投资约2.33亿元，截至年底，已完成5个项目，建成里程12.943公里，累计完成投资1.28亿元，其余2个项目按序时进度推进。其次聚焦文旅融合打造旅游公路，紧紧围绕“叫响红色旅游品牌”“叫响写生基地品牌”行动，共实施桐峪1941道路绕行工程、张家庄至北天池旅游公路建设项目、莲花岩至龙泉公园旅游公路建设项目、麻田片区道路提升改造工程、泽上线路面改造工程5个重点项目，建设总里程51.848公里，总投资约7.166亿元，截至年底，已完成3个项目，建成里程19.116公里，累计完成投资2.2478亿元，其余2个项目按时序进度推进。最后聚焦产业转型打造致富路，除列入县级12个重点项目外，围绕方便群众安全出行，促进乡村产业发展，实施2类27个项目，已全部完工，建设总里程24.147公里，完成投资0.64亿元，一部分为实施水毁重建项目23个，分别涉及有9座桥梁（麻田桥、清漳河2#桥、南坡桥、东湾桥、玉兴沟桥、天门桥、黑龙潭桥、贵山桥、沙滩桥），2座涵洞、12段路基路面及防护的修复重建，建设总里程15.7公里，累计完成投资0.53亿元；另一部分为建设乡村振兴产业路项目4个，分别涉及原庄至旧原庄道路路面改造工程、赵垴至豆垴道路改造工程、南沟村道路路面改造工程、骆驼至万达公路改造工程，建设总里程8.447公里，累计完成投资0.11亿元。

【全域免费公交】在巩固村村通公交基础上，2022年6月18日，正式开通全域免费公交试运行，由辖区内符合运营条件的2家客运企业左权县恒益公共交通有限公司和左权县亚通城乡客运有限公司承担，截至年底，已优化配置公交路线36条，科学投放纯电动公交车86辆（日运行车辆78台，备用车8台），日运行营运总里程10703公里，年运行营运总里程3853080公里，年运营总成本12155213.42元。其中：县城公交37辆（备用车辆3辆），公交线路8条，日开通156个班次，每条线路投入4~6辆公交车，日运行总里程2422公里，年运行营运总里程871920公里，年运营成本3383049.60元；城乡公交49辆（备用车辆5辆），公交线路28条，日开通84个班次，每条线路投入1~4辆公交车，日运行总里程8281公里，年运行营运总里程2981160公里，年运营成本8772163.82元。全域免费公交的开通，既拉近城乡之间距离，缩小城乡之间差距，减轻城乡群众出行负担，又普及低碳交通、绿色出行理念，提升城乡群众公共交通出行分担比例，为全县全域旅游发展又一次注入新活力。

【非公有制党建】2022年，在县委组织部统一领导和县委非公有制经济组织和社会组织工委统筹指导下，以组织为基石，以创建为抓手，以活动为载体，全力抓好4项工作。第一，加强非公有制企业党建，成立中共左权县快递物流行业党委，对符合条件的20个企业成立8个联合党支部，派驻党建指导员5名。第二，做好企业群团建设，在深入开展“组织找党员、党员找组织”活动中，组建一个联合基层工会和一个快递物流行业妇女联合会，让472名运输企业员工有了职工之家。第三，树立党员模范榜样，通过组织评选，推选出“党员示范点”“先锋车队”“示范线路”“快递示范班组”“学雷锋自愿服务示范团体”5个党员示范岗位，成为全县交通运输行业党建发展的新领航。第四，打造爱心服务阵地，指导非公有制企业党支部积极开展“关爱一线员工、关爱基层网点、关爱弱势群体”的“三关爱”行动，建立9个爱心驿站和3个司机之家，为全县非公有制运输企业职工提供一个温馨、便民的就业休憩环境。

【综合行政执法】2022年，以“规范、稳进”为目标，以“打非、治违”为重点，认真抓好3项工作。一是健全机制，加强素质教育，对内部管理制度进行修订完善，用制度规范行为，强化纪律，约束行动，坚持周一工作例会、周五集中学习，统筹开展常态化培训，有计划、分批次对执法人员进行轮岗教育，着力在提升综合执法业务水平上下功夫。二是明确职责，提升执法管理，研究细化执法队权力清单和责任清单，汇集成册，人手一本，指导工作开展。对辖区内国、省道和农村公路实行网格化管理，将执法人员划分成若干执法小组，分片定责、责任到人、闭环运行。三是部门联动，加强专项治理，加强与城建综合执法、公安交警执法、乡镇综合执法等多部门的协作，建立常态化联合执法机制，持续开展客运市场、超限超载、驾培维修等专项治理。全年出动交通执法人员1675人次，执法车辆1800台次，立案查处各类非法营运案件99件，罚没收入共计43.1万元，其中：道路运输类案件30件，罚没收入6.9万元；路产路权类案件3件，罚没收入9000元；城市客运类案件28件，罚没收入11.2万元，超载超限类案件38件，罚没收入24.1万元；并依法对涉案的117名道路运输驾驶人员，全部按规定在山西道路运政网从业人员管理系统对其从业资格证给予扣分处理，已累计扣分1170分。全年共计99件处罚案件，结案率达100%，无行政复议，有力维护道路运输的市场秩序，保护全县路网的路产路权，使全县交通运输综合执法工作初显成效。

【驻村帮扶】配齐充实驻村工作力量，多次到村调研、走访、慰问，召开专题会议，抓实抓细东安238户543人的驻村帮扶工作。一是同心强党建，合力筑堡垒。联合东安党支部29名党员开展主题党日活动，采取重温入党誓词、集体学习中共二十大及党代会议精神、举行“光荣在党50年”座谈、为党员过生日、创卫志愿服务活动等形式，推动东安村党建工作规范化。二是为民办实事，笃行惠民生。为村民代销农产品2万元，组建工队帮农增收，劳务输出就业62人，加强核桃树托管，亩均增收300元，并积极开展走访慰问，购买米、面、油等生活物资3万元。三是赋能强本领，提升真功夫。2022年投资66万元，建起水稻育秧大棚2座，稻谷加工房1座，1300平方米稻谷晾晒场1处，收割机1台，实现80亩有机肥水稻种植从种到收，再到成米的全部机械化作业，有效助力东安群众增产增收。

（左权县交通运输局）

和顺县交通运输局

【交通重点工程】2022年，全县实施3个交通项目，总投资7621.9989万元，路线全长21.669公里，分别是“四好农村路”矿区路界李线（南李阳至207国道）改造工程、“四好农村路”资源路温牛线（牛川至高速口）改造工程、太行一号旅游公路松白线（松烟至走马槽），截至年底，工程主体已完工。

【水毁恢复建设项目】根据市局要求，灾后恢复项目10个公路项目投资预算共计金额3534万元。庄阳线、仪城桥、石南坪桥、界李线、松店线、安和线、高坪线、山团线、木瓜桥、喂寒线10个公路项目已全部完工。

【农村公路养护】根据《关于印发和顺县深化农村公路管理养护体制改革实施方案的通知》（和政办发〔2021〕19号），按照“县道县管，乡村道乡村管”原则，负责14条县道、16个道班、89名养护承包人的养护管理。列养公路采取不间断的巡查工作。第一，随时掌握路况、桥涵、易塌方地段现状，发现特情及时采取有效措施处置；第二，对养护工进行现场指导，督促养护质量的提高；第三，对64人次养护承包人所包路段质量差或没有按时上路作业的，不着装、缺勤、完不成任务的养护承包人进行处罚，对52人次养护作业规范、任务完成良好的承包人进行奖励，日常养护得到规范；第四，对18处临崖临水、隐患路段进行全面排查、整改。完善《农村公路防汛抢险应急预案》，做到及时掌握天气变化，做到预防为主，防抢结合，确保公路安全度汛；在汛前对248公里的县道进行全面摸排，101座桥梁、400余道涵洞等进行全面检查和疏通清理。除雪保通工作过岭路段储备防滑料160吨，储备融雪剂47吨等，保证雨雪天气道路的安全畅通。

【超限检测】三奇公路超限检测站利用界李线项目建设超限站停检的时间，投资60万元更新动态检测磅、新建磅房遮雨棚。界李线完工后，三奇超限站第一时间开展检测工作，有效保证公路路产设施完好和道路安全畅通，提高道路通行能力，得到各级领导和各界同人肯定。

【事业单位改革】根据2022年和顺县事业单位改革文件要求，城市客运服务中心并入交通运输服务中心，由原来两个中心合并成一个中心，公益一类全额事业单位，核定人员编制30名。交通综合行政执法队核定编制35名人员，公益一类全额事业单位。实施行政审批、交通执法、交通信息“三集中”，交通运输行政许可事项划入行政审批局。

【国有企业改制】为深化事业单位改革和农村公路养护体制改革，实现“管养分离”，2022年2月，原和顺县公路工程建设总公司转企改制工作，经和顺县人民政府同意并批复。

【行政执法建设】坚持局党组集体学法制度，严格落实“依法行政责任制”考核，规范行政执法工作，健全完善重大决策风险评估制和法律顾问制。围绕推进交通行业治理现代化，加大改革力度，下沉管理重心，根据交通运输综合行政执法改革要求，组建交通运输综合行政执法队，大力开展基层站所“三基三化”、执法形象“六统一”创建活动，认真履行交通运输综合行政执法职责，重点打击在源头、短途非法超限运输、百吨王专项治理、非法营运方面取得成绩，为全县运输市场展现良性循环态势，交通运输行政执法形象明显提升。

【安全生产】高度重视大检查大整治大提升专项行动，不断强化组织领导和工作举措，结合交通运输行业安全工作实际，及时召开2022年交通运输安全生产大检查大整治大提升专项行动部署会，印发《行动方案》，成立交通运输行业领域开展局领导联系行业领域和安全生产专班，以局领导联系行业领域，成立6个安全生产专班，对全县60家运输企业明确具体监管责任人，确保责任落实到人，做到安全生产重点环节全覆盖，并及时传达上级安全生产有关文件、会议精神，通报安全生产情况及各类事故。与企业签订安全生产承诺书共计60份。以局领导带队专项督导方式，深入道路运输企业开展安全生产督察检查、安全隐患排查治理，针对检查出来的问题及隐患进行梳理，提出具体整改措施。截至年底，共检查16次，派出检查人员60人次，发现一般安全隐患27处，已全部整改。

【党风廉政建设】局各党支部组织全体干部职工签订廉洁自律承诺书，认真摸排出管理过程中廉政风险点，制订防控措施；向干部职工发放廉洁手册，明确提出具体工作要求，规范员工行为，严明工作纪律；利用微信群等平台推送廉洁文化理念、《中华人民共和国公职人员政务处分法》等法律法规；组织全体干部职工观看系列反腐倡廉警示教育片；在关键部门办公室门口醒目位置设置廉洁警示牌，时刻警醒干部职工筑牢廉洁自律防线；进行廉政谈话，充分发挥廉政谈话对全体干部职工提醒教育作用。制作廉洁文明过节倡议书，向全体干部发出廉洁文明过节倡议；发挥家庭助廉作用。认真贯彻落实领会习近平总书记关于家风建设的重要论述，在推进工作中积极开展家庭助廉活动，借助工会活动，向全体干部职工的家属发出家庭助廉倡议，时刻提醒大家做清廉家风的带头人、责任人，筑牢全体员工的家庭反腐倡廉思想道德防线，预防全体干部职工“八小时外”的廉政风险，大力营造风清气正的干事创业氛围。

（和顺县交通运输局）

昔阳县交通运输局

【公路建设】2022年，昔阳县推进“四好农村路”和太行板块旅游公路建设，共实施公路项目18个，其中，2021年灾后重建项目2个、太行一号旅游公路连接线项目9个、“四好农村路”建设项目4个、县乡公路改造自建项目3个，共计93.045公里，总投资45097.8万元。

【农村公路管养】深化农村公路管理养护体制机制改革，全面落实农村公路“路长制”，实施“五长共管”机制，建立覆盖县乡村三级路长体系。农村公路养护实施通过“养护质量检查评定、督导考核、激励约束”督导考核体系，促使养护质量的提升。不断完善“路基养护社会化、路面养护专业化、桥梁监管经常化、小修保养合同化”的养护模式，积极采取预防性养管措施，落实农村公路养护责任考核，农村公路优良中路率达91%，优良路率达82%，路面技术状况指数（PQI）稳步上升。

【综合行政执法】实施执法能力建设，加强行业监督管理，依法开展综合行政执法，强化路政管理，严格治超管理，通过源头监管、路面管控、依法治理，联防联控，超限率0.036%，有力地维护交通运输市场秩序，保障公路安全畅通。

【农村物流】推进县、乡、村物流网络建设，全县农村物流网络节点335个，建制村物流节点覆盖率达100%。培育10户品牌快递企业，以“邮政、客运配送、快递直达”3支运邮物流直达，探索由昔阳县云仓物流配送公司同申通、圆通、极兔等快递公司，实行“交快合作”模式，推进农村客运网与邮政网、物流网、商业网的融合，促进农村客货邮融合发展。优化措施，保障货运物流保畅保通。开展抓党建促基层治理能力提升专项行动，成立“中共昔阳县快递物流行业委员会”，由县交通运输局党组直接领导，接受县委“两新”工委指导。全县快递物流企业共16户，组建4个联合党支部，使全县快递物流企业达到党组织应建尽建，实现全覆盖。

【太行一号旅游公路连接线工程】 实施太行一号旅游公路连接线项目9个，建设里程45.622公里，共计总投资2.83亿元。投资796.36万元，完成王寨至河北井陉界3.3公里出省旅游公路。完成孔家沟至南垴、闫庄窝至虹桥关旅游公路连接线工程6.399公里，投资1260.4万元。完成里沙瑶至河北赞皇界出省旅游公路3.889公里，投资1670.4万元。续建寨背至内丘界旅游公路出省路工程，路线全长7.022公里，预算投资5406.87万元，2021年4月开工建设，年内路基工程已完成，2023年7月完工。实施瓮山至黄庵垴旅游公路连接线工程，路线全长12.635公里，预算投资9334万元，2022年7月开工，年内进行路基施工，2023年7月完工。实施厚庄至闫庄窝旅游公路工程，路线全长2.226公里，预算投资469万元，2022年9月开工，年内完成路基工程，2023年5月完工。实施虹桥关至蒙山旅游公路工程，路线全长3.83公里，预算投资3147.9万元，2022年9月开工，年内进行路基施工，2023年7月完工。实施蒙山至广电发射台旅游公路工程，路线全长2.621公里，预算投资2695万元，11月开工，年内进行路基施工，2023年9月完工。实施县广电发射台至水泉旅游公路工程，路线全长3.7公里，预算投资3533.7万元，10月开工，2023年9月完工。

【“四好农村路”建设】 实施“四好农村路”项目4个，建设里程38.568公里，共计总投资1.46亿元。续建茶臼沟至柳林背乡镇通三级路工程，路线全长6.039公里，预算投资2351万元，2021年11月开工，年内路基工程已完工，推进路面施工，2023年7月完工。实施沾尚至柳林背乡镇通三级路工程，路线全长9.464公里，预算投资6010万元，6月开工，年内进行路基施工，2023年10月完工。实施卷峪沟至广阳县乡公路改造工程，路线全长10.816公里，预算投资5176万元，6月开工，年内进行路基施工，2023年10月完工。完成留马线北石瓮至库城路面修复工程，路线全长12.249公里，预算投资1055.0255万元，2021年9月开工，2022年6月30日完工。

【县乡公路改造】 实施县乡公路改造工程自建项目3个，建设里程8.855公里，共计总投资1336.5万元。实施碧霞观至金刚禅寺公路改造工程，路线全长6.255公里，预算投资945.3134万元，8月开工，年内进行路基施工，2023年9月完工。完成西南沟通村道路修复工程，路线全长1.2公里，对西南沟村口至339国道段损毁路面进行大修，投资186.6万元，8月开工，10月完工。实施大寨景区内部道路路面改造工程，路线全长1.4公里，对大寨中学至军民池段道路进行路面改造，投资204.6万元，8月开工，年内完成路基、安保工程，2023年完工。

【农村公路灾后重建】 实施农村公路灾后重建项目2个，共计总投资855.6万元。完成严重水毁恢复重建项目丁里线、吴洪线水毁恢复工程，2021年12月开工，2022年6月完工，总投资378.4万元。完成特别严重水毁恢复重建项目县公路安广线秦山水库地质灾害隐患路段处治工程，2021年12月开工，2022年6月完工，总投资477.2万元。

【路政管理】 全面推行农村公路“路长制”，建立覆盖县乡村三级路长体系，创新“五长共管”机制。实施执法能力建设，落实路政管理。坚持全天候、不间断县乡公路巡查，全年巡查发现路损案件7件，查处7件，收缴赔补偿款18834.8元。实施行政处罚案件59件，结案59件，收缴罚款15万元。路政管理案件发现率、查处率和结案率达100%。依法治超管理。巡查监管政府公示合法货运源头企业55户。通过日常分类不间断巡查、无双超企业评选、行政处罚等手段，强化管理。共出动执法人员2600人次。执法车辆650辆次，检查货运源头企业1300个次，抽查现场装载货运车辆3700辆，与源头企业签订“无双超”承诺书53份；核查违法超限超载车辆装载源头企业43件；石瓮公路超限监测站，全年共检测车辆38924辆，查处超限车辆14辆，卸载并转运货物251.38吨，通过源头监管、路面管控、依法治理，联防联控，超限率0.036%，有力维护交通运输市场秩序，保障公路安全畅通。

【路域环境整治】 持续开展农村公路路域环境整治，重点加强城乡接合部路、园区路、旅游公路、过村路的路面清扫保洁，对县乡公路沿线路肩、边坡、水沟、警示柱等防护设施进行维护整修，对公路两侧死树枯枝进行拔除修整，保持良好路容路貌。疏通排水沟4.8万米、整修边坡22.4万平方米、清理塌方0.3万立方米、清理垃圾杂物1.2万立方米，路域种植花卉美化20公里，对路面标线、沿线设施进行刷新、更换。同时，进行路域环境安全隐患治理，对县公路安广线8处隐患路段进行排查治理。对207国道、339国道与农村公路交叉口支路增设7处让行标志和限速标志，确保安全畅通。

【公路养护】 不断落实养护新举措，促使养护质量稳步提升。实施通过“养护质量检查评定、督导考核、激励约束”督导考核体系，落实“六无、五到位、四提高”的农村公路养护标准。深化养护机制改革，不断完善“路基养护社会化、路面养护专业化、桥梁监管经常化、小修保养合同化”的养护模式，积极采取预防性养管措施，落实对农村公路养护责任考核，农村公路优良中路率达91%，优良路率达82%，路面技术状况指数(PQI)稳步上升。实施养护工程建设，不断提升路网水平。完成大中修里程227公里，占全县养护总里程的13.9%。投资182.34万元，完成闫西线等45处公路维修及水毁修复工程。完成丁里线护岸、韩库线库城挡墙等预防性养护修复工程。投资35280元，完成市交通运输局下达的20条、176.4米减速带工程建设任务。完成皋台线车寺过村段路面改造工程，路线全长900米，投资51万元。完成西南沟通村道路修复工程，路线全长1.2公里，投资186.6万元。完成安广线等21段、35176平方米的沥青路面病害处治。高标准绿化美化，打造绿色生态美丽农村路。县交通运输局与林业部门配合，对太行一号旅游公路主线53公里进行绿化。

【城乡客运一体化】 采取切实可行措施，巩固建制村100%通客运班车成果。完善机制，认真落实巩固拓展脱贫攻坚成果同乡村振兴有效衔接交通运输保障任务，采取“政策引导，行业推动，企业提升”的工作措施，制订《昔阳县道路运输工作要点》《昔阳县农村客运管理制度》，规范农村客运市场管理，构建覆盖全面、运行稳定、安全规范、经济便捷的一体化客运工作机制。政策支持。县财政补贴城乡客运资金475万元。出台《昔阳县城市免费公交日常运营及服务质量考核办法》，对经营城乡客运免费公交车辆进行考核，以考核结果发放公交补贴。创新管理。为使农村客运运营保持稳定，综合运用冷热线搭配、干支线打包、城市公交延伸、预约班车、客运公司兜底等手段，稳定农村客运运营。线路优化。2022年新增10辆免费城市公交车辆，城市公交车辆达48辆，其中，城市免费公交车辆38辆。对县城至团里庄1条农村客运班线进行公交化改造。全县城乡交通运输一体化发展水平继续保持AAAAA级。

【安全监管】 深入开展“平安交通”建设，以“两客一危”、班线、包车客运等车辆为重点，认真排查整治“两客一危”和重型货车运输存在的安全隐患，加强对民爆物品运输环节的安全管控，推进常压液体危险货物罐车治理，严厉打击非法运营、非法载客、“三超一疲劳”等违法违规行为。为增强客运车辆应对医疗突发事件的能力，根据市交通运输局《晋中市客运车辆便携急救包发放工作方案》的通知，将市局配发的264只便携急救包就地分发至120辆出租汽车、5辆旅游客车和139辆公交班线车辆，并对相关人员进行操作培训，实现客运车辆医疗急救能力100%全覆盖。全年共出动检查组80次，对26家道路运输企业进行排查整治，共发现一般隐患61条，已全部完成整改，整改率达100%。农村公路领域，深入开展“平安公路”建设。加强对急弯、陡坡、临水、临崖等重点路段的巡查检查，紧盯桥涵、长陡下坡路段运行监测维护和隐患治理，持续开展公路桥梁安全防护能力提升行动；强化客流高峰时段、易受恶劣天气影响路段、事故多发路段运行监测。认真落实新改建农村公路“三同时”制度，实施“一灯一带”建设。根据晋中市农村公路“一灯一带”新增减速带专项实施方案精神要求，新增安装减速带20处、176.4米。扎实开展安全隐患路段排查整治。按照县交安委的要求，完成339国道、207国道平交农村公路7个路口的停车让行标志、限速标志、让行标线的完善设置；完成留马线水峪桥段、韩库线河下段、制任线中思乐段安全隐患处治。

【成立快递物流行业党委】 根据中共晋中市委组织部《关于增补市交通运输局为市委非公有制和社会组织工委委员单位的通知》(市组通字〔2021〕45号)文件精神和昔阳县委组织部抓党建促基层治理能力提升部署，5月23日成立中共昔阳县快递物流行业委员会，由县交通运输局党组直接领导，接受县委“两新”工委指导。全面管理快递、物流、货运、网约车等行业党建工作。全县快递物流企业共16户，组建4个联合党支部，其中，由昔阳县华泰物流有限责任公司牵头，山西金地工贸有限公司、昔阳县荣诚通贸有限责任公司、昔阳县万龙交通运输有限公司4个企业共建，使全县快递物流企业达到党组织应建尽建，实现全覆盖。

(昔阳县交通运输局)

寿阳县交通运输局

2022年，在上级交通运输主管部门和县委、县政府正确领导和支持下，寿阳县交通运输局党组积极贯彻落实各项决策和部署，深入学习贯彻习近平总书记关于交通运输工作重要论述和视察山西重要讲话指示精神，以交通强县建设为契机，加快推进基础设施建设、规范运输市场管理，推进清廉机关创建，提升抓党建促基层治理能力建设体系，提高服务质量和水平，顺利完成上级交办的各项交通运输工作目标任务。2022年4月，被寿阳县劳动竞赛委员会授予五一劳动奖状；2022年7月，被中共寿阳县委组织部寿阳县直属机关工委授予“五星基层党组织”称号。

【公路建设】 2022年，完成农村公路建设180.82公里，完成投资3.4亿元，工程全部按期完工，取得阶段性胜利。“四好农村路”建设项目共57项，共219.631公里，其中乡镇通项目7条、自然村通硬化路50项，提升城乡公路通行能力，加快乡村振兴，申报国家级“四好农村路”示范县。2021年续建项目，县道盂上线三段提级改造工程、桑窊村、东岢村通水泥路项目15.79公里，总投资8023.37万元，采用EPC模式施工，已全部完工。2022年乡镇通和较大人口规模自然村通硬化路项目，总投资9129.8万元，共32.91公里，采用EPC模式施工，已全部完工。自然村通水泥路项目，总投资14133万元，共119.82公里，以各乡镇为主体实施，涉及全县11个乡镇，已全部完工。完成方山森林公园旅游公路路面改造项目1项，共12.3公里，总投资3018.39万元，并同步完善公园停车场。2021年度公路灾后恢复重建项目共20个，当时抢通抢修完成一般水毁项目8个和较大项目2个，剩余的10处水毁4月完成立项，6月开工建设，共投资1088万元，已全部完工。

【交通运输业经济运行指标】 积极开展培育交通运输“四上企业”，提高交通运输服务业经济指标数据，为全县全方位推动高质量发展蓄势赋能。2022年1—11月营收9.223亿元，2021年1—11月营收8.02亿元，同期对比增幅15%；2022年1—11月周转量60228.04904万吨公里，2021年1—11月周转量58365.5862万吨公里，同期对比增幅3%；2022年1—11月承运量2076.003984万吨，2021年1—11月承运量1598.69196吨，同期对比增幅29.9%。2022年交通运输规上企业全年营业收入增加2.3亿元，完成11.5亿元，增幅25%。

【行业安全生产】 认真贯彻习近平总书记关于安全生产的重要论述和重要指示批示精神，深刻汲取各类事故教训，特别是寿阳县“12·6”火灾事故造成严重后果，深刻汲取“12·15”孝义违法盗采煤炭透水事故教训，全力推动交通运输行业的安全生产专项整治三年行动向纵深发展，完成春运、冬奥会、冬残奥会、两节、两会期间行业领域任务，结合“百日攻坚”集中行动，在领域内掀大排查大整治高潮。对全县盂上线、长小线、大索线、216省道、运煤专线等国(省)干线及县乡公路进行巡查270次，对宗艾检测站、董家村检测站、黄岭检测站进行巡查100次，巡查源头企业50家，巡查中未发现非法运输等违法行为。

【综合行政执法】 执法工作持续发力，共受理行政处罚事件48起，公路路政赔(补)偿案件9起，行政罚没款及案件赔补偿款共合计296582.8元。切实加强治理超限超载工作，截至年底，检测货运车辆222426辆，打击非法超限超载车辆48车次，卸载货物846.62吨。

【农村公路养护】 加强推进所管辖的小长线10公里、盂上线12公里、羊白线3.8公里、温朝公路7公里和解愁乡、温家庄乡、羊头崖乡、朝阳镇部分乡道74.5公里的县乡公路日常养护。集中处理路面病害严重的寿羊线、芹松线、小长线、盂上线、郭峪线、马太线、山团线、大索线、太西线、韩篆线翻浆下沉3365平方米，修补坑槽共计12145平方米，修补路沿石500米，维修排水渠100米。对县乡公路21处休闲景点进行管理补种花草40平方米，修剪草坪60亩、清理垃圾杂物，对所管辖区管养路段精细化养护。

（袁捍峰）

祁县交通运输局

【灾毁恢复重建工程】 共45个项目，里程176.74公里。其中公路工程29个，桥梁16座。项目投资估算17845.9103万元，建筑安装工程费15031.6567万元。截至年底，29个公路工程项目10月底全部完成。灾毁恢复重建桥梁工程16座，已全部完成立项，正推进设计图纸批复、招投标等工作。已完成投资5263万元。

【"四好农村路"续建】 工程项目4个，线路总长9.436公里，项目总投资1223.53万元。截至年底，晓义至北六门、韩家庄至铁路桥4月15日开工建设，完成水稳路沿石铺筑；原西至修缮项目8月初开工建设，全段清表工作已完成；谷任线至闫名已完成全部主体工程。

【农村公路建设】 上级下达计划内项目8个，路线总长10.36公里，总建安费投资1687.51万元。其中：建制村通双车道项目6个、自然村通硬化路1个，已全部开工建设；资源产业路项目祁县经济开发区碳素新材料产业园公路连接线1个，已完工。宋家庄道路硬化与麓台山旅游公路连通项目，路线全长5.887公路，工程造价628万元，于7月底完工。

【旅游公路项目】 太行一号支线紫金山旅游公路项目位于祁县来远镇与208国道辅道平面交叉，终点位于武乡县司庄村，路线全长32.11公里，总投资1.62亿元，建安费1.31亿元，分两个标段实施。截至年底，一标段完成20万立方米土石方，46道涵洞，5.7万立方米挡墙，4座桥梁下部工程及全部路基工程，2023年3月中旬开始架设桥梁和路面及附属工程，共完成投资4090万元，占总投资56%；二标段完成24.5万方土石方，73道涵洞，4.47万立方米挡墙，两座桥梁及全部路基工程，2023年3月中旬开始路面及附属工程，共完成投资2913万元，占总投资50%。

【公路管养】 多措并举，全面提升公路养管水平和保畅能力，加强农村公路日常护理，出动养护人员5200人次，养护里程101.6公里，确保公路完好畅通；加大全县农村63座公路桥梁巡查力度。

【综合行政执法】 综合执法队伍建设基本完善，交通执法改革工作稳步推进，严格落实执行行政执法"三项制度"，严厉打击非法营运、超限超载、损坏路产路权违法行为，消除道路交通安全隐患，共查处违法行为152起，处罚金额100.75万元。办理公路赔补偿案件7起，收取赔(补)偿费12616元；深化路警联合执法，严格落实"一超四罚"，责令超限站检测车辆总数55923辆，处理超限超载车辆82辆，卸载货物1900.68吨，无一起诉讼案件。强化行业监管，行业安全形势总体平稳，加大所属企业安全监管力度，排查行业企业110家次，整治一般隐患20处，整改率达100%；组织运输企业"两类"人员220名参加安全管理考核，通过率达55%；推进农村公路"一灯一带"建设，安装减速带60处、警示标志牌42处；交通运输领域安责险投保工作有序进行，共投保普货运输企业128家，两客一危企业10家。

【运输数据】 运力持续增强，新增大型运输车辆1343辆，全县道路运输车辆总数达26178辆，1—11月营业收入完成13.15亿元，比上年同期增长3%；

1—11月货运周转量完成27.57亿吨公里，比上年同期增长13%；全县北斗监控平台共24家，12吨以上车辆全部接入全国道路货运车辆公共监管平台，实行24小时动态监测，对于疲劳驾驶、长时间驾车等行为进行提醒，避免车辆事故发生，减少事故发生。

【生态环境保护】加强扬尘及汽车维修店（涉喷漆工艺）综合整治，处理车辆抛洒案、污染路面案2起，督促整改并处罚金2000元；部署秋冬季重污染天气错峰运输工作，督促运输企业错峰运输，最大限度减少运输污染排放。

【行业治理】净化市场环境，共查处非法营运车辆73辆，处罚金额共计57.56万元；落实信访工作，受理“12345”市长热线4件，“12328”热线15件；“三治三零”常态化，治理发生乱象73起，罚款57.56万元；铁路隐患排查整治常态化，排查67处安全隐患，完成25处并销号。

【不动产清零行动】承担县交通运输局大修厂宿舍等6个项目174户清零任务，已完成167户产权转移登记工作，确保交通运输系统小区不动产清零任务如期完成。

（祁县交通运输局）

平遥县交通运输局

平遥县交通运输局是平遥县人民政府主管交通运输职能的正科级工作部门。局所属事业单位经过上年度重塑改革整合，2022年初，下设事业机构主要有交通运输服务中心、交通运输综合行政执法队、汽车站等。局党组织设置为中国共产党平遥县交通运输局委员会，下设一个党总支和7个党支部：年初全局共有177名党员；在编在岗职工133名；退休人员74名。

【思想政治建设】加强政治理论学习，提升政治站位。坚持把学习宣传贯彻习近平新时代中国特色社会主义思想作为重中之重，强化理论学习的主动性、针对性、系统性，2022年组织召开党组理论学习会12次，依托“三会一课”、周一例会学习、主题党日活动等，组织广大党员干部职工学习，做到“两个维护”。坚定不移贯彻中共中央和省、市、县决策部署，做到对党绝对忠诚，对党高度信赖，以高度政治自觉、思想自觉和行动自觉抓好贯彻落实，确保各项目标任务顺利实施、取得实效。有效推动基层党建发挥战斗堡垒作用，班子成员真正做到深沉一线解难题、谋良策、促发展，使得沉寂多年的交通项目2个月内完工，开创平遥交通建设新速度，交通项目全面实现“当年开工，当年完工”。抓实党建统领作用，认真落实习近平总书记视察山西重要讲话重要指示精神，打造“红心速递、情暖古城”党建品牌，挑选15名党建指导员，指导推动物流快递党支部标准化规范化建设，大力推进全县快递物流党建工作，基层非公有制党组织战斗堡垒作用得到巩固和提升。

【清廉机关建设】以建设清廉机关为目标，按照“政治清明节、政务清廉、干部清正、行风清朗”要求，推进建设清廉交通。按照廉政风险防控要求，认真执行“三重一大”事项集体决策制度，凡属重大决策、重要人事任免、重大项目安排、大额度资金使用，均由党组会集体研究决策。特别是在工程建设领域，对工程可行性研究报告、立项、设计、招标进行规范，严格按有关政策要求、规矩办理。

【公路建设】241国道（222省道）平遥香乐至沁源后沟段公路新建工程，是省级重点工程项目，项目概算投资35.7亿元，其中征拆费用2亿元，路线全长51.03公里，全线采用四车道一级公路标准建设。截至年底，已完成征拆任务95%。全线11个标段，一、五、六、九、十标段共5个标段已开工，倒排工期计划将于2023年10月底全线通车。平泰线县城至马壁段改造项目，路线全长9.3公里，总投资2600万元，2022年完成道路建设工程投资1900万元已完工、完成亮化工程投资160万元；绿化配套总投资540万元同步推进。平泰线马壁至平道头段，路线全长9.8公里，截至年底，已完成5.9公里沥青路面铺筑。县道平孟线改造项目东外环至岳壁二中段0.3公里，2022年完工；岳壁穿村段1.7公里，2022年完工；三道线改造项目段K36~K39全长4公里，2022年全面完成沥青路面铺装，同步推进配套工程。县道平文线改造项目、乡道东崖窑至长则改造项目、村道龙跃至南汪湛改造项目、村道庞庄至洪汪线改造项目、村道古陶二中至阎良改造项目、北西泉危桥改造工程6个改造工程，截至年底，均已完工。

【水毁重建工程】完成5条县道修复工程项目；完成35个乡村道路水毁修复工程项目；完工1座乡村桥梁水毁重建项目。

【公路管养】2022年，全县共有县道13条225.65公里、乡道88条578.54公里、村道321条511.82公里。对上述道路以及53座桥梁进行常规巡查养护。

【运输服务】全县交通运输业规上企业共8户，全年实际营收53404.4万元，增速14.8%，超过预期10%目标，超额完成规上企业营收指标。

【网络货运平台】积极指导企业按申办环节加快网络货运平台建设。山西亿利科技有限公司、山西运丰运物流科技有限公司2户企业已在开发区完成注册。

【综合行政执法】全年累计治超巡查209次，出动执法人员872人次，检查车辆5807辆次；查处超限车辆133辆次，卸载转运货物3155.34吨，全部移交交警处罚。共查处非法违法客运出租34辆次，累计处罚15.75万元；累计整治查处旅游客运2辆次，处罚2000元；查处普货运输车辆49辆次，处罚6.2万元；检查危货运输企业12次，检查安全隐患10条，已全部整改。路面执法检查危货运输车辆200辆，查处危货运输车辆1辆，行政处罚1000元。检查道路运输企业59家次，查处安全隐患36处，已全部整改；累计查处违法违规道路运输企业13家，行政处罚3万元；查处违法违规客运企业2家，处罚8000元。

【扬尘污染治理】环保扬尘治理累计巡查179次，出动车辆900辆次，出动执法人员4500人次，检查车辆4332辆次；累计排查未备案汽修厂155家；整治维修厂燃煤102家；整治上级第三方督办维修厂燃煤16家；散煤管控累计查扣疑似劣质煤运输车辆14辆，全部移交市场部门处理；累计查处散装物料运输未采取有效措施遮盖车辆11辆次，处罚1.35万元；造成公路路面污染2起，处罚1500元。

（平遥县交通运输局）

灵石县交通运输局

2022年，在县委、县政府大力支持下，灵石县各项交通经济指标运行稳中向好，农村公路通行能力显著提高，“四好农村路”省级示范县创建工作扎实有序推进，农村公路管养水平不断提升，交通综合行政执法和生态环保工作得到加强，交通运输安全形势持续稳定，行业自身建设得到巩固加强，完成全年目标任务。

【续建项目】两渡丁腈手套项目进入厂区道路工程，路线全长约1.7公里，路基宽度10米，总投资约1700万元，已完成一层油面，修筑挡墙排水等工程。圪台工业园入园道路拓宽改造工程，该项目为旧路拓宽改造工程，采用二级公路技术标准，路线全长8.4公里，项目总投资约5100万元(使用债券资金)，已全部完工。

【续建重点工程】总投资约11020万元，其中上级资金3020万元，企业自筹3664万元，县财政需配套4336万元，现完成投资10020万元。主要包括：一是南浦至南马路口、富家滩至王禹乡、峪口至沁源3条道路改造工程。总投资约7900万元，建设总里程约28公里，建设内容包括路基、路面、桥涵、交叉及安全设施等，已全部完工。二是宋家山至核桃洼、后沟至秦家原、孙家山至杨家山、仁义至南坡、燕家垣至北王中5处自然村通硬化路及其他县乡路改造工程。预估总投资约2120万元，建设总里程约15.7公里，建设内容包括路基、路面、桥涵、交叉及安全设施等，已全部完工。

【灾毁恢复重建项目】主要包括县乡公路水毁应急工程，总投资11959万元，涉及36条县乡村道水毁应急。县公路水毁应急工程总投资约8159万元，主要包括石南线、解梁线、石梁线、富王线、富孙线、玉沟线、景西线、夏木线8条县道43项目水毁应急工程现全部完工。乡村公路水毁应急工程总投资约3800万元，主要包括坛镇、王禹等10个乡镇梁家焉西循环、镇威通村路等28条灾毁严重乡村公路，已全部完工。

【"四好农村路"新建项目】项目总里程46.566公里，总投资约8753万元，主要包括3条县乡公路改造及14个30户以上人口自然村通硬化路项目。一是县乡公路改造工程3项。总投资5300万元，总里程16.32公里：曹村至新庄段公路改造工程，工程总估算价1500万元，12月完工。东夏线至水峪村公路改造工程，计划里程1.82公里，技术等级三级，工程总造价700万元，已完工通车。三双线至茹泊改造工程，计划里程10公里，工程总估算价3100万元，已完成路面3公里。二是自然村通硬化路。总投资3453万元，总里程30.246公里：主要解决夏门镇燕家庄至社底洼、曲村至沟东、火山至李西窊、火山至野猪泊、梁家焉乡解梁线至白江、西崖底至牛家峪、郝家川至东掌、坛镇乡梁家庄至圪塔头、三双线至塔上、南关镇石南线至五里滩、杏卜至毛家岭、段纯镇深井至圪塔上、两渡镇军营坊至东方红13个自然村通硬化路问题，建设内容为路基、路面安防等，已全部完工。

【养护工程】一是2021年应急水毁日常小修工程。总投资1090万元，上级资金400万元，其余约690万元需县财政配套。2021年实施39个项目，全部完工。二是2022年应急水毁及小修保养。总投资约1658万元，上级配套472万元，二级公路取消收费补助约420万元。市局备案32项，全部完成。

【农村公路管养】建立符合全县农村公路管理养护机制和运行机制，及时修订《农村公路养护管理办法》和《农村公路考核细则》，对照机构改革后职能部门业务调整情况，研究制订《灵石县农村公路"路长制"实施方案》并在全县有序推广，为实现农村公路管理养护正常化和规范化提供强有力的制度保障。对全县11条县公路实行常态化养护，基本做到各条道路无堆积物、内外边坡稳定，路面病害处理规范及时，路面整洁，标志醒目。针对工业园区路扬尘污染严重问题，及时调整工作思路，对三双线、夏木线、南峪线等重要经济动脉县道实行机械化深度保洁，加强重点路口、交会口、平交口地段洒水强度和频率，对中央隔离带、防眩板进行人员清洗，每月对道路防眩板14公里全部清洗一遍，对两侧防撞墙和波形护栏共计30公里全部冲刷3个循环。坚持预防性养护和路面巡查相结合，汛期实行三级联动机制，乡村公路以各乡镇管理站为主，各路段专人负责，实行不间断排查，特别是雨中、雨后排查，在汛期坚持每天排查全覆盖。组织各乡镇管理站、养护公司对全县所有桥梁、涵洞及排水进行清淤，对县乡公路、桥梁和急弯陡坡特殊路段进行巡查，及时处理安全隐患和路面病害，实施水毁应急抢修工程，确保道路畅通。根据农村公路管理养护《质量评定和考核办法》，每月对各养护单位所辖路段进行质量评定考核，截至年底，全县农村公路列养率达100%，公路好路率达90%。

【交通强国试点】一是规划构建晋中AAA级以上景区至客运总站公共交通运营体系网络建设，打造旅游定制客运服务品牌，巩固"榆次老城至灵石王家大院"旅游直通车，整合本辖区内班线客运、旅游客运、汽车租赁等运输方式，打造旅游定制客运服务品牌为游客提供旅游定制服务；二是推广节能减排与绿色出行方面，每年进行宣传推广，并将公交167辆更换为新能源车型，更换148辆出租车，110台为清洁型能源车，38辆新能源车；三是建成以县客运枢纽站和县级农村物流中心两个客货邮综合服务站，开通灵石至西许(石膏山)和灵石至英武乡两条客货邮运营示范线路。

【城乡车辆运营品质提升】定期开展审验，对全县167辆公交车和148辆出租车进行年度审验，审验全部合格；加强日常监管，各客运公司对不符合运营条件的12辆运营车辆实施报废；对原2路公交线路进行优化调整，降低居民出行成本改善城市交通拥堵；村村通运营线路优化调整，对合并的建制村进行逐村排查，对运营线路进行优化调整，组织村村通驾驶员进行手机App打卡培训；对县城区免费公交车进行考核及满意度调查，新设立公交候车亭、招呼站4个，维护城乡候车亭、公交灯箱112个，助力全国文明城市创建；6月组织公交、出租公司车辆进行爱心送考活动，共接送考生200人次。

【从业人员培训】对全县道路运输驾驶员开展10期安全生产继续教育培训，线下培训523人，线上培训

81人。规范驾驶员培训，共培训驾驶员2770人，满足全县初学驾驶员和道路运输从业人员培训需求；积极配合公安局禁毒警察大队开展吸毒筛查，组织辖区内所有客运公司、枢纽站从业人员进行吸毒筛查达427人次；加强道路运输驾驶员动态管理，对道路运输驾驶员进行质量信誉考核，截至年底，共考核AAA级驾驶员2076人次，AA级驾驶员1361人次，A级驾驶员10人次，并录入从业人员管理信息系统。

【货运物流结构调整】紧紧围绕全市道路货运工作要点和重点工作目标责任考核指标，大力发展网络货运新业态，提高物流线上线下一体化服务能力，带动全县现代物流业降本增效提质，截至年底，山西货达数字产业运营有限公司已与全县11家欲从事网络货运者签订合作协议，全部完成域名服务器购买、系统部署和账号申请，9家已完成专家评审、网络备案。丰恺贸易、辉宏路畅、特运达、环球捷讯物网联完成许可具备运营条件。

【综合交通执法】一是开展“两客一危”专项执法。定期到全县6户客运企业和4户危货企业开展执法检查，要求企业依法合规经营，加强从业人员培训教育，定期维护保养营运车辆，保证安全运营。同时，依托旅游集散地、服务区、超限站、收费站等场所查验过往客运和危货车辆，截至年底，共检查286车次，确保道路运输行业安全运营。二是清理整顿机动车维修市场。结合交通路域环境整治百日攻坚行动要求，印发《灵石县机动车维修行业专项整治行动实施方案》，对辖区内维修企业进行全面摸排整治，查处一批扰乱市场秩序的非法违法经营业户；整顿一批经营资质不达标、维修服务质量差的企业；引导机动车维修企业规范经营，提高维修服务质量，落实安全生产主体责任，截至年底，机动车维修企业备案83家，查处占道经营乱象90家，查封147户，清理违规设置非公路标志27家，规范市场秩序，提升行业形象。三是常态化开展交通综合执法。截至年底，全县源头治超共检查货运源头企业2607次，处理违法运营超载案件18起，处罚均按照“一超四罚”原则进行处罚。超限检测站共检测车辆51万台次，发现超限超载车辆69辆，已上报治超办并移交公安交警处理完毕。交通执法队共出动执法人员6519人次，出动执法车辆1504车次，查处非法营运车辆26辆，受理行政处罚案件97起，罚款26.14万元。

【企业安全监管】以贯彻落实新《中华人民共和国安全生产法》和《山西省安全生产条例》为主线，牢固树立安全生产“红线”意识，始终坚持“安全第一、预防为主、综合治理”工作原则，重点监管企业34家。截至年底，共组织实施安全检查650次，发现企业一般问题隐患147条，均细化整改措施、明确整改完成时限、责任单位、责任人，整改完成率达100%。查处非法违法行为59起，行政处罚22.74万元。

【行业安全生产】结合安全生产专项整治三年行动，全面加强交通运输行业安全生产管理，以管理促安全，以安全促发展。一是强化重点车辆动态监控。督促全县“两客一危”及50台以上运输企业建立动态监控平台，对现有51辆“两客一危”重点车辆全部安装使用智能视频监控系统，全县12吨以上货运车辆全部安装卫星定位系统，实现12吨以上重型车辆定位、超速监控全覆盖，客运车辆全部安装前轮爆胎应急装置，有效地提升全县道路运输安全系数。二是加大工程安全监管。重点加强对2021年未完工交通工程复工项目和2022年重点项目检查，要求施工现场安全员必须持证上岗、安全警示标志必须齐全有效，并鼓励工程施工单位购买安全生产责任保险，增强企业抵御安全风险能力。同时，积极开展“平安工地”建设，加强桥梁、隧道施工、高边坡和临崖临水、开挖与支护等重点环节安全管理与专项整治，保证施工现场安全。三是整治铁路沿线隐患。全重点整治铁路两侧500米范围内的彩钢板、防尘网、塑料薄膜、广告幕布等轻体飘浮物和倾倒后影响铁路设备设施的高大树木，防止在大风天气下被刮起后侵入铁路限界。加大对擅自建造建（构）筑物、取土、挖沙、堆放悬挂物品、上跨下穿管线、施工作业等违法行为打击力度，加强线路护坡检查和维护，及时消除事故隐患。

【运输结构调整】推动国三及以下排放营运柴油货车淘汰工作，发放淘汰补贴资金，已淘汰的柴油货车按要求进行集中拆除；依托物流园、货运站场等物流基础项目，创新发展多式联运，互联网平台型企业先进运输方式，完成三级物流铺设，改造建设成1个中心、12个乡镇服务站、218个村级服务店。同时，逐年提高大宗货物铁路运输比例，积极推进集装箱多式联运改造，保障铁路运力需求，现有箱式货运企业一家，营运车辆19辆，总核定吨位494.46吨，并在全县交通运输系统开展多式联运示范工作申报，鼓励本辖区符合多式联运示范工程申报条件，有申报意向的企业上报相关材料。

【污染物排放治理】移动源管控方面，重点在县乡道路、铁路货运站场、物流园区对柴油货车污染控制装置、OBD、尾气排放达标情况开展路检路查，杜绝脏乱差现象的发生；禁止交通运输在建工程非道路移动机械上路行驶，禁止使用无编码登记非道路移动机械，禁止使用国二标准以下的非道路移动机械。面源管控方面，要求全县涉及喷漆工艺维修企业严格执行常态化错时作业，每日8—17时停止调漆、喷烤漆、烘干和晾干作业；持续对3家M站进行环保专项检查，督促其完善机动车维修治理车辆档案，重点对其有无破坏OBD系统、采取临时更换污染控制装置等弄虚作假方式通过排放检验行为进行检查。道路扬尘污染管控方面：加强对货物运输源头企业监督检查力度，对辖区公路进行不间断巡查，确保货物在运输过程中不抛撒，不遗漏。

【基层党组织建设】为理顺物流快递行业党建体制机制，构建重点突破、整体推进物流快递业党建工作新格局。根据县委统一安排部署，多次邀请县委组织部和非公有制经济组织和社会组织工委指导帮助，狠抓快递物流行业“五个一”示范建设，落实落细各项措施，基本建成由交通、邮政党组直接领导，快递物流行业党委具体负责的党建工作机制，党委书记由县交通运输局党组书记、局长担任，党委委员由分管副职和县邮政公司副总经理担任，主要职责是加强企业基层党组织建设、提高“两个覆盖”质量、开展党员队伍培训、培育先进典型和加强党风廉政建设等。截至年底，全县快递物流行业已成立3个党支部，货运物流联建党支部、快递行业联建党支部2个党支部均于2022年7月选举成立，标准化党组织活动阵地已打造完成。山西丰恺贸易有限公司党支部于2017年11月选举成立，按照新要求打造标准化党组织活动阵地。

【路域环境整治】全县开展“五域综合治理、建设美丽灵石”百日攻坚行动以来，县交通运输局深入贯彻县委、县政府决策部署，主动担责履职、积极对标对表，按照“公路强基础、环境上档次、服务再提升”思路，建立“六个一”工作机制，不断提升全县路域 环境管理质量和水平，全力营造“畅、安、舒、美”公路通行环境。近年来，全县逐步实现建制村通公路比率、通客运比率、农村公路等级公路比率、路面铺装率和列养率4个100%工作目标。将本次整治任务细化分解为35个具体项目，成立6个临时党小组，切实通过抓党建促进交通运输工作能力提升。按照示范引领、同步推进、整体提升原则，分类梳理、规范管理全县公路，体现特色、示范带动。根据实际确定主题元素，分类打造特色道路。对照全县整治方案，研究制订全县交通公路环境整治的“五无六有”标准。深入开展路警联动，加强联合执法，着力整治机动车无牌无证、超限超载上路行驶、维修企业无序排放、占道经营等违法乱象。通过完善候车亭、竖标语等方式，把公路元素融入每条县乡公路，切实守好公路建设主阵地，大力营造“全民爱路护路”良好氛围。将全县农村公路养护工程项目打包起来，包装策划，积极争取省、市资金支持。

【运输保障】根据工作任务，结合全县道路运输实际情况，抽调年富力强、经验丰富的精兵强将，组建交通运输保障工作专班，吸收灵通出租、四通客运、通宇驾校等企业运输车辆成立运输保障车队。其中：出租车70辆；皮卡20辆；货车5辆；客运大巴10辆，人员车辆随时保持战时状态。制订《工作方案》和《应急预案》，组建7个工作组，明确责任人、工作职责流程，在领导组的统一指挥下，协同配合，共同完成运输保障任务。

（灵石县交通运输局）

介休市交通运输局

2022年，在介休市委、市政府坚强领导下，在上级主管部门指导支持下，全市交通运输工作紧紧围绕年初市委第七届六次全体会议暨市委经济工作会、市委农村工作会、乡村振兴工作推进会和《政府工作报告》确定的各项目标任务以及市委、市政府各项安排部署，全力推进党的建设、项目建设、运输市场管理、交通行政执法、行业安全监管等重点工作，交通事业保持较好的发展态势。

【党建引领】第一，持续加强理论武装。严格落实“第一议题”制度，及时制订印发《中共介休市交通运输局党组理论学习中心组2022年度学习安排》，全年党组中心组集中学习50次，开展专题党课6次，集中开展学习贯彻中共二十大精神，推动各项重要决策部署在交通运输系统落地生根。第二，深入推进抓党建促基层治理能力提升行动。按照市委抓党建促基层治理能力提升专项工作有关要求，全面启动“五个一”示范创建活动，积极探索工作路径、创新工作方式，组建成立快递物流行业综合党委，大力培育新业态新就业群体党建品牌。第三，开展“清廉机关”建设，强化党风廉政建设。制订出台《介休市交通运输局“清廉交通”建设实施方案》，启动清廉机关建设活动。第四，全力抓好巡察整改，做好“后半篇文章”。对市委第二巡察组反馈的意见和指出的问题，先后召开领导班子巡察整改专题民主生活会1次，党组会议6次、局务会议2次，专题研究、部署和推进巡察反馈问题整改落实工作，由局党组谈话提醒3人，形成移交派驻纪检组线索6个，反馈40个共性问题已整改38项，剩余2项问题已形成专题汇报并列入序时整改长期推进。

【工程建设】2022年，全市农村公路建设计划项目共28个，总计74.199公里，总投资2.17亿元，截至年底，全部开工或完工，全年累计完成投资1.22亿元。

【公路养护】以“保障安全畅通、提升服务品质”为主题，在保障实施日常养护、公路水毁恢复等常规养护基础上，重点实施道路灾毁续建、固本强基及“一灯一带”建设、农村公路生命防护工程建设等项目，累计完成投资2100万元。全年农村公路优良率达77%。根据省、晋中市养护体制改革安排，起草《介休市农村公路养护体制改革方案》，已报市政府审议通过。

【交通行政执法】强化管理，全面提升综合管理服务水平。一是规范执法行为，提升行政执法能力。年初制订培训学习计划，对全体队员培训11次、考核5次，及格率90%以上。层层签订《行政执法责任书》《治理公路三乱责任书》《治理车辆超限超载工作责任书》，责任落实到人。二是强化执法力度，维护道路运输市场秩序。樊王村公路超限检查站共检测货运车辆459303辆；共接收移交擅自超限运输超限车辆125辆，消除转运货物3387.02吨；巡查查处不可解体大件运输车辆共计6辆，可解体共计1辆，收缴行政处罚款9900元；发现路面堆积物，水毁路基、路面等安全隐患21处，全部及时上报市局，并得到有效处理。查处损坏公路及附属设施赔（补）偿案件6件，收取公路赔（补）偿费107013元；大型客车未持有效的包车客运标志牌进行载客案1起，罚款2000元；未对车辆采取密闭等有效防护措施案5起，罚款5300元；查处出租汽车违规营运16起共罚款16800元；查处巡游出租汽车违规营运31起共罚款15.1万元；查处非法网约车9起共罚款9万元；查处出租车不按照规定办理注册从业资格证案件2起共罚款700元；查处出租车过户案件11起共罚款11万元；不按照规定检测营运车辆172起共罚款26.4万元；运输车辆超标准装载44起罚款48万元；未履行源头治超义务20起共罚款3万元；共收缴行政处罚款11.597万元。收取公路赔（补）偿费107013元。

【绿色交通运输】大力推进绿色运输发展，充分利用“互联网+道路运输”平台。加快发展城市公交、城乡公交、城际公交，提高城市公交的吸引力和覆盖率。大力推广清洁能源和新能源汽车的应用。以道路扬尘污染治理、汽车维修“三废”治理和技术节能、管理节能为重点，鼓励新技术、新材料在运输行业的推广应用，推进资源集约高效利用，推动道路运输绿色低碳循环发展，争当节能环保“排头兵”。

【安全生产】以“巩固提升年”为重点任务，强化道路交通运输企业安全生产主体责任，健全道路交通安全联席会议工作制度，深入推进重大风险防范化解机制。第一，加强行业安全生产形势分析研判，研究解决影响安全生产的重大问题，及时出台相关措施，不断强化安全生产各项工作。第二，全面压实压紧行业监管责任和企业主体责任，明确重点监管企业清单，强化精准执法，加强危险货物道路运输安全监管，深入开展危货运输专项治理，严格“两客一危”车辆和重型货车动态监控管理。第三，加强重大活动、重大节假日安全生产管控，开展重大节假日客流趋势研判和安全风险会商，制订针对性安全防范措施并组织实施。第四，提升应急处置和救援能力，推动应急值班工作专业化、标准化、规范化，完善应急体系，提升突发事件应急处置能力。2022年，共出动执法人员1396人次，检查企业303家次，检查发现一般安全隐患191条，整改隐患191条，共计处罚69.87万元。

（介休市交通运输局）

阳泉市

阳泉市交通运输局

2022年，阳泉市交通运输系统坚决贯彻落实市委“14510”总体思路和部署，上下同心、真抓实干，以加快交通运输事业高质量发展，以中共二十大胜利召开献礼为主线，知难奋进、难中求成，多措并举稳增长，固本强基促振兴，用心用情纾企困，全力以赴防风险，强化治理提效能，党建引领聚合力，推动行业发展稳中向好、进中提质，为全市经济社会高质量发展发挥支撑保障作用。

【农村公路建设】“四好农村路”项目完成投资7.15亿元，完成率达100%；完成里程285.7公里，完成率达118%。

【太行一号旅游公路】全年完成投资9.26亿元，完成率达106%；全市272公里主线率先在全省实现贯通，沿线建成驿站5个、房车营地3个、观景台20个、停车场40个，景观道和慢行道90公里，同时在重点路段配建5G基站、电子站牌等智慧设施，旅游公路综合服务能力不断提升，“城景通、景景通”全域旅游一张网初步形成。

【绕城改线项目】承接国（省）干线质量监督工作以来，高质高效完成监督检查、技术指导工作，全力守好质量安全关，207国道、307国道绕城改线项目经过专家评审，顺利通过交工验收。

【太旧高速公路改扩建项目】牵头组建工作专班，全力服务办理前期手续，组织现场踏勘2次、专题研讨8次，指派专人跟踪协调，完成工程可行性研究报告、不可避让生态保护红线论证会、生态环境影响论证会等批复立项前置程序和土地预审组卷工作，完成省交通运输厅时序进度安排。同时，梳理出6类征迁敏感区域和重要征迁设施，反馈给相关部门，为项目落地下好先手棋。

【绿色出行试点建设】空中巴士、TOCC、新能源装备更新等方面取得阶段性成果。省交通强国领导组对6项任务30项具体工作进行考核打分，获“优秀”等次。持续推进客运枢纽建设、推广绿色运输装备、打造智慧交通、强化绿色出行宣传，绿色出行比例达71%、绿色出行服务满意率达82.3%，绿色出行理念逐渐深入人心，绿色出行体系已基本形成，经交通运输部考核验收，阳泉市荣列全国97个绿色出行创建考核评价达标城市之一。成功申报国家公交都市建设示范城市，跻身“十四五”期间全国首批、全省唯一国家公交都市建设示范城市。ETC智慧停车场试点项目初见雏形。完成全市停车资源普查，制订区域治理方案，搭建覆盖全市智慧停车系统平台。新建停车楼项目和升级改造项目有序推进，完成南大街东段、桃南东街等拥堵路段智慧化改造，ETC+洗车、充电、加油等“ETC+车生活服务”逐步拓展。

【助企纾困】认真贯彻落实市委、市政府关于“补考进位”的部署要求，召开调度会、推进会和座谈会20次，先后10轮次深入33户规上企业开展“摸实情、送政策、解难题、促发展”专题调研帮扶，指导企业用好国家政策，及时协调解决企业发展过程中存在的难点、痛点、堵点问题，不断推进零散货运资源整合，精准做好入统工作。积极开展物流专项再贷款工作，帮助新涛物流、山西鑫旺汽车运输有限公司、山西通宝鑫能物流股份有限公司等8家交通物流运输企业获得贷款，助力企业发展。通过一系列措施，有效推动交通运输服务业提质增效。全年交通运输服务业营业收入25.18亿元，增速27.76%，位列全省第二。

【行业服务提升】2022年，城乡公交线路达157条，覆盖郊区全域，通达平定；万人拥有公交车15.96标台，是全省平均数1.8倍；城市居民年乘坐公交车次数突破200次，居全省第一；城市公交高峰期运营时速达17.8公里/小时，城市公交满意度达82.3%。6月1日，组织开通阳泉至平定的夜班公交车，解决两地群众夜间通勤需求，繁荣了夜经济。在道路客运转型升级中，大力推广“95128”巡游出租车电召服务，全市15家汽车出租公司2237辆出租车全面开通“95128”电召平台运营服务，累计完成订单135万个，实现打个电话就能叫到车，为市民提供便捷、高质的出租车服务体验。加大“12345”政务热线和“12328”交通运输服务热线运行服务，做好群众投诉的接听、答复、回访工作，不断提高服务和质量管理，全年共接听受理办理各类工单4.8万个，处理率和信息咨询即时答复率均为100%。大力推进道路运输驾驶员高频服务事项“跨省通办”和“一网通办”，全年共办理道路旅客运输、货物运输（含危货）驾驶员从业资格证补发、换发、变更、注销及诚信考核5项高频事项“跨省通办”和“一网通办”业务1879件，受到广大道路运输从业人员好评。

【行业治理】以完善交通运输法规制度体系、深化交通运输综合执法改革、规范重大行政决策程序、建立健全事中事后监管机制为重点，厘清法定职责，加强权力监督，规范执法行为。严格落实法制审核制度，全面实施法律顾问制度，确保重大决策科学、合法。严密组织实施“双随机、一公开”工作，对道路旅客运输经营等12个事项进行抽查检查，完成率达100%。认真做好“双公示”工作，全年公示行政许可信息151条、行政处罚信息96条，提高行政管理透明度和政府公信力。严格规范公正文明执法。积极推进行政执法“四基四化”建设，不断推进执法规范化建设，全年共查处非法营运车辆27辆、违规运营巡游出租汽车100辆、运政违法案件14件，有效改善出行环境。全面推进行政执法公示、执法全过程记录和重大执法决定法制审核“三项制度”，健全完善行政执法机关权力运行监督制约机制。严格行政执法资格管理，实行全员持证上岗、亮证执法，每季度组织全体执法人员开展法律知识培训，不断提升执法人员执法水平。

【平安交通建设】安全生产工作形势持续向好。以安全生产专项整治三年行动计划为抓手，牢固树立安全发展理念，狠抓安全责任落实，持续提升交通本质安全。全年召开工作会8次，安委会4次，到企业开展安全生产督察检查20次，发现问题隐患30条并逐条督促整改落实。组织开展“两类人员”考核3次，“两客一危”企业全部完成标准化评审换证，将安全生产情况纳入质量信誉考核标准，企业管理基础不断提升。组织行业企业先后开展危化品运输碰撞、人员密集场所反恐消防等应急演练，不断提高部门协作能力和应急反应能力。2022年，全市交通运输行业事故发生率和死亡率连年大幅下降，连续78个月未发生较大以上安全生产事故，重要时期、关键节点保持“零事故”，牢牢守住安全底线，维护社会稳定。社会治安综合治理不断加强。聚焦

“道路运输、城市客运、超限超载、工程建设、行政执法、行业禁毒”6个整治重点，整治道路运输、城市客运等领域乱象127处；全市14个治超站共检查车辆228万辆次，查处非法超限超载车辆209辆，超限超载率低于0.2%目标要求；2022年治超工作综合考评排名全省第一，并在全省治理非法超限超载车辆工作电视电话会议上作典型交流发言；持续推进驾驶员吸毒筛查工作，“两客一危”及公交企业共1600人全部完成筛查。

【全面从严治党】 全面落实新时代党的建设总要求，紧扣“六个第一”，推动党建工作在开新局中体现高度、在应变局中展现担当、在稳大局中发挥作用，在市直机关党的工作会议上作经验介绍。在全面从严治党上扛起“第一责任”。将落实全面从严治党主体责任作为首要政治任务，构建“主要领导是第一责任人、分管领导具体负责、党务干部抓落实”责任体系；层层签订党建目标责任状，推行任务清单、责任清单、整改清单和反馈清单“四单”制度，传导压力、落实责任；实行“月安排指导、季督察点评、年述职考核”制度，将考核结果作为干部提拔任用、评先评优的重要依据。

【强化理论武装】 紧紧围绕“学习宣传贯彻中共二十大精神”这一主线，实施“第一议题先学、中心组领学、领导干部带学、青年干部联学、专题培训教学、联系本职践学”的“六法抓学”，实现基层党组织理论学习全覆盖；巧用“云端课堂”，利用“学习强国”“讲师铸魂”等平台打通学习“最后一公里”，在工作微信群推送“倡廉行微讲堂”16期、“每周廉政提醒”42期；加强“阵地创新”，精心打造“平语近人”会说话的文化墙，被评选为全国交通运输行业基层党建创新“十佳案例”。

【党建活动落实】 严肃党内政治生活，严格落实“三会一课”、民主评议党员、组织生活会、谈心谈话等基本制度，积极推行主题党日活动、领导干部讲党课等，切实增强组织生活凝聚力、吸引力；全力打造党建品牌，开展基层党组织评星定级、品牌创建、党建联盟等活动，培育6个五星级党组织、3个党建品牌和4个党建联合体。高效率服务基层，深入开展联点共建、助企纾困等活动，为企业、乡村、社区等联系点办实事解难事16件、志愿服务80场次；高质量服务群众，持续开展“我为群众办实事”实践活动，9个基层党组织和94名在职党员到社区报到参与基层服务治理；86名党员与30个困难家庭结对帮扶，围绕“七勤”开展工作，以实际行动践行党的宗旨。

【清廉机关建设】 以举旗铸魂、固本强基、清废改立、正风肃纪、思廉践廉“五大行动”为抓手，以“16项具体任务、45项实践活动”为载体，扎实推进“清廉机关”建设。交通运输领域廉政风险排查、倡廉行微讲堂等特色做法在全市机关单位进行推广。省、市领导多次莅临调研指导，省清廉机关建设工作专班和市直机关工委、矿区纪委先后组织基层单位观摩学习，《山西新闻》《山西日报》等新闻媒体进行专题报道。

【干部队伍建设】 持续优化干部队伍结构，注重培育年轻干部，机关科级干部均为“80后”“90后”年轻人，已成为推动事业发展的主力军；综合分析研判干部队伍现状和紧缺岗位，公开招聘重点岗位工作人员11人，有效激发干部队伍的生机和活力；严格干部选拔任用程序，完成3名市管干部职级晋升，机关4名正科级干部、2名副科级干部、局属事业单位5名正科级领导班子成员、13名副科级中层环节干部的转正考察；加强干部教育培训，通过“线上+线下”学习形式，不断提升干部队伍的素质能力，树立“敢担当、善作为、能攻关、有活力”的良好形象。

【农村寄递物流服务】 着力畅通城乡循环体系，切实解决农村寄递难题，有效助力乡村振兴。市邮政管理局将农村寄递物流服务全覆盖工作确定为头号工作，联合市发展和改革委员会、市财政局印发《阳泉市2022年农村寄递物流服务全覆盖实施方案》，组建工作专班，明确职责分工，全力推进全覆盖工作落实，推动县级以下地区行业资源整合，引导各快递企业建立共同配送体系、建成标准化农村末端网点，实现场地、人员、车辆、设备等集约利用、资源共享、统一管理，持续降低农村寄递物流成本，稳定农村地区服务网络，让群众体验到便利的快递服务。截至年底，全市已实现农村寄递物流服务全覆盖。

【农村客运】继续巩固村村通客车成果。全市共有32个乡镇，676个建制村，乡镇通客车率达100%，村通客车率达100%。共开通农村客运线路172条，投入车辆407辆，其中郊区实现村村通公交全覆盖，并开通一条免费公交线路。全市共有农村候车亭785个、招呼站牌573个。

【农村公路养护】全市县级养护资金到位980万元，建立县、乡、村三级"路长制"，坚持"县道县管、乡道乡管、村道村管"养护管理原则，全面落实农村公路县（区）、乡（镇）、村三级政府主体责任，健全县（区）公路管理机构、乡（镇）公路管理站、村管理员三级养护机制，充分发挥乡（镇）、村委会和村民作用，并将农村公路养护列入县（区）年度目标考核。全年农村公路优良路率达75%，优良中等路率达84.82%，"路长制"建档立卡率达100%。省级养护工程补助资金1187万元、省级日常养护补助资金522万元和市级养护补助资金542万元已由市财政局足额下达至各县（区）财政。农村公路分级分段明确路长，设立路长公示牌，确保责任到人，通行条件和路域环境明显改善，交通保障能力显著增强。年内已完成全市农村公路自动化检测工作，检测比例达40%。推进农村公路智慧管理。充分发挥全市农村公路智能化云平台，推进"一张网"管理，提高科学管理水平。强化管养工作，明确责任，对标一流，做到精细化、规范化养护，确保"有路必养、养必到位"。

【物流网络】全市共有县级物流中心3个，乡镇物流服务站16个，村级物流服务点231个。其中，盂县1个县级物流中心，6个乡镇物流服务站，11个村级物流服务点；平定2个县级物流中心，10个乡镇物流服务站，220个村级物流服务点。推进农村客货邮融合发展，充分利用平定成功创建"全国城乡交通运输一体化示范县"优势，采取试点先行的方法，将平定打造成农村客货邮融合发展样板县，统筹交通、邮政等资源，完善农村物流节点建设，建成1个客货邮综合服务站，开通5条客货邮合作线路。

【绿色出行】加快新能源车辆推广应用，市辖区实现纯电动公交车、纯电动出租汽车全覆盖。建成充电桩1800个，有效保障车辆日常运行。纯电动公交车、巡游出租汽车平均节油率达100%，每年可减少碳排放50万吨；6200辆共享电单车单日使用量突破5万人次，每年可减少碳排放9.97万吨；城区空气质量良好率达98.7%，对改善城市环境质量提升城市宜居性发挥重要作用。全市绿色出行比例达71%，绿色出行服务满意率达82.3%，绿色出行理念逐渐深入人心，绿色出行体系已基本形成。

【治理超限超载】坚持源头治理和路面管控并重，紧紧围绕"人""车""货"三个源头，加大货运源头企业监管力度。坚持24小时货运车辆检测工作，积极强化部门协同，推动路警联合治超常态化制度化机制不断深化，有针对性地协调公安交警、市场监督等部门开展联合执法行动。联网治超方面实现省、市、县和全市13个公路超限检测站视频图像、数据的实时上传功能，在全省治超信息系统联网工作推进会上，阳泉市治超站点联网工作得到省治超办充分肯定，连续两周以92%在线率居全省前列。5—8月开展混凝土搅拌企业源头治超"春雷行动"，对企业恶意超载、票据不符、证照不全、车证不符等行为实施严肃处理，春雷行动共巡查源头企业24户，抽查车辆51辆，查处违规装载运输案17件，行政处罚7.66万元。全年共出动治超执法人员6.1万人次，检查货运车辆265.4万辆次，查处非法超限超载车辆253辆，卸载货物0.57万吨，交警部门行政处罚28.63万元，抓拍闯禁行车辆1944辆，扣分5832分，罚款38.88万元；源头治超监管部门累计出动执法人员14770人次，对全市经政府公示的490户源头企业巡查3087户次，对全市源头企业监管覆盖率达100%，源头处罚违规装载运输案37件，行政处罚43万元，从业资格证扣分1820分。下达整改通知书34份，抄告超限超载车辆34辆。全市源头、路面治超工作平稳有序，全市超限超载率始终保持在0.2%以下。

【行业治理】聚焦"道路运输、城市客运、超限超载、工程建设、行政执法、行业禁毒"6个整治重点，聚焦人民群众“急难愁盼”之事和“最恨最怨最烦”问题，坚持整治乱点乱象。到各县（区）开展综合督察，从组织领导、制度体系、监管机制、人员素质抓强化、抓提升，补齐短板弱项，提升监管服务水平。对公路工程建设领域安全和农民工工资发放问题，开展承建单位和市县两级进行自查及检查，2022年全市“三大板块”旅游公路、农村公路等新建、续建项目未发生安全生产事故及农民工工资拖欠问题；开展客运、货运市场打击非法营运工作，全年以来共出动执法人员6926人次，执法车辆2290辆次，行政处罚案件143件，处罚金额44.5万元。其中非法营运案件26件，处罚金额24万元；巡游出租汽车违规案件100件，处罚金额41200元；运政案件15件，处罚金额163700元；路政案件2件，处罚金额200元，保障群众出行安全。

（王九存）

郊区交通运输局

2022年，郊区交通运输局认真学习贯彻中共二十大精神，深刻把握交通成为现代化开路先锋的历史使命，着力推动城乡基础设施互联互通，不断强化农村公路基础支撑，抓好公路运行和交通在建工程，各项工作均取得明显成效。

【重点工程建设项目】 239国道阳泉郊区过境河底至荫营段改线工程，采用PPP模式建设，路线全长13.667公里，截至年底，完成投资9.6亿元。现代物流园区项目，总投资3.1亿元，截至年底，已完成土地招拍挂工作，土地评审和初步设计阶段中。太行一号旅游公路阳泉市郊区（辛兴至后峪）工程，路线全长9.3公里，总投资1.04亿元，截至年底，已实现全线通车。太行一号旅游公路阳泉市郊区荫营至白泉至李家庄（漾泉大街）工程，路线全长10.5公里，总投资4908.21万元，2022年8月进场，2023年8月底完工。太行一号旅游公路阳泉市郊区（辛庄至韩庄）工程，路线全长7.8公里，估算总投资5397万元。太行一号旅游公路阳泉市郊区（后山至刘备山）工程，路线全长9.7公里（其中主线6公里，支线3.7公里），估算总投资6002万元，区发改局已立项。

【“四好农村路”建设】 南流至武家庄（东五线至武家庄段）农村公路改造工程，路线全长1.92公里，总投资1055.81万元，6月全部完工。续建2021年阳泉市郊区农村公路养护工程，项目总投资337.75万元，已完成投资215万元。完成工程量：标线2.3万平方米、减速带258米，县、乡、村三级公路“路长制”标志牌172块、波形梁护栏252米，铁路平交道标志牌全部完成。村道安全生命防护工程全长35.4公里，估算投资1062万元，已报财政局进行财政评审。

【行业经济运行数据】 每月对交通运输服务业8家规上企业营收及增长情况进行统计分析和运行监测。实行“周摸底、旬入企、月催报”工作机制，实时跟进抓好瑞源物流、晋煤物流等规上企业营收上报进度，抓好经济运行调度，确保企业营收数据颗粒归仓。年内完成营业收入10.23亿元，同比增长38.3%，货运周转量5.31亿吨公里，同比增长27.8%。

【行业安全生产】 一是加大安全宣传力度。围绕“遵守安全生产法，当好第一责任人”开展第21个全国“安全生产月”活动。组织辖区64家普通货物运输、机动车维修、驾驶员培训及施工企业代表集中观看学习2022年“安全生产月”主题宣传片（交通运输行业），督促企业自觉坚守“安全红线”。二是开展两类人员安全考核。按照《中华人民共和国安全生产法》《道路运输企业主要负责人和安全生产管理人员安全考核管理办法》，组织各企业主要负责人和安全生产管理人员进行安全考核，不断提升从业人员素质和安全防范意识，2022年组织考核1次。三是做好安全隐患排查。2022年上路巡查23258.452公里，拆除非公路标志3处，清理路边摆摊设点2处，收取赔(补)偿费用8.39万元。对郊区铁路沿线安全环境存在隐患路段进行实地巡查记录，并与乡镇、铁路管理部门沟通配合。先后实地查看石太线旧街乡平坦镇路段硬飘浮物类型安全隐患18处，并积极联系协调隐患所在单位进行处理，确保铁路沿线安全。

【综合行政执法】 一是强化执法队伍专业化建设，提高基层一线交通运输安全监管执法队伍能力，制订执法队学习培训计划，组织执法人员集中学习培训共计11次，观看线上直播学习共计16次。二是巩固深化交通运输执法领域突出问题专项整治行动成果，加强多部门联合执法，加强信息共享，严格按照有关法律法规和《交通运输综合行政执法事项指导目录（2020年版）》要求，开展安全生产监管执法，全年共出动319人次，检查道路运输企业128家，排查出一般问题隐患8家，均已按要求进行整改。共出动269人次，检查公路及施工项目125次，排查出一般问题隐患9项，整改9项。三是加强行政许可办理。2022年共办理新增许可事项业务91件，新增备案事项4件（其中维修企业3家），发放《道路运输经营许可证》116套，配发《道路运输证》IC卡623张，审验货运车辆2428辆，办理注销车辆（包括报废和转出外省）105辆车，驾驶员从业资格证盖章1200+人次，办理网络货运1家，签订货运许可告知承诺书88份。四是根据郊区纪委“五清行动”要求，实行“互联网+监管”数据日统计。按照统一标准规范和“应上尽上”原则，形成监管事项《目录清单》《检查实施清单》，实施动态管理，实现行政审批与事中事后监管无缝对接。2022年共录入系统423条监管数据，信息报送6条。五是联合郊区市场监督管理局开展“双随机、一公开”（“双随机”即指随机抽取检查对象、随机选派执法检查人员，“一公开”指抽查情况及查处结果及时向社会公开）部门联合抽查活动1次；单位内部开展“双随机、一公开”抽查活动共检查企业8家。

【路政管理】一是开展“路政宣传月”活动。以“守护公路安全、争当服务先锋”为主题，在辖区开展“路政宣传月”活动，共制作宣传条幅3条，出动宣传车辆1辆，发放宣传资料980份，切实提高全社会爱路护路意识。二是强化路域环境整治。全面推行路警联合执法，规范路警治超流程，实现路警无缝衔接。2022年路警联合执法3次。认真执行2022年《全省治超工作要点》，本行政区域内超限超载率始终保持在0.02%以下。派驻6名执法人员前往白泉超限检测站驻站执法，实行24小时不间断值守，共办理案件81件，交警扣分181分，交警罚款4.79万元，卸载934.68吨，从业证扣分360分。

【党建引领】一是加强思想建设，提高党员干部政治理论水平。开展主题鲜明、活动丰富的主题党日活动，组织参观传统民居“知青大院”，在西南舁乡烈士陵园中向革命烈士敬献鲜花，集体鞠躬致敬，缅怀革命前辈的丰功伟绩等，丰富学习形式，提高思想认识。二是加强组织建设，实现党建质量提升。大力实施“3456”工作法，优化组织设置、配强党务干部、加强分类指导、强化监督管理。推动机关党建工作标准化规范化。构建“1433”工作机制，促进交通党务、业务、服务“三务”深度融合。局党组领导班子坚持和完善集体领导、分工负责相结合的工作机制，充分发挥民主，集体讨论、集体决定。充分尊重党员民主权利，落实党员知情权、参与权、选择权和监督权，将党务工作予以公示，及时上报党务信息。

【清廉机关建设】组织召开“全面建设清廉机关”工作动员会，层层落实工作任务和明确职责分工。加强作风建设，强化工作作风。建立落实党风廉政建设责任制。局党组认真履行监督职责，抓好党员干部的党性、党风、党纪教育，建立健全党员干部学习教育制度，强化民主监督机制，完善各级党员干部廉政档案，转变机关干部作风。领导班子成员带头严格执行廉洁从政规定，坚持个人重大事项、收入申报制度，做好年度述职述廉工作。全面推进清廉机关建设工作有序开展。

（郊区交通运输局）

平定县交通运输局

2022年，平定县交通运输局通过狠抓落实，逐步实施清单化运作，精细建账、精进交账、精准核账、精确销账，不断完善重点工作专班机制，突出过程管理，强化“以日保旬、以旬保月、以月保季、以季保年”理念，有力推动各项任务落实。

【工程项目建设】成立7个项目专班，顺利推进“四好农村路”和太行一号旅游公路建设。“四好农村路”建设，2022年计划总里程97.3公里，总投资2.2

亿元，截至年底，全部建设完成。太行一号旅游公路平定段2018—2025年规划建设项目，开工17个，路线全长共计222.571公里。完成路基工程217公里、路面工程186公里，驿站3个、观景台16个、房车营地2个、帐篷宿营地5个、停车场27个，累计完成投资26.57亿元。主线完成路基工程146公里，支线、连接线完成路基工程71公里，完成路面工程40公里，四大系统配套工程建设累计完成70公里；续建项目3条共计55公里，已全部开工建设。新开工3个项目共计47公里。

【行业安全生产】提升责任能力担当，全面夯实安全生产职责。认真贯彻落实习近平总书记关于“从根本上消除事故隐患”的重要指示精神，强化底线思维和红线意识，坚持“党政同责”“一岗双责”和“三管三必须”工作要求，结合全县交通运输行业安全生产专项整治三年行动、安全生产大检查大整治大提升行动和“零事故”单位创建工作要求，成立6个安全生产专项检查督察小组，分别对县乡公路危险路段、非法超限超载、“两客一危”、道路运输市场、渡口渡船安全、地质灾害等行业进行安全巡查，累计派出检查人员210人次，查处安全隐患69处，整改率达100%。落实县安委办、县交警安全隐患督办函7份，100%整改完成。对全县司乘车辆更新GPS定位系统，实施安全监控。积极推进铁路沿线环境整治，不断深化源头治理，遏制和预防重特大安全生产事故发生，使全县交通运输安全形势得到好转。

【综合行政执法】第一，加强队伍建设。针对性开展法律法规学习，先后参加山西省司法厅举办的“行政执法大讲堂”培训活动。第二，加强路政管理。全年共出动巡查人员7000人次，巡查里程10万公里，拆除废弃公路标志牌6块，制止抛洒车辆6辆，查出安全隐患63处，设立警示标志51个。查处损坏公路及附属设施等案件1起，路损赔偿2700元，大件非法运输案5起，共计罚款3.5万元。第三，加强海事督导。全年共检查水运企业6次，发现安全隐患8处，整改率达100%；打击非法营运139起，收缴非法出租牌照16个，警告教育121起。第四，加强客运管理。严格执行“四不进站，六不出站”管理规定，全年安全发车1989车次，安全运送旅客39780人次。第五，加强行业监管。对公交客运、货运、出租企业，道路运输、维修等相关企业等进行每月不少于1次检查。打击非法成品油专项行动，共计检查加油站11家，加油车61辆。质量信誉考核59家，向公交、农村客运、出租公司先后下拨油价补助资金、费改税补助资金、涨价补助资金、退坡资金等共计368.4万元，第六，加强源头治超。公示货运源头企业180家，比2021年新增42家。组织开展全县混凝土搅拌企业源头治超“春雷行动”，共检测车辆702557辆，查扣非法超限超载车辆85辆，卸载货物1753.72吨。巡查源头企业累计229户723人次，处罚源头违规案件2起罚款2万元。从业资格证扣分人数65人，记分650分。查扣大件运输车辆5辆，罚款3.5万元。共出动治超安全宣传执法车辆20辆次，执法人员60人次，发放宣传资料6000份。第七，加强驾培管理。道路运输驾驶员继续教育共开班8期，培训261人，共审验和考核6200名驾驶员，并完善道路运输驾驶员诚信档案，组织291名出租车从业人员进行培训并考试，全部合格。第八，加强危货运输监管。对晋东天然气有限公司、平定县民爆器材有限公司、阳泉众鑫驾校3家危货运输企业，开展《危险货物道路运输安全管理办法》教育培训，确保危货运输行业安全工作顺利开展。

【农村公路管养】第一，与各乡镇签订《2022年农村公路养护合同》。全县农村公路养护总里程1440.347公里，日常养护资金323.89万元。2022年按照以工代赈要求，共聘用养护工人330人，购买人身意外保险26565元。第二，完善“路长制”管养运营体系。重点对娘白线等15个风险点以及情况复杂路段、跨河大桥、超限车辆比较集中的路段，进行每周最少2次隐患排查。第三，构建管养激励机制。组织10个乡镇道班对农村公路养护工作进行现场排名打分，将具体数据上报至农村公路路网云平台，按时向市局报送各类报表等。对3个养护道班进行加固、维修和改造。第四，开展路域环境专项整治。对冠山驿站等8条路段及沿线路侧道口机打标线，包括宋家庄工业园区等7条路段，共计完成热熔标线42848.13平方米、冷喷标线2453.6平方米、震荡标线65.34平方米、停车位129个，总投资220.5万元。第五，加强水毁修复。修复挡墙39处3842立方米，挡墙台背回填2738立方米，修复排水沟6处81立方米，修复破损路面12处1998平方米，路基砂砾回填578立方米，修复涵洞3个，局部加固桥梁3座。人工配合机械山体危岩处置7320立方米，县乡级公路清理泥石流、落石、塌方1.5万立方米。完成投资356万元，确保农村公路安全度汛。第六，不断提升管养水平。农村公路养护机构设置率达100%，机构运营经费纳入财政预算比例达100%；超限超载率控制在0.2%以内；农村公路列养率达100%；优良中等路率达90%；全县城乡客运一体化水平100%达AAA级、80%达AAAA级以上。全市农村交通条件和出行环境得到提升，农村公路发展总体水平保持全省前列。

【党的建设】2022年，局党组坚持“围绕交通抓党建，抓好党建促发展”工作思路，推进党的思想、组织、作风和制度建设，在提高党员素质、加强基层组织、服务人民群众、促进各项工作等方面取得明显成效。一是全面推行首问负责制和责任追究制。修订完善《局机关内部管理制度》《局领导分工方案》等一系列规章制度，规范机关管理，理顺管理体制，促进工作作风明显转变，办事效率明显提高，截至年底，共组织党组会41次，解决各类问题50条，办理人大、政协议案25件，受理“12345”政府便民服务热线359条，“12328”交通运输服务监督平台转办投诉处理82条，适时解决各类信访案件，做到件件有落实，事事有回音。二是组织开展“党建主题日”活动。组织全体干部党员参加“阳泉记忆·1947”观展活动，到冶西赵家接受革命传统教育，组织全体党员参观太行一号旅游公路活动，组织党员在郊区南沟村开展红色教育基地狼峪抗战遗址主题活动，开展“喜迎二十大，奋进新征程”和“双日双评”主题活动，激发全体党员为交通事业奋斗的热情。三是喜迎中共二十大胜利召开，局党组组织全体共产党员干部职工103人集中收看开幕盛况，各党支部分别召开专题会学习传达中共二十大开幕会精神。全体干部职工立足交通运输实际，把握工作要点，努力把学习中共二十大精神转化为推动交通运输高质量发展的生动实践。

【党风廉政建设】在完善和制订党风廉政建设、反腐败工作实施方案同时，7次召开党风廉政建设暨反腐败工作会议、5次组织集体观看廉政教育警示片，强化不敢腐的震慑，扎牢不能腐的笼子，增强不想腐的自觉性，每次会议都邀请派驻县交通运输局纪检监察组负责人参加。班子成员把党风廉政建设融入自身所分管领域。始终坚持集体领导和分工负责相结合、重大事项、干部任免、项目安排、大额资金使用等重大事项均由党组领导班子集体决策。及时组织召开民主生活会和组织生活会，惩前毖后，警钟长鸣，保持全局党组织风清气正良好态势。

（平定县交通运输局）

盂县交通运输局

2022年，盂县交通运输局深入贯彻落实习近平总书记关于“四好农村路”建设的重要指示和考察调研山西重要指示精神，严格落实省委、省政府“锻造黄河、长城、太行三大旅游板块”战略部署和阳泉市委“14510”总体思路及县委、县政府决策部署，瞄准交通强国重点目标，紧扣“太行深处有人家，最美公路串起她”主题，高质量推进太行一号旅游公路建设和重点公路、重点民生项目建设，扎实苦干、久久为功，全力当好“兴盂富民”的开路先锋，为助力全县高质量发展贡献交通力量。

【重点项目建设】第一，太行一号旅游公路盂县境内项目主线工程140.65公里，截至年底，累计完成投资11.67亿元，完成路基工程154.61公里，主线实现贯通；完成5条太行一号旅游公路支线连接线共计34.843公里。第二，完成盂县东高速和盂县南高速2个出口连接线拓宽改造工程，提前完成建设任务。第三，完成严重灾毁路段县公路盂上线马举段恢复重建项目工程，有效保障沿线人民群众安全便捷出行。第四，西北外环完成路基成型21.3公里，水稳铺筑6.8公里，完成路面4.8公里；西南外环西小坪至下曹段实现通车。第五，太行一号旅游公路连接线盂县六岭关至上社段新建工程26.995公里和盂县柏石至管头段新建工程19.268公里两项民生工程开工建设。牛村至白土坡线乡镇通三级路项目8.09公里加速推进。东冶至太安驿国防公路改建工程（宋庄至东梁段）项目34.3公里，列入全省战备路建设项目。

【交通固投资产】2022年，全县固定投资年度目标任务71亿元，实际完成71.0525亿元，交通重点项目固定投资，累计完成25.845亿元，占全县实际完成任务的36.4%。

【企业经济运行数据】盂县石煤和佳通两家交通运输规上企业全年完成营业收入12966.7万元，较上年度10372.6万元，同比增长25%，完成10800万元年度目标任务。并完成市场主体倍增任务80家企业（个体工商户），完成任务133%，为全市交通运输服务业规上企业实现全省“争一保二”的目标贡献力量。

【县乡村三级智慧寄递物流】一是（县级）盂县智慧寄递物流总投资2.88亿元，占地45.19亩，累计投资1200万元，加速推进施工建设。借助“快递+交通+邮政+物流+电商+仓储”合作模式，预计日分拣能力从6万件提升至10万件，可满足未来五年社会需求。二是（乡镇级）充分利用闲置的西烟、东梁、牛村、苌池、上社、仙人、梁家寨7个乡镇客运站资源，计划投资700万元，提升改造成快递物流运营（共配）中心，实现“交邮快”一体化融合发展目标。截至年底，已完成实地测量、图纸设计，苌池、东梁2个乡镇客运站进入正式改造阶段，完成投资150万元，剩余5个快递综合服务站改造工程2023年6月底前全部完成。三是（村级）277个行政村的标准化站点（村级）建设门头、监控安装已经全部完成，快递专业性工具已进入配置阶段，投递服务已全覆盖。畅通农产品出村进城和农资、消费品下乡双向流通渠道，解决物流需求“最后一公里”，构建出高效的农村客货运输服务新格局。

【行业安全生产】持续抓好交通运输领域安全生产，以“时时放心不下”的责任感和“坐不住、等不起”的紧迫感，紧盯重点领域和关键环节，从严从深、从细从实强化隐患整治和风险治理，把风险隐患当成事故来对待，全力确保行业安全稳定。一是深入贯彻落实习近平总书记做好防汛救灾工作重要指示，坚持“党政同责，一岗双职，失职追责”制度和管行业必管安全，管业务必管安全，管生产必管安全的“三必管”的原则，累计召开安全生产会议16次，出台各类安全生产方案12份。二是结合安全生产三年专项整治行动，积极采取以“铁嘴”讲安全，培养安全意识；以“铁面孔”对安全，强化安全防范意识；以“铁手腕”抓安全，规范管理基础；以“铁心肠”考核安全，落实安全责任制的“四铁”措施，抓实抓细交通领域安全监管工作。三是毫不放松抓实安全隐患排查处置工作，特别在春节、两会、“五一”、国庆节、二十大召开等重点时段，深入开展大排查大整治大提升行动，全年累计出动巡查检查人员1043人次，巡查检查重点公路及重点企业322家，发现隐患102处，现场整改落实，开展应急演练2次，做到早发现、早处置，确保行业安全稳定。

【综合行政执法】结合省、市上级部门《关于组织开展全省混凝土搅拌企业（商砼）源头治超“春雷”专项治理行动的通知》《关于短途非法超限超载运输百日治理专项行动方案》《落实国安委巡查发现问题整改要求开展打击“百吨王”非法超限超载运输专项整治行动方案》《关于组织开展冬季用煤短途运输源头治超“暖冬行动”专项整治工作的实施方案》等专项行动，积极采取路警联合、部门联动、源头监管、科技支撑等治理“双超”措施，把住源头，管住中间，控住节点，取得超限超载率持续下降的成效。全年，共出动执法人员1208人次，检测货运车辆130.8万辆，卸载货物2407.2吨；巡查货运源头企业302家次；约谈源头企业15家，查处货运源头企业20家，查处非法超载车辆135辆，驾驶员从业资格证扣分1260分；落实上级督办件23件，受理群众举报件7件。有效遏制超限超载车辆非法行为，保护路域环境和路产路权。此外，严格按照法律法规要求，认真清理交通行政主管部门的行政权力事项。办理许可普通货物道路运输企业33家，道路运输从业资格证377个，办理二类维修企业备案2家，三类维修企业备案3家，农村客运许可证换证1家，开展巡游出租汽车驾驶员从业资格继续教育共14期培训人员1068人。

【农村公路管养】严格落实“路长制”管理办法，结合创建国家卫生县城和人居环境整治提升，深入开展“洗路降尘”行动，加大公路预防性养护力度，及时处治路面病害，有效减少因路面病害导致车辆颠簸造成的扬尘抛撒污染。提升清扫保洁质量，及时清理公路用地范围内“五堆问题”，有效遏制扬尘污染。全年累计处理公路病害500处，实施水毁修复200处，确保公路畅通。加强桥隧管养，实行“一桥一档”和“一隧一档”，完成267座县乡道桥梁护栏升级评估，实施2座危桥加固。科学处置公路突发事件50起，清除塌方约13万立方米，修复路基挡墙350处。实施水毁修复200处，有效保障公路安全畅通，遏制扬尘污染，营造公路通行良好环境。

【基层党建】持续抓实党建和党风廉政建设，提高“政治三力”。首先，抓好“第一要务”。把党建工作摆在突出位置，作为首要政治任务来抓，建立党组成员绩效党建清单和党支部党建目标考评责任。先后召开党组成员及总支部会议8次，确定每周1次固定理论学习日活动，建立交通行业党建工作“三清单”“四目录”“五台账”，做到党建工作“六个有”。其次，严格“第一议题”。坚持把认真学习贯彻落实习近平总书记系列重要讲话精神、中共二十大精神，国家、省、市交通运输部门推进交通强国建设战略和县委、县政府各项工作重要决策部署作为局党组会议“第一议题”，第一时间传达学习、安排部署、贯彻落实，做到肩上有责、见实见效。最后，坚持“第一目标”。在强化党员干部政治理论业务学习基础上，紧紧围绕加快推进交通强国建设奋斗目标，结合交通运输人、车、路、站的工作实际和点、线、面、长的行业特点，积极探索党建工作新路径，在感悟实践中引导全体党员干部自觉把交通民生实事工作付诸行动、落在实处。全年局党组开展理论学习48次，学习交流研讨12次，撰写心得体会124篇，开展“我为群众办实事”16次，解决群众“急难愁盼”“排忧行动”6次，并形成建设、养护、管理、运营等“四好农村路”调研报告4篇，推动县委、县政府全方位高质量发展决策部署落地见效。

【党风廉政建设】首先，坚持“学”的主旋律。持续巩固党史学习教育成果，坚持把学习党史、学习习近平总书记系列重要讲话精神、学习党的最新理论、学习中共二十大精神等作为党建工作必修课、常修课，推动学习教育常态化、长效化。严肃党内生活，坚持督促局属4个党支部，严格落实“三会一课”制度，亲自参与各党支部主题党日活动，亲自为基层党支部上党课。全年局属各党支部分别召开支委会12次、党支部党员大会4次，开展主题党日活动12次、局党组书记和局属各党支部书记上党课分别2次。其次，坚持“严”的主基调。认真落实全面从严治党主体责任和“一岗双责”，突出工作纪律和作风建设等情况监督，突出建章立制，定规矩，划红线，纵深推进全面从严治党，重点落实“三重一大”制度，每季度召开党风廉政建设专题研究会议，每月开展一次作风纪律明察暗访，每日宣传一条“廉语警句”，重点节假日及时进行廉政提醒和观看专题警示教育片，积极配合县委巡察组和县纪委监委专项巡察工作，建立问题责任整改“三个清单”和党风廉政建设责任制清单。全年配合县纪委监委派驻第四纪检监察组开展明察暗访12次，开展警示教育6次，谈心谈话26次，廉政提醒6次，落实办理纪检监察建议2件，诫勉约谈1人，通报批评1人，警告处分1人。最后，坚持“强”的主脉络。增强基层党组织战斗堡垒作用，充分发挥基层党支部主体责任，积极创新党建活动，将年度党建活动按月制订清单，明确6项规定动作，列出12项不定期活动，先后组织赴梁家寨红色教育基地参观学习，组织党员积极参与县直机关工委演讲比赛、知识竞赛、学习交流等活动4次。

【加装“安全带”】为消除农村公路平交路口安全隐患，降低交通事故发生率。盂县交通运输局组织专业机械和施工人员，对239国道下社村、大横沟村、西白水村、交叉路口和216省道小横沟村、中兰村、大沟村、南娄村、涧沟村、陈家沟村、徐家口村平交路口，县公路盂上线东宋村、西宋村、下曹村、马举村、西南关村及239国道与县公路七良线十字路口等16处平交路段，加装完成减速带20条，震荡减速带2条，施化道路标志标线减速带1200平方米，为系好农村公路老乡出行“安全带”，提供暖心服务。

（盂县交通运输局）

长治市

长治市交通运输局

2022年，在省交通运输厅精心指导下，长治市交通运输局认真落实市委、市政府决策部署，忠诚践行开路先锋的职责使命，先后召开全市建设交通强市工作推进会、全市“四好农村路”和太行一号旅游公路建设推进会、交通强国示范城市创建动员会，全面开启交通强市建设新征程，推动全市交通运输各项事业在攻坚克难中打开新局面、取得新成绩、呈现新亮点。10月，长治市交通运输局被国家机关事务局、中共中央直属机关事务管理局、国家发展和改革委员会、财政部四部委联合授予“节约型机关”称号。12月，长治市交通运输局被交通运输部授予“全国交通运输行业精神文明建设先进集体”称号。

【交通运输业经济指标】长治市交通运输及仓储物流业全年完成营业收入41.53亿元，同比增长12.87%，全省排名第一；全年完成周转量40.44亿吨/公里，同比增长38.56%，全省排名第二；综合增速25.72%，全省排名第二。主体倍增任务完成。强化政策扶持，加大市场主体培育力度，支持传统物流企业向物流全链条服务商转变，推动实现个转企、企升规，全年新增1564户，全市交通运输、仓储和邮政业企业总量达1.8万户。网络货运平台快速发展。全市取得营业执照的网络货运平台企业23家，其中取得道路经营许可证的企业19家，4家办理手续中；正常运营企业14家，规上企业9家。2022年入网车辆40.6万辆，实现营业收入96.26亿元。

【现代交通体系建设】一是高速路网更加完善。黎霍高速公路加快建设，长治市境内累计完成投资39.47亿元，路基土石方、涵洞、通道等工程基本完工，136座桥梁架设完成114座，12座隧道8座实现双线贯通，2座实现单线贯通。平遥至安泽高速公路列入国家高速公路网，黎城至陵川高速公路列入省级高速公路网，工程可行性研究报告编制完成，项目前期加快推进。二是国省干线改扩造工程取得历史突破。208国道全市域一级公路改造全面开工，309国道全市域一级公路改造项目工程可行性研究报告及用地预审相关报告已编制完成。三是农村公路建设高标准推进。完成“四好农村路”527.9公里，建设太行一号旅游公路147.9公里，实现主线全线贯通。全面推行“路长制”，农村公路管养长效机制初步建立，全市优良路率达80.5%。农村公路建设任务完成率全省领先，在全省“四好农村路”和三个一号旅游公路高质量建设推进会上，受到省委主要领导通报表扬。平顺县、壶关县被交通运输部评为2022年度“四好农村路”全国示范县创建单位。民航铁路对外通道加快建设。长邯聊高铁列入《国家“十四五”铁路发展规划》，可行性研究报告已编制完成。沁源县飞行营地项目主体基本完工，沁源县、武乡县通用机场项目进入前期工作阶段。

【道路运输服务水平】国道环线“自由流”收费试点正式启动。长治市国道环线公路改扩建工程项目是全市首个公路建设PPP项目，依托“ETC+视频车牌识别”技术，按照“分段计费、定期收费”方式，实现国道环线ETC车辆联网收费、非ETC车辆独立追缴收费，成为全国首条采用自由流收费技术的开放式收费公路。城乡客运一体化稳步推进。平顺县、武乡县、长子县等10县(区)实现城乡客运公交一体化运营。上党区、潞城区、襄垣县、长子县、黎城县、武乡县6县(区)实现区域公交免费政策。武乡县第二批城乡交通运输一体化创建工作有序推进。

【营商环境】出台营商环境创新提升工作方案，完成行业审批事项划转交接。推进车辆检测“三检合一”，综检机构100%完成改造升级工作。推进客货运输电子证照跨区域互认与核验，行业服务便利度和企业群众满意度不断提升。物流再贷款助企纾困。积极对接金融机构，帮助38家物流企业享受到专项再贷款1.376亿元，有效解决物流企业“急难愁盼”问题，提高企业市场竞争力。

【社会治理】法治政府部门建设受到部委表彰。全面贯彻落实行政执法“三项制度”，梳理和规范行政执法事项清单225项。11月，长治市交通运输综合行政执法队作为全省唯一的市级执法单位被交通运输部表彰为全国2022年度交通运输法治政府部门建设成绩突出基层集体。执法规范化持续提升。健全执法基层组织构架，完成执法队2处办公场所标准化建设，统一配置执法车辆、装备、服装。全面开展“规范执法年”活动，全省首家将44种执法文书进行规范，并推广应用。加强执法信息化建设，建成执法综合管理信息平台系统。综合行政执法成效显著。规范网约车平台管理和出租车经营行为，查处各类违规行为为65起，罚款4.31万元。开展打击非法营运专项行动，联合公安交警、高速公路等部门，采取现场查控、轨迹查询等方式，分片区、按路段开展联合打击非法营运200起，非法营运行为得到有效遏制。建设领域执法督导现场整改问题30个。路域环境整治59处。扎实开展“春雷行动”“暖冬行动”，对全市99家商砼企业进行检查，对281家涉煤企业进行源头监管和挂牌督办。认真开展货车和非道路移动机械污染治理、短途非法超限超载运输百日治理等专项行动，持续提升交通运输行业治理水平。

【行业安全】扎实开展安全生产专项整治。落实“巩固提升年”行动，“两客一危”重点营运车辆智能视频监控报警系统安装1840辆，城市公交车安装视频监控1598辆，企业主要负责人和安全监管人员安全考核662人合格，“两客一危”及汽车站等重点交通运输企业两类人员持证率达100%。开展铁路沿线环境安全治理、大检查大整治大提升等专项行动，及时发现并整改各类隐患。不断深化平安交通建设。开展公路水路重点区段治安、安全隐患、重大矛盾纠纷调查摸排，完善基础设施治安防控体系。深入开展平安公路、车站、码头、工地等创建活动。认真做好社会维稳。及时分析研判行业形势，扎实开展行业扫黑除恶、吸毒筛查、扫黄打非等工作，有效预防各类突发事件。完成重点时段交通运输安全保障工作。有序推进市区巡游出租车运价调整。特别是妥善处理客运东站综合处置难题。长治市汽车客运东站因高铁开通等原因客流骤降，亏损严重，市政府决定2021年11月停运。为纾解停运后不稳定因素，迅速成立工作专班，召开10次专题会议，达成市交通运输局、一运公司、长运、客运东站签署的综合处置“四方协议”，依法依规妥善安置职工208人，安置率达98%，有效维护社会稳定。

【污染防治】积极推广新能源车辆，全市巡游出租汽车新能源车占比提高到95%。市区巡游出租汽车新能源占比达100%。公交车实现新能源车100%全覆盖。积极推进国三及以下老旧柴油货车实施淘汰，对全市国三及以下排放标准营运中重型柴油货车，实施政府补助淘汰回收，提前完成省政府下达长治市的淘汰任务。重点抓好船舶与码头水污染防治。先后在16道码头建立健全40处垃圾接收点，在63艘营运船舶设立垃圾分类回收设施63处，并全部建立船舶污染物接收转运、处置设施。扎实开展大气污染防治。联合开展货车和非道路移动机械污染治理专项执法行动，检查车辆5145辆，检查非道路移动机械147辆，查处尾气超标车辆151辆，查处重型燃气车改装、拆卸三元催化装置15辆，为打赢蓝天保卫战贡献交通力量。大力建设节约型机关。开展“厉行勤俭节约、反对餐饮浪费”主题活动，推行无纸化办公，实行公务用车单车核算“一车一账”制度，引导干部职工养成绿色工作生活方式。市局受到国家机关事务局等四部委联合表彰。

【精神文明建设】 抓好文明城市创建。成立文明城市建设常态长效工作专班及督导组，召开项目化常态推进文明城市建设工作会、文明城市建设提升推进会，从人、车、站、路四方面入手，全面完成文明城市创建任务。开展系列主题活动。开展“冬日温暖行、当爱在流动”“520公交驾驶员关爱日”“关爱职工、清凉一夏”慰问活动，关爱交通运输领域干部职工。弘扬优秀传统文化。在重点传统节日期间开展形式多样的文化活动。开展“迎新春、献爱心、送温暖”“我们的节日清明节、网上祭英烈”“我们的节日·中秋节”经典朗诵及晒团圆饭等活动，凝聚全局上下团结进取的精神力量。开展文明志愿服务。开展“春节尚文明、志愿关爱行”“学习雷锋精神、践行绿色理念、争做环保卫士”“志愿交通、爱心送考”等志愿服务活动，以实际行动践行雷锋精神。加强机关文化建设。举办“太行灵泉杯”职工拔河比赛，组织“八段锦”健身功法培训，充分展现干部职工团结向上的精神风貌。

【机关政治建设】 局党组认真落实党建政治责任，全年召开党组会议30次，专题研究《交通强国建设纲要》等重点工作，坚决将中央和省、市委决策部署细化量化、执行到位。开展“1+4”专项政治监督自查，即知即改、立行立改，不断优化营商环境，营造良好政治生态。聚焦思想建设，强化理论武装。坚持把深入学习习近平新时代中国特色社会主义思想作为重要政治任务，把深入学习贯彻中共二十大精神与习近平总书记考察调研山西重要指示精神、习近平总书记关于交通强国重要论述有效结合起来，全年召开党组理论学习中心组会议27次，领导干部和党支部书记讲专题党课15次、专题宣讲7次，不断在全面学习、全面把握、全面落实上下功夫，努力把学习成果转化为履职尽责、担当作为的实践实效。聚焦组织建设，强化党建引领。积极筹备机关党委换届工作，选举成立市交通运输综合行政执法队党委及下属党支部，切实增强基层党组织的凝聚力、战斗力和向心力。加强对新业态新就业群体的政治引领，长治市物流行业党委批复成立，进一步增强行业归属感和凝聚力。

【党风廉政建设】 开展清廉机关建设，通过专题研究、开辟专栏、参观红色教育基地、开展“党风廉政宣传教育月活动”等方式途径，不断筑牢干部职工廉政思想防线。强化纪律作风监督检查，在元旦、春节、“五一”、端午节、中秋节、国庆节等廉政问题易发、多发的重要时间节点，采取自查和驻局纪检监察组明察暗访两种方式，对全市交通运输系统责任落实、纪律作风等方面开展监督检查，并对发现的问题及时督促整改。加强对领导干部个人事项报告的监管力度，严格履行婚丧嫁娶报备制度，在全局开展廉政风险点排查，坚决将纪律规矩挺在前面。聚焦能力建设，凝聚行业发展合力。加强领导班子制度建设，加强制度执行监督。严格落实民主集中制、党组会议制度，“三重一大”事项一律由党组讨论决定。严格执行民主生活会制度，按时召开领导班子民主生活会。认真接受市政协民主评议，完成人大建议、政协提案的办理工作。统筹抓好各项党务工作，新闻宣传、政务公开、档案管理、拥军优抚、工青妇、老干部、网络安全、保密等各项工作取得新的成效。

（马　可　孙煜佳）

潞州区交通运输局

2022年，潞州区交通运输局以习近平新时代中国特色社会主义思想为指引，认真贯彻落实中共二十大精神和省委十二届五次全会、市委十二届三次全会精神，在区委、区政府正确领导和在上级部门指导下，坚守初心使命，主动适应新形势，以“攻坚克难、狠抓落实，守住底线、勇争一流”为目标，统筹推进项目建设、安全生产、生态文明建设等各项工作，完成各项目标任务。2022年，潞州区交通运输局被长治市精神文明指导委员会评为“长治市文明单位”。

【重点项目建设】2022年，计划实施“四好农村路”建设项目8个，建设里程22.3公里，计划总投资2472万元。截至年底，8个建设项目已全部完工，完成里程32.6公里，总完成投资3447万元。

【路域环境整治】按照区政府要求，潞州区交通运输局对境内309国道9.5公里及长北干线沿线路段进行整治，共完成硬化面积8.65万平方米，安装波形护栏3600米，种植国槐265棵，砌筑挡墙250米，完成投资1501万元，同时，优化监管手段，在309国道沿线两侧安装7组监控摄像头，优化309国道沿线车辆监管系统。

【农村公路管养】以县乡农村公路为重点，按照年度公路养护工作计划，对潞州区境内339公里农村公路进行日常养护，已完成加铺沥青混凝土路面12918平方米，水泥混凝土路面192平方米，稀浆封层68469平方米，碎石封层2592平方米，水泥路面新材料修复1512平方米，处理路面裂缝15公里，片石砌挡土墙722.8立方米，修复安全设施24块，完成投资299万元；根据“路长制”实施方案和养护体制改革方案，推进三级“路长制”，试行“路长”App巡查路线；完成2022年农村公路路况检测评定计划。

【综合执法】针对重点时期、重点路段开展道路路面检查，精准打击非法营运的黑车和扰乱客运市场的违规行为；联合公安交管部门对散装物料运输车辆遗漏抛洒和超限超载行为开展路面联合执法，共出动执法人员430人次，出动执法车辆200辆次，检查车辆610辆次，联合交警部门检测超限车辆150辆次，对机动车驾驶人的交通违法违规行为记分共388分，卸载超载货物1310.7吨，查获非法营运车辆3辆、处罚路政案件3起、运政案件19起，共处罚2.02万元；对区政府公示的56家货运源头企业定期巡查，共进行巡查源头企业620次，出动巡查人数1680人次，出动车辆760辆次，检查源头企业进出站车辆9910辆次，车辆抛洒扬尘行为得到有效遏制，确保超限超载率控制在2‰以内。

【规上企业】2022年，全区19家规上交通运输服务业企业营业收入较为平稳，但总体增速下滑，1—12月营业收入12.2亿元，同比减少10%。一是有序推进市场主体倍增，引导运输企业做大做强，培育多式联运市场主体，全面提高运输质量和效率，截至12月底，市场主体净增296户。二是开展助企纾困政策宣传，推动政策落实，协调解决企业面临的突出问题，全力推动全区交通运输高质量健康发展。

【平安交通建设】2022年是专项整治三年行动收官年，潞州区交通运输局继续深入开展安全生产专项整治三年行动，巩固提升安全生产专项整治三年行动成果，围绕29项巩固提升重点任务清单，继续深入在全区交通运输领域深入开展安全生产专项整治三年行动，扎实开展交通运输安全生产大检查大整治大提升专项行动，共出动检查人员394人次，共检查企业185家次，共查处一般安全隐患116项，全部完成整改，隐患整改率达100%；集中开展国省道安全隐患专项整治，认真组织实施农村公路“一灯一带”工程建设，共安装大货车靠右行和禁止超车标志牌14块，在穿村过镇路段平交道口补装减速带1600米，安装道口警示桩1800根，完成投资124万元。

【营商环境优化】按照区委、区政府工作部署，主动作为，扛责上肩，大力实施优化营商环境工作，迅速打响“好办、快办、如意办”的一流营商环境品牌，努力提升群众的满意度和获得感。共办理道路普通货物运输经营许可事项218件、新增车辆767件、车辆年度审验4774次，并通过“跨省通办”交通平台对道路运输经营许可证、道路运输证实现全部电子证照；从业资格证年审验4359件，根据省交通运输厅要求从业资格证审验、换发已全部实行网上办理，审批事项办结率达100%，实现企业、群众满意度达100%，回访群众满意率达100%；在优化营商环境工作中，对监管事项进行重新梳理，监管行为也及时、准确、规范地录入“互联网+监管”系统，已录入1.3万条，覆盖率达90.22%；行政许可事项按要求对其进行“双公示”以及长治市政务服务云平台“好差评”管理，已公示142项。

【全民普法宣传教育】为保证法治宣传教育工作的顺利进行，加强对法律知识学习和普法活动的管理、指导，以“路政宣传月”“安全生产月”“八五”普法等活动为载体，深入群众宣传交通安全知识，以专项整治行动为契机，以扫黑除恶、禁毒宣传等工作为抓手，在运输企业、客货站场、公路沿线等地发放法律法规等宣传资料5000份。

【信访投诉】以“事要解决”为核心，以信访案件“攻坚清零”为抓手，全力推动行业安全稳定，制订《关于开展交通运输执法领域突出问题专项自查的工作方案》，紧盯交通运输行业维稳，齐抓共管，合力推进，通过领导接访下访、“党建+信访”工作模式，妥善化解各类信访投诉，共接待来访人员30人次，处理市长公开电话等各类投诉、咨询86件，真正做到“件件有着落、事事有回音”，确保交通运输行业的和谐与稳定。

【践行“我为群众办实事”】按照区委统一安排，协助包联村（社区）指导服务森林防火、信访和安全稳定等重点工作。把“我为群众办实事”作为重要内容和突出抓手，坚持问题导向，立足群众需求，真心实意为群众办好事、办实事、解难事，不断增强人民群众获得感、幸福感、安全感，完成长北干线至陈村双车道道路改造工程3.2公里，方便群众出行，辅助村委集体经济发展，完成朝河线金口段路面改造工程0.85公里，方便群众出行，完善农村路网结构；清明节前后严控森林防火工作，加大督导检查力度，同时，加大对森林防火、信访和安全稳定等重点工作的宣传力度，发挥好党支部、党员、群众的示范引领作用，开展志愿服务等多种形式，凝聚良好的工作氛围，促进重点工作提质增效。

【党的建设】一是强化责任担当，夯实主体责任。局党组高度重视党建工作，党组书记认真履行牵头抓总、党建工作第一责任人职责，党建工作与其他中心工作、业务工作同谋划、同部署、同考核，切实增强抓党建工作的力度，定期召开党建工作专题会，听取各党支部工作汇报，带头参加并支持党支部党建工作，班子成员、各科室负责人认真履行“一岗双责”，各党支部书记抓好具体工作，将党建工作主体责任细化实化，形成一级抓一级、层层抓落实的党建工作格局。二是狠抓学习管理，培塑清廉作风。构建以党组理论学习中心组学习为龙头、党支部学习为依托、自学为基础的理论学习体系，通过领导示范带头学、多种方式灵活学、特色教育引领学等形式，严格落实“三会一课”等制度，全面落实党风廉政和意识形态“一岗双责”制度，推动全局党风廉政建设持续发展，组织党组理论学习中心组成员开展线上线下学习19次，各党支部开展学习共计80次，党组书记带头讲党课2次，各支部共组织开展党支部主题党日活动共计58次，缴纳党费30862元，发展党员3名，预备党员转正4名，培养入党积极分子2名，接转党组织关系2名，在职党员到居住地党组织报到率达100%，积极参与社区志愿活动。

【清廉交通建设】推进清廉交通建设，加强公路工程、综合运输、资金管理、行政审批、行政执法全方位清廉建设，组织全局党员干部集体进行廉洁宣誓并签订《争做清廉党员干部承诺书》，收看警示教育片《零容忍》《永远在路上》，廉剧——上党梆子现代戏《申纪兰》，开展“树清廉家风、建清廉家庭”家访活动，中层干部家访比例达100%，干部职工家访比例80%，向全体干部职工及家属发出清廉家风倡议，倡议书发放率达100%，同时，将清廉交通建设纳入宣传工作重点，利用机关门厅电子显示屏、办公室电脑显示屏（屏保字幕）等载体推送廉政格言警句、党纪法规内容，使廉政建设入眼、入脑、入心，让广大干部职工在潜移默化中接受廉洁文化的浸润和熏陶，在心中构筑一道牢不可破的廉政防火墙。

（潞州区交通运输局）

上党区交通运输局

【重点工程项目】全力推进国道干线公路建设。一是208国道长治南段（上党区境内）改扩建工程。路线全长21.26公里，总投资14.13亿元，占地1718.61亩，12月8日开工，2025年3月竣工。二是市殡仪馆迁建项目道路工程。路线全长3.199公里，1月4日在区行政审批局备案，2月18日以“EPC模式”完成设计、施工招投标工作。

【“四好农村路”建设】一是完成坡头至后坡、南朔线、郭王线、南沙线建设项目。对辛呈至东和、小北崖至南和、王童至郝家庄、西贾、西陕、坡头等建制村道路进行加宽改造。二是完成县道司八线(林移至司马)段、县道北庄线(东掌段和振兴段)煤矿采空塌陷区治理工程3.7公里,累计完成投资1400万元。

【水毁修复工程】完成上党区交通运输局实施重建的42处水毁项目,主要涉及5条县公路,4条乡公路,14条村公路,路线全长4.857公里,总计完成投资2500万元。

【危桥改造工程】完成小河桥、大沟桥、上村桥和高河二桥四座危桥改造项目,完成投资721万元。

【公路养管】日常养护市场化。通过"政府购买服务"模式,引进专业队伍,利用社会资本有效解决道路养护、道路保洁设施设备、人力等投入不足,资金短缺等问题,建立道路养护、保洁"作业专业化,经营企业化,服务社会化,管理规范化"的作业和管理长效机制。截至年底,培护路肩180公路,清除垃圾30吨,清理边沟约110公里,完成10条县道,20条乡道,261.065公里县乡公路的日常养护、保洁,县乡公路路域环境日趋整洁。养护工程专业化。农村公路中小修养护工程、处理路面灌缝和坑槽等病害、桥梁涵洞隧道养护等交通专业性强的工作,通过招投标的方式选择具备相应资质的公路专业化队伍进行,解决农村公路养护工程专业人才缺乏、施工机械设备不足、施工队伍能力不强等问题。截至年底,已完成农村公路养护浇缝40.23公里,县乡公路挖补、罩面75470平方米。

【乡村振兴】认真落实乡村振兴要求,由2名科级干部担任东和乡辛呈村、曹家沟村驻村工作队队长,抽调各股室年轻骨干力量12人,每队6人加入到乡村振兴与定点帮扶工作领导小组,紧盯群众需求,真帮实扶解民忧,为曹家沟筹措资金30万元,修整村级道路300米;为辛呈村硬化小北崖至南和村1公里的道路,村容村貌、村民出行得到明显改善;筹措资金120万元,修复和疏通曹家沟村排水渠3.2公里,大大改善村民生活环境;为曹家沟村帮扶户原永则修缮外墙;给曹家沟存边缘户赵向花协调公益岗位,每月增加收入800元;2022年春节前,组织工作队员深入到每位脱贫户家中,与脱贫户聊聊家常,了解他们的困难和想法,并送去慰问品让困难群众切实感受到党和政府的关怀。

【行业管理】2022年,全区交通运输行业发展平稳,共有公示的货运源头企业74家。经许可的客货运及道路运输相关企业110家,其中货运企业96家,公交2家,出租公司2家,机动车维修企业6家,驾驶员培训学校2家,备案物流企业18家,网络货运平台2家。道路运输车辆3837辆,总计59918.251吨,其中运输企业1567辆,22420.654吨;个体运输车辆2270辆,37497.597吨。新能源电动公交车126辆,出租车179辆。严厉打击各种非法运输车辆及营运车辆超载等违法行为,与辖区70家货运源头企业签订2022年度无双超和环境治理保护承诺书,进一步加强治超货运源头监管,共派出源头执法组70组次,检查源头企业150次,共检测车辆308499辆次,查扣非法超载车辆148起,卸载货物3549.11吨,罚没款184900元,计分689分。

【安全管理】始终坚持"安全第一、预防为主、综合治理"总方针,按照"党政同责、一岗双责、失职追责"要求,全面贯彻《中华人民共和国安全生产法》,紧紧围绕"三管三必须"要求,结合安全生产专项整治三年行动、交通运输领域安全生产隐患大排查大整治大提升活动,以突出"道路运输、城市客运、农村公路和交通基础设施建设安全监管"为重点,制订出台《关于做好2022年元旦、春节及北京冬奥会期间全区交通运输安全生产工作通知印发2021年春运工作方案的通知》等一系列文件,全年召开安全例会12次,排查隐患45处,整改隐患45处,整改达100%。

【服务能力】一是文明创建争优创先。积极做好文明城市建设工作,对区域内所有重点区域的公交站台、站牌以及公交车、出租车管理等明确责任领导和责任干部,实行挂图作战,销号管理,确保文明建设工作顺利推进。二是开展"百日攻坚"行动。积极配合区委、区政府环境污染和卫生环境整治"百日攻坚"行动,加强路面巡查突查,共派出检查组100组次,出动执法人员300人次,排查车辆1000辆次，现场纠正不规范苫盖篷布等行为210起，清理道路两侧堆积物6处40平方米，拆除非公路标志30块，集中力量攻克环境污染和卫生整治方面的顽疾。三是政务服务能力全面提升。扎实做好议案、建议和提案办理工作，涉及的人大建议14件，政协提案1件，已全部办理答复完毕。认真对"12328""12345"服务监督热线举报线索进行全面梳理，截至年底，热线共收到投诉举报事项198件，办结处理198件，办结满意率达100%。四是开展爱心送考活动。为弘扬"无私奉献、助人为乐"优良传统，精心组织"爱心送考"活动，高考期间出动志愿者20人，公交车33辆，接送考生650人次。

【营商环境】认真贯彻落实上级有关"放管服"决策部署，进一步"放"出活力、"管"出公平、"服"出效率，本着为民服务、与民便利的思想，打造高效便捷的政务环境，提升群众获得感和满意度。一是着重解决货车司机遇到的停车、住宿、车辆故障等急难问题，东苗超限站"司机之家"正式投入使用。设有2间休息室、20个标准停车位，休息室内共有4个床位，配备全套洗漱用具、爱心药箱、简易修车工具、安全宣传资料与全省道路运输图册等。二是积极推行使用道路运输电子证照经营许可证、道路运输证、道路运输从业人员从业资格证等电子证照，实现道路运输从业人员从业资格证、道路运输经营许可证、道路运输证、营运客车二维码互认核验。全年办理道路运输电子证照经营许可证216份，道路运输证54份、道路运输从业人员从业资格证2172份。三是深入推进与群众对话。7月19日，工作人员围绕"多方合力解难题，助企纾困谋发展"主题参与《政务直播间》，就交通运输部门帮助企业纾困解难方面主要采取的措施进行讲解，确保上党区交通运输领域平稳有序运行，为区域产业高质量发展提供有力支撑。

【综合执法】长治市交通运输综合行政执法队上党大队2022年1月20日正式挂牌，并做到人员到位、机构到位、场所到位，在全市率先完成执法改革一系列工作，并为规范化执法奠定坚实基础。大队挂牌成立以来，规范行政执法程序、不断提升行政执法水平，贯彻教育为主、惩罚为辅原则，共教育、纠正轻微违法违规案件300起；立案、查处各类案件60起，罚款30万元，其间未发生1起行政执法复议、诉讼案件。

【党建和党风廉政建设】毫不动摇把党的政治建设摆在首位，全面加强党组织建设。一是加强机构改革后事业单位组织阵地建设，充分发挥基层党组织的战斗堡垒作用，成立长治市交通运输综合执法队上党大队党支部和长治市上党区交通运输发展中心党支部，全面加强交通系统党领导；严格落实党的组织生活制度，上好"三会一课"，灵活开展党支部主题党日活动，组织全体党员和入党积极分子到档案馆参观党的光辉历程，重温入党誓词，并为45名党员过政治生日。二是落实全面从严治党主体责任。坚持"一把手"为第一责任人，切实履行一岗双责，分管领导积极配合，齐抓共管，有力地促进全面从严治党责任制落实。6月29日，召开党风廉政建设专题会议，层层签订《党风廉政建设承诺书》，对全面从严治党工作作出全面部署。三是坚持党建与业务工作两手抓。将党建与业务同谋划、同部署、同推进、同考核，不断增强勤政廉政意识，以上率下，推动"两个责任"落实。定期组织党员干部及时传达学习习近平总书记重要讲话精神及上级重要文件精神和中央、省、市、区重要决策部署，并认真研究贯彻落实意见。

【党风廉政教育】坚持每周一集中学习，采取集中学习、自学相结合方式，持续深入学习贯彻习近平新时代中国特色社会主义思想、中共二十大精神，在建党101周年前后开展系列活动，进一步加强党员干部教育；在积极学习传达省、市区纪委《典型案例通报》基础上，紧盯元旦、春节、中秋节、国庆节等重大节日和重要时间节点，通过多种形式进一步提醒党员干部廉洁自律，明纪律，敲警钟，划红线，切实增强全体干部职工政治意识、大局意识、核心意识、看齐意识；对《中华人民共和国章程 》《中国共产党纪律处分条例》《中国共产党廉洁自律准则》《中国共产党党内监督条例》等党规党纪进行专题性学习，进一步促进党员干部学法懂法、依规守纪，加强法律法规和党规党纪对于党员干部的约束力。把握意识形态主动权。坚持定期组织传达学习习近平总书记重要指示精神和中央、省、市、区重要决策部署,及时传达学习习近平总书记重要讲话精神及上级重要文件精神,并认真研究贯彻落实意见。用好“学习强国”“三晋先锋”等学习平台开展线上学习。在上党区政府网、“上党区政务App”等平台,及时更新发布相关学习信息,弘扬主旋律,传播正能量。

【行政执法】认真开展“中梗阻”问题开展专项整治。重点对行使行政审批、行政执法、办事窗口等关键岗位工作人员组织观念淡薄、服务意识缺乏、行政不作为、慢作为、乱作为等“中梗阻”问题开展专项整治,通过谈心谈话与个人自查,梳理出问题并制订关键岗位“中梗阻”问题集中整治问题、责任、整改清单,不断提升政务服务能力。

(上党区交通运输局)

屯留区交通运输局

【机构改革】2022年3月15日,整合长治市屯留区农村公路养护管理中心、长治市屯留区道路运输服务中心、长治市屯留区交通建设工程质量监督站、长治市屯留区客运服务中心4个单位,组建长治市屯留区交通运输发展中心,隶属区交通运输局,股级建制。

【“四好农村路”建设】开工建设建制村通硬化路项目61公里。沥青混凝土路面,3月开工建设,10月底全部完工,历时8个月,总投资7348万元。

【较大自然村通硬化路】路线全长3.3公里。水泥混凝土路面,7月开工建设,11月底全部完工,总投资329万元。

【乡镇通三级公路改造工程】化肥厂至许村线(前苏村至东洼段)全长2.875公里,沥青混凝土路面,3月开工建设,9月底全部完工,总投资1182万元。

【“三个一批”重点村路面改造】建制村通双车道改造工程金家庄至峪里线,路线全长2.597公里,沥青混凝土路面,8月开工建设,10月底全部完工,总投资1037万元。

【农村公路小修养护】对全区路网内的农村公路进行日常养护巡查,全年共清理排水沟34500米;维修路边石1200米,维修水沟3100米,更换水沟盖板1250块,安装道口桩210根,安装、更换护栏268米,更换标志牌19块,安装指向标志标牌2套,安装警示标志80套,喷涂震荡减速标线55平方米,喷涂道路标线17800平方米,更换损坏中央隔离墩152米,维修中央隔离墩200米,挖补沥青路面坑槽28950平方米,挖补水泥路面4600平方米,贴缝带处理沥青路面裂缝10000米,浆砌片石挡墙2300立方米,安装农村公路平交口减速带95条475米,安装减速警示标志50套,安装排水管道18米,维修涵洞1道。

【养护体制改革】对小修养护工程和日常养护进行单价招标;完成全国第一次自然灾害综合风险公路承灾体普查及灾险点调查工作以及省级督办的农村公路隐患路段排查整改工作;积极推进和实施2021年水毁灾后恢复重建工程,截至年底,该项目已进入扫尾完善阶段。

【“三个一批重点村社”监督治理】按照局党组安排,完成第一阶段余吾镇牛家脑村、路村乡郭庄村,第二阶段路村乡西洼村、麟绛街道姚泽头村、丰宜镇西丰宜村的道路硬化养护任务;完成中城桥加固维修工程。

【农村公路技术状况监测】组织对全区县、乡、村40%的道路共计351.521公里进行自动化公路技术状况评定,检测路线优良中路率达99.54%,略超市局检测指标。

【城乡公交一体化】新开通11条公交线路,区政府拨付公交公司300万元开通山区乡村公交补贴,共购回21辆8座小公交,开通公交涉及6个乡镇101个村、19条小公交线路。对全区在职教师实行免费乘坐公交车的优惠政策。

【快递物流行业】全区依托588电子商城,设立1个区级特色电子商品中心,13个乡镇及物流配送站,辐射全区特色产品的运输流通领域;以邮政为行业领军企业、其他寄递为骨干的物流格局,共有区级寄递企业13家,各网络乡镇村代办点263个,辐射全区所有209个行政村,已经构架起立体辐射寄递物流格局；组织人员实施行业工作监督检查90次，下发整改通知书50份，限期整改15份，约谈负责人15次，停业整治1家。

【水路运输】联合市局水运管理部门开展“水运安全进校园进码头宣讲行动”活动，对600名小学生实施讲台宣讲。深入辖区水运码头进行现场宣传，发放宣讲资料及宣传手册等2500份。

【码头建设】完成石泉海码头工程可行性研究报告，初步设计已由交通运输部水运科学研究所（北京）编制完成，预算总投资174.86万元。

【治超工作】309国道高店公路超限检查站共检测车辆652739辆次，查扣超载车52辆，卸转载货物910.04吨，全部由交警实施处罚，共罚款4.62万元、记183分；强化源头监管，对全区重点货运源头企业进行公示；组织召开全区治超工作会议1次，治超领导组扩大会议1次，联席会议2次，约谈恶意超限超载驾驶员1次，组织交通、交警开展路警联合流动稽查160次，组织各治超职能部门深入辖区源头企业开展联合治超10次，对全区治超工作明察暗访30次，查处的问题由各职能部门全部依法依规进行处理；强化舆论宣传，营造良好氛围。全年开展治超宣传3次，制作宣传条幅80条，宣传展板5块，通过电子屏宣传治超法律法规1600条，发放宣传资料与画册10000份，在治超站点、源头企业和相关单位张贴“山西治超”二维码300张，接受群众咨询150人次。

【安全生产】全年共召开各类安全会议10次，对全局安全生产目标进行细化分解，向下属4个涉安部门下达并签订2022年度安全生产目标管理责任书；强化安全监督检查，开展安全检查20次，发现安全隐患51处，已整改隐患51处，整改率达100%。全区运输企业未发生较大安全生产事故；组织开展宣传活动，发放安全生产知识宣传资料3000份，现场接受交通安全方面咨询50人次，营造人民群众关注交通运输安全的积极氛围。

【党建工作】围绕“清廉屯留”建设，加强党员思想政治教育，提高党员自身素质。优化组织建设，改革优化教育属党总支部组织建设，撤销道路运输管理所党支部，完成局党支部换届工作；严格落实“三会一课”制度，深入学习《中国共产党章程》《中国共产党宣传工作简史》《中国共产党支部工作条例》《习近平关于坚持和完善党和国家监督体系论述摘编》《新形势下党内政治生活若干准则》《中国共产党纪律处分条例》《中国共产党宣传工作条例》《百年大党面对面》《习近平法治思想学习纲要》政策业务知识；组织召开局党组会议20次，意识形态会议6次，党员大会2次，主题党日活动10次；扎实做好发展党员工作，注重培养职工中的骨干分子，全年接收入党申请书6人，推荐入党积极分子2人，接收预备党员4人；春节、“八一”建军节期间走访慰问老党员、乡贤和退役军人；针对区纪委四个专项整治，分别是重大项目工程领域腐败问题、惠民惠农资金腐败问题、区直单位关键岗位“中梗阻”问题等进行摸排和自查自纠。

【乡村振兴】根据有关精神，抽调3名业务骨干组成驻村工作队，并向该村选派驻村第一书记，结对帮扶村上莲开发区武庄村，累计投入资金100万元，帮扶武庄村维修通村道路塌陷1处，改造入村道路两处，入户道路2处200米，水毁道路2处，增加防护栏400米，改善居民住户危墙2处，更换村委办公桌椅30套，乡村振兴以购代捐1.3万元。

（屯留区交通运输局）

潞城区交通运输局

【“四好农村路”建设】根据区委、区政府安排部署，共完成“四好农村路”建设任务64条81.191公里。涉及8个乡镇（街道）、73个行政村，连通3条县道、6条乡道，惠及沿线群众4万人。

【重点项目】主要包括环西路和晋水产业路2个项目共5.86公里，总投资约3977万元。一是环西路（长邯高速路潞城西收费站至潞阳大道），路线全长3.38公里，总投资2778.3561万元。二是山水产业路（环西路至山水集团道路），总投资1199.0756万元。

【重点规划】2022年，新谋划4条太行一号旅游公路约63公里，已经省政府批复，列入全省太行一号旅游公路规划，11月立项，地质勘探、初步设计已完成，进行项目规划选址报告、地质灾害评估报告、勘测定界报告、环境影响评价报告编制等工作，将于2023年第二季度开工建设。

【水毁修复】2021年7月，全区部分农村公路因持续强降雨受损较为严重，为及时保通保畅，聘请第三方勘察设计单位，形成科学可行的水毁灾损评估技术报告。2021年11月18日出台《灾后重建交通实施方案》(潞交发〔2021〕76号)，同步督促各乡镇(街道)对各行政区域内的乡、村级道路进行灾后恢复重建。返桥线、石潞线、成小线、李黄线、五大线等部分受损重要县、乡村公路均及时实现保通保畅，各乡村受损路段亦实现及时修复，满足群众通行需求。为加快推进灾毁恢复重建工作，一是分类进行打包立项，针对重点项目(高山流水旅游公路)、8条县道、9条乡道、33条村道等四个类别进行打包立项；二是加紧实施重点项目，10月完工。

【党建工作】认真落实全面从严治党责任，坚定不移地一手抓党风廉政建设，遏制交通腐败不松懈，一手抓交通建设，咬定转型发展不动摇。把发展交通和党的建设有机地结合在一起，凝聚更强的发展合力。一是持续推进廉政教育。通过讲授廉政专题党课、组织召开警示教育大会、观看警示教育片、组织签订诺廉书和进行党纪法规知识测试等方式，使全体干部职工切实增强"四个意识"、坚定"四个自信"、做到"两个维护"。二是加强党建阵地建设。9月由区交通运输局牵头，与区企业综合服务中心共同组建快递物流行业党委，成立潞城区快递物流党群服务中心，以"智慧交通、物畅其流，一潞风光、满城故事"为主线，打造"三家两站一基地"，即党员之家、司乘之家、快递之家，党员驿站、暖心驿站和实训基地，为全区快递物流行业的党员、群众、司乘员工、快递小哥提供全方位一体化服务。三是切实优化党支部整合。为切实增强党组织生机和活力，发挥基层党支部战斗堡垒作用，进行党支部优化整合，由原先的8个党支部，撤并为4个党支部。全面推行党员分类积分制度，进一步提升党支部的凝聚力和向心力，激发党员率先垂范积极性，有效发挥党组织政治引领作用。四是创建党建品牌。通过开展党建品牌创建活动，巩固和拓展"打造阳光交通、当好开路先锋"特色品牌活动成果，扎实推动党建与业务双提升、双促进。

【安全生产】坚持以抓好交通运输安全为核心，以问题结果为导向，以隐患排查治理闭环管理为抓手，以严防事故发生为目标，实现全区交通运输行业零事故，确保行业安全平稳健康发展。全年共抽查检查76家，普货企业60家，危货6家，公交1家、出租2家，维修3家，驾校4家，累计安全生产执法检查3000次。共发现一般隐患186条，重大隐患0条，督促其均在限期内进行闭环管理。组织召开行业安全会议7次，关键少数安全专题会议2次，机关安全会议2次。

(潞城区交通运输局)

襄垣县交通运输局

【公路养护】完善农村公路管理养护体制，明确各相关部门、镇村工作职责，推行目标责任绩效考核办法，安装"路长制"责任牌454块，其中：县道24块，乡道76块，村道354块；保障农村公路管理养护资金，县财政每年将1800万元农村公路养护资金列入一般公共财政预算，保障资金投入；建立农村公路管养成效机制，扎实推进农村公路养护工程公开招投标、单价中标法、工程法人化、作业机械化、管理规范化等一系列改革举措，并建立农村公路安全信用体系。2022年，完成养护投资1200万元，挖补路面74000平方米，砌筑边沟、护面墙286立方米，完成各类应急处置10起，喷画标线810平方米，铺装水泥路面4760平方米。县乡公路列养率达100%，好路率达85%。

【路网建设】滨河东路南延工程，路线全长5.011公里，总投资24350万元。截至年底，主体工程全面完成，具备通车条件。仙堂山旅游公路滨河东路南延高架桥工程，路线全长1703.59米，桥梁宽20.5米。项目总投资15417.44万元，采用PPP模式建设，2020年9月开工，2022年10月1日正式开通试通行。仙堂山旅游公路(王村至仙堂山、仙堂山至王家峪)工程，路线全长32.607公里，路基宽11米(行车道7.5米，自行车道3米，硬化分隔带0.5米)，总投资48548万元。截至年底，主体工程全面完成，附属工程接近尾声。龙王堂隧道改造工程，已列入省级危隧改造项目。截至年底，完成涵洞初期衬砌、仰拱衬砌和二次衬砌，已基本具备通车条件。

【文明创建】按照县文明办要求，县交通运输局牵头对汽车站、火车站、出租车、公交候车厅、太郑高铁环境整治工作。对照任务清单，以局党组成员牵头成立4个创建督导组，分头深入企业，对照清单逐项整改销号，结合全国县城创建工作，在太郑高铁襄垣东站打造全省一流的“妈咪小屋”，在保护妇女儿童合法权益的同时，展现千年古县的文明形象。年内，获得“全省文明单位”称号。

(襄垣县交通运输局)

平顺县交通运输局

2022年，平顺县交通运输局认真贯彻落实县委、县政府提出的夯实“三大基础”、推进“四大发展”工作部署，全力实施“大交通”建设，科学规划实施，继续推进以国省干线为主干，县乡公路为分支，村村通公路为脉络体系的贯通和升级。加快341国道、通天峡旅游公路、黎阳线、王曲桥和奥治桥危桥改造、太行天路提质工程等重点项目的建设，积极推进黎城经平顺至陵川(夺火)高速公路和莫流至张井、县城至西沟、神龙湾挂壁公路至井底等旅游公路等项目前期工作，使全县初步形成内通外联、四通八达的现代大交通格局，被交通运输部确定为2022年“四好农村路”全国示范县创建单位。

【重大工程项目】一是341国道平顺县境内王庄至晋豫界段新建公路工程建设项目，2019年9月开工，1~7标路基24.181公里已全部完成，其中1~2标段和西沟连接线已通车。除8、9两个标段长隧道及部分机电项目工程外，其余路基、路面、桥梁、隧道工程全部完工。二是通天峡旅游公路建设项目。6标隧道长1093米，7标隧道长765米，均已全部贯通。三是平顺县太行天路路面提质改善工程建设项目，路线全长5公里，预算总投资1213万元，全部完工。四是太行一号主线黎阳线改造工程(平顺段)建设项目，路线全长15.992公里，预算总投资10592万元。截至年底，路基、沥青路面铺装已按照年度计划全部完成。

【产业民生项目】下佛线(下井至三叉口)党参基地建设项目，完成投资3200万元，11月15日完工。

【“四好农村路”建设】全面完成2022年上级下达建设项目，完成投资8432万元。其中较大人口规模自然村通硬化路37.4公里，投资2994万元；建制村通双车道8.9公里，投资1775万元；县乡公路改造5.1公里，投资1020万元；村道安全生命防护工程88公里，投资2643万元。

【水毁修复工程】一是奥治大桥建设项目，总投资1298万元。2023年4月底前完成桥梁主体工程。二是王曲桥危桥改造项目，总投资761万元，工程11月底完成。三是太行一号旅游公路和县乡公路水毁修复工程全部完工。

【乡村振兴】认真落实“一村一队，一队三人”的派驻要求，派驻石城镇遮峪村和牛岭村帮扶工作队六人，并严格执行“五天四夜”驻点要求和“六化十到位”工作要求，从纪律上保证驻村帮扶工作的落实。围绕义务教育、基本医疗、住房安全、饮水安全、特色产业、务工就业、兜底帮扶、监测帮扶等，做到“八必访”，每月开展防止返贫动态监测帮扶排查。驻村干部运用乡村振兴大讲堂开展政策宣讲，通过抖音、小视频、村级大喇叭等宣传政策，到户下张贴政策宣传画、解读政策、帮助落实政策。主要负责人到帮扶村开展调研督导6次，按月开展“同心、同向、同力”座谈会，帮助解决5个问题，慰问困难群众30人次，投入帮扶资金240万元，引进项目3个。2022年，干部职工开展“以购代捐”活动，主要销售花椒、蜂蜜、红薯等农产品，共计价值5万元。在中秋节、春节期间为群众送去月饼、大米、面粉、食用油等慰问品。通过各项工作努力，群众满意度、认可度大幅提升。

【行业管理】道路运输服务管理水平得到稳步提升。加大源头治超工作力度，采取突查暗访的形式，严厉查处超限超载行为；积极创建文明县城验收工作，对县城公交站台进行更换维护和小广告清除；全县道路运输行业诚信考核全部完成，驾驶员诚信考核在网上办理申请考核；成立邮政快递联合工会和货运司机联合工会；把大气污染防治“百日攻坚”工作纳入重要议事日程，制订工作计划，确定工作重点，确保交通运输大气污染防治“百日攻坚”行动，有序开展工作。完成2022年春运和高考、中考爱心送考工作。

【公路管养】公路管养全面到位。2022年，共上报云平台养护工程计划22个项目，已全部完成。完成人工清理边沟175030米，人工整培（土）路肩46590平方米，人工整修（土）边坡9352平方米，清理涵洞367道，清理边坡56730立方米，处理路基下沉8345.7立方米，挖补路面坑槽5687.3平方米，恢复沥青路面27489平方米，恢复水泥砼路面13273平方米，恢复护岸4995.6立方米，安装（更换）广角镜117套，安装警示桩599根，安装波形护栏780米，安装减速带48个平交道口484米，热熔标线1916平方米、安装标志牌14块。冬春季清理道路积冰（雪）出动人工715工日、扫雪车41台班、装载机64台班，使用融雪剂137吨，确保全县农村公路安全畅通。

【综合执法】全年共查处路政案件2起，收取路损赔（补）偿费9472.95元；检查过往载重货车1200辆，联合执法查处非法超限超载车辆50辆，卸载货物1122.16吨，移交公安交警记分181分，罚款5.49万元。全年清理公路路障13处/220平方米，排查各种安全隐患10处；针对207国道环线整治，共出动执法车辆80台次，执法人员160人次，清理路面加水非公路标志1处，查处非法超限超载运输车辆3辆。清理临时占道停放车辆10次80辆，查处擅自增设平面交叉道口1起。同时加强对公共客运的监督检查。全年对公交车、出租车公司监督检查20次。

【安全生产】全行业安全生产严格履行“党政同责，一岗双责”“管行业必须管安全”“管业务必须管安全”“管生产经营必须管安全”的安全管理工作原则，切实做好春节、“五一”、中秋节、国庆节等重大节假日安全监管；切实加强安全应急工作，制订行业安全应急工作预案，储备充足的安全应急物资、车辆，与消防、公安等共同组织安全应急演练，提升突发安全事故应急能力。

【营商环境】交通“放管服”改革及营商环境改善渐趋规范。一是稳步推进“互联网+监管”工作，共录入检查数据4062条；二是认真执行“双随机、一公开”工作要求，配合“双随机、一公开”领导组完成“双随机、一公开”的抽查计划、数据收集、报送；三是认真办理投诉意见，做到不拖延、不推诿、件件有回音、条条有答复。落实“12345”政务服务热线、“12328”交通运输服务监督电话平台、群众电话投诉等各类涉访问题共16件次进行及时回复回答，未发生一起群体性上访事件，信访投诉处理率达100%，满意率达100%。

【党建和党风廉政建设】毫不动摇把党的政治建设摆在首位，全面加强党组织建设。一是落实全面从严治党主体责任。坚持“一把手”为第一责任人，切实履行一岗双责，齐抓共管，有力促进全面从严治党责任制的落实。召开党风廉政建设专题会议，层层签订《党风廉政建设承诺书》，对全面从严治党工作作出全面部署。二是坚持党建与业务工作两手抓。将党建与业务同谋划、同部署、同推进、同考核，以上率下，推动“两个责任”落实。定期组织党员干部及时传达学习习近平总书记重要讲话精神及上级重要文件精神和中央、省、市、县重要决策部署，并认真研究贯彻落实意见。三是把握意识形态主动权。坚持定期组织传达学习习近平总书记重要指示精神和中央、省、市、县重要决策部署，及时传达学习习近平总书记重要讲话精神及上级重要文件精神，并认真研究贯彻落实意见。用好“学习强国”“三晋先锋”等学习平台开展线上学习。在政府网等平台，及时更新发布相关工作信息，弘扬主旋律，传播正能量。

【三类教育】阵地教育，坚持每周一的集中学习，采取集中学习、自学相结合的方式，持续深入学习贯彻习近平新时代中国特色社会主义思想、中共二十大精神，不断增强“四个意识”、牢固树立“四个自信”；警示教育，在积极学习传达省、市、县纪委《典型案例通报》的基础上，紧盯元旦、春节、中秋节、国庆节等重大节日和重要时间节点，通过多种形式进一步提醒党员干部廉洁自律，明纪律，敲警钟，划红线，切实增强全局干部职工政治意识、大局意识、核心意识、看齐意识；党纪法规教育，对《中国共产党章程》《中国共产党纪律处分条例》《中国共产党廉洁自律准则》《中国共产党党内监督条例》等党规党纪进行专题性学习，进一步促进党员干部学法懂法、依规守纪，加强法律法规和党规党纪对于党员干部的约束力。

（平顺县交通运输局）

黎城县城乡建设和交通运输局

2022年，黎城县城乡建设和交通运输局坚决贯彻中共中央和省、市、县委的工作要求，认真落实县委、县政府“三定三评三争”和“五化”工作法，全方位推进项目建设和服务保障工作，为全县经济和社会事业发展提供良好的城乡建设和交通运输环境。获中共黎城县委、县人民政府、县政协委员办公室颁发的“办理提案先进单位”，获中共黎城县委、县政府授予2022年度创先争优先进集体和项目建设先进单位两个称号，同时获中共黎城县委办公室颁发的“党委信息工作优秀单位”称号。

【交通运输执法】切实加强道路旅客运输源头管理，督促客运站严格落实“三不进站、七不出站”及旅客实名制查验制度，确保道路旅客运输安全；组织开展打击非法从事出租汽车经营行为专项行动，加强城市客运的监管力度，清理不合规网络预约出租汽车，重点打击火车站、客运站、学校等客流密集场所周边非法从事出租汽车经营行为，共查扣非法营运车辆5辆，罚款11.5万元；全县共检测各类车辆96万辆次，查处非法超限96辆，卸载货物554吨，交警罚款4.71万元，交警记分196分；督促引导零担物流企业严格落实“三个100%”制度，严厉打击借助黑恶势力垄断物流经营的违法行为；开展道路运输企业安全隐患排查，截至年底，共发现各类隐患35起，整改35起，整改率100%，道路运输行业未发生一起重大以上责任事故。

【快递物流】2022年，辖区内共有县级快递企业10家，分别为邮政、中通、圆通、申通、韵达、京东、顺丰、极兔一部、极兔二部、德邦，下设快递网点（代理点）92个，行业从业人员175人，零担黎城县安航物流有限公司、黎城县达发物流、黎城县爱力物流有限公司、黎城县义丰物流信息服务有限公司、黎城县大通物流中心、黎城县安能快运有限公司物流行业从业人员17人，合计192人。结合黎城县“小县改革”工作，积极发挥党建引领作用，筑牢行业基层战斗堡垒作用，探索快递物流行业党建工作新路径，组建成立“黎城县交通运输快递物流行业党总支”组织机构，加强领导、强化措施、健全制度、优化服务、提供保障，加快推进非公有制物流、快递企业党建工作，把党的组织优势转化为物流、快递企业的发展优势，有力推动黎城县物流、快递行业基层党组织高质量发展。

【网络货运】网络货运是数字交通发展中的重要形态，黎城县快成物联科技有限公司持续加强平台建设，在实现运输一体化、企业数字化、业务智能化等方面能力积极探索，成为县“双创孵化”基地的标杆企业。12月，快成物联科技有限公司货运平台企业与90家工矿企业建立合作关系，吸收承运车辆累计超过2.71万辆，注册司机2.88万多人，运单数累计超27.6万单，货运总量636.92万吨，业务总额为56409.0617万元，缴纳税金5639.3414万元，彰显网络货运平台的巨大优越性。

【农村公路管养】在2020年县政府成立以县长为总路长的“路长制”工作领导小组基础上，建立和完善县、乡、村三级路长责任体系，制订《全面推行农村公路“路长制”实施方案》、出台《深化农村公路管理养护体制改革实施方案》和《农村公路“路长制”管理养护奖惩激励考核办法》、工作方案及相关“路长制”工作制度；县政府将每年226.25万元的养护经费列入年度财政预算，全力保障县级配套公路养护经费投入；通过采用养路队专业养护和群众自养相结合方式，将县道和重要乡道通过市场化专业公司养护，其余乡村公路由镇村负责分段，优先承包给沿线群众及无条件出门务工贫困人员养护，持续增加脱贫人员收入。全县农村公路列养率全部达100%,路面技术状况评定通过自动化检测,县道优良路率达100%、乡道优良路率达88.6%、村道优良路率达88.5%;一、二、三类桥梁占农村公路桥梁比例100%。

【老旧道路优化】 先后完成河下东西街、鼓楼街、桥南街道路路面,强、弱电,雨污水等管网工程。管网工程。污水处理工程及再生水工程已完成七里店、靳家街、县中医院等污水管网9.1公里,再生水管网800米。完成政务大厅等5处裸地绿化工程,完成古城大街、桥北路、广北大道等路面及人行道设施维修工程740平方米。

【生活垃圾治理】 全面推开农村垃圾分类试点。推进20个农村垃圾分类试点村建设,开展就地分类、源头减量,实现所有乡镇和村庄农村生活垃圾分类全覆盖。完善农村垃圾收运处理体系。按照"户分类、村收集、乡(镇)转运、县处理"的要求,推进农村生活垃圾收运体系建设,实现行政村垃圾收运体系全覆盖。2019年投资1900万元建成黎侯镇赵家山、夏村、西井镇、上遥镇、洪井乡、程家山乡6个垃圾转运站,2020年投资400万元在黎侯镇、黄崖洞镇、东阳关镇、停河铺乡、西仵乡、吴家庄保护区建成6个地埋式生活垃圾转运站,基本实现行政村垃圾收运体系全覆盖。整治农村非正规垃圾堆放点。以乡镇为单位,采取建筑垃圾实行就地填埋、黄土覆盖、生活垃圾统一运至垃圾填埋场的方式,对全县10处非正规垃圾堆放点进行全面清理,已整治完毕并已在系统销号。按照全省农村人居环境整治,通过"拆、清、整、绿、建"五措并举,共清理生活垃圾6600吨,出动人次3300次,使用车辆210辆,清扫面积26.8万平方米。彻底治理乡村乱搭乱建、乱堆乱放、乱扔乱倒垃圾等问题,实现村村干净、整洁、让农村住户住着舒心放心。

【城市道路建设】 城东路拓宽改造项目,项目投资6300万元,分两期实施,一期为七里店至鼓楼街口段,投资4100万元,路线全长2.8公里,已具备通车条件;二期是鼓楼街口至南环路口路段,路线全长1.6公里,投资2200万元,11月底已完成路面铺装主体工程并通车运营。环黎侯公园游步道项目,总投资3500万元,2021年9月10日开工,10月底通车运行。城北街拓宽延伸项目,投资3600万元,2021年9月10日开工,12月底通车运行。教育街西延项目,投资3500万元,2021年8月12日开工建设,12月底通车运行。正街品质提升项目,投资892.39万元,总长310米,平均宽6米。截至年底,已完成道路青石板铺装及强、弱电管网等市政工程。三义街提升改造项目,投资1949.25万元,总长210米,平均宽5.5米。截至年底,已完成道路青石板铺装及道路两侧商铺外立面整治工程。广邯街慢步道路工程,投资2800万元,总长980米,平均宽18~20米,截至年底,已完成道路路面及强、弱电,雨污水等管网工程。东河园步道提升工程,投资2473.89万元,总长2908米,平均宽6米,截至年底,已完成广场修缮、公厕、慢步道铺装等工程。

【农村公路建设】 黄崖洞景区红色旅游公路工程,路线全长20公里,投资1.59亿元,截至年底,已完成道路主体工程并通车运行。黎城县农村公路水毁工程,2021年黎城县农村公路受灾严重,为解决群众出行难问题,优先实施受灾严重、群众出行困难的道路6条,项目已完工,累计完成投资2400万元。港东至辛村线(西黄须至辛村段)工程,路线全长5.4公里,概算投资1991万元,截至年底,已完成4.9公里主体建设任务。西水洋至五阳线工程(西水洋至长河段),路线全长15.42公里,概算投资5093万元,截至年底,已完成6公里主体工程并于12月底通车。自然村通硬化路工程项目,项目涉及全县41个乡村振兴重点村,路线全长46.8公里,在原有道路基础上实施路面返修铺装工程,概算投资2667万元,截至年底,工程主体基本完工。东台线(东社至郎庄至上遥台坡),路线全长8.3公里,估算投资9274万元,截至年底,桥梁基桩浇筑已完成。

(黎城县城乡建设和交通运输局)

壶关县交通运输局

【机关党建】 加强党建工作,持续开展《中国共产党简史》学习教育活动,组织全局党员干部学习《中国共产党章程》《中国共产党纪律处分条例》，学习中共十九大、十九届历次全会及中共二十大精神，提升拒腐防变能力。制订党风廉政工作制度和措施，及时整改各纪检组织反馈的党建工作具体问题。切实加强纪律作风建设和效能建设，强化机关职能岗位及驻政务大厅人员的教育管理，切实提升工作效率。切实强化行业稳定和信访处置工作，对15件人大提案、8件政协提案、县长信箱、县政府办"咨询投诉"邮件受理单、"12328"交通运输服务监督电话平台、群众电话投诉等各类涉访问题全部进行及时回复，未发生一起群体性上访事件，信访投诉处理率达100%，满意率达100%。2022年，壶关县交通运输局被国家机关事务管理局、中共中央直属机关事务管理局、国家发展和改革委员会、财政部授予"节约型机关"称号；被交通运输部确定为"四好农村路"全国示范县创建单位。

【重点工程】三项重点项目工程顺利完工，一是县道花壶线道路改造项目，总投资8067万元，路线全长15.97公里；二是撤并建制村和人口较大自然村道路建设项目总投资3100万元；三是续建黄崖底村至辉县界道路改造项目，路线全长7.095公里，总投资2000万元。三项跨年份重点工程稳步推进：太行一号旅游公路主线下石坡至福头，路线全长8.87公里，投资1.58亿元；太行一号旅游公路支线东井岭—福头—土圪堆，路线全长21.403公里，投资2.26亿元；太行一号旅游公路主线利用段浙水至树掌镇(南双泉至福头)段路面改造及绿色环保防护工程，路线全长23.08公里，总投资5300万元。

【货运物流】2022年有货物运输经营业户434户、货运企业27户；拥有货运车辆854辆，完成货运量298.5万吨，货运周转量1.5亿吨公里。累计建成1个县级农村物流中心，10个乡镇物流服务站，279个农村物流服务点。

【大气污染治理】全县146辆城市公交、90辆城乡公交(其中长壶城际公交40辆)，112辆出租汽车全部更新为纯电动或油气混动车型，实现客运车辆基本清洁排放；积极参与市环境执法局壶关分局设立的四家池、修善大气污染防治临时值守点开展稽查工作；全县13个汽车维修企业喷漆作业实现监控全覆盖。

【道路通行保障】短时间内完成补修通往景区沿途破损路面，硬化改造平面交叉道口路面，铺装彩色旅游风景路，安装完善观光沿线路标、路牌、候车亭、减速带、标线、安全防护等配套设施，确保旅游通道安全，保证观光道路安全通畅。

【事业单位改革】在县编办指导下，撤销原拖拉机征费站、原道路运输管理所，成立1队2中心，即成立县交通运输综合行政执法队、县农村公路管养中心、县交通运输发展中心，综合行政执法队内部人员岗位顺利调整到位，顺利完成县委、县政府要求的事业单位机构改革工作任务。

【乡村振兴】向西柏坡、石泉、红豆峡三个帮扶村派驻第一书记、工作队队长及队员共9人开展帮扶工作；着眼巩固脱贫攻坚成果同乡村振兴有效衔接，县域所有行政村实现村通硬化路和城市、城乡公交通达全覆盖。

【扫黑除恶、禁毒】在交通系统开展常态化扫黑除恶斗争，继续发动全行业进行线索摸排工作，深挖行业保护伞，严厉打击行业黑恶势力；全局在职工作人员集中尿检100人次，全行业从业人员集中尿检960多人次，没有发现异常情况。

【道路运输服务】扎实开展源头治超工作。出动巡查人员380人次，巡查政府公示的货运源头企业340家次(县政府公示企业为19家)，巡查覆盖率达100%，共处罚源头企业8家8案次，罚款9.35万元(其中对9名源头企业直接责任人罚款1.35万元)。对27名违规驾驶员给予诚信考核计分270分。加强对17辆道路班线客车的管理，对183个招呼站牌和232个候车厅进行提质维护；对2所驾校和3573名道路从业人员进行网上年度审验，对12家维修企业进行质量信誉考核，全部达标合格。

【公路管养】2022年，完成33处水毁处治工程，共清扫路面257公里、排除易发多发滑坡落石路段32处、清理塌方16000立方米、清理边沟157公里、疏通涵洞260处、沥青灌缝257公里、增设波形梁护栏6公里、施划标线85公里、增设平交口减速垄19处、更换广角镜13个、更换地名标志牌4块、增设警示标志38套、增设导向标500块、粉刷混凝土防撞墙3公里，通过开展专业化养护，提升日常养护质量，延长公路使用寿命。

【路政执法巡查】 以《中华人民共和国公路法》《中华人民共和国公路安全保护条例》等法律法规为依据，开展“平安公路”创建、“路政宣传月”活动和超限超载运输治理工作。全年清理公路路障3处20平方米、查处损坏公路设施案件3起，收取公路赔(补)偿费8726.6元；共查处非法超限超载案件76起，罚款7.1万元，驾驶员计分285分；查处抛洒运输车辆出动执法人员200人次，出勤执法车辆150车次，检查货运车辆2000辆次。

【行业安全生产】 严格履行“党政同责，一岗双责”“管行业必须管安全”“管业务必须管安全”“管生产经营必须管安全”的安全管理工作原则。全局安全生产责任明确，全系统安全生产形势平稳，没有发生安全生产事故。

【“放管服”改革】 认真执行“双随机、一公开”工作要求，配合领导组完成抽查计划、数据收集、报送。联合质监局、税务局、文旅局完成抽查检查企业24家次，涵盖道路运输新业态3家、道路危险货物运输1家、交通运输产品质量与市场行为1家、道路运输车辆达标管理情况4家、旅行社企业3家、驾校2家、客运企业6家、普货企业4家。认真执行行政许可、行政处罚内容“双公示”制度。积极配合推进“互联网+监管”工作，2022年共录入检查数据3500条。

【惠民实事】 全县残疾人、65周岁以上老人、伤残军人、退役军人免费乘坐城市公交，县城中小学生半价乘坐城市公交车。实施近一年进展情况良好，县局监管部门随时跟进、及时督促，不断改善服务质量，得到广大群众充分认可。

（壶关县交通运输局）

长子县交通运输局

【“四好农村路”建设】 全县完成自然村通硬化路工程10个项目13公里，总投资1040万元；县乡公路改造工程4个项目29.8公里，总投资5346万元；完成计划外建设任务：仙翁山及发鸠山林场道路安全处置工程涉及水毁灾害72处共计4.313公里、三个一批项目（南小河至两水道路改造工程655米、同富村南里末道路路面改造工程2.724公里、南里末生态湖道路改造工程1公里、营里村通村道路644米）；保通工程古兴至两都（晋义村改线段）604米，完成长子县家峪至胡家峪防火通道改造工程（公墓北线）3.4公里，总投资1293万元。

【道路水毁（二期）修复工程】 完成农村公路灾毁修复50处，改造乡村公路漫水桥3座，总投资1546万元。完成日常养护任务县道6条135公里、乡道8条5公里；完成农村公路平交口安装减速带50处400米；县乡公路路面挖补坑槽45000平方米；临水临崖路面安装护栏200米；清理县乡公路遮挡标志牌树木30处。

【公交运营】 规划城市公交线路5条，开通运营3条，共运营公交14辆，因城内道路维修改造，剩余2条线路暂未开通。开通长子至丰村、长子至营里、长子至壁村、长子至色头、长子至慈林山、长子至苏村、长子至西南呈、长子至南常、长子至晋义、长子至南漳10条运营线路，车辆24辆。截至2022年12月底，运营国四公交车6辆（长子至鲍店、长子至王村、长子至横水线路各2辆）。

【交通安全】 修订各项安全生产制度，持续开展各项隐患排查整治和“三年行动”“三大行动”“安全生产月”等专项行动，强责任、细排查、严整改，确保交通运输行业安全平稳。共出动安全巡查人员876人，安全执法巡查563次，张贴宣传标语56条，召开安全会议13次，发放宣传资料3000份，交通运输安全宣传4次，开展安全生产主体教育培训2次，约谈警示企业12家。农村公路安全隐患排查130次，排查出安全隐患50处，全部治理完成。

【民生服务】 共受理办结“12328”热线工单51件，回复办理“县长信箱”工单34件，长子政务通平台累计回复咨询21条，所有的市民热线工单均及时满意地办结回复。

【治超工作】 对49家货运源头企业巡查1466次，检查31家普货企业138次，发现安全隐患62处，全部整改，督促企业安全生产主体责任落实，全县道路运输行业无重大安全责任事故发生。全面推进道路运输企业安全教育工作，全年开展企业安全教育培训8次，培训合格率达100%。

【路域环境治理】依法清理公路沿路占道，治理在公路上乱堆乱放现象，保障公路完好、安全和畅通。累计巡查130次，出动执法人员500人次，检查车辆813辆次。治理道路堆放物料22起；清理违规设置广告牌703处；完成收取公路设施赔偿4324元，与高河煤矿达成意向赔偿103万元；其中：挖损公路案件6起、损坏路肩案件2起、损坏公路标志1起、损坏护栏4起，路政案件查处结案率达98%。

【违法行为查处】重点对小型客车、面包车非法营运，客车不按规定在始发站发车、停靠站和站外揽客、按规定线路行驶等违法违规经营行为进行严厉打击。对出租车不打表、随意喊价、强行拼客等行为进行集中查处整治。累计依法办理行政处罚案件15起。其中：对辖区内2家驾校巡查60次，查处“黑驾培点”2处；整治改装车辆42辆，查处非法超限超载行为7起，罚款34150元；查处客运违法案件4起；查处扬尘抛洒案件1起，罚款3000元；查处无从业资格1起。

【法治建设】全面推行行政执法“三项制度”，强化事前公开，规范事中公示，加强事后公开，加强运输企业信用诚信监督，建立本部门的涉企事项目录，按照规定的时间不断更新涉企信息数据，做好交通领域部门联合“双随机、一公开”工作，继续做好全民普法，深化法治文化建设。

【行业规范】设置公益广告标语200条，设置公交站点、路牌公益广告100处，设置出租车车载LED媒体播放100辆，提高公益广告宣传覆盖面，有效提升群众的参与率、知晓率和满意度，投入50万元开展公交行业文明城市创建，不断提升行业文明形象。加大集中检查、专项整治，对公交车、出租车的车容车貌进行大力度治理，严厉查处车容车貌不规范、拒载、绕道等违规行为，全面推行服务承诺、服务公约、服务规范等制度，优化便民服务措施，改进服务方式，展示良好交通运输形象。

（长子县交通运输局）

武乡县交通运输局

2022年，武乡县交通运输局以习近平新时代中国特色社会主义思想为指引，在县委、县政府坚强领导和省、市交通运输主管部门有力指导下，履职担当、守正创新，以政治建设为统领，全面贯彻落实中央、省、市、县委工作部署，紧扣省、市重点项目建设和县委考核目标工作，全方位推进农村公路高质量发展，优化管理体制，提升公路管护水平，依法行政，加强综合执法，提升运输管理效能，担当创新，争创城乡交通一体化示范县，为巩固脱贫攻坚成果同乡村振兴有效衔接提供交通支撑，科学施策，全面完成2022年工作任务。农村公路初步形成“布局合理、通村畅乡、安全便捷、服务优质、绿色经济”的网络，旅游公路初步建成“主线串联、支线循环、连接线成网”的“城景通、景景通”全域旅游公路网，全县公路发展总体迈入高水平。

【“四好农村路”续建项目】该项目由山西路桥一公司承建，建设总里程517.515公里，估算总投资4.524亿元。截至年底，120条“四好农村路”已交工102条；4座客运站选址旧粮站，办理相关手续中；8座新建客运站已具备运营条件，1座12月底完工，

【“四好农村路”新建项目】8条自然村通硬化路建设项目，总里程16.4公里，总投资1364万元。7月开工，10月完工。产业路项目1条（江岭至梅杏园），路线全长3.3公里，总投资210万元，3月开工，10月完工。县道史（家咀）上（北漳）线道路改造工程，路线全长17.983公里，总投资14132万元，11月底完工通车。乡镇通三级公路项目峪口至大有路面改造工程，路线全长8.585公里，总投资4500万元。12月开工，2023年8月完工。县乡公路改造项目2条：石韩线石圪垤至东堡段，路线全长5.55公里，总投资864.61万元。9月开工，2023年7月完工；涌小线涌泉至蚂蚁站，路线全长10.72公里，总投资1038.5万元，9月开工，2023年6月完工。

【太行一号旅游公路建设】第一，3期工程砖壁至太行龙洞至板山段，总里程30.43公里，总投资4.28亿

元，2021年6月开工，2022年10月完工。第二，4期西东线黎城界至窑湾段，路线全长12.76公里，总投资4380.51万元，2021年7月开工，2022年年底主体完工。第三，县道王(家峪)南(丰沟)线王家峪至县界段路面改造工程，路线全长2.402公里，2021年3月开工，2022年完成煤矿采空区路段及配套设施建设。第四，太行一号旅游公路武乡县史家咀至北社段路面修复工程，路线全长17.893公里，估算总投资3123万元。12月开工，2023年6月完工。第五，县道西石线上司至石家岭段路面改造工程，路线全长3.972公里，总投资1877.2万元，12月开工，2023年7月完工。

【水毁公路修复工程】一是太行一号旅游公路K290+736~K291+512段水毁处治工程，修复路段长0.776公里，估算总投资877.81万元。8月开工，9月完工。二是武乡县狮则沟桥水毁修复工程，桥梁全长83.98米，估算总投资382.53万元。4月开工，9月完工。三是县道马(牧)权(店)线K22+420~K23+560段水毁处治工程，路线全长1.140公里。估算总投资382.53万元。5月开工，7月完工。

【其他公路建设项目】第一，泉之头至云竹湖公路路面改造工程，路线全长1.323公里，总投资389.24万元。8月开工，12月完工。第二，石盘至云竹湖公路路面改造工程，路线全长1.67公里，总投资525.21万元。8月开工，12月完工。第三，乡道李(峪)祥(良)线李峪至东沟段，路线全长15.005公里，总投资9118万元。8月开工，2023年8月完工。第四，乡道汉(广)韩(家庄)线汉广至树辛段及村道东沟至石板路面改造工程，路线全长8.433公里，总投资749.58万元。8月开工，11月完工。第五，吴北至北社路面改造工程，路线全长4.354公里，总投资1231.37万元。8月开工，11月完工。第六，村道上里线至郑峪等5条道路路面改造工程，包括上里线至郑峪、南沁线至东关、暴家峪至兴盛垴、榆连线至车管所、下司村内道路，5条路打捆立项，路线全长7.526公里，总投资975.01万元。8月开工，11月完工。第七，太长高速武乡出口348省道马庄生态综合服务区，总用地面积111381.36平方米，设计停放大型货车282辆，中型货车47辆，小型车86辆，共计415个停车位。估算总投资6595.14万元，7月开工，3层综合楼已经完成2层。第八，连元临时物流集散中心场地硬化改建工程，估算总投资138.81万元，7月开工，9月完工。第九，武乡县村道蟠龙至苗杜等3条路路面改造工程，包括蟠龙至苗杜、张家沟、贾豁街3条路，估算总投资863.17万元，8月开工，2023年6月完工。第十，乡道西(城)涌(泉)线改造工程，路线全长9.682公里，总投资2775.21万元。11月开工，2023年7月完工。第十一，县道西(营)石(家岭)线下司至上司段路面改造工程，路线全长2.604公里，总投资542.42万元。8月开工，年内完工。

【农村公路管养】以建立体系完备、运转高效的农村公路管理养护体制机制为抓手，以构建"畅、安、舒、美"交通环境为目标，开展精细化养护管理，养护工作取得成效。加快推进水毁项目恢复建设。2021年全县农村公路水毁项目共计112个，需修复实施项目74个，预算投资3103.3万元，其中路桥实施项目27个，投资941万元，乡镇实施项目3条(乡道城关至张家沟、丰州镇故县村道路养护工程、韩北至陈家垴水毁处治工程)，投资金额175万元，局实施44条投资1986.5万元。因公路改造改线不实施项目共12条，截至年底已完成恢复重建70个，剩余项目抓紧实施中。实施精细化养护。对县道102公里(在建、改造96公里)的路肩、边坡、排水沟进行整治。共整修路肩21公里，清理排水沟10公里，确保公路畅通、整洁、美观、舒适、安全。对县乡道路进行路况评定。根据交通运输部关于进一步加强农村公路技术状况检测评定工作的通知精神要求，进行全自动检测，农村公路路面自动化检测比例达40%，为下一步养护工作维修奠定基础。

【行业安全】对全县平交路口安全隐患进行排查整改。协同交安委对全县农村公路平交路口进行排查，共安装减速带30道224.7米，公路安全隐患得到有效整治，事故总数和经济损失数量明显下降。继续开展"平安公路"建设。根据市平安交通建设工作要求，继续创建"平安公路"，全面提升公路安全生产公路标准化、规范化水平，对旅游公路二期15

公里进行“平安公路”创建，根据任务要求对缺失的交通标志、里程碑、百米桩、警示桩、护栏、轮廓标、道口标、减速带进行增补，对标线进行重新施划，六项创建任务全面完成。持续开展隐患排查。组织相关人员对县乡村公路开展隐患排查工作，结合地理环境、地质因素等，重点对公路及沿线地质灾害进行排查，特别对存在易发生泥石流、边坡滑塌等重大隐患地段加强监测，消除道路安全隐患。

【超限超载治理】 不断加大超限超载查处力度。按照上级有关部门安排部署，结合“春雷行动”、打击“百吨王”等一系列超限超载治理行动，坚持超限超载源头及车辆露头就打。截至年底，全县共检测车辆232544辆，查获超限超载车辆30辆，超限超载率控制在0.013%，罚款25500元，记分107分，卸载货物475.38吨，货运源头企业罚款11500元。货车不进站电子抓拍系统处罚车辆86辆，罚款17200元，记分258分，保持限超载率、路产损坏率大幅下降的良好势头。

【运输市场整顿】 不断深入运输市场治理整顿。综合行政执法队对全县2家客运企业，公交企业1家，营运线路56条，公交站点515个，进行全面监管。同时对12家普通货运企业630辆营运车辆，11家维修企业，1家驾驶培训学校等货运企业的加强监督管理，全面开展行业整治问题整改，从业人员资质排查整治。截至年底，共查处违法营运车辆3辆，责令整改企业1家，落实机动车辆维修备案制11家，全县运输市场秩序井然，欣欣向荣。

【公路建设监管】 第一，加强对工程质量的执法监管，重点做好对原材料和试验检测的执法监督管理，对施工单位原材料进场进行严格管控检查。全年共完成综合检测60次，下达整改通知书7份，杜绝质量安全隐患。第二，对所有在建项目的施工单位、监理单位人员实行报备案，受理质量监督申请并下发质量监督通知书。第三，对所有在建项目实现质量监督全覆盖，定期不定期进行质量监督检查。第四，对“四好农村路”PPP项目的建设进行全过程监督，完成37条2017年“四好农村路”的质量检测鉴定。第五，加强对县、乡、村道的管控力度，加强道路沿线的整治，使乱堆乱放、占路为市、乱搭乱建行为得到有效遏制，较好地维护路产路权。

【城乡交通一体化】 把城乡交通运输一体化示范创建作为首要任务，着力推进城乡交通一体化深入发展，农村客运与物流网络化服务体系基本建立，全县行政村通客车率达100%，形成以县城为中心、乡镇为节点、行政村为终端的相互衔接、方便快捷的城乡交通运输一体化网络格局。实行民生公交，倡导绿色交通。在县委、县政府领导下，担当创新科学施策，多措并举攻坚克难，如期在2022年1月全面实现县乡村三级公交免费服务运营，为广大人民群众提供优质服务。运营车辆在2021年12月收购整合纯电动新能源车34辆、镇村7座公交22辆；2022年3月购置40辆纯电动新能源公交车，按时完成县政府要求在4月1日投入108辆绿色公交车运营的任务，实现城乡人民群众公交出行绿色化。

【乡村旅游客运】 实施暖心交通，打造旅游客运。大力实施民生工程，优先发展人民公共交通事业，一是投资500万元，在县城建成75个候车厅，在乡村建成210个候车厅，方便群众出行。二是优化客运线路，将洪水镇公交每日17班增加为30班，其余各乡镇由每日一班增加为两班，自然村实行客运定制服务，针对偏离客运主干线的企业，将城乡客运通过延伸、搭线贯通盲点，增加运行频率，实现企业公交全覆盖。三是服务发展旅游经济，武乡县是全国红色旅游重点县，为推进城乡客运线路与旅游资源的有效衔接，将城乡客运全部覆盖辖区内9大景点和27个入选国家乡村旅游扶贫重点村，在AAA级乡村旅游示范李峪村，通过城乡客运带来游客占游客总量的35%，有力地推动乡村旅游的蓬勃发展。

【公交物流融合发展】 建立农村物流体系，推进公交物流融合发展。为实现城乡交通一体化创建目标，着力融合发展，降本增效。打通县、乡、村三级物流网络“最后一公里”，惠及全县农村群众，依托城乡公交一体化网络，全面打造农村物流“村村通”工程。县汽车客运站与农村电商物流企业合作，投资1500万元，在县城建成物流分拨中心；投资1200万元建设信息综合服务平台和全智能物流分拨系统。在乡镇设立14个物流配送服务站，在村一级设立328个物流配送服务点，以城乡客运带动物流发展，从而提高配送效率，降低物流成本，完善构建仓储分拨与公交车辆配送相互融合的现代物流新体系。让全县人民共享“收件不出村一站到家，发件不进城一站代发”的便捷服务。

【创新性举措】为改进工作作风，提高工作效率，强化职能部门职责，有效推进党建工作、党风廉政建设、精神文明建设、平安创建、安全生产等工作高效展开，全方位推进交通运输事业高质量发展，完成各项工作任务，在2021年实行“5567”工作法的基础上，增加4项制度考核，实行“45567”工作法，即四项清廉机关制度（党内政治生活及政治纪律监督制度、重点领域“不能腐”及“三重一大”民主集中决策制度、深化“放管服”改革优化营商环境工作制度、领导干部关键岗位及“一把手”监督制度），五强（强学、强职、强法、强廉、强建），五一（干在一线、拼在一线、措施在一线落实、问题在一线解决、成效在一线体现），六考（考学、考勤、考绩、考廉、考创新、考服务），七创（思想创新、理念创新、机制创新、技术创新、人才创新、模式创新、举措创新）工作机制，确保交通运输工作高标准起步，高质量推进，目标任务适时落实，有效促进全年省、市、县目标任务完成。

（武乡县交通运输局）

沁县交通运输局

2022年，在沁县县委、县政府和市交通运输局大力支持下，局领导班子精诚团结，在抓主业、抓廉洁、抓队伍建设方面主动发力，认真学习贯彻中共二十大和习近平总书记考察调研山西重要指示精神，紧紧围绕上级和县委、县政府决策部署，团结带领全体干部职工坚持规范管理、勇于改革创新，在提高工作质量和管理水平上下功夫，不断提升交通运输行业服务水平，以昂扬饱满斗志为沁县高质量发展做出新贡献。

【“交通强县”战略任务】围绕县委十四届五次全会暨县委经济工作会议“三强战略”不动摇，将黎霍高速沁县段和黎霍高速沁县段县城连接线作为全县“交通强县”建设首要任务，实行倒排工期挂图作战，并实行定期调度工作机制，多次牵头组织乡镇、林业、国土等单位召开调度推进会，对省重点工程黎霍高速建设进行调度推进。截至年底，黎霍高速沁县段主线全长28.6公里，已路基成型18公里，水稳铺装3公里，桥梁10座，完工8座，完成产值约6.2亿元；黎霍高速沁县南连接线工程，路线全长10.7公里，现已路基成型8.9公里，已铺装水稳6公里，桥梁涵洞已全部完工，已完成投资1.4亿元。剩余各项主要建设工作任务按时间节点稳步推进。

【“四好农村路”】针对全县可用财力不足的问题，县交通运输局加强与省、市交通主管部门沟通，积极争取项目和资金。2022年，省、市下达全县“四好农村路”计划任务项目24个，路线全长83.395公里。截至年底，乡镇通三级公路漳源至石板上项目，路线全长15.1公里，总投资约4832万元。已完成4公里沥青路面铺装。剩余路段已合并环湖旅游公路实施。在县乡公路改造项目中，石梁至段柳项目，路线全长19.4公里，总投资约9700万元，4月开工，8月中旬完工。端中线至中陈项目，路线全长7.365公里，总投资约2597万元，该项目已规划环湖旅游公路合并实施。资源路、产业路北关至下曲峪蔬菜园区，路线全长4公里，总投资约1100万元，12月中旬完工。较大自然村通硬化路项目，2022年计划任务全长37.53公里，项目20个，总投资约1300万元，12月底全部完工。

【太行一号旅游公路】经县交通运输局积极申报争取，省、市下达全县太行一号旅游公路建设任务50公里，同步下达资金使用计划21366万元。截至年底，环湖旅游公路项目“十四五”规划库内85公里，根据实际情况设计里程全长111.063公里，总投资9.88亿元，该项目县城段18.054公里，已全面开工，分3个标段实施。截至年底，移动、联通、电力、通信杆备迁移126支，已基本迁移完毕，迁移树木大小不均3000棵，迁坟8座，征地93.5亩。现已清除表土10公里，软地基换填4公里，路基加宽3公里，破除旧路面19000平方米，抛石挤淤6000立方米，瘦西湖段中桥桩基完成50%,混凝土路沿石浇筑2500米,与市政交叉路段路面铺油5公里,完成投资约0.3亿元。剩余93.009公里环县城周边段8个湖正在进行招投标工作,项目前期工作同步推进。巨良沟至沁源吉庆村旅游公路项目,路线全长8.445公里,总投资6513.9万元。分两个标段实施,已驻场完成放线和技术交底等工作。因项目涉及穿越太岳山国有公益林区域,项目实施存在一定困难,正在同步协调太岳林局申请办理林业用地报批手续。漳源至沁源景凤旅游公路项目,路线全长10.561公里,总投资5079.456万元。除生态核心区3公里路基未动工外,7公里路基工程已基本完工。截至年底,完成固定资产投资约3500万元,占总投资68%。

【行业监管】牵头组织县内相关部门对短途超限超载、非法营运、扰乱交通运输市场秩序等行为进行联合长期整治,开展严厉专项打击。截至年底,依法打击短途超限超载非法营运行为31起,扣押处罚非法营运客运车辆1台,大幅扭转短途货运、客运运输市场秩序;同时,把做好安全生产专项整治三年行动集中攻坚作为贯彻落实习近平总书记关于安全生产重要论述和指示批示精神的重要举措,加强督察检查,牵头开展行业安全联合大检查,全年共检查企业219家,发现问题21条,均整改完善,坚决防止管控措施落实不到位演变为安全隐患,确保全县交通运输行业安全无事故发生。

【党建引领】在强化日常教育管理的同时,狠抓基层组织建设,注重思想教育,丰富党建载体,强化理论学习,激励党员干部谋事创业,推动党风廉政建设。认真贯彻落实习近平新时代中国特色社会主义思想和习近平总书记巡察山西重要讲话精神,扎实开展学习贯彻中共二十大精神学习教育,掌握和理解精神实质,切实把思想统一到中共二十大精神上来,把力量凝聚到中共二十大确定的各项任务上来。增强交通运输局为群众办实事的理念,不断拓展"不忘初心、牢记使命"主题教育活动成果,强化党风廉政建设,对标一流学先进,增强理想信念,激励工作热情,不断增强"四个意识"、坚定"四个自信"、做到"两个维护把党建主体责任落到实处。激发党员干事创业,模范带头,为企业在经济发展、安全生产和维护稳定中发挥积极作用,为完成各项工作打牢坚实的基础提供组织保证。

【乡村振兴】成立工作领导机构并召开会议,制订《2022年乡村振兴工作计划》,安排9名职工分3个工作队,驻村帮扶南里镇圪坨村、石角头村和杨家庄村。8月,为3个村落实街巷道、产业路硬化6公里,并帮助石角头村新建阁楼1座。同时,按照补齐易地搬迁安置区基础设施和公共服务工作要求,结合"四好农村路"建设任务,借助新漫线实施改造工程契机,投资40万元帮助南里镇中里村完善道路基础设施,对通村道路1.3公里进行拓宽改造,投资约80万元;对沁州黄镇魏家寨通村道路实施水毁灾后恢复重建工程,投资100万元;对松村镇青秀村实施通村道路水毁灾后恢复重建工程;同时,积极协调农村客运企业,将新建成的移民小区通客运车辆纳入城乡一体化线路规划,利用线路延伸、电话预约等方式,将农村公交线路向建制村、移民小区延伸,农村客运车辆开到移民小区门前,极大方便移民户。

【超限超载治理】强化对货运源头企业的监督检查和安全监管,遏制超限超载运输行为。先后开展商砼企业源头治超巡查60次,未发现源头企业超限超载运输行为。同时,治超办进一步加大治超宣传力度。截至年底,共出动治超执法人员5168人次,出勤治超执法车辆671车次,检测车辆218303辆,卸载和处罚车辆31辆,卸载及转载货物计重544.04吨,超限超载车辆查处率达0.013%,结案率达100%。

(沁县交通运输局)

沁源县交通运输局

【高速公路建设】黎霍高速公路沁源县境内共37公里,除潘家山隧道、侯神岭2号隧道外,其余工程基本完工,2023年年底贯通。平遥至洛阳高速公路(G0513)作为G5京昆高速公路的联络线列入国家高速公路网规划。

【国省干线公路】241国道沁源县过境交口至有义段改建工程全线贯通通车，王陶外环路建设项目进入施工阶段，341国道张店至古县一级公路建设前期工作稳步推进，干线公路通行能力明显提升。

【"四好农村路"建设】助推乡村振兴和脱贫成效巩固，建设重点向县际路、循环路、产业路、通村组路延伸，扩大路网覆盖面，打通县域"微循环"。完成西下线上舍至下庄、观音坪至友义等10条32.8公里农村公路建设。

【水毁修复重建工程】按照轻重缓急、水毁程度、先主线后支线原则，分批分次推进水毁修复重建工程。实施水毁修复重建项目23个。沁源县交通运输局组织实施的程卫线、景西线等17个路面修复工程，东阳城、朱合沟、侯壁、富村、北石渠5座桥梁重建工程全部按照预期进度。

【安全隐患排查整治】按照全县安全生产紧急部署会精神，开展以削弯、清障、增标、设限、除乱为主的安全隐患排查大整治。共安装标志标牌97块，安装道口标柱263根，喷打震荡标线5635平方米，路面中线17718平方米，安装波形护栏3880米，农村公路的安全通行能力得到根本改善。

【公交改革】结合大县城建设和全国文明城市创建，2021年投放16辆电动公交车，开通3条公交线路的基础上，2022年又投放8辆电动公交，增开3条城乡公交线路，县城周边群众的出行更安全、更便捷。

【基层党组织建设】第一，坚持党建引领。聚焦主责主业，从严落实党建责任，层层分解目标任务，把党建工作融入交通运输工作全过程，与交通工作同时研究部署，同时组织实施，同时检查考核，做到围绕交通抓党建，做好党建促交通。第二，加强组织设置。成立中共沁源县交通运输局总党支部委员会，下设中共沁源县交通运输局机关党支部委员会、中共沁源县交通运输局快递物流行业党支部委员会，加强党对物流快递行业领导。第三，严格制度落实。充分利用"三会一课"、民主生活会、组织生活会、警示教育等制度，组织开展形式多样、喜闻乐见的主题党日活动，丰富党的组织生活，调动全体党员工作的积极性、主动性和创造性。第四，推进清廉机关建设。紧紧围绕建设"清廉沁源"总体目标和部署要求，全力打造政治廉明、用权廉洁、干部廉正、文化廉润的清廉机关，机关存在的学习不够、能力不足、服务不强、效能不高、自律不严等问题得到有效解决，推动清廉机关建设取得制度性成果和治理成效。

（沁源县交通运输局）

晋城市

晋城市交通运输局

2022年，在省交通运输厅坚强领导下，在相关业务处室大力支持下，晋城市交通运输局深入学习贯彻中共二十大精神和习近平总书记考察调研山西重要指示精神，以甘当"筑路人"的坚守、勇当"开路人"的闯劲和敢当"领路人"的胆识，踔厉奋发，勇毅前行，多项工作位列全省第一方阵。以走在前列、干在实处的奉献担当，努力建设人民满意交通。

【机构设置】交通运输局内设8个科室（另有市国防动员委员会交通战备办公室挂靠市交通运输局），下属事业单位4个，其中副处级事业单位2个，正科级事业单位2个。共有编制277名，在编在岗人员267人。其中行政编制21人，实有18人；事业编制256人，实有249人（晋城市交通建设中心20人，晋城市交通运输局发展研究中心59人，晋城市交通运输事业发展中心83人，晋城市交通运输综合行政执法队87人）。截至年底，有领导班子成员10名，党组成员5名。

【主要荣誉】 2022年，晋城市获全国“四好农村路”市域示范创建突出单位和“四好农村路”省级示范市，沁水县、高平市、阳城县获全国“四好农村路”示范县，泽州县、沁水县、高平市、阳城县被评为“四好农村路”省级示范县。2021—2022年晋城市交通运输局获市级精神文明单位，获“山西省污染防治攻坚战先进集体”称号，获全省交通运输系统“2022年度目标责任考核优秀单位”称号。

【年度经济指标】 积极培育发展规上企业，做到应统尽统。出台《关于支持交通运输业发展的若干措施》，超额完成全市交通运输、仓储和邮政业市场主体倍增年度目标任务，净新增企业550户，完成率达113%。2022年晋城市规上交通运输、仓储业完成营业收入30亿元，同比增长3.7%；货运周转量增速140.3%，综合增速8.6%，位居全省第一。

【“四好农村路”建设】 扎实推进“四好农村路”建设，助力乡村振兴，完成新改建“四好农村路”407公里（其中：自然村通硬化路73.8公里，建制村通双车道104公里，乡镇通三级公路91.9公里，县乡公路改造108.4公里，资源路产业路17.2公里，自建11.7公里），晋城市农村公路总里程达8707公里。截至年底，共有晋城市、沁水县、高平市、阳城县获全国“四好农村路”市域示范创建突出单位和全国“四好农村路”示范县，为全国“四好农村路”建设提供可复制可推广的“晋城经验”。

【乡村振兴战略】 全力推进乡村振兴战略，太行一号旅游公路主线全线贯通，连接全市90%的脱贫地区，连通全市90%的景区景点，覆盖全市90%的特色农产品产区，建设进度位居全省三大板块旅游公路（黄河、长城、太行）之首。五大配套系统规模已成，完成379.2公里，投资5.99亿元，盘活周边特色资源，创造当地就业机会，带动乡村振兴发展。

【交通民生服务】 持续优化城市公交线路和站点布局，“1元公交”继续保持全国领先，市域内实现财政全额补贴（市县两级财政）。“五级”公交网络更加完善，每年约100万名乡村百姓“出家门、上车门、进城门”，真正实现城乡一体化。推广施行全市退役军人免费乘坐公交政策；全年调整优化公交线路25条，开通定制公交线路6条。新增31辆新能源公交车；完成市区862辆巡游出租车和23辆邮政快递车的新能源替代，绿色交通体系构建又迈出可喜步伐。

【交通强国建设】 始终坚持“经济发展、交通先行”定位，全面加快交通强国建设，着力构建现代综合交通运输体系，综合立体交通网络加快完善，综合运输服务能力有效提升。泽州、沁水获全省“城乡公交一体化示范县”称号，泽州、高平、阳城、陵川、沁水5家县级“交通+旅游”集散中心成立运营，旅客联程运输体系全面加强；“公交+快递”遍布全市66个乡镇、1553个行政村，2022年累计发放快递240万件，实现“商品下乡、山货进城、电商进村、快递入户”。

【重点项目建设】 承担的7项省、市重点工程均达到进度要求。晋阳高速改扩建工程全线开工，完成年度投资17.8亿元，完成率达111.3%，协同推进342国道与208国道连接线工程，完成投资0.88亿元。全力向上对接，成功争取到东南过境（北义城至大箕）高速公路项目用地指标，截至年底选址研究报告和用地预审报告通过专家审查，土地预审组卷已上报。342国道西上庄至周村段一级公路改造控制性工程西岭头隧道已开工建设。机场大道、玉屏路、晋城西收费站改造前期进展顺利。

【精神文明创建】 立足交通运输工作实际，始终把文明创建工作作为推动全市交通运输事业发展的动力，以培育和践行社会主义核心价值观为主线，以提高职工队伍素质为根本，不断探索创建思路，丰富创建内容，提升创建质量，志愿服务队伍不断壮大，全国志愿服务信息系统的志愿者实现全员注册，“志爱晋城”App在职党员注册率100%。截至年底，交通先锋志愿服务队下设5支分队，志愿者人数达271人，发布志愿活动3000多个，累计服务时长达28000个小时，由出租车、公交车组建的雷锋车队和党员先锋号车队，连续15年每年高考季牵头发起爱心送考志愿服务活动，为高考学子开辟一条方便、快捷的绿色通道，以实际行动体现“奉献、友爱、互助、进步”的志愿者精神，让广大群众有更多获得感和幸福感。在2022年晋城市“公益创造营”优秀志愿服务大赛中，“交通先锋”志愿服务队获铜奖。在市直机关第十届“凝心聚力”杯体育大赛中，晋城市交通运输局代表队获羽毛球、跳绳团体亚军。

【党建工作】 立足时代要求，把政治建设摆在首位，打造良好机关政治生态，确保中央决策部署和省委、市委要求贯彻落实到工作末端。坚持以思想建设为基础，切实筑牢理想信念；坚持以组织建设为重点，打造坚强战斗堡垒；坚持狠抓党员教育管理，使党员在组织生活中进行“政治体检”；坚持以作风建设为抓手，持续激荡清风正气。进一步加强机关清廉文化建设，不断提升广大干部把握新发展阶段、贯彻新发展理念、构建新发展格局的政治能力、战略眼光和专业水平。

【旅游公路建设】 太行一号旅游公路主线全线贯通，连接晋城市90%脱贫地区，连通晋城市90%景区景点，覆盖晋城市90%特色农产品产区。进度位居全省三大板块旅游公路（黄河、长城、太行）之首。

【重点工程项目】 342国道西上庄至周村段一级公路改造控制性工程西岭头隧道开工建设；东南过境（北义城至大箕）高速公路、机场大道、玉屏路、晋城西收费站改造前期工作进展顺利。晋阳高速改扩建工程全线开工。完成年度投资17.8亿元，协同推进342国道与208国道连接线工程，完成投资0.88亿元。

【政治建设】 局党组坚决维护以习近平同志为核心的中共中央权威和集中统一领导，严格遵守政治纪律和政治规矩。认真执行“第一议题”制度，及时传达贯彻中央、省委、市委重要会议精神和有关文件要求，凡重大问题坚决落实请示报告制度，凡“三重一大”事项坚决落实民主集中制，确保中央的决策部署和省委、市委要求贯彻落实到工作末端。严格执行《新形势下党内政治生活若干准则》，认真落实“三会一课”、民主生活会、组织生活会、民主评议党员等制度，用好批评和自我批评这个锐利武器，不断提升党内政治生活质量。

【思想建设】 利用中心组学习、“三会一课”、“学习强国”“三晋先锋”App，学习习近平新时代中国特色社会主义思想及党章党规党纪，先后组织理论学习35次、党组理论学习中心组专题学习讨论21次。10月16日，全局上下同步组织收看中共二十大开幕直播，广大干部职工畅谈学习心得。及时召开党组理论学习中心组学习会议，班子成员围绕中共二十大报告交流发言，率先垂范学习贯彻中共二十大精神。全体干部职工完成山西好干部在线“学习贯彻中共二十大精神网络培训专题”。每季度对意识形态工作专题研判，每半年向上级党组织专题报告，全年组织专题学习4次。不定期组织开展网站信息排查120次，全年未发生网络安全事件。

【组织建设】 认真落实中共中央《党委（党组）落实全面从严治党主体责任规定》和省委实施细则及《中共晋城市委落实全面从严治党主体责任2022年任务安排》，以高度的政治自觉把管党治党各项要求落到实处。全年研究部署党风廉政建设工作4次，制订下发《全面从严治党责任清单》，列出责任清单14条，明确7项具体任务，强化管党治党政治担当。先后转正13名预备党员，接收预备党员5名、党员发展对象5名、入党积极分子20名。

【作风建设】 制订全面推动清廉机关建设工作方案，将责任细化分解到6个方面29项具体工作。加强机关清廉文化建设，通过举办“读书分享会”，“七一”前后开展红色主题党日活动等，增强党员干部清廉干事的引领力。加强机关清廉文化宣传，将习近平总书记对交通运输的重要指示批示等内容上墙，每日更新国际国内热点新闻，在机关楼内、公交车、出租车电子屏上轮播“全面建设清廉晋城”主题宣传标语，广泛宣传正能量。健全完善贯彻中央八项规定精神相关制度，修订单位内部控制制度、关于差旅费、培训费报销的补充规定等，健全完善廉政风险防控机制。严格控制规范性文件及会议数量，2022年未下发规范性文件、未组织召开全市性会议。

【纪律建设】 完善科级及以上领导干部廉政档案，补充退休市管干部廉政档案。常态化开展“警示教育月”活动，党组书记与中层干部节前开展廉政谈话5次，班子成员开展经常性提醒谈话142次。及时通报纪委公开曝光的违反中央八项规定精神问题，进一步教育引导党员干部讲规矩、守底线。认真执行人大及其常委会决议决定，办好人大代表建议、政协委员提案，主动接受社会、舆论监督。2022年办结人大建议29件，政协提案25件。

【能力建设】 严格落实“深入一线抓落实工作周”制度，全年10名局班子成员深入一线解决问题400个，形成调研报告10篇。组织40人参加交通运输部10个班次的网络培训，组织8名县处级领导干部参加山西干部在线专题培训，选派1名青年干部参加中青班培训、1名副科级干部参加任职暨党史学习教育专题培训班、1名调任干部参加党史学习教育专题研修班。不断提升广大干部把握新发展阶段、贯彻新发展理念、构建新发展格局的政治能力、战略眼光和专业水平。

【经济指标】 一是2022年投资任务和完成情况。全年完成投资34.7亿元，其中：普通国省道完成投资5.1亿元，完成率达156%；农村公路完成投资29.6亿元，完成率达103.5%。二是规上企业运营情况。全市规上交通运输、仓储业完成营业收入30亿元，同比增长3.7%，全省排名第五；货运周转量增速140.3%，全省排名第一；综合排名全省第一。三是市场主体倍增情况。出台《关于支持交通运输业发展的若干措施》，超额完成全市交通运输、仓储和邮政业市场主体倍增年度目标任务，净新增企业550户，完成率达113%。

【公路建设任务】 一是太行一号建设超额完成。太行一号旅游公路完成101公里，占里程任务101%，完成投资5.2亿元，占投资任务108.7%。完成“慢行、服务、景观、信息、农田财化”五大配套系统379.2公里。二是农村公路建设全省领先。全年完成新改建“四好农村路”407公里（其中：自然村通硬化路73.8公里，建制村通双车道104公里，乡镇通三级公路91.9公里，县乡公路改造108.4公里，资源路产业路17.2公里，自建11.7公里），全市农村公路总里程达8707公里，位居全省前列。三是公路管养机制有效建立。制订农村公路管理养护体制改革方案，建立管养长效机制。全年改造危桥11座，村道安防工程25公里。农村公路优良路率达80%、优良中等路率达90.53%，一、二、三类桥梁占比达97.33%。

【安全稳定形势】 一是深入开展隐患排查。组织行业领域专家对全市“两客一危”等50家企业开展两轮“体检”，发现一般隐患问题373项，整改率达100%。二是稳步接手铁路安全。建立全市铁路沿线安全环境治理联席会议制度，实施“双段长”工作机制，制订印发《2022年晋城市铁路沿线安全环境治理工作要点》，完成上跨铁路并行36条设施的移交问题销号，有效改善铁路沿线安全环境。三是严厉打击违法营运。巡查企业43趟次，处理“12345”等群众举报投诉500件，处理行政处罚案件74件，查扣涉嫌非法营运车辆111辆，疏散乘客371人。

（董 芳）

城区交通运输局

2022年，在区委、区政府正确领导下，在市交通运输局指导下，城区交通运输局始终以习近平新时代中国特色社会主义思想为指导，全面贯彻中共十九大和十九届历次全会精神，围绕交通强国建设纲要的总体部署，团结带领全体干部职工紧紧围绕“建设人民满意交通”为目标，践行“服务是海”战略部署，全力以赴稳经济、保安全、抓环保、惠民生，为推动城区交通运输事业高质量发展做出应有贡献。

【党组织建设】 为认真落实物流行业党建工作要求，挂牌成立城区物流行业党委。党委下辖2个孵化党支部和3个流动党支部，共有党员20名，其中流动党员14名。

【安全生产】 对辖区“两客一危”企业8家的重点营运车辆实时分析、处理车辆行驶动态信息；通过“线上”监控发现问题，及时督促企业“线下”积极整改。对监管的108家企业进行全覆盖检查，共出动人员302人，检查发现隐患308条，截至年底，已全部整改到位。持续推进安全生产专项整治三年行动，加强企业日常安全监督检查187家次，检查一般隐患354条，下发责令整改通知书105份，已全部整改，实现闭环管理。

【提质改造】 全力打造白马寺上山及白马寺广场、连川至山门街、西环路至核桃窊、五门至山西底4个道路提质改造工程，优化全区群众出行条件和沿线村庄环境。

【党建引领】 一是精心开好党史学习教育专题民主生活会，深入整改落实。局党组认真研究、精心组织，召开局领导班子党史学习教育专题民主生活会。二是以“五型机关”创建为抓手，以“双报到”工作为落点，抓实抓细基层党建工作。围绕贯彻落实交通运输领域基层党组织工作《条例》，倾力培塑“创人民满意交通”党建品牌，规范开展党支部“8+X”主题党日活动。认真做好发展党员工作，全年共发展2名党员。三是全面履行意识形态工作责任制。定期分析研判意识形态领域情况，辨析交通运输领域突出问题，对重大事件、重要情况、重点工作中的倾向性苗头性问题，有针对性地进行引导，全年专题研究意识形态工作4次。四是狠抓创新理论学习。坚持每月开展一次党组中心组集体学习，有效利用周一例会、党员大会和警示教育月活动，组织党员干部开展政治理论学习，全面提升党建质量。

【非公有制党建】 为认真落实物流行业党建工作要求，挂牌成立城区物流行业党委。党委下辖2个孵化党支部和3个流动党支部，共有党员20名，其中流动党员14名。局党组选派2名党建工作指导员。以“一主多辅”阵地建设模式，以党群服务中心为主体，整合红暖新家、联席会议室等各类功能，整体建设使用阵地，总体面积达近600平方米。

【安全监管】 第一，组织召开晋城市城区交通运输系统季度安全生产例会12次，安全生产紧急会议3次，安全生产工作部署、推进会9次。第二，对辖区“两客一危”企业8家的重点营运车辆实时分析、处理车辆行驶动态信息；通过“线上”监控发现问题，及时督促企业“线下”积极整改。对监管的108家企业进行全覆盖检查，共出动人员302人，检查发现隐患308条，已全部整改到位。组织5名专家对全区108家道路运输企业进行专家体检，共发现一般隐患267条，已全部整改。第三，持续推进安全生产专项整治三年行动，加强企业日常安全监督检查187家次，检查一般隐患354条，下发责令整改通知书105份，已全部整改，实现闭环管理；约谈企业负责人、安全管理员12家次，有力地保障春运、全国两会、冬奥会、冬残奥会等重大活动期间安全有序无事故。第四，及时通报各地事故情况并开展隐患排查整改，汲取事故教训。开展防灾减灾宣传非法营运等交通知识宣传4次，发放宣传单2000张。

【民生服务】 第一，持续加强和规范农村公路养护管理。根据《晋城市城区农村公路管理养护办法》，切实加强和规范农村公路养护管理，提升县、乡公路环境卫生，积极营造“畅、洁、美”公路交通环境。农村公路保洁处理五堆垃圾83处99吨；治理路面病害13公里；清理排水沟43.1公里；修补路面坑槽4039平方米；整治沿路两侧环境整治31.5公里。公路好路率达82%，养护综合值达81；投资155万元完成辖区道路路面修复3个养护工程。第二，严格开展安全排查整治。对辖区在建的交通建设项目安全隐患大排查，排查一般隐患19条，已经整改完成。排查突出问题张村至冶底公路东常村段1项。第三，主动上手做好防汛工作。汛期组织中层以上党员干部分5个防汛应急处置小组对全区农村公路开展24小时巡查、清障排险及实行交通管制工作，全力保障农村公路畅通安全。第四，全力以赴提升农村公路品质。全力打造白马寺上山及白马寺广场、连川至山门街、西环路至核桃窊、五门至山西底等4个道路提质改造工程，优化全区群众的出行条件和沿线村庄环境。

【行业管理】 第一，坚持问题导向，全面完善行业规范化管理。强力推进道路运输市场、货运源头治超及水上交通监管，以“两客一危”为重点，加快危货运输大数据管理平台建设，确保运输市场安全、稳定、规范发展。有效开展汽车尾气VOCs、工地扬尘、黄标车淘汰更新等治理工作，全面推进交通运输行业大气污染防治工作。第二，全力提升交通运输服务质量。加强对危化品运输和煤炭运输大型货车的管理,建设交通安全动态监管平台,充分应用卫星定位技术以及联网联控系统等科技手段加强对道路运输车辆的监控。严格驾培学校管理。完善四级快递物流配送网络体系。第三,聚力推动绿色、智慧、平安交通建设。多部门联合分步实施智慧交通云平台、汽车尾气污染在线监控系统、车辆故障远程诊断系统等。强化“两客一危”、工程项目建设等重点领域及重点时段重要节会的安全监管,加强安全生产形势研判,确保行业监管责任落实到位,全区交通运输系统未发生较大及以上责任事故。第四,综合开展质量信誉考核。对全区130家道路运输相关企业进行质量信誉考核,全部达到基本合格要求。第五,全面推进经济指标完成。加强经济运行调度工作,做到“应统尽统”,8家规上交通运输业1—11月完成营业收入17.9134亿元,比2021年同期21.1340亿元减少3.2206亿元,同比下降15.2%。完成新增市场主体70家,其中企业27家、个体43家,完成市级下达任务137家的51%。

【民生工程】 东西大街、景西南路、道西路及程颢路道路工程是城区交通运输局承建的重点项目,2022年的主要工作是续建移交,面对工期紧、任务重这一实际,千方百计给工程建设创造有利条件,抢时间、抓效率,争分夺秒加紧推进道路工程建设扫尾工作。截至2022年10月底,4条道路完成市政基础设施、绿化、环卫及交通设施已移交。

【党风廉政建设】 一是压紧压实党风廉政建设“两个责任”。进一步明确党组主体责任、书记第一责任和领导班子成员“一岗双责”,制订区交通运输局党组2022年度落实党风廉政建设主体责任清单。二是切实加强作风建设。加强日常监督管理和教育引导,通过会议要求、谈心谈话等方式加强对干部职工的提醒教育和监督,及时掌握和了解干部职工思想动态,推动政治监督具体化。共开展集体廉政谈话6次,开展提醒谈话近50次,接受谈话人数近300人次。三是扎实推进廉政教育。始终如一地落实集体学习、“三会一课”、谈心谈话等制度,坚持抓早抓小,强化干部日常廉政教育。对涉及工程招投标、资金管理、工程质量等重点环节开展有效防控。

【法治建设】 第一,坚持严格依法行政。进一步完善法治建设组织领导,以平安交通创建为载体,认真履行综治成员单位职责,加强交通系统常态化扫黑除恶专项斗争,严格执行“三项制度”的有关要求,积极推进政务事务公开,充分发挥法律顾问作用。召开执法领域突出问题专项自查工作,建立自查台账及问题清单,层层压实整改责任,确保自查工作取得实效。第二,认真开展优化法制化营商环境,推进政务公开。及时准确高标准完成城区一体化平台系统数据采集和“互联网+监管”数据录入工作。第三,进一步理顺和完善行业管理体制、机制,加强业务工作和执法职能之间的沟通。第四,将推进法治建设同平安建设、“三零”单位创建等工作有机结合,争创“三零”单位、平安单位。积极组织《中华人民共和国民法典》《中华人民共和国法律援助法》《中华人民共和国反有组织犯罪法》等法律的宣传贯彻。第五,加强行政应诉与行政复议工作。完善行政复议与行政应诉衔接机制,积极引导行政相对人通过法律渠道维护合法权益,推进行政争议实质性化解,全年未发生行政复议与行政应诉案件。

(王静艳)

沁水县交通运输局

2022年,沁水县交通运输局紧紧围绕县委“三地三区五提升”总要求,聚焦省、市、县重点工程,结合市局工作安排,凝心聚力、拼搏实干,各项工作成效显著。

【机构改革】 组建沁水县交通运输综合行政执法队,实行“局队合一”体制,设大队长1名(局长兼队长),专职副队长1名(副科级),副大队长1名(股级)。内设股室6个,分别为:办公室、政策法规股、案件处置股、执法一中队、执法二中队和执法三中队。

【农村公路管养】 所有10条县道、59条乡道、269条村道,列养率达100%,农村公路技术状况得到根本性改善,优、良、中等路总比例达88%。

【安全生产】完成安全生产“零事故”创建工作，主要做到道路运输、公路路政及养护领域、交通在建工程3个领域全部整改。

【党建工作】第一，加强政治理论学习。将习近平新时代中国特色社会主义思想、中共二十大精神等内容作为学习重点，共组织党组学习22次、廉政专题学习2次，坚持每周自学，开展“喜迎二十大、奋进新征程”理论宣讲活动2次，购买各类理论书籍200册，发放中共二十大精神学习资料9套，在加强理论修养中厚植思想底蕴。第二，加强党支部建设。2022年8月对下属党支部进行调整，两个党支部分别选举新的支委班子、划分党小组，确保党支部工作高效有序开展。同时对各支部上报备案的优秀职工、积极分子等从严审核相关资料。全年各党支部共推荐优秀职工1名、积极分子2名，预备党员转正5名。第三，严肃党内政治生活。认真落实“三会一课”等六项制度，完善党员档案，及时转接党员组织关系，做好党内统计工作。全年下属2个党支部共开展政治理论学习42次，召开支委会各12次、党员大会各7次、党小组会各12次，联合开展主题党日活动12次，党支部书记讲党课各4次。第四，加强干部队伍建设。突出政治忠诚、崇尚实干、专业精良的选人用人导向，注重担当和能力方面的考察运用，提拔35周岁以下正股级干部2人，副股级干部3人，把11名真正敢担当、能担当，敢干事、能成事，肯吃苦、能奉献的优秀人才选拔出来，充实到中层干部岗位进行历练；注重加强高素质专业化干部队伍建设，先后4次对执法人员进行日常教育和培训，不断提升干部队伍综合素质和基本能力。

【党风廉政建设】一是常态化开展谈心谈话。年初、年中，党组书记与班子成员、班子成员与分管股室分别进行层层廉政谈话2轮60人次。每逢重要节点前必开展集体廉政提醒谈话，营造廉洁文明、风清气正节日氛围，节中对落实中央八项规定精神、公车管理、值班值守等情况进行监督检查，确保节日期间风清气正。二是教育引导筑牢反腐防线。加强对党规党纪和违反中央八项规定精神通报案例的学习，以身边事教育身边人；按照要求开展“整顿干部作风、优化营商环境”专题警示教育月和推进清廉机关建设等活动，赴红色教育基地开展廉政教育主题党日活动1次、观看警示教育片3部、召开典型案例剖析会1次、党组书记讲专题廉政党课1次、参与推进清廉晋城建设网上答题2398次，为干部职工敲响廉政警钟。三是清廉文化涵养正气。利用楼道走廊、机关院内等空间，运用宣传版面、文化墙等形式，打造廉洁文化走廊、清廉建设版面，使廉政文化入眼、入脑、入心，让党员干部群众在耳濡目染中时刻接受廉政教育。

【“1134”重点项目建设】将全年所有工程项目高度提炼为“1134”工作任务，第一个“1”，就是完成一项民生实事项目。投资1.47亿元，按期完成2021年县乡公路水毁恢复工程。该项目是人大票决的2022年民生实事项目之一，共涉及8条县道、11条乡道、8条村道的水毁恢复任务。第二个“1”，就是完成一条太行一号（主线）五大系统改造提升工程。路线全长180.6公里，在原有道路基础上，共提升慢行步道57公里，沿途建设驿站9处、观景台8处、停车服务区12处，串联景观景点40处，全域旅游一张网格局已然成型。一个“3”，就是完成“三线路网”差异化指标考核任务。包括3项内容：一是建设太行一号旅游公路支线，投资1.68亿元完成13.1公里的尧都至东坞岭段，投资1.97亿元完成32.5公里的示范牧场循环旅游公路，投资8200万元完成14.1公里的吕村至四十亩段路基工程，进一步优化区域路网结构；二是投资1.67亿元完成武安至湘峪段、湘峪古堡至皇城相府段以及窦庄至殷庄段等沁河古堡群环线建设项目，全县东部经济重镇的交通运输格局进一步优化；三是投资980万元完成杏则村、下沃泉村、冯村村和当处庄村4个村共9.8公里的百村百院连接线改造任务，进一步推动文旅康养产业的发展。一个“4”，就是完成“四好农村路”建设任务。项目总长36.31公里，总投资2.8亿元。截至年底，已完成全部建设任务。项目的建成，使全县农村基础设施更加完善，人民群众出行更加便利。

【改扩建项目】336省道老马岭至杨河桥项目，路线全长57.6公里，总投资45.9亿元，按一级公路标准建设。截至年底，完成市、县两级五部门核查，省自然资源厅土地踏勘论证和选址研究报告备案，线位方案、路线方案省交通运输厅已审查通过，拿到省交通运输厅用地指标文件，工程可行性研究报告已编制完成。

【养护体制改革】 全县农村公路的养护管理由交通运输部门行为转变为县、乡两级政府行为，由行业行为转变为社会行为，所有10条县道、59条乡道、269条村道，列养率达100%，农村公路技术状况得到根本性改善，优、良、中等路总比例达88%。

【交通运输非法违法生产行为打击】 全年共出动执法人员310人次，打击违法生产经营行为28起。其中，非法从事客运经营行为2起，源头企业为车辆超标准装载、配载行为4起，取缔非法驾驶员培训点2处，公路超限行驶20起。

【安全隐患排查整治】 道路运输方面，共出动检查组20个，检查企业60家次，发现隐患82个，其中55个已整改完毕，27个整改中 。公路路政方面，共出动检查人员180人次，车辆60车次，对县乡公路进行路政巡查，共发现隐患11处，截至年底已有9处整改完毕，2处整改中。

【工程实体质量检测】 全年共办理交通建设工程质量监督10项，下发交工质量核验意见16份，综合检查40次，发现隐患35条，已全部整改完成。对涉及结构安全的关键部位，做到100%试验检测。

【行政处罚】 全年行政处罚27起，罚款6.15万元。其中：非法从事客运经营行为2起，共计1万元；源头企业为车辆超标准装载、配载行为4起，共计罚款2.15万元，非法驾驶员培训点1起，顶格罚款5000元；公路超限行驶20起，共计罚款2.5万元。

【行业发展】 第一，新增28家普货运输企业、1家危货运输企业，完成所有客运、货运企业的质量信誉考核，以及汇民公交公司绩效考核工作。第二，完成2140位驾驶员从业资格证诚信考核工作，对货运企业进行了3轮110人次的安全培训。

【“平安交通”建设】 第一，层层细化目标，压实各方责任。机构改革后，及时调整安全生产和“平安交通”建设领导小组，层层签订安全生产工作目标责任书，制订《安全生产工作责任清单和2022年安全生产重点工作任务清单》，做到责任清晰，人人担责。第二，定期研判部署，安全抓实抓细。全年共召开安全生产例会、形势研判会、专题工作会等各类会议26次，拟定并完成印发各类安全生产文件20份，修订、修改6个应急预案，有效提升对突发事件应对和处置能力。第三，加强宣传引导，营造安全氛围。春运、“五一”、“安全生产月”、“十一黄金周”等重要时段，采取拉横幅，广场、车站咨询、散发宣传资料等方式，运用交通系统微信群、车站LED屏、出租车顶屏等宣传资源，广泛宣传交通运输安全，全年共发放宣传资料1800余份，群众咨询200人次。第四，突出重点工作，开展各类行动。根据市局、县安委办统一部署安排，全年扎实开展安全生产专项整治三年行动、安全生产大检查大整治大提升活动、安全生产三大战役专项行动、春运安全检查、夏季防汛巡查等安全生产监督检查工作，共排查各类安全生产隐患285处，全部完成整改。

【市场主体倍增】 积极创新工作方法，按期、超额完成市场主体倍增目标任务166户（任务为155户）。组建网络货运平台1家（沁水县快成数智科技有限公司）、煤炭运输平台2家（沁水县富华物流有限公司和晋城鹏飞科创运输有限公司），预计可为全县经济增长贡献2个百分点。此外，“13710”政府督办、“12345”市长热线、社会治安与综合治理、文明单位创建、财务审计、环境保护、社会信用体系建设等工作，均有序开展，并取得显著成效。

（柳　行）

阳城县交通运输局

2022年，阳城县交通运输局以习近平新时代中国特色社会主义思想为指导，按照全方位推动高质量发展的目标要求，解放思想、对标一流、敢干干成，重点建设项目、农村公路管养、交通行业管理、法治交通、乡村振兴、党的建设等各方面工作均取得较好成绩。

【交通建设】 2022年交通重大建设项目11项，包括4个续建项目、4个新改建项目和3个项目截止日期为年底的工作，逐一列出任务责任清单，实行清单化管理，全年完成固投指标超过20亿元。

【续建项目】第一，晋阳高速公路改扩建工程。长42.57公里，总投资62亿元。阳城境内长16.5公里，投资15.6亿元。阳城县负责境内征地拆迁及协调各项工作。下拨征迁资金2.4亿元，征迁工作基本完成，全线施工正常推进。第二，太行一号旅游公路。路线全长94.8公里，总投资19.24亿元。除侯月铁路西圪洞大桥实施外，灾后恢复及路基路面工程已建成通车。第三，太行一号五大配套系统工程。长94.8公里，包括慢行、景观、服务、信息指引、农田财化系统，总投资2.4亿元。基本实现与道路工程同步完成建设。第四，桑田大道改扩建工程。长9公里，总投资11.5亿元。项目快速推进，完成投资8亿元。阳高泉至人社局段、昆仑大桥至张峰段主线路基已贯通，实行临时通行。

【新改建项目】第一，阳城县横河至次滩农村道路工程(太行一号环线二)。长23.2公里，投资预算2.18亿元。已开工建设，受土地、林地审批制约，先期实施桥梁、涵洞等控制性工程。第二，沁河古堡群环线沟西至润城段。长5公里，三级公路标准，总投资1641万元。完成建设任务。第三，"百村百院"连接线提升工程。长25.4公里，总投资2540万元，涉及9个行政村(上庄、中庄、皇城、中寨、押水、枪杆、李圪塔、横河、牛心温)。完成建设任务。第四，县道八芹公路改造工程。长25公里，总投资1.23亿元。完成马寺线4.1公里路面改造，实施町店至下孔段，已完成3.5公里。

【"四好农村路"建设】按照交通运输部《推动"四好农村路"高质量发展2022年工作要点》有关要求，不断巩固"四好农村路"建设成果。第一，抓建设强基础，持续拓展农村公路覆盖范围。结合实际制订《"十四五"农村公路建设实施方案》，明确实施模式和县级补助标准，2022年建设计划58项149公里，总投资4.26亿元。其中：由阳城县交通运输局实施4项36.6公里，14个乡镇实施54项112.4公里。县乡主干公路灾后恢复重建完成投资4200万元。第二，抓管理增动能，持续夯实农村公路管理体系。深化农村公路管养体制改革，养护资金列入财政预算，深入推进县乡村三级"路长制"，完成"十三五"期间全县304项农村公路的交(竣)工验收。探索实施200公里县乡主干道购买灾毁保险事宜，保额近4亿元，提高公路防灾、抗灾能力。第三，抓养护促提升，持续改善农村公路通行条件。对县乡主干公路进行修复性养护，完成投资356万元；各乡镇开展乡村公路养护工程和小修养护，完成投资710万元。路域环境治理488公里，疏通水沟210公里，清理"五堆垃圾"316处410吨。第四，抓运营利长远，持续巩固农村公路服务功能。强化五级公交运营管理，优化县乡、镇村公交服务供给。推广"公交+快递"模式，在2021年完成县乡网点和125个村级网点基础上，又完成100个村级网点建设，实现县乡村电商网点"全覆盖"。

【政务服务提升】对权责事项进行"最小颗粒度"细化，坚持"应减尽减"原则，缩减办事环节；宣传和推行政务服务网上办，对拥有10台以上营运车辆的企业，提供上门办证、诚信考核等服务；积极推进"证照分离"改革；超额完成运输企业市场主体倍增任务。全年办结行政许可事项537件、相关业务5719件，网上办理2136件。2022年年底，积极与县行政审批服务管理局对接沟通，实现审批许可的全部划转。切实优化交通营商环境，提升政务服务水平。

【交通行政执法】深入开展运输市场专项整治行动，检查货运车辆1300台，现场纠正违章行为120起，查处不遮盖篷布车辆13台，罚款1.6万元；查处污染、损坏公路及附属设施路政案件8起，收取道路赔补偿款1.7万元；清除违法占用公路摆摊设点、打场晒粮50处；查处非法营运案件10起、巡游出租车不打表经营案件33起，罚款5.5万元，组织学习教育70人。及时更新铁路"双段长"和"联席会议"领导组成员信息，依法整治铁路沿线铁皮棚、乱搭乱建等安全隐患，铁路沿线环境安全，净化运输市场秩序。

【运输管理】强化道(水)路运输管理，不断规范运输经营行为。实时监控、追踪客运、公交车辆运行轨迹和营运状况；持续开展"95128"巡游出租电召服务；规范共享电单车停放秩序和摆渡工作；组织出租、公交企业开展爱心送考活动，免费运送2000人次；大力推进“互联网+”高效物流，物流企业经济收入破亿元大关；督促水运企业建立完善应急救援预案，全年未发生船舶污染事件和水上交通责任事故。

【超限超载治理】 保持治超高压态势，不断整治非法超限超载。坚持路警联合执法，推进治超工作常态化、长效化。强化源头管理，严格落实“一超四罚”及黑名单制度，纠正企业违规行为为11次，处理源头治超案件5起，罚款6.1万元，将25台非法超限超载车辆记入“黑名单”1次，56名驾驶员分别被记入“黑名单”1次和从业资格证扣10分处理。开展路面防控，采取固定蹲守和流动稽查“1+1”模式，重点打击短途非法超限超载运输行为以及无牌无证、非法改（拼）装车辆上路行驶行为，查处超限超载车辆9台，依法保护路产路权。上孔超限检测站实行四班24小时工作制，全年检测货车30万台次，查扣并移交公安交警处理非法超限车辆83台，责令卸载分车运转货物600吨，超限率控制在0.2%以下。

【隐患排查整治】 加大隐患排查治理，不断引深平安交通创建。扎实开展安全生产“三大战役”、大检查大整治大提升行动和专项整治三年行动，全力消除安全隐患，筑牢交通安全防线。全年检查企业290家次，发现立改隐患422处，全部完成整改；一般隐患599处，完成整改595处；整改销号重大隐患5处；责令限期整改企业68家，停产停业整顿15家；打击非法违法生产经营建设行为60起；新媒体曝光违规生产经营行为14条。交通运输安全形势总体稳定向好。

【依法行政】 深化法治部门建设，明确“监管事项目录清单”和“检查实施清单”，强化事中事后监管，不断提高行业监管和执法水平；完成山西省“互联网+监管”系统业务数据录入1.5万条，实现监管事项全覆盖、监管过程全记录。深化“13710”工作制度，建立健全“明责、履责、督责、追责”闭环落实机制，倾心为民排忧解难。

【机构改革】 围绕“一办四股一队两中心”整体构架，进一步明确局机关与相关股所关系、职责。按要求开展国资国企改革和东诚运输公司、祥辰商品路公司出清工作，两公司出清工作接近尾声，相关资料已送审，待改革费用拨付后依法出清。

【党建引领】 第一，加强学习教育，筑牢干部职工“思想根基”。组织干部职工深入学习贯彻中共二十大和习近平总书记视察山西重要讲话精神，教育引导干部职工坚决捍卫“两个确立”、做到“两个维护”。扎实开展党史学习教育，把对党绝对忠诚注入灵魂、融入血脉，贯穿到交通运输工作全过程。第二，规范组织生活，建强基层党支部“战斗堡垒”。制订2022年度《党建工作要点》《全面从严治党责任清单》，严格落实“三会一课”和民主生活会、组织生活会制度，发展党员4人，足额上缴党费27620元。第三，强化警示教育，营造风清气正“政治生态”。注重日常警示教育，持续开展典型案例剖析，引导干部职工以案为鉴、举一反三，时刻保持清醒头脑。扎实开展强监督促基层治理提升、工程建设领域专项整治、清廉阳城建设等专项活动，从严履行管党治党政治责任和主体责任，推动各种清廉要素融入交通运输工作各方面、全过程，党风政风持续向好向优。第四，政工人事、文明创建、交通战备、财务审计、提议案办理、节能减排、文书档案、工青妇团等工作也都笃定前行、进而有为。

（郭　鹏）

陵川县交通运输局

【工程建设】 2022年共实施7个重点项目。第一，太行一号旅游公路五大配套系统。慢行系统完成登山步道、休闲步道和骑行道150公里，服务系统完成浙水、松庙、西闸水3个驿站，棋子山、高老庄口、杏林湾、天任桥头、汲好水、冯家湾6处观景台和17处停车场，文化景观系统完成主线浙水至古郊至玛琅山段和支线古郊至马武寨段102公里景观绿化，农田财化系统完成中药材、特色经济作物种植2万亩、浙水、高老庄、汲好水农业主题公园建设；信息系统完成交通标志标识、特色标识、数字交旅移动端开发、音乐公路施工工作。第二，“百村百院”连接线建设项目。涉及9个村共29.7公里公路改造及绿化任务，完成投资8830万元。第三，夺火至玛琅山旅游公路路面改造工程。路线全长11.169公里，总投资6750万元，已完工通车运行。第四，甘井掌至潞城路面改造工程。路线全长7.028公里，总投资2525万元，已完工通车运行。第五，农村公路提质改造工程。涉及6个乡镇13个建设项目，共计50公里，完成投资5000万元，现已全部完工。第六，东尧村内道路连接项目。路线全长1.6公里，总投资140.6万元，已全部完工。第七，342国道省界至西河底段改扩建项目。路线全长73.1公里，总投资62.3亿元，该项目工程可行性研究报告已通过省公路局审查，并上报省交通运输厅，土地预审相关报告已组卷上报至省自然资源厅。

【公路养护】公路日常养护继续执行"三定一包一淘汰"的管理办法，落实养护责任和养护目标，加强对公路路面、边沟、桥梁隧道、安保设施的日常巡查与维护。全年共安装减速带200米，增设标志牌、爆闪灯、提示牌、责任牌120套，修补坑槽5500平方米，增设挡墙2处250立方米，打标线12.5公里，施划震荡线20处，恢复护栏20处80多米，清理边沟144公里，清理塌方15000立方米，割边坡杂草114万平方米，清理积雪195.5公里，清理生活垃圾、建筑垃圾共700余立方米。有效保障全县公路的整洁与畅通。

【交通执法】一是严格做好治超工作。采取不定时、不定点出动等办法，加大对重点地区、路段及货运装载点的监控巡查力度，积极联合交警等部门，组织开展治超工作，查处超限超载车辆。全年，共查处超限超载车辆16辆，卸载货物109.7吨，有效减少安全隐患。二是加强安全隐患排查。路政工作人员通过日常巡查，坚持源头治理、路面巡查和站点治理相结合的治超工作体制，及时制止和查处各种违法行为，有效维护路产路权，确保公路设施完好、道路交通安全。全年累计出动宣传车辆12次，发放宣传单1000份；发现路政案件1起，查处1起，收公路路产赔补偿款3297元；清除道路两侧堆积物41处；清理违法搭建、乱堆乱放8起；制止在公路上打场晒粮、乱堆乱放行为为10处；处理违法超限案件15起。

【安全管理】始终把安全生产贯穿交通工作全过程，认真落实行业部门监管责任，切实加强客运行业、驾校出租行业、水域行业、道路交通安全、工程建设等领域的安全保障工作，共组织各类安全检查152次，检查企业63家，排查并及时消除整改安全隐患304起，其中一般隐患297条，重大隐患6条，非法违法生产经营建设行为1条（已取缔），确保交通运输领域零事故发生。

【公交运营】全县公交车总量达96辆，其中清洁能源公交车30辆，纯电动公交车48辆，汽油车辆3辆，柴油公交车15辆。公交线路45条，其中县城公交线路4条，城际公交线路2条，城乡公交线路12条，镇村公交线路27条。全域公交覆盖率达99.6%，年运送乘客约200万人次。

（蔡　卉）

泽州县交通运输局

【重点工程】第一，太行一号国家风景道泽州段主支线。泽州县红花底至干河口段作为主线方案实施，截至年底，主体工程已基本完工。陟椒至干河口段作为支线方案实施，截至年底，已完成路面铺装13.88公里，完成投资约1.24亿元。第二，太行一号国家风景道泽州段五大配套系统工程。截至年底，已基本完成大阳古镇旅游公路等11个景观节点。第三，太行板块旅游公路牛花岭至东庄口段路面改造工程。5月开工，截至年底已完工。第四，太行板块旅游公路碗周线至东风段路面改造工程。6月开工，截至年底已完工。第五，太行板块旅游公路柳树口至东上庄（柳树口至珏山段）路面改造工程。5月开工，截至年底已完工。第六，"百村百院"连接线道路工程。10月开工，截至年底已基本完工。第七，大箕镇河西至区界道路工程。5月开工，截至年底已完工。第八，东属至铺头路面改造工程。3月开工建设，截至年底已完工。第九，巴公工业园园区（渠东路至208国道）道路工程。截至年底，该项目初步设计已批复，进行财政评审、土地预审及办理征地农民社保手续等工作。第十，泽州县进出口道路路面改造工程。2021年9月开工建设，截至年底已完工。第十一，大东线下村至东沟段路面改造工程。2021年9月开工，截至年底已完工。

【“一元公交”】“一元公交”是泽州县委、县政府察民情、顺民意，率先在全省推出的一项重大惠民工程，开创全国农村公交运营全覆盖的先河。县交通运输局作为这一惠民工程的主管单位，专门设立“一元公交”办公室（运管科），承担运营和实施，并认真贯彻和落实国家、省、市有关公共交通相关的法律和法规；同时对线路优化、运营效率、公共资源利用率、社会效益评价、服务质量考核等方面进行及时的跟踪监督和管理，确保这项惠民工程持续健康有序运营并落到实处。截至年底，全县拥有公交车辆194台，优化后拥有线路85条，其中城乡公交线路13条，镇村公交线路60条，旅游公交线路11条，定制公交线路1条，对全县419个行政村、15个社区已实现全覆盖，覆盖率达100%，全部实行一元惠民票价，65周岁以上老人及1.2米以下儿童，残疾人、军人、教师免费乘坐。

【市场主体倍增】通过走访调研问需解难，向市场主体宣传国家产业政策、优惠政策、市场信息等信息。主动上门送服务、解难题，支持各类市场主体提高质量、做大做强。2022年，交通运输业市场主体倍增年度目标110家，共完成126家，完成率达115%。

【经济运行】全县道路运输行业规上企业7家，截至11月底，完成营业收入4.58亿元，完成任务的114.5%，比2021年同期增长43%。累计完成货运周转量9.54亿吨公里，比2021年同期增长284%。

【助企纾困】一是培育壮大运输企业。酝酿、筹备并推动组建晋钢物流运输有限公司、泽州天泰煤炭运输物流有限公司、山西南太行物流运输有限公司，平台经济大幅拉动行业经济，为全县稳步推进服务业奠定基础。二是培育壮大新业态市场主体。积极研究和引进交通行业新业态，引进网络货运公司，加速发展货运互联网+物流模式科技平台。

【交通战备】一是对全县6条130.95公里铁路沿线安全隐患排查，包括郑太高铁、太焦线、大阳支线、侯月线、古城支线、王坡支线和相关乡镇铁路沿线，共发现隐患39处，对发现问题及反馈意见及时准确地报送相关部门。二是配合市交战办完成《泽州县公路运输保障区队整组名册》和《泽州县公路工程保障区队整组名册》。三是向省交战办申报泽州县进出口道路路面工程列入《山西省国防交通建设发展“十四五”规划》，积极申请上级资金补贴。

【农村公路养护】一是开展路调工作。组织相关人员分组，按东、西、南、北4片，分片区对所管辖路线和2021年16个镇水毁工程完成情况进行摸底排查，同时进行汛期道路安全隐患排查，对道路进行全面梳理，掌握每条路线所有信息，建立一路一档，为养护工作打好基础。二是农村公路日常管养工作。农村公路养护进一步强化，公路承载能力得到提升。出台《农村公路养护工作方案》，明确职责、细化流程、精心分组、层层把关。共巡查汇总病害路线37条，里程373.31公里，投入人力6000多工日、机械230台班，共砌筑挡土墙6083立方米，路面修复2.85万平方米，安装管涵3处13根，拆除旧路面4093立方米、路基土方1533立方米、软路基1588立方米，拆除波形护栏6686米，完成金额1285万元。

【安全管理】全面落实安全生产责任制，牢固树立红线意识和底线思维，扎实抓好安全隐患排查治理。第一，加强领导，狠抓部署，全力拉紧安全责任链条。成立局安全生产工作领导小组工作专班，制订工作目标，明确工作重点，层层落实安全生产责任。全年共召开安全生产工作会议24次，研究制订文件80份，领导带队深入一线督察检查24次，查处并整治一般安全隐患52条。第二，紧扣重点，切实抓好道路、水路运输行业的安全生产专项整治。全年共出动检查人员1500人次、检查企业600家次、排查安全隐患110条、整改销号110条。第三，加大县乡公路建养安全管理。共排查县乡道共计1140条，里程2965公里，出动巡查人员735人次，排查隐患共计226条，修补路面坑槽33处、安装防护措施68处、处理路面及边沟隐患205处。第四，认真开展安全生产宣传教育活动。制订落实相关宣传文件，组织开展安全生产宣传教育活动、“五进”活动、“安全生产月”和“安全咨询日”等活动，为职工和群众提供安全生产、应急救援、交通运输和消防安全等方面的安全宣传及咨询服务；组织开展安全生产隐患大排查活动和警示教育活动，通过安全生产检查、安全教育培训、安全知识答题和观看警示教育片等方式，提高全员安全意识和安全水平。第五，强化应急管理，落实应急值守。按照“安全第一，预防为主，综合治理”的方针和上级的安排部署，坚持24小时值班制度和领导带班制度，确保一旦发生突发事件和安全生产事故，能迅速处置，并按规定程序和时限及时上报有关部门。

【运政路政管理】 深入推进“打非治违”。运政方面，出动巡查人员1200人次，累计检查源头企业1525家次，打击各项违规案件105起，查处擅自从事道路货物运输经营4起，车辆不按规定检测案件49起，未履行治超义务11起，车辆超标准装载3起，未履行安全生产职责案1起，使用不符合国家规定的车辆从事道路经营活动案4起，其他违规案件37起，共计行政处罚14.7万元。路政方面，共出动执法人员720人次，检测车辆46569辆，查处超限车辆63辆，卸载违法货物682.92吨。加强路警联合执法和源头治理工作，路政管理和治超工作不断加强。确保全县道路运输行业安全生产平稳有序。

【依法行政】 高度重视交通运输法治建设工作，将法治建设与交通运输业务工作同步研究部署、同步督办落实、同步检查验收、同步考核奖惩，形成“‘一把手’负总责全面抓，分管领导严把关具体抓”的工作机制。第一，全面完成泽州县交通运输局行政执法公示制度、执法全过程记录制度、重大执法决定法制审核制度的配套制度建设，行政执法机关权力运行监督的制约机制不断健全完善。第二，组织一线执法人员参加上级交通运输主管部门和泽州县交通运输局组织的执法培训，将执法人员的业务知识学习作为一项长期任务持续推进。第三，加大治理公路“三乱”力度，全县交通运输行业未发生一起公路“三乱”行为。第四，开展法治宣传教育，利用“4·15”国家安全教育日、“5·28”民法典宣传月活动、“安全生产月”、“依法行政宣传月”和“12·4”宪法日法治宣传活动以及重大节日等，进行大力宣传，累计发放宣传资料3000份。第五，开展法律法规“六进”活动和“送法下乡”活动，把交通运输行业相关的法律法规汇编成小册子和宣传单，发放给经营业户和广大群众。累计发放各类宣传资料及相关法律法规宣传单5000份。

【节能低碳环境治理】 认真贯彻落实县委、县政府对节能减排总体部署要求，全面落实各项工作要求，确保交通行业节能减排各项目标任务全面完成。一是大力推进老旧车辆提前淘汰更新，推动国四及以下排放标准柴油货车和采用稀薄燃烧技术的燃气货车淘汰。截至年底，新增914辆柴油车均按规定安装尿素装置。二是加快发展节能环保的新型运力，积极引导和鼓励使用低耗环保车型，合理调整、规划道路运输车辆能源消耗架构，推动泽州县绿色交通建设稳步前进，截至年底，新增天然气汽车89辆。三是继续加强公路养护管理。加强路容路貌环境整治，通过一系列措施，全县农村公路持久保持路面干净整洁，路面畅、洁、绿、美，塑造良好公路形象。截至年底，共清理“五堆垃圾”349处2474吨；路面病害清理完成10.8公里；清理修复排水沟347公里；完成路侧环境整治642公里，全年累计投入人工10万人次，洒水车扫路机1.2万台班。对破损路面及时修复路面坑槽，提高路面通行质量，通过日常巡查及时发现县道、主要乡道各类路面病害，并及时进行修复，做到路面平整，路况良好，有效减少车辆因颠簸造成的抛洒遗撒行为，全年修复路面坑槽18000平方米。

（王江平）

高平市交通运输局

2022年，在市委、市政府坚强领导下，高平市交通运输局坚持以习近平新时代中国特色社会主义思想为指导，全面贯彻落实中共二十大精神，按照省、市党代会以及全国、全省交通运输工作会议精神，聚焦“一个目标”，紧扣“两个关键”，实施“五大工程”，提振精神、奋力奔跑、笃行不怠、狠抓落实，为建设美丽高平当好“开路先锋”。

【国省干道公路建设】208国道高平段改扩建工程，2022年4月26日，高平市人民政府明确高平市交通运输局作为项目实施主体后，克服重重困难，积极争取晋城公路分局配合，先后16次到省发展和改革委员会、省自然资源厅、省交通运输厅、省公路局就土地手续、项目法人变更、招投标等工作进行沟通协调，6月24日，项目法人由晋城公路分局变更为高平市交通运输局，仅用1个月时间完成招投标手续办理工作，8月29日完成招投标工作。截至年底，11个节点工程已全面启动，北营互通、浩庄互通、开化寺隧道、常乐互通4个节点已开工建设，完成清表14.9万平方米，修建便道3.9公里，完成沿线4个乡镇1600余座迁坟、迁丘工作；在郑太高铁开通前完成208国道改线河西段下穿高铁控制性工程，年内完成产值约3亿元。该道路是高平市南北向重要运输通道，项目实施对完善优化区域路网结构、释放城市发展空间、提高通行能力和服务水平、改善环境质量都具有重要战略意义。

【高速公路建设】长晋高速神农互通工程，手续办理历经两个“五年”规划，历任四届市委、市政府领导，2022年终于开工建设。截至年底，完成拆迁大棚12栋、迁坟106座、移除树木6000株，完成红线内的强电弱电和燃气迁改工作。清表工作已全部结束，桩基建设完成61%，完成产值约5181万元。建成通车后，可解决高平市北部乡镇无高速出入口问题，形成高平站、高平南站、马村站、郝庄站、神农站5个布局合理的高速出入口，实现市域范围内高速快速通达。

【普通国省道建设】在208国道高平段改扩建工程、长晋高速神农互通工程前期手续办理取得实质性突破基础上，积极启动谋划石河线精品线、礼夺线煤矸石路基试验段建设和227省道南王庄至寺庄段非机动车道建设工程。石河线（石末村至208国道）公路改造工程，路线全长11.9公里，估算投资3.97亿元。截至年底，项目已调整国土空间规划，办理土地、工程可行性研究报告前期等手续。礼夺线路面改造工程，投资5400万元，工程可行性研究报告已批复，已完成施工图设计，待批复。227省道长晋线南王庄至寺庄段非机动车道建设工程，起点位于南王庄村，终点位于227省道长晋线寺庄镇北王庄大桥南侧，东侧建设长度约8.702公里，西侧建设长度约8.844公里，估算投资9697万元，项目建议书已完成，待批复。三条道路力争早开工、早建成。

【交账工程】炎帝陵至市区快速通道绿化补栽和收尾工程、331省道坪曲线非机动车道绿化补植补种和5条县道水毁修复“4·30”三项交账工程在全市率先完成。完成太行一号国家风景道（高平段）绿化修复及提升工程、龙司线苏庄段路面改造工程“9·30”两项交账任务。

【运输企业管理】对66家货运企业、16家维修企业、8家驾校开展质量信誉考核，建立质量信誉考核档案，引导运输企业加强管理，规范经营行为，提高服务质量；强化驾校培训学时监督，建立完善省级驾驶员培训机构监管平台，培训学员6529人，获晋城市机动车驾驶教练员职业技能比赛优秀组织奖。

【市场主体培育】制订出台《高平市交通运输行业市场主体倍增工程培育方案》，本年度目标计划净增104户。截至年底，注册新增交通运输、仓储和邮政企业净增131户、个体户净增368户，总数完成率达479.8%、企业完成率达126.0%，位居全市前列。

【货运平台】借助科兴集团和三甲焦化大型煤炭企业，建立煤炭运输平台，成功培育山西丹枫物流有限公司和高平兴悦物流有限公司2家，山西丹枫物流完成营业收入2200万元，11月初入统，高平兴悦物流完成营业收入1900万元。

【物流快递总仓】投资近3000万元，占地2.66万平方米，由市交通运输局牵头负责，国投集团建设管理，物流快递企业参与，疾控部门指导以及相关部门配合，坚持规划设计与施工建设同步、人员培训与持证上岗同步、作业流程与建章立制同步，自4月22日建设以来，经过市交通运输局与广大工程建设者的日夜奋战，历时19天，5月15日建成投入使用，成为全省一流、晋城领先的物流快递总仓。

【公共交通发展】做好做优交通为民办实事工作，投资1662万元，更新新能源纯电动城市公交车30

辆；投资1500万元，新建城乡镇村公交候车亭278座、招呼站牌260座，优化调整线路3条，新增线路1条，开通旅游线路2条。

【城乡交通一体发展】巩固全国“四好农村路”示范县创建成果，持续推进农村公路提档升级，全年完成农村公路建设18条26.24公里，投资7381万元。“百村百院”连接线完成苏庄村、良户村、南河村、沟北村、秦庄村、果则沟村、瓦窑头村、韩家庄村、釜山村9个村4.7公里，投资470万元。农村危桥改造1座，投资288万元，大中型桥梁检测36座，实现现存危桥清零。深化管养体制建设，督促各乡镇出台管养办法，健全养护队伍，新建示范管理养护站2个。健全完善三级农村物流快递体系，在各乡镇设立快递集中中转站，依托物流总仓、张庄物流园规范快递企业合法经营，全年新增企业38家，逐步推进村级快递物流点建设，快递送达基本实现全覆盖。

【平安交通】紧盯行业重点领域，抓治理、抓反弹，进一步健全完善安全生产责任体系，制订6个应急预案。持续动态更新安全生产重大风险清单，着力攻坚重点领域，织牢织密风险防范化解责任网络。扎实开展安全生产月、“三大战役”专项行动，共检查企业及路段207家，排查出安全隐患154项，已整改142项。聚焦“七个一批”，严把安全关，行政罚款1.9万元，约谈企业4家，停产停业整顿11家，非法违法经营建设行为5家，暂扣吊销证照6家。加强危化品运输车辆安全管理，组织执法人员84人次，检查成品油运输车辆16辆、燃气运输车辆10辆，均未发现违法运输行为。

【法治交通】一是加强依法治理能力建设，深入学习贯彻习近平法治思想，认真组织学习《习近平法治思想学习纲要》。进一步压实法治交通建设工作领导小组责任，深化交通运输综合行政执法改革，组建交通运输综合行政执法队，新招录执法人员10名。加强行业行政执法队伍能力建设，重点抓好“关键少数”，加强对领导班子监督。落实“谁执法谁普法”责任制，加强交通法律法规宣传贯彻。推进“八五”普法工作，提高行业法治文明程度。二是深化“放管服”改革，持续规范和加强事中事后监管，深化“双随机、一公开”监管。积极与行政审批局、大数据服务中心对接，做好“政务服务事项”“互联网+监管”“政务数据资源归集”和“12345”政务服务热线4个平台办理，2个服务事项实现“一网通办”，大幅提升全程网办率和网上办件率。三是加强行业依法治理，开展“短途治超”专项行动和打击“百吨王”非法超限超载运输行动，累计出动执法人员7292人次，检查车辆815737辆，查获超限车辆151起，卸货3196.18吨，共罚款9.46万元，巡查货运源头企业1500个次，查处非法超限超载案件2件；全面落实农村公路“路长制”，累计出动巡查车辆200台次，执法人员600人次，巡查公路1.3万公里。

【党建引领】一是抓实日常工作，夯实党建根基。全面落实管党治党主体责任，牢固树立“抓党建就是最大政绩”的理念，严格落实“一岗双责”，切实抓牢基础工作，坚持每周五专题听取研究领导班子成员管党治党责任落实情况，逐级压实党建工作责任。加强对下属各党支部工作指导，常态化落实“三会一课”、党日活动等制度，按组织部和工信工委安排开展主题党日活动、组织生活会，及时传达习近平总书记重要讲话精神和上级重大决策部署，推动党支部标准化、规范化建设，组织集中学习49次，开展研讨4次。有序规范发展党员工作，新吸收入党积极分子5名。二是加强党建引领，发挥“先锋”作用。不断提升党建工作与中心工作融合度，把党建优势转化为推动工作高质量发展动能。充分发挥党员先锋模范作用，大力推进党员志愿服务队伍建设，截至年底交通党员志愿服务队成员已达85人，参与文明城市创建，为货车司机送温暖、爱路护路宣传等志愿服务活动856人次。

【党风廉政建设】深化清廉建设，营造清正生态。年初召开党风廉政工作会议，层层签订党风廉政建设责任书，坚持每季度研究一次党风廉政工作，形成《2022年党风廉政建设和反腐败工作领导责任清单》。认真开展警示教育月活动，组织中层干部签订“三不一必须”廉政承诺书并进行廉政宣誓，梳理党风廉政建设风险点，层层进行廉政谈话，敲响廉洁自律警钟，筑牢队伍思想防线。局机关党支部组织学习党规党纪4次，观看警示教育片1次，通报典型案例2次，上廉政党课1次，学习贯彻落实《山西省领导干部办理婚丧嫁娶事宜规定》，切实提高干部廉洁意识和拒腐防变能力。

（李　宏）

临汾市

临汾市交通运输局

2022年，在省交通运输厅大力支持下，临汾市交通运输系统以迎接、学习宣传贯彻中共二十大为主线，统筹发展和安全，交通运输事业保持高质量发展，为全市经济社会持续健康稳定发展做出重要贡献。2022年，在全省交通运输系统年度考核中排名第一。

【交通重点项目推进】临汾市聚焦完善综合立体交通网布局，全年完成交通固定资产投资118.87亿元。其中，高速公路及连接线完成投资52.72亿元，隰吉高速全面建成，黎霍高速、浮临高速有序推进；国省道项目完成投资25.88亿元，108国道、241国道、341国道改线等项目进展顺利；“四好农村路”完成投资8.4亿元，建成401公里，超额完成任务；三个一号旅游公路完成投资16.43亿元，黄河一号旅游公路主线工程291公里已全线贯通；灾毁恢复重建完成投资15.44亿元，1190个项目完工率达98%，全市交通网络结构更加完善，衔接更加顺畅。

【运输服务质量优化】聚焦国家公交都市创建，全面完成31项创建任务，建成公交专用道6条共计56.6公里，开通定制公交线路24条，推出“8023”等网红公交线路，日均客运量达16.7万人次，乘客满意度达98%，得到交通运输部专家验收组的高度评价。聚焦绿色出行，扎实推进纯电动公交车购置、置换工作，市区522辆公交车、1862辆出租车全部更换为纯电动车型；投入公共自行车5055辆，投放共享单车4000辆，解决群众出行“最后一公里”的同时，进一步提升城市绿色出行水平，2022年临汾市被交通运输部和国家发展和改革委员会评为“绿色出行创建考核评价达标城市”。

【现代物流体系完善】聚焦平台经济发展，协调、帮助、支持物流企业成立网络货运平台，全市新增注册企业40家，取得营运资质30家。依托物流枢纽园区，大力发展多式联运，侯马方略进出口货值达3.77亿元，洪洞龙马已入驻8家年营业收入2亿元以上的企业，上缴税金总额2.28亿元，物流枢纽辐射带动能力不断增强。全面开展助企纾困送政策、送服务、送温暖工作，扎实推进交通物流专项再贷款工作，累计发放贷款4400万元。全市规上交通运输服务业完成营收64.53亿元，货运周转量完成130.9亿吨公里。

【行业治理水平提升】持续加大非法营运行为打击力度，围绕火车站、机场等重点场所，累计出动执法人员1.7万人次，检查企业1000家，依法对金恒宇、晋鸿安等企业进行行政处罚，累计查处非法营运行为256起。始终保持“双超”治理高压态势，强化源头监管，狠抓路面运输关键环节，累计投入执法人员12万人次，检测货运车辆725万辆次，查处非法超限超载行为600起，处罚源头企业24家，罚款48.4万元，超限超载率控制在0.2%以内。

【农村公路管养】聚焦农村公路管理养护，投入资金6000万元，及时处置路面病害，加大清扫保洁力度，累计修补坑槽15万平方米、修复路肩12万立方米、清理垃圾16万立方米、绿化补植树木100棵，优良中路率达90.79%。

【生态环境保护】 严格大气污染防治绿色运输示范区管控，累计引导14万辆柴油货运车及散装物料运输车就近驶入高速；扎实开展国六重型燃气车治理，累计路查路检国六重型燃气车近6000辆，处罚84辆。为打造临汾"绿水青山"贡献交通力量，临汾市交通运输局被省人社厅和省生态环境厅评为"山西省污染防治攻坚战先进集体"。

【安全生产】 严格落实"三管三必须"原则，从严压实各方责任，以安全生产专项整治三年行动为抓手，先后组织开展道路运输"百日攻坚"、各县（市、区）交叉检查等专项行动6个，累计排查整改风险隐患1649条，已全部整改完成，全年未发生重大及以上安全事故。

【党的建设】 以政治建设为统领，深入学习宣传贯彻中共二十大精神，开展"追寻领袖足迹、奋进交通强市"主题党日活动，制订"10个贯彻落实"工作举措，扎实推进"向人民群众交好账"实践活动，立足群众"急难愁盼"征求意见2000份，梳理完成8项服务内容，群众测评满意度达95%。深入推进"清廉交通"建设，开展系列廉政主题党日、道德讲堂、专项答题等活动，编制印发《清廉交通随身行》，发挥行业特色开通5条清廉主题公交，持续巩固风清气正的良好政治生态。

（庞燕东）

尧都区交通运输局

2022年，尧都区交通运输局认真履行部门职责，加快交通基础设施建设，强化交通运输管理，守牢安全生产底线，全力统筹推进交通运输各项重点工作开展。

【农村公路建设】 "四好农村路"投资4047万元，已全部完成；灾后恢复重建投资8894万元，完成投资2477万元；三个一号旅游公路尧都区天寿山旅游公路投资4800万元，尚未形成有效投资；三个一号旅游公路洪洞古历山旅游公路尧都区段投资4800万元，尚未立项。尧都区全年农村公路投资实际应完成17741万元，实际完成6524万元。2022年农村公路建设总任务22.028公里，估算投资4047万元。主要包括自然村通硬化路6条17.13公里、建制村通双车道3条4.9公里、四、五类危桥改造10座、村道安防工程12条31.75公里。所有项目已按照要求全部完成。

【农村公路养护】 稳步推进公路养护体制改革，全面建立农村公路管理"路长制"，健全全区农村公路区、乡、村三级"路长制"，完善组织体系，形成路联管、路全管、路共管、路常管的农村公路发展格局，推进农村公路危桥改造、安全生命防护工程和道路安全隐患整治，加强全区公路标准化日常养护管理及汛期等极端天气巡护频次，及时修复路面，实现农村公路沿线绿化、美化、净化，打造"畅、安、舒、美"出行环境。

【交通运输投诉举报】 畅通交通运输投诉举报渠道，提高"12328"交通运输服务监督热线服务和管理质量，建立交通运输行政执法投诉举报制度，公开投诉举报电话"12328"、通信地址、电子邮件信箱，受理和处理公民、法人或者其他组织对交通运输行政执法的举报和投诉，并做好对举报材料的保存与答复工作。

【农村客运】 全面加强农村客运保障，提升农村客运基本公共服务水平。根据《山西省交通运输厅关于2021年推进农村客货邮融合发展等4件更贴近民生实事工作的通知》中第三项有关"推广道路客运电子票服务工作"的要求，尧都区辖区有3个汽车站已全部纳入山西省汽车客运联网售票专网，并实行实名制购票。

【河湖长制】 充分认识河湖长制工作重要性，增强落实河湖长制的责任感紧迫感，坚持问题导向，以务实行动抓好河湖长制工作，加强公路建设、养护、路产路权常态化管理工作，建设、养护、路政、运管、施工等单位部门按照职责分工，协同推进河湖长制各项工作，施工建设中禁止倾倒、填埋废弃物、随意堆放物料等行为，项目建设建筑垃圾、污水集中收集或弃运指定场所，养护清理垃圾及时清运至公路沿线乡镇指定的清运站，与乡镇村委密切配合，落实河湖长确定的事项。

【超限超载治理】 坚持政府主抓、部门联动、属地管理，抓好源头治理和路面管控，以督察考评、科技治超、联合执法、源头核查为抓手，以规范执法、制度建设、舆论宣传和举报监督为措施，扎实开展治超工作，对发现的超限超载运输车辆，全部严格执行"一超四罚"和源头核查。一是做好源头监管，规范源头单位装载行为；二是强化路面治超稽查，增强路面管控力度；三是做好源头核查工作，不断提升精准倒查能力。

【信用体系建设】 以"信用交通省"创建为统领，坚持问题导向和目标导向，深入推进"信用交通省"创建工作，认真履责、协同监管，全面推进、突出重点，做好信用信息记录归集，加强信用评价工作，强化信用奖惩工作，开展诚信文化建设。积极稳妥抓好交通运输信用体系建设工作，开展"信用交通"宣传，落实营造"学信用、懂信用、用信用、守信用"的行业氛围；着力构建守信联合激励和失信联合惩戒机制，加快推进业务和信用工作融合，促进交通运输行业治理体系和治理能力现代化，形成推动交通运输领域信用建设强大合力。

【平台监管】 联合区市场监督管理局对本辖区道路危险货物运输企业开展"双随机"抽查，对企业资质、车辆资质、人员资质、卫星定位动态、安全检查及规范服务情况进行检查，抽查结果及时录入"双随机、一公开""互联网+监管"系统平台向社会公布。创新监管方式，进一步加强"双随机、一公开"和"互联网+监管"工作，建立随机抽查工作机制，实现科学有效的事中事后监管制度，规范和优化对企业的综合监管，减少对市场主体正常生产经营活动的干预。

【安全生产】 坚持底线思维，守牢安全底线。全面开展安全生产大检查大整治大提升行动，成立公路、水路运输组、工程建设组、公路维护组3个工作小组，在全区道路运输、工程建设、公路养护、防灾减灾等方面，有重点、有针对性地分析研判安全形势，协调解决突出问题。打造平安交通，重点深化客运市场、工程建设领域、货运市场等领域治理，严格运输企业安全主体责任落实。深入开展"两客一危"重点企业警示宣传教育，切实维护交通行业安全稳定。根据铁路沿线环境情况，成立铁路沿线环境治理小组，结合安全生产大检查大整治大提升行动，在全区铁路沿线全面开展排查整治，组织协调区属部门和乡镇对各领域隐患对接摸底，强化专项检查，推动落实安全问题隐患整改及时到位。

（尧都区交通运输局）

曲沃县交通运输局

2022年，在上级主管部门正确领导和大力支持下，曲沃县交通运输局深入贯彻学习中共二十大全会精神，充分履行主体责任，把纪律和规矩挺在前面，教育和引导广大党员干部转变工作作风、真抓实干、廉洁从政，完成全年任务。

【重点项目推进实施】 县交通运输局承担的建设项目共6项，以务实高效、抓铁有痕的实干、苦干精神，制订时间表和任务图，强化责任落实，全力推进项目建设。全年完成建制村通双车道、自然村通硬化路和"畅返不畅"改造工程项目；完成景明危桥改造工程；完成晋国博物馆旅游快速通道项目可行性研究报告编制工作；完成县道张高线（西常至高显段）改造项目和331省道至浍河北岸旅游公路改造项目；配合完成108国道曲沃段过境改线工程的前期手续，1298亩土地征收任务，拆迁2400平方米，失地农民养老保险审核确定212人，预缴基本养老保障补贴费用1555.1704万元，文物发掘完成720处，控制性桥梁工程浍河大桥和黑河大桥完成桩基66根、桥台墩柱9个，三线迁改工作有序推进。

【公路养护管理体系】 深入推进"路长制"建设，全面推动农村公路养护体制市场化改革，加快构建县、乡、村三级农村公路职责明确、齐抓共管、高效运转的工作机制。全年，进行日常养护巡查40次，开展养护检查评比2次，翻新增设里程碑35块，翻新增设百米桩155个，翻新混凝土护栏1200平方米，清理排水设施450米，整修补充波形护栏90米，设置标志标牌10块，修补路面坑槽15000平方米，实施预防性养护4.2公里。全县农村公路平均优良中路率达82%，确保全县农村公路安全畅通。

【综合执法】 深入推进交通污染防治工作，严厉打击超标排放、冒黑烟、车体不清洁、抛洒滴漏、超限超载等违法行为。全年，共检查车辆24221辆，劝返、引导分流车辆9986辆，依法清理非公路标志78处，清理五堆21处，清除打场晒粮路障42处，整治非法占道经营69起，清洗108国道隔离护栏9次，查处抛洒滴漏违法车辆8辆，处罚1.3万元，收缴公路赔(补)偿费12.06万元，查处非法超限超载车辆27辆，已全部移交交警部门处理。路政案件发现率达95%，查处率达100%，结案率达100%，索赔率达100%，全县超限超载率始终控制在0.01%以下，有效维护路产路权，持续改善空气质量。

【安全生产监管】 严格落实"安全专项整治三年行动"，对全行业安全重点监管对象进行"拉网式"隐患排查，建立"两个清单"长效机制，2022年，在道路运输、公路运营、工程建设、水上运输4个领域共检查113次，派出检查人员214人，检查企业145家，排查出各类安全隐患58处，已全部整改完成，整改率达100%，确保全年零事故。

【运输服务业营收】 服务业提质增效事关全县经济社会高质量发展，以运输业提质增效为重点，挖潜增效，做到应收尽收、应入尽入。2022年，全县达规在统交通运输企业12家，1—12月实际完成营收5.16亿元，增速全市排名第四。

（曲沃县交通运输局）

翼城县交通运输局

2022年，在市交通运输局帮助指导下，翼城县交通运输局深入贯彻落实中共二十大精神和习近平总书记视察山西重要讲话重要指示精神，紧紧围绕县委、县政府"四大振兴战略""六大提升行动"总要求，在全体干部职工共同努力下，完成年度目标任务。

【工程建设】 2022年，承担的交通重点工程建设项目共7项。第一，241国道营里至石桥段路基及桥梁工程，总投资5745万元，已完成征地及地上附着物补偿协议签订，T梁预制完成45片，架设T梁40片，年度建设目标任务已全面完成；桥大线改造工程，总投资4550万元，完成大河口至下石门段6公里油层铺装，完成投资3350万元，完成总任务73.6%。第二，下庄、下交两座危桥改造工程，总投资440万元，11月底全部完工。第三，农村公路养护提质工程，路线全长120公里，总投资478万元，已全部完工，并完成工程审计结算工作。第四，桥上王良纪念馆至西阎四圣宫旅游公路工程，路线全长20.138公里，总投资2.0181亿元，采用PPP模式建设，9月底全部完工，12月23日完成交工验收。第五，2022年第一批农村公路水毁工程5个项目，总投资1702万元，已全部完工。第二批30个项目，总投资3366万元，已完成施工合同的签订工作，2023年3月全面开工建设。第六，唐尧大道路面改造工程，路线全长3.629公里，估算投资3881万元。8月开工建设，截至年底已全部完成。第七，"四好农村路"续建工程，截至年底已全部完成。

【养护改革】 积极探索建立"统一领导、分级管理、以县为主、乡村配合"的新型农村公路养护模式，县政府把农村公路养护管理纳入乡镇绩效考核范围，与各乡镇层层签订养护责任书，分级负责道路养护模式全面形成。在全面推行"路长制"基础上，组织全体养护人员学习"路长制"App操作流程，进行日常养护巡查，对发现的路面病害和隐患及时上传，第一时间进行处治。全年农村公路好路率始终保持在87%以上。

【行业管理】 全县6家客运企业按要求全部完成年度质量信誉考核。全县共有班线车辆37辆，市际班线2条、县际班线2条、农村班线21条；公交车辆126辆；巡游出租车183辆，网约车5辆；对出租车运营价格进行调整，8月1日开始执行。全年新增运输业户29户，新增车辆630辆；全年审验货运车辆4015辆、迁出车辆784辆。全县共有54家货运企业，4家零担物流企业，10家快递企业，全县共备案的维修企业共53家。新注册的山西翼信通智慧物联有限公司申办网络货运平台运行牌照。

【安全生产】全面落实行业管理部门监管责任，围绕中共二十大、“百日攻坚”专项行动、安全生产专项整治三年行动计划、自建房重大火灾风险综合治理等，组织开展全方位安全隐患大排查，检查各类监管企业676家次，查处各类安全隐患491起，已全部整改到位。4家路边店自建房屋1家完成整改修缮，3家存在安全隐患的进行关停。2021年市级转办的22处、2处省级挂牌督办、1处市级挂牌督办的铁路沿线安全隐患整治全面完成。

【交通环保】一是加大道路清扫的频次，抑制道路二次扬尘；二是对VOCs治理不达标、危废管理不规范的汽修企业一律实施停产整治，实行错峰、错时生产；三是从严查处排放严重超标以及未按规定使用车用尿素等行为，严厉查处冒黑烟和国三以下柴油货车进入城区运输；四是持续推进“公转铁”运输，全县累计生产原煤357.18万吨，精煤178.3302万吨，共计535.5102万吨。其中，铁路运输122.4926万吨，占比22.87%。

【法治建设】全年共出动执法人员1270人次，执法车辆160辆次，共查处抛洒污染车辆9辆、超载车辆4辆、非法营运车辆6辆，擅自改装运输车辆5起，办理道路损坏赔偿案件1起，罚款11.65万元。一是扎实开展“五堆”专项整治，着力打造“畅、洁、舒、美、安”良好行车环境。二是在全县范围内开展混凝土搅拌企业（商砼）源头治理“春雷行动”和短途超限超载运输专项治理，对货运源头企业恶意超载、票据不符、证照不全、车证不符、规避监管等行为进行严肃查处。三是开展联合执法。对旅客集散地“黑的”进行集中打击，对未取得道路运输经营许可从事机动车驾驶员培训业务的驾校严厉查处。

（翼城县交通运输局）

襄汾县交通运输局

2022年，在市交通运输局大力支持下，襄汾县交通运输局扎实落实各项任务指标，全系统干部职工聚焦主责主业，全面提升各项行政水平，同心协力，交通事业保持良好发展态势。

【国道过境改线项目工程】108国道襄汾至曲沃至侯马过境改线工程，已完成征地补偿协议708户865.8亩，签订协议701户843.5亩，完成97.4%；被征地农民失地保险登记全部完成；森林植被恢复费已足额缴纳12.783万元。已陆续开工建设，桥子沟、城尔里、南沟大桥已累计完成桩基83根。

【基础道路建设】2021年水毁处治工程（县道工程）已经全部完工，完成投资5731.99万元。三个一号旅游公路进行前期工作，工程可行性研究报告编制费、工程勘察费、工程设计费已经评审完成，共计63.1053万元，设计招标已完成，按时间节点积极推进。自然村通硬化路工程涉及6条公路共12.93公里，截至年底，工程已全部完工，完成投资1301万元。“四好农村路”地方配套资金到位率达100%，三个一号旅游公路建设地方配套资金已上报县财政预算，到位率100%；省补资金预算执行率达90%。农村公路地方财政建设、养护投入不低于2021年。水毁项目投入1000万元，自然村通硬化路县财政投入380万元、日常养护投入465万元，均不低于2021年。

【公路养护管理】县级日常养护经费到位465万元，到位率达100%，11月，委托省公路工程质量检测中心进行农村公路路况自动化检测，其中村道检测759.548公里，乡道检测373.269公里，县道检测138.834公里，检测比例达100%。农村公路优良路972.073公里，优良率达76.6%；优良中等路1151.52公里，优良中路率达90.8%，一、二、三类桥梁占比100%。

【绿化美化】在襄汾县5处交通节点实施，总投资2752.16万元，已完成工程量95%，后续补植及亮化工程有序推进。

【行业监管】一是加快构建新型监管机制。全年“双随机”抽查货运企业29家，维修企业28家，驾校3家、道路旅客运输企业1家、客运站场1家、危险货物运输企业2家；与县市场监督管理局配合抽查道路危险货物运输企业2家、道路运输车辆达标管理机构2家；与县烟草局对全县寄递物流服务业进行2次“双随机”抽查。创新事中事后监管方式新模式。截至年底，共监管事项25项，监管事项认领、检查实施清单编制和监管事项检查覆盖率均达100%。深入推进“信用交通省”创建工作，对监管行业存在诚信缺失行为进行依法处罚，其中涉及客运行业1人次，货运企业11家，维修企业4家，驾培学校1家。对给予行政处罚的企业和个人，按要求移交综合执法队，上报市场监管局信用系统，就处罚情况在政府网站进行公示。

【安全生产】防范化解安全生产重大风险，统筹发展和安全，完成《道路运输安全专项整治三年行动》《交通运输安全专项整治三年行动》上级部门验收工作；制订《2022年再打安全生产翻身仗实施方案》等方案，建立《安全生产重大风险基础信息清单》等清单；严格落实安全生产分级分类监管制度，对重点企业每月检查两次，一般企业每月检查一次，普通企业每季度检查一次；建立监管执法隐患排查台账，发现问题隐患，及时整改；建立综合监管平台、公布全生产举报电话和邮箱、危险货物道路运输企业监控平台等。

【投诉举报渠道】提高“12328”交通运输服务监督热线服务和质量管理，积极转变思想观念，改变工作方式，深入调查研究，把群众需求放在第一位，认真回复“12328”热线，解决群众问题，提升群众满意度。

【路域环境整治】细化分工，加大路域环境监管力度，对上跨下挖毁坏公路附属设施等违法行为进行查处。路产损坏立案查处4起，均按相关规定进行赔偿。按照市县铁路安全整治等工作要求，对铁路沿线安全隐患19处进行排查治理，已完成18处；对公路沿线25处隐患进行治理，已全部整改完成；清理公路沿线非公路标志91块；取缔加水点10家，清理摆摊设点27处。

【超限超载治理】继续抓好治理货运车辆超限超载工作，县政府将治超经费纳入财政预算，并已全额拨付到位。全年共出动执法人员2.6万人次，执法车辆1400辆次，检查车辆223.9万辆次，查处超限超载案件132件，罚款50万元，记分285分，卸载转运货物891.5吨，全县货运车辆非法超限超载率严格控制在0.2%以下。县政府将科技治超工作列为重点工作，投资260万元，在县交通运输局一楼搭建治超信息管理指挥系统平台，政府公示的货运源头单位监管覆盖率达100%。

【交通运输执法】严格落实行政执法公示制度，行政执法事项清单及相关法律法规在县政府门户网站公布，在行政执法过程中，切实推动执法人员严格规范执法，明确执法人员要主动出示执法证件亮明身份，配备执法车辆10辆，执法记录仪28台，要求通过文字、音像记录等方式对执法过程全记录。按照规定出具行政执法文书，并在县人民政府门户网站、县交通运输局大厅电子显示屏公布行政执法结果等。

【公共交通】严格监督规范公交车运营行为，为广大乘客提供便捷、舒适、文明的服务，对襄汾县友联汽车出租有限公司所有车辆及驾驶员进行质量信誉考核，提高出租汽车服务质量。对公交车年度审验41辆。严厉打击非法运营行为，共处罚出租车7辆。投入使用“95128”电召平台，解决老年人运用智能手机打车困难的问题。更新纯电动出租车7辆，到期报废更新的出租车全部为新能源纯电动出租车。引入山西汽运集团云易网络科技有限公司襄汾分公司，是全省一家专业的网络预约出租汽车平台企业。

【环保治理】道路扬尘治理方面，每天出动养护工人80名，道路湿扫车4台，洒水车4台，全天候进行道路清扫整理，确保有效抑制扬尘污染；冬季来临维护保养除雪铲车4台，及时清理积雪，维护道路行驶安全。汽修行业挥发性有机物整治方面，根据要求，不间断、不定时对涉及喷烤漆作业的50家维修企业进行检查，进一步宣传督促各有关企业严格落实烤漆房完成改造的执行错峰生产制度（每日8时至18时停止喷烤漆作业），未完成改造的不得从事喷烤漆作业要求。对检查发现违规作业的，责令停业整顿、拆除烤漆房以及移交环保部门处罚等。

（襄汾县交通运输局）

洪洞县交通运输局

【重点工程项目建设】第一，滨河东路北延公路工程，路线全长16.794公里，总投资1.44亿元，2021年

4月30日开工建设,2022年10月1日完工通车。第二,危桥改造工程,市局下达2022年计划任务为维修加固桥梁5座,总投资115万元,均已完工。第三,店西线(古县洪洞界至淹底段)公路改造工程,路线全长14.2公里,总投资3859万元,已完工。第四,洪洞县公孙堡至景村公路改造工程,路线全长13.362公里,总投资4900万元,已完工。第五,洪洞县2022年自然村通硬化路工程,项目涉及8个乡(镇)12条道路,路线全长18.801公里,总投资2573万元,已完工。第六,洪洞县2021年县乡公路水毁抢修工程,项目涉及县乡道路37条,总投资5467万元,已完工。第七,山西洪洞陆港型国家级综合物流园多式联运基地项目配套运煤通道工程(古历山旅游公路项目),路线全长10.85公里(其中:洪洞4.66公里,尧都区6.19公里),估算投资4.33亿元。土地已调整补划,工程可行性研究报告编制已完成,研究落实建设资金。第八,341国道李子坪至梗壁(沁源古县界至洪洞108国道)公路改建工程,路线全长54.7公里,总投资39.7亿元,洪洞县交通运输局主要负责境内15.42公里征地拆迁和协调工作。洪洞境内古县界至苏堡镇西尹壁村8.3公里进行征地拆迁工作,有2公里已开始实施,剩余7.2公里(苏堡镇西尹壁村至108国道终点段)正在确定路线方案。

【安全生产】 坚持"安全第一、预防为主、综合治理",压实部门监管责任和主体责任,以隐患排查为抓手,常抓不懈,对道路运输、公路运营、公路建设、城市客运、铁路沿线安全5大领域进行隐患排查。2022年累计派出巡查执法人员2300人次,检查运输企业436次,巡查国省干线、主要农村公路400次,发现轻微、一般各类安全隐患202条,铁路安全隐患18起,已全部整改完毕。

【大气污染防治】 一是过境柴油货车和散装物料运输车的污染管控,全县7个优化通行点日均优化车辆3000辆,2022年国六燃气车拆除后处理装置专项行动累计出动执法人员612人次,抽检车辆5830辆,依法立案查处擅自拆改行为为28起;二是农村公路路域环境整治工作,2022年以来,累计查处抛洒污染运输车辆68辆,处置各类堆放、摆摊设点、打场晒粮等行为368起,移除非公路标志78块;三是维修企业VOCs管控工作(喷漆作业中产生的有害气体),加快维修企业改造进度,严禁未完成升级改造企业从事钣金烤漆工作。

【农村公路养护】 全年累计修补、填补路面坑槽、破损27500平方米,清理各类公路堆放4200立方米,修整、疏通公路边沟35公里,修复路肩1600立方米,"路长制"建档立卡率达100%,农村公路优良中率达82.2%。

【行政执法】 为保障道路运输安全畅通,先后开展"治理短途非法超限运输春雷行动""客运秩序整治暨规范网络预约出租车专项行动""安全生产隐患排查专项行动"等专项行动,累计立案查处非法营运、非法超限运输、抛洒污染公路、不规范运营等各类违法违规案件276起,已全部结案,无行政复议和诉讼案件。

【信用交通建设】 全面落实"双随机、一公开"监管工作。逐步形成"双随机"抽查常态化管理机制,并配合实施部门联合抽查执法检查,推动部门联合"双随机"抽查工作向常态化迈进。2022年,与县市场监管局等部门联合抽查检查6次。深入推进"互联网+"监管执法。推动监管过程全记录、监管联动、监管数据可分析,提升事中事后监管规范化、精准化和智能化水平。2022年,报送任务数为3000条,已完成任务数3022条,完成率达100%,超额完成任务,监管行为覆盖率达86.96%。

(洪洞县交通运输局)

吉县交通运输局

2022年,在市交通运输局有力指导下,吉县交通运输局坚决履行职责,不断提升交通运输服务水平,严格保障运输服务质量,推动交通运输高质量发展。

【道路建设】 一是沿黄旅游公路。完成大宁界至姚家畔段和吉县青兰高速公路壶口路口至乡宁界段全部路基工程,完成省、市"2022年沿黄旅游公路务必贯通"的工作目标。同时,有序推进沿黄支线建设进程，县城至人祖山路口段，路基路面全部完成；人祖山路口至壶口段，路基拓宽完成15公里。二是“四好农村路”。大力实施乡镇通三级路大田窝至东城段、自然村通硬化路、危桥改造等建设项目，完成工程可行性研究报告批复，完成官地岭危桥改造项目工程。三是国省道改线。结合县城经济发展需求，大力推动209国道、309国道吉县县城过境段改线项目进程，完成工程可行性研究报告编制、线位审查，各项土地、水保、环评等前期手续同步推进。

【行业监管】 加强运输企业监管，促进行业发展。严把客货车辆技术状况关，完成在册客货经营者车辆检验工作；完成交通运输企业质量信誉考核，促进交通运输企业高质量发展；淘汰国三及以下排放标准营运中型柴油货车1辆，并将淘汰补贴资金发放到业户手中；联合县公安禁毒大队，对全县交通运输203名驾驶员开展毒驾筛查工作。

【行业污染防治】 行业污染防治，改善空气质量。严格“绿色示范区”管控，对过境柴油货车和散装物料运输车辆进行劝返，引导散装物料采用集装箱运输或密闭运输，严格控制输入性交通污染。

【主体倍增】 激发运输市场活力，促进市场主体增速。认真贯彻落实市场主体倍增工作要求，新增道路运输行业市场主体54个；注重规上运输企业培育，协助1家个体货运经营者注册成立货运公司，并动员周边个体运输经营户整合到该公司；大力推进互联网物流平台建设，确定吉县众鑫物流有限公司为全县网络货运重点培育企业，并帮助了解平台业务知识和相关资质办理程序，促使其尽快完成注册。

【公路养护】 一是完善体制机制。在“路长制”工作基础上，规范“路长制”办公室、“路长制”执行中心职责，明确养护工作责任，提高道路养护管理水平。二是注重考核激励。联合县人大、县政协等部门组成考核小组，对全县农村公路养护管理及各乡镇养护工作进行考核，全年拨付养护资金590万元。三是做好灾后重建。推进县、乡、村道路灾害恢复重建项目，投资1700万元，完成3条县道和吉河连接线灾后修复工程。

【交通执法】 一是加强法治建设。举办法治培训、路政宣传月等普法宣传活动，深入企业、乡村、项目工地进行法治宣传，进一步增强全行业遵法、学法、守法、用法意识。二是加强队伍建设。统筹调配35名自收自支人员，申请招录1名工作人员，充实执法队伍；通过参加省司法厅线上培训、印制交通运输法律法规文本等，学习行政执法相关专业知识和法律法规，全面提高执法人员综合素质。三是加强执法装备配备。补齐执法装备，购买高可视性警示服、反光背心、反光锥筒等，保障规范执法、安全执法。四是大力开展执法活动。组织各类专项执法行动，严格查处各类道路运输违法行为，共立案查处22件，罚款83710元。

【安全生产】 一是牢固树立安全生产理念。先后召开安全生产例会、专题会议10次，签订《安全生产目标责任书》，全面压实安全生产监管责任。二是加强安全生产教育培训。聘请临汾恒谷安全教育培训有限公司，开展交通领域安全生产培训，有效提高全县交通运输从业人员安全意识和安全管理水平。三是常态化开展检查工作。制订安全生产监督检查计划、安全生产职责清单等，开展全行业常态化安全检查活动，压实企业主体责任，确保交通运输行业安全发展。

（吉县交通运输局）

安泽县交通运输局

【党建工作】 以深入学习贯彻习近平新时代中国特色社会主义思想和中共二十大、十九大历届全会精神为主线，扎实开展党史学习教育。一是把党建工作摆在重要位置，定期召开党建工作会议，研究解决党建工作中遇到的问题。二是持续深入开展党建知识学习。认真落实“三会一课”“每周一学”等各项制度。制订2022年学习教育日程表，确保干部职工每月至少精读一本指定学习资料。要求全体党员每日登录“学习强国”“三晋先锋”等学习平台认真自学。全年累计开展主题党日活动10次，集体学习15次，集体研讨5次，党员每人撰写学习心得4篇，制作简报40期。

【重点工程建设】第一，良马至郭庄旅游公路工程。全长16.83公里，项目投资24362.9262万元，7月25日开工建设，加紧施工。第二，241国道安泽过境公路路面改造工程。项目分两段施工，路线全长26.4公里，合同价2142.5391万元，工期60天，6月8日开工建设，已全面完工。第三，“四好农村路”建设项目。改造长度共32.298公里，总投资2605.5054万元。项目涉及4个镇，分14个子项目进行，已全面完工。第四，第安线路面改造工程。全长7.37公里，预算价2226.3596万元，9月20日开工建设，已全面完工。第五，国有林场大西沟至庞壁沟森林防火道路及防火瞭望塔建设项目。项目新建防火道路一条，长10.255公里；防火瞭望塔一座，面积104.84平方米；塔道一条，长0.41公里。合同价2424.52万元，累计完成投资1800万元，路基已全线贯通。第六，水毁抢通抢修工程。桥梁抢通抢修6座，包括罗云桥、石渠桥、湾里桥、官庄桥、南孔滩桥、水海桥，已全面完成；道路抢通抢修53处，分16个标段，涉及241国道、罗和线、高交线、冀沁线、英郭线等路段，已全面完成。水毁抢通抢修累计投资2700万元。第七，长临高速安泽连接线景观道路水毁修复工程。水毁路段全长0.27公里，合同价643.8485万元，2022年6月20日开工建设，已全面完工。

【公路养护】认真贯彻“建养并重，强化管理，深化改革，保障畅通”的工作方针，完成养护工作任务。累计清理排水渠19万米，清扫路面90万平方米，养护好路率达87%，道路养护综合值82；排除塌方落石隐患30处，清除落石渣土5300立方米；修补县道坑槽15万平方米，清洗防护设施50公里，清理垃圾8000立方米。基本实现公路环境“畅、洁、绿、美”，保障全县公路路况稳定、安全畅通。

【运政管理】坚持货畅其流、人畅其行，做好服务保障。一是在客运服务上下功夫。全县农村客运车辆实现公交化运营，农村客运班线车22辆，线路18条，覆盖全县6镇67个行政村，村村通车率达100%。二是在快捷方便上做文章。临汾至安泽高速快客班车12台，半小时循环发车往返市区，为群众出行提供便捷。三是在规范标准上出重拳。对全县客、货、维、驾运输经营业户规范监管，严格开展2021年度质量信誉考核，全力开展冬季大气污染综合治理行动，累计检查企业90次，下达安全生产检查卡22份，严守交通领域蓝天保卫底线。

【路政管理】严格行政执法，确保路情路况安全稳定。一是持续开展路域环境综合整治行动。定期清理路旁垃圾，整治路容路貌，美化公路环境。整治占道经营水果摊10处，全部下达整改通知书。二是加强柴油货车、散煤运输、国六燃气车拆卸后处理装置治理。累计出动执法人员210人次，出动执法车70辆，检查柴油货车500辆。三是扎实开展“路政宣传月”活动。5月在县城主干道开展路政宣传，解读路政法规，宣传安全理念。累计出动20余车次、100人次，发放宣传材料1500份，取得良好效果。

【“双超”治理】坚持源头监管与路面治理相结合，重点治理与长效治理相结合，建立安全有序的运输环境。结合全市治超“春雷行动”，出动治超、路政、稽查等执法人员，深入货运企业、重点路面、在建工地等开展源头治理，进行宣传、督导，签订(一超四罚)责任书，严厉打击超限超载运输行为。累计投入执法人员550人次，检测货运车辆82780辆次，查处超限超载车辆4辆，有力遏制超限超载势头。

【“路长制”管理】全县公路实现“路长制”，全县6镇67个行政村道路全部纳入“路长制”管理范围，设2名县级路长，12名乡级路长，98名村级路长，193名路管员，制作国、省、县级路长公示牌17块，乡级路长公示牌40块，村级路长公示牌96块，公示责任路长的信息与职责，接受社会监督。坚决落实一路一策，努力创建“畅、安、舒、美”的公路出行环境。

【安全生产】始终坚持抓安全、保底线。一是建立完善安全生产制度方案。制订《2022年度安全生产工作计划》，明确安全生产责任主体和监管职责，结合实际制订《关于做好春节期间安全生产工作的通知》《防汛抢险救灾工作实施方案》等，以制度方案指导工作落实。二是深入开展安全生产大检查大整治大提升行动。结合安全生产专项整治三年行动,深入公路建设、道路运输、养护运营、城市客运等重点领域进行安全生产宣传和隐患排查,进一步增强安全生产责任意识,提高安全隐患风险排查能力。累计出动检查组154组,人员482人次,检查企业56家次,检查施工工地72家次;开展安全宣传1次,入企宣传3次,悬挂条幅4幅,发放宣传资料100份,全年交通领域安全生产形势稳定。

(安泽县交通运输局)

浮山县城乡建设和交通运输局

2022年,在县委、县政府坚强领导下,在市交通运输局党组有力指导下,浮山县城乡建设和交通运输局坚持以习近平新时代中国特色社会主义思想为指导,紧紧围绕县委"交通强县"战略,全力做好交通领域七项重点工作,驰而不息,勇毅前行,推动交通事业高效率推进,高质量发展。

【党的建设】 深学笃用,力促务实担当。2022年以来,局党组深入学习贯彻中共二十大及习近平总书记考察调研山西系列讲话重要指示精神,坚决贯彻落实党的路线方针政策和中央作出的重大决策部署,持续深入学习习近平总书记关于交通强国等一系列重要指示精神和主要论述,通过强有力的学习举措统一思想、凝聚干劲,强化贯彻落实、担当作为的主动性和责任心。一是班子成员先学一步。一年来,党组中心组集中学习12次,采用集中观看影片、轮流辅导讲解、交流学习心得等方式,在全局营造"通过学习把握工作方向"的浓厚氛围。二是通过学习确定目标。在认真学习基础上,全年召开党组会议19次,认真分析制订和校正落实上级政策,落实县委、县政府重大决策部署的各项举措,围绕交通强县工作目标、狠抓交通领域七项重点工作,细化责任分工和落实举措,不折不扣抓好落实。三是问题导向靶向研究。把研究解决关键问题作为学习的基础性内容,建立月例会和重大问题周协调制度,坚持问题导向、目标导向、效果导向,找准工作发力点,把"问题清单"转变成"成效清单"。

【项目建设】 2022年,牵头谋划实施的重点项目有33个,按计划高效推进,优质完工。天坛路线型改造项目8月31日建成通车;241国道(北王至县城段)改线工程,丞相河特大桥10月1日实现全桥通车,11月12日全线贯通;11月底,2021年乡村振兴道路提升项目和2021年农村公路水毁重建修复工程第一批22条路建成完工;浮临高速全速建设。2022年全年完成投资26785万元,其中普通国省道完成投资3669万元;农村公路完成投资23116万元(自然村硬化路25.03公里投资2503万元,危桥改造3座投资350万元,水毁重建修复工程投资20263万元)。

【运输管理】 客运管理方面,新增潭村至侯马、北张至翼城两条班线;启动小公交公司搬迁和城乡客运一体化管理;9月实现城际班线和乡村公交融合管理的目标;对出租车市场开展年检和路查,全年共扣罚违规出租车4辆,罚款6200元。货运管理方面,对262辆货运车辆进行营运审验,对1066名货车司机进行继续教育。

【公路养护】 邀请市交通运输局专家对全县106名养护人员进行技能培训。适时进行日常养护和季节性养护,设置"路长制"牌149个,"一灯一带"16处,护栏1080米,减速标线300平方米。同时,对22处路域地灾点进行隐患整治,保障公路卫生畅通。

【路政执法】 深入开展"百吨王"整治,同115家企业签订《治超承诺责任书》,出动执法人员92组次,查处超限超载非法营运车7辆,罚款4.86万元。

【环保安全】 对于承担的燃气、建筑施工、交通运输三大领域专项行动任务,全年出动安全检查组156组次,检查人员468人次,检查企业213家次,排查发现一般安全隐患98条,并全部整改。在环保方面,开展工地和道路扬尘整治,增加街道喷洒频次抑尘,同时完成6辆柴油货车的整治任务。

(浮山县城乡建设和交通运输局)

古县交通运输局

2022年,古县交通运输局深入贯彻上级各项决策部署,主动作为抓机遇、突出重点抓投资、多措并举抓基础，交通运输工作取得新成效，为助推县域经济高质量发展作出新贡献、展现新作为。

【重点工程建设】 第一，341国道李子坪至梗壁公路改建工程。自启动以来完成投资21亿元(2021年度完成11亿元，2022年度完成10亿元)。古县境内(起点千佛沟村到城关村)30公里路基基本形成，路面完成5公里，新旧路重叠路段完成铺油任务；洪洞县境内开工2公里，其他工作推进中。第二，乡镇通三级工程(原古北线改造工程)。投资1192.3万元，完成6.5公里建设任务。第三，安全生命防护工程。投资1061.1万元，安装48.35公里波形防护栏，完善各类交通标志牌(2021年任务29.751公里，2022年任务18.7公里)。第四，原341国道岳阳至古阳段道路修复保畅及配套附属工程。估算总投资1000万元，完成全长21.1公里工程任务。第五，灾后恢复重建工程。投资3714.14万元，完成84条15.888公里灾后恢复重建任务。

【养护管理】 县政府纳入财政一般公共预算672.10万元用于全面推行农村公路“路长制”，形成“县级路长”“镇级路长”“交通安全路长”共同负责的良好局面，全县农村公路913.433公里，列养率达100%，实现农村公路“生态、洁净、整齐、美丽、安全”的目标。

【行业监管】 合理整合资源、优化路线、组合运力，客货运输行业趋于稳定；“双超”治理力度不减，效果显著，“双超”率接近于“0”。一是安全环保工作常抓不懈，扎实推进安全生产“三年行动”“大排查、大整治、大提升”专项行动，做好节假日安全环保工作，强力整治安全环保突出问题，同时以督导检查为抓手，强化查处问题整改，切实提高安全环保工作执行力。二是引进互联网物流平台企业，县政府明确和细化并出台扶持政策，山西宸航科技有限公司于7月正式投入运营，与全县13家普通货运公司签订网络货运平台服务业务对接协议和平台自营业务，纳入车辆1416辆，2022年年底该公司累计完成业务额1391万元左右，县财政奖补拨付兑现中。

【党风廉政建设】 局党组坚决贯彻中央和省委、市委、县委关于从严治党的部署要求，严格落实党风廉政建设主体责任，研究制订年度工作计划、目标要求和具体措施，依托2022年“清廉古县宣传周”活动，结合交通实际，深入开展“七个一”活动，分析党风廉政建设和反腐败斗争形式，强化警示震慑、严明纪律、建好队伍，提高交通运输系统良好政治生态，提升党员干部队伍形象。

【精神文明建设】 做好交通运输重点人员常态化监管和信访工作，落实领导包案制度，进一步精准防范各类隐患，为中共二十大胜利召开营造和谐稳定的社会环境。连续32年获市级文明单位、文明标兵单位称号，并申报省级文明单位(相关创建资料已上报，待审核通过)。

(古县交通运输局)

大宁县交通运输局

【农村公路建设】 2022年，下达农村公路固定资产投资计划27154万元，完成投资29779万元，超额完成10%。三个一号旅游公路下达计划21公里，完成26公里，超额完成23%；“四好农村路”下达计划19.59公里，完成25.49公里，超额完成30%。“四好农村路”除上级补助资金外，剩余资金由地方统筹整合资金配齐，地方配套资金到位率100%；三个一号旅游公路除上级补助资金，剩余资金采用PPP项目贷款，到位率100%。省补资金预算执行率达100%。农村公路地方财政建设、养护投入均不低于2021年，且日常养护资金县级投入部分到位率达100%。

【农村公路养护】 根据县政府出台《关于深化农村公路管理养护体制改革实施方案的通知》(大政办发〔2021〕33号)文件，进一步完善农村公路管理体制，建立健全长效机制，“路长制”建档立卡率达100%。全县农村公路技术评定优良中路率情况：优良路率达79.90%，优良中路率达90.02%。根据市局农村公路技术状况检测评定相关工作要求，委托第三方检测单位北京九通衢检测技术股份有限公司于2022年9月23日至28日对大宁县2022年农村公路路面技术状况开展自动化检测服务。此次共检测路线62条，检测总里程为390.548公里，为通车总里程721.895公里的54.10%，其中，县道路线5条，里程为91.714公里，为县道总里程的82.11%（其中X566路段修路，不具备检测条件）；乡道路线24条，里程为192.792公里，为乡道总里程的55.46%；村道路线34条，里程为106.042公里，为村道总里程的34.10%，均符合要求。

【综合行政执法】 进一步深化交通运输综合行政执法改革工作。严格执行交通运输行政执法公示、行政执法全过程记录、重大行政执法决定法制审核"三项制度"，建立交通运输行政执法规范化长效机制。在执法过程中，通过流动治超、路面治超、联合公安交警部门开展路警联合治超等方式，2022年共查办治超案件4起，卸载80吨，罚款3000元，全县非法超限超载率控制在0.2%以内。全县已将治超经费列入本单位预算，确保及时、足额到位。同时，加大对公示的货运源头企业"双超"车辆治理力度，对5家源头企业进行公示，从源头上杜绝各类路政违法行为发生，政府公示的货运源头单位监管覆盖率达100%。

【安全生产】 在全县交通运输领域开展安全生产领域风险隐患大排查大整治"百日攻坚"集中行动，严厉打击各类非法违法生产经营建设活动，坚决治理纠正违规违章行为，排查治理重大风险隐患，严查失职渎职，严肃追责问责，有效防范和坚决遏制各类生产安全事故，切实维护人民群众生命财产安全。认真开展"安全生产月"活动，深入学习贯彻习近平总书记关于安全生产重要论述，推动落实安全生产十五条措施，组织干部职工开展学习贯彻《中华人民共和国安全生产法》、"安全宣传咨询日"和应急救援演练等活动，不断营造安全宣传浓厚氛围。

【"信用交通"及"互联网+监管"】 对客运企业、施工企业和从业人员定期进行信用评价，推进守信联合激励和失信联合惩戒，纳入企业信用记录；成立"互联网+监管"工作专班，将执法行为48小时内录入系统；严格实行"双随机、一公开"制度，编制随机抽查事项清单、执法检查人员名录库和抽查对象名录库，按计划进行检查。

（大宁县交通运输局）

乡宁县交通运输局

2022年，在县委、县政府正确领导下，在上级交通运输主管部门业务指导下，乡宁县交通运输局认真贯彻落实习近平新时代中国特色社会主义思想和中共二十大精神，积极履职尽责、主动担当作为，统筹推进交通基础设施建设、运输市场监管、综合行政执法等工作，高标准、高质量、高效率完成全年各项目标任务。

【党的建设】 以学习中共二十大会议精神为契机，通过召开党员干部会议、进行专题学习、将党小组向基层工作延伸和组织各类活动等，强化责任意识，高质量推进党建工作，取得实实在在的效果。

【重点工程建设】 沿黄旅游公路主线（乡宁段）、自然村通硬化路工程主体完工，达到通车条件；朝阳至九龙口公路改造工程、三王沟至天桥壑公路改造工程交工运营；农村公路水毁灾后重建工程高标准按期完工。固定资产年度累计完成投资15033万元。

【服务能力提升】 一是继续按照"县道县养、乡道乡养、村道村养"三级养护模式，抓好农村公路管护工作。继续将养护资金按"16416"标准全额列入财政预算，实现有路必养、养必到位。投资300万元对胡村至安汾等14条农村公路存在隐患路段进行波形护栏补装，投资180万元对西坡至西交口等8条农村道路进行预防性养护，改善道路通行环境。二是扎实开展综合行政执法检查，大力整治破坏路产路权、非法超限超载、非法营运等行为，年度累计出动执法人员2万人次、执法车辆4500台次、检测车辆19.5万台次，查扣处理违法违规车114辆、处罚28万元，为全县经济社会发展构建良好的道路运输环境。

【安全应急能力】 在交通安全领域，坚持以"四铁"精神狠抓安全生产工作，严厉打击行业领域违法生产经营行为，明确分管领导安全生产监管职责，通过实施"安全生产大检查、大整治、大提升""反三违、除隐患、防事故""防范化解重大风险加强交通运输安全生产工作”三个专项行动和加强日常管理，行业领域安全生产形势持续稳定向好，全年未发生安全生产责任事故。

【民生服务】 一是继续实施“企业经营、政府买票、人民群众免费乘坐”的城市公交免费项目，持续优化运营线路，为全县旅客提供高品质客运服务。二是规范城市公共车辆管理，将公交运营监控平台与交通运输综合信息监控平台联网联控，更新更换10辆纯电动新能源出租车，新能源比例达65%，行业管理水平和车辆运营环境得到持续改善。

【乡村振兴】 深入学习习近平总书记关于推进乡村振兴重要论述和指示精神，定点帮扶西交口乡南塔、敖顶两个村委，持续深化拓展脱贫成果、全面推进乡村振兴，扎实开展“六个一”暖冬专项行动，消费扶贫总额达3万元，精准帮扶成效明显，老百姓获得感、幸福感和满意度大幅提升。

（乡宁县交通运输局）

隰县交通运输局

2022年，在县委、县政府坚强领导下，在市交通运输局指导支持下，面对严峻形势、超强压力，隰县交通运输局坚持“灾后重建”“重点工作”统筹推进，各项工作均已完成。

【农村公路建设】“快”字当头抓建设。2022年农村公路项目建设总里程23.2公里，总投资2411万元。所有项目已于12月底全部完成，其中：自然村通硬化路两项9.6公里，建制村通双车道2.9公里，资源路产业路3.6公里，危桥改造2座，村道安防五项7.1公里。同时，根据民生需要及公路水毁严重程度，按照轻重缓急原则，对水毁项目分批次进行修复。一年来，共开工125条，主体工程完工117条，所有水毁道路均安全通车，确保群众安全出行。市局下达灾后重建7735万元的投资任务已全部完成。

【综合执法】“严”字当头抓管理。进一步贯彻落实《中华人民共和国公路法》《中华人民共和国公路安全保护条例》等法律法规，建立“政府负责、部门执法、群众参与、综合治理”的网格化管理体系，确保路政案件查处率100%；坚持交通、公安等部门联合执法检查不松懈，始终保持高密度、高频率、高强度的治超态势，营造和谐发展的交通运输环境；健全县有路政员、乡有监管员、村有护路员的路产路权保护队伍，坚持上路巡查，严厉打击公路违法搭建、违法堆放、占道经营、涉路施工等行为，营造“畅、安、舒、美”通行环境。

【农村公路管养】“畅”字当头抓养护。完善《农村公路养护管理办法》和《农村公路养护管理实施细则》，实现县乡村三级管养机构全覆盖，确保农村公路列养率达100%；将农村公路养护资金列入财政年度预算，严格按“164”规定标准足额配套到位，有效保障养护工作顺利开展；加强上路巡查，及时排查处理水毁、塌方等各类隐患，确保农村公路四季畅通安全，县道、乡道优、良、中等路的比例达80%以上。

【公共交通】“优”字当头抓运营。大力推进运输管理基础设施建设，确保乡镇通客车率、建制村通客车率均达100%。规划建设公交站亭，改善城市交通秩序。推进城乡交通运输一体化发展，支持道路客运企业开展“站运游”一体化融合发展，结合小西天、千佛洞和晋西革命纪念馆、中国梨博园等旅游资源，开设围绕佛教文化、红色革命文化和生态文化等为主题的旅游公交线路，完善直达景区景点的道路旅游线路网络，实现吃、住、行、游“一站服务”。充分发挥全县“晋西旱码头”区位优势，按照“区域中心城”定位，积极推进物流资源整合，创办货运物流园及集散地，推广使用车源、货源信息发布使用平台，构建“一点多能、一网多用”的运输服务发展模式。

【行业安全管理】 深刻领会习近平总书记关于安全生产重要论述精神实质，按照“一闭环、两移交、三公开、四考核、一追溯”专项整治三年行动工作落实机制要求，坚持结果导向，加强过程管控，记好工作台账，逐项整改销号，强化安全意识，树牢安全底线，更新问题隐患和制度措施“两个清单”，持续加强安全生产有关法律法规的学习和宣贯，深化源头治理、系统治理和综合治理，细化措施，狠抓落实专项整治三年行动的动态。检查过程中安全隐患共发现57条，已全部整改完成，确保专项整治三年行动收官。

【宣传教育】为贯彻落实全国6月“安全生产月活动”，6月16日，结合安全生产工作实际，在南大街开展以“遵守安全生产法，当好第一责任人”为主题的宣传活动，结合行业特点普及全员安全知识，“五一”、中秋节、国庆节等节假日共发放安全宣传册1000余册，提高人民群众对新安全生产法、“两客一危”、道路客运等更深入的了解。

【培训指导】为进一步提高交通行业各企业和生产经营单位经营管理人员的安全意识，做好全县交通行业安全生产工作，消除安全隐患，防范生产安全事故发生。7月18日，分别组织开展交通行业公路建设安全培训和交通行业企业安全生产培训。特别邀请临汾恒谷安全教育培训机构两位专家进行授课。参加培训会的有局领导班子成员、各股室负责人、各相关部门和工程相关负责人、交通行业企业负责人、安全员，两场培训共计100人。通过此次培训，各参会人员对安全管理工作有了更深刻认识，进一步提高安全重视程度，为加快构建交通行业以安全为核心的监管体制和标准化建设，保障交通高质量发展提供有力保障。从而引起各级、各企业、各施工单位乃至全社会对安全工作的足够重视，增强抓好安全生产工作的责任感和使命感，形成人人重视安全，各级各部门齐抓安全的良好氛围，促进全县经济社会安全、和谐、可持续发展。

【风险防范】为进一步完善交通系统防灾减灾管理机制，全面提高全系统防灾减灾应急综合能力，5月12日为全国防灾减灾日，在瓦窑坡砖厂路段开展防灾减灾应急演练活动，共有60人参加，切实落实防灾减灾工作责任制，做到责任到位、指挥到位、人员到位、物资到位、措施到位、抢险到位，最大限度地防御和减轻灾害，保护人民生命财产安全，确保全系统各项工作安全正常。

【隐患排查】地质灾害隐患排查专项行动是全局的一项重要工作，成立工作专班，采取领导分片包联督导办法，压实主题责任，科学制订实施方案，明确职责分工。主要领导亲自抓，靠前指挥，狠抓落实，组建强有力排查队伍，认真细致落实排查内容，确保不走过场，抓出实效。地质灾害专项行动时间紧、任务重，抽调专门力量，组建排查队伍，严格落实排查内容，边排查边治理并建立台账，确保排查工作不留死角、不留盲区、不走过场。通过全方位排查，共发现地质灾害崩塌8处，经过精心布置安排，已解除地灾点6处，剩余2处处置中。全面落实防范措施，切实维护人民群众生命财产安全。

【执法能力提升】2022年，县交通运输综合行政执法队的组织机构、人员配备、执法装备等陆续到位，执法队整合原公路路政、道路运政的执法力量，职责划分更加明确，执法力量进一步提升。组织加强培训。执法队通过集中培训、分组座谈等形式，统一学习互联网+执法、交通运输法律法规、行政处罚法、行政许可法等相关法律法规知识，开展业务知识培训10次，通过学习培训，提升执法能力和水平。同时交通执法队强化内部监督管理，加强监督检查，对执法范围、执法职责、执法标准等事项做出明确规定，对执法程序、执法仪使用、证据保存、执法用语、执法忌语、执法人员形象以及法律文书等进行规范。

【超限超载治理】全年共出动执法人员750人次，约谈货源企业2家，下达《责令整改通知书》4份，查处违规车辆单位33起，卸载违规装载货物155吨，截至年底，罚没款共计16.5万元，警告8起。

【路政执法】共开展路政巡查220次，发放宣传材料1800份，及时制止未经许可涉路施工3起，清除路肩堆积物和违章搭建乱摆乱放的现象8处。

【畅通举报投诉渠道】加强“12328”热线运行管理工作。为提升交通运输行业治理能力和公共服务水平，保障群众合法权益，强化措施，畅通投诉举报渠道，积极为群众创造有求必应，有诉必果的投诉举报环境。畅通投诉举报渠道。建立“有投诉必出动”的投诉举报调查处理机制，切实保障群众切身利益。提高投诉举报处理效率。对“12328”转办的投诉举报，事实清楚、情节简单的随接随办，做到简单诉求不过夜；对于一般性投诉，在第一时间联系投诉人，确认具体信息，合理安排时间，及时调查处理，做到群众诉求事事有回音，件件有落实。强化宣传教育引导。结合各类主题宣传活动，深入开展交通运输法律法规宣传的同时，大力宣传投诉举报处理机制及投诉举报渠道与方式方法，接受群众咨询，通过解答群众咨询，讲解交通运输相关法律法规知识，不断提高群众爱路护路意识，教会并鼓励群众对违法行为积极举报，形成共同保障道路安全畅通，维护自身权益的良好氛围。2022年，共收到投诉举报3起，根据投诉举报提供的线索，共查获并处罚违法违规出租车2辆，切实为人民群众出行安全保驾护航。

（隰县交通运输局）

永和县交通运输局

2022年，在市交通运输局精心指导和县委、县政府正确领导下，永和县交通运输局立足服务全县经济建设和社会发展大局，团结拼搏、克难奋进、狠抓落实，各项工作取得新进展。

【在建工程】 全力克服天气等不利因素影响，督促各承建单位倒排工期，加大人力、物力投入，抢抓有利时机，不断加快工程建设进度。修建248省道至西后河村线和交口至张家垣线，路线全长5.56公里，投资556万元，至此，全县79个行政村全部完成通硬化路，打通全县偏远贫困地区群众出行的“最后一公里”。桑壁农村扶贫旅游公路（县城至石门山段），路线全长11.8公里，总投资2758万元，已完成工程进度30%；341国道至麻峪村通硬化路工程，路线全长1.273公里，投资663万元，已完成工程进度47%，两项工程2023年“五一”节假日前竣工通车。

【项目前期】 多次赴省、市上级部门协调项目，一批重大项目前期工作取得新成果。其中，341国道、254省道过境公路改线工程，已完成项目前期选址规划、勘测定界、地灾评估手续，工程可行性研究报告已通过省交通运输厅评审，土地预审手续已完成县、市局部门核查，并通过市局用途管制科初审和部门会签，待市局上会后报省交通运输厅审核。同步推进压覆矿产报告、文物保护、环评、水保、林调、初步设计等前期工作。芝河源头梯田景区路项目，路线全长45公里，投资9816万元，已完成工程可行性研究报告批复，进行施工图纸设计。新客运站项目，占地10827.87平方米，总投资1581万元，已完成项目选址、工程可行性研究报告，加快推进专家评审。通用机场项目，总投资3.5亿元。64个水毁公路灾后恢复重建项目，总投资7219万元，加快办理项目前期手续，2023年春冻解冻后开工建设。

【项目谋划】 为进一步完善全县“两横”（霍永高速和341国道）、“两纵”（248省道和沿黄旅游公路）、“两通”（永和互通、乾坤湾互通）主干道内通外联、“四好农村路”四通八达的交通网络格局，畅通人民群众安全便捷出行“微循环”，计划于2023年投资1400万元，改扩建长3.946公里的东征至于家咀旅游公路；修建长3.39公里的沿黄公路至楼山农村公路；投资820万元，改扩建长6.8公里的下罢骨至北则农村公路；投资600万元，修建长5公里的雨林至阁底农村公路；投资180万元，修建长1.5公里的沿黄公路至王家垣农村公路；投资240万元，修建长2公里的前河至隰县界农村公路；投资470万元，修建长4.7公里的桑壁至榆岭上农村公路；投资402万元，改造危桥4座（后甘露河桥、马家湾桥、西峪沟桥、马家滩桥）。

【“路长制”实施】 深化县、乡、村三级农村公路“路长制”，指导乡级路长办公室建立健全路长体系，构建职责明确、齐抓共管、高效运转工作机制，形成路联管、路全管、路共管、路常管的农村公路发展格局。全县967.28公里农村公路年列养率达100%，清理路域环境垃圾1086立方米，疏通边沟45800延米，设立标志26块，施划标线11261平方米，及时处置各类病害，改善路容路貌，坚持抓好“养护作业、行为规范”，不断提高养护质量。

【有效监管】 强化组织领导，明确责任科室、责任人，配齐配强工作人员，加强事中事后监管、推动监管责任落实、提升监管水平。扎实做好监管事项“两个清单”的梳理和认领，加快监管事项数据的录入。全县共录入监管行为数2437条，监管行为数据覆盖度达86%。

【综合执法】第一,加大宣传培训力度。坚持"民生托底、货运畅通、产业循环",通过学习培训,进一步树立法律意识,规范执法行为;制订《2022年"路政宣传月"活动实施方案》,出动执法人员360人次,摆放展板2块,悬挂横幅4条,发放宣传资料500份,群发网络信息100条。第二,扎实开展混凝土搅拌企业(商砼)源头治超"春雷行动"。出动执法人员85人次,出动执法车辆18辆次。专项检查,共检查源头企业3家,抽查车辆34辆,未发现有超标准装载现象。第三,依法整治非法超限超载。持续保持上路检查高压态势,不断提升科技治超应用水平,以打击短途超限超载为抓手,采取夜间突查、不定期抽查等打破常规的巡查方式,出动执法人员120人次,出动执法车辆25辆次,超载执法4起。第四,开展交通运输领域扬尘治理专项行动,重点对运载散煤、砂石、土方等易抛洒、扬尘、拖泥带水的散装货物车辆以及国六燃气机车尾气后处理装置违规拆卸行为进行查处,对涉路企业进行督促整改,在源头上进行集中整治,共办理一般行政执法案卷6起,其不计价3起,抛洒1起,营运证延审2起,罚款1.87万元。

【安全生产】打造平安和谐春运。春运期间,共始发车辆15辆485座(其中:县级以上客车8部301座、乡镇班线客车4部94座、过往进站车辆3部90座)600个班次,运送旅客3200人。同时加强2022年全县春运期间管控,提高道路客运、城市公交、出租汽车、快递物流、冷链运输5个领域防控标准,确保旅客健康安全有序出行。

【安全生产专项整治三年行动】动态更新问题隐患和制度措施"两个清单",深化防范化解安全生产重大风险,建立重大风险基础信息、责任分工、防控措施、监测监控和应急处置五个清单,实施动态管理,精准管控。共排查各类安全隐患4处,整改4处,整改率达100%。

【汽修行业安全生产】开展汽修行业安全生产专项整治行动,严格落实汽车维修行业安全生产主体责任,通过不定期督察检查和宣传讲解,不断增加从业人员安全操作规程和安全意识,切实提高从业人员安全生产作业能力和安全生产管理能力,有效遏制重特大事故的发生,为全县汽车维修行业健康有序发展制造平安和谐的环境。

【清廉交通建设】聚焦"清廉永和"建设部署要求,进一步加强党风廉政建设,不断加强同派驻单位纪检组的联系,持续推进党风廉政建设和反腐败工作,认真落实"一岗双责",把党风廉政建设和党建工作同部署、同落实、同检查,全年专题研究党风廉政建设工作2次,划定用权红线,规范权力运行。

【党的建设】认真贯彻上级组织工作会议精神,推进党支部标准化建设,严格落实"三会一课"、民主生活会、组织生活会、民主评议党员等制度,研究制订党支部"三项制度",规范开展基层党建重点工作任务,完成全年党费收缴工作,推进档案资料等标准化规范化建设,全局党员干部全部签订党风廉政建设目标责任书,组织收看《零容忍》等警示教育片,定期开展谈心谈话。截至年底,共召开党员大会2次、开展主题党日联办活动10次,集中培训2次,不断提升党建业务水平。

(永和县交通运输局)

蒲县交通运输局

2022年,在县委、县政府坚强领导下,在市交通运输局精心指导下,在社会各界关心支持下,蒲县交通运输局全力推进交通基础设施建设,深化农村公路管理养护体制改革,进一步规范交通运输行业管理,切实提升交通运输综合行政执法能力和交通运输工作服务质量,完成本年度各项工作任务。

【工程项目建设】第一,克城至罗泉凹公路改造工程,总投资2.71亿元。主线建设里程39.665公里,5月中旬全面开工建设,已全部完工。第二,2021年农村公路改造工程,路线全长13.081公里,项目总投资3923.95万元,已完成施工招投标工作并签订合同。第三,2021年农村公路改造工程(建制村通双车道),总投资2300万元,已交工验收。第四,柏山旅游公路应急抢修恢复重建工程,路线全长4.832公里,总投资2320万元,5月20日全部完工。第五,农村公路水毁灾损重建工程，涉及共40条457处，已完成38条453处。第六，三个一号旅游公路工程，招投标中。第七，自然村通硬化路工程，路线全长10.15公里，其中，盘底村至盘底沟3公里已全部完成，霍永高速蒲县连接线至腰里和被子垣至下三角已完成施工招投标工作，并签订合同开工，进行路基工程；第八，2022年农村公路改造工程（建制村通双车道），已完工。第九，2022年资源路产业路寨志村至清风岭庄园，进行路基工程。第十，2022年村道危桥改造，已完工。

【农村公路管养】持续加大农村管理日常养护工作。完成清扫路面1400公里，路肩修复1680立方米，山体整治1处，整修边沟180公里，修补坑槽6740平方米，涵洞清淤8道，清理垃圾1668立方米，安装减速带248.5米，安装标志牌61个，施划标线21181.46平方米，清理边沟淤泥9393.84立方米，清理坍塌17083.9立方米。扎实推进农村公路管理养护体制改革试点县工作，安装农村公路“路长制”公示牌75块，实施自动化路况评定398.578公里，在古午线古县段、下井线、井山线三条公路开展农村公路商业保险试点工作，以公开招聘方式，招聘有资质、有能力、有经验的养护公司承担全县农村公路的大中修工程。

【道路运输行业服务水平】采取保证成员包行业、中层干部包企业的办法，10名科级干部和20名中层干部下沉道路运输企业一线靠前管理，研究解决企业生产经营中存在的困难和问题，监督指导企业合法、规范运营，进一步提升行业服务能力和水平。引导培育货运网络平台企业1家，淘汰更新客运车辆3辆，培育发展货运物流3家，淘汰货运车辆42辆，改造汽修企业环保设施2家。

【综合行政执法】出动执法组498个次、执法人员1992人次，检查营运车辆4980辆次、企业204家次，发放宣传手册160余册，办理行政处罚案件42起，其中：查处非法网约车2起、不按规定检测客运车辆2起、跨越公路施工未批先建1起、货运车辆“滴撒抛漏”22起、依法拆除非公路标志8处、取缔占道经营4起、路产赔补偿案件3起。

【安全生产监管】公路工程建设领域，围绕“人员、机械、场所”三个重点，进一步规范施工人员班组化管理、施工机械预防性管理、危险场所专项措施管理等工作。出动专项检查组130个次、人员340人次，排查一般隐患22处，整改22处。道路运输领域，重点围绕车辆技术性能、智能视频监控、安全设施配备等关键环节开展安全大检查，排查一般隐患20处，整改20处。公路运营领域，围绕安全设施维护维修、路面病害治理、安全隐患路段治理、恶劣天气和地质灾害应急处置等重点，常态化开展路面巡查，及时排查治理安全隐患，确保农村公路安全畅通。

【全面从严治党】认真开展“清廉蒲县宣传周”活动，悬挂版面26块、条幅标语28条，电子屏滚动播放200条，发放宣传单200份；认真开展清廉蒲县建设活动，通过开展一轮廉洁专题宣传，进行一次廉政家访座谈，组织观看一次警示教育片，同时签订家风助廉承诺书，进一步加强党风廉政建设，筑牢拒腐防变思想道德防线；认真开展抓党建促基层治理能力提升专项行动，制订《蒲县交通运输局抓党建促基层治理能力提升专项行动学习计划》，集中学习2次；认真开展“向人民群众交好账”实践活动，召开“向人民群众交好账”实践活动动员部署会议，制订“四清单”，即需求清单、服务清单、工作清单、交账清单，形成交账有清单、落实有举措、完成有反馈的工作闭环。

（蒲县交通运输局）

汾西县交通运输局

2022年，在县委、县政府坚强领导下，在上级交通运输部门大力支持下，在交通运输系统全体干部职工共同努力下，汾西县交通运输局以党建为龙头，以交通项目建设为载体，强力推进重点项目建设，进一步规范运输市场秩序、狠抓路域环境整治、超限超载治理、平安交通建设，行业治理能力进一步提升，取得较好工作成绩。

【党的建设】坚持习近平新时代中国特色社会主义思想武装头脑、指导实践、推动工作。严明政治纪律和政治规矩，增强“四个意识”、坚定“四个自信”、做到“两个维护”。全力推动全系统各级党组织和党员干部把讲政治作为最高原则第一要求，引导广大党员干部坚定理想信念，砥砺党性心性，忠诚履职尽责，落实意识形态工作责任制，牢牢掌握意识形态工作的领导权和主动权，扎实推进“三基建设”，夯实基础工作。

【党风廉政建设】结合交通运输实际，进行安排部署，明确全年党建工作目标任务，压实主体责任，并和各党支部书记签订《党风廉政建设目标责任书》。与此同时，在组织生活方面，坚持每月初制订当月学习计划，利用“三会一课”、组织生活会，实现“两学一做”常态化、制度化、规范化，每月按时召开主题党日活动，利用党课讲座、警示教育，不断提高全体干部职工的政治责任、政治担当，形成不想腐、不敢腐、不能腐的思想意识，筑牢拒腐防变长堤，凝聚广大党员干部干事创业的激情。一年来，本单位无大操大办、公车私用、违规发放福利、违规公款旅游等突出问题，班子成员无任何违反党员干部廉洁从政、廉洁自律方面的行为。

【灾后恢复重建】该项目涉及农村公路204条，总投资2.48亿元，分为县乡主干道、“四好农村路”PPP项目、其他农村公路三部分，建设内容包括路基、路面、涵洞、挡墙、安防工程。2022年目标任务是完成投资15900万元，按照科学规划、轻重缓急、分批实施的原则，完成190条农村公路灾后恢复重建任务，完成投资16967万元，完成目标任务107%。

【黄河一号旅游公路】汾西至许村线工程项目建设规模21公里，计划总投资3.5亿元，2022年目标任务是完成投资1.2亿元。截至年底，完成投资1.1亿元，路基完成14公里，路面完成12公里，完成目标任务91.7%。

【自然村道路硬化工程】前王堤至桃临线是2022年“四好农村路”建设项目，建设里程2.76公里，投资209万元。11月30日完工，完成投资244万元，完成目标任务116.7%。

【平安交通建设】第一，抓责任落实。按照“安全第一、预防为主、综合治理”方针，抓好“基础、管理、预防、监督”四个环节，认真开展“安全生产月”活动，落实以“一岗双责”为核心的安全生产责任体系，不断强化道路运输、在建工地企业安全生产主体责任和交通运输部门安全监管责任。第二，抓安全重点。以道路运输安全监管、公路施工安全为重点，积极探索交通安全监管新模式，逐步构建交通安全保障体系，坚决遏制重特大事故发生，进一步巩固交通运输领域安全生产成果，把安全生产隐患消除在萌芽状态。第三，抓客运安全源头监管。继续抓好“三不进站，六不出站”规定的落实，抓好农村运输安全责任制，严把“三关一监督”，积极探索新形势下农村运输安全管理模式。强化农村客运市场监督管理，排除事故隐患，保证人民群众生命财产安全。第四，抓预案和值班守护。进一步完善以道路交通安全为核心的应急处置预案，确保应急措施、人员、经费、物资四落实。强化洪期值班守护，领导带班，信息零报告等制度。一年来共进行安全生产检查130次，出动执法人员650人次，把安全隐患消除在萌芽状态，实现安全生产持续向好。

【农村公路管养】按照“县道县养、乡道乡养、村道村养”原则，实现对农村公路规范化、制度化、常态化管理。列养农村公路238公里，聘用89名建档立卡贫困户，明确责任路段，养护标准。由养护中心统一领导，采取集中养护和日常养护相结合方法，加强农村公路保洁频率，做到日日出勤，保持路面整洁、畅通，确保广大人民群众出行安全。同时抓好汛期农村公路隐患排查治理，重点排查桥梁涵洞、急弯陡坡、临崖临水、平交道口、地质灾害等路段，发现一般隐患，立即组织人力物力进行整治，发现较大隐患，及时设立警示标志，尽快组织实施。2022年共补修坑槽53处，整修路面20处，完善防护设施350延米，疏通涵洞8道，清理道口垃圾16吨。

【超限超载治理】采取源头管控和路域执法相结合方法，加强“双超”治理，全县19家道路运输企业，全部实行执法人员驻厂工作制，要求货运车辆采取密闭运输方式，杜绝车辆超限超载。同时联合公安交警加强路域管控，在城乡接合部、主要出境路口、县乡主干道等重点路段加大执法频率，严惩短途超限超载运输，截至年底共出动执法车辆60次，出动执法人员300人次，检查车辆5800辆，规范货运市场秩序，超限超载率控制在0.2%以内。

【依法治交】 一是常态化开展交通、公安联合执法行动，打击超限超载、客运市场、非法营运等交通运输违法违规行为专项治理，规范交通运输市场秩序。加大公路路域环境综合治理，加强路产路权维护。全面发挥交通运输综合执法职能，加强驾培、维修企业检查、监管工作。二是以构建“信用交通”为目标，加强法治建设，落实好行政执法公示制度、行政执法全过程记录制度、重大执法决定法制审核制度，加强事前事中事后监管，以“三项制度”规范执法行为，提升社会满意度。一年来共出动执法人员200人次，查处违法案件3起，净化客运市场秩序，维护路产路权，遏制超限超载，交通运输综合行政执法水平显著提高。

（汾西县交通运输局）

侯马市交通运输局

【农村公路建设】 2022年，侯马市交通运输局承担的农村公路建设任务，分为3大类、7个标段实施。截至年底，已全部完成施工任务，总投资1332.9万元，超额完成市局下达的完成农村公路投资736万元工作任务。其中，乡镇通三级公路任务主要是县道大上线（褚村至下平望段）路面改造工程，路线全长3.332公里，8月19日开工，9月28日完工，已进行竣工决算审计。11月，委托山西省公路工程质量检测中心对侯马市农村公路进行检测。其中：自动化检测比例达61.13%。检测结果：整体优良路率达75.58%，优良中路率达92.9%。共有一、二类桥梁11座，占比100%。2022年，全市“四好农村路”建设地方配套资金到位357.76万元，到位率达100%；上级资金到位149万元，执行108万元（其余41万元到位较晚，未执行），执行率达72.48%。农村公路地方财政建设、养护资金，2021年投入449.74万元，2022年投入357.76万元。

【网约车合规管理】 全市已有3家网约车公司办理行政审批手续，要求其建立从业人员管理制度，督促企业与从业人员签订劳动合同，以合同管理形式，深入加强网约车从业人员权益保障工作。

【交通执法规范管理】 积极落实“四基四化”建设，确保执法人员在执法过程中规范执法、公正执法、文明执法。一是严格执行《交通运输行政执法程序规定》，在侯马市政府网站公示《侯马市交通运输局执法事项清单》，进一步增强公民知情权和交通运输执法工作透明度。二是积极落实执法过程全记录制度，建立数据采集站，为执法队配备20部执法记录仪，实行统一管理。在执法前，由带队队长统一领取；执法结束后，执法数据立即上传到采集站进行统一存储备查。三是积极建立行政执法规范化长效机制，认真执行《山西省交通运输行政处罚裁量权标准》和行政执法“三项制度”，设立法制审核室，成立重大行政执法决定法制审核领导组，加强对执法案件的事中事后监督，确保执法案件程序合法，适用法律条款准确。

【“双超”治理】 调整治超组织领导机构，加强对治超工作的组织管理。加强对辖区货运源头企业的监督检查，监管覆盖率达100%，督促货运源头企业落实治超主体责任，严厉打击源头企业为运输车辆超标准装载货物、允许超限超载车辆出厂的违法违规行为。加强交通综合执法进驻公路超限检测站管理，与交警部门联合执法，加大对辖区公路的巡查频次。当年共出动治超执法人员3600人次，超限站检测货运车辆46万辆次，查扣超载车辆9辆次，卸载吨位202.8吨，超限超载率稳定控制在2‰以下，长途非法超限超载基本杜绝，短途非法超限超载得到有效控制，治超形势较前有明显好转。在主要农村公路，设置有明显限载、限高警示标志，杜绝非法超限超载车辆绕站行为。

【信用交通建设】 一是宣传评定。高度重视信用交通建设工作，积极组织通过汽车站、出租车等电子显示屏开展信用交通宣传。同时，对3家道路客运企业、汽车客运站，68家货运企业，159家汽车维修企业，8家城市客运企业，开展服务质量信誉考核等信用评价工作，推行分级分类监管，有力促进行业服务质量不断提高。二是事后监管情况。加快构建"双随机、一公开"监管为主、重点监管为补充、信用监管为基础的新型监管机制。首先，积极制订年度工作方案，并按照方案安排，对全市道路货运企业、机动车维修企业、物流企业以及出租汽车企业、机动车驾驶员培训企业等进行随机抽查检查，共出动执法人员42人次，检查企业21家。对检查发现的问题，要求相关企业进行现场整改。其次，积极认领"互联网+监管"32项清单，并推进检查实施，监管行为报送数1528条，监管行为覆盖率达68.97%。其中：道路运输企业监管行为覆盖率达100%。

【道路运输企业安全监管】不断巩固提升三年专项整治行动成果。一是动态更新问题隐患和制度措施"两个清单"及"重点任务清单"，对存在问题积极组织整改。二是成立综合道路交通行业专委会工作机构，对28家安全生产风险等级较高的企业，健全安全生产分级分类监管名录。三是加大执法监管力度，建立执法监管台账，对7家违规经营企业实施安全生产监管处罚。共检查企业72家次，发现隐患7处，均已责成相关企业进行整改。

【铁路安全环境治理监管】高度重视铁路安全环境治理工作，建立侯马市铁路沿线安全环境治理联席会议制度，充分发挥铁路安全环境治理联席会议制度和"双段长"制度作用，建立常态化排查安全隐患治理落实机制，与成员单位共同协作，投入巡查车辆20辆次，巡查人员50人次，巡查铁路沿线180公里。对发现的问题，及时采取有效措施进行处置，有力保障铁路运输安全和人民群众生命财产安全。

（侯马市交通运输局）

霍州市交通运输局

【交通重点工程项目】全年完成农村公路投资36146万元，其中三个一号旅游公路1.79亿元、自然村通硬化路1590万元、县乡路改造1220万元，资源路产业路4929万元、自建项目2795万元、农村公路灾毁修复项目7712万元。全年完成三个一号旅游公路27.5公里，自然村通硬化路15.9公里，县乡路改造12.2公里，资源路产业路2条7.9公里，完成自建项目七里峪至尉侯公路景观及慢行系统项目、冯南垣村通村道路改造工程、霍州市玉霍线（冯南垣至退沙）路面改造工程共21.675公里。霍州车站连接线工程由于土地调整影响进度，进行用地预审及工程可行性研究报告审批中。农村公路桥梁灾后修复工程因防洪影响评价批复进度，已列入2023年计划审批施工图设计。

【农村公路管养】深入推进农村公路管理养护体制改革，全面落实"路长制"，加强农村公路巡查管养，按照《霍州市农村公路"路长制"实施方案》和《霍州市农村公路养护管理办法》，明确农村公路养护质量要求，对各乡镇、街道办的163名护路员进行理论和实操培训，通过现场分析公路病害，讲解防治措施，全面提升农村公路管理专业化、精细化、标准化、规范化水平。将全市农村公路进行路长责任段划分，明确各级路长工作职责，安装路长公示牌379块，其中县道11块、乡道44块、村道324块，形成政府主导、部门协同、上下联动、运转高效的工作格局，为"四好农村路"高质量发展提供保障。农村公路列养率达100%，优良路率达76.38%，优良中路率达91.22%。管养8条县乡公路103公里，日常养护坚持养护人员每天上路巡查，填写养管日志、巡查记录，发现问题填写报告单，及时上报及时处理，病害处置不超过一天，基本达到路面无堆积，路肩无杂物，边坡无垃圾，路面无坑槽。全年共清理路肩、边坡垃圾12000立方米，修复路肩2100立方米，修复路面17000平方米，疏通边沟5105米，施划标线3650平方米，改建混凝土边沟3500延米，平交口上安装减速带44处共208米，年初清除道路积雪出动人工1660人次，撒铺防滑料1000立方米，工业盐95吨。

【综合行政执法】年初，开展交通运输执法领域突出问题专项自查，制订《关于开展全市交通运输执法领域突出问题专项自查的工作方案》，通过深入运输企业摸底调查，召开政风行风征求意见座谈会和法律法规学习培训会，对全体执法人员进行一次从执法理念、宗旨意识、廉洁自律、为民服务、依法执法的全方位教育整顿，切实做到问题找准、原因查明、举措拿实、整改到位，按时按质完成专项自查工作，为全年开展交通运输行政执法工作奠定良好纪律作风基础。以“规范执法，护路为民”为目标，开展公路沿线路域环境专项整治行动和“路政宣传月”活动，严厉打击损坏路产路权行为，重点治理农村公路乱堆乱放、占道施工、占道经营、私设非公路标志牌等违法行为，严厉查处私设平交道口、车辆敞篷运输造成的滴漏抛洒污染路面、损害公路标志及公路附属设施的行为。共出动执法车辆354辆次，执法人员2000人次，执法检查576次，执法检查车辆798辆次。

【道路运输服务水平】 开展对道路运输企业的质量信誉考核和驾驶员诚信考核，加强对全市道路运输企业、从业人员和车辆的管理，利用政策优势逐步取缔散、小、弱的企业，鼓励企业做大做强，切实把好道路运输安全“源头关”。根据《临汾市促进网络货运行业健康发展工作方案》(临政办发〔2022〕9号)文件精神，大力推进市互联网物流平台建立，培育“互联网+物流”新业态、新模式，引导全市现代物流服务业提质增效。大力推广电子证照，为道路运输行业从业人员提供更多政务服务事项，实现网上办、掌上办、一次办。深入开展维修企业质量信誉考核，加强对维修企业备案审查和防污除尘设施的使用监督，防止企业安装设备后不使用超标排放。日常巡查注重维修企业规范操作，使用合格零配件，提高维修质量，确保车辆技术状况良好，预防和减少道路交通事故的发生。驾培行业继续教育培训从线下转为线上，陆续开放驾驶证学员报名及小众学习。按照《驾驶员培训教学大纲》要求，加大对驾校培训的监督力度，确保学员按照规定学时、规定标准完成驾驶学习，维护学员合法利益。组织客运企业开展“爱心送考”公益活动，帮助广大考生安全、快捷、及时到达考场。

【安全生产形势】 始终以安全生产专项整治三年行动为总抓手，结合安全生产大排查大整治大提升等一系列的安全生产专项行动，统率全局安全生产工作，强化“政治责任”主动抓，聚焦“两个主体”具体抓，突出“三大领域”长效抓，严格落实企业安全主体责任和部门监管责任，印发《霍州市交通运输系统安全生产大培训工作的实施方案》《2022年交通运输安全生产大检查大整治大提升专项行动工作方案》，联合市公安局印发《霍州市道路运输安全风险隐患大排查大整治“百日攻坚”专项行动实施方案》，开展2022年全市交通运输行业“安全生产月”活动，深入学习贯彻习近平总书记关于安全生产重要论述，集中观看《生命重于泰山》专题片，6月16日开展“安全宣传咨询日”活动，散发宣传资料300份。检查道路运输企业落实各项安全监管责任制度情况，严格履行“三关”，全市大型货车均安装具有行驶记录功能的卫星定位装置，执行国家有关标准和规定，投入营运的货车安全装备、技术等级和消防符合要求，无擅自改装情况发生。汽车客运站加强危险化学品的查堵，落实“四不进站，七不出站”措施。对已开通客运班线进行安全检查，不符合安全通行条件的坚决停开。全年累计出动检查组300次，出动人员1200人次，检查企业280家次，发现一般性隐患59处，已全部整改完毕。全年未发生安全责任事故，保持安全生产的良好局面。

(霍州市交通运输局)

运城市

运城市交通运输局

2022年,运城市交通运输部门坚持以习近平新时代中国特色社会主义思想为指引,深入学习贯彻中共二十大精神,全面落实习近平总书记视察山西重要讲话重要指示精神和关于交通运输的重要论述,聚焦全省全方位推进高质量发展总要求,着力全市"一区两城三强市三高地"战略目标,用好"五抓一优一促"经济工作主抓手,直面风险挑战,主动担当作为,努力完成年度各项目标任务。

【交通强市建设】筹备召开全市推进交通强市动员部署大会,提请市政府出台《运城市推进交通强市建设实施方案》,全面落实交通强国战略,全力推进交通强市建设,加快构建现代综合交通运输体系。

【基础设施建设】高速公路:运三高速三门峡公铁黄河大桥连接线主体全面建成,完成年度投资12.64亿元;菏宝高速临猗黄河大桥及引线工程完成全年投资任务10亿元;G5514阳永高速上升为G5518晋潼高速,纳入《国家公路网规划》。普通国省道公路:108国道河津市寺庄至龙门段已建成通车,108国道新绛至河津段、342国道闻喜至临猗段改扩建工程完成工程可行性研究报告。农村公路:农村公路提升改造工程完成建设871公里,完成投资24.9亿元。旅游公路:黄河一号旅游公路完成建设230公里,完成投资14.67亿元;汾河旅游公路总规划105公里,完成投资2.07亿元;涑水河旅游公路总规划200.41公里,完成投资0.6亿元;中条山旅游公路总规划476公里,完成投资0.4亿元。运输场站:运城张孝机场飞行区改扩建工程完成投资3.05亿元;公交东停保场完成投资0.69亿元;山西小浪底库区老鸦石至三门峡库区航运建设工程(山西段)、河津市船窝至龙门便民交通码头水运项目被列入交通运输部重点项目,前期工作有序进行。

【运输结构调整】客运多样化,拓展定制客运,全市发展定制客运线路22条,车辆164辆。发展旅游客运,围绕黄河一号旅游公路,已开通9条"城景通"旅游线路。全市5个二级以上客运站均已实现道路客运电子客票服务系统全覆盖。河津市实现全域公交免费,夏县实现城区公交免费。货运网络化,呈报市政府下发《促进全市网络货运行业健康发展的通知》,开展全市网络货运大提升活动,把网络货运平台新增注册车辆任务纳入年度考核重要事项,超额完成市委、市政府年内加入平台3万辆任务。出行绿色化,不断扩大新能源汽车在公共交通领域的应用,全市1842辆公交车实现新能源全覆盖;纯电动和清洁能源出租车占总车辆数4634辆的99.74%。全年新增新能源公交车42辆,新增和更新新能源出租车116辆,提前完成80辆年度目标。

【城市客运管理】坚持共治共创、综合治理、标本兼治,围绕"事前教育、事中整治、事后闭环、推动转型"4个方面,扎实开展中心城区城市客运服务质量大提升活动,强力推进"河东公交""河东出租"品牌创建。选派109名党员干部下沉出租和公交公司,一人分饰三角,每日录制宣传小视频普及政策法规,沉到一线传帮带,手把手讲规范、教流程、解难题,出门坐公交、打出租,现场发现问题纠正问题。通过实行网格化管理,沉浸式教育,动态监管和路面巡查,促进城市客运服务质量大提升。共停运整改巡游出租车540辆次,停运整改网约车45辆次,查处违法违规巡游出租车驾驶员64名,对114起好人好事、凡人善举进行通报表扬,运城凤凰汽车出租有限公司一名驾驶员获“山西省五一劳动奖章”。

【交通融合发展】聚焦全市“黄河流域(运城段)生态保护和高质量发展示范区”创建,围绕“五条绿色走廊”建设,在全市“四好农村路”示范创建成果上再发力,以“三水一山”旅游公路为牵引,坚持生态优先、绿色打底、文旅赋能、产业带动、特色引领,通过交通建设、国土供地、林业种树、环保控污、农业调产、文旅赋能等多管齐下,实现“公路+产业发展+全域旅游+生态环保+美丽乡村+历史文化”六大融合,垣曲县被确定为2022年度“四好农村路”全国示范县创建单位。特别是在牵头沿涑水河田园风光示范带建设中,紧紧围绕“控污、清淤、添绿、畅通、增产”十字要求,深入贯彻运城市委书记丁小强“打造节点,形成亮点”指示精神,实施“水污染防治、水量水质提升、河堤生态功能治理、公路畅通建设、旅游康养融合建设、美丽乡村建设、农业增产、产业拓展”8大行动,建成涑水河旅游公路临猗段,示范带累计完成投资56.82亿元。

【法治建设】深化新时期交通运输法治政府部门建设,制订印发《2022年全市交通运输法治工作要点》。常态化学法,将法治学习纳入党组中心组年度学习计划,组织党组中心组专题学法4次。每周二开展集中学习,日常利用“学习强国”、山西干部在线等平台持续加强法律知识学习。多样化普法,围绕全民国家安全教育日等,通过参加线上知识竞赛、多平台互动转发,线下发放宣传册,客运场站、公交、出租大屏幕多角度宣传,让法治思想广泛深入人心。规范化执法,开展全市交通运输执法领域突出问题专项自查,排查问题7个,办理典型案例4个,锻造过硬队伍。发挥信用在创新监管机制、提高监管能力和水平方面的基础性作用,开展“双随机”抽查32次,发现整改问题22条。公示行政处罚信息共计135条,合规率达100%。强化货运车辆超限治理,源头治超监管覆盖率达100%,累计查处违法案件57起,处罚58.25万元。

【安全生产监管】认真落实新《中华人民共和国安全生产法》和《山西省生产经营单位主要负责人安全生产责任制规定》,组织1148家重点运输企业主要负责人签订《安全生产履职尽责承诺书》。开展安全生产专项整治三年行动巩固提升2022年任务和大检查大整治大提升“两个行动”,集中开展道路运输安全风险隐患“百日攻坚”专项行动和重点时段督察检查。统筹推进铁路沿线安全环境治理,召开全市铁路沿线安全环境治理联席会议1次、专题会议4次,下发督办函4次,督促整改隐患4处,完成整改3处。全市未发生一起安全生产责任事故。

【党建和党风廉政建设】深化政治学习,把学习贯彻中共二十大精神作为工作重中之重,通过专家讲座、专题辅导、集体研讨等方式学原文、悟原理、知原义,不断增强“四个意识”、坚定“四个自信”、拥护“两个确立”、做到“两个维护”。做好示范创建,印发《“五面红旗”示范机关(单位)创建方案》,强力推进示范创建。印发《创建清廉机关行动计划表》的通知,全力以赴开展清廉机关建设。抓实作风整顿,严格对照规定要求,扎实开展党员干部作风大整顿,推动行业服务大提升。严肃党内生活,认真落实“三会一课”、批评与自我批评等组织生活制度,做到班子成员以普通党员身份按时参加所在党支部的组织生活会。各党支部组织召开5次以上党员大会、12次以上支委会、12次以上党小组学习、1次专题组织生活会、12次主题党日活动。强化日常监督,紧盯重点时段、重点领域开展日常监督10次,对3名违法违纪工作人员进行行政处分。加强精神文明建设,将行业精神文明建设与文明城市创建统筹推进,先后开展“下沉社区联防联控”“社区吹哨,党员报到”“爱心送考”等活动。

(薛　烜)

盐湖区交通运输局

2022年,在区委、区政府坚强领导和市交通运输局有力指导下,盐湖区交通运输局坚持以中共十九大和十九届历次全会精神为指导,围绕市委“五抓一优一促”经济工作主抓手,聚力区委“12345”工作方案,带领全体干部职工,团结拼搏,开拓进取,努力构建特色鲜明、功能完善、环境优美、舒适安全的交通运输环境。

【重点工程建设】盐湖高新区西外环路(原209国道大运高速桥至北孙坞段)扩建工程,路线全长4.794公里,估算总额21285.06万元,其中建安费12061.06万元。该项目工程可行性研究报告已于2021年3月23日经区发展和改革委员会批复。勘察设计单位已于2021年5月18日招标,项目初步设计已编制完成,因建设用地调整国土空间规划未正式通过,通过后完成初步设计批复进行施工图设计。项目实施后,对加快推进盐临夏一体化建设、改善运城市投资环境,提升区位优势等方面均具有重要现实意义。521国道盐湖段道路改造项目,路线全长30.99公里,总投资12.48亿元,年度计划投资2亿元,截至年底已完成。道路养护和水毁工程项目,一是2022年全区农村公路养护工程计划投资584.9万元,截至年底工程已基本完工。同时,投资250万元,完成其他道路养护、护栏修复、标志标线等安防工程1.8万平方米。二是投资900万元,对20条道路路基冲毁掏空、路面沉陷裂缝、边坡塌方等自然灾害路段进行修复治理。盐湖高新区西外环路(209国道)改扩建工程项目。道路全长4.84公里,估算总投资4.17亿元。截至年底,项目已完成立项批复、用地预审与选址意见书批复,初步设计、施工图文件已编制完成并经专家评审,修改完善并积极申请政府专项债券资金。全省旅发大会沿线道路提质工程。完成投资约1000万元,对旅发大会涉及的解杨路、运金路、521国道及主要县道补充完善标志、标线、道口柱、里程碑,修复路面破损坑槽,安装旅游标牌,修复翻新和补充公交站牌。完善修建常平绕村路辅道,改造临陌线解芮十字口到521段道路,实施解州道路路灯亮化改造工程等。涑水河田园风光示范带建设。盐湖区交通运输局承担涑水河旅游公路盐湖段建设项目,道路全长22公里,估算总投资7000万元。截至年底,项目可行性研究报告已编制完成,立项批复中。中条新生态文旅经济示范带建设。完善沿线道路基础设施,投资160万元,完成东郭至柏口窑所有平交路口路面硬化、培路肩等工作。加快客运班线转型升级,引入社会资本投资800万元,对运城至常平、席张、东郭客运班线运营实行公交化改造,淘汰老旧客运车辆,更新新能源公交车34辆。对席张停车站停车场进行硬化,安装充电桩4个,方便群众出行。在南城办柏口窑村、西姚村、义同村、银张村安装8个农村公路客运候车亭。

【"四好农村路"示范创建】2022年共实施"四好农村路"14条,路线全长51.4公里,总投资6000万元。截至年底工程已完工通车。

【运输服务保障】一是加快客运城乡一体化,提升服务品质。开辟运城至芮城、运城至永济、运城至三门峡、运城至宝井、运城至垣曲等定制线路,根据客流情况自主调配运力,科学施策,适时开行,满足人民群众出行需求。二是加强农村货运物流管理,做好新能源车辆推广应用。2022年盐湖区新增新能源货运车辆1612辆,积极引导农资企业与农村物流对接,完善农村物流节点30个,打通乡村物流"最后一公里"。三是做好维修和驾培管理服务工作。对辖区内68家一、二类维修企业建立电子健康档案。对全区各驾校教练车数量进行核查,共登记核查教练车辆592辆。

【行业安全生产】一是制订《交通运输领域分类分级监管办法》,把每一家生产经营单位的监管责任落实到具体的部门和人员。制订并落实《2022年安全生产监督检查计划》,严格落实每月至少2次的监督检查。二是压实主体责任。与297家企业主要负责人签订《安全生产承诺书》。三是以"两客一危"运输企业为检查重点,以"五查"和"五落实"的内容和要求,强化企业运输安全管理。截至年底,共排查企业94家次,发现安全隐患13项,已全部整改完毕。同时,对4家危货企业共21辆车存在长期异地经营现象,对企业负责人进行安全风险约谈。确保全区道路运输良好发展,无安全责任事故发生。

【思想建设】全面落实新时代中共建设总要求,坚持不懈用创新理论凝心铸魂,坚持把"两个确立"作为最深刻的政治领悟、最牢固的政治信念、最重要的实践要求，把“两个维护”作为最高政治原则和根本政治规矩，贯穿交通运输建设各方面、全过程，始终同以习近平同志为核心的党中央保持高度一致。以“三会一课”、主题党日活动为抓手，持续深入强化理论学习，筑牢思想根基。坚持“第一议题”制度，及时跟进学习习近平总书记最新重要讲话重要指示批示精神。2022年，开展理论学习中心组学习11次，领导班子成员上党课4人次，结合周一晨会开展集中学习40次，引导党员干部筑牢信仰之基、补足精神之钙、把稳思想之舵。在做好线下学习的基础上，以“三晋先锋”“学习强国”“好干部在线学院”等线上平台为依托，组织党员干部按时登录学习，推动党的创新理论入脑入心、走深走实。2022年以来，“学习强国”全系统党员年度积分均在10000分以上，其他人员在6000分以上，“好干部在线”均在50学时以上，“三晋先锋”总支共317分，在区直党组织中排名靠前。

【党建工作责任制】 坚决履行抓党建“第一责任人”职责，亲自部署重要工作，亲自过问重大问题，亲自协调重要环节，结合实际制订《盐湖区交通运输局党建工作要点》，明确全系统党建工作重点，作为推动落实党建工作的任务书、时间表和施工图，压实各党支部书记的主体责任，形成一级抓一级、层层抓落实的良好工作格局，切实把党建工作与业务工作同步考虑、同步部署、同步实施。认真落实《关于推动党史学习教育常态化长效化的若干措施》，为各党支部配发《党史学习教育优秀宣讲课件汇编》《“我为群众办实事”实践活动典型案例汇编》，供各党支部参考学习。8月，为党员干部配备《习近平谈治国理政》第四卷100套，党员覆盖率达100%，供全体党员干部学习，引导广大党员、干部读原著学原文，结合交通运输工作实际，全面做好改革发展稳定各方面工作、高效做好经济社会发展工作，更好用习近平新时代中国特色社会主义思想武装头脑，坚决把中共中央决策和省、市、区委部署的各项任务落实落细。

【党建引领】 聚焦“融合发展”，强化党建引领。局总支通过推动“党建+‘四好农村路’建设”工作责任再落实，构建党支部统一领导、业务股室牵头抓总、相关股室协调配合、全体党员参与工作格局，形成强大合力，以党建助推“四好农村路”建设升级，采取“专业技术干部与党员干部同步配强、每个项目都有党员参与监督管理”的办法，把党员奉献融入项目建设一线。截至年底，按时完成解州绕城段、社东互通段建设，实现投资3.5亿元，为旅发大会顺利召开提供交通保障工作。

【服务能力提升】 聚焦“服务优质”，强化服务意识。认真贯彻落实区委抓党建促基层治理能力提升决策部署，建立在职党员常态化参与社区治理、服务居民群众的“2622”工作机制。持续深化包联社区，开展“社区吹哨、党员报到”专项行动，引领推动共驻共建、结对共建工作。坚持民呼我应，领办实事，开展志愿服务活动10次，切实为群众解决实际困难。及时完成3条水毁道路的修复，确保群众安全出行。高度重视群众诉求解决办理，及时办结上级转办的“12345”“12328”等群众诉求50件，确保群众反映不落空，举报投诉有回应、处理解决必到位，不断巩固培育良好干群关系。

【清廉机关创建】 扎实开展“五面红旗”、清廉机关创建及在职党员参与社区治理。一是聚焦“组织领导”，强化责任落实成立“五面红旗”创建工作领导小组、清廉机关建设工作专班，研究印发《盐湖区交通运输局“五面红旗”示范机关（单位）创建专项行动实施方案》（运盐交党总支发〔2022〕8号）、《盐湖区交通运输局清廉机关建设行动方案》（运盐交党总支发〔2022〕9号）。要求各下属单位负责人严格落实“第一责任人”职责。二是聚焦“清正廉洁”，强化清廉机关建设。研究制订《运城市盐湖区交通运输局2022年全面从严治党和党风廉政建设工作重点任务分解》，全面贯彻执行区委全面建设清廉盐湖行动方案，强化对权力的约束。狠抓重点领域廉政建设，全面开展“廉政阳光工程”创建活动。以制度建设作为推进党员干部作风建设、规范党员干部行为的重要手段，进一步制订完善各项制度37个，其中新增制度6个，修改完善7个，废止3个，做到用制度管权、管人、管事，广大党员干部的纪律意识明显增强，会风好，上下班秩序好，廉政纪律执行得更好，服务效率高，群众办事方便。

（李昂 任蕊）

临猗县交通运输局

【全面从严治党】认真贯彻落实中共二十大精神，持之以恒推进全面从严治党，巩固党史学习教育成果，坚持党史学习教育常态化，年初确立党建"十个一"重点任务，局党组（中心组）全年集中学习12次，组织主题党日活动12次，高质量完成规定学习篇目和规定动作。

【纪律作风整顿】全县交通运输系统共查找出"假把式"问题54个、"混日子"问题143个、"踢皮球"问题25个、"绕道走"问题112个、"捞好处"问题7个。以上问题已整改落实到位，全系统干部职工作风进一步转变，能力进一步提升，纪律进一步严明，精神面貌焕然一新，各项工作有序推进。

【清廉临猗建设】组织召开"清廉机关、清廉服务、清廉工程"誓师大会，传达学习省、市、县清廉工作指示精神，制订行动方案积极推进。先后举办"清廉临猗"专题党课、廉政知识测试、"喜迎二十大旗在手中路在脚下"暨建设清廉机关演讲比赛，在机关打造"作风建设永远在路上""清正廉洁、正气清风""反腐倡廉"等廉政主题文化墙，在项目工地悬挂40条清廉横幅标语。不定期深入企业、工地进行监督检查，开工前集中对项目部、施工队、监理单位工作人员进行廉政教育，同时建立项目施工合同、廉政合同"双签"制度，年内涉及的涑水河旅游公路、沿黄旅游公路、260公里乡村道路提升改造3个项目全部按照《农村公路工程项目招投标实施方案》进行工程项目招投标，扎实推进清廉交通、清廉工程建设。

【基层党建】抓党建促基层治理。积极组织党员参与社区治理工作，全系统58名党员全部到所属社区报到，围绕参与社区治理城区居民素质教育等6个方面开展工作。

【示范机关创建】"五面红旗"示范机关（单位）创建。围绕创建融合发展红旗机关，出台行动方案，突出建立党员示范岗、同包联村共同开展主题党日活动、组建重点项目党员突击队加快推进交通工程建设三方面工作。

【重点工程建设】临猗黄河大桥及引线工程。总投资46.45亿元，路基工程基本完工，进行主桥承台、空心墩、钢箱梁顶推工作。全年累计完成投资10.15亿元，累计完成总投资31.66亿元，完成总投资46.45亿元的68.16%。农产品物流园道路及连接线工程（209国道段）拓宽改造项目。总投资4.2亿元，路线全长13.8公里。一期路基工程、涵洞全部完成，水稳和非机动车道水稳铺装完成，透层油铺洒12公里，沥青混凝土下面层完成9.5公里，路灯基础浇筑226个，标牌基础浇筑28个，排水沟已开挖3560米，浇筑混凝土1580米。209国道快速化改造立项土地、财政等手续已办理完结，工程可行性研究报告和施工图设计已批复。黄河一号旅游公路。主线（傅作义故居至吴王古渡至永济界）全长15公里，支线（东张至猗顿墓）全长35公里，路基宽度8.5米，已全线贯通。342国道提升改造工程前期工作。规划全长58.5公里，已编制完成可行性研究报告，通过省交通运输厅专家评审，确定路线方案，进行用地预审。截至年底，该项目已合并移交给市政府，由运城市政府牵头实施重大收费公路项目，2023年9月开工。乡村道路提升改造工程。投资1.69亿元，完成342国道、西夹线两条主干线沿线260公里乡村道路提升改造。县级道路养护提质工程。涉及241公里县道补坑、刷油、罩面、灌缝，嵋石线（上朝至邸家营段）大修以及薛公至沿黄路、宏土至小风线、张留至小风线等农村公路临崖路段防护栏的安装，已全部完工。涑水河旅游公路项目。全长38.77公里，总投资4.2亿元，2022年投资5900万元，全面完成一期任务25公里主体、慢行道建设。

【城市客运管理】财政补助足额到位。积极争取上级资金63.6万元，对40辆传统燃油出租车提前更新为新能源纯电动出租车，为290辆出租车足额发放107.5万元的运营油补。爱心送考树立形象。开展"爱心助考、为梦助力"公益活动，投入290辆巡游出租车，全身心为考生提供免费乘车服务。倡导低碳出行理念。发放宣传资料1500份，提高公共交通绿色出行率。

【货运物流管理】加强对72家运输企业、10家物流企业的监管力度，全年办理资格证审验5504人，办理车辆审验和转户过户1400辆，宣传交通物流专项再贷款政策解读宣传册50份，检查运输企业275家，整改275家。同时，做好返临车辆、驾驶员信息等信息报送登记排查车辆1700辆，从业人员3500人，组织建立AB两队应急保障车队共40辆，确保应急需要。

【邮政快递管理】加强对8家快递企业、43家菜鸟驿站、272个村级电商服务网点进行管理，全年收发快递1000万件、新鲜水果4万吨，服务配送至每个村级点，极大地缩短城乡距离。巡查企业420次，现场整改问题330个，停业整顿20家，公司处罚15家，通过专项行动督察力度，有力推进各项工作顺利开展。

【企业管理】维修企业。对66家维修企业安全监管不放松，对涉及VOC汽车喷漆业户33家企业签订污染管控责任书，完成5家维修企业的质量信誉考核。入限服务。新增入限企业2家，交通运输服务入限企业总体增速达20%，超额完成下达的预期目标；同时成立入企服务指导组，对26家规模以上交通运输企业实地走访、现场办公、实情调查，共收集企业困难13个，已办结8个，办理中5个，办结率达62.59%。主体倍增。组织召开交通物流再贷款"政银企"推进会，宣传物流再贷款扶持政策，完成物流再贷款674.1万元，推动再贷款工作落地见效；优化营商环境促进市场主体倍增，顺利完成下达的22家新设市场主体企业。

【网络货运】依托晋通物流和军锋物流，成立运城弘盛科技有限公司，建设网络货运平台项目。截至年底，已完成工商注册、税务登记、银行开户、平面规划等工作，正在办理信息系统安全等级保护备案证明、增值电信业务经营许可、道路运输经营许可等手续，2022年9月，弘盛科技利用山西兴荣16飏云科技，让网络货运平台开始试运行。

【综合执法】第一，路政巡查。全年巡查国省县道累计2092.6公里，清理摆摊设点314处，排查公路安全隐患12处，清理晾晒农作物52起，查处扬尘违法行为37起，处罚金3.7万元。处理"12345"投诉9起，案件办结率达100%。第二，运政检查。对4家驾校训练场地进行规范，取缔1家驾校非法报名点，查处违法行为3起，罚款4000元。强化"两客一危"监管，查处两家公司8起违法行为，处罚1万元。在道路运输车辆检查中，查处其他违法营运行为15起，处罚1.55万元，处理投诉案6起，全部按规定办理完结。第三，客运检查。按照市局"中心城区城市客运服务质量大提升活动"要求和创建全国文明城市安排部署要求，结合打击非法出租车经营行为，检查出租车126辆，纠正违规行为36起，查处非法营运和其他客运案件16起，处罚1.57万元，有效打击各种违法违规行为，净化客运市场秩序。第四，水路检查。2022年2月，对吴王浮桥进行拆除，对吴王浮桥所有人和负责人在浮桥的安全管理检查进行摸底造册登记，严禁未经申请私自营运船舶，杜绝利用船舶偷渡非法营运方式运送外地返运人员。

【源头治超】根据省、市、县开展全县混凝土搅拌企业源头治超"春雷行动"整治和冬季用煤短途运输源头治超"暖冬行动"专项整治，全年巡查企业200次，抄告未公示货运点3家，查处货运源头企业6家，累计罚款7.2万元，通过巡查和专项整治有效维护运输市场秩序。

【工程质量监督检查】对乡道和自然村提升改造工程、涑水河旅游公路新建工程、战备路改造工程、209国道临猗段改建、沿黄旅游公路傅作义故居至吴王段改建工程以及西夹线改造工程6个项目进行质量监督，组织检查50次，抽检数据75个，实体质量合格率达98%，县辖区内公路工程监督覆盖率达100%，监督工程质量合格率达98%，确保辖区公路工程质量、安全双控制。

【法制宣传教育】通过"路政宣传月""春雷行动"等，利用巡游出租车电子显示屏开展24小时滚动宣传，深入公路沿线、公交出租、运输企业进行宣传，广泛普及公路安全保护法律知识，现场发放告知书180份，悬挂宣传标语60条，发放宣传资料1500份。

【安全监管】明确任务。先后制订《临猗县交通运输局关于做好2022年安全生产工作的通知》及安全生产任务清单，对交通运输安全工作进行全面安排部署，压实工作责任，组织全体人员及辖区企业负责人开展安全法律法规讲座和消防安全培训。“百日攻坚”行动。成立领导小组，组织企业650名员工参加“百日攻坚”学习和培训，对70家货运企业和5家客运企业进行检查，排查隐患114条，整改114条。“安全生产月”活动。签订安全责任书5份，组织安全生产教育培训3场，开展安全生产专项检查10车次，安全隐患排查26件次，更换消防器材50个，给全县客运车辆免费发放安全急救包共计500个，安全生产责任得到落实。公路保畅保通。组织开展隐患排查治理，清理滑坡土方230立方米，混凝土修复塌方路肩200米、清理路面积水30处，竖立警示牌3处，临崖路段安装防护栏2500米，有效确保道路安全畅通。安全警示教育。联合交警队开展客运行业安全警示教育大会，深刻汲取教训，举一反三，强化司乘驾驶员安全意识和文明行车意识；对辖区内农用自用船舶进行全面排查，共排查9艘。轻飘浮物专项治理。在铁路沿线乡（镇）开展轻飘浮物专项治理行动，进行隐患排查整改（其中对原小风线与大西高铁高架桥交叉口两侧部分杨树予以清除）。

（解红泽）

万荣县交通运输局

2022年，万荣县交通运输局认真贯彻习近平总书记关于建设“四好农村路”重要讲话精神，严格落实《山西省黄河、长城、太行三个一号旅游公路规划纲要》部署要求和运城市黄河一号旅游公路暨“四好农村路”建设工作推进会议精神，按照“升级四纵四横主干公路，慧织通村畅乡枢纽网络，打通县乡村巷连接断点，突出旅游休闲特色服务，提高养护管理改革成效，提升运输服务保障能力”总体思路，分解任务，压实责任，抓项目，促发展，顺利完成年度工作目标。2022年，万荣县委、县政府再次审核通过全县“四纵四横一圈”路网规划。

【公路建设】续建项目建设。南外环线（运稷路至张高线段）道路改造工程项目，路线全长6.05公里，总投资3200万元，当年投资1900万元。沿黄旅游公路（第五部分）支线小风线至秦村项目，路线全长5.712公里，总投资2900万元，当年投资1400万元。“四好农村路”续建项目里望上井至乔薛堡至北阳、张高线庙后至王里、青古至贤胡等道路，总投资3200万元，当年投资1900万元。省道裴运线南张至薛李段道路改造项目，路线全长6.8公里，总投资1.209亿元，当年投资3300万元。沿黄旅游公路（第四部分）支线寺后至旅游公路，路线全长3.287公里，总投资1432万元，当年投资1233万元。沿黄旅游公路寺后汾河大桥及引线项目，路线全长1.262公里，总投资4767万元，当年投资3500万元。“四好农村路”新建项目。张仪至贤胡改建工程项目、西村至刘和段改建、柳家院通村路改造工程当年完工通车。里望至太贾改建项目已签订合同，2023年开工建设。里望至通化改建工程项目完成财政评审，2023年实施；黄河一号旅游公路二期。小风线至宝井改造项目，路线全长8.786公里，总投资1860万元。水毁修复项目。北阳堡至里望、孙石桥至河津界、黄河一号公路（孙石桥至河津段）、上七线、老庄至西、林山至荆村、三光线、黄河一号公路（南樊至庙前段）、三三线、西思雅至王显、庄利至西村、下裴线、下西线、刘和至运稷路13段水毁路段，总投资3000万元。

【公路养护】全年农村公路养护里程2800公里，挖补路面2200平方米，路面处理3500平方米。清理路面淤泥5768平方米，清理排水沟34公里，清扫路面3652公里。修复路拱144处，修整边沟护坡173公里。安装波形护栏2746米、减速带325米，完成震荡标线320平方米，更换标志牌45块，喷涂标线5公里。在黄河一号旅游公路、李后路喷涂彩虹标线54公里，自行车道改色16公里，喷涂标志标线3处，安装景观小品50个。

【运输服务保障】企业现状。货运企业26家，货运车辆690辆。网络货运1家，已进入省级审批环节。

班线客运企业3家49辆客车，旅游客运企业1家38辆旅游客车，公交公司2家25辆，出租车公司1家201辆出租车，维修企业25家（三类维修企业16家，二类维修企业9家），驾校1家。绿色出行。营运公交全部为纯电动车，新能源占比100%。纯电动出租车34辆，油气混合新能源出租车167辆，清洁能源占比100%。城乡公交线路。新开通万荣至王显城乡公交线路，运行车辆8辆。客货运输量。2022年，旅客运输量10.69万人次，周转量2996.4万人公里。货物运输量120.38万吨，周转量36185.4万吨公里。

【安全生产】严格落实安全管理“提高意识、落实责任、夯实基础、排查隐患、防范重点、补齐短板、提升水平”工作要求，健全完善应急预案，加大对重点区域、部位、环节排查整治，加大网络安全重视力度，确保各项工作顺利推进。一是组织开展工地、货运、客运、驾校、物流、维修安全检查35次，检查问题104项，现场整改96项，限时整改8项；二是组织开展百日安全大检查大排查专项行动，发现整改问题26项；三是组织开展行业安全教育12次421人；四是排查整改公路安全隐患19处。

【综合行政执法】组织开展执法人员“纪律大整顿、岗位大练兵、素质大提升、作风大转变”专项整治活动，内强素质，外树形象。推行说理式执法，按规定免罚23起。组织开展“路政宣传月”、节能减排宣传月活动，提高全民爱路护路意识，坚定货运司机守法积极性。查处办结抛洒污染路面案件2起，清理整顿乱堆乱放、打场晒粮、摆摊设点、非公路标志134起。查处非法营运案件8起，处理4起，移送4起。

【党的建设】教育引导党员干部认真学习贯彻中共十九大、二十大精神，自觉增强“四个意识”、坚定“四个自信”、做到“两个维护”。组织召开党风廉政建设工作会议2次，“一把手”讲党课3次。开展廉政警示教育16次，赴警示教育基地接受洗礼1次，赴庙前八路军东渡黄河遗址、阎又文故居学习革命传统1次。组织全体干部职工对照五大类20个问题集中检查剖析2次，制订整改措施9类74项。组织专题学习43次，邀请党校讲师授课2次。建立完善重点岗位廉政风险防控机制5款26条。

（李伟斌）

闻喜县交通运输局

2022年，闻喜县交通运输局坚持以习近平新时代中国特色社会主义思想为指导，紧紧围绕运城市委经济工作会议、运城市两会部署、运城市领导指示批示重点工作、闻喜县中心工作和2022年运城市交通运输工作会议提出的目标任务，精心谋划，履职尽责，努力工作，推进交通运输各项工作顺利完成。

【重点工程建设】高速及国（省）干线公路建设。342国道闻喜过境改线项目已进入招投标程序。“四好农村路”建设。2022年闻喜县共完成“四好农村路”建设24.87公里，完成建设投资3821万元。农村公路养护。2022年完成县道路面补坑3700平方米，修复水毁34处，清理塌方3300立方米，清理垃圾750立方米；补栽警示桩72根、标示牌9块；完成防护栏390米更换工作，修复排水渠580米，整修标准化路肩、边坡90公里。

【运输服务保障】公共服务效能提升。闻喜县已全部实现65周岁以上老年人免费乘坐公交车，出租车车身全部喷涂“95128”电召标识，“95128”电召服务已覆盖闻喜县。“我为群众办实事”实践活动。在高考期间开展“爱心送考”公益活动，共计出动公交车辆79辆，从业人员107人，接送考生及家长3000人次，并在“学习强国”学习平台进行宣传报道。

【大气污染防治】新能源汽车更新。持续推进新能源在行业中的推广应用，闻喜县共有公交车103辆，全部为纯电动新能源公交车；2022年新增纯电动新能源出租车18辆，共有出租车264辆，其中纯电动新能源出租车82辆，清洁能源出租车182辆。

【行业治理】完善信用制度体系。开展执法领域突出问题专项整治，对所辖区67家监管企业不定期进行“双随机”抽查，并将检查结果在“互联网+监管”平台及时公开，公开率达100%；对本辖区41条行政处罚信息全部在运城信用平台公开，公开率达100%。路政执法。查处路赔案件9起，并对损坏的公路路产和附属设施进行及时恢复，对在巡查过程中发现的安全隐患及时上报并进行处理。运政执法。出动执法车辆40辆，执法人员140人，查扣黑车8台，处罚5.5万元，悬挂条幅13条。受理“12328”交通运输服务监督电话转办单54件，并予以妥善处理，按照《巡游出租汽车经营服务管理规定》对19名出租车驾驶员进行处理，共计罚款4400元。超限超载治理。对政府公示的38家货运源头企业进行不定期巡查，出动执法车辆454车次，人员1690人次，巡查企业1351次，填写监督检查记录表1351份，查处违法案件23件，总计罚款166720元。同时配合闻喜县治超办、路警联合，查处超限超载车辆并完成案卷78卷。铁路沿线安全环境治理。全面落实“双段长”工作机制；联合闻喜县护路办、铁路沿线各乡镇、自然资源局、住建局、铁路工务段、铁路派出所等部门开展私搭乱建排查整治；联合闻喜县护路办、闻喜县公安局等部门开展铁路沿线废旧物品收购站点排查整治；2022年7月受雨水冲击2处铁路桥涵护坡坍塌，闻喜县交通运输局积极协调当地镇政府出资35万元进行修复，已全部修复到位。

【安全生产】 落实安全监管责任。紧紧围绕安全生产专项整治三年行动、安全生产大排查大检查大整治、百日攻坚专项行动等重点工作任务，专题研究落实安全生产有关工作，细化各项工作措施，制订《2022年度交通运输安全生产监督检查计划》《百日攻坚专项行动实施方案》等文件，压实安全生产“一岗双责”责任。结合春运、全国两会、“五一”、“十一”、二十大等重大节日对在建交通工程、客货运输企业开展安全生产检查，共出动执法车辆95辆次，执法人员355人次，检查企业40家，发现一般隐患8处，已全部整改到位。防汛应急演练。在闻喜侯平高速东镇互通道连接线举行道路防汛抢险应急演练，参加人员60人次，准备推土机3台、抢险车6辆、钩机1台、发电机2台、抽水机2台、编织袋500个、洋镐20把、铁锄15把、执法车辆4辆，提高人员对突发事件应急反应和快速处理能力、协同能力和实战水平，积累应急救援经验。“安全生产月”活动。6月16日，在闻喜县人民广场举行“安全生产月安全宣传咨询日”活动，共发放宣传资料1000份，悬挂横幅20条，摆放交通安全生产展板3块，现场解答群众咨询100次，营造浓厚的“安全生产月”活动氛围。

【应急保障】 道路隐患排查治理。2022年闻喜县交通运输局组织专家对闻喜县农村道路进行承载体普查，共普查县道9条200.798公里，桥梁16座，隧道1座，高边坡31处，乡道130条665.151公里；乡道桥梁12座，乡道高边坡39处；村道274条429.976公里，村道桥梁8座，村道高边坡7处；专用公路1条6.83公里，专用公路桥梁1座。自然灾害风险点6个，其中崩塌风险点40处，滑坡风险点22处，泥石流风险点7处，沉陷与塌陷风险点33处，水毁风险点41处，高边坡风险点77处。灾后恢复重建。闻喜县农村公路灾后需修复隐患路段共77处4.35公里，1座桥梁，4道涵洞。其中县道修复50处2.47公里；乡村道路修复27处1.88公里，总投资3400万元，已全部完工。

【党的建设】 在局党组坚强领导下，县交通运输局始终把学习习近平新时代中国特色社会主义思想、习近平总书记视察山西重要讲话精神和最新重要指示、批示精神作为党组会议第一议题和首要政治任务，以党组会、班子会、理论学习中心组集中学习、周五集中学习等为载体，把党建工作抓在日常、抓在经常，2022年共开展党组会16次、领导班子会12次、理论学习中心组集中学习10次、周五集中学习会30次；结合闻喜县开展党员干部作风大整顿活动，全体党员干部针对方案列出的五方面20个突出问题，认真查找，对标对表，在思想上进行一场大扫除和大整顿，进一步提升党员干部政治素质和业务素质。

（谭国杰）

稷山县交通运输局

2022年，在市交通运输局正确领导下，稷山县交通运输局紧紧围绕总体工作思路，以加快建设交通强县为目标，打造一支政治过硬、纪律严明、业务精湛、作风优良的交通队伍，为稷山社会经济发展提供坚强的交通支撑。2022年获市交通运输局“2021年度交通运输重点工作任务先进单位”，获稷山县委“灾后重建先进集体”。

【党建引领】 全面加强党的建设，认真学习中共二十大会议精神和习近平总书记考察调研山西重要指示精神。深化对新时代党的创新理论的理解和掌握，提高政治判断力、政治领悟力、政治执行力，坚决拥护捍卫“两个确立”、不断增强“四个意识”、坚定“四个自信”、做到“两个维护”。按照学教办要求，党组统一谋划，制订全年学习计划，各党支部具体组织实施。学习采用线上线下、集体、个人、自学相结合，取得可喜成果。截至年底，共召开党组理论中心组学习14次，班子成员分别讲党课5次、下基层调研15次、学习体会研讨交流4次。突出宗旨意识，切实做到为人民群众办实事办好事。立足单位工作实际和交通运输工作的特点，积极发挥党支部示范引领作用，在共驻共建活动中突出以解决社区居民关心的热点难点问题为切入点，为小区搭建一个车棚，安装24盏路灯、44个门牌、健身器材一组（6件）和替换小区内原有的老旧垃圾桶5个。同时在职党员全部到社区网格党支部报到，每名党员根据社区吹响的“日常哨”“点名哨”和“攻坚哨”积极当好“六员”，竭尽所能协助社区网格党组织打造管理有序、服务完善、环境优美、生活便利、文明和谐的新型社区，共同为提高社区治理效能作出努力。出租车连续数年开展“爱心送考”志愿服务活动。

【“四好农村路”建设】 实施乡镇通三级及以上等级公路、较大规模自然村通硬化路、建制村通双车道、县乡公路改造等16个项目46.022公里。实施农村公路安全生命防护工程1.8公里。加大公路预防性养护和清扫保洁力度。累计出动养护人员3780人次，累计清扫路面4150公里，出动机械车辆305辆，清理垃圾65处1280立方米，县道草被整理累计完成340公里，修复标志牌59块，修复隔离墙175米，修复道口标柱38根，清理边沟2.5公里，翻修道路600米5900平方米，修复路面病害16532平方米，贴缝434米，灌缝1639米，路缘石34.32立方米，浆砌片石挡墙48.58立方米，排水渠99.85立方米，管涵24米，整修边坡填土方8200立方米，标线689.76平方米，罩面98278.40平方米，安装标志牌10块、黄闪灯20个，整修波形护栏716米，波形护栏喷漆1414平方米，轮廓标10个。

【稷山段改扩建工程前期】 108国道改扩建项目由新绛县马首庄村向西布设进入稷山县境内，经西社镇、化峪镇向西上跨呼北高速后进入河津市境内。建设里程22.34公里，估算投资12.63亿元。已完成可行性研究报告编制。同时积极配合市局与国土部门对接，拷取数据，做好基本农田调整补划工作，确保项目顺利实施。

【环城生态建设工程】 该项目为黄河一号旅游公路，路线全长39.454公里，估算总投资3.1亿元。2022年已完成18.5公里，2023年12月全面完工。

【灾后恢复重建】 根据重建要求，完成云仁线云丘山挡墙水毁抢修工程、稷山县位佛线位林段水毁重建工程、稷山县阳史村水毁修复工程、稷山县薛苑线荆平段水毁重建工程。

【安全生产】 持续深化专项整治三年行动集中攻坚行动，认真开展交通运输安全生产大检查大整治大提升专项行动，严格按照“三管三必须”要求，开展安全生产监督检查，强化交通运输行业红线、底线意识，推动落实安全监管责任和生产经营单位安全生产主体责任，扎实推进交通行业安全生产风险隐患集中治理，防范化解安全生产重大风险，强化安全风险防控和隐患排查治理各项责任措施，制订安全风险清单，查处违反安全生产经营车辆7辆，组织3个检查组，出动630人次，排查企业安全隐患并整改81处，共实施对个体和企业行政处罚66起，共计13.64万元。排查出道路安全隐患58处，均已整改到位，确保全县农村公路安全畅通。

【法治建设】 建立健全完善重大行政决策机制。制订重大行政决定法制审核事项汇编264项，重大行政执法决定法制审核制度等16项，以及各项流程图，严格落实重大行政决策公开制度，除依法应当保密外，全部公开。加强交通执法规范化建设，组织14期行政执法大讲堂活动，全力提升全系统行政执法人员依法行政能力和水平。全面落实“八五”普法，制订年度普法计划，认真开展“谁执法谁普法”普法责任制，建立普法责任清单，制订普法内容15项和普法形势5项，利用安全生产月和国家宪法日等普法节点进行宣传。积极开展“4·15”全民国家安全教育日和“5·12”防灾减灾日宣传活动。全面推行行政执法“三项制度”落实年活动，对系统内部行政处罚、行政检查、行政强制等行政行为进行全面规范，全力推动实现行业系统执法信息公开透明、执法全过程留痕、执法决定合法有效。严格落实“谁执法谁普法”普法责任制，先后组织宪法、民法典、国家安全、禁毒、反电诈等法制宣传活动。推动扫黑除恶常态化，围绕2022年扫黑除恶重点工作，开展交通运输行业专项整治行动，共查处和上报公示治理行业乱象66起案件，结案率达100%，有效促进交通运输行业秩序进一步好转。

【交通运输统计】 2022年末，全县公路客运量7.79万人，比上年同期回落29.7%，公路货运量17.65万吨，比上年同期增长2.23%，公路旅客运输周转量7224.7万人公里，比上年同期回落29.3%，公路货物运输周转量7030.9万吨公里，比上年同期回落9.47%。

【网络货运发展】 推动网络货运发展，培育优质网络货运企业。大力宣传网络货运优势，利用大数据融合发展的新业态和企业的深度融合，协同发展，使传统物流向网络货运转型发展，促进货运物流降本增效。2022年末，已合作托运人34家，整合营运车辆7800辆，营业收入31462万元。

【交旅融合】 在运游模式的“多元化”选择上，以客运带动旅游，以旅游促进客运，两者相辅相成，旅游集散中心已入驻县汽车站，并投入试运营，开通稷山到盐湖、永济、芮城的旅游直通车，通过农村客运班线转接沿线群众到旅游集散中心去往盐湖、永济、芮城等地免费旅游。班线客运与旅游的有机结合，既有效整合车辆、线路、网络、品牌、管理等资源，借助汽车客运站为旅客提供快捷的出行服务，又提高客运主业资源利用率，使汽车站经营潜力得到进一步挖掘，核心竞争力得到进一步增强。

【入企纾困】 稷山县交通运输局、中国人民银行稷山县中心支行积极协调推动有关金融机构提高政治站位，抓好交通物流专项再贷款政策落实，向交通物流领域提供优惠贷款支持，助力交通物流业缓解痛点，破解难点，积极对接支持纾困企业再发展，2022年落实贷款政策并发放资金到位651.2万元。

【新能源推广】 按照交通运输部印发《绿色交通“十四五”发展规划》提出的加快新能源和清洁能源运输装备推广应用要求，大力引导道路货运和客运企业更新换代发展天然气货运车辆和客运新能源汽车，在县政务大厅交通运输窗口设置宣传推广更新新能源天然气汽车资料，方便群众了解最新政策，快速注册办理道路运输车辆证件，促进全县天然气汽车和新能源汽车推广应用，2022年全县共有更新天然气汽车1556辆，更新新能源出租车15辆。

【路政管理】 悬挂横幅11条、到乡镇散发宣传单300份、进企业散发宣传单150份、公路巡查时利用执法车喇叭宣传245分钟。共出动执法车辆124车次、496人次，制止清理乱堆乱放32起，取缔摆摊设点41处，对营万线稷山县城到西村坡顶公路两侧非公路标志标牌536处及12处大型跨公路设施进行拆除，优化公路上车辆通行环境。在对108国道路域环境整治过程中共拆除及取缔非公路标志标牌104块，统计108国道两侧15米内的建筑物114处，配合镇政府对108国道进行拆除，为108国道路域环境的提升和改造提供有力支撑。查处污染公路路面案1起，收公路赔(补)偿费2505.72元；查处未采取防护措施防止货物脱落扬撒案8起，罚款8000元，查处无从业资格证驾驶货运车辆从事货运服务1次，罚款500元，在公路巡查中，路政案件发现率达98%，查处率、赔偿率、结案率达98%。

【“放管服效”改革】 围绕规范权力运行，提升监管效能，营造良好营商环境为宗旨，以创新“双随机、一公开”监管为基本手段，重点监管为辅，信用监管为基础的监管模式，不断强化事中事后监管。及时认领本单位抽查事项清单和建立执法人员名库。全年共开展18次“双随机”抽查任务，其中依据信用风险分类管理实施“双随机”抽查10次，本部门抽查13次，联合抽查5次，抽查企业61户。检查结果录入公示率达100%。

【运输市场监管】 客运管理：共出动执法检查车辆56次，执法人员258人次；开展以“打击非法营运”为重点道路运输专项整治，处理涉嫌非法营运一起，罚款5000元；检查出租车200辆；处理出租车违规操作案件14起，罚款3100元。货运管理：监督检查指导企业安全生产68家，对企业违规抄告开展约谈22家，处罚企业未履行安全生产管理职责1家，罚款3万元。完成道路运输企业质量信誉考核和道路运输车辆年度审验工作。查处2起未按照规定采取必要措施防止货物脱落扬撒，罚款2000元，未取得从业资格证驾驶货运车辆4起，罚款2000元。加大路查路检，合理规划绕行路线，引导中重型柴油货车及散装物料运输车通行，出动执法车51辆，执法人员212人次，检查车辆65辆，劝返绕行重型柴油货车22辆。维修驾培：采取线上监管和线下巡查相结合的方式进行管控，对全县48家维修企业和3家驾驶员培训机构进行摸底建立企业管理台账，共监督检查205次，出动执法人员936人次。处理群众举报和上级督办驾培转办卡7起。配合专家组对22家钣金烤漆企业存在的问题，入企督促整改，已通过验收。

【源头治超】 对县政府公示的源头企业进行全面摸底排查，厘清底数，对44家源头企业建立台账。全年累计共对源头企业巡查289次、出动执法车辆289车次、执法人员1156人次，发放宣传册150册、宣传单600份。对5辆超载运输违法车辆立案调查，针对该违法行为进行行政处罚共计5.65万元。全年网上录制案件共65起，结案65起。共计罚款13.7万元。

（程　辉）

新绛县交通运输局

2022年，在县委、县政府、上级交通运输部门正确领导下，新绛县交通运输局认真学习贯彻中共二十大精神，以习近平新时代中国特色社会主义思想为指导，根据中央、省、市、县的一系列安排部署，全方位推动安全生产、公路建设、道路运输、防汛抢险、交通设施灾后重建、农村公路养护管理等交通运输工作的高质量发展，完成年度各项工作任务。

【党的建设】 加强党的全面领导，认真抓好党风廉政建设。坚持以党建为统领，坚持党史学习教育常态化，引导党员干部争当“十个表率”、做到“六个抓落实”，开展作风大整顿，推进清廉机关建设。认真学习宣传贯彻中共二十大精神、习近平新时代中国特色社会主义思想，及时跟进学习习近平总书记重要讲话重要指示精神，全面贯彻落实中央、省、市、县的安排部署。局党组认真发挥理论学习中心组示范作用，中心组学习13次，党员干部集中学习、集体研讨28次。认真落实党组全面从严治党的主体责任、党组书记履行第一责任人职责，班子成员履行好“一岗双责”。认真开展“廉能工作站建设”，深入结对村进行讲、帮、带，邀请结对村党员参加交通运输局党支部的组织生活。常态化开展主题党日活动、“三会一课”等组织生活，充分发挥党组织战斗堡垒作用和党员先锋模范作用，让党旗飘扬在重要工作第一线。认真组织实施党员干部作风大整顿活动，党员干部想发展、促发展的意识明显增强，“马上就办、真抓实干”成为机关作风新风尚，尽职履责、积极担责成为党员干部新要求，作风建设得到进一步加强。2022年2月，被市交通运输局评为交通运输重点工作任务先进单位，5月，被县委、县政府评为防汛抢险救灾工作先进单位。

【重点工程建设】 省道临夏线新绛县城过境段改线工程：截至年底，该工程二标段所属桥西大桥下部结构已全部完工，共架设梁板106块；一标段所属九原大道拓宽段2.04公里路基拓宽工程已经全部完成，路面铺装全部结束。白台寺至光村遗址旅游公路工程（第一期）11.34公里已于8月开工建设，全年完成路基清表任务8.3公里。汾河旅游公路（新绛段），由县交通运输局负责建设实施36.95公里，工程项目立项、初步设计评审已完成，进入施工图设计编制阶段。

【“四好农村路”建设】2022年度“四好农村路”建设工程开工建设38公里，路基完成27公里，路面完成12公里。

【“路长制”工作】建立健全新绛县农村公路管理办法，严格落实“路长制”，全县确定总路长1名、县级路长1名、乡级路长9名、村级路长153名，路政员5名、监管员76名、护路员228名，人员信息已上传山西省交通运输厅“路长制”管理云平台，“路长制”公示牌已全部安装到位。

【安全隐患排查】大力提升农村公路养护管理水平，定期对县道安全隐患进行排查，发现隐患及时处置。全年县道安全隐患排查48次，发现安全隐患165处，整改165处。新北线挖土方25578.7立方米、填土10399.5立方米、运土7346.3立方米、挡土墙506立方米，投入机械39次；华新线25处地质灾害隐患点削石方29634.4立方米、削土方1627.4立方米、清理坡面浮岩13306立方米，投入机械63次；累计完成投资660万元；确保所有县道畅通，无交通安全隐患。

【公路养护】全年共修补坑槽3600平方米；挖除路肩并整修2525米；粉刷排水沟护墙、路缘石、面包石4100米，安装十字交叉路口减速带174米，安装十字交叉路口警示道口桩79根，安装主要农村公路限吨标志牌40套；标线翻新4.85万平方米；县道急弯陡坡储备防滑料180吨；完成清古线永丰庄至108国道道路两侧路肩加宽工程，共现浇路缘石3826米，复铺沥青混凝土面层4370平方米；完成农村公路水毁处置路段12条48处，其中：县道3条10处、乡道4条26处、村道5条12处；整治108国道至高义钢厂道路2.8公里；完成乡道王守至席村路基路面整修工程2.2公里，共处理水泥混凝土路面2485平方米，铺装沥青混凝土面层12540平方米；完成村道郭宋线复铺沥青混凝土面层2400平方米。完成县道清古线永丰庄至108国道路面修复养护工程4公里，铺装沥青混凝土面层3.65万平方米；完成乡道郭家庄至刘家庄路面修复养护工程2.7公里，铺装沥青混凝土面层1.35万平方米；完成村道新三线至店头庄安保工程，安装波形梁护栏200米。

【运输服务保障】安排部署开展“城市客运服务质量大提升”活动，与客运企业签订承诺书，要求客运企业与安全员、驾驶员签订承诺书。对1家道路客运企业、2家公交企业、1家巡游出租汽车企业、10家货运企业进行年度质量信誉考核，强化对道路客运行业管理。组织全体巡游出租车驾驶员进行“95128”出租汽车电召平台线上培训。加大道路运输市场执法力度，建立完善运政执法监督检查管理档案和举报制度。加强与兄弟单位的联系与协作，以“两客一危”日常监管为重点，督促指导企业落实安全生产主体责任。履行城市客运市场执法监管职责，严厉打击“黑出租”和非法网约车等违法违规经营行为，遏制非法营运势头，保持城市客运市场秩序安全、稳定。2022年共办理运政案卷19起，处罚金额7.17万元。其中巡游出租汽车驾驶员不按规定使用计程计价设备、违规收费案5起；为车辆超标准装载案4起；车辆违法超限运输案3起；巡游出租汽车驾驶员议价、拒载案1起；未在许可的经营区域内从事经营活动案1起；未采取必要措施防止货物脱落、扬撒案1起；使用改装不符合国家规定的车辆从事道路运输经营活动案1起；网络预约出租汽车驾驶员违反巡游揽客、站点候客案1起；利用非教练车辆从事驾驶员培训经营活动案1起；未如实记录安全生产教育和培训情况案1起。

【行业治理】严格落实执法人员学法、用法制度，坚持每周学习和队列训练，系统学习交通运输相关法律、法规、规章，强化执法人员业务素质，纪律观念和团队意识，培养良好作风，增强全体工作人员的法律意识、服务意识、责任意识和敬业意识，执法形象明显改善。开展“开门纳谏”活动，主动接受群众监督。面向社会，向群众公开征集问题线索及对交通运输工作中的意见和建议。设置举报箱，公布举报电话，面向社会各界进行交通运输执法领域突出问题专项整治调查问卷。聚焦热点、堵点，率先完成一批顽瘴痼疾清理。按照交通运输部、省交通运输厅《关于率先完成一批群众反映强烈的顽瘴痼疾清理工作的通知》文件内容及要求，聚焦热点、堵点，对查摆出的2项问题，制订措施、责任人及完成时限，已整改完毕。以“两客一危”日常监管为重点，督促指导企业落实安全生产主体责任。实时组织开展环境污染治理、“秋冬防”环境管控、机动车维修市场、驾驶员培训市场、危险货物运输等专项治理，严厉查处非法营运及各类违法违规经营行为，确保交通运输行业安全生产形势稳中向好。

【大气污染防治】结合人居环境整治和生态环境保护“夏季大会战”等工作，积极与交警部门、环保部门组成联合稽查队在重点路段积极开展柴油货车污染防治管控工作，常态化开展柴油货车路检路查工作，对路面行驶车辆是否符合环保排放标准进行抽检，严厉打击超标排放、不按规定线路行驶、擅自拆除国六燃气车后处理装置等违法行为，同时深入货运企业进行抽查检查，从源头加强运输车辆管控。共出动巡查车辆139辆次，巡查人员861人次，入企进行环保排放检测135辆次，路查1100辆次，查看国六燃气车后处置装置142辆次，对1起私自改装后处理装置进行处罚，确保所辖县乡公路完好、安全和畅通。

【政务信息公开】结合深化改革工作进程，进一步加强对政务公开工作的领导，确保政务公开工作质量，不断提升政务公开工作水平，将应公开的政务信息及时、准确、全面地公开，通过县人民政府网，依法公开工作信息56条（其中政策法规1条；通知公告公示2条；工作动态46条；财政信息7条）。通过政府网站、“12328”和“12345”等平台推进政务公开工作，“12328”和“12345”咨询投诉81件，已全部办结，办结率达100%。

（刘　莹）

绛县交通运输局

2022年，绛县交通运输局坚持以习近平新时代中国特色社会主义思想为指导，全面落实交通强国战略，紧紧围绕省委“四为四高两同步”总体思路和要求、市委“五抓一优一促”工作部署和县委“五四发展思路”，落实全面从严治党主体责任，积极开展党员干部作风大整顿，认真落实县委巡察反馈问题整改，创建清廉交通，大力推进道路建设、注重行业安全生产，积极优化营商环境，着力推动县域经济高速度跨越、高质量发展。

【道路工程建设】乡村道路改造。2022年完成涑水河沿线乡村道路改造项目；巩村、申王村、南城3条道路改造；“四好农村路”建设46.7公里。推进各类在建改造项目。推进绛县境菏宝高速连接线道路改造项目；涑水河绛县城区段生态治理工程（紫家西坡桥、卓子沟桥、南城桥）3座桥梁项目、回马岭红色教育基地郭家庄桥危桥改造项目；紫家峪旅游公路项目前期工程；卫东一级路安防设施改造工程。推进重点项目前期工作。磨里峪旅游公路项目，已完成招投标工作；涑水河白家涧桥、宋西桥、柳庄桥水毁恢复重建工程，设计、财政、评审已完成；尧文化旅游区旅游公路项目，已完成招标工作；涑水河旅游公路绛县段51公里建设项目进行初步设计和施工图设计；完成241国道呼北线绛县县城过境段改线工程的前期立项工作；完成342国道日风线垣址坪至西灌底拓宽改造工程的前期立项工作。完成对县道155公里进行日常养护。隐患排查32次，补坑作业2878平方米，涵洞疏通4处，对7块标语牌进行整修、粉刷喷绘；安装警示牌16块，绛勃线安装广角镜1块、礼山线安装广角镜1块，北东线铺设震荡减速带368平方米，安装爆闪警示灯2块。

【大气污染防治】公路扬尘污染治理工作。大力整治运输车遗撒、公路“五堆”等交通运输扬尘污染问题，着力解决各类道路扬尘污染，形成公路扬尘治理高压态势。柴油货车管控工作。按照要求划定“大气污染防治绿色运输示范区”，明确柴油货车绕行路线。中杨固定监测站加强柴油货车排放检验，严格落实柴油货车的综合性能、安全技术和环保监测。出动执法车辆45辆次，交通执法人员220人次，检查车辆680辆次，劝返车辆8辆。维修企业综合监管工作。对县城及周边机动车维修企业进行摸排，严禁汽修企业敞开式、未整治到位、无废气收集处理设施或有设施不正常运行的违法排污行为，严格汽修行业喷烤漆工序错时进行，避开高温时段（每日10—18时），签订《汽修行业污染管控责任书》

共计21份。宣传低碳交通。2022年6月13日至19日组织开展“节能宣传周”及“全国低碳日”活动。在全县范围内营造关心公交、支持公交、选择公交的良好氛围，培育“低碳交通、绿色出行”的城市公共交通文化。

【运输市场监管】 第一，大力开展“全覆盖、零容忍、严执法、重成效”的安全生产大检查，全年签订安全生产承诺书55份，发放宣传资料及标语55条。第二，加强机动车驾驶员培训市场监管。对全县18个从事机动车驾驶员培训报名点逐一进行排查。第三，加强城市客运市场监管。开展打击非法营运活动，维护城市客运市场安全、稳定、有序。出动执法车辆30辆次，出动执法人员160人次，检查车辆500辆，整改30辆。第四，加强工程质量安全市场监管。以全县“四好农村路”和“旅游公路”建设为重点，共检查公路项目19个，完成对项目全部参建单位一次综合执法的全覆盖。第五，加强机动车维修企业市场监管。对全县50家机动车维修企业进行安全检查并要求机动车维修企业建立完善车辆维修电子档案，查处未按规定进行备案维修企业9家，责令整改完成备案维修企业9家，新备案维修企业21家。

【安全生产】 成立“百日攻坚”工作领导小组，制订下发《关于印发绛县交通运输领域安全生产风险隐患大排查大整治“百日攻坚”专项行动实施方案的通知》，召开专项行动安排部署会议和专项行动工作推进会。第一，采取“四不两直”方式，进行排查整治。共组织检查12次，排查道路运输企业52家。第二，对危化品道路运输企业，进行排查整治。共组织检查组3个，检查企业7家。第三，检查物流14家，维修企业78家。第四，建立农村公路安全生命防护工程数据库，督促公路管养机构落实应急物资储备。第五，狠抓施工人员规范操作和安全风险管控与隐患排查治理，出动检查组15个，检查在建工地17处。

【党的建设】 一是深入开展党员干部作风大整顿，组织全体党员先后通过“6+1”模式，认真开展以“发挥组织优势，筑牢安全防线”“畅谈思路打算，培树特色亮点”“情系三农、绿满古绛”“党员一线带头、提升治理效能”“党员带头沉一线，激活治理最末梢”“争做‘时时放心不下’的党员干部”“喜迎二十大、奋进新征程”“防风险、除隐患、守底线”“奋进新征程，建功新时代”“学习贯彻党章，永葆党员本色”等为内容的12次主题党日活动，持续巩固深化“党史学习教育”活动。二是不断提升基层治理能力。关爱留守儿童，为西城社区留守儿童赠送书包、笔袋、笔记本等15套学习用具；协助西城社区成立小区业主自管委员会，为小区画设停车位标线，配备健康知识宣传栏，推动城市社区各项工作全面提质增效。三是召开党风廉政建设和全面建设清廉绛县推进会，成立绛县交通运输局全面建设清廉绛县工作领导小组，出台《绛县交通运输局关于全面建设清廉机关的行动方案》，签订党风廉政建设责任书。

（王　军）

垣曲县交通运输局

2022年，在县委、县政府正确领导下，垣曲县交通运输局以习近平新时代中国特色社会主义思想为指引，认真贯彻落实中共二十大精神，发挥党建引领作用，在推进工程项目建设、整治道路运输市场、防范安全隐患等各项工作中真抓实干，坚持人民交通为人民，努力建设人民满意交通，奋力推动交通运输事业高质量发展。2022年2月，被市交通运输局授予“2021年度完成重点工作任务优秀单位”称号。2022年“四好农村路”全国示范县拟创建公示名单中，垣曲县位列其中。

【续建项目】 黄河板块旅游公路清水河至下亳段主体完工，实现垣曲境内黄河一号旅游公路114公里全线贯通通车；完成县乡公路改造谭王线陈村街道改造、源峪至岭回两条道路建设；投资2300万元完成小河口至后文堂全长8.105公里建设；投资4000万元完成乡镇通三级路闻垣公路垣曲段路面改造工程全长10.575公里；投资700万元完成建制村通双车道张家庄至西坡，路线全长5公里；投资1200万元完成阳店线谭家段全长4.7公里。

【新建项目】2022年乡镇通三级改造工程，路线全长25.617公里，总投资8000万元，8月开工建设，截至年底，进行路基施工，2023年10月全面完工。黄河一号旅游公路运城市垣曲县长直至刘村历山段改建工程，路线全长13.436公里，总投资5200万元，8月开工建设，截至年底，进行路基施工，2023年11月全面完工。资源路产业路，路线全长6.9公里，总投资600万元，6月开工建设。自然村通硬化路，路线全长14.5公里，总投资700万元，6月开工建设，灾后恢复道路重建工程，道路修复总投资1亿元，5月开工建设，截至年底，除北赵路、华峰连接线进行路面施工，其他项目均已完工。

【重大储备项目】327国道（241国道）垣曲县段改线工程，路线全长17.8公里，总投资3.68亿元，截至年底，工程可行性研究报告已通过市级审查，已在报省交通运输厅进行行业审查。阳城至永济高速公路前期，项目工程可行性研究报告已编制完成，垣曲境内路线走向及互通位置已确定，等待省交通运输厅进行行业审查。

【道路管养】紧紧围绕省、市交通运输部门建设“四好农村路”总要求，实施农村公路管理养护体制改革，持续完善农村公路“路长制”体系，推动道路养护市场化，支持乡村道路将农村保洁与道路日常养护捆绑实施，在乡村道路小型工程中实施以工代赈，开发护路工公益岗位，吸纳公路沿线19名脱贫户、2名低保户参与县道日常养护管理，增加收入。为保障道路畅通，及时清理公路积雪50公里，清理塌方5万立方米，消除道路安全隐患30处，提升城王线旅游公路绿化20公里，完成路面坑槽病害处治1万平方米。截至年底全县道路养护里程858.048公里，列养率达100%，优良路率达80%，优良中路率达90%，使全县道路养护管理呈现出规范化、精细化、可持续发展的良好局面。

【安全生产】高度重视安全生产工作，多次召开党组会、领导班子会安排部署安全生产工作，并组织开展一系列安全生产大排查大整治活动，确保交通运输行业无安全生产责任事故发生。一是年初制订年度安全执法检查计划和执法监督计划、“双随机”检查计划，编制安全生产权力和责任清单，明确各股室全年交通运输安全主要工作任务和职责分工，做到安全生产责任明确，责任到人。二是结合春运、清明节、“五一”、汛期、国庆节、二十大等重点时段，开展危化品运输环节专项整治、水上交通运输专项整治、客运市场专项整治、安全三年专项行动和大检查、大整治、大提升等专项行动。截至年底，共组织安全检查200次，出动执法人员1000人次，检查各类运输企业200家。整改一般隐患167处，整改率达100%。查处安全违法行为5起，下达行政执法文书5份，实施行政处罚罚款1.1万元。三是积极开展安全生产宣传。深入车站、码头、营运车船、施工作业现场、道路运输企业等人员密集场所，开展以“遵守安全生产法当好第一责任人”为主题的系列宣传教育活动。在单位门口组织开展宣传咨询活动，发放宣传材料300份，组织综合执法、海事等人员开展水上安全进校园活动1次，组织交通运输企业开展从业人员安全培训6次，组织相关交通运输企业开展突发事件、消防、危化品演练共3次。

【行业监管】第一，严厉打击非法营运，规范运输市场秩序。持续开展打击非法从事出租汽车经营行为专项行动，共查处非法从事道路旅客经营行为2起，罚款1万元；查处12起巡游出租汽车驾驶员未按规定使用计程计价设备、违规收费行为，罚款2800元；客运经营者不按照批准的配客点停靠、不按规定的线路行驶案2起，罚款2000元。第二，认真履行治超职责。与政府公示的24家货运源头企业签订目标责任书，并开展每月不少于4次巡查，严格执行“黑名单制度”和“一超四罚”“联合惩戒”等规定。累计出动巡查人员600人，巡查源头企业253家次，检查登记车辆46417辆次，装载货物248万吨。第三，加强路政巡查。对辖区国、省、县、乡道路24小时不定时路面巡查，累计出动执法人员5500人次，执法车辆1800台次，巡查国、省、县、乡道路6.5万公里。第四，加强机动车、汽修行业整治。对汽修行业“散乱污”，钣金喷涂企业错峰错时、未在密闭空间或设备中进行喷涂作业、喷涂废气处理设施简陋低效等行为进行整治。共查处对裸露地面未硬化，出入口未安装冲洗平台的停车场2家，过滤棉未及时更换、登记台账钣金维修企业6家，未设置“漆料储存室”“临时调漆台”，废机油、废机油壶和废油漆桶未放入危废暂存间12家，全部采取责令停业整改措施。

【党的建设】一是全面落实从严治党责任，建立主体责任清单，局党组书记严格履行第一责任人责任，领导班子成员认真履行“一岗双责”，认真抓好各自分管领域内的党风廉政工作。二是以“深化作风整顿创建清廉机关”为主题召开主题讲述活动，深入推进清廉机关建设，营造风清气正政治生态。召开座谈会1次，发放征求意见表160份，多形式、多渠道听取群众的意见和建议。共征求意见300条，比较真实、全面地反映干部队伍中存在的问题，为有针对性地开展活动奠定基础。三是扎实开展机关党组织参与社区治理专项行动，坚持“进得去、服务好、常态化”，以精准、精细、精心为标准，推动党员进社区、“帮建共创”和“社区吹哨、党员报到”等党员志愿服务活动。

（李建民）

夏县交通运输局

2022年，在县委、县政府坚强领导下，在省、市交通运输部门大力支持下，夏县交通运输局深入学习贯彻中共二十大精神，坚持以习近平新时代中国特色社会主义思想为指导，全面落实县委、县政府“交通强县”决策部署，按照省、市交通运输部门要求，以深入开展党员干部作风大整顿为动力，认真落实全面从严治党主体责任，不断加强党的政治建设，全局上下凝心聚力、埋头苦干，聚焦构建现代综合交通运输网络，全力推动黄河一号旅游公路、“四好农村路”、城市公交客运总站等重点项目落地实施，交通运输整体工作持续向好、创新发展。

【重点工程】黄河一号旅游公路（夏县段）工程。全长96.4公里，分主线和支线（其中主线29.2公里，支线67.2公里），总投资9.15亿元，主体工程全线完工通车。在统筹推进主线、支线同步实施基础上，结合公路沿线自然环境、景区（点）分布、村镇规划等因素，完成“慢行、服务、景观、信息”四大系统的规划设计工作。农村公路建设项目。完成自然村通硬化路50公里、建制村通双车道工程26.6公里、乡镇通三级公路改造工程14.7公里、县乡公路改造27.82公里、资源路产业路11.1公里、危桥改造2座、村道安全生命防护工程25.1公里。城市公交客运总站建设工程（续建）。建筑面积9400平方米，总投资6942.6万元，完成综合楼主体结构，同步推进停车场、排水管道等附属设施工程建设。夏县裴介“六新”集聚区河东东街东延道路工程。全长2.64公里，分为主线和联络线两部分，其中主线长1.277公里，联络线长1.364公里，路面面层全部采用沥青混凝土铺筑。道路工程完成65%，地下管网工程完成90%。

【公路养护】制订出台《夏县农村公路养护管理实施方案》，进一步深化细化“路长制”工作，明确县、乡（镇）、村各级公路的所有权、管理权和使用权。乡（镇）人民政府按照“有路必养，养必到位”要求，认真负责做好本辖区内乡道、村道管理养护工作。村民委员会实行“农民自愿、民主决策”原则，采取一事一议、以工代赈等方式组织对村道进行管理养护。对埝裴线、后夏线、沙南线3条县道进行中修罩面；乡道、村道小修灌缝养护实现常态化；农村公路自动化检测达43%；全县农村公路优良路率达83%，优良中等路率达96%，一、二、三类桥梁占比100%。

【超限治理】认真履行巡查、进驻、抄告、报告、移送5项职能，积极强化部门协同，推动路警联合治超常态化制度化机制不断深化。与10家货运源头企业签订安全生产和不为车辆超标准装载承诺书、给货运源头企业免费制作20块警示牌和提示牌。开展“治超春雷行动”，对209国道、232省道、埝裴线和后夏线等道路进行检查巡查，同时，加大超限检测工作力度。全年检测车辆135589辆，处理超限车辆55辆，查扣超限超载车辆16辆（全部移交夏县交警队进行处理），警告23辆，卸货1100吨；处理违法源头企业1家；对5家货运源头企业实施派驻监管；处理回复举报案件22起。

【环境治理】按照“民生托底、货运畅通、产业循环”的要求，开展全面深入、形式多样的路政宣传活动。共悬挂横幅40条，播放宣传视频5小时，发放宣传资料1200份。依法开展“路宅分家”“路田分家”专项治理，与瑶峰镇人民政府、夏县市场监管局等部门联合行动，在公路沿线开展马路市场专项整治。共清理摆摊设点200处，拆除公路“非标”70处，清理公路乱堆乱放60处，查处制止占用公路打场晒粮40处。

【运政执法】开展交通运输领域安全风险隐患大排查大整治“百日攻坚”、危险化学品安全生产领域风险隐患大排查大整治“百日攻坚”等专项整治活动，并按计划对辖区内客、货、维、驾、物流等各个领域进行监督检查；配合市场监管、文化旅游、税务等部门开展“双随机、一公开”监督检查工作；对全县8家邮政快递业进行40次督导；处理回复“12328”“12345”群众投诉22起；检查车辆300辆，发现违法违规行为40起，下发责令改正通知书20份，立案查处9起。城市客运执法方面。开展服务质量大提升活动和打击非法营运专项行动，完成质量信誉考核工作。共处理回复“12345”政务服务热线19起，“12328”交通热线27起；检查城市客运企业41次，共发现安全隐患48起，整改到位48起；查处违法营运车辆6辆。工程质监执法方面。重点对现场施工规范、工程实体质量、安全隐患排查、安全工作措施、内业资料管理等情况进行检查，组织召开问题反馈会，提出整改要求，抓好整改落实。对在建工程开展各类检查22次，下发各类书面通报14份，在建项目质量安全监督覆盖率达100%。未出现社会群众投诉反映质量安全问题，未发生安全责任事故，质量安全形势平稳可控。

【污染防治】2022年，加大运输结构调整力度，持续推行“公转铁”工作，累计发送货物5.7375万吨。加大新能源出租车的推广应用，新增公交车10辆、更新出租汽车37辆，全部为新能源纯电动汽车。

【安全生产】履行安全生产主体责任，推动行业安全生产监管常态化。开展安全生产专项整治三年行动、安全生产风险隐患大排查大整治“百日攻坚”行动和安全生产大检查大整治大提升专项整治行动。2022年，检查客运企业22家、道路运输企业31家、车辆维修企业45家、驾校8家、检测中心4家。发现问题38起，整改隐患38起，消除安全隐患6处。以“防坍塌、防坠落、反三违”为重点，开展安全风险管控与隐患排查治理，积极防范和遏制安全生产事故发生。全县道路运输和在建公路工程实现安全生产零事故。

【党的建设】坚持党建引领，以提升组织力为重点，突出政治功能，加强标准化、规范化建设。各党支部围绕推进新时代党支部工作规范化、标准化、常态化目标，全面落实基层党支部规范化建设“规定动作”，创新载体、创新方式、创新内容，聚焦党员教育、党员管理、党员监督、党员发展等方面开展工作，提升党支部的战斗力、凝聚力、影响力，党员队伍的整体素质不断提高。严格执行党的组织生活制度，积极维护和促进风清气正的政治生态。坚持“三会一课”、谈心谈话、民主评议党员、警示教育和主题党日活动等制度；围绕“五面红旗”创建活动，组织开展“党旗进工地、党徽耀行业”等系列活动。不断深化从严治党主体责任，按照领导班子成员工作分工，落实“一岗双责”；制订《2022年党风廉政建设和反腐败工作实施方案》，召开2022年党风廉政建设和反腐败工作会；党组书记、局长与各股室、下属单位签订《2022年党风廉政建设责任书》，对遏制和纠正“四风”进行深化、细化、具体化。组织参加廉政基地警示教育活动，传达学习各级纪委印发的案例和警示通报，教育全体党员干部做到以案为鉴、警钟长鸣。

（曹晋茹）

平陆县交通运输局

2022年，在县委、县政府正确领导下，在市交通运输局业务指导下，平陆县交通运输局深入学习贯彻中共二十大精神和习近平总书记关于“四好农村路”重要指示批示精神，全面落实县委“一三三五”总体发展思路，聚焦“交通强县”战略目标，坚持以“打造一个循环圈、提升两条主干道、织密三级公路网、贯通四条快车道”为出发点和落脚点，踔厉奋发、主动作为，统筹抓好项目推进、防汛救灾、行政执法、安全生产、客货运监管等各项工作，完成各项目标任务。

【远景目标】 编制《平陆县综合交通运输“十四五”发展规划和2035年远景目标》，科学确定全县交通运输近期、中期和远期的目标方向及实现路径，提出“十四五”期间“1234”交通运输网络体系和2035年基本建成人民满意、保障有力、水平先进的交通强县远景目标。

【重点工程】 522国道三湾至常乐段改建工程。总投资3.5亿元，截至年底，已完成工程总量75%。黄河一号旅游公路建设。茅津至复晟段道路，总投资8400万元，已全面建成。农村公路建设。张红线张店至横涧道路改善工程，总投资1500万元，已建成通车；上董线董庄至杜马改造工程，总投资2700万元，已完工；侯南线上吉至晴岚改造工程，总投资788万元，已全面完成；522国道新车线至车村工程，总投资777万元，已竣工通车；顺梁线顺头至梁滩道路升级改造工程，总投资420万元，已完成；平钢线化肥厂至计王段改造工程，总投资4666万元，水稳工程已完成，5公里路段第一层油面已铺设；新张线新村至太阳渡改造工程，总投资1759万元，路基加宽工程已顺利完成。

【村级道路】 投资金额达3300万元，顺利完成西延村半沟、南留史村、垣坪村滑岭、中张村、崖头村庙沟、张村立疙瘩、北村后沟、阳朝村、古城村南窑头、坡底村庙后10个村级道路建设任务，为巩固脱贫攻坚成果和衔接乡村振兴注入强大活力。

【“四好农村路”】 瞄准“城乡一体化”建设目标，统筹规划农村公路与主骨架路网建设，加快自然村通硬化路、乡镇通三级路、旅游公路、资源路、产业路工程进度。2022年完成农村公路改造提升113公里，全县农村公路总里程达1154.045公里。

【公路管养】 按照“县道县管、乡道乡管”原则，建立健全县、乡两级农村公路管理机构，深化完善农村公路路长负责制，全面构建覆盖县、乡（镇）、村的路长组织体系；组建路政应急管理队伍，配备路政专用巡查车辆，建立道路水路日常巡查机制，确保现行路域及时反馈、突发情况应急有策、道路安全有效保障。“养”出美丽，打造宜居路，加大农村公路养护网格化管理，制订《平陆县农村道路养护管理和考核办法》，明确道路养护管理职责，全面推进道路养护规范化运行；发挥乡镇交管站作用，积极探索第三方专业化队伍参与黄河一号旅游公路管护养护，引导专业养护企业加大投入，提高养护机械化专业化水平。

【农村寄递物流业发展】 “运”出快捷，打造方便路，深入开展镇村公交试点，延伸城市公交线网，提供定制客运、电话预约等多元化服务，提升标准化、规范化服务能力。加快推进农村寄递物流体系建设，提高农村寄递物流供给能力和服务质量；积极申报航道和码头建设，推进水上交通运输发展。

【运输服务】 一是纾企解困。制订《平陆县支持互联网物流平台服务业发展若干措施》，引导传统物流向网络货运转型，推动网络货运发展。积极帮助出租车公司完成调价工作，对接城市公交破解经营困难问题；服务企业核验经营资格、从业资格、安全设施等，使运输企业及经营者依法快速获得市场准入关；从抓好交通物流专项再贷款政策落实工作入手，为物流、运输企业申请专项贷款854万元。二是专项执法。全年深入开展打击非法运营、治理超限超载、整治河道水污染、维护道路安全、治理危化运输、擅自占用挖掘公路等专项行动，查处各类违法违章案件百起，收缴罚款15万元，有效维护重点区域交通环境和客运秩序。三是日常监管。加强对高速路口至黄河大桥沿线维修企业执法检查，对非法维修企业予以关停；加强对已经备案的13家物流企业执法巡查，责令违规经营企业停业整顿；建立日常监管机制，明确监管责任区域，落实监管责任。

【安全生产】 强化安全生产责任落实。严格落实“三管三必须”要求和15条安全生产硬性措施，压实行业监管责任、属地管理责任和企业主体责任，提升本质安全水平，扎实推进安全生产专项整治巩固提升年行动，持续开展交通运输领域安全监督检查，紧盯重点领域和关键环节，加大对“两客一危”

车辆动态监管,确保安全规范运营。强化重大风险管控。推进风险分级管控和隐患排查治理双重预防机制建设,扎实开展安全生产领域风险隐患大排查大整治"百日攻坚"集中行动,常态化开展禁毒、扫黑除恶和信访工作,对苗头性、倾向性问题早发现、早处置,及时消除在萌芽状态。强化安全应急保障。不断完善突发事件应急保障体系建设,强化应急值班值守,开展典型事故案例复盘研究和平陆县国防交通储备物资出入库训练,不断提升仓库储备能力和突发事件应急处置能力。

【修复重建】2021年秋汛以来,根据道路应急状况,加紧实施灾毁修复重建工程。投资135万元,对张洪线(条山旅游公路段)多处塌方、滑坡、路面开裂等灾毁点进行修复,及时排除道路安全隐患;投资140万元,对侯南线1处大塌方、2处挡墙、多处路面沉陷进行修复重建,全面优化道路质量;投资190万元,对石西线全段冲毁涵洞、路面塌陷、边沟冲毁、标识牌损坏等实施修复,确保道路畅通和安全;投资120万元,对新马线(西侯段)邻坡邻沟路面塌方处进行修复,确保道路正常通行;投资70万元,对黄河一号旅游公路部分沉陷和排水不畅路段进行修复,全力打造高标准示范公路;投资22万元,对黄平线路基沉陷、边沟损毁进行修复,及时抢通该处路段;筹资2000万元,对夏南线(田家滹沱段)山体滑坡点进行治理修复重建,有效加固该处路段,确保沿线群众安全出行。

【党的建设】坚持以党建统领、统揽、统筹各项工作,推进党的建设高质量发展。夯实组织基础。严肃党内政治生活,严格"三会一课"、组织生活等基本制度,完善党员发展全程跟踪纪实制度,提高组织生活质量;深入贯彻习近平总书记对"两新"领域党建工作的指示精神,组建成立中共平陆县物流行业委员会,实现物流行业党的组织和工作"两个覆盖"。强化阵地建设。围绕"党建+服务优质、党建+项目建设、党建+机关治理",高质量推进"五面红旗"创建,全面促进基层治理能力提升;主动对标基层党建"六有"标准化建设,改造升级党员活动室、阅览室,规范学习教育场所。设置更新党建文化展板,全力打造特色"党建文化长廊"。广泛发挥窗口行业优势,以客运场站、服务区、公交站台等为媒介,全方位宣传党的方针政策和中共二十大精神。发挥先锋作用。建立健全党组织挂联服务机制,由局领导班子携"项目专员"挂联服务重点项目,与建设、施工单位一起解决实际问题。成立党员志愿服务队,定期开展志愿服务活动,发挥党员先锋模范作用,组织开展让党旗高高飘扬在一线、慰问困难党员等活动,在全社会树立良好交通形象。

(赵　斌)

芮城县交通运输局

2022年,在县委、县政府坚强领导下,芮城县交通运输局认真贯彻中共十九大和十九届历次全会精神,紧紧围绕喜迎中共二十大和学习宣传贯彻大会精神,锚定"1544"目标矩阵。保通畅,抓项目,促安全,较好地完成市交通运输局和县政府安排的各项工作目标任务。芮城县交通运输局获"市级精神文明建设先进单位"和2022年度"农村公路建养工作先进单位"称号。

【重点工程】黄河一号旅游公路二期工程项目西沿山南辿至中瑶改建项目27.82公里和永济长旺至凤凰咀改造工程项目8公里,已完成道路工程量40%。2022年"四好农村路"建设项目24.5公里,于2022年9月开工建设,已全部完成。2021年续建项目东沿山王窑至枣园改造项目15公里和黄河一号旅游公路枣园至窑上改建项目8.3公里,已完成道路主体工程建设。芮翔路配套设施至9月底完工并正式交付使用;芮城县二级客运中心站于9月底正式投入运营。同时,完善黄河一号旅游公路"城景通、景景通"配套设施,包括新增沿线6处主题雕塑和6块大型标牌,更新42块指景牌,增设新村至大禹渡太阳能照明路灯194盏等。

【脱贫攻坚】局党组精准扶贫,协助南辿村"两委"争取地质灾害项目资金100万元,全力推进"北斗七星"苹果提质增效项目实施;先后投资10万元整修辿头村巷道;协助该村脱贫户办理小额信贷。

【法治建设】坚持源头治理和路面执法相结合，严厉打击非法营运行为；坚持教育为主、处罚为辅，不断提升行政执法能力和水平。全年共查封未按规定在道路运输管理机构备案的维修企业8家次；查处非法从事旅游运输经营行为11起；擅自从事危险货物运输4起；其他违法违规行为18起。通过教育引导，35辆“黑的”转化为正规巡游出租和网约车。同时，与企业签订源头治超承诺书24份，查处非法超限超载运输车辆46辆，卸货1193.44吨，处罚货运源头企业为车辆超标准装载1家，查处涉路案件1起。全年共清理打场晒粮34处，拆除非公路标志3块，清理路面抛洒物、堆积物7处，现场制止摆摊设点10处，移交公路事业发展中心路面沉陷2起、坡道滑坡2起。

【安全生产】全面落实“三管三必须”主体责任，将安全生产作为交通事业高质量发展第一要务，认真抓好各项工作落实。一是阶段部署。按照市局安委办和县安委办文件精神，结合实际，制订下发并扎实开展交通运输领域安全生产专项整治三年行动巩固提升工作、集中专项行动和大检查大整治大提升专项行动，定期召开会议系统总结、全面梳理任务清单。二是演练提质。先后组织开展农村公路防汛抢险、水上搜救和客运防火防爆应急演练，进一步提升交通队伍应急处突能力。三是实战淬体。全年共收到各企业《安全生产履职尽责承诺书》38份，全年共发现客运、旅游企业安全隐患20起，货运、物流企业9起，已全部整改到位。承担的安全生产三年专项整治任务截至年底已全面完成，“三大”行动成效显著，企业安全生产主体责任进一步夯实，从业人员安全培训全面覆盖，交通运输领域安全生产形势持续稳定向好。

【网络货运】2月17日，副县长杜步奇、县交通运输局局长李轩、副主任科员常代超一行三人赴太原实地考察网络货运数字产业园项目，先后考察快货运（山西）网络货运数字产业园和穗华物流园农村三级物流仓储中心。4月8日，与山西荣泽智运科技有限公司关于建设芮城县网络货运数字产业园项目签订合作协议。8月22日，该项目入驻芮城县客运中心站。8月30日正式投入运营。9月至12月共纳税232.05万元，带动本地1000辆运营车辆及驾驶员2000人增收，推进芮城县货运数字平台经济有序发展，实现物流行业降本增效。

【党总支换届】6月13日，根据《中国共产党章程》和《中国共产党基层党组织选举工作条例》有关规定，报请县直工委同意，中国共产党芮城县交通总支委员会召开换届选举党员大会。李轩、张海文、许克效、高永红、常代超、马广峰、薛占师7人当选为新一届芮城县交通总支委员。新一届交通总支委员会召开第一次全体会议。会议选举李轩为新一届总支书记、张海文为新一届总支副书记。此后，下属3个党支部完成换届选举工作。

【党的建设】局党组以党风廉政建设为抓手，持续推动党建业务深度融合。第一，制度体系不断完善。研究制订并下发党风廉政建设工作实施方案、责任分工、领导组织机构等文件。第二，政治生活全面丰富。先后组织开展集体理论学习40次，党组理论学习中心组学习10次，开展主题党日活动10次，讲党课4次12节，法律法规培训3次120人。第三，群众路线坚决贯彻。先后通过人大议案、政协提案、“12345”政务热线、“12328”交通运输服务热线等平台，解决群众“急难愁盼”问题101件，群众满意度达100%。精心开展“爱心送考”“学雷锋”等志愿服务活动，充分践行交通为民理念。第四，意识形态主阵地全方位守牢。先后在《生态芮城》《芮城信息》发表稿件61篇，积极引导舆论宣传；紧锣密鼓筹备创文、巩卫、全域旅游示范县创建工作，全方位塑造交通运输新形象。第五从严治党全面推进。以作风大整顿、抓党建促基层治理能力提升为契机，加快建设“清廉交通”。全年对标对表全面从严治党主体责任落实目标责任书，组织全局党员干部观《逾矩》、学《新中国共产党章程》、开设道德讲堂，讲“中国好人”故事，弘德崇善引风尚；传达典型案例通报精神，以案为鉴，筑牢拒腐防变底线，锻造忠诚干净担当的交通队伍。

（薛占师）

永济市交通运输局

2022年，在市委、市政府坚强领导下，永济市交通运输局认真贯彻落实上级部门的各项决策和部署，按照“高点定位、科学谋划、加快实施、拉开框架”原则，重点推进工程建设、全面加强行业管理、改善和服务民生、强化机关效能建设等工作，完成年初制订的各项目标任务。

【重点工程】 永卿路及虞黄路改建项目主体工程，路线全长46公里，总投资1.83亿元，已全部完工。王开线、西栲线路基主体工程，路线全长23公里，总投资3955万元，已完成。民生实事完成总投资0.76亿元，其中较大人口规模自然村通硬化路66条145.6公里，建制村通双车道6条12公里，安全生命防护工程14个村25.9公里。道路养护方面加大养护经费投入，进一步规范人员管理，保障全市县乡公路养护及时、路容整洁，全年共修复道路病害、路肩冲毁、补坑罩面4458平方米。

【法治建设】 建立完善党政主要负责人履职责任清单和普法责任清单，组织局党组领导班子成员专题学法7次。组织“行政执法大讲堂”培训学习5次，持续推动“谁执法谁普法”责任落实。办理完结“12328”交通运输服务监督平台投诉案件30起，满意率达100%。禁毒工作，开展吸毒人员驾驶机动车专项整治行动，签订禁毒安全责任书21份和驾驶员承诺书470份。“双随机、一公开”工作，完善监管平台数据信息库，联合市场监管局开展执法监督检查。通过“双随机、一公开”监管平台，制订抽查计划18条，联合执法监督检查2次。“互联网+监管”工作，监管业务数据录入考核、报告、检查行为2800条。

【行业治理】 行政执法工作，相继开展春运期间打击非法载客车辆专项行动、打击短途非法超限超载专项治理、打击私挖滥采违法违规行为、交通运输建设工程安全风险隐患大排查大整治等系列活动。2022年共处理案件67件，行政处罚16.9万元（其中运罚52件，路罚13件，路赔2件）。执法领域突出问题专项自查工作，共查找5项问题，召开座谈会2次，填写调查问卷150份，核实各类执法舆情54起，评查执法案件110件。行政执法“三项制度”工作，全面落实行政执法责任制和行政处罚自由裁量权基准制度。将行政处罚、行政强制等执法信息在平台上及时公开，进一步提高行政执法公开度、透明度，保障行政执法的公正性和规范性。治理超限超载工作，共检测49675辆次，查处、查扣各类违法车辆36辆，卸载货物627.65吨，记分63分，有效地遏制违法超限超载行为，确保超限率控制在0.2%以下。

【公共交通】 新开通城际公交线路1条（301线路永济神潭大峡谷至临晋），实现65周岁以上老年人市区内免费乘坐公交车、60~65岁老年人市区内半价等优惠政策。

【安全生产】 通过党组（班子）会议、安全例会等形式，深入贯彻落实中央、省、市各级政府有关安全生产的重要批示、重要文件精神，根据“三管三必须”要求，压实安全责任，确保行业安全生产形势持续稳定向好。以“两个专项行动”为抓手，开展“危险化学品道路运输安全风险隐患集中治理”、“百日攻坚”、自建房安全专项整治等活动，做到隐患排查全覆盖、整改落实有保障，切实防范化解各类安全风险，确保交通运输安全生产形势持续稳定向好。2022年共出动检查组140个，出动检查人员400人次，发现一般隐患31起，全部整改落实到位，未发现重大安全隐患。同时，班子成员深入一线督导检查企业40家次，施工工地20次，发现一般安全隐患17起，已全部整改完成，形成闭环管理。此外，组织开展防汛应急演练1次，监管企业开展消防演练11次，宣教活动5次。全年交通系统未发生一起安全生产责任事故。

【党的建设】 坚持以党的政治建设为统领，深入贯彻落实中共二十大会议精神，依托主题党日活动，严格落实“三会一课”制度，认真开展民主生活会、组织生活会，使党员干部做到学思践悟、知行合一。开展作风大整顿活动。结合《问政永济面对面》栏目“转作风抓项目促发展”专题问政活动，围绕5方面20个突出问题开展自查自纠，通过调查走访、召开座谈会、发放意见表等方式，多渠道听取意见建议、解决群众反映强烈的突出问题。共收集自查报告315份，发现问题2534条，制订整改措施2481条。建立廉政风险防控体系。制订廉政风险防控体系手册及权力清单119项，廉政风险点290条，关键风险点290个，风险防控措施220条。学习贯彻二十大精神。通过领导领学、交流研讨等方式，让党的创新理论和奋进蓝图深入人心，将从学习中汲取的精神力量转化为助推交通工作发展的强大动力，推动中共二十大精神在交通系统落地生根。认真落实“一岗双责”。党组书记切实肩负起管党治党第一责任人责任，严格执行党的各项纪律，牢固树立“四个意识”，切实履行“一岗双责”。严格执行“三重一大”报告制度。按规定提前向市纪委监委第五派驻纪检监察组汇报，全年共报告43项。开展主题党日活动12次，召开党风廉政建设专题会议3次，警示教育17次，谈心谈话3次，与受处分人员提醒谈话1次。

（张　璇）

河津市交通运输局

2022年，在市委、市政府坚强领导下，在上级交通运输部门大力支持下，河津市交通运输局认真贯彻中共十九大、二十大及系列全会精神，坚持“五先协同、三动融合”高质量发展思路，以建设人民满意的交通运输事业为目标，积极主动作为，科学谋划推进，着力打造交通品质工程，全面优化公路路域环境，努力提升行业监管服务水平，严格落实安全生产责任，完成各项工作任务。2022年1月22日，被交通运输部、财政部、农业农村部和国家乡村振兴局命名为“四好农村路”全国示范县，获奖励资金1000万元。

【公路建设】完工项目15个，总里程96.171公里，总投资6.22亿元。在建项目3个，共22.832公里，总投资1.0243亿元。

【巷道硬化】投资1.9亿元，完成人居环境整治示范村、平交道口硬化、城中村水泥混凝土供应39.7万方，沥青混凝土8.2万吨，铺筑面积307万平方米，硬化里程515公里。

【道路养护】日常养护。对全市171公里县道、49座桥梁进行普查和日常性监测，累计投入人工17900人次，清扫车2700辆次、雾炮车690辆次，清扫保洁里程5.135万公里，整修路肩边坡59.3公里，整修护栏560米，更换护栏384米，填平坑槽1900平方米，清理排水渠12.7公里，维护黄闪灯11盏，清理路面、路肩杂物4600立方米，清洗波形护栏3.2万延米、标识牌270块、警示桩620根。沿黄旅游公路开展巡查230次，发现整改问题92起，养护清扫里程6300公里，清理垃圾512辆次。小修保养。完成龙门山体植被平洞口路面修复0.6公里、沿黄路自行车道改色20公里6.6万平方米；硬化高媒庙平交道口33处5640平方米，包联铝厂社区硬化水泥路面720平方米；路面坑槽修复6860平方米，刷油1.57万平方米，灌缝5.4万延米；新增波形护栏720延米，安装标志牌64块，安装广角镜5块，勘划道路标线102公里4.89万平方米，震荡标线280平方米，增设百米桩90块，里程碑9块，增设排水渠70米，急流槽65米，拦水带280米。应急养护。应急抢修抢通道路30次，累计出动抢修人员200人次，机械设备60辆次，排除路面积水5030立方米；及时恢复小西线北张段路面路基下沉、沿黄旅游公路路肩冲毁、209国道引道路基冲毁、稷西线侯家庄段路基下沉、北小线苍底坡路肩冲塌等。

【行业管理】客运方面。2022年1月27日实行市内公交免费试运营，优化市内公交线路，完成271个公交停车位、164个公交站牌、200个运营示意图设置工作。加强对不文明行为的教育引导，规范公交车辆运营行为。12月30日，城乡免费公交正式开通，确定城乡9条线路走向及318个城乡公交站点、194个候车亭、124个临时停靠点规划，投入车辆58辆，高标准实现市域免费公交全覆盖工作目标。开展客运行业服务大提升活动，先后6次组织公交驾驶员开展教育培训，对3名违规驾驶员进行经济处罚，对1名驾驶员进行开除处理。货运方面。出台河津市互联网物流平台企业建设实施方案和专门支持文件，成功招引和聚通物流有限公司落户到河津市，并纳入规上运输企业统计库。2月16日和聚通物流有限公司正式与市人民政府签订框架协议，年度完成业务量9785.9万元。维修方面。全市现有维修企业324家，其中一、二类38家，三类286家；驾校4家，车辆153辆。24家企业在重污染天气预警和夏季臭氧污染整治期间，所有的喷涂企业错峰生产。对维修企业的烤漆房、危废库、固废库、VOCs环保设施、维修场地卫生进行检查，对发现VOCs设备不正常运行时，严禁企业喷涂作业。2022年累计出动监管人员252人次，检查企业363家次，整改隐患126个。

【安全生产】全年共出动执法检查人员3200人次，对617家道路运输企业进行安全隐患排查，发现安全隐患311起，立即整改202起，限期51起，已全部整改到位；检查易燃易爆自备储油设施73家次；通报超速驾驶、疲劳驾驶行为为120家次，约谈企业30家次；开展安全生产标准化培训324家，签订安全生产目标责任书617家，督促完成质量信誉考核企业235家；完成营运客车定级复核66辆；完成安全应急演练企业18家；查封烤漆房30家；移交处罚各类违法行为20起，开展水上交通安全执法巡查46次，专项安全检查2次，对发现的5处安全隐患已全部完成整改，全年未发生安全生产责任事故。

【依法行政】客货车辆违法违规行为。2022年共查处各类客运车辆违法行为159辆，罚款33.12万元。检查货运车辆6700辆，查扣未采取必要的防护措施124辆，污染公路91辆，擅自从事道路危险货物运输车辆4辆，对3家瓶装液化石油气公司负责人进行约谈。108国道、209国道平交道口整治。完成公益平交道口整治119处，硬化改造53处，面积1.68万平方米，供料达3300立方米，安全附属设施也已全部安装到位，已硬化需要整治提升的公益平交道口75处；商业平交道口已完成硬化改造76处；取缔平交道口共565处。非公路标志牌取缔整治。2022年，对管辖路段共巡查280次，清理摆摊设点65处，清理占道经营30处，清理路障60处，清理打场晒粮5处，其中对公路建筑控制区内进行施工的7家单位下达整治工作函，联合樊村镇、城区、清涧、赵家庄街道办对国道沿线非公路标志牌进行3次集中清理，共拆除清理非公路标志牌98块。超限超载车辆打击。共巡查源头企业1036家次，出动执法人员1223人次，执法车辆352辆次，对巡查中发现的28家违规企业进行查处，共处罚33.85万元，源头核查12起，抄告非法装载货源点6处。查扣和接受移交超限车辆346辆，向车籍所在地道路运输管理部门抄告346起。樊村超限检测站共检测货运车辆72.19万辆次，卸分货物8813.4吨，超限率0.49‰，全部按照"一超四罚"相关规定落实到位。

【党建工作】落实3项责任。制订《"清廉机关"创建实施方案》，坚持把"清廉机关"创建与业务工作同部署、同落实；印发《2022年党风廉政建设主体责任方案》《安全生产"党政同责、一岗双责"工作方案》《环境保护"党政同责、一岗双责"工作方案》等11份文件，建立重点工作责任体系；按照"三定方案"要求，层层细化班子、股室和岗位工作职责，为保障交通运输各项工作顺利开展奠定坚实基础。强化4项措施。投资31万元建设安全和廉政警示教育基地，累计接受廉政安全警示教育30批次1522人；围绕"1+4+X"创建目标，细化实施步骤，提升党组织的凝聚力、战斗力、向心力；组织全体党员干部开展党日活动12次，讲党课3次，召开党风廉政建设专题汇报会3次，集体学习25次，签订廉政承诺书150份，观看警示教育片2次，撰写心得体会321份，层层进行廉政谈话173人次，进一步规范党内组织生活；开展廉政书法作品展、廉政主题演讲、廉政知识测试、廉政制度建设、"七一"建党节系列活动等"清廉机关"创建十项活动，在全系统营造创建"清廉机关"浓厚氛围。完善5项机制。优化、更新工作制度9条，新增工作制度18条，制订工作流程14项，形成用制度管人、按流程办事的工作模式；全系统排查廉政风险点73个，制订防控措施75条，夯实重点岗位和关键环节廉政基础；及时召开党组会议，进一步规范"三重一大"集体研究制度；组织召开16次工程调度会议，严格落实《河津市交通工程建设"黑名单"制度》，实行项目工程派驻管理，保障工程建设顺利推进；建立“一线工作法”“群众工作法”，坚持问题在一线发现、一线解决，有效保证全系统各项工作顺利开展。

【最美农村路】 黄河一号旅游公路（河津段）参加中央网信办、交通运输部组织的“2022年度全国十大最美农村路”评选活动。市交通运输局积极组织网络直播、领导代言、媒体报道等活动，新浪微博、《中国公路》杂志社、《山西日报》、河津融媒等媒体对黄河一号进行集中报道，黄河一号旅游公路河津段以109万票网络投票成绩，获月度第一名，成功进入年度终评环节。

（赵 峰）

山西交通运输

2023 年鉴

统计资料

2022年全省公路通车里程统计表（分地市，按技术等级）

表1

单位：公里

市　名	合　计	高　速	一　级	二　级	三　级	四　级	等　外
合　计	145469.19	5858.56	3025.56	15881.73	22163.04	97817.67	722 .68
太　原	6730.46	292.21	240.26	875.13	1156.41	4143.43	23.02
大　同	12743.75	562.25	144.88	1221.72	2609.48	8185.11	20.32
阳　泉	5733.72	281.93	148.19	465.39	626.79	4211.43	0.00
长　治	12509.00	376.61	160.07	1442.69	2191.34	8338.30	0.00
晋　城	9834.57	425.82	184.89	735.64	1793.34	6584.85	110.02
朔　州	10278.06	453.03	221.48	1072.38	1676.87	6808.57	45.74
晋　中	16245.80	655.92	548.33	2228.17	1608.10	11179.02	26.26
运　城	16452.85	620.68	406.14	1922.46	2414.61	11088.97	0.00
忻　州	17485.56	898.94	133.37	1824.19	2281.88	12254.27	92.91
临　汾	19575.84	668.55	482.16	1938.44	3454.41	12863.43	168.86
吕　梁	17879.58	622.62	355.79	2155.52	2349.81	12160.29	235.55

注：表格内涉及小数的数据项，均统一保留至小数点后两位。

2022年全省公路通车里程统计表（分地市，按行政等级）

表2

单位：公里

市　名	合　计	国　道	省　道	县　道	乡　道	专用公路	村　道
合　计	145469.19	11388.14	7019.38	21495.47	47327.07	149.13	58090.00
太　原	6730.46	624.05	259.82	1139.39	1569.67	16.74	3120.79
大　同	12743.75	753.78	763.95	2236.31	5231.59	0.00	3758.12
阳　泉	5733.72	418.87	321.58	789.60	888.71	0.00	3314.96
长　治	12509.00	988.10	695.40	1809.92	3892.55	45.43	5077.61
晋　城	9834.57	508.43	619.09	1285.59	3491.37	16.40	3913.70
朔　州	10278.06	860.55	410.39	1380.00	3874.96	1.11	3751.05
晋　中	16245.80	1262.99	723.57	2413.86	6191.33	6.74	5647.31
运　城	16452.85	1233.52	725.78	2820.34	6144.83	50.46	5477.92
忻　州	17485.56	1794.33	852.15	2625.71	5980.24	12.25	6220.87
临　汾	19575.84	1656.62	720.52	2493.77	5646.96	0.00	9057.97
吕　梁	17879.58	1286.90	927.13	2500.98	4414.86	0.00	8749.70

注：表格内涉及小数的数据项，均统一保留至小数点后两位。

2022年全省公路密度统计表(分地市)

表3

市名	公路通车里程(公里)	土地面积(百平方公里)	人口(万人)	公路密度		排名	
				按国土面积(公里/百平方公里)	按人口(公里/万人)	按国土面积	按人口
合计	145469.19	1567.12	3480.48	92.83	41.80		
太原	6730.46	69.10	539.10	97.40	12.48	5	11
大同	12743.75	141.02	309.87	90.37	41.13	8	8
阳泉	5733.72	45.70	131.10	125.46	43.74	1	7
长治	12509.00	139.58	315.17	89.62	39.69	9	9
晋城	9834.57	94.21	218.86	104.39	44.94	3	6
朔州	10278.06	106.24	159.03	96.74	64.63	6	2
晋中	16245.80	163.86	339.00	99.14	47.92	4	5
运城	16452.85	141.82	473.32	116.01	34.76	2	10
忻州	17485.56	251.51	266.32	69.52	65.66	11	1
临汾	19575.84	202.75	391.24	96.55	50.04	7	4
吕梁	17879.58	211.33	337.47	84.61	52.98	10	3

注:表格内涉及小数的数据项,均统一保留至小数点后两位。

2022年全省公路路面里程统计表(分地市)

表4　　单位:公里

市名	公路通车里程	有铺装路面里程		简易铺装路面里程		未铺装路面里程
		合计	占通车里程	合计	占通车里程	
合计	145469.19	129485.55	89.01%	9228.06	6.34%	6755.60
太原	6730.46	6296.92	93.56%	264.55	3.93%	168.99
大同	12743.75	11930.96	93.62%	115.43	0.91%	697.37
阳泉	5733.72	5645.12	98.45%	52.69	0.92%	35.91
长治	12509.00	11937.11	95.43%	557.06	4.45%	14.84
晋城	9834.57	9443.76	96.03%	284.52	2.89%	106.29
朔州	10278.06	8656.85	84.23%	693.07	6.74%	928.15
晋中	16245.80	13278.28	81.73%	1141.53	7.03%	1825.99
运城	16452.85	14049.65	85.39%	2358.31	14.33%	44.89
忻州	17485.56	16180.73	92.54%	589.48	3.37%	715.35
临汾	19575.84	16199.69	82.75%	1826.31	9.33%	1549.83
吕梁	17879.58	15866.48	88.74%	1345.11	7.52%	667.99

注:表格内涉及小数的数据项,均统一保留至小数点后两位。

2022年全省交通建设投资完成情况统计表(分地市)

表5 单元:万元

市 名	合 计	高速公路	普通国省道	农村公路	运输场站	信息化项目
合 计	8289854	3565955	1529898	3164738	22423	6842
大 同	228174	—	3906	219213	5055	—
朔 州	203890	—	92476	111414	—	—
忻 州	556721	—	136828	419893	—	—
太 原	1152219	801142	157866	176519	16692	—
阳 泉	380083	—	203639	176444	—	—
晋 中	1182963	605415	317166	260383	—	—
吕 梁	653886	82245	155028	416614	—	—
临 汾	661579	—	258969	402609	—	—
运 城	466258	—	68169	398089	—	—
长 治	356704	—	68818	287887	—	—
晋 城	363382	—	67033	295673	676	—

注:部分省级高速公路项目,不在各市统计中,仅在合计中体现。

2022年全省公共汽电车综合表

表6

市 名	运营车数(辆)	运营线路总长度(公里)	客运量(万人次)	运营里程(万公里)
合 计	15802	50509.50	76213.07	55566.69
太 原	2972	7748.10	18697.58	11090.04
大 同	1810	4413.70	13051.71	5386.77
阳 泉	1018	2770.70	9953.02	3887.53
长 治	1653	8147.50	9150.47	7723.22
晋 城	692	1229.50	3375.93	2290.97
朔 州	794	3246.30	2929.91	2286.06
晋 中	1664	7620.60	4239.67	5307.00
运 城	1782	4725.90	3670.48	6232.30
忻 州	647	1828.30	1918.76	2205.04
临 汾	1424	4788.90	6255.14	4392.29
吕 梁	1346	3990.00	2970.40	4765.47

注:表格内涉及小数的数据项,均统一保留至小数点后两位。

2022年全省公路旅客运输量统计表(分地市)

表7

市　名	客运量(万人)	旅客周转量(万人公里)
合　计	2476.49	225459.37
太　原	86.87	15624.23
大　同	358.74	29018.48
阳　泉	90.46	11457.88
长　治	176.58	15071.85
晋　城	66.96	10513.47
朔　州	120.18	9482.24
晋　中	115.45	9388.89
运　城	215.79	22656.74
忻　州	406.10	35039.19
临　汾	619.17	48828.45
吕　梁	220.19	18377.95

注:表格内涉及小数的数据项,均统一保留至小数点后两位。

2022年全省营运载客汽车数量统计表(分地市)

表8

市　名	营运载客汽车		按等级分			客运班车(含定线旅游客运客车)	客运包车(含非定线旅游客运客车)
	(辆)	(客位)	高级(辆)	中级(辆)	普通(辆)	(辆)	(辆)
合　计	9458	292479	4035	3773	1650	5690	3768
太　原	1113	43021	867	241	5	336	777
大　同	864	30192	542	202	120	447	417
阳　泉	490	13808	233	202	55	319	171
长　治	668	20390	249	342	77	443	225
晋　城	358	12461	332	26	—	93	265
朔　州	689	22483	215	363	111	379	310
晋　中	925	30621	471	364	90	483	442
运　城	1070	30876	397	507	166	658	412
忻　州	1444	37187	265	669	510	1211	233
临　汾	1045	27891	230	524	291	704	341
吕　梁	792	23549	234	333	225	617	175

2022年全省营运载货汽车数量统计表(分地市)

表9

市名	营运载货汽车		按车型分			按燃料类型分			
	(辆)	(吨位)	大型(辆)	中型(辆)	小型(辆)	汽油车(辆)	柴油车(辆)	天然气车(辆)	其他(辆)
合计	564309	8939750	324824	782	1833	526	195037	138723	262
太原	52902	892912	36837	72	958	363	16554	15411	128
大同	79288	1338942	41470	21	50	4	24620	15574	0
阳泉	19972	333958	12345	59	37	5	6888	5158	0
长治	30249	463244	18257	116	163	28	13456	6319	0
晋城	18238	277042	11715	96	51	14	10188	2392	0
朔州	21090	334577	10996	4	16	0	10244	1263	26
晋中	78637	1272300	42871	44	57	7	11417	32353	0
运城	90388	1469285	59738	93	132	1	41385	14892	20
忻州	59478	841836	28341	22	181	91	30535	5606	88
临汾	51953	818637	31935	182	70	0	19072	12076	0
吕梁	62114	897017	30319	73	118	13	10678	27679	0

2022年全省出租汽车综合表

表10

市名	运营车数(辆)	客运量(万人次)	运营里程(万公里)	载客里程(万公里)
合计	41550	57864.42	301524.00	190597.70
太原	8701	10046.54	80055.10	44453.70
大同	6167	11692.70	42440.20	32132.10
阳泉	2237	5496.80	20161.30	13132.30
长治	2950	5756.09	28451.00	18436.00
晋城	1918	6079.60	18135.30	11706.90
朔州	2320	2120.40	11666.00	7017.00
晋中	2998	2630.05	15540.30	8855.20
运城	4612	2445.24	22123.70	17938.60
忻州	2759	3464.45	14621.90	8736.40
临汾	3998	5111.10	30425.80	18525.90
吕梁	2890	3021.45	17903.40	9663.60

注:表格内涉及小数的数据项,均统一保留至小数点后两位。

山西交通运输

2023 年鉴

先进典型

先进集体、先进人物

交通运输部、财政部、农业农村部、国家乡村振兴局

2022年1月，交通运输部、财政部、农业农村部、国家乡村振兴局联合发布《关于深化“四好农村路”示范创建工作的意见》，通报表扬“四好农村路”建设市域突出单位。其中：

“四好农村路”建设市域突出单位名单

晋城市

运城市

中华全国总工会、应急管理部、国家卫生健康委员会

2022年7月，中华全国总工会、应急管理部、国家卫生健康委员会联合发布《关于表彰2020—2021年度全国“安康杯”竞赛活动先进集体和优秀个人的决定》，其中：

全国“安康杯”竞赛活动先进集体

优胜单位

山西省公路局忻州分局

优胜班组

临汾南高速公路管理有限公司乡宁西收费站

交通运输部、国家发展和改革委员会

2022年12月，交通运输部、国家发展和改革委员会联合发文《交通运输部 国家发展和改革委员会关于公布绿色出行创建考核评价达标城市名单的通知》。其中：

绿色出行创建考核评价达标城市

太原市

大同市

阳泉市

临汾市

交通运输部

2022年12月，交通运输部发文《交通运输部关于命名2020—2021年度全国交通运输行业精神文明建设先进集体的决定》。其中：

2020—2021年度全国交通运输行业文明单位

山西省交通干部学校

长治市交通运输局

山西省公路局晋中分局

山西交科集团山西省交通规划勘察设计院有限公司

山西省交通开发投资集团有限公司

晋中高速公路管理有限公司

全国交通运输行业文明示范窗口

临汾公共交通有限公司10路公交线路

山西省公路局阳泉公路分局盂县东公路管理段十八盘道班

山西交控集团太旧高速公路分公司阳泉收费站

山西省交通信息通信有限公司ETC长风东营业厅

山西中交翼侯高速公路有限公司监控稽核中心

山西中交翼侯高速公路有限公司翼城东收费站

山西路桥集团太佳高速公路东段运营分公司西凌井收费站

中华全国总工会

2022年4月，中华全国总工会发布《关于表彰2022年全国五一劳动奖和全国工人先锋号的决定》，其中：

全国工人先锋号

山西空港贵宾服务有限公司贵宾服务部新锐班组

中华全国总工会

2022年12月，中华全国总工会发文《关于命名2022年全国工会职工书屋示范点的通知》。其中：

全国工会职工书屋示范点

山西省公路运输工会晋中分局委员会

国家机关事务管理局、中共中央直属机关事务管理局、国家发展和改革委员会、财政部

2022年10月，国家机关事务管理局、中共中央直属机关事务管理局、国家发展和改革委员会、财政部授予忻州市交通运输局“节约型机关”称号。

中国海员建设工会全国委员会

2022年12月，中国海员建设工会全国委员会发文《关于命名交通建设产业劳模和工匠人才创新工作室的通知》，其中：

交通建设产业劳模和工匠人才创新工作室

张亚军创新工作室

山西路桥建设集团有限公司

中国海员建设工会全国委员会

2022年12月，中国海员建设工会全国委员会发文《关于通报第二届全国交通行业职工岗位创新优秀成果的通知》。其中：

创新标杆成果

成果名称：新型无碱速凝剂混凝土湿喷施工技术

所在单位：山西交控路桥集团再生资源开发有限公司

创新优秀成果

成果名称：大型复杂枢纽保通设计的数字解决方案

所在单位：山西交控路桥集团昔榆高速公路有限公司

创新成果征集活动优秀组织单位

山西省公路运输工会

中国民航工会

2022年4月，中国民航工会下发表彰通报，表彰获得全国五一劳动奖、全国工人先锋号称号，以及全国民航五一劳动奖、全国民航工人先锋号称号的先进集体和模范人物。其中：

全国工人先锋号

山西空港贵宾服务有限公司贵宾服务部新锐班组

全国民航五一劳动奖状

太原国际机场有限责任公司

中国民航工会

2022年12月，中国民航工会决定授予中国国际货运航空股份公司华东大区机务工程分部护航班组等15个班组“全国民航最具影响力班组”荣誉称号，授予山西航空产业集团有限公司忻州市五台山机场管制室班组等187个班组“全国民航示范班组”

荣誉称号。其中：

全国民航最具影响力班组

山西航空产业集团有限公司太原国际机场有限责任公司飞行区管理部驱鸟班组

全国民航示范班组

山西航空产业集团有限公司忻州市五台山机场有限责任公司管制室班组

中国民用航空局安全委员会办公室、中国民航工会

2022年12月，中国民用航空局安全委员会办公室、中国民航工会联合表彰“全国民航安全作风建设先进个人”“全国民航安全作风建设先进班组”，其中：

民航安全作风建设先进个人

丁红生　太原国际机场有限责任公司

民航安全作风建设先进班组

大同机场有限责任公司起航班组

全国安康杯竞赛组委会办公室

2022年11月，全国安康杯竞赛组委会办公室发文《关于全国职工新〈安全生产法〉知识竞赛答题暨安全文化宣传活动情况的通报》。其中：

知识竞赛答题个人获奖名单三等奖

孟学军　山西省太谷公路管理段

全国民航团委

2022年8月，全国民航团委举办、民航局第二研究院承办第一届“青春创客赢”民航青年创新创效大赛决赛，其中：

铜奖

《复杂环境下全自主运输无人机系统研发》山西通用航空集团有限公司

交通运输部办公厅

2022年11月，交通运输部办公厅发文《交通运输部办公厅关于2022年交通运输综合执法检查结果的通报》。其中：

2022年度交通运输法治政府部门建设通报表扬的基层集体

山西省高速公路综合行政执法总队

长治市交通运输综合执法队

2022年度交通运输法治政府部门建设通报表扬的基层个人

廉　靖　山西省高速公路综合行政执法总队法制处科员

陈文军　忻州市交通运输综合行政执法队办公室科员

侯虎军　大同市交通运输综合行政执法队队长

王海月　阳泉市交通运输局政策法规科科长

山西省人力资源和社会保障厅、山西省司法厅

2022年10月，山西省人力资源和社会保障厅、山西省司法厅下发《关于表彰山西省法治政府建设先进集体和先进个人的决定》，授予50个集体“山西省法治政府建设先进集体”称号、93名个人“山西省法治政府建设先进个人”称号。其中：

山西法治政府建设先进集体

省公路局晋中分局

山西省法治政府建设先进个人

傅泽锋　省运输事业发展中心办公室主任

山西省人力资源和社会保障厅、山西省生态环境厅

2022年3月，山西省人力资源和社会保障厅、山西省生态环境厅联合对山西省污染防治攻坚战先进集体和先进个人进行表彰。其中：

山西省污染防治攻坚战先进集体

太原市交通运输局

晋城市交通运输局

临汾市交通运输局

运城市交通运输综合行政执法队

山西省污染防治攻坚战先进个人

陈永胜　阳曲县交通运输局党组书记、局长

刘计明　大同市交通运输局科技信息科科长

赵文刚　晋中市交通运输服务中心货运维修部副部长

赵　恒　阳泉市交通运输局安全监督科副科长

李少丽　长治市交通运输综合行政执法队货运队副队长

闫育战　临汾市交通运输局综合运输科负责人

乔鹏威　运城市交通运输综合行政执法队队委、治超分队队长

李达峰　山西省交通运输厅科技处一级主任科员

山西省人力资源和社会保障厅、共青团山西省委、山西省青年联合会

2022年4月，山西省人力资源和社会保障厅、共青团山西省委、山西省青年联合会联合开展“山西省五四红旗团委（团支部）、山西省优秀共青团员、山西省优秀共青团干部”表彰工作。其中：

山西省五四红旗团委

朔州高速公路管理有限公司团委

山西航空产业集团有限公司大同机场有限责任公司团委

山西省五四红旗团支部

山西航空产业集团有限公司太原国际机场有限责任公司安全检查站第一团支部

山西省优秀共青团员

王晓倩　大同机场有限责任公司值机员

山西省优秀共青团干部

陈　琦　山西航空产业集团有限公司团委书记

山西省交通运输厅、山西省人力资源和社会保障厅、山西省总工会

2022年9月，山西省交通运输厅、山西省人力资源和社会保障厅、山西省总工会共同主办山西省交通运输业职工技能大赛机动车驾驶教练员竞赛，其中：

团体一等奖

忻州市交通运输局

山西省人力资源和社会保障厅、山西省总工会

2022年4月，山西省人力资源和社会保障厅、山西省总工会联合发文《山西省人力资源和社会保障厅 山西省总工会关于表彰2022年山西省五一劳动奖状、奖章和山西省工人先锋号的决定》。其中：

山西省五一劳动奖状

山西交通控股集团有限公司晋中高速公路分公司

山西省高速公路综合行政执法总队（山西省交通运输综合行政执法局）

山西省五一劳动奖章

贾　静　大同市交通运输综合行政执法队科长

谢育斌　山西省运输事业发展中心安全应急与信息服务部副部长

张　军　山西交通科学研究院集团有限公司总工程师

孟海瑞　太原武宿国际机场三期改扩建工程现场指挥部飞行区工程部主管

山西省人力资源和社会保障厅、山西省妇女联合会

2022年1月，山西省人力资源和社会保障厅、山西省妇女联合会联合发文《关于表彰2021年度山西

省三八红旗手(集体)、山西省巾帼文明岗(巾帼建功标兵)、山西省维护妇女儿童权益先进集体(个人)和山西省五好家庭的决定》。其中:

山西省三八红旗手

段丹军 山西省交通科技研发有限公司正高级工程师

山西省巾帼文明岗

山西交控集团太旧高速公路分公司阳曲隧道监控室

山西省巾帼建功标兵

扶山凤 山西空港贵宾服务有限公司贵宾服务部班组长

共青团山西省委、山西省人力资源和社会保障厅

2022年10月,共青团山西省委、山西省人力资源和社会保障厅联合开展评选表彰工作,授予王玉斌等10人2020—2021年度“山西省杰出青年岗位能手”称号,授予力创才等100人2020—2021年度“山西省青年岗位能手”称号。其中:

山西省青年岗位能手

王培毅 山西通用航空无人机有限公司技术研发部部长

山西省总工会、山西省应急管理厅、山西省卫生健康委员会

2022年12月,山西省总工会、山西省应急管理厅、山西省卫生健康委员会联合发文《关于2021—2022年度全省“安康杯”竞赛活动考核结果的通报》。其中:

优胜单位

山西路桥建设集团有限公司

太旧高速公路管理(太原)有限公司

优胜班组

山西路桥第六工程有限公司试验检测攻关班组

安全标兵

薄俊强 山西路桥第一工程有限公司五分公司项目经理

山西省总工会、山西省卫生健康委员会

2022年12月,山西省总工会、山西省卫生健康委员会联合发文《关于命名第八批山西省“妈咪小屋”的决定》。其中:

第八批山西省“妈咪小屋”

山西交通实业发展集团有限公司太原分公司“妈咪小屋”

襄垣县交通运输局高铁东站“妈咪小屋”

山西省“妈咪小屋”建设工作优秀单位

省公路运输工会女职工委员会

山西省委组织部

2022年11月,山西省委组织部下发《关于表扬担当作为干部的通报》,其中:

2021年度“担当作为干部”

李 斌 山西省交通干部学校成人教育部部长

王向东 太原国际机场有限责任公司

山西省住房和城乡建设厅

2022年8月,山西省住房和城乡建设厅下发《关于认定2022年度山西省十强骨干、优秀骨干、骨干和中小型骨干建筑业企业的决定》,其中:

2022年度山西省十强骨干建筑企业

山西路桥建设集团有限公司

山西省住房和城乡建设厅

2022年12月,山西省住房和城乡建设厅表彰“山西省优质工程奖”,获奖单位:

青岛至兰州国家高速公路山西长治至临汾段

山西路桥建设集团有限公司

运城至灵宝高速公路运宝黄河大桥　山西路桥建设集团有限公司

207国道新房洼至省界瓶颈路段改造工程　山西省公路局晋城分局

山西省交通运输厅

2023年3月，山西省交通运输厅发文《山西省交通运输厅关于表彰2022年度目标责任考核优秀单位的决定》。其中：

山西省交通运输系统2022年度目标责任考核优秀单位

临汾市交通运输局

太原市交通运输局

晋城市交通运输局

忻州市交通运输局

省交通干部学校

省交通建设中心

省高速公路综合行政执法总队

中共山西省国有资产管理委员会

2022年12月，中共山西省国有资产管理委员会公布省属企业红旗党委和标杆党（总）支部名单，其中：

红旗党委

忻州市五台山机场有限责任公司

大同机场有限责任公司党委

省属企业标杆党支部

山西空港贵宾服务有限公司嘉宾党支部

中国交通报社有限公司、北京市交通委员会、广西壮族自治区交通运输厅

2022年8月，由中国交通报社有限公司、北京市交通委员会、广西壮族自治区交通运输厅联合主办，中国交通报社文化品牌中心、北京市交通综合治理事务中心、广西壮族自治区交通运输厅直属机关党委、广西壮族自治区公路发展中心共同承办的"我是新时代交通人——喜迎中共二十大、加快建设交通强国好故事"宣讲比赛全国总决赛落下帷幕。其中：

十佳交通故事

《太行山上的一元公交》　侯晋婷　晋城市公共交通有限公司

山西省关心下一代工作委员会、山西省精神文明建设指导委员办公室

2022年8月，山西省关心下一代工作委员会、山西省精神文明建设指导委员办公室联合对全省关心下一代工作的先进集体和个人进行表彰，其中：

山西省关心下一代工作先进集体

山西省高速公路综合行政执法总队晋城支队

山西省关心下一代工作先进工作者

刘江峰　山西省高速公路综合行政执法总队太原支队

山西省直机关精神文明建设委员会

2022年9月，山西省直机关精神文明建设委员会发文《山西省直机关精神文明建设委员会关于命名2021年度省直文明单位、省直文明校园、省直机关第五批"文明家庭""优秀志愿服务组织""优秀志愿者"、第九批"文明窗口""文明处室"和精神文明建设先进工作者的通知》。其中：

2021年度省直文明单位标兵

山西省交通运输厅

山西省公路局（机关）

山西省高速公路综合行政执法总队

山西省运输事业发展中心

山西省交通运输运行监测与应急处置中心

山西省交通运输厅联网收费结算与会计核算中心

山西省交通干部学校

山西省高速公路综合行政执法总队太原支队

山西省交通建设中心

山西省交通运输厅发展研究中心

省直机关第五批文明家庭

山西省高速公路综合行政执法总队樊小勇家庭

2021年度省直机关精神文明建设先进工作者

任　鹏　省交通建设中心党委委员、党群工作部部长

山西省档案局

2022年10月，山西省档案局发文《关于公布省级档案专家、省级档案储备专家、全省档案工匠型人才、全省青年档案业务骨干名单的通知》，其中：

山西省档案工匠人才

张　芮　山西航空产业集团有限公司

山西省青年档案业务骨干

姚雅静　山西航空产业集团有限公司

山西省总工会

2022年7月，山西省总工会发文《关于"喜迎二十大 建功新时代"劳动和技能竞赛短视频征集活动情况的通报》。其中：

二等奖

匠心致远 筑路远航　尹文谦、樊向萍、张强、范晓震　山西晋阳高速改扩建项目管理有限公司

三等奖

创新路上急先锋 攻关途中带头人　薛建军、陈彦明、冯丹军　山西交通控股集团有限公司吕梁北高速公路分公司

优秀组织奖

省公路运输工会

山西省总工会

2022年12月，山西省总工会发文《山西省总工会关于命名山西省职工(劳模)创新工作室传统工艺(手艺)大师创新工作室的决定》。其中：

职工创新工作室

丁志荣职工创新工作室　山西交通控股集团有限公司运城北高速公路分公司

陈彦明职工创新工作室　山西交通控股集团有限公司吕梁北高速公路分公司

刘志华职工创新工作室　山西省交通科技研发有限公司

何广龙职工创新工作室　山西交通控股集团有限公司太原高速公路分公司

山西省总工会

2022年12月，山西省总工会发文《关于命名第三批全省工会党的创新理论宣讲示范站(点)的通报》。其中：

2022年第三批全省工会党的创新理论宣讲站示范点

山西省公路局阳泉分局工会党的创新理论宣讲站

山西交通控股集团有限公司晋中高速公路分公司工会祁县收费站

山西省总工会

2023年1月，山西省总工会宣传教育部发文《关于2022年度省级职工书屋示范点的通报》。其中：

2022年度省级职工书屋示范点

山西交通控股集团有限公司运城南高速公路分公司职工书屋

山西省公路运输工会

2022年8月，山西省公路运输工会发文《关于命名"六新"创新工作室的决定》。其中：

"六新"创新工作室

刘志华创新工作室

何广龙创新工作室

刘永恒创新工作室
程　强创新工作室
陶海敏创新工作室
吕金升创新工作室
李国强创新工作室
牛　鹏创新工作室
成文君创新工作室

山西省公路运输工会

2022年10月，山西省公路运输工会发文《山西省公路运输工会关于2022年山西重点公路建设项目引领性劳动和技能竞赛活动的通报》。其中：

优秀组织奖

山西省公路局大同分局

山西交通控股集团有限公司工会委员会

山西交控汾石高速公路有限公司

山西路桥集团隰吉高速公路有限公司

山西黎霍高速公路有限公司

优胜单位

山西路桥第一工程有限公司吕梁国道改线工程LM项目部

山西路桥建设集团有限公司汾石高速公路施工总承包项目部LJ3分部

山西路桥第六工程有限公司昔榆高速公路LJ4项目部

山西路桥集团第二工程有限公司隰吉高速LJ5项目部

山西路桥建设集团有限公司黎霍高速公路项目部

先进个人

常丽珍　山西省公路局工会副主席

李林林　山西交控汾石高速公路项目副总经理

周慧文　山西黎霍高速公路有限公司副总经理

贾旭东　山西交科集团省交通设计院大桥设计研究院院长

管瑞海　山西监理集团二分公司总监理工程师

山西省公路运输工会

2023年2月，山西省公路运输工会发文《关于命名全省交通运输系统第三批“妈咪小屋”的决定》。其中：

全省交通运输系统第三批“妈咪小屋”

山西交通实业发展集团有限公司太原分公司“妈咪小屋”

山西交控集团太原高速分公司长风西收费站“妈咪小屋”

山西交控集团运城南高速分公司圣天湖收费站“妈咪小屋”

山西路桥建设集团阳蟒公司“妈咪小屋”

山西省高速集团平榆公司平遥南服务区“妈咪小屋”

山西交控集团大同北高速分公司云州收费站“妈咪小屋”

山西交控集团大同南高速分公司浑源北收费站“妈咪小屋”

山西交控集团朔州高速分公司富甲园区收费站“妈咪小屋”

山西交控集团忻州高速分公司新广武收费站“妈咪小屋”

山西交控集团忻州高速分公司岢岚收费站“妈咪小屋”

山西交控集团吕梁北高速公司方山收费站“妈咪小屋”

山西交控集团吕梁南高速公司文水收费站“妈咪小屋”

山西交控集团太原高速分公司路网信息中心“妈咪小屋”

山西交控集团晋城高速分公司高平南收费站“妈咪小屋”

山西交控集团运城北高速分公司侯马收费站“妈咪小屋”

山西省总工会女职工委员会

2022年1月，山西省总工会女职工委员会发文《关于开展2021年“一委一品”工会女职工品牌工作情况的通报》。其中：

山西省总工会女职工委员会“一委一品”品牌工作

讲好红色故事 做好红色传承 山西省公路局晋中分局勘测设计所工会女职工委员会

山西省安全生产委员会办公室

2022年8月，山西省安全生产委员会办公室发文《关于2022年全省“安全生产月”活动情况暨“先进组织单位”、“先进单位”的通报》，其中：

先进单位

大同机场有限责任公司安全质量部

山西省科学技术奖励委员会

2022年1月，山西省政府印发《关于2021年度山西省科学技术奖励的决定》，对促进山西省科学技术进步和经济社会发展作出突出贡献的科学技术人员和组织给予奖励。其中：

科技进步奖二等奖

山西省交通科技研发有限公司

山西交通科学研究院集团有限公司

山西交通运输

2023 年鉴

领导名录

省交通运输厅机关

赵建平　党组书记、厅长
秦红保　党组成员、副厅长，山西省邮政管理局党组书记、局长
王　晋　党组成员、副厅长
段新源　党组成员、副厅长，省民航机场管理局局长
王四小　党组成员、副厅长
郭丙福　党组成员、副厅长
王建业　党组成员、驻厅纪检监察组组长
郝玉柱　一级巡视员
雷天才　一级巡视员（—2022年11月）
李贵顺　一级巡视员（—2022年7月）
高新文　省交通战备办公室专职副主任（副厅长级）、总工程师
吴秀武　二级巡视员
高海青　二级巡视员（—2022年8月）
杨增梅　二级巡视员（—2022年10月）
王大为　二级巡视员（—2022年10月）
柴洪江　二级巡视员（—2022年10月）
郭富平　安全总监

王亚虎　办公室主任
王惠权　办公室副主任
梁　斌　办公室副主任
刘　诚　办公室副主任
董　帅　办公室四级调研员

杨　斌　人事处处长
侯一方　人事处二级调研员
张永辉　人事处副处长

杨继勇　政策法规处（执法监督处）处长
郝振清　政策法规处（执法监督处）二级调研员
张瀚鑫　政策法规处（执法监督处）副处长
王　磊　政策法规处（执法监督处）三级调研员

许有志　综合规划处（招商引资处）处长
祝天晴　综合规划处（招商引资处）副处长
张福全　综合规划处（招商引资处）副处长

张　翼　财务收费管理处处长、一级调研员
卢奋卿　财务收费管理处副处长

武建勇　建设管理处处长
李安渠　建设管理处二级调研员
赵景彭　建设管理处副处长
张德宇　建设管理处副处长

王跃东　公路运输管理处处长
靳茂林　公路运输管理处二级调研员
常卫平　公路运输管理处三级调研员

任大为　安全监督处（应急办公室）处长、一级调研员
梁晓明　安全监督处（应急办公室）二级调研员
刘　佳　安全监督处（应急办公室）四级调研员
冯晓刚　安全监督处（应急办公室）四级调研员

张俊生　科技处处长
牛　斌　科技处副处长

郭炳华　公安处(路政管理处)处长
张立承　公安处(路政管理处)一级调研员
要前进　公安处(路政管理处)二级调研员
杜　锋　公安处(路政管理处)三级调研员

赵振伟　治超处处长
贠岩龙　治超处二级调研员
鲍　立　治超处三级调研员

车雄伟　审计处处长
宋　蔚　审计处三级调研员
李耀文　审计处四级调研员

苏　敏　行政审批管理处处长
王积顺　行政审批管理处二级调研员
田建胜　行政审批管理处副处长
刘　宁　行政审批管理处四级调研员

王旭青　民航综合协调处处长
刘树伟　民航综合协调处二级调研员
陈　星　民航综合协调处副处长

董占文　民航建设运行处处长
李宇洵　民航建设运行处二级调研员
杜志平　民航建设运行处三级调研员

高保全　路网运行管理处处长
樊真德　路网运行管理处二级调研员
石利强　路网运行管理处副处长

姬　鸽　农村公路管理处处长
郭建波　农村公路管理处三级调研员
杨国清　农村公路管理处四级调研员

赵晓宙　水运管理处处长
王春清　水运管理处三级调研员
钟万刚　水运管理处四级调研员

范彦军　城市客运管理处处长
杨　亮　城市客运管理处副处长
贾　波　城市客运管理处四级调研员

裴增武　铁路安全综合协调和监督管理处处长
梁全德　铁路安全综合协调和监督管理处副处长

武安瑜　厅直机关党委专职副书记
陈尧仲　厅直机关党委副书记、纪委书记
孟　辉　厅直机关党委四级调研员

解宝平　离退休人员工作处处长
赵军刚　离退休人员工作处副处长
李益芳　离退休人员工作处四级调研员

刘贵良　省公路运输工会主席
李丽英　省公路运输工会副主席
李寅杰　省公路运输工会四级调研员

山西省国防动员委员会交通战备办公室(挂靠单位)

刘平朝　省交通战备办副主任(正处长级)
吴松怀　省交通战备办二级调研员
张鹏斌　省交通战备办副主任(副处长级)
吴海云　省交通战备办三级调研员
王海锦　省交通战备办三级调研员

中共山西省纪委驻交通运输厅纪律检查组(派驻单位)

山西省监察厅驻交通运输厅监察室(派驻单位)

任玉胜　纪检监察组副组长、一级调研员
刘永军　纪检监察组副组长、一级调研员
冯　御　二级调研员
杨晓华　二级调研员
郭白龙　纪检监察室主任

(时间截至2022年12月31日)

厅直单位

山西省公路局

尹新平　党委书记（—2022年11月）
胡钢成　党委副书记、局长
许秀銮　党委委员、副局长
马德文　总工程师（—2022年1月）
杨转科　党委委员、副局长
郭晓军　党委委员、副局长

山西省高速公路综合行政执法总队
（山西省交通运输综合行政执法局）

刘清平　党委书记、总队长（局长）
段志伟　党委委员、副总队长（副局长）
渠　刚　党委委员、副总队长（副局长）
任晓军　党委委员、副总队长（副局长）
郭　锋　党委委员、副总队长（副局长）
刘宝东　正处级干部（—2022年5月）
孙　印　正处级干部（—2022年9月）
车红兵　正处级干部（2022年7月—）
张联信　正处级干部
（2022年7—11月）
李素萍　副处级干部（—2022年11月）
贾中华　副处级干部
孙明江　副处级干部
辛日尚　副处级干部（—2022年11月）
贾继承　副处级干部（—2022年11月）
茹　雷　办公室主任（2022年7月—）
杜士平　党群处处长（2022年7月—）
王　晋　人事教育处处长（2022年7月—）
李保军　财务审计处处长（2022年7月—）
梁进勇　执法一处处长（2022年7月—）
吴晓群　执法二处处长（2022年7月—）
张雪峰　执法三处处长（2022年7月—）
梁宏飞　执法四处处长（2022年7月—）
郭利琴　法制处处长（2022年7月—）
王京会　督查处处长（2022年7月—）
魏晓丽　技术装备处处长（2022年7月—）
王晓东　指挥中心主任（2022年7月—）

山西省运输事业发展中心

史晓华　党委书记、主任
时晋杰　党委委员、副主任
肖为民　党委委员、副主任
王建民　党委委员、副主任
郝如恒　正处级干部（—2022年10月）
朱　虹　正处级干部（—2022年11月）
王翠莲　副处级干部
张国民　副处级干部（—2022年10月）
黄　驰　副处级干部
高晓华　副处级干部
吕双龙　副处级干部
张宇宾　副处级干部

山西省交通运输运行监测与应急处置中心

董化金　党委书记、主任
倪　津　党委委员、副主任
赵小鹏　党委委员、副主任
曹世勋　正处级干部
杨春兰　副处级干部
崔鸣原　副处级干部
赵文洁　副处级干部

山西省交通建设中心

陈　俊　党委书记、主任
王润民　党委委员、副主任
郝瑞军　党委委员、副主任
张于良　党委委员
任　鹏　党委委员
雷英夏　正处级干部
毛世伟　副处级干部
虞翠云　副处级干部

山西省交通运输厅发展研究中心

胡旭东　党支部书记、主任
白彦萍　党支部委员、副主任
侯金铃　党支部委员、副主任

山西省交通运输厅联网收费结算与会计核算中心

杨　毅　党支部书记、主任
李亚东　党支部委员、副主任
魏晓菁　党支部委员、副主任

山西省交通干部学校

辛泉生　党委书记、校长
梁锦华　副校长
孟万银　副校长
白贵生　副处级干部
范向英　副处级干部(2022年9月—)

（时间截至2022年12月31日）

公路系统

山西省公路局机关

杨帅奇　办公室主任
马　勇　办公室副主任
段晓燕　党工部部长
艾　鹏　党工部副部长
王焕斌　人事处处长
王昌盛　人事处副处长
刘保平　计划统计处副处长(主持工作)
刘艳花　计划统计处副处长(—2022年8月)
王文俊　养路处处长
霍翠兰　养路处副处长
张育斌　养路处副处长
刘　军　建设处副处长(临时主持工作)
李永东　技术处副处长(临时主持工作)
翟卫东　技术处副处长
李兴昌　财务征费处副处长(临时主持工作)
张晓飞　财务征费处副处长
许韵才　政策法规处处长
赵永红　政策法规处副处长
李永佑　公安路政处副处长(主持工作)
刘中海　公安路政处副处长
郭转英　地方公路处副处长
张彦飞　地方公路处副处长
段铁鹰　审计处副处长(临时主持工作)
常丽珍　工会副主席(临时主持工作)
刘青竹　离退休人员管理处处长
徐　敏　离退休人员管理处副处长
解凤林　机关纪委书记
申水旺　原厅重点办农村路网管理处处长
曹军英　原雁门关桥隧管理处处长(—2022年9月)
李康吉　原省高管局总工
徐媛丽　技术处正处级干部
袁海鸿　忻州分局党委委员、局长

吴正杰　技术处副处级干部
赵高峰　副处级
吕金玲　财务征费处副处级调研员
（ —2022年3月）
丁鹤军　副处级
李书亮　副处级
耿　军　原安全生产管理处科员（保留副处待遇）
刘保科　原安全生产管理处处长(保留副处待遇)
麻　琳　养护管理处科员(保留副处待遇)

山西晋路投资开发有限公司

郝增民　党委委员、执行董事
石建高　党委书记
孙明方　党委委员、总经理
张亦兵　副书记、纪委书记
贺金明　副书记
牛福明　党委委员、工会主席

山西省公路局物资供应站
(山西省公路物资供应总公司)

杨立梅　副书记、副主任(主持工作)、
党委书记、总经理
杨海义　副经理(—2022年8月)
吴　翼　副经理

山西省公路工程质量检测中心
(山西省公路工程监理技术咨询公司)

宋青会　党委书记(副职)、副主任(主持党政
全面工作)、党委书记、经理

山西诚达公路勘察设计有限公司

韩　彦　党委委员、董事长
刘卫平　党委书记、副董事长
周　鑫　党委委员、总经理
许新勇　党委委员、纪委书记

山西省公路构件厂

刘永生　书记、厂长
冀俊如　党委委员、纪委书记、副厂长、工会主席
（ —2022年5月）

山西省筑路机械厂

贺金明　党委书记、厂长
徐志杰　副书记、纪委书记、副厂长
李爱民　党委委员、副厂长

山西省公路局生活服务中心

徐碧河　总支书记
孟胡勋　总支委员、主任

山西省公路局多种经营管理中心

蒋映东　副主任
赵　峰　副主任

山西省公路局太原分局

闫志雄　党委委员、局长(—2022年10月)
赵涌文　党委书记(—2022年5月)
蒋映东　党委委员
张晋龙　党委委员、副局长
卫　生　正处级

山西省公路局大同分局

王进满　党委委员、局长
左世娟　党委委员、副局长、工会主席
王德启　副书记、纪委书记
张文化　党委委员、副局长
王来平　党委委员、副局长

山西省公路局朔州分局

任　永　党委委员、局长
张金顺　党委委员、副局长
樊伟恩　副局长、总工
张翠梅　党委委员、副局长
郭养财　党委委员、副局长、工会主席
陈占强　副书记、纪委书记

山西省公路局忻州分局

袁海鸿　党委委员、局长
王斌俊　党委书记
刘庆珍　副书记、纪委书记（ —2022年5月）
李晋勇　党委委员、副局长
崔　毅　党委委员、副局长
王继平　党委委员、副局长、总工
柴秉德　党委委员、副局长、工会主席（ —2022年5月）

山西省公路局吕梁分局

薛根平　党委委员、局长
刘庆爱　党委书记
郭兵兵　党委委员、副局长
刘介平　党委委员、副局长、工会主席（ —2022年8月）
刘秀全　党委委员、副局长
白彦丞　党委委员、纪委书记
马　荣　党委委员、副局长
张跃飞　调研员（副职待遇）（ —2022年9月）

山西省公路局晋中分局

张惠民　党委委员、局长
杨　桦　党委副书记、纪委书记
游新宇　党委委员、副局长、工会主席
赵小兵　党委委员、副局长
于长生　党委委员（ —2022年8月）
李跃强　党委委员、副局长
史军强　党委委员、副局长

山西省公路局阳泉分局

闫献忠　党委委员、局长
李传书　党委书记
宋振宏　党委委员、副局长、工会主席（ —2022年2月）
吕彦明　党委委员、副局长
冯仁科　党委委员、副局长、总工
王卫华　党委委员、纪委书记

山西省公路局长治分局

韩洪泽　党委委员、局长
杨　勇　党委书记（ —2022年6月）
崔建忠　党委委员、副局长
姚建波　党委委员、副局长
杜立新　党委委员、副局长、总工程师
徐湧涛　党委委员、纪委书记

山西省公路局晋城分局

马　远　党委委员、局长
张根法　党委书记（ —2022年5月）
王振明　党委委员、副局长（ —2022年10月）
陈建国　党委委员、副局长、总工程师
徐　斌　党委委员、副局长
赵锁金　党委委员、纪委书记
张玉春　副处级（ —2022年3月）

山西省公路局临汾分局

刘晓明　党委委员、局长
李　红　党委书记
张碧玉　副局长
杨英俊　副局长
张小军　党委委员、纪委书记
李玉民　原霍侯路副书记、纪委书记（负责日常工作）
孟　晋　原霍侯路副处长、工会主席

山西省公路局运城分局

平　华　副书记（临时负责党政工作）
张兆阳　党委委员、副局长
黄　立　党委委员、纪委书记
郭立新　原三门峡总支书记、处长
王　颖　原三门峡副处长（ —2022年5月）
李晓阳　原三门峡副处级

（时间截至2022年12月31日）

交通运输执法系统

山西省高速公路综合行政执法总队太原支队

刘　耀　党委书记、支队长
杨志诚　副支队长
李军民　副支队长
张　勇　副支队长（2022年7月— ）
董新亮　副支队长（2022年7月— ）
赵有恭　保留正处级待遇（ —2022年3月）
武晋熙　保留副处级待遇
刘初平　保留副处级待遇

山西省高速公路综合行政执法总队大同支队

李安文　党委书记、支队长（2022年8月— ）
田占峰　副支队长
李　彬　副支队长
高　平　副支队长（2022年8月— ）
连建宏　副支队长（2022年8月— ）
车红兵　正处级干部（ —2022年8月）

山西省高速公路综合行政执法总队朔州支队

郜伟刚　党委书记、支队长
张子军　副支队长
刘　勇　副支队长
张力健　副支队长（2022年8月— ）

山西省高速公路综合行政执法总队忻州支队

曲恒卯　党委书记、支队长
王占军　副支队长
杨定国　副支队长
戴晓东　副支队长（2022年7月— ）
李亚杰　副支队长（2022年7月— ）
李红光　副职待遇（ —2022年3月）

山西省高速公路综合行政执法总队吕梁支队

渠　刚　全面负责吕梁支队工作
（ —2022年8月）
孙权平　党委书记、支队长（2022年8月— ）
张联信　正处级干部（ —2022年9月）
沈保华　副支队长（2022年8月— ）
杨耀红　副支队长（2022年8月— ）
白天宇　副支队长（2022年8月— ）

山西省高速公路综合行政执法总队晋中支队

杜士平　党委书记、支队长（ —2022年6月）
张　军　党委书记、支队长（2022年6月— ）
赵　强　副支队长
张永生　副支队长（2022年7月— ）
冯　滨　副支队长（2022年7月— ）
李智勇　副支队长（2022年7月— ）

山西省高速公路综合行政执法总队阳泉支队

范文生　党委书记、支队长
张晓阳　副支队长
牛婷婷　副支队长（2022年9月— ）

山西省高速公路综合行政执法总队长治支队

王京会　党委书记、支队长（ —2022年8月）
谢小兵　党委书记、支队长（2022年8月— ）
王保川　副支队长
李　斌　副支队长
崔军杰　副支队长（2022年8月— ）

于　良　副支队长（2022年8月— ）

山西省高速公路综合行政执法总队晋城支队

王卫华　党委书记、支队长（ —2022年8月）
王黎平　副支队长（ —2022年8月）
谢小兵　副支队长（ —2022年8月）
张慧锋　保留正处级待遇（ —2022年8月）
王卫华　党委书记、支队长（2022年8月— ）
王黎平　副支队长（2022年8月— ）
元军鹏　副支队长（2022年8月— ）
李　斌　副支队长（2022年8月— ）

山西省高速公路综合行政执法总队临汾支队

李建勋　党委书记、支队长
申俊平　副支队长
宋志安　副支队长
李　峰　副支队长（2022年8月— ）
薛　莹　副支队长（2022年8月— ）

山西省高速公路综合行政执法总队运城支队

杨宏伟　党委书记、支队长
景永忠　党委委员、副支队长
谭著荣　党委委员、副支队长
马建华　党委委员、副支队长
张振龙　党委委员 副支队长

（时间截至2022年12月31日）

邮政管理系统

山西省邮政管理局

秦红保　党组书记、局长
　　　　省交通运输厅党组成员、副厅长
高日勇　党组成员、副局长、纪检组组长
赵　光　党组成员、副局长

山西省邮政业安全中心

李　宏　副主任（主持工作）
付松波　副主任

太原市邮政管理局

董　刚　党组书记、局长，市交通运输局党组成员、副局长
李淑燕　党组成员、副局长、纪检组组长
李玉峰　党组成员、副局长

大同市邮政管理局

孙　俊　党组书记、局长，市交通运输局党组成员、副局长
韩守忠　党组成员、副局长、纪检组组长

朔州市邮政管理局

蔚　玺　党组书记、局长，市交通运输局党组成员、副局长
靳竹华　党组成员、副局长、纪检组组长

忻州市邮政管理局

芦军强　党组书记、局长，市交通运输局党组成员、副局长
葛宏林　党组成员、副局长、纪检组组长

吕梁市邮政管理局

淮电宁　党组书记、局长，市交通运输局党组成员、副局长

王　峰　党组成员、副局长、纪检组组长

晋中市邮政管理局

陈志刚　党组书记、局长，市交通运输局党组成员、副局长

李玉红　党组成员、副局长、纪检组组长

阳泉市邮政管理局

薛伟民　党组书记、局长，市交通运输局党组成员、副局长

李姝慧　党组成员、副局长、纪检组组长

长治市邮政管理局

文小强　党组书记、局长，市交通运输局党组成员、副局长

李　林　党组成员、副局长、纪检组组长

晋城市邮政管理局

靳小东　党组书记、局长，市交通运输局党组成员、副局长

郭宏发　党组成员、副局长、纪检组组长

临汾市邮政管理局

董向阳　党组书记、局长，市交通运输局党组成员、副局长

董枫林　党组成员、副局长、纪检组组长

张　伟　党组成员、副局长

运城市邮政管理局

胡福海　党组书记、局长，市交通运输局党组成员、副局长

李晓燕　党组成员、副局长、纪检组组长

马卫国　党组成员、副局长

（时间截至2022年12月31日）

交通控股集团

山西交通控股集团有限公司

武　艺　党委书记、董事长、总经理（2022年2月—　）

刘宏武　专职党委副书记、副董事长、副总经理

孙建秀　党委委员、副总经理（2022年11月—　）

周　刚　党委委员、纪委书记、监察专员

杨志贵　副总经理兼山西路桥建设集团有限公司党委书记（2022年3月—　）

谢鹏远　副总经理

魏鹏举　副总经理（2022年7月—　）

贾　勇　党委委员、副总经理（2022年1—9月）

山西路桥建设集团有限公司

杨志贵　党委书记兼交控集团副总经理（2022年3月—　）

杨建红　党委副书记、董事长（2022年3月—　）

郭聪林　党委副书记、副董事长、总经理（2022年3月—　）

崔君毅　专职党委副书记、副董事长

刘伟威　党委委员、纪委书记

李殿勤　党委委员、副总经理

丁林虎　副总经理（2022年7月— ）
温郁斌　副总经理兼昔榆公司党委书记、董事长（2022年7月— ）
范志红　总会计师（2022年3月— ）

山西省交通开发投资集团有限公司

杨国华　党委书记、董事长（2022年7月— ）
史云海　党委副书记、副董事长、总经理
李效广　专职党委副书记、副董事长
武建新　党委委员、纪委书记
田卫川　党委委员、副总经理
韩晓文　党委委员、副总经理（2022年7月— ）
刘雁阳　副总经理
杨文军　党委委员、总会计师
付　宏　总工程师

山西省高速公路集团有限责任公司

刘　胜　党委书记、董事长
周世俊　党委副书记、副董事长、总经理
高进才　专职党委副书记、纪委书记
李文胜　党委委员、副总经理
郭　强　党委委员、副总经理
刘珍平　党委委员、副总经理
邓卫明　副总经理
胡慧恩　副总经理（2022年3月— ）

山西交通科学研究院集团有限公司

樊英华　党委书记、董事长
方　锐　党委副书记、副董事长、总经理
李富林　专职党委副书记、副董事长
潘　铁　党委委员、副总经理
刘　悦　党委委员、总会计师
梅拥军　党委委员、副总经理
秦林清　党委委员、纪委书记（2022年3月— ）
申俊敏　党委委员、副总经理（2022年6月— ）
张　军　党委委员（2022年5月— ）
张晓燕　党委委员、副总经理、总工程师（2022年6月— ）
范晓江　党委委员（2022年5月— ）

山西交通物流集团有限公司

张庆华　党委书记、董事长
岳晋峰　党委委员、党委副书记、副董事长、总经理（2022年5月— ）
李文平　专职党委副书记、副董事长
荆劲峰　党委委员、副总经理
陈　琳　党委委员、副总经理
秦华国　党委委员、纪委书记
褚跃峰　党委委员、副总经理（2022年10月— ）
吕　祺　副总经理
刘光飞　副总经理（ —2022年10月）

山西交通养护集团有限公司

张　俊　党委书记、董事长（2022年11月— ）
高耀华　党委书记、董事长（ —2022年11月）
任靖峰　党委副书记、副董事长、总经理
栗志威　专职党委副书记、副董事长
郝　剑　党委委员、总会计师
裴恒亮　党委委员、副总经理
曹军生　党委委员、副总经理
张　鹏　党委委员、纪委书记（2022年6月— ）
赵　军　副总经理
李永红　副总经理（2022年11月— ）

山西路桥股份有限公司

武　艺　党委书记、董事长（2022年3月— ）
袁清茂　党委书记、董事长（ —2022年1月）
李武军　党委副书记、副董事长、总经理
吕静伟　专职党委书记
穆霄峰　党委委员、副总经理兼榆和公司党委书记、董事长
行鸿鑫　党委委员、纪委书记
尚海波　党委委员、副总经理
郭继和　党委委员、副总经理（ —2022年3月）
刘一红　财务总监

山西交通实业发展集团有限公司

秦　阳　党委书记、董事长
曹志刚　党委副书记、总经理
杨旭东　副董事长(2022年3月—)
李鹏飞　党委委员、董事
郭亚彬　专职党委副书记、副董事长
宋文继　党委委员、纪委书记(2022年6月—)
蒋　勇　党委委员、运营总监
赵红义　党委委员、总会计师
(2022年10月—)
李　宏　党委委员、副总经理(试用期一年)
(2022年11月—)
刘　刚　董事(2022年1月—)

山西交通建设监理咨询集团有限公司

何晓明　党委书记、董事长
杨　军　党委副书记、副董事长、总经理
(2022年3月—)
周留刚　专职党委副书记、副董事长
马昕宇　党委委员、副总经理
郭　佳　党委委员、纪委书记
张晶尧　党委委员、副总经理
陈　翔　党委委员、副总经理
(2022年11月—)

山西省交通环境保护中心站(有限公司)

姚　凯　党委书记、董事长
赵　兵　党委委员、副董事长、副总经理
(主持经理层工作)
(2022年10月—)
庞军艺　党委委员、专职党委副书记、副董事长
王玉喜　党委委员、副总经理
冯丽琦　党委委员、纪委书记
孙　虎　党委委员、副总经理(—2022年5月)
罗霄霞　副总经理
魏文慧　副总经理
王建辉　总工程师

山西交控置地有限公司

贾建国　党委书记、董事长
杨峰斌　党委副书记、副董事长、总经理
霍金相　专职党委副书记、副董事长、副总经理
温开亮　党委委员、副总经理
门高鹏　党委委员、纪委书记
段建杰　副总经理
郑小峰　副总经理

山西交控金资管理有限公司

李　军　党委书记、董事长
薛秀文　党委副书记、副董事长、总经理
(2022年3月—)
张羽中　专职党委副书记、副董事长
高洪生　副总经理(2022年5月—)
张志峰　党委委员、副总经理
刘树青　党委委员、纪委书记
(2022年5月—)
李　莉　总经理助理(2022年12月—)

山西省交通信息通信有限公司

雷红锋　党委书记、董事长
常宇鹏　党委副书记、副董事长、总经理
(2022年5月—)
刘　晓　专职党委副书记、副董事长、副总经理(2022年5月—)
宋志芬　党委委员、纪委书记
(2022年3月—)
王晓宙　党委委员、副总经理(2022年5月—)
高　睿　党委委员、副总经理(2022年5月—)
辛艳艳　董事(2022年6月—)
朱文君　党委委员、副总经理
(2022年10月—)
吕永萍　副总经理(—2022年7月)

山西交控汾石高速公路有限公司

樊英华　党委书记、执行董事
闫毅志　党委副书记、总经理

王立志　专职党委副书记、工会主席
曹学卫　党委委员、纪委书记
李林林　党委委员、副总经理
李林荣　副总经理
刘明亮　总会计师

山西交控临浮高速公路有限公司

何晓明　党委书记、执行董事
孙　虎　党委副书记、总经理(2022年4月—)
刘江龙　党委副书记、副总经理
潘鹏飞　党委委员、纪委书记
赵国梁　党委委员、副总经理
赵丽华　高级技术专员

山西交控高速公路服务区管理有限公司

张　铮　党委书记、董事长兼交控集团服务区分公司总经理(2022年5月—)
郑　宏　党委副书记、副董事长、总经理兼交控集团服务区分公司副总经理(2022年5月—)
李兔照　专职党委副书记、副董事长兼交控集团服务区分公司副总经理(2022年5月—)
杨吉旺　党委委员、纪委书记(2022年6月—)
王彩荣　党委委员、副总经理兼交控集团服务区分公司副总经理(2022年10月—)
孙亚雄　党委委员、副总经理兼交控集团服务区分公司副总经理(2022年6月—)
杨广晨　党委委员、副总经理兼交控集团服务区分公司副总经理(2022年6月—)

山西交控新能源发展有限公司

翟建峰　董事长(2022年7月—)
陈建文　党总支书记、副董事长、总经理(2022年7月—)
白　斌　党总支副书记、副董事长、副总经理(2022年11月—)
李　根　党总支委员、副总经理(2022年7月—)
王心怡　党总支副书记、纪检委员(2022年7月—)
郭慧敏　副总经理(2022年10月—)

山西交控科技转化有限公司

刘少文　党总支书记、董事长兼交控集团科技转化分公司总经理(2022年7月—)
刘宇峰　党总支副书记、副董事长、总经理兼交控集团科技转化分公司副总经理(2022年7月—)
张　军　党总支委员、副总经理兼交控集团科技转化分公司副总经理(2022年7月—)
任国锋　党总支副书记、纪检委员(2022年7月—)
刘艳花　副总经理兼交控集团科技转化分公司副总经理(2022年7月—)

山西交控太行灵泉山泉水有限责任公司

王卫青　党总支书记、董事长、总经理
韩新平　党委副书记、副董事长、副总经理
赵　华　党委副书记
卢慧峰　副总经理
董　睿　副总经理

山西省交通规划勘察设计院有限公司

范晓江　党委书记、董事、董事长(2022年5月—)
黄仰收　党委书记、董事、董事长(—2022年5月)
甄俊杰　党委委员、党委副书记(—2022年8月)
董事、董事长、总经理(—2022年9月)
董建兴　党委委员(—2022年8月)
党委副书记(2022年8月—)
董事、副总经理(2022年9月—)

高振英　专职党委副书记、董事
（ —2022年12月）
罗兴宇　党委委员、纪委书记(2022年8月—)
季建东　副总经理
武　军　副总经理
彭振宇　副总经理
曹学强　副总经理
李海喜　总工程师

智慧交通山西省实验室

张　军　主任兼交科集团党委委员
孟志豪　副主任
郭殿军　高级专员
王　敬　高级专员

原大同南高速公路管理有限公司

马东强　党委书记、董事长(—2022年7月)
张　俊　党委副书记、副董事长、总经理
（ —2022年7月）
蔚　宏　专职党委副书记、副董事长
（ —2022年7月）
赵东宏　党委委员、副总经理(—2022年5月)
刘　斌　党委委员、副总经理(—2022年7月)
王进宙　党委委员、纪委书记(—2022年7月)
蔚建国　副总经理(2022年7月5日—7月29日)

原大同北高速公路管理有限公司

杨国华　党委书记、董事长(—2022年7月)
陈俊伟　党委副书记、副董事长、总经理
(—2022年5月)
王卫青　专职党委副书记、副董事长
(—2022年7月)
赵福君　党委委员、副总经理(—2022年7月)
王东平　党委委员、副总经理(—2022年7月)
郭　强　副总经理(—2022年7月)
张浩宇　党委委员、纪委书记(—2022年5月)
邵　俊　党委委员、纪委书记
(2022年5—7月)

大同高速公路管理有限公司

张　俊　党委书记、董事长兼大同高速分公司总经理、大同北高速分公司总经理、大同南高速分公司总经理
(2022年7月—)
赵东宏　党委副书记、副董事长、总经理兼大同高速分公司副总经理、大同北高速分公司副总经理、大同南高速分公司副总经理(2022年7月—)
赵福君　专职党委副书记、副董事长兼大同高速分公司副总经理、大同北高速分公司副总经理、大同南高速分公司副总经理(2022年7月—)
蔚　宏　资深专员(2022年7月—)
王进宙　党委委员、副总经理(2022年7月—)
王东平　党委委员、副总经理(2022年7月—)
刘　斌　党委委员、副总经理(2022年7月—)
邵　俊　党委委员、纪委书记(2022年7月—)
王卫青　党委委员、党委副书记
(2022年7月—)
郭　强　副总经理 (2022年7月—)
蔚建国　副总经理 (2022年7月—)

朔州高速公路管理有限公司

赵寿基　党委书记、董事长
李明军　党委副书记、副董事长、总经理
焦全民　总监
王　尚　专职党委副书记、副董事长
张浩宇　党委委员、纪委书记(2022年5月—)
杨耀荣　党委委员、副总经理(2022年5月—)
蒙建军　党委委员、副总经理(2022年3月—)
冯　伟　党委委员、副总经理(2022年3月—)
王　玉　副总经理(2022年7月—)
王为坤　副总经理(2022年7月—)

忻州高速公路管理有限公司

潘　东　董事长、忻州北高速管理公司董事长
(2022年4月—)

张彦斌　副董事长，忻州北高速管理公司副董事长（2022年4月—　）
陶　瑜　副董事长，忻州北高速管理公司副董事长（2022年4月—　）
申晓飞　党委委员、纪委书记，忻州北高速管理公司党委委员、纪委书记（2022年3月—　）
孙　强　党委委员、忻州北高速管理公司（2022年3月—　）
王　霆　党委委员，忻州南高速管理公司党委委员（2022年3月—　）
王永明　副总经理（2022年7月—　）、党委委员（2022年10月—　）
郭　华　副总经理（2022年7月—　）
徐艳生　资深专员，忻州北高速管理公司资深专员（2022年4月—　）
韩元生　高级专员（2022年5月—　）

吕梁北高速公路管理有限公司

薛海军　党委书记、董事长兼吕梁北分公司总经理
张海宁　党委副书记、副董事长、总经理兼吕梁北分公司副总经理
董万森　资深专员
郭太明　专职党委副书记、副董事长兼吕梁北分公司副总经理
刘元元　党委委员、纪委书记
郭小华　党委委员、副总经理（2022年3月—　）
兰爱峰　党委委员、副总经理（2022年3月—　）
李　鹏　党委委员、副总经理（2022年3月—　）
袁正兵　副总经理（2022年7月—　）

吕梁南高速公路管理有限公司

李耀峰　党委书记、董事长
陈俊伟　党委副书记、副董事长、总经理
闫红伟　资深专员
刘泽林　副董事长、专职党委副书记
米　源　纪委书记
张宏斌　党委委员、副总经理
武宏飞　党委委员、副总经理
赵小军　党委委员、副总经理
郝立勇　副总经理

晋中高速公路管理有限公司

张　俊　党委书记、董事长（　—2022年11月）
冯利强　党委委员、党委书记、董事长，中部管理公司太原管理公司党委委员、党委书记、董事长，中部分公司、太原分公司、晋中分公司总经理（2022年11月—　）
太原管理公司党委副书记、副董事长、总经理，太原分公司副总经理（　—2022年7月）
太原管理公司党委书记、董事长，太原分公司总经理（2022年7—11月）
王　刚　党委委员、党委副书记、副董事长、总经理，中部管理公司、太原管理公司党委委员、党委副书记、副董事长、总经理，中部分公司、太原分公司、晋中分公司副总经理（2022年11月—　）
晋中管理公司党委副书记、副董事长、总经理（　—2022年10月）
杨优喜　党委委员、专职党委副书记、副董事长，中部管理公司、太原管理公司党委委员、专职党委副书记、副董事长，中部分公司副总经理（2022年11月—　）
太原管理公司专职党委副书记、副董事长，太原分公司副总经理（　—2022年11月）
杨世清　资深专员（　—2022年11月）
何广龙　资深专员、中部管理公司资深专员、太原管理公司总监（2022年11月—　）
太原管理公司总监（　—2022年11月）

张　宇　党委委员、纪委书记，中部管理公司、太原管理公司党委委员、纪委书记（2022年11月— ）
太原管理公司党委委员、纪委书记（ —2022年11月）

李　强　党委委员、副总经理，中部管理公司、太原管理公司党委委员、副总经理（2022年11月— ）
太原管理公司党委委员、副总经理（ —2022年11月）

梁晨光　党委委员、副总经理，中部管理公司、太原管理公司党委委员、副总经理（2022年11月— ）
党委委员、副总经理（ —2022年11月）

贾中越　党委委员、副总经理，中部管理公司、太原管理公司党委委员、副总经理（2022年11月— ）
党委委员、副总经理（ —2022年11月）

宋文继　党委委员、纪委书记（ —2022年6月）

张　鹏　党委委员、副总经理（ —2022年4月）

戎斌生　副总经理，中部管理公司、太原管理公司副总经理（2022年3月— ）
太原管理公司副总经理（ —2022年11月）

付建光　副总经理，中部管理公司、太原管理公司副总经理（2020年11月— ）
太原管理公司副总经理（ —2022年11月）

王　磊　高级专员，中部管理公司、太原管理公司高级专员（2022年11月— ）
太原分公司西山特长隧道管理站党支部书记、站长（ —2022年5月）
太原管理公司高级专员（2022年5—11月）

太原高速公路管理有限公司

李　强　党委委员、党委书记、董事、董事长，太原高速分公司总经理（ —2022年7月）

冯利强　党委委员、党委书记、董事长，中部管理公司、晋中管理公司党委委员、党委书记、董事长，中部分公司、太原分公司、晋中分公司总经理（2022年11月— ）
党委副书记、副董事长、总经理，太原分公司副总经理（ —2022年7月）
党委书记、董事长，太原分公司总经理（2022年7—11月）

王　刚　党委委员、党委副书记、副董事长、总经理，中部管理公司、晋中管理公司党委委员、党委副书记、副董事长、总经理，中部分公司、太原分公司、晋中分公司副总经理（2022年11月— ）
晋中管理公司党委副书记、副董事长、总经理（ —2022年10月）

杨优喜　党委委员、专职党委副书记、副董事长，中部管理公司、晋中管理公司党委委员、专职党委副书记、副董事长，中部分公司副总经理（2022年11月— ）
专职党委副书记、副董事长，太原分公司副总经理（ —2022年11月）

何广龙　总监，中部管理公司、晋中管理公司资深专员、总监
总监（ —2022年11月）

张　宇　党委委员、纪委书记，中部管理公司、晋中管理公司党委委员、纪委书记（2022年11月— ）
党委委员、纪委书记（ —2022年11月）

李　强　党委委员、副总经理，中部管理公司、晋中管理公司党委委员、副总经理（2022年11月— ）
党委委员、副总经理（ —2022年11月）

梁晨光　党委委员、副总经理，中部管理公司、晋中管理公司党委委员、副总经理（　—2022年10月）
贾中越　党委委员、副总经理，中部管理公司、晋中管理公司党委委员、副总经理（2022年11月—　）
晋中管理公司党委委员、副总经理（　—2022年10月）
李　保　党委委员、副总经理（　—2022年11月）
杨海滨　党委委员、副总经理（　—2022年6月）
郭慧敏　高级专员（　—2022年10月）
戎斌生　副总经理，中部管理公司、晋中管理公司副总经理（2022年11月—　）
副总经理（　—2022年11月）
付建光　副总经理，中部管理公司、晋中管理公司副总经理（2022年11月—　）
副总经理（　—2022年11月）
王　磊　高级专员，中部管理公司、晋中管理公司高级专员（2022年11月—　）
太原分公司西山特长隧道管理站党支部书记、站长（　—2022年5月）
高级专员（2022年5—11月）

太旧高速公路管理（太原）有限公司

张江浩　党委书记、董事长
卢永旺　党委副书记、副董事长、总经理
李　羚　总　监
刘江涛　专职党委副书记、副董事长（2022年6月—　）
赵国荣　党委委员、副总经理
邓建中　党委委员、副总经理（　—2022年11月）
杨玉龙　党委委员、纪委书记
夏　磊　党委委员（2022年10月—　）
副总经理
马冬青　党委委员（2022年10月—　）
副总经理
米明杰　高级专员（2022年5月—　）

临汾北高速公路管理有限公司

卫小红　党委书记、董事长，临汾北高速公路分公司总经理
王继弘　党委副书记、副董事长、总经理，临汾北高速公路分公司副总经理
段纪辰　专职党委副书记、副董事长，临汾北高速公路分公司副总经理
贾瑞萍　党委委员、副总经理
刘会清　党委委员、副总经理
李　明　党委委员、副总经理
李红英　党委委员、纪委书记

临汾南高速公路管理有限公司

戴　波　党委书记、董事长，临汾南高速公路分公司总经理
李克军　党委副书记、副董事长、总经理
刘晓明　党委委员、专职党委副书记、副董事长，临汾南高速公路分公司副总经理
王　锋　党委委员、纪委书记
张志明　党委委员、副总经理（2022年3月—　）
临汾南高速公路分公司黄花岭收费站党支部书记、站长（　—2022年3月）
师会刚　党委委员、副总经理（2022年3月—　）
临汾南高速公路分公司吉县路产维护站站长（　—2022年3月）
付永鹏　党委委员、副总经理（2022年10月—　）
赵占成　副总经理（2022年10月—　）

长治高速公路管理有限公司

郭长庆　党委书记、董事长（　—2022年4月）
王战兵　副董事长、总经理
党委书记、董事长（2022年4月—　）
赵　功　副董事长、总经理（2022年5月—　）
郭秀斌　专职党委副书记、副董事长
王　军　党委委员、副总经理
魏晓勇　党委委员、纪检书记
张卿彪　党委委员、副总经理（2022年4月—　）

孙亮亮　党委委员、副总经理(2022年4月—)
陈　明　高级专员(2022年5月—)
李爱军　高级专员(2022年5月—)

晋城高速公路管理有限公司

赵升琪　党委书记、董事长
杨海滨　党委副书记、副董事长、总经理(2022年7月—)
　　　　太原公司党委委员、副总经理(—2022年6月)
和　亮　专职党委副书记、副董事长
董玲霞　党委委员、纪委书记
李　鹏　党委委员、副总经理(2022年5月—)
赵雷刚　党委委员、副总经理(2022年7月—)
范黎卿　外部董事
赵　功　党委副书记、副董事长、总经理(—2022年5月)
张小莉　党委委员、副总经理(—2022年11月)

运城北高速公路管理有限公司

侯毅力　党委书记、董事长
姚文勇　党委副书记、副董事长、总经理
江家宏　外部董事
秦世华　外部董事
郭俊杰　外部董事
黄河龙　外部董事
李　卓　外部董事
孙永安　专职党委副书记、副董事长
晋小刚　副总经理
任振华　副总经理
解　荣　副总经理
王　萍　副总经理
卫培孝　副总经理(—2022年4月)
王　直　副总经理(—2022年4月)

运城南高速公路管理有限公司

李　震　党委书记、董事长兼运城南分公司总经理
彭梁柱　党委副书记、副董事长、总经理兼运城南分公司副总经理
薛炎龙　专职党委副书记、副董事长运城南分公司副总经理(2022年3月—)
王　直　党委委员、副总经理(2022年3月—)
孙　琳　党委委员、副总经理
王立中　党委委员、纪委书记
卫　刚　副总经理(2022年3月—)
薛国胜　高级专员(2022年5月—)
江家宏　外部董事
许中义　外部董事
高保旺　外部董事

(时间截至2022年12月31日)

航空产业集团

山西航空产业集团有限公司

陈　阳　党委书记、董事长（2022年3月—　）
　　　　总经理（　—2022年9月）
贾　勇　党委委员、副书记（2022年8月—　）
　　　　副董事长、总经理（2022年9月—　）
高之岩　党委委员、专职副书记、副董事长（2022年11月—　）
邓保平　党委专职副书记、委员（　—2022年11月）
张希亮　党委委员、副总经理（　—2022年1月）
员佩刚　党委委员、副总经理
田　洪　党委委员、纪委书记，省监察委员会驻集团公司监察专员
刘　成　副总经理
韩瑞林　副总经理（2022年4月—　）
李东刚　专职外部董事
李俊刚　专职外部董事
韩文军　专职外部董事
石德轩　专职外部董事
焦　军　专职外部董事（　—2022年11月）
赵群杰　党委办公室（董事会办公室、党委巡察办公室、政策研究室）主任（2022年11月—　）
张建红　政策研究室主任、党委办公室副主任
董中杰　组织人事部（团委、党校）部长、机关党委书记（兼）
王建民　宣传统战部（新闻中心）宣传部长（2022年7月—　）
曹晓东　纪委副书记、第一纪检监察室主任
吕治水　纪委副书记、纪委综合室主任
荆立新　综合办公室主任
石　磊　战略规划部（创新信息部、总工办）部长
王晓静　资本运营部部长
王亚南　经营考核部部长
吴显伟　健康安全环保部（机务航务部）部长（2022年12月—　）
刘世民　法律事务部部长
李建宏　市场营销部部长
孟海燕　女工部部长
田　星　组织人事部（团委、党校）副部长
田　洁　组织人事部副部长、团委书记
陈　芸　宣传统战部（新闻中心）副部长
王　兵　纪委第二纪检监察室主任
杨　冬　综合办公室副主任（2022年9月—　）
郝　睿　战略规划部（创新信息部、总工办）副部长（2022年12月—　）
牛　军　资本运营部副部长
王子阳　经营考核部副部长（2022年12月—　）
宁　峰　健康安全环保部（机务航务部）副部长（2022年7月—　）
赵淑美　市场营销部副部长（2022年12月—　）
安韵乐　工会办公室主任（2022年12月—　）

太原武宿国际机场三期改扩建工程现场指挥部

陈　阳　党委副书记（兼）（　—2022年1月）
　　　　党委书记（兼）（2022年1—4月）
　　　　总指挥
贾　勇　副总指挥（兼）（2022年9月—　）
邓保平　党委书记（兼）（　—2022年1月）

高之岩　党委委员(兼)(2022年1—11月)
副总指挥(兼)(2022年1—11月)
临空经济办公室主任(兼)
(2022年1—11月)
员佩刚　党委委员(兼)、副总指挥(兼)
(2022年11月—)
刘　成　党委书记(兼)(2022年4月—)
副总指挥(兼)(2022年10月—)
总工程师(—2022年10月)
航站区工程部经理(兼)
(—2022年12月)
韩瑞林　党委委员(兼)(2022年4月—)
副总指挥(兼)(2022年5月—)
临空经济办公室主任(兼)
(2022年11月—)
乔学政　党委副书记、副总指挥、
综合办公室主任(兼)
(—2022年12月)
市政工程部经理(兼)
(—2022年12月)
姚晓刚　党委委员、副总指挥、飞行区工程部经理(兼)(—2022年12月)
王向东　党委委员(兼)、副总指挥(兼)
杨利民　总工程师(2022年10月—)
安全质量部部长(—2022年12月)
王晓静　财务部部长(兼)(—2022年12月)
石　磊　招标合约部部长(兼)
(—2022年12月)
刘世明　审计部部长(兼)(—2022年12月)
李曙昕　临空经济办公室副主任
林　嵘　设计管理部部长
王叶明　配套工程部副部长(兼)(—2022年5月)
苏永霞　设计管理部副部长
丰佩林　市政工程部副部长(—2022年12月)
市政工程部部长(2022年12月—)
安宪章　配套工程部副部长(2022年5—12月)
配套工程部部长(2022年12月—)
梁瑞光　安全质量部副部长(2022年5—12月)
安全质量部部长(2022年12月—)
孟海瑞　飞行区工程部副部长(2022年5—12月)
飞行区工程部部长(2022年12月—)
蔡永鑫　设备工程部副部长(2022年5—12月)
航站区工程部部长(2022年12月—)

太原机场有限责任公司

王向东　党委书记、董事长
赖朝晖　党委副书记、副董事长、总经理
贾骁勇　专职党委副书记、副董事长、工会主席
徐　锋　党委委员、纪委书记
张炳福　党委委员、副总经理
粟忠于　党委委员、副总经理
李云朋　党委委员(2022年8月—)
副总经理(2022年8月—)
航空市场部部长(2022年8月—)
李军志　党委委员
李永志　副总工程师(2022年6月—)
周　勇　办公室(董事会办公室)主任
(2022年6月—)
兼党委工作部(工会办公室)部长
(2022年8月—)
程　岩　人力资源部经理
马　强　财务管理部部长(2022年6月—)
王　斐　安全质量部部长(2022年6月—)
姚学勤　纪委综合室主任(2022年5月—)
杨星明　工会副主席(2022年9月—)
党委工作部(工会办公室)副部长(兼)
(2022年6月—)
李云瑛　服务质量部部长
赵小波　飞行区管理部党总支书记、副经理
胡敬东　飞行区管理部党总支副书记
(2022年8月—)
经理(2022年8月—)
程建国　现场指挥中心党总支书记、副经理
王亚斌　现场指挥中心党总支副书记
(2022年7月—)
主任(2022年8月—)

张海峰　旅客服务部党总支书记、副经理
银晓峰　旅客服务部党总支副书记
（2022年6月— ）
经理（2022年6月— ）
朱丹阳　地面保障部党总支书记、副经理
燕振航　地面保障部经理、党总支副书记
王洪滨　候机楼管理部党总支书记、副经理
贾跃宏　候机楼管理部经理、党总支副书记
石　燕　安全检查站党总支书记、副经理
关韶波　安全检查站经理、党总支副书记
韩　勇　安全护卫部党总支书记
张占民　安全护卫部经理
任卫中　应急管理中心党总支书记、副经理
常　宇　应急管理中心经理、党总支副书记
王立群　能源动力中心党总支书记、副经理
李晓郊　能源动力中心经理、党总支副书记

长治机场有限责任公司

王计虎　党委书记、董事长
李　栩　党委副书记、副董事长、总经理
（2022年8月— ）
李　忠　党委委员、纪委书记
杨宝山　党委委员、副总经理（2022年5月— ）
工会主席（2022年9月— ）
职工董事（2022年10月— ）
秦晓军　党委委员、副总经理（2022年8月— ）
郭小兵　党委副书记、副董事长、总经理
（ —2022年8月）
安宪章　党委委员、副总经理（ —2022年5月）
李云朋　党委委员、副总经理（ —2022年8月）

大同机场有限责任公司

牛向荣　党委书记、董事长
石　虎　党委委员、纪委书记
张海春　党委副书记、副总经理
（2022年6月— ）
吴显伟　党委委员、副总经理（ —2022年8月）
马　强　党委委员、副总经理（ —2022年8月）
尹喜前　党委委员、副总经理（2022年8月— ）
李　杨　党委委员、副总经理（2022年11月— ）
高中元　总经理（ —2022年10月）

忻州市五台山机场有限责任公司

杨　涛　党委书记、董事长（ —2022年8月）
周永康　党委副书记、副董事长、总经理
（ —2022年8月）
党委书记、董事长（2022年8月— ）
郭小兵　党委副书记、副董事长、总经理
（2022年8月— ）
李喜全　党委委员、副总经理
李志强　党委委员、纪委书记
（2022年8月— ）
秦晓军　党委委员、纪委书记
（ —2022年8月）
郭伟峰　党委委员、副总经理
郭　钰　党委委员、公安分局局长

吕梁机场有限责任公司

段建国　党委书记（ —2022年11月）
董事长（ —2023年1月）
温治纲　党委副书记（ —2022年7月）
副董事长（ —2022年7月）
总经理（ —2022年7月）
王敬斌　党委副书记、董事、副董事长
（2022年7月— ）
总经理（2022年8月— ）
主持党委工作（2022年11月— ）
尹喜前　公司党委委员、副总经理
（ —2022年8月）
李俊生　公司党委委员、纪委书记
（ —2023年2月）
屈文忠　公司党委委员、副总经理、
工会主席、职工董事
白文静　公司党委委员、副总经理
李　江　公司党委委员、公安分局局长

运城机场有限责任公司

王朝民　党委书记、董事长
程占胜　党委副书记、副董事长、总经理
廉醒民　副总经理
张平务　党委委员、纪委书记
畅李梅　党委委员、副总经理
裴方军　党委委员、副总经理
张岳峰　党委委员（ —2022年7月）
张　军　党委委员、机场公安分局局长

太原空港配餐有限公司

刘学新　支部书记、执行董事、总经理
张爱民　组织委员、副总经理
郝慧琴　纪检委员、副总经理

山西空港贵宾服务有限公司

杨　涛　党委书记（2022年8月— ）
　　　　董事长（2022年9月— ）
张彦峰　党委副书记、总经理（ —2022年6月）
赵鸿霖　党委委员、副总经理（2022年6月主持经营层日常工作）
杨　冬　党委委员、工会主席、副总经理（ —2022年11月）
王　旭　纪检委员、副总经理

太原空港停车场管理有限公司

陈亚峰　支部书记（ —2022年6月）
安韵乐　支部书记、副总经理
王志军　副总经理

山西民航文化传媒有限公司

戴鑫磊　董事长、法人兼党支部书记（2020年12月— ）
陆　京　总经理
任毅君　副总经理
李佳慧　财务总监

山西龙腾中天科技有限公司

邢志斌　党支部书记、总经理（2022年6月— ）
王雪梅　党支部委员、副总经理
冯　波　党支部委员
李永志　副总经理（ —2022年6月）

山西通用航空集团有限公司

李晋阳　董事长（2022年7月— ）
　　　　党总支书记（2022年6月— ）
任立章　总经理、党总支副书记
赵　亮　副总经理、党总支委员
苏　丽　财务总监、党总支委员
李　楠　副总经理（2022年8月— ）
　　　　党总支委员（2022年6月— ）
邢志斌　副总经理（ —2022年8月）
　　　　党总支委员（ —2022年6月）

山西航空产业集团有限公司机务工程技术分公司

田　剑　党总支书记、总经理
段建国　党总支副书记、副总经理
刘　莉　党总支委员、副总经理
张　昕　党总支纪检委员、副总经理
肖　拯　党总支委员、副总经理

山西机场物流有限公司

葛　春　副董事长、党支部书记
林　谦　总经理
董　贵　常务副总经理
赵　勇　服务总监
崔向朝　销售总监

山西航空产业集团有限公司后勤服务管理分公司

王叶明　党委书记、总经理（ —2022年10月）
任绍峰　党委副书记、总经理（2022年6月— ）
陈亚峰　党委委员、副经理（2022年6月— ）
贾卓英　党委委员、纪委书记（2022年8月— ）

（时间截至2022年12月31日）

各市交通运输局

太原市交通运输局

赵宏亮　党组书记、局长

张则福　党组成员、副局长

高海林　党组成员、副局长

梅玉光　党组成员、市交战办主任

张智弘　党组成员、副局长

董　刚　党组成员、市邮政管理局局长

冯　琳　党组成员、驻局纪检监察组组长

任选平　党组成员

董　菁　三级调研员

小店区交通运输局

赵　军　党委书记、局长

迎泽区交通运输局

张　军　党组书记、局长

杏花岭区交通运输局

李洁亮　党组书记、局长

尖草坪区交通运输局

孙晋成　党组书记、局长

万柏林区交通运输局

罗丽国　党委书记、局长

晋源区交通运输局

刘太文　党组书记、局长（ —2022年6月）

孟建勇　党组书记、局长(2022年6月— ）

清徐县交通运输局

王卫民　党委书记、局长

阳曲县交通运输局

陈永胜　党组书记、局长

娄烦县城乡建设和交通运输局

高　林　娄烦县政府副县长、县城乡建设交通运输局局长(2022年10月— ）

马亮军　党组书记、副局长（主持日常工作）(2022年9月— ）

古交市交通运输局

张　敏　党组书记、局长（ —2022年1月）

武三小　党组书记、局长(2022年1月— ）

大同市交通运输局

卫　君　党组书记、局长

杨文广　党组成员、纪检书记

赵志刚　党组成员、副局长

李清泉　党组成员、二级调研员

李宝权　党组成员、副局长

张玉坤　党组成员、运输事业发展中心主任

牛玺荣　党组成员、副局长(挂职）

王　伟　二级调研员

李东升　二级调研员

靳玉华　三级调研员

祁建宇　三级调研员

新荣区交通运输局

张　进　党组书记、局长

平城区交通运输局

王志全　党组书记、局长

云冈区交通运输局

马全慧　党组书记、局长

云州区交通运输局

赵建宝　党组书记、局长

阳高县交通运输局

庞利江　党组书记、局长

天镇县交通运输局

薛志远　党组书记、局长

广灵县交通运输局
刘　胜　党组书记、局长
灵丘县交通运输局
贾占涛　党组书记、局长
浑源县交通运输局
顾国峰　党组书记、局长
左云县交通运输局
王湃业　党组书记、局长

朔州市交通运输局
杨东峰　党组书记、局长（　—2022年6月）
崔金鑫　党组书记、局长（2022年6月—　）
霍智生　党组成员、副局长
刘爱平　党组成员、驻局纪检监察组组长（　—2022年6月）
蔚　玺　党组成员、副局长，市邮政管理局党组书记、局长
王晓东　党组成员（　—2022年1月）
任晓隆　党组成员、省高速公路综合行政执法总队朔州支队队长
张　晋　党组成员、副局长
张仁英　二级调研员
杨三雄　二级调研员
杨亚非　二级调研员
王晓东　四级调研员（2022年1月—　）
朔城区交通运输局
郭向东　党组书记、局长
平鲁区交通运输局
白　源　党组书记、局长
山阴县交通运输局
赵　凯　党组书记、局长
应县交通运输局
王　禅　党组书记、局长
右玉县交通运输局
范旭昌　党组书记、局长
怀仁市交通运输局
岳中山　党组书记、局长

忻州市交通运输局
靳　泽　党组书记、局长（　—2022年4月）
左百胜　党组书记、局长（2022年4月—　）
张祥生　党组成员、副局长
芦军强　党组成员、副局长，市邮政管理局局长
李金堂　党组成员
焦建民　党组成员
靳　泽　一级调研员（2022年4月—　）
智利敏　三级调研员
陈　利　三级调研员
王开瑞　四级调研员
忻府区交通运输局
宗　德　党组书记、局长
定襄县交通运输局
王世平　党组书记、局长
五台县交通运输局
张文荣　党组书记、局长
代县交通运输局
于　超　党组书记、局长
繁峙县交通运输局
赵永宽　党组书记、局长
宁武县交通运输局
李树文　党组书记、局长
静乐县交通运输局
张玉堂　党组书记、局长
神池县交通运输局
周俊保　党组书记、局长
五寨县交通运输局
郝　伟　党组书记、局长
岢岚县交通运输局
周在田　党组书记、局长（　—2022年6月）
田前珍　党组书记、局长（2022年6月—　）
河曲县城乡建设和交通运输局
柳晋文　党组书记、局长

保德县交通运输局

崔晓望　党组书记、局长

偏关县交通运输局

李立新　党组书记、局长

原平市交通运输局

郑国梁　党组书记、局长

五台山风景名胜区旅游和交通发展中心

陈　强　主任(2022年10月—　)

周作仁　副主任(2022年10月—　)

吕梁市交通运输局

吴晓东　党组书记(　—2022年8月)

刘瑞平　党组书记、局长(2022年8月—　)

杨志峰　党组成员、副局长

黄天明　党组成员、驻局纪检监察组组长

高树峰　二级调研员

淮电宁　党组成员、副局长,市邮政管理局局长

张耀东　党组成员、副局长(　—2022年1月)

闫建军　党组成员、副局长(2022年1月—　)

梁春祥　市运输事业发展中心主任
(　—2022年3月)

罗爱顺　市交通运输综合行政执法队队长

离石区交通运输局

刘杏平　党组书记、局长

文水县交通运输局

赵振军　党组书记、局长

交城县交通运输局

张学强　党组书记、局长

兴县交通运输局

薛建伟　党组书记、局长

临县交通运输局

张恩富　党组书记、局长

柳林县交通运输局

贺兴龙　党组书记、局长

石楼县交通运输局

田建军　党组书记、局长

岚县交通运输局

任海燕　党组书记、局长

方山县交通运输局

韩建忠　党组书记、局长

中阳县交通运输局

王志宏　党组书记、局长

交口县交通运输局

杜晓刚　党组书记、局长

孝义市交通运输局

王治攀　党组书记、局长

汾阳市交通运输局

吕佩锋　党组书记、局长

晋中市交通运输局

赵俊生　党组书记、局长

孟建琼　党组成员、副局长

陈志刚　党组成员、副局长,市邮政管理局局长

常艳军　党组成员、驻局纪检监察组组长

李素成　党组成员、副局长

郝振清　副局长(挂职)

郭福生　二级调研员

胡开明　二级调研员

李宇建　市交战办专职副主任(　—2022年2月)

杨兴龙　二级调研员(　—2022年3月)

荣建光　市交通运输综合行政执法队队长

赵　磊　市交通运输服务中心主任

榆次区交通运输局

朱　晨　党组书记、局长

太谷区交通运输局

王　刚　党组书记、局长

榆社县城乡建设和交通运输局

贾晋虎　党组书记、局长

左权县交通运输局

赵治宏　党组书记、局长

和顺县交通运输局

师秀文　党组书记、局长

昔阳县交通运输局

乔新军　党组书记、局长

寿阳县交通运输局

张俊峰　党组书记、局长

祁县交通运输局

李　冉　副县长(主持工作)

平遥县交通运输局

毛志文　党组书记、局长

灵石县交通运输局

温向阳　党组书记、局长

介休市交通运输局

董耀宙　党组书记、局长

阳泉市交通运输局

梁　庆　党组书记、局长

李　涵　二级调研员(2022年6月—　)、党组成员(　—2022年6月)

曹慧晟　二级调研员(2022年6月—　)、党组成员、副局长(　—2022年6月)

史连海　党组成员、副局长

陈　峰　党组成员、驻局纪检监察组组长(　—2022年2月)

段战军　党组成员、驻局纪检监察组组长(2022年2月—　)

曹　阳　党组成员(　—2022年3月)、副局长(　—2022年4月)

薛伟明　党组成员(2022年3月—　)、副局长(　—2022年4月)

李宝福　二级调研员(2022年5月—　)

武永庆　党组成员、副局长(2022年6月—　)

张运贤　三级调研员(2022年5月—　)

郊区交通运输局

武永庆　党组书记、局长(　—2022年6月)

马军军　党组书记、局长(2022年7月—　)

平定县交通运输局

郗雁军　党组书记、局长

盂县交通运输局

崔计文　党组书记、局长(四级调研员)

长治市交通运输局

王　克　党组书记、局长

王喜富　党组成员、二级调研员

吴志刚　党组成员、副局长

王维斌　党组成员、副局长

王德强　党组成员、副处级干部

吴辰鹏　党组成员、驻局纪检监察组组长

文小强　党组成员、副局长，市邮政管理局局长

周会彦　党组成员、市交通运输综合行政执法队队长

石秀成　副处级干部

任贵平　市交通战备办专职副主任

潞州区交通运输局

张　龙　党组书记、局长

上党区交通运输局

苏彦伟　党组书记、局长

屯留区交通运输局

邢志刚　党组书记、局长

潞城区交通运输局

李新锋　党组书记、局长

襄垣县交通运输局

连俊杰　党组书记、局长

平顺县交通运输局

曹江波　党组书记、局长

黎城县交通运输局

武华栋　党组书记、局长

壶关县交通运输局

王红伟　党组书记、局长

长子县交通运输局

师　宏　局党总支书记、局长

武乡县交通运输局

张鸿儒　党组书记、局长

沁县交通运输局

曹二伟　党组书记、局长

沁源县交通运输局

王东钢　党组书记、局长

晋城市交通运输局

张海芳　党组书记、局长

李红梅　党组成员、驻局纪检监察组组长

靳小东　党组成员、副局长，邮政管理局局长

王卫军　党组成员、副局长
李明建　党组成员、副局长
吕虎林　二级调研员（—2022年4月）
时菊利　三级调研员
苏　文　三级调研员
王晋霞　三级调研员
唐大海　市交通运输综合行政执法队队长
崔俊文　市交通运输事业发展中心主任

城区交通运输局

陈志刚　党组书记、局长

沁水县交通运输局

燕建雷　党组书记、局长

阳城县交通运输局

原怀庆　党组书记、局长

陵川县交通运输局

苏红岗　党组书记、局长

泽州县交通运输局

郭小伟　党组书记、局长

高平市交通运输局

姬国强　党组书记、局长

临汾市交通运输局

樊　宇　党组书记、局长
陈贵林　党组成员、驻局纪检监察组组长
崔　勇　党组成员、副局长
苏兰记　党组成员、副局长
景俊青　党组成员、二级调研员（—2022年11月）、一级调研员（2022年11月— ）
张雷志　党组成员、二级调研员
董向阳　党组成员、副局长，市邮政管理局局长
许学民　二级调研员
贺文喜　副县级干部、三级调研员（2022年11月— ）
冯建荣　副县级干部、三级调研员（2022年11月— ）
李春香　四级调研员

尧都区交通运输局

史红涛　党组书记、局长

曲沃县交通运输局

何泽民　党组书记、局长

翼城县交通运输局

史　鹏　党组书记、局长

襄汾县交通运输局

马瑞刚　党组书记、局长

洪洞县交通运输局

郭双平　党组书记、局长

吉县交通运输局

陈　鹏　党组书记、局长

安泽县交通运输局

郭红江　党组书记、局长

浮山县城乡建设和交通运输局

康忠强　党组书记、局长

古县交通运输局

杨晋峰　党组书记、局长

大宁县交通运输局

侯永刚　党组书记、局长

乡宁县交通运输局

刘玉杰　党组书记、局长

隰县交通运输局

史勇辉　党组书记、局长

永和县交通运输局

任佼晟　党组书记、局长

蒲县交通运输局

张晋峰　党组书记、局长

汾西县交通运输局

师永龙　党组书记、局长

侯马市交通运输局

任喜康　党组书记、局长

霍州市交通运输局

荀彦龙　党组书记、局长

运城市交通运输局

薛玉马　党组书记、局长
令狐东华　党组成员、副局长

权志学　党组成员、一级调研员
王小成　党组成员、二级调研员
杨铁宁　党组成员、驻局纪检监察组组长
胡福海　党组成员、市交通运输局副局长（兼）、市邮政管理局局长
王全民　四级调研员

盐湖区交通运输局

邵红福　党组书记、局长

临猗县交通运输局

武　斌　党组书记、局长

万荣县交通运输局

李东坡　党组书记、局长、县交通运输综合行政执法队队长

闻喜县交通运输局

李　军　党组书记、局长

稷山县交通运输局

杨维勤　党组书记、局长

新绛县交通运输局

尚青虎　党组书记、局长

绛县交通运输局

赵军强　党组书记、局长

垣曲县交通运输局

王　杰　党组书记、局长

夏县交通运输局

任保林　党组书记、局长

平陆县交通运输局

贺存峰　党组书记、局长

芮城县交通运输局

李　轩　党组书记、局长

永济市交通运输局

聂学政　党组书记、局长

河津市交通运输局

毋刚石　党组书记、局长

（时间截至2022年12月31日）